각종 시험 대비

판례소법전

한법률편찬연구회

☑ 변호사 시험·사법시험·공무원 시험을 준비하는 수험생들과 법학전문가들을 위한 필독 판례 모음집

☑ 2021년 기준 개정법과 각 조문에 해당하는 판례 수록!
(민법(2020년 10월 20일 일부개정)·공직선거법(2020년 12월 29일 일부개정)·
형법(2020년 5월 19일 일부개정)·상법(2020년 12월 29일 일부개정) 등)

각종 시험 대비

판례소법전

편저 : 대한법률편찬연구회

☑ 변호사 시험·사법시험·공무원 시험을 준비하는 수험생들과 법학전문가들을 위한 필독 판례 모음집

☑ 2021년 기준 개정법과 각 조문에 해당하는 판례 수록!
(민법(2020년 10월 20일 일부개정)·공직선거법(2020년 12월 29일 일부개정)·형법(2020년 5월 19일 일부개정)·상법(2020년 12월 29일 일부개정) 등)

법문 북스

머 리 말

六法은 국민의 일상생활과 밀접한 관계가 있는 法律로서 모든 法令의 근원이 되고 있다.

이 책에 수록된 기본육법과 특별법은 변호사시험·법무사시험·공인회계사시험·세무사시험 등 각종 시험에 출제되는 법률로서 어느 시험을 준비하든 필수적으로 공부해야 하는 법률 과목을 포함하고 있다.

특히 수사권조정, 공수처법 제정, 공직선거법(비례대표제) 개정 등 사회적 이슈가 되는 법이 최근 많이 개정되었다. 이에 따라 개정된 법률을 모두 수록하고, 시행 예정인 법률은 음영으로 표시하여 해당 법 조문 아래에 수록하였다. 또한 각 조문에 해당하는 판례를 엄선 · 수록함으로써 법을 공부하는 수험생뿐 만 아니라 법에 관심이 있는 일반인들도 이 책을 참고할 수 있도록 하였다. 수록된 개정 법률은 아래와 같다.

민법(2020년 10월 20일 일부개정), 제766조 등(손해배상청구권의 소멸시효) · 형법(2020년 5월 19일 일부개정), 제305조 등(미성년자에 대한 간음, 추행) · 상법(2020년 12월 29일 일부개정), 제340조의5(준용규정) 등 · 변호사시험법(2020년 12월 8일 일부개정), 제6조(계약의 갱신) · 주택임대차보호법(2020년 6월 9일 일부개정), 제18조(시험정보의 공개) · 공직선거법(2020년 12월 29일 일부개정), 제6조(선거권행사의 보장) 등 · 고위공직자범죄수사처 설치 및 운영에 관한 법률(2020년 12월 15일 제정), 제8조(수사처검사) 등

법령이 자주 개편되는 것은 변화하는 현실을 담아내기 위해서이다. 물론 법학전문가 · 법률관련 공부를 하는 수험생들에게는 적지 않은 부담이 되는 것이 사실이다. 그러나 법학이라는 길을 선택한 사람들에게는 이는 피할 수 없는 현실이고, 필자들은 이 판례 소법전이 法學을 공부하는 분, 각종 시험에 응시하는 분實務에 종사하는 분들에게 목표달성을 위한 충실한 반려자가 된다면 더없는 기쁨과 보람을 느낄 것이다.

2021年
대한법률편찬연구회
편집위원

법령 차례

대한민국헌법

헌법재판소법

대한민국헌법

[시행 1988.2.25]
[헌법 제10호, 1987.10.29., 전부개정]

[전부개정 1987.10.29 제10호]
[전부개정 1980.10.27 제9호]
[전부개정 1972.12.27 제8호]
[일부개정 1969.10.21 제7호]
[전부개정 1962.12.26 제6호]
[일부개정 1960.11.29 제5호]
[일부개정 1960. 6.15 제4호]
[일부개정 1954.11.29 제3호]
[일부개정 1952. 7. 7 제2호]
[제 정 1948. 7.17 제1호]

전문

유구한 역사와 전통에 빛나는 우리 대한국민은 3·1운동으로 건립된 대한민국임시정부의 법통과 불의에 항거한 4·19민주이념을 계승하고, 조국의 민주개혁과 평화적 통일의 사명에 입각하여 정의·인도와 동포애로써 민족의 단결을 공고히 하고, 모든 사회적 폐습과 불의를 타파하며, 자율과 조화를 바탕으로 자유민주적 기본질서를 더욱 확고히 하여 정치·경제·사회·문화의 모든 영역에 있어서 각인의 기회를 균등히 하고, 능력을 최고도로 발휘하게 하며, 자유와 권리에 따르는 책임과 의무를 완수하게 하여, 안으로는 국민생활의 균등한 향상을 기하고 밖으로는 항구적인 세계평화와 인류공영에 이바지함으로써 우리들과 우리들의 자손의 안전과 자유와 행복을 영원히 확보할 것을 다짐하면서 1948년 7월 12일에 제정되고 8차에 걸쳐 개정된 헌법을 이제 국회의 의결을 거쳐 국민투표에 의하여 개정한다.

1987년 10월 29일

제1장 총강

제1조 ①대한민국은 민주공화국이다.
②대한민국의 주권은 국민에게 있고, 모든 권력은 국민으로부터 나온다.

제2조 ①대한민국의 국민이 되는 요건은 법률로 정한다.
②국가는 법률이 정하는 바에 의하여 재외국민을 보호할 의무를 진다.

제3조 대한민국의 영토는 한반도와 그 부속도서로 한다.

제4조 대한민국은 통일을 지향하며, 자유민주적 기본질서에 입각한 평화적 통일 정책을 수립하고 이를 추진한다.

제5조 ①대한민국은 국제평화의 유지에 노력하고 침략적 전쟁을 부인한다.
②국군은 국가의 안전보장과 국토방위의 신성한 의무를 수행함을 사명으로 하며, 그 정치적 중립성은 준수된다.

제6조 ①헌법에 의하여 체결·공포된 조약과 일반적으로 승인된 국제법규는 국내법과 같은 효력을 가진다.
②외국인은 국제법과 조약이 정하는 바에 의하여 그 지위가 보장된다.

판례-배당이의

[대법원 2016.10.13, 선고, 2015다14136, 판결]

[1] 외국인 또는 외국국적동포가 구 출입국관리법이나 재외동포의 출입국과 법적 지위에 관한 법률에 따라 외국인등록이나 체류지 변경신고 또는 국내거소신고나 거소이전 신고를 한 경우, 주택임대차보호법 제3조 제1항에서 주택임대차의 대항력 취득 요건으로 규정하고 있는 주민등록과 동일한 법적 효과가 인정되는지 여부(적극)
[2] 주택임대차보호법 제3조 제1항에 의한 대항력 취득의 요건인 주민등록에 임차인의 배우자나 자녀 등 가족의 주민등록이 포함되는지 여부(적극) 및 이러한 법리가 재외동포의 출입국과 법적 지위에 관한 법률에 의한 재외국민이 임차인인 경우에도 마찬가지로 적용되는지 여부(적극)

제7조 ①공무원은 국민전체에 대한 봉사자이며, 국민에 대하여 책임을 진다.
②공무원의 신분과 정치적 중립성은 법률이 정하는 바에 의하여 보장된다.

제8조 ①정당의 설립은 자유이며, 복수정당제는 보장된다.
②정당은 그 목적·조직과 활동이 민주적이어야 하며, 국민의 정치적 의사형성에 참여하는데 필요한 조직을 가져야 한다.
③정당은 법률이 정하는 바에 의하여 국가의 보호를 받으며, 국가는 법률이 정하는 바에 의하여 정당운영에 필요한 자금을 보조할 수 있다.
④정당의 목적이나 활동이 민주적 기본질서에 위배될 때에는 정부는 헌법재판소에 그 해산을 제소할 수 있고, 정당은 헌법재판소의 심판에 의하여 해산된다.

판례-경찰법제11조제4항등위헌확인

[헌법재판소 1999.12.23. 선고 99헌마135 전원재판부]

【판시사항】
가. 이 사건 법률조항으로 말미암아 침해된 기본권
나. 헌법 제8조의 의미
다. 입법목적의 정당성 여부(적극)
라. 수단의 적합성 여부(소극)
마. 평등의 원칙 위반 여부(적극)

【결정요지】
가. 이 사건 법률조항은 '누구나 국가의 간섭을 받지 아니하고 자유롭게 정당을 설립하고 가입할 수 있는 자유'를 제한하는 규정이다. 정당에 관한 한, 헌법 제8조는 일반결사에 관한 헌법 제21조에 대한 특별규정이므로, 정당의 자유에 관하여는 헌법 제8조 제1항이 우선적으로 적용된다. 그러나 정당의 자유를 규정하는 헌법 제8조 제1항이 기본권의 규정형식을 취하고 있지 아니하고 또한 '국민의 기본권에 관한 장'인 제2장에 위치하고 있지 아니하므로, 이 사건 법률조항으로 말미암아 침해된 기본권은 '정당의 설립과 가입의 자유'의 근거규정으로서, '정당설립의 자유'를 규정한 헌법 제8조 제1항과 '결사의 자유'를 보장하는 제21조 제1항에 의하여 보장된 기본권이라 할 것이다.
나. 민주적 의사형성과정의 개방성을 보장하기 위하여 정당설립의 자유를 최대한으로 보호하려는 헌법 제8조의 정신에 비추어, 정당의 설립 및 가입을 금지하는 법률조항은 이를 정당화하는 사유의 중대성에 있어서 적어도 '민주적 기본질서에 대한 위반'에 버금가는 것이어야 한다고 판단된다. 다시 말하면, 오늘날의 의회민주주의가 정당의 존재없이는 기능할 수 없다는 점에서 심

지어 '위헌적인 정당을 금지해야 할 공익'도 정당설립의 자유에 대한 입법적 제한을 정당화하지 못하도록 규정한 것이 헌법의 객관적인 의사라면, 입법자가 그외의 공익적 고려에 의하여 정당설립금지조항을 도입하는 것은 원칙적으로 헌법에 위반된다.
다. '경찰청장의 직무의 독립성과 정치적 중립의 확보'라는 입법목적이 입법자가 추구할 수 있는 헌법상 공익이라는 점에서는 의문의 여지가 없고, 이러한 공익은 매우 중요한 것이라고 보아야 하며, 이러한 공익을 실현해야 할 현실적 필요성도 존재하므로 이 사건 법률조항의 입법목적의 정당성은 인정된다.
라. 정당설립의 자유를 제한하는 법률의 경우에는 입법수단이 입법목적을 달성할 수 있다는 것을 어느 정도 확실하게 예측될 수 있어야 한다. 그런데 선거직이 아닌 다른 공직에 취임하거나 공기업의 임원 등이 될 수 있는 그외의 다양한 가능성을 그대로 개방한 채 단지 정당의 공천만을 금지한 점, 경찰청장의 경우에는 검찰총장과 달리 임기를 보장하는 조항이나 중임금지조항 등 재임중의 정치적 중립성을 확보하기 위하여 전제되어야 하는 기본적인 규정이 없는 점, 1980년 이래 현재까지(1999.11.1.) 퇴직한 총 18명의 경찰총수 중에서 퇴임후 2년 이내에 정당공천을 통하여 국회의원이나 지방자치단체의 장으로서 선출된 경우가 한번도 없다는 사실, 본질적으로 경찰청장의 정치적 중립성은 그의 직무의 정치적 중립을 존중하려는 집권세력이나 정치권의 노력이 선행되지 않고서는 결코 실현될 수 없다는 사실 등에 비추어 볼 때, 경찰청장이 퇴임후 공직선거에 입후보하는 경우 당적취득금지의 형태로써 정당의 추천을 배제하고자 하는 이 사건 법률조항이 어느 정도로 입법목적인 '경찰청장 직무의 정치적 중립성'을 확보할 수 있을지 그 실효성이 의문시된다. 따라서 이 사건 법률조항은 정당의 자유를 제한함에 있어서 갖추어야 할 적합성의 엄격한 요건을 충족시키지 못한 것으로 판단되므로 이 사건 법률조항은 정당설립 및 가입의 자유를 침해하는 조항이다.
마. 정당법 제6조 제1호 및 제3호에 열거된 공무원, 특히 직무의 독립성이 강조되는 대법원장 및 대법관, 헌법재판소장 및 헌법재판관과 감사원장 등의 경우에도 경찰청장과 마찬가지로 정치적 중립성이 요구되는 점 등에 비추어 경찰청장의 경우에만 퇴직 후 선거직을 통한 공직진출의 길을 봉쇄함으로써 재직 중 직무의 공정성을 강화해야 할 필요성이 두드러진다고 볼 수 없으므로 다른 공무원과 경찰청장 사이에는 차별을 정당화할 만한 본질적인 차이가 존재하지 아니하므로, 이 사건 법률조항은 평등의 원칙에 위반된다.

제9조 국가는 전통문화의 계승·발전과 민족문화의 창달에 노력하여야 한다.

제2장 국민의 권리와 의무

제10조 모든 국민은 인간으로서의 존엄과 가치를 가지며, 행복을 추구할 권리를 가진다. 국가는 개인이 가지는 불가침의 기본적 인권을 확인하고 이를 보장할 의무를 진다.

판례-형법 제41조 등 위헌제청

[전원재판부 2008헌가23, 2010.2.25.]

【판시사항】
바. 사형제도가 인간의 존엄과 가치를 규정한 헌법 제10조에 위반되는지 여부(소극)

【결정요지】
바. 사형제도는 우리 헌법이 적어도 간접적으로나마 인정하고 있는 형벌의 한 종류일 뿐만 아니라, 사형제도가 생명권 제한에 있어서 헌법 제37조 제2항에 의한 헌법적 한계를 일탈하였다고 볼 수 없는 이상, 범죄자의 생명권 박탈을 내용으로 한다는 이유만으로 곧바로 인간의 존엄과 가치를 규정한 헌법 제10조에 위배된다고 할 수 없으며, 사형제도는 형벌의 경고기능을 무시하고 극악한 범죄를 저지른 자에 대하여 그 중한 불법 정도와 책임에 상응하는 형벌을 부과하는 것으로서 범죄자가 스스로 선택한 잔악무도한 범죄행위의 결과인바, 범죄자를 오로지 사회방위

라는 공익 추구를 위한 객체로만 취급함으로써 범죄자의 인간으로서의 존엄과 가치를 침해한 것으로 볼 수 없다. 한편 사형을 선고하거나 집행하는 법관 및 교도관 등이 인간적 자책감을 가질 수 있다는 이유만으로 사형제도가 법관 및 교도관 등의 인간으로서의 존엄과 가치를 침해하는 위헌적인 형벌제도라고 할 수는 없다.

제11조 ①모든 국민은 법 앞에 평등하다. 누구든지 성별·종교 또는 사회적 신분에 의하여 정치적·경제적·사회적·문화적 생활의 모든 영역에 있어서 차별을 받지 아니한다.
②사회적 특수계급의 제도는 인정되지 아니하며, 어떠한 형태로도 이를 창설할 수 없다.
③훈장등의 영전은 이를 받은 자에게만 효력이 있고, 어떠한 특권도 이에 따르지 아니한다.

판례-변리사법제3조제1항제2호등위헌확인

[헌법재판소 2010.2.25. 선고 2007헌마956 전원재판부]

【판시사항】
가. 변리사 시험을 통해 변리사가 되고자 하는 청구인들이 변호사로서 변리사 등록을 한 자에게 변리사 자격을 부여하는 변리사법 제3조 제1항 제2호(1999.2.8. 법률 제5826호로 일부 개정된 것)를 다툴 자기관련성을 갖는지 여부(적극)
나. 위 변리사법 제3조 제1항 제2호(1999.2.8. 법률 제5826호로 일부 개정된 것), 특허청 경력공무원에게 변리사 시험의 일부를 면제해 주는 같은 법 제4조의3 제1항(2000.1.28. 법률 제6225호로 일부 개정된 것) 및 같은 조 제2항(2005.12.29 법률 제7796호로 일부 개정된 것)이 변리사시험의 일반 응시자인 청구인들의 평등권을 침해하는지 여부(소극)
다. 위 법률조항들이 청구인들의 직업선택의 자유를 침해하는지 여부(소극)

【결정요지】
가. 변리사법 제3조 제1항은 신규 변리사의 수요를 충당하는 두 개의 공급원 즉, 하나는 변리사 시험에 합격한 자이고 다른 하나는 변호사법에 의하여 변호사의 자격을 가진 자로서 변리사등록을 한 자를 규정하고 있으므로 이 두 개의 공급원은 어떤 형태와 정도에 의해서든 개념상 서로 상관관계를 가질 수밖에 없다. 그러므로 변호사에 의한 신규 변리사의 충원이 중단된다면 제2차 시험의 최소합격인원을 늘이는 등의 방법으로 시험합격자에 의한 충원의 기회는 개념상 늘어날 수밖에 없고 따라서 제2차 시험에 응시한 청구인들의 법적 지위가 상대적으로 향상된다고 볼 여지가 있는바, 변리사법 제3조 제1항 제2호에 대한 심판청구는 자기관련성이 인정된다.
나. 변리사시험은 지적재산권에 관련된 법률을 주요 시험과목으로 하고 있는데 변호사는 법률사무 전반을 다루는 대표적인 직역인 점, 변리사의 업무는 지적재산권 분야에 있어 특허청 및 법원에 대한 사항의 대리가 주요한 부분을 이루고 있는데 권리·의무에 관한 법률사항의 대리는 변호사의 주요 업무인 점 등을 고려하면 변리사법 제3조 제1항 제2호가 변호사에게 변리사의 자격을 부여하는 것이 합리적인 이유 없이 변호사와 변리사시험의 일반 응시자인 청구인들을 차별한다고 보기 어려우므로 위 조항은 청구인들의 평등권을 침해하지 아니한다.
한편, 변리사시험 중 제1차 시험은 변리사 업무를 수행함에 있어 요구되는 기본적인 소양을 검증하는 의미를 갖는데, 변리사법 제4조의3 제1항에 의해 제1차시험을 면제받는 자들은 그 근무경력에 비추어볼 때 이미 제1차 시험에서 검증하고자 하는 정도의 기본적인 소양은 갖추었다고 보이므로 변리사법 제4조의3 제1항이 특허청 경력공무원에게 제1차시험을 면제하도록 정한 것이 변리사 자격제도에 관한 입법형성권의 범위를 벗어난 것이라고 할 수 없어 청구인들의 평등권을 침해하지 아니한다. 또한 변리사법 제4조의3 제2항이 특허청의 5급 이상 공무원 또는 고위공무원단에 속하는 일반직공무원으로서 5년 이상 특허행정사무에 종사한 경력이 있는 자에게 제1차 시험을 면제해 주는 데에는 위 변리사법 제4조의3 제1항 부분에서 본 바와 같이 합리적인 이유가 있다고 할 것이고, 이러한 시험면제제도의 목적은 특허청에 유능한 인재를 채용하여 장기근속을 유도하고 근무의욕을 고취함으로써 산업재산권제도 및 산업의 발전에 이바지하도록 하는 것인바, 이러한 정책적 관점에서 볼 때 위 경력공무원에게 제2차시험의 과목 중 일부를 면제해 주는 것에도 합리적인 이유가 있으므로 변리사법 제4조의3 제2항은 청구인들의 평등권을 침해하지 아니한다.

다. 위에서 살펴본 바와 같이 변호사에게 변리사 자격을 부여하는 것 및 특허청 경력공무원에게 변리사시험의 일부를 면제해 주는 데에는 합리적인 이유가 있고, 일반 응시자도 변리사시험에 합격하여 변리사가 될 수 있는 길이 열려 있으며 달리 변리사 시험제도를 유명무실하게 하는 요소를 찾아 볼 수 없으므로 심판대상조항은 청구인들이 변리사라는 직업을 선택하는 자유를 침해하지 아니한다.

제12조 ①모든 국민은 신체의 자유를 가진다. 누구든지 법률에 의하지 아니하고는 체포·구속·압수·수색 또는 심문을 받지 아니하며, 법률과 적법한 절차에 의하지 아니하고는 처벌·보안처분 또는 강제노역을 받지 아니한다.
②모든 국민은 고문을 받지 아니하며, 형사상 자기에게 불리한 진술을 강요당하지 아니한다.
③체포·구속·압수 또는 수색을 할 때에는 적법한 절차에 따라 검사의 신청에 의하여 법관이 발부한 영장을 제시하여야 한다. 다만, 현행범인인 경우와 장기 3년 이상의 형에 해당하는 죄를 범하고 도피 또는 증거인멸의 염려가 있을 때에는 사후에 영장을 청구할 수 있다.
④누구든지 체포 또는 구속을 당한 때에는 즉시 변호인의 조력을 받을 권리를 가진다. 다만, 형사피고인이 스스로 변호인을 구할 수 없을 때에는 법률이 정하는 바에 의하여 국가가 변호인을 붙인다.
⑤누구든지 체포 또는 구속의 이유와 변호인의 조력을 받을 권리가 있음을 고지받지 아니하고는 체포 또는 구속을 당하지 아니한다. 체포 또는 구속을 당한 자의 가족등 법률이 정하는 자에게는 그 이유와 일시·장소가 지체없이 통지되어야 한다.
⑥누구든지 체포 또는 구속을 당한 때에는 적부의 심사를 법원에 청구할 권리를 가진다.
⑦피고인의 자백이 고문·폭행·협박·구속의 부당한 장기화 또는 기망 기타의 방법에 의하여 자의로 진술된 것이 아니라고 인정될 때 또는 정식재판에 있어서 피고인의 자백이 그에게 불리한 유일한 증거일 때에는 이를 유죄의 증거로 삼거나 이를 이유로 처벌할 수 없다.

제13조 ①모든 국민은 행위시의 법률에 의하여 범죄를 구성하지 아니하는 행위로 소추되지 아니하며, 동일한 범죄에 대하여 거듭 처벌받지 아니한다.
②모든 국민은 소급입법에 의하여 참정권의 제한을 받거나 재산권을 박탈당하지 아니한다.
③모든 국민은 자기의 행위가 아닌 친족의 행위로 인하여 불이익한 처우를 받지 아니한다.

판례-도로교통법위반(무면허운전)·도로교통법위반(음주운전)

[대법원 2014.7.10, 선고, 2014도5868, 판결]

【판시사항】
도로교통법 제148조의2 제1항 제1호를 적용하고 다시 형법 제35조에 의한 누범가중을 허용하는 것이 헌법상 일사부재리나 이중처벌금지에 반하는지 여부(소극)

【이 유】
상고이유를 판단한다. 도로교통법 제148조의2 제1항 제1호(이하 '이 사건 법률조항'이라고 한다)는 입법취지가 반복적 음주운전행위에 대한 법정형을 강화하기 위한 데 있다고 보이고, 조문의 체계가 일정한 구성요건을 규정하는 형식으로 되어 있으며, 적용요건이나 효과도 형법 제35조와 달리 규정되어 있는 점, 누범을 가중 처벌하는 이유는 전범에 대한 형벌에 의하여 주어진 기왕의 경고를 무시하고 다시 범죄를 저질렀다는 점에서 비난가능성 및 책임이 높기 때문이지 전범에 대하여 처벌을 받았음에도 다시 범행을 하는 경우에 전범도 후범과 일괄하여 다시 처벌한다는 것은 아닌 점 등에 비추어 보면, 이 사건 법률조항을 적용하고 다시 형법 제35조에 의한 누범가중을 허용한다고 하더라도 헌법상의 일사부재리나 이중처벌금지에 반한다고 볼 수 없다. 그렇다면 원심이 유지한 제1심판결이 피고인의 이 사건 범죄행위에 대하여 이 사건 법률조항을 적용한 후 다시 형법 제35조에 의하여 누범가중을 한 조치는 정당하고, 거기에 피고인이 주장하는 바와 같은 일사부재리 원칙을 위반한 잘못이 없다. 그러므로 상고를 기각하기로 하여 관여 대법관의 일치된 의견으로 주문과 같이 판결한다.

판례-공직선거법제265조본문위헌확인

[헌법재판소 2010.3.25. 선고 2009헌마170 전원재판부.]

【판시사항】
가. 회계책임자가 300만 원 이상의 벌금을 선고받은 경우 후보자의 당선을 무효로 하고 있는 구 공직선거법(2005.8.4. 법률 제7681호로 개정되고, 2010.1.25. 법률 9974호로 개정되기 이전의 것) 제265조 본문 중 "회계책임자" 부분(이하 '이 사건 법률조항'이라 한다)이 헌법 제13조 제3항에 위반되는지 여부(소극)
나. 이 사건 법률조항이 헌법상 자기책임의 원칙에 위배되는지 여부(소극)
다. 이 사건 법률조항이 적법절차원칙에 위배되는지 여부(소극)
라. 이 사건 법률조항이 후보자의 공무담임권을 침해하는지 여부(소극)

【결정요지】
가. 헌법 제13조 제3항은 '친족의 행위와 본인간에 실질적으로 의미있는 아무런 관련성을 인정할 수 없음에도 불구하고 오로지 친족이라는 사유 그 자체만으로' 불이익한 처우를 가하는 경우에만 적용되기 때문에 원칙적으로 회계책임자가 친족이 아닌 이상, 이 사건 법률조항은 적어도 헌법 제13조 제3항의 규범적 실질내용에 위배될 수는 없다.
나. 이 사건 법률조항은 후보자에게 회계책임자의 형사책임을 연대하여 지게 하는 것이 아니라, 선거의 공정성을 해치는 객관적 사실(회계책임자의 불법행위)에 따른 선거결과를 교정하는 것에 불과하고, 또한 후보자는 공직선거법을 준수하면서 공정한 경쟁이 되도록 할 의무가 있는 자로서 후보자 자신뿐만 아니라 최소한 회계책임자 등에 대하여는 선거범죄를 범하지 않도록 지휘·감독할 책임을 지는 것이므로, 이 사건 법률조항은 후보자 '자신의 행위'에 대하여 책임을 지우고 있는 것에 불과하기 때문에, 헌법상 자기책임의 원칙에 위반되지 아니한다.
다. 이 사건 법률조항에 의한 후보자 책임의 법적 구조의 특징, 회계책임자에게 재판절차라는 완비된 절차적 보장이 주어진다는 점, 별도 절차의 채부에 따른 장·단점이 나뉜다는 점 등을 종합하면 후보자에 대하여 변명·방어의 기회를 따로 부여하는 절차를 마련하지 않았다는 점만으로 적법절차원칙에 어긋나고 재판청구권을 침해한 것이라고 볼 수 없다.
라. 회계책임자와 후보자는 선거에 임하여 분리하기 어려운 운명공동체라고 보아 회계책임자의 행위를 곧 후보자의 행위로 의제함으로써 선거부정 방지를 도모하고자 한 입법적 결단이 현저히 잘못되었거나 부당하다고 보기 어려운 이상, 감독상의 주의의무 이행이라는 면책사유를 인정하지 않고 후보자에게 법정 연대책임을 지우는 제도를 형성한 것이 반드시 필요 이상의 지나친 규제를 가하여 가혹한 연대책임을 부과함으로써 후보자의 공무담임권을 침해한다고 볼 수 없다.

판례-구 특정성폭력범죄자에 대한 위치추적 전자장치 부착에 관한 법률 제5조 제1항 제3호 등 위헌소원

[전원재판부 2015헌바35, 2015.9.24.]

【판시사항】
나. 부착명령청구조항이 이중처벌금지원칙에 위배되는지 여부(소극)
다. 범죄행위 당시에 없었던 위치추적 전자장치 부착명령을 출소예정자에게 소급 적용할 수 있도록 한 '특정 범죄자에 대한 위치추적 전자장치 부착 등에 관한 법률' 부칙(2008.6.13. 법률 제9112호) 제2조 제1항(2010.4.15. 법률 제10257호로 개정된 것) 중 '출소예정자'에 관한 부분(이하 '부칙경과조항'이라 한다)이 소급처벌금지원칙에 위배되는지 여부(소극)

【결정요지】
나. 전자장치 부착은 과거의 불법에 대한 응보가 아닌 장래의 재범 위험성을 방지하기 위한 보안처분에 해당되므로, 부착명령청구조항은 헌법 제13조 제1항 후단의 이중처벌금지원칙에 위배되지 아니한다.
다. 전자장치 부착은 전통적 의미의 형벌이 아니며, 이를 통하여 피부착자의 위치만 국가에 노출될 뿐 그 행동 자체를 통제하지 않는다는 점에서 비형벌적 보안처분에 해당되므로, 이를 소급적용하도록 한 부칙경과조항은 헌법 제13조 제1항 전단의 소급처벌금지원칙에 위배되지 아니한다.

제14조 모든 국민은 거주·이전의 자유를 가진다.

판례-서울특별시 서울광장 통행저지행위 위헌확인

[2011.6.30. 2009헌마406]

【판시사항】

가. 경찰청장이 2009.6.3. 경찰버스들로 서울특별시 서울광장을 둘러싸 통행을 제지한 행위(이하 '이 사건 통행제지행위'라고 한다)가 청구인들의 거주·이전의 자유를 제한하는지 여부(소극)

나. 이 사건 통행제지행위가 과잉금지원칙을 위반하여 청구인들의 일반적 행동자유권을 침해한 것인지 여부(적극)

【결정요지】

가. 거주·이전의 자유는 거주지나 체류지라고 볼 만한 정도로 생활과 밀접한 연관을 갖는 장소를 선택하고 변경하는 행위를 보호하는 기본권인바, 이 사건에서 서울광장이 청구인들의 생활형성의 중심지인 거주지나 체류지에 해당한다고 할 수 없고, 서울광장에 출입하고 통행하는 행위가 그 장소를 중심으로 생활을 형성해 나가는 행위에 속한다고 볼 수도 없으므로 청구인들의 거주·이전의 자유가 제한되었다고 할 수 없다.

나. 이 사건 통행제지행위는 서울광장에서 개최될 여지가 있는 일체의 집회를 금지하고 일반시민들의 통행조차 금지하는 전면적이고 광범위하며 극단적인 조치이므로 집회의 조건부 허용이나 개별적 집회의 금지나 해산으로는 방지할 수 없는 급박하고 명백하며 중대한 위험이 있는 경우에 한하여 비로소 취할 수 있는 거의 마지막 수단에 해당한다. 서울광장 주변에 노무현 전 대통령을 추모하는 사람들이 많이 모여 있었다거나 일부 시민들이 서울광장 인근에서 불법적인 폭력행위를 저지른 바 있다고 하더라도 그것만으로 폭력행위일로부터 4일 후까지 이러한 조치를 그대로 유지해야 할 급박하고 명백한 불법·폭력 집회나 시위의 위험성이 있었다고 할 수 없으므로 이 사건 통행제지행위는 당시 상황에 비추어 필요최소한의 조치였다고 보기 어렵고, 가사 전면적이고 광범위한 집회방지조치를 취할 필요성이 있었다고 하더라도, 서울광장에의 출입을 완전히 통제하는 경우 일반시민들의 통행이나 여가·문화 활동 등의 이용까지 제한되므로 서울광장의 몇 군데라도 통로를 개설하여 통제 하에 출입하게 하거나 대규모의 불법 · 폭력 집회가 행해질 가능성이 적은 시간

대라든지 서울광장 인근 건물에의 출근이나 왕래가 많은 오전 시간대에는 일부 통제를 푸는 등 시민들의 통행이나 여가·문화활동에 과도한 제한을 초래하지 않으면서도 목적을 상당 부분 달성할 수 있는 수단이나 방법을 고려하였어야 함에도 불구하고 모든 시민의 통행을 전면적으로 제지한 것은 침해의 최소성을 충족한다고 할 수 없다.

또한 대규모의 불법·폭력 집회나 시위를 막아 시민들의 생명·신체와 재산을 보호한다는 공익은 중요한 것이지만, 당시의 상황에 비추어 볼 때 이러한 공익의 존재 여부나 그 실현 효과는 다소 가상적이고 추상적인 것이라고 볼 여지도 있고, 비교적 덜 제한적인 수단에 의하여도 상당 부분 달성될 수 있었던 것으로 보여 일반 시민들이 입은 실질적이고 현존하는 불이익에 비하여 결코 크다고 단정하기 어려우므로 법익의 균형성 요건도 충족하였다고 할 수 없다.

따라서 이 사건 통행제지행위는 과잉금지원칙을 위반하여 청구인들의 일반적 행동자유권을 침해한 것이다.

제15조 모든 국민은 직업선택의 자유를 가진다.

제16조 모든 국민은 주거의 자유를 침해받지 아니한다. 주거에 대한 압수나 수색을 할 때에는 검사의 신청에 의하여 법관이 발부한 영장을 제시하여야 한다.

제17조 모든 국민은 사생활의 비밀과 자유를 침해받지 아니한다.

판례-도로교통법 제118조 위헌확인

[전원재판부 2002헌마518, 2003.10.30.]

【판시사항】
1. 자동차 운전자에게 좌석안전띠를 매도록 하고, 이를 위반했을 때 범칙금을 납부하도록 통고하는 것이 일반적 행동자유권을 침해하는지 여부(소극)
2. 자동차 운전자에게 좌석안전띠를 매도록 하고, 이를 위반했을 때 범칙금을 납부하도록 통고하는 것이 사생활의 비밀과 자유를 침해하는지 여부(소극)
3. 자동차 운전자에게 좌석안전띠를 매도록 하고, 이를 위반했을 때 범칙금을 납부하도록 통고하는 것이 양심의 자유를 침해하는지 여부(소극)

【결정요지】
1. 자동차 운전자에게 좌석안전띠를 매도록 하고 이를 위반했을 때 범칙금을 납부하도록 통고하는 것은, 교통사고로부터 국민의 생명 또는 신체에 대한 위험과 장애를 방지·제거하고 사회적 부담을 줄여 교통질서를 유지하고 사회공동체의 상호이익을 보호하는 공공복리를 위한 것으로 그 입법목적이 정당하고, 운전자의 불이익은 약간의 답답함이라는 경미한 부담이고 좌석안전띠 미착용으로 부담하는 범칙금이 소액인데 비하여 좌석안전띠 착용으로 달성하려는 공익은 동승자를 비롯한 국민의 생명과 신체를 보호하고 교통사고로 인한 사회적인 비용을 줄여 사회공동체의 이익을 증진하는 것이므로 달성하고자 하는 공익이 침해되는 청구인의 좌석안전띠를 매지 않을 자유라는 사익보다 크며, 제도의 연혁과 현황을 종합하여 볼 때 청구인의 일반적 행동자유권을 비례의 원칙에 위반되게 과도하게 침해하는 것이 아니다.
2. 일반 교통에 사용되고 있는 도로는 국가와 지방자치단체가 그 관리책임을 맡고 있는 영역이며, 수많은 다른 운전자 및 보행자 등의 법익 또는 공동체의 이익과 관련된 영역으로, 그 위에서 자동차를 운전하는 행위는 더 이상 개인적인 내밀한 영역에서의 행위가 아니며, 자동차를 도로에서 운전하는 중에 좌석안전띠를 착용할 것인가 여부의 생활관계가 개인의 전체적 인격과 생존에 관계되는 '사생활의 기본조건'이라거나 자기결정의 핵심적 영역 또는 인격적 핵심과 관련된다고 보기 어려워 더 이상 사생활영역의 문제가 아니므로, 운전할 때 운전자가 좌석안전띠를 착용할 의무는 청구인의 사생활의 비밀과 자유를 침해하는 것이라 할 수 없다.
3. 제재를 받지 않기 위하여 어쩔 수 없이 좌석안전띠를 매었다 하여 청구인이 내면적으로 구축한 인간양심이 왜곡·굴절되고 청구인의 인격적인 존재가치가 허물어진다고 할 수는 없어 양심의 자유의 보호영역에 속하지 아니하므로, 운전 중 운전자가 좌석안전띠를 착용할 의무는 청구인의 양심의 자유를 침해하는 것이라 할 수 없다.

판례-형법 제241조 위헌소원 등(간통죄 위헌)

【판시사항】
배우자 있는 자의 간통행위 및 그와의 상간행위를 2년 이하의 징역에 처하도록 규정한 형법(1953. 9. 18. 법률 제293호로 제정된 것) 제241조(이하 '심판대상조항'이라 한다)가 성적 자기결정권 및 사생활의 비밀과 자유를 침해하여 헌법에 위반되는지 여부(적극)

【결정요지】
재판관 박한철, 재판관 이진성, 재판관 김창종, 재판관 서기석, 재판관 조용호의 위헌의견
사회 구조 및 결혼과 성에 관한 국민의 의식이 변화되고, 성적 자기결정권을 보다 중요시하는 인식이 확산됨에 따라 간통행위를 국가가 형벌로 다스리는 것이 적정한지에 대해서는 이제 더 이상 국민의 인식이 일치한다고 보기 어렵고, 비록 비도덕적인 행위라 할지라도 본질적으로 개인의 사생활에 속하고 사회에 끼치는 해악이 그다지 크지 않거나 구체적 법익에 대한 명백한 침해가 없는 경우에는 국가권력이 개입해서는 안 된다는 것이 현대 형법의 추세여서 전세계적으로 간통죄는 폐지되고 있다. 또한 간통죄의 보호법익인 혼인과 가정의 유지는 당사자의 자유로운 의지와 애정에 맡겨야지, 형벌을 통하여 타율적으로 강제될 수 없는 것이며, 현재 간통으로 처벌되는 비율이 매우 낮고, 간통행위에 대한 사회적 비난 역시 상당한 수준으로 낮아져 간

통죄는 행위규제규범으로서 기능을 잃어가고, 형사정책상 일반예방 및 특별예방의 효과를 거두기도 어렵게 되었다. 부부 간 정조의무 및 여성 배우자의 보호는 간통한 배우자를 상대로 한 재판상 이혼 청구, 손해배상청구 등 민사상의 제도에 의해 보다 효과적으로 달성될 수 있고, 오히려 간통죄가 유책의 정도가 훨씬 큰 배우자의 이혼수단으로 이용되거나 일시 탈선한 가정주부 등을 공갈하는 수단으로 악용되고 있기도 하다.
결국 심판대상조항은 과잉금지원칙에 위배하여 국민의 성적 자기결정권 및 사생활의 비밀과 자유를 침해하는 것으로서 헌법에 위반된다.

제18조 모든 국민은 통신의 비밀을 침해받지 아니한다.

제19조 모든 국민은 양심의 자유를 가진다.

제20조 ①모든 국민은 종교의 자유를 가진다.
②국교는 인정되지 아니하며, 종교와 정치는 분리된다.

제21조 ①모든 국민은 언론·출판의 자유와 집회·결사의 자유를 가진다.
②언론·출판에 대한 허가나 검열과 집회·결사에 대한 허가는 인정되지 아니한다.
③통신·방송의 시설기준과 신문의 기능을 보장하기 위하여 필요한 사항은 법률로 정한다.
④언론·출판은 타인의 명예나 권리 또는 공중도덕이나 사회윤리를 침해하여서는 아니된다. 언론·출판이 타인의 명예나 권리를 침해한 때에는 피해자는 이에 대한 피해의 배상을 청구할 수 있다.

판례-건강기능식품에 관한 법률 제18조 제1항

[2010.7.29. 2006헌바75 전원재판부]

【판시사항】
가. 당해 사건에 적용되는 법률조항이 아니어서 재판의 전제성이 부인된 사례
나. 건강기능식품의 기능성 표시·광고의 사전심의절차에 관하여 규정한 '건강기능식품에 관한 법률'(2002.8.26. 법률 제6727호로 제정된 것) 제16조 제1항, 제18조 제1항 제5호, 제32조 제1항 제3호(이하 '이 사건 법률조항' 이라 한다)가 헌법이 금지하는 사전검열에 해당하는지 여부(소극)
다. 이 사건 법률조항이 과잉금지원칙에 위반하여 청구인의 표현의 자유 등 기본권을 침해하는지 여부(소극)

【결정요지】
가. 건강기능식품의 기능성 표시·광고에 대한 사전심의업무를 영업자단체에 위탁할 수 있도록 한 '건강기능식품에 관한 법률' 제16조 제2항은 청구인이 심의위원회의 심의결과와 다르게 광고를 하였다는 이유로 받은 영업정지처분의 취소를 구하는 당해 사건에 직접 적용되는 법률규정으로 볼 수 없을 뿐만 아니라 위 조항의 위헌여부에 따라서 당해 사건의 주문이나 재판의 내용과 효력에 관한 법률적인 의미 등이 달라지거나 동 조항의 위헌 여부에 따라 '건강기능식품에 관한 법률' 제16조 제1항 등의 위헌 여부가 결정되는 것도 아니므로 이 사건 심판청구 중 동법 제16조 제2항의 위헌 확인을 구하는 부분은 재판의 전제성이 인정되지 아니한다.
나. 우리 재판소는 사전검열금지원칙을 적용함에 있어서 행정권이 주체가 된 사전심사절차의 존재를 비롯한 4가지 요건을 모두 갖춘 사전심사절차의 경우에만 이를 절대적으로 금지하여 사전검열행위 자체의 범위를 헌법 제21조의 진정한 목적에 맞는 범위 내로 제한하여 적용해 왔다. 이와 같이 사전검열금지원칙을 적용함에 있어서는 사전검열행위 자체의 범위를 제한하여 적용해야 할 뿐만 아니라 사전검열금지원칙이 적용될 대상 역시 헌법이 언론·출판의 자유를 보장하고 사전검열을 금지하는 목적에 맞게 한정하여 적용해야 할 것이다.
건강기능식품의 허위·과장 광고를 사전에 예방하지 않을 경우 불특정 다수가 신체·건강상 피해를 보는 등 광범위한 해악이 초래될 수 있고, 허위·과장 광고 등에 대해 사후적인 제재를 하더라도 소비자들이 신체·건강상으로 이미 입은 피해는 피해 회복이 사실상 불가능할 수 있어서 실효성이 별로 없다는 문제가 있다. 반면에 건강기능식품 광고는 영리 목적의 순수한 상업광고

로서 사상이나 지식에 관한 정치적·시민적 표현행위 등과 별로 관련이 없고, 이러한 광고를 사전에 심사한다고 하여 예술활동의 독창성과 창의성 등이 침해되거나 표현의 자유 등이 크게 위축되어 집권자의 입맛에 맞는 표현만 허용되는 결과가 될 위험도 작다.
그러므로 이와 같이 건강기능식품의 기능성 표시·광고와 같이 규제의 필요성이 큰 경우에 언론·출판의 자유를 최대한도로 보장할 의무를 지는 외에 헌법 제36조 제3항에 따라 국민의 보건에 관한 보호의무도 지는 입법자가 국민의 표현의 자유와 보건·건강권 모두를 최대한 보장하고, 기본권들 간의 균형을 기하는 차원에서 건강기능식품의 표시·광고에 관한 사전심의절차를 법률로 규정하였다 하여 이를 우리 헌법이 절대적으로 금지하는 사전검열에 해당한다고 보기는 어렵다.
다. 건강기능식품 표시·광고의 내용을 심사하여 건강기능식품에 관한 올바른 정보를 제공하고 허위·과장 광고를 방지하여 국민의 건강 증진에 이바지하고자 하는 이 사건 법률조항의 입법목적은 정당하고, 표시·광고 문안을 사전에 심사하고 이의가 있을 경우 불복절차를 두는 것은 입법목적 달성을 위한 적절한 수단이라 할 것이다. 또한 건강기능식품의 허위·과장 광고로 인해 국민들이 입을 수 있는 신체·건강상의 피해가 크고 광범위한 반면에 사후 제재 등만으로는 실효성이 없는 점 등을 고려하면 건강기능식품의 표시·광고에 대하여 사전심의를 거치도록 하는 것은 입법목적 달성을 위해 필요한 범위 내인 것으로 보이고, 추구하는 공익이 제한되는 사익에 비해 균형을 벗어난 것으로 볼 수 없다.
따라서 건강기능식품의 기능성 표시·광고를 하고자 하는 자가 사전에 건강기능식품협회의 심의절차를 거치도록 하는 것은 헌법 제37조 제2항의 과잉금지원칙에 위반하여 청구인의 표현의 자유 등 기본권을 침해한다고 보기 어렵다.

제22조 ①모든 국민은 학문과 예술의 자유를 가진다.
②저작자·발명가·과학기술자와 예술가의 권리는 법률로써 보호한다.

제23조 ①모든 국민의 재산권은 보장된다. 그 내용과 한계는 법률로 정한다.
②재산권의 행사는 공공복리에 적합하도록 하여야 한다.
③공공필요에 의한 재산권의 수용·사용 또는 제한 및 그에 대한 보상은 법률로써 하되, 정당한 보상을 지급하여야 한다.

제24조 모든 국민은 법률이 정하는 바에 의하여 선거권을 가진다.

제25조 모든 국민은 법률이 정하는 바에 의하여 공무담임권을 가진다.

판례-법원조직법 부칙 제1조 등
[전원재판부 2011헌마786, 2012.11.29.]

【판시사항】
가.2013.1.1.부터 판사임용자격에 일정 기간 법조경력을 요구하는 법원조직법(2011.7.18. 법률 제10861호로 개정된 것) 부칙 제1조 단서 중 제42조 제2항에 관한 부분 및 제2조(이하 '이 사건 심판대상 조항'이라 한다)가 신뢰보호원칙에 반하여 청구인들의 공무담임권을 침해하는지 여부(적극) 나.이 사건 법원조직법 개정 전에 사법연수원에 입소했다는 사실만으로 청구인들에게 영구히 개정법을 적용할 수 없는지 여부(소극)

【결정요지】
가. 판사임용자격에 관한 법원조직법 규정이 지난 40여 년 동안 유지되어 오면서, 국가는 입법행위를 통하여 사법시험에 합격한 후 사법연수원을 수료한 즉시 판사임용자격을 취득할 수 있다는 신뢰의 근거를 제공하였다고 보아야 하며, 수년간 상당한 노력과 시간을 들인 끝에 사법시험에 합격한 후 사법연수원에 입소하여 사법연수생의 지위까지 획득한 청구인들의 경우 사법연수원 수료로써 판사임용자격을 취득할 수 있으리라는 신뢰이익은 보호가치가 있다고 할 것이다. 이 사건에서 청구인들의 신뢰이익에 대비되는 공익이 중대하고 장기적 관점에서 필요한 것이라 하더라도, 이 사건 심판대상 조항을 이 사건 법원조직법 개정 당시 이미 사법연수원에 입소한

사람들에게도 반드시 시급히 적용해야 할 정도로 긴요하다고는 보기 어렵고, 종전 규정의 적용을 받게 된 사법연수원 2년차들과 개정 규정의 적용을 받게 된 사법연수원 1년차들인 청구인들 사이에 위 공익의 실현 관점에서 이들을 달리 볼 만한 합리적인 이유를 찾기도 어려우므로, 이 사건 심판대상 조항이 개정법 제42조 제2항을 법 개정 당시 이미 사법연수원에 입소한 사람들에게 적용되도록 한 것은 신뢰보호원칙에 반한다고 할 것이다.
나. 다만, 청구인들의 종전 규정에 대한 신뢰보호를 어느 범위까지 할 것인지에 대하여 살피건대, 판사임용자격과 같이 일정한 전문분야에 관한 자격제도의 형성에 관해서는 입법부가 형성의 자유를 가지며, 이미 사법연수원을 수료한 사람 중에서 개정법에 따라 일정 기간의 재직연수를 충족하여야만 판사로 임용될 수 있는 사람과의 형평에 비추어 볼 때, 이 사건 법원조직법 개정 전에 사법연수원에 입소했다는 사실만으로 청구인들에게 영구히 개정법을 적용할 수 없다고 볼 수는 없다.
결국, 이 사건 심판대상 조항은 이 사건 법원조직법 개정 시점인 2011. 7. 18. 당시에 이미 사법연수원에 입소하여 사법연수생의 신분을 가지고 있었던 자가 사법연수원을 수료하는 해의 판사 임용에 지원하는 경우에 적용되는 한 신뢰보호원칙에 반하여 청구인들의 공무담임권을 침해한다.

제26조 ①모든 국민은 법률이 정하는 바에 의하여 국가기관에 문서로 청원할 권리를 가진다.
②국가는 청원에 대하여 심사할 의무를 진다.

제27조 ①모든 국민은 헌법과 법률이 정한 법관에 의하여 법률에 의한 재판을 받을 권리를 가진다.
②군인 또는 군무원이 아닌 국민은 대한민국의 영역안에서는 중대한 군사상 기밀·초병·초소·유독음식물공급·포로·군용물에 관한 죄중 법률이 정한 경우와 비상계엄이 선포된 경우를 제외하고는 군사법원의 재판을 받지 아니한다.
③모든 국민은 신속한 재판을 받을 권리를 가진다. 형사피고인은 상당한 이유가 없는 한 지체없이 공개재판을 받을 권리를 가진다.
④형사피고인은 유죄의 판결이 확정될 때까지는 무죄로 추정된다.
⑤형사피해자는 법률이 정하는 바에 의하여 당해 사건의 재판절차에서 진술할 수 있다.

제28조 형사피의자 또는 형사피고인으로서 구금되었던 자가 법률이 정하는 불기소처분을 받거나 무죄판결을 받은 때에는 법률이 정하는 바에 의하여 국가에 정당한 보상을 청구할 수 있다.

제29조 ①공무원의 직무상 불법행위로 손해를 받은 국민은 법률이 정하는 바에 의하여 국가 또는 공공단체에 정당한 배상을 청구할 수 있다. 이 경우 공무원 자신의 책임은 면제되지 아니한다.
②군인·군무원·경찰공무원 기타 법률이 정하는 자가 전투·훈련 등 직무집행과 관련하여 받은 손해에 대하여는 법률이 정하는 보상 외에 국가 또는 공공단체에 공무원의 직무상 불법행위로 인한 배상은 청구할 수 없다.

제30조 타인의 범죄행위로 인하여 생명·신체에 대한 피해를 받은 국민은 법률이 정하는 바에 의하여 국가로부터 구조를 받을 수 있다.

제31조 ①모든 국민은 능력에 따라 균등하게 교육을 받을 권리를 가진다.
②모든 국민은 그 보호하는 자녀에게 적어도 초등교육과 법률이 정하는 교육을 받게 할 의무를 진다.
③의무교육은 무상으로 한다.
④교육의 자주성·전문성·정치적 중립성 및 대학의 자율성은 법률이 정하는 바에 의하여 보장된다.
⑤국가는 평생교육을 진흥하여야 한다.
⑥학교교육 및 평생교육을 포함한 교육제도와 그 운영, 교육재정 및 교원의 지위에 관한 기본적인 사항은 법률로 정한다.

판례-학교급식법 제8조 제2항 등 위헌소원

[2012.4.24. 2010헌바164]

【판시사항】

의무교육 대상인 중학생의 학부모에게 급식관련비용 일부를 부담하도록 하는 구 학교급식법(1996.12.30. 법률 제5236호로 개정되고, 2006.7.19. 법률 제7962호로 개정되기 전의 것) 제8조 제1항 후단 및 제2항 전단 중 초·중등교육법 제2조의 중학교에 관한 부분(이하 '이 사건 법률조항들'이라 한다)이 의무교육의 무상원칙을 위반하였는지 여부(소극)

【결정요지】

헌법 제31조 제3항에 규정된 의무교육의 무상원칙에 있어서 의무교육 무상의 범위는 원칙적으로 헌법상 교육의 기회균등을 실현하기 위해 필수불가결한 비용, 즉 모든 학생이 의무교육을 받음에 있어서 경제적인 차별 없이 수학하는 데 반드시 필요한 비용에 한한다.

따라서, 의무교육에 있어서 무상의 범위에는 의무교육이 실질적이고 균등하게 이루어지기 위한 본질적 항목으로, 수업료나 입학금의 면제, 학교와 교사 등 인적·물적 시설 및 그 시설을 유지하기 위한 인건비와 시설유지비 등의 부담제외가 포함되고, 그 외에도 의무교육을 받는 과정에 수반하는 비용으로서 의무교육의 실질적인 균등보장을 위해 필수불가결한 비용은 무상의 범위에 포함된다. 이러한 비용 이외의 비용을 무상의 범위에 포함시킬 것인지는 국가의 재정상황과 국민의 소득수준, 학부모들의 경제적 수준 및 사회적 합의 등을 고려하여 입법자가 입법정책적으로 해결해야 할 문제이다.

학교급식은 학생들에게 한 끼 식사를 제공하는 영양공급 차원을 넘어 교육적인 성격을 가지고 있지만, 이러한 교육적 측면은 기본적이고 필수적인 학교 교육 이외에 부가적으로 이루어지는 식생활 및 인성교육으로서의 보충적 성격을 가지므로 의무교육의 실질적인 균등보장을 위한 본질적이고 핵심적인 부분이라고까지는 할 수 없다.

이 사건 법률조항들은 비록 중학생의 학부모들에게 급식관련 비용의 일부를 부담하도록 하고 있지만, 학부모에게 급식에 필요한 경비의 일부를 부담시키는 경우에 있어서도 학교급식 실시의 기본적 인프라가 되는 부분은 배제하고 있으며, 국가나 지방자치단체의 지원으로 학부모의 급식비 부담을 경감하는 조항이 마련되어 있고, 특히 저소득층 학생들을 위한 지원방안이 마련되어 있다는 점 등을 고려해 보면, 이 사건 법률조항들이 입법형성권의 범위를 넘어 헌법상 의무교육의 무상원칙에 반하는 것으로 보기는 어렵다.

제32조 ①모든 국민은 근로의 권리를 가진다. 국가는 사회적·경제적 방법으로 근로자의 고용의 증진과 적정임금의 보장에 노력하여야 하며, 법률이 정하는 바에 의하여 최저임금제를 시행하여야 한다.

②모든 국민은 근로의 의무를 진다. 국가는 근로의 의무의 내용과 조건을 민주주의원칙에 따라 법률로 정한다.

③근로조건의 기준은 인간의 존엄성을 보장하도록 법률로 정한다.

④여자의 근로는 특별한 보호를 받으며, 고용·임금 및 근로조건에 있어서 부당한 차별을 받지 아니한다.

⑤연소자의 근로는 특별한 보호를 받는다.

⑥국가유공자·상이군경 및 전몰군경의 유가족은 법률이 정하는 바에 의하여 우선적으로 근로의 기회를 부여받는다.

제33조 ①근로자는 근로조건의 향상을 위하여 자주적인 단결권·단체교섭권 및 단체행동권을 가진다.

②공무원인 근로자는 법률이 정하는 자에 한하여 단결권·단체교섭권 및 단체행동권을 가진다.

③법률이 정하는 주요방위산업체에 종사하는 근로자의 단체행동권은 법률이 정하는 바에 의하여 이를 제한하거나 인정하지 아니할 수 있다.

제34조 ①모든 국민은 인간다운 생활을 할 권리를 가진다.

②국가는 사회보장·사회복지의 증진에 노력할 의무를 진다.

③국가는 여자의 복지와 권익의 향상을 위하여 노력하여야 한다.

④국가는 노인과 청소년의 복지향상을 위한 정책을 실시할 의무를 진다.
⑤신체장애자 및 질병·노령 기타의 사유로 생활능력이 없는 국민은 법률이 정하는 바에 의하여 국가의 보호를 받는다.
⑥국가는 재해를 예방하고 그 위험으로부터 국민을 보호하기 위하여 노력하여야 한다.

제35조 ①모든 국민은 건강하고 쾌적한 환경에서 생활할 권리를 가지며, 국가와 국민은 환경보전을 위하여 노력하여야 한다.
②환경권의 내용과 행사에 관하여는 법률로 정한다.
③국가는 주택개발정책등을 통하여 모든 국민이 쾌적한 주거생활을 할 수 있도록 노력하여야 한다.

제36조 ①혼인과 가족생활은 개인의 존엄과 양성의 평등을 기초로 성립되고 유지되어야 하며, 국가는 이를 보장한다.
②국가는 모성의 보호를 위하여 노력하여야 한다.
③모든 국민은 보건에 관하여 국가의 보호를 받는다.

제37조 ①국민의 자유와 권리는 헌법에 열거되지 아니한 이유로 경시되지 아니한다.
②국민의 모든 자유와 권리는 국가안전보장·질서유지 또는 공공복리를 위하여 필요한 경우에 한하여 법률로써 제한할 수 있으며, 제한하는 경우에도 자유와 권리의 본질적인 내용을 침해할 수 없다.

판례-국민건강증진법시행규칙 제7조 위헌확인

[전원재판부 2003헌마457, 2004.8.26.]

【판시사항】
1. 흡연권과 혐연권의 우열
2. 상하의 위계질서가 있는 기본권끼리 충돌하는 경우 제한될 수 있는 기본권
3. 흡연권을 법률로써 제한할 수 있는지 여부(적극)
4. 국민건강증진법시행규칙 제7조가 과잉금지원칙에 위반되는지 여부(소극)
5. 국민건강증진법시행규칙 제7조가 평등원칙에 위반되는지 여부(소극)

【결정요지】
1. 흡연권은 사생활의 자유를 실질적 핵으로 하는 것이고 혐연권은 사생활의 자유뿐만 아니라 생명권에까지 연결되는 것이므로 혐연권이 흡연권보다 상위의 기본권이다.
2. 상하의 위계질서가 있는 기본권끼리 충돌하는 경우에는 상위기본권우선의 원칙에 따라 하위 기본권이 제한될 수 있으므로, 흡연권은 혐연권을 침해하지 않는 한에서 인정되어야 한다.
3. 흡연은 국민의 건강을 해치고 공기를 오염시켜 환경을 해친다는 점에서 국민 공동의 공공복리에 관계되므로, 공공복리를 위하여 개인의 자유와 권리를 제한할 수 있도록 한 헌법 제37조 제2항에 따라 흡연행위를 법률로써 제한할 수 있다.
4. 금연구역의 지정에 관하여 규정하고 있는 국민건강증진법시행규칙 제7조는 국민의 건강을 보호하기 위한 것으로서 목적의 정당성을 인정할 수 있고, 일정한 내용의 금연구역을 설정하는 방법의 적정성도 인정할 수 있으며, 달성하려는 공익이 제한되는 사익보다 커 법익균형성도 인정되고, 금연구역 지정의 대상과 요건을 고려할 때
최소침해성도 인정되므로, 과잉금지원칙에 위반되지 아니한다.
5. 국민건강증진법시행규칙 제7조는 흡연자들의 권리를 보다 제한하고 있으나, 국민의 건강과 혐연권을 보장하기 위하여 흡연권을 제한하는 것으로서 차별에 합리적인 이유가 있으므로 평등원칙에 위반되지 아니한다.

판례-학교보건법제6조제1항제3호위헌제청

[헌법재판소 2009.7.30. 선고 2008헌가2 전원재판부]

【판시사항】

가. 국가의 학교교육제도에 관한 전반적·포괄적인 형성권

나. 학교정화구역 내의 납골시설의 설치·운영을 절대적으로 금지하고 있는 구 학교보건법(2005.12.7. 법률 제7700호로 개정되고, 2007.12.14. 법률 제8678호로 개정되기 전의 것) 제6조 제1항 본문 제3호 중 "납골시설" 부분(이하 '이 사건 법률조항'이라고 한다)에 의하여 제한되는 기본권

다. 이 사건 법률조항이 종교의 자유 내지 행복추구권·직업의 자유 등 기본권을 침해하는 것인지 여부(소극)

라. 대학 주변의 학교정화구역에서도 납골시설의 설치·운영을 금지하고 있는 이 사건 법률조항이 기본권을 침해하는 것인지 여부(소극)

【결정요지】

가. 헌법은 학교교육 등 교육제도에 관한 기본적인 사항을 법률로 정하도록 규정하였다(제31조 제6항). 이에 따라 국가는 학생들에 대한 학교교육의 책임과 함께 학교교육제도에 관한 전반적·포괄적인 형성권과 규율권을 가진다.

나. 이 사건 법률조항은 정화구역 내의 납골시설 설치·운영을 일반적으로 금지하고 있다. 종교단체의 납골시설은 사자의 죽음을 추모하고 사후의 평안을 기원하는 종교적 행사를 하기 위한 시설이라고 할 수 있다. 종교단체가 설치·운영하고자 하는 납골시설이 금지되는 경우에는 종교의 자유에 대한 제한 문제가 발생한다. 그리고 개인이 조상이나 가족을 위하여 설치하는 납골시설 또는 문중·종중이 구성원을 위하여 설치하는 납골시설이 금지되는 경우에는 행복추구권 제한의 문제가 발생한다. 납골시설의 설치·운영을 직업으로서 수행하고자 하는 자에게는 이 사건 법률조항이 직업의 자유를 제한하게 된다.

다. 우리 사회는 전통적으로 사망한 사람의 시신이나 무덤을 경원하고 기피하는 풍토와 정서를 가지고 살아왔다. 입법자는 학교 부근의 납골시설이 현실적으로 학생들의 정서교육에 해로운 영향을 끼칠 가능성이 있다고 판단하고 학생들에 대한 정서교육의 환경을 보호하기 위하여 학교 부근의 납골시설을 규제하기로 결정한 것이다. 납골시설을 기피하는 풍토와 정서가 과학적인 합리성이 없다고 하더라도, 그러한 풍토와 정서가 현실적으로 학생들의 정서발달에 해로운 영향을 끼칠 가능성이 있는 이상, 규제하여야 할 필요성과 공익성을 부정하기 어렵다.

학교 정화구역 내에 납골시설을 금지할 필요성은 납골시설의 운영주체가 국가·지방자치단체 등의 공공기관이거나 개인·문중·종교단체·재단법인이든 마찬가지라고 할 것이다. 따라서 납골시설의 유형이나 설치주체를 가리지 아니하고 일률적으로 금지한다고 하여 불합리하거나 교육환경에 관한 입법형성권의 한계를 벗어났다고 보기 어렵다.

라. 납골시설을 기피하는 정서는 사회의 일반적인 풍토와 문화에서 비롯된 것이어서 대학생이 되면 완전히 벗어나게 된다고 단정하기 어렵다. 대학 부근의 정화구역에서도 납골시설의 설치를 금지하는 것이 불합리하거나 불필요하다고 보기 어렵다. 이 사건 법률조항에 의하여 금지되는 것은 학교 부근 200m 이내의 정화구역 내에 국한되는 것이므로, 그로 인하여 기본권이 침해되는 정도는 크지 않다고 할 수 있다.

결국, 이 사건 법률조항은 입법목적을 달성하기 위하여 필요한 한도를 넘어서 종교의 자유, 행복추구권 및 직업의 자유를 과도하게 제한하여 헌법 제37조 제2항에 위반된다고 보기 어렵다.

제38조 모든 국민은 법률이 정하는 바에 의하여 납세의 의무를 진다.

제39조 ①모든 국민은 법률이 정하는 바에 의하여 국방의 의무를 진다.

②누구든지 병역의무의 이행으로 인하여 불이익한 처우를 받지 아니한다.

판례-제대군인지원에관한법률 제8조 제1항 등 위헌확인 "(제대군인지원에관한법률 제8조 제3항, 제대군인지원에관한법률시행령 제9조)"

[전원재판부 98헌마363, 1999.12.23.]

【판시사항】

1. 제대군인이 공무원채용시험 등에 응시한 때에 과목별 득점에 과목별 만점의 5% 또는 3%를 가산하는 제대군인가산점제도(이하 "가산점제도")
가 헌법에 근거를 둔 것인지 여부(소극)
2. 가산점제도로 인한 차별의 대상
3.가산점제도의 평등위반여부를 심사함에 있어 적용되는 심사\척도
4. 가산점제도로 여성, 신체장애자 등의 평등권이 침해되는지 여부(적극)
5. 가산점제도로 여성, 신체장애자 등의 공무담임권이 침해되는지 여부(적극)

【결정요지】

1. 헌법 제39조 제1항에서 국방의 의무를 국민에게 부과하고 있는 이상 병역법에 따라 군복무를 하는 것은 국민이 마땅히 하여야 할 이른바 신성한 의무를 다 하는 것일 뿐, 그러한 의무를 이행하였다고 하여 이를 특별한 희생으로 보아 일일이 보상하여야 한다고 할 수는 없는 것이므로, 헌법 제39조 제2항은 병역의무를 이행한 사람에게 보상조치를 취하거나 특혜를 부여할 의무를 국가에게 지우는 것이 아니라, 법문 그대로 병역의무의 이행을 이유로 불이익한 처우를 하는 것을 금지하고 있을 뿐인데, 제대군인지원에관한법률 제8조 제1항 및 제3항, 동법시행령 제9조에 의한 가산점제도는 이러한 헌법 제39조 제2항의 범위를 넘어 제대군인에게 일종의 적극
적 보상조치를 취하는 제도라고 할 것이므로 이를 헌법 제39조 제2항에 근거한 제도라고 할 수 없고, 제대군인은 헌법 제32조 제6항에 규정된 "국가유공자 · 상이군경 및 전몰군경의 유가족"에 해당하지 아니하므로 이 헌법조항도 가산점제도의 근거가 될 수 없으며, 달리 헌법상의 근거를 찾아볼 수 없다.
2. 전체여성 중의 극히 일부분만이 제대군인에 해당될 수 있는 반면, 남자의 대부분은 제대군인에 해당하므로 가산점제도는 실질적으로 성별에 의한 차별이고, 가산점을 받을 수 있는 현역복무를 하게 되는지 여부는 병역의무자의 의사와 관계없이 징병검사의 판정결과, 학력, 병력수급의 사정에 따라 정해지는 것이므로 가산점제도는 현역복무나 상근예비역 소집근무를 할 수 있는 신체 건장한 남자와 그렇지 못한 남자, 즉 병역면제자와 보충역복무를 하게 되는 자를 차별하는 제도이다.
3. 평등위반 여부를 심사함에 있어 엄격한 심사척도에 의할 것인지, 완화된 심사척도에 의할 것인지는 입법자에게 인정되는 입법형성권의 정도에 따라 달라지게 될 것이나, 헌법에서 특별히 평등을 요구하고 있는 경우와 차별적 취급으로 인하여 관련 기본권에 대한 중대한 제한을 초래하게 된다면 입법형성권은 축소되어 보다 엄격한 심사척도가 적용되어야 할 것인바, 가산점제도는 헌법 제32조 제4항이 특별히 남녀평등을 요구하고 있는 "근로" 내지 "고용"의 영역에서 남성과 여성을 달리 취급하는 제도이고, 또한 헌법 제25조에 의하여 보장된 공무담임권이라는 기본권의 행사에 중대한 제약을 초래하는 것이기 때문에 엄격한 심사척도가 적용된다.
4. 가. 제대군인에 대하여 여러 가지 사회정책적 지원을 강구하는 것이 필요하다 할지라도, 그것이 사회공동체의 다른 집단에게 동등하게 보장되어야 할 균등한 기회 자체를 박탈하는 것이어서는 아니 되는데, 가산점제도는 아무런 재정적 뒷받침 없이 제대군인을 지원하려 한 나머지 결과적으로 여성과 장애인 등 이른바 사회적 약자들
의 희생을 초래하고 있으며, 각종 국제협약, 실질적 평등 및 사회적 법치국가를 표방하고 있는 우리 헌법과 이를 구체화하고 있는 전체 법체계 등에 비추어 우리 법체계내에 확고히 정립된 기본질서라고 할 '여성과 장애인에 대한 차별금지와 보호'에도 저촉되므로 정책수단으로서의 적합성과 합리성을 상실한 것이다.
나. 가산점제도는 수많은 여성들의 공직진출에의 희망에 걸림돌이 되고 있으며, 공무원채용시험의 경쟁률이 매우 치열하고 합격선도 평균 80점을 훨씬 상회하고 있으며 그 결과 불과 영점 몇 점 차이로 당락이 좌우되고 있는 현실에서 각 과목별 득점에 각 과목별 만점의 5퍼센트 또는 3퍼센트를 가산함으로써 합격여부에 결정적 영향을 미쳐 가산점을 받지 못하는 사람들을 6급이

하의 공무원 채용에 있어서 실질적으로 거의 배제하는 것과 마찬가지의 결과를 초래하고 있고, 제대군인에 대한 이러한 혜택을 몇 번이고 아무런 제한없이 부여함으로써 한 사람의 제대군인을 위하여 몇 사람의 비(非)제대군인의 기회가 박탈당할 수 있게 하는 등 차별취급을 통하여 달성하려는 입법목적의 비중에 비하여 차별로 인한 불평등의 효과가 극심하므로 가산점제도는 차별취급의 비례성을 상실하고 있다.
다. 그렇다면 가산점제도는 제대군인에 비하여, 여성 및 제대군인이 아닌 남성을 부당한 방법으로 지나치게 차별하는 것으로서 헌법 제11조에 위배되며, 이로 인하여 청구인들의 평등권이 침해된다.
5. 헌법 제25조의 공무담임권 조항은 모든 국민이 누구나 그 능력과 적성에 따라 공직에 취임할 수 있는 균등한 기회를 보장함을 내용으로 하므로, 공직자선발에 관하여 능력주의에 바탕한 선발기준을 마련하지 아니하고 해당 공직이 요구하는 직무수행능력과 무관한 요소를 기준으로 삼는 것은 국민의 공직취임권을 침해하는 것이 되는바, 제대군인 지원이라는 입법목적은 예외적으로 능력주의를 제한할 수 있는 정당한 근거가 되지 못하는데도 불구하고 가산점제도는 능력주의에 기초하지 아니하고 성별, '현역복무를 감당할 수 있을 정도로 신체가 건강한가'와 같은 불합리한 기준으로 여성과 장애인 등의 공직취임권을 지나치게 제약하는 것으로서 헌법 제25조에 위배되고, 이로 인하여 청구인들의 공무담임권이 침해된다.

제3장 국회

제40조 입법권은 국회에 속한다.

제41조 ①국회는 국민의 보통·평등·직접·비밀선거에 의하여 선출된 국회의원으로 구성한다.
②국회의원의 수는 법률로 정하되, 200인 이상으로 한다.
③국회의원의 선거구와 비례대표제 기타 선거에 관한 사항은 법률로 정한다.

제42조 국회의원의 임기는 4년으로 한다.

제43조 국회의원은 법률이 정하는 직을 겸할 수 없다.

제44조 ①국회의원은 현행범인인 경우를 제외하고는 회기중 국회의 동의없이 체포 또는 구금되지 아니한다.
②국회의원이 회기전에 체포 또는 구금된 때에는 현행범인이 아닌 한 국회의 요구가 있으면 회기중 석방된다.

제45조 국회의원은 국회에서 직무상 행한 발언과 표결에 관하여 국회외에서 책임을 지지 아니한다.

제46조 ①국회의원은 청렴의 의무가 있다.
②국회의원은 국가이익을 우선하여 양심에 따라 직무를 행한다.
③국회의원은 그 지위를 남용하여 국가·공공단체 또는 기업체와의 계약이나 그 처분에 의하여 재산상의 권리·이익 또는 직위를 취득하거나 타인을 위하여 그 취득을 알선할 수 없다.

제47조 ①국회의 정기회는 법률이 정하는 바에 의하여 매년 1회 집회되며, 국회의 임시회는 대통령 또는 국회재적의원 4분의 1 이상의 요구에 의하여 집회된다.
②정기회의 회기는 100일을, 임시회의 회기는 30일을 초과할 수 없다.
③대통령이 임시회의 집회를 요구할 때에는 기간과 집회요구의 이유를 명시하여야 한다.

제48조 국회는 의장 1인과 부의장 2인을 선출한다.

제49조 국회는 헌법 또는 법률에 특별한 규정이 없는 한 재적의원 과반수의 출석과 출석의원 과반수의 찬성으로 의결한다. 가부동수인 때에는 부결된 것으로 본다.

제50조 ①국회의 회의는 공개한다. 다만, 출석의원 과반수의 찬성이 있거나 의장이 국가의 안전보장을 위하여 필요하다고 인정할 때에는 공개하지 아니할 수 있다.
②공개하지 아니한 회의내용의 공표에 관하여는 법률이 정하는 바에 의한다.

제51조 국회에 제출된 법률안 기타의 의안은 회기중에 의결되지 못한 이유로 폐기되지 아니한다. 다만, 국회의원의 임기가 만료된 때에는 그러하지 아니하다.

제52조 국회의원과 정부는 법률안을 제출할 수 있다.

제53조 ①국회에서 의결된 법률안은 정부에 이송되어 15일 이내에 대통령이 공포한다.
②법률안에 이의가 있을 때에는 대통령은 제1항의 기간내에 이의서를 붙여 국회로 환부하고, 그 재의를 요구할 수 있다. 국회의 폐회중에도 또한 같다.
③대통령은 법률안의 일부에 대하여 또는 법률안을 수정하여 재의를 요구할 수 없다.
④재의의 요구가 있을 때에는 국회는 재의에 붙이고, 재적의원과반수의 출석과 출석의원 3분의 2 이상의 찬성으로 전과 같은 의결을 하면 그 법률안은 법률로서 확정된다.
⑤대통령이 제1항의 기간내에 공포나 재의의 요구를 하지 아니한 때에도 그 법률안은 법률로서 확정된다.
⑥대통령은 제4항과 제5항의 규정에 의하여 확정된 법률을 지체없이 공포하여야 한다. 제5항에 의하여 법률이 확정된 후 또는 제4항에 의한 확정법률이 정부에 이송된 후 5일 이내에 대통령이 공포하지 아니할 때에는 국회의장이 이를 공포한다.
⑦법률은 특별한 규정이 없는 한 공포한 날로부터 20일을 경과함으로써 효력을 발생한다.

제54조 ①국회는 국가의 예산안을 심의·확정한다.
②정부는 회계연도마다 예산안을 편성하여 회계연도 개시 90일전까지 국회에 제출하고, 국회는 회계연도 개시 30일전까지 이를 의결하여야 한다.
③새로운 회계연도가 개시될 때까지 예산안이 의결되지 못한 때에는 정부는 국회에서 예산안이 의결될 때까지 다음의 목적을 위한 경비는 전년도 예산에 준하여 집행할 수 있다.
1. 헌법이나 법률에 의하여 설치된 기관 또는 시설의 유지·운영
2. 법률상 지출의무의 이행
3. 이미 예산으로 승인된 사업의 계속

제55조 ①한 회계연도를 넘어 계속하여 지출할 필요가 있을 때에는 정부는 연한을 정하여 계속비로서 국회의 의결을 얻어야 한다.
②예비비는 총액으로 국회의 의결을 얻어야 한다. 예비비의 지출은 차기국회의 승인을 얻어야 한다.

제56조 정부는 예산에 변경을 가할 필요가 있을 때에는 추가경정예산안을 편성하여 국회에 제출할 수 있다.

제57조 국회는 정부의 동의 없이 정부가 제출한 지출예산 각항의 금액을 증가하거나 새 비목을 설치할 수 없다.

제58조 국채를 모집하거나 예산외에 국가의 부담이 될 계약을 체결하려 할 때에는 정부는

미리 국회의 의결을 얻어야 한다.

제59조 조세의 종목과 세율은 법률로 정한다.

제60조 ①국회는 상호원조 또는 안전보장에 관한 조약, 중요한 국제조직에 관한 조약, 우호통상항해조약, 주권의 제약에 관한 조약, 강화조약, 국가나 국민에게 중대한 재정적 부담을 지우는 조약 또는 입법사항에 관한 조약의 체결·비준에 대한 동의권을 가진다.
②국회는 선전포고, 국군의 외국에의 파견 또는 외국군대의 대한민국 영역안에서의 주류에 대한 동의권을 가진다.

제61조 ①국회는 국정을 감사하거나 특정한 국정사안에 대하여 조사할 수 있으며, 이에 필요한 서류의 제출 또는 증인의 출석과 증언이나 의견의 진술을 요구할 수 있다.
②국정감사 및 조사에 관한 절차 기타 필요한 사항은 법률로 정한다.

제62조 ①국무총리·국무위원 또는 정부위원은 국회나 그 위원회에 출석하여 국정처리상황을 보고하거나 의견을 진술하고 질문에 응답할 수 있다.
②국회나 그 위원회의 요구가 있을 때에는 국무총리·국무위원 또는 정부위원은 출석·답변하여야 하며, 국무총리 또는 국무위원이 출석요구를 받은 때에는 국무위원 또는 정부위원으로 하여금 출석·답변하게 할 수 있다.

제63조 ①국회는 국무총리 또는 국무위원의 해임을 대통령에게 건의할 수 있다.
②제1항의 해임건의는 국회재적의원 3분의 1 이상의 발의에 의하여 국회재적의원 과반수의 찬성이 있어야 한다.

제64조 ①국회는 법률에 저촉되지 아니하는 범위안에서 의사와 내부규율에 관한 규칙을 제정할 수 있다.
②국회는 의원의 자격을 심사하며, 의원을 징계할 수 있다.
③의원을 제명하려면 국회재적의원 3분의 2 이상의 찬성이 있어야 한다.
④제2항과 제3항의 처분에 대하여는 법원에 제소할 수 없다.

제65조 ①대통령·국무총리·국무위원·행정각부의 장·헌법재판소 재판관·법관·중앙선거관리위원회 위원·감사원장·감사위원 기타 법률이 정한 공무원이 그 직무집행에 있어서 헌법이나 법률을 위배한 때에는 국회는 탄핵의 소추를 의결할 수 있다.
②제1항의 탄핵소추는 국회재적의원 3분의 1 이상의 발의가 있어야 하며, 그 의결은 국회재적의원 과반수의 찬성이 있어야 한다. 다만, 대통령에 대한 탄핵소추는 국회재적의원 과반수의 발의와 국회재적의원 3분의 2 이상의 찬성이 있어야 한다.
③탄핵소추의 의결을 받은 자는 탄핵심판이 있을 때까지 그 권한행사가 정지된다.
④탄핵결정은 공직으로부터 파면함에 그친다. 그러나, 이에 의하여 민사상이나 형사상의 책임이 면제되지는 아니한다.

제4장 정부

제1절 대통령

제66조 ①대통령은 국가의 원수이며, 외국에 대하여 국가를 대표한다.
②대통령은 국가의 독립·영토의 보전·국가의 계속성과 헌법을 수호할 책무를 진다.
③대통령은 조국의 평화적 통일을 위한 성실한 의무를 진다.
④행정권은 대통령을 수반으로 하는 정부에 속한다.

제67조 ①대통령은 국민의 보통·평등·직접·비밀선거에 의하여 선출한다.
②제1항의 선거에 있어서 최고득표자가 2인 이상인 때에는 국회의 재적의원 과반수가 출석한 공개회의에서 다수표를 얻은 자를 당선자로 한다.
③대통령후보자가 1인일 때에는 그 득표수가 선거권자 총수의 3분의 1 이상이 아니면 대통령으로 당선될 수 없다.
④대통령으로 선거될 수 있는 자는 국회의원의 피선거권이 있고 선거일 현재 40세에 달하여야 한다.
⑤대통령의 선거에 관한 사항은 법률로 정한다.

제68조 ①대통령의 임기가 만료되는 때에는 임기만료 70일 내지 40일전에 후임자를 선거한다.
②대통령이 궐위된 때 또는 대통령 당선자가 사망하거나 판결 기타의 사유로 그 자격을 상실한 때에는 60일 이내에 후임자를 선거한다.

제69조 대통령은 취임에 즈음하여 다음의 선서를 한다.
"나는 헌법을 준수하고 국가를 보위하며 조국의 평화적 통일과 국민의 자유와 복리의 증진 및 민족문화의 창달에 노력하여 대통령으로서의 직책을 성실히 수행할 것을 국민 앞에 엄숙히 선서합니다."

제70조 대통령의 임기는 5년으로 하며, 중임할 수 없다.

제71조 대통령이 궐위되거나 사고로 인하여 직무를 수행할 수 없을 때에는 국무총리, 법률이 정한 국무위원의 순서로 그 권한을 대행한다.

제72조 대통령은 필요하다고 인정할 때에는 외교·국방·통일 기타 국가안위에 관한 중요정책을 국민투표에 붙일 수 있다.

제73조 대통령은 조약을 체결·비준하고, 외교사절을 신임·접수 또는 파견하며, 선전포고와 강화를 한다.

제74조 ①대통령은 헌법과 법률이 정하는 바에 의하여 국군을 통수한다.
②국군의 조직과 편성은 법률로 정한다.

제75조 대통령은 법률에서 구체적으로 범위를 정하여 위임받은 사항과 법률을 집행하기 위하여 필요한 사항에 관하여 대통령령을 발할 수 있다.

제76조 ①대통령은 내우·외환·천재·지변 또는 중대한 재정·경제상의 위기에 있어서 국가의 안전보장 또는 공공의 안녕질서를 유지하기 위하여 긴급한 조치가 필요하고 국회의 집회를 기다릴 여유가 없을 때에 한하여 최소한으로 필요한 재정·경제상의 처분을 하거나 이에 관

하여 법률의 효력을 가지는 명령을 발할 수 있다.
②대통령은 국가의 안위에 관계되는 중대한 교전상태에 있어서 국가를 보위하기 위하여 긴급한 조치가 필요하고 국회의 집회가 불가능한 때에 한하여 법률의 효력을 가지는 명령을 발할 수 있다.
③대통령은 제1항과 제2항의 처분 또는 명령을 한 때에는 지체없이 국회에 보고하여 그 승인을 얻어야 한다.
④제3항의 승인을 얻지 못한 때에는 그 처분 또는 명령은 그때부터 효력을 상실한다. 이 경우 그 명령에 의하여 개정 또는 폐지되었던 법률은 그 명령이 승인을 얻지 못한 때부터 당연히 효력을 회복한다.
⑤대통령은 제3항과 제4항의 사유를 지체 없이 공포하여야 한다.

제77조 ①대통령은 전시·사변 또는 이에 준하는 국가비상사태에 있어서 병력으로써 군사상의 필요에 응하거나 공공의 안녕질서를 유지할 필요가 있을 때에는 법률이 정하는 바에 의하여 계엄을 선포할 수 있다.
②계엄은 비상계엄과 경비계엄으로 한다.
③비상계엄이 선포된 때에는 법률이 정하는 바에 의하여 영장제도, 언론·출판·집회·결사의 자유, 정부나 법원의 권한에 관하여 특별한 조치를 할 수 있다.
④계엄을 선포한 때에는 대통령은 지체없이 국회에 통고하여야 한다.
⑤국회가 재적의원 과반수의 찬성으로 계엄의 해제를 요구한 때에는 대통령은 이를 해제하여야 한다.

제78조 대통령은 헌법과 법률이 정하는 바에 의하여 공무원을 임면한다.

제79조 ①대통령은 법률이 정하는 바에 의하여 사면·감형 또는 복권을 명할 수 있다.
②일반사면을 명하려면 국회의 동의를 얻어야 한다.
③사면·감형 및 복권에 관한 사항은 법률로 정한다.

제80조 대통령은 법률이 정하는 바에 의하여 훈장 기타의 영전을 수여한다.

제81조 대통령은 국회에 출석하여 발언하거나 서한으로 의견을 표시할 수 있다.

제82조 대통령의 국법상 행위는 문서로써 하며, 이 문서에는 국무총리와 관계 국무위원이 부서한다. 군사에 관한 것도 또한 같다.

제83조 대통령은 국무총리·국무위원·행정각부의 장 기타 법률이 정하는 공사의 직을 겸할 수 없다.

제84조 대통령은 내란 또는 외환의 죄를 범한 경우를 제외하고는 재직중 형사상의 소추를 받지 아니한다.

제85조 전직대통령의 신분과 예우에 관하여는 법률로 정한다.

제2절 행정부

제1관 국무총리와 국무위원

제86조 ①국무총리는 국회의 동의를 얻어 대통령이 임명한다.
②국무총리는 대통령을 보좌하며, 행정에 관하여 대통령의 명을 받아 행정각부를 통할한다.

③군인은 현역을 면한 후가 아니면 국무총리로 임명될 수 없다.

제87조 ①국무위원은 국무총리의 제청으로 대통령이 임명한다.
②국무위원은 국정에 관하여 대통령을 보좌하며, 국무회의의 구성원으로서 국정을 심의한다.
③국무총리는 국무위원의 해임을 대통령에게 건의할 수 있다.
④군인은 현역을 면한 후가 아니면 국무위원으로 임명될 수 없다.

제2관 국무회의

제88조 ①국무회의는 정부의 권한에 속하는 중요한 정책을 심의한다.
②국무회의는 대통령·국무총리와 15인 이상 30인 이하의 국무위원으로 구성한다.
③대통령은 국무회의의 의장이 되고, 국무총리는 부의장이 된다.

제89조 다음 사항은 국무회의의 심의를 거쳐야 한다.
1. 국정의 기본계획과 정부의 일반정책
2. 선전·강화 기타 중요한 대외정책
3. 헌법개정안·국민투표안·조약안·법률안 및 대통령령안
4. 예산안·결산·국유재산처분의 기본계획·국가의 부담이 될 계약 기타 재정에 관한 중요사항
5. 대통령의 긴급명령·긴급재정경제처분 및 명령 또는 계엄과 그 해제
6. 군사에 관한 중요사항
7. 국회의 임시회 집회의 요구
8. 영전수여
9. 사면·감형과 복권
10. 행정각부간의 권한의 획정
11. 정부안의 권한의 위임 또는 배정에 관한 기본계획
12. 국정처리상황의 평가·분석
13. 행정각부의 중요한 정책의 수립과 조정
14. 정당해산의 제소
15. 정부에 제출 또는 회부된 정부의 정책에 관계되는 청원의 심사
16. 검찰총장·합동참모의장·각군참모총장·국립대학교총장·대사 기타 법률이 정한 공무원과 국영기업체관리자의 임명
17. 기타 대통령·국무총리 또는 국무위원이 제출한 사항

제90조 ①국정의 중요한 사항에 관한 대통령의 자문에 응하기 위하여 국가원로로 구성되는 국가원로자문회의를 둘 수 있다.
②국가원로자문회의의 의장은 직전대통령이 된다. 다만, 직전대통령이 없을 때에는 대통령이 지명한다.
③국가원로자문회의의 조직·직무범위 기타 필요한 사항은 법률로 정한다.

제91조 ①국가안전보장에 관련되는 대외정책·군사정책과 국내정책의 수립에 관하여 국무회의의 심의에 앞서 대통령의 자문에 응하기 위하여 국가안전보장회의를 둔다.
②국가안전보장회의는 대통령이 주재한다.
③국가안전보장회의의 조직·직무범위 기타 필요한 사항은 법률로 정한다.

제92조 ①평화통일정책의 수립에 관한 대통령의 자문에 응하기 위하여 민주평화통일자문회의를 둘 수 있다.
②민주평화통일자문회의의 조직·직무범위 기타 필요한 사항은 법률로 정한다.

第93조 ①국민경제의 발전을 위한 중요정책의 수립에 관하여 대통령의 자문에 응하기 위하여 국민경제자문회의를 둘 수 있다.
②국민경제자문회의의 조직·직무범위 기타 필요한 사항은 법률로 정한다.

제3관 행정각부

第94조 행정각부의 장은 국무위원 중에서 국무총리의 제청으로 대통령이 임명한다.

第95조 국무총리 또는 행정각부의 장은 소관사무에 관하여 법률이나 대통령령의 위임 또는 직권으로 총리령 또는 부령을 발할 수 있다.

第96조 행정각부의 설치·조직과 직무범위는 법률로 정한다.

제4관 감사원

第97조 국가의 세입·세출의 결산, 국가 및 법률이 정한 단체의 회계검사와 행정기관 및 공무원의 직무에 관한 감찰을 하기 위하여 대통령 소속하에 감사원을 둔다.

第98조 ①감사원은 원장을 포함한 5인 이상 11인 이하의 감사위원으로 구성한다.
②원장은 국회의 동의를 얻어 대통령이 임명하고, 그 임기는 4년으로 하며, 1차에 한하여 중임할 수 있다.
③감사위원은 원장의 제청으로 대통령이 임명하고, 그 임기는 4년으로 하며, 1차에 한하여 중임할 수 있다.

第99조 감사원은 세입·세출의 결산을 매년 검사하여 대통령과 차년도국회에 그 결과를 보고하여야 한다.

第100조 감사원의 조직·직무범위·감사위원의 자격·감사대상공무원의 범위 기타 필요한 사항은 법률로 정한다.

제5장 법원

第101조 ①사법권은 법관으로 구성된 법원에 속한다.
②법원은 최고법원인 대법원과 각급법원으로 조직된다.
③법관의 자격은 법률로 정한다.

第102조 ①대법원에 부를 둘 수 있다.
②대법원에 대법관을 둔다. 다만, 법률이 정하는 바에 의하여 대법관이 아닌 법관을 둘 수 있다.
③대법원과 각급법원의 조직은 법률로 정한다.

第103조 법관은 헌법과 법률에 의하여 그 양심에 따라 독립하여 심판한다.

第104조 ①대법원장은 국회의 동의를 얻어 대통령이 임명한다.

②대법관은 대법원장의 제청으로 국회의 동의를 얻어 대통령이 임명한다.
③대법원장과 대법관이 아닌 법관은 대법관회의의 동의를 얻어 대법원장이 임명한다.

제105조 ①대법원장의 임기는 6년으로 하며, 중임할 수 없다.
②대법관의 임기는 6년으로 하며, 법률이 정하는 바에 의하여 연임할 수 있다.
③대법원장과 대법관이 아닌 법관의 임기는 10년으로 하며, 법률이 정하는 바에 의하여 연임할 수 있다.
④법관의 정년은 법률로 정한다.

제106조 ①법관은 탄핵 또는 금고 이상의 형의 선고에 의하지 아니하고는 파면되지 아니하며, 징계처분에 의하지 아니하고는 정직·감봉 기타 불리한 처분을 받지 아니한다.
②법관이 중대한 심신상의 장해로 직무를 수행할 수 없을 때에는 법률이 정하는 바에 의하여 퇴직하게 할 수 있다.

제107조 ①법률이 헌법에 위반되는 여부가 재판의 전제가 된 경우에는 법원은 헌법재판소에 제청하여 그 심판에 의하여 재판한다.
②명령·규칙 또는 처분이 헌법이나 법률에 위반되는 여부가 재판의 전제가 된 경우에는 대법원은 이를 최종적으로 심사할 권한을 가진다.
③재판의 전심절차로서 행정심판을 할 수 있다. 행정심판의 절차는 법률로 정하되, 사법절차가 준용되어야 한다.

판례-위헌법률심판제청

[대법원 2015.11.27., 자, 2013즈기5, 결정]

【판시사항】
법률조항에 대한 해석의 위헌 여부가 헌법재판소법 제41조 제1항에서 정한 법원의 위헌제청 대상이 되는지 여부(소극)

【전문】
【주 문】
이 사건 위헌법률심판제청신청을 각하한다.

【이 유】
헌법 제107조 제1항 및 헌법재판소법 제41조 제1항은 법률이 헌법에 위반되는 여부가 재판의 전제가 된 때에는 법원이 결정으로 헌법재판소에 위헌 여부의 심판을 제청한다고 규정하고 있고, 한편 구체적 분쟁사건의 재판에서 합헌적 법률해석을 포함하는 법령의 해석 적용 권한은 대법원을 최고법원으로 하는 법원에 전속되어 있는 점에 비추어, 헌법재판소법 제41조 제1항이 정한 법원의 위헌제청의 대상은 오로지 법률조항 자체의 위헌 여부일 뿐이고 법률조항에 대한 해석의 위헌 여부는 그 대상이 될 수 없으므로, 법률조항을 '…하는 것으로 해석하는 한 위헌'이라는 취지의 위헌제청신청은 그 법률조항에 대한 법원의 해석을 다투는 것에 불과하여 적법하지 아니하다고 할 것이다(대법원 2005.7.14.자 2003카기110 결정, 대법원 2013.6.27.자 2011아83 결정 참조).
이 사건 위헌제청신청의 신청취지는 '민법이 파탄주의를 채택하여 민법 제840조 제6호를 규정하고 있음에도 대법원이 이를 유책주의에 입각하여 유책배우자의 이혼청구권을 원칙적으로 봉쇄하는 내용으로 이를 해석하는 것'은 헌법에 위반된다는 취지의 위헌제청을 구하는 것이어서, 이러한 신청은 위 법리에 비추어 부적법하다.
그러므로 이 사건 위헌법률심판제청신청을 각하하기로 하여, 관여 대법관의 일치된 의견으로 주문과 같이 결정한다.

제108조 대법원은 법률에 저촉되지 아니하는 범위안에서 소송에 관한 절차, 법원의 내부규율과 사무처리에 관한 규칙을 제정할 수 있다.

제109조 재판의 심리와 판결은 공개한다. 다만, 심리는 국가의 안전보장 또는 안녕질서를 방해하거나 선량한 풍속을 해할 염려가 있을 때에는 법원의 결정으로 공개하지 아니할 수 있다.

제110조 ①군사재판을 관할하기 위하여 특별법원으로서 군사법원을 둘 수 있다.
②군사법원의 상고심은 대법원에서 관할한다.
③군사법원의 조직·권한 및 재판관의 자격은 법률로 정한다.
④비상계엄하의 군사재판은 군인·군무원의 범죄나 군사에 관한 간첩죄의 경우와 초병·초소·유독음식물공급·포로에 관한 죄중 법률이 정한 경우에 한하여 단심으로 할 수 있다. 다만, 사형을 선고한 경우에는 그러하지 아니하다.

제6장 헌법재판소

제111조 ①헌법재판소는 다음 사항을 관장한다.
1. 법원의 제청에 의한 법률의 위헌여부 심판
2. 탄핵의 심판
3. 정당의 해산 심판
4. 국가기관 상호간, 국가기관과 지방자치단체간 및 지방자치단체 상호간의 권한쟁의에 관한 심판
5. 법률이 정하는 헌법소원에 관한 심판

②헌법재판소는 법관의 자격을 가진 9인의 재판관으로 구성하며, 재판관은 대통령이 임명한다.
③제2항의 재판관중 3인은 국회에서 선출하는 자를, 3인은 대법원장이 지명하는 자를 임명한다.
④헌법재판소의 장은 국회의 동의를 얻어 재판관중에서 대통령이 임명한다.

제112조 ①헌법재판소 재판관의 임기는 6년으로 하며, 법률이 정하는 바에 의하여 연임할 수 있다.
②헌법재판소 재판관은 정당에 가입하거나 정치에 관여할 수 없다.
③헌법재판소 재판관은 탄핵 또는 금고 이상의 형의 선고에 의하지 아니하고는 파면되지 아니한다.

제113조 ①헌법재판소에서 법률의 위헌결정, 탄핵의 결정, 정당해산의 결정 또는 헌법소원에 관한 인용결정을 할 때에는 재판관 6인 이상의 찬성이 있어야 한다.
②헌법재판소는 법률에 저촉되지 아니하는 범위안에서 심판에 관한 절차, 내부규율과 사무처리에 관한 규칙을 제정할 수 있다.
③헌법재판소의 조직과 운영 기타 필요한 사항은 법률로 정한다.

제7장 선거관리

제114조 ①선거와 국민투표의 공정한 관리 및 정당에 관한 사무를 처리하기 위하여 선거관리위원회를 둔다.
②중앙선거관리위원회는 대통령이 임명하는 3인, 국회에서 선출하는 3인과 대법원장이 지명하는 3인의 위원으로 구성한다. 위원장은 위원중에서 호선한다.

③위원의 임기는 6년으로 한다.
④위원은 정당에 가입하거나 정치에 관여할 수 없다.
⑤위원은 탄핵 또는 금고 이상의 형의 선고에 의하지 아니하고는 파면되지 아니한다.
⑥중앙선거관리위원회는 법령의 범위안에서 선거관리·국민투표관리 또는 정당사무에 관한 규칙을 제정할 수 있으며, 법률에 저촉되지 아니하는 범위안에서 내부규율에 관한 규칙을 제정할 수 있다.
⑦각급 선거관리위원회의 조직·직무범위 기타 필요한 사항은 법률로 정한다.

제115조 ①각급 선거관리위원회는 선거인명부의 작성등 선거사무와 국민투표사무에 관하여 관계 행정기관에 필요한 지시를 할 수 있다.
②제1항의 지시를 받은 당해 행정기관은 이에 응하여야 한다.

제116조 ①선거운동은 각급 선거관리위원회의 관리하에 법률이 정하는 범위안에서 하되, 균등한 기회가 보장되어야 한다.
②선거에 관한 경비는 법률이 정하는 경우를 제외하고는 정당 또는 후보자에게 부담시킬 수 없다.

제8장 지방자치

제117조 ①지방자치단체는 주민의 복리에 관한 사무를 처리하고 재산을 관리하며, 법령의 범위안에서 자치에 관한 규정을 제정할 수 있다.
②지방자치단체의 종류는 법률로 정한다.

제118조 ①지방자치단체에 의회를 둔다.
②지방의회의 조직·권한·의원선거와 지방자치단체의 장의 선임방법 기타 지방자치단체의 조직과 운영에 관한 사항은 법률로 정한다.

제9장 경제

제119조 ①대한민국의 경제질서는 개인과 기업의 경제상의 자유와 창의를 존중함을 기본으로 한다.
②국가는 균형있는 국민경제의 성장 및 안정과 적정한 소득의 분배를 유지하고, 시장의 지배와 경제력의 남용을 방지하며, 경제주체간의 조화를 통한 경제의 민주화를 위하여 경제에 관한 규제와 조정을 할 수 있다.

제120조 ①광물 기타 중요한 지하자원·수산자원·수력과 경제상 이용할 수 있는 자연력은 법률이 정하는 바에 의하여 일정한 기간 그 채취·개발 또는 이용을 특허할 수 있다.
②국토와 자원은 국가의 보호를 받으며, 국가는 그 균형있는 개발과 이용을 위하여 필요한 계획을 수립한다.

제121조 ①국가는 농지에 관하여 경자유전의 원칙이 달성될 수 있도록 노력하여야 하며, 농지의 소작제도는 금지된다.
②농업생산성의 제고와 농지의 합리적인 이용을 위하거나 불가피한 사정으로 발생하는 농지의 임대차와 위탁경영은 법률이 정하는 바에 의하여 인정된다.

제122조 국가는 국민 모두의 생산 및 생활의 기반이 되는 국토의 효율적이고 균형있는 이용·개발과 보전을 위하여 법률이 정하는 바에 의하여 그에 관한 필요한 제한과 의무를 과할 수 있다.

제123조 ①국가는 농업 및 어업을 보호·육성하기 위하여 농·어촌종합개발과 그 지원등 필요한 계획을 수립·시행하여야 한다.
②국가는 지역간의 균형있는 발전을 위하여 지역경제를 육성할 의무를 진다.
③국가는 중소기업을 보호·육성하여야 한다.
④국가는 농수산물의 수급균형과 유통구조의 개선에 노력하여 가격안정을 도모함으로써 농·어민의 이익을 보호한다.
⑤국가는 농·어민과 중소기업의 자조조직을 육성하여야 하며, 그 자율적 활동과 발전을 보장한다.

제124조 국가는 건전한 소비행위를 계도하고 생산품의 품질향상을 촉구하기 위한 소비자보호운동을 법률이 정하는 바에 의하여 보장한다.

제125조 국가는 대외무역을 육성하며, 이를 규제·조정할 수 있다.

제126조 국방상 또는 국민경제상 긴절한 필요로 인하여 법률이 정하는 경우를 제외하고는, 사영기업을 국유 또는 공유로 이전하거나 그 경영을 통제 또는 관리할 수 없다.

제127조 ①국가는 과학기술의 혁신과 정보 및 인력의 개발을 통하여 국민경제의 발전에 노력하여야 한다.
②국가는 국가표준제도를 확립한다.
③대통령은 제1항의 목적을 달성하기 위하여 필요한 자문기구를 둘 수 있다.

제10장 헌법개정

제128조 ①헌법개정은 국회재적의원 과반수 또는 대통령의 발의로 제안된다.
②대통령의 임기연장 또는 중임변경을 위한 헌법개정은 그 헌법개정 제안 당시의 대통령에 대하여는 효력이 없다.

제129조 제안된 헌법개정안은 대통령이 20일 이상의 기간 이를 공고하여야 한다.

제130조 ①국회는 헌법개정안이 공고된 날로부터 60일 이내에 의결하여야 하며, 국회의 의결은 재적의원 3분의 2 이상의 찬성을 얻어야 한다.
②헌법개정안은 국회가 의결한 후 30일 이내에 국민투표에 붙여 국회의원선거권자 과반수의 투표와 투표자 과반수의 찬성을 얻어야 한다.
③헌법개정안이 제2항의 찬성을 얻은 때에는 헌법개정은 확정되며, 대통령은 즉시 이를 공포하여야 한다.

판례-신행정수도의건설을위한특별조치법 위헌확인

[전원재판부 2004헌마554, 2004.10.21.]

【판시사항】
8. '우리나라의 수도가 서울인 점'이 자명하고 전제된 헌법규범으로서 불문헌법으로 인정될 수 있는지 여부(적극)
9. '우리나라의 수도가 서울인 점'이 관습헌법으로 인정될 수 있는지 여부(적극)

13. '우리나라의 수도가 서울인 점'에 대한 관습헌법을 폐지하기 위해서는 헌법개정이 필요한지 여부(적극)
14. 이 사건 법률이 헌법 제130조에 따라 헌법개정절차에 있어 국민이 가지는 국민투표권을 침해하여 위헌인지 여부(적극)

【결정 요지】
8. 우리 헌법전상으로는 '수도가 서울'이라는 명문의 조항이 존재하지 아니한다. 그러나 현재의 서울 지역이 수도인 것은 그 명칭상으로도 자명한 것으로서, 대한민국의 성립 이전부터 국민들이 이미 역사적, 전통적 사실로 의식적 혹은 무의식적으로 인식하고 있었으며, 대한민국의 건국에 즈음하여서도 국가의 기본구성에 관한 당연한 전제사실 내지 자명한 사실로서 아무런 의문도 제기될 수 없는 것이었다. 따라서 제헌헌법 등 우리 헌법제정의 시초부터 '서울에 수도(서울)를 둔다.'는 등의 동어반복적인 당연한 사실을 확인하는 헌법조항을 설치하는 것은 무의미하고 불필요한 것이었다. 서울이 바로 수도인 것은 국가생활의 오랜 전통과 관습에서 확고하게 형성된 자명한 사실 또는 전제된 사실로서 모든 국민이 우리나라의 국가구성에 관한 강제력 있는 법규범으로 인식하고 있는 것이다.
9. 서울이 우리나라의 수도인 것은 조선시대 이래 600여 년 간 우리나라의 국가생활에 관한 당연한 규범적 사실이 되어 왔으므로 우
리나라의 국가생활에 있어서 전통적으로 형성되어있는 계속적 관행이라고 평가할 수 있고(계속성), 이러한 관행은 변함없이 오랜 기간 실효적으로 지속되어 중간에 깨어진 일이 없으며(항상성), 서울이 수도라는 사실은 우리나라의 국민이라면 개인적 견해 차이를 보일 수 없는 명확한 내용을 가진 것이며(명료성), 나아가 이러한 관행은 오랜 세월간 굳어져 와서 국민들의 승인과 폭넓은 컨센서스를 이미 얻어(국민적 합의) 국민이 실효성과 강제력을 가진다고 믿고 있는 국가생활의 기본사항이라고 할 것이다. 따라서 서울이 수도라는 점은 우리의 제정헌법이 있기 전부터 전통적으로 존재하여온 헌법적 관습이며 우리 헌법조항에서 명문으로 밝힌 것은 아니지만 자명하고 헌법에 전제된 규범으로서, 관습헌법으로 성립된 불문헌법에 해당한다.
13. 우리나라의 수도가 서울이라는 점에 대한 관습헌법을 폐지하기 위해서는 헌법이 정한 절차에 따른 헌법개정이 이루어져야 한다. 이 경우 성문의 조항과 다른 것은 성문의 수도조항이 존재한다면 이를 삭제하는 내용의 개정이 필요하겠지만 관습헌법은 이에 반하는 내용의 새로운 수도설정조항을 헌법에 넣는 것만으로 그 폐지가 이루어지는 점에 있다. 다만 헌법규범으로 정립된 관습이라고 하더라도 세월의 흐름과 헌법적 상황의 변화에 따라 이에 대한 침범이 발생하고 나아가 그 위반이 일반화되어 그 법적 효력에 대한 국민적 합의가 상실되기에 이른 경우에는 관습헌법은 자연히 사멸하게 된다. 이와 같은 사멸을 인정하기 위하여서는 국민에 대한 종합적 의사의 확인으로서 국민투표 등 모두가 신뢰할 수 있는 방법이 고려될 여지도 있을 것이다. 그러나 이 사건의 경우에 이러한 사멸의 사정은 확인되지 않는다. 따라서 우리나라의 수도가 서울인 것은 우리 헌법상 관습헌법으로 정립된 사항이며 여기에는 아무런 사정의 변화도 없다고 할 것이므로 이를 폐지하기 위해서는 반드시 헌법개정의 절차에 의하여야 한다.
14. 서울이 우리나라의 수도인 점은 불문의 관습헌법이므로 헌법개정절차에 의하여 새로운 수도 설정의 헌법조항을 신설함으로써 실효되지 아니하는 한 헌법으로서의 효력을 가진다. 따라서 헌법개정의 절차를 거치지 아니한 채 수도를 충청권의 일부지역으로 이전하는 것을 내용으로 한 이 사건 법률을 제정하는 것은 헌법개정사항을 헌법보다 하위의 일반 법률에 의하여 개정하는 것이 된다. 한편 헌법 제130조에 의하면 헌법의 개정은 반드시 국민투표를 거쳐야만 하므로 국민은 헌법개정에 관하여 찬반투표를 통하여 그 의견을 표명할 권리를 가진다. 그런데 이 사건 법률은 헌법개정사항인 수도의 이전을 헌법개정의 절차를 밟지 아니하고 단지 단순법률의 형태로 실현시킨 것으로서 결국 헌법 제130조에 따라 헌법개정에 있어서 국민이 가지는 참정권적 기본권인 국민투표권의 행사를 배제한 것이므로 동 권리를 침해하여 헌법에 위반된다.

부칙

<제10호, 1987.10.29.>

제1조 이 헌법은 1988년 2월 25일부터 시행한다. 다만, 이 헌법을 시행하기 위하여 필요한 법률의 제정·개정과 이 헌법에 의한 대통령 및 국회의원의 선거 기타 이 헌법시행에 관한 준비는 이 헌법시행 전에 할 수 있다.

제2조 ①이 헌법에 의한 최초의 대통령선거는 이 헌법시행일 40일 전까지 실시한다.
②이 헌법에 의한 최초의 대통령의 임기는 이 헌법시행일로부터 개시한다.

제3조 ①이 헌법에 의한 최초의 국회의원선거는 이 헌법공포일로부터 6월 이내에 실시하며, 이 헌법에 의하여 선출된 최초의 국회의원의 임기는 국회의원선거후 이 헌법에 의한 국회의 최초의 집회일로부터 개시한다.
②이 헌법공포 당시의 국회의원의 임기는 제1항에 의한 국회의 최초의 집회일 전일까지로 한다.

제4조 ①이 헌법시행 당시의 공무원과 정부가 임명한 기업체의 임원은 이 헌법에 의하여 임명된 것으로 본다. 다만, 이 헌법에 의하여 선임방법이나 임명권자가 변경된 공무원과 대법원장 및 감사원장은 이 헌법에 의하여 후임자가 선임될 때까지 그 직무를 행하며, 이 경우 전임자인 공무원의 임기는 후임자가 선임되는 전일까지로 한다.
②이 헌법시행 당시의 대법원장과 대법원판사가 아닌 법관은 제1항 단서의 규정에 불구하고 이 헌법에 의하여 임명된 것으로 본다.
③이 헌법중 공무원의 임기 또는 중임제한에 관한 규정은 이 헌법에 의하여 그 공무원이 최초로 선출 또는 임명된 때로부터 적용한다.

제5조 이 헌법시행 당시의 법령과 조약은 이 헌법에 위배되지 아니하는 한 그 효력을 지속한다.

제6조 이 헌법시행 당시에 이 헌법에 의하여 새로 설치될 기관의 권한에 속하는 직무를 행하고 있는 기관은 이 헌법에 의하여 새로운 기관이 설치될 때까지 존속하며 그 직무를 행한다.

헌법재판소법

[시행 2020.12.10.]
[법률 제17469호, 2020.6.9., 일부개정]

제1장 총칙

제1조(목적) 이 법은 헌법재판소의 조직 및 운영과 그 심판절차에 관하여 필요한 사항을 정함을 목적으로 한다.
[전문개정 2011.4.5.]

제2조(관장사항) 헌법재판소는 다음 각 호의 사항을 관장한다.
1. 법원의 제청(提請)에 의한 법률의 위헌(違憲) 여부 심판
2. 탄핵(彈劾)의 심판
3. 정당의 해산심판
4. 국가기관 상호간, 국가기관과 지방자치단체 간 및 지방자치단체 상호간의 권한쟁의(權限爭議)에 관한 심판
5. 헌법소원(憲法訴願)에 관한 심판

[전문개정 2011.4.5.]

제3조(구성) 헌법재판소는 9명의 재판관으로 구성한다.
[전문개정 2011.4.5.]

제4조(재판관의 독립) 재판관은 헌법과 법률에 의하여 양심에 따라 독립하여 심판한다.
[전문개정 2011.4.5.]

제5조(재판관의 자격) ①재판관은 다음 각 호의 어느 하나에 해당하는 직(職)에 15년 이상 있던 40세 이상인 사람 중에서 임명한다. 다만, 다음 각 호 중 둘 이상의 직에 있던 사람의 재직기간은 합산한다.
1. 판사, 검사, 변호사
2. 변호사 자격이 있는 사람으로서 국가기관, 국영·공영 기업체, 「공공기관의 운영에 관한 법률」 제4조에 따른 공공기관 또는 그 밖의 법인에서 법률에 관한 사무에 종사한 사람
3. 변호사 자격이 있는 사람으로서 공인된 대학의 법률학 조교수 이상의 직에 있던 사람

②다음 각 호의 어느 하나에 해당하는 사람은 재판관으로 임명할 수 없다.
<개정 2020.6.9.>
1. 다른 법령에 따라 공무원으로 임용하지 못하는 사람
2. 금고 이상의 형을 선고받은 사람
3. 탄핵에 의하여 파면된 후 5년이 지나지 아니한 사람
4. 「정당법」 제22조에 따른 정당의 당원 또는 당원의 신분을 상실한 날부터 3년이 경과되지 아니한 사람
5. 「공직선거법」 제2조에 따른 선거에 후보자(예비후보자를 포함한다)로 등록한 날부터 5년이 경과되지 아니한 사람
6. 「공직선거법」 제2조에 따른 대통령선거에서 후보자의 당선을 위하여 자문이나 고문의 역할을 한 날부터 3년이 경과되지 아니한 사람

③제2항제6호에 따른 자문이나 고문의 역할을 한 사람의 구체적인 범위는 헌법재판소규칙으로 정한다. <신설 2020.6.9.>
[전문개정 2011.4.5.]

제6조(재판관의 임명) ①재판관은 대통령이 임명한다. 이 경우 재판관 중 3명은 국회에서 선출하는 사람을, 3명은 대법원장이 지명하는 사람을 임명한다.
②재판관은 국회의 인사청문을 거쳐 임명·선출 또는 지명하여야 한다. 이 경우 대통령은 재판관(국회에서 선출하거나 대법원장이 지명하는 사람은 제외한다)을 임명하기 전에, 대법원장은 재판관을 지명하기 전에 인사청문을 요청한다.
③재판관의 임기가 만료되거나 정년이 도래하는 경우에는 임기만료일 또는 정년도래일까지 후임자를 임명하여야 한다.
④임기 중 재판관이 결원된 경우에는 결원된 날부터 30일 이내에 후임자를 임명하여야 한다.
⑤제3항 및 제4항에도 불구하고 국회에서 선출한 재판관이 국회의 폐회 또는 휴회 중에 그 임기가 만료되거나 정년이 도래한 경우 또는 결원된 경우에는 국회는 다음 집회가 개시된 후 30일 이내에 후임자를 선출하여야 한다.
[전문개정 2011.4.5.]

제7조(재판관의 임기) ①재판관의 임기는 6년으로 하며, 연임할 수 있다.
②재판관의 정년은 70세로 한다.
<개정 2014.12.30.>
[전문개정 2011.4.5.]

제8조(재판관의 신분 보장) 재판관은 다음 각 호의 어느 하나에 해당하는 경우가 아니면 그 의사에 반하여 해임되지 아니한다.
1. 탄핵결정이 된 경우
2. 금고 이상의 형을 선고받은 경우
[전문개정 2011.4.5.]

제9조(재판관의 정치 관여 금지) 재판관은 정당에 가입하거나 정치에 관여할 수 없다. [전문개정 2011.4.5.]

제10조(규칙 제정권) ①헌법재판소는 이 법과 다른 법률에 저촉되지 아니하는 범위에서 심판에 관한 절차, 내부 규율과 사무처리에 관한 규칙을 제정할 수 있다.
②헌법재판소규칙은 관보에 게재하여 공포한다.
[전문개정 2011.4.5.]

제10조의2(입법 의견의 제출) 헌법재판소장은 헌법재판소의 조직, 인사, 운영, 심판절차와 그 밖에 헌법재판소의 업무와 관련된 법률의 제정 또는 개정이 필요하다고 인정하는 경우에는 국회에 서면으로 그 의견을 제출할 수 있다.
[전문개정 2011.4.5.]

제11조(경비) ①헌법재판소의 경비는 독립하여 국가의 예산에 계상(計上)하여야 한다.
②제1항의 경비 중에는 예비금을 둔다.
[전문개정 2011.4.5.]

제2장 조직

제12조(헌법재판소장) ①헌법재판소에 헌법재판소장을 둔다.
②헌법재판소장은 국회의 동의를 받아 재판관 중에서 대통령이 임명한다.
③헌법재판소장은 헌법재판소를 대표하고, 헌법재판소의 사무를 총괄하며, 소속 공무원을 지휘·감독한다.

④헌법재판소장이 궐위(闕位)되거나 부득이한 사유로 직무를 수행할 수 없을 때에는 다른 재판관이 헌법재판소규칙으로 정하는 순서에 따라 그 권한을 대행한다.
[전문개정 2011.4.5.]

제13조 삭제 <1991.11.30.>

제14조(재판관의 겸직 금지) 재판관은 다음 각 호의 어느 하나에 해당하는 직을 겸하거나 영리를 목적으로 하는 사업을 할 수 없다.
1. 국회 또는 지방의회의 의원의 직
2. 국회·정부 또는 법원의 공무원의 직
3. 법인·단체 등의 고문·임원 또는 직원의 직
[전문개정 2011.4.5.]

제15조(헌법재판소장 등의 대우) 헌법재판소장의 대우와 보수는 대법원장의 예에 따르며, 재판관은 정무직(政務職)으로 하고 그 대우와 보수는 대법관의 예에 따른다.
[전문개정 2011.4.5.]

제16조(재판관회의) ①재판관회의는 재판관 전원으로 구성하며, 헌법재판소장이 의장이 된다.
②재판관회의는 재판관 7명 이상의 출석과 출석인원 과반수의 찬성으로 의결한다.
③의장은 의결에서 표결권을 가진다.
④다음 각 호의 사항은 재판관회의의 의결을 거쳐야 한다.
1. 헌법재판소규칙의 제정과 개정, 제10조의2에 따른 입법 의견의 제출에 관한 사항
2. 예산 요구, 예비금 지출과 결산에 관한 사항
3. 사무처장, 사무차장, 헌법재판연구원장, 헌법연구관 및 3급 이상 공무원의 임면(任免)에 관한 사항
4. 특히 중요하다고 인정되는 사항으로서 헌법재판소장이 재판관회의에 부치는 사항
⑤재판관회의의 운영에 필요한 사항은 헌법재판소규칙으로 정한다.
[전문개정 2011.4.5.]

제17조(사무처) ①헌법재판소의 행정사무를 처리하기 위하여 헌법재판소에 사무처를 둔다.
②사무처에 사무처장과 사무차장을 둔다.
③사무처장은 헌법재판소장의 지휘를 받아 사무처의 사무를 관장하며, 소속 공무원을 지휘·감독한다.
④사무처장은 국회 또는 국무회의에 출석하여 헌법재판소의 행정에 관하여 발언할 수 있다.
⑤헌법재판소장이 한 처분에 대한 행정소송의 피고는 헌법재판소 사무처장으로 한다.
⑥사무차장은 사무처장을 보좌하며, 사무처장이 부득이한 사유로 직무를 수행할 수 없을 때에는 그 직무를 대행한다.
⑦사무처에 실, 국, 과를 둔다.
⑧실에는 실장, 국에는 국장, 과에는 과장을 두며, 사무처장·사무차장·실장 또는 국장 밑에 정책의 기획, 계획의 입안, 연구·조사, 심사·평가 및 홍보업무를 보좌하는 심의관 또는 담당관을 둘 수 있다.
⑨이 법에 규정되지 아니한 사항으로서 사무처의 조직, 직무 범위, 사무처에 두는 공무원의 정원, 그 밖에 필요한 사항은 헌법재판소규칙으로 정한다.
[전문개정 2011.4.5.]

제18조(사무처 공무원) ①사무처장은 정무직으로 하고, 보수는 국무위원의 보수와 같은 금액으로 한다.
②사무차장은 정무직으로 하고, 보수는 차관의 보수와 같은 금액으로 한다.
③실장은 1급 또는 2급, 국장은 2급 또는 3급, 심의관 및 담당관은 2급부터 4급까지, 과장

은 3급 또는 4급의 일반직국가공무원으로 임명한다. 다만, 담당관 중 1명은 3급 상당 또는 4급 상당의 별정직국가공무원으로 임명할 수 있다.
④사무처 공무원은 헌법재판소장이 임면한다. 다만, 3급 이상의 공무원의 경우에는 재판관회의의 의결을 거쳐야 한다.
⑤헌법재판소장은 다른 국가기관에 대하여 그 소속 공무원을 사무처 공무원으로 근무하게 하기 위하여 헌법재판소에의 파견근무를 요청할 수 있다.
[전문개정 2011.4.5.]

제19조(헌법연구관) ①헌법재판소에 헌법재판소규칙으로 정하는 수의 헌법연구관을 둔다. <개정 2011.4.5.>
②헌법연구관은 특정직국가공무원으로 한다. <개정 2011.4.5.>
③헌법연구관은 헌법재판소장의 명을 받아 사건의 심리(審理) 및 심판에 관한 조사·연구에 종사한다. <개정 2011.4.5.>
④헌법연구관은 다음 각 호의 어느 하나에 해당하는 사람 중에서 헌법재판소장이 재판관회의의 의결을 거쳐 임용한다. <개정 2011.4.5.>
1. 판사·검사 또는 변호사의 자격이 있는 사람
2. 공인된 대학의 법률학 조교수 이상의 직에 있던 사람
3. 국회, 정부 또는 법원 등 국가기관에서 4급 이상의 공무원으로서 5년 이상 법률에 관한 사무에 종사한 사람
4. 법률학에 관한 박사학위 소지자로서 국회, 정부, 법원 또는 헌법재판소 등 국가기관에서 5년 이상 법률에 관한 사무에 종사한 사람
5. 법률학에 관한 박사학위 소지자로서 헌법재판소규칙으로 정하는 대학 등 공인된 연구기관에서 5년 이상 법률에 관한 사무에 종사한 사람
⑤삭제 <2003.3.12.>
⑥다음 각 호의 어느 하나에 해당하는 사람은 헌법연구관으로 임용될 수 없다. <개정 2011.4.5.>
1. 「국가공무원법」 제33조 각 호의 어느 하나에 해당하는 사람
2. 금고 이상의 형을 선고받은 사람
3. 탄핵결정에 의하여 파면된 후 5년이 지나지 아니한 사람
⑦헌법연구관의 임기는 10년으로 하되, 연임할 수 있고, 정년은 60세로 한다. <개정 2011.4.5.>
⑧헌법연구관이 제6항 각 호의 어느 하나에 해당할 때에는 당연히 퇴직한다. 다만, 「국가공무원법」 제33조제5호에 해당할 때에는 그러하지 아니하다. <개정 2011.4.5.>
⑨헌법재판소장은 다른 국가기관에 대하여 그 소속 공무원을 헌법연구관으로 근무하게 하기 위하여 헌법재판소에의 파견근무를 요청할 수 있다. <개정 2011.4.5.>
⑩사무차장은 헌법연구관의 직을 겸할 수 있다. <개정 2011.4.5.>
⑪헌법재판소장은 헌법연구관을 사건의 심리 및 심판에 관한 조사·연구업무 외의 직에 임명하거나 그 직을 겸임하게 할 수 있다. 이 경우 헌법연구관의 수는 헌법재판소규칙으로 정하며, 보수는 그 중 고액의 것을 지급한다. <개정 2011.4.5., 2014.12.30.>
[제목개정 2011.4.5.]

제19조의2(헌법연구관보) ①헌법연구관을 신규임용하는 경우에는 3년간 헌법연구관보(憲法硏究官補)로 임용하여 근무하게 한 후 그 근무성적을 고려하여 헌법연구관으로 임용한다. 다만, 경력 및 업무능력 등을 고려하여 헌법재판소규칙으로 정하는 바에 따라 헌법연구관보 임용을 면제하거나 그 기간을 단축할 수 있다.
②헌법연구관보는 헌법재판소장이 재판관회의의 의결을 거쳐 임용한다.
③헌법연구관보는 별정직국가공무원으로 하고, 그 보수와 승급기준은 헌법연구관의 예에 따른다.
④헌법연구관보가 근무성적이 불량한 경우에는 재판관회의의 의결을 거쳐 면직시킬 수 있다.
⑤헌법연구관보의 근무기간은 이 법 및 다른 법령에 규정된 헌법연구관의 재직기간에 산입한다.
[전문개정 2011.4.5.]

제19조의3(헌법연구위원) ①헌법재판소에 헌법연구위원을 둘 수 있다. 헌법연구위원은 사건의 심리 및 심판에 관한 전문적인 조사·연구에 종사한다.
②헌법연구위원은 3년 이내의 범위에서 기간을 정하여 임명한다.
③헌법연구위원은 2급 또는 3급 상당의 별정직공무원이나 「국가공무원법」 제26조의5에 따른 임기제공무원으로 하고, 그 직제 및 자격 등에 관하여는 헌법재판소규칙으로 정한다. <개정 2012.12.11.>
[본조신설 2007.12.21.]

제19조의4(헌법재판연구원) ①헌법 및 헌법재판 연구와 헌법연구관, 사무처 공무원 등의 교육을 위하여 헌법재판소에 헌법재판연구원을 둔다.
②헌법재판연구원의 정원은 원장 1명을 포함하여 40명 이내로 하고, 원장 밑에 부장, 팀장, 연구관 및 연구원을 둔다. <개정 2014.12.30.>
③원장은 헌법재판소장이 재판관회의의 의결을 거쳐 헌법연구관으로 보하거나 1급인 일반직국가공무원으로 임명한다. <신설 2014.12.30.>
④부장은 헌법연구관이나 2급 또는 3급 일반직공무원으로, 팀장은 헌법연구관이나 3급 또는 4급 일반직공무원으로 임명하고, 연구관 및 연구원은 헌법연구관 또는 일반직공무원으로 임명한다. <개정 2014.12.30.>
⑤연구관 및 연구원은 다음 각 호의 어느 하나에 해당하는 사람 중에서 헌법재판소장이 보하거나 헌법재판연구원장의 제청을 받아 헌법재판소장이 임명한다. <신설 2014.12.30.>
1. 헌법연구관
2. 변호사의 자격이 있는 사람(외국의 변호사 자격을 포함한다)
3. 학사 또는 석사학위를 취득한 사람으로서 헌법재판소규칙으로 정하는 실적 또는 경력이 있는 사람
4. 박사학위를 취득한 사람
⑥그 밖에 헌법재판연구원의 조직과 운영에 필요한 사항은 헌법재판소규칙으로 정한다. <신설 2014.12.30.>
[전문개정 2011.4.5.]

제20조(헌법재판소장 비서실 등) ①헌법재판소에 헌법재판소장 비서실을 둔다.
②헌법재판소장 비서실에 비서실장 1명을 두되, 비서실장은 1급 상당의 별정직국가공무원으로 임명하고, 헌법재판소장의 명을 받아 기밀에 관한 사무를 관장한다.
③제2항에 규정되지 아니한 사항으로서 헌법재판소장 비서실의 조직과 운영에 필요한 사항은 헌법재판소규칙으로 정한다.
④헌법재판소에 재판관 비서관을 둔다.
⑤재판관 비서관은 4급의 일반직국가공무원 또는 4급 상당의 별정직국가공무원으로 임명하며, 재판관의 명을 받아 기밀에 관한 사무를 관장한다.
[전문개정 2011.4.5.]

제21조(서기 및 정리) ①헌법재판소에 서기(書記) 및 정리(廷吏)를 둔다.
②헌법재판소장은 사무처 직원 중에서 서기 및 정리를 지명한다.
③서기는 재판장의 명을 받아 사건에 관한 서류의 작성·보관 또는 송달에 관한 사무를 담당한다.
④정리는 심판정(審判廷)의 질서유지와 그 밖에 재판장이 명하는 사무를 집행한다.
[전문개정 2011.4.5.]

제3장 일반심판절차

제22조(재판부) ①이 법에 특별한 규정이 있는 경우를 제외하고는 헌법재판소의 심판은 재판관 전원으로 구성되는 재판부에서 관장한다.

②재판부의 재판장은 헌법재판소장이 된다.
[전문개정 2011.4.5.]

제23조(심판정족수) ①재판부는 재판관 7명 이상의 출석으로 사건을 심리한다.
②재판부는 종국심리(終局審理)에 관여한 재판관 과반수의 찬성으로 사건에 관한 결정을 한다. 다만, 다음 각 호의 어느 하나에 해당하는 경우에는 재판관 6명 이상의 찬성이 있어야 한다.
1. 법률의 위헌결정, 탄핵의 결정, 정당해산의 결정 또는 헌법소원에 관한 인용결정(認容決定)을 하는 경우
2. 종전에 헌법재판소가 판시한 헌법 또는 법률의 해석 적용에 관한 의견을 변경하는 경우
[전문개정 2011.4.5.]

제24조(제척 · 기피 및 회피) ①재판관이 다음 각 호의 어느 하나에 해당하는 경우에는 그 직무집행에서 제척(除斥)된다.
1. 재판관이 당사자이거나 당사자의 배우자 또는 배우자였던 경우
2. 재판관과 당사자가 친족관계이거나 친족관계였던 경우
3. 재판관이 사건에 관하여 증언이나 감정(鑑定)을 하는 경우
4. 재판관이 사건에 관하여 당사자의 대리인이 되거나 되었던 경우
5. 그 밖에 재판관이 헌법재판소 외에서 직무상 또는 직업상의 이유로 사건에 관여한 경우
②재판부는 직권 또는 당사자의 신청에 의하여 제척의 결정을 한다.
③재판관에게 공정한 심판을 기대하기 어려운 사정이 있는 경우 당사자는 기피(忌避)신청을 할 수 있다. 다만, 변론기일(辯論期日)에 출석하여 본안(本案)에 관한 진술을 한 때에는 그러하지 아니하다.
④당사자는 동일한 사건에 대하여 2명 이상의 재판관을 기피할 수 없다.
⑤재판관은 제1항 또는 제3항의 사유가 있는 경우에는 재판장의 허가를 받아 회피(回避)할 수 있다.
⑥당사자의 제척 및 기피신청에 관한 심판에는 「민사소송법」 제44조, 제45조, 제46조제1항·제2항 및 제48조를 준용한다.
[전문개정 2011.4.5.]

제25조(대표자 · 대리인) ①각종 심판절차에서 정부가 당사자(참가인을 포함한다. 이하 같다)인 경우에는 법무부장관이 이를 대표한다.
②각종 심판절차에서 당사자인 국가기관 또는 지방자치단체는 변호사 또는 변호사의 자격이 있는 소속 직원을 대리인으로 선임하여 심판을 수행하게 할 수 있다.
③각종 심판절차에서 당사자인 사인(私人)은 변호사를 대리인으로 선임하지 아니하면 심판청구를 하거나 심판 수행을 하지 못한다. 다만, 그가 변호사의 자격이 있는 경우에는 그러하지 아니하다.
[전문개정 2011.4.5.]

제26조(심판청구의 방식) ①헌법재판소에의 심판청구는 심판절차별로 정하여진 청구서를 헌법재판소에 제출함으로써 한다. 다만, 위헌법률심판에서는 법원의 제청서, 탄핵심판에서는 국회의 소추의결서(訴追議決書)의 정본(正本)으로 청구서를 갈음한다.
②청구서에는 필요한 증거서류 또는 참고자료를 첨부할 수 있다.
[전문개정 2011.4.5.]

제27조(청구서의 송달) ①헌법재판소가 청구서를 접수한 때에는 지체 없이 그 등본을 피청구기관 또는 피청구인(이하 "피청구인"이라 한다)에게 송달하여야 한다.
②위헌법률심판의 제청이 있으면 법무부장관 및 당해 소송사건의 당사자에게 그 제청서의 등본을 송달한다.
[전문개정 2011.4.5.]

제28조(심판청구의 보정) ①재판장은 심판청구가 부적법하나 보정(補正)할 수 있다고 인정되는 경우에는 상당한 기간을 정하여 보정을 요구하여야 한다.
②제1항에 따른 보정 서면에 관하여는 제27조제1항을 준용한다.
③제1항에 따른 보정이 있는 경우에는 처음부터 적법한 심판청구가 있은 것으로 본다.
④제1항에 따른 보정기간은 제38조의 심판기간에 산입하지 아니한다.
⑤재판장은 필요하다고 인정하는 경우에는 재판관 중 1명에게 제1항의 보정요구를 할 수 있는 권한을 부여할 수 있다.
[전문개정 2011.4.5.]

제29조(답변서의 제출) ①청구서 또는 보정 서면을 송달받은 피청구인은 헌법재판소에 답변서를 제출할 수 있다.
②답변서에는 심판청구의 취지와 이유에 대응하는 답변을 적는다.
[전문개정 2011.4.5.]

제30조(심리의 방식) ①탄핵의 심판, 정당해산의 심판 및 권한쟁의의 심판은 구두변론에 의한다.
②위헌법률의 심판과 헌법소원에 관한 심판은 서면심리에 의한다. 다만, 재판부는 필요하다고 인정하는 경우에는 변론을 열어 당사자, 이해관계인, 그 밖의 참고인의 진술을 들을 수 있다.
③재판부가 변론을 열 때에는 기일을 정하여 당사자와 관계인을 소환하여야 한다.
[전문개정 2011.4.5.]

제31조(증거조사) ①재판부는 사건의 심리를 위하여 필요하다고 인정하는 경우에는 직권 또는 당사자의 신청에 의하여 다음 각 호의 증거조사를 할 수 있다.
1. 당사자 또는 증인을 신문(訊問)하는 일
2. 당사자 또는 관계인이 소지하는 문서·장부·물건 또는 그 밖의 증거자료의 제출을 요구하고 영치(領置)하는 일
3. 특별한 학식과 경험을 가진 자에게 감정을 명하는 일
4. 필요한 물건·사람·장소 또는 그 밖의 사물의 성상(性狀)이나 상황을 검증하는 일
②재판장은 필요하다고 인정하는 경우에는 재판관 중 1명을 지정하여 제1항의 증거조사를 하게 할 수 있다.
[전문개정 2011.4.5.]

제32조(자료제출 요구 등) 재판부는 결정으로 다른 국가기관 또는 공공단체의 기관에 심판에 필요한 사실을 조회하거나, 기록의 송부나 자료의 제출을 요구할 수 있다. 다만, 재판·소추 또는 범죄수사가 진행 중인 사건의 기록에 대하여는 송부를 요구할 수 없다.
[전문개정 2011.4.5.]

제33조(심판의 장소) 심판의 변론과 종국결정의 선고는 심판정에서 한다. 다만, 헌법재판소장이 필요하다고 인정하는 경우에는 심판정 외의 장소에서 변론 또는 종국결정의 선고를 할 수 있다.
[전문개정 2011.4.5.]

제34조(심판의 공개) ①심판의 변론과 결정의 선고는 공개한다. 다만, 서면심리와 평의(評議)는 공개하지 아니한다.
②헌법재판소의 심판에 관하여는 「법원조직법」 제57조제1항 단서와 같은 조 제2항 및 제3항을 준용한다.
[전문개정 2011.4.5.]

제35조(심판의 지휘와 법정경찰권)
① 재판장은 심판정의 질서와 변론의 지휘 및 평의의 정리(整理)를 담당한다.
② 헌법재판소 심판정의 질서유지와 용어의 사용에 관하여는 「법원조직법」 제58조부터 제63조까지의 규정을 준용한다.
[전문개정 2011.4.5.]

제36조(종국결정) ①재판부가 심리를 마쳤을 때에는 종국결정을 한다.
②종국결정을 할 때에는 다음 각 호의 사항을 적은 결정서를 작성하고 심판에 관여한 재판관 전원이 이에 서명날인하여야 한다.
1. 사건번호와 사건명
2. 당사자와 심판수행자 또는 대리인의 표시
3. 주문(主文)
4. 이유
5. 결정일
③심판에 관여한 재판관은 결정서에 의견을 표시하여야 한다.
④종국결정이 선고되면 서기는 지체 없이 결정서 정본을 작성하여 당사자에게 송달하여야 한다.
⑤종국결정은 헌법재판소규칙으로 정하는 바에 따라 관보에 게재하거나 그 밖의 방법으로 공시한다.
[전문개정 2011.4.5.]

제37조(심판비용 등) ①헌법재판소의 심판비용은 국가부담으로 한다. 다만, 당사자의 신청에 의한 증거조사의 비용은 헌법재판소규칙으로 정하는 바에 따라 그 신청인에게 부담시킬 수 있다.
②헌법재판소는 헌법소원심판의 청구인에 대하여 헌법재판소규칙으로 정하는 공탁금의 납부를 명할 수 있다.
③헌법재판소는 다음 각 호의 어느 하나에 해당하는 경우에는 헌법재판소규칙으로 정하는 바에 따라 공탁금의 전부 또는 일부의 국고 귀속을 명할 수 있다.
1. 헌법소원의 심판청구를 각하하는 경우
2. 헌법소원의 심판청구를 기각하는 경우에 그 심판청구가 권리의 남용이라고 인정되는 경우
[전문개정 2011.4.5.]

제38조(심판기간) 헌법재판소는 심판사건을 접수한 날부터 180일 이내에 종국결정의 선고를 하여야 한다. 다만, 재판관의 궐위로 7명의 출석이 불가능한 경우에는 그 궐위된 기간은 심판기간에 산입하지 아니한다.
[전문개정 2011.4.5.]

제39조(일사부재리) 헌법재판소는 이미 심판을 거친 동일한 사건에 대하여는 다시 심판할 수 없다.
[전문개정 2011.4.5.]

제39조의2(심판확정기록의 열람 · 복사)
①누구든지 권리구제, 학술연구 또는 공익 목적으로 심판이 확정된 사건기록의 열람 또는 복사를 신청할 수 있다. 다만, 헌법재판소장은 다음 각 호의 어느 하나에 해당하는 경우에는 사건기록을 열람하거나 복사하는 것을 제한할 수 있다.
1. 변론이 비공개로 진행된 경우
2. 사건기록의 공개로 인하여 국가의 안전보장, 선량한 풍속, 공공의 질서유지나 공공복리를 현저히 침해할 우려가 있는 경우
3. 사건기록의 공개로 인하여 관계인의 명예, 사생활의 비밀, 영업비밀(「부정경쟁방지 및 영업비밀보호에 관한 법률」 제2조제2호에 규정된 영업비밀을 말한다) 또는 생명·신체의 안전이나 생활의 평온을 현저히 침해할 우려가 있는 경우

②헌법재판소장은 제1항 단서에 따라 사건기록의 열람 또는 복사를 제한하는 경우에는 신청인에게 그 사유를 명시하여 통지하여야 한다.
③제1항에 따른 사건기록의 열람 또는 복사 등에 관하여 필요한 사항은 헌법재판소규칙으로 정한다.
④사건기록을 열람하거나 복사한 자는 열람 또는 복사를 통하여 알게 된 사항을 이용하여 공공의 질서 또는 선량한 풍속을 침해하거나 관계인의 명예 또는 생활의 평온을 훼손하는 행위를 하여서는 아니 된다.
[전문개정 2011.4.5.]

제40조(준용규정) ①헌법재판소의 심판절차에 관하여는 이 법에 특별한 규정이 있는 경우를 제외하고는 헌법재판의 성질에 반하지 아니하는 한도에서 민사소송에 관한 법령을 준용한다. 이 경우 탄핵심판의 경우에는 형사소송에 관한 법령을 준용하고, 권한쟁의심판 및 헌법소원심판의 경우에는 「행정소송법」을 함께 준용한다.
② 제1항 후단의 경우에 형사소송에 관한 법령 또는 「행정소송법」이 민사소송에 관한 법령에 저촉될 때에는 민사소송에 관한 법령은 준용하지 아니한다.
[전문개정 2011.4.5.]

제4장 특별심판절차

제1절 위헌법률심판

제41조(위헌 여부 심판의 제청) ①법률이 헌법에 위반되는지 여부가 재판의 전제가 된 경우에는 당해 사건을 담당하는 법원(군사법원을 포함한다. 이하 같다)은 직권 또는 당사자의 신청에 의한 결정으로 헌법재판소에 위헌 여부 심판을 제청한다.
②제1항의 당사자의 신청은 제43조제2호부터 제4호까지의 사항을 적은 서면으로 한다.
③제2항의 신청서면의 심사에 관하여는 「민사소송법」 제254조를 준용한다.
④위헌 여부 심판의 제청에 관한 결정에 대하여는 항고할 수 없다.
⑤대법원 외의 법원이 제1항의 제청을 할 때에는 대법원을 거쳐야 한다.
[전문개정 2011.4.5.]

제42조(재판의 정지 등) ①법원이 법률의 위헌 여부 심판을 헌법재판소에 제청한 때에는 당해 소송사건의 재판은 헌법재판소의 위헌 여부의 결정이 있을 때까지 정지된다. 다만, 법원이 긴급하다고 인정하는 경우에는 종국재판 외의 소송절차를 진행할 수 있다.
②제1항 본문에 따른 재판정지기간은 「형사소송법」 제92조제1항·제2항 및 「군사법원법」 제132조제1항·제2항의 구속기간과 「민사소송법」 제199조의 판결 선고기간에 산입하지 아니한다.
[전문개정 2011.4.5.]

제43조(제청서의 기재사항) 법원이 법률의 위헌 여부 심판을 헌법재판소에 제청할 때에는 제청서에 다음 각 호의 사항을 적어야 한다.
1. 제청법원의 표시
2. 사건 및 당사자의 표시
3. 위헌이라고 해석되는 법률 또는 법률의 조항
4. 위헌이라고 해석되는 이유
5. 그 밖에 필요한 사항
[전문개정 2011.4.5.]

제44조(소송사건 당사자 등의 의견) 당해 소송사건의 당사자 및 법무부장관은 헌법재판

소에 법률의 위헌 여부에 대한 의견서를 제출할 수 있다.
[전문개정 2011.4.5.]

제45조(위헌결정) 헌법재판소는 제청된 법률 또는 법률 조항의 위헌 여부만을 결정한다. 다만, 법률 조항의 위헌결정으로 인하여 해당 법률 전부를 시행할 수 없다고 인정될 때에는 그 전부에 대하여 위헌결정을 할 수 있다.
[전문개정 2011.4.5.]

판례-부당이득금

[대법원 2008.10.23, 선고, 2006다66272, 판결]

【판시사항】
헌법재판소가 법률의 위헌 여부를 판단하기 위하여 한 법률해석에 법원이 구속되는지 여부(소극)

【판결요지】
구체적 분쟁사건의 재판에 즈음하여 법률 또는 법률조항의 의미·내용과 적용 범위가 어떠한 것인지를 정하는 권한, 곧 법령의 해석·적용 권한은 사법권의 본질적 내용을 이루는 것이고, 법률이 헌법규범과 조화되도록 해석하는 것은 법령의 해석·적용상 대원칙이므로, 합헌적 법률해석을 포함하는 법령의 해석·적용 권한은 대법원을 최고법원으로 하는 법원에 전속한다. 따라서 헌법재판소가 법률의 위헌 여부를 판단하기 위하여 불가피하게 법원의 최종적인 법률해석에 앞서 법령을 해석하거나 그 적용 범위를 판단하더라도 헌법재판소의 법률해석에 대법원이나 각급 법원이 구속되는 것은 아니다.

제46조(결정서의 송달) 헌법재판소는 결정일부터 14일 이내에 결정서 정본을 제청한 법원에 송달한다. 이 경우 제청한 법원이 대법원이 아닌 경우에는 대법원을 거쳐야 한다.
[전문개정 2011.4.5.]

제47조(위헌결정의 효력) ①법률의 위헌결정은 법원과 그 밖의 국가기관 및 지방자치단체를 기속(羈束)한다.
②위헌으로 결정된 법률 또는 법률의 조항은 그 결정이 있는 날부터 효력을 상실한다. <개정 2014.5.20.>
③제2항에도 불구하고 형벌에 관한 법률 또는 법률의 조항은 소급하여 그 효력을 상실한다. 다만, 해당 법률 또는 법률의 조항에 대하여 종전에 합헌으로 결정한 사건이 있는 경우에는 그 결정이 있는 날의 다음 날로 소급하여 효력을 상실한다. <신설 2014.5.20.>
④제3항의 경우에 위헌으로 결정된 법률 또는 법률의 조항에 근거한 유죄의 확정판결에 대하여는 재심을 청구할 수 있다. [개정 2014.5.20.]
⑤제4항의 재심에 대하여는 「형사소송법」을 준용한다. <개정 2014.5.20.>
[전문개정 2011.4.5.]

제2절 탄핵심판

제48조(탄핵소추) 다음 각 호의 어느 하나에 해당하는 공무원이 그 직무집행에서 헌법이나 법률을 위반한 경우에는 국회는 헌법 및 「국회법」에 따라 탄핵의 소추를 의결할 수 있다.
1. 대통령, 국무총리, 국무위원 및 행정각부(行政各部)의 장
2. 헌법재판소 재판관, 법관 및 중앙선거관리위원회 위원
3. 감사원장 및 감사위원
4. 그 밖에 법률에서 정한 공무원
[전문개정 2011.4.5.]

第49조(소추위원) ①탄핵심판에서는 국회 법제사법위원회의 위원장이 소추위원이 된다.
②소추위원은 헌법재판소에 소추의결서의 정본을 제출하여 탄핵심판을 청구하며, 심판의 변론에서 피청구인을 신문할 수 있다.
[전문개정 2011.4.5.]

第50조(권한 행사의 정지) 탄핵소추의 의결을 받은 사람은 헌법재판소의 심판이 있을 때까지 그 권한 행사가 정지된다.
[전문개정 2011.4.5.]

第51조(심판절차의 정지) 피청구인에 대한 탄핵심판 청구와 동일한 사유로 형사소송이 진행되고 있는 경우에는 재판부는 심판절차를 정지할 수 있다.
[전문개정 2011.4.5.]

第52조(당사자의 불출석) ①당사자가 변론기일에 출석하지 아니하면 다시 기일을 정하여야 한다.
②다시 정한 기일에도 당사자가 출석하지 아니하면 그의 출석 없이 심리할 수 있다.
[전문개정 2011.4.5.]

第53조(결정의 내용) ①탄핵심판 청구가 이유 있는 경우에는 헌법재판소는 피청구인을 해당 공직에서 파면하는 결정을 선고한다.
②피청구인이 결정 선고 전에 해당 공직에서 파면되었을 때에는 헌법재판소는 심판청구를 기각하여야 한다.
[전문개정 2011.4.5.]

第54조(결정의 효력) ①탄핵결정은 피청구인의 민사상 또는 형사상의 책임을 면제하지 아니한다.
②탄핵결정에 의하여 파면된 사람은 결정 선고가 있은 날부터 5년이 지나지 아니하면 공무원이 될 수 없다.
[전문개정 2011.4.5.]

제3절 정당해산심판

第55조(정당해산심판의 청구) 정당의 목적이나 활동이 민주적 기본질서에 위배될 때에는 정부는 국무회의의 심의를 거쳐 헌법재판소에 정당해산심판을 청구할 수 있다.
[전문개정 2011.4.5.]

第56조(청구서의 기재사항) 정당해산심판의 청구서에는 다음 각 호의 사항을 적어야 한다.
1. 해산을 요구하는 정당의 표시
2. 청구 이유
[전문개정 2011.4.5.]

第57조(가처분) 헌법재판소는 정당해산심판의 청구를 받은 때에는 직권 또는 청구인의 신청에 의하여 종국결정의 선고 시까지 피청구인의 활동을 정지하는 결정을 할 수 있다.
[전문개정 2011.4.5.]

第58조(청구 등의 통지) ①헌법재판소장은 정당해산심판의 청구가 있는 때, 가처분결정을 한 때 및 그 심판이 종료한 때에는 그 사실을 국회와 중앙선거관리위원회에 통지하여야 한다.

②정당해산을 명하는 결정서는 피청구인 외에 국회, 정부 및 중앙선거관리위원회에도 송달하여야 한다.
[전문개정 2011.4.5.]

제59조(결정의 효력) 정당의 해산을 명하는 결정이 선고된 때에는 그 정당은 해산된다.
[전문개정 2011.4.5.]

제60조(결정의 집행) 정당의 해산을 명하는 헌법재판소의 결정은 중앙선거관리위원회가 「정당법」에 따라 집행한다.
[전문개정 2011.4.5.]

제4절 권한쟁의심판

제61조(청구 사유) ①국가기관 상호간, 국가기관과 지방자치단체 간 및 지방자치단체 상호간에 권한의 유무 또는 범위에 관하여 다툼이 있을 때에는 해당 국가기관 또는 지방자치단체는 헌법재판소에 권한쟁의심판을 청구할 수 있다.
②제1항의 심판청구는 피청구인의 처분 또는 부작위(不作爲)가 헌법 또는 법률에 의하여 부여받은 청구인의 권한을 침해하였거나 침해할 현저한 위험이 있는 경우에만 할 수 있다.
[전문개정 2011.4.5.]

제62조(권한쟁의심판의 종류) ①권한쟁의심판의 종류는 다음 각 호와 같다. <개정 2018.3.20.>
1. 국가기관 상호간의 권한쟁의심판
국회, 정부, 법원 및 중앙선거관리위원회 상호간의 권한쟁의심판
2. 국가기관과 지방자치단체 간의 권한쟁의심판
 가. 정부와 특별시·광역시·특별자치시·도 또는 특별자치도 간의 권한쟁의심판
 나. 정부와 시·군 또는 지방자치단체인 구(이하 "자치구"라 한다) 간의 권한쟁의심판
3. 지방자치단체 상호간의 권한쟁의심판
 가. 특별시·광역시·특별자치시·도 또는 특별자치도 상호간의 권한쟁의심판
 나. 시·군 또는 자치구 상호간의 권한쟁의심판
 다. 특별시·광역시·특별자치시·도 또는 특별자치도와 시·군 또는 자치구 간의 권한쟁의심판
②권한쟁의가 「지방교육자치에 관한 법률」 제2조에 따른 교육·학예에 관한 지방자치단체의 사무에 관한 것인 경우에는 교육감이 제1항제2호 및 제3호의 당사자가 된다.
[전문개정 2011.4.5.]

제63조(청구기간) ①권한쟁의의 심판은 그 사유가 있음을 안 날부터 60일 이내에, 그 사유가 있은 날부터 180일 이내에 청구하여야 한다.
②제1항의 기간은 불변기간으로 한다.
[전문개정 2011.4.5.]

제64조(청구서의 기재사항) 권한쟁의심판의 청구서에는 다음 각 호의 사항을 적어야 한다.
1. 청구인 또는 청구인이 속한 기관 및 심판수행자 또는 대리인의 표시
2. 피청구인의 표시
3. 심판 대상이 되는 피청구인의 처분 또는 부작위
4. 청구 이유
5. 그 밖에 필요한 사항
[전문개정 2011.4.5.]

제65조(가처분) 헌법재판소가 권한쟁의심판의 청구를 받았을 때에는 직권 또는 청구인의 신청에 의하여 종국결정의 선고 시까지 심판 대상이 된 피청구인의 처분의 효력을 정지하는 결정을 할 수 있다.
[전문개정 2011.4.5.]

제66조(결정의 내용) ①헌법재판소는 심판의 대상이 된 국가기관 또는 지방자치단체의 권한의 유무 또는 범위에 관하여 판단한다.
②제1항의 경우에 헌법재판소는 권한침해의 원인이 된 피청구인의 처분을 취소하거나 그 무효를 확인할 수 있고, 헌법재판소가 부작위에 대한 심판청구를 인용하는 결정을 한 때에는 피청구인은 결정 취지에 따른 처분을 하여야 한다.
[전문개정 2011.4.5.]

제67조(결정의 효력) ①헌법재판소의 권한쟁의심판의 결정은 모든 국가기관과 지방자치단체를 기속한다.
②국가기관 또는 지방자치단체의 처분을 취소하는 결정은 그 처분의 상대방에 대하여 이미 생긴 효력에 영향을 미치지 아니한다.
[전문개정 2011.4.5.]

제5절 헌법소원심판

제68조(청구 사유) ①공권력의 행사 또는 불행사(不行使)로 인하여 헌법상 보장된 기본권을 침해받은 자는 법원의 재판을 제외하고는 헌법재판소에 헌법소원심판을 청구할 수 있다. 다만, 다른 법률에 구제절차가 있는 경우에는 그 절차를 모두 거친 후에 청구할 수 있다.
②제41조제1항에 따른 법률의 위헌 여부 심판의 제청신청이 기각된 때에는 그 신청을 한 당사자는 헌법재판소에 헌법소원심판을 청구할 수 있다. 이 경우 그 당사자는 당해 사건의 소송절차에서 동일한 사유를 이유로 다시 위헌 여부 심판의 제청을 신청할 수 없다.
[전문개정 2011.4.5.]
[한정위헌, 96헌마172,173(병합) 1997.12.24. 헌법재판소법 제68조제1항 본문의 '법원의 재판'에 헌법재판소가 위헌으로 결정한 법령을 적용함으로써 국민의 기본권을 침해한 재판도 포함되는 것으로 해석하는 한도내에서, 헌법재판소법 제68조제1항은 헌법에 위반된다.]

제69조(청구기간) ①제68조제1항에 따른 헌법소원의 심판은 그 사유가 있음을 안 날부터 90일 이내에, 그 사유가 있는 날부터 1년 이내에 청구하여야 한다. 다만, 다른 법률에 따른 구제절차를 거친 헌법소원의 심판은 그 최종결정을 통지받은 날부터 30일 이내에 청구하여야 한다.
②제68조제2항에 따른 헌법소원심판은 위헌 여부 심판의 제청신청을 기각하는 결정을 통지받은 날부터 30일 이내에 청구하여야 한다.
[전문개정 2011.4.5.]

제70조(국선대리인) ①헌법소원심판을 청구하려는 자가 변호사를 대리인으로 선임할 자력(資力)이 없는 경우에는 헌법재판소에 국선대리인을 선임하여 줄 것을 신청할 수 있다. 이 경우 제69조에 따른 청구기간은 국선대리인의 선임신청이 있는 날을 기준으로 정한다.
②제1항에도 불구하고 헌법재판소가 공익상 필요하다고 인정할 때에는 국선대리인을 선임할 수 있다.
③헌법재판소는 제1항의 신청이 있는 경우 또는 제2항의 경우에는 헌법재판소규칙으로 정하는 바에 따라 변호사 중에서 국선대리인을 선정한다. 다만, 그 심판청구가 명백히 부적법하거나 이유 없는 경우 또는 권리의 남용이라고 인정되는 경우에는 국선대리인을 선정하지 아니할 수 있다.
④헌법재판소가 국선대리인을 선정하지 아니한다는 결정을 한 때에는 지체 없이 그 사실을 신청인에게 통지하여야 한다. 이 경우 신청인이 선임신청을 한 날부터 그 통지를 받은 날까지의 기

간은 제69조의 청구기간에 산입하지 아니한다.
⑤제3항에 따라 선정된 국선대리인은 선정된 날부터 60일 이내에 제71조에 규정된 사항을 적은 심판청구서를 헌법재판소에 제출하여야 한다.
⑥제3항에 따라 선정한 국선대리인에게는 헌법재판소규칙으로 정하는 바에 따라 국고에서 그 보수를 지급한다.
[전문개정 2011.4.5.]

제71조(청구서의 기재사항) ①제68조제1항에 따른 헌법소원의 심판청구서에는 다음 각 호의 사항을 적어야 한다.
1. 청구인 및 대리인의 표시
2. 침해된 권리
3. 침해의 원인이 되는 공권력의 행사 또는 불행사
4. 청구 이유
5. 그 밖에 필요한 사항
②제68조제2항에 따른 헌법소원의 심판청구서의 기재사항에 관하여는 제43조를 준용한다. 이 경우 제43조제1호 중 "제청법원의 표시"는 "청구인 및 대리인의 표시"로 본다.
③헌법소원의 심판청구서에는 대리인의 선임을 증명하는 서류 또는 국선대리인 선임통지서를 첨부하여야 한다.
[전문개정 2011.4.5.]

제72조(사전심사) ①헌법재판소장은 헌법재판소에 재판관 3명으로 구성되는 지정재판부를 두어 헌법소원심판의 사전심사를 담당하게 할 수 있다. <개정 2011.4.5.>
②삭제 <1991.11.30.>
③지정재판부는 다음 각 호의 어느 하나에 해당되는 경우에는 지정재판부 재판관 전원의 일치된 의견에 의한 결정으로 헌법소원의 심판청구를 각하한다. <개정 2011.4.5.>
1. 다른 법률에 따른 구제절차가 있는 경우 그 절차를 모두 거치지 아니하거나 또는 법원의 재판에 대하여 헌법소원의 심판이 청구된 경우
2. 제69조의 청구기간이 지난 후 헌법소원심판이 청구된 경우
3. 제25조에 따른 대리인의 선임 없이 청구된 경우
4. 그 밖에 헌법소원심판의 청구가 부적법하고 그 흠결을 보정할 수 없는 경우
④지정재판부는 전원의 일치된 의견으로 제3항의 각하결정을 하지 아니하는 경우에는 결정으로 헌법소원을 재판부의 심판에 회부하여야 한다. 헌법소원심판의 청구 후 30일이 지날 때까지 각하결정이 없는 때에는 심판에 회부하는 결정(이하 "심판회부결정"이라 한다)이 있는 것으로 본다. <개정 2011.4.5.>
⑤지정재판부의 심리에 관하여는 제28조, 제31조, 제32조 및 제35조를 준용한다. <개정 2011.4.5.>
⑥지정재판부의 구성과 운영에 필요한 사항은 헌법재판소규칙으로 정한다. <개정 2011.4.5.>
[제목개정 2011.4.5.]

제73조(각하 및 심판회부 결정의 통지)
①지정재판부는 헌법소원을 각하하거나 심판회부결정을 한 때에는 그 결정일부터 14일 이내에 청구인 또는 그 대리인 및 피청구인에게 그 사실을 통지하여야 한다. 제72조제4항 후단의 경우에도 또한 같다.
②헌법재판소장은 헌법소원이 제72조제4항에 따라 재판부의 심판에 회부된 때에는 다음 각 호의 자에게 지체 없이 그 사실을 통지하여야 한다.
1. 법무부장관
2. 제68조제2항에 따른 헌법소원심판에서는 청구인이 아닌 당해 사건의 당사자
[전문개정 2011.4.5.]

제74조(이해관계기관 등의 의견 제출)
①헌법소원의 심판에 이해관계가 있는 국가기관 또는 공공단체와 법무부장관은 헌법재판소에 그 심판에 관한 의견서를 제출할 수 있다.
②제68조제2항에 따른 헌법소원이 재판부에 심판 회부된 경우에는 제27조제2항 및 제44조를 준용한다.
[전문개정 2011.4.5.]

제75조(인용결정) ①헌법소원의 인용결정은 모든 국가기관과 지방자치단체를 기속한다.
②제68조제1항에 따른 헌법소원을 인용할 때에는 인용결정서의 주문에 침해된 기본권과 침해의 원인이 된 공권력의 행사 또는 불행사를 특정하여야 한다.
③제2항의 경우에 헌법재판소는 기본권 침해의 원인이 된 공권력의 행사를 취소하거나 그 불행사가 위헌임을 확인할 수 있다.
④헌법재판소가 공권력의 불행사에 대한 헌법소원을 인용하는 결정을 한 때에는 피청구인은 결정 취지에 따라 새로운 처분을 하여야 한다.
⑤제2항의 경우에 헌법재판소는 공권력의 행사 또는 불행사가 위헌인 법률 또는 법률의 조항에 기인한 것이라고 인정될 때에는 인용결정에서 해당 법률 또는 법률의 조항이 위헌임을 선고할 수 있다.
⑥제5항의 경우 및 제68조제2항에 따른 헌법소원을 인용하는 경우에는 제45조 및 제47조를 준용한다.
⑦제68조제2항에 따른 헌법소원이 인용된 경우에 해당 헌법소원과 관련된 소송사건이 이미 확정된 때에는 당사자는 재심을 청구할 수 있다.
⑧제7항에 따른 재심에서 형사사건에 대하여는 「형사소송법」을 준용하고, 그 외의 사건에 대하여는 「민사소송법」을 준용한다.
[전문개정 2011.4.5.]

판례-임금등

[대법원 2006.3.9., 선고, 2003재다262, 판결]

【판시사항】
[1] 헌법소원을 통하여 법률조항에 대한 헌법불합치결정이 선고된 경우, 그 결정의 계기가 되었던 당해 사건의 확정 판결에는
헌법재판소법 제75조 제7항에서 정한 재심사유가 있으며 그 헌법불합치결정에 따른 개선 입법의 소급효가 당연히 당해 사건에 미침을 이유로, 재심대상 판결 중 위헌으로 선언된 구 사립학교법 제53조의2 제3항이 적용된 부분에 헌법불합치결정에 따른 개선 입법인 사립학교법의 개정 법률 조항들이 소급 적용되어야 한다고 한 사례
[2] 기간제로 임용된 사립대학 교원이 임용기간 만료로 대학교원 신분을 상실하는지 여부(한정 적극)
[3] 현행 사립학교법이 정한 재임용 심사 기준에 따라 적법한 재임용 심사를 받았다면 재임용을 받을 수 있었던 사립대학 교원이 위법하게 재임용을 거부당한 경우, 그 거부결정이 불법행위에 해당함을 이유로 임금 상당의 손해배상을 구할 수 있다고 한 사례

【판결요지】
[1] 헌법소원을 통하여 법률조항에 대한 헌법불합치결정이 선고된 경우, 그 결정의 계기가 되었던 당해 사건의 확정 판결에는 헌법재판소법 제75조 제7항에서 정한 재심사유가 있으며 그 헌법불합치결정에 따른 개선 입법의 소급효가 당연히 당해 사건에 미침을 이유로, 재심대상 판결 중 위헌으로 선언된 구 사립학교법(1997.1.13. 법률 제5274호로 개정되기 전의 것) 제53조의2 제3항이 적용된 부분에 헌법불합치결정에 따른 개선 입법인 사립학교법의 개정 법률 조항들이 소급 적용되어야 한다고 한 사례.
[2] 정관이나 인사규정 또는 임용계약에 재임용 강제조항이 있거나 그 외 임용계약이 반복 갱신되는 등 특별한 사정이 없는 이상 임용기간이 만료된 사립학교 교원은 임용기간 만료로 대학교

원 신분을 상실한다.
[3] 개정된 사립학교법의 규정 내용에 비추어 볼 때, 기간제로 임용되어 임용기간이 만료된 사립학교 교원으로서는 교원으로서의 능력과 자질에 관하여 위 법률이 정하는 바에 따라 합리적인 기준에 의한 공정한 심사를 받아 그 기준에 부합되면 특별한 사정이 없는 한 재임용되리라는 기대를 가지고 재임용 여부에 관하여 합리적인 기준에 의한 공정한 심사를 요구할 권리를 가진다 할 것이므로, 현행 사립학교법이 정한 재임용 심사 기준에 따라 적법한 재임용 심사를 받았더라면 재임용을 받을 수 있었던 사립학교 교원이 위법하게 재임용을 거부당하였다면, 그러한 재임용 거부결정이 불법행위에 해당함을 이유로 임금 상당의 손해배상을 구할 수 있다고 한 사례.

제5장 전자정보처리조직을 통한 심판절차의 수행

제76조(전자문서의 접수) ①각종 심판절차의 당사자나 관계인은 청구서 또는 이 법에 따라 제출할 그 밖의 서면을 전자문서(컴퓨터 등 정보처리능력을 갖춘 장치에 의하여 전자적인 형태로 작성되어 송수신되거나 저장된 정보를 말한다. 이하 같다)화하고 이를 정보통신망을 이용하여 헌법재판소에서 지정·운영하는 전자정보처리조직(심판절차에 필요한 전자문서를 작성·제출·송달하는 데에 필요한 정보처리능력을 갖춘 전자적 장치를 말한다. 이하 같다)을 통하여 제출할 수 있다.
②제1항에 따라 제출된 전자문서는 이 법에 따라 제출된 서면과 같은 효력을 가진다.
③전자정보처리조직을 이용하여 제출된 전자문서는 전자정보처리조직에 전자적으로 기록된 때에 접수된 것으로 본다.
④제3항에 따라 전자문서가 접수된 경우에 헌법재판소는 헌법재판소규칙으로 정하는 바에 따라 당사자나 관계인에게 전자적 방식으로 그 접수 사실을 즉시 알려야 한다.
[전문개정 2011.4.5.]

제77조(전자서명 등) ①당사자나 관계인은 헌법재판소에 제출하는 전자문서에 헌법재판소규칙으로 정하는 바에 따라 본인임을 확인할 수 있는 전자서명을 하여야 한다.
②재판관이나 서기는 심판사건에 관한 서류를 전자문서로 작성하는 경우에 「전자정부법」 제2조제6호에 따른 행정전자서명(이하 "행정전자서명"이라 한다)을 하여야 한다.
③제1항의 전자서명과 제2항의 행정전자서명은 헌법재판소의 심판절차에 관한 법령에서 정하는 서명·서명날인 또는 기명날인으로 본다.
[본조신설 2009.12.29.]

제78조(전자적 송달 등) ①헌법재판소는 당사자나 관계인에게 전자정보처리조직과 그와 연계된 정보통신망을 이용하여 결정서나 이 법에 따른 각종 서류를 송달할 수 있다. 다만, 당사자나 관계인이 동의하지 아니하는 경우에는 그러하지 아니하다.
②헌법재판소는 당사자나 관계인에게 송달하여야 할 결정서 등의 서류를 전자정보처리조직에 입력하여 등재한 다음 그 등재 사실을 헌법재판소규칙으로 정하는 바에 따라 전자적 방식으로 알려야 한다.
③제1항에 따른 전자정보처리조직을 이용한 서류 송달은 서면으로 한 것과 같은 효력을 가진다.
④제2항의 경우 송달받을 자가 등재된 전자문서를 헌법재판소규칙으로 정하는 바에 따라 확인한 때에 송달된 것으로 본다. 다만, 그 등재 사실을 통지한 날부터 2주 이내에 확인하지 아니하였을 때에는 등재 사실을 통지한 날부터 2주가 지난 날에 송달된 것으로 본다.
⑤제1항에도 불구하고 전자정보처리조직의 장애로 인하여 전자적 송달이 불가능하거나 그 밖에 헌법재판소규칙으로 정하는 사유가 있는 경우에는 「민사소송법」에 따라 송달할 수 있다.
[전문개정 2011.4.5.]

제6장 벌칙

제79조(벌칙) 다음 각 호의 어느 하나에 해당하는 자는 1년 이하의 징역 또는 100만원 이하의 벌금에 처한다.
1. 헌법재판소로부터 증인, 감정인, 통역인 또는 번역인으로서 소환 또는 위촉을 받고 정당한 사유 없이 출석하지 아니한 자
2. 헌법재판소로부터 증거물의 제출요구 또는 제출명령을 받고 정당한 사유 없이 이를 제출하지 아니한 자
3. 헌법재판소의 조사 또는 검사를 정당한 사유 없이 거부·방해 또는 기피한 자
[전문개정 2011.4.5.]

부칙

<제17469호, 2020.6.9>

제1조(시행일) 이 법은 공포 후 6개월이 경과한 날부터 시행한다.

제2조(재판관 결격사유에 관한 적용례) 제5조제2항 및 제3항의 개정규정은 이 법 시행 이후 재판관으로 임명하는 경우부터 적용한다.

민 법

제1편 총 칙

제2편 물 권

제3편 채 권

제4편 친 족

제5편 상　속

민법

[시행 2020.10.20.]
[법률 제17503호, 2020.10.20., 일부개정]

제1편 총칙
제1장 통칙

제1조(법원) 민사에 관하여 법률에 규정이 없으면 관습법에 의하고 관습법이 없으면 조리에 의한다.

판례-소유권이전등기등

[대법원 2003.7.24. 선고 2001다48781 전원합의체 판결]

【판시사항】
[1] 제정민법이 시행되기 전에 존재하던 '상속회복청구권은 상속이 개시된 날부터 20년이 경과하면 소멸한다.'는 관습에 관습법으로의 효력을 인정할 수 있는지 여부(소극)
[2] 헌법재판소 위헌결정의 효력 범위

【결정요지】
[1] [다수의견] 사회의 거듭된 관행으로 생성한 어떤 사회생활규범이 법적 규범으로 승인되기에 이르렀다고 하기 위하여는 그 사회생활규범은 헌법을 최상위 규범으로 하는 전체 법질서에 반하지 아니하는 것으로서 정당성과 합리성이 있다고 인정될 수 있는 것이어야 하고, 그렇지 아니한 사회생활규범은 비록 그것이 사회의 거듭된 관행으로 생성된 것이라고 할지라도 이를 법적 규범으로 삼아 관습법으로서의 효력을 인정할 수 없는바, 제정 민법이 시행되기 전에 존재하던 관습 중 "상속회복청구권은 상속이 개시된 날부터 20년이 경과하면 소멸한다."는 내용의 관습은 이를 적용하게 되면 20년의 경과 후에 상속권침해가 있을 때에는 침해행위와 동시에 진정상속인은 권리를 잃고 구제를 받을 수 없는 결과가 되므로 소유권은 원래 소멸시효의 적용을 받지 않는다는 권리의 속성에 반할 뿐 아니라 진정상속인으로 하여금 참칭상속인에 의한 재산권침해를 사실상 방어할 수 없게 만드는 결과로 되어 불합리하고, 헌법을 최상위 규범으로 하는 법질서 전체의 이념에도 부합하지 아니하여 정당성이 없으므로, 위 관습에 법적 규범인 관습법으로서의 효력을 인정할 수 없다.
[2] 헌법재판소의 위헌결정의 효력은 위헌제청을 한 당해 사건, 위헌결정이 있기 전에 이와 동종의 위헌 여부에 관하여 헌법재판소에 위헌여부심판제청을 하였거나 법원에 위헌여부심판제청신청을 한 경우만이 아니라 따로 위헌제청신청은 하지 아니하였지만 당해 법률 또는 법률의 조항이 재판의 전제가 되어 법원에 계속중인 사건과 위헌결정 이후에 위와 같은 이유로 제소된 일반 사건에도 미친다.

제2조(신의성실) ①권리의 행사와 의무의 이행은 신의에 좇아 성실히 하여야 한다.
②권리는 남용하지 못한다.

판례-매매대금

[대법원 2007.3.29., 선고, 2004다31302, 판결]

【판시사항】
[1] 사정변경으로 인한 계약해제가 인정되는 경우
[2] 지방자치단체로부터 매수한 토지가 공공공지에 편입되어 매수인이 의도한 건축이 불가능하게 되었더라도 이는 매매계약을 해제할 만한 사정변경에 해당하지 않고, 매매계약을 그대로 유지하는 것이 신의칙에 반한다고 볼 수도 없다고 한 사례

【판결요지】
[1] 이른바 사정변경으로 인한 계약해제는, 계약성립 당시 당사자가 예견할 수 없었던 현저한 사정의 변경이 발생하였고 그러한 사정의 변경이 해제권을 취득하는 당사자에게 책임 없는 사유로 생긴 것으로서, 계약내용대로의 구속력을 인정한다면 신의칙에 현저히 반하는 결과가 생기는 경우에 계약준수 원칙의 예외로서 인정되는 것이고, 여기에서 말하는 사정이라 함은 계약의 기초가 되었던 객관적인 사정으로서, 일방당사자의 주관적 또는 개인적인 사정을 의미하는 것은 아니다. 또한, 계약의 성립에 기초가 되지 아니한 사정이 그 후 변경되어 일방당사자가 계약 당시 의도한 계약목적을 달성할 수 없게 됨으로써 손해를 입게 되었다 하더라도 특별한 사정이 없는 한 그 계약내용의 효력을 그대로 유지하는 것이 신의칙에 반한다고 볼 수도 없다.
[2] 지방자치단체로부터 매수한 토지가 공공공지에 편입되어 매수인이 의도한 음식점 등의 건축이 불가능하게 되었더라도 이는 매매계약을 해제할 만한 사정변경에 해당하지 않고, 매수인이 의도한 주관적인 매수목적을 달성할 수 없게 되어 손해를 입었다 하더라도 매매계약을 그대로 유지하는 것이 신의칙에 반한다고 볼 수도 없다고 한 사례.

제2장 인

제1절 능력

제3조(권리능력의 존속기간) 사람은 생존한 동안 권리와 의무의 주체가 된다.

판례-토지소유권이전등기말소등기등

[대법원 1982.2.9. 선고 81다534 판결]

【판시사항】
가. 태아의 수증능력 유무 및 법정대리인에 의한 수증행위의 가부(소극)
나. 증여를 원인으로 한 소유권이전등기 청구권의 상속과 증여자의 상속인의 소유권이전등기 의무
다. 시효취득의 주장속에 시효소멸의 주장이 포함되었다고 볼 수 있는가(소극)

【판결요지】
가. 의용 민법이나 구관습하에 태아에게는 일반적으로 권리능력이 인정되지 아니하고 손해배상청구권 또는 상속 등 특별한 경우에 한하여 제한된 권리능력을 인정하였을 따름이므로 증여에 관하여는 태아의 수증능력이 인정되지 아니하였고, 또 태아인 동안에는 법정대리인이 있을 수 없으므로 법정대리인에 의한 수증행위도 할 수 없다.
나. 소외 망인이 그 소유 부동산을 갑에게 증여한 경우에 망인의 상속인은 갑의 상속인에 대하여 위 증여를 원인으로 한 소유권이전등기의무는 있을지언정 갑의 사망으로 개시된 상속을 원인으로 한 이전등기의무는 없다.
다. 증여를 원인으로 한 부동산소유권이전등기청구에 대하여 피고가 시효취득을 주장하였다고 하여도 그 주장속에 원고의 위 이전등기청구권이 시효소멸하였다는 주장까지 포함되었다고 할 수 없다.

제4조(성년) 사람은 19세로 성년에 이르게 된다.
[전문개정 2011.3.7.]

제5조(미성년자의 능력) ①미성년자가 법률행위를 함에는 법정대리인의 동의를 얻어야 한다. 그러나 권리만을 얻거나 의무만을 면하는 행위는 그러하지 아니하다.
②전항의 규정에 위반한 행위는 취소할 수 있다.

판례-채무부존재확인등·부당이득반환청구

[대법원 2007.11.16., 선고, 2005다71659, 판결]

【판시사항】

[1] 법정대리인의 동의 없이 신용구매계약을 체결한 미성년자가 그 동의 없음을 이유로 위 계약을 취소하는 것이 신의칙에 위배되는지 여부(소극)

[2] 미성년자의 법률행위에 대한 법정대리인의 동의가 묵시적으로도 가능한지 여부(적극)

[3] 미성년자의 법률행위에 있어서 법정대리인의 묵시적 동의나 처분허락의 인정 여부에 대한 판단 기준 및 이때 신용카드로 구매한 경우와 현금구매의 경우를 달리 보아야 하는지 여부(소극)

[4] 만 19세가 넘은 미성년자가 월 소득범위 내에서 신용구매계약을 체결한 사안에서, 스스로 얻고 있던 소득에 대하여는 법정대리인의 묵시적 처분허락이 있었다고 보아 위 신용구매계약은 처분허락을 받은 재산범위 내의 처분행위에 해당한다고 본 사례

【판결요지】

[1] 행위무능력자 제도는 사적자치의 원칙이라는 민법의 기본이념, 특히, 자기책임 원칙의 구현을 가능케 하는 도구로서 인정되는 것이고, 거래의 안전을 희생시키더라도 행위무능력자를 보호하고자 함에 근본적인 입법 취지가 있는바, 행위무능력자 제도의 이러한 성격과 입법 취지 등에 비추어 볼 때, 신용카드 가맹점이 미성년자와 신용구매계약을 체결할 당시 향후 그 미성년자가 법정대리인의 동의가 없었음을 들어 스스로 위 계약을 취소하지는 않으리라고 신뢰하였다 하더라도 그 신뢰가 객관적으로 정당한 것이라고 할 수 있을지 의문일 뿐만 아니라, 그 미성년자가 가맹점의 이러한 신뢰에 반하여 취소권을 행사하는 것이 정의관념에 비추어 용인될 수 없는 정도의 상태라고 보기도 어려우며, 미성년자의 법률행위에 법정대리인의 동의를 요하도록 하는 것은 강행규정인데, 위 규정에 반하여 이루어진 신용구매계약을 미성년자 스스로 취소하는 것을 신의칙 위반을 이유로 배척한다면, 이는 오히려 위 규정에 의해 배제하려는 결과를 실현시키는 셈이 되어 미성년자 제도의 입법 취지를 몰각시킬 우려가 있으므로, 법정대리인의 동의 없이 신용구매계약을 체결한 미성년자가 사후에 법정대리인의 동의 없음을 사유로 들어 이를 취소하는 것이 신의칙에 위배된 것이라고 할 수 없다.

[2] 미성년자가 법률행위를 함에 있어서 요구되는 법정대리인의 동의는 언제나 명시적이어야 하는 것은 아니고 묵시적으로도 가능한 것이며, 미성년자의 행위가 위와 같이 법정대리인의 묵시적 동의가 인정되거나 처분허락이 있는 재산의 처분 등에 해당하는 경우라면, 미성년자로서는 더 이상 행위무능력을 이유로 그 법률행위를 취소할 수 없다.

[3] 미성년자의 법률행위에 있어서 법정대리인의 묵시적 동의나 처분허락이 있다고 볼 수 있는지 여부를 판단함에 있어서는, 미성년자의 연령·지능·직업·경력, 법정대리인과의 동거 여부, 독자적인 소득의 유무와 그 금액, 경제활동의 여부, 계약의 성질·체결경위·내용, 기타 제반 사정을 종합적으로 고려하여야 할 것이고, 위와 같은 법리는 묵시적 동의 또는 처분허락을 받은 재산의 범위 내라면 특별한 사정이 없는 한 신용카드를 이용하여 재화와 용역을 신용구매한 후 사후에 결제하려는 경우와 곧바로 현금 구매하는 경우를 달리 볼 필요는 없다.

[4] 만 19세가 넘은 미성년자가 월 소득범위 내에서 신용구매계약을 체결한 사안에서, 스스로 얻고 있던 소득에 대하여는 법정대리인의 묵시적 처분허락이 있었다고 보아 위 신용구매계약은 처분허락을 받은 재산범위 내의 처분행위에 해당한다고 본 사례.

제6조(처분을 허락한 재산) 법정대리인이 범위를 정하여 처분을 허락한 재산은 미성년자가 임의로 처분할 수 있다.

제7조(동의와 허락의 취소) 법정대리인은 미성년자가 아직 법률행위를 하기 전에는 전2조의 동의와 허락을 취소할 수 있다.

제8조(영업의 허락) ①미성년자가 법정대리인으로부터 허락을 얻은 특정한 영업에 관하여는 성년자와 동일한 행위능력이 있다.

②법정대리인은 전항의 허락을 취소 또는 제한할 수 있다. 그러나 선의의 제삼자에게 대항하

지 못한다.

제9조(성년후견개시의 심판) ①가정법원은 질병, 장애, 노령, 그 밖의 사유로 인한 정신적 제약으로 사무를 처리할 능력이 지속적으로 결여된 사람에 대하여 본인, 배우자, 4촌 이내의 친족, 미성년후견인, 미성년후견감독인, 한정후견인, 한정후견감독인, 특정후견인, 특정후견감독인, 검사 또는 지방자치단체의 장의 청구에 의하여 성년후견개시의 심판을 한다.
②가정법원은 성년후견개시의 심판을 할 때 본인의 의사를 고려하여야 한다.
[전문개정 2011.3.7.]

제10조(피성년후견인의 행위와 취소)
①피성년후견인의 법률행위는 취소할 수 있다.
②제1항에도 불구하고 가정법원은 취소할 수 없는 피성년후견인의 법률행위의 범위를 정할 수 있다.
③가정법원은 본인, 배우자, 4촌 이내의 친족, 성년후견인, 성년후견감독인, 검사 또는 지방자치단체의 장의 청구에 의하여 제2항의 범위를 변경할 수 있다.
④제1항에도 불구하고 일용품의 구입 등 일상생활에 필요하고 그 대가가 과도하지 아니한 법률행위는 성년후견인이 취소할 수 없다.
[전문개정 2011.3.7.]

제11조(성년후견종료의 심판) 성년후견개시의 원인이 소멸된 경우에는 가정법원은 본인, 배우자, 4촌 이내의 친족, 성년후견인, 성년후견감독인, 검사 또는 지방자치단체의 장의 청구에 의하여 성년후견종료의 심판을 한다.
[전문개정 2011.3.7.]

제12조(한정후견개시의 심판) ①가정법원은 질병, 장애, 노령, 그 밖의 사유로 인한 정신적 제약으로 사무를 처리할 능력이 부족한 사람에 대하여 본인, 배우자, 4촌 이내의 친족, 미성년후견인, 미성년후견감독인, 성년후견인, 성년후견감독인, 특정후견인, 특정후견감독인, 검사 또는 지방자치단체의 장의 청구에 의하여 한정후견개시의 심판을 한다.
②한정후견개시의 경우에 제9조제2항을 준용한다.
[전문개정 2011.3.7.]

제13조(피한정후견인의 행위와 동의)
①가정법원은 피한정후견인이 한정후견인의 동의를 받아야 하는 행위의 범위를 정할 수 있다.
②가정법원은 본인, 배우자, 4촌 이내의 친족, 한정후견인, 한정후견감독인, 검사 또는 지방자치단체의 장의 청구에 의하여 제1항에 따른 한정후견인의 동의를 받아야만 할 수 있는 행위의 범위를 변경할 수 있다.
③한정후견인의 동의를 필요로 하는 행위에 대하여 한정후견인이 피한정후견인의 이익이 침해될 염려가 있음에도 그 동의를 하지 아니하는 때에는 가정법원은 피한정후견인의 청구에 의하여 한정후견인의 동의를 갈음하는 허가를 할 수 있다.
④한정후견인의 동의가 필요한 법률행위를 피한정후견인이 한정후견인의 동의 없이 하였을 때에는 그 법률행위를 취소할 수 있다. 다만, 일용품의 구입 등 일상생활에 필요하고 그 대가가 과도하지 아니한 법률행위에 대하여는 그러하지 아니하다.
[전문개정 2011.3.7.]

제14조(한정후견종료의 심판) 한정후견개시의 원인이 소멸된 경우에는 가정법원은 본인, 배우자, 4촌 이내의 친족, 한정후견인, 한정후견감독인, 검사 또는 지방자치단체의 장의 청구에 의하여 한정후견종료의 심판을 한다.
[전문개정 2011.3.7.]

제14조의2(특정후견의 심판) ①가정법원은 질병, 장애, 노령, 그 밖의 사유로 인한 정신적 제

약으로 일시적 후원 또는 특정한 사무에 관한 후원이 필요한 사람에 대하여 본인, 배우자, 4촌 이내의 친족, 미성년후견인, 미성년후견감독인, 검사 또는 지방자치단체의 장의 청구에 의하여 특정후견의 심판을 한다.
②특정후견은 본인의 의사에 반하여 할 수 없다.
③특정후견의 심판을 하는 경우에는 특정후견의 기간 또는 사무의 범위를 정하여야 한다.
[본조신설 2011.3.7.]

제14조의3(심판 사이의 관계) ①가정법원이 피한정후견인 또는 피특정후견인에 대하여 성년후견개시의 심판을 할 때에는 종전의 한정후견 또는 특정후견의 종료 심판을 한다.
②가정법원이 피성년후견인 또는 피특정후견인에 대하여 한정후견개시의 심판을 할 때에는 종전의 성년후견 또는 특정후견의 종료 심판을 한다.
[본조신설 2011.3.7.]

제15조(제한능력자의 상대방의 확답을 촉구할 권리) ①제한능력자의 상대방은 제한능력자가 능력자가 된 후에 그에게 1개월 이상의 기간을 정하여 그 취소할 수 있는 행위를 추인할 것인지 여부의 확답을 촉구할 수 있다. 능력자로 된 사람이 그 기간 내에 확답을 발송하지 아니하면 그 행위를 추인한 것으로 본다.
②제한능력자가 아직 능력자가 되지 못한 경우에는 그의 법정대리인에게 제1항의 촉구를 할 수 있고, 법정대리인이 그 정하여진 기간 내에 확답을 발송하지 아니한 경우에는 그 행위를 추인한 것으로 본다.
③특별한 절차가 필요한 행위는 그 정하여진 기간 내에 그 절차를 밟은 확답을 발송하지 아니하면 취소한 것으로 본다.
[전문개정 2011.3.7.]

제16조(제한능력자의 상대방의 철회권과 거절권) ①제한능력자가 맺은 계약은 추인이 있을 때까지 상대방이 그 의사표시를 철회할 수 있다. 다만, 상대방이 계약 당시에 제한능력자임을 알았을 경우에는 그러하지 아니하다.
②제한능력자의 단독행위는 추인이 있을 때까지 상대방이 거절할 수 있다.
③제1항의 철회나 제2항의 거절의 의사표시는 제한능력자에게도 할 수 있다.
[전문개정 2011.3.7.]

제17조(제한능력자의 속임수) ①제한능력자가 속임수로써 자기를 능력자로 믿게 한 경우에는 그 행위를 취소할 수 없다.
②미성년자나 피한정후견인이 속임수로써 법정대리인의 동의가 있는 것으로 믿게 한 경우에도 제1항과 같다.
[전문개정 2011.3.7.]

제2절 주소

제18조(주소) ①생활의 근거되는 곳을 주소로 한다.
②주소는 동시에 두 곳 이상 있을 수 있다.

제19조(거소) 주소를 알 수 없으면 거소를 주소로 본다.

제20조(거소) 국내에 주소 없는 자에 대하여는 국내에 있는 거소를 주소로 본다.

제21조(가주소) 어느 행위에 있어서 가주소를 정한 때에는 그 행위에 관하여는 이를 주소로 본다.

제3절 부재와 실종

제22조(부재자의 재산의 관리) ①종래의 주소나 거소를 떠난 자가 재산관리인을 정하지 아니한 때에는 법원은 이해관계인이나 검사의 청구에 의하여 재산관리에 관하여 필요한 처분을 명하여야 한다. 본인의 부재 중 재산관리인의 권한이 소멸한 때에도 같다.
②본인이 그 후에 재산관리인을 정한 때에는 법원은 본인, 재산관리인, 이해관계인 또는 검사의 청구에 의하여 전항의 명령을 취소하여야 한다.

제23조(관리인의 개임) 부재자가 재산관리인을 정한 경우에 부재자의 생사가 분명하지 아니한 때에는 법원은 재산관리인, 이해관계인 또는 검사의 청구에 의하여 재산관리인을 개임할 수 있다.

제24조(관리인의 직무) ①법원이 선임한 재산관리인은 관리할 재산목록을 작성하여야 한다.
②법원은 그 선임한 재산관리인에 대하여 부재자의 재산을 보존하기 위하여 필요한 처분을 명할 수 있다.
③부재자의 생사가 분명하지 아니한 경우에 이해관계인이나 검사의 청구가 있는 때에는 법원은 부재자가 정한 재산관리인에게 전2항의 처분을 명할 수 있다.
④전3항의 경우에 그 비용은 부재자의 재산으로써 지급한다.

제25조(관리인의 권한) 법원이 선임한 재산관리인이 제118조에 규정한 권한을 넘는 행위를 함에는 법원의 허가를 얻어야 한다. 부재자의 생사가 분명하지 아니한 경우에 부재자가 정한 재산관리인이 권한을 넘는 행위를 할 때에도 같다.

제26조(관리인의 담보제공, 보수) ①법원은 그 선임한 재산관리인으로 하여금 재산의 관리 및 반환에 관하여 상당한 담보를 제공하게 할 수 있다.
②법원은 그 선임한 재산관리인에 대하여 부재자의 재산으로 상당한 보수를 지급할 수 있다.
③전2항의 규정은 부재자의 생사가 분명하지 아니한 경우에 부재자가 정한 재산관리인에 준용한다.

제27조(실종의 선고) ①부재자의 생사가 5년간 분명하지 아니한 때에는 법원은 이해관계인이나 검사의 청구에 의하여 실종선고를 하여야 한다.
②전지에 임한 자, 침몰한 선박 중에 있던 자, 추락한 항공기 중에 있던 자 기타 사망의 원인이 될 위난을 당한 자의 생사가 전쟁종지후 또는 선박의 침몰, 항공기의 추락 기타 위난이 종료한 후 1년간 분명하지 아니한 때에도 제1항과 같다. <개정 1984.4.10.>

판례-손해배상(산)

[대법원 1989.1.31., 선고, 87다카2954, 판결]

【판시사항】
가. 사람의 사망의 인정과 사실심 수소법원의 자유로운 심증
나. 갑판원이 바다에 추락하여 행방불명이 된 경우 경험칙에 의한 사망의 인정 여부(적극)
다. 인정사망이나 실종선고에 의하지 아니하고 법원이 사망사실을 인정할 수 있는지 여부(적극)

【판결요지】
가. 불법행위를 원인으로 한 손해배상청구사건의 요건사실의 인정은 사실심 수소법원의 판단에 의하는 것이고 일반 불법행위에 기한 손해배상청구사건의 요건사실은 가해행위, 권리침해(피침해권리), 고의나 과실, 손해, 인과관계 등으로 구분될 수 있으며 이 가운데 피침해권리가 사람의 생명과 같은 인격적 권리인 때에도 그 사실인정은 사실심 수소법원이 자유로운 심증으로 사망

의 확신이 설 때에는 이를 할 수 있다.
나. 갑판원이 시속 30노트 정도의 강풍이 불고 파도가 5-6미터 가량 높게 일고 있는 등 기상조건이 아주 험한 북태평양의 해상에서 어로작업중 갑판위로 덮친 파도에 휩쓸려 찬 바다에 추락하여 행방불명이 되었다면 비록 시신이 확인되지 않았다 하더라도 그 사람은 그 무렵 사망한 것으로 확정함이 우리의 경험칙과 논리칙에 비추어 당연하다.
다. 수난, 전란, 화재 기타 사변에 편승하여 타인의 불법행위로 사망한 경우에 있어서는 확정적인 증거의 포착이 손쉽지 않음을 예상하여 법은 인정사망, 위난실종선고 등의 제도와 그밖에도 보통실종선고제도도 마련해 놓고 있으나 그렇다고 하여 위와 같은 자료나 제도에 의함이 없는 사망사실의 인정을 수소법원이 절대로 할 수 없다는 법리는 없다.

제28조(실종선고의 효과) 실종선고를 받은 자는 전조의 기간이 만료한 때에 사망한 것으로 본다.

제29조(실종선고의 취소) ①실종자의 생존한 사실 또는 전조의 규정과 상이한 때에 사망한 사실의 증명이 있으면 법원은 본인, 이해관계인 또는 검사의 청구에 의하여 실종선고를 취소하여야 한다. 그러나 실종선고후 그 취소전에 선의로 한 행위의 효력에 영향을 미치지 아니한다.
②실종선고의 취소가 있을 때에 실종의 선고를 직접원인으로 하여 재산을 취득한 자가 선의인 경우에는 그 받은 이익이 현존하는 한도에서 반환할 의무가 있고 악의인 경우에는 그 받은 이익에 이자를 붙여서 반환하고 손해가 있으면 이를 배상하여야 한다.

제30조(동시사망) 2인 이상이 동일한 위난으로 사망한 경우에는 동시에 사망한 것으로 추정한다.

제3장 법인

제1절 총칙

제31조(법인성립의 준칙) 법인은 법률의 규정에 의함이 아니면 성립하지 못한다.

판례-소유권이전등기절차이행

[대법원 2016.7.7, 선고, 2013다76871, 판결]

【판시사항】
[1] 소송당사자인 종중의 실체에 관하여 당사자가 주장하는 사실관계의 기본적 동일성이 유지되고 있는 경우, 당사자변경에 해당하는지 여부(소극) 및 이때 법원이 당사자능력 등 소의 적법 여부를 판단하는 방법
[2] 적법한 대표자 자격이 없는 비법인 사단의 대표자가 한 소송행위를 적법한 대표자가 상고심에서 추인할 수 있는지 여부(적극)

【판결요지】
[1] 소송당사자인 종중의 법적 성격에 관한 당사자의 법적 주장이 무엇이든 실체에 관하여 당사자가 주장하는 사실관계의 기본적 동일성이 유지되고 있다면 법적 주장의 추이를 가지고 당사자변경에 해당한다고 할 것은 아니다. 그 경우에 법원은 직권으로 조사한 사실관계에 기초하여 당사자가 주장하는 단체의 실질이 고유한 의미의 종중인지 혹은 종중 유사의 단체인지, 공동선조는 누구인지 등을 확정한 다음 법적 성격을 달리 평가할 수 있고, 이를 기초로 당사자능력 등 소의 적법 여부를 판단하여야 한다.
[2] 적법한 대표자 자격이 없는 비법인 사단의 대표자가 한 소송행위는 후에 대표자 자격을 적법하게 취득한 대표자가 소송행위를 추인하면 행위 시에 소급하여 효력을 가지게 되고, 이

러한 추인은 상고심에서도 할 수 있다

판례-법인설립불허가처분취소

[대법원 1996.9.10. 선고 95누18437 판결]

【판시사항】

[1] 비영리법인 설립허가의 성질과 주무관청의 재량의 정도

[2] 부동산중개업법에 의한 전국부동산중개업협회 외에 민법에 의한 한국공인중개사회의 법인설립을 불허가한 처분에 재량권의 일탈·남용이 없다고 본 사례

【판결요지】

[1] 민법은 제31조에서 "법인은 법률의 규정에 의함이 아니면 성립하지 못한다."고 규정하여 법인의 자유설립을 부정하고 있고, 제32조에서 "학술, 종교, 자선, 기예, 사교 기타 영리 아닌 사업을 목적으로 하는 사단 또는 재단은 주무관청의 허가를 얻어 이를 법인으로 할 수 있다."고 규정하여 비영리법인의 설립에 관하여 허가주의를 채용하고 있으며, 현행 법령상 비영리법인의 설립허가에 관한 구체적인 기준이 정하여져 있지 아니하므로, 비영리법인의 설립허가를 할 것인지 여부는 주무관청의 정책적 판단에 따른 재량에 맡겨져 있다. 따라서 주무관청의 법인설립 불허가처분에 사실의 기초를 결여하였다든지 또는 사회관념상 현저하게 타당성을 잃었다는 등의 사유가 있지 아니하고, 주무관청이 그와 같은 결론에 이르게 된 판단과정에 일응의 합리성이 있음을 부정할 수 없는 경우에는, 다른 특별한 사정이 없는 한 그 불허가처분에 재량권을 일탈·남용한 위법이 있다고 할 수 없다.

[2] 민법 및 부동산중개업법의 관계 규정 및 기록에 의하여 인정되는 여러 가지 사정들을 종합하여, 관할 행정청이 부동산중개업법에 의한 전국부동산중개업협회 외에 민법에 의한 한국공인중개사회의 법인설립을 불허가한 처분에 재량권의 일탈·남용이 없다고 본 사례.

제32조(비영리법인의 설립과 허가) 학술, 종교, 자선, 기예, 사교 기타 영리아닌 사업을 목적으로 하는 사단 또는 재단은 주무관청의 허가를 얻어 이를 법인으로 할 수 있다.

제33조(법인설립의 등기) 법인은 그 주된 사무소의 소재지에서 설립등기를 함으로써 성립한다.

제34조(법인의 권리능력) 법인은 법률의 규정에 좇아 정관으로 정한 목적의 범위내에서 권리와 의무의 주체가 된다.

제35조(법인의 불법행위능력) ①법인은 이사 기타 대표자가 그 직무에 관하여 타인에게 가한 손해를 배상할 책임이 있다. 이사 기타 대표자는 이로 인하여 자기의 손해배상책임을 면하지 못한다.

②법인의 목적범위외의 행위로 인하여 타인에게 손해를 가한 때에는 그 사항의 의결에 찬성하거나 그 의결을 집행한 사원, 이사 및 기타 대표자가 연대하여 배상하여야 한다.

판례-손해배상(기)

[대법원 1999.7.27. 선고 99다19384 판결]

【판시사항】

도시재개발법상의 재개발조합의 대표기관이 직무를 집행함에 있어 조합에게 과다한 채무를 부담하게 하는 등 불법행위를 함으로써 재개발조합이 손해를 입고 결과적으로 조합원의 경제적 이익이 침해되는 손해가 발생한 경우, 조합원이 조합에 대하여 민법 제35조에 의한 손해배상을 청구할 수 있는지 여부(소극)

【판결요지】

도시재개발법에 의하여 설립된 재개발조합의 조합원이 조합의 이사 기타 조합장 등 대표기관의 직무상의 불법행위로 인하여 직접 손해를 입은 경우에는 도시재개발법 제21조, 민법 제35조에

의하여 재개발조합에 대하여 그 손해배상을 청구할 수 있으나, 재개발조합의 대표기관의 직무상 불법행위로 조합에게 과다한 채무를 부담하게 함으로써 재개발조합이 손해를 입고 결과적으로 조합원의 경제적 이익이 침해되는 손해와 같은 간접적인 손해는 민법 제35조에서 말하는 손해의 개념에 포함되지 아니하므로 이에 대하여는 위 법 조항에 의하여 손해배상을 청구할 수 없다.

제36조(법인의 주소) 법인의 주소는 그 주된 사무소의 소재지에 있는 것으로 한다.

제37조(법인의 사무의 검사, 감독) 법인의 사무는 주무관청이 검사, 감독한다.

제38조(법인의 설립허가의 취소) 법인이 목적 이외의 사업을 하거나 설립허가의 조건에 위반하거나 기타 공익을 해하는 행위를 한 때에는 주무관청은 그 허가를 취소할 수 있다.

제39조(영리법인) ①영리를 목적으로 하는 사단은 상사회사설립의 조건에 좇아 이를 법인으로 할 수 있다.
②전항의 사단법인에는 모두 상사회사에 관한 규정을 준용한다.

제2절 설립

제40조(사단법인의 정관) 사단법인의 설립자는 다음 각호의 사항을 기재한 정관을 작성하여 기명날인하여야 한다.
1. 목적
2. 명칭
3. 사무소의 소재지
4. 자산에 관한 규정
5. 이사의 임면에 관한 규정
6. 사원자격의 득실에 관한 규정
7. 존립시기나 해산사유를 정하는 때에는 그 시기 또는 사유

판례-부동산강제경매

[대법원 2019.2.28., 자, 2018마800, 결정]

【판시사항】
민법상 재단법인의 정관에 기본재산은 주무관청의 허가·승인을 받은 경우에 담보설정 등을 할 수 있다는 취지로 정해져 있고, 이에 따라 주무관청의 허가·승인을 받아 기본재산에 관하여 근저당권을 설정한 경우, 근저당권을 실행하여 기본재산을 매각할 때 주무관청의 허가를 다시 받아야 하는지 여부(소극)

【판결요지】
민법상 재단법인의 정관에 기본재산은 담보설정 등을 할 수 없으나 주무관청의 허가·승인을 받은 경우에는 이를 할 수 있다는 취지로 정해져 있고, 정관 규정에 따라 주무관청의 허가·승인을 받아 민법상 재단법인의 기본재산에 관하여 근저당권을 설정한 경우, 그와 같이 설정된 근저당권을 실행하여 기본재산을 매각할 때에는 주무관청의 허가를 다시 받을 필요는 없다.

제41조(이사의 대표권에 대한 제한) 이사의 대표권에 대한 제한은 이를 정관에 기재하지 아니하면 그 효력이 없다.

제42조(사단법인의 정관의 변경) ①사단법인의 정관은 총사원 3분의 2 이상의 동의가 있

는 때에 한하여 이를 변경할 수 있다. 그러나 정수에 관하여 정관에 다른 규정이 있는 때에는 그 규정에 의한다.
②정관의 변경은 주무관청의 허가를 얻지 아니하면 그 효력이 없다.

제43조(재단법인의 정관) 재단법인의 설립자는 일정한 재산을 출연하고 제40조제1호 내지 제5호의 사항을 기재한 정관을 작성하여 기명날인하여야 한다.

제44조(재단법인의 정관의 보충) 재단법인의 설립자가 그 명칭, 사무소소재지 또는 이사임면의 방법을 정하지 아니하고 사망한 때에는 이해관계인 또는 검사의 청구에 의하여 법원이 이를 정한다.

제45조(재단법인의 정관변경) ①재단법인의 정관은 그 변경방법을 정관에 정한 때에 한하여 변경할 수 있다.
②재단법인의 목적달성 또는 그 재산의 보전을 위하여 적당한 때에는 전항의 규정에 불구하고 명칭 또는 사무소의 소재지를 변경할 수 있다.
③제42조제2항의 규정은 전2항의 경우에 준용한다.

제46조(재단법인의 목적 기타의 변경)
재단법인의 목적을 달성할 수 없는 때에는 설립자나 이사는 주무관청의 허가를 얻어 설립의 취지를 참작하여 그 목적 기타 정관의 규정을 변경할 수 있다.

제47조(증여, 유증에 관한 규정의 준용)
①생전처분으로 재단법인을 설립하는 때에는 증여에 관한 규정을 준용한다.
②유언으로 재단법인을 설립하는 때에는 유증에 관한 규정을 준용한다.

제48조(출연재산의 귀속시기) ①생전처분으로 재단법인을 설립하는 때에는 출연재산은 법인이 성립된 때로부터 법인의 재산이 된다.
②유언으로 재단법인을 설립하는 때에는 출연재산은 유언의 효력이 발생한 때로부터 법인에 귀속한 것으로 본다.

제49조(법인의 등기사항) ①법인설립의 허가가 있는 때에는 3주간내에 주된 사무소소재지에서 설립등기를 하여야 한다.
②전항의 등기사항은 다음과 같다.
1. 목적
2. 명칭
3. 사무소
4. 설립허가의 연월일
5. 존립시기나 해산이유를 정한 때에는 그 시기 또는 사유
6. 자산의 총액
7. 출자의 방법을 정한 때에는 그 방법
8. 이사의 성명, 주소
9. 이사의 대표권을 제한한 때에는 그 제한

제50조(분사무소설치의 등기) ①법인이 분사무소를 설치한 때에는 주사무소소재지에서는 3주간내에 분사무소를 설치한 것을 등기하고 그 분사무소소재지에서는 동기간내에 전조제2항의 사항을 등기하고 다른 분사무소소재지에서는 동기간내에 그 분사무소를 설치한 것을 등기하여야 한다.
②주사무소 또는 분사무소의 소재지를 관할하는 등기소의 관할구역내에 분사무소를 설치한 때에는 전항의 기간내에 그 사무소를 설치한 것을 등기하면 된다.

제51조(사무소이전의 등기) ①법인이 그 사무소를 이전하는 때에는 구소재지에서는 3주간내에 이전등기를 하고 신소재지에서는 동기간내에 제49조제2항에 게기한 사항을 등기하여야 한다.
②동일한 등기소의 관할구역내에서 사무소를 이전한 때에는 그 이전한 것을 등기하면 된다.

제52조(변경등기) 제49조제2항의 사항 중에 변경이 있는 때에는 3주간내에 변경등기를 하여야 한다.

제52조의2(직무집행정지 등 가처분의 등기)
이사의 직무집행을 정지하거나 직무대행자를 선임하는 가처분을 하거나 그 가처분을 변경·취소하는 경우에는 주사무소와 분사무소가 있는 곳의 등기소에서 이를 등기하여야 한다. [본조신설 2001.12.29.]

제53조(등기기간의 기산) 전3조의 규정에 의하여 등기할 사항으로 관청의 허가를 요하는 것은 그 허가서가 도착한 날로부터 등기의 기간을 기산한다.

제54조(설립등기 이외의 등기의 효력과 등기사항의 공고) ①설립등기 이외의 본절의 등기사항은 그 등기후가 아니면 제삼자에게 대항하지 못한다.
②등기한 사항은 법원이 지체없이 공고하여야 한다.

제55조(재산목록과 사원명부) ①법인은 성립한 때 및 매년 3월내에 재산목록을 작성하여 사무소에 비치하여야 한다. 사업연도를 정한 법인은 성립한 때 및 그 연도말에 이를 작성하여야 한다.
②사단법인은 사원명부를 비치하고 사원의 변경이 있는 때에는 이를 기재하여야 한다.

제56조(사원권의 양도, 상속금지) 사단법인의 사원의 지위는 양도 또는 상속할 수 없다.

판례-토지소유권이전등기

[대법원 1997.9.26. 선고 95다6205 판결]

【판시사항】
[1] 구 삼림령에 의한 조선총독의 국유 산림 양여 행위의 법적 성질
[2] 사단법인의 사원의 지위는 양도 또는 상속할 수 없다는 민법 제56조의 규정이 강행규정인지 여부(소극)

【판결요지】
[1] 구 삼림령 제7조에 의하여 조선총독이 조림을 위하여 국유 산림의 대부를 받은 자에게 사업이 성공한 경우에 그 산림을 양여하는 행위는 사경제주체로서 행하는 사법상의 법률행위에 해당한다.
[2] 사단법인의 사원의 지위는 양도 또는 상속할 수 없다고 규정한 민법 제56조의 규정은 강행규정이라고 할 수 없으므로, 비법인사단에서도 사원의 지위는 규약이나 관행에 의하여 양도 또는 상속될 수 있다.

제3절 기관

제57조(이사) 법인은 이사를 두어야 한다.

제58조(이사의 사무집행) ①이사는 법인의 사무를 집행한다.

②이사가 수인인 경우에는 정관에 다른 규정이 없으면 법인의 사무집행은 이사의 과반수로써 결정한다.

판례-손해배상(기)

[대법원 2016.8.18, 선고, 2016다200088, 판결]

【판시사항】
재단법인 정관에서 상근 임원을 따로 두고 있는 경우, 비상근 또는 업무집행을 직접 담당하지 아니하는 이사에게 상근 임원의 전반적인 업무집행을 감시할 의무가 있는지 여부(적극) 및 비상근 이사 등이 상근 임원의 업무집행이 위법하다고 의심할 만한 사유가 있는데도 감시의무를 위반하여 방치한 경우, 재단법인이 입은 손해에 대하여 배상책임이 있는지 여부(적극)

【판결요지】
재단법인 정관에서 일상적 사무를 처리하기 위해 사무총장, 사무국장 등의 명칭으로 상근 임원을 따로 두고 있는 경우, 비상근 또는 업무집행을 직접 담당하지 아니하는 이사도 단지 이사회에 상정된 의안에 대하여 찬부의 의사표시를 하는 데에 그치지 않고 상근 임원의 전반적인 업무집행을 감시할 의무가 있으므로, 상근 임원의 업무집행이 위법하다고 의심할 만한 사유가 있음에도 불구하고 감시의무를 위반하여 방치한 때에는 이로 말미암아 재단법인이 입은 손해에 대하여 배상책임을 면할 수 없다.

第59조(이사의 대표권) ①이사는 법인의 사무에 관하여 각자 법인을 대표한다. 그러나 정관에 규정한 취지에 위반할 수 없고 특히 사단법인은 총회의 의결에 의하여야 한다.
②법인의 대표에 관하여는 대리에 관한 규정을 준용한다.

第60조(이사의 대표권에 대한 제한의 대항요건) 이사의 대표권에 대한 제한은 등기하지 아니하면 제삼자에게 대항하지 못한다.

판례-물품대금

[대법원 1992.2.14., 선고, 91다24564, 판결]

【판시사항】
가. 재단법인의 대표자가 그 법인의 채무를 부담하는 계약을 함에 있어서 이사회의 결의를 거쳐 노회와 설립자의 승인을 얻고 주무관청의 인가를 받도록 정관에 규정되어 있으나 등기는 되어 있지 아니한 경우 제3자에 대한 대항력 유무(소극)
나. 법인 대표권의 제한에 관한 규정이 등기되어 있지 않은 경우 위 대표권 제한으로써 대항할 수 없는 제3자의 범위

【판결요지】
가. 재단법인의 대표자가 그 법인의 채무를 부담하는 계약을 함에 있어서 이사회의 결의를 거쳐 노회와 설립자의 승인을 얻고 주무관청의 인가를 받도록 정관에 규정되어 있다면 그와 같은 규정은 법인 대표권의 제한에 관한 규정으로서 이러한 제한은 등기하지 아니하면 제3자에게 대항할 수 없다.
나. 법인의 정관에 법인 대표권의 제한에 관한 규정이 있으나 그와 같은 취지가 등기되어 있지 않다면 법인은 그와 같은 정관의 규정에 대하여 선의냐 악의냐에 관계없이 제3자에 대하여 대항할 수 없다.

第60조의2(직무대행자의 권한) ①제52조의2의 직무대행자는 가처분명령에 다른 정함이 있는 경우 외에는 법인의 통상사무에 속하지 아니한 행위를 하지 못한다. 다만, 법원의 허가를 얻은 경우에는 그러하지 아니하다.
②직무대행자가 제1항의 규정에 위반한 행위를 한 경우에도 법인은 선의의 제3자에 대하여

책임을 진다.
[본조신설 2001.12.29.]

제61조(이사의 주의의무) 이사는 선량한 관리자의 주의로 그 직무를 행하여야 한다.

제62조(이사의 대리인 선임) 이사는 정관 또는 총회의 결의로 금지하지 아니한 사항에 한하여 타인으로 하여금 특정한 행위를 대리하게 할 수 있다.

제63조(임시이사의 선임) 이사가 없거나 결원이 있는 경우에 이로 인하여 손해가 생길 염려 있는 때에는 법원은 이해관계인이나 검사의 청구에 의하여 임시이사를 선임하여야 한다.

제64조(특별대리인의 선임) 법인과 이사의 이익이 상반하는 사항에 관하여는 이사는 대표권이 없다. 이 경우에는 전조의 규정에 의하여 특별대리인을 선임하여야 한다.

제65조(이사의 임무해태) 이사가 그 임무를 해태한 때에는 그 이사는 법인에 대하여 연대하여 손해배상의 책임이 있다.

제66조(감사) 법인은 정관 또는 총회의 결의로 감사를 둘 수 있다.

제67조(감사의 직무) 감사의 직무는 다음과 같다.
1. 법인의 재산상황을 감사하는 일
2. 이사의 업무집행의 상황을 감사하는 일
3. 재산상황 또는 업무집행에 관하여 부정, 불비한 것이 있음을 발견한 때에는 이를 총회 또는 주무관청에 보고하는 일
4. 전호의 보고를 하기 위하여 필요있는 때에는 총회를 소집하는 일

제68조(총회의 권한) 사단법인의 사무는 정관으로 이사 또는 기타 임원에게 위임한 사항외에는 총회의 결의에 의하여야 한다.

제69조(통상총회) 사단법인의 이사는 매년 1회 이상 통상총회를 소집하여야 한다.

제70조(임시총회) ①사단법인의 이사는 필요하다고 인정한 때에는 임시총회를 소집할 수 있다.
②총사원의 5분의 1 이상으로부터 회의의 목적사항을 제시하여 청구한 때에는 이사는 임시총회를 소집하여야 한다. 이 정수는 정관으로 증감할 수 있다.
③전항의 청구있는 후 2주간내에 이사가 총회소집의 절차를 밟지 아니한 때에는 청구한 사원은 법원의 허가를 얻어 이를 소집할 수 있다.

제71조(총회의 소집) 총회의 소집은 1주간전에 그 회의의 목적사항을 기재한 통지를 발하고 기타 정관에 정한 방법에 의하여야 한다.

제72조(총회의 결의사항) 총회는 전조의 규정에 의하여 통지한 사항에 관하여서만 결의할 수 있다. 그러나 정관에 다른 규정이 있는 때에는 그 규정에 의한다.

제73조(사원의 결의권) ①각 사원의 결의권은 평등으로 한다.
②사원은 서면이나 대리인으로 결의권을 행사할 수 있다.
③전2항의 규정은 정관에 다른 규정이 있는 때에는 적용하지 아니한다.

第74조(사원이 결의권없는 경우) 사단법인과 어느 사원과의 관계사항을 의결하는 경우에는 그 사원은 결의권이 없다.

第75조(총회의 결의방법) ①총회의 결의는 본법 또는 정관에 다른 규정이 없으면 사원 과반수의 출석과 출석사원의 결의권의 과반수로써 한다.
②제73조제2항의 경우에는 당해사원은 출석한 것으로 한다.

第76조(총회의 의사록) ①총회의 의사에 관하여는 의사록을 작성하여야 한다.
②의사록에는 의사의 경과, 요령 및 결과를 기재하고 의장 및 출석한 이사가 기명날인하여야 한다.
③이사는 의사록을 주된 사무소에 비치하여야 한다.

제4절 해산

第77조(해산사유) ①법인은 존립기간의 만료, 법인의 목적의 달성 또는 달성의 불능 기타 정관에 정한 해산사유의 발생, 파산 또는 설립허가의 취소로 해산한다.
②사단법인은 사원이 없게 되거나 총회의 결의로도 해산한다.

第78조(사단법인의 해산결의) 사단법인은 총사원 4분의 3 이상의 동의가 없으면 해산을 결의하지 못한다. 그러나 정관에 다른 규정이 있는 때에는 그 규정에 의한다.

第79조(파산신청) 법인이 채무를 완제하지 못하게 된 때에는 이사는 지체없이 파산신청을 하여야 한다.

第80조(잔여재산의 귀속) ①해산한 법인의 재산은 정관으로 지정한 자에게 귀속한다.
②정관으로 귀속권리자를 지정하지 아니하거나 이를 지정하는 방법을 정하지 아니한 때에는 이사 또는 청산인은 주무관청의 허가를 얻어 그 법인의 목적에 유사한 목적을 위하여 그 재산을 처분할 수 있다. 그러나 사단법인에 있어서는 총회의 결의가 있어야 한다.
③전2항의 규정에 의하여 처분되지 아니한 재산은 국고에 귀속한다.

第81조(청산법인) 해산한 법인은 청산의 목적범위내에서만 권리가 있고 의무를 부담한다.

第82조(청산인) 법인이 해산한 때에는 파산의 경우를 제하고는 이사가 청산인이 된다. 그러나 정관 또는 총회의 결의로 달리 정한 바가 있으면 그에 의한다.

第83조(법원에 의한 청산인의 선임) 전조의 규정에 의하여 청산인이 될 자가 없거나 청산인의 결원으로 인하여 손해가 생길 염려가 있는 때에는 법원은 직권 또는 이해관계인이나 검사의 청구에 의하여 청산인을 선임할 수 있다.

第84조(법원에 의한 청산인의 해임) 중요한 사유가 있는 때에는 법원은 직권 또는 이해관계인이나 검사의 청구에 의하여 청산인을 해임할 수 있다.

第85조(해산등기) ①청산인은 파산의 경우를 제하고는 그 취임후 3주간내에 해산의 사유 및 연월일, 청산인의 성명 및 주소와 청산인의 대표권을 제한한 때에는 그 제한을 주된 사무소 및 분사무소소재지에서 등기하여야 한다.
②제52조의 규정은 전항의 등기에 준용한다.

第86조(해산신고) ①청산인은 파산의 경우를 제하고는 그 취임후 3주간내에 전조제1항의 사항을 주무관청에 신고하여야 한다.
②청산중에 취임한 청산인은 그 성명 및 주소를 신고하면 된다.

제87조(청산인의 직무) ①청산인의 직무는 다음과 같다.
1. 현존사무의 종결
2. 채권의 추심 및 채무의 변제
3. 잔여재산의 인도
②청산인은 전항의 직무를 행하기 위하여 필요한 모든 행위를 할 수 있다.

제88조(채권신고의 공고) ①청산인은 취임한 날로부터 2월내에 3회 이상의 공고로 채권자에 대하여 일정한 기간내에 그 채권을 신고할 것을 최고하여야 한다. 그 기간은 2월 이상이어야 한다.
②전항의 공고에는 채권자가 기간내에 신고하지 아니하면 청산으로부터 제외될 것을 표시하여야 한다.
③제1항의 공고는 법원의 등기사항의 공고와 동일한 방법으로 하여야 한다.

제89조(채권신고의 최고) 청산인은 알고 있는 채권자에게 대하여는 각각 그 채권신고를 최고하여야 한다. 알고 있는 채권자는 청산으로부터 제외하지 못한다.

제90조(채권신고기간내의 변제금지) 청산인은 제88조제1항의 채권신고기간내에는 채권자에 대하여 변제하지 못한다. 그러나 법인은 채권자에 대한 지연손해배상의 의무를 면하지 못한다.

제91조(채권변제의 특례) ①청산 중의 법인은 변제기에 이르지 아니한 채권에 대하여도 변제할 수 있다.
②전항의 경우에는 조건있는 채권, 존속기간의 불확정한 채권 기타 가액의 불확정한 채권에 관하여는 법원이 선임한 감정인의 평가에 의하여 변제하여야 한다.

제92조(청산으로부터 제외된 채권) 청산으로부터 제외된 채권자는 법인의 채무를 완제한 후 귀속권리자에게 인도하지 아니한 재산에 대하여서만 변제를 청구할 수 있다.

제93조(청산중의 파산) ①청산중 법인의 재산이 그 채무를 완제하기에 부족한 것이 분명하게 된 때에는 청산인은 지체없이 파산선고를 신청하고 이를 공고하여야 한다.
②청산인은 파산관재인에게 그 사무를 인계함으로써 그 임무가 종료한다.
③제88조제3항의 규정은 제1항의 공고에 준용한다.

제94조(청산종결의 등기와 신고) 청산이 종결한 때에는 청산인은 3주간내에 이를 등기하고 주무관청에 신고하여야 한다.

제95조(해산, 청산의 검사, 감독) 법인의 해산 및 청산은 법원이 검사, 감독한다.

제96조(준용규정) 제58조제2항, 제59조 내지 제62조, 제64조, 제65조 및 제70조의 규정은 청산인에 이를 준용한다.

제5절 벌칙

제97조(벌칙) 법인의 이사, 감사 또는 청산인은 다음 각호의 경우에는 500만원 이하의 과태료에 처한다. <개정 2007.12.21.>
1. 본장에 규정한 등기를 해태한 때

2. 제55조의 규정에 위반하거나 재산목록 또는 사원명부에 부정기재를 한 때
3. 제37조, 제95조에 규정한 검사, 감독을 방해한 때
4. 주무관청 또는 총회에 대하여 사실아닌 신고를 하거나 사실을 은폐한 때
5. 제76조와 제90조의 규정에 위반한 때
6. 제79조, 제93조의 규정에 위반하여 파산선고의 신청을 해태한 때
7. 제88조, 제93조에 정한 공고를 해태하거나 부정한 공고를 한 때

제4장 물건

제98조(물건의 정의) 본법에서 물건이라 함은 유체물 및 전기 기타 관리할 수 있는 자연력을 말한다.

제99조(부동산, 동산) ①토지 및 그 정착물은 부동산이다.
②부동산 이외의 물건은 동산이다.

제100조(주물, 종물) ①물건의 소유자가 그 물건의 상용에 공하기 위하여 자기소유인 다른 물건을 이에 부속하게 한 때에는 그 부속물은 종물이다.
②종물은 주물의 처분에 따른다.

제101조(천연과실, 법정과실) ①물건의 용법에 의하여 수취하는 산출물은 천연과실이다.
②물건의 사용대가로 받는 금전 기타의 물건은 법정과실로 한다.

제102조(과실의 취득) ①천연과실은 그 원물로부터 분리하는 때에 이를 수취할 권리자에게 속한다.
②법정과실은 수취할 권리의 존속기간일수의 비율로 취득한다.

제5장 법률행위

제1절 총칙

제103조(반사회질서의 법률행위) 선량한 풍속 기타 사회질서에 위반한 사항을 내용으로 하는 법률행위는 무효로 한다.

판례-사해행위취소

[대법원 2016.7.22, 선고, 2016다207928, 판결]

【판시사항】
타인을 통하여 부동산을 매수하면서 매수인 명의 및 소유권이전등기 명의를 타인 명의로 하기로 한 경우, 계약명의자인 타인이 매매당사자인지 여부(원칙적 적극) 및 이때 상대방이 명의신탁관계를 알고 있었더라도 마찬가지인지 여부(원칙적 적극)

【판결요지】
어떤 사람이 타인을 통하여 부동산을 매수하면서 매수인 명의 및 소유권이전등기 명의를 타인 명의로 하기로 한 경우에, 매수인 및 등기 명의의 신탁관계는 그들 사이의 내부적인 관계에 불과하므로, 상대방이 명의신탁자를 매매당사자로 이해하였다는 등의 특별한 사정이 없는 한 대외적으로는 계약명의자인 타인을 매매당사자로 보아야 하며, 설령 상대방이 명의신탁관계를 알고 있었더라도 상대방이 계약명의자인 타인이 아니라 명의신탁자에게 계약에 따른 법률효과를 직

접 귀속시킬 의도로 계약을 체결하였다는 등의 특별한 사정이 인정되지 아니하는 한 마찬가지이다.

제104조(불공정한 법률행위) 당사자의 궁박, 경솔 또는 무경험으로 인하여 현저하게 공정을 잃은 법률행위는 무효로 한다.

판례-손해배상(자)

[대법원 2002.10.22., 선고, 2002다38927, 판결]

【판시사항】

[1] 불공정한 법률행위의 성립요건 및 '궁박'과 '무경험'의 의미

[2] 대리인에 의하여 이루어진 법률행위가 불공정한 법률행위에 해당하는지 여부의 판단 기준이 되는 사람(경솔·무경험=대리인, 궁박=본인)

[3] 자동차손해배상보장법상의 책임보험자가 피해자 유족의 대리인과 사이에 부제소합의가 포함된 손해배상의 합의를 한 것이 불공정한 법률행위에 해당한다고 판단한 원심판결을 파기한 사례

【판결요지】

[1]민법 제104조에 규정된 불공정한 법률행위는 객관적으로 급부와 반대급부 사이에 현저한 불균형이 존재하고, 주관적으로 그와 같이 균형을 잃은 거래가 피해 당사자의 궁박, 경솔 또는 무경험을 이용하여 이루어진 경우에 성립하는 것으로서, 약자적 지위에 있는 자의 궁박, 경솔 또는 무경험을 이용한 폭리행위를 규제하려는 데에 그 목적이 있고, 불공정한 법률행위가 성립하기 위한 요건인 궁박, 경솔, 무경험은 모두 구비되어야 하는 요건이 아니라 그 중 일부만 갖추어져도 충분한데, 여기에서 '궁박'이라 함은 '급박한 곤궁'을 의미하는 것으로서 경제적 원인에 기인할 수도 있고 정신적 또는 심리적 원인에 기인할 수도 있으며, '무경험'이라 함은 일반적인 생활체험의 부족을 의미하는 것으로서 어느 특정영역에 있어서의 경험부족이 아니라 거래일반에 대한 경험부족을 뜻하고, 당사자가 궁박 또는 무경험의 상태에 있었는지 여부는 그의 나이와 직업, 교육 및 사회경험의 정도, 재산 상태 및 그가 처한 상황의 절박성의 정도 등 제반 사정을 종합하여 구체적으로 판단하여야 하며, 한편 피해 당사자가 궁박, 경솔 또는 무경험의 상태에 있었다고 하더라도 그 상대방 당사자에게 그와 같은 피해 당사자측의 사정을 알면서 이를 이용하려는 의사, 즉 폭리행위의 악의가 없었다거나 또는 객관적으로 급부와 반대급부 사이에 현저한 불균형이 존재하지 아니한다면 불공정 법률행위는 성립하지 않는다.

[2] 대리인에 의하여 법률행위가 이루어진 경우 그 법률행위가 민법 제104조의 불공정한 법률행위에 해당하는지 여부를 판단함에 있어서 경솔과 무경험은 대리인을 기준으로 하여 판단하고, 궁박은 본인의 입장에서 판단하여야 한다.

[3] 자동차손해배상보장법상의 책임보험자가 피해자 유족의 대리인과 사이에 부제소합의가 포함된 손해배상의 합의를 한 것이 불공정한 법률행위에 해당한다고 판단한 원심판결을 파기한 사례.

제105조(임의규정) 법률행위의 당사자가 법령 중의 선량한 풍속 기타 사회질서에 관계없는 규정과 다른 의사를 표시한 때에는 그 의사에 의한다.

판례-임금등

[대법원 1994.3.25., 선고, 93다32668, 판결]

【판시사항】

가. 법률행위 해석의 의의 및 당사자가 표시한 문언에 의하여 그 객관적인 의미가 명확하게 드러나지 않은 경우의 법률행위의 해석방법

나. 어떠한 의무를 부담하는 내용의 기재가 있는 문면에 "최대 노력하겠읍니다"라고 기재한 경우 그 객관적인 의미

【판결요지】

가. 법률행위의 해석이란 당사자가 그 표시행위에 부여한 객관적인 의미를 명백하게 확정하는 것으로서, 서면에 사용된 문구에 구애받을 것은 아니지만 어디까지나 당사자의 내심적 의사의 여하에 관계없이 그 서면의 기재 내용에 의하여 당사자가 그 표시행위에 부여한 객관적 의미를 합리적으로 해석하여야 하는 것이고, 당사자가 표시한 문언에 의하여 그 객관적인 의미가 명확하게 드러나지 않는 경우에는 그 문언의 내용과 그 법률행위가 이루어진 동기 및 경위, 당사자가 그 법률행위에 의하여 달성하려는 목적과 진정한 의사, 거래의 관행 등을 종합적으로 고려하여 사회정의와 형평의 이념에 맞도록 논리와 경험의 법칙, 그리고 사회일반의 상식과 거래의 통념에 따라 합리적으로 해석하여야 한다.
나. 어떠한 의무를 부담하는 내용의 기재가 있는 문면에 "최대 노력하겠습니다"라고 기재되어 있는 경우, 특별한 사정이 없는 한 당사자가 위와 같은 문구를 기재한 객관적인 의미는 문면 그 자체로 볼 때 그러한 의무를 법적으로는 부담할 수 없지만 사정이 허락하는 한 그 이행을 사실상 하겠다는 취지로 해석함이 상당하다.

제106조(사실인 관습) 법령 중의 선량한 풍속 기타 사회질서에 관계없는 규정과 다른 관습이 있는 경우에 당사자의 의사가 명확하지 아니한 때에는 그 관습에 의한다.

제2절 의사표시

제107조(진의 아닌 의사표시) ①의사표시는 표의자가 진의아님을 알고 한 것이라도 그 효력이 있다. 그러나 상대방이 표의자의 진의아님을 알았거나 이를 알 수 있었을 경우에는 무효로 한다.
②전항의 의사표시의 무효는 선의의 제삼자에게 대항하지 못한다.

제108조(통정한 허위의 의사표시) ①상대방과 통정한 허위의 의사표시는 무효로 한다.
②전항의 의사표시의 무효는 선의의 제삼자에게 대항하지 못한다.

판례-청구이의

[대법원 1996.8.23. 선고 96다18076 판결]

【판시사항】
[1] 어음행위에 민법 제108조가 적용됨을 전제로, 형식상 주채무자 명의의 대출약정 및 그에 따른 어음발행행위가 통정허위표시에 해당하여 무효라고 본 사례
[2] 대출절차상 편의를 위하여 명의를 대여한 것으로 인정되어 채무자로 볼 수 없는 형식상 주채무자의 보증책임 인정 기준
[3] 구 상호신용금고법 소정의 여신한도액을 초과한 대출의 사법상 효력(유효)

【판결요지】
[1] 동일인에 대한 대출액 한도를 제한한 구 상호신용금고법(1995. 1. 5. 법률 제4867호로 개정되기 전의 것) 제12조의 적용을 회피하기 위하여 실질적인 주채무자가 실제 대출받고자 하는 채무액 중 일부에 대하여 제3자를 형식상의 주채무자로 내세웠고 상호신용금고도 이를 양해하면서 제3자에 대하여는 채무자로서의 책임을 지우지 않을 의도하에 제3자 명의로 대출관계서류 및 약속어음을 작성받았음을 충분히 추단할 수 있는 경우, 제3자는 형식상의 명의만을 빌려 준 자에 불과하고 그 대출계약의 실질적인 당사자는 상호신용금고와 실질적 주채무자이므로, 제3자 명의로 되어 있는 대출약정 및 약속어음 발행은 상호신용금고의 양해하에 그에 따른 채무부담 의사 없이 형식적으로 이루어진 것에 불과하여 통정허위표시에 해당하는 무효의 법률행위라고 판단한 원심판결을 수긍한 사례.
[2] 대출절차상 편의를 위하여 명의를 대여한 것으로 인정되어 채무자로 볼 수 없는 경우, 그 형식상 주채무자가 실질적인 주채무자를 위하여 보증인이 될 의사가 있었다는 등의 특별한 사

정이 없는 한 그 형식상의 주채무자에게 실질적 주채무자에 대한 보증의 의사가 있는 것으로 볼 수는 없다.
[3] 상호신용금고가 구 상호신용금고법(1995.1.5. 법률 제4867호로 개정되기 전의 것) 제12조, 같은법시행령(1995.4.11. 대통령령 제14574호로 개정되기 전의 것) 제8조 제1항에 규정된 동일인에 대한 대출액 한도 규정을 위반하여 대출하였다 하더라도 사법상의 효력에는 제한이 없다.

판례-사해행위취소·배당이의

[대법원 2016.7.29. 선고 2016다13710, 13727 판결]

【판시사항】
갑 소유의 부동산에 관하여 을 등 명의의 가압류 등기와 병 명의의 근저당권 설정등기가 순차적으로 마쳐진 후 병의 근저당권에 관하여 계약양도를 원인으로 근저당권자를 정으로 하는 근저당권 이전등기가 마쳐졌고, 그 후 정의 경매신청에 따른 선행 임의경매개시결정과 을 등의 경매신청에 따른 후행 강제경매개시결정이 내려져 선행 경매절차에서 을 등과 정만 배당을 받았는데, 을 등이 정을 상대로 근저당권 등 양도행위가 통정허위표시로서 무효라며 배당이의의 소를 제기하자, 정이 근저당권 등 양도의 유·무효는 병의 채권자들만 이해관계가 있고 을 등은 이해관계가 없어 무효를 주장할 지위에 있지 않다고 주장한 사안에서, 을 등은 근저당권 등 양도행위의 무효를 주장하여 그에 기한 채권의 존부, 범위, 순위에 관한 배당이의의 소를 제기할 수 있다고 한 사례

【판결요지】
갑 소유의 부동산에 관하여 을 등 명의의 가압류 등기와 병 명의의 근저당권 설정등기가 순차적으로 마쳐진 후 병의 근저당권에 관하여 계약양도를 원인으로 근저당권자를 정으로 하는 근저당권 이전등기가 마쳐졌고, 그 후 정의 경매신청에 따른 선행 임의경매개시결정과 을 등의 경매신청에 따른 후행 강제경매개시결정이 내려져 선행 경매절차에서 을 등과 정만 배당을 받았는데, 을 등이 정을 상대로 근저당권 등 양도행위가 통정허위표시로서 무효라며 배당이의의 소를 제기하자, 정이 근저당권 등 양도의 유·무효는 병의 채권자들만 이해관계가 있고 을 등은 이해관계가 없어 무효를 주장할 지위에 있지 않다고 주장한 사안에서, 배당이의의 소에서 원고는 원고의 이익이 되도록 배당표의 변경을 가져오게 하는 모든 사유를 주장할 수 있는데, 허위의 근저당권에 대하여 배당이 이루어진 경우 통정한 허위의 의사표시는 당사자 사이에서는 물론 제3자에 대하여도 무효이고, 다만 선의의 제3자에 대해서만 대항하지 못할 뿐이므로, 배당채권자인 을 등은 근저당권 등 양도행위의 무효를 주장하여 그에 기한 채권의 존부, 범위, 순위에 관한 배당이의의 소를 제기할 수 있다고 한 사례.

제109조(착오로 인한 의사표시) ①의사표시는 법률행위의 내용의 중요부분에 착오가 있는 때에는 취소할 수 있다. 그러나 그 착오가 표의자의 중대한 과실로 인한 때에는 취소하지 못한다.
②전항의 의사표시의 취소는 선의의 제삼자에게 대항하지 못한다.

판례-부당이득금

[대법원 2006.11.23., 선고, 2005다13288, 판결]

【판시사항】
[1] 계약당사자 쌍방이 계약의 전제나 기초가 되는 사항에 관하여 같은 내용으로 착오가 있는 경우, 계약의 해석 방법
[2] 국가와 기부채납자가 국유지인 대지 위에 건물을 신축하여 기부채납하고 위 대지 및 건물에 대한 사용수익권을 받기로 약정하면서 그 기부채납이 부가가치세 부과대상인 것을 모른 채 계약을 체결한 사안에서, 두 계약당사자의 진의(眞意)가 국가가 부가가치세를 부담하는 것이었다고 추정하여 그러한 내용으로 계약을 수정 해석하여야 한다고 본 원심판결을 파기한 사례

【판결요지】
[1] 계약당사자 쌍방이 계약의 전제나 기초가 되는 사항에 관하여 같은 내용으로 착오가 있고 이로 인하여 그에 관한 구체적 약정을 하지 아니하였다면, 당사자가 그러한 착오가 없을 때에 약정하였을 것으로 보이는 내용으로 당사자의 의사를 보충하여 계약을 해석할 수 있는바, 여기서 보충되는 당사자의 의사는 당사자의 실제 의사 또는 주관적 의사가 아니라 계약의 목적, 거래관행, 적용법규, 신의칙 등에 비추어 객관적으로 추인되는 정당한 이익조정 의사를 말한다.
[2] 국가와 기부채납자가 국유지인 대지 위에 건물을 신축하여 기부채납하고 위 대지 및 건물에 대한 사용수익권을 받기로 약정하면서 그 기부채납이 부가가치세 부과대상인 것을 모른 채 계약을 체결한 사안에서, 두 계약당사자의 진의(眞意)가 국가가 부가가치세를 부담하는 것이었다고 추정하여 그러한 내용으로 계약을 수정 해석하여야 한다고 본 원심판결을 파기한 사례.

제110조(사기, 강박에 의한 의사표시)
①사기나 강박에 의한 의사표시는 취소할 수 있다.
②상대방있는 의사표시에 관하여 제삼자가 사기나 강박을 행한 경우에는 상대방이 그 사실을 알았거나 알 수 있었을 경우에 한하여 그 의사표시를 취소할 수 있다.
③전2항의 의사표시의 취소는 선의의 제삼자에게 대항하지 못한다.

판례-구상금등

[대법원 2005.5.27., 선고, 2004다43824, 판결]

【판시사항】
[1] 사기에 의한 의사표시의 의의 및 제3자의 기망행위에 의하여 신원보증서류에 서명날인한다는 착각에 빠진 상태로 연대보증의 서면에 서명날인한 경우, 그와 같은 행위에 민법 제110조 제2항에 정한 사기에 의한 의사표시의 법리가 적용되는지 여부(소극)
[2] 신원보증서류에 서명날인하는 것으로 잘못 알고 이행보증보험약정서를 읽어보지 않은 채 서명날인한 것일 뿐 연대보증약정을 한 사실이 없다는 주장은 위 연대보증약정을 착오를 이유로 취소한다는 취지로 볼 수 있다고 한 사례
[3] 판결에 재판의 탈루가 있었는지의 여부를 판정하는 기준 및 탈루된 부분에 대한 상고의 적법 여부(소극)

【판결요지】
[1] 사기에 의한 의사표시란 타인의 기망행위로 말미암아 착오에 빠지게 된 결과 어떠한 의사표시를 하게 되는 경우이므로 거기에는 의사와 표시의 불일치가 있을 수 없고, 단지 의사의 형성과정 즉 의사표시의 동기에 착오가 있는 것에 불과하며, 이 점에서 고유한 의미의 착오에 의한 의사표시와 구분되는데, 신원보증서류에 서명날인한다는 착각에 빠진 상태로 연대보증의 서면에 서명날인한 경우, 결국 위와 같은 행위는 강학상 기명날인의 착오(또는 서명의 착오), 즉 어떤 사람이 자신의 의사와 다른 법률효과를 발생시키는 내용의 서면에, 그것을 읽지 않거나 올바르게 이해하지 못한 채 기명날인을 하는 이른바 표시상의 착오에 해당하므로, 비록 위와 같은 착오가 제3자의 기망행위에 의하여 일어난 것이라 하더라도 그에 관하여는 사기에 의한 의사표시에 관한 법리, 특히 상대방이 그러한 제3자의 기망행위 사실을 알았거나 알 수 있었을 경우가 아닌 한 의사표시자가 취소권을 행사할 수 없다는 민법 제110조 제2항의 규정을 적용할 것이 아니라, 착오에 의한 의사표시에 관한 법리만을 적용하여 취소권 행사의 가부를 가려야 한다.
[2] 취소의 의사표시란 반드시 명시적이어야 하는 것은 아니고, 취소자가 그 착오를 이유로 자신의 법률행위의 효력을 처음부터 배제하려고 한다는 의사가 드러나면 족한 것이며, 취소원인의 진술 없이도 취소의 의사표시는 유효한 것이므로, 신원보증서류에 서명날인하는 것으로 잘못 알고 이행보증보험약정서를 읽어보지 않은 채 서명날인한 것일 뿐 연대보증약정을 한 사실이 없다는 주장은 위 연대보증약정을 착오를 이유로 취소한다는 취지로 볼 수 있다고 한 사례.
[3] 판결에는 법원의 판단을 분명하게 하기 위하여 결론을 주문에 기재하도록 되어 있으므로 재판의 탈루가 있는지 여부는 오로지 주문의 기재에 의하여 판정하여야 하고, 항소심이 재판을 탈루한 경우에 그 부분은 아직 항소심에 소송이 계속중이라고 볼 것이므로, 그에 대한 상고는 불

복의 대상이 부존재하여 부적법하고 결국 각하를 면할 수 없다.

제111조(의사표시의 효력발생시기) ①상대방이 있는 의사표시는 상대방에게 도달한 때에 그 효력이 생긴다.
②의사표시자가 그 통지를 발송한 후 사망하거나 제한능력자가 되어도 의사표시의 효력에 영향을 미치지 아니한다.
[전문개정 2011.3.7.]

제112조(제한능력자에 대한 의사표시의 효력) 의사표시의 상대방이 의사표시를 받은 때에 제한능력자인 경우에는 의사표시자는 그 의사표시로써 대항할 수 없다. 다만, 그 상대방의 법정대리인이 의사표시가 도달한 사실을 안 후에는 그러하지 아니하다. [전문개정 2011.3.7.]

제113조(의사표시의 공시송달) 표의자가 과실없이 상대방을 알지 못하거나 상대방의 소재를 알지 못하는 경우에는 의사표시는 민사소송법 공시송달의 규정에 의하여 송달할 수 있다.

제3절 대리

제114조(대리행위의 효력) ①대리인이 그 권한내에서 본인을 위한 것임을 표시한 의사표시는 직접 본인에게 대하여 효력이 생긴다.
②전항의 규정은 대리인에게 대한 제삼자의 의사표시에 준용한다.

판례-위약배상금

[대법원 2016.5.26, 선고, 2016다203315, 판결]

【판시사항】
어떤 사람이 대리인의 외양을 가지고 행위하는 것을 본인이 알면서도 이의를 하지 아니하고 방임하는 등 사실상의 용태에 의하여 대리권의 수여가 추단될 수 있는지 여부(적극)

【판결요지】
대리권을 수여하는 수권행위는 불요식의 행위로서 명시적인 의사표시에 의함이 없이 묵시적인 의사표시에 의하여 할 수도 있으며, 어떤 사람이 대리인의 외양을 가지고 행위하는 것을 본인이 알면서도 이의를 하지 아니하고 방임하는 등 사실상의 용태에 의하여 대리권의 수여가 추단되는 경우도 있다.

제115조(본인을 위한 것임을 표시하지 아니한 행위) 대리인이 본인을 위한 것임을 표시하지 아니한 때에는 그 의사표시는 자기를 위한 것으로 본다. 그러나 상대방이 대리인으로서 한 것임을 알았거나 알 수 있었을 때에는 전조제1항의 규정을 준용한다.

제116조(대리행위의 하자) ①의사표시의 효력이 의사의 흠결, 사기, 강박 또는 어느 사정을 알았거나 과실로 알지 못한 것으로 인하여 영향을 받을 경우에 그 사실의 유무는 대리인을 표준하여 결정한다.
②특정한 법률행위를 위임한 경우에 대리인이 본인의 지시에 좇아 그 행위를 한 때에는 본인은 자기가 안 사정 또는 과실로 인하여 알지 못한 사정에 관하여 대리인의 부지를 주장하지 못한다.

제117조(대리인의 행위능력) 대리인은 행위능력자임을 요하지 아니한다.

제118조(대리권의 범위) 권한을 정하지 아니한 대리인은 다음 각호의 행위만을 할 수 있다.
1. 보존행위
2. 대리의 목적인 물건이나 권리의 성질을 변하지 아니하는 범위에서 그 이용 또는 개량하는 행위

제119조(각자대리) 대리인이 수인인 때에는 각자가 본인을 대리한다. 그러나 법률 또는 수권행위에 다른 정한 바가 있는 때에는 그러하지 아니하다.

제120조(임의대리인의 복임권) 대리권이 법률행위에 의하여 부여된 경우에는 대리인은 본인의 승낙이 있거나 부득이한 사유있는 때가 아니면 복대리인을 선임하지 못한다.

제121조(임의대리인의 복대리인선임의 책임)
①전조의 규정에 의하여 대리인이 복대리인을 선임한 때에는 본인에게 대하여 그 선임감독에 관한 책임이 있다.
②대리인이 본인의 지명에 의하여 복대리인을 선임한 경우에는 그 부적임 또는 불성실함을 알고 본인에게 대한 통지나 그 해임을 태만한 때가 아니면 책임이 없다.

제122조(법정대리인의 복임권과 그 책임)
법정대리인은 그 책임으로 복대리인을 선임할 수 있다. 그러나 부득이한 사유로 인한 때에는 전조제1항에 정한 책임만이 있다.

제123조(복대리인의 권한) ①복대리인은 그 권한내에서 본인을 대리한다.
②복대리인은 본인이나 제삼자에 대하여 대리인과 동일한 권리의무가 있다.

제124조(자기계약, 쌍방대리) 대리인은 본인의 허락이 없으면 본인을 위하여 자기와 법률행위를 하거나 동일한 법률행위에 관하여 당사자쌍방을 대리하지 못한다. 그러나 채무의 이행은 할 수 있다.

제125조(대리권수여의 표시에 의한 표현대리) 제삼자에 대하여 타인에게 대리권을 수여함을 표시한 자는 그 대리권의 범위내에서 행한 그 타인과 그 제삼자간의 법률행위에 대하여 책임이 있다. 그러나 제삼자가 대리권없음을 알았거나 알 수 있었을 때에는 그러하지 아니하다.

판례-소유권이전등기

[대법원 1997.3.25. 선고 96다51271 판결]

【판시사항】
[1] 민법 제125조의 표현대리를 주장하기 위한 요건
[2] 상대방이 대리권이 없음을 알지 못한 데에 과실이 있다고 하여 표현대리의 성립을 부정한 사례
[3] 매매계약을 체결할 권한을 수여받은 대리인에게 그 계약관계를 해제할 대리권이 당연히 있는지 여부(소극)
[4] 채권자가 기존 채무의 이행에 관하여 수표를 교부받은 경우의 법률관계

【판결요지】
[1] 민법 제125조의 표현대리에 해당하기 위하여는 상대방은 선의·무과실이어야 하므로 상대방에게 과실이 있다면 제125조의 표현대리를 주장할 수 없다.
[2] 중개인이 본인인 회사에게 오피스텔의 분양 희망자를 중개하여 주고 그 대가로 회사로부터

수수료만을 지급받기로 하였고, 분양계약서의 작성 및 분양대금 수납은 회사에서 직접 관리하였으며, 중개인은 오피스텔을 분양받고자 하는 자가 있으면 그를 오피스텔 내에 있는 회사 분양사무소에 데리고 가서 분양대금을 지급하고 회사 명의의 계약서를 작성하여 받아오는 방식을 취하였고, 상대방의 매매계약서도 그러한 방식에 의하여 작성되었다면, 상대방이 중개인에게 지급한 매매대금에 대한 영수증이 회사의 명의로 발행되지 아니하고 중개인 명의로 발행된 경우, 오피스텔을 분양받으려는 상대방으로서는 본인에게 중개인의 대리권 유무를 확인하여 보았더라면 그가 단순한 중개인에 불과하고 오피스텔의 매매대금을 수령할 대리권이 없다는 점을 쉽게 알 수 있었을 것임에도 이를 게을리한 과실이 있고, 나아가 본인이 중개인에게 오피스텔의 분양중개를 부탁한 것을 가지고 오피스텔 분양에 관련한 어떤 대리권을 수여한 것이라고 볼 수도 없다고 보아 민법 제125조의 표현대리에 해당하지 않는다고 본 원심판결을 수긍한 사례.
[3] 법률행위에 의하여 수여된 대리권은 원인된 법률관계의 종료에 의하여 소멸하는 것이므로 특별한 사정이 없는 한, 매수명의자를 대리하여 매매계약을 체결하였다 하여 곧바로 대리인이 매수인을 대리하여 매매계약의 해제 등 일체의 처분권과 상대방의 의사를 수령할 권한까지 가지고 있다고 볼 수는 없다.
[4] 채무자가 채권자에게 수표를 교부한 경우에 있어서 이것으로 기존채무의 변제에 갈음하기로 특약을 하였다면 이로써 기존채무는 채무변제로 소멸한다 할 것이나, 이러한 특약이 없는 경우에 있어서는 다만 수표를 채권자에게 교부한 것 만으로서는 채무의 변제에 갈음한 것으로 볼 수 없고, 그것은 오직 기존채무의 변제 확보의 방법 또는 변제의 방법으로 보아야 한다.

제126조(권한을 넘은 표현대리) 대리인이 그 권한외의 법률행위를 한 경우에 제삼자가 그 권한이 있다고 믿을 만한 정당한 이유가 있는 때에는 본인은 그 행위에 대하여 책임이 있다.

제127조(대리권의 소멸사유) 대리권은 다음 각 호의 어느 하나에 해당하는 사유가 있으면 소멸된다.
1. 본인의 사망
2. 대리인의 사망, 성년후견의 개시 또는 파산
[전문개정 2011.3.7.]

제128조(임의대리의 종료) 법률행위에 의하여 수여된 대리권은 전조의 경우외에 그 원인된 법률관계의 종료에 의하여 소멸한다. 법률관계의 종료전에 본인이 수권행위를 철회한 경우에도 같다.

제129조(대리권소멸후의 표현대리) 대리권의 소멸은 선의의 제삼자에게 대항하지 못한다. 그러나 제삼자가 과실로 인하여 그 사실을 알지 못한 때에는 그러하지 아니하다.

제130조(무권대리) 대리권없는 자가 타인의 대리인으로 한 계약은 본인이 이를 추인하지 아니하면 본인에 대하여 효력이 없다.

제131조(상대방의 최고권) 대리권없는 자가 타인의 대리인으로 계약을 한 경우에 상대방은 상당한 기간을 정하여 본인에게 그 추인여부의 확답을 최고할 수 있다. 본인이 그 기간내에 확답을 발하지 아니한 때에는 추인을 거절한 것으로 본다.

제132조(추인, 거절의 상대방) 추인 또는 거절의 의사표시는 상대방에 대하여 하지 아니하면 그 상대방에 대항하지 못한다. 그러나 상대방이 그 사실을 안 때에는 그러하지 아니하다.

제133조(추인의 효력) 추인은 다른 의사표시가 없는 때에는 계약시에 소급하여 그 효력이 생긴다. 그러나 제삼자의 권리를 해하지 못한다.

제134조(상대방의 철회권) 대리권없는 자가 한 계약은 본인의 추인이 있을 때까지 상대방은 본인이나 그 대리인에 대하여 이를 철회할 수 있다. 그러나 계약당시에 상대방이 대리권 없음을 안 때에는 그러하지 아니하다.

제135조(상대방에 대한 무권대리인의 책임)
①다른 자의 대리인으로서 계약을 맺은 자가 그 대리권을 증명하지 못하고 또 본인의 추인을 받지 못한 경우에는 그는 상대방의 선택에 따라 계약을 이행할 책임 또는 손해를 배상할 책임이 있다.
②대리인으로서 계약을 맺은 자에게 대리권이 없다는 사실을 상대방이 알았거나 알 수 있었을 때 또는 대리인으로서 계약을 맺은 사람이 제한능력자일 때에는 제1항을 적용하지 아니한다.
[전문개정 2011.3.7.]

제136조(단독행위와 무권대리) 단독행위에는 그 행위당시에 상대방이 대리인이라 칭하는 자의 대리권없는 행위에 동의하거나 그 대리권을 다투지 아니한 때에 한하여 전6조의 규정을 준용한다. 대리권없는 자에 대하여 그 동의를 얻어 단독행위를 한 때에도 같다.

제4절 무효와 취소

제137조(법률행위의 일부무효) 법률행위의 일부분이 무효인 때에는 그 전부를 무효로 한다. 그러나 그 무효부분이 없더라도 법률행위를 하였을 것이라고 인정될 때에는 나머지 부분은 무효가 되지 아니한다.

판례-부당이득금

[대법원 2010.7.22. 선고 2010다23425 판결]

【판시사항】
[1] 구 임대주택법 시행령 제12조 제1항이 임대주택의 최초의 임대보증금 및 임대료는 건설교통부장관이 정하여 고시하는 표준임대보증금 및 표준임대료를 초과할 수 없다고 규정하고, 이에 따라 구 '임대주택의 표준임대보증금 및 표준임대료(건설교통부 고시 제2004-70호)'에서 표준임대보증금 및 표준임대료를 정한 다음 임대보증금과 임대료는 임대차계약시 임차인의 동의가 있는 경우에는 상호전환이 가능하도록 한 규정이 효력규정인지 여부(적극)
[2] 일부무효의 법리의 적용 범위 및 강행법규와의 관계
[3] 임대사업자가 임대주택의 최초의 임대보증금과 임대료를 상호전환하여 임대차계약을 체결한 사안에서, 임차인의 동의 없이 정하여진 위 임대차계약상의 임대보증금은 표준임대보증금을 초과하는 한도 내에서 무효라고 한 사례
[4] 임대주택을 공급받으려고 하는 사람이 표준임대보증금 및 표준임대료로 임대차계약을 체결할 수 있는 여지가 없는 상황에서 임대보증금과 임대료가 상호전환된 조건으로 임대차계약을 체결한 경우, 구 '임대주택의 표준임대보증금 및 표준임대료(건설교통부 고시 제2004-70호)'에서 규정하는 '임차인의 동의'를 인정할 수 있는지 여부(소극)

【판결요지】
[1] 구 임대주택법(2006.9.27. 법률 제8015호로 개정되기 전의 것)이 임대주택의 건설을 촉진하고 국민주거생활의 안정을 도모하기 위하여 필요한 사항을 규정함을 목적으로 하고 있고, 그 목적 달성을 위해 임대사업자에게 각종 지원과 더불어 제한을 하고 있는데, 임대사업자가 자의적으로 임대보증금과 임대료를 정하는 것을 방지하고 합리적인 임대보증금과 임대료로 임대주택을 공급하도록 하는 것이 국민주거생활 안정을 도모하는 근간이 된다고 할 것이므로, 구 임대주택법 제14조의 위임에 따라 구 임대주택법 시행령(2007.3.27. 대통령령 19975호로 개정되기 전의 것) 제12조 제1항에서 같은 항 임대주택의 최초 임대보증금 및 임대료는 건설교통부장관이 정하여 고시하는 표준임대보증금 및 표준임대료를 초과할 수 없다고 규정하고 이에 따라 구 '임대주택

의 표준임대보증금 및 표준임대료(건설교통부 고시 제2004-70호)'에서 표준임대보증금 및 표준임대료를 정한 다음 임대보증금과 임대료는 임대차계약시 임차인의 동의가 있는 경우에는 상호전환이 가능하도록 한 규정은 임차인의 동의 없는 상호전환의 사법적 효력을 제한하는 효력규정으로 봄이 상당하다.
[2] 민법 제137조는 임의규정으로서 의사자치의 원칙이 지배하는 영역에서 적용된다고 할 것이므로, 법률행위의 일부가 강행법규인 효력규정에 위반되어 무효가 되는 경우 그 부분의 무효가 나머지 부분의 유효·무효에 영향을 미치는가의 여부를 판단함에 있어서는 개별 법령이 일부무효의 효력에 관한 규정을 두고 있는 경우에는 그에 따라야 하고, 그러한 규정이 없다면 원칙적으로 민법 제137조가 적용될 것이나 당해 효력규정 및 그 효력규정을 둔 법의 입법 취지를 고려하여 볼 때 나머지 부분을 무효로 한다면 당해 효력규정 및 그 법의 취지에 명백히 반하는 결과가 초래되는 경우에는 나머지 부분까지 무효가 된다고 할 수는 없다.
[3] 임대사업자가 임대주택의 최초의 임대보증금과 임대료를 상호전환하여 임대차계약을 체결한 사안에서, 임차인의 동의 없이 정하여진 위 임대차계약상의 임대보증금은 표준임대보증금을 초과하는 한도 내에서 무효라고 한 사례.
[4] 구 '임대주택의 표준임대보증금 및 표준임대료(건설교통부 고시 제2004-70호)'는 표준임대보증금 및 표준임대료를 정한 다음 임대보증금과 임대료는 임대차계약시 임차인의 동의가 있는 경우에는 상호전환이 가능하도록 규정하고 있는바, 위 고시에서 말하는 '임차인의 동의'라고 함은 임대주택을 공급받으려고 하는 사람이 표준임대보증금 및 표준임대료로 임대차계약을 체결할 수 있는 상황에서 스스로 상호전환 여부를 선택하는 것을 의미하고, 임대보증금과 임대료가 상호전환된 조건으로만 임대주택을 공급받는 것과 아예 임대주택 청약을 포기하는 두 가지 선택만이 가능한 경우에는 임차인의 동의권이 부여되었다고 볼 수 없다. 따라서 임대사업자가 임대료의 일부를 임대보증금으로 상호전환함으로써 표준임대보증금보다 고액인 임대보증금으로 임차인을 모집하고자 하는 경우 표준금액과 전환금액을 모두 공고 내지 고지하여 임차인을 모집한 후 전환금액에 동의하는 임차인에 한하여 전환금액으로 임대차계약을 체결하여야 한다.

제138조(무효행위의 전환) 무효인 법률행위가 다른 법률행위의 요건을 구비하고 당사자가 그 무효를 알았더라면 다른 법률행위를 하는 것을 의욕하였으리라고 인정될 때에는 다른 법률행위로서 효력을 가진다.

제139조(무효행위의 추인) 무효인 법률행위는 추인하여도 그 효력이 생기지 아니한다. 그러나 당사자가 그 무효임을 알고 추인한 때에는 새로운 법률행위로 본다.

제140조(법률행위의 취소권자) 취소할 수 있는 법률행위는 제한능력자, 착오로 인하거나 사기·강박에 의하여 의사표시를 한 자, 그의 대리인 또는 승계인만이 취소할 수 있다. [전문개정 2011.3.7.]

제141조(취소의 효과) 취소된 법률행위는 처음부터 무효인 것으로 본다. 다만, 제한능력자는 그 행위로 인하여 받은 이익이 현존하는 한도에서 상환(償還)할 책임이 있다.
[전문개정 2011.3.7.]

제142조(취소의 상대방) 취소할 수 있는 법률행위의 상대방이 확정한 경우에는 그 취소는 그 상대방에 대한 의사표시로 하여야 한다.

제143조(추인의 방법, 효과) ①취소할 수 있는 법률행위는 제140조에 규정한 자가 추인할 수 있고 추인후에는 취소하지 못한다.
②전조의 규정은 전항의 경우에 준용한다.

제144조(추인의 요건) ①추인은 취소의 원인이 소멸된 후에 하여야만 효력이 있다.
②제1항은 법정대리인 또는 후견인이 추인하는 경우에는 적용하지 아니한다.

[전문개정 2011.3.7.]

제145조(법정추인) 취소할 수 있는 법률행위에 관하여 전조의 규정에 의하여 추인할 수 있는 후에 다음 각호의 사유가 있으면 추인한 것으로 본다. 그러나 이의를 보류한 때에는 그러하지 아니하다.
1. 전부나 일부의 이행
2. 이행의 청구
3. 경개
4. 담보의 제공
5. 취소할 수 있는 행위로 취득한 권리의 전부나 일부의 양도
6. 강제집행

제146조(취소권의 소멸) 취소권은 추인할 수 있는 날로부터 3년내에 법률행위를 한 날로부터 10년내에 행사하여야 한다.

판례-소유권이전등기말소

[대법원 1993.7.27. 선고 92다52795 판결]

【판시사항】
후견인이 친족회의 동의 없이 피후견인의 부동산을 매도한 경우, 그 취소권의 행사방법

【판결요지】
미성년자 또는 친족회가 민법 제950조 제2항에 따라 제1항의 규정에 위반한 법률행위를 취소할 수 있는 권리는 형성권으로서 민법 제146조에 규정된 취소권의 존속기간은 제척기간이라고 보아야 할 것이지만, 그 제척기간 내에 소를 제기하는 방법으로 권리를 재판상 행사하여야만 되는 것은 아니고, 재판 외에서 의사표시를 하는 방법으로도 권리를 행사할 수 있다고 보아야 한다.

제5절 조건과 기한

제147조(조건성취의 효과) ①정지조건있는 법률행위는 조건이 성취한 때로부터 그 효력이 생긴다.
②해제조건있는 법률행위는 조건이 성취한 때로부터 그 효력을 잃는다.
③당사자가 조건성취의 효력을 그 성취전에 소급하게 할 의사를 표시한 때에는 그 의사에 의한다.

제148조(조건부권리의 침해금지) 조건있는 법률행위의 당사자는 조건의 성부가 미정한 동안에 조건의 성취로 인하여 생길 상대방의 이익을 해하지 못한다.

제149조(조건부권리의 처분 등) 조건의 성취가 미정한 권리의무는 일반규정에 의하여 처분, 상속, 보존 또는 담보로 할 수 있다.

제150조(조건성취, 불성취에 대한 반신의행위) ①조건의 성취로 인하여 불이익을 받을 당사자가 신의성실에 반하여 조건의 성취를 방해한 때에는 상대방은 그 조건이 성취한 것으로 주장할 수 있다.
②조건의 성취로 인하여 이익을 받을 당사자가 신의성실에 반하여 조건을 성취시킨 때에는 상대방은 그 조건이 성취하지 아니한 것으로 주장할 수 있다.

제151조(불법조건, 기성조건) ①조건이 선량한 풍속 기타 사회질서에 위반한 것인 때에는 그

법률행위는 무효로 한다.
②조건이 법률행위의 당시 이미 성취한 것인 경우에는 그 조건이 정지조건이면 조건없는 법률행위로 하고 해제조건이면 그 법률행위는 무효로 한다.
③조건이 법률행위의 당시에 이미 성취할 수 없는 것인 경우에는 그 조건이 해제조건이면 조건없는 법률행위로 하고 정지조건이면 그 법률행위는 무효로 한다.

제152조(기한도래의 효과) ①시기있는 법률행위는 기한이 도래한 때로부터 그 효력이 생긴다.
②종기있는 법률행위는 기한이 도래한 때로부터 그 효력을 잃는다.

제153조(기한의 이익과 그 포기) ①기한은 채무자의 이익을 위한 것으로 추정한다.
②기한의 이익은 이를 포기할 수 있다. 그러나 상대방의 이익을 해하지 못한다.

제154조(기한부권리와 준용규정) 제148조와 제149조의 규정은 기한있는 법률행위에 준용한다.

제6장 기간

제155조(본장의 적용범위) 기간의 계산은 법령, 재판상의 처분 또는 법률행위에 다른 정한 바가 없으면 본장의 규정에 의한다.

제156조(기간의 기산점) 기간을 시, 분, 초로 정한 때에는 즉시로부터 기산한다.

제157조(기간의 기산점) 기간을 일, 주, 월 또는 연으로 정한 때에는 기간의 초일은 산입하지 아니한다. 그러나 그 기간이 오전 영시로부터 시작하는 때에는 그러하지 아니하다.

판례-계약금반환청구

[대법원 2014.12.22, 자, 2014다229016, 명령]

【판시사항】
판결 선고 후 판결문을 전자문서로 전산정보처리시스템에 등재하고 그 사실을 전자적으로 통지하였는데 등록사용자가 판결문을 1주 이내에 확인하지 아니한 경우, 판결문 송달의 효력이 발생하는 시기 및 상소기간

【판결요지】
판결 선고 후 판결문을 전자문서로 전산정보처리시스템에 등재하고 그 사실을 전자적으로 통지하였지만 등록사용자가 판결문을 1주 이내에 확인하지 아니한 경우 판결문 송달의 효력이 발생하는 시기는 등재사실을 등록사용자에게 통지한 날의 다음 날부터 기산하여 7일이 지난 날의 오전 영시가 되고, 상소기간은 민법 제157조 단서에 따라 송달의 효력이 발생한 당일부터 초일을 산입해 기산하여 2주가 되는 날에 만료한다.

제158조(연령의 기산점) 연령계산에는 출생일을 산입한다.

제159조(기간의 만료점) 기간을 일, 주, 월 또는 연으로 정한 때에는 기간말일의 종료로 기간이 만료한다.

제160조(역에 의한 계산) ①기간을 주, 월 또는 연으로 정한 때에는 역에 의하여 계산한다.
②주, 월 또는 연의 처음으로부터 기간을 기산하지 아니하는 때에는 최후의 주, 월 또는 연에

서 그 기산일에 해당한 날의 전일로 기간이 만료한다.
③월 또는 연으로 정한 경우에 최종의 월에 해당일이 없는 때에는 그 월의 말일로 기간이 만료한다.

제161조(공휴일 등과 기간의 만료점)
기간의 말일이 토요일 또는 공휴일에 해당한 때에는 기간은 그 익일로 만료한다. <개정 2007.12.21.>
[제목개정 2007.12.21.]

제7장 소멸시효

제162조(채권, 재산권의 소멸시효)
①채권은 10년간 행사하지 아니하면 소멸시효가 완성한다.
②채권 및 소유권 이외의 재산권은 20년간 행사하지 아니하면 소멸시효가 완성한다.

판례-구상금(시효 중단을 위한 재소 사건)

[대법원 2018.7.19., 선고, 2018다22008, 전원합의체 판결]

【판시사항】
확정판결에 의한 채권의 소멸시효기간인 10년의 경과가 임박한 경우, 시효중단을 위한 재소(再訴)에 소의 이익이 있는지 여부(적극) 및 이때 후소 법원이 그 확정된 권리를 주장할 수 있는 모든 요건이 구비되어 있는지에 관하여 다시 심리할 수 있는지 여부(소극)

【판결요지】
[다수의견] 확정된 승소판결에는 기판력이 있으므로, 승소 확정판결을 받은 당사자가 그 상대방을 상대로 다시 승소 확정판결의 전소(前訴)와 동일한 청구의 소를 제기하는 경우 그 후소(後訴)는 권리보호의 이익이 없어 부적법하다. 하지만 예외적으로 확정판결에 의한 채권의 소멸시효기간인 10년의 경과가 임박한 경우에는 그 시효중단을 위한 소는 소의 이익이 있다.
나아가 이러한 경우에 후소의 판결이 전소의 승소 확정판결의 내용에 저촉되어서는 아니 되므로, 후소 법원으로서는 그 확정된 권리를 주장할 수 있는 모든 요건이 구비되어 있는지 여부에 관하여 다시 심리할 수 없다.
대법원은 종래 확정판결에 의한 채권의 소멸시효기간인 10년의 경과가 임박한 경우에는 그 시효중단을 위한 재소(再訴)는 소의 이익이 있다는 법리를 유지하여 왔다. 이러한 법리는 현재에도 여전히 타당하다. 다른 시효중단사유인 압류·가압류나 승인 등의 경우 이를 1회로 제한하고 있지 않음에도 유독 재판상 청구의 경우만 1회로 제한되어야 한다고 보아야 할 합리적인 근거가 없다. 또한 확정판결에 의한 채무라 하더라도 채무자가 파산이나 회생제도를 통해 이로부터 전부 또는 일부 벗어날 수 있는 이상, 채권자에게는 시효중단을 위한 재소를 허용하는 것이 균형에 맞다.

판례-소유권말소등기등

[대법원 2013.12.12. 선고 2013다26647 판결]

【판시사항】
3자간 등기명의신탁에 의한 등기가 유효기간 경과로 무효로 된 경우, 목적 부동산을 인도받아 점유하고 있는 명의신탁자의 매도인에 대한 소유권이전등기청구권의 소멸시효가 진행되는지 여부(소극)

【판결요지】
부동산의 매수인이 목적물을 인도받아 계속 점유하는 경우에는 매도인에 대한 소유권이전등기청구권은 소멸시효가 진행되지 않고, 이러한 법리는 3자간 등기명의신탁에 의한 등기가 유효기간의 경과로 무효로 된 경우에도 마찬가지로 적용된다. 따라서 그 경우 목적 부동산을 인도받아 점유하고 있는 명의신탁자의 매도인에 대한 소유권이전등기청구권 역시 소멸시효가 진행되지 않는다.

제163조(3년의 단기소멸시효) 다음 각호의 채권은 3년간 행사하지 아니하면 소멸시효가 완성한다. <개정 1997.12.13.>
1. 이자, 부양료, 급료, 사용료 기타 1년 이내의 기간으로 정한 금전 또는 물건의 지급을 목적으로 한 채권
2. 의사, 조산사, 간호사 및 약사의 치료, 근로 및 조제에 관한 채권
3. 도급받은 자, 기사 기타 공사의 설계 또는 감독에 종사하는 자의 공사에 관한 채권
4. 변호사, 변리사, 공증인, 공인회계사 및 법무사에 대한 직무상 보관한 서류의 반환을 청구하는 채권
5. 변호사, 변리사, 공증인, 공인회계사 및 법무사의 직무에 관한 채권
6. 생산자 및 상인이 판매한 생산물 및 상품의 대가
7. 수공업자 및 제조자의 업무에 관한 채권

제164조(1년의 단기소멸시효) 다음 각호의 채권은 1년간 행사하지 아니하면 소멸시효가 완성한다.
1. 여관, 음식점, 대석, 오락장의 숙박료, 음식료, 대석료, 입장료, 소비물의 대가 및 체당금의 채권
2. 의복, 침구, 장구 기타 동산의 사용료의 채권
3. 노역인, 연예인의 임금 및 그에 공급한 물건의 대금채권
4. 학생 및 수업자의 교육, 의식 및 유숙에 관한 교주, 숙주, 교사의 채권

제165조(판결 등에 의하여 확정된 채권의 소멸시효) ①판결에 의하여 확정된 채권은 단기의 소멸시효에 해당한 것이라도 그 소멸시효는 10년으로 한다.
②파산절차에 의하여 확정된 채권 및 재판상의 화해, 조정 기타 판결과 동일한 효력이 있는 것에 의하여 확정된 채권도 전항과 같다.
③전2항의 규정은 판결확정당시에 변제기가 도래하지 아니한 채권에 적용하지 아니한다.

제166조(소멸시효의 기산점) ①소멸시효는 권리를 행사할 수 있는 때로부터 진행한다.
②부작위를 목적으로 하는 채권의 소멸시효는 위반행위를 한 때로부터 진행한다.
[단순위헌, 2014헌바148, 2018.8.30. 민법(1958.2.22. 법률 제471호로 제정된 것) 제166조 제1항 중 '진실·화해를 위한 과거사정리 기본법' 제2조 제1항 제3호, 제4호에 규정된 사건에 적용되는 부분은 헌법에 위반된다.]

판례-양수금

[대법원 2001.4.27. 선고 2000다31168 판결]

【판시사항】
보험금청구권의 소멸시효의 기산점

【판결요지】
보험금청구권은 보험사고가 발생하기 전에는 추상적인 권리에 지나지 아니할 뿐 보험사고의 발생으로 인하여 구체적인 권리로 확정되어 그 때부터 그 권리를 행사할 수 있게 되는 것이므로, 특별한 다른 사정이 없는 한 원칙적으로 보험금액청구권의 소멸시효는 보험사고가 발생한 때로부터 진행한다고 해석해야 할 것이고, 다만 보험사고가 발생한 것인지의 여부가 객관적으로 분명하지 아니하여 보험금청구권자가 과실 없이 보험사고의 발생을 알 수 없었던 경우에도 보험

사고가 발생한 때로부터 보험금청구권의 소멸시효가 진행한다고 해석하는 것은, 보험금청구권자에게 너무 가혹하여 사회정의와 형평의 이념에 반할 뿐만 아니라 소멸시효제도의 존재이유에 부합된다고 볼 수도 없으므로 이와 같이 객관적으로 보아 보험사고가 발생한 사실을 확인할 수 없는 사정이 있는 경우에는 보험금청구권자가 보험사고의 발생을 알았거나 알 수 있었던 때로부터 보험금액청구권의 소멸시효가 진행한다고 해석할 것이다.

제167조(소멸시효의 소급효) 소멸시효는 그 기산일에 소급하여 효력이 생긴다.

제168조(소멸시효의 중단사유) 소멸시효는 다음 각호의 사유로 인하여 중단된다.

1. 청구
2. 압류 또는 가압류, 가처분
3. 승인

판례-추심금

[대법원 2003.5.13., 선고, 2003다16238, 판결]

【판시사항】

[1] 채권의 압류 또는 가압류와 시효중단의 효력

[2] 채권압류 및 추심명령의 송달이 피압류채권의 제3채무자에 대하여 최고로서의 효력이 있는지 여부(적극)

【판결요지】

[1] 채권자가 채무자의 제3채무자에 대한 채권을 압류 또는 가압류한 경우에 채무자에 대한 채권자의 채권에 관하여 시효중단의 효력이 생긴다고 할 것이나, 압류 또는 가압류된 채무자의 제3채무자에 대한 채권에 대하여는 민법 제168조 제2호 소정의 소멸시효 중단사유에 준하는 확정적인 시효중단의 효력이 생긴다고 할 수 없다.

[2] 소멸시효 중단사유의 하나로서 민법 제174조가 규정하고 있는 최고는 채무자에 대하여 채무이행을 구한다는 채권자의 의사통지(준법률행위)로서, 이에는 특별한 형식이 요구되지 아니할 뿐 아니라 행위 당시 당사자가 시효중단의 효과를 발생시킨다는 점을 알거나 의욕하지 않았다 하더라도 이로써 권리 행사의 주장을 하는 취지임이 명백하다면 최고에 해당하는 것으로 보아야 할 것이므로, 채권자가 확정판결에 기한 채권의 실현을 위하여 채무자의 제3채무자에 대한 채권에 관하여 압류 및 추심명령을 받아 그 결정이 제3채무자에게 송달이 되었다면 거기에 소멸시효 중단사유인 최고로서의 효력을 인정하여야 한다.

제169조(시효중단의 효력) 시효의 중단은 당사자 및 그 승계인간에만 효력이 있다.

제170조(재판상의 청구와 시효중단)

①재판상의 청구는 소송의 각하, 기각 또는 취하의 경우에는 시효중단의 효력이 없다.

②전항의 경우에 6월내에 재판상의 청구, 파산절차참가, 압류 또는 가압류, 가처분을 한 때에는 시효는 최초의 재판상 청구로 인하여 중단된 것으로 본다.

제171조(파산절차참가와 시효중단) 파산절차참가는 채권자가 이를 취소하거나 그 청구가 각하된 때에는 시효중단의 효력이 없다.

제172조(지급명령과 시효중단) 지급명령은 채권자가 법정기간내에 가집행신청을 하지 아니함으로 인하여 그 효력을 잃은 때에는 시효중단의 효력이 없다.

제173조(화해를 위한 소환, 임의출석과 시효중단) 화해를 위한 소환은 상대방이 출석하지 아니 하거나 화해가 성립되지 아니한 때에는 1월내에 소를 제기하지 아니하면 시효중단의 효력

이 없다. 임의출석의 경우에 화해가 성립되지 아니한 때에도 그러하다.

제174조(최고와 시효중단) 최고는 6월내에 재판상의 청구, 파산절차참가, 화해를 위한 소환, 임의출석, 압류 또는 가압류, 가처분을 하지 아니하면 시효중단의 효력이 없다.

제175조(압류, 가압류, 가처분과 시효중단)
압류, 가압류 및 가처분은 권리자의 청구에 의하여 또는 법률의 규정에 따르지 아니함으로 인하여 취소된 때에는 시효중단의 효력이 없다.

제176조(압류, 가압류, 가처분과 시효중단)
압류, 가압류 및 가처분은 시효의 이익을 받은 자에 대하여 하지 아니한 때에는 이를 그에게 통지한 후가 아니면 시효중단의 효력이 없다.

제177조(승인과 시효중단) 시효중단의 효력있는 승인에는 상대방의 권리에 관한 처분의 능력이나 권한있음을 요하지 아니한다.

제178조(중단후에 시효진행) ①시효가 중단된 때에는 중단까지에 경과한 시효기간은 이를 산입하지 아니하고 중단사유가 종료한 때로부터 새로이 진행한다.
②재판상의 청구로 인하여 중단한 시효는 전항의 규정에 의하여 재판이 확정된 때로부터 새로이 진행한다.

제179조(제한능력자의 시효정지) 소멸시효의 기간만료 전 6개월 내에 제한능력자에게 법정대리인이 없는 경우에는 그가 능력자가 되거나 법정대리인이 취임한 때부터 6개월 내에는 시효가 완성되지 아니한다.
[전문개정 2011.3.7.]

제180조(재산관리자에 대한 제한능력자의 권리, 부부 사이의 권리와 시효정지)
①재산을 관리하는 아버지, 어머니 또는 후견인에 대한 제한능력자의 권리는 그가 능력자가 되거나 후임 법정대리인이 취임한 때부터 6개월 내에는 소멸시효가 완성되지 아니한다.
②부부 중 한쪽이 다른 쪽에 대하여 가지는 권리는 혼인관계가 종료된 때부터 6개월 내에는 소멸시효가 완성되지 아니한다.
[전문개정 2011.3.7.]

제181조(상속재산에 관한 권리와 시효정지)
상속재산에 속한 권리나 상속재산에 대한 권리는 상속인의 확정, 관리인의 선임 또는 파산선고가 있는 때로부터 6월내에는 소멸시효가 완성하지 아니한다.

제182조(천재 기타 사변과 시효정지)
천재 기타 사변으로 인하여 소멸시효를 중단할 수 없을 때에는 그 사유가 종료한 때로부터 1월내에는 시효가 완성하지 아니한다.

제183조(종속된 권리에 대한 소멸시효의 효력) 주된 권리의 소멸시효가 완성한 때에는 종속된 권리에 그 효력이 미친다.

제184조(시효의 이익의 포기 기타)
①소멸시효의 이익은 미리 포기하지 못한다.
②소멸시효는 법률행위에 의하여 이를 배제, 연장 또는 가중할 수 없으나 이를 단축 또는 경감할 수 있다.

판례-근저당권말소등

[대법원 2015.6.11., 선고, 2015다200227, 판결]

【판시사항】
시효이익을 이미 포기한 자와의 법률관계를 통하여 비로소 시효이익을 원용할 이해관계를 형성한 자가 이미 이루어진 시효이익 포기의 효력을 부정할 수 있는지 여부(소극)

【판결요지】
소멸시효 이익의 포기는 상대적 효과가 있을 뿐이어서 다른 사람에게는 영향을 미치지 아니함이 원칙이나, 소멸시효 이익의 포기 당시에는 권리의 소멸에 의하여 직접 이익을 받을 수 있는 이해관계를 맺은 적이 없다가 나중에 시효이익을 이미 포기한 자와의 법률관계를 통하여 비로소 시효이익을 원용할 이해관계를 형성한 자는 이미 이루어진 시효이익 포기의 효력을 부정할 수 없다. 왜냐하면, 시효이익의 포기에 대하여 상대적인 효과만을 부여하는 이유는 포기 당시에 시효이익을 원용할 다수의 이해관계인이 존재하는 경우 그들의 의사와는 무관하게 채무자 등 어느 일방의 포기 의사만으로 시효이익을 원용할 권리를 박탈당하게 되는 부당한 결과의 발생을 막으려는 데 있는 것이지, 시효이익을 이미 포기한 자와의 법률관계를 통하여 비로소 시효이익을 원용할 이해관계를 형성한 자에게 이미 이루어진 시효이익 포기의 효력을 부정할 수 있게 하여 시효완성을 둘러싼 법률관계를 사후에 불안정하게 만들자는 데 있는 것은 아니기 때문이다.

제2편 물권
제1장 총칙

제185조(물권의 종류) 물권은 법률 또는 관습법에 의하는 외에는 임의로 창설하지 못한다.

제186조(부동산물권변동의 효력) 부동산에 관한 법률행위로 인한 물권의 득실변경은 등기하여야 그 효력이 생긴다.

판례-소유권이전등기등

[대법원 2018.7.12., 선고, 2015다36167, 판결]

【판시사항】
[1] 제1심에서 피고에 대하여 공시송달로 재판이 진행되어 피고에 대한 청구가 기각되었는데, 원고가 항소한 항소심에서 피고가 공시송달이 아닌 방법으로 송달받고도 다투지 아니한 경우, 민사소송법 제150조의 자백간주가 성립하는지 여부(적극)
[2] 부동산의 매매로 인한 소유권이전등기청구권의 양도에서 양도인의 채무자에 대한 통지만으로 채무자에 대한 대항력이 생기는지 여부(소극) 및 위 양도의 대항요건(=채무자의 동의나 승낙) / 취득시효완성으로 인한 소유권이전등기청구권의 양도의 경우, 위와 같은 양도제한의 법리가 적용되는지 여부(소극)

【판결요지】
[1] 제1심에서 피고에 대하여 공시송달로 재판이 진행되어 피고에 대한 청구가 기각되었다고 하여도 피고가 원고 청구원인을 다툰 것으로 볼 수 없으므로, 원고가 항소한 항소심에서 피고가 공시송달이 아닌 방법으로 송달받고도 다투지 아니한 경우에는 민사소송법 제150조의 자백간주가 성립된다.
[2] 부동산매매계약에서 매도인과 매수인은 서로 동시이행관계에 있는 일정한 의무를 부담하므로 이행과정에 신뢰관계가 따른다. 특히 매도인으로서는 매매대금 지급을 위한 매수인의 자력,

신용 등 매수인이 누구인지에 따라 계약유지 여부를 달리 생각할 여지가 있다. 이러한 이유로 매매로 인한 소유권이전등기청구권의 양도는 특별한 사정이 없는 이상 양도가 제한되고 양도에 채무자의 승낙이나 동의를 요한다고 할 것이므로 통상의 채권양도와 달리 양도인의 채무자에 대한 통지만으로는 채무자에 대한 대항력이 생기지 않으며 반드시 채무자의 동의나 승낙을 받아야 대항력이 생긴다. 그러나 취득시효완성으로 인한 소유권이전등기청구권은 채권자와 채무자 사이에 아무런 계약관계나 신뢰관계가 없고, 그에 따라 채권자가 채무자에게 반대급부로 부담하여야 하는 의무도 없다. 따라서 취득시효완성으로 인한 소유권이전등기청구권의 양도의 경우에는 매매로 인한 소유권이전등기청구권에 관한 양도제한의 법리가 적용되지 않는다.

판례-부당이득금반환

[대법원 2016.10.27. 선고 2015다52978 판결]

【판시사항】

민법 제267조에서 정한 '공유지분 포기'의 법적 성질(=상대방 있는 단독행위) / 부동산 공유자의 공유지분 포기의 의사표시가 다른 공유자에게 도달하더라도 민법 제186조에 의하여 등기를 하여야 공유지분 포기에 따른 물권변동의 효력이 발생하는지 여부(적극) 및 이 경우 등기의 형태

【판결요지】

민법 제267조는 "공유자가 그 지분을 포기하거나 상속인 없이 사망한 때에는 그 지분은 다른 공유자에게 각 지분의 비율로 귀속한다."라고 규정하고 있다. 여기서 공유지분의 포기는 법률행위로서 상대방 있는 단독행위에 해당하므로, 부동산 공유자의 공유지분 포기의 의사표시가 다른 공유자에게 도달하더라도 이로써 곧바로 공유지분 포기에 따른 물권변동의 효력이 발생하는 것은 아니고, 다른 공유자는 자신에게 귀속될 공유지분에 관하여 소유권이전등기청구권을 취득하며, 이후 민법 제186조에 의하여 등기를 하여야 공유지분 포기에 따른 물권변동의 효력이 발생한다. 그리고 부동산 공유자의 공유지분 포기에 따른 등기는 해당 지분에 관하여 다른 공유자 앞으로 소유권이전등기를 하는 형태가 되어야 한다.

제187조(등기를 요하지 아니하는 부동산물권취득) 상속, 공용징수, 판결, 경매 기타 법률의 규정에 의한 부동산에 관한 물권의 취득은 등기를 요하지 아니한다. 그러나 등기를 하지 아니하면 이를 처분하지 못한다.

제188조(동산물권양도의 효력, 간이인도)
①동산에 관한 물권의 양도는 그 동산을 인도하여야 효력이 생긴다.
②양수인이 이미 그 동산을 점유한 때에는 당사자의 의사표시만으로 그 효력이 생긴다.

제189조(점유개정) 동산에 관한 물권을 양도하는 경우에 당사자의 계약으로 양도인이 그 동산의 점유를 계속하는 때에는 양수인이 인도받은 것으로 본다.

제190조(목적물반환청구권의 양도) 제삼자가 점유하고 있는 동산에 관한 물권을 양도하는 경우에는 양도인이 그 제삼자에 대한 반환청구권을 양수인에게 양도함으로써 동산을 인도한 것으로 본다.

제191조(혼동으로 인한 물권의 소멸)
①동일한 물건에 대한 소유권과 다른 물권이 동일한 사람에게 귀속한 때에는 다른 물권은 소멸한다. 그러나 그 물권이 제삼자의 권리의 목적이 된 때에는 소멸하지 아니한다.
②전항의 규정은 소유권이외의 물권과 그를 목적으로 하는 다른 권리가 동일한 사람에게 귀속한 경우에 준용한다.
③점유권에 관하여는 전2항의 규정을 적용하지 아니한다.

제2장 점유권

제192조(점유권의 취득과 소멸) ①물건을 사실상 지배하는 자는 점유권이 있다.
②점유자가 물건에 대한 사실상의 지배를 상실한 때에는 점유권이 소멸한다. 그러나 제204조의 규정에 의하여 점유를 회수한 때에는 그러하지 아니하다.

판례-소유권 보존등기 말소

[대법원 2013.7.11, 선고, 2012다201410, 판결]

【판시사항】
물건에 대한 점유의 판단 기준과 대지의 소유자로 등기한 사실이 인정되는 경우 점유사실의 인정 여부(원칙적 적극) 및 소유권보존등기의 경우에도 마찬가지인지 여부(소극)

【판결요지】
물건에 대한 점유란 사회관념상 어떤 사람의 사실적 지배 아래에 있는 객관적 상태를 말하는 것으로서, 사실적 지배가 있다고 하기 위해서는 반드시 물건을 물리적, 현실적으로 지배하는 것만을 의미하는 것이 아니고, 물건과 사람과의 시간적, 공간적 관계와 본권 관계, 타인지배의 배제 가능성 등을 고려하여 사회관념에 따라 합목적적으로 판단하여야 한다. 특히 임야에 대한 점유의 이전이나 점유의 계속은 반드시 물리적이고 현실적인 지배를 요한다고 볼 것은 아니고, 관리나 이용의 이전이 있으면 인도가 있었다고 보아야 하고, 임야에 대한 소유권을 양도하는 경우라면 그에 대한 지배권도 넘겨지는 것이 거래에서 통상적인 형태라고 할 것이다. 또한 대지의 소유자로 등기한 자는 보통의 경우 등기할 때에 대지를 인도받아 점유를 얻은 것으로 보아야 하므로 등기사실을 인정하면서 특별한 사정의 설시 없이 점유사실을 인정할 수 없다고 판단해서는 아니 된다. 그러나 이는 임야나 대지 등이 매매 등을 원인으로 양도되고 이에 따라 소유권이전등기가 마쳐진 경우에 그렇다는 것이지, 소유권보존등기의 경우에도 마찬가지라고 볼 수는 없다. 소유권보존등기는 이전등기와 달리 해당 토지의 양도를 전제로 하는 것이 아니어서, 보존등기를 마쳤다고 하여 일반적으로 등기명의자가 그 무렵 다른 사람으로부터 점유를 이전받는다고 볼 수는 없기 때문이다.

제193조(상속으로 인한 점유권의 이전)
점유권은 상속인에 이전한다.

제194조(간접점유) 지상권, 전세권, 질권, 사용대차, 임대차, 임치 기타의 관계로 타인으로 하여금 물건을 점유하게 한 자는 간접으로 점유권이 있다.

제195조(점유보조자) 가사상, 영업상 기타 유사한 관계에 의하여 타인의 지시를 받어 물건에 대한 사실상의 지배를 하는 때에는 그 타인만을 점유자로 한다.

제196조(점유권의 양도) ①점유권의 양도는 점유물의 인도로 그 효력이 생긴다.
②전항의 점유권의 양도에는 제188조제2항, 제189조, 제190조의 규정을 준용한다.

제197조(점유의 태양) ①점유자는 소유의 의사로 선의, 평온 및 공연하게 점유한 것으로 추정한다.
②선의의 점유자라도 본권에 관한 소에 패소한 때에는 그 소가 제기된 때로부터 악의의 점유자로 본다.

제198조(점유계속의 추정) 전후양시에 점유한 사실이 있는 때에는 그 점유는 계속한 것으로 추정한다.

제199조(점유의 승계의 주장과 그 효과)
①점유자의 승계인은 자기의 점유만을 주장하거나 자기의 점유와 전점유자의 점유를 아울러 주장할 수 있다.
②전점유자의 점유를 아울러 주장하는 경우에는 그 하자도 계승한다.

제200조(권리의 적법의 추정) 점유자가 점유물에 대하여 행사하는 권리는 적법하게 보유한 것으로 추정한다.

제201조(점유자와 과실) ①선의의 점유자는 점유물의 과실을 취득한다.
②악의의 점유자는 수취한 과실을 반환하여야 하며 소비하였거나 과실로 인하여 훼손 또는 수취하지 못한 경우에는 그 과실의 대가를 보상하여야 한다.
③전항의 규정은 폭력 또는 은비에 의한 점유자에 준용한다.

판례-부당이득금

[대법원 2003.11.14., 선고, 2001다61869, 판결]

【판시사항】
[1] 타인 소유물을 권원 없이 점유함으로써 얻은 사용이익을 반환하는 경우, 민법 제748조 제2항과 제201조 제2항의 반환범위의 관계
[2] 한국전력공사가 권원 없이 타인 소유 토지의 상공에 송전선을 설치함으로써 토지를 사용 · 수익한 경우, 구분지상권에 상응하는 임료 상당의 부당이득금에 대하여 점유일 이후의 법정이자 및 그 이자에 대한 지연손해금을 인정한 사례

【판결요지】
[1] 타인 소유물을 권원 없이 점유함으로써 얻은 사용이익을 반환하는 경우 민법은 선의 점유자를 보호하기 위하여 제201조 제1항을 두어 선의 점유자에게 과실수취권을 인정함에 대하여, 이러한 보호의 필요성이 없는 악의 점유자에 관하여는 민법 제201조 제2항을 두어 과실수취권이 인정되지 않는다는 취지를 규정하는 것으로 해석되는바, 따라서 악의 수익자가 반환하여야 할 범위는 민법 제748조 제2항에 따라 정하여지는 결과 그는 받은 이익에 이자를 붙여 반환하여야 하며, 위 이자의 이행지체로 인한 지연손해금도 지급하여야 한다.
[2] 한국전력공사가 권원 없이 타인 소유 토지의 상공에 송전선을 설치함으로써 토지를 사용·수익한 경우, 구분지상권에 상응하는 임료 상당의 부당이득금에 대하여 점유일 이후의 법정이자 및 그 이자에 대한 지연손해금을 인정한 사례.

제202조(점유자의 회복자에 대한 책임)
점유물이 점유자의 책임있는 사유로 인하여 멸실 또는 훼손한 때에는 악의의 점유자는 그 손해의 전부를 배상하여야 하며 선의의 점유자는 이익이 현존하는 한도에서 배상하여야 한다. 소유의 의사가 없는 점유자는 선의인 경우에도 손해의 전부를 배상하여야 한다.

제203조(점유자의 상환청구권) ①점유자가 점유물을 반환할 때에는 회복자에 대하여 점유물을 보존하기 위하여 지출한 금액 기타 필요비의 상환을 청구할 수 있다. 그러나 점유자가 과실을 취득한 경우에는 통상의 필요비는 청구하지 못한다.
②점유자가 점유물을 개량하기 위하여 지출한 금액 기타 유익비에 관하여는 그 가액의 증가가 현존한 경우에 한하여 회복자의 선택에 좇아 그 지출금액이나 증가액의 상환을 청구할 수 있다.
③전항의 경우에 법원은 회복자의 청구에 의하여 상당한 상환기간을 허여할 수 있다.

제204조(점유의 회수) ①점유자가 점유의 침탈을 당한 때에는 그 물건의 반환 및 손해의 배상을 청구할 수 있다.

②전항의 청구권은 침탈자의 특별승계인에 대하여는 행사하지 못한다. 그러나 승계인이 악의인 때에는 그러하지 아니하다.
③제1항의 청구권은 침탈을 당한 날로부터 1년내에 행사하여야 한다.

제205조(점유의 보유) ①점유자가 점유의 방해를 받은 때에는 그 방해의 제거 및 손해의 배상을 청구할 수 있다.
②전항의 청구권은 방해가 종료한 날로부터 1년내에 행사하여야 한다.
③공사로 인하여 점유의 방해를 받은 경우에는 공사착수후 1년을 경과하거나 그 공사가 완성한 때에는 방해의 제거를 청구하지 못한다.

제206조(점유의 보전) ①점유자가 점유의 방해를 받을 염려가 있는 때에는 그 방해의 예방 또는 손해배상의 담보를 청구할 수 있다.
②공사로 인하여 점유의 방해를 받을 염려가 있는 경우에는 전조제3항의 규정을 준용한다.

제207조(간접점유의 보호) ①전3조의 청구권은 제194조의 규정에 의한 간접점유자도 이를 행사할 수 있다.
②점유자가 점유의 침탈을 당한 경우에 간접점유자는 그 물건을 점유자에게 반환할 것을 청구할 수 있고 점유자가 그 물건의 반환을 받을 수 없거나 이를 원하지 아니하는 때에는 자기에게 반환할 것을 청구할 수 있다.

제208조(점유의 소와 본권의 소와의 관계)
①점유권에 기인한 소와 본권에 기인한 소는 서로 영향을 미치지 아니한다.
②점유권에 기인한 소는 본권에 관한 이유로 재판하지 못한다.

제209조(자력구제) ①점유자는 그 점유를 부정히 침탈 또는 방해하는 행위에 대하여 자력으로써 이를 방위할 수 있다.
②점유물이 침탈되었을 경우에 부동산일 때에는 점유자는 침탈후 직시 가해자를 배제하여 이를 탈환할 수 있고 동산일 때에는 점유자는 현장에서 또는 추적하여 가해자로부터 이를 탈환할 수 있다.

제210조(준점유) 본장의 규정은 재산권을 사실상 행사하는 경우에 준용한다.

제3장 소유권

제1절 소유권의 한계

제211조(소유권의 내용) 소유자는 법률의 범위내에서 그 소유물을 사용, 수익, 처분할 권리가 있다.

판례-손해배상등

[대법원 2018.3.15., 선고, 2015다69907, 판결]

【판시사항】
민법 제256조 단서에 규정한 '권원'의 의미 및 권원이 없는 자가 타인의 토지 위에 나무를 심은 경우, 토지소유자에 대하여 나무의 소유권을 주장할 수 있는지 여부(원칙적 소극) / 지상권을 설정한 토지소유자로부터 토지를 이용할 수 있는 권리를 취득하였으나 지상권이 존속하는 경우, 위 권리가 민법 제256조 단서가 정한 '권원'에 해당하는지 여부(원칙적 소극)

【판결요지】
민법 제256조는 "부동산의 소유자는 그 부동산에 부합한 물건의 소유권을 취득한다. 그러나 타인의 권원에 의하여 부속된 것은 그러하지 아니하다."라고 규정하고 있다. 위 조항 단서에서 말하는 '권원'이라 함은 지상권, 전세권, 임차권 등과 같이 타인의 부동산에 자기의 동산을 부속시켜서 부동산을 이용할 수 있는 권리를 뜻하므로, 그와 같은 권원이 없는 자가 타인의 토지 위에 나무를 심었다면 특별한 사정이 없는 한 토지소유자에 대하여 나무의 소유권을 주장할 수 없다. 지상권자는 타인의 토지에 건물 기타 공작물이나 수목을 소유하기 위하여 그 토지를 사용하는 권리가 있으므로(민법 제279조), 지상권설정등기가 경료되면 토지의 사용·수익권은 지상권자에게 있고, 지상권을 설정한 토지소유자는 지상권이 존속하는 한 토지를 사용·수익할 수 없다. 따라서 지상권을 설정한 토지소유자로부터 토지를 이용할 수 있는 권리를 취득하였다고 하더라도 지상권이 존속하는 한 이와 같은 권리는 원칙적으로 민법 제256조 단서가 정한 '권원'에 해당하지 아니한다.

판례-소유권말소등기

[대법원 2012.6.28. 선고 2010다81049 판결]

【판시사항】
[1] 소유자에게 배타적 사용·수익 권능이 존재하지 않는 경우가 허용되는지 여부(원칙적 소극)
[2] 甲 지방자치단체가 토지소유자 乙을 상대로 일반 공중의 통행에 무상으로 제공하는 토지임을 이유로 배타적 사용·수익권의 부존재 확인을 구한 사안에서, 일반적으로 토지소유자에 대하여 '배타적 사용·수익권이 존재하지 않는다'는 취지의 확인을 구하는 것은 특별한 사정이 없는 한 확인의 이익이 없는데도, 이와 달리 본 원심판결에 법리오해의 위법이 있다고 한 사례

【판결요지】
[1] 민법 제211조는 "소유자는 법률의 범위 내에서 그 소유물을 사용, 수익, 처분할 권리가 있다."고 규정하고 있으므로, 소유자가 채권적으로 상대방에 대하여 사용·수익의 권능을 포기하거나 사용·수익권 행사에 제한을 설정하는 것 외에 소유권의 핵심적 권능에 속하는 배타적인 사용·수익 권능이 소유자에게 존재하지 아니한다고 하는 것은 물권법정주의에 반하여 특별한 사정이 없는 한 허용될 수 없다.
[2] 甲 지방자치단체가 토지소유자 乙을 상대로 일반 공중의 통행에 무상으로 제공하는 토지임을 이유로 배타적 사용·수익권의 부존재 확인을 구한 사안에서, 乙이 토지를 내왕하는 사람들에 대하여 배타적 사용·수익권을 주장하며 통행을 방해하는 등의 행위를 할 수 없다고 하더라도, 이러한 권리행사 제약이나 그에 따른 법률상 지위는 채권적인 것에 불과하여 구체적 상황과 맥락에 따라 乙이 수인하여야 하는 권리행사상 제약의 내용이나 범위가 달라질 수밖에 없으므로, 일반적으로 토지소유자에 대하여 '배타적 사용·수익권이 존재하지 않는다'는 취지의 확인을 구하는 것은 특별한 사정이 없는 한 당사자 또는 제3자 사이의 권리관계 불안이나 위험을 제거할 수 있는 유효·적절한 수단이 된다고 볼 수 없어 확인을 구할 이익이 없는데도, 이와 달리 본 원심판결에 법리오해의 위법이 있다고 한 사례.

제212조(토지소유권의 범위) 토지의 소유권은 정당한 이익있는 범위내에서 토지의 상하에 미친다.

제213조(소유물반환청구권) 소유자는 그 소유에 속한 물건을 점유한 자에 대하여 반환을 청구할 수 있다. 그러나 점유자가 그 물건을 점유할 권리가 있는 때에는 반환을 거부할 수 있다.

판례-건물명도등

[대법원 2016.3.24, 선고, 2015다11281, 판결]

【판시사항】

거래 상대방이 배임행위를 유인·교사하거나 배임행위의 전 과정에 관여하는 등 배임행위에 적극 가담하는 경우, 실행행위자와 체결한 계약이 무효로 될 수 있는지 여부(적극) / 반사회질서 법률행위를 원인으로 부동산에 관한 소유권이전등기를 마친 등기명의자가 소유권에 기한 물권적 청구권을 행사하는 경우, 권리 행사의 상대방이 법률행위의 무효를 항변으로서 주장할 수 있는지 여부(적극)

【판결요지】
거래 상대방이 배임행위를 유인·교사하거나 배임행위의 전 과정에 관여하는 등 배임행위에 적극 가담하는 경우에는 실행행위자와 체결한 계약이 반사회적 법률행위에 해당하여 무효로 될 수 있고, 선량한 풍속 기타 사회질서에 위반한 사항을 내용으로 하는 법률행위의 무효는 이를 주장할 이익이 있는 자는 누구든지 무효를 주장할 수 있다. 따라서 반사회질서 법률행위를 원인으로 하여 부동산에 관한 소유권이전등기를 마쳤더라도 그 등기는 원인무효로서 말소될 운명에 있으므로 등기명의자가 소유권에 기한 물권적 청구권을 행사하는 경우에, 권리 행사의 상대방은 법률행위의 무효를 항변으로서 주장할 수 있다.

제214조(소유물방해제거, 방해예방청구권)
소유자는 소유권을 방해하는 자에 대하여 방해의 제거를 청구할 수 있고 소유권을 방해할 염려있는 행위를 하는 자에 대하여 그 예방이나 손해배상의 담보를 청구할 수 있다.

제215조(건물의 구분소유) ①수인이 한 채의 건물을 구분하여 각각 그 일부분을 소유한 때에는 건물과 그 부속물중 공용하는 부분은 그의 공유로 추정한다.
②공용부분의 보존에 관한 비용 기타의 부담은 각자의 소유부분의 가액에 비례하여 분담한다.

판례-부동산임의경매

[대법원 2010.1.14, 자, 2009마1449, 결정]

【판시사항】
건물의 일부분이 구분소유권의 객체가 되기 위한 요건 및 구분소유권의 객체로서 적합한 물리적 요건을 갖추지 못한 건물의 일부를 경매절차에서 매수한 매수인의 소유권 취득 여부(소극)

【판결요지】
1동의 건물의 일부분이 구분소유권의 객체가 될 수 있으려면 그 부분이 이용상은 물론 구조상으로도 다른 부분과 구분되는 독립성이 있어야 하고, 그 이용 상황 내지 이용 형태에 따라 구조상의 독립성 판단의 엄격성에 차이가 있을 수 있으나, 구조상의 독립성은 주로 소유권의 목적이 되는 객체에 대한 물적 지배의 범위를 명확히 할 필요성 때문에 요구된다고 할 것이므로, 구조상의 구분에 의하여 구분소유권의 객체 범위를 확정할 수 없는 경우에는 구조상의 독립성이 있다고 할 수 없다. 그리고 구분소유권의 객체로서 적합한 물리적 요건을 갖추지 못한 건물의 일부는 그에 관한 구분소유권이 성립할 수 없는 것이어서, 건축물관리대장상 독립한 별개의 구분건물로 등재되고 등기부상에도 구분소유권의 목적으로 등기되어 있어 이러한 등기에 기초하여 경매절차가 진행되어 매각허가를 받고 매수대금을 납부하였다 하더라도, 그 등기는 그 자체로 무효이므로 매수인은 소유권을 취득할 수 없다.

제216조(인지사용청구권) ①토지소유자는 경계나 그 근방에서 담 또는 건물을 축조하거나 수선하기 위하여 필요한 범위내에서 이웃 토지의 사용을 청구할 수 있다. 그러나 이웃 사람의 승낙이 없으면 그 주거에 들어가지 못한다.
②전항의 경우에 이웃 사람이 손해를 받은 때에는 보상을 청구할 수 있다.

제217조(매연 등에 의한 인지에 대한 방해금지) ①토지소유자는 매연, 열기체, 액체, 음향, 진동 기타 이에 유사한 것으로 이웃 토지의 사용을 방해하거나 이웃 거주자의 생활에 고통을 주지 아니하도록 적당한 조처를 할 의무가 있다.
②이웃 거주자는 전항의 사태가 이웃 토지의 통상의 용도에 적당한 것인 때에는 이를 인용할 의무가 있다.

제218조(수도 등 시설권) ①토지소유자는 타인의 토지를 통과하지 아니하면 필요한 수도, 소수관, 까스관, 전선 등을 시설할 수 없거나 과다한 비용을 요하는 경우에는 타인의 토지를 통과하여 이를 시설할 수 있다. 그러나 이로 인한 손해가 가장 적은 장소와 방법을 선택하여 이를 시설할 것이며 타토지의 소유자의 요청에 의하여 손해를 보상하여야 한다.
②전항에 의한 시설을 한 후 사정의 변경이 있는 때에는 타토지의 소유자는 그 시설의 변경을 청구할 수 있다. 시설변경의 비용은 토지소유자가 부담한다.

제219조(주위토지통행권) ①어느 토지와 공로사이에 그 토지의 용도에 필요한 통로가 없는 경우에 그 토지소유자는 주위의 토지를 통행 또는 통로로 하지 아니하면 공로에 출입할 수 없거나 과다한 비용을 요하는 때에는 그 주위의 토지를 통행할 수 있고 필요한 경우에는 통로를 개설할 수 있다. 그러나 이로 인한 손해가 가장 적은 장소와 방법을 선택하여야 한다.
②전항의 통행권자는 통행지소유자의 손해를 보상하여야 한다.

판례-통행권확인

[대법원 2006.6.2., 선고, 2005다70144, 판결]

【판시사항】
[1] 민법 제219조에 규정된 주위토지통행권이 인정되는 경우, 그 통행로의 폭과 위치를 정하는 기준 및 주위토지통행권을 자동차의 통행이 가능한 범위까지 허용할 것인지 여부
[2] 주위토지통행권의 확인을 구하는 특정의 통로 부분 중 일부분이 주위토지통행권에 관한 규정인 민법 제219조에 정한 요건을 충족하는 경우, 법원이 취하여야 할 조치
[3] 주위토지통행권의 행사에 의하여 그 통행에 방해되는 축조물의 철거를 청구할 수 있는지 여부(적극)

【판결요지】
[1]민법 제219조에 규정된 주위토지통행권은 공로와의 사이에 그 용도에 필요한 통로가 없는 토지의 이용이라는 공익목적을 위하여 피통행지 소유자의 손해를 무릅쓰고 특별히 인정되는 것이므로, 그 통행로의 폭이나 위치 등을 정함에 있어서는 피통행지의 소유자에게 가장 손해가 적게 되는 방법이 고려되어야 할 것이고, 어느 정도를 필요한 범위로 볼 것인가는 구체적인 사안에서 사회통념에 따라 쌍방 토지의 지형적·위치적 형상 및 이용관계, 부근의 지리상황, 상린지 이용자의 이해득실 기타 제반 사정을 기초로 판단하여야 하며, 토지의 이용방법에 따라서는 자동차 등이 통과할 수 있는 통로의 개설도 허용되지만 단지 토지이용의 편의를 위해 다소 필요한 상태라고 여겨지는 정도에 그치는 경우까지 자동차의 통행을 허용할 것은 아니다.
[2] 주위토지통행권의 확인을 구하기 위해서는 통행의 장소와 방법을 특정하여 청구취지로써 이를 명시하여야 하고, 또한 민법 제219조에 정한 요건을 주장·입증하여야 하며, 따라서 주위토지통행권이 있음을 주장하여 확인을 구하는 특정의 통로 부분이 민법 제219조에 정한 요건을 충족한다고 인정되지 아니할 경우에는 다른 토지 부분에 주위토지통행권이 인정된다고 할지라도 원칙적으로 그 청구를 기각할 수밖에 없으나, 이와 달리 통행권의 확인을 구하는 특정의 통로 부분 중 일부분이 민법 제219조에 정한 요건을 충족하여 주위토지통행권이 인정된다면, 그 일부분에 대해서만 통행권의 확인을 구할 의사는 없음이 명백한 경우가 아닌 한 그 청구를 전부 기각할 것이 아니라, 그 부분에 한정하여 청구를 인용함이 상당하다.
[3] 주위토지통행권의 본래적 기능발휘를 위해서는 그 통행에 방해가 되는 담장과 같은 축조물도 위 통행권의 행사에 의하여 철거되어야 한다.

제220조(분할, 일부양도와 주위통행권)
①분할로 인하여 공로에 통하지 못하는 토지가 있는 때에는 그 토지소유자는 공로에 출입하기 위하여 다른 분할자의 토지를 통행할 수 있다. 이 경우에는 보상의 의무가 없다.
②전항의 규정은 토지소유자가 그 토지의 일부를 양도한 경우에 준용한다.

제221조(자연유수의 승수의무와 권리)
①토지소유자는 이웃 토지로부터 자연히 흘러오는 물을 막지 못한다.
②고지소유자는 이웃 저지에 자연히 흘러 내리는 이웃 저지에서 필요한 물을 자기의 정당한 사용범위를 넘어서 이를 막지 못한다.

제222조(소통공사권) 흐르는 물이 저지에서 폐색된 때에는 고지소유자는 자비로 소통에 필요한 공사를 할 수 있다.

제223조(저수, 배수, 인수를 위한 공작물에 대한 공사청구권) 토지소유자가 저수, 배수 또는 인수하기 위하여 공작물을 설치한 경우에 공작물의 파손 또는 폐색으로 타인의 토지에 손해를 가하거나 가할 염려가 있는 때에는 타인은 그 공작물의 보수, 폐색의 소통 또는 예방에 필요한 청구를 할 수 있다.

제224조(관습에 의한 비용부담) 전2조의 경우에 비용부담에 관한 관습이 있으면 그 관습에 의한다.

제225조(처마물에 대한 시설의무) 토지소유자는 처마물이 이웃에 직접 낙하하지 아니하도록 적당한 시설을 하여야 한다.

제226조(여수소통권) ①고지소유자는 침수지를 건조하기 위하여 또는 가용이나 농, 공업용의 여수를 소통하기 위하여 공로, 공류 또는 하수도에 달하기까지 저지에 물을 통과하게 할 수 있다.
②전항의 경우에는 저지의 손해가 가장 적은 장소와 방법을 선택하여야 하며 손해를 보상하여야 한다.

제227조(유수용공작물의 사용권) ①토지소유자는 그 소유지의 물을 소통하기 위하여 이웃 토지소유자의 시설한 공작물을 사용할 수 있다.
②전항의 공작물을 사용하는 자는 그 이익을 받는 비율로 공작물의 설치와 보존의 비용을 분담하여야 한다.

제228조(여수급여청구권) 토지소유자는 과다한 비용이나 노력을 요하지 아니하고는 가용이나 토지이용에 필요한 물을 얻기 곤란한 때에는 이웃 토지소유자에게 보상하고 여수의 급여를 청구할 수 있다.

제229조(수류의 변경) ①구거 기타 수류지의 소유자는 대안의 토지가 타인의 소유인 때에는 그 수로나 수류의 폭을 변경하지 못한다.
②양안의 토지가 수류지소유자의 소유인 때에는 소유자는 수로와 수류의 폭을 변경할 수 있다. 그러나 하류는 자연의 수로와 일치하도록 하여야 한다.
③전2항의 규정은 다른 관습이 있으면 그 관습에 의한다.

판례-손해배상(기)

[대법원 2012.4.13, 선고, 2010다9320, 판결]

【판시사항】

[1] 甲 주식회사가 乙 주식회사 소유 매립장 부지에 폐기물 매립장을 설치하는 공사를 하던 중 인접 토지 소유자인 丙의 지시에 따라 丁 주식회사가 인접 토지에 있던 기존 배수로를 매립하고 현존 배수로를 새로 만들었는데, 현존 배수로가 기존 배수로보다 통수단면 면적이 감소한 탓에 수일간 내린 비로 월류(越流)가 발생하여 매립장이 침수되는 등 사고가 발생한 사안에서, 丙과 丁 회사의 위법행위가 사고발생의 원인이 되었다고 본 원심판단을 정당하다고 한 사례

[2] 민법 제229조 제2항의 취지 및 수류지 소유자가 수로와 수류의 폭을 임의로 변경하여 범람을 일으킨 경우에도 위 규정에 따라 면책되는지 여부(소극)

【판결요지】

[1] 甲 주식회사가 乙 주식회사 소유 매립장 부지에 폐기물 매립장을 설치하는 공사를 하던 중, 인접 토지 소유자인 丙의 지시에 따라 丁 주식회사가 인접 토지에 자연적으로 흐르는 물이 유입되면서 형성되어 오랫동안 배수로 역할을 해 온 기존 배수로를 매립하고 매립장 부지 경계 부근에 현존 배수로를 새로 만들었는데, 현존 배수로가 기존 배수로보다 통수단면 면적이 감소한 탓에 수일간 내린 비로 월류(越流)가 발생하여 매립장이 침수되는 1차 사고가 발생하였고, 그 후 甲 회사가 현존 배수로의 보수와 확장을 요청하였음에도 丙과 丁 회사가 이에 응하지 않아 다시 내린 비로 월류한 물이 매립장 안으로 유입되어 굴착사면이 붕괴하는 등 2차 사고가 발생한 사안에서, 기존 배수로를 매립하고 그보다 통수능력이 부족한 현존 배수로를 새로 설치함으로써 자연히 흘러오던 물의 일부를 막은 丙과 丁 회사의 행위는 민법 제221조 제1항을 위반한 것으로 위법하고, 1차 사고발생 후 후속사고 발생이 예상되는 상황에서 현존 배수로의 보수와 확장 요청을 거부한 채 사고발생 위험을 계속 방치한 행위 역시 위법하며, 이러한 위법행위가 1, 2차 사고발생의 한 원인이 되었다고 본 원심판단을 정당하다고 한 사례.

[2] 민법 제229조 제2항이 '양안(兩岸)의 토지가 수류지(水流地) 소유자의 소유인 때에는 소유자는 수로와 수류의 폭을 변경할 수 있다'고 규정한 것은 대안(對岸)의 수류지 소유자 관계에서 수류이용권(水流利用權)을 규정한 것으로서, 이는 위와 같은 경우 수류지 소유자는 수로와 수류의 폭을 변경하여 물을 가용 또는 농·공업용 등에 이용할 권리가 있다는 것을 의미함에 그치고, 더 나아가 수로와 수류의 폭을 임의로 변경하여 범람을 일으킴으로써 인지(隣地) 소유자에게 손해를 발생시킨 경우에도 면책된다는 취지를 규정한 것이라고 볼 수는 없다.

제230조(언의 설치, 이용권) ①수류지의 소유자가 언을 설치할 필요가 있는 때에는 그 언을 대안에 접촉하게 할 수 있다. 그러나 이로 인한 손해를 보상하여야 한다.
②대안의 소유자는 수류지의 일부가 자기소유인 때에는 그 언을 사용할 수 있다. 그러나 그 이익을 받는 비율로 언의 설치, 보존의 비용을 분담하여야 한다.

제231조(공유하천용수권) ①공유하천의 연안에서 농, 공업을 경영하는 자는 이에 이용하기 위하여 타인의 용수를 방해하지 아니하는 범위내에서 필요한 인수를 할 수 있다.
②전항의 인수를 하기 위하여 필요한 공작물을 설치할 수 있다.

제232조(하류 연안의 용수권보호) 전조의 인수나 공작물로 인하여 하류연안의 용수권을 방해하는 때에는 그 용수권자는 방해의 제거 및 손해의 배상을 청구할 수 있다.

제233조(용수권의 승계) 농, 공업의 경영에 이용하는 수로 기타 공작물의 소유자나 몽리자의 특별승계인은 그 용수에 관한 전소유자나 몽리자의 권리의무를 승계한다.

제234조(용수권에 관한 다른 관습)
전3조의 규정은 다른 관습이 있으면 그 관습에 의한다.

제235조(공용수의 용수권) 상린자는 그 공용에 속하는 원천이나 수도를 각 수요의 정도에 응하여 타인의 용수를 방해하지 아니하는 범위내에서 각각 용수할 권리가 있다.

제236조(용수장해의 공사와 손해배상, 원상회복) ①필요한 용도나 수익이 있는 원천이나 수도가 타인의 건축 기타 공사로 인하여 단수, 감수 기타 용도에 장해가 생긴 때에는 용수권자는 손해배상을 청구할 수 있다.
②전항의 공사로 인하여 음료수 기타 생활상 필요한 용수에 장해가 있을 때에는 원상회복을 청구할 수 있다.

제237조(경계표, 담의 설치권) ①인접하여 토지를 소유한 자는 공동비용으로 통상의 경계표나 담을 설치할 수 있다.
②전항의 비용은 쌍방이 절반하여 부담한다. 그러나 측량비용은 토지의 면적에 비례하여 부담한다.
③전2항의 규정은 다른 관습이 있으면 그 관습에 의한다.

제238조(담의 특수시설권) 인지소유자는 자기의 비용으로 담의 재료를 통상보다 양호한 것으로 할 수 있으며 그 높이를 통상보다 높게 할 수 있고 또는 방화벽 기타 특수시설을 할 수 있다.

제239조(경계표 등의 공유추정) 경계에 설치된 경계표, 담, 구거 등은 상린자의 공유로 추정한다. 그러나 경계표, 담, 구거 등이 상린자일방의 단독비용으로 설치되었거나 담이 건물의 일부인 경우에는 그러하지 아니하다.

제240조(수지, 목근의 제거권) ①인접지의 수목가지가 경계를 넘은 때에는 그 소유자에 대하여 가지의 제거를 청구할 수 있다.
②전항의 청구에 응하지 아니한 때에는 청구자가 그 가지를 제거할 수 있다.
③인접지의 수목뿌리가 경계를 넘은 때에는 임의로 제거할 수 있다.

제241조(토지의 심굴금지) 토지소유자는 인접지의 지반이 붕괴할 정도로 자기의 토지를 심굴하지 못한다. 그러나 충분한 방어공사를 한 때에는 그러하지 아니하다.

제242조(경계선부근의 건축) ①건물을 축조함에는 특별한 관습이 없으면 경계로부터 반미터 이상의 거리를 두어야 한다.
②인접지소유자는 전항의 규정에 위반한 자에 대하여 건물의 변경이나 철거를 청구할 수 있다. 그러나 건축에 착수한 후 1년을 경과하거나 건물이 완성된 후에는 손해배상만을 청구할 수 있다.

제243조(차면시설의무) 경계로부터 2미터 이내의 거리에서 이웃 주택의 내부를 관망할 수 있는 창이나 마루를 설치하는 경우에는 적당한 차면시설을 하여야 한다.

제244조(지하시설 등에 대한 제한) ①우물을 파거나 용수, 하수 또는 오물 등을 저치할 지하시설을 하는 때에는 경계로부터 2미터 이상의 거리를 두어야 하며 저수지, 구거 또는 지하실공사에는 경계로부터 그 깊이의 반 이상의 거리를 두어야 한다.
②전항의 공사를 함에는 토사가 붕괴하거나 하수 또는 오액이 이웃에 흐르지 아니하도록 적당한 조처를 하여야 한다.

제2절 소유권의 취득

제245조(점유로 인한 부동산소유권의 취득기간) ①20년간 소유의 의사로 평온, 공연하게 부동산을 점유하는 자는 등기함으로써 그 소유권을 취득한다.
②부동산의 소유자로 등기한 자가 10년간 소유의 의사로 평온, 공연하게 선의이며 과실없이 그 부동산을 점유한 때에는 소유권을 취득한다.

판례-소유권말소등기

[대법원 2016.8.24, 선고, 2016다220679, 판결]

【판시사항】
등기부취득시효에서 무과실의 의미 및 증명책임의 소재 / 소유자가 따로 있음을 알 수 있는 부동산에 대하여 국가가 국유재산법 제8조에 따른 무주부동산 공고절차를 거쳐 국유재산으로 등기를 마치고 점유를 개시한 경우, 점유의 개시에 과실이 있는지 여부(원칙적 적극)

【판결요지】
등기부취득시효가 인정되려면 점유의 개시에 과실이 없어야 하고, 증명책임은 주장자에게 있으며, 여기서 무과실이란 점유자가 자기의 소유라고 믿은 데에 과실이 없음을 말한다. 그런데 부동산에 등기부상 소유자가 존재하는 등 소유자가 따로 있음을 알 수 있는 경우에는 비록 소유자가 행방불명되어 생사를 알 수 없더라도 부동산이 바로 무주부동산에 해당하는 것은 아니므로, 소유자가 따로 있음을 알 수 있는 부동산에 대하여 국가가 국유재산법 제8조에 따른 무주부동산 공고절차를 거쳐 국유재산으로 등기를 마치고 점유를 개시하였다면, 특별한 사정이 없는 한 점유의 개시에 자기의 소유라고 믿은 데에 과실이 있다.

제246조(점유로 인한 동산소유권의 취득기간) ①10년간 소유의 의사로 평온, 공연하게 동산을 점유한 자는 그 소유권을 취득한다.
②전항의 점유가 선의이며 과실없이 개시된 경우에는 5년을 경과함으로써 그 소유권을 취득한다.

제247조(소유권취득의 소급효, 중단사유)
①전2조의 규정에 의한 소유권취득의 효력은 점유를 개시한 때에 소급한다.
②소멸시효의 중단에 관한 규정은 전2조의 소유권취득기간에 준용한다.

제248조(소유권 이외의 재산권의 취득시효)
전3조의 규정은 소유권 이외의 재산권의 취득에 준용한다.

제249조(선의취득) 평온, 공연하게 동산을 양수한 자가 선의이며 과실없이 그 동산을 점유한 경우에는 양도인이 정당한 소유자가 아닌 때에도 즉시 그 동산의 소유권을 취득한다.

제250조(도품, 유실물에 대한 특례) 전조의 경우에 그 동산이 도품이나 유실물인 때에는 피해자 또는 유실자는 도난 또는 유실한 날로부터 2년내에 그 물건의 반환을 청구할 수 있다. 그러나 도품이나 유실물이 금전인 때에는 그러하지 아니하다.

제251조(도품, 유실물에 대한 특례) 양수인이 도품 또는 유실물을 경매나 공개시장에서 또는 동종류의 물건을 판매하는 상인에게서 선의로 매수한 때에는 피해자 또는 유실자는 양수인이 지급한 대가를 변상하고 그 물건의 반환을 청구할 수 있다.

제252조(무주물의 귀속) ①무주의 동산을 소유의 의사로 점유한 자는 그 소유권을 취득한다.

②무주의 부동산은 국유로 한다.
③야생하는 동물은 무주물로 하고 사양하는 야생동물도 다시 야생상태로 돌아가면 무주물로 한다.

제253조(유실물의 소유권취득) 유실물은 법률에 정한 바에 의하여 공고한 후 6개월 내에 그 소유자가 권리를 주장하지 아니하면 습득자가 그 소유권을 취득한다. <개정 2013.4.5.>

제254조(매장물의 소유권취득) 매장물은 법률에 정한 바에 의하여 공고한 후 1년내에 그 소유자가 권리를 주장하지 아니하면 발견자가 그 소유권을 취득한다. 그러나 타인의 토지 기타 물건으로부터 발견한 매장물은 그 토지 기타 물건의 소유자와 발견자가 절반하여 취득한다.

제255조(문화재의 국유) ①학술, 기예 또는 고고의 중요한 재료가 되는 물건에 대하여는 제252조제1항 및 전2조의 규정에 의하지 아니하고 국유로 한다.
②전항의 경우에 습득자, 발견자 및 매장물이 발견된 토지 기타 물건의 소유자는 국가에 대하여 적당한 보상을 청구할 수 있다.

제256조(부동산에의 부합) 부동산의 소유자는 그 부동산에 부합한 물건의 소유권을 취득한다. 그러나 타인의 권원에 의하여 부속된 것은 그러하지 아니하다.

제257조(동산간의 부합) 동산과 동산이 부합하여 훼손하지 아니하면 분리할 수 없거나 그 분리에 과다한 비용을 요할 경우에는 그 합성물의 소유권은 주된 동산의 소유자에게 속한다. 부합한 동산의 주종을 구별할 수 없는 때에는 동산의 소유자는 부합당시의 가액의 비율로 합성물을 공유한다.

제258조(혼화) 전조의 규정은 동산과 동산이 혼화하여 식별할 수 없는 경우에 준용한다.

제259조(가공) ①타인의 동산에 가공한 때에는 그 물건의 소유권은 원재료의 소유자에게 속한다. 그러나 가공으로 인한 가액의 증가가 원재료의 가액보다 현저히 다액인 때에는 가공자의 소유로 한다.
②가공자가 재료의 일부를 제공하였을 때에는 그 가액은 전항의 증가액에 가산한다.

제260조(첨부의 효과) ①전4조의 규정에 의하여 동산의 소유권이 소멸한 때에는 그 동산을 목적으로 한 다른 권리도 소멸한다.
②동산의 소유자가 합성물, 혼화물 또는 가공물의 단독소유자가 된 때에는 전항의 권리는 합성물, 혼화물 또는 가공물에 존속하고 그 공유자가 된 때에는 그 지분에 존속한다.

제261조(첨부로 인한 구상권) 전5조의 경우에 손해를 받은 자는 부당이득에 관한 규정에 의하여 보상을 청구할 수 있다.

제3절 공동소유

제262조(물건의 공유) ①물건이 지분에 의하여 수인의 소유로 된 때에는 공유로 한다.
②공유자의 지분은 균등한 것으로 추정한다.

제263조(공유지분의 처분과 공유물의 사용, 수익) 공유자는 그 지분을 처분할 수 있고 공유물 전부를 지분의 비율로 사용, 수익할 수 있다.

제264조(공유물의 처분, 변경) 공유자는 다른 공유자의 동의없이 공유물을 처분하거나 변경하지 못한다.

제265조(공유물의 관리, 보존) 공유물의 관리에 관한 사항은 공유자의 지분의 과반수로써 결정한다. 그러나 보존행위는 각자가 할 수 있다.

제266조(공유물의 부담) ①공유자는 그 지분의 비율로 공유물의 관리비용 기타 의무를 부담한다.
②공유자가 1년 이상 전항의 의무이행을 지체한 때에는 다른 공유자는 상당한 가액으로 지분을 매수할 수 있다.

제267조(지분포기 등의 경우의 귀속) 공유자가 그 지분을 포기하거나 상속인없이 사망한 때에는 그 지분은 다른 공유자에게 각 지분의 비율로 귀속한다.

제268조(공유물의 분할청구) ①공유자는 공유물의 분할을 청구할 수 있다. 그러나 5년내의 기간으로 분할하지 아니할 것을 약정할 수 있다.
②전항의 계약을 갱신한 때에는 그 기간은 갱신한 날로부터 5년을 넘지 못한다.
③전2항의 규정은 제215조, 제239조의 공유물에는 적용하지 아니한다.

제269조(분할의 방법) ①분할의 방법에 관하여 협의가 성립되지 아니한 때에는 공유자는 법원에 그 분할을 청구할 수 있다.
②현물로 분할할 수 없거나 분할로 인하여 현저히 그 가액이 감손될 염려가 있는 때에는 법원은 물건의 경매를 명할 수 있다.

판례-사해행위취소

[대법원 2016.5.27, 선고, 2014다230894, 판결]

【판시사항】
[1] 공유지분에 관하여 담보가등기를 설정하였다가 공유물분할로 단독소유가 된 부동산에 전사된 담보가등기에 관하여 사해행위를 이유로 채권자취소권을 행사할 경우, 사해행위에 해당하는지 판단하는 기준 시점
[2] 공유물분할 이후 당초 공유지분에 담보가등기를 설정한 공유자의 단독소유로 귀속된 부동산에 종전의 담보가등기를 대체하는 새로운 담보가등기를 설정하고 다른 공유자의 소유로 분할된 부동산에 전사된 담보가등기는 모두 말소한 경우, 담보권설정자에 대한 채권자가 채권자취소권을 행사하는 방법

【판결요지】
[1] 공유물분할은 형식적으로는 공유자 상호 간의 지분의 교환 또는 매매이나 실질적으로는 공유물에 분산되어 있는 지분을 분할로 인하여 취득하는 특정 부분에 집중시켜 소유형태를 변경한 것에 불과하다. 그러므로 공유지분에 관하여 담보가등기를 설정하였다가 공유물분할로 단독소유가 된 부동산에 전사된 담보가등기에 관하여 사해행위를 이유로 채권자취소권을 행사할 경우에는 특별한 사정이 없는 한 공유지분에 대한 담보가등기 설정 당시를 기준으로 사해행위에 해당하는지를 판단하여야 한다.
[2] 공유물분할 이후 당초 공유지분에 담보가등기를 설정한 공유자의 단독소유로 귀속된 부동산에 종전의 담보가등기를 대체하는 새로운 담보가등기를 설정하고 다른 공유자의 소유로 분할된 부동산에 전사된 담보가등기는 모두 말소한 경우에 담보권설정자에 대한 채권자가 채권자취소권을 행사할 때에는 공유물분할 자체가 불공정하게 이루어져 사해행위에 해당한다는 등 특별한 사정이 없는 한 공유물분할이 되어 단독소유로 된 부동산에 설정된 담보가등기 설정계약의 취소와 담보가등기의 말소를 구하는 방법으로 할 수 있다.

제270조(분할로 인한 담보책임) 공유자는 다른 공유자가 분할로 인하여 취득한 물건에 대하여 그 지분의 비율로 매도인과 동일한 담보책임이 있다.

제271조(물건의 합유) ①법률의 규정 또는 계약에 의하여 수인이 조합체로서 물건을 소유하는 때에는 합유로 한다. 합유자의 권리는 합유물 전부에 미친다.
②합유에 관하여는 전항의 규정 또는 계약에 의하는 외에 다음 3조의 규정에 의한다.

제272조(합유물의 처분, 변경과 보존)
합유물을 처분 또는 변경함에는 합유자 전원의 동의가 있어야 한다. 그러나 보존행위는 각자가 할 수 있다.

제273조(합유지분의 처분과 합유물의 분할금지) ①합유자는 전원의 동의없이 합유물에 대한 지분을 처분하지 못한다.
②합유자는 합유물의 분할을 청구하지 못한다.

제274조(합유의 종료) ①합유는 조합체의 해산 또는 합유물의 양도로 인하여 종료한다.
②전항의 경우에 합유물의 분할에 관하여는 공유물의 분할에 관한 규정을 준용한다.

제275조(물건의 총유) ①법인이 아닌 사단의 사원이 집합체로서 물건을 소유할 때에는 총유로 한다.
②총유에 관하여는 사단의 정관 기타 계약에 의하는 외에 다음 2조의 규정에 의한다.

제276조(총유물의 관리, 처분과 사용, 수익)
①총유물의 관리 및 처분은 사원총회의 결의에 의한다.
②각 사원은 정관 기타의 규약에 좇아 총유물을 사용, 수익할 수 있다.

제277조(총유물에 관한 권리의무의 득상)
총유물에 관한 사원의 권리의무는 사원의 지위를 취득상실함으로써 취득상실된다.

제278조(준공동소유) 본절의 규정은 소유권 이외의 재산권에 준용한다. 그러나 다른 법률에 특별한 규정이 있으면 그에 의한다.

제4장 지상권

제279조(지상권의 내용) 지상권자는 타인의 토지에 건물 기타 공작물이나 수목을 소유하기 위하여 그 토지를 사용하는 권리가 있다.

제280조(존속기간을 약정한 지상권)
①계약으로 지상권의 존속기간을 정하는 경우에는 그 기간은 다음 연한보다 단축하지 못한다.
1. 석조, 석회조, 연와조 또는 이와 유사한 견고한 건물이나 수목의 소유를 목적으로 하는 때에는 30년
2. 전호이외의 건물의 소유를 목적으로 하는 때에는 15년
3. 건물이외의 공작물의 소유를 목적으로 하는 때에는 5년
②전항의 기간보다 단축한 기간을 정한 때에는 전항의 기간까지 연장한다.

제281조(존속기간을 약정하지 아니한 지상권) ①계약으로 지상권의 존속기간을 정하지 아

니한 때에는 그 기간은 전조의 최단존속기간으로 한다.
②지상권설정당시에 공작물의 종류와 구조를 정하지 아니한 때에는 지상권은 전조제2호의 건물의 소유를 목적으로 한 것으로 본다.

판례-건물등철거

[대법원 2013.9.12, 선고, 2013다43345, 판결]

【판시사항】
[1] 법정지상권을 취득한 사람으로부터 경매에 의하여 건물 소유권을 이전받은 매수인이 그 지상권을 당연취득하는지 여부(원칙적 적극) 및 지료에 관한 약정을 등기하지 않은 경우 토지소유자가 구 지상권자의 지료연체 사실을 들어 지상권을 이전받은 자에게 대항할 수 있는지 여부(소극)
[2] 관습법상 법정지상권의 존속기간 및 민법 제280조 제1항 제1호에서 정한 '견고한 건물'인지 판단하는 기준

제282조(지상권의 양도, 임대) 지상권자는 타인에게 그 권리를 양도하거나 그 권리의 존속기간 내에서 그 토지를 임대할 수 있다.

제283조(지상권자의 갱신청구권, 매수청구권) ①지상권이 소멸한 경우에 건물 기타 공작물이나 수목이 현존한 때에는 지상권자는 계약의 갱신을 청구할 수 있다.
②지상권설정자가 계약의 갱신을 원하지 아니하는 때에는 지상권자는 상당한 가액으로 전항의 공작물이나 수목의 매수를 청구할 수 있다.

제284조(갱신과 존속기간) 당사자가 계약을 갱신하는 경우에는 지상권의 존속기간은 갱신한 날로부터 제280조의 최단존속기간보다 단축하지 못한다. 그러나 당사자는 이보다 장기의 기간을 정할 수 있다.

제285조(수거의무, 매수청구권) ①지상권이 소멸한 때에는 지상권자는 건물 기타 공작물이나 수목을 수거하여 토지를 원상에 회복하여야 한다.
②전항의 경우에 지상권설정자가 상당한 가액을 제공하여 그 공작물이나 수목의 매수를 청구한 때에는 지상권자는 정당한 이유없이 이를 거절하지 못한다.

제286조(지료증감청구권) 지료가 토지에 관한 조세 기타 부담의 증감이나 지가의 변동으로 인하여 상당하지 아니하게 된 때에는 당사자는 그 증감을 청구할 수 있다.

제287조(지상권소멸청구권) 지상권자가 2년 이상의 지료를 지급하지 아니한 때에는 지상권설정자는 지상권의 소멸을 청구할 수 있다.

판례-분묘굴이등

[대법원 2015.7.23, 선고, 2015다206850, 판결]

【판시사항】
자기 소유의 토지 위에 분묘를 설치한 후 토지의 소유권이 경매 등으로 타인에게 이전되면서 분묘기지권을 취득한 자가, 판결에 따라 분묘기지권에 관한 지료의 액수가 정해졌음에도 책임 있는 사유로 판결확정 전후에 걸쳐 2년분 이상의 지료지급을 지체한 경우, 새로운 토지소유자가 분묘기지권의 소멸을 청구할 수 있는지 여부(적극) 및 이 경우 분묘기지권자가 판결확정 후 지료지급 청구를 받았음에도 지료지급을 지체한 경우에만 분묘기지권의 소멸을 청구할 수 있는지 여부(소극)

【판결요지】
자기 소유의 토지 위에 분묘를 설치한 후 토지의 소유권이 경매 등으로 타인에게 이전되면서 분묘기지권을 취득한 자가, 판결에 따라 분묘기지권에 관한 지료의 액수가 정해졌음에도 판결

확정 후 책임 있는 사유로 상당한 기간 동안 지료의 지급을 지체하여 지체된 지료가 판결확정 전후에 걸쳐 2년분 이상이 되는 경우에는 민법 제287조를 유추적용하여 새로운 토지소유자는 분묘기지권자에 대하여 분묘기지권의 소멸을 청구할 수 있다. 분묘기지권자가 판결확정 후 지료지급 청구를 받았음에도 책임 있는 사유로 상당한 기간 지료의 지급을 지체한 경우에만 분묘기지권의 소멸을 청구할 수 있는 것은 아니다.

제288조(지상권소멸청구와 저당권자에 대한 통지) 지상권이 저당권의 목적인 때 또는 그 토지에 있는 건물, 수목이 저당권의 목적이 된 때에는 전조의 청구는 저당권자에게 통지한 후 상당한 기간이 경과함으로써 그 효력이 생긴다.

제289조(강행규정) 제280조 내지 제287조의 규정에 위반되는 계약으로 지상권자에게 불리한 것은 그 효력이 없다.

제289조의2(구분지상권) ①지하 또는 지상의 공간은 상하의 범위를 정하여 건물 기타 공작물을 소유하기 위한 지상권의 목적으로 할 수 있다. 이 경우 설정행위로써 지상권의 행사를 위하여 토지의 사용을 제한할 수 있다.
②제1항의 규정에 의한 구분지상권은 제3자가 토지를 사용·수익할 권리를 가진 때에도 그 권리자 및 그 권리를 목적으로 하는 권리를 가진 자 전원의 승낙이 있으면 이를 설정할 수 있다. 이 경우 토지를 사용·수익할 권리를 가진 제3자는 그 지상권의 행사를 방해하여서는 아니된다.
[본조신설 1984.4.10.]

제290조(준용규정) ①제213조, 제214조, 제216조 내지 제244조의 규정은 지상권자간 또는 지상권자와 인지소유자간에 이를 준용한다.
②제280조 내지 제289조 및 제1항의 규정은 제289조의2의 규정에 의한 구분지상권에 관하여 이를 준용한다. <신설 1984.4.10.>

제5장 지역권

제291조(지역권의 내용) 지역권자는 일정한 목적을 위하여 타인의 토지를 자기토지의 편익에 이용하는 권리가 있다.

제292조(부종성) ①지역권은 요역지소유권에 부종하여 이전하며 또는 요역지에 대한 소유권이외의 권리의 목적이 된다. 그러나 다른 약정이 있는 때에는 그 약정에 의한다.
②지역권은 요역지와 분리하여 양도하거나 다른 권리의 목적으로 하지 못한다.

제293조(공유관계, 일부양도와 불가분성)
①토지공유자의 1인은 지분에 관하여 그 토지를 위한 지역권 또는 그 토지가 부담한 지역권을 소멸하게 하지 못한다.
②토지의 분할이나 토지의 일부양도의 경우에는 지역권은 요역지의 각 부분을 위하여 또는 그 승역지의 각부분에 존속한다. 그러나 지역권이 토지의 일부분에만 관한 것인 때에는 다른 부분에 대하여는 그러하지 아니하다.

제294조(지역권취득기간) 지역권은 계속되고 표현된 것에 한하여 제245조의 규정을 준용한다.

제295조(취득과 불가분성) ①공유자의 1인이 지역권을 취득한 때에는 다른 공유자도 이를 취득한다.

②점유로 인한 지역권취득기간의 중단은 지역권을 행사하는 모든 공유자에 대한 사유가 아니면 그 효력이 없다.

제296조(소멸시효의 중단, 정지와 불가분성)
요역지가 수인의 공유인 경우에 그 1인에 의한 지역권소멸시효의 중단 또는 정지는 다른 공유자를 위하여 효력이 있다.

제297조(용수지역권) ①용수승역지의 수량이 요역지 및 승역지의 수요에 부족한 때에는 그 수요정도에 의하여 먼저 가용에 공급하고 다른 용도에 공급하여야 한다. 그러나 설정행위에 다른 약정이 있는 때에는 그 약정에 의한다.
②승역지에 수개의 용수지역권이 설정된 때에는 후순위의 지역권자는 선순위의 지역권자의 용수를 방해하지 못한다.

제298조(승역지소유자의 의무와 승계)
계약에 의하여 승역지소유자가 자기의 비용으로 지역권의 행사를 위하여 공작물의 설치 또는 수선의 의무를 부담한 때에는 승역지소유자의 특별승계인도 그 의무를 부담한다.

제299조(위기에 의한 부담면제) 승역지의 소유자는 지역권에 필요한 부분의 토지소유권을 지역권자에게 위기하여 전조의 부담을 면할 수 있다.

제300조(공작물의 공동사용) ①승역지의 소유자는 지역권의 행사를 방해하지 아니하는 범위내에서 지역권자가 지역권의 행사를 위하여 승역지에 설치한 공작물을 사용할 수 있다.
②전항의 경우에 승역지의 소유자는 수익정도의 비율로 공작물의 설치, 보존의 비용을 분담하여야 한다.

제301조(준용규정) 제214조의 규정은 지역권에 준용한다.

제302조(특수지역권) 어느 지역의 주민이 집합체의 관계로 각자가 타인의 토지에서 초목, 야생물 및 토사의 채취, 방목 기타의 수익을 하는 권리가 있는 경우에는 관습에 의하는 외에 본장의 규정을 준용한다.

제6장 전세권

제303조(전세권의 내용) ①전세권자는 전세금을 지급하고 타인의 부동산을 점유하여 그 부동산의 용도에 좇아 사용·수익하며, 그 부동산 전부에 대하여 후순위권리자 기타 채권자보다 전세금의 우선변제를 받을 권리가 있다. <개정 1984.4.10.>
②농경지는 전세권의 목적으로 하지 못한다.

판례-채권양도등

[대법원 2014.12.24, 선고, 2012다60329, 판결]

【판시사항】
구 국세징수법상 공매절차에서 대항력 있는 전세권은 배분요구와 무관하게 매각으로 소멸하지 않고 매수인에게 인수되는지 여부(적극) 및 그 경우 같은 법 제81조 제1항 제3호에서 말하는 '전세권'의 범위

【판결요지】
구 국세징수법(2011.4.4. 법률 제9913호로 개정되기 전의 것, 이하 같다)에서는 매각으로 전세권이

소멸하는지에 관하여는 명시적인 규정이 없는 점, 전세권의 용익물권으로서의 성질에 비추어 볼 때 대항력이 있는 전세권은 명문의 규정이 없는 이상 매수인에게 인수되는 것이 원칙인 점, 구 민사소송법(2002.1.26. 법률 제6626호로 전부 개정되기 전의 것)이나 민사집행법에 의한 강제집행 절차에서도 대항력 있는 전세권은 매각으로 인하여 소멸하지 않고 매수인에게 인수되는 것이 원칙인 점, 구 국세징수법의 적용을 받는 사건에서 민사집행법의 규정이나 해석을 유추적용하거나 준용할 수는 없으므로 민사집행법의 규정에 의하여 배분요구권이 인정된다고 할 수도 없는 점 등을 종합하면, 대항력 있는 전세권은 전세권자가 공매절차에서 배분요구를 하였는지와 무관하게 매각으로 인하여 소멸하지 않고 매수인에게 인수된다고 해석하는 것이 옳다. 그 경우 '구 국세징수법 제81조 제1항 제3호에서의 전세권'은 존속기간이 만료되어 전세권의 용익물권적 권능이 소멸하고 단지 전세금반환채권을 담보하는 담보물권적 권능만 남은 전세권이나 대항할 수 없는 전세권만을 의미한다.

제304조(건물의 전세권, 지상권, 임차권에 대한 효력) ①타인의 토지에 있는 건물에 전세권을 설정한 때에는 전세권의 효력은 그 건물의 소유를 목적으로 한 지상권 또는 임차권에 미친다.
②전항의 경우에 전세권설정자는 전세권자의 동의없이 지상권 또는 임차권을 소멸하게 하는 행위를 하지 못한다.

제305조(건물의 전세권과 법정지상권)
①대지와 건물이 동일한 소유자에 속한 경우에 건물에 전세권을 설정한 때에는 그 대지소유권의 특별승계인은 전세권설정자에 대하여 지상권을 설정한 것으로 본다. 그러나 지료는 당사자의 청구에 의하여 법원이 이를 정한다.
②전항의 경우에 대지소유자는 타인에게 그 대지를 임대하거나 이를 목적으로 한 지상권 또는 전세권을 설정하지 못한다.

제306조(전세권의 양도, 임대 등) 전세권자는 전세권을 타인에게 양도 또는 담보로 제공할 수 있고 그 존속기간내에서 그 목적물을 타인에게 전전세 또는 임대할 수 있다. 그러나 설정행위로 이를 금지한 때에는 그러하지 아니하다.

제307조(전세권양도의 효력) 전세권양수인은 전세권설정자에 대하여 전세권양도인과 동일한 권리의무가 있다.

제308조(전전세 등의 경우의 책임) 전세권의 목적물을 전전세 또는 임대한 경우에는 전세권자는 전전세 또는 임대하지 아니하였으면 면할 수 있는 불가항력으로 인한 손해에 대하여 그 책임을 부담한다.

제309조(전세권자의 유지, 수선의무) 전세권자는 목적물의 현상을 유지하고 그 통상의 관리에 속한 수선을 하여야 한다.

제310조(전세권자의 상환청구권) ①전세권자가 목적물을 개량하기 위하여 지출한 금액 기타 유익비에 관하여는 그 가액의 증가가 현존한 경우에 한하여 소유자의 선택에 좇아 그 지출액이나 증가액의 상환을 청구할 수 있다.
②전항의 경우에 법원은 소유자의 청구에 의하여 상당한 상환기간을 허여할 수 있다.

제311조(전세권의 소멸청구) ①전세권자가 전세권설정계약 또는 그 목적물의 성질에 의하여 정하여진 용법으로 이를 사용, 수익하지 아니한 경우에는 전세권설정자는 전세권의 소멸을 청구할 수 있다.
②전항의 경우에는 전세권설정자는 전세권자에 대하여 원상회복 또는 손해배상을 청구할 수 있다.

제312조(전세권의 존속기간) ①전세권의 존속기간은 10년을 넘지 못한다. 당사자의 약정기간이 10년을 넘는 때에는 이를 10년으로 단축한다.
②건물에 대한 전세권의 존속기간을 1년 미만으로 정한 때에는 이를 1년으로 한다. <신설 1984.4.10.>
③전세권의 설정은 이를 갱신할 수 있다. 그 기간은 갱신한 날로부터 10년을 넘지 못한다.
④건물의 전세권설정자가 전세권의 존속기간 만료전 6월부터 1월까지 사이에 전세권자에 대하여 갱신거절의 통지 또는 조건을 변경하지 아니하면 갱신하지 아니한다는 뜻의 통지를 하지 아니한 경우에는 그 기간이 만료된 때에 전전세권과 동일한 조건으로 다시 전세권을 설정한 것으로 본다. 이 경우 전세권의 존속기간은 그 정함이 없는 것으로 본다. <신설 1984.4.10.>

제312조의2(전세금 증감청구권) 전세금이 목적 부동산에 관한 조세·공과금 기타 부담의 증감이나 경제사정의 변동으로 인하여 상당하지 아니하게 된 때에는 당사자는 장래에 대하여 그 증감을 청구할 수 있다. 그러나 증액의 경우에는 대통령령이 정하는 기준에 따른 비율을 초과하지 못한다.
[본조신설 1984.4.10.]

제313조(전세권의 소멸통고) 전세권의 존속기간을 약정하지 아니한 때에는 각 당사자는 언제든지 상대방에 대하여 전세권의 소멸을 통고할 수 있고 상대방이 이 통고를 받은 날로부터 6월이 경과하면 전세권은 소멸한다.

제314조(불가항력으로 인한 멸실) ①전세권의 목적물의 전부 또는 일부가 불가항력으로 인하여 멸실된 때에는 그 멸실된 부분의 전세권은 소멸한다.
②전항의 일부멸실의 경우에 전세권자가 그 잔존부분으로 전세권의 목적을 달성할 수 없는 때에는 전세권설정자에 대하여 전세권전부의 소멸을 통고하고 전세금의 반환을 청구할 수 있다.

제315조(전세권자의 손해배상책임) ①전세권의 목적물의 전부 또는 일부가 전세권자에 책임있는 사유로 인하여 멸실된 때에는 전세권자는 손해를 배상할 책임이 있다.
②전항의 경우에 전세권설정자는 전세권이 소멸된 후 전세금으로써 손해의 배상에 충당하고 잉여가 있으면 반환하여야 하며 부족이 있으면 다시 청구할 수 있다.

제316조(원상회복의무, 매수청구권)
①전세권이 그 존속기간의 만료로 인하여 소멸한 때에는 전세권자는 그 목적물을 원상에 회복하여야 하며 그 목적물에 부속시킨 물건은 수거할 수 있다. 그러나 전세권설정자가 그 부속물건의 매수를 청구한 때에는 전세권자는 정당한 이유없이 거절하지 못한다.
②전항의 경우에 그 부속물건이 전세권설정자의 동의를 얻어 부속시킨 것인 때에는 전세권자는 전세권설정자에 대하여 그 부속물건의 매수를 청구할 수 있다. 그 부속물건이 전세권설정자로부터 매수한 것인 때에도 같다.

제317조(전세권의 소멸과 동시이행)
전세권이 소멸한 때에는 전세권설정자는 전세권자로부터 그 목적물의 인도 및 전세권설정등기의 말소등기에 필요한 서류의 교부를 받는 동시에 전세금을 반환하여야 한다.

제318조(전세권자의 경매청구권) 전세권설정자가 전세금의 반환을 지체한 때에는 전세권자는 민사집행법의 정한 바에 의하여 전세권의 목적물의 경매를 청구할 수 있다. <개정 1997.12.13., 2001.12.29.>

제319조(준용규정) 제213조, 제214조, 제216조 내지 제244조의 규정은 전세권자간 또는 전세권자와 인지소유자 및 지상권자간에 이를 준용한다.

제7장 유치권

제320조(유치권의 내용) ①타인의 물건 또는 유가증권을 점유한 자는 그 물건이나 유가증권에 관하여 생긴 채권이 변제기에 있는 경우에는 변제를 받을 때까지 그 물건 또는 유가증권을 유치할 권리가 있다.
②전항의 규정은 그 점유가 불법행위로 인한 경우에 적용하지 아니한다.

제321조(유치권의 불가분성) 유치권자는 채권전부의 변제를 받을 때까지 유치물전부에 대하여 그 권리를 행사할 수 있다.

제322조(경매, 간이변제충당) ①유치권자는 채권의 변제를 받기 위하여 유치물을 경매할 수 있다.
②정당한 이유있는 때에는 유치권자는 감정인의 평가에 의하여 유치물로 직접 변제에 충당할 것을 법원에 청구할 수 있다. 이 경우에는 유치권자는 미리 채무자에게 통지하여야 한다.

제323조(과실수취권) ①유치권자는 유치물의 과실을 수취하여 다른 채권보다 먼저 그 채권의 변제에 충당할 수 있다. 그러나 과실이 금전이 아닌 때에는 경매하여야 한다.
②과실은 먼저 채권의 이자에 충당하고 그 잉여가 있으면 원본에 충당한다.

제324조(유치권자의 선관의무) ①유치권자는 선량한 관리자의 주의로 유치물을 점유하여야 한다.
②유치권자는 채무자의 승낙없이 유치물의 사용, 대여 또는 담보제공을 하지 못한다. 그러나 유치물의 보존에 필요한 사용은 그러하지 아니하다.
③유치권자가 전2항의 규정에 위반한 때에는 채무자는 유치권의 소멸을 청구할 수 있다.

제325조(유치권자의 상환청구권) ①유치권자가 유치물에 관하여 필요비를 지출한 때에는 소유자에게 그 상환을 청구할 수 있다.
②유치권자가 유치물에 관하여 유익비를 지출한 때에는 그 가액의 증가가 현존한 경우에 한하여 소유자의 선택에 좇아 그 지출한 금액이나 증가액의 상환을 청구할 수 있다. 그러나 법원은 소유자의 청구에 의하여 상당한 상환기간을 허여할 수 있다.

제326조(피담보채권의 소멸시효) 유치권의 행사는 채권의 소멸시효의 진행에 영향을 미치지 아니한다.

제327조(타담보제공과 유치권소멸) 채무자는 상당한 담보를 제공하고 유치권의 소멸을 청구할 수 있다.

제328조(점유상실과 유치권소멸) 유치권은 점유의 상실로 인하여 소멸한다.

제8장 질권

제1절 동산질권

제329조(동산질권의 내용) 동산질권자는 채권의 담보로 채무자 또는 제삼자가 제공한 동산을 점유하고 그 동산에 대하여 다른 채권자보다 자기채권의 우선변제를 받을 권리가 있다.

제330조(설정계약의 요물성) 질권의 설정은 질권자에게 목적물을 인도함으로써 그 효력이 생긴다.

제331조(질권의 목적물) 질권은 양도할 수 없는 물건을 목적으로 하지 못한다.

제332조(설정자에 의한 대리점유의 금지)
질권자는 설정자로 하여금 질물의 점유를 하게 하지 못한다.

제333조(동산질권의 순위) 수개의 채권을 담보하기 위하여 동일한 동산에 수개의 질권을 설정한 때에는 그 순위는 설정의 선후에 의한다.

제334조(피담보채권의 범위) 질권은 원본, 이자, 위약금, 질권실행의 비용, 질물보존의 비용 및 채무불이행 또는 질물의 하자로 인한 손해배상의 채권을 담보한다. 그러나 다른 약정이 있는 때에는 그 약정에 의한다.

제335조(유치적효력) 질권자는 전조의 채권의 변제를 받을 때까지 질물을 유치할 수 있다. 그러나 자기보다 우선권이 있는 채권자에게 대항하지 못한다.

제336조(전질권) 질권자는 그 권리의 범위내에서 자기의 책임으로 질물을 전질할 수 있다. 이 경우에는 전질을 하지 아니하였으면 면할 수 있는 불가항력으로 인한 손해에 대하여도 책임을 부담한다.

제337조(전질의 대항요건) ①전조의 경우에 질권자가 채무자에게 전질의 사실을 통지하거나 채무자가 이를 승낙함이 아니면 전질로써 채무자, 보증인, 질권설정자 및 그 승계인에게 대항하지 못한다.
②채무자가 전항의 통지를 받거나 승낙을 한 때에는 전질권자의 동의없이 질권자에게 채무를 변제하여도 이로써 전질권자에게 대항하지 못한다.

제338조(경매, 간이변제충당) ①질권자는 채권의 변제를 받기 위하여 질물을 경매할 수 있다.
②정당한 이유있는 때에는 질권자는 감정인의 평가에 의하여 질물로 직접 변제에 충당할 것을 법원에 청구할 수 있다. 이 경우에는 질권자는 미리 채무자 및 질권설정자에게 통지하여야 한다.

제339조(유질계약의 금지) 질권설정자는 채무변제기전의 계약으로 질권자에게 변제에 갈음하여 질물의 소유권을 취득하게 하거나 법률에 정한 방법에 의하지 아니하고 질물을 처분할 것을 약정하지 못한다. <개정 2014.12.30.>

제340조(질물 이외의 재산으로부터의 변제)
①질권자는 질물에 의하여 변제를 받지 못한 부분의 채권에 한하여 채무자의 다른 재산으로부터 변제를 받을 수 있다.
②전항의 규정은 질물보다 먼저 다른 재산에 관한 배당을 실시하는 경우에는 적용하지 아니한다. 그러나 다른 채권자는 질권자에게 그 배당금액의 공탁을 청구할 수 있다.

제341조(물상보증인의 구상권) 타인의 채무를 담보하기 위한 질권설정자가 그 채무를 변제하거나 질권의 실행으로 인하여 질물의 소유권을 잃은 때에는 보증채무에 관한 규정에 의하여 채무자에 대한 구상권이 있다.

제342조(물상대위) 질권은 질물의 멸실, 훼손 또는 공용징수로 인하여 질권설정자가 받을 금

전 기타 물건에 대하여도 이를 행사할 수 있다. 이 경우에는 그 지급 또는 인도전에 압류하여야 한다.

제343조(준용규정) 제249조 내지 제251조, 제321조 내지 제325조의 규정은 동산질권에 준용한다.

제344조(타법률에 의한 질권) 본절의 규정은 다른 법률의 규정에 의하여 설정된 질권에 준용한다.

제2절 권리질권

제345조(권리질권의 목적) 질권은 재산권을 그 목적으로 할 수 있다. 그러나 부동산의 사용, 수익을 목적으로 하는 권리는 그러하지 아니하다.

제346조(권리질권의 설정방법) 권리질권의 설정은 법률에 다른 규정이 없으면 그 권리의 양도에 관한 방법에 의하여야 한다.

제347조(설정계약의 요물성) 채권을 질권의 목적으로 하는 경우에 채권증서가 있는 때에는 질권의 설정은 그 증서를 질권자에게 교부함으로써 그 효력이 생긴다.

제348조(저당채권에 대한 질권과 부기등기)
저당권으로 담보한 채권을 질권의 목적으로 한 때에는 그 저당권등기에 질권의 부기등기를 하여야 그 효력이 저당권에 미친다.

제349조(지명채권에 대한 질권의 대항요건)
①지명채권을 목적으로 한 질권의 설정은 설정자가 제450조의 규정에 의하여 제삼채무자에게 질권설정의 사실을 통지하거나 제삼채무자가 이를 승낙함이 아니면 이로써 제삼채무자 기타 제삼자에게 대항하지 못한다.
②제451조의 규정은 전항의 경우에 준용한다.

제350조(지시채권에 대한 질권의 설정방법)
지시채권을 질권의 목적으로 한 질권의 설정은 증서에 배서하여 질권자에게 교부함으로써 그 효력이 생긴다.

제351조(무기명채권에 대한 질권의 설정방법) 무기명채권을 목적으로 한 질권의 설정은 증서를 질권자에게 교부함으로써 그 효력이 생긴다.

판례-배임

[대법원 2016.4.29, 선고, 2015도5665, 판결]

【판시사항】
타인에 대한 채무의 담보로 제3채무자에 대한 채권에 대하여 권리질권을 설정하고, 질권설정자가 제3채무자에게 질권설정의 사실을 통지하거나 제3채무자가 이를 승낙한 상태에서, 질권설정자가 질권자의 동의 없이 제3채무자에게서 질권의 목적인 채권의 변제를 받은 경우, 질권자에 대한 관계에서 배임죄가 성립하는지 여부(소극)

【판결요지】
타인에 대한 채무의 담보로 제3채무자에 대한 채권에 대하여 권리질권을 설정한 경우 질권설정자는 질권자의 동의 없이 질권의 목적된 권리를 소멸하게 하거나 질권자의 이익을 해하는 변경을 할 수 없다(민법 제352조). 또한 질권설정자가 제3채무자에게 질권설정의 사실을 통지하거나 제3채무자가 이를 승낙한 때에는 제3채무자가 질권자의 동의 없이 질권의 목적인 채무를 변제하더라도 이로써 질권자에게 대항할 수 없고, 질권자는 여전히 제3채무자에 대하여 직접 채무의 변제를 청구하거나 변제할 금액의 공탁을 청구할 수 있다(민법 제353조 제2항, 제3항). 그러므로 이러한 경우 질권설정자가 질권의 목적인 채권의 변제를 받았다고 하여 질권자에 대한 관계에서 타인의 사무를 처리하는 자로서 임무에 위배하는 행위를 하여 질권자에게 손해를 가하거나 손해 발생의 위험을 초래하였다고 할 수 없고, 배임죄가 성립하지도 않는다.

제352조(질권설정자의 권리처분제한)
질권설정자는 질권자의 동의없이 질권의 목적된 권리를 소멸하게 하거나 질권자의 이익을 해하는 변경을 할 수 없다.

제353조(질권의 목적이 된 채권의 실행방법)
①질권자는 질권의 목적이 된 채권을 직접 청구할 수 있다.
②채권의 목적물이 금전인 때에는 질권자는 자기채권의 한도에서 직접 청구할 수 있다.
③전항의 채권의 변제기가 질권자의 채권의 변제기보다 먼저 도래한 때에는 질권자는 제삼채무자에 대하여 그 변제금액의 공탁을 청구할 수 있다. 이 경우에 질권은 그 공탁금에 존재한다.
④채권의 목적물이 금전 이외의 물건인 때에는 질권자는 그 변제를 받은 물건에 대하여 질권을 행사할 수 있다.

제354조(동전) 질권자는 전조의 규정에 의하는 외에 민사집행법에 정한 집행방법에 의하여 질권을 실행할 수 있다. <개정 2001.12.29.>

제355조(준용규정) 권리질권에는 본절의 규정외에 동산질권에 관한 규정을 준용한다.

제9장 저당권

제356조(저당권의 내용) 저당권자는 채무자 또는 제삼자가 점유를 이전하지 아니하고 채무의 담보로 제공한 부동산에 대하여 다른 채권자보다 자기채권의 우선변제를 받을 권리가 있다.

제357조(근저당) ①저당권은 그 담보할 채무의 최고액만을 정하고 채무의 확정을 장래에 보류하여 이를 설정할 수 있다. 이 경우에는 그 확정될 때까지의 채무의 소멸 또는 이전은 저당권에 영향을 미치지 아니한다.
②전항의 경우에는 채무의 이자는 최고액 중에 산입한 것으로 본다.

제358조(저당권의 효력의 범위) 저당권의 효력은 저당부동산에 부합된 물건과 종물에 미친다. 그러나 법률에 특별한 규정 또는 설정행위에 다른 약정이 있으면 그러하지 아니하다.

제359조(과실에 대한 효력) 저당권의 효력은 저당부동산에 대한 압류가 있은 후에 저당권설정자가 그 부동산으로부터 수취한 과실 또는 수취할 수 있는 과실에 미친다. 그러나 저당권자가 그 부동산에 대한 소유권, 지상권 또는 전세권을 취득한 제삼자에 대하여는 압류한 사실을 통지한 후가 아니면 이로써 대항하지 못한다.

제360조(피담보채권의 범위) 저당권은 원본, 이자, 위약금, 채무불이행으로 인한 손해배상 및 저당권의 실행비용을 담보한다. 그러나 지연배상에 대하여는 원본의 이행기일을 경과한 후

의 1년분에 한하여 저당권을 행사할 수 있다.

제361조(저당권의 처분제한) 저당권은 그 담보한 채권과 분리하여 타인에게 양도하거나 다른 채권의 담보로 하지 못한다.

제362조(저당물의 보충) 저당권설정자의 책임있는 사유로 인하여 저당물의 가액이 현저히 감소된 때에는 저당권자는 저당권설정자에 대하여 그 원상회복 또는 상당한 담보제공을 청구할 수 있다.

제363조(저당권자의 경매청구권, 경매인)
①저당권자는 그 채권의 변제를 받기 위하여 저당물의 경매를 청구할 수 있다.
②저당물의 소유권을 취득한 제삼자도 경매인이 될 수 있다.

제364조(제삼취득자의 변제) 저당부동산에 대하여 소유권, 지상권 또는 전세권을 취득한 제삼자는 저당권자에게 그 부동산으로 담보된 채권을 변제하고 저당권의 소멸을 청구할 수 있다.

제365조(저당지상의 건물에 대한 경매청구권) 토지를 목적으로 저당권을 설정한 후 그 설정자가 그 토지에 건물을 축조한 때에는 저당권자는 토지와 함께 그 건물에 대하여도 경매를 청구할 수 있다. 그러나 그 건물의 경매대가에 대하여는 우선변제를 받을 권리가 없다.

제366조(법정지상권) 저당물의 경매로 인하여 토지와 그 지상건물이 다른 소유자에 속한 경우에는 토지소유자는 건물소유자에 대하여 지상권을 설정한 것으로 본다. 그러나 지료는 당사자의 청구에 의하여 법원이 이를 정한다.

제367조(제삼취득자의 비용상환청구권)
저당물의 제삼취득자가 그 부동산의 보존, 개량을 위하여 필요비 또는 유익비를 지출한 때에는 제203조제1항, 제2항의 규정에 의하여 저당물의 경매대가에서 우선상환을 받을 수 있다.

제368조(공동저당과 대가의 배당, 차순위자의 대위) ①동일한 채권의 담보로 수개의 부동산에 저당권을 설정한 경우에 그 부동산의 경매대가를 동시에 배당하는 때에는 각부동산의 경매대가에 비례하여 그 채권의 분담을 정한다.
②전항의 저당부동산중 일부의 경매대가를 먼저 배당하는 경우에는 그 대가에서 그 채권전부의 변제를 받을 수 있다. 이 경우에 그 경매한 부동산의 차순위저당권자는 선순위저당권자가 전항의 규정에 의하여 다른 부동산의 경매대가에서 변제를 받을 수 있는 금액의 한도에서 선순위자를 대위하여 저당권을 행사할 수 있다.

제369조(부종성) 저당권으로 담보한 채권이 시효의 완성 기타 사유로 인하여 소멸한 때에는 저당권도 소멸한다.

제370조(준용규정) 제214조, 제321조, 제333조, 제340조, 제341조 및 제342조의 규정은 저당권에 준용한다.

제371조(지상권, 전세권을 목적으로 하는 저당권) ①본장의 규정은 지상권 또는 전세권을 저당권의 목적으로 한 경우에 준용한다.
②지상권 또는 전세권을 목적으로 저당권을 설정한 자는 저당권자의 동의없이 지상권 또는 전세권을 소멸하게 하는 행위를 하지 못한다.

제372조(타법률에 의한 저당권) 본장의 규정은 다른 법률에 의하여 설정된 저당권에 준용한다.

제3편 채권

제1장 총칙

제1절 채권의 목적

제373조(채권의 목적) 금전으로 가액을 산정할 수 없는 것이라도 채권의 목적으로 할 수 있다.

제374조(특정물인도채무자의 선관의무)
특정물의 인도가 채권의 목적인 때에는 채무자는 그 물건을 인도하기까지 선량한 관리자의 주의로 보존하여야 한다.

제375조(종류채권) ①채권의 목적을 종류로만 지정한 경우에 법률행위의 성질이나 당사자의 의사에 의하여 품질을 정할 수 없는 때에는 채무자는 중등품질의 물건으로 이행하여야 한다.
②전항의 경우에 채무자가 이행에 필요한 행위를 완료하거나 채권자의 동의를 얻어 이행할 물건을 지정한 때에는 그때로부터 그 물건을 채권의 목적물로 한다.

제376조(금전채권) 채권의 목적이 어느 종류의 통화로 지급할 것인 경우에 그 통화가 변제기에 강제통용력을 잃은 때에는 채무자는 다른 통화로 변제하여야 한다.

제377조(외화채권) ①채권의 목적이 다른 나라 통화로 지급할 것인 경우에는 채무자는 자기가 선택한 그 나라의 각 종류의 통화로 변제할 수 있다.
②채권의 목적이 어느 종류의 다른 나라 통화로 지급할 것인 경우에 그 통화가 변제기에 강제통용력을 잃은 때에는 그 나라의 다른 통화로 변제하여야 한다.

제378조(동전) 채권액이 다른 나라 통화로 지정된 때에는 채무자는 지급할 때에 있어서의 이행지의 환금시가에 의하여 우리나라 통화로 변제할 수 있다.

제379조(법정이율) 이자있는 채권의 이율은 다른 법률의 규정이나 당사자의 약정이 없으면 연 5분으로 한다.

제380조(선택채권) 채권의 목적이 수개의 행위 중에서 선택에 좇아 확정될 경우에 다른 법률의 규정이나 당사자의 약정이 없으면 선택권은 채무자에게 있다.

제381조(선택권의 이전) ①선택권행사의 기간이 있는 경우에 선택권자가 그 기간내에 선택권을 행사하지 아니하는 때에는 상대방은 상당한 기간을 정하여 그 선택을 최고할 수 있고 선택권자가 그 기간내에 선택하지 아니하면 선택권은 상대방에게 있다.
②선택권행사의 기간이 없는 경우에 채권의 기한이 도래한 후 상대방이 상당한 기간을 정하여 그 선택을 최고하여도 선택권자가 그 기간내에 선택하지 아니할 때에도 전항과 같다.

제382조(당사자의 선택권의 행사) ①채권자나 채무자가 선택하는 경우에는 그 선택은 상대방에 대한 의사표시로 한다.
②전항의 의사표시는 상대방의 동의가 없으면 철회하지 못한다.

제383조(제삼자의 선택권의 행사) ①제삼자가 선택하는 경우에는 그 선택은 채무자 및 채권자에 대한 의사표시로 한다.
②전항의 의사표시는 채권자 및 채무자의 동의가 없으면 철회하지 못한다.

제384조(제삼자의 선택권의 이전) ①선택할 제삼자가 선택할 수 없는 경우에는 선택권은 채무자에게 있다.
②제삼자가 선택하지 아니하는 경우에는 채권자나 채무자는 상당한 기간을 정하여 그 선택을 최고할 수 있고 제삼자가 그 기간내에 선택하지 아니하면 선택권은 채무자에게 있다.

제385조(불능으로 인한 선택채권의 특정)
①채권의 목적으로 선택할 수개의 행위 중에 처음부터 불능한 것이나 또는 후에 이행불능하게 된 것이 있으면 채권의 목적은 잔존한 것에 존재한다.
②선택권없는 당사자의 과실로 인하여 이행불능이 된 때에는 전항의 규정을 적용하지 아니한다.

제386조(선택의 소급효) 선택의 효력은 그 채권이 발생한 때에 소급한다. 그러나 제삼자의 권리를 해하지 못한다.

제2절 채권의 효력

제387조(이행기와 이행지체) ①채무이행의 확정한 기한이 있는 경우에는 채무자는 기한이 도래한 때로부터 지체책임이 있다. 채무이행의 불확정한 기한이 있는 경우에는 채무자는 기한이 도래함을 안 때로부터 지체책임이 있다.
②채무이행의 기한이 없는 경우에는 채무자는 이행청구를 받은 때로부터 지체책임이 있다.

판례-채무부존재확인

[대법원 2002.9.4., 선고, 2002다28340, 판결]

【판시사항】
[1] 기한이익 상실의 특약은 형성권적 기한이익 상실의 특약으로 추정되는지 여부(적극)
[2] 형성권적 기한이익 상실의 특약이 있는 할부채무에 있어서 소멸시효의 기산점
[3] 기한이익 상실약정을 정지조건부 기한이익 상실특약으로 보아 할부금 채무의 1회 불이행시부터 전체 채무에 관하여 소멸시효가 진행된다고 판단한 원심판결을 파기한 사례

【판결요지】
[1] 기한이익 상실의 특약은 그 내용에 의하여 일정한 사유가 발생하면 채권자의 청구 등을 요함이 없이 당연히 기한의 이익이 상실되어 이행기가 도래하는 것으로 하는 정지조건부 기한이익 상실의 특약과 일정한 사유가 발생한 후 채권자의 통지나 청구 등 채권자의 의사행위를 기다려 비로소 이행기가 도래하는 것으로 하는 형성권적 기한이익 상실의 특약의 두 가지로 대별할 수 있고, 기한이익 상실의 특약이 위의 양자 중 어느 것에 해당하느냐는 당사자의 의사해석의 문제이지만 일반적으로 기한이익 상실의 특약이 채권자를 위하여 둔 것인 점에 비추어 명백히 정지조건부 기한이익 상실의 특약이라고 볼 만한 특별한 사정이 없는 이상 형성권적 기한이익 상실의 특약으로 추정하는 것이 타당하다.
[2] 형성권적 기한이익 상실의 특약이 있는 경우에는 그 특약은 채권자의 이익을 위한 것으로서 기한이익의 상실 사유가 발생하였다고 하더라도 채권자가 나머지 전액을 일시에 청구할 것인가 또는 종래대로 할부변제를 청구할 것인가를 자유로이 선택할 수 있으므로, 이와 같은 기한이익 상실의 특약이 있는 할부채무에 있어서는 1회의 불이행이 있더라도 각 할부금에 대해 그 각 변제기의 도래시마다 그 때부터 순차로 소멸시효가 진행하고 채권자가 특히 잔존 채무 전액의 변제를 구하는 취지의 의사를 표시한 경우에 한하여 전액에 대하여 그 때부터 소멸시효가 진행한다.

[3] 약정한 이행의무를 한번이라도 지체하였을 때 기한의 이익을 잃고 즉시 채무금 전액을 완제하여야 한다고 되어 있는 기한이익 상실약정을 정지조건부 기한이익 상실특약으로 보아 할부금 채무의 1회 불이행시부터 전체 채무에 관하여 소멸시효가 진행된다고 판단한 원심판결을 파기한 사례.

제388조(기한의 이익의 상실) 채무자는 다음 각호의 경우에는 기한의 이익을 주장하지 못한다.
1. 채무자가 담보를 손상, 감소 또는 멸실하게 한 때
2. 채무자가 담보제공의 의무를 이행하지 아니한 때

판례-보험금

[대법원 2014.6.26, 선고, 2011다101599, 판결]

【판시사항】
매수인이 매도인으로부터 물품을 공급받은 다음 대금 지급을 위하여 지급기일이 물품 공급일자 이후로 된 약속어음을 발행·교부한 경우, 물품대금 지급채무의 이행기(=약속어음의 지급기일) / 위 대금 지급채무 등에 관한 이행보증보험계약이 '이행기일이 보험기간 안에 있는 채무'의 불이행에 따른 손해를 보장하는 내용인 경우, 약속어음이 지급기일 전 지급 거절되는 등 사유가 발생하면 바로 보험계약에서 정한 '이행기일'이 도래하는지 여부

【판결요지】
매수인이 매도인으로부터 물품을 공급받은 다음 그들 사이의 물품대금 지급방법에 관한 약정에 따라 대금의 지급을 위하여 물품 매도인에게 지급기일이 물품공급일자 이후로 된 약속어음을 발행·교부한 경우, 물품대금 지급채무의 이행기는 다른 특별한 사정이 없는 한 약속어음의 지급기일이고, 위 약속어음이 발행인에게 발생한 지급정지사유로 지급기일이 도래하기 전에 지급 거절되었더라도 지급 거절된 때에 물품대금 지급채무의 이행기가 도래하는 것은 아니다. 그리고 위의 물품대금 지급채무 등과 같은 물품공급계약에서 정하여진 채무에 관하여 체결된 '이행보증보험계약이 "이행기일이 보험기간 안에 있는 채무"의 불이행으로 인한 손해를 보장하는 내용인 경우에는 위와 같이 지급거절 등 사유의 발생으로 바로 보험계약에서 정하여진 '이행기일'이 도래한다고 할 수 없다.

제389조(강제이행) ①채무자가 임의로 채무를 이행하지 아니한 때에는 채권자는 그 강제이행을 법원에 청구할 수 있다. 그러나 채무의 성질이 강제이행을 하지 못할 것인 때에는 그러하지 아니하다.
②전항의 채무가 법률행위를 목적으로 한 때에는 채무자의 의사표시에 갈음할 재판을 청구할 수 있고 채무자의 일신에 전속하지 아니한 작위를 목적으로 한 때에는 채무자의 비용으로 제삼자에게 이를 하게 할 것을 법원에 청구할 수 있다.
<개정 2014.12.30.>
③그 채무가 부작위를 목적으로 한 경우에 채무자가 이에 위반한 때에는 채무자의 비용으로써 그 위반한 것을 제각하고 장래에 대한 적당한 처분을 법원에 청구할 수 있다.
④전3항의 규정은 손해배상의 청구에 영향을 미치지 아니한다.

판례-집행위임거부에관한이의

[대법원 2014.6.3, 자, 2013그336, 결정]

【판시사항】
집행관이 미등기건물에 대한 철거 시 철거대상 미등기건물이 채무자에게 속하는지를 판단하기 위하여 조사·확인하여야 할 사항 및 집행관이 현재 건축주 명의인이 채무자와 다르다는 이유만으로 철거대상 미등기건물이 채무자에게 속하지 않는다고 판단하여 철거하지 않은 경우, 채권자가 집행에 관한 이의신청으로 구제받을 수 있는지 여부(적극)

【판결요지】
집행기관은 집행을 개시함에 있어 집행대상이 채무자에게 속하는지를 스스로 조사·판단하여야 하

고, 이는 건물철거의 대체집행에서 수권결정에 기초하여 작위의 실시를 위임받은 집행관이 실제 철거를 실시하는 경우에도 마찬가지이다. 그런데 미등기건물에는 소유권을 표상하는 외관적 징표로서 등기부가 존재하지 아니하므로, 집행관이 미등기건물에 대한 철거를 실시함에 있어서는 건축허가서나 공사도급계약서 등을 조사하여 철거대상 미등기건물이 채무자에게 속하는지를 판단하여야 할 것이고, 또한 대체집행의 기초가 된 집행권원에는 철거의무의 근거로서 철거대상 미등기건물에 대한 소유권 등이 채무자에게 있다고 판단한 이유가 기재되어 있기 마련이므로, 집행관으로서는 집행권원의 내용도 확인하여야 할 것이다.
한편 미등기건물의 건축허가상 건축주 명의가 변경되었다고 하더라도, 변경시점에 이미 건물이 사회통념상 독립한 건물이라고 볼 수 있는 형태와 구조를 갖추고 있었다면 원래의 건축주가 건물의 소유권을 원시취득하고, 변경된 건축주 명의인은 소유자가 아니므로, 집행관이 변경된 현재의 건축주 명의인이 채무자와 다르다는 이유만으로 철거대상 미등기건물이 채무자에게 속하는 것이 아니라고 판단하여 철거를 실시하지 않았다면, 이는 집행관이 지킬 집행절차를 위반하여 집행을 위임받기를 거부하거나 집행행위를 지체한 경우에 해당하여 채권자는 집행에 관한 이의신청으로 구제받을 수 있다.

제390조(채무불이행과 손해배상) 채무자가 채무의 내용에 좇은 이행을 하지 아니한 때에는 채권자는 손해배상을 청구할 수 있다. 그러나 채무자의 고의나 과실없이 이행할 수 없게 된 때에는 그러하지 아니하다.

제391조(이행보조자의 고의, 과실) 채무자의 법정대리인이 채무자를 위하여 이행하거나 채무자가 타인을 사용하여 이행하는 경우에는 법정대리인 또는 피용자의 고의나 과실은 채무자의 고의나 과실로 본다.

제392조(이행지체 중의 손해배상) 채무자는 자기에게 과실이 없는 경우에도 그 이행지체 중에 생긴 손해를 배상하여야 한다. 그러나 채무자가 이행기에 이행하여도 손해를 면할 수 없는 경우에는 그러하지 아니하다.

제393조(손해배상의 범위) ①채무불이행으로 인한 손해배상은 통상의 손해를 그 한도로 한다.
②특별한 사정으로 인한 손해는 채무자가 그 사정을 알았거나 알 수 있었을 때에 한하여 배상의 책임이 있다.

제394조(손해배상의 방법) 다른 의사표시가 없으면 손해는 금전으로 배상한다.

제395조(이행지체와 전보배상) 채무자가 채무의 이행을 지체한 경우에 채권자가 상당한 기간을 정하여 이행을 최고하여도 그 기간내에 이행하지 아니하거나 지체후의 이행이 채권자에게 이익이 없는 때에는 채권자는 수령을 거절하고 이행에 갈음한 손해배상을 청구할 수 있다. <개정 2014.12.30.>

제396조(과실상계) 채무불이행에 관하여 채권자에게 과실이 있는 때에는 법원은 손해배상의 책임 및 그 금액을 정함에 이를 참작하여야 한다.

제397조(금전채무불이행에 대한 특칙)
①금전채무불이행의 손해배상액은 법정이율에 의한다. 그러나 법령의 제한에 위반하지 아니한 약정이율이 있으면 그 이율에 의한다.
②전항의 손해배상에 관하여는 채권자는 손해의 증명을 요하지 아니하고 채무자는 과실없음을 항변하지 못한다.

제398조(배상액의 예정) ①당사자는 채무불이행에 관한 손해배상액을 예정할 수 있다.
②손해배상의 예정액이 부당히 과다한 경우에는 법원은 적당히 감액할 수 있다.
③손해배상액의 예정은 이행의 청구나 계약의 해제에 영향을 미치지 아니한다.
④위약금의 약정은 손해배상액의 예정으로 추정한다.
⑤당사자가 금전이 아닌 것으로써 손해의 배상에 충당할 것을 예정한 경우에도 전4항의 규정을 준용한다.

제399조(손해배상자의 대위) 채권자가 그 채권의 목적인 물건 또는 권리의 가액전부를 손해배상으로 받은 때에는 채무자는 그 물건 또는 권리에 관하여 당연히 채권자를 대위한다.

제400조(채권자지체) 채권자가 이행을 받을 수 없거나 받지 아니한 때에는 이행의 제공있는 때로부터 지체책임이 있다.

제401조(채권자지체와 채무자의 책임)
채권자지체 중에는 채무자는 고의 또는 중대한 과실이 없으면 불이행으로 인한 모든 책임이 없다.

제402조(동전) 채권자지체 중에는 이자있는 채권이라도 채무자는 이자를 지급할 의무가 없다.

제403조(채권자지체와 채권자의 책임)
채권자지체로 인하여 그 목적물의 보관 또는 변제의 비용이 증가된 때에는 그 증가액은 채권자의 부담으로 한다.

제404조(채권자대위권) ①채권자는 자기의 채권을 보전하기 위하여 채무자의 권리를 행사할 수 있다. 그러나 일신에 전속한 권리는 그러하지 아니하다.
②채권자는 그 채권의 기한이 도래하기 전에는 법원의 허가없이 전항의 권리를 행사하지 못한다. 그러나 보전행위는 그러하지 아니하다.

제405조(채권자대위권행사의 통지)
①채권자가 전조제1항의 규정에 의하여 보전행위 이외의 권리를 행사한 때에는 채무자에게 통지하여야 한다.
②채무자가 전항의 통지를 받은 후에는 그 권리를 처분하여도 이로써 채권자에게 대항하지 못한다.

제406조(채권자취소권) ①채무자가 채권자를 해함을 알고 재산권을 목적으로 한 법률행위를 한 때에는 채권자는 그 취소 및 원상회복을 법원에 청구할 수 있다. 그러나 그 행위로 인하여 이익을 받은 자나 전득한 자가 그 행위 또는 전득당시에 채권자를 해함을 알지 못한 경우에는 그러하지 아니하다.
②전항의 소는 채권자가 취소원인을 안 날로부터 1년, 법률행위있은 날로부터 5년내에 제기하여야 한다.

판례-전부금

[대법원 2017.9.26. 선고 2015다38910 판결]

【판시사항】
채무자의 법률행위가 사해행위에 해당하여 취소를 이유로 원상회복이 이루어지는 경우, 채무자가 수익자 또는 전득자에게 부당이득반환채무를 부담하는지 여부(원칙적 적극) 및 이때 채무자의 다른 공동채무자도 채무가 소멸하는 이익을 얻는 경우, 공동채무자가 수익자나 전득자에게 직접 부당이득반환채무를 부담하는지 여부(소극) / 채무자의 공동채무자가 수익자나 전득자의 가액배상의무를 대위변제한 경우, 수익자나 전득자에게 구상할 수 있는지 여부(원칙적 적극)

【판결요지】
채무자의 법률행위가 사해행위에 해당하여 취소를 이유로 원상회복이 이루어지는 경우, 특별한 사정이 없는 한 채무자는 수익자 또는 전득자에게 부당이득반환채무를 부담한다.
채무자의 책임재산이 위와 같이 원상회복되어 그로부터 채권자가 채권의 만족을 얻음으로써 채무자의 다른 공동채무자도 자신의 채무가 소멸하는 이익을 얻을 수 있다. 이러한 경우에 공동채무의 법적 성격이나 내용에 따라 채무자와 다른 공동채무자 사이에 구상관계가 성립하는 것은 별론으로 하고 공동채무자가 수익자나 전득자에게 직접 부당이득반환채무를 부담하는 것은 아니다. 따라서 채무자의 공동채무자가 수익자나 전득자의 가액배상의무를 대위변제한 경우에도 특별한 사정이 없는 한 수익자나 전득자에게 구상할 수 있다.

제407조(채권자취소의 효력) 전조의 규정에 의한 취소와 원상회복은 모든 채권자의 이익을 위하여 그 효력이 있다.

제3절 수인의 채권자 및 채무자

제1관 총칙

제408조(분할채권관계) 채권자나 채무자가 수인인 경우에 특별한 의사표시가 없으면 각 채권자 또는 각 채무자는 균등한 비율로 권리가 있고 의무를 부담한다.

제2관 불가분채권과 불가분채무

제409조(불가분채권) 채권의 목적이 그 성질 또는 당사자의 의사표시에 의하여 불가분인 경우에 채권자가 수인인 때에는 각 채권자는 모든 채권자를 위하여 이행을 청구할 수 있고 채무자는 모든 채권자를 위하여 각 채권자에게 이행할 수 있다.

제410조(1인의 채권자에 생긴 사항의 효력)
①전조의 규정에 의하여 모든 채권자에게 효력이 있는 사항을 제외하고는 불가분채권자중 1인의 행위나 1인에 관한 사항은 다른 채권자에게 효력이 없다.
②불가분채권자 중의 1인과 채무자간에 경개나 면제있는 경우에 채무전부의 이행을 받은 다른 채권자는 그 1인이 권리를 잃지 아니하였으면 그에게 분급할 이익을 채무자에게 상환하여야 한다.

제411조(불가분채무와 준용규정) 수인이 불가분채무를 부담한 경우에는 제413조 내지 제415조, 제422조, 제424조 내지 제427조 및 전조의 규정을 준용한다.

제412조(가분채권, 가분채무에의 변경)
불가분채권이나 불가분채무가 가분채권 또는 가분채무로 변경된 때에는 각 채권자는 자기부분만의 이행을 청구할 권리가 있고 각 채무자는 자기부담부분만을 이행할 의무가 있다.

제3관 연대채무

제413조(연대채무의 내용) 수인의 채무자가 채무전부를 각자 이행할 의무가 있고 채무자 1인의 이행으로 다른 채무자도 그 의무를 면하게 되는 때에는 그 채무는 연대채무로 한다.

제414조(각 연대채무자에 대한 이행청구)
채권자는 어느 연대채무자에 대하여 또는 동시나 순차로 모든 연대채무자에 대하여 채무의 전부나 일부의 이행을 청구할 수 있다.

제415조(채무자에 생긴 무효, 취소)
어느 연대채무자에 대한 법률행위의 무효나 취소의 원인은 다른 연대채무자의 채무에 영향을 미치지 아니한다.

제416조(이행청구의 절대적 효력)
어느 연대채무자에 대한 이행청구는 다른 연대채무자에게도 효력이 있다.

판례-증여세부과처분취소

[대법원 2017.7.18, 선고, 2015두50290, 판결]

【판시사항】
명의신탁재산 증여의제의 과세요건을 충족하여 명의신탁자의 증여세 연대납세의무가 성립한 경우, 과세처분으로 납세의무가 확정되기 전이라도 명의수탁자에 관한 사항이 명의신탁자의 증여세 연대납세의무에 영향을 미치지 않는지 여부(원칙적 적극) 및 명의수탁자가 사망하여 그 상속인이 명의수탁자의 증여세 납세의무를 상속재산의 한도에서 승계하였더라도 마찬가지인지 여부(적극)

【판결요지】
구 상속세 및 증여세법(2010.1.1. 법률 제9916호로 개정되기 전의 것, 이하 '구 상증세법'이라고 한다) 제4조 제1항, 제5항, 제45조의2 제1항, 구 국세기본법(2007.12.31. 법률 제8830호로 개정되기 전의 것) 제3조, 제25조의2, 민법 제423조 등의 내용과 체계, 구 상증세법 제4조의 개정 연혁과 입법 취지 등을 종합적으로 고려하여 보면, 명의신탁재산 증여의제의 과세요건을 충족하여 명의신탁자의 증여세 연대납세의무가 성립한 이상, 비록 과세처분으로 그러한 납세의무가 확정되기 전이라도 민법 제416조, 제419조, 제421조에 해당하는 경우 이외에는 명의수탁자에 관한 사항이 명의신탁자의 증여세 연대납세의무에 영향을 미치지 않고, 명의수탁자가 사망하여 그 상속인이 명의수탁자의 증여세 납세의무를 상속재산의 한도에서 승계하였더라도 달리 볼 것은 아니다.

제417조(경개의 절대적 효력) 어느 연대채무자와 채권자간에 채무의 경개가 있는 때에는 채권은 모든 연대채무자의 이익을 위하여 소멸한다.

제418조(상계의 절대적 효력) ①어느 연대채무자가 채권자에 대하여 채권이 있는 경우에 그 채무자가 상계한 때에는 채권은 모든 연대채무자의 이익을 위하여 소멸한다.
②상계할 채권이 있는 연대채무자가 상계하지 아니한 때에는 그 채무자의 부담부분에 한하여 다른 연대채무자가 상계할 수 있다.

제419조(면제의 절대적 효력) 어느 연대채무자에 대한 채무면제는 그 채무자의 부담부분에 한하여 다른 연대채무자의 이익을 위하여 효력이 있다.

제420조(혼동의 절대적 효력) 어느 연대채무자와 채권자간에 혼동이 있는 때에는 그 채무자의 부담부분에 한하여 다른 연대채무자도 의무를 면한다.

제421조(소멸시효의 절대적 효력) 어느 연대채무자에 대하여 소멸시효가 완성한 때에는 그

부담부분에 한하여 다른 연대채무자도 의무를 면한다.

제422조(채권자지체의 절대적 효력) 어느 연대채무자에 대한 채권자의 지체는 다른 연대채무자에게도 효력이 있다.

제423조(효력의 상대성의 원칙) 전7조의 사항외에는 어느 연대채무자에 관한 사항은 다른 연대채무자에게 효력이 없다.

제424조(부담부분의 균등) 연대채무자의 부담부분은 균등한 것으로 추정한다.

제425조(출재채무자의 구상권) ①어느 연대채무자가 변제 기타 자기의 출재로 공동면책이 된 때에는 다른 연대채무자의 부담부분에 대하여 구상권을 행사할 수 있다.
②전항의 구상권은 면책된 날 이후의 법정이자 및 피할 수 없는 비용 기타 손해배상을 포함한다.

제426조(구상요건으로서의 통지) ①어느 연대채무자가 다른 연대채무자에게 통지하지 아니하고 변제 기타 자기의 출재로 공동면책이 된 경우에 다른 연대채무자가 채권자에게 대항할 수 있는 사유가 있었을 때에는 그 부담부분에 한하여 이 사유로 면책행위를 한 연대채무자에게 대항할 수 있고 그 대항사유가 상계인 때에는 상계로 소멸할 채권은 그 연대채무자에게 이전된다.
②어느 연대채무자가 변제 기타 자기의 출재로 공동면책되었음을 다른 연대채무자에게 통지하지 아니한 경우에 다른 연대채무자가 선의로 채권자에게 변제 기타 유상의 면책행위를 한 때에는 그 연대채무자는 자기의 면책행위의 유효를 주장할 수 있다.

제427조(상환무자력자의 부담부분)
①연대채무자 중에 상환할 자력이 없는 자가 있는 때에는 그 채무자의 부담부분은 구상권자 및 다른 자력이 있는 채무자가 그 부담부분에 비례하여 분담한다. 그러나 구상권자에게 과실이 있는 때에는 다른 연대채무자에 대하여 분담을 청구하지 못한다.
②전항의 경우에 상환할 자력이 없는 채무자의 부담부분을 분담할 다른 채무자가 채권자로부터 연대의 면제를 받은 때에는 그 채무자의 분담할 부분은 채권자의 부담으로 한다.

제4관 보증채무

제428조(보증채무의 내용) ①보증인은 주채무자가 이행하지 아니하는 채무를 이행할 의무가 있다.
②보증은 장래의 채무에 대하여도 할 수 있다.

제428조의2(보증의 방식) ①보증은 그 의사가 보증인의 기명날인 또는 서명이 있는 서면으로 표시되어야 효력이 발생한다. 다만, 보증의 의사가 전자적 형태로 표시된 경우에는 효력이 없다.
②보증채무를 보증인에게 불리하게 변경하는 경우에도 제1항과 같다.
③보증인이 보증채무를 이행한 경우에는 그 한도에서 제1항과 제2항에 따른 방식의 하자를 이유로 보증의 무효를 주장할 수 없다.
[본조신설 2015.2.3.]

제428조의3(근보증) ①보증은 불확정한 다수의 채무에 대해서도 할 수 있다. 이 경우 보증하는 채무의 최고액을 서면으로 특정하여야 한다.
②제1항의 경우 채무의 최고액을 제428조의2제1항에 따른 서면으로 특정하지 아니한 보증계약

은 효력이 없다.
[본조신설 2015.2.3.]

제429조(보증채무의 범위) ①보증채무는 주채무의 이자, 위약금, 손해배상 기타 주채무에 종속한 채무를 포함한다.
②보증인은 그 보증채무에 관한 위약금 기타 손해배상액을 예정할 수 있다.

판례-대여금(일부보증인이 있는 경우 주채무자의 일부변제금의 충당방법에 관한 사건)
[대법원 2016.8.25, 선고, 2016다2840, 판결]

【판시사항】
연대보증인이 주채무자의 채무 중 일정 범위에 대하여 보증을 한 후 주채무자가 일부변제한 경우, 일부변제금은 주채무자의 채무 전부를 대상으로 충당되는지 여부(원칙적 적극) 및 이때 연대보증인이 부담하는 보증책임의 범위

【판결요지】
연대보증인이 주채무자의 채무 중 일정 범위에 대하여 보증을 한 경우에 주채무자가 일부변제를 하면, 특별한 사정이 없는 한 일부변제금은 주채무자의 채무 전부를 대상으로 변제충당의 일반원칙에 따라 충당되고, 연대보증인은 변제충당 후 남은 주채무자의 채무 중 보증한 범위 내의 것에 대하여 보증책임을 부담한다.

제430조(목적, 형태상의 부종성) 보증인의 부담이 주채무의 목적이나 형태보다 중한 때에는 주채무의 한도로 감축한다.

제431조(보증인의 조건) ①채무자가 보증인을 세울 의무가 있는 경우에는 그 보증인은 행위능력 및 변제자력이 있는 자로 하여야 한다.
②보증인이 변제자력이 없게 된 때에는 채권자는 보증인의 변경을 청구할 수 있다.
③채권자가 보증인을 지명한 경우에는 전2항의 규정을 적용하지 아니한다.

제432조(타담보의 제공) 채무자는 다른 상당한 담보를 제공함으로써 보증인을 세울 의무를 면할 수 있다.

제433조(보증인과 주채무자항변권)
①보증인은 주채무자의 항변으로 채권자에게 대항할 수 있다.
②주채무자의 항변포기는 보증인에게 효력이 없다.

제434조(보증인과 주채무자상계권)
보증인은 주채무자의 채권에 의한 상계로 채권자에게 대항할 수 있다.

제435조(보증인과 주채무자의 취소권 등)
주채무자가 채권자에 대하여 취소권 또는 해제권이나 해지권이 있는 동안은 보증인은 채권자에 대하여 채무의 이행을 거절할 수 있다.

제436조 삭제 <2015.2.3.>

제436조의2(채권자의 정보제공의무와 통지의무 등) ①채권자는 보증계약을 체결할 때 보증계약의 체결 여부 또는 그 내용에 영향을 미칠 수 있는 주채무자의 채무 관련 신용정보를 보유하고 있거나 알고 있는 경우에는 보증인에게 그 정보를 알려야 한다. 보증계약을 갱신할

때에도 또한 같다.
②채권자는 보증계약을 체결한 후에 다음 각 호의 어느 하나에 해당하는 사유가 있는 경우에는 지체 없이 보증인에게 그 사실을 알려야 한다.
1. 주채무자가 원본, 이자, 위약금, 손해배상 또는 그 밖에 주채무에 종속한 채무를 3개월 이상 이행하지 아니하는 경우
2. 주채무자가 이행기에 이행할 수 없음을 미리 안 경우
3. 주채무자의 채무 관련 신용정보에 중대한 변화가 생겼음을 알게 된 경우
③채권자는 보증인의 청구가 있으면 주채무의 내용 및 그 이행 여부를 알려야 한다.
④채권자가 제1항부터 제3항까지의 규정에 따른 의무를 위반하여 보증인에게 손해를 입힌 경우에는 법원은 그 내용과 정도 등을 고려하여 보증채무를 감경하거나 면제할 수 있다.
[본조신설 2015.2.3.]

제437조(보증인의 최고, 검색의 항변)
채권자가 보증인에게 채무의 이행을 청구한 때에는 보증인은 주채무자의 변제자력이 있는 사실 및 그 집행이 용이할 것을 증명하여 먼저 주채무자에게 청구할 것과 그 재산에 대하여 집행할 것을 항변할 수 있다. 그러나 보증인이 주채무자와 연대하여 채무를 부담한 때에는 그러하지 아니하다.

제438조(최고, 검색의 해태의 효과) 전조의 규정에 의한 보증인의 항변에 불구하고 채권자의 해태로 인하여 채무자로부터 전부나 일부의 변제를 받지 못한 경우에는 채권자가 해태하지 아니하였으면 변제받았을 한도에서 보증인은 그 의무를 면한다.

제439조(공동보증의 분별의 이익) 수인의 보증인이 각자의 행위로 보증채무를 부담한 경우에도 제408조의 규정을 적용한다.

제440조(시효중단의 보증인에 대한 효력) 주채무자에 대한 시효의 중단은 보증인에 대하여 그 효력이 있다.

제441조(수탁보증인의 구상권) ①주채무자의 부탁으로 보증인이 된 자가 과실없이 변제 기타의 출재로 주채무를 소멸하게 한 때에는 주채무자에 대하여 구상권이 있다.
②제425조제2항의 규정은 전항의 경우에 준용한다.

제442조(수탁보증인의 사전구상권)
①주채무자의 부탁으로 보증인이 된 자는 다음 각호의 경우에 주채무자에 대하여 미리 구상권을 행사할 수 있다.
1. 보증인이 과실없이 채권자에게 변제할 재판을 받은 때
2. 주채무자가 파산선고를 받은 경우에 채권자가 파산재단에 가입하지 아니한 때
3. 채무의 이행기가 확정되지 아니하고 그 최장기도 확정할 수 없는 경우에 보증계약후 5년을 경과한 때
4. 채무의 이행기가 도래한 때
②전항제4호의 경우에는 보증계약후에 채권자가 주채무자에게 허여한 기한으로 보증인에게 대항하지 못한다.

제443조(주채무자의 면책청구) 전조의 규정에 의하여 주채무자가 보증인에게 배상하는 경우에 주채무자는 자기를 면책하게 하거나 자기에게 담보를 제공할 것을 보증인에게 청구할 수 있고 또는 배상할 금액을 공탁하거나 담보를 제공하거나 보증인을 면책하게 함으로써 그 배상의무를 면할 수 있다.

제444조(부탁없는 보증인의 구상권)
①주채무자의 부탁없이 보증인이 된 자가 변제 기타 자기의 출재로 주채무를 소멸하게 한 때에는 주채무자는 그 당시에 이익을 받은 한도에서 배상하여야 한다.
②주채무자의 의사에 반하여 보증인이 된 자가 변제 기타 자기의 출재로 주채무를 소멸하게 한 때에는 주채무자는 현존이익의 한도에서 배상하여야 한다.
③전항의 경우에 주채무자가 구상한 날 이전에 상계원인이 있음을 주장한 때에는 그 상계로 소멸할 채권은 보증인에게 이전된다.

제445조(구상요건으로서의 통지) ①보증인이 주채무자에게 통지하지 아니하고 변제 기타 자기의 출재로 주채무를 소멸하게 한 경우에 주채무자가 채권자에게 대항할 수 있는 사유가 있었을 때에는 이 사유로 보증인에게 대항할 수 있고 그 대항사유가 상계인 때에는 상계로 소멸할 채권은 보증인에게 이전된다.
②보증인이 변제 기타 자기의 출재로 면책되었음을 주채무자에게 통지하지 아니한 경우에 주채무자가 선의로 채권자에게 변제 기타 유상의 면책행위를 한 때에는 주채무자는 자기의 면책행위의 유효를 주장할 수 있다.

제446조(주채무자의 보증인에 대한 면책통지의무) 주채무자가 자기의 행위로 면책하였음을 그 부탁으로 보증인이 된 자에게 통지하지 아니한 경우에 보증인이 선의로 채권자에게 변제 기타 유상의 면책행위를 한 때에는 보증인은 자기의 면책행위의 유효를 주장할 수 있다.

제447조(연대, 불가분채무의 보증인의 구상권) 어느 연대채무자나 어느 불가분채무자를 위하여 보증인이 된 자는 다른 연대채무자나 다른 불가분채무자에 대하여 그 부담부분에 한하여 구상권이 있다.

제448조(공동보증인간의 구상권) ①수인의 보증인이 있는 경우에 어느 보증인이 자기의 부담부분을 넘은 변제를 한 때에는 제444조의 규정을 준용한다.
②주채무가 불가분이거나 각 보증인이 상호연대로 또는 주채무자와 연대로 채무를 부담한 경우에 어느 보증인이 자기의 부담부분을 넘은 변제를 한 때에는 제425조 내지 제427조의 규정을 준용한다.

제4절 채권의 양도

제449조(채권의 양도성) ①채권은 양도할 수 있다. 그러나 채권의 성질이 양도를 허용하지 아니하는 때에는 그러하지 아니하다.
②채권은 당사자가 반대의 의사를 표시한 경우에는 양도하지 못한다. 그러나 그 의사표시로써 선의의 제삼자에게 대항하지 못한다.

제450조(지명채권양도의 대항요건)
①지명채권의 양도는 양도인이 채무자에게 통지하거나 채무자가 승낙하지 아니하면 채무자 기타 제삼자에게 대항하지 못한다.
②전항의 통지나 승낙은 확정일자있는 증서에 의하지 아니하면 채무자 이외의 제삼자에게 대항하지 못한다.

제451조(승낙, 통지의 효과) ①채무자가 이의를 보류하지 아니하고 전조의 승낙을 한 때에는 양도인에게 대항할 수 있는 사유로써 양수인에게 대항하지 못한다. 그러나 채무자가 채무를 소멸하게 하기 위하여 양도인에게 급여한 것이 있으면 이를 회수할 수 있고 양도인에 대하여 부담한 채무가 있으면 그 성립되지 아니함을 주장할 수 있다.

②양도인이 양도통지만을 한 때에는 채무자는 그 통지를 받은 때까지 양도인에 대하여 생긴 사유로써 양수인에게 대항할 수 있다.

제452조(양도통지와 금반언) ①양도인이 채무자에게 채권양도를 통지한 때에는 아직 양도하지 아니하였거나 그 양도가 무효인 경우에도 선의인 채무자는 양수인에게 대항할 수 있는 사유로 양도인에게 대항할 수 있다.
②전항의 통지는 양수인의 동의가 없으면 철회하지 못한다.

제5절 채무의 인수

제453조(채권자와의 계약에 의한 채무인수)
①제삼자는 채권자와의 계약으로 채무를 수하여 채무자의 채무를 면하게 할 수 있다. 그러나 채무의 성질이 인수를 허용하지 아니하는 때에는 그러하지 아니하다.
②이해관계없는 제삼자는 채무자의 의사에 반하여 채무를 인수하지 못한다.

제454조(채무자와의 계약에 의한 채무인수)
①제삼자가 채무자와의 계약으로 채무를 인수한 경우에는 채권자의 승낙에 의하여 그 효력이 생긴다.
②채권자의 승낙 또는 거절의 상대방은 채무자나 제삼자이다.

제455조(승낙여부의 최고) ①전조의 경우에 제삼자나 채무자는 상당한 기간을 정하여 승낙여부의 확답을 채권자에게 최고할 수 있다.
②채권자가 그 기간내에 확답을 발송하지 아니한 때에는 거절한 것으로 본다.

제456조(채무인수의 철회, 변경) 제삼자와 채무자간의 계약에 의한 채무인수는 채권자의 승낙이 있을 때까지 당사자는 이를 철회하거나 변경할 수 있다.

제457조(채무인수의 소급효) 채권자의 채무인수에 대한 승낙은 다른 의사표시가 없으면 채무를 인수한 때에 소급하여 그 효력이 생긴다. 그러나 제삼자의 권리를 침해하지 못한다.

제458조(전채무자의 항변사유) 인수인은 전채무자의 항변할 수 있는 사유로 채권자에게 대항할 수 있다.

제459조(채무인수와 보증, 담보의 소멸) 전채무자의 채무에 대한 보증이나 제삼자가 제공한 담보는 채무인수로 인하여 소멸한다. 그러나 보증인이나 제삼자가 채무인수에 동의한 경우에는 그러하지 아니하다.

제6절 채권의 소멸

제1관 변제

제460조(변제제공의 방법) 변제는 채무내용에 좇은 현실제공으로 이를 하여야 한다. 그러나 채권자가 미리 변제받기를 거절하거나 채무의 이행에 채권자의 행위를 요하는 경우에는 변제준비의 완료를 통지하고 그 수령을 최고하면 된다.

제461조(변제제공의 효과) 변제의 제공은 그때로부터 채무불이행의 책임을 면하게 한다.

제462조(특정물의 현상인도) 특정물의 인도가 채권의 목적인 때에는 채무자는 이행기의 현상대로 그 물건을 인도하여야 한다.

제463조(변제로서의 타인의 물건의 인도)
채무의 변제로 타인의 물건을 인도한 채무자는 다시 유효한 변제를 하지 아니하면 그 물건의 반환을 청구하지 못한다.

제464조(양도능력없는 소유자의 물건인도)
양도할 능력없는 소유자가 채무의 변제로 물건을 인도한 경우에는 그 변제가 취소된 때에도 다시 유효한 변제를 하지 아니하면 그 물건의 반환을 청구하지 못한다.

제465조(채권자의 선의소비, 양도와 구상권)
①전2조의 경우에 채권자가 변제로 받은 물건을 선의로 소비하거나 타인에게 양도한 때에는 그 변제는 효력이 있다.
②전항의 경우에 채권자가 제삼자로부터 배상의 청구를 받은 때에는 채무자에 대하여 구상권을 행사할 수 있다.

제466조(대물변제) 채무자가 채권자의 승낙을 얻어 본래의 채무이행에 갈음하여 다른 급여를 한 때에는 변제와 같은 효력이 있다. <개정 2014.12.30.>

판례-약정금

[대법원 2015.8.27, 선고, 2013다28247, 판결]

【판시사항】
[1] 채무자가 채무와 관련하여 채권자에게 채무자 소유의 재산을 양도하기로 약정한 경우, 그것이 대물변제인지 종전 채무의 담보인지 판단하는 방법
[2] 매매예약이 성립한 이후 상대방의 매매예약 완결의 의사표시 전에 목적물이 멸실 기타의 사유로 이전할 수 없게 되어 예약 완결권의 행사가 이행불능이 된 경우, 그 후 이루어진 매매예약 완결의 의사표시로 매매의 효력이 생기는지 여부(소극) 및 이때 이행불능의 의미

【판결요지】
[1] 채무자가 채무와 관련하여 채권자에게 채무자 소유의 재산을 양도하기로 약정한 경우에, 그것이 종전 채무의 변제에 갈음하여 대물변제 조로 양도하기로 한 것인지 아니면 종전 채무의 담보를 위하여 추후 청산절차를 유보하고 양도하기로 한 것인지는 약정 당시의 당사자 의사해석에 관한 문제이다. 이에 관하여 명확한 증명이 없는 경우에는, 약정에 이르게 된 경위 및 당시의 상황, 양도 당시의 채무액과 양도목적물의 가액, 양도 후의 이자 등 채무 변제 내용, 양도 후의 양도목적물의 지배 및 처분관계 등 여러 사정을 종합하여 그것이 담보 목적인지를 가려야 한다.
[2] 매매예약이 성립한 이후 상대방의 매매예약 완결의 의사표시 전에 목적물이 멸실 기타의 사유로 이전할 수 없게 되어 예약 완결권의 행사가 이행불능이 된 경우에는 예약 완결권을 행사할 수 없고, 이행불능 이후에 상대방이 매매예약 완결의 의사표시를 하여도 매매의 효력이 생기지 아니한다. 그리고 채무의 이행이 불능이라는 것은 단순히 절대적·물리적으로 불능인 경우가 아니라 사회생활의 경험법칙 또는 거래상의 관념에 비추어 볼 때 채권자가 채무자의 이행의 실현을 기대할 수 없는 경우를 말한다.

제467조(변제의 장소) ①채무의 성질 또는 당사자의 의사표시로 변제장소를 정하지 아니한 때에는 특정물의 인도는 채권성립당시에 그 물건이 있던 장소에서 하여야 한다.
②전항의 경우에 특정물인도 이외의 채무변제는 채권자의 현주소에서 하여야 한다. 그러나 영업에 관한 채무의 변제는 채권자의 현영업소에서 하여야 한다.

제468조(변제기전의 변제) 당사자의 특별한 의사표시가 없으면 변제기전이라도 채무자는 변제할 수 있다. 그러나 상대방의 손해는 배상하여야 한다.

제469조(제삼자의 변제) ①채무의 변제는 제삼자도 할 수 있다. 그러나 채무의 성질 또는 당사자의 의사표시로 제삼자의 변제를 허용하지 아니하는 때에는 그러하지 아니하다.
②이해관계없는 제삼자는 채무자의 의사에 반하여 변제하지 못한다.

제470조(채권의 준점유자에 대한 변제)
채권의 준점유자에 대한 변제는 변제자가 선의이며 과실없는 때에 한하여 효력이 있다.

제471조(영수증소지자에 대한 변제) 영수증을 소지한 자에 대한 변제는 그 소지자가 변제를 받을 권한이 없는 경우에도 효력이 있다. 그러나 변제자가 그 권한없음을 알았거나 알 수 있었을 경우에는 그러하지 아니하다.

제472조(권한없는 자에 대한 변제) 전2조의 경우외에 변제받을 권한없는 자에 대한 변제는 채권자가 이익을 받은 한도에서 효력이 있다.

제473조(변제비용의 부담) 변제비용은 다른 의사표시가 없으면 채무자의 부담으로 한다. 그러나 채권자의 주소이전 기타의 행위로 인하여 변제비용이 증가된 때에는 그 증가액은 채권자의 부담으로 한다.

제474조(영수증청구권) 변제자는 변제를 받는 자에게 영수증을 청구할 수 있다.

제475조(채권증서반환청구권) 채권증서가 있는 경우에 변제자가 채무전부를 변제한 때에는 채권증서의 반환을 청구할 수 있다. 채권이 변제 이외의 사유로 전부 소멸한 때에도 같다.

제476조(지정변제충당) ①채무자가 동일한 채권자에 대하여 같은 종류를 목적으로 한 수개의 채무를 부담한 경우에 변제의 제공이 그 채무전부를 소멸하게 하지 못하는 때에는 변제자는 그 당시 어느 채무를 지정하여 그 변제에 충당할 수 있다.
②변제자가 전항의 지정을 하지 아니할 때에는 변제받는 자는 그 당시 어느 채무를 지정하여 변제에 충당할 수 있다. 그러나 변제자가 그 충당에 대하여 즉시 이의를 한 때에는 그러하지 아니하다.
③전2항의 변제충당은 상대방에 대한 의사표시로써 한다.

제477조(법정변제충당) 당사자가 변제에 충당할 채무를 지정하지 아니한 때에는 다음 각 호의 규정에 의한다.
1. 채무중에 이행기가 도래한 것과 도래하지 아니한 것이 있으면 이행기가 도래한 채무의 변제에 충당한다.
2. 채무전부의 이행기가 도래하였거나 도래하지 아니한 때에는 채무자에게 변제이익이 많은 채무의 변제에 충당한다.
3. 채무자에게 변제이익이 같으면 이행기가 먼저 도래한 채무나 먼저 도래할 채무의 변제에 충당한다.
4. 전2호의 사항이 같은 때에는 그 채무액에 비례하여 각 채무의 변제에 충당한다.

제478조(부족변제의 충당) 1개의 채무에 수개의 급여를 요할 경우에 변제자가 그 채무전부를 소멸하게 하지 못한 급여를 한 때에는 전2조의 규정을 준용한다.

제479조(비용, 이자, 원본에 대한 변제충당의 순서) ①채무자가 1개 또는 수개의 채무의 비

용 및 이자를 지급할 경우에 변제자가 그 전부를 소멸하게 하지 못한 급여를 한 때에는 비용, 이자, 원본의 순서로 변제에 충당하여야 한다.
②전항의 경우에 제477조의 규정을 준용한다.

제480조(변제자의 임의대위) ①채무자를 위하여 변제한 자는 변제와 동시에 채권자의 승낙을 얻어 채권자를 대위할 수 있다.
②전항의 경우에 제450조 내지 제452조의 규정을 준용한다.

제481조(변제자의 법정대위) 변제할 정당한 이익이 있는 자는 변제로 당연히 채권자를 대위한다.

제482조(변제자대위의 효과, 대위자간의 관계)
①전2조의 규정에 의하여 채권자를 대위한 자는 자기의 권리에 의하여 구상할 수 있는 범위에서 채권 및 그 담보에 관한 권리를 행사할 수 있다.
②전항의 권리행사는 다음 각호의 규정에 의하여야 한다.
1. 보증인은 미리 전세권이나 저당권의 등기에 그 대위를 부기하지 아니하면 전세물이나 저당물에 권리를 취득한 제삼자에 대하여 채권자를 대위하지 못한다.
2. 제삼취득자는 보증인에 대하여 채권자를 대위하지 못한다.
3. 제삼취득자 중의 1인은 각 부동산의 가액에 비례하여 다른 제삼취득자에 대하여 채권자를 대위한다.
4. 자기의 재산을 타인의 채무의 담보로 제공한 자가 수인인 경우에는 전호의 규정을 준용한다.
5. 자기의 재산을 타인의 채무의 담보로 제공한 자와 보증인간에는 그 인원수에 비례하여 채권자를 대위한다. 그러나 자기의 재산을 타인의 채무의 담보로 제공한 자가 수인인 때에는 보증인의 부담부분을 제외하고 그 잔액에 대하여 각 재산의 가액에 비례하여 대위한다. 이 경우에 그 재산이 부동산인 때에는 제1호의 규정을 준용한다.

제483조(일부의 대위) ①채권의 일부에 대하여 대위변제가 있는 때에는 대위자는 그 변제한 가액에 비례하여 채권자와 함께 그 권리를 행사한다.
②전항의 경우에 채무불이행을 원인으로 하는 계약의 해지 또는 해제는 채권자만이 할 수 있고 채권자는 대위자에게 그 변제한 가액과 이자를 상환하여야 한다.

제484조(대위변제와 채권증서, 담보물)
①채권전부의 대위변제를 받은 채권자는 그 채권에 관한 증서 및 점유한 담보물을 대위자에게 교부하여야 한다.
②채권의 일부에 대한 대위변제가 있는 때에는 채권자는 채권증서에 그 대위를 기입하고 자기가 점유한 담보물의 보존에 관하여 대위자의 감독을 받아야 한다.

제485조(채권자의 담보상실, 감소행위와 법정대위자의 면책) 제481조의 규정에 의하여 대위할 자가 있는 경우에 채권자의 고의나 과실로 담보가 상실되거나 감소된 때에는 대위할 자는 그 상실 또는 감소로 인하여 상환을 받을 수 없는 한도에서 그 책임을 면한다.

제486조(변제 이외의 방법에 의한 채무소멸과 대위) 제삼자가 공탁 기타 자기의 출재로 채무자의 채무를 면하게 한 경우에도 전6조의 규정을 준용한다.

제2관 공탁

제487조(변제공탁의 요건, 효과) 채권자가 변제를 받지 아니하거나 받을 수 없는 때에는 변제자

는 채권자를 위하여 변제의 목적물을 공탁하여 그 채무를 면할 수 있다. 변제자가 과실없이 채권자를 알 수 없는 경우에도 같다.

제488조(공탁의 방법) ①공탁은 채무이행지의 공탁소에 하여야 한다.
②공탁소에 관하여 법률에 특별한 규정이 없으면 법원은 변제자의 청구에 의하여 공탁소를 지정하고 공탁물보관자를 선임하여야 한다.
③공탁자는 지체없이 채권자에게 공탁통지를 하여야 한다.

제489조(공탁물의 회수) ①채권자가 공탁을 승인하거나 공탁소에 대하여 공탁물을 받기를 통고하거나 공탁유효의 판결이 확정되기까지는 변제자는 공탁물을 회수할 수 있다. 이 경우에는 공탁하지 아니한 것으로 본다.
②전항의 규정은 질권 또는 저당권이 공탁으로 인하여 소멸한 때에는 적용하지 아니한다.

제490조(자조매각금의 공탁) 변제의 목적물이 공탁에 적당하지 아니하거나 멸실 또는 훼손될 염려가 있거나 공탁에 과다한 비용을 요하는 경우에는 변제자는 법원의 허가를 얻어 그 물건을 경매하거나 시가로 방매하여 대금을 공탁할 수 있다.

제491조(공탁물수령과 상대의무이행) 채무자가 채권자의 상대의무이행과 동시에 변제할 경우에는 채권자는 그 의무이행을 하지 아니하면 공탁물을 수령하지 못한다.

제3관 상계

제492조(상계의 요건) ①쌍방이 서로 같은 종류를 목적으로 한 채무를 부담한 경우에 그 쌍방의 채무의 이행기가 도래한 때에는 각 채무자는 대등액에 관하여 상계할 수 있다. 그러나 채무의 성질이 상계를 허용하지 아니할 때에는 그러하지 아니하다.
②전항의 규정은 당사자가 다른 의사를 표시한 경우에는 적용하지 아니한다. 그러나 그 의사표시로써 선의의 제삼자에게 대항하지 못한다.

제493조(상계의 방법, 효과) ①상계는 상대방에 대한 의사표시로 한다. 이 의사표시에는 조건 또는 기한을 붙이지 못한다.
②상계의 의사표시는 각 채무가 상계할 수 있는 때에 대등액에 관하여 소멸한 것으로 본다.

제494조(이행지를 달리하는 채무의 상계)
각 채무의 이행지가 다른 경우에도 상계할 수 있다. 그러나 상계하는 당사자는 상대방에게 상계로 인한 손해를 배상하여야 한다.

제495조(소멸시효완성된 채권에 의한 상계)
소멸시효가 완성된 채권이 그 완성전에 상계할 수 있었던 것이면 그 채권자는 상계할 수 있다.

제496조(불법행위채권을 수동채권으로 하는 상계의 금지) 채무가 고의의 불법행위로 인한 것인 때에는 그 채무자는 상계로 채권자에게 대항하지 못한다.

제497조(압류금지채권을 수동채권으로 하는 상계의 금지) 채권이 압류하지 못할 것인 때에는 그 채무자는 상계로 채권자에게 대항하지 못한다.

제498조(지급금지채권을 수동채권으로 하는 상계의 금지) 지급을 금지하는 명령을 받은 제삼채무자는 그 후에 취득한 채권에 의한 상계로 그 명령을 신청한 채권자에게 대항하지 못한다.

제499조(준용규정) 제476조 내지 제479조의 규정은 상계에 준용한다.

제4관 경개

제500조(경개의 요건, 효과) 당사자가 채무의 중요한 부분을 변경하는 계약을 한 때에는 구채무는 경개로 인하여 소멸한다.

제501조(채무자변경으로 인한 경개) 채무자의 변경으로 인한 경개는 채권자와 신채무자간의 계약으로 이를 할 수 있다. 그러나 구채무자의 의사에 반하여 이를 하지 못한다.

제502조(채권자변경으로 인한 경개)
채권자의 변경으로 인한 경개는 확정일자있는 증서로 하지 아니하면 이로써 제삼자에게 대항하지 못한다.

제503조(채권자변경의 경개와 채무자승낙의 효과) 제451조제1항의 규정은 채권자의 변경으로 인한 경개에 준용한다.

제504조(구채무불소멸의 경우) 경개로 인한 신채무가 원인의 불법 또는 당사자가 알지 못한 사유로 인하여 성립되지 아니하거나 취소된 때에는 구채무는 소멸되지 아니한다.

제505조(신채무에의 담보이전) 경개의 당사자는 구채무의 담보를 그 목적의 한도에서 신채무의 담보로 할 수 있다. 그러나 제삼자가 제공한 담보는 그 승낙을 얻어야 한다.

제5관 면제

제506조(면제의 요건, 효과) 채권자가 채무자에게 채무를 면제하는 의사를 표시한 때에는 채권은 소멸한다. 그러나 면제로써 정당한 이익을 가진 제삼자에게 대항하지 못한다.

제6관 혼동

제507조(혼동의 요건, 효과) 채권과 채무가 동일한 주체에 귀속한 때에는 채권은 소멸한다. 그러나 그 채권이 제삼자의 권리의 목적인 때에는 그러하지 아니하다.

제7절 지시채권

제508조(지시채권의 양도방식) 지시채권은 그 증서에 배서하여 양수인에게 교부하는 방식으로 양도할 수 있다.

제509조(환배서) ①지시채권은 그 채무자에 대하여도 배서하여 양도할 수 있다.
②배서로 지시채권을 양수한 채무자는 다시 배서하여 이를 양도할 수 있다.

제510조(배서의 방식) ①배서는 증서 또는 그 보충지에 그 뜻을 기재하고 배서인이 서명 또는 기명날인함으로써 이를 한다.

②배서는 피배서인을 지정하지 아니하고 할 수 있으며 또 배서인의 서명 또는 기명날인만으로 할 수 있다.

제511조(약식배서의 처리방식) 배서가 전조제2항의 약식에 의한 때에는 소지인은 다음 각호의 방식으로 처리할 수 있다.
1. 자기나 타인의 명칭을 피배서인으로 기재할 수 있다.
2. 약식으로 또는 타인을 피배서인으로 표시하여 다시 증서에 배서할 수 있다.
3. 피배서인을 기재하지 아니하고 배서없이 증서를 제삼자에게 교부하여 양도할 수 있다.

제512조(소지인출급배서의 효력) 소지인출급의 배서는 약식배서와 같은 효력이 있다.

제513조(배서의 자격수여력) ①증서의 점유자가 배서의 연속으로 그 권리를 증명하는 때에는 적법한 소지인으로 본다. 최후의 배서가 약식인 경우에도 같다.
②약식배서 다음에 다른 배서가 있으면 그 배서인은 약식배서로 증서를 취득한 것으로 본다.
③말소된 배서는 배서의 연속에 관하여 그 기재가 없는 것으로 본다.

제514조(동전-선의취득) 누구든지 증서의 적법한 소지인에 대하여 그 반환을 청구하지 못한다. 그러나 소지인이 취득한 때에 양도인이 권리없음을 알았거나 중대한 과실로 알지 못한 때에는 그러하지 아니하다.

제515조(이전배서와 인적항변) 지시채권의 채무자는 소지인의 전자에 대한 인적관계의 항변으로 소지인에게 대항하지 못한다. 그러나 소지인이 그 채무자를 해함을 알고 지시채권을 취득한 때에는 그러하지 아니하다.

제516조(변제의 장소) 증서에 변제장소를 정하지 아니한 때에는 채무자의 현영업소를 변제장소로 한다. 영업소가 없는 때에는 현주소를 변제장소로 한다.

제517조(증서의 제시와 이행지체) 증서에 변제기한이 있는 경우에도 그 기한이 도래한 후에 소지인이 증서를 제시하여 이행을 청구한 때로부터 채무자는 지체책임이 있다.

제518조(채무자의 조사권리의무) 채무자는 배서의 연속여부를 조사할 의무가 있으며 배서인의 서명 또는 날인의 진위나 소지인의 진위를 조사할 권리는 있으나 의무는 없다. 그러나 채무자가 변제하는 때에 소지인이 권리자아님을 알았거나 중대한 과실로 알지 못한 때에는 그 변제는 무효로 한다.

제519조(변제와 증서교부) 채무자는 증서와 교환하여서만 변제할 의무가 있다.

제520조(영수의 기입청구권) ①채무자는 변제하는 때에 소지인에 대하여 증서에 영수를 증명하는 기재를 할 것을 청구할 수 있다.
②일부변제의 경우에 채무자의 청구가 있으면 채권자는 증서에 그 뜻을 기재하여야 한다.

제521조(공시최고절차에 의한 증서의 실효)
멸실한 증서나 소지인의 점유를 이탈한 증서는 공시최고의 절차에 의하여 무효로 할 수 있다.

제522조(공시최고절차에 의한 공탁, 변제)
공시최고의 신청이 있는 때에는 채무자로 하여금 채무의 목적물을 공탁하게 할 수 있고 소지인이 상당한 담보를 제공하면 변제하게 할 수 있다.

제8절 무기명채권

제523조(무기명채권의 양도방식) 무기명채권은 양수인에게 그 증서를 교부함으로써 양도의 효력이 있다.

제524조(준용규정) 제514조 내지 제522조의 규정은 무기명채권에 준용한다.

제525조(지명소지인출급채권) 채권자를 지정하고 소지인에게도 변제할 것을 부기한 증서는 무기명채권과 같은 효력이 있다.

제526조(면책증서) 제516조, 제517조 및 제520조의 규정은 채무자가 증서소지인에게 변제하여 그 책임을 면할 목적으로 발행한 증서에 준용한다.

제2장 계약

제1절 총칙

제1관 계약의 성립

제527조(계약의 청약의 구속력) 계약의 청약은 이를 철회하지 못한다.

제528조(승낙기간을 정한 계약의 청약)
①승낙의 기간을 정한 계약의 청약은 청약자가 그 기간 내에 승낙의 통지를 받지 못한 때에는 그 효력을 잃는다.
②승낙의 통지가 전항의 기간후에 도달한 경우에 보통 그 기간내에 도달할 수 있는 발송인 때에는 청약자는 지체없이 상대방에게 그 연착의 통지를 하여야 한다. 그러나 그 도달전에 지연의 통지를 발송한 때에는 그러하지 아니하다.
③청약자가 전항의 통지를 하지 아니한 때에는 승낙의 통지는 연착되지 아니한 것으로 본다.

제529조(승낙기간을 정하지 아니한 계약의 청약) 승낙의 기간을 정하지 아니한 계약의 청약은 청약자가 상당한 기간내에 승낙의 통지를 받지 못한 때에는 그 효력을 잃는다.

제530조(연착된 승낙의 효력) 전2조의 경우에 연착된 승낙은 청약자가 이를 새 청약으로 볼 수 있다.

제531조(격지자간의 계약성립시기) 격지자간의 계약은 승낙의 통지를 발송한 때에 성립한다.

제532조(의사실현에 의한 계약성립) 청약자의 의사표시나 관습에 의하여 승낙의 통지가 필요하지 아니한 경우에는 계약은 승낙의 의사표시로 인정되는 사실이 있는 때에 성립한다.

제533조(교차청약) 당사자간에 동일한 내용의 청약이 상호교차된 경우에는 양청약이 상대방에게 도달한 때에 계약이 성립한다.

제534조(변경을 가한 승낙) 승낙자가 청약에 대하여 조건을 붙이거나 변경을 가하여 승낙한 때에는 그 청약의 거절과 동시에 새로 청약한 것으로 본다.

제535조(계약체결상의 과실) ①목적이 불능한 계약을 체결할 때에 그 불능을 알았거나 알 수 있었을 자는 상대방이 그 계약의 유효를 믿었음으로 인하여 받은 손해를 배상하여야 한다. 그러나 그 배상액은 계약이 유효함으로 인하여 생길 이익액을 넘지 못한다.
②전항의 규정은 상대방이 그 불능을 알았거나 알 수 있었을 경우에는 적용하지 아니한다.

제2관 계약의 효력

제536조(동시이행의 항변권) ①쌍무계약의 당사자 일방은 상대방이 그 채무이행을 제공할 때 까지 자기의 채무이행을 거절할 수 있다. 그러나 상대방의 채무가 변제기에 있지 아니하는 때에는 그러하지 아니하다.
②당사자 일방이 상대방에게 먼저 이행하여야 할 경우에 상대방의 이행이 곤란할 현저한 사유가 있는 때에는 전항 본문과 같다.

제537조(채무자위험부담주의) 쌍무계약의 당사자 일방의 채무가 당사자쌍방의 책임없는 사유로 이행할 수 없게 된 때에는 채무자는 상대방의 이행을 청구하지 못한다.

제538조(채권자귀책사유로 인한 이행불능)
①쌍무계약의 당사자 일방의 채무가 채권자의 책임있는 사유로 이행할 수 없게 된 때에는 채무자는 상대방의 이행을 청구할 수 있다. 채권자의 수령지체 중에 당사자쌍방의 책임없는 사유로 이행할 수 없게 된 때에도 같다.
②전항의 경우에 채무자는 자기의 채무를 면함으로써 이익을 얻은 때에는 이를 채권자에게 상환하여야 한다.

판례-임금

[대법원 2014.3.13, 선고, 2011다95519, 판결]

【판시사항】
근로자가 부당해고로 지급받지 못한 연차휴가수당을 산정할 때 사용자의 부당해고로 근로자가 출근하지 못한 기간을 연간 소정근로일수 및 출근일수에 모두 산입하여야 하는지 여부(적극) 및 부당해고기간이 연간 총근로일수 전부를 차지하고 있는 경우에도 마찬가지인지 여부(적극)

【판결요지】
사용자가 근로자를 해고하였으나 해고에 정당한 이유가 없어 무효인 경우에 근로자는 부당해고기간 동안에 정상적으로 일을 계속하였더라면 받을 수 있었던 임금을 모두 지급받을 수 있다. 해고 근로자가 해고기간 동안 근무를 하지는 않았다고 하더라도 해고가 무효인 이상 그동안 사용자와의 근로관계는 계속되고 있는 것이고, 근로자가 해고기간 동안 근무를 하지 못한 것은 근로자를 부당하게 해고한 사용자에게 책임 있는 사유로 인한 것이기 때문이다.
따라서 근로자가 부당해고로 인하여 지급받지 못한 임금이 연차휴가수당인 경우에도 해당 근로자의 연간 소정근로일수와 출근일수를 고려하여 근로기준법 제60조 제1항의 요건을 충족하면 연차유급휴가가 부여되는 것을 전제로 연차휴가수당을 지급하여야 하고, 이를 산정하기 위한 연간 소정근로일수와 출근일수를 계산할 때 사용자의 부당해고로 인하여 근로자가 출근하지 못한 기간을 근로자에 대하여 불리하게 고려할 수는 없으므로 그 기간은 연간 소정근로일수 및 출근일수에 모두 산입되는 것으로 보는 것이 타당하며, 설령 부당해고기간이 연간 총근로일수 전부를 차지하고 있는 경우에도 달리 볼 수는 없다.

제539조(제삼자를 위한 계약) ①계약에 의하여 당사자 일방이 제삼자에게 이행할 것을 약정한 때에는 그 제삼자는 채무자에게 직접 그 이행을 청구할 수 있다.
②전항의 경우에 제삼자의 권리는 그 제삼자가 채무자에 대하여 계약의 이익을 받을 의사

를 표시한 때에 생긴다.

판례-임대차보증금

[대법원 2002.1.25. 선고 2001다30285 판결]

【판시사항】
[1] 제3자를 위한 계약에 있어 제3자의 권리를 변경·소멸시키는 행위의 효력
[2] 제3자를 위한 계약으로 생긴 제3자의 권리를 변경·소멸시키는 행위에 대하여 제3자의 묵시적 추인이 있었다고 본 원심을 파기한 사례

【판결요지】
[1] 제3자를 위한 계약에 있어서, 제3자가 민법 제539조 제2항에 따라 수익의 의사표시를 함으로써 제3자에게 권리가 확정적으로 귀속된 경우에는, 요약자와 낙약자의 합의에 의하여 제3자의 권리를 변경·소멸시킬 수 있음을 미리 유보하였거나, 제3자의 동의가 있는 경우가 아니면 계약의 당사자인 요약자와 낙약자는 제3자의 권리를 변경·소멸시키지 못하고, 만일 계약의 당사자가 제3자의 권리를 임의로 변경·소멸시키는 행위를 한 경우 이는 제3자에 대하여 효력이 없다.
[2] 제3자를 위한 계약으로 생긴 제3자의 권리를 변경·소멸시키는 행위에 대하여 제3자의 묵시적 추인이 있었다고 본 원심을 파기한 사례.

제540조(채무자의 제삼자에 대한 최고권)
전조의 경우에 채무자는 상당한 기간을 정하여 계약의 이익의 향수여부의 확답을 제삼자에게 최고할 수 있다. 채무자가 그 기간내에 확답을 받지 못한 때에는 제삼자가 계약의 이익을 받을 것을 거절한 것으로 본다.

제541조(제삼자의 권리의 확정) 제539조의 규정에 의하여 제삼자의 권리가 생긴 후에는 당사자는 이를 변경 또는 소멸시키지 못한다.

제542조(채무자의 항변권) 채무자는 제539조의 계약에 기한 항변으로 그 계약의 이익을 받을 제삼자에게 대항할 수 있다.

제3관 계약의 해지, 해제

제543조(해지, 해제권) ①계약 또는 법률의 규정에 의하여 당사자의 일방이나 쌍방이 해지 또는 해제의 권리가 있는 때에는 그 해지 또는 해제는 상대방에 대한 의사표시로 한다.
②전항의 의사표시는 철회하지 못한다.

제544조(이행지체와 해제) 당사자 일방이 그 채무를 이행하지 아니하는 때에는 상대방은 상당한 기간을 정하여 그 이행을 최고하고 그 기간내에 이행하지 아니한 때에는 계약을 해제할 수 있다. 그러나 채무자가 미리 이행하지 아니할 의사를 표시한 경우에는 최고를 요하지 아니한다.

제545조(정기행위와 해제) 계약의 성질 또는 당사자의 의사표시에 의하여 일정한 시일 또는 일정한 기간내에 이행하지 아니하면 계약의 목적을 달성할 수 없을 경우에 당사자 일방이 그 시기에 이행하지 아니한 때에는 상대방은 전조의 최고를 하지 아니하고 계약을 해제할 수 있다.

제546조(이행불능과 해제) 채무자의 책임있는 사유로 이행이 불능하게 된 때에는 채권자는 계약을 해제할 수 있다.

第547条(해지, 해제권의 불가분성)
①당사자의 일방 또는 쌍방이 수인인 경우에는 계약의 해지나 해제는 그 전원으로부터 또는 전원에 대하여 하여야 한다.
②전항의 경우에 해지나 해제의 권리가 당사자 1인에 대하여 소멸한 때에는 다른 당사자에 대하여도 소멸한다.

第548条(해제의 효과, 원상회복의무)
①당사자 일방이 계약을 해제한 때에는 각 당사자는 그 상대방에 대하여 원상회복의 의무가 있다. 그러나 제삼자의 권리를 해하지 못한다.
②전항의 경우에 반환할 금전에는 그 받은 날로부터 이자를 가하여야 한다.

第549条(원상회복의무와 동시이행) 第536조의 규정은 전조의 경우에 준용한다.

第550条(해지의 효과) 당사자 일방이 계약을 해지한 때에는 계약은 장래에 대하여 그 효력을 잃는다.

第551条(해지, 해제와 손해배상) 계약의 해지 또는 해제는 손해배상의 청구에 영향을 미치지 아니한다.

第552条(해제권행사여부의 최고권) ①해제권의 행사의 기간을 정하지 아니한 때에는 상대방은 상당한 기간을 정하여 해제권행사여부의 확답을 해제권자에게 최고할 수 있다.
②전항의 기간내에 해제의 통지를 받지 못한 때에는 해제권은 소멸한다.

第553条(훼손 등으로 인한 해제권의 소멸)
해제권자의 고의나 과실로 인하여 계약의 목적물이 현저히 훼손되거나 이를 반환할 수 없게 된 때 또는 가공이나 개조로 인하여 다른 종류의 물건으로 변경된 때에는 해제권은 소멸한다.

제2절 증여

第554条(증여의 의의) 증여는 당사자 일방이 무상으로 재산을 상대방에 수여하는 의사를 표시하고 상대방이 이를 승낙함으로써 그 효력이 생긴다.

第555条(서면에 의하지 아니한 증여와 해제)
증여의 의사가 서면으로 표시되지 아니한 경우에는 각 당사자는 이를 해제할 수 있다.

第556条(수증자의 행위와 증여의 해제)
①수증자가 증여자에 대하여 다음 각호의 사유가 있는 때에는 증여자는 그 증여를 해제할 수 있다.
1. 증여자 또는 그 배우자나 직계혈족에 대한 범죄행위가 있는 때
2. 증여자에 대하여 부양의무있는 경우에 이를 이행하지 아니하는 때
②전항의 해제권은 해제원인있음을 안 날로부터 6월을 경과하거나 증여자가 수증자에 대하여 용서의 의사를 표시한 때에는 소멸한다.

第557条(증여자의 재산상태변경과 증여의 해제) 증여계약후에 증여자의 재산상태가 현저히 변경되고 그 이행으로 인하여 생계에 중대한 영향을 미칠 경우에는 증여자는 증여를 해제할 수 있다.

第558條(해제와 이행완료부분) 전3조의 규정에 의한 계약의 해제는 이미 이행한 부분에 대하여는 영향을 미치지 아니한다.

第559條(증여자의 담보책임) ①증여자는 증여의 목적인 물건 또는 권리의 하자나 흠결에 대하여 책임을 지지 아니한다. 그러나 증여자가 그 하자나 흠결을 알고 수증자에게 고지하지 아니한 때에는 그러하지 아니하다.
②상대부담있는 증여에 대하여는 증여자는 그 부담의 한도에서 매도인과 같은 담보의 책임이 있다.

第560條(정기증여와 사망으로 인한 실효)
정기의 급여를 목적으로 한 증여는 증여자 또는 수증자의 사망으로 인하여 그 효력을 잃는다.

第561條(부담부증여) 상대부담있는 증여에 대하여는 본절의 규정외에 쌍무계약에 관한 규정을 적용한다.

第562條(사인증여) 증여자의 사망으로 인하여 효력이 생길 증여에는 유증에 관한 규정을 준용한다.

제3절 매매

제1관 총칙

第563條(매매의 의의) 매매는 당사자 일방이 재산권을 상대방에게 이전할 것을 약정하고 상대방이 그 대금을 지급할 것을 약정함으로써 그 효력이 생긴다.

第564條(매매의 일방예약) ①매매의 일방예약은 상대방이 매매를 완결할 의사를 표시하는 때에 매매의 효력이 생긴다.
②전항의 의사표시의 기간을 정하지 아니한 때에는 예약자는 상당한 기간을 정하여 매매완결여부의 확답을 상대방에게 최고할 수 있다.
③예약자가 전항의 기간내에 확답을 받지 못한 때에는 예약은 그 효력을 잃는다.

第565條(해약금) ①매매의 당사자 일방이 계약당시에 금전 기타 물건을 계약금, 보증금등의 명목으로 상대방에게 교부한 때에는 당사자간에 다른 약정이 없는 한 당사자의 일방이 이행에 착수할 때까지 교부자는 이를 포기하고 수령자는 그 배액을 상환하여 매매계약을 해제할 수 있다.
②제551조의 규정은 전항의 경우에 이를 적용하지 아니한다.

第566條(매매계약의 비용의 부담) 매매계약에 관한 비용은 당사자 쌍방이 균분하여 부담한다.

第567條(유상계약에의 준용) 본절의 규정은 매매 이외의 유상계약에 준용한다. 그러나 그 계약의 성질이 이를 허용하지 아니하는 때에는 그러하지 아니하다.

제2관 매매의 효력

第568條(매매의 효력) ①매도인은 매수인에 대하여 매매의 목적이 된 권리를 이전하여야 하며 매수인은 매도인에게 그 대금을 지급하여야 한다.

②전항의 쌍방의무는 특별한 약정이나 관습이 없으면 동시에 이행하여야 한다.

第569조(타인의 권리의 매매) 매매의 목적이 된 권리가 타인에게 속한 경우에는 매도인은 그 권리를 취득하여 매수인에게 이전하여야 한다.

第570조(동전-매도인의 담보책임) 전조의 경우에 매도인이 그 권리를 취득하여 매수인에게 이전할 수 없는 때에는 매수인은 계약을 해제할 수 있다. 그러나 매수인이 계약당시 그 권리가 매도인에게 속하지 아니함을 안 때에는 손해배상을 청구하지 못한다.

第571조(동전-선의의 매도인의 담보책임)
①매도인이 계약당시에 매매의 목적이 된 권리가 자기에게 속하지 아니함을 알지 못한 경우에 그 권리를 취득하여 매수인에게 이전할 수 없는 때에는 매도인은 손해를 배상하고 계약을 해제할 수 있다.
②전항의 경우에 매수인이 계약당시 그 권리가 매도인에게 속하지 아니함을 안 때에는 매도인은 매수인에 대하여 그 권리를 이전할 수 없음을 통지하고 계약을 해제할 수 있다.

第572조(권리의 일부가 타인에게 속한 경우와 매도인의 담보책임) ①매매의 목적이 된 권리의 일부가 타인에게 속함으로 인하여 매도인이 그 권리를 취득하여 매수인에게 이전할 수 없는 때에는 매수인은 그 부분의 비율로 대금의 감액을 청구할 수 있다.
②전항의 경우에 잔존한 부분만이면 매수인이 이를 매수하지 아니하였을 때에는 선의의 매수인은 계약전부를 해제할 수 있다.
③선의의 매수인은 감액청구 또는 계약해제외에 손해배상을 청구할 수 있다.

第573조(전조의 권리행사의 기간) 전조의 권리는 매수인이 선의인 경우에는 사실을 안 날로부터, 악의인 경우에는 계약한 날로부터 1년내에 행사하여야 한다.

第574조(수량부족, 일부멸실의 경우와 매도인의 담보책임) 전2조의 규정은 수량을 지정한 매매의 목적물이 부족되는 경우와 매매목적물의 일부가 계약당시에 이미 멸실된 경우에 매수인이 그 부족 또는 멸실을 알지 못한 때에 준용한다.

第575조(제한물권있는 경우와 매도인의 담보책임) ①매매의 목적물이 지상권, 지역권, 전세권, 질권 또는 유치권의 목적이 된 경우에 매수인이 이를 알지 못한 때에는 이로 인하여 계약의 목적을 달성할 수 없는 경우에 한하여 매수인은 계약을 해제할 수 있다. 기타의 경우에는 손해배상만을 청구할 수 있다.
②전항의 규정은 매매의 목적이 된 부동산을 위하여 존재할 지역권이 없거나 그 부동산에 등기된 임대차계약이 있는 경우에 준용한다.
③전2항의 권리는 매수인이 그 사실을 안 날로부터 1년내에 행사하여야 한다.

第576조(저당권, 전세권의 행사와 매도인의 담보책임) ①매매의 목적이 된 부동산에 설정된 저당권 또는 전세권의 행사로 인하여 매수인이 그 소유권을 취득할 수 없거나 취득한 소유권을 잃은 때에는 매수인은 계약을 해제할 수 있다.
②전항의 경우에 매수인의 출재로 그 소유권을 보존한 때에는 매도인에 대하여 그 상환을 청구할 수 있다.
③전2항의 경우에 매수인이 손해를 받은 때에는 그 배상을 청구할 수 있다.

第577조(저당권의 목적이 된 지상권, 전세권의 매매와 매도인의 담보책임) 전조의 규정은 저당권의 목적이 된 지상권 또는 전세권이 매매의 목적이 된 경우에 준용한다.

제578조(경매와 매도인의 담보책임)
①경매의 경우에는 경락인은 전8조의 규정에 의하여 채무자에게 계약의 해제 또는 대금감액의 청구를 할 수 있다.
②전항의 경우에 채무자가 자력이 없는 때에는 경락인은 대금의 배당을 받은 채권자에 대하여 그 대금전부나 일부의 반환을 청구할 수 있다.
③전2항의 경우에 채무자가 물건 또는 권리의 흠결을 알고 고지하지 아니하거나 채권자가 이를 알고 경매를 청구한 때에는 경락인은 그 흠결을 안 채무자나 채권자에 대하여 손해배상을 청구할 수 있다.

제579조(채권매매와 매도인의 담보책임)
①채권의 매도인이 채무자의 자력을 담보한 때에는 매매계약당시의 자력을 담보한 것으로 추정한다.
②변제기에 도달하지 아니한 채권의 매도인이 채무자의 자력을 담보한 때에는 변제기의 자력을 담보한 것으로 추정한다.

제580조(매도인의 하자담보책임) ①매매의 목적물에 하자가 있는 때에는 제575조제1항의 규정을 준용한다. 그러나 매수인이 하자있는 것을 알았거나 과실로 인하여 이를 알지 못한 때에는 그러하지 아니하다.
②전항의 규정은 경매의 경우에 적용하지 아니한다.

판례-손해배상

[대법원 2016.8.24, 선고, 2014다80839, 판결]

【판시사항】
민법 제578조, 제580조 제2항에서 매도인의 담보책임에 대하여 '경매'에 관한 특칙을 둔 취지 및 위 각 조항에서 말하는 '경매'가 국가나 대행 기관 등이 법률에 기하여 목적물 권리자의 의사와 무관하게 행하는 매도행위만을 의미하는지 여부(적극)

【판결요지】
민법은 제570조부터 제584조까지 매도인의 담보책임을 규정하면서 제578조와 제580조 제2항에서 '경매'에 관한 특칙을 두고 있다. 민법이 특칙을 둔 취지는 경매의 사법상 효력이 매매와 유사하다고는 하나, 매매는 당사자 사이의 의사합치에 의하여 체결되는 것인 반면 경매는 매도인의 지위에 있는 채무자 의사와 무관하게 국가기관인 법원에 의하여 실행되어 재산권이 이전되는 특수성이 있고, 이러한 특수성으로 인해 경매절차에 관여하는 채권자와 채무자, 매수인 등의 이해를 합리적으로 조정하고 국가기관에 의하여 시행되는 경매절차의 안정도 도모할 필요가 있으므로, 일반 매매를 전제로 한 담보책임 규정을 경매에 그대로 적용하는 것은 부당하다는 고려에 따른 것이다. 따라서 민법 제578조와 민법 제580조 제2항이 말하는 '경매'는 민사집행법상의 강제집행이나 담보권 실행을 위한 경매 또는 국세징수법상의 공매 등과 같이 국가나 그를 대행하는 기관 등이 법률에 기하여 목적물 권리자의 의사와 무관하게 행하는 매도행위만을 의미하는 것으로 해석하여야 한다.

제581조(종류매매와 매도인의 담보책임)
①매매의 목적물을 종류로 지정한 경우에도 그 후 특정된 목적물에 하자가 있는 때에는 전조의 규정을 준용한다.
②전항의 경우에 매수인은 계약의 해제 또는 손해배상의 청구를 하지 아니하고 하자없는 물건을 청구할 수 있다.

제582조(전2조의 권리행사기간) 전2조에 의한 권리는 매수인이 그 사실을 안 날로부터 6월내에 행사하여야 한다.

제583조(담보책임과 동시이행) 제536조의 규정은 제572조 내지 제575조, 제580조 및 제581조의 경우에 준용한다.

제584조(담보책임면제의 특약) 매도인은 전15조에 의한 담보책임을 면하는 특약을 한 경우에도 매도인이 알고 고지하지 아니한 사실 및 제삼자에게 권리를 설정 또는 양도한 행위에 대하여는 책임을 면하지 못한다.

제585조(동일기한의 추정) 매매의 당사자 일방에 대한 의무이행의 기한이 있는 때에는 상대방의 의무이행에 대하여도 동일한 기한이 있는 것으로 추정한다.

제586조(대금지급장소) 매매의 목적물의 인도와 동시에 대금을 지급할 경우에는 그 인도장소에서 이를 지급하여야 한다.

제587조(과실의 귀속, 대금의 이자)
매매계약있은 후에도 인도하지 아니한 목적물로부터 생긴 과실은 매도인에게 속한다. 매수인은 목적물의 인도를 받은 날로부터 대금의 이자를 지급하여야 한다. 그러나 대금의 지급에 대하여 기한이 있는 때에는 그러하지 아니하다.

제588조(권리주장자가 있는 경우와 대금지급거절권) 매매의 목적물에 대하여 권리를 주장하는 자가 있는 경우에 매수인이 매수한 권리의 전부나 일부를 잃을 염려가 있는 때에는 매수인은 그 위험의 한도에서 대금의 전부나 일부의 지급을 거절할 수 있다. 그러나 매도인이 상당한 담보를 제공한 때에는 그러하지 아니하다.

제589조(대금공탁청구권) 전조의 경우에 매도인은 매수인에 대하여 대금의 공탁을 청구할 수 있다.

제3관 환매

제590조(환매의 의의) ①매도인이 매매계약과 동시에 환매할 권리를 보류한 때에는 그 영수한 대금 및 매수인이 부담한 매매비용을 반환하고 그 목적물을 환매할 수 있다.
②전항의 환매대금에 관하여 특별한 약정이 있으면 그 약정에 의한다.
③전2항의 경우에 목적물의 과실과 대금의 이자는 특별한 약정이 없으면 이를 상계한 것으로 본다.

제591조(환매기간) ①환매기간은 부동산은 5년, 동산은 3년을 넘지 못한다. 약정기간이 이를 넘는 때에는 부동산은 5년, 동산은 3년으로 단축한다.
②환매기간을 정한 때에는 다시 이를 연장하지 못한다.
③환매기간을 정하지 아니한 때에는 그 기간은 부동산은 5년, 동산은 3년으로 한다.

제592조(환매등기) 매매의 목적물이 부동산인 경우에 매매등기와 동시에 환매권의 보류를 등기한 때에는 제삼자에 대하여 그 효력이 있다.

제593조(환매권의 대위행사와 매수인의 권리) 매도인의 채권자가 매도인을 대위하여 환매하고자 하는 때에는 매수인은 법원이 선정한 감정인의 평가액에서 매도인이 반환할 금액을 공제한 잔액으로 매도인의 채무를 변제하고 잉여액이 있으면 이를 매도인에게 지급하여 환매권을 소멸시킬 수 있다.

제594조(환매의 실행) ①매도인은 기간내에 대금과 매매비용을 매수인에게 제공하지 아니하면 환매할 권리를 잃는다.
②매수인이나 전득자가 목적물에 대하여 비용을 지출한 때에는 매도인은 제203조의 규정에 의하여 이를 상환하여야 한다. 그러나 유익비에 대하여는 법원은 매도인의 청구에 의하여 상당한 상환기간을 허여할 수 있다.

제595조(공유지분의 환매) 공유자의 1인이 환매할 권리를 보류하고 그 지분을 매도한 후 그 목적물의 분할이나 경매가 있는 때에는 매도인은 매수인이 받은 또는 받을 부분이나 대금에 대하여 환매권을 행사할 수 있다. 그러나 매도인에게 통지하지 아니한 매수인은 그 분할이나 경매로써 매도인에게 대항하지 못한다.

제4절 교환

제596조(교환의 의의) 교환은 당사자 쌍방이 금전 이외의 재산권을 상호이전할 것을 약정함으로써 그 효력이 생긴다.

제597조(금전의 보충지급의 경우) 당사자 일방이 전조의 재산권이전과 금전의 보충지급을 약정한 때에는 그 금전에 대하여는 매매대금에 관한 규정을 준용한다.

제5절 소비대차

제598조(소비대차의 의의) 소비대차는 당사자 일방이 금전 기타 대체물의 소유권을 상대방에게 이전할 것을 약정하고 상대방은 그와 같은 종류, 품질 및 수량으로 반환할 것을 약정함으로써 그 효력이 생긴다.

제599조(파산과 소비대차의 실효) 대주가 목적물을 차주에게 인도하기 전에 당사자 일방이 파산선고를 받은 때에는 소비대차는 그 효력을 잃는다.

제600조(이자계산의 시기) 이자있는 소비대차는 차주가 목적물의 인도를 받은 때로부터 이자를 계산하여야 하며 차주가 그 책임있는 사유로 수령을 지체할 때에는 대주가 이행을 제공한 때로부터 이자를 계산하여야 한다.

제601조(무이자소비대차와 해제권) 이자없는 소비대차의 당사자는 목적물의 인도전에는 언제든지 계약을 해제할 수 있다. 그러나 상대방에게 생긴 손해가 있는 때에는 이를 배상하여야 한다.

제602조(대주의 담보책임) ①이자있는 소비대차의 목적물에 하자가 있는 경우에는 제580조 내지 제582조의 규정을 준용한다.
②이자없는 소비대차의 경우에는 차주는 하자있는 물건의 가액으로 반환할 수 있다. 그러나 대주가 그 하자를 알고 차주에게 고지하지 아니한 때에는 전항과 같다.

제603조(반환시기) ①차주는 약정시기에 차용물과 같은 종류, 품질 및 수량의 물건을 반환하여야 한다.
②반환시기의 약정이 없는 때에는 대주는 상당한 기간을 정하여 반환을 최고하여야 한다. 그러나 차주는 언제든지 반환할 수 있다.

제604조(반환불능으로 인한 시가상환)
차주가 차용물과 같은 종류, 품질 및 수량의 물건을 반환할 수 없는 때에는 그때의 시가로 상환하여야 한다. 그러나 제376조 및 제377조제2항의 경우에는 그러하지 아니하다.

제605조(준소비대차) 당사자 쌍방이 소비대차에 의하지 아니하고 금전 기타의 대체물을 지급할 의무가 있는 경우에 당사자가 그 목적물을 소비대차의 목적으로 할 것을 약정한 때에는 소비대차의 효력이 생긴다.

제606조(대물대차) 금전대차의 경우에 차주가 금전에 갈음하여 유가증권 기타 물건의 인도를 받은 때에는 그 인도시의 가액으로써 차용액으로 한다. <개정 2014.12.30.>

제607조(대물반환의 예약) 차용물의 반환에 관하여 차주가 차용물에 갈음하여 다른 재산권을 이전할 것을 예약한 경우에는 그 재산의 예약당시의 가액이 차용액 및 이에 붙인 이자의 합산액을 넘지 못한다. <개정 2014.12.30.>

제608조(차주에 불이익한 약정의 금지)
전2조의 규정에 위반한 당사자의 약정으로서 차주에 불리한 것은 환매 기타 여하한 명목이라도 그 효력이 없다.

제6절 사용대차

제609조(사용대차의 의의) 사용대차는 당사자 일방이 상대방에게 무상으로 사용, 수익하게 하기 위하여 목적물을 인도할 것을 약정하고 상대방은 이를 사용, 수익한 후 그 물건을 반환할 것을 약정함으로써 그 효력이 생긴다.

제610조(차주의 사용, 수익권) ①차주는 계약 또는 그 목적물의 성질에 의하여 정하여진 용법으로 이를 사용, 수익하여야 한다.
②차주는 대주의 승낙이 없으면 제삼자에게 차용물을 사용, 수익하게 하지 못한다.
③차주가 전2항의 규정에 위반한 때에는 대주는 계약을 해지할 수 있다.

제611조(비용의 부담) ①차주는 차용물의 통상의 필요비를 부담한다.
②기타의 비용에 대하여는 제594조제2항의 규정을 준용한다.

제612조(준용규정) 제559조, 제601조의 규정은 사용대차에 준용한다.

제613조(차용물의 반환시기) ①차주는 약정시기에 차용물을 반환하여야 한다.
②시기의 약정이 없는 경우에는 차주는 계약 또는 목적물의 성질에 의한 사용, 수익이 종료한 때에 반환하여야 한다. 그러나 사용, 수익에 족한 기간이 경과한 때에는 대주는 언제든지 계약을 해지할 수 있다.

제614조(차주의 사망, 파산과 해지) 차주가 사망하거나 파산선고를 받은 때에는 대주는 계약을 해지할 수 있다.

제615조(차주의 원상회복의무와 철거권) 차주가 차용물을 반환하는 때에는 이를 원상에 회복하여야 한다. 이에 부속시킨 물건은 철거할 수 있다.

제616조(공동차주의 연대의무) 수인이 공동하여 물건을 차용한 때에는 연대하여 그 의무를

부담한다.

제617조(손해배상, 비용상환청구의 기간)
계약 또는 목적물의 성질에 위반한 사용, 수익으로 인하여 생긴 손해배상의 청구와 차주가 지출한 비용의 상환청구는 대주가 물건의 반환을 받은 날로부터 6월내에 하여야 한다.

제7절 임대차

제618조(임대차의 의의) 임대차는 당사자 일방이 상대방에게 목적물을 사용, 수익하게 할 것을 약정하고 상대방이 이에 대하여 차임을 지급할 것을 약정함으로써 그 효력이 생긴다.

제619조(처분능력, 권한없는 자의 할 수 있는 단기임대차) 처분의 능력 또는 권한없는 자가 임대차를 하는 경우에는 그 임대차는 다음 각호의 기간을 넘지 못한다.
1. 식목, 채염 또는 석조, 석회조, 연와조 및 이와 유사한 건축을 목적으로 한 토지의 임대차는 10년
2. 기타 토지의 임대차는 5년
3. 건물 기타 공작물의 임대차는 3년
4. 동산의 임대차는 6월

제620조(단기임대차의 갱신) 전조의 기간은 갱신할 수 있다. 그러나 그 기간만료전 토지에 대하여는 1년, 건물 기타 공작물에 대하여는 3월, 동산에 대하여는 1월내에 갱신하여야 한다.

제621조(임대차의 등기) ①부동산임차인은 당사자간에 반대약정이 없으면 임대인에 대하여 그 임대차등기절차에 협력할 것을 청구할 수 있다.
②부동산임대차를 등기한 때에는 그때부터 제삼자에 대하여 효력이 생긴다.

제622조(건물등기있는 차지권의 대항력)
①건물의 소유를 목적으로 한 토지임대차는 이를 등기하지 아니한 경우에도 임차인이 그 지상건물을 등기한 때에는 제삼자에 대하여 임대차의 효력이 생긴다.
②건물이 임대차기간만료전에 멸실 또는 후폐한 때에는 전항의 효력을 잃는다.

제623조(임대인의 의무) 임대인은 목적물을 임차인에게 인도하고 계약존속중 그 사용, 수익에 필요한 상태를 유지하게 할 의무를 부담한다.

제624조(임대인의 보존행위, 인용의무)
임대인이 임대물의 보존에 필요한 행위를 하는 때에는 임차인은 이를 거절하지 못한다.

제625조(임차인의 의사에 반하는 보존행위와 해지권) 임대인이 임차인의 의사에 반하여 보존행위를 하는 경우에 임차인이 이로 인하여 임차의 목적을 달성할 수 없는 때에는 계약을 해지할 수 있다.

제626조(임차인의 상환청구권) ①임차인이 임차물의 보존에 관한 필요비를 지출한 때에는 임대인에 대하여 그 상환을 청구할 수 있다.
②임차인이 유익비를 지출한 경우에는 임대인은 임대차종료시에 그 가액의 증가가 현존한 때에 한하여 임차인의 지출한 금액이나 그 증가액을 상환하여야 한다. 이 경우에 법원은 임대인의 청구에 의하여 상당한 상환기간을 허여할 수 있다.

第627条(일부멸실 등과 감액청구, 해지권)
①임차물의 일부가 임차인의 과실없이 멸실 기타 사유로 인하여 사용, 수익할 수 없는 때에는 임차인은 그 부분의 비율에 의한 차임의 감액을 청구할 수 있다.
②전항의 경우에 그 잔존부분으로 임차의 목적을 달성할 수 없는 때에는 임차인은 계약을 해지할 수 있다.

第628条(차임증감청구권) 임대물에 대한 공과부담의 증감 기타 경제사정의 변동으로 인하여 약정한 차임이 상당하지 아니하게 된 때에는 당사자는 장래에 대한 차임의 증감을 청구할 수 있다.

第629条(임차권의 양도, 전대의 제한)
①임차인은 임대인의 동의없이 그 권리를 양도하거나 임차물을 전대하지 못한다.
②임차인이 전항의 규정에 위반한 때에는 임대인은 계약을 해지할 수 있다.

第630条(전대의 효과) ①임차인이 임대인의 동의를 얻어 임차물을 전대한 때에는 전차인은 직접 임대인에 대하여 의무를 부담한다. 이 경우에 전차인은 전대인에 대한 차임의 지급으로써 임대인에게 대항하지 못한다.
②전항의 규정은 임대인의 임차인에 대한 권리행사에 영향을 미치지 아니한다.

第631条(전차인의 권리의 확정) 임차인이 임대인의 동의를 얻어 임차물을 전대한 경우에는 임대인과 임차인의 합의로 계약을 종료한 때에도 전차인의 권리는 소멸하지 아니한다.

第632条(임차건물의 소부분을 타인에게 사용케 하는 경우) 전3조의 규정은 건물의 임차인이 그 건물의 소부분을 타인에게 사용하게 하는 경우에 적용하지 아니한다.

第633条(차임지급의 시기) 차임은 동산, 건물이나 대지에 대하여는 매월말에, 기타 토지에 대하여는 매년말에 지급하여야 한다. 그러나 수확기있는 것에 대하여는 그 수확후 지체없이 지급하여야 한다.

第634条(임차인의 통지의무) 임차물의 수리를 요하거나 임차물에 대하여 권리를 주장하는 자가 있는 때에는 임차인은 지체없이 임대인에게 이를 통지하여야 한다. 그러나 임대인이 이미 이를 안 때에는 그러하지 아니하다.

第635条(기간의 약정없는 임대차의 해지통고) ①임대차기간의 약정이 없는 때에는 당사자는 언제든지 계약해지의 통고를 할 수 있다.
②상대방이 전항의 통고를 받은 날로부터 다음 각호의 기간이 경과하면 해지의 효력이 생긴다.
1. 토지, 건물 기타 공작물에 대하여는 임대인이 해지를 통고한 경우에는 6월, 임차인이 해지를 통고한 경우에는 1월
2. 동산에 대하여는 5일

第636条(기간의 약정있는 임대차의 해지통고) 임대차기간의 약정이 있는 경우에도 당사자 일방 또는 쌍방이 그 기간내에 해지할 권리를 보류한 때에는 전조의 규정을 준용한다.

第637条(임차인의 파산과 해지통고)
①임차인이 파산선고를 받은 경우에는 임대차기간의 약정이 있는 때에도 임대인 또는 파산관재인은 제635조의 규정에 의하여 계약해지의 통고를 할 수 있다.
②전항의 경우에 각 당사자는 상대방에 대하여 계약해지로 인하여 생긴 손해의 배상을 청구하지 못한다.

제638조(해지통고의 전차인에 대한 통지)
①임대차계약이 해지의 통고로 인하여 종료된 경우에 그 임대물이 적법하게 전대되었을 때에는 임대인은 전차인에 대하여 그 사유를 통지하지 아니하면 해지로써 전차인에게 대항하지 못한다.
②전차인이 전항의 통지를 받은 때에는 제635조제2항의 규정을 준용한다.

제639조(묵시의 갱신) ①임대차기간이 만료한 후 임차인이 임차물의 사용, 수익을 계속하는 경우에 임대인이 상당한 기간내에 이의를 하지 아니한 때에는 전임대차와 동일한 조건으로 다시 임대차한 것으로 본다. 그러나 당사자는 제635조의 규정에 의하여 해지의 통고를 할 수 있다.
②전항의 경우에 전임대차에 대하여 제삼자가 제공한 담보는 기간의 만료로 인하여 소멸한다.

제640조(차임연체와 해지) 건물 기타 공작물의 임대차에는 임차인의 차임연체액이 2기의 차임액에 달하는 때에는 임대인은 계약을 해지할 수 있다.

제641조(동전) 건물 기타 공작물의 소유 또는 식목, 채염, 목축을 목적으로 한 토지임대차의 경우에도 전조의 규정을 준용한다.

제642조(토지임대차의 해지와 지상건물 등에 대한 담보물권자에의 통지) 전조의 경우에 그 지상에 있는 건물 기타 공작물이 담보물권의 목적이 된 때에는 제288조의 규정을 준용한다.

제643조(임차인의 갱신청구권, 매수청구권)
건물 기타 공작물의 소유 또는 식목, 채염, 목축을 목적으로 한 토지임대차의 기간이 만료한 경우에 건물, 수목 기타 지상시설이 현존한 때에는 제283조의 규정을 준용한다.

판례-토지인도 및 건물철거등·매매대금

[대법원 2013.11.28, 선고, 2013다48364,48371, 판결]

【판시사항】
건물 소유를 목적으로 하는 토지 임대차에서 종전 임차인으로부터 미등기 무허가건물을 매수하여 점유하고 있는 임차인이 임대인에 대하여 지상물매수청구권을 행사할 수 있는지 여부(원칙적 적극)

【판결요지】
민법 제643조가 정하는 건물 소유를 목적으로 하는 토지 임대차에서 임차인이 가지는 지상물매수청구권은 건물의 소유를 목적으로 하는 토지 임대차계약이 종료되었음에도 그 지상 건물이 현존하는 경우에 임대차계약을 성실하게 지켜온 임차인이 임대인에게 상당한 가액으로 그 지상 건물의 매수를 청구할 수 있는 권리로서 국민경제적 관점에서 지상 건물의 잔존 가치를 보존하고, 토지 소유자의 배타적 소유권 행사로 인하여 희생당하기 쉬운 임차인을 보호하기 위한 제도이므로, 특별한 사정이 없는 한 행정관청의 허가를 받은 적법한 건물이 아니더라도 임차인의 지상물매수청구권의 대상이 될 수 있다. 그리고 건물을 매수하여 점유하고 있는 사람은 소유자로서의 등기명의가 없다 하더라도 그 권리의 범위 내에서는 그 점유 중인 건물에 대하여 법률상 또는 사실상의 처분권을 가지고 있다. 위와 같은 지상물매수청구청구권 제도의 목적, 미등기 매수인의 법적 지위 등에 비추어 볼 때, 종전 임차인으로부터 미등기 무허가건물을 매수하여 점유하고 있는 임차인은 특별한 사정이 없는 한 비록 소유자로서의 등기명의가 없어 소유권을 취득하지 못하였다 하더라도 임대인에 대하여 지상물매수청구권을 행사할 수 있는 지위에 있다.

제644조(전차인의 임대청구권, 매수청구권)
①건물 기타 공작물의 소유 또는 식목, 채염, 목축을 목적으로 한 토지임차인이 적법하게 그 토지를 전대한 경우에 임대차 및 전대차의 기간이 동시에 만료되고 건물, 수목 기타 지상시설이 현존한 때

에는 전차인은 임대인에 대하여 전전대차와 동일한 조건으로 임대할 것을 청구할 수 있다.
②전항의 경우에 임대인이 임대할 것을 원하지 아니하는 때에는 제283조제2항의 규정을 준용한다.

제645조(지상권목적토지의 임차인의 임대청구권, 매수청구권) 전조의 규정은 지상권자가 그 토지를 임대한 경우에 준용한다.

제646조(임차인의 부속물매수청구권)
①건물 기타 공작물의 임차인이 그 사용의 편익을 위하여 임대인의 동의를 얻어 이에 부속한 물건이 있는 때에는 임대차의 종료시에 임대인에 대하여 그 부속물의 매수를 청구할 수 있다.
②임대인으로부터 매수한 부속물에 대하여도 전항과 같다.

제647조(전차인의 부속물매수청구권)
①건물 기타 공작물의 임차인이 적법하게 전대한 경우에 전차인이 그 사용의 편익을 위하여 임대인의 동의를 얻어 이에 부속한 물건이 있는 때에는 전대차의 종료시에 임대인에 대하여 그 부속물의 매수를 청구할 수 있다.
②임대인으로부터 매수하였거나 그 동의를 얻어 임차인으로부터 매수한 부속물에 대하여도 전항과 같다.

제648조(임차지의 부속물, 과실 등에 대한 법정질권) 토지임대인이 임대차에 관한 채권에 의하여 임차지에 부속 또는 그 사용의 편익에 공용한 임차인의 소유동산 및 그 토지의 과실을 압류한 때에는 질권과 동일한 효력이 있다.

제649조(임차지상의 건물에 대한 법정저당권) 토지임대인이 변제기를 경과한 최후 2년의 차임채권에 의하여 그 지상에 있는 임차인소유의 건물을 압류한 때에는 저당권과 동일한 효력이 있다.

제650조(임차건물등의 부속물에 대한 법정질권) 건물 기타 공작물의 임대인이 임대차에 관한 채권에 의하여 그 건물 기타 공작물에 부속한 임차인소유의 동산을 압류한 때에는 질권과 동일한 효력이 있다.

제651조 삭제 <2016.1.6.>
[2016.1.6. 법률 제13710호에 의하여 2013.12.26. 헌법재판소에서 위헌결정 된 이 조를 삭제함.]

제652조(강행규정) 제627조, 제628조, 제631조, 제635조, 제638조, 제640조, 제641조, 제643조 내지 제647조의 규정에 위반하는 약정으로 임차인이나 전차인에게 불리한 것은 그 효력이 없다.

제653조(일시사용을 위한 임대차의 특례)
제628조, 제638조, 제640조, 제646조 내지 제648조, 제650조 및 전조의 규정은 일시사용하기 위한 임대차 또는 전대차인 것이 명백한 경우에는 적용하지 아니한다.

제654조(준용규정) 제610조제1항, 제615조 내지 제617조의 규정은 임대차에 이를 준용한다.

제8절 고용

제655조(고용의 의의) 고용은 당사자 일방이 상대방에 대하여 노무를 제공할 것을 약정하고

상대방이 이에 대하여 보수를 지급할 것을 약정함으로써 그 효력이 생긴다.

제656조(보수액과 그 지급시기) ①보수 또는 보수액의 약정이 없는 때에는 관습에 의하여 지급하여야 한다.
②보수는 약정한 시기에 지급하여야 하며 시기의 약정이 없으면 관습에 의하고 관습이 없으면 약정한 노무를 종료한 후 지체없이 지급하여야 한다.

제657조(권리의무의 전속성) ①사용자는 노무자의 동의없이 그 권리를 제삼자에게 양도하지 못한다.
②노무자는 사용자의 동의없이 제삼자로 하여금 자기에 갈음하여 노무를 제공하게 하지 못한다. <개정 2014.12.30.>
③당사자 일방이 전2항의 규정에 위반한 때에는 상대방은 계약을 해지할 수 있다.

판례-퇴직금

[대법원 2012.5.10., 선고, 2011다45217, 판결]

【판시사항】
[1] 영업양도가 이루어진 경우, 근로자가 근로관계 승계에 반대하는 의사를 표시하여 양도기업에 잔류하거나 양도기업과 양수기업 모두에서 퇴직할 수 있는지 여부(적극) 및 근로자가 근로관계 승계에 반대하는 의사를 상당한 기간 내에 표시하였는지에 관한 판단 기준
[2] 甲 병원을 운영하던 乙 학교법인이 丙 의료법인을 새로 설립하여 甲 병원 영업을 양도하면서 甲 병원 근로자들에게 그 사실을 고지하지 않았는데, 나중에 영업양도 사실을 알게 된 丁 등 甲 병원 근로자 일부가 乙 법인을 상대로 퇴직금 지급을 구한 사안에서, 乙 법인은 丁 등에게 퇴직금 지급의무가 있다고 본 원심판결의 결론을 정당하다고 한 사례

【판결요지】
[1] 영업의 양도란 일정한 영업목적에 의하여 조직화된 업체 즉, 인적·물적 조직을 동일성은 유지하면서 일체로서 이전하는 것이어서 영업 일부만의 양도도 가능하고, 이러한 영업양도가 이루어진 경우에는 원칙적으로 해당 근로자들의 근로관계가 양수하는 기업에 포괄적으로 승계되지만 근로자가 반대 의사를 표시함으로써 양수기업에 승계되는 대신 양도기업에 잔류하거나 양도기업과 양수기업 모두에서 퇴직할 수도 있다. 또한 이와 같은 경우 근로자가 자의에 의하여 계속근로관계를 단절할 의사로 양도기업에서 퇴직하고 양수기업에 새로이 입사할 수도 있다. 이때 근로관계 승계에 반대하는 의사는 근로자가 영업양도가 이루어진 사실을 안 날부터 상당한 기간 내에 양도기업 또는 양수기업에 표시하여야 하고, 상당한 기간 내에 표시하였는지는 양도기업 또는 양수기업이 근로자에게 영업양도 사실, 양도 이유, 양도가 근로자에게 미치는 법적·경제적·사회적 영향, 근로자와 관련하여 예상되는 조치 등을 고지하였는지 여부, 그와 같은 고지가 없었다면 근로자가 그러한 정보를 알았거나 알 수 있었던 시점, 통상적인 근로자라면 그와 같은 정보를 바탕으로 근로관계 승계에 대한 자신의 의사를 결정하는 데 필요한 시간 등 제반 사정을 고려하여 판단하여야 한다.
[2] 甲 병원을 운영하던 乙 학교법인이 丙 의료법인을 새로 설립하여 甲 병원 영업을 양도하면서 甲 병원 근로자들에게 그 사실을 고지하지 않았는데, 나중에 영업양도 사실을 알게 된 丁 등 甲 병원 근로자 일부가 乙 법인을 상대로 퇴직금 지급을 구한 사안에서, 제반 사정에 비추어 乙 법인과 丙 법인 사이에 丁 등에 대한 근로관계 승계가 이루어지지 않았고 乙 법인과 丁 등의 근로관계도 종료되었으므로, 乙 법인은 丁 등에게 퇴직금을 지급할 의무가 있다고 본 원심판결의 결론을 정당하다고 한 사례.

제658조(노무의 내용과 해지권) ①사용자가 노무자에 대하여 약정하지 아니한 노무의 제공을 요구한 때에는 노무자는 계약을 해지할 수 있다.

②약정한 노무가 특수한 기능을 요하는 경우에 노무자가 그 기능이 없는 때에는 사용자는 계약을 해지할 수 있다.

제659조(3년 이상의 경과와 해지통고권)
①고용의 약정기간이 3년을 넘거나 당사자의 일방 또는 제삼자의 종신까지로 된 때에는 각 당사자는 3년을 경과한 후 언제든지 계약해지의 통고를 할 수 있다.
②전항의 경우에는 상대방이 해지의 통고를 받은 날로부터 3월이 경과하면 해지의 효력이 생긴다.

제660조(기간의 약정이 없는 고용의 해지통고) ①고용기간의 약정이 없는 때에는 당사자는 언제든지 계약해지의 통고를 할 수 있다.
②전항의 경우에는 상대방이 해지의 통고를 받은 날로부터 1월이 경과하면 해지의 효력이 생긴다.
③기간으로 보수를 정한 때에는 상대방이 해지의 통고를 받은 당기후의 일기를 경과함으로써 해지의 효력이 생긴다.

제661조(부득이한 사유와 해지권) 고용기간의 약정이 있는 경우에도 부득이한 사유있는 때에는 각 당사자는 계약을 해지할 수 있다. 그러나 그 사유가 당사자 일방의 과실로 인하여 생긴 때에는 상대방에 대하여 손해를 배상하여야 한다.

제662조(묵시의 갱신) ①고용기간이 만료한 후 노무자가 계속하여 그 노무를 제공하는 경우에 사용자가 상당한 기간내에 이의를 하지 아니한 때에는 전고용과 동일한 조건으로 다시 고용한 것으로 본다. 그러나 당사자는 제660조의 규정에 의하여 해지의 통고를 할 수 있다.
②전항의 경우에는 전고용에 대하여 제삼자가 제공한 담보는 기간의 만료로 인하여 소멸한다.

제663조(사용자파산과 해지통고) ①사용자가 파산선고를 받은 경우에는 고용기간의 약정이 있는 때에도 노무자 또는 파산관재인은 계약을 해지할 수 있다.
②전항의 경우에는 각 당사자는 계약해지로 인한 손해의 배상을 청구하지 못한다.

제9절 도급

제664조(도급의 의의) 도급은 당사자 일방이 어느 일을 완성할 것을 약정하고 상대방이 그 일의 결과에 대하여 보수를 지급할 것을 약정함으로써 그 효력이 생긴다.

제665조(보수의 지급시기) ①보수는 그 완성된 목적물의 인도와 동시에 지급하여야 한다. 그러나 목적물의 인도를 요하지 아니하는 경우에는 그 일을 완성한 후 지체없이 지급하여야 한다.
②전항의 보수에 관하여는 제656조제2항의 규정을 준용한다.

제666조(수급인의 목적부동산에 대한 저당권설정청구권) 부동산공사의 수급인은 전조의 보수에 관한 채권을 담보하기 위하여 그 부동산을 목적으로 한 저당권의 설정을 청구할 수 있다.

제667조(수급인의 담보책임) ①완성된 목적물 또는 완성전의 성취된 부분에 하자가 있는 때에는 도급인은 수급인에 대하여 상당한 기간을 정하여 그 하자의 보수를 청구할 수 있다. 그러나 하자가 중요하지 아니한 경우에 그 보수에 과다한 비용을 요할 때에는 그러하지 아니하다.
②도급인은 하자의 보수에 갈음하여 또는 보수와 함께 손해배상을 청구할 수 있다. <개정

2014.12.30.>
③전항의 경우에는 제536조의 규정을 준용한다.

제668조(동전-도급인의 해제권) 도급인이 완성된 목적물의 하자로 인하여 계약의 목적을 달성할 수 없는 때에는 계약을 해제할 수 있다. 그러나 건물 기타 토지의 공작물에 대하여는 그러하지 아니하다.

제669조(동전-하자가 도급인의 제공한 재료 또는 지시에 기인한 경우의 면책)
전2조의 규정은 목적물의 하자가 도급인이 제공한 재료의 성질 또는 도급인의 지시에 기인한 때에는 적용하지 아니한다. 그러나 수급인이 그 재료 또는 지시의 부적당함을 알고 도급인에게 고지하지 아니한 때에는 그러하지 아니하다.

제670조(담보책임의 존속기간) ①전3조의 규정에 의한 하자의 보수, 손해배상의 청구 및 계약의 해제는 목적물의 인도를 받은 날로부터 1년내에 하여야 한다.
②목적물의 인도를 요하지 아니하는 경우에는 전항의 기간은 일의 종료한 날로부터 기산한다.

제671조(수급인의 담보책임-토지, 건물 등에 대한 특칙) ①토지, 건물 기타 공작물의 수급인은 목적물 또는 지반공사의 하자에 대하여 인도후 5년간 담보의 책임이 있다. 그러나 목적물이 석조, 석회조, 연와조, 금속 기타 이와 유사한 재료로 조성된 것인 때에는 그 기간을 10년으로 한다.
②전항의 하자로 인하여 목적물이 멸실 또는 훼손된 때에는 도급인은 그 멸실 또는 훼손된 날로부터 1년내에 제667조의 권리를 행사하여야 한다.

제672조(담보책임면제의 특약) 수급인은 제667조, 제668조의 담보책임이 없음을 약정한 경우에도 알고 고지하지 아니한 사실에 대하여는 그 책임을 면하지 못한다.

제673조(완성전의 도급인의 해제권)
수급인이 일을 완성하기 전에는 도급인은 손해를 배상하고 계약을 해제할 수 있다.

제674조(도급인의 파산과 해제권) ①도급인이 파산선고를 받은 때에는 수급인 또는 파산관재인은 계약을 해제할 수 있다. 이 경우에는 수급인은 일의 완성된 부분에 대한 보수 및 보수에 포함되지 아니한 비용에 대하여 파산재단의 배당에 가입할 수 있다.
②전항의 경우에는 각 당사자는 상대방에 대하여 계약해제로 인한 손해의 배상을 청구하지 못한다.

제9절의2 여행계약

제674조의2(여행계약의 의의) 여행계약은 당사자 한쪽이 상대방에게 운송, 숙박, 관광 또는 그 밖의 여행 관련 용역을 결합하여 제공하기로 약정하고 상대방이 그 대금을 지급하기로 약정함으로써 효력이 생긴다. [본조신설 2015.2.3.]

제674조의3(여행 개시 전의 계약 해제)
여행자는 여행을 시작하기 전에는 언제든지 계약을 해제할 수 있다. 다만, 여행자는 상대방에게 발생한 손해를 배상하여야 한다.
[본조신설 2015.2.3.]

제674조의4(부득이한 사유로 인한 계약 해지)
①부득이한 사유가 있는 경우에는 각 당사자는 계약을 해지할 수 있다. 다만, 그 사유가 당사자 한쪽의 과실로 인하여 생긴 경우에는 상대방에게 손해를 배상하여야 한다.
②제1항에 따라 계약이 해지된 경우에도 계약상 귀환운송(歸還運送) 의무가 있는 여행주최자는 여행자를 귀환운송할 의무가 있다.
③제1항의 해지로 인하여 발생하는 추가 비용은 그 해지 사유가 어느 당사자의 사정에 속하는 경우에는 그 당사자가 부담하고, 누구의 사정에도 속하지 아니하는 경우에는 각 당사자가 절반씩 부담한다.
[본조신설 2015.2.3.]

제674조의5(대금의 지급시기) 여행자는 약정한 시기에 대금을 지급하여야 하며, 그 시기의 약정이 없으면 관습에 따르고, 관습이 없으면 여행의 종료 후 지체 없이 지급하여야 한다.
[본조신설 2015.2.3.]

제674조의6(여행주최자의 담보책임)
①여행에 하자가 있는 경우에는 여행자는 여행주최자에게 하자의 시정 또는 대금의 감액을 청구할 수 있다. 다만, 그 시정에 지나치게 많은 비용이 들거나 그 밖에 시정을 합리적으로 기대할 수 없는 경우에는 시정을 청구할 수 없다.
②제1항의 시정 청구는 상당한 기간을 정하여 하여야 한다. 다만, 즉시 시정할 필요가 있는 경우에는 그러하지 아니하다.
③여행자는 시정 청구, 감액 청구를 갈음하여 손해배상을 청구하거나 시정 청구, 감액 청구와 함께 손해배상을 청구할 수 있다.
[본조신설 2015.2.3.]

제674조의7(여행주최자의 담보책임과 여행자의 해지권) ①여행자는 여행에 중대한 하자가 있는 경우에 그 시정이 이루어지지 아니하거나 계약의 내용에 따른 이행을 기대할 수 없는 경우에는 계약을 해지할 수 있다.
②계약이 해지된 경우에는 여행주최자는 대금청구권을 상실한다. 다만, 여행자가 실행된 여행으로 이익을 얻은 경우에는 그 이익을 여행주최자에게 상환하여야 한다.
③여행주최자는 계약의 해지로 인하여 필요하게 된 조치를 할 의무를 지며, 계약상 귀환운송 의무가 있으면 여행자를 귀환운송하여야 한다. 이 경우 상당한 이유가 있는 때에는 여행주최자는 여행자에게 그 비용의 일부를 청구할 수 있다.
[본조신설 2015.2.3.]

제674조의8(담보책임의 존속기간) 제674조의6과 제674조의7에 따른 권리는 여행 기간 중에도 행사할 수 있으며, 계약에서 정한 여행 종료일부터 6개월 내에 행사하여야 한다.
[본조신설 2015.2.3.]

제674조의9(강행규정) 제674조의3, 제674조의4 또는 제674조의6부터 제674조의8까지의 규정을 위반하는 약정으로서 여행자에게 불리한 것은 효력이 없다.
[본조신설 2015.2.3.]

제10절 현상광고

제675조(현상광고의 의의) 현상광고는 광고자가 어느 행위를 한 자에게 일정한 보수를 지급할 의사를 표시하고 이에 응한 자가 그 광고에 정한 행위를 완료함으로써 그 효력이 생긴다.

第676條(보수수령권자) ①광고에 정한 행위를 완료한 자가 수인인 경우에는 먼저 그 행위를 완료한 자가 보수를 받을 권리가 있다.
②수인이 동시에 완료한 경우에는 각각 균등한 비율로 보수를 받을 권리가 있다. 그러나 보수가 그 성질상 분할할 수 없거나 광고에 1인만이 보수를 받을 것으로 정한 때에는 추첨에 의하여 결정한다.

第677條(광고부지의 행위) 전조의 규정은 광고있음을 알지 못하고 광고에 정한 행위를 완료한 경우에 준용한다.

第678條(우수현상광고) ①광고에 정한 행위를 완료한 자가 수인인 경우에 그 우수한 자에 한하여 보수를 지급할 것을 정하는 때에는 그 광고에 응모기간을 정한 때에 한하여 그 효력이 생긴다.
②전항의 경우에 우수의 판정은 광고 중에 정한 자가 한다. 광고 중에 판정자를 정하지 아니한 때에는 광고자가 판정한다.
③우수한 자 없다는 판정은 이를 할 수 없다. 그러나 광고 중에 다른 의사표시가 있거나 광고의 성질상 판정의 표준이 정하여져 있는 때에는 그러하지 아니하다.
④응모자는 전2항의 판정에 대하여 이의를 하지 못한다.
⑤수인의 행위가 동등으로 판정된 때에는 제676조제2항의 규정을 준용한다.

第679條(현상광고의 철회) ①광고에 그 지정한 행위의 완료기간을 정한 때에는 그 기간만료전에 광고를 철회하지 못한다.
②광고에 행위의 완료기간을 정하지 아니한 때에는 그 행위를 완료한 자 있기 전에는 그 광고와 동일한 방법으로 광고를 철회할 수 있다.
③전광고와 동일한 방법으로 철회할 수 없는 때에는 그와 유사한 방법으로 철회할 수 있다. 이 철회는 철회한 것을 안 자에 대하여만 그 효력이 있다.

제11절 위임

第680條(위임의 의의) 위임은 당사자 일방이 상대방에 대하여 사무의 처리를 위탁하고 상대방이 이를 승낙함으로써 그 효력이 생긴다.

第681條(수임인의 선관의무) 수임인은 위임의 본지에 따라 선량한 관리자의 주의로써 위임사무를 처리하여야 한다.

第682條(복임권의 제한) ①수임인은 위임인의 승낙이나 부득이한 사유없이 제삼자로 하여금 자기에 갈음하여 위임사무를 처리하게 하지 못한다. <개정 2014.12.30.>
②수임인이 전항의 규정에 의하여 제삼자에게 위임사무를 처리하게 한 경우에는 제121조, 제123조의 규정을 준용한다.

第683條(수임인의 보고의무) 수임인은 위임인의 청구가 있는 때에는 위임사무의 처리상황을 보고하고 위임이 종료한 때에는 지체없이 그 전말을 보고하여야 한다.

第684條(수임인의 취득물 등의 인도, 이전의무) ①수임인은 위임사무의 처리로 인하여 받은 금전 기타의 물건 및 그 수취한 과실을 위임인에게 인도하여야 한다.
②수임인이 위임인을 위하여 자기의 명의로 취득한 권리는 위임인에게 이전하여야 한다.

第685條(수임인의 금전소비의 책임) 수임인이 위임인에게 인도할 금전 또는 위임인의 이익

을 위하여 사용할 금전을 자기를 위하여 소비한 때에는 소비한 날 이후의 이자를 지급하여야 하며 그 외의 손해가 있으면 배상하여야 한다.

제686조(수임인의 보수청구권) ①수임인은 특별한 약정이 없으면 위임인에 대하여 보수를 청구하지 못한다.
②수임인이 보수를 받을 경우에는 위임사무를 완료한 후가 아니면 이를 청구하지 못한다. 그러나 기간으로 보수를 정한 때에는 그 기간이 경과한 후에 이를 청구할 수 있다.
③수임인이 위임사무를 처리하는 중에 수임인의 책임없는 사유로 인하여 위임이 종료된 때에는 수임인은 이미 처리한 사무의 비율에 따른 보수를 청구할 수 있다.

제687조(수임인의 비용선급청구권) 위임사무의 처리에 비용을 요하는 때에는 위임인은 수임인의 청구에 의하여 이를 선급하여야 한다.

제688조(수임인의 비용상환청구권 등)
①수임인이 위임사무의 처리에 관하여 필요비를 지출한 때에는 위임인에 대하여 지출한 날 이후의 이자를 청구할 수 있다.
②수임인이 위임사무의 처리에 필요한 채무를 부담한 때에는 위임인에게 자기에 갈음하여 이를 변제하게 할 수 있고 그 채무가 변제기에 있지 아니한 때에는 상당한 담보를 제공하게 할 수 있다. <개정 2014.12.30.>
③수임인이 위임사무의 처리를 위하여 과실없이 손해를 받은 때에는 위임인에 대하여 그 배상을 청구할 수 있다.

제689조(위임의 상호해지의 자유) ①위임계약은 각 당사자가 언제든지 해지할 수 있다.
②당사자 일방이 부득이한 사유없이 상대방의 불리한 시기에 계약을 해지한 때에는 그 손해를 배상하여야 한다.

제690조(사망 · 파산 등과 위임의 종료)
위임은 당사자 한쪽의 사망이나 파산으로 종료된다. 수임인이 성년후견개시의 심판을 받은 경우에도 이와 같다.
[전문개정 2011.3.7.]

제691조(위임종료시의 긴급처리) 위임종료의 경우에 급박한 사정이 있는 때에는 수임인, 그 상속인이나 법정대리인은 위임인, 그 상속인이나 법정대리인이 위임사무를 처리할 수 있을 때까지 그 사무의 처리를 계속하여야 한다. 이 경우에는 위임의 존속과 동일한 효력이 있다.

제692조(위임종료의 대항요건) 위임종료의 사유는 이를 상대방에게 통지하거나 상대방이 이를 안 때가 아니면 이로써 상대방에게 대항하지 못한다.

제12절 임치

제693조(임치의 의의) 임치는 당사자 일방이 상대방에 대하여 금전이나 유가증권 기타 물건의 보관을 위탁하고 상대방이 이를 승낙함으로써 효력이 생긴다.

제694조(수치인의 임치물사용금지) 수치인은 임치인의 동의없이 임치물을 사용하지 못한다.

第695條(무상수치인의 주의의무) 보수없이 임치를 받은 자는 임치물을 자기재산과 동일한 주의로 보관하여야 한다.

第696條(수치인의 통지의무) 임치물에 대한 권리를 주장하는 제삼자가 수치인에 대하여 소를 제기하거나 압류한 때에는 수치인은 지체없이 임치인에게 이를 통지하여야 한다.

第697條(임치물의 성질, 하자로 인한 임치인의 손해배상의무) 임치인은 임치물의 성질 또는 하자로 인하여 생긴 손해를 수치인에게 배상하여야 한다. 그러나 수치인이 그 성질 또는 하자를 안 때에는 그러하지 아니하다.

第698條(기간의 약정있는 임치의 해지)
임치기간의 약정이 있는 때에는 수치인은 부득이한 사유없이 그 기간만료전에 계약을 해지하지 못한다. 그러나 임치인은 언제든지 계약을 해지할 수 있다.

第699條(기간의 약정없는 임치의 해지)
임치기간의 약정이 없는 때에는 각 당사자는 언제든지 계약을 해지할 수 있다.

第700條(임치물의 반환장소) 임치물은 그 보관한 장소에서 반환하여야 한다. 그러나 수치인이 정당한 사유로 인하여 그 물건을 전치한 때에는 현존하는 장소에서 반환할 수 있다.

第701條(준용규정) 제682조, 제684조 내지 제687조 및 제688조제1항, 제2항의 규정은 임치에 준용한다.

第702條(소비임치) 수치인이 계약에 의하여 임치물을 소비할 수 있는 경우에는 소비대차에 관한 규정을 준용한다. 그러나 반환시기의 약정이 없는 때에는 임치인은 언제든지 그 반환을 청구할 수 있다.

제13절 조합

第703條(조합의 의의) ①조합은 2인 이상이 상호출자하여 공동사업을 경영할 것을 약정함으로써 그 효력이 생긴다.
②전항의 출자는 금전 기타 재산 또는 노무로 할 수 있다.

第704條(조합재산의 합유) 조합원의 출자 기타 조합재산은 조합원의 합유로 한다.

第705條(금전출자지체의 책임) 금전을 출자의 목적으로 한 조합원이 출자시기를 지체한 때에는 연체이자를 지급하는 외에 손해를 배상하여야 한다.

第706條(사무집행의 방법) ①조합계약으로 업무집행자를 정하지 아니한 경우에는 조합원의 3분의 2 이상의 찬성으로써 이를 선임한다.
②조합의 업무집행은 조합원의 과반수로써 결정한다. 업무집행자 수인인 때에는 그 과반수로써 결정한다.
③조합의 통상사무는 전항의 규정에 불구하고 각 조합원 또는 각 업무집행자가 전행할 수 있다. 그러나 그 사무의 완료전에 다른 조합원 또는 다른 업무집행자의 이의가 있는 때에는 즉시 중지하여야 한다.

第707條(준용규정) 조합업무를 집행하는 조합원에는 제681조 내지 제688조의 규정을 준용한다.

제708조(업무집행자의 사임, 해임) 업무집행자인 조합원은 정당한 사유없이 사임하지 못하며 다른 조합원의 일치가 아니면 해임하지 못한다.

제709조(업무집행자의 대리권추정) 조합의 업무를 집행하는 조합원은 그 업무집행의 대리권있는 것으로 추정한다.

제710조(조합원의 업무, 재산상태검사권)
각 조합원은 언제든지 조합의 업무 및 재산상태를 검사할 수 있다.

제711조(손익분배의 비율) ①당사자가 손익분배의 비율을 정하지 아니한 때에는 각 조합원의 출자가액에 비례하여 이를 정한다.
②이익 또는 손실에 대하여 분배의 비율을 정한 때에는 그 비율은 이익과 손실에 공통된 것으로 추정한다.

제712조(조합원에 대한 채권자의 권리행사)
조합채권자는 그 채권발생 당시에 조합원의 손실부담의 비율을 알지 못한 때에는 각 조합원에게 균분하여 그 권리를 행사할 수 있다.

제713조(무자력조합원의 채무와 타조합원의 변제책임) 조합원 중에 변제할 자력없는 자가 있는 때에는 그 변제할 수 없는 부분은 다른 조합원이 균분하여 변제할 책임이 있다.

제714조(지분에 대한 압류의 효력) 조합원의 지분에 대한 압류는 그 조합원의 장래의 이익배당 및 지분의 반환을 받을 권리에 대하여 효력이 있다.

제715조(조합채무자의 상계의 금지)
조합의 채무자는 그 채무와 조합원에 대한 채권으로 상계하지 못한다.

제716조(임의탈퇴) ①조합계약으로 조합의 존속기간을 정하지 아니하거나 조합원의 종신까지 존속할 것을 정한 때에는 각 조합원은 언제든지 탈퇴할 수 있다. 그러나 부득이한 사유없이 조합의 불리한 시기에 탈퇴하지 못한다.
②조합의 존속기간을 정한 때에도 조합원은 부득이한 사유가 있으면 탈퇴할 수 있다.

제717조(비임의 탈퇴) 제716조의 경우 외에 조합원은 다음 각 호의 어느 하나에 해당하는 사유가 있으면 탈퇴된다.
1. 사망
2. 파산
3. 성년후견의 개시
4. 제명(除名)
[전문개정 2011.3.7.]

제718조(제명) ①조합원의 제명은 정당한 사유있는 때에 한하여 다른 조합원의 일치로써 이를 결정한다.
②전항의 제명결정은 제명된 조합원에게 통지하지 아니하면 그 조합원에게 대항하지 못한다.

제719조(탈퇴조합원의 지분의 계산)
①탈퇴한 조합원과 다른 조합원간의 계산은 탈퇴당시의 조합재산상태에 의하여 한다.
②탈퇴한 조합원의 지분은 그 출자의 종류여하에 불구하고 금전으로 반환할 수 있다.
③탈퇴당시에 완결되지 아니한 사항에 대하여는 완결후에 계산할 수 있다.

第720条(부득이한 사유로 인한 해산청구) 부득이한 사유가 있는 때에는 각 조합원은 조합의 해산을 청구할 수 있다.

第721条(청산인) ①조합이 해산한 때에는 청산은 총조합원 공동으로 또는 그들이 선임한 자가 그 사무를 집행한다.
②전항의 청산인의 선임은 조합원의 과반수로써 결정한다.

第722条(청산인의 업무집행방법) 청산인이 수인인 때에는 제706조제2항 후단의 규정을 준용한다.

第723条(조합원인 청산인의 사임, 해임) 조합원 중에서 청산인을 정한 때에는 제708조의 규정을 준용한다.

第724条(청산인의 직무, 권한과 잔여재산의 분배) ①청산인의 직무 및 권한에 관하여는 제87조의 규정을 준용한다.
②잔여재산은 각 조합원의 출자가액에 비례하여 이를 분배한다.

제14절 종신정기금

第725条(종신정기금계약의 의의) 종신정기금계약은 당사자 일방이 자기, 상대방 또는 제삼자의 종신까지 정기로 금전 기타의 물건을 상대방 또는 제삼자에게 지급할 것을 약정함으로써 그 효력이 생긴다.

第726条(종신정기금의 계산) 종신정기금은 일수로 계산한다.

第727条(종신정기금계약의 해제) ①정기금채무자가 정기금채무의 원본을 받은 경우에 그 정기금채무의 지급을 해태하거나 기타 의무를 이행하지 아니한 때에는 정기금채권자는 원본의 반환을 청구할 수 있다. 그러나 이미 지급을 받은 채무액에서 그 원본의 이자를 공제한 잔액을 정기금채무자에게 반환하여야 한다.
②전항의 규정은 손해배상의 청구에 영향을 미치지 아니한다.

第728条(해제와 동시이행) 제536조의 규정은 전조의 경우에 준용한다.

第729条(채무자귀책사유로 인한 사망과 채권존속선고) ①사망이 정기금채무자의 책임있는 사유로 인한 때에는 법원은 정기금채권자 또는 그 상속인의 청구에 의하여 상당한 기간 채권의 존속을 선고할 수 있다.
②전항의 경우에도 제727조의 권리를 행사할 수 있다.

第730条(유증에 의한 종신정기금) 본절의 규정은 유증에 의한 종신정기금채권에 준용한다.

제15절 화해

第731条(화해의 의의) 화해는 당사자가 상호양보하여 당사자간의 분쟁을 종지할 것을 약정함으로써 그 효력이 생긴다.

제732조(화해의 창설적효력) 화해계약은 당사자 일방이 양보한 권리가 소멸되고 상대방이 화해로 인하여 그 권리를 취득하는 효력이 있다.

제733조(화해의 효력과 착오) 화해계약은 착오를 이유로 하여 취소하지 못한다. 그러나 화해당사자의 자격 또는 화해의 목적인 분쟁 이외의 사항에 착오가 있는 때에는 그러하지 아니하다.

제3장 사무관리

제734조(사무관리의 내용) ①의무없이 타인을 위하여 사무를 관리하는 자는 그 사무의 성질에 좇아 가장 본인에게 이익되는 방법으로 이를 관리하여야 한다.
②관리자가 본인의 의사를 알거나 알 수 있는 때에는 그 의사에 적합하도록 관리하여야 한다.
③관리자가 전2항의 규정에 위반하여 사무를 관리한 경우에는 과실없는 때에도 이로 인한 손해를 배상할 책임이 있다. 그러나 그 관리행위가 공공의 이익에 적합한 때에는 중대한 과실이 없으면 배상할 책임이 없다.

제735조(긴급사무관리) 관리자가 타인의 생명, 신체, 명예 또는 재산에 대한 급박한 위해를 면하게 하기 위하여 그 사무를 관리한 때에는 고의나 중대한 과실이 없으면 이로 인한 손해를 배상할 책임이 없다.

제736조(관리자의 통지의무) 관리자가 관리를 개시한 때에는 지체없이 본인에게 통지하여야 한다. 그러나 본인이 이미 이를 안 때에는 그러하지 아니하다.

제737조(관리자의 관리계속의무) 관리자는 본인, 그 상속인이나 법정대리인이 그 사무를 관리하는 때까지 관리를 계속하여야 한다. 그러나 관리의 계속이 본인의 의사에 반하거나 본인에게 불리함이 명백한 때에는 그러하지 아니하다.

제738조(준용규정) 제683조 내지 제685조의 규정은 사무관리에 준용한다.

제739조(관리자의 비용상환청구권)
①관리자가 본인을 위하여 필요비 또는 유익비를 지출한 때에는 본인에 대하여 그 상환을 청구할 수 있다.
②관리자가 본인을 위하여 필요 또는 유익한 채무를 부담한 때에는 제688조제2항의 규정을 준용한다.
③관리자가 본인의 의사에 반하여 관리한 때에는 본인의 현존이익의 한도에서 전2항의 규정을 준용한다.

제740조(관리자의 무과실손해보상청구권)
관리자가 사무관리를 함에 있어서 과실없이 손해를 받은 때에는 본인의 현존이익의 한도에서 그 손해의 보상을 청구할 수 있다.

제4장 부당이득

제741조(부당이득의 내용) 법률상 원인없이 타인의 재산 또는 노무로 인하여 이익을 얻고

이로 인하여 타인에게 손해를 가한 자는 그 이익을 반환하여야 한다.

판례-손해배상

[대법원 2013.9.13., 선고, 2013다45457, 판결]

【판시사항】

부당이득반환청구권과 불법행위로 인한 손해배상청구권 중 어느 하나에 관한 소를 제기하여 승소 확정판결을 받았으나 채권의 만족을 얻지 못한 경우, 나머지 청구권에 관한 이행의 소를 제기할 수 있는지 여부(적극) 및 손해배상청구의 소를 먼저 제기하여 과실상계 등으로 승소액이 제한된 경우, 제한된 금액에 대한 부당이득반환청구권 행사의 허용 여부

【판결요지】

부당이득반환청구권과 불법행위로 인한 손해배상청구권은 서로 실체법상 별개의 청구권으로 존재하고 그 각 청구권에 기초하여 이행을 구하는 소는 소송법적으로도 소송물을 달리하므로, 채권자로서는 어느 하나의 청구권에 관한 소를 제기하여 승소 확정판결을 받았다고 하더라도 아직 채권의 만족을 얻지 못한 경우에는 다른 나머지 청구권에 관한 이행판결을 얻기 위하여 그에 관한 이행의 소를 제기할 수 있다. 그리고 채권자가 먼저 부당이득반환청구의 소를 제기하였을 경우 특별한 사정이 없는 한 손해 전부에 대하여 승소판결을 얻을 수 있었을 것임에도 우연히 손해배상청구의 소를 먼저 제기하는 바람에 과실상계 또는 공평의 원칙에 기한 책임제한 등의 법리에 따라 그 승소액이 제한되었다고 하여 그로써 제한된 금액에 대한 부당이득반환청구권의 행사가 허용되지 않는 것도 아니다.

제742조(비채변제) 채무없음을 알고 이를 변제한 때에는 그 반환을 청구하지 못한다.

제743조(기한전의 변제) 변제기에 있지 아니한 채무를 변제한 때에는 그 반환을 청구하지 못한다. 그러나 채무자가 착오로 인하여 변제한 때에는 채권자는 이로 인하여 얻은 이익을 반환하여야 한다.

제744조(도의관념에 적합한 비채변제)
채무없는 자가 착오로 인하여 변제한 경우에 그 변제가 도의관념에 적합한 때에는 그 반환을 청구하지 못한다.

제745조(타인의 채무의 변제) ①채무자아닌 자가 착오로 인하여 타인의 채무를 변제한 경우에 채권자가 선의로 증서를 훼멸하거나 담보를 포기하거나 시효로 인하여 그 채권을 잃은 때에는 변제자는 그 반환을 청구하지 못한다.
②전항의 경우에 변제자는 채무자에 대하여 구상권을 행사할 수 있다.

제746조(불법원인급여) 불법의 원인으로 인하여 재산을 급여하거나 노무를 제공한 때에는 그 이익의 반환을 청구하지 못한다. 그러나 그 불법원인이 수익자에게만 있는 때에는 그러하지 아니하다.

제747조(원물반환불능한 경우와 가액반환, 전득자의 책임) ①수익자가 그 받은 목적물을 반환할 수 없는 때에는 그 가액을 반환하여야 한다.
②수익자가 그 이익을 반환할 수 없는 경우에는 수익자로부터 무상으로 그 이익의 목적물을 양수한 악의의 제삼자는 전항의 규정에 의하여 반환할 책임이 있다.

제748조(수익자의 반환범위) ①선의의 수익자는 그 받은 이익이 현존한 한도에서 전조의 책임이 있다.
②악의의 수익자는 그 받은 이익에 이자를 붙여 반환하고 손해가 있으면 이를 배상하여야 한다.

第749조(수익자의 악의인정) ①수익자가 이익을 받은 후 법률상 원인없음을 안 때에는 그 때부터 악의의 수익자로서 이익반환의 책임이 있다.
②선의의 수익자가 패소한 때에는 그 소를 제기한 때부터 악의의 수익자로 본다.

판례-자동차소유권이전등록청구

[대법원 2016.7.29., 선고, 2016다220044, 판결]

【판시사항】
민법 제749조 제2항에서 정한 '패소한 때'의 의미 / 소유자가 점유자 등을 상대로 물건의 반환과 권원 없는 사용으로 얻은 이익의 반환을 청구하면서 물건의 반환 청구가 인용될 것을 전제로 그에 관한 소송이 계속된 때 이후의 기간에 대한 사용이익의 반환을 청구할 수 있는지 여부(적극)

【판결요지】
선의의 점유자는 점유물의 과실을 취득하고(민법 제201조 제1항), 점유자는 선의로 점유한 것으로 추정되지만(민법 제197조 제1항), 선의의 점유자라도 본권에 관한 소에서 패소한 때에는 그 소가 제기된 때부터 악의의 점유자로 본다(민법 제197조 제2항). 같은 취지에서 선의의 수익자가 패소한 때에는 그 소를 제기한 때부터 악의의 수익자로 간주되고(민법 제749조 제2항), 악의의 수익자는 그 받은 이익에 이자를 붙여 반환하고 손해가 있으면 이를 배상하여야 한다(민법 제748조 제2항). 여기에서 '패소한 때'란 점유자 또는 수익자가 종국판결에 의하여 패소 확정되는 것을 뜻하지만, 이는 악의의 점유자 또는 수익자로 보는 효과가 그때 발생한다는 것뿐이고 점유자 등의 패소판결이 확정되기 전에는 이를 전제로 하는 청구를 하지 못한다는 의미가 아니다. 그러므로 소유자가 점유자 등을 상대로 물건의 반환과 아울러 권원 없는 사용으로 얻은 이익의 반환을 청구하면서 물건의 반환 청구가 인용될 것을 전제로 하여 그에 관한 소송이 계속된 때 이후의 기간에 대한 사용이익의 반환을 청구하는 것은 허용된다.

제5장 불법행위

第750조(불법행위의 내용) 고의 또는 과실로 인한 위법행위로 타인에게 손해를 가한 자는 그 손해를 배상할 책임이 있다.

판례-손해배상(기)

[대법원 2012.1.12. 선고 2010다79947 판결]

【판시사항】
[1] 면허·허가 등 법령상 절차를 위반한 사업 등과 관련된 물건의 소지와 판매 등을 금지하고 있는 경우, 그러한 사정만으로 물건의 멸실 또는 훼손으로 인한 손해의 배상을 구할 수 없는 것으로 볼 것인지 여부(소극)
[2] 甲이 수산업법에 규정된 허가를 받지 아니한 양식장에서 장어를 양식하였는데 乙 주식회사의 공사로 인하여 장어가 폐사한 사안에서, 甲이 폐사한 장어에 대한 손해배상을 구할 수 있다고 본 원심판단을 수긍한 사례
[3] 과실상계 사유에 대한 사실인정과 비율확정이 사실심의 전권사항인지 여부(원칙적 적극)

【판결요지】
[1] 법령이 특정한 사업을 영위하거나 특정한 행위를 하는 데에 면허, 허가 등을 받거나 신고 등을 하도록 요구하면서 그러한 절차를 위반하여 사업 또는 행위를 한 경우에는 위반행위와 관련된 물건의 소지와 판매 등을 금지하고 있다고 하더라도, 그러한 사정만을 들어 물건의 멸실 또는 훼손으로 인하여 입게 된 손해의 배상을 구할 수 없는 것이라고 볼 수는 없고, 그와 같은 경우에 물건의 멸실 또는 훼손으로 인한 손해의 배상을 구할 수 있는지는 법령의 입법 취지와 행위에

대한 비난가능성의 정도 특히 위반행위가 가지는 위법성의 강도 등을 종합하여 구체적, 개별적으로 판단하여야 할 것이다.
[2] 甲이 수산업법에 규정된 허가를 받지 아니한 양식장에서 장어를 양식하였는데 乙 주식회사의 공사로 인하여 장어가 폐사한 사안에서, 甲이 수산업법에 규정된 허가를 받지 아니한 채 양식장에서 장어를 양식하였다고 하더라도 乙 회사의 공사로 인하여 폐사한 장어에 대한 손해배상을 구할 수 있다고 본 원심판단을 수긍한 사례.
[3] 불법행위로 인한 손해배상사건에서 피해자에게 손해의 발생이나 확대에 관하여 과실이 있는 경우에는 배상책임의 범위를 정할 때에 당연히 참작하여야 할 것이나, 과실상계 사유에 관한 사실인정이나 그 비율을 정하는 것은 그것이 형평의 원칙에 비추어 현저히 불합리하다고 인정되지 않는 한 사실심의 전권사항에 속한다.

제751조(재산 이외의 손해의 배상)
①타인의 신체, 자유 또는 명예를 해하거나 기타 정신상고통을 가한 자는 재산 이외의 손해에 대하여도 배상할 책임이 있다.
②법원은 전항의 손해배상을 정기금채무로 지급할 것을 명할 수 있고 그 이행을 확보하기 위하여 상당한 담보의 제공을 명할 수 있다.

제752조(생명침해로 인한 위자료) 타인의 생명을 해한 자는 피해자의 직계존속, 직계비속 및 배우자에 대하여는 재산상의 손해없는 경우에도 손해배상의 책임이 있다.

판례-손해배상(기)

[대법원 2015.8.13, 선고, 2015다209002, 판결]

【판시사항】
소 제기 당시 이미 사망한 당사자와 상속인을 공동원고로 표시한 손해배상청구의 소가 제기된 경우, 상속인이 자기 고유의 손해배상청구권뿐만 아니라 이미 사망한 당사자의 손해배상청구권에 대한 자신의 상속분에 관한 권리도 함께 행사한 것으로 볼 수 있는지 여부(소극)

【판결요지】
소 제기 당시 이미 사망한 당사자와 상속인이 공동원고로 표시된 손해배상청구의 소가 제기된 경우, 이미 사망한 당사자 명의로 제기된 소 부분은 부적법하여 각하되어야 할 것일 뿐이고, 소의 제기로써 상속인이 자기 고유의 손해배상청구권뿐만 아니라 이미 사망한 당사자의 손해배상청구권에 대한 자신의 상속분에 대해서까지 함께 권리를 행사한 것으로 볼 수는 없다.

제753조(미성년자의 책임능력) 미성년자가 타인에게 손해를 가한 경우에 그 행위의 책임을 변식할 지능이 없는 때에는 배상의 책임이 없다.

제754조(심신상실자의 책임능력) 심신상실 중에 타인에게 손해를 가한 자는 배상의 책임이 없다. 그러나 고의 또는 과실로 인하여 심신상실을 초래한 때에는 그러하지 아니하다.

제755조(감독자의 책임) ①다른 자에게 손해를 가한 사람이 제753조 또는 제754조에 따라 책임이 없는 경우에는 그를 감독할 법정의무가 있는 자가 그 손해를 배상할 책임이 있다. 다만, 감독의무를 게을리하지 아니한 경우에는 그러하지 아니하다.
②감독의무자를 갈음하여 제753조 또는 제754조에 따라 책임이 없는 사람을 감독하는 자도 제1항의 책임이 있다.
[전문개정 2011.3.7.]

제756조(사용자의 배상책임) ①타인을 사용하여 어느 사무에 종사하게 한 자는 피용자가 그 사무집행에 관하여 제삼자에게 가한 손해를 배상할 책임이 있다. 그러나 사용자가 피용자

의 선임 및 그 사무감독에 상당한 주의를 한 때 또는 상당한 주의를 하여도 손해가 있을 경우에는 그러하지 아니하다.
②사용자에 갈음하여 그 사무를 감독하는 자도 전항의 책임이 있다. <개정 2014.12.30.>
③전2항의 경우에 사용자 또는 감독자는 피용자에 대하여 구상권을 행사할 수 있다.

제757조(도급인의 책임) 도급인은 수급인이 그 일에 관하여 제삼자에게 가한 손해를 배상할 책임이 없다. 그러나 도급 또는 지시에 관하여 도급인에게 중대한 과실이 있는 때에는 그러하지 아니하다.

제758조(공작물등의 점유자, 소유자의 책임)
①공작물의 설치 또는 보존의 하자로 인하여 타인에게 손해를 가한 때에는 공작물점유자가 손해를 배상할 책임이 있다. 그러나 점유자가 손해의 방지에 필요한 주의를 해태하지 아니한 때에는 그 소유자가 손해를 배상할 책임이 있다.
②전항의 규정은 수목의 재식 또는 보존에 하자있는 경우에 준용한다.
③전2항의 경우에 점유자 또는 소유자는 그 손해의 원인에 대한 책임있는 자에 대하여 구상권을 행사할 수 있다.

제759조(동물의 점유자의 책임) ①동물의 점유자는 그 동물이 타인에게 가한 손해를 배상할 책임이 있다. 그러나 동물의 종류와 성질에 따라 그 보관에 상당한 주의를 해태하지 아니한 때에는 그러하지 아니하다.
②점유자에 갈음하여 동물을 보관한 자도 전항의 책임이 있다. <개정 2014.12.30.>

제760조(공동불법행위자의 책임) ①수인이 공동의 불법행위로 타인에게 손해를 가한 때에는 연대하여 그 손해를 배상할 책임이 있다.
②공동 아닌 수인의 행위중 어느 자의 행위가 그 손해를 가한 것인지를 알 수 없는 때에도 전항과 같다.
③교사자나 방조자는 공동행위자로 본다.

제761조(정당방위, 긴급피난) ①타인의 불법행위에 대하여 자기 또는 제삼자의 이익을 방위하기 위하여 부득이 타인에게 손해를 가한 자는 배상할 책임이 없다. 그러나 피해자는 불법행위에 대하여 손해의 배상을 청구할 수 있다.
②전항의 규정은 급박한 위난을 피하기 위하여 부득이 타인에게 손해를 가한 경우에 준용한다.

제762조(손해배상청구권에 있어서의 태아의 지위) 태아는 손해배상의 청구권에 관하여는 이미 출생한 것으로 본다.

제763조(준용규정) 제393조, 제394조, 제396조, 제399조의 규정은 불법행위로 인한 손해배상에 준용한다.

제764조(명예훼손의 경우의 특칙) 타인의 명예를 훼손한 자에 대하여는 법원은 피해자의 청구에 의하여 손해배상에 갈음하거나 손해배상과 함께 명예회복에 적당한 처분을 명할 수 있다. <개정 2014.12.30.>
[89헌마160 1991.4.1.민법 제764조(1958.2.22. 법률 제471호)의 "명예회복에 적당한 처분"에 사죄광고를 포함시키는 것은 헌법에 위반된다.]

제765조(배상액의 경감청구) ①본장의 규정에 의한 배상의무자는 그 손해가 고의 또는 중대한 과실에 의한 것이 아니고 그 배상으로 인하여 배상자의 생계에 중대한 영향을 미치게 될

경우에는 법원에 그 배상액의 경감을 청구할 수 있다.
②법원은 전항의 청구가 있는 때에는 채권자 및 채무자의 경제상태와 손해의 원인 등을 참작하여 배상액을 경감할 수 있다.

第766条(손해배상청구권의 소멸시효)
①불법행위로 인한 손해배상의 청구권은 피해자나 그 법정대리인이 그 손해 및 가해자를 안 날로부터 3년간 이를 행사하지 아니하면 시효로 인하여 소멸한다.
②불법행위를 한 날로부터 10년을 경과한 때에도 전항과 같다.
[단순위헌, 2014헌바148, 2018.8.30. 민법(1958.2.22. 법률 제471호로 제정된 것) 제766조 제2항 중 '진실·화해를 위한 과거사정리 기본법' 제2조 제1항 제3호, 제4호에 규정된 사건에 적용되는 부분은 헌법에 위반된다.]
③미성년자가 성폭력, 성추행, 성희롱, 그 밖의 성적(性的) 침해를 당한 경우에 이로 인한 손해배상청구권의 소멸시효는 그가 성년이 될 때까지는 진행되지 아니한다.<신설 2020.10.20.>
[단순위헌, 2014헌바148, 2018.8.30. 민법(1958.2.22. 법률 제471호로 제정된 것) 제766조 제2항 중 '진실 · 화해를 위한 과거사정리 기본법' 제2조 제1항 제3호, 제4호에 규정된 사건에 적용되는 부분은 헌법에 위반된다.]

제4편 친족

제1장 총칙

第767条(친족의 정의) 배우자, 혈족 및 인척을 친족으로 한다.

第768条(혈족의 정의) 자기의 직계존속과 직계비속을 직계혈족이라 하고 자기의 형제자매와 형제자매의 직계비속, 직계존속의 형제자매 및 그 형제자매의 직계비속을 방계혈족이라 한다. <개정 1990.1.13.>

第769条(인척의 계원) 혈족의 배우자, 배우자의 혈족, 배우자의 혈족의 배우자를 인척으로 한다. <개정 1990.1.13.>

第770条(혈족의 촌수의 계산) ①직계혈족은 자기로부터 직계존속에 이르고 자기로부터 직계비속에 이르러 그 세수를 정한다.
②방계혈족은 자기로부터 동원의 직계존속에 이르는 세수와 그 동원의 직계존속으로부터 그 직계비속에 이르는 세수를 통산하여 그 촌수를 정한다.

第771条(인척의 촌수의 계산) 인척은 배우자의 혈족에 대하여는 배우자의 그 혈족에 대한 촌수에 따르고, 혈족의 배우자에 대하여는 그 혈족에 대한 촌수에 따른다.
[전문개정 1990.1.13.]

第772条(양자와의 친계와 촌수) ①양자와 양부모 및 그 혈족, 인척사이의 친계와 촌수는 입양한 때로부터 혼인 중의 출생자와 동일한 것으로 본다.
②양자의 배우자, 직계비속과 그 배우자는 전항의 양자의 친계를 기준으로 하여 촌수를 정한다.

第773条 삭제 <1990.1.13.>
第774条 삭제 <1990.1.13.>

제775조(인척관계 등의 소멸) ①인척관계는 혼인의 취소 또는 이혼으로 인하여 종료한다. <개정 1990.1.13.>
②부부의 일방이 사망한 경우 생존 배우자가 재혼한 때에도 제1항과 같다.
<개정 1990.1.13.>

제776조(입양으로 인한 친족관계의 소멸) 입양으로 인한 친족관계는 입양의 취소 또는 파양으로 인하여 종료한다.

제777조(친족의 범위) 친족관계로 인한 법률상 효력은 이 법 또는 다른 법률에 특별한 규정이 없는 한 다음 각호에 해당하는 자에 미친다.
1. 8촌 이내의 혈족
2. 4촌 이내의 인척
3. 배우자
[전문개정 1990.1.13.]

제2장 가족의 범위와 자의 성과 본

제778조 삭제 <2005.3.31.>

제779조(가족의 범위) ①다음의 자는 가족으로 한다.
1. 배우자, 직계혈족 및 형제자매
2. 직계혈족의 배우자, 배우자의 직계혈족 및 배우자의 형제자매
②제1항제2호의 경우에는 생계를 같이 하는 경우에 한한다.
[전문개정 2005.3.31.]

제780조 삭제 <2005.3.31.>

제781조(자의 성과 본) ①자는 부의 성과 본을 따른다. 다만, 부모가 혼인신고시 모의 성과 본을 따르기로 협의한 경우에는 모의 성과 본을 따른다.
②부가 외국인인 경우에는 자는 모의 성과 본을 따를 수 있다.
③부를 알 수 없는 자는 모의 성과 본을 따른다.
④부모를 알 수 없는 자는 법원의 허가를 받아 성과 본을 창설한다. 다만, 성과 본을 창설한 후 부 또는 모를 알게 된 때에는 부 또는 모의 성과 본을 따를 수 있다.
⑤혼인외의 출생자가 인지된 경우 자는 부모의 협의에 따라 종전의 성과 본을 계속 사용할 수 있다. 다만, 부모가 협의할 수 없거나 협의가 이루어지지 아니한 경우에는 자는 법원의 허가를 받아 종전의 성과 본을 계속 사용할 수 있다.
⑥자의 복리를 위하여 자의 성과 본을 변경할 필요가 있을 때에는 부, 모 또는 자의 청구에 의하여 법원의 허가를 받아 이를 변경할 수 있다. 다만, 자가 미성년자이고 법정대리인이 청구할 수 없는 경우에는 제777조의 규정에 따른 친족 또는 검사가 청구할 수 있다.
[전문개정 2005.3.31.]

제782조 삭제 <2005.3.31.>
제783조 삭제 <2005.3.31.>
제784조 삭제 <2005.3.31.>
제785조 삭제 <2005.3.31.>
제786조 삭제 <2005.3.31.>

第787조 삭제 <2005.3.31.>
第788조 삭제 <2005.3.31.>
第789조 삭제 <2005.3.31.>
第790조 삭제 <1990.1.13.>
第791조 삭제 <2005.3.31.>
第792조 삭제 <1990.1.13.>
第793조 삭제 <2005.3.31.>
第794조 삭제 <2005.3.31.>
第795조 삭제 <2005.3.31.>
第796조 삭제 <2005.3.31.>
第797조 삭제 <1990.1.13.>
第798조 삭제 <1990.1.13.>
第799조 삭제 <1990.1.13.>

제3장 혼인
제1절 약혼

第800조(약혼의 자유) 성년에 달한 자는 자유로 약혼할 수 있다.

第801조(약혼연령) 18세가 된 사람은 부모나 미성년후견인의 동의를 받아 약혼할 수 있다. 이 경우 제808조를 준용한다.
[전문개정 2011.3.7.]

第802조(성년후견과 약혼) 피성년후견인은 부모나 성년후견인의 동의를 받아 약혼할 수 있다. 이 경우 제808조를 준용한다.
[전문개정 2011.3.7.]

第803조(약혼의 강제이행금지) 약혼은 강제이행을 청구하지 못한다.

第804조(약혼해제의 사유) 당사자 한쪽에 다음 각 호의 어느 하나에 해당하는 사유가 있는 경우에는 상대방은 약혼을 해제할 수 있다.
1. 약혼 후 자격정지 이상의 형을 선고받은 경우
2. 약혼 후 성년후견개시나 한정후견개시의 심판을 받은 경우
3. 성병, 불치의 정신병, 그 밖의 불치의 병질(病疾)이 있는 경우
4. 약혼 후 다른 사람과 약혼이나 혼인을 한 경우
5. 약혼 후 다른 사람과 간음(姦淫)한 경우
6. 약혼 후 1년 이상 생사(生死)가 불명한 경우
7. 정당한 이유 없이 혼인을 거절하거나 그 시기를 늦추는 경우
8. 그 밖에 중대한 사유가 있는 경우
[전문개정 2011.3.7.]

第805조(약혼해제의 방법) 약혼의 해제는 상대방에 대한 의사표시로 한다. 그러나 상대방에 대하여 의사표시를 할 수 없는 때에는 그 해제의 원인있음을 안 때에 해제된 것으로 본다.

제806조(약혼해제와 손해배상청구권)
①약혼을 해제한 때에는 당사자 일방은 과실있는 상대방에 대하여 이로 인한 손해의 배상을 청구할 수 있다.
②전항의 경우에는 재산상 손해외에 정신상 고통에 대하여도 손해배상의 책임이 있다.
③정신상 고통에 대한 배상청구권은 양도 또는 승계하지 못한다. 그러나 당사자간에 이미 그 배상에 관한 계약이 성립되거나 소를 제기한 후에는 그러하지 아니하다.

제2절 혼인의 성립

제807조(혼인적령) 만 18세가 된 사람은 혼인할 수 있다.
[전문개정 2007.12.21.]

제808조(동의가 필요한 혼인) ①미성년자가 혼인을 하는 경우에는 부모의 동의를 받아야 하며, 부모 중 한쪽이 동의권을 행사할 수 없을 때에는 다른 한쪽의 동의를 받아야 하고, 부모가 모두 동의권을 행사할 수 없을 때에는 미성년후견인의 동의를 받아야 한다.
②피성년후견인은 부모나 성년후견인의 동의를 받아 혼인할 수 있다.
[전문개정 2011.3.7.]

제809조(근친혼 등의 금지) ①8촌 이내의 혈족(친양자의 입양 전의 혈족을 포함한다) 사이에서는 혼인하지 못한다.
②6촌 이내의 혈족의 배우자, 배우자의 6촌 이내의 혈족, 배우자의 4촌 이내의 혈족의 배우자인 인척이거나 이러한 인척이었던 자 사이에서는 혼인하지 못한다.
③6촌 이내의 양부모계(養父母系)의 혈족이었던 자와 4촌 이내의 양부모계의 인척이었던 자 사이에서는 혼인하지 못한다.
[전문개정 2005.3.31.]

제810조(중혼의 금지) 배우자 있는 자는 다시 혼인하지 못한다.

제811조 삭제 <2005.3.31.>

제812조(혼인의 성립) ①혼인은 「가족관계의 등록 등에 관한 법률」에 정한 바에 의하여 신고함으로써 그 효력이 생긴다. <개정 2007.5.17.>
②전항의 신고는 당사자 쌍방과 성년자인 증인 2인의 연서한 서면으로 하여야 한다.

제813조(혼인신고의 심사) 혼인의 신고는 그 혼인이 제807조 내지 제810조 및 제812조제2항의 규정 기타 법령에 위반함이 없는 때에는 이를 수리하여야 한다. <개정 2005.3.31.>

제814조(외국에서의 혼인신고) ①외국에 있는 본국민사이의 혼인은 그 외국에 주재하는 대사, 공사 또는 영사에게 신고할 수 있다.
②제1항의 신고를 수리한 대사, 공사 또는 영사는 지체없이 그 신고서류를 본국의 재외국민 가족관계등록사무소에 송부하여야 한다. <개정 2005.3.31., 2007.5.17., 2015.2.3.>

제3절 혼인의 무효와 취소

제815조(혼인의 무효) 혼인은 다음 각 호의 어느 하나의 경우에는 무효로 한다. <개정

2005.3.31.>
1. 당사자간에 혼인의 합의가 없는 때
2. 혼인이 제809조제1항의 규정을 위반한 때
3. 당사자간에 직계인척관계(直系姻戚關係)가 있거나 있었던 때
4. 당사자간에 양부모계의 직계혈족관계가 있었던 때

제816조(혼인취소의 사유) 혼인은 다음 각 호의 어느 하나의 경우에는 법원에 그 취소를 청구할 수 있다.
<개정 1990.1.13., 2005.3.31.>
1. 혼인이 제807조 내지 제809조(제815조의 규정에 의하여 혼인의 무효사유에 해당하는 경우를 제외한다. 이하 제817조 및 제820조에서 같다) 또는 제810조의 규정에 위반한 때
2. 혼인당시 당사자 일방에 부부생활을 계속할 수 없는 악질 기타 중대사유있음을 알지 못한 때
3. 사기 또는 강박으로 인하여 혼인의 의사표시를 한 때

제817조(연령위반혼인 등의 취소청구권자)
혼인이 제807조, 제808조의 규정에 위반한 때에는 당사자 또는 그 법정대리인이 그 취소를 청구할 수 있고 제809조의 규정에 위반한 때에는 당사자, 그 직계존속 또는 4촌 이내의 방계혈족이 그 취소를 청구할 수 있다. <개정 2005.3.31.>

제818조(중혼의 취소청구권자) 당사자 및 그 배우자, 직계혈족, 4촌 이내의 방계혈족 또는 검사는 제810조를 위반한 혼인의 취소를 청구할 수 있다.
[전문개정 2012.2.10.]
[2012.2.10. 법률 제11300호에 의하여 2010.7.29. 헌법재판소에서 헌법불합치 결정된 이 조를 개정함.]

제819조(동의 없는 혼인의 취소청구권의 소멸) 제808조를 위반한 혼인은 그 당사자가 19세가 된 후 또는 성년후견종료의 심판이 있은 후 3개월이 지나거나 혼인 중에 임신한 경우에는 그 취소를 청구하지 못한다.
[전문개정 2011.3.7.]

제820조(근친혼등의 취소청구권의 소멸)
제809조의 규정에 위반한 혼인은 그 당사자간에 혼인중 포태(胞胎)한 때에는 그 취소를 청구하지 못한다. <개정 2005.3.31.>
[제목개정 2005.3.31.]

제821조 삭제 <2005.3.31.>

제822조(악질 등 사유에 의한 혼인취소청구권의 소멸) 제816조제2호의 규정에 해당하는 사유있는 혼인은 상대방이 그 사유있음을 안 날로부터 6월을 경과한 때에는 그 취소를 청구하지 못한다.

제823조(사기, 강박으로 인한 혼인취소청구권의 소멸) 사기 또는 강박으로 인한 혼인은 사기를 안 날 또는 강박을 면한 날로부터 3월을 경과한 때에는 그 취소를 청구하지 못한다.

제824조(혼인취소의 효력) 혼인의 취소의 효력은 기왕에 소급하지 아니한다.

제824조의2(혼인의 취소와 자의 양육 등)
제837조 및 제837조의2의 규정은 혼인의 취소의 경우에 자의 양육책임과 면접교섭권에 관하여 이를 준용한다.
[본조신설 2005.3.31.]

제825조(혼인취소와 손해배상청구권)
제806조의 규정은 혼인의 무효 또는 취소의 경우에 준용한다.

제4절 혼인의 효력
제1관 일반적 효력

제826조(부부간의 의무) ①부부는 동거하며 서로 부양하고 협조하여야 한다. 그러나 정당한 이유로 일시적으로 동거하지 아니하는 경우에는 서로 인용하여야 한다.
②부부의 동거장소는 부부의 협의에 따라 정한다. 그러나 협의가 이루어지지 아니하는 경우에는 당사자의 청구에 의하여 가정법원이 이를 정한다. <개정 1990.1.13.>
③삭제 <2005.3.31.>
④삭제 <2005.3.31.>

판례-구상금

[대법원 2012.12.27. 선고 2011다96932 판결]

【판시사항】
[1] 부부간의 상호부양의무와 부모의 성년 자녀에 대한 부양의무의 우선순위 및 2차 부양의무자의 1차 부양의무자에 대한 상환청구 가능 여부(적극)
[2] 부부간의 부양의무를 이행하지 않은 부부의 일방을 상대로 상대방의 친족이 과거의 부양료 상환청구를 하는 경우, 상환의무의 존부 및 범위를 정할 때 고려하여야 할 사항
[3] 부부간의 부양의무를 이행하지 않은 부부의 일방에 대하여 상대방의 친족이 구하는 부양료의 상환청구가 민사소송사건에 해당하는지 여부(적극)

【판결요지】
[1] 민법 제826조 제1항에 규정된 부부간 상호부양의무는 혼인관계의 본질적 의무로서 부양을 받을 자의 생활을 부양의무자의 생활과 같은 정도로 보장하여 부부공동생활의 유지를 가능하게 하는 것을 내용으로 하는 제1차 부양의무이고, 반면 부모가 성년의 자녀에 대하여 직계혈족으로서 민법 제974조 제1호, 제975조에 따라 부담하는 부양의무는 부양의무자가 자기의 사회적 지위에 상응하는 생활을 하면서 생활에 여유가 있음을 전제로 하여 부양을 받을 자가 자력 또는 근로에 의하여 생활을 유지할 수 없는 경우에 한하여 그의 생활을 지원하는 것을 내용으로 하는 제2차 부양의무이다. 이러한 제1차 부양의무와 제2차 부양의무는 의무이행의 정도뿐만 아니라 의무이행의 순위도 의미하는 것이므로, 제2차 부양의무자는 제1차 부양의무자보다 후순위로 부양의무를 부담한다. 따라서 제1차 부양의무자와 제2차 부양의무자가 동시에 존재하는 경우에 제1차 부양의무자는 특별한 사정이 없는 한 제2차 부양의무자에 우선하여 부양의무를 부담하므로, 제2차 부양의무자가 부양받을 자를 부양한 경우에는 소요된 비용을 제1차 부양의무자에 대하여 상환청구할 수 있다.
[2] 부부간의 부양의무 중 과거의 부양료에 관하여는 특별한 사정이 없는 한 부양을 받을 사람이 부양의무자에게 부양의무의 이행을 청구하였음에도 불구하고 부양의무자가 부양의무를 이행하지 아니함으로써 이행지체에 빠진 후의 것에 관하여만 부양료의 지급을 청구할 수 있을 뿐이므로, 부양의무자인 부부의 일방에 대한 부양의무 이행청구에도 불구하고 배우자가 부양의무를 이행하지 아니함으로써 이행지체에 빠진 후의 것이거나, 그렇지 않은 경우에는 부양의무의 성질이나 형평의 관념상 이를 허용해야 할 특별한 사정이 있는 경우에 한하여 이행청구 이전의 과

거 부양료를 지급하여야 한다. 그리고 부부 사이의 부양료 액수는 당사자 쌍방의 재산 상태와 수입액, 생활정도 및 경제적 능력, 사회적 지위 등에 따라 부양이 필요한 정도, 그에 따른 부양의무의 이행정도, 혼인생활 파탄의 경위와 정도 등을 종합적으로 고려하여 판단하여야 한다. 따라서 상대방의 친족이 부부의 일방을 상대로 한 과거의 부양료 상환청구를 심리·판단함에 있어서도 이러한 점을 모두 고려하여 상환의무의 존부 및 범위를 정하여야 한다.
[3] 가사소송법 제2조 제1항 제2호 나. 마류사건 제1호는 민법 제826조에 따른 부부의 부양에 관한 처분을, 같은 법 제2조 제1항 제2호 나. 마류사건 제8호는 민법 제976조부터 제978조까지의 규정에 따른 부양에 관한 처분을 각각 별개의 가사비송사건으로 규정하고 있다. 따라서 부부간의 부양의무를 이행하지 않은 부부의 일방에 대한 상대방의 부양료 청구는 위 마류사건 제1호의 가사비송사건에 해당하고, 친족간의 부양의무를 이행하지 않은 친족의 일방에 대한 상대방의 부양료 청구는 위 마류사건 제8호의 가사비송사건에 해당한다 할 것이나, 부부간의 부양의무를 이행하지 않은 부부의 일방에 대하여 상대방의 친족이 구하는 부양료의 상환청구는 같은 법 제2조 제1항 제2호 나. 마류사건의 어디에도 해당하지 아니하여 이를 가사비송사건으로 가정법원의 전속관할에 속하는 것이라고 할 수는 없고, 이는 민사소송사건에 해당한다고 봄이 타당하다.

제826조의2(성년의제) 미성년자가 혼인을 한 때에는 성년자로 본다.
[본조신설 1977.12.31.]

제827조(부부간의 가사대리권) ①부부는 일상의 가사에 관하여 서로 대리권이 있다.
②전항의 대리권에 가한 제한은 선의의 제삼자에게 대항하지 못한다.

제828조 삭제 <2012.2.10.>

제2관 재산상 효력

제829조(부부재산의 약정과 그 변경)
①부부가 혼인성립전에 그 재산에 관하여 따로 약정을 하지 아니한 때에는 그 재산관계는 본관중 다음 각조에 정하는 바에 의한다.
②부부가 혼인성립전에 그 재산에 관하여 약정한 때에는 혼인중 이를 변경하지 못한다. 그러나 정당한 사유가 있는 때에는 법원의 허가를 얻어 변경할 수 있다.
③전항의 약정에 의하여 부부의 일방이 다른 일방의 재산을 관리하는 경우에 부적당한 관리로 인하여 그 재산을 위태하게 한 때에는 다른 일방은 자기가 관리할 것을 법원에 청구할 수 있고 그 재산이 부부의 공유인 때에는 그 분할을 청구할 수 있다.
④부부가 그 재산에 관하여 따로 약정을 한 때에는 혼인성립까지에 그 등기를 하지 아니하면 이로써 부부의 승계인 또는 제삼자에게 대항하지 못한다.
⑤제2항, 제3항의 규정이나 약정에 의하여 관리자를 변경하거나 공유재산을 분할하였을 때에는 그 등기를 하지 아니하면 이로써 부부의 승계인 또는 제삼자에게 대항하지 못한다.

제830조(특유재산과 귀속불명재산)
①부부의 일방이 혼인전부터 가진 고유재산과 혼인중 자기의 명의로 취득한 재산은 그 특유재산으로 한다.
②부부의 누구에게 속한 것인지 분명하지 아니한 재산은 부부의 공유로 추정한다. <개정 1977.12.31.>

제831조(특유재산의 관리 등) 부부는 그 특유재산을 각자 관리, 사용, 수익한다.

第832條(가사로 인한 채무의 연대책임)
부부의 일방이 일상의 가사에 관하여 제삼자와 법률행위를 한 때에는 다른 일방은 이로 인한 채무에 대하여 연대책임이 있다. 그러나 이미 제삼자에 대하여 다른 일방의 책임없음을 명시한 때에는 그러하지 아니하다.

第833條(생활비용) 부부의 공동생활에 필요한 비용은 당사자간에 특별한 약정이 없으면 부부가 공동으로 부담한다.
[전문개정 1990.1.13.]

제5절 이혼

제1관 협의상 이혼

第834條(협의상 이혼) 부부는 협의에 의하여 이혼할 수 있다.

第835條(성년후견과 협의상 이혼) 피성년후견인의 협의상 이혼에 관하여는 제808조제2항을 준용한다.
[전문개정 2011.3.7.]

第836條(이혼의 성립과 신고방식) ①협의상 이혼은 가정법원의 확인을 받아 「가족관계의 등록 등에 관한 법률」의 정한 바에 의하여 신고함으로써 그 효력이 생긴다. <개정 1977.12.31., 2007.5.17.>
②전항의 신고는 당사자 쌍방과 성년자인 증인 2인의 연서한 서면으로 하여야 한다.

第836條의2(이혼의 절차) ①협의상 이혼을 하려는 자는 가정법원이 제공하는 이혼에 관한 안내를 받아야 하고, 가정법원은 필요한 경우 당사자에게 상담에 관하여 전문적인 지식과 경험을 갖춘 전문상담인의 상담을 받을 것을 권고할 수 있다.
②가정법원에 이혼의사의 확인을 신청한 당사자는 제1항의 안내를 받은 날부터 다음 각 호의 기간이 지난 후에 이혼의사의 확인을 받을 수 있다.
1. 양육하여야 할 자(포태 중인 자를 포함한다. 이하 이 조에서 같다)가 있는 경우에는 3개월
2. 제1호에 해당하지 아니하는 경우에는 1개월
③가정법원은 폭력으로 인하여 당사자 일방에게 참을 수 없는 고통이 예상되는 등 이혼을 하여야 할 급박한 사정이 있는 경우에는 제2항의 기간을 단축 또는 면제할 수 있다.
④양육하여야 할 자가 있는 경우 당사자는 제837조에 따른 자(子)의 양육과 제909조제4항에 따른 자(子)의 친권자결정에 관한 협의서 또는 제837조 및 제909조제4항에 따른 가정법원의 심판정본을 제출하여야 한다.
⑤가정법원은 당사자가 협의한 양육비부담에 관한 내용을 확인하는 양육비부담조서를 작성하여야 한다. 이 경우 양육비부담조서의 효력에 대하여는 「가사소송법」 제41조를 준용한다. <신설 2009.5.8.>
[본조신설 2007.12.21.]

第837條(이혼과 자의 양육책임) ①당사자는 그 자의 양육에 관한 사항을 협의에 의하여 정한다. <개정 1990.1.13.>
② 제1항의 협의는 다음의 사항을 포함하여야 한다. <개정 2007.12.21.>
1. 양육자의 결정
2. 양육비용의 부담
3. 면접교섭권의 행사 여부 및 그 방법

③제1항에 따른 협의가 자(子)의 복리에 반하는 경우에는 가정법원은 보정을 명하거나 직권으로 그 자(子)의 의사(意思)·연령과 부모의 재산상황, 그 밖의 사정을 참작하여 양육에 필요한 사항을 정한다. <개정 2007.12.21.>
④양육에 관한 사항의 협의가 이루어지지 아니하거나 협의할 수 없는 때에는 가정법원은 직권으로 또는 당사자의 청구에 따라 이에 관하여 결정한다. 이 경우 가정법원은 제3항의 사정을 참작하여야 한다. <신설 2007.12.21.>
⑤가정법원은 자(子)의 복리를 위하여 필요하다고 인정하는 경우에는 부·모·자(子) 및 검사의 청구 또는 직권으로 자(子)의 양육에 관한 사항을 변경하거나 다른 적당한 처분을 할 수 있다. <신설 2007.12.21.>
⑥제3항부터 제5항까지의 규정은 양육에 관한 사항 외에는 부모의 권리의무에 변경을 가져오지 아니한다. <신설 2007.12.21.>

제837조의2(면접교섭권) ①자(子)를 직접 양육하지 아니하는 부모의 일방과 자(子)는 상호 면접교섭할 수 있는 권리를 가진다. <개정 2007.12.21.>
②자(子)를 직접 양육하지 아니하는 부모 일방의 직계존속은 그 부모 일방이 사망하였거나 질병, 외국거주, 그 밖에 불가피한 사정으로 자(子)를 면접교섭할 수 없는 경우 가정법원에 자(子)와의 면접교섭을 청구할 수 있다. 이 경우 가정법원은 자(子)의 의사(意思), 면접교섭을 청구한 사람과 자(子)의 관계, 청구의 동기, 그 밖의 사정을 참작하여야 한다. <신설 2016.12.2.>
③가정법원은 자의 복리를 위하여 필요한 때에는 당사자의 청구 또는 직권에 의하여 면접교섭을 제한·배제·변경할 수 있다. <개정 2005.3.31., 2016.12.2.>
[본조신설 1990.1.13.]

제838조(사기, 강박으로 인한 이혼의 취소청구권) 사기 또는 강박으로 인하여 이혼의 의사표시를 한 자는 그 취소를 가정법원에 청구할 수 있다. <개정 1990.1.13.>

제839조(준용규정) 제823조의 규정은 협의상 이혼에 준용한다.

제839조의2(재산분할청구권) ①협의상 이혼한 자의 일방은 다른 일방에 대하여 재산분할을 청구할 수 있다.
②제1항의 재산분할에 관하여 협의가 되지 아니하거나 협의할 수 없는 때에는 가정법원은 당사자의 청구에 의하여 당사자 쌍방의 협력으로 이룩한 재산의 액수 기타 사정을 참작하여 분할의 액수와 방법을 정한다.
③제1항의 재산분할청구권은 이혼한 날부터 2년을 경과한 때에는 소멸한다.
[본조신설 1990.1.13.]

제839조의3(재산분할청구권 보전을 위한 사해행위취소권) ①부부의 일방이 다른 일방의 재산분할청구권 행사를 해함을 알면서도 재산권을 목적으로 하는 법률행위를 한 때에는 다른 일방은 제406조제1항을 준용하여 그 취소 및 원상회복을 가정법원에 청구할 수 있다.
②제1항의 소는 제406조제2항의 기간 내에 제기하여야 한다.
[본조신설 2007.12.21.]

제2관 재판상 이혼

제840조(재판상 이혼원인) 부부의 일방은 다음 각호의 사유가 있는 경우에는 가정법원에 이혼을 청구할 수 있다.
<개정 1990.1.13.>
1. 배우자에 부정한 행위가 있었을 때

2. 배우자가 악의로 다른 일방을 유기한 때
3. 배우자 또는 그 직계존속으로부터 심히 부당한 대우를 받았을 때
4. 자기의 직계존속이 배우자로부터 심히 부당한 대우를 받았을 때
5. 배우자의 생사가 3년 이상 분명하지 아니한 때
6. 기타 혼인을 계속하기 어려운 중대한 사유가 있을 때

第841조(부정으로 인한 이혼청구권의 소멸)
전조제1호의 사유는 다른 일방이 사전동의나 사후 용서를 한 때 또는 이를 안 날로부터 6월, 그 사유있은 날로부터 2년을 경과한 때에는 이혼을 청구하지 못한다.

第842조(기타 원인으로 인한 이혼청구권의 소멸) 第840조第6호의 사유는 다른 일방이 이를 안 날로부터 6월, 그 사유있은 날로부터 2년을 경과하면 이혼을 청구하지 못한다.

第843조(준용규정) 재판상 이혼에 따른 손해배상책임에 관하여는 제806조를 준용하고, 재판상 이혼에 따른 자녀의 양육책임 등에 관하여는 제837조를 준용하며, 재판상 이혼에 따른 면접교섭권에 관하여는 제837조의2를 준용하고, 재판상 이혼에 따른 재산분할청구권에 관하여는 제839조의2를 준용하며, 재판상 이혼에 따른 재산분할청구권 보전을 위한 사해행위취소권에 관하여는 제839조의3을 준용한다.
[전문개정 2012.2.10.]

제4장 부모와 자

제1절 친생자

第844조(남편의 친생자의 추정) ①아내가 혼인 중에 임신한 자녀는 남편의 자녀로 추정한다.
②혼인이 성립한 날부터 200일 후에 출생한 자녀는 혼인 중에 임신한 것으로 추정한다.
③혼인관계가 종료된 날부터 300일 이내에 출생한 자녀는 혼인 중에 임신한 것으로 추정한다.
[전문개정 2017.10.31.]
[2017.10.31. 법률 제14965호에 의하여 2015.4.30. 헌법재판소에서 헌법불합치 결정된 이 조를 개정함.]

第845조(법원에 의한 부의 결정) 재혼한 여자가 해산한 경우에 제844조의 규정에 의하여 그 자의 부를 정할 수 없는 때에는 법원이 당사자의 청구에 의하여 이를 정한다. <개정 2005.3.31.>

第846조(자의 친생부인) 부부의 일방은 제844조의 경우에 그 자가 친생자임을 부인하는 소를 제기할 수 있다. <개정 2005.3.31.>

第847조(친생부인의 소) ①친생부인(親生否認)의 소(訴)는 부(夫) 또는 처(妻)가 다른 일방 또는 자(子)를 상대로 하여 그 사유가 있음을 안 날부터 2년내에 이를 제기하여야 한다.
②제1항의 경우에 상대방이 될 자가 모두 사망한 때에는 그 사망을 안 날부터 2년내에 검사를 상대로 하여 친생부인의 소를 제기할 수 있다.
[전문개정 2005.3.31.]

第848조(성년후견과 친생부인의 소)
①남편이나 아내가 피성년후견인인 경우에는 그의 성년후견인이 성년후견감독인의 동의를 받

아 친생부인의 소를 제기할 수 있다. 성년후견감독인이 없거나 동의할 수 없을 때에는 가정법원에 그 동의를 갈음하는 허가를 청구할 수 있다.
②제1항의 경우 성년후견인이 친생부인의 소를 제기하지 아니하는 경우에는 피성년후견인은 성년후견종료의 심판이 있은 날부터 2년 내에 친생부인의 소를 제기할 수 있다.
[전문개정 2011.3.7.]

第849條(자사망후의 친생부인) 자가 사망한 후에도 그 직계비속이 있는 때에는 그 모를 상대로, 모가 없으면 검사를 상대로 하여 부인의 소를 제기할 수 있다.

第850條(유언에 의한 친생부인) 부(夫) 또는 처(妻)가 유언으로 부인의 의사를 표시한 때에는 유언집행자는 친생부인의 소를 제기하여야 한다. <개정 2005.3.31.>

第851條(부의 자 출생 전 사망 등과 친생부인) 부(夫)가 자(子)의 출생 전에 사망하거나 부(夫) 또는 처(妻)가 제847조제1항의 기간내에 사망한 때에는 부(夫) 또는 처(妻)의 직계존속이나 직계비속에 한하여 그 사망을 안 날부터 2년내에 친생부인의 소를 제기할 수 있다.
[전문개정 2005.3.31.]

第852條(친생부인권의 소멸) 자의 출생 후에 친생자(親生子)임을 승인한 자는 다시 친생부인의 소를 제기하지 못한다.
[전문개정 2005.3.31.]

第853條 삭제 <2005.3.31.>

第854條(사기, 강박으로 인한 승인의 취소) 제852조의 승인이 사기 또는 강박으로 인한 때에는 이를 취소할 수 있다.
<개정 2005.3.31.>

第854條의2(친생부인의 허가 청구)
①어머니 또는 어머니의 전(前) 남편은 제844조제3항의 경우에 가정법원에 친생부인의 허가를 청구할 수 있다. 다만, 혼인 중의 자녀로 출생신고가 된 경우에는 그러하지 아니하다.
②제1항의 청구가 있는 경우에 가정법원은 혈액채취에 의한 혈액형 검사, 유전인자의 검사 등 과학적 방법에 따른 검사결과 또는 장기간의 별거 등 그 밖의 사정을 고려하여 허가 여부를 정한다.
③제1항 및 제2항에 따른 허가를 받은 경우에는 제844조제1항 및 제3항의 추정이 미치지 아니한다.
[본조신설 2017.10.31.]

第855條(인지) ①혼인외의 출생자는 그 생부나 생모가 이를 인지할 수 있다. 부모의 혼인이 무효인 때에는 출생자는 혼인외의 출생자로 본다.
②혼인외의 출생자는 그 부모가 혼인한 때에는 그때로부터 혼인 중의 출생자로 본다.

第855條의2(인지의 허가 청구) ①생부(生父)는 제844조제3항의 경우에 가정법원에 인지의 허가를 청구할 수 있다. 다만, 혼인 중의 자녀로 출생신고가 된 경우에는 그러하지 아니하다.
②제1항의 청구가 있는 경우에 가정법원은 혈액채취에 의한 혈액형 검사, 유전인자의 검사 등 과학적 방법에 따른 검사결과 또는 장기간의 별거 등 그 밖의 사정을 고려하여 허가 여부를 정한다.
③제1항 및 제2항에 따라 허가를 받은 생부가 「가족관계의 등록 등에 관한 법률」 제57조제1항에 따른 신고를 하는 경우에는 제844조제1항 및 제3항의 추정이 미치지 아니한다.

[본조신설 2017.10.31.]

제856조(피성년후견인의 인지) 아버지가 피성년후견인인 경우에는 성년후견인의 동의를 받아 인지할 수 있다.
[전문개정 2011.3.7.]

제857조(사망자의 인지) 자가 사망한 후에도 그 직계비속이 있는 때에는 이를 인지할 수 있다.

제858조(포태중인 자의 인지) 부는 포태 중에 있는 자에 대하여도 이를 인지할 수 있다.

제859조(인지의 효력발생) ①인지는 「가족관계의 등록 등에 관한 법률」의 정하는 바에 의하여 신고함으로써 그 효력이 생긴다. <개정 2007.5.17.>
②인지는 유언으로도 이를 할 수 있다. 이 경우에는 유언집행자가 이를 신고하여야 한다.

제860조(인지의 소급효) 인지는 그 자의 출생시에 소급하여 효력이 생긴다. 그러나 제삼자의 취득한 권리를 해하지 못한다.

제861조(인지의 취소) 사기, 강박 또는 중대한 착오로 인하여 인지를 한 때에는 사기나 착오를 안 날 또는 강박을 면한 날로부터 6월내에 가정법원에 그 취소를 청구할 수 있다. <개정 2005.3.31.>

제862조(인지에 대한 이의의 소) 자 기타 이해관계인은 인지의 신고있음을 안 날로부터 1년내에 인지에 대한 이의의 소를 제기할 수 있다.

제863조(인지청구의 소) 자와 그 직계비속 또는 그 법정대리인은 부 또는 모를 상대로 하여 인지청구의 소를 제기할 수 있다.

제864조(부모의 사망과 인지청구의 소)
제862조 및 제863조의 경우에 부 또는 모가 사망한 때에는 그 사망을 안 날로부터 2년내에 검사를 상대로 하여 인지에 대한 이의 또는 인지청구의 소를 제기할 수 있다. <개정 2005.3.31.>

제864조의2(인지와 자의 양육책임 등)
제837조 및 제837조의2의 규정은 자가 인지된 경우에 자의 양육책임과 면접교섭권에 관하여 이를 준용한다.
[본조신설 2005.3.31.]

제865조(다른 사유를 원인으로 하는 친생관계존부확인의 소) ①제845조, 제846조, 제848조, 제850조, 제851조, 제862조와 제863조의 규정에 의하여 소를 제기할 수 있는 자는 다른 사유를 원인으로 하여 친생자관계존부의 확인의 소를 제기할 수 있다.
②제1항의 경우에 당사자일방이 사망한 때에는 그 사망을 안 날로부터 2년내에 검사를 상대로 하여 소를 제기할 수 있다. <개정 2005.3.31.>

제2절 양자(養子)

제1관 입양의 요건과 효력

第866條(입양을 할 능력) 성년이 된 사람은 입양(入養)을 할 수 있다.
[전문개정 2012.2.10.]

第867條(미성년자의 입양에 대한 가정법원의 허가) ①미성년자를 입양하려는 사람은 가정법원의 허가를 받아야 한다.
②가정법원은 양자가 될 미성년자의 복리를 위하여 그 양육 상황, 입양의 동기, 양부모(養父母)의 양육능력, 그 밖의 사정을 고려하여 제1항에 따른 입양의 허가를 하지 아니할 수 있다.
[본조신설 2012.2.10.]

第868條 삭제 <1990.1.13.>

第869條(입양의 의사표시) ①양자가 될 사람이 13세 이상의 미성년자인 경우에는 법정대리인의 동의를 받아 입양을 승낙한다.
②양자가 될 사람이 13세 미만인 경우에는 법정대리인이 그를 갈음하여 입양을 승낙한다.
③가정법원은 다음 각 호의 어느 하나에 해당하는 경우에는 제1항에 따른 동의 또는 제2항에 따른 승낙이 없더라도 제867조제1항에 따른 입양의 허가를 할 수 있다.
1. 법정대리인이 정당한 이유 없이 동의 또는 승낙을 거부하는 경우. 다만, 법정대리인이 친권자인 경우에는 제870조제2항의 사유가 있어야 한다.
2. 법정대리인의 소재를 알 수 없는 등의 사유로 동의 또는 승낙을 받을 수 없는 경우
④제3항제1호의 경우 가정법원은 법정대리인을 심문하여야 한다.
⑤제1항에 따른 동의 또는 제2항에 따른 승낙은 제867조제1항에 따른 입양의 허가가 있기 전까지 철회할 수 있다.
[전문개정 2012.2.10.]

第870條(미성년자 입양에 대한 부모의 동의) ①양자가 될 미성년자는 부모의 동의를 받아야 한다. 다만, 다음 각 호의 어느 하나에 해당하는 경우에는 그러하지 아니하다.
1. 부모가 제869조제1항에 따른 동의를 하거나 같은 조 제2항에 따른 승낙을 한 경우
2. 부모가 친권상실의 선고를 받은 경우
3. 부모의 소재를 알 수 없는 등의 사유로 동의를 받을 수 없는 경우
②가정법원은 다음 각 호의 어느 하나에 해당하는 사유가 있는 경우에는 부모가 동의를 거부하더라도 제867조제1항에 따른 입양의 허가를 할 수 있다. 이 경우 가정법원은 부모를 심문하여야 한다.
1. 부모가 3년 이상 자녀에 대한 부양의무를 이행하지 아니한 경우
2. 부모가 자녀를 학대 또는 유기(遺棄)하거나 그 밖에 자녀의 복리를 현저히 해친 경우
③제1항에 따른 동의는 제867조제1항에 따른 입양의 허가가 있기 전까지 철회할 수 있다.
[전문개정 2012.2.10.]

第871條(성년자 입양에 대한 부모의 동의)
①양자가 될 사람이 성년인 경우에는 부모의 동의를 받아야 한다. 다만, 부모의 소재를 알 수 없는 등의 사유로 동의를 받을 수 없는 경우에는 그러하지 아니하다.
②가정법원은 부모가 정당한 이유 없이 동의를 거부하는 경우에 양부모가 될 사람이나 양자가 될 사람의 청구에 따라 부모의 동의를 갈음하는 심판을 할 수 있다. 이 경우 가정법원은 부모를 심문하여야 한다.
[전문개정 2012.2.10.]

第872조 삭제 <2012.2.10.>

第873조(피성년후견인의 입양) ①피성년후견인은 성년후견인의 동의를 받아 입양을 할 수 있고 양자가 될 수 있다.
②피성년후견인이 입양을 하거나 양자가 되는 경우에는 제867조를 준용한다.
③가정법원은 성년후견인이 정당한 이유 없이 제1항에 따른 동의를 거부하거나 피성년후견인의 부모가 정당한 이유 없이 제871조제1항에 따른 동의를 거부하는 경우에 그 동의가 없어도 입양을 허가할 수 있다. 이 경우 가정법원은 성년후견인 또는 부모를 심문하여야 한다.
[전문개정 2012.2.10.]

第874조(부부의 공동 입양 등) ①배우자가 있는 사람은 배우자와 공동으로 입양하여야 한다.
②배우자가 있는 사람은 그 배우자의 동의를 받아야만 양자가 될 수 있다.
[전문개정 2012.2.10.]

第875조 삭제 <1990.1.13.>
第876조 삭제 <1990.1.13.>

第877조(입양의 금지) 존속이나 연장자를 입양할 수 없다.
[전문개정 2012.2.10.]

第878조(입양의 성립) 입양은 「가족관계의 등록 등에 관한 법률」에서 정한 바에 따라 신고함으로써 그 효력이 생긴다.
[전문개정 2012.2.10.]

第879조 삭제 <1990.1.13.>
第880조 삭제 <1990.1.13.>

第881조(입양 신고의 심사) 제866조, 제867조, 제869조부터 제871조까지, 제873조, 제874조, 제877조, 그 밖의 법령을 위반하지 아니한 입양 신고는 수리하여야 한다.
[전문개정 2012.2.10.]

第882조(외국에서의 입양 신고) 외국에서 입양 신고를 하는 경우에는 제814조를 준용한다.
[전문개정 2012.2.10.]

第882조의2(입양의 효력) ①양자는 입양된 때부터 양부모의 친생자와 같은 지위를 가진다.
②양자의 입양 전의 친족관계는 존속한다.
[본조신설 2012.2.10.]

제2관 입양의 무효와 취소

第883조(입양 무효의 원인) 다음 각 호의 어느 하나에 해당하는 입양은 무효이다.
1. 당사자 사이에 입양의 합의가 없는 경우
2. 제867조제1항(제873조제2항에 따라 준용되는 경우를 포함한다), 제869조제2항, 제877조를 위반한 경우

[전문개정 2012.2.10.]

제884조(입양 취소의 원인) ①입양이 다음 각 호의 어느 하나에 해당하는 경우에는 가정법원에 그 취소를 청구할 수 있다.
1. 제866조, 제869조제1항, 같은 조 제3항제2호, 제870조제1항, 제871조제1항, 제873조제1항, 제874조를 위반한 경우
2. 입양 당시 양부모와 양자 중 어느 한쪽에게 악질(惡疾)이나 그 밖에 중대한 사유가 있음을 알지 못한 경우
3. 사기 또는 강박으로 인하여 입양의 의사표시를 한 경우
②입양 취소에 관하여는 제867조제2항을 준용한다.
[전문개정 2012.2.10.]

제885조(입양 취소 청구권자) 양부모, 양자와 그 법정대리인 또는 직계혈족은 제866조를 위반한 입양의 취소를 청구할 수 있다.
[전문개정 2012.2.10.]

제886조(입양 취소 청구권자) 양자나 동의권자는 제869조제1항, 같은 조 제3항제2호, 제870조제1항을 위반한 입양의 취소를 청구할 수 있고, 동의권자는 제871조제1항을 위반한 입양의 취소를 청구할 수 있다.
[전문개정 2012.2.10.]

제887조(입양 취소 청구권자) 피성년후견인이나 성년후견인은 제873조제1항을 위반한 입양의 취소를 청구할 수 있다.
[전문개정 2012.2.10.]

제888조(입양 취소 청구권자) 배우자는 제874조를 위반한 입양의 취소를 청구할 수 있다.
[전문개정 2012.2.10.]

제889조(입양 취소 청구권의 소멸) 양부모가 성년이 되면 제866조를 위반한 입양의 취소를 청구하지 못한다.
[전문개정 2012.2.10.]

제890조 삭제 <1990.1.13.>

제891조(입양 취소 청구권의 소멸)
①양자가 성년이 된 후 3개월이 지나거나 사망하면 제869조제1항, 같은 조 제3항제2호, 제870조제1항을 위반한 입양의 취소를 청구하지 못한다.
②양자가 사망하면 제871조제1항을 위반한 입양의 취소를 청구하지 못한다.
[전문개정 2012.2.10.]

제892조 삭제 <2012.2.10.>

제893조(입양 취소 청구권의 소멸) 성년후견개시의 심판이 취소된 후 3개월이 지나면 제873조제1항을 위반한 입양의 취소를 청구하지 못한다.
[전문개정 2012.2.10.]

제894조(입양 취소 청구권의 소멸) 제869조제1항, 같은 조 제3항제2호, 제870조제1항, 제871조제1항, 제873조제1항, 제874조를 위반한 입양은 그 사유가 있음을 안 날부터 6개월, 그 사유가 있었던 날부터 1년이 지나면 그 취소를 청구하지 못한다.

[전문개정 2012.2.10.]

제895조 삭제 <1990.1.13.>

제896조(입양 취소 청구권의 소멸)
제884조제1항제2호에 해당하는 사유가 있는 입양은 양부모와 양자 중 어느 한 쪽이 그 사유가 있음을 안 날부터 6개월이 지나면 그 취소를 청구하지 못한다.
[전문개정 2012.2.10.]

제897조(준용규정) 입양의 무효 또는 취소에 따른 손해배상책임에 관하여는 제806조를 준용하고, 사기 또는 강박으로 인한 입양 취소 청구권의 소멸에 관하여는 제823조를 준용하며, 입양 취소의 효력에 관하여는 제824조를 준용한다.
[전문개정 2012.2.10.]

제3관 파양(罷養)

제1항 협의상 파양

제898조(협의상 파양) 양부모와 양자는 협의하여 파양(罷養)할 수 있다. 다만, 양자가 미성년자 또는 피성년후견인인 경우에는 그러하지 아니하다.
[전문개정 2012.2.10.]

제899조 삭제 <2012.2.10.>
제900조 삭제 <2012.2.10.>
제901조 삭제 <2012.2.10.>

제902조(피성년후견인의 협의상 파양)
피성년후견인인 양부모는 성년후견인의 동의를 받아 파양을 협의할 수 있다.
[전문개정 2012.2.10.]

제903조(파양 신고의 심사) 제898조, 제902조, 그 밖의 법령을 위반하지 아니한 파양 신고는 수리하여야 한다.
[전문개정 2012.2.10.]

제904조(준용규정) 사기 또는 강박으로 인한 파양 취소 청구권의 소멸에 관하여는 제823조를 준용하고, 협의상 파양의 성립에 관하여는 제878조를 준용한다.
[전문개정 2012.2.10.]

제2항 재판상 파양

제905조(재판상 파양의 원인) 양부모, 양자 또는 제906조에 따른 청구권자는 다음 각 호의 어느 하나에 해당하는 경우에는 가정법원에 파양을 청구할 수 있다.
1. 양부모가 양자를 학대 또는 유기하거나 그 밖에 양자의 복리를 현저히 해친 경우
2. 양부모가 양자로부터 심히 부당한 대우를 받은 경우
3. 양부모나 양자의 생사가 3년 이상 분명하지 아니한 경우
4. 그 밖에 양친자관계를 계속하기 어려운 중대한 사유가 있는 경우
[전문개정 2012.2.10.]

第906条(파양 청구권자) ①양자가 13세 미만인 경우에는 제869조제2항에 따른 승낙을 한 사람이 양자를 갈음하여 파양을 청구할 수 있다. 다만, 파양을 청구할 수 있는 사람이 없는 경우에는 제777조에 따른 양자의 친족이나 이해관계인이 가정법원의 허가를 받아 파양을 청구할 수 있다.
②양자가 13세 이상의 미성년자인 경우에는 제870조제1항에 따른 동의를 한 부모의 동의를 받아 파양을 청구할 수 있다. 다만, 부모가 사망하거나 그 밖의 사유로 동의할 수 없는 경우에는 동의 없이 파양을 청구할 수 있다.
③양부모나 양자가 피성년후견인인 경우에는 성년후견인의 동의를 받아 파양을 청구할 수 있다.
④검사는 미성년자나 피성년후견인인 양자를 위하여 파양을 청구할 수 있다.
[전문개정 2012.2.10.]

第907条(파양 청구권의 소멸) 파양 청구권자는 제905조제1호·제2호·제4호의 사유가 있음을 안 날부터 6개월, 그 사유가 있었던 날부터 3년이 지나면 파양을 청구할 수 없다.
[전문개정 2012.2.10.]

第908条(준용규정) 재판상 파양에 따른 손해배상책임에 관하여는 제806조를 준용한다. [전문개정 2012.2.10.]

제4관 친양자

第908条의2(친양자 입양의 요건 등)
①친양자(親養子)를 입양하려는 사람은 다음 각 호의 요건을 갖추어 가정법원에 친양자 입양을 청구하여야 한다.
1. 3년 이상 혼인 중인 부부로서 공동으로 입양할 것. 다만, 1년 이상 혼인 중인 부부의 한쪽이 그 배우자의 친생자를 친양자로 하는 경우에는 그러하지 아니하다.
2. 친양자가 될 사람이 미성년자일 것
3. 친양자가 될 사람의 친생부모가 친양자 입양에 동의할 것. 다만, 부모가 친권상실의 선고를 받거나 소재를 알 수 없거나 그 밖의 사유로 동의할 수 없는 경우에는 그러하지 아니하다.
4. 친양자가 될 사람이 13세 이상인 경우에는 법정대리인의 동의를 받아 입양을 승낙할 것
5. 친양자가 될 사람이 13세 미만인 경우에는 법정대리인이 그를 갈음하여 입양을 승낙할 것
②가정법원은 다음 각 호의 어느 하나에 해당하는 경우에는 제1항제3호·제4호에 따른 동의 또는 같은 항 제5호에 따른 승낙이 없어도 제1항의 청구를 인용할 수 있다. 이 경우 가정법원은 동의권자 또는 승낙권자를 심문하여야 한다.
1. 법정대리인이 정당한 이유 없이 동의 또는 승낙을 거부하는 경우. 다만, 법정대리인이 친권자인 경우에는 제2호 또는 제3호의 사유가 있어야 한다.
2. 친생부모가 자신에게 책임이 있는 사유로 3년 이상 자녀에 대한 부양의무를 이행하지 아니하고 면접교섭을 하지 아니한 경우
3. 친생부모가 자녀를 학대 또는 유기하거나 그 밖에 자녀의 복리를 현저히 해친 경우
③가정법원은 친양자가 될 사람의 복리를 위하여 그 양육상황, 친양자 입양의 동기, 양부모의 양육능력, 그 밖의 사정을 고려하여 친양자 입양이 적당하지 아니하다고 인정하는 경우에는 제1항의 청구를 기각할 수 있다.
[전문개정 2012.2.10.]

제908조의3(친양자 입양의 효력) ①친양자는 부부의 혼인중 출생자로 본다.
②친양자의 입양 전의 친족관계는 제908조의2제1항의 청구에 의한 친양자 입양이 확정된 때에 종료한다. 다만, 부부의 일방이 그 배우자의 친생자를 단독으로 입양한 경우에 있어서의 배우자 및 그 친족과 친생자간의 친족관계는 그러하지 아니하다.
[본조신설 2005.3.31.]

제908조의4(친양자 입양의 취소 등)
①친양자로 될 사람의 친생(親生)의 아버지 또는 어머니는 자신에게 책임이 없는 사유로 인하여 제908조의2제1항제3호 단서에 따른 동의를 할 수 없었던 경우에 친양자 입양의 사실을 안 날부터 6개월 안에 가정법원에 친양자 입양의 취소를 청구할 수 있다.
②친양자 입양에 관하여는 제883조, 제884조를 적용하지 아니한다.
[전문개정 2012.2.10.]

제908조의5(친양자의 파양) ①양친, 친양자, 친생의 부 또는 모나 검사는 다음 각호의 어느 하나의 사유가 있는 경우에는 가정법원에 친양자의 파양(罷養)을 청구할 수 있다.
1. 양친이 친양자를 학대 또는 유기(遺棄)하거나 그 밖에 친양자의 복리를 현저히 해하는 때
2. 친양자의 양친에 대한 패륜(悖倫)행위로 인하여 친양자관계를 유지시킬 수 없게된 때
②제898조 및 제905조의 규정은 친양자의 파양에 관하여 이를 적용하지 아니한다.
[본조신설 2005.3.31.]

제908조의6(준용규정) 제908조의2제3항은 친양자 입양의 취소 또는 제908조의5제1항제2호에 따른 파양의 청구에 관하여 이를 준용한다. <개정 2012.2.10.>
[본조신설 2005.3.31.]

제908조의7(친양자 입양의 취소 · 파양의 효력) ①친양자 입양이 취소되거나 파양된 때에는 친양자관계는 소멸하고 입양 전의 친족관계는 부활한다.
②제1항의 경우에 친양자 입양의 취소의 효력은 소급하지 아니한다.
[본조신설 2005.3.31.]

제908조의8(준용규정) 친양자에 관하여 이 관에 특별한 규정이 있는 경우를 제외하고는 그 성질에 반하지 아니하는 범위 안에서 양자에 관한 규정을 준용한다.
[본조신설 2005.3.31.]

제3절 친권

제1관 총칙

제909조(친권자) ①부모는 미성년자인 자의 친권자가 된다. 양자의 경우에는 양부모(養父母)가 친권자가 된다. <개정 2005.3.31.>
②친권은 부모가 혼인중인 때에는 부모가 공동으로 이를 행사한다. 그러나 부모의 의견이 일치하지 아니하는 경우에는 당사자의 청구에 의하여 가정법원이 이를 정한다.
③부모의 일방이 친권을 행사할 수 없을 때에는 다른 일방이 이를 행사한다.
④혼인외의 자가 인지된 경우와 부모가 이혼하는 경우에는 부모의 협의로 친권자를 정하여야 하고, 협의할 수 없거나 협의가 이루어지지 아니하는 경우에는 가정법원은 직권으로 또는 당사자의 청구에 따라 친권자를 지정하여야 한다. 다만, 부모의 협의가 자(子)의 복리에 반하는 경우에는 가정법원은 보정을 명하거나 직권으로 친권자를 정한다. <개정 2005.3.31., 2007.12.21.>
⑤가정법원은 혼인의 취소, 재판상 이혼 또는 인지청구의 소의 경우에는 직권으로 친권

자를 정한다. <개정 2005.3.31.>
⑥가정법원은 자의 복리를 위하여 필요하다고 인정되는 경우에는 자의 4촌 이내의 친족의 청구에 의하여 정하여진 친권자를 다른 일방으로 변경할 수 있다. <신설 2005.3.31.>
[전문개정 1990.1.13.]

제909조의2(친권자의 지정 등)
①제909조제4항부터 제6항까지의 규정에 따라 단독 친권자로 정하여진 부모의 일방이 사망한 경우 생존하는 부 또는 모, 미성년자, 미성년자의 친족은 그 사실을 안 날부터 1개월, 사망한 날부터 6개월 내에 가정법원에 생존하는 부 또는 모를 친권자로 지정할 것을 청구할 수 있다.
②입양이 취소되거나 파양된 경우 또는 양부모가 모두 사망한 경우 친생부모 일방 또는 쌍방, 미성년자, 미성년자의 친족은 그 사실을 안 날부터 1개월, 입양이 취소되거나 파양된 날 또는 양부모가 모두 사망한 날부터 6개월 내에 가정법원에 친생부모 일방 또는 쌍방을 친권자로 지정할 것을 청구할 수 있다. 다만, 친양자의 양부모가 사망한 경우에는 그러하지 아니하다.
③제1항 또는 제2항의 기간 내에 친권자 지정의 청구가 없을 때에는 가정법원은 직권으로 또는 미성년자, 미성년자의 친족, 이해관계인, 검사, 지방자치단체의 장의 청구에 의하여 미성년후견인을 선임할 수 있다. 이 경우 생존하는 부 또는 모, 친생부모 일방 또는 쌍방의 소재를 모르거나 그가 정당한 사유 없이 소환에 응하지 아니하는 경우를 제외하고 그에게 의견을 진술할 기회를 주어야 한다.
④가정법원은 제1항 또는 제2항에 따른 친권자 지정 청구나 제3항에 따른 후견인 선임 청구가 생존하는 부 또는 모, 친생부모 일방 또는 쌍방의 양육의사 및 양육능력, 청구 동기, 미성년자의 의사, 그 밖의 사정을 고려하여 미성년자의 복리를 위하여 적절하지 아니하다고 인정하면 청구를 기각할 수 있다. 이 경우 가정법원은 직권으로 미성년후견인을 선임하거나 생존하는 부 또는 모, 친생부모 일방 또는 쌍방을 친권자로 지정하여야 한다.
⑤가정법원은 다음 각 호의 어느 하나에 해당하는 경우에 직권으로 또는 미성년자, 미성년자의 친족, 이해관계인, 검사, 지방자치단체의 장의 청구에 의하여 제1항부터 제4항까지의 규정에 따라 친권자가 지정되거나 미성년후견인이 선임될 때까지 그 임무를 대행할 사람을 선임할 수 있다. 이 경우 그 임무를 대행할 사람에 대하여는 제25조 및 제954조를 준용한다.
1. 단독 친권자가 사망한 경우
2. 입양이 취소되거나 파양된 경우
3. 양부모가 모두 사망한 경우
⑥가정법원은 제3항 또는 제4항에 따라 미성년후견인이 선임된 경우라도 미성년후견인 선임 후 양육상황이나 양육능력의 변동, 미성년자의 의사, 그 밖의 사정을 고려하여 미성년자의 복리를 위하여 필요하면 생존하는 부 또는 모, 친생부모 일방 또는 쌍방, 미성년자의 청구에 의하여 후견을 종료하고 생존하는 부 또는 모, 친생부모 일방 또는 쌍방을 친권자로 지정할 수 있다.
[본조신설 2011.5.19.]

제910조(자의 친권의 대행) 친권자는 그 친권에 따르는 자에 갈음하여 그 자에 대한 친권을 행사한다. <개정 2005.3.31.>

제911조(미성년자인 자의 법정대리인)
친권을 행사하는 부 또는 모는 미성년자인 자의 법정대리인이 된다.

제912조(친권 행사와 친권자 지정의 기준)
①친권을 행사함에 있어서는 자의 복리를 우선적으로 고려하여야 한다. <개정 2011.5.19.>
②가정법원이 친권자를 지정함에 있어서는 자(子)의 복리를 우선적으로 고려하여야 한다. 이를 위하여 가정법원은 관련 분야의 전문가나 사회복지기관으로부터 자문을 받을 수 있다. <신설 2011.5.19.>

[본조신설 2005.3.31.]
[제목개정 2011.5.19.]

제2관 친권의 효력

제913조(보호, 교양의 권리의무) 친권자는 자를 보호하고 교양할 권리의무가 있다.

제914조(거소지정권) 자는 친권자의 지정한 장소에 거주하여야 한다.

제915조(징계권) 친권자는 그 자를 보호 또는 교양하기 위하여 필요한 징계를 할 수 있고 법원의 허가를 얻어 감화 또는 교정기관에 위탁할 수 있다.

제916조(자의 특유재산과 그 관리) 자가 자기의 명의로 취득한 재산은 그 특유재산으로 하고 법정대리인인 친권자가 이를 관리한다.

제917조 삭제 <1990.1.13.>

제918조(제삼자가 무상으로 자에게 수여한 재산의 관리) ①무상으로 자에게 재산을 수여한 제삼자가 친권자의 관리에 반대하는 의사를 표시한 때에는 친권자는 그 재산을 관리하지 못한다.
②전항의 경우에 제삼자가 그 재산관리인을 지정하지 아니한 때에는 법원은 재산의 수여를 받은 자 또는 제777조의 규정에 의한 친족의 청구에 의하여 관리인을 선임한다.
③제삼자의 지정한 관리인의 권한이 소멸하거나 관리인을 개임할 필요있는 경우에 제삼자가 다시 관리인을 지정하지 아니한 때에도 전항과 같다.
④제24조제1항, 제2항, 제4항, 제25조 전단 및 제26조제1항, 제2항의 규정은 전2항의 경우에 준용한다.

제919조(위임에 관한 규정의 준용) 제691조, 제692조의 규정은 전3조의 재산관리에 준용한다.

제920조(자의 재산에 관한 친권자의 대리권)
법정대리인인 친권자는 자의 재산에 관한 법률행위에 대하여 그 자를 대리한다. 그러나 그 자의 행위를 목적으로 하는 채무를 부담할 경우에는 본인의 동의를 얻어야 한다.

제920조의2(공동친권자의 일방이 공동명의로 한 행위의 효력) 부모가 공동으로 친권을 행사하는 경우 부모의 일방이 공동명의로 자를 대리하거나 자의 법률행위에 동의한 때에는 다른 일방의 의사에 반하는 때에도 그 효력이 있다. 그러나 상대방이 악의인 때에는 그러하지 아니한다.
[본조신설 1990.1.13.]

제921조(친권자와 그 자간 또는 수인의 자간의 이해상반행위) ①법정대리인인 친권자와 그 자사이에 이해상반되는 행위를 함에는 친권자는 법원에 그 자의 특별대리인의 선임을 청구하여야 한다.
②법정대리인인 친권자가 그 친권에 따르는 수인의 자 사이에 이해상반되는 행위를 함에는 법원에 그 자 일방의 특별대리인의 선임을 청구하여야 한다. <개정 2005.3.31.>

제922조(친권자의 주의의무) 친권자가 그 자에 대한 법률행위의 대리권 또는 재산관리권

을 행사함에는 자기의 재산에 관한 행위와 동일한 주의를 하여야 한다.

제922조의2(친권자의 동의를 갈음하는 재판)
가정법원은 친권자의 동의가 필요한 행위에 대하여 친권자가 정당한 이유 없이 동의하지 아니함으로써 자녀의 생명, 신체 또는 재산에 중대한 손해가 발생할 위험이 있는 경우에는 자녀, 자녀의 친족, 검사 또는 지방자치단체의 장의 청구에 의하여 친권자의 동의를 갈음하는 재판을 할 수 있다.
[본조신설 2014.10.15.]

제923조(재산관리의 계산) ①법정대리인인 친권자의 권한이 소멸한 때에는 그 자의 재산에 대한 관리의 계산을 하여야 한다.
②전항의 경우에 그 자의 재산으로부터 수취한 과실은 그 자의 양육, 재산관리의 비용과 상계한 것으로 본다. 그러나 무상으로 자에게 재산을 수여한 제삼자가 반대의 의사를 표시한 때에는 그 재산에 관하여는 그러하지 아니하다.

제3관 친권의 상실, 일시 정지 및 일부 제한

제924조(친권의 상실 또는 일시 정지의 선고)
①가정법원은 부 또는 모가 친권을 남용하여 자녀의 복리를 현저히 해치거나 해칠 우려가 있는 경우에는 자녀, 자녀의 친족, 검사 또는 지방자치단체의 장의 청구에 의하여 그 친권의 상실 또는 일시 정지를 선고할 수 있다.
②가정법원은 친권의 일시 정지를 선고할 때에는 자녀의 상태, 양육상황, 그 밖의 사정을 고려하여 그 기간을 정하여야 한다. 이 경우 그 기간은 2년을 넘을 수 없다.
③가정법원은 자녀의 복리를 위하여 친권의 일시 정지 기간의 연장이 필요하다고 인정하는 경우에는 자녀, 자녀의 친족, 검사, 지방자치단체의 장, 미성년후견인 또는 미성년후견감독인의 청구에 의하여 2년의 범위에서 그 기간을 한 차례만 연장할 수 있다.
[전문개정 2014.10.15.]

제924조의2(친권의 일부 제한의 선고)
가정법원은 거소의 지정이나 징계, 그 밖의 신상에 관한 결정 등 특정한 사항에 관하여 친권자가 친권을 행사하는 것이 곤란하거나 부적당한 사유가 있어 자녀의 복리를 해치거나 해칠 우려가 있는 경우에는 자녀, 자녀의 친족, 검사 또는 지방자치단체의 장의 청구에 의하여 구체적인 범위를 정하여 친권의 일부 제한을 선고할 수 있다.
[본조신설 2014.10.15.]

제925조(대리권, 재산관리권 상실의 선고)
가정법원은 법정대리인인 친권자가 부적당한 관리로 인하여 자녀의 재산을 위태롭게 한 경우에는 자녀의 친족, 검사 또는 지방자치단체의 장의 청구에 의하여 그 법률행위의 대리권과 재산관리권의 상실을 선고할 수 있다. <개정 2014.10.15.>
[전문개정 2012.2.10.]

제925조의2(친권 상실 선고 등의 판단 기준)
①제924조에 따른 친권 상실의 선고는 같은 조에 따른 친권의 일시 정지, 제924조의2에 따른 친권의 일부 제한, 제925조에 따른 대리권·재산관리권의 상실 선고 또는 그 밖의 다른 조치에 의해서는 자녀의 복리를 충분히 보호할 수 없는 경우에만 할 수 있다.
②제924조에 따른 친권의 일시 정지, 제924조의2에 따른 친권의 일부 제한 또는 제925조에 따른 대리권·재산관리권의 상실 선고는 제922조의2에 따른 동의를 갈음하는 재판 또는 그 밖의 다른 조치에 의해서는 자녀의 복리를 충분히 보호할 수 없는 경우에만 할 수 있다.
[본조신설 2014.10.15.]

제925조의3(부모의 권리와 의무) 제924조와 제924조의2, 제925조에 따라 친권의 상실, 일시 정지, 일부 제한 또는 대리권과 재산관리권의 상실이 선고된 경우에도 부모의 자녀에 대한 그 밖의 권리와 의무는 변경되지 아니한다.
[본조신설 2014.10.15.]

제926조(실권 회복의 선고) 가정법원은 제924조, 제924조의2 또는 제925조에 따른 선고의 원인이 소멸된 경우에는 본인, 자녀, 자녀의 친족, 검사 또는 지방자치단체의 장의 청구에 의하여 실권(失權)의 회복을 선고할 수 있다.
[전문개정 2014.10.15.]

제927조(대리권, 관리권의 사퇴와 회복)
①법정대리인인 친권자는 정당한 사유가 있는 때에는 법원의 허가를 얻어 그 법률행위의 대리권과 재산관리권을 사퇴할 수 있다.
②전항의 사유가 소멸한 때에는 그 친권자는 법원의 허가를 얻어 사퇴한 권리를 회복할 수 있다.

제927조의2(친권의 상실, 일시 정지 또는 일부 제한과 친권자의 지정 등)
①제909조제4항부터 제6항까지의 규정에 따라 단독 친권자가 된 부 또는 모, 양부모(친양자의 양부모를 제외한다) 쌍방에게 다음 각 호의 어느 하나에 해당하는 사유가 있는 경우에는 제909조의2제1항 및 제3항부터 제5항까지의 규정을 준용한다. 다만, 제1호의3·제2호 및 제3호의 경우 새로 정하여진 친권자 또는 미성년후견인의 임무는 제한된 친권의 범위에 속하는 행위에 한정된다. <개정 2014.10.15.>
1. 제924조에 따른 친권상실의 선고가 있는 경우
1의2. 제924조에 따른 친권 일시 정지의 선고가 있는 경우
1의3. 제924조의2에 따른 친권 일부 제한의 선고가 있는 경우
2. 제925조에 따른 대리권과 재산관리권 상실의 선고가 있는 경우
3. 제927조제1항에 따라 대리권과 재산관리권을 사퇴한 경우
4. 소재불명 등 친권을 행사할 수 없는 중대한 사유가 있는 경우
②가정법원은 제1항에 따라 친권자가 지정되거나 미성년후견인이 선임된 후 단독 친권자이었던 부 또는 모, 양부모 일방 또는 쌍방에게 다음 각 호의 어느 하나에 해당하는 사유가 있는 경우에는 그 부모 일방 또는 쌍방, 미성년자, 미성년자의 친족의 청구에 의하여 친권자를 새로 지정할 수 있다.
1. 제926조에 따라 실권의 회복이 선고된 경우
2. 제927조제2항에 따라 사퇴한 권리를 회복한 경우
3. 소재불명이던 부 또는 모가 발견되는 등 친권을 행사할 수 있게 된 경우
[본조신설 2011.5.19.]
[제목개정 2014.10.15.]

제5장 후견
제1절 미성년후견과 성년후견
제1관 후견인

제928조(미성년자에 대한 후견의 개시)
미성년자에게 친권자가 없거나 친권자가 제924조, 제924조의2, 제925조 또는 제927조제1항에 따라 친권의 전부 또는 일부를 행사할 수 없는 경우에는 미성년후견인을 두어야 한다. <개정 2014.10.15.>

[전문개정 2011.3.7.]

제929조(성년후견심판에 의한 후견의 개시)
가정법원의 성년후견개시심판이 있는 경우에는 그 심판을 받은 사람의 성년후견인을 두어야 한다.
[전문개정 2011.3.7.]

제930조(후견인의 수와 자격) ①미성년후견인의 수(數)는 한 명으로 한다.
②성년후견인은 피성년후견인의 신상과 재산에 관한 모든 사정을 고려하여 여러 명을 둘 수 있다.
③법인도 성년후견인이 될 수 있다.
[전문개정 2011.3.7.]

제931조(유언에 의한 미성년후견인의 지정 등)
①미성년자에게 친권을 행사하는 부모는 유언으로 미성년후견인을 지정할 수 있다. 다만, 법률행위의 대리권과 재산관리권이 없는 친권자는 그러하지 아니하다.
②가정법원은 제1항에 따라 미성년후견인이 지정된 경우라도 미성년자의 복리를 위하여 필요하면 생존하는 부 또는 모, 미성년자의 청구에 의하여 후견을 종료하고 생존하는 부 또는 모를 친권자로 지정할 수 있다.
[전문개정 2011.5.19.]

제932조(미성년후견인의 선임) ①가정법원은 제931조에 따라 지정된 미성년후견인이 없는 경우에는 직권으로 또는 미성년자, 친족, 이해관계인, 검사, 지방자치단체의 장의 청구에 의하여 미성년후견인을 선임한다. 미성년후견인이 없게 된 경우에도 또한 같다.
②가정법원은 제924조, 제924조의2 및 제925조에 따른 친권의 상실, 일시 정지, 일부 제한의 선고 또는 법률행위의 대리권이나 재산관리권 상실의 선고에 따라 미성년후견인을 선임할 필요가 있는 경우에는 직권으로 미성년후견인을 선임한다. <개정 2014.10.15.>
③친권자가 대리권 및 재산관리권을 사퇴한 경우에는 지체 없이 가정법원에 미성년후견인의 선임을 청구하여야 한다.
[전문개정 2011.3.7.]

제933조 삭제 <2011.3.7.>
제934조 삭제 <2011.3.7.>
제935조 삭제 <2011.3.7.>

제936조(성년후견인의 선임)
①제929조에 따른 성년후견인은 가정법원이 직권으로 선임한다.
②가정법원은 성년후견인이 사망, 결격, 그 밖의 사유로 없게 된 경우에도 직권으로 또는 피성년후견인, 친족, 이해관계인, 검사, 지방자치단체의 장의 청구에 의하여 성년후견인을 선임한다.
③가정법원은 성년후견인이 선임된 경우에도 필요하다고 인정하면 직권으로 또는 제2항의 청구권자나 성년후견인의 청구에 의하여 추가로 성년후견인을 선임할 수 있다.
④가정법원이 성년후견인을 선임할 때에는 피성년후견인의 의사를 존중하여야 하며, 그 밖에 피성년후견인의 건강, 생활관계, 재산상황, 성년후견인이 될 사람의 직업과 경험, 피성년후견인과의 이해관계의 유무(법인이 성년후견인이 될 때에는 사업의 종류와 내용, 법인이나 그 대표자와 피성년후견인 사이의 이해관계의 유무를 말한다) 등의 사정도 고려하여야 한다.
[전문개정 2011.3.7.]

제937조(후견인의 결격사유) 다음 각 호의 어느 하나에 해당하는 자는 후견인이 되지

못한다. <개정 2016.12.20.>
1. 미성년자
2. 피성년후견인, 피한정후견인, 피특정후견인, 피임의후견인
3. 회생절차개시결정 또는 파산선고를 받은 자
4. 자격정지 이상의 형의 선고를 받고 그 형기(刑期) 중에 있는 사람
5. 법원에서 해임된 법정대리인
6. 법원에서 해임된 성년후견인, 한정후견인, 특정후견인, 임의후견인과 그 감독인
7. 행방이 불분명한 사람
8. 피후견인을 상대로 소송을 하였거나 하고 있는 사람
9. 제8호에서 정한 사람의 배우자와 직계혈족. 다만, 피후견인의 직계비속은 제외한다.
[전문개정 2011.3.7.]

제938조(후견인의 대리권 등) ①후견인은 피후견인의 법정대리인이 된다.
②가정법원은 성년후견인이 제1항에 따라 가지는 법정대리권의 범위를 정할 수 있다.
③가정법원은 성년후견인이 피성년후견인의 신상에 관하여 결정할 수 있는 권한의 범위를 정할 수 있다.
④제2항 및 제3항에 따른 법정대리인의 권한의 범위가 적절하지 아니하게 된 경우에 가정법원은 본인, 배우자, 4촌 이내의 친족, 성년후견인, 성년후견감독인, 검사 또는 지방자치단체의 장의 청구에 의하여 그 범위를 변경할 수 있다.
[전문개정 2011.3.7.]

제939조(후견인의 사임) 후견인은 정당한 사유가 있는 경우에는 가정법원의 허가를 받아 사임할 수 있다. 이 경우 그 후견인은 사임청구와 동시에 가정법원에 새로운 후견인의 선임을 청구하여야 한다.
[전문개정 2011.3.7.]

제940조(후견인의 변경) 가정법원은 피후견인의 복리를 위하여 후견인을 변경할 필요가 있다고 인정하면 직권으로 또는 피후견인, 친족, 후견감독인, 검사, 지방자치단체의 장의 청구에 의하여 후견인을 변경할 수 있다.
[전문개정 2011.3.7.]

제2관 후견감독인

제940조의2(미성년후견감독인의 지정)
미성년후견인을 지정할 수 있는 사람은 유언으로 미성년후견감독인을 지정할 수 있다.
[본조신설 2011.3.7.]

제940조의3(미성년후견감독인의 선임)
①가정법원은 제940조의2에 따라 지정된 미성년후견감독인이 없는 경우에 필요하다고 인정하면 직권으로 또는 미성년자, 친족, 미성년후견인, 검사, 지방자치단체의 장의 청구에 의하여 미성년후견감독인을 선임할 수 있다.
②가정법원은 미성년후견감독인이 사망, 결격, 그 밖의 사유로 없게 된 경우에는 직권으로 또는 미성년자, 친족, 미성년후견인, 검사, 지방자치단체의 장의 청구에 의하여 미성년후견감독인을 선임한다.
[본조신설 2011.3.7.]

제940조의4(성년후견감독인의 선임)
①가정법원은 필요하다고 인정하면 직권으로 또는 피성년후견인, 친족, 성년후견인, 검사, 지방자치단체의 장의 청구에 의하여 성년후견감독인을 선임할 수 있다.
②가정법원은 성년후견감독인이 사망, 결격, 그 밖의 사유로 없게 된 경우에는 직권으로 또는 피성년후견인, 친족, 성년후견인, 검사, 지방자치단체의 장의 청구에 의하여 성년후견감독인을 선임한다.
[본조신설 2011.3.7.]

제940조의5(후견감독인의 결격사유)
제779조에 따른 후견인의 가족은 후견감독인이 될 수 없다.
[본조신설 2011.3.7.]

제940조의6(후견감독인의 직무) ①후견감독인은 후견인의 사무를 감독하며, 후견인이 없는 경우 지체 없이 가정법원에 후견인의 선임을 청구하여야 한다.
②후견감독인은 피후견인의 신상이나 재산에 대하여 급박한 사정이 있는 경우 그의 보호를 위하여 필요한 행위 또는 처분을 할 수 있다.
③후견인과 피후견인 사이에 이해가 상반되는 행위에 관하여는 후견감독인이 피후견인을 대리한다.
[본조신설 2011.3.7.]

제940조의7(위임 및 후견인 규정의 준용)
후견감독인에 대하여는 제681조, 제691조, 제692조, 제930조제2항·제3항, 제936조제3항·제4항, 제937조, 제939조, 제940조, 제947조의2제3항부터 제5항까지, 제949조의2, 제955조 및 제955조의2를 준용한다.
[본조신설 2011.3.7.]

제3관 후견인의 임무

제941조(재산조사와 목록작성)
①후견인은 지체 없이 피후견인의 재산을 조사하여 2개월 내에 그 목록을 작성하여야 한다. 다만, 정당한 사유가 있는 경우에는 법원의 허가를 받아 그 기간을 연장할 수 있다.
②후견감독인이 있는 경우 제1항에 따른 재산조사와 목록작성은 후견감독인의 참여가 없으면 효력이 없다.
[전문개정 2011.3.7.]

제942조(후견인의 채권 · 채무의 제시)
①후견인과 피후견인 사이에 채권·채무의 관계가 있고 후견감독인이 있는 경우에는 후견인은 재산목록의 작성을 완료하기 전에 그 내용을 후견감독인에게 제시하여야 한다.
②후견인이 피후견인에 대한 채권이 있음을 알고도 제1항에 따른 제시를 게을리한 경우에는 그 채권을 포기한 것으로 본다.
[전문개정 2011.3.7.]

제943조(목록작성전의 권한) 후견인은 재산조사와 목록작성을 완료하기까지는 긴급 필요한 경우가 아니면 그 재산에 관한 권한을 행사하지 못한다. 그러나 이로써 선의의 제삼자에게 대항하지 못한다.

제944조(피후견인이 취득한 포괄적 재산의 조사 등) 전3조의 규정은 후견인의 취임후에

피후견인이 포괄적 재산을 취득한 경우에 준용한다.

제945조(미성년자의 신분에 관한 후견인의 권리 · 의무) 미성년후견인은 제913조부터 제915조까지에 규정한 사항에 관하여는 친권자와 동일한 권리와 의무가 있다. 다만, 다음 각 호의 어느 하나에 해당하는 경우에는 미성년후견감독인이 있으면 그의 동의를 받아야 한다.
1. 친권자가 정한 교육방법, 양육방법 또는 거소를 변경하는 경우
2. 미성년자를 감화기관이나 교정기관에 위탁하는 경우
3. 친권자가 허락한 영업을 취소하거나 제한하는 경우
[전문개정 2011.3.7.]

제946조(친권 중 일부에 한정된 후견)
미성년자의 친권자가 제924조의2, 제925조 또는 제927조제1항에 따라 친권 중 일부에 한정하여 행사할 수 없는 경우에 미성년후견인의 임무는 제한된 친권의 범위에 속하는 행위에 한정된다. [전문개정 2014.10.15.]

제947조(피성년후견인의 복리와 의사존중)
성년후견인은 피성년후견인의 재산관리와 신상보호를 할 때 여러 사정을 고려하여 그의 복리에 부합하는 방법으로 사무를 처리하여야 한다. 이 경우 성년후견인은 피성년후견인의 복리에 반하지 아니하면 피성년후견인의 의사를 존중하여야 한다. [전문개정 2011.3.7.]

제947조의2(피성년후견인의 신상결정 등)
①피성년후견인은 자신의 신상에 관하여 그의 상태가 허락하는 범위에서 단독으로 결정한다.
②성년후견인이 피성년후견인을 치료 등의 목적으로 정신병원이나 그 밖의 다른 장소에 격리하려는 경우에는 가정법원의 허가를 받아야 한다.
③피성년후견인의 신체를 침해하는 의료행위에 대하여 피성년후견인이 동의할 수 없는 경우에는 성년후견인이 그를 대신하여 동의할 수 있다.
④제3항의 경우 피성년후견인이 의료행위의 직접적인 결과로 사망하거나 상당한 장애를 입을 위험이 있을 때에는 가정법원의 허가를 받아야 한다. 다만, 허가절차로 의료행위가 지체되어 피성년후견인의 생명에 위험을 초래하거나 심신상의 중대한 장애를 초래할 때에는 사후에 허가를 청구할 수 있다.
⑤성년후견인이 피성년후견인을 대리하여 피성년후견인이 거주하고 있는 건물 또는 그 대지에 대하여 매도, 임대, 전세권 설정, 저당권 설정, 임대차의 해지, 전세권의 소멸, 그 밖에 이에 준하는 행위를 하는 경우에는 가정법원의 허가를 받아야 한다.
[본조신설 2011.3.7.]

제948조(미성년자의 친권의 대행)
①미성년후견인은 미성년자를 갈음하여 미성년자의 자녀에 대한 친권을 행사한다.
②제1항의 친권행사에는 미성년후견인의 임무에 관한 규정을 준용한다.
[전문개정 2011.3.7.]

제949조(재산관리권과 대리권) ①후견인은 피후견인의 재산을 관리하고 그 재산에 관한 법률행위에 대하여 피후견인을 대리한다.
②제920조 단서의 규정은 전항의 법률행위에 준용한다.

제949조의2(성년후견인이 여러 명인 경우 권한의 행사 등) ①가정법원은 직권으로 여러 명의 성년후견인이 공동으로 또는 사무를 분장하여 그 권한을 행사하도록 정할 수 있다.

②가정법원은 직권으로 제1항에 따른 결정을 변경하거나 취소할 수 있다.
③여러 명의 성년후견인이 공동으로 권한을 행사하여야 하는 경우에 어느 성년후견인이 피성년후견인의 이익이 침해될 우려가 있음에도 법률행위의 대리 등 필요한 권한행사에 협력하지 아니할 때에는 가정법원은 피성년후견인, 성년후견인, 후견감독인 또는 이해관계인의 청구에 의하여 그 성년후견인의 의사표시를 갈음하는 재판을 할 수 있다.
[본조신설 2011.3.7.]

제949조의3(이해상반행위) 후견인에 대하여는 제921조를 준용한다. 다만, 후견감독인이 있는 경우에는 그러하지 아니하다.
[본조신설 2011.3.7.]

제950조(후견감독인의 동의를 필요로 하는 행위) ①후견인이 피후견인을 대리하여 다음 각 호의 어느 하나에 해당하는 행위를 하거나 미성년자의 다음 각 호의 어느 하나에 해당하는 행위에 동의를 할 때는 후견감독인이 있으면 그의 동의를 받아야 한다.
1. 영업에 관한 행위
2. 금전을 빌리는 행위
3. 의무만을 부담하는 행위
4. 부동산 또는 중요한 재산에 관한 권리의 득실변경을 목적으로 하는 행위
5. 소송행위
6. 상속의 승인, 한정승인 또는 포기 및 상속재산의 분할에 관한 협의
②후견감독인의 동의가 필요한 행위에 대하여 후견감독인이 피후견인의 이익이 침해될 우려가 있음에도 동의를 하지 아니하는 경우에는 가정법원은 후견인의 청구에 의하여 후견감독인의 동의를 갈음하는 허가를 할 수 있다.
③후견감독인의 동의가 필요한 법률행위를 후견인이 후견감독인의 동의 없이 하였을 때에는 피후견인 또는 후견감독인이 그 행위를 취소할 수 있다.
[전문개정 2011.3.7.]

제951조(피후견인의 재산 등의 양수에 대한 취소) ①후견인이 피후견인에 대한 제3자의 권리를 양수(讓受)하는 경우에는 피후견인은 이를 취소할 수 있다.
②제1항에 따른 권리의 양수의 경우 후견감독인이 있으면 후견인은 후견감독인의 동의를 받아야 하고, 후견감독인의 동의가 없는 경우에는 피후견인 또는 후견감독인이 이를 취소할 수 있다.
[전문개정 2011.3.7.]

제952조(상대방의 추인 여부 최고)
제950조 및 제951조의 경우에는 제15조를 준용한다.
[전문개정 2011.3.7.]

제953조(후견감독인의 후견사무의 감독)
후견감독인은 언제든지 후견인에게 그의 임무 수행에 관한 보고와 재산목록의 제출을 요구할 수 있고 피후견인의 재산상황을 조사할 수 있다.
[전문개정 2011.3.7.]

제954조(가정법원의 후견사무에 관한 처분)
가정법원은 직권으로 또는 피후견인, 후견감독인, 제777조에 따른 친족, 그 밖의 이해관계인, 검사, 지방자치단체의 장의 청구에 의하여 피후견인의 재산상황을 조사하고, 후견인에게 재산관리 등 후견임무 수행에 관하여 필요한 처분을 명할 수 있다. [전문개정 2011.3.7.]

第955条(후견인에 대한 보수) 법원은 후견인의 청구에 의하여 피후견인의 재산상태 기타 사정을 참작하여 피후견인의 재산 중에서 상당한 보수를 후견인에게 수여할 수 있다.

第955조의2(지출금액의 예정과 사무비용)
후견인이 후견사무를 수행하는 데 필요한 비용은 피후견인의 재산 중에서 지출한다. [본조신설 2011.3.7.]

第956条(위임과 친권의 규정의 준용)
제681조 및 제918조의 규정은 후견인에게 이를 준용한다.

제4관 후견의 종료

第957条(후견사무의 종료와 관리의 계산)
①후견인의 임무가 종료된 때에는 후견인 또는 그 상속인은 1개월 내에 피후견인의 재산에 관한 계산을 하여야 한다. 다만, 정당한 사유가 있는 경우에는 법원의 허가를 받아 그 기간을 연장할 수 있다.
②제1항의 계산은 후견감독인이 있는 경우에는 그가 참여하지 아니하면 효력이 없다.
[전문개정 2011.3.7.]

第958条(이자의 부가와 금전소비에 대한 책임) ①후견인이 피후견인에게 지급할 금액이나 피후견인이 후견인에게 지급할 금액에는 계산종료의 날로부터 이자를 부가하여야 한다.
②후견인이 자기를 위하여 피후견인의 금전을 소비한 때에는 그 소비한 날로부터 이자를 부가하고 피후견인에게 손해가 있으면 이를 배상하여야 한다.

第959条(위임규정의 준용) 제691조, 제692조의 규정은 후견의 종료에 이를 준용한다.

제2절 한정후견과 특정후견

第959조의2(한정후견의 개시) 가정법원의 한정후견개시의 심판이 있는 경우에는 그 심판을 받은 사람의 한정후견인을 두어야 한다. [본조신설 2011.3.7.]

第959조의3(한정후견인의 선임 등)
①제959조의2에 따른 한정후견인은 가정법원이 직권으로 선임한다.
②한정후견인에 대하여는 제930조제2항·제3항, 제936조제2항부터 제4항까지, 제937조, 제939조, 제940조 및 제949조의3을 준용한다.
[본조신설 2011.3.7.]

第959조의4(한정후견인의 대리권 등)
①가정법원은 한정후견인에게 대리권을 수여하는 심판을 할 수 있다.
②한정후견인의 대리권 등에 관하여는 제938조제3항 및 제4항을 준용한다.
[본조신설 2011.3.7.]

第959조의5(한정후견감독인) ①가정법원은 필요하다고 인정하면 직권으로 또는 피한정후견인, 친족, 한정후견인, 검사, 지방자치단체의 장의 청구에 의하여 한정후견감독인을 선임할 수 있다.
②한정후견감독인에 대하여는 제681조, 제691조, 제692조, 제930조제2항·제3항, 제936조제3

항·제4항, 제937조, 제939조, 제940조, 제940조의3제2항, 제940조의5, 제940조의6, 제947조의2제3항부터 제5항까지, 제949조의2, 제955조 및 제955조의2를 준용한다. 이 경우 제940조의6제3항 중 "피후견인을 대리한다"는 "피한정후견인을 대리하거나 피한정후견인이 그 행위를 하는 데 동의한다"로 본다.
[본조신설 2011.3.7.]

제959조의6(한정후견사무) 한정후견의 사무에 관하여는 제681조, 제920조 단서, 제947조, 제947조의2, 제949조, 제949조의2, 제949조의3, 제950조부터 제955까지 및 제955조의2를 준용한다.
[본조신설 2011.3.7.]

제959조의7(한정후견인의 임무의 종료 등)
한정후견인의 임무가 종료한 경우에 관하여는 제691조, 제692조, 제957조 및 제958조를 준용한다.
[본조신설 2011.3.7.]

제959조의8(특정후견에 따른 보호조치)
가정법원은 피특정후견인의 후원을 위하여 필요한 처분을 명할 수 있다.
[본조신설 2011.3.7.]

제959조의9(특정후견인의 선임 등)
①가정법원은 제959조의8에 따른 처분으로 피특정후견인을 후원하거나 대리하기 위한 특정후견인을 선임할 수 있다.
②특정후견인에 대하여는 제930조제2항·제3항, 제936조제2항부터 제4항까지, 제937조, 제939조 및 제940조를 준용한다.
[본조신설 2011.3.7.]

제959조의10(특정후견감독인)
①가정법원은 필요하다고 인정하면 직권으로 또는 피특정후견인, 친족, 특정후견인, 검사, 지방자치단체의 장의 청구에 의하여 특정후견감독인을 선임할 수 있다.
②특정후견감독인에 대하여는 제681조, 제691조, 제692조, 제930조제2항·제3항, 제936조제3항·제4항, 제937조, 제939조, 제940조, 제940조의5, 제940조의6, 제949조의2, 제955조 및 제955조의2를 준용한다.
[본조신설 2011.3.7.]

제959조의11(특정후견인의 대리권)
①피특정후견인의 후원을 위하여 필요하다고 인정하면 가정법원은 기간이나 범위를 정하여 특정후견인에게 대리권을 수여하는 심판을 할 수 있다.
②제1항의 경우 가정법원은 특정후견인의 대리권 행사에 가정법원이나 특정후견감독인의 동의를 받도록 명할 수 있다.
[본조신설 2011.3.7.]

제959조의12(특정후견사무) 특정후견의 사무에 관하여는 제681조, 제920조 단서, 제947조, 제949조의2, 제953조부터 제955조까지 및 제955조의2를 준용한다.
[본조신설 2011.3.7.]

제959조의13(특정후견인의 임무의 종료 등) 특정후견인의 임무가 종료한 경우에 관하여는 제691조, 제692조, 제957조 및 제958조를 준용한다. [본조신설 2011.3.7.]

제3절 후견계약

제959조의14(후견계약의 의의와 체결방법 등) ①후견계약은 질병, 장애, 노령, 그 밖의 사유로 인한 정신적 제약으로 사무를 처리할 능력이 부족한 상황에 있거나 부족하게 될 상황에 대비하여 자신의 재산관리 및 신상보호에 관한 사무의 전부 또는 일부를 다른 자에게 위탁하고 그 위탁사무에 관하여 대리권을 수여하는 것을 내용으로 한다.
②후견계약은 공정증서로 체결하여야 한다.
③후견계약은 가정법원이 임의후견감독인을 선임한 때부터 효력이 발생한다.
④가정법원, 임의후견인, 임의후견감독인 등은 후견계약을 이행·운영할 때 본인의 의사를 최대한 존중하여야 한다.
[본조신설 2011.3.7.]

제959조의15(임의후견감독인의 선임)
①가정법원은 후견계약이 등기되어 있고, 본인이 사무를 처리할 능력이 부족한 상황에 있다고 인정할 때에는 본인, 배우자, 4촌 이내의 친족, 임의후견인, 검사 또는 지방자치단체의 장의 청구에 의하여 임의후견감독인을 선임한다.
②제1항의 경우 본인이 아닌 자의 청구에 의하여 가정법원이 임의후견감독인을 선임할 때에는 미리 본인의 동의를 받아야 한다. 다만, 본인이 의사를 표시할 수 없는 때에는 그러하지 아니하다.
③가정법원은 임의후견감독인이 없게 된 경우에는 직권으로 또는 본인, 친족, 임의후견인, 검사 또는 지방자치단체의 장의 청구에 의하여 임의후견감독인을 선임한다.
④가정법원은 임의후견임감독인이 선임된 경우에도 필요하다고 인정하면 직권으로 또는 제3항의 청구권자의 청구에 의하여 임의후견감독인을 추가로 선임할 수 있다.
⑤임의후견감독인에 대하여는 제940조의5를 준용한다.
[본조신설 2011.3.7.]

제959조의16(임의후견감독인의 직무 등)
①임의후견감독인은 임의후견인의 사무를 감독하며 그 사무에 관하여 가정법원에 정기적으로 보고하여야 한다.
②가정법원은 필요하다고 인정하면 임의후견감독인에게 감독사무에 관한 보고를 요구할 수 있고 임의후견인의 사무 또는 본인의 재산상황에 대한 조사를 명하거나 그 밖에 임의후견감독인의 직무에 관하여 필요한 처분을 명할 수 있다.
③임의후견감독인에 대하여는 제940조의6제2항·제3항, 제940조의7 및 제953조를 준용한다.
[본조신설 2011.3.7.]

제959조의17(임의후견개시의 제한 등)
①임의후견인이 제937조 각 호에 해당하는 자 또는 그 밖에 현저한 비행을 하거나 후견계약에서 정한 임무에 적합하지 아니한 사유가 있는 자인 경우에는 가정법원은 임의후견감독인을 선임하지 아니한다.
②임의후견감독인을 선임한 이후 임의후견인이 현저한 비행을 하거나 그 밖에 그 임무에 적합하지 아니한 사유가 있게 된 경우에는 가정법원은 임의후견감독인, 본인, 친족, 검사 또는 지방자치단체의 장의 청구에 의하여 임의후견인을 해임할 수 있다.
[본조신설 2011.3.7.]

제959조의18(후견계약의 종료) ①임의후견감독인의 선임 전에는 본인 또는 임의후견인은 언제든지 공증인의 인증을 받은 서면으로 후견계약의 의사표시를 철회할 수 있다.
②임의후견감독인의 선임 이후에는 본인 또는 임의후견인은 정당한 사유가 있는 때에만 가정법원의 허가를 받아 후견계약을 종료할 수 있다.
[본조신설 2011.3.7.]

제959조의19(임의후견인의 대리권 소멸과 제3자와의 관계) 임의후견인의 대리권 소멸은 등기하지 아니하면 선의의 제3자에게 대항할 수 없다.
[본조신설 2011.3.7.]

제959조의20(후견계약과 성년후견 · 한정후견 · 특정후견의 관계) ①후견계약이 등기되어 있는 경우에는 가정법원은 본인의 이익을 위하여 특별히 필요할 때에만 임의후견인 또는 임의후견감독인의 청구에 의하여 성년후견, 한정후견 또는 특정후견의 심판을 할 수 있다. 이 경우 후견계약은 본인이 성년후견 또는 한정후견 개시의 심판을 받은 때 종료된다.
②본인이 피성년후견인, 피한정후견인 또는 피특정후견인인 경우에 가정법원은 임의후견감독인을 선임함에 있어서 종전의 성년후견, 한정후견 또는 특정후견의 종료 심판을 하여야 한다. 다만, 성년후견 또는 한정후견 조치의 계속이 본인의 이익을 위하여 특별히 필요하다고 인정하면 가정법원은 임의후견감독인을 선임하지 아니한다.
[본조신설 2011.3.7.]

제6장 삭제

제960조 삭제 <2011.3.7.>
제961조 삭제 <2011.3.7.>
제962조 삭제 <2011.3.7.>
제963조 삭제 <2011.3.7.>
제964조 삭제 <2011.3.7.>
제965조 삭제 <2011.3.7.>
제966조 삭제 <2011.3.7.>
제967조 삭제 <2011.3.7.>
제968조 삭제 <2011.3.7.>
제969조 삭제 <2011.3.7.>
제970조 삭제 <2011.3.7.>
제971조 삭제 <2011.3.7.>
제972조 삭제 <2011.3.7.>
제973조 삭제 <2011.3.7.>

제7장 부양

제974조(부양의무) 다음 각호의 친족은 서로 부양의 의무가 있다.
1. 직계혈족 및 그 배우자간
2. 삭제 <1990.1.13.>
3. 기타 친족간(生計를 같이 하는 境遇에 限한다.)

제975조(부양의무와 생활능력) 부양의 의무는 부양을 받을 자가 자기의 자력 또는 근로에 의하여 생활을 유지할 수 없는 경우에 한하여 이를 이행할 책임이 있다.

제976조(부양의 순위) ①부양의 의무있는 자가 수인인 경우에 부양을 할 자의 순위에 관하여 당사자간에 협정이 없는 때에는 법원은 당사자의 청구에 의하여 이를 정한다. 부양을 받을 권리자가 수인인 경우에 부양의무자의 자력이 그 전원을 부양할 수 없는 때에도 같다.
②전항의 경우에 법원은 수인의 부양의무자 또는 권리자를 선정할 수 있다.

제977조(부양의 정도, 방법) 부양의 정도 또는 방법에 관하여 당사자간에 협정이 없는 때에는 법원은 당사자의 청구에 의하여 부양을 받을 자의 생활정도와 부양의무자의 자력 기타 제반사정을 참작하여 이를 정한다.

제978조(부양관계의 변경 또는 취소)
부양을 할 자 또는 부양을 받을 자의 순위, 부양의 정도 또는 방법에 관한 당사자의 협정이나 법원의 판결이 있은 후 이에 관한 사정변경이 있는 때에는 법원은 당사자의 청구에 의하여 그 협정이나 판결을 취소 또는 변경할 수 있다.

제979조(부양청구권처분의 금지) 부양을 받을 권리는 이를 처분하지 못한다.

제8장 삭제

제1절 삭제

제980조 삭제 <2005.3.31.>
제981조 삭제 <2005.3.31.>
제982조 삭제 <2005.3.31.>
제983조 삭제 <1990.1.13.>

제2절 삭제

제984조 삭제 <2005.3.31.>
제985조 삭제 <2005.3.31.>
제986조 삭제 <2005.3.31.>
제987조 삭제 <2005.3.31.>
제988조 삭제 <1990.1.13.>
제989조 삭제 <2005.3.31.>
제990조 삭제 <1990.1.13.>
제991조 삭제 <2005.3.31.>
제992조 삭제 <2005.3.31.>
제993조 삭제 <2005.3.31.>
제994조 삭제 <2005.3.31.>

제3절 삭제

제995조 삭제 <2005.3.31.>
제996조 삭제 <1990.1.13.>

제5편 상속
제1장 상속
제1절 총칙

제997조(상속개시의 원인) 상속은 사망으로 인하여 개시된다. <개정 1990.1.13.>
[제목개정 1990.1.13.]

제998조(상속개시의 장소) 상속은 피상속인의 주소지에서 개시한다.
[전문개정 1990.1.13.]

제998조의2(상속비용) 상속에 관한 비용은 상속재산 중에서 지급한다.
[본조신설 1990.1.13.]

제999조(상속회복청구권) ①상속권이 참칭상속권자로 인하여 침해된 때에는 상속권자 또는 그 법정대리인은 상속회복의 소를 제기할 수 있다.
②제1항의 상속회복청구권은 그 침해를 안 날부터 3년, 상속권의 침해행위가 있은 날부터 10년을 경과하면 소멸된다.
<개정 2002.1.14.>
[전문개정 1990.1.13.]

제2절 상속인

제1000조(상속의 순위) ①상속에 있어서는 다음 순위로 상속인이 된다.
<개정 1990.1.13.>
1. 피상속인의 직계비속
2. 피상속인의 직계존속
3. 피상속인의 형제자매
4. 피상속인의 4촌 이내의 방계혈족

②전항의 경우에 동순위의 상속인이 수인인 때에는 최근친을 선순위로 하고 동친등의 상속인이 수인인 때에는 공동상속인이 된다.
③태아는 상속순위에 관하여는 이미 출생한 것으로 본다. <개정 1990.1.13.>
[제목개정 1990.1.13.]

제1001조(대습상속) 전조제1항제1호와 제3호의 규정에 의하여 상속인이 될 직계비속 또는 형제자매가 상속개시전에 사망하거나 결격자가 된 경우에 그 직계비속이 있는 때에는 그 직계비속이 사망하거나 결격된 자의 순위에 갈음하여 상속인이 된다. <개정 2014.12.30.>

제1002조 삭제 <1990.1.13.>

제1003조(배우자의 상속순위) ①피상속인의 배우자는 제1000조제1항제1호와 제2호의 규정에 의한 상속인이 있는 경우에는 그 상속인과 동순위로 공동상속인이 되고 그 상속인이 없는 때에는 단독상속인이 된다. <개정 1990.1.13.>
②제1001조의 경우에 상속개시전에 사망 또는 결격된 자의 배우자는 동조의 규정에 의한 상속인과 동순위로 공동상속인이 되고 그 상속인이 없는 때에는 단독상속인이 된다. <개정 1990.1.13.>
[제목개정 1990.1.13.]

제1004조(상속인의 결격사유) 다음 각 호의 어느 하나에 해당한 자는 상속인이 되지 못한다. <개정 1990.1.13., 2005.3.31.>

1. 고의로 직계존속, 피상속인, 그 배우자 또는 상속의 선순위나 동순위에 있는 자를 살해하거나 살해하려한 자
2. 고의로 직계존속, 피상속인과 그 배우자에게 상해를 가하여 사망에 이르게 한 자
3. 사기 또는 강박으로 피상속인의 상속에 관한 유언 또는 유언의 철회를 방해한 자
4. 사기 또는 강박으로 피상속인의 상속에 관한 유언을 하게 한 자
5. 피상속인의 상속에 관한 유언서를 위조·변조·파기 또는 은닉한 자

제3절 상속의 효력

제1관 일반적 효력

제1005조(상속과 포괄적 권리의무의 승계)
상속인은 상속개시된 때로부터 피상속인의 재산에 관한 포괄적 권리의무를 승계한다. 그러나 피상속인의 일신에 전속한 것은 그러하지 아니하다. <개정 1990.1.13.>

제1006조(공동상속과 재산의 공유) 상속인이 수인인 때에는 상속재산은 그 공유로 한다. <개정 1990.1.13.>

제1007조(공동상속인의 권리의무승계)
공동상속인은 각자의 상속분에 응하여 피상속인의 권리의무를 승계한다.

제1008조(특별수익자의 상속분) 공동상속인 중에 피상속인으로부터 재산의 증여 또는 유증을 받은 자가 있는 경우에 그 수증재산이 자기의 상속분에 달하지 못한 때에는 그 부족한 부분의 한도에서 상속분이 있다. <개정 1977.12.31.>

판례-상속재산분할

[대법원 2019.11.21.자 2014스44, 2014스45 전원합의체 결정]

【판시사항】

[1] 피상속인의 배우자가 장기간 피상속인과 동거하면서 피상속인을 간호한 경우, 그 배우자에게 민법 제1008조의2에 따른 기여분을 인정할 것인지 여부와 그 정도를 판단하는 기준

[2] 피상속인 갑과 전처인 을 사이에 태어난 자녀들인 상속인 병 등이 갑의 후처인 정 및 갑과 정 사이에 태어난 자녀들인 상속인 무 등을 상대로 상속재산분할을 청구하자, 정이 갑이 사망할 때까지 장기간 갑과 동거하면서 그를 간호하였다며 병 등을 상대로 기여분결정을 청구한 사안에서, 정이 처로서 통상 기대되는 정도를 넘어 법정상속분을 수정함으로써 공동상속인들 사이의 실질적 공평을 도모하여야 할 정도로 갑을 특별히 부양하였다거나 갑의 재산 유지·증가에 특별히 기여하였다고 인정하기에 부족하다는 이유로 정의 기여분결정 청구를 배척한 원심판단에는 민법 제1008조의2에서 정한 기여분 인정 요건에 관한 법리오해 등의 잘못이 없다고 한 사례

【판결요지】

[1] [다수의견] 배우자가 장기간 피상속인과 동거하면서 피상속인을 간호한 경우, 민법 제1008조의2의 해석상 가정법원은 배우자의 동거·간호가 부부 사이의 제1차 부양의무 이행을 넘어서 '특별한 부양'에 이르는지 여부와 더불어 동거·간호의 시기와 방법 및 정도뿐 아니라 동거·간호에 따른 부양비용의 부담 주체, 상속재산의 규모와 배우자에 대한 특별수익액, 다른 공동상속인의 숫자와 배우자의 법정상속분 등 일체의 사정을 종합적으로 고려하여 공동상속인들 사이의 실질적 공평을 도모하기 위하여 배우자의 상속분을 조정할 필요성이 인정되는지 여부를 가려서 기여분 인정 여부와 그 정도를 판단하여야 한다.

배우자의 장기간 동거·간호에 따른 무형의 기여행위를 기여분을 인정하는 요소 중 하나로 적극적으로 고려할 수 있다. 다만 이러한 배우자에게 기여분을 인정하기 위해서는 앞서 본 바와 같은 일체의 사정을 종합적으로 고려하여 공동상속인들 사이의 실질적 공평을 도모하기 위하여 배우자의 상속분을 조정할 필요성이 인정되어야 한다.

제1008조의2(기여분) ①공동상속인 중에 상당한 기간 동거·간호 그 밖의 방법으로 피상속인을 특별히 부양하거나 피상속인의 재산의 유지 또는 증가에 특별히 기여한 자가 있을 때에는 상속개시 당시의 피상속인의 재산가액에서 공동상속인의 협의로 정한 그 자의 기여분을 공제한 것을 상속재산으로 보고 제1009조 및 제1010조에 의하여 산정한 상속분에 기여분을 가산한 액으로써 그 자의 상속분으로 한다. <개정 2005.3.31.>
②제1항의 협의가 되지 아니하거나 협의할 수 없는 때에는 가정법원은 제1항에 규정된 기여자의 청구에 의하여 기여의 시기·방법 및 정도와 상속재산의 액 기타의 사정을 참작하여 기여분을 정한다.
③기여분은 상속이 개시된 때의 피상속인의 재산가액에서 유증의 가액을 공제한 액을 넘지 못한다.
④제2항의 규정에 의한 청구는 제1013조제2항의 규정에 의한 청구가 있을 경우 또는 제1014조에 규정하는 경우에 할 수 있다.
[본조신설 1990.1.13.]

판례-구상금등·부당이득금반환

[대법원 2018.8.30., 선고, 2015다27132, 27149, 판결]

【판시사항】
상속재산분할심판에서 상속재산 과실을 고려하지 않은 채, 분할의 대상이 된 상속재산 중 특정 상속재산을 상속인 중 1인의 단독소유로 하고 그의 구체적 상속분과 특정 상속재산의 가액과의 차액을 현금으로 정산하는 방법으로 상속재산을 분할한 경우, 공동상속인들이 수증재산과 기여분 등을 참작하여 상속개시 당시를 기준으로 산정되는 '구체적 상속분'의 비율에 따라 상속재산 과실을 취득하는지 여부(원칙적 적극)

【판결요지】
상속개시 후 상속재산분할이 완료되기 전까지 상속재산으로부터 발생하는 과실(이하 '상속재산 과실'이라 한다)은 상속개시 당시에는 존재하지 않았던 것이다. 상속재산분할심판에서 이러한 상속재산 과실을 고려하지 않은 채, 분할의 대상이 된 상속재산 중 특정 상속재산을 상속인 중 1인의 단독소유로 하고 그의 구체적 상속분과 특정 상속재산의 가액과의 차액을 현금으로 정산하는 방법(이른바 대상분할의 방법)으로 상속재산을 분할한 경우, 그 특정 상속재산을 분할받은 상속인은 민법 제1015조 본문에 따라 상속개시된 때에 소급하여 이를 단독소유한 것으로 보게 되지만, 상속재산 과실까지도 소급하여 상속인이 단독으로 차지하게 된다고 볼 수는 없다. 이러한 경우 상속재산 과실은 특별한 사정이 없는 한, 공동상속인들이 수증재산과 기여분 등을 참작하여 상속개시 당시를 기준으로 산정되는 '구체적 상속분'의 비율에 따라, 이를 취득한다고 보는 것이 타당하다.

제1008조의3(분묘 등의 승계) 분묘에 속한 1정보 이내의 금양임야와 600평 이내의 묘토인 농지, 족보와 제구의 소유권은 제사를 주재하는 자가 이를 승계한다.
[본조신설 1990.1.13.]

제2관 상속분

제1009조(법정상속분) ①동순위의 상속인이 수인인 때에는 그 상속분은 균분으로 한다. <개정 1977.12.31., 1990.1.13.>

②피상속인의 배우자의 상속분은 직계비속과 공동으로 상속하는 때에는 직계비속의 상속분의 5할을 가산하고, 직계존속과 공동으로 상속하는 때에는 직계존속의 상속분의 5할을 가산한다. <개정 1990.1.13.>
③ 삭제 <1990.1.13.>

제1010조(대습상속분) ①제1001조의 규정에 의하여 사망 또는 결격된 자에 갈음하여 상속인이 된 자의 상속분은 사망 또는 결격된 자의 상속분에 의한다. <개정 2014.12.30.>
②전항의 경우에 사망 또는 결격된 자의 직계비속이 수인인 때에는 그 상속분은 사망 또는 결격된 자의 상속분의 한도에서 제1009조의 규정에 의하여 이를 정한다. 제1003조제2항의 경우에도 또한 같다.

제1011조(공동상속분의 양수) ①공동상속인 중에 그 상속분을 제삼자에게 양도한 자가 있는 때에는 다른 공동상속인은 그 가액과 양도비용을 상환하고 그 상속분을 양수할 수 있다.
②전항의 권리는 그 사유를 안 날로부터 3월, 그 사유있은 날로부터 1년내에 행사하여야 한다.

제3관 상속재산의 분할

제1012조(유언에 의한 분할방법의 지정, 분할금지) 피상속인은 유언으로 상속재산의 분할방법을 정하거나 이를 정할 것을 제삼자에게 위탁할 수 있고 상속개시의 날로부터 5년을 초과하지 아니하는 기간내의 그 분할을 금지할 수 있다.

제1013조(협의에 의한 분할) ①전조의 경우외에는 공동상속인은 언제든지 그 협의에 의하여 상속재산을 분할할 수 있다.
②제269조의 규정은 전항의 상속재산의 분할에 준용한다.

제1014조(분할후의 피인지자 등의 청구권)
상속개시후의 인지 또는 재판의 확정에 의하여 공동상속인이 된 자가 상속재산의 분할을 청구할 경우에 다른 공동상속인이 이미 분할 기타 처분을 한 때에는 그 상속분에 상당한 가액의 지급을 청구할 권리가 있다.

제1015조(분할의 소급효) 상속재산의 분할은 상속개시된 때에 소급하여 그 효력이 있다. 그러나 제삼자의 권리를 해하지 못한다.

제1016조(공동상속인의 담보책임) 공동상속인은 다른 공동상속인이 분할로 인하여 취득한 재산에 대하여 그 상속분에 응하여 매도인과 같은 담보책임이 있다.

제1017조(상속채무자의 자력에 대한 담보책임) ①공동상속인은 다른 상속인이 분할로 인하여 취득한 채권에 대하여 분할당시의 채무자의 자력을 담보한다.
②변제기에 달하지 아니한 채권이나 정지조건있는 채권에 대하여는 변제를 청구할 수 있는 때의 채무자의 자력을 담보한다.

제1018조(무자력공동상속인의 담보책임의 분담) 담보책임있는 공동상속인 중에 상환의 자력이 없는 자가 있는 때에는 그 부담부분은 구상권자와 자력있는 다른 공동상속인이 그 상속분에 응하여 분담한다. 그러나 구상권자의 과실로 인하여 상환을 받지 못한 때에는 다른 공동상속인에게 분담을 청구하지 못한다.

제4절 상속의 승인 및 포기

제1관 총칙

제1019조(승인, 포기의 기간) ①상속인은 상속개시있음을 안 날로부터 3월내에 단순승인이나 한정승인 또는 포기를 할 수 있다. 그러나 그 기간은 이해관계인 또는 검사의 청구에 의하여 가정법원이 이를 연장할 수 있다. <개정 1990.1.13.>
②상속인은 제1항의 승인 또는 포기를 하기 전에 상속재산을 조사할 수 있다. <개정 2002.1.14.>
③제1항의 규정에 불구하고 상속인은 상속채무가 상속재산을 초과하는 사실을 중대한 과실없이 제1항의 기간내에 알지 못하고 단순승인(제1026조제1호 및 제2호의 규정에 의하여 단순승인한 것으로 보는 경우를 포함한다)을 한 경우에는 그 사실을 안 날부터 3월내에 한정승인을 할 수 있다. <신설 2002.1.14.>

제1020조(제한능력자의 승인 · 포기의 기간)
상속인이 제한능력자인 경우에는 제1019조제1항의 기간은 그의 친권자 또는 후견인이 상속이 개시된 것을 안 날부터 기산(起算)한다.
[전문개정 2011.3.7.]

제1021조(승인, 포기기간의 계산에 관한 특칙) 상속인이 승인이나 포기를 하지 아니하고 제1019조제1항의 기간 내에 사망한 때에는 그의 상속인이 그 자기의 상속개시있음을 안 날로부터 제1019조제1항의 기간을 기산한다.

제1022조(상속재산의 관리) 상속인은 그 고유재산에 대하는 것과 동일한 주의로 상속재산을 관리하여야 한다. 그러나 단순승인 또는 포기한 때에는 그러하지 아니하다.

제1023조(상속재산보존에 필요한 처분)
①법원은 이해관계인 또는 검사의 청구에 의하여 상속재산의 보존에 필요한 처분을 명할 수 있다.
②법원이 재산관리인을 선임한 경우에는 제24조 내지 제26조의 규정을 준용한다.

제1024조(승인, 포기의 취소금지)
①상속의 승인이나 포기는 제1019조제1항의 기간내에도 이를 취소하지 못한다. <개정 1990.1.13.>
②전항의 규정은 총칙편의 규정에 의한 취소에 영향을 미치지 아니한다. 그러나 그 취소권은 추인할 수 있는 날로부터 3월, 승인 또는 포기한 날로부터 1년내에 행사하지 아니하면 시효로 인하여 소멸된다.

제2관 단순승인

제1025조(단순승인의 효과) 상속인이 단순승인을 한 때에는 제한없이 피상속인의 권리의무를 승계한다. <개정 1990.1.13.>

제1026조(법정단순승인) 다음 각호의 사유가 있는 경우에는 상속인이 단순승인을 한 것으로 본다. <개정 2002.1.14.>
1. 상속인이 상속재산에 대한 처분행위를 한 때
2. 상속인이 제1019조제1항의 기간내에 한정승인 또는 포기를 하지 아니한 때
3. 상속인이 한정승인 또는 포기를 한 후에 상속재산을 은닉하거나 부정소비하거나 고의로 재산목록에 기입하지 아니한 때

[2002.1.14. 법률 제6591호에 의하여 1998.8.27. 헌법재판소에서 헌법불합치 결정된 제2호를 개정함]

판례-대여금

[대법원 2016.12.29. 선고 2013다73520 판결]

【판시사항】

상속인이 가정법원에 상속포기의 신고를 하였으나 이를 수리하는 심판이 고지되기 전에 상속재산을 처분한 경우, 민법 제1026조 제1호에 따라 상속의 단순승인을 한 것으로 보아야 하는지 여부(적극)

【판결요지】

민법 제1026조 제1호는 상속인이 상속재산에 대한 처분행위를 한 때에는 단순승인을 한 것으로 본다고 규정하고 있다. 그런데 상속의 한정승인이나 포기의 효력이 생긴 이후에는 더 이상 단순승인으로 간주할 여지가 없으므로, 이 규정은 한정승인이나 포기의 효력이 생기기 전에 상속재산을 처분한 경우에만 적용된다. 한편 상속의 한정승인이나 포기는 상속인의 의사표시만으로 효력이 발생하는 것이 아니라 가정법원에 신고를 하여 가정법원의 심판을 받아야 하며, 심판은 당사자가 이를 고지받음으로써 효력이 발생한다. 이는 한정승인이나 포기의 의사표시의 존재를 명확히 하여 상속으로 인한 법률관계가 획일적으로 처리되도록 함으로써, 상속재산에 이해관계를 가지는 공동상속인이나 차순위 상속인, 상속채권자, 상속재산의 처분 상대방 등 제3자의 신뢰를 보호하고 법적 안정성을 도모하고자 하는 것이다. 따라서 상속인이 가정법원에 상속포기의 신고를 하였더라도 이를 수리하는 가정법원의 심판이 고지되기 이전에 상속재산을 처분하였다면, 이는 상속포기의 효력 발생 전에 처분행위를 한 것이므로 민법 제1026조 제1호에 따라 상속의 단순승인을 한 것으로 보아야 한다.

제1027조(법정단순승인의 예외) 상속인이 상속을 포기함으로 인하여 차순위 상속인이 상속을 승인한 때에는 전조 제3호의 사유는 상속의 승인으로 보지 아니한다.

제3관 한정승인

제1028조(한정승인의 효과) 상속인은 상속으로 인하여 취득할 재산의 한도에서 피상속인의 채무와 유증을 변제할 것을 조건으로 상속을 승인할 수 있다. <개정 1990.1.13.>

판례-배당이의

[대법원 2016.5.24. 선고 2015다250574 판결]

【판시사항】

[1] 상속인이 한정승인의 신고를 한 경우, 상속채권자가 상속인의 고유재산에 대하여 강제집행을 할 수 있는지 여부(원칙적 소극) 및 상속재산으로부터만 채권의 만족을 받을 수 있는지 여부(적극)

[2] 상속채권자가 아닌 한정승인자의 고유채권자가 상속재산에 관하여 담보권을 취득한 경우, 상속채권자가 우선적 지위를 주장할 수 있는지 여부(소극) / 상속채권자가 상속재산으로부터 채권의 만족을 받지 못한 경우, 한정승인자의 고유채권자가 상속재산을 책임재산으로 삼아 강제집행을 할 수 있는지 여부(원칙적 소극) 및 이는 한정승인자의 고유채무가 조세채무인 경우에도 마찬가지인지 여부(원칙적 적극)

【판결요지】

[1] 민법 제1028조는 "상속인은 상속으로 인하여 취득할 재산의 한도에서 피상속인의 채무와 유증을 변제할 것을 조건으로 상속을 승인할 수 있다."라고 규정하고 있다. 상속인이 위 규정에

따라 한정승인의 신고를 하게 되면 피상속인의 채무에 대한 한정승인자의 책임은 상속재산으로 한정되고, 그 결과 상속채권자는 특별한 사정이 없는 한 상속인의 고유재산에 대하여 강제집행을 할 수 없으며 상속재산으로부터만 채권의 만족을 받을 수 있다.
[2] 상속채권자가 아닌 한정승인자의 고유채권자가 상속재산에 관하여 저당권 등의 담보권을 취득한 경우, 담보권을 취득한 채권자와 상속채권자 사이의 우열관계는 민법상 일반원칙에 따라야 하고 상속채권자가 우선적 지위를 주장할 수 없다. 그러나 상속재산에 관하여 담보권을 취득하였다는 등 사정이 없는 이상, 한정승인자의 고유채권자는 상속채권자가 상속재산으로부터 채권의 만족을 받지 못한 상태에서 상속재산을 고유채권에 대한 책임재산으로 삼아 이에 대하여 강제집행을 할 수 없다고 보는 것이 형평의 원칙이나 한정승인제도의 취지에 부합하며, 이는 한정승인자의 고유채무가 조세채무인 경우에도 그것이 상속재산 자체에 대하여 부과된 조세나 가산금, 즉 당해세에 관한 것이 아니라면 마찬가지이다.

제1029조(공동상속인의 한정승인) 상속인이 수인인 때에는 각 상속인은 그 상속분에 응하여 취득할 재산의 한도에서 그 상속분에 의한 피상속인의 채무와 유증을 변제할 것을 조건으로 상속을 승인할 수 있다.

제1030조(한정승인의 방식) ①상속인이 한정승인을 함에는 제1019조제1항 또는 제3항의 기간 내에 상속재산의 목록을 첨부하여 법원에 한정승인의 신고를 하여야 한다. <개정 2005.3.31.>
②제1019조제3항의 규정에 의하여 한정승인을 한 경우 상속재산 중 이미 처분한 재산이 있는 때에는 그 목록과 가액을 함께 제출하여야 한다. <신설 2005.3.31.>

제1031조(한정승인과 재산상 권리의무의 불소멸) 상속인이 한정승인을 한 때에는 피상속인에 대한 상속인의 재산상 권리의무는 소멸하지 아니한다.

제1032조(채권자에 대한 공고, 최고)
①한정승인자는 한정승인을 한 날로부터 5일내에 일반상속채권자와 유증받은 자에 대하여 한정승인의 사실과 일정한 기간 내에 그 채권 또는 수증을 신고할 것을 공고하여야 한다. 그 기간은 2월 이상이어야 한다.
②제88조제2항, 제3항과 제89조의 규정은 전항의 경우에 준용한다.

제1033조(최고기간 중의 변제거절) 한정승인자는 전조제1항의 기간만료전에는 상속채권의 변제를 거절할 수 있다.

제1034조(배당변제) ①한정승인자는 제1032조제1항의 기간만료후에 상속재산으로서 그 기간 내에 신고한 채권자와 한정승인자가 알고 있는 채권자에 대하여 각 채권액의 비율로 변제하여야 한다. 그러나 우선권있는 채권자의 권리를 해하지 못한다.
②제1019조제3항의 규정에 의하여 한정승인을 한 경우에는 그 상속인은 상속재산 중에서 남아있는 상속재산과 함께 이미 처분한 재산의 가액을 합하여 제1항의 변제를 하여야 한다. 다만, 한정승인을 하기 전에 상속채권자나 유증받은 자에 대하여 변제한 가액은 이미 처분한 재산의 가액에서 제외한다. <신설 2005.3.31.>

제1035조(변제기전의 채무 등의 변제)
①한정승인자는 변제기에 이르지 아니한 채권에 대하여도 전조의 규정에 의하여 변제하여야 한다.
②조건있는 채권이나 존속기간의 불확정한 채권은 법원의 선임한 감정인의 평가에 의하여 변제하여야 한다.

제1036조(수증자에의 변제) 한정승인자는 전2조의 규정에 의하여 상속채권자에 대한 변제를 완료한 후가 아니면 유증받은 자에게 변제하지 못한다.

제1037조(상속재산의 경매) 전3조의 규정에 의한 변제를 하기 위하여 상속재산의 전부나 일부를 매각할 필요가 있는 때에는 민사집행법에 의하여 경매하여야 한다. <개정 1997.12.13., 2001.12.29.>

제1038조(부당변제 등으로 인한 책임)
①한정승인자가 제1032조의 규정에 의한 공고나 최고를 해태하거나 제1033조 내지 제1036조의 규정에 위반하여 어느 상속채권자나 유증받은 자에게 변제함으로 인하여 다른 상속채권자나 유증받은 자에 대하여 변제할 수 없게 된 때에는 한정승인자는 그 손해를 배상하여야 한다. 제1019조제3항의 규정에 의하여 한정승인을 한 경우 그 이전에 상속채무가 상속재산을 초과함을 알지 못한 데 과실이 있는 상속인이 상속채권자나 유증받은 자에게 변제한 때에도 또한 같다. <개정 2005.3.31.>
②제1항 전단의 경우에 변제를 받지 못한 상속채권자나 유증받은 자는 그 사정을 알고 변제를 받은 상속채권자나 유증받은 자에 대하여 구상권을 행사할 수 있다. 제1019조제3항의 규정에 의하여 한정승인을 한 경우 그 이전에 상속채무가 상속재산을 초과함을 알고 변제받은 상속채권자나 유증받은 자가 있는 때에도 또한 같다. <개정 2005.3.31.>
③제766조의 규정은 제1항 및 제2항의 경우에 준용한다. <개정 2005.3.31.>
[제목개정 2005.3.31.]

제1039조(신고하지 않은 채권자 등)
제1032조제1항의 기간내에 신고하지 아니한 상속채권자 및 유증받은 자로서 한정승인자가 알지 못한 자는 상속재산의 잔여가 있는 경우에 한하여 그 변제를 받을 수 있다. 그러나 상속재산에 대하여 특별담보권있는 때에는 그러하지 아니하다.

제1040조(공동상속재산과 그 관리인의 선임)
①상속인이 수인인 경우에는 법원은 각 상속인 기타 이해관계인의 청구에 의하여 공동상속인 중에서 상속재산관리인을 선임할 수 있다.
②법원이 선임한 관리인은 공동상속인을 대표하여 상속재산의 관리와 채무의 변제에 관한 모든 행위를 할 권리의무가 있다.
③제1022조, 제1032조 내지 전조의 규정은 전항의 관리인에 준용한다. 그러나 제1032조의 규정에 의하여 공고할 5일의 기간은 관리인이 그 선임을 안 날로부터 기산한다.

제4관 포기

제1041조(포기의 방식) 상속인이 상속을 포기할 때에는 제1019조제1항의 기간내에 가정법원에 포기의 신고를 하여야 한다. <개정 1990.1.13.>
제1042조(포기의 소급효) 상속의 포기는 상속개시된 때에 소급하여 그 효력이 있다.

제1043조(포기한 상속재산의 귀속) 상속인이 수인인 경우에 어느 상속인이 상속을 포기한 때에는 그 상속분은 다른 상속인의 상속분의 비율로 그 상속인에게 귀속된다.

제1044조(포기한 상속재산의 관리계속의무)
①상속을 포기한 자는 그 포기로 인하여 상속인이 된 자가 상속재산을 관리할 수 있을 때까지 그 재산의 관리를 계속하여야 한다.
②제1022조와 제1023조의 규정은 전항의 재산관리에 준용한다.

제5절 재산의 분리

제1045조(상속재산의 분리청구권)
①상속채권자나 유증받은 자 또는 상속인의 채권자는 상속개시된 날로부터 3월내에 상속재산과 상속인의 고유재산의 분리를 법원에 청구할 수 있다.
②상속인이 상속의 승인이나 포기를 하지 아니한 동안은 전항의 기간경과후에도 재산의 분리를 법원에 청구할 수 있다. <개정 1990.1.13.>

제1046조(분리명령과 채권자 등에 대한 공고, 최고) ①법원이 전조의 청구에 의하여 재산의 분리를 명한 때에는 그 청구자는 5일내에 일반상속채권자와 유증받은 자에 대하여 재산분리의 명령있은 사실과 일정한 기간내에 그 채권 또는 수증을 신고할 것을 공고하여야 한다. 그 기간은 2월 이상이어야 한다.
②제88조제2항, 제3항과 제89조의 규정은 전항의 경우에 준용한다.

제1047조(분리후의 상속재산의 관리)
①법원이 재산의 분리를 명한 때에는 상속재산의 관리에 관하여 필요한 처분을 명할 수 있다.
②법원이 재산관리인을 선임한 경우에는 제24조 내지 제26조의 규정을 준용한다.

제1048조(분리후의 상속인의 관리의무)
①상속인이 단순승인을 한 후에도 재산분리의 명령이 있는 때에는 상속재산에 대하여 자기의 고유재산과 동일한 주의로 관리하여야 한다.
②제683조 내지 제685조 및 제688조제1항, 제2항의 규정은 전항의 재산관리에 준용한다.

제1049조(재산분리의 대항요건) 재산의 분리는 상속재산인 부동산에 관하여는 이를 등기하지 아니하면 제삼자에게 대항하지 못한다.

제1050조(재산분리와 권리의무의 불소멸)
재산분리의 명령이 있는 때에는 피상속인에 대한 상속인의 재산상 권리의무는 소멸하지 아니한다.

제1051조(변제의 거절과 배당변제)
①상속인은 제1045조 및 제1046조의 기간만료전에는 상속채권자와 유증받은 자에 대하여 변제를 거절할 수 있다.
②전항의 기간만료후에 상속인은 상속재산으로써 재산분리의 청구 또는 그 기간내에 신고한 상속채권자, 유증받은 자와 상속인이 알고 있는 상속채권자, 유증받은 자에 대하여 각 채권액 또는 수증액의 비율로 변제하여야 한다. 그러나 우선권있는 채권자의 권리를 해하지 못한다.
③제1035조 내지 제1038조의 규정은 전항의 경우에 준용한다.

제1052조(고유재산으로부터의 변제)
①전조의 규정에 의한 상속채권자와 유증받은 자는 상속재산으로써 전액의 변제를 받을 수 없는 경우에 한하여 상속인의 고유재산으로부터 그 변제를 받을 수 있다.
②전항의 경우에 상속인의 채권자는 상속인의 고유재산으로부터 우선변제를 받을 권리가 있다.

제6절 상속인의 부존재

제1053조(상속인없는 재산의 관리인)
①상속인의 존부가 분명하지 아니한 때에는 법원은 제777조의 규정에 의한 피상속인의 친족 기타 이해관계인 또는 검사의 청구에 의하여 상속재산관리인을 선임하고 지체없이 이를 공고하여야 한다. <개정 1990.1.13.>
②제24조 내지 제26조의 규정은 전항의 재산관리인에 준용한다.

제1054조(재산목록제시와 상황보고)
관리인은 상속채권자나 유증받은 자의 청구가 있는 때에는 언제든지 상속재산의 목록을 제시하고 그 상황을 보고하여야 한다.

제1055조(상속인의 존재가 분명하여진 경우)
①관리인의 임무는 그 상속인이 상속의 승인을 한 때에 종료한다.
②전항의 경우에는 관리인은 지체없이 그 상속인에 대하여 관리의 계산을 하여야 한다.

제1056조(상속인없는 재산의 청산)
①제1053조제1항의 공고있은 날로부터 3월내에 상속인의 존부를 알 수 없는 때에는 관리인은 지체없이 일반상속채권자와 유증받은 자에 대하여 일정한 기간 내에 그 채권 또는 수증을 신고할 것을 공고하여야 한다. 그 기간은 2월 이상이어야 한다.
②제88조제2항, 제3항, 제89조, 제1033조 내지 제1039조의 규정은 전항의 경우에 준용한다.

제1057조(상속인수색의 공고) 제1056조제1항의 기간이 경과하여도 상속인의 존부를 알 수 없는 때에는 법원은 관리인의 청구에 의하여 상속인이 있으면 일정한 기간내에 그 권리를 주장할 것을 공고하여야 한다. 그 기간은 1년 이상이어야 한다. <개정 2005.3.31.>

제1057조의2(특별연고자에 대한 분여)
①제1057조의 기간내에 상속권을 주장하는 자가 없는 때에는 가정법원은 피상속인과 생계를 같이 하고 있던 자, 피상속인의 요양간호를 한 자 기타 피상속인과 특별한 연고가 있던 자의 청구에 의하여 상속재산의 전부 또는 일부를 분여할 수 있다. <개정 2005.3.31.>
②제1항의 청구는 제1057조의 기간의 만료후 2월 이내에 하여야 한다. <개정 2005.3.31.>
[본조신설 1990.1.13.]

제1058조(상속재산의 국가귀속) ①제1057조의2의 규정에 의하여 분여(分與)되지 아니한 때에는 상속재산은 국가에 귀속한다. <개정 2005.3.31.>
②제1055조제2항의 규정은 제1항의 경우에 준용한다. <개정 2005.3.31.>

제1059조(국가귀속재산에 대한 변제청구의 금지) 전조제1항의 경우에는 상속재산으로 변제를 받지 못한 상속채권자나 유증을 받은 자가 있는 때에도 국가에 대하여 그 변제를 청구하지 못한다.

제2장 유언

제1절 총칙

제1060조(유언의 요식성) 유언은 본법의 정한 방식에 의하지 아니하면 효력이 생하지 아니한다.

제1061조(유언적령) 만17세에 달하지 못한 자는 유언을 하지 못한다.

제1062조(제한능력자의 유언) 유언에 관하여는 제5조, 제10조 및 제13조를 적용하지 아니한다.
[전문개정 2011.3.7.]

제1063조(피성년후견인의 유언능력)
①피성년후견인은 의사능력이 회복된 때에만 유언을 할 수 있다.
②제1항의 경우에는 의사가 심신 회복의 상태를 유언서에 부기(附記)하고 서명날인하여야 한다.
[전문개정 2011.3.7.]

제1064조(유언과 태아, 상속결격자)
제1000조제3항, 제1004조의 규정은 수증자에 준용한다. <개정 1990.1.13.>

제2절 유언의 방식

제1065조(유언의 보통방식) 유언의 방식은 자필증서, 녹음, 공정증서, 비밀증서와 구수증서의 5종으로 한다.

제1066조(자필증서에 의한 유언) ①자필증서에 의한 유언은 유언자가 그 전문과 연월일, 주소, 성명을 자서하고 날인하여야 한다.
②전항의 증서에 문자의 삽입, 삭제 또는 변경을 함에는 유언자가 이를 자서하고 날인하여야 한다.

제1067조(녹음에 의한 유언) 녹음에 의한 유언은 유언자가 유언의 취지, 그 성명과 연월일을 구술하고 이에 참여한 증인이 유언의 정확함과 그 성명을 구술하여야 한다.

제1068조(공정증서에 의한 유언) 공정증서에 의한 유언은 유언자가 증인 2인이 참여한 공증인의 면전에서 유언의 취지를 구수하고 공증인이 이를 필기낭독하여 유언자와 증인이 그 정확함을 승인한 후 각자 서명 또는 기명날인하여야 한다.

제1069조(비밀증서에 의한 유언) ①비밀증서에 의한 유언은 유언자가 필자의 성명을 기입한 증서를 엄봉날인하고 이를 2인 이상의 증인의 면전에 제출하여 자기의 유언서임을 표시한 후 그 봉서표면에 제출연월일을 기재하고 유언자와 증인이 각자 서명 또는 기명날인하여야 한다.
②전항의 방식에 의한 유언봉서는 그 표면에 기재된 날로부터 5일내에 공증인 또는 법원서기에게 제출하여 그 봉인상에 확정일자인을 받아야 한다.

제1070조(구수증서에 의한 유언) ①구수증서에 의한 유언은 질병 기타 급박한 사유로 인하여 전4조의 방식에 의할 수 없는 경우에 유언자가 2인 이상의 증인의 참여로 그 1인에게 유언의 취지를 구수하고 그 구수를 받은 자가 이를 필기낭독하여 유언자의 증인이 그 정확함을 승인한 후 각자 서명 또는 기명날인하여야 한다.
②전항의 방식에 의한 유언은 그 증인 또는 이해관계인이 급박한 사유의 종료한 날로부터 7일내에 법원에 그 검인을 신청하여야 한다.
③제1063조제2항의 규정은 구수증서에 의한 유언에 적용하지 아니한다.

제1071조(비밀증서에 의한 유언의 전환) 비밀증서에 의한 유언이 그 방식에 흠결이 있는 경우에 그 증서가 자필증서의 방식에 적합한 때에는 자필증서에 의한 유언으로 본다.

제1072조(증인의 결격사유) ①다음 각 호의 어느 하나에 해당하는 사람은 유언에 참여하는 증인이 되지 못한다.
1. 미성년자
2. 피성년후견인과 피한정후견인
3. 유언으로 이익을 받을 사람, 그의 배우자와 직계혈족

②공정증서에 의한 유언에는 「공증인법」에 따른 결격자는 증인이 되지 못한다.
[전문개정 2011.3.7.]

제3절 유언의 효력

제1073조(유언의 효력발생시기) ①유언은 유언자가 사망한 때로부터 그 효력이 생긴다.
②유언에 정지조건이 있는 경우에 그 조건이 유언자의 사망후에 성취한 때에는 그 조건성취한 때로부터 유언의 효력이 생긴다.

판례-승낙의의사표시

[대법원 2014.2.13., 선고, 2011다74277, 판결]

【판시사항】
[1] 유언집행자가 자필 유언증서상 유언자의 자서와 날인의 진정성을 다투는 상속인들에 대하여 '유언 내용에 따른 등기신청에 이의가 없다'는 진술을 구하는 소의 적법 여부
[2] 자필 유언증서상 유언자의 자서와 날인의 진정성을 다투는 상속인들이 유언 내용에 따른 등기신청에 관하여 이의가 없다는 진술서의 작성을 거절하는 경우, 유언집행자가 취할 수 있는 조치

【판결요지】
[1] 유언집행자가 자필 유언증서상 유언자의 자서와 날인의 진정성을 다투는 상속인들에 대하여 '유언 내용에 따른 등기신청에 이의가 없다'는 진술을 구하는 소는, 등기관이 자필 유언증서상 유언자의 자서 및 날인의 진정성에 관하여 심사하는 데 필요한 증명자료를 소로써 구하는 것에 불과하고, 민법 제389조 제2항에서 규정하는 '채무가 법률행위를 목적으로 한 때에 채무자의 의사표시에 갈음할 재판을 청구하는 경우'에 해당한다고 볼 수 없다. 따라서 위와 같은 소는 권리보호의 이익이 없어 부적법하다. 또한, 유언집행자가 제기한 위와 같은 소를 유증을 원인으로 하는 소유권이전등기에 대하여 상속인들의 승낙을 구하는 것으로 본다 하더라도, 포괄유증의 성립이나 효력발생에 상속인들의 승낙은 불필요하고, 부동산등기법 관련 법령에서 유증을 원인으로 하는 소유권이전등기에 대하여 상속인들의 승낙이 필요하다는 규정을 두고 있지도 아니하므로, 이는 부동산등기법 관련 법령에 따라 유증을 원인으로 하는 소유권이전등기를 마치는 데 있어 필요하지 아니한 제3자의 승낙을 소구하는 것에 불과하여 권리보호의 이익이 없어서 역시 부적법하다.
[2] 유언집행자로서는, 자필 유언증서상 유언자의 자서와 날인의 진정성을 다투는 상속인들이 유언 내용에 따른 등기신청에 관하여 이의가 없다는 진술서의 작성을 거절하는 경우에는 그 진술을 소로써 구할 것이 아니라, 상속인들을 상대로 유언효력확인의 소나 포괄적 수증자 지위 확인의 소 등을 제기하여 승소 확정판결을 받은 다음, 이를 부동산등기규칙 제46조 제1항 제1호 및 제5호의 첨부정보로 제출하여 유증을 원인으로 하는 소유권이전등기를 신청할 수 있다.

제1074조(유증의 승인, 포기) ①유증을 받을 자는 유언자의 사망후에 언제든지 유증을 승인 또는 포기할 수 있다.
②전항의 승인이나 포기는 유언자의 사망한 때에 소급하여 그 효력이 있다.

판례-대여금

[대법원 2019.1.17., 선고, 2018다260855, 판결]

【판시사항】
유증의 포기가 사해행위 취소의 대상이 되는지 여부(소극)

【판결요지】
유증을 받을 자는 유언자의 사망 후에 언제든지 유증을 승인 또는 포기할 수 있고, 그 효력은 유언자가 사망한 때에 소급하여 발생하므로(민법 제1074조), 채무초과 상태에 있는 채무자라도 자유롭게 유증을 받을 것을 포기할 수 있다. 또한 채무자의 유증 포기가 직접적으로 채무자의 일반재산을 감소시켜 채무자의 재산을 유증 이전의 상태보다 악화시킨다고 볼 수도 없다. 따라서 유증을 받을 자가 이를 포기하는 것은 사해행위 취소의 대상이 되지 않는다고 보는 것이 옳다.

제1075조(유증의 승인, 포기의 취소금지)
①유증의 승인이나 포기는 취소하지 못한다.
②제1024조제2항의 규정은 유증의 승인과 포기에 준용한다.

제1076조(수증자의 상속인의 승인, 포기)
수증자가 승인이나 포기를 하지 아니하고 사망한 때에는 그 상속인은 상속분의 한도에서 승인 또는 포기할 수 있다. 그러나 유언자가 유언으로 다른 의사를 표시한 때에는 그 의사에 의한다.

제1077조(유증의무자의 최고권) ①유증의무자나 이해관계인은 상당한 기간을 정하여 그 기간 내에 승인 또는 포기를 확답할 것을 수증자 또는 그 상속인에게 최고할 수 있다.
②전항의 기간내에 수증자 또는 상속인이 유증의무자에 대하여 최고에 대한 확답을 하지 아니한 때에는 유증을 승인한 것으로 본다.

제1078조(포괄적 수증자의 권리의무)
포괄적 유증을 받은 자는 상속인과 동일한 권리의무가 있다. <개정 1990.1.13.>

제1079조(수증자의 과실취득권) 수증자는 유증의 이행을 청구할 수 있는 때로부터 그 목적물의 과실을 취득한다. 그러나 유언자가 유언으로 다른 의사를 표시한 때에는 그 의사에 의한다.

제1080조(과실수취비용의 상환청구권)
유증의무자가 유언자의 사망후에 그 목적물의 과실을 수취하기 위하여 필요비를 지출한 때에는 그 과실의 가액의 한도에서 과실을 취득한 수증자에게 상환을 청구할 수 있다.

제1081조(유증의무자의 비용상환청구권)
유증의무자가 유증자의 사망후에 그 목적물에 대하여 비용을 지출한 때에는 제325조의 규정을 준용한다.

제1082조(불특정물유증의무자의 담보책임)
①불특정물을 유증의 목적으로 한 경우에는 유증의무자는 그 목적물에 대하여 매도인과 같은 담보책임이 있다.
②전항의 경우에 목적물에 하자가 있는 때에는 유증의무자는 하자없는 물건으로 인도하여야 한다.

제1083조(유증의 물상대위성) 유증자가 유증목적물의 멸실, 훼손 또는 점유의 침해로 인하여 제삼자에게 손해배상을 청구할 권리가 있는 때에는 그 권리를 유증의 목적으로 한 것으로 본다.

제1084조(채권의 유증의 물상대위성)
①채권을 유증의 목적으로 한 경우에 유언자가 그 변제를 받은 물건이 상속재산 중에 있는 때에는 그 물건을 유증의 목적으로 한 것으로 본다.
②전항의 채권이 금전을 목적으로 한 경우에는 그 변제받은 채권액에 상당한 금전이 상속재산중에 없는 때에도 그 금액을 유증의 목적으로 한 것으로 본다.

제1085조(제삼자의 권리의 목적인 물건 또는 권리의 유증) 유증의 목적인 물건이나 권리가 유언자의 사망 당시에 제삼자의 권리의 목적인 경우에는 수증자는 유증의무자에 대하여 그 제삼자의 권리를 소멸시킬 것을 청구하지 못한다.

제1086조(유언자가 다른 의사표시를 한 경우)
전3조의 경우에 유언자가 유언으로 다른 의사를 표시한 때에는 그 의사에 의한다.

제1087조(상속재산에 속하지 아니한 권리의 유증) ①유언의 목적이 된 권리가 유언자의 사망당시에 상속재산에 속하지 아니한 때에는 유언은 그 효력이 없다. 그러나 유언자가 자기의 사망당시에 그 목적물이 상속재산에 속하지 아니한 경우에도 유언의 효력이 있게 할 의사인 때에는 유증의무자는 그 권리를 취득하여 수증자에게 이전할 의무가 있다.
②전항 단서의 경우에 그 권리를 취득할 수 없거나 그 취득에 과다한 비용을 요할 때에는 그 가액으로 변상할 수 있다.

제1088조(부담있는 유증과 수증자의 책임)
①부담있는 유증을 받은 자는 유증의 목적의 가액을 초과하지 아니한 한도에서 부담한 의무를 이행할 책임이 있다.
②유증의 목적의 가액이 한정승인 또는 재산분리로 인하여 감소된 때에는 수증자는 그 감소된 한도에서 부담할 의무를 면한다.

제1089조(유증효력발생전의 수증자의 사망)
①유증은 유언자의 사망전에 수증자가 사망한 때에는 그 효력이 생기지 아니한다.
②정지조건있는 유증은 수증자가 그 조건성취전에 사망한 때에는 그 효력이 생기지 아니한다.

제1090조(유증의 무효, 실효의 경우와 목적재산의 귀속) 유증이 그 효력이 생기지 아니하거나 수증자가 이를 포기한 때에는 유증의 목적인 재산은 상속인에게 귀속한다. 그러나 유언자가 유언으로 다른 의사를 표시한 때에는 그 의사에 의한다.

제4절 유언의 집행

제1091조(유언증서, 녹음의 검인)
①유언의 증서나 녹음을 보관한 자 또는 이를 발견한 자는 유언자의 사망후 지체없이 법원에 제출하여 그 검인을 청구하여야 한다.
②전항의 규정은 공정증서나 구수증서에 의한 유언에 적용하지 아니한다.

제1092조(유언증서의 개봉) 법원이 봉인된 유언증서를 개봉할 때에는 유언자의 상속인, 그 대리인 기타 이해관계인의 참여가 있어야 한다.

제1093조(유언집행자의 지정) 유언자는 유언으로 유언집행자를 지정할 수 있고 그 지정을 제삼자에게 위탁할 수 있다.

제1094조(위탁에 의한 유언집행자의 지정)
①전조의 위탁을 받은 제삼자는 그 위탁있음을 안 후 지체없이 유언집행자를 지정하여 상속인에게 통지하여야 하며 그 위탁을 사퇴할 때에는 이를 상속인에게 통지하여야 한다.
②상속인 기타 이해관계인은 상당한 기간을 정하여 그 기간내에 유언집행자를 지정할 것을 위탁 받은 자에게 최고할 수 있다. 그 기간내에 지정의 통지를 받지 못한 때에는 그 지정의 위탁을 사퇴한 것으로 본다.

제1095조(지정유언집행자가 없는 경우)
전2조의 규정에 의하여 지정된 유언집행자가 없는 때에는 상속인이 유언집행자가 된다.

제1096조(법원에 의한 유언집행자의 선임)
①유언집행자가 없거나 사망, 결격 기타 사유로 인하여 없게 된 때에는 법원은 이해관계인의 청구에 의하여 유언집행자를 선임하여야 한다.
②법원이 유언집행자를 선임한 경우에는 그 임무에 관하여 필요한 처분을 명할 수 있다.

제1097조(유언집행자의 승낙, 사퇴)
①지정에 의한 유언집행자는 유언자의 사망후 지체없이 이를 승낙하거나 사퇴할 것을 상속인에게 통지하여야 한다.
②선임에 의한 유언집행자는 선임의 통지를 받은 후 지체없이 이를 승낙하거나 사퇴할 것을 법원에 통지하여야 한다.
③상속인 기타 이해관계인은 상당한 기간을 정하여 그 기간내에 승낙여부를 확답할 것을 지정 또는 선임에 의한 유언집행자에게 최고할 수 있다. 그 기간내에 최고에 대한 확답을 받지 못한 때에는 유언집행자가 그 취임을 승낙한 것으로 본다.

제1098조(유언집행자의 결격사유) 제한능력자와 파산선고를 받은 자는 유언집행자가 되지 못한다.
[전문개정 2011.3.7.]

제1099조(유언집행자의 임무착수) 유언집행자가 그 취임을 승낙한 때에는 지체없이 그 임무를 이행하여야 한다.

제1100조(재산목록작성) ①유언이 재산에 관한 것인 때에는 지정 또는 선임에 의한 유언집행자는 지체없이 그 재산목록을 작성하여 상속인에게 교부하여야 한다.
②상속인의 청구가 있는 때에는 전항의 재산목록작성에 상속인을 참여하게 하여야 한다.

제1101조(유언집행자의 권리의무) 유언집행자는 유증의 목적인 재산의 관리 기타 유언

의 집행에 필요한 행위를 할 권리의무가 있다.

판례-유언집행자의해임

[대법원 2011.10.27.자 2011스108 결정]

【판시사항】

[1] 유언집행자가 유언의 해석에 관하여 상속인과 의견을 달리한다거나 혹은 유언집행자가 유언집행에 방해되는 상태를 야기하고 있는 상속인을 상대로 유언의 충실한 집행을 위하여 자신의 직무권한 범위에서 가압류신청 또는 본안소송을 제기함으로써 일부 상속인들과 유언집행자 사이에 갈등이 초래되었다는 사정만으로 유언집행자의 해임사유가 있다고 할 수 있는지 여부(소극)

[2] 甲이 망 乙의 유언에 따라 유언집행자로 지정되었고, 위 유언에 따른 분배대상 재산에는 부동산과 금융자산이 있었는데, 상속개시 이후 위 금융자산 대부분이 이미 인출되었음을 알게 된 甲이 상속인들에게 기인출된 돈의 반환을 요구하면서 아직 인출되지 않고 남아 있던 돈을 甲의 예금계좌로 이체시켜 보관한 사안에서, 단지 유언집행자의 지위에서 보관 중인 위 예금채권에 대한 상속인들의 분배요구를 거절한 사정만으로 유언집행자로서 적당하지 아니한 해임사유가 있다고 본 원심결정에는 유언집행자의 지위와 해임사유에 관한 법리 오해의 위법이 있다고 한 사례

【판결요지】

[1] 지정 또는 선임에 의한 유언집행자에게 임무해태 또는 적당하지 아니한 사유가 있는 때에는 법원은 상속인 기타 이해관계인의 청구에 의하여 유언집행자를 해임할 수가 있으나(민법 제1106조), 유언집행자는 유증의 목적인 재산의 관리 기타 유언의 집행에 필요한 모든 행위를 할 권리의무가 있을 뿐만 아니라(민법 제1101조) 유언의 집행에 필요한 범위 내에서는 상속인과 이해상반되는 사항에 관하여도 중립적 입장에서 직무를 수행하여야 하므로, 유언집행자가 유언의 해석에 관하여 상속인과 의견을 달리한다거나 혹은 유언집행자가 유언의 집행에 방해되는 상태를 야기하고 있는 상속인을 상대로 유언의 충실한 집행을 위하여 자신의 직무권한 범위에서 가압류신청 또는 본안소송을 제기하고 이로 인해 일부 상속인들과 유언집행자 사이에 갈등이 초래되었다는 사정만으로는 유언집행자의 해임사유인 '적당하지 아니한 사유'가 있다고 할 수 없으며, 일부 상속인에게만 유리하게 편파적인 집행을 하는 등으로 공정한 유언의 실현을 기대하기 어려워 상속인 전원의 신뢰를 얻을 수 없음이 명백하다는 등 유언집행자로서의 임무수행에 적당하지 아니한 구체적 사정이 소명되어야 한다.

[2] 甲이 망 乙의 유언에 따라 유언집행자로 지정되었고, 위 유언에 따른 분배대상 재산에는 부동산과 금융자산이 있었는데, 상속개시 이후 위 금융자산 대부분이 이미 인출되었음을 알게 된 甲이 상속인들에게 기인출된 돈의 반환을 요구하면서 아직 인출되지 않고 남아 있던 돈을 甲의 예금계좌로 이체시켜 보관한 사안에서, 유언집행자의 지위에서 보관 중인 위 예금채권에 대한 상속인들의 분배요구를 거절하였다고 하여 이를 임무해태 내지 불공정한 직무수행으로 단정하기도 어려움에도, 甲에게 공정한 유언의 실현을 기대하기 어려워 상속인 전원의 신뢰를 얻을 수 없음이 명백하다고 볼 만한 구체적 사정이 있는지에 관하여 더 나아가 심리해 보지 아니한 채, 단지 위와 같은 사정만으로 유언집행자로서 적당하지 아니한 해임사유가 있다고 단정한 원심결정에는 유언집행자의 지위와 해임사유에 관한 법리를 오해하여 필요한 심리를 다하지 아니한 위법이 있다고 한 사례.

제1102조(공동유언집행) 유언집행자가 수인인 경우에는 임무의 집행은 그 과반수의 찬성으로써 결정한다. 그러나 보존행위는 각자가 이를 할 수 있다.

제1103조(유언집행자의 지위) ①지정 또는 선임에 의한 유언집행자는 상속인의 대리인으로 본다.

②제681조 내지 제685조, 제687조, 제691조와 제692조의 규정은 유언집행자에 준용한다.

제1104조(유언집행자의 보수) ①유언자가 유언으로 그 집행자의 보수를 정하지 아니한 경

우에는 법원은 상속재산의 상황 기타 사정을 참작하여 지정 또는 선임에 의한 유언집행자의 보수를 정할 수 있다.
②유언집행자가 보수를 받는 경우에는 제686조제2항, 제3항의 규정을 준용한다.

제1105조(유언집행자의 사퇴) 지정 또는 선임에 의한 유언집행자는 정당한 사유있는 때에는 법원의 허가를 얻어 그 임무를 사퇴할 수 있다.

제1106조(유언집행자의 해임) 지정 또는 선임에 의한 유언집행자에 그 임무를 해태하거나 적당하지 아니한 사유가 있는 때에는 법원은 상속인 기타 이해관계인의 청구에 의하여 유언집행자를 해임할 수 있다.

제1107조(유언집행의 비용) 유언의 집행에 관한 비용은 상속재산 중에서 이를 지급한다.

제5절 유언의 철회

제1108조(유언의 철회) ①유언자는 언제든지 유언 또는 생전행위로써 유언의 전부나 일부를 철회할 수 있다.
②유언자는 그 유언을 철회할 권리를 포기하지 못한다.

제1109조(유언의 저촉) 전후의 유언이 저촉되거나 유언후의 생전행위가 유언과 저촉되는 경우에는 그 저촉된 부분의 전유언은 이를 철회한 것으로 본다.

제1110조(파훼로 인한 유언의 철회)
유언자가 고의로 유언증서 또는 유증의 목적물을 파훼한 때에는 그 파훼한 부분에 관한 유언은 이를 철회한 것으로 본다.

제1111조(부담있는 유언의 취소) 부담있는 유증을 받은 자가 그 부담의무를 이행하지 아니한 때에는 상속인 또는 유언집행자는 상당한 기간을 정하여 이행할 것을 최고하고 그 기간내에 이행하지 아니한 때에는 법원에 유언의 취소를 청구할 수 있다. 그러나 제삼자의 이익을 해하지 못한다.

제3장 유류분

제1112조(유류분의 권리자와 유류분)
상속인의 유류분은 다음 각호에 의한다.
1. 피상속인의 직계비속은 그 법정상속분의 2분의 1
2. 피상속인의 배우자는 그 법정상속분의 2분의 1
3. 피상속인의 직계존속은 그 법정상속분의 3분의 1
4. 피상속인의 형제자매는 그 법정상속분의 3분의 1

[본조신설 1977.12.31.]

제1113조(유류분의 산정) ①유류분은 피상속인의 상속개시시에 있어서 가진 재산의 가액에 증여재산의 가액을 가산하고 채무의 전액을 공제하여 이를 산정한다.
②조건부의 권리 또는 존속기간이 불확정한 권리는 가정법원이 선임한 감정인의 평가에 의하여 그 가격을 정한다.

[본조신설 1977.12.31.]

제1114조(산입될 증여) 증여는 상속개시전의 1년간에 행한 것에 한하여 제1113조의 규정에 의하여 그 가액을 산정한다. 당사자 쌍방이 유류분권리자에 손해를 가할 것을 알고 증여를 한 때에는 1년전에 한 것도 같다.
[본조신설 1977.12.31.]

제1115조(유류분의 보전) ①유류분권리자가 피상속인의 제1114조에 규정된 증여 및 유증으로 인하여 그 유류분에 부족이 생긴 때에는 부족한 한도에서 그 재산의 반환을 청구할 수 있다.
②제1항의 경우에 증여 및 유증을 받은 자가 수인인 때에는 각자가 얻은 유증가액의 비례로 반환하여야 한다.
[본조신설 1977.12.31.]

제1116조(반환의 순서) 증여에 대하여는 유증을 반환받은 후가 아니면 이것을 청구할 수 없다.
[본조신설 1977.12.31.]

제1117조(소멸시효) 반환의 청구권은 유류분권리자가 상속의 개시와 반환하여야 할 증여 또는 유증을 한 사실을 안 때로부터 1년내에 하지 아니하면 시효에 의하여 소멸한다. 상속이 개시한 때로부터 10년을 경과한 때도 같다.
[본조신설 1977.12.31.]

제1118조(준용규정) 제1001조, 제1008조, 제1010조의 규정은 유류분에 이를 준용한다. [본조신설 1977.12.31.]

부칙

<제17503호, 2020.10.20.>

제1조(시행일) 이 법은 공포 후 3개월이 경과한 날부터 시행한다.

제2조(성적 침해를 당한 미성년자의 손해배상청구권의 소멸시효에 관한 적용례) 제766조제3항의 개정규정은 이 법 시행 전에 행하여진 성적 침해로 발생하여 이 법 시행 당시 소멸시효가 완성되지 아니한 손해배상청구권에도 적용한다.

민사소송법

민사소송법

[시행 2021.01.01.]
[법률 제17689호, 2020. 12. 22, 타법개정]

제1편 총칙

제1조(민사소송의 이상과 신의성실의 원칙)
①법원은 소송절차가 공정하고 신속하며 경제적으로 진행되도록 노력하여야 한다.
②당사자와 소송관계인은 신의에 따라 성실하게 소송을 수행하여야 한다.

제1장 법원

제1절 관할

제2조(보통재판적) 소(訴)는 피고의 보통재판적(普通裁判籍)이 있는 곳의 법원이 관할한다.

제3조(사람의 보통재판적) 사람의 보통재판적은 그의 주소에 따라 정한다. 다만, 대한민국에 주소가 없거나 주소를 알 수 없는 경우에는 거소에 따라 정하고, 거소가 일정하지 아니하거나 거소도 알 수 없으면 마지막 주소에 따라 정한다.

제4조(대사 · 공사 등의 보통재판적)
대사(大使)·공사(公使), 그 밖에 외국의 재판권 행사대상에서 제외되는 대한민국 국민이 제3조의 규정에 따른 보통재판적이 없는 경우에는 이들의 보통재판적은 대법원이 있는 곳으로 한다.

제5조(법인 등의 보통재판적) ①법인, 그 밖의 사단 또는 재단의 보통재판적은 이들의 주된 사무소 또는 영업소가 있는 곳에 따라 정하고, 사무소와 영업소가 없는 경우에는 주된 업무담당자의 주소에 따라 정한다.
②제1항의 규정을 외국법인, 그 밖의 사단 또는 재단에 적용하는 경우 보통재판적은 대한민국에 있는 이들의 사무소·영업소 또는 업무담당자의 주소에 따라 정한다.

제6조(국가의 보통재판적) 국가의 보통재판적은 그 소송에서 국가를 대표하는 관청 또는 대법원이 있는 곳으로 한다.

제7조(근무지의 특별재판적) 사무소 또는 영업소에 계속하여 근무하는 사람에 대하여 소를 제기하는 경우에는 그 사무소 또는 영업소가 있는 곳을 관할하는 법원에 제기할 수 있다.

제8조(거소지 또는 의무이행지의 특별재판적) 재산권에 관한 소를 제기하는 경우에는 거소지 또는 의무이행지의 법원에 제기할 수 있다.

제9조(어음 · 수표 지급지의 특별재판적) 어음·수표에 관한 소를 제기하는 경우에는 지급지의 법원에 제기할 수 있다.

제10조(선원 · 군인 · 군무원에 대한 특별재판적) ①선원에 대하여 재산권에 관한 소를 제기하는 경우에는 선적(船籍)이 있는 곳의 법원에 제기할 수 있다.

②군인·군무원에 대하여 재산권에 관한 소를 제기하는 경우에는 군사용 청사가 있는 곳 또는 군용 선박의 선적이 있는 곳의 법원에 제기할 수 있다.

제11조(재산이 있는 곳의 특별재판적)
대한민국에 주소가 없는 사람 또는 주소를 알 수 없는 사람에 대하여 재산권에 관한 소를 제기하는 경우에는 청구의 목적 또는 담보의 목적이나 압류할 수 있는 피고의 재산이 있는 곳의 법원에 제기할 수 있다.

제12조(사무소 · 영업소가 있는 곳의 특별재판적) 사무소 또는 영업소가 있는 사람에 대하여 그 사무소 또는 영업소의 업무와 관련이 있는 소를 제기하는 경우에는 그 사무소 또는 영업소가 있는 곳의 법원에 제기할 수 있다.

제13조(선적이 있는 곳의 특별재판적)
선박 또는 항해에 관한 일로 선박소유자, 그 밖의 선박이용자에 대하여 소를 제기하는 경우에는 선적이 있는 곳의 법원에 제기할 수 있다.

제14조(선박이 있는 곳의 특별재판적)
선박채권(船舶債權), 그 밖에 선박을 담보로 한 채권에 관한 소를 제기하는 경우에는 선박이 있는 곳의 법원에 제기할 수 있다.

제15조(사원 등에 대한 특별재판적)
①회사, 그 밖의 사단이 사원에 대하여 소를 제기하거나 사원이 다른 사원에 대하여 소를 제기하는 경우에는 그 소가 사원의 자격으로 말미암은 것이면 회사, 그 밖의 사단의 보통재판적이 있는 곳의 법원에 소를 제기할 수 있다.
②사단 또는 재단이 그 임원에 대하여 소를 제기하거나 회사가 그 발기인 또는 검사인에 대하여 소를 제기하는 경우에는 제1항의 규정을 준용한다.

제16조(사원 등에 대한 특별재판적)
회사, 그 밖의 사단의 채권자가 그 사원에 대하여 소를 제기하는 경우에는 그 소가 사원의 자격으로 말미암은 것이면 제15조에 규정된 법원에 제기할 수 있다.

제17조(사원 등에 대한 특별재판적)
회사, 그 밖의 사단, 재단, 사원 또는 사단의 채권자가 그 사원·임원·발기인 또는 검사인이었던 사람에 대하여 소를 제기하는 경우와 사원이었던 사람이 그 사원에 대하여 소를 제기하는 경우에는 제15조 및 제16조의 규정을 준용한다.

제18조(불법행위지의 특별재판적)
①불법행위에 관한 소를 제기하는 경우에는 행위지의 법원에 제기할 수 있다.
②선박 또는 항공기의 충돌이나 그 밖의 사고로 말미암은 손해배상에 관한 소를 제기하는 경우에는 사고선박 또는 항공기가 맨 처음 도착한 곳의 법원에 제기할 수 있다.

제19조(해난구조에 관한 특별재판적)
해난구조(海難救助)에 관한 소를 제기하는 경우에는 구제된 곳 또는 구제된 선박이 맨 처음 도착한 곳의 법원에 제기할 수 있다.

제20조(부동산이 있는 곳의 특별재판적)
부동산에 관한 소를 제기하는 경우에는 부동산이 있는 곳의 법원에 제기할 수 있다.

제21조(등기 · 등록에 관한 특별재판적)
등기·등록에 관한 소를 제기하는 경우에는 등기 또는 등록할 공공기관이 있는 곳의 법원에 제기할 수 있다.

제22조(상속 · 유증 등의 특별재판적)
상속(相續)에 관한 소 또는 유증(遺贈), 그 밖에 사망으로 효력이 생기는 행위에 관한 소를 제기하는 경우에는 상속이 시작된 당시 피상속인의 보통재판적이 있는 곳의 법원에 제기할 수 있다.

제23조(상속 · 유증 등의 특별재판적)
상속채권, 그 밖의 상속재산에 대한 부담에 관한 것으로 제22조의 규정에 해당되지 아니하는 소를 제기하는 경우에는 상속재산의 전부 또는 일부가 제22조의 법원관할구역안에 있으면 그 법원에 제기할 수 있다.

제24조(지식재산권 등에 관한 특별재판적)
①특허권, 실용신안권, 디자인권, 상표권, 품종보호권(이하 "특허권등"이라 한다)을 제외한 지식재산권과 국제거래에 관한 소를 제기하는 경우에는 제2조 내지 제23조의 규정에 따른 관할법원 소재지를 관할하는 고등법원이 있는 곳의 지방법원에 제기할 수 있다. 다만, 서울고등법원이 있는 곳의 지방법원은 서울중앙지방법원으로 한정한다. <개정 2011.5.19., 2015.12.1.>
②특허권등의 지식재산권에 관한 소를 제기하는 경우에는 제2조부터 제23조까지의 규정에 따른 관할법원 소재지를 관할하는 고등법원이 있는 곳의 지방법원의 전속관할로 한다. 다만, 서울고등법원이 있는 곳의 지방법원은 서울중앙지방법원으로 한정한다. <신설 2015.12.1.>
③제2항에도 불구하고 당사자는 서울중앙지방법원에 특허권등의 지식재산권에 관한 소를 제기할 수 있다. <신설 2015.12.1.>
[제목개정 2011.5.19.]

제25조(관련재판적) ①하나의 소로 여러 개의 청구를 하는 경우에는 제2조 내지 제24조의 규정에 따라 그 여러 개 가운데 하나의 청구에 대한 관할권이 있는 법원에 소를 제기할 수 있다.
②소송목적이 되는 권리나 의무가 여러 사람에게 공통되거나 사실상 또는 법률상 같은 원인으로 말미암아 그 여러 사람이 공동소송인(共同訴訟人)으로서 당사자가 되는 경우에는 제1항의 규정을 준용한다.

판례-이송

[대법원 2011.9.29, 자, 2011마62, 결정]

【판시사항】
[1] 민사소송의 일방 당사자가 다른 청구에 관하여 관할만을 발생시킬 목적으로 본래 제소할 의사 없는 청구를 병합한 것이 명백한 경우, 관련재판적에 관한 민사소송법 제25조를 적용할 수 있는지 여부(소극)
[2] 변호사 甲과 乙 사찰이, 소송위임계약으로 인하여 생기는 일체 소송은 전주지방법원을 관할법원으로 하기로 합의하였는데, 甲이 乙 사찰을 상대로 소송위임계약에 따른 성공보수금 지급 청구 소송을 제기하면서 乙 사찰의 대표단체인 丙 재단을 공동피고로 추가하여 丙 재단의 주소지를 관할하는 서울중앙지방법원에 소를 제기한 사안에서, 甲의 위와 같은 행위는 관할선택권의 남용으로서 신의칙에 위반하여 허용될 수 없으므로 관련재판적에 관한 민사소송법 제25조는 적용이 배제되어, 서울중앙지방법원에는 甲의 乙 사찰에 대한 청구에 관하여 관할권이 인정되지 않는다고 한 사례

【판결요지】
[1] 민사소송의 당사자와 소송관계인은 신의에 따라 성실하게 소송을 수행하여야 하고(민사소

송법 제1조 제1항), 민사소송의 일방 당사자가 다른 청구에 관하여 관할만을 발생시킬 목적으로 본래 제소할 의사 없는 청구를 병합한 것이 명백한 경우에는 관할선택권의 남용으로서 신의칙에 위배되어 허용될 수 없으므로, 그와 같은 경우에는 관련재판적에 관한 민사소송법 제25조의 규정을 적용할 수 없다.

[2] 변호사 甲과 乙 사찰이, 소송위임계약으로 인하여 생기는 일체 소송은 전주지방법원을 관할 법원으로 하기로 합의하였는데, 甲이 乙 사찰을 상대로 소송위임계약에 따른 성공보수금 지급 청구 소송을 제기하면서 乙 사찰의 대표단체인 丙 재단을 공동피고로 추가하여 丙 재단의 주소지를 관할하는 서울중앙지방법원에 소를 제기한 사안에서, 乙 사찰은 종단에 등록을 마친 사찰로서 독자적인 권리능력과 당사자능력을 가지고, 乙 사찰의 甲에 대한 소송위임약정에 따른 성공보수금 채무에 관하여 丙 재단이 당연히 연대채무를 부담하게 되는 것은 아니며, 법률전문가인 甲으로서는 이러한 점을 잘 알고 있었다고 보아야 할 것인데, 甲이 위 소송을 제기하면서 丙 재단을 공동피고로 추가한 것은 실제로는 丙 재단을 상대로 성공보수금을 청구할 의도는 없으면서도 단지 丙 재단의 주소지를 관할하는 서울중앙지방법원에 관할권을 생기게 하기 위함이라고 할 것이고, 따라서 甲의 위와 같은 행위는 관할선택권의 남용으로서 신의칙에 위반하여 허용될 수 없으므로 관련재판적에 관한 민사소송법 제25조는 적용이 배제되어 서울중앙지방법원에는 甲의 乙 사찰에 대한 청구에 관하여 관할권이 인정되지 않는다고 한 사례.

제26조(소송목적의 값의 산정) ①법원조직법에서 소송목적의 값에 따라 관할을 정하는 경우 그 값은 소로 주장하는 이익을 기준으로 계산하여 정한다.
②제1항의 값을 계산할 수 없는 경우 그 값은 민사소송등인지법의 규정에 따른다.

제27조(청구를 병합한 경우의 소송목적의 값)
①하나의 소로 여러 개의 청구를 하는 경우에는 그 여러 청구의 값을 모두 합하여 소송목적의 값을 정한다.
②과실(果實)·손해배상·위약금(違約金) 또는 비용의 청구가 소송의 부대목적(附帶目的)이 되는 경우에는 그 값은 소송목적의 값에 넣지 아니한다.

제28조(관할의 지정) ①다음 각호 가운데 어느 하나에 해당하면 관계된 법원과 공통되는 바로 위의 상급법원이 그 관계된 법원 또는 당사자의 신청에 따라 결정으로 관할법원을 정한다.
1. 관할법원이 재판권을 법률상 또는 사실상 행사할 수 없는 때
2. 법원의 관할구역이 분명하지 아니한 때
②제1항의 결정에 대하여는 불복할 수 없다.

제29조(합의관할) ①당사자는 합의로 제1심 관할법원을 정할 수 있다.
②제1항의 합의는 일정한 법률관계로 말미암은 소에 관하여 서면으로 하여야 한다.

제30조(변론관할) 피고가 제1심 법원에서 관할위반이라고 항변(抗辯)하지 아니하고 본안(本案)에 대하여 변론(辯論)하거나 변론준비기일(辯論準備期日)에서 진술하면 그 법원은 관할권을 가진다.

제31조(전속관할에 따른 제외) 전속관할(專屬管轄)이 정하여진 소에는 제2조, 제7조 내지 제25조, 제29조 및 제30조의 규정을 적용하지 아니한다.

제32조(관할에 관한 직권조사) 법원은 관할에 관한 사항을 직권으로 조사할 수 있다.

제33조(관할의 표준이 되는 시기) 법원의 관할은 소를 제기한 때를 표준으로 정한다.

제34조(관할위반 또는 재량에 따른 이송)
①법원은 소송의 전부 또는 일부에 대하여 관할권이 없다고 인정하는 경우에는 결정으로 이를 관할법원에 이송한다.
②지방법원 단독판사는 소송에 대하여 관할권이 있는 경우라도 상당하다고 인정하면 직권 또는 당사자의 신청에 따른 결정으로 소송의 전부 또는 일부를 같은 지방법원 합의부에 이송할 수 있다.
③지방법원 합의부는 소송에 대하여 관할권이 없는 경우라도 상당하다고 인정하면 직권으로 또는 당사자의 신청에 따라 소송의 전부 또는 일부를 스스로 심리·재판할 수 있다.
④전속관할이 정하여진 소에 대하여는 제2항 및 제3항의 규정을 적용하지 아니한다.

판례-대여장비및미납시청료반환

[대법원 2018.1.19., 자, 2017마1332, 결정]

【판시사항】
소송당사자에게 관할위반을 이유로 하는 이송신청권이 있는지 여부(소극) 및 항고심에서 당초의 이송결정이 취소된 경우, 이에 대한 신청인의 재항고가 허용되는지 여부(소극)

【판결요지】
수소법원의 재판관할권 유무는 법원의 직권조사사항으로서 법원이 그 관할에 속하지 아니함을 인정한 때에는 민사소송법 제34조 제1항에 의하여 직권으로 이송결정을 하는 것이고, 소송당사자에게 관할위반을 이유로 하는 이송신청권이 있는 것은 아니다. 따라서 당사자가 관할위반을 이유로 한 이송신청을 한 경우에도 이는 단지 법원의 직권발동을 촉구하는 의미밖에 없다. 한편 법원이 당사자의 신청에 따른 직권발동으로 이송결정을 한 경우에는 즉시항고가 허용되지만(민사소송법 제39조), 위와 같이 당사자에게 이송신청권이 인정되지 않는 이상 항고심에서 당초의 이송결정이 취소되었다 하더라도 이에 대한 신청인의 재항고는 허용되지 않는다.

제35조(손해나 지연을 피하기 위한 이송)
법원은 소송에 대하여 관할권이 있는 경우라도 현저한 손해 또는 지연을 피하기 위하여 필요하면 직권 또는 당사자의 신청에 따른 결정으로 소송의 전부 또는 일부를 다른 관할법원에 이송할 수 있다. 다만, 전속관할이 정하여진 소의 경우에는 그러하지 아니하다.

제36조(지식재산권 등에 관한 소송의 이송)
①법원은 특허권등을 제외한 지식재산권과 국제거래에 관한 소가 제기된 경우 직권 또는 당사자의 신청에 따른 결정으로 그 소송의 전부 또는 일부를 제24조제1항에 따른 관할법원에 이송할 수 있다. 다만, 이로 인하여 소송절차를 현저하게 지연시키는 경우에는 그러하지 아니하다. <개정 2011.5.19., 2015.12.1.>
②제1항은 전속관할이 정하여져 있는 소의 경우에는 적용하지 아니한다. <개정 2015.12.1.>
③제24조제2항 또는 제3항에 따라 특허권등의 지식재산권에 관한 소를 관할하는 법원은 현저한 손해 또는 지연을 피하기 위하여 필요한 때에는 직권 또는 당사자의 신청에 따른 결정으로 소송의 전부 또는 일부를 제2조부터 제23조까지의 규정에 따른 지방법원으로 이송할 수 있다. <신설 2015.12.1.>
[제목개정 2011.5.19.]

제37조(이송결정이 확정된 뒤의 긴급처분)
법원은 소송의 이송결정이 확정된 뒤라도 급박한 사정이 있는 때에는 직권으로 또는 당사자의 신청에 따라 필요한 처분을 할 수 있다. 다만, 기록을 보낸 뒤에는 그러하지 아니하다.

제38조(이송결정의 효력) ①소송을 이송받은 법원은 이송결정에 따라야 한다.
②소송을 이송받은 법원은 사건을 다시 다른 법원에 이송하지 못한다.

제39조(즉시항고) 이송결정과 이송신청의 기각결정(棄却決定)에 대하여는 즉시항고(卽時抗告)를 할 수 있다.

제40조(이송의 효과) ①이송결정이 확정된 때에는 소송은 처음부터 이송받은 법원에 계속(係屬)된 것으로 본다.
②제1항의 경우에는 이송결정을 한 법원의 법원서기관·법원사무관·법원주사 또는 법원주사보(이하 "법원사무관등"이라 한다)는 그 결정의 정본(正本)을 소송기록에 붙여 이송받을 법원에 보내야 한다.

제2절 법관 등의 제척·기피·회피

제41조(제척의 이유) 법관은 다음 각호 가운데 어느 하나에 해당하면 직무집행에서 제척(除斥)된다. <개정 2005.3.31.>
1. 법관 또는 그 배우자나 배우자이었던 사람이 사건의 당사자가 되거나, 사건의 당사자와 공동권리자·공동의무자 또는 상환의무자의 관계에 있는 때
2. 법관이 당사자와 친족의 관계에 있거나 그러한 관계에 있었을 때
3. 법관이 사건에 관하여 증언이나 감정(鑑定)을 하였을 때
4. 법관이 사건당사자의 대리인이었거나 대리인이 된 때
5. 법관이 불복사건의 이전심급의 재판에 관여하였을 때. 다만, 다른 법원의 촉탁에 따라 그 직무를 수행한 경우에는 그러하지 아니하다.

제42조(제척의 재판) 법원은 제척의 이유가 있는 때에는 직권으로 또는 당사자의 신청에 따라 제척의 재판을 한다.

제43조(당사자의 기피권) ①당사자는 법관에게 공정한 재판을 기대하기 어려운 사정이 있는 때에는 기피신청을 할 수 있다.
②당사자가 법관을 기피할 이유가 있다는 것을 알면서도 본안에 관하여 변론하거나 변론준비기일에서 진술을 한 경우에는 기피신청을 하지 못한다.

판례-기피

[대법원 2019.1.4., 자, 2018스563, 결정]

【판시사항】
민사소송법 제43조 제1항에서 규정한 '법관에게 공정한 재판을 기대하기 어려운 사정이 있는 때'의 의미 및 이때 실제로 법관에게 편파성이 존재하지 아니하거나 헌법과 법률이 정한 바에 따라 공정한 재판을 할 수 있는 경우에도 기피가 인정될 수 있는지 여부(적극)

【판결요지】
헌법은 법관의 자격을 법률로 정하도록 하고 법관의 신분을 보장한다. 또한 법관은 헌법과 법률에 의하여 그 양심에 따라 독립하여 심판할 것을 규정함과 동시에 재판의 심리와 판결은 공개하도록 규정하고 있다(헌법 제101조, 제103조, 제106조, 제109조). 이처럼 헌법은 국민의 공정한 재판을 받을 권리를 보장하고 있고, 모든 법관은 헌법과 법률이 정한 바에 따라 공정하게 심판할 것으로 기대된다. 그러나 개별·구체적 재판의 공정성 및 공정성에 대한 신뢰를 제대로 담보하기 어려운 사정이 있을 수 있다. 이러한 경우 법관과 개별 사건과의 관계로 인하여 발생할 수 있는 재판의 불공정성에 대한 의심을 해소하여 당사자로 하여금 재판이 편파적이지 않고 공정하게 진행되리라는 신뢰를 갖게 함으로써 구체적인 재판의 공정성을 보장할 필요가 있다.
이를 위하여 민사소송법은 제척 제도 외에도 기피 제도를 마련하여 제43조 제1항에서 "당사자는 법관에게 공정한 재판을 기대하기 어려운 사정이 있는 때에는 기피신청을 할 수 있다."라고

규정하고 있다. 기피 제도의 위와 같은 목적과 관련 규정의 내용에 비추어 보면, '법관에게 공정한 재판을 기대하기 어려운 사정이 있는 때'라 함은 우리 사회의 평균적인 일반인의 관점에서 볼 때, 법관과 사건과의 관계, 즉 법관과 당사자 사이의 특수한 사적 관계 또는 법관과 해당 사건 사이의 특별한 이해관계 등으로 인하여 법관이 불공정한 재판을 할 수 있다는 의심을 할 만한 객관적인 사정이 있고, 그러한 의심이 단순한 주관적 우려나 추측을 넘어 합리적인 것이라고 인정될 만한 때를 말한다. 그러므로 평균적 일반인으로서의 당사자의 관점에서 위와 같은 의심을 가질 만한 객관적인 사정이 있는 때에는 실제로 법관에게 편파성이 존재하지 아니하거나 헌법과 법률이 정한 바에 따라 공정한 재판을 할 수 있는 경우에도 기피가 인정될 수 있다.

제44조(제척과 기피신청의 방식) ①합의부의 법관에 대한 제척 또는 기피는 그 합의부에, 수명법관(受命法官)·수탁판사(受託判事) 또는 단독판사에 대한 제척 또는 기피는 그 법관에게 이유를 밝혀 신청하여야 한다.
②제척 또는 기피하는 이유와 소명방법은 신청한 날부터 3일 이내에 서면으로 제출하여야 한다.

제45조(제척 또는 기피신청의 각하 등)
①제척 또는 기피신청이 제44조의 규정에 어긋나거나 소송의 지연을 목적으로 하는 것이 분명한 경우에는 신청을 받은 법원 또는 법관은 결정으로 이를 각하(却下)한다.
②제척 또는 기피를 당한 법관은 제1항의 경우를 제외하고는 바로 제척 또는 기피신청에 대한 의견서를 제출하여야 한다.

제46조(제척 또는 기피신청에 대한 재판)
①제척 또는 기피신청에 대한 재판은 그 신청을 받은 법관의 소속 법원 합의부에서 결정으로 하여야 한다.
②제척 또는 기피신청을 받은 법관은 제1항의 재판에 관여하지 못한다. 다만, 의견을 진술할 수 있다.
③제척 또는 기피신청을 받은 법관의 소속 법원이 합의부를 구성하지 못하는 경우에는 바로 위의 상급법원이 결정하여야 한다.

제47조(불복신청) ①제척 또는 기피신청에 정당한 이유가 있다는 결정에 대하여는 불복할 수 없다.
②제45조제1항의 각하결정(却下決定) 또는 제척이나 기피신청이 이유 없다는 결정에 대하여는 즉시항고를 할 수 있다.
③제45조제1항의 각하결정에 대한 즉시항고는 집행정지의 효력을 가지지 아니한다.

제48조(소송절차의 정지) 법원은 제척 또는 기피신청이 있는 경우에는 그 재판이 확정될 때까지 소송절차를 정지하여야 한다. 다만, 제척 또는 기피신청이 각하된 경우 또는 종국판결(終局判決)을 선고하거나 긴급을 요하는 행위를 하는 경우에는 그러하지 아니하다.

판례-건물명도등·채무부존재확인등

[대법원 2010.2.11, 선고, 2009다78467,78474, 판결]

【판시사항】
기피신청을 각하하는 결정이 확정되었다는 사정만으로 민사소송법 제48조의 규정을 위반하여 쌍방불출석의 효과를 발생시킨 절차 위반의 흠결이 치유되는지 여부(소극)

【판결요지】
기피신청에 대한 각하결정 전에 이루어진 변론기일의 진행 및 위 각하결정이 당사자에게 고지되기 전에 이루어진 변론기일의 진행은 모두 민사소송법 제48조의 규정을 위반하여 쌍방불출석의 효과를 발생시킨 절차상 흠결이 있고, 특별한 사정이 없는 이상, 그 후 위 기피신청을 각하하는 결정이 확정되었다는 사정만으로 민사소송법 제48조의 규정을 위반하여 쌍방불출석의 효과를 발생시킨 절차 위반의 흠결이 치유된다고 할 수 없다.

제49조(법관의 회피) 법관은 제41조 또는 제43조의 사유가 있는 경우에는 감독권이 있는 법원의 허가를 받아 회피(回避)할 수 있다.

제50조(법원사무관등에 대한 제척 · 기피 · 회피) ①법원사무관등에 대하여는 이 절의 규정을 준용한다.
②제1항의 법원사무관등에 대한 제척 또는 기피의 재판은 그가 속한 법원이 결정으로 하여야 한다.

제2장 당사자

제1절 당사자능력과 소송능력

제51조(당사자능력 · 소송능력 등에 대한 원칙) 당사자능력(當事者能力), 소송능력(訴訟能力), 소송무능력자(訴訟無能力者)의 법정대리와 소송행위에 필요한 권한의 수여는 이 법에 특별한 규정이 없으면 민법, 그 밖의 법률에 따른다.

제52조(법인이 아닌 사단 등의 당사자능력)
법인이 아닌 사단이나 재단은 대표자 또는 관리인이 있는 경우에는 그 사단이나 재단의 이름으로 당사자가 될 수 있다.

제53조(선정당사자) ①공동의 이해관계를 가진 여러 사람이 제52조의 규정에 해당되지 아니하는 경우에는, 이들은 그 가운데에서 모두를 위하여 당사자가 될 한 사람 또는 여러 사람을 선정하거나 이를 바꿀 수 있다.
②소송이 법원에 계속된 뒤 제1항의 규정에 따라 당사자를 바꾼 때에는 그 전의 당사자는 당연히 소송에서 탈퇴한 것으로 본다.

제54조(선정당사자 일부의 자격상실)
제53조의 규정에 따라 선정된 여러 당사자 가운데 죽거나 그 자격을 잃은 사람이 있는 경우에는 다른 당사자가 모두를 위하여 소송행위를 한다.

제55조(제한능력자의 소송능력)
①미성년자 또는 피성년후견인은 법정대리인에 의해서만 소송행위를 할 수 있다. 다만, 다음 각 호의 경우에는 그러하지 아니하다.
1. 미성년자가 독립하여 법률행위를 할 수 있는 경우
2. 피성년후견인이 「민법」 제10조제2항에 따라 취소할 수 없는 법률행위를 할 수 있는 경우
②피한정후견인은 한정후견인의 동의가 필요한 행위에 관하여는 대리권 있는 한정후견인에 의해서만 소송행위를 할 수 있다.
[전문개정 2016.2.3.]

제56조(법정대리인의 소송행위에 관한 특별규정) ①미성년후견인, 대리권 있는 성년후견인 또는 대리권 있는 한정후견인이 상대방의 소 또는 상소 제기에 관하여 소송행위를 하는 경우에는 그 후견감독인으로부터 특별한 권한을 받을 필요가 없다.
②제1항의 법정대리인이 소의 취하, 화해, 청구의 포기·인낙(認諾) 또는 제80조에 따른 탈퇴를 하기 위해서는 후견감독인으로부터 특별한 권한을 받아야 한다. 다만, 후견감독인이 없는 경우

에는 가정법원으로부터 특별한 권한을 받아야 한다.
[전문개정 2016.2.3.]

第57條(외국인의 소송능력에 대한 특별규정)
외국인은 그의 본국법에 따르면 소송능력이 없는 경우라도 대한민국의 법률에 따라 소송능력이 있는 경우에는 소송능력이 있는 것으로 본다.

第58條(법정대리권 등의 증명) ①법정대리권이 있는 사실 또는 소송행위를 위한 권한을 받은 사실은 서면으로 증명하여야 한다. 제53조의 규정에 따라서 당사자를 선정하고 바꾸는 경우에도 또한 같다.
②제1항의 서면은 소송기록에 붙여야 한다.

第59條(소송능력 등의 흠에 대한 조치)
소송능력·법정대리권 또는 소송행위에 필요한 권한의 수여에 흠이 있는 경우에는 법원은 기간을 정하여 이를 보정(補正)하도록 명하여야 하며, 만일 보정하는 것이 지연됨으로써 손해가 생길 염려가 있는 경우에는 법원은 보정하기 전의 당사자 또는 법정대리인으로 하여금 일시적으로 소송행위를 하게 할 수 있다.

第60條(소송능력 등의 흠과 추인)
소송능력, 법정대리권 또는 소송행위에 필요한 권한의 수여에 흠이 있는 사람이 소송행위를 한 뒤에 보정된 당사자나 법정대리인이 이를 추인(追認)한 경우에는, 그 소송행위는 이를 한 때에 소급하여 효력이 생긴다.

第61條(선정당사자에 대한 준용)
제53조의 규정에 따른 당사자가 소송행위를 하는 경우에는 제59조 및 제60조의 규정을 준용한다.

第62條(제한능력자를 위한 특별대리인)
①미성년자·피한정후견인 또는 피성년후견인이 당사자인 경우, 그 친족, 이해관계인(미성년자·피한정후견인 또는 피성년후견인을 상대로 소송행위를 하려는 사람을 포함한다), 대리권 없는 성년후견인, 대리권 없는 한정후견인, 지방자치단체의 장 또는 검사는 다음 각 호의 경우에 소송절차가 지연됨으로써 손해를 볼 염려가 있다는 것을 소명하여 수소법원(受訴法院)에 특별대리인을 선임하여 주도록 신청할 수 있다.
1. 법정대리인이 없거나 법정대리인에게 소송에 관한 대리권이 없는 경우
2. 법정대리인이 사실상 또는 법률상 장애로 대리권을 행사할 수 없는 경우
3. 법정대리인의 불성실하거나 미숙한 대리권 행사로 소송절차의 진행이 현저하게 방해받는 경우
②법원은 소송계속 후 필요하다고 인정하는 경우 직권으로 특별대리인을 선임·개임하거나 해임할 수 있다.
③특별대리인은 대리권 있는 후견인과 같은 권한이 있다. 특별대리인의 대리권의 범위에서 법정대리인의 권한은 정지된다.
④특별대리인의 선임·개임 또는 해임은 법원의 결정으로 하며, 그 결정은 특별대리인에게 송달하여야 한다.
⑤특별대리인의 보수, 선임 비용 및 소송행위에 관한 비용은 소송비용에 포함된다.
[전문개정 2016.2.3.]

판례-대여금

[대법원 2015.4.9, 선고, 2013다89372, 판결]

【판시사항】

도시 및 주거환경정비법에 따른 조합의 이사가 자기를 위하여 조합을 상대로 소를 제기하는 경우, 조합에 감사가 있는데도 조합장이 없거나 조합장이 대표권을 행사할 수 없는 사정이 있다는 이유로 민사소송법 제64조, 제62조에 따라 특별대리인을 선임할 수 있는지 여부(원칙적 소극) 및 수소법원이 이를 간과하고 특별대리인을 선임한 경우, 특별대리인이 이사가 제기한 소에 관하여 조합을 대표할 권한이 있는지 여부(소극)

【판결요지】

도시 및 주거환경정비법에 따른 조합의 이사가 자기를 위하여 조합을 상대로 소를 제기하는 경우 그 소송에 관하여는 감사가 조합을 대표하므로(도시 및 주거환경정비법 제22조 제4항), 조합에 감사가 있는 때에는 조합장이 없거나 조합장이 대표권을 행사할 수 없는 사정이 있더라도 조합은 특별한 사정이 없는 한 민사소송법 제64조, 제62조에 정한 '법인의 대표자가 없거나 대표자가 대표권을 행사할 수 없는 경우'에 해당하지 아니하여 특별대리인을 선임할 수 없다. 나아가 수소법원이 이를 간과하고 특별대리인을 선임하였더라도 특별대리인은 이사가 제기한 소에 관하여 조합을 대표할 권한이 없다.

제62조의2(의사무능력자를 위한 특별대리인의 선임 등) ①의사능력이 없는 사람을 상대로 소송행위를 하려고 하거나 의사능력이 없는 사람이 소송행위를 하는 데 필요한 경우 특별대리인의 선임 등에 관하여는 제62조를 준용한다. 다만, 특정후견인 또는 임의후견인도 특별대리인의 선임을 신청할 수 있다.

②제1항의 특별대리인이 소의 취하, 화해, 청구의 포기·인낙 또는 제80조에 따른 탈퇴를 하는 경우 법원은 그 행위가 본인의 이익을 명백히 침해한다고 인정할 때에는 그 행위가 있는 날부터 14일 이내에 결정으로 이를 허가하지 아니할 수 있다. 이 결정에 대해서는 불복할 수 없다. [본조신설 2016.2.3.]

제63조(법정대리권의 소멸통지)

①소송절차가 진행되는 중에 법정대리권이 소멸한 경우에는 본인 또는 대리인이 상대방에게 소멸된 사실을 통지하지 아니하면 소멸의 효력을 주장하지 못한다. 다만, 법원에 법정대리권의 소멸사실이 알려진 뒤에는 그 법정대리인은 제56조제2항의 소송행위를 하지 못한다.

②제53조의 규정에 따라 당사자를 바꾸는 경우에는 제1항의 규정을 준용한다.

제64조(법인 등 단체의 대표자의 지위)

법인의 대표자 또는 제52조의 대표자 또는 관리인에게는 이 법 가운데 법정대리와 법정대리인에 관한 규정을 준용한다.

제2절 공동소송

제65조(공동소송의 요건) 소송목적이 되는 권리나 의무가 여러 사람에게 공통되거나 사실상 또는 법률상 같은 원인으로 말미암아 생긴 경우에는 그 여러 사람이 공동소송인으로서 당사자가 될 수 있다. 소송목적이 되는 권리나 의무가 같은 종류의 것이고, 사실상 또는 법률상 같은 종류의 원인으로 말미암은 것인 경우에도 또한 같다.

판례-손해배상(의)

[대법원 2015.6.11, 선고, 2014다232913, 판결]

【판시사항】

주위적 피고에 대한 주위적·예비적 청구 중 주위적 청구 부분이 받아들여지지 아니할 경우 그와 법률상 양립할 수 없는 관계에 있는 예비적 피고에 대한 청구를 받아들여 달라는 취지로 결합하여 소를 제기할 수 있는지 여부(적극) 및 처음에는 주위적 피고에 대한 주위적·예비적 청구만 하였다가 청구를 결합하기 위하여 예비적 피고를 추가할 수 있는지 여부(적극) / 이 경우 주위적 피고에 대한 예비적 청구와 예비적 피고에 대한 청구를 병합하여 통상의 공동소송으로 보아 심리·판단할 수 있는지 여부(한정 적극) 및 이러한 법리는 주위적 피고에 대하여 실질적으로 선택적 병합 관계에 있는 두 청구를 주위적·예비적으로 순위를 붙여 청구한 경우에도 그대로 적용되는지 여부(적극)

【판결요지】
민사소송법 제70조 제1항 본문이 규정하는 '공동소송인 가운데 일부에 대한 청구'를 반드시 '공동소송인 가운데 일부에 대한 모든 청구'라고 해석할 근거는 없으므로, 주위적 피고에 대한 주위적·예비적 청구 중 주위적 청구 부분이 받아들여지지 아니할 경우 그와 법률상 양립할 수 없는 관계에 있는 예비적 피고에 대한 청구를 받아들여 달라는 취지로 주위적 피고에 대한 주위적·예비적 청구와 예비적 피고에 대한 청구를 결합하여 소를 제기하는 것도 가능하고, 처음에는 주위적 피고에 대한 주위적·예비적 청구만을 하였다가 청구 중 주위적 청구 부분이 받아들여지지 아니할 경우 그와 법률상 양립할 수 없는 관계에 있는 예비적 피고에 대한 청구를 받아들여 달라는 취지로 예비적 피고에 대한 청구를 결합하기 위하여 예비적 피고를 추가하는 것도 민사소송법 제70조 제1항 본문에 의하여 준용되는 민사소송법 제68조 제1항에 의하여 가능하다. 이 경우 주위적 피고에 대한 예비적 청구와 예비적 피고에 대한 청구가 서로 법률상 양립할 수 있는 관계에 있으면 양 청구를 병합하여 통상의 공동소송으로 보아 심리·판단할 수 있다. 그리고 이러한 법리는 원고가 주위적 피고에 대하여 실질적으로 선택적 병합 관계에 있는 두 청구를 주위적·예비적으로 순위를 붙여 청구한 경우에도 그대로 적용된다.

제66조(통상공동소송인의 지위) 공동소송인 가운데 한 사람의 소송행위 또는 이에 대한 상대방의 소송행위와 공동소송인 가운데 한 사람에 관한 사항은 다른 공동소송인에게 영향을 미치지 아니한다.

제67조(필수적 공동소송에 대한 특별규정)
①소송목적이 공동소송인 모두에게 합일적으로 확정되어야 할 공동소송의 경우에 공동소송인 가운데 한 사람의 소송행위는 모두의 이익을 위하여서만 효력을 가진다.
②제1항의 공동소송에서 공동소송인 가운데 한 사람에 대한 상대방의 소송행위는 공동소송인 모두에게 효력이 미친다.
③제1항의 공동소송에서 공동소송인 가운데 한 사람에게 소송절차를 중단 또는 중지하여야 할 이유가 있는 경우 그 중단 또는 중지는 모두에게 효력이 미친다.

판례-청산금 등

[대법원 2019.10.23. 선고 2012다46170 전원합의체 판결]

【판시사항】
[1] 소송 계속 중 제3자가 민사소송법 제81조에 따라 소송에 참가한 후 원고가 제3자인 원고 승계참가인의 승계 여부에 대해 다투지 않으면서도 소송탈퇴, 소 취하 등을 하지 않거나 이에 대하여 피고가 부동의하여 원고가 소송에 남아 있는 경우, 승계로 인해 중첩된 원고와 원고 승계참가인의 청구 사이에 필수적 공동소송에 관한 민사소송법 제67조가 적용되는지 여부(적극)
[2] 상법 제520조의2에 따라 주식회사가 해산되고 청산이 종결된 것으로 보게 되더라도 회사에 어떤 권리관계가 남아 있어 현실적으로 정리할 필요가 있는 경우, 회사가 그 범위에서 소멸하지 않는지 여부(적극) 및 이때 회사를 대표하는 청산인이 되는 자
[3] 민법 제500조에서 정한 '경개'의 의미 및 기존채무와 관련하여 새로이 체결한 약정이 경개에 해당하는지 아니면 단순히 기존채무의 변제기나 변제방법 등을 변경한 것인지에 관하여 당사자 의사가 명백하지 않은 경우, 당사자의 의사를 해석하는 방법

【판결요지】
[1] 승계참가에 관한 민사소송법 규정과 2002년 민사소송법 개정에 따른 다른 다수당사자 소송제도와의 정합성, 원고 승계참가인(이하 '승계참가인'이라 한다)과 피참가인인 원고의 중첩된 청구를 모순 없이 합일적으로 확정할 필요성 등을 종합적으로 고려하면, 소송이 법원에 계속되어 있는 동안에 제3자가 소송목적인 권리의 전부나 일부를 승계하였다고 주장하며 민사소송법 제81조에 따라 소송에 참가한 경우, 원고가 승계참가인의 승계 여부에 대해 다투지 않으면서도 소송탈퇴, 소 취하 등을 하지 않거나 이에 대하여 피고가 부동의하여 원고가 소송에 남아 있다면 승계로 인해 중첩된 원고와 승계참가인의 청구 사이에는 필수적 공동소송에 관한 민사소송법 제67조가 적용된다.
[2] 상법 제520조의2에 따라서 주식회사가 해산되고 그 청산이 종결된 것으로 보게 되는 회사라도 어떤 권리관계가 남아 있어 현실적으로 정리할 필요가 있으면 그 범위에서는 아직 완전히 소멸하지 않고, 이러한 경우 그 회사의 해산 당시의 이사는 정관에 다른 정함이 있거나 주주총회에서 따로 청산인을 선임하지 않은 경우에 당연히 청산인이 되며, 그러한 청산인이 없는 때에 비로소 이해관계인의 청구에 따라 법원이 선임한 자가 청산인이 되어 청산 중 회사의 청산사무를 집행하고 대표하는 유일한 기관이 된다.
[3] 민법 제500조의 경개는 기존채무의 중요부분을 변경하여 기존채무를 소멸시키고 이와 동일성이 없는 새로운 채무를 성립시키는 계약이다. 기존채무와 관련하여 새로운 약정을 체결한 경우 그러한 약정이 경개에 해당하는지 아니면 단순히 기존채무의 변제기나 변제방법 등을 변경한 것인지는 당사자의 의사에 의하여 결정되고, 만약 당사자의 의사가 명백하지 않을 때에는 의사해석의 문제로 귀착된다. 이러한 당사자의 의사를 해석할 때에는 새로운 약정이 이루어지게 된 동기와 경위, 당사자가 그 약정에 의하여 달성하려고 하는 목적과 진정한 의사 등을 종합적으로 고찰하여 사회정의와 형평의 이념에 맞도록 논리와 경험칙, 그리고 사회일반의 상식과 거래 통념에 따라 합리적으로 해석하여야 한다.

제68조(필수적 공동소송인의 추가)
①법원은 제67조제1항의 규정에 따른 공동소송인 가운데 일부가 누락된 경우에는 제1심의 변론을 종결할 때까지 원고의 신청에 따라 결정으로 원고 또는 피고를 추가하도록 허가할 수 있다. 다만, 원고의 추가는 추가될 사람의 동의를 받은 경우에만 허가할 수 있다.
②제1항의 허가결정을 한 때에는 허가결정의 정본을 당사자 모두에게 송달하여야 하며, 추가될 당사자에게는 소장부본도 송달하여야 한다.
③제1항의 규정에 따라 공동소송인이 추가된 경우에는 처음의 소가 제기된 때에 추가된 당사자와의 사이에 소가 제기된 것으로 본다.
④제1항의 허가결정에 대하여 이해관계인은 추가될 원고의 동의가 없었다는 것을 사유로 하는 경우에만 즉시항고를 할 수 있다.
⑤제4항의 즉시항고는 집행정지의 효력을 가지지 아니한다.
⑥제1항의 신청을 기각한 결정에 대하여는 즉시항고를 할 수 있다.

제69조(필수적 공동소송에 대한 특별규정)
제67조제1항의 공동소송인 가운데 한 사람이 상소를 제기한 경우에 다른 공동소송인이 그 상소심에서 하는 소송행위에는 제56조제1항의 규정을 준용한다.

제70조(예비적 · 선택적 공동소송에 대한 특별규정) ①공동소송인 가운데 일부의 청구가 다른 공동소송인의 청구와 법률상 양립할 수 없거나 공동소송인 가운데 일부에 대한 청구가 다른 공동소송인에 대한 청구와 법률상 양립할 수 없는 경우에는 제67조 내지 제69조를 준용한다. 다만, 청구의 포기·인낙, 화해 및 소의 취하의 경우에는 그러하지 아니하다.
②제1항의 소송에서는 모든 공동소송인에 관한 청구에 대하여 판결을 하여야 한다.

제3절 소송참가

제71조(보조참가) 소송결과에 이해관계가 있는 제3자는 한 쪽 당사자를 돕기 위하여 법원에 계속중인 소송에 참가할 수 있다. 다만, 소송절차를 현저하게 지연시키는 경우에는 그러하지 아니하다.

제72조(참가신청의 방식) ①참가신청은 참가의 취지와 이유를 밝혀 참가하고자 하는 소송이 계속된 법원에 제기하여야 한다.
②서면으로 참가를 신청한 경우에는 법원은 그 서면을 양쪽 당사자에게 송달하여야 한다.
③참가신청은 참가인으로서 할 수 있는 소송행위와 동시에 할 수 있다.

제73조(참가허가여부에 대한 재판)
①당사자가 참가에 대하여 이의를 신청한 때에는 참가인은 참가의 이유를 소명하여야 하며, 법원은 참가를 허가할 것인지 아닌지를 결정하여야 한다.
②법원은 직권으로 참가인에게 참가의 이유를 소명하도록 명할 수 있으며, 참가의 이유가 있다고 인정되지 아니하는 때에는 참가를 허가하지 아니하는 결정을 하여야 한다.
③제1항 및 제2항의 결정에 대하여는 즉시항고를 할 수 있다.

제74조(이의신청권의 상실) 당사자가 참가에 대하여 이의를 신청하지 아니한 채 변론하거나 변론준비기일에서 진술을 한 경우에는 이의를 신청할 권리를 잃는다.

제75조(참가인의 소송관여) ①참가인은 그의 참가에 대한 이의신청이 있는 경우라도 참가를 허가하지 아니하는 결정이 확정될 때까지 소송행위를 할 수 있다.
②당사자가 참가인의 소송행위를 원용(援用)한 경우에는 참가를 허가하지 아니하는 결정이 확정되어도 그 소송행위는 효력을 가진다.

제76조(참가인의 소송행위) ①참가인은 소송에 관하여 공격·방어·이의·상소, 그 밖의 모든 소송행위를 할 수 있다. 다만, 참가할 때의 소송의 진행정도에 따라 할 수 없는 소송행위는 그러하지 아니하다.
②참가인의 소송행위가 피참가인의 소송행위에 어긋나는 경우에는 그 참가인의 소송행위는 효력을 가지지 아니한다.

판례-청구이의

[대법원 2015.10.29, 선고, 2014다13044, 판결]

【판시사항】
[1] 재심의 소에 공동소송적 보조참가인이 참가한 후 피참가인이 공동소송적 보조참가인의 동의 없이 한 재심의 소 취하의 효력(무효) 및 이는 재심의 소를 피참가인이 제기한 경우나 통상의 보조참가인이 제기한 경우에도 마찬가지인지 여부(적극) / 통상의 보조참가인이 재심의 소를 제기한 경우, 피참가인의 재심의 소 취하로 재심의 소 제기가 무효로 되거나 부적법하게 되는지 여부(소극)
[2] 민사소송법 제76조 제1항 단서가 공동소송적 보조참가인에게도 적용되는지 여부(적극)
【판결요지】
[1] 재심의 소를 취하하는 것은 통상의 소를 취하하는 것과는 달리 확정된 종국판결에 대한 불복의 기회를 상실하게 하여 더 이상 확정판결의 효력을 배제할 수 없게 하는 행위이므로, 이는 재판의 효력과 직접적인 관련이 있는 소송행위로서 확정판결의 효력이 미치는 공동소송적 보조참가인에 대하여는 불리한 행위이다. 따라서 재심의 소에 공동소송적 보조참가인이 참가한 후에는 피참가인이 재심의 소를 취하하더라도 공동소송적 보조참가인의 동의가 없는 한 효력이 없다. 이는 재심의 소를 피참가인이 제기한 경우나 통상의 보조참가인이 제기한 경우에도

마찬가지이다. 특히 통상의 보조참가인이 재심의 소를 제기한 경우에는 피참가인이 통상의 보조참가인에 대한 관계에서 재심의 소를 취하할 권능이 있더라도 이를 통하여 공동소송적 보조참가인에게 불리한 영향을 미칠 수는 없으므로 피참가인의 재심의 소 취하로 재심의 소 제기가 무효로 된다거나 부적법하게 된다고 볼 것도 아니다.
[2] 통상의 보조참가인은 참가 당시의 소송상태를 전제로 하여 피참가인을 보조하기 위하여 참가하는 것이므로 참가할 때의 소송의 진행 정도에 따라 피참가인이 할 수 없는 행위를 할 수 없다(민사소송법 제76조 제1항 단서 참조). 공동소송적 보조참가인 또한 판결의 효력을 받는 점에서 민사소송법 제78조, 제67조에 따라 필수적 공동소송인에 준하는 지위를 부여받기는 하였지만 원래 당사자가 아니라 보조참가인의 성질을 가지므로 위와 같은 점에서는 통상의 보조참가인과 마찬가지이다.

제77조(참가인에 대한 재판의 효력)
재판은 다음 각호 가운데 어느 하나에 해당하지 아니하면 참가인에게도 그 효력이 미친다.
1. 제76조의 규정에 따라 참가인이 소송행위를 할 수 없거나, 그 소송행위가 효력을 가지지 아니하는 때
2. 피참가인이 참가인의 소송행위를 방해한 때
3. 피참가인이 참가인이 할 수 없는 소송행위를 고의나 과실로 하지 아니한 때

제78조(공동소송적 보조참가) 재판의 효력이 참가인에게도 미치는 경우에는 그 참가인과 피참가인에 대하여 제67조 및 제69조를 준용한다.

제79조(독립당사자참가) ①소송목적의 전부나 일부가 자기의 권리라고 주장하거나, 소송결과에 따라 권리가 침해된다고 주장하는 제3자는 당사자의 양 쪽 또는 한 쪽을 상대방으로 하여 당사자로서 소송에 참가할 수 있다.
②제1항의 경우에는 제67조 및 제72조의 규정을 준용한다.

제80조(독립당사자참가소송에서의 탈퇴)
제79조의 규정에 따라 자기의 권리를 주장하기 위하여 소송에 참가한 사람이 있는 경우 그가 참가하기 전의 원고나 피고는 상대방의 승낙을 받아 소송에서 탈퇴할 수 있다. 다만, 판결은 탈퇴한 당사자에 대하여도 그 효력이 미친다.

제81조(승계인의 소송참가) 소송이 법원에 계속되어 있는 동안에 제3자가 소송목적인 권리 또는 의무의 전부나 일부를 승계하였다고 주장하며 제79조의 규정에 따라 소송에 참가한 경우 그 참가는 소송이 법원에 처음 계속된 때에 소급하여 시효의 중단 또는 법률상 기간준수의 효력이 생긴다.

제82조(승계인의 소송인수) ①소송이 법원에 계속되어 있는 동안에 제3자가 소송목적인 권리 또는 의무의 전부나 일부를 승계한 때에는 법원은 당사자의 신청에 따라 그 제3자로 하여금 소송을 인수하게 할 수 있다.
②법원은 제1항의 규정에 따른 결정을 할 때에는 당사자와 제3자를 심문(審問)하여야 한다.
③제1항의 소송인수의 경우에는 제80조의 규정 가운데 탈퇴 및 판결의 효력에 관한 것과, 제81조의 규정 가운데 참가의 효력에 관한 것을 준용한다.

제83조(공동소송참가) ①소송목적이 한 쪽 당사자와 제3자에게 합일적으로 확정되어야 할 경우 그 제3자는 공동소송인으로 소송에 참가할 수 있다.
②제1항의 경우에는 제72조의 규정을 준용한다.

제84조(소송고지의 요건) ①소송이 법원에 계속된 때에는 당사자는 참가할 수 있는 제3자에게 소송고지(訴訟告知)를 할 수 있다.
②소송고지를 받은 사람은 다시 소송고지를 할 수 있다.

제85조(소송고지의 방식) ①소송고지를 위하여서는 그 이유와 소송의 진행정도를 적은 서면을 법원에 제출하여야 한다.
②제1항의 서면은 상대방에게 송달하여야 한다.

제86조(소송고지의 효과) 소송고지를 받은 사람이 참가하지 아니한 경우라도 제77조의 규정을 적용할 때에는 참가할 수 있었을 때에 참가한 것으로 본다.

제4절 소송대리인

제87조(소송대리인의 자격) 법률에 따라 재판상 행위를 할 수 있는 대리인 외에는 변호사가 아니면 소송대리인이 될 수 없다.

제88조(소송대리인의 자격의 예외)
①단독판사가 심리·재판하는 사건 가운데 그 소송목적의 값이 일정한 금액 이하인 사건에서, 당사자와 밀접한 생활관계를 맺고 있고 일정한 범위안의 친족관계에 있는 사람 또는 당사자와 고용계약 등으로 그 사건에 관한 통상사무를 처리·보조하여 오는 등 일정한 관계에 있는 사람이 법원의 허가를 받은 때에는 제87조를 적용하지 아니한다.
②제1항의 규정에 따라 법원의 허가를 받을 수 있는 사건의 범위, 대리인의 자격 등에 관한 구체적인 사항은 대법원규칙으로 정한다.
③법원은 언제든지 제1항의 허가를 취소할 수 있다.

제89조(소송대리권의 증명) ①소송대리인의 권한은 서면으로 증명하여야 한다.
②제1항의 서면이 사문서인 경우에는 법원은 공증인, 그 밖의 공증업무를 보는 사람(이하 "공증사무소"라 한다)의 인증을 받도록 소송대리인에게 명할 수 있다.
③당사자가 말로 소송대리인을 선임하고, 법원사무관등이 조서에 그 진술을 적어 놓은 경우에는 제1항 및 제2항의 규정을 적용하지 아니한다.

제90조(소송대리권의 범위) ①소송대리인은 위임을 받은 사건에 대하여 반소(反訴)·참가·강제집행·가압류·가처분에 관한 소송행위 등 일체의 소송행위와 변제(辨濟)의 영수를 할 수 있다.
②소송대리인은 다음 각호의 사항에 대하여는 특별한 권한을 따로 받아야 한다.
1. 반소의 제기
2. 소의 취하, 화해, 청구의 포기·인낙 또는 제80조의 규정에 따른 탈퇴
3. 상소의 제기 또는 취하
4. 대리인의 선임

판례-성공보수금

[대법원 2016.7.7, 선고, 2014다1447, 판결]

【판시사항】
항소심 사건의 소송대리인인 변호사 등은 항소심판결이 송달되어 위임사무가 종료되어야 보수를 청구할 수 있는지 여부(원칙적 적극) 및 이때 항소심판결이 상고심에서 파기환송되는 경우, 변호사 등은 환송 후 항소심 사건의 소송사무까지 처리하여야만 위임사무의 종료에 따른 보수를 청구할 수 있는지 여부(원칙적 적극)

【판결요지】
수임인은 위임사무를 완료하여야 보수를 청구할 수 있는 것이 원칙이다(민법 제686조 제2항 참조). 항소심 사건의 소송대리인인 변호사 또는 법무법인, 법무법인(유한), 법무조합(이하 '변호사 등'이라 한다)의 위임사무는 특별한 약정이 없는 한 항소심판결이 송달된 때에 종료되므로, 변호사 등은 항소심판결이 송달되어 위임사무가 종료되면 원칙적으로 그에 따른 보수를 청구할 수 있다. 그러나 항소심판결이 상고심에서 파기되고 사건이 환송되는 경우에는 사건을 환송받은 항소심법원이 환송 전의 절차를 속행하여야 하고 환송 전 항소심에서의 소송대리인인 변호사 등의 소송대리권이 부활하므로, 환송 후 사건을 위임사무의 범위에서 제외하기로 약정하였다는 등의 특별한 사정이 없는 한 변호사 등은 환송 후 항소심 사건의 소송사무까지 처리하여야만 비로소 위임사무의 종료에 따른 보수를 청구할 수 있다.

第91조(소송대리권의 제한) 소송대리권은 제한하지 못한다. 다만, 변호사가 아닌 소송대리인에 대하여는 그러하지 아니하다.

第92조(법률에 의한 소송대리인의 권한)
법률에 의하여 재판상 행위를 할 수 있는 대리인의 권한에는 제90조와 제91조의 규정을 적용하지 아니한다.

第93조(개별대리의 원칙) ①여러 소송대리인이 있는 때에는 각자가 당사자를 대리한다.
②당사자가 제1항의 규정에 어긋나는 약정을 한 경우 그 약정은 효력을 가지지 못한다.

第94조(당사자의 경정권) 소송대리인의 사실상 진술은 당사자가 이를 곧 취소하거나 경정(更正)한 때에는 그 효력을 잃는다.

第95조(소송대리권이 소멸되지 아니하는 경우) 다음 각호 가운데 어느 하나에 해당하더라도 소송대리권은 소멸되지 아니한다.
1. 당사자의 사망 또는 소송능력의 상실
2. 당사자인 법인의 합병에 의한 소멸
3. 당사자인 수탁자(受託者)의 신탁임무의 종료
4. 법정대리인의 사망, 소송능력의 상실 또는 대리권의 소멸·변경

第96조(소송대리권이 소멸되지 아니하는 경우) ①일정한 자격에 의하여 자기의 이름으로 남을 위하여 소송당사자가 된 사람에게 소송대리인이 있는 경우에 그 소송대리인의 대리권은 당사자가 자격을 잃더라도 소멸되지 아니한다.
②제53조의 규정에 따라 선정된 당사자가 그 자격을 잃은 경우에는 제1항의 규정을 준용한다.

第97조(법정대리인에 관한 규정의 준용) 소송대리인에게는 제58조제2항·제59조·제60조 및 제63조의 규정을 준용한다.

제3장 소송비용

제1절 소송비용의 부담

第98조(소송비용부담의 원칙) 소송비용은 패소한 당사자가 부담한다.

제99조(원칙에 대한 예외) 법원은 사정에 따라 승소한 당사자로 하여금 그 권리를 늘리거나 지키는 데 필요하지 아니한 행위로 말미암은 소송비용 또는 상대방의 권리를 늘리거나 지키는 데 필요한 행위로 말미암은 소송비용의 전부나 일부를 부담하게 할 수 있다.

제100조(원칙에 대한 예외) 당사자가 적당한 시기에 공격이나 방어의 방법을 제출하지 아니하였거나, 기일이나 기간의 준수를 게을리 하였거나, 그 밖에 당사자가 책임져야 할 사유로 소송이 지연된 때에는 법원은 지연됨으로 말미암은 소송비용의 전부나 일부를 승소한 당사자에게 부담하게 할 수 있다.

제101조(일부패소의 경우) 일부패소의 경우에 당사자들이 부담할 소송비용은 법원이 정한다. 다만, 사정에 따라 한 쪽 당사자에게 소송비용의 전부를 부담하게 할 수 있다.

제102조(공동소송의 경우) ①공동소송인은 소송비용을 균등하게 부담한다. 다만, 법원은 사정에 따라 공동소송인에게 소송비용을 연대하여 부담하게 하거나 다른 방법으로 부담하게 할 수 있다.
②제1항의 규정에 불구하고 법원은 권리를 늘리거나 지키는 데 필요하지 아니한 행위로 생긴 소송비용은 그 행위를 한 당사자에게 부담하게 할 수 있다.

제103조(참가소송의 경우) 참가소송비용에 대한 참가인과 상대방 사이의 부담과, 참가이의신청의 소송비용에 대한 참가인과 이의신청 당사자 사이의 부담에 대하여는 제98조 내지 제102조의 규정을 준용한다.

제104조(각 심급의 소송비용의 재판)
법원은 사건을 완결하는 재판에서 직권으로 그 심급의 소송비용 전부에 대하여 재판하여야 한다. 다만, 사정에 따라 사건의 일부나 중간의 다툼에 관한 재판에서 그 비용에 대한 재판을 할 수 있다.

제105조(소송의 총비용에 대한 재판)
상급법원이 본안의 재판을 바꾸는 경우 또는 사건을 환송받거나 이송받은 법원이 그 사건을 완결하는 재판을 하는 경우에는 소송의 총비용에 대하여 재판하여야 한다.

제106조(화해한 경우의 비용부담)
당사자가 법원에서 화해한 경우(제231조의 경우를 포함한다) 화해비용과 소송비용의 부담에 대하여 특별히 정한 바가 없으면 그 비용은 당사자들이 각자 부담한다.

제107조(제3자의 비용상환) ①법정대리인·소송대리인·법원사무관등이나 집행관이 고의 또는 중대한 과실로 쓸데없는 비용을 지급하게 한 경우에는 수소법원은 직권으로 또는 당사자의 신청에 따라 그에게 비용을 갚도록 명할 수 있다.
②법정대리인 또는 소송대리인으로서 소송행위를 한 사람이 그 대리권 또는 소송행위에 필요한 권한을 받았음을 증명하지 못하거나, 추인을 받지 못한 경우에 그 소송행위로 말미암아 발생한 소송비용에 대하여는 제1항의 규정을 준용한다.
③제1항 및 제2항의 결정에 대하여는 즉시항고를 할 수 있다.

제108조(무권대리인의 비용부담) 제107조제2항의 경우에 소가 각하된 경우에는 소송비용은 그 소송행위를 한 대리인이 부담한다.

제109조(변호사의 보수와 소송비용)
①소송을 대리한 변호사에게 당사자가 지급하였거나 지급할 보수는 대법원규칙이 정하는 금액의

범위안에서 소송비용으로 인정한다.
②제1항의 소송비용을 계산할 때에는 여러 변호사가 소송을 대리하였더라도 한 변호사가 대리한 것으로 본다.

제110조(소송비용액의 확정결정) ①소송비용의 부담을 정하는 재판에서 그 액수가 정하여지지 아니한 경우에 제1심 법원은 그 재판이 확정되거나, 소송비용부담의 재판이 집행력을 갖게된 후에 당사자의 신청을 받아 결정으로 그 소송비용액을 확정한다.
②제1항의 확정결정을 신청할 때에는 비용계산서, 그 등본과 비용액을 소명하는 데 필요한 서면을 제출하여야 한다.
③제1항의 결정에 대하여는 즉시항고를 할 수 있다.

제111조(상대방에 대한 최고) ①법원은 소송비용액을 결정하기 전에 상대방에게 비용계산서의 등본을 교부하고, 이에 대한 진술을 할 것과 일정한 기간 이내에 비용계산서와 비용액을 소명하는 데 필요한 서면을 제출할 것을 최고(催告)하여야 한다.
②상대방이 제1항의 서면을 기간 이내에 제출하지 아니한 때에는 법원은 신청인의 비용에 대하여서만 결정할 수 있다. 다만, 상대방도 제110조제1항의 확정결정을 신청할 수 있다.

제112조(부담비용의 상계) 법원이 소송비용을 결정하는 경우에 당사자들이 부담할 비용은 대등한 금액에서 상계(相計)된 것으로 본다. 다만, 제111조제2항의 경우에는 그러하지 아니하다.

제113조(화해한 경우의 비용액확정)
①제106조의 경우에 당사자가 소송비용부담의 원칙만을 정하고 그 액수를 정하지 아니한 때에는 법원은 당사자의 신청에 따라 결정으로 그 액수를 정하여야 한다.
②제1항의 경우에는 제110조제2항·제3항, 제111조 및 제112조의 규정을 준용한다.

제114조(소송이 재판에 의하지 아니하고 끝난 경우) ①제113조의 경우 외에 소송이 재판에 의하지 아니하고 끝나거나 참가 또는 이에 대한 이의신청이 취하된 경우에는 법원은 당사자의 신청에 따라 결정으로 소송비용의 액수를 정하고, 이를 부담하도록 명하여야 한다.
②제1항의 경우에는 제98조 내지 제103조, 제110조제2항·제3항, 제111조 및 제112조의 규정을 준용한다.

제115조(법원사무관등에 의한 계산)
제110조제1항의 신청이 있는 때에는 법원은 법원사무관등에게 소송비용액을 계산하게 하여야 한다.

제116조(비용의 예납) ①비용을 필요로 하는 소송행위에 대하여 법원은 당사자에게 그 비용을 미리 내게 할 수 있다.
②비용을 미리 내지 아니하는 때에는 법원은 그 소송행위를 하지 아니할 수 있다.

제2절 소송비용의 담보

제117조(담보제공의무) ①원고가 대한민국에 주소·사무소와 영업소를 두지 아니한 때 또는 소장·준비서면, 그 밖의 소송기록에 의하여 청구가 이유 없음이 명백한 때 등 소송비용에 대한 담보제공이 필요하다고 판단되는 경우에 피고의 신청이 있으면 법원은 원고에게 소송비용에 대한 담보를 제공하도록 명하여야 한다. 담보가 부족한 경우에도 또한 같다. <개정 2010.7.23.>

②제1항의 경우에 법원은 직권으로 원고에게 소송비용에 대한 담보를 제공하도록 명할 수 있다. <신설 2010.7.23.>
③청구의 일부에 대하여 다툼이 없는 경우에는 그 액수가 담보로 충분하면 제1항의 규정을 적용하지 아니한다. <개정 2010.7.23.>

제118조(소송에 응함으로 말미암은 신청권의 상실) 담보를 제공할 사유가 있다는 것을 알고도 피고가 본안에 관하여 변론하거나 변론준비기일에서 진술한 경우에는 담보제공을 신청하지 못한다.

제119조(피고의 거부권) 담보제공을 신청한 피고는 원고가 담보를 제공할 때까지 소송에 응하지 아니할 수 있다.

제120조(담보제공결정) ①법원은 담보를 제공하도록 명하는 결정에서 담보액과 담보제공의 기간을 정하여야 한다.
②담보액은 피고가 각 심급에서 지출할 비용의 총액을 표준으로 하여 정하여야 한다.

제121조(불복신청) 담보제공신청에 관한 결정에 대하여는 즉시항고를 할 수 있다.

제122조(담보제공방식) 담보의 제공은 금전 또는 법원이 인정하는 유가증권을 공탁(供託)하거나, 대법원규칙이 정하는 바에 따라 지급을 보증하겠다는 위탁계약을 맺은 문서를 제출하는 방법으로 한다. 다만, 당사자들 사이에 특별한 약정이 있으면 그에 따른다.

판례-배당이의

[대법원 2015.9.10, 선고, 2014다29971, 판결]

【판시사항】
수인의 공탁자가 공동으로 하나의 공탁금액을 기재하여 공탁한 경우, 균등한 비율로 공탁한 것으로 보아야 하는지 여부(적극) 및 공탁자들 내부의 실질적인 분담금액이 다르더라도 공탁자들 내부에서 해결 할 문제인지 여부(적극) / 강제집행정지의 담보를 위하여 공동 명의로 공탁하였는데 제3자가 다른 공동공탁자의 공탁금회수청구권에 대하여 압류 및 추심명령을 한 경우, 담보공탁금을 전액 출연한 공탁자가 압류채권자에 대하여 자금 부담의 실질관계를 이유로 대항할 수 있는지 여부(소극)

【판결요지】
공탁자가 공탁한 내용은 공탁의 기재에 의하여 형식적으로 결정되므로 수인의 공탁자가 공탁하면서 각자의 공탁금액을 나누어 기재하지 않고 공동으로 하나의 공탁금액을 기재한 경우에 공탁자들은 균등한 비율로 공탁한 것으로 보아야 하고, 공탁자들 내부의 실질적인 분담금액이 다르다고 하더라도 이는 공탁자들 내부 사이에 별도로 해결하여야 할 문제이다. 이러한 법리는 강제집행정지의 담보를 위하여 공동 명의로 공탁한 경우 담보취소에 따른 공탁금회수청구권의 귀속과 비율에 관하여도 마찬가지로 적용된다. 따라서 제3자가 다른 공동공탁자의 공탁금회수청구권에 대하여 압류 및 추심명령을 한 경우에 압류 및 추심명령은 공탁자 간 균등한 비율에 의한 공탁금액의 한도 내에서 효력이 있고, 공동공탁자들 중 실제로 담보공탁금을 전액 출연한 공탁자가 있다 하더라도 이는 공동공탁자들 사이의 내부관계에서만 주장할 수 있는 사유에 불과하여 담보공탁금을 전액 출연한 공탁자는 압류채권자에 대하여 자금 부담의 실질관계를 이유로 대항할 수 없다.

제123조(담보물에 대한 피고의 권리)
피고는 소송비용에 관하여 제122조의 규정에 따른 담보물에 대하여 질권자와 동일한 권리를 가진다.

제124조(담보를 제공하지 아니한 효과)
담보를 제공하여야 할 기간 이내에 원고가 이를 제공하지 아니하는 때에는 법원은 변론없이 판결로 소를 각하할 수 있다. 다만, 판결하기 전에 담보를 제공한 때에는 그러하지 아니하다.

제125조(담보의 취소) ①담보제공자가 담보하여야 할 사유가 소멸되었음을 증명하면서 취소신청을 하면, 법원은 담보취소결정을 하여야 한다.
②담보제공자가 담보취소에 대한 담보권리자의 동의를 받았음을 증명한 때에도 제1항과 같다.
③소송이 완결된 뒤 담보제공자가 신청하면, 법원은 담보권리자에게 일정한 기간 이내에 그 권리를 행사하도록 최고하고, 담보권리자가 그 행사를 하지 아니하는 때에는 담보취소에 대하여 동의한 것으로 본다.
④제1항과 제2항의 규정에 따른 결정에 대하여는 즉시항고를 할 수 있다.

제126조(담보물변경) 법원은 담보제공자의 신청에 따라 결정으로 공탁한 담보물을 바꾸도록 명할 수 있다. 다만, 당사자가 계약에 의하여 공탁한 담보물을 다른 담보로 바꾸겠다고 신청한 때에는 그에 따른다.

제127조(준용규정) 다른 법률에 따른 소제기에 관하여 제공되는 담보에는 제119조, 제120조 제1항, 제121조 내지 제126조의 규정을 준용한다.

제3절 소송구조

제128조(구조의 요건) ①법원은 소송비용을 지출할 자금능력이 부족한 사람의 신청에 따라 또는 직권으로 소송구조(訴訟救助)를 할 수 있다. 다만, 패소할 것이 분명한 경우에는 그러하지 아니하다.
②제1항의 신청인은 구조의 사유를 소명하여야 한다.
③소송구조에 대한 재판은 소송기록을 보관하고 있는 법원이 한다.
④제1항에서 정한 소송구조요건의 구체적인 내용과 소송구조절차에 관하여 상세한 사항은 대법원규칙으로 정한다.

제129조(구조의 객관적 범위) ①소송과 강제집행에 대한 소송구조의 범위는 다음 각호와 같다. 다만, 법원은 상당한 이유가 있는 때에는 다음 각호 가운데 일부에 대한 소송구조를 할 수 있다.
1. 재판비용의 납입유예
2. 변호사 및 집행관의 보수와 체당금(替當金)의 지급유예
3. 소송비용의 담보면제
4. 대법원규칙이 정하는 그 밖의 비용의 유예나 면제
②제1항제2호의 경우에는 변호사나 집행관이 보수를 받지 못하면 국고에서 상당한 금액을 지급한다.

제130조(구조효력의 주관적 범위)
①소송구조는 이를 받은 사람에게만 효력이 미친다.
②법원은 소송승계인에게 미루어 둔 비용의 납입을 명할 수 있다.

제131조(구조의 취소) 소송구조를 받은 사람이 소송비용을 납입할 자금능력이 있다는 것이 판명되거나, 자금능력이 있게 된 때에는 소송기록을 보관하고 있는 법원은 직권으로 또는 이

해관계인의 신청에 따라 언제든지 구조를 취소하고, 납입을 미루어 둔 소송비용을 지급하도록 명할 수 있다.

제132조(납입유예비용의 추심) ①소송구조를 받은 사람에게 납입을 미루어 둔 비용은 그 부담의 재판을 받은 상대방으로부터 직접 지급받을 수 있다.
②제1항의 경우에 변호사 또는 집행관은 소송구조를 받은 사람의 집행권원으로 보수와 체당금에 관한 비용액의 확정결정신청과 강제집행을 할 수 있다.
③변호사 또는 집행관은 보수와 체당금에 대하여 당사자를 대위(代位)하여 제113조 또는 제114조의 결정신청을 할 수 있다.

제133조(불복신청) 이 절에 규정한 재판에 대하여는 즉시항고를 할 수 있다. 다만, 상대방은 제129조제1항제3호의 소송구조결정을 제외하고는 불복할 수 없다.

제4장 소송절차

제1절 변론

제134조(변론의 필요성) ①당사자는 소송에 대하여 법원에서 변론하여야 한다. 다만, 결정으로 완결할 사건에 대하여는 법원이 변론을 열 것인지 아닌지를 정한다.
②제1항 단서의 규정에 따라 변론을 열지 아니할 경우에, 법원은 당사자와 이해관계인, 그 밖의 참고인을 심문할 수 있다.
③이 법에 특별한 규정이 있는 경우에는 제1항과 제2항의 규정을 적용하지 아니한다.

제135조(재판장의 지휘권) ①변론은 재판장(합의부의 재판장 또는 단독판사를 말한다. 이하 같다)이 지휘한다.
②재판장은 발언을 허가하거나 그의 명령에 따르지 아니하는 사람의 발언을 금지할 수 있다.

제136조(석명권(釋明權)·구문권(求問權) 등) ①재판장은 소송관계를 분명하게 하기 위하여 당사자에게 사실상 또는 법률상 사항에 대하여 질문할 수 있고, 증명을 하도록 촉구할 수 있다.
②합의부원은 재판장에게 알리고 제1항의 행위를 할 수 있다.
③당사자는 필요한 경우 재판장에게 상대방에 대하여 설명을 요구하여 줄 것을 요청할 수 있다.
④법원은 당사자가 간과하였음이 분명하다고 인정되는 법률상 사항에 관하여 당사자에게 의견을 진술할 기회를 주어야 한다.

제137조(석명준비명령) 재판장은 제136조의 규정에 따라 당사자에게 설명 또는 증명하거나 의견을 진술할 사항을 지적하고 변론기일 이전에 이를 준비하도록 명할 수 있다.

제138조(합의부에 의한 감독) 당사자가 변론의 지휘에 관한 재판장의 명령 또는 제136조 및 제137조의 규정에 따른 재판장이나 합의부원의 조치에 대하여 이의를 신청한 때에는 법원은 결정으로 그 이의신청에 대하여 재판한다.

제139조(수명법관의 지정 및 촉탁)
①수명법관으로 하여금 그 직무를 수행하게 하고자 할 경우에는 재판장이 그 판사를 지정한다.

②법원이 하는 촉탁은 특별한 규정이 없으면 재판장이 한다.

제140조(법원의 석명처분) ①법원은 소송관계를 분명하게 하기 위하여 다음 각호의 처분을 할 수 있다.
1. 당사자 본인 또는 그 법정대리인에게 출석하도록 명하는 일
2. 소송서류 또는 소송에 인용한 문서, 그 밖의 물건으로서 당사자가 가지고 있는 것을 제출하게 하는 일
3. 당사자 또는 제3자가 제출한 문서, 그 밖의 물건을 법원에 유치하는 일
4. 검증을 하고 감정을 명하는 일
5. 필요한 조사를 촉탁하는 일

②제1항의 검증·감정과 조사의 촉탁에는 이 법의 증거조사에 관한 규정을 준용한다.

제141조(변론의 제한 · 분리 · 병합) 법원은 변론의 제한·분리 또는 병합을 명하거나, 그 명령을 취소할 수 있다.

제142조(변론의 재개) 법원은 종결된 변론을 다시 열도록 명할 수 있다.

제143조(통역) ①변론에 참여하는 사람이 우리말을 하지 못하거나, 듣거나 말하는 데 장애가 있으면 통역인에게 통역하게 하여야 한다. 다만, 위와 같은 장애가 있는 사람에게는 문자로 질문하거나 진술하게 할 수 있다.
②통역인에게는 이 법의 감정인에 관한 규정을 준용한다.

제143조의2(진술 보조) ① 질병, 장애, 연령, 그 밖의 사유로 인한 정신적·신체적 제약으로 소송관계를 분명하게 하기 위하여 필요한 진술을 하기 어려운 당사자는 법원의 허가를 받아 진술을 도와주는 사람과 함께 출석하여 진술할 수 있다.
② 법원은 언제든지 제1항의 허가를 취소할 수 있다.
③ 제1항 및 제2항에 따른 진술보조인의 자격 및 소송상 지위와 역할, 법원의 허가 요건·절차 등 허가 및 취소에 관한 사항은 대법원규칙으로 정한다.
[본조신설 2016.2.3.]

제144조(변론능력이 없는 사람에 대한 조치)
①법원은 소송관계를 분명하게 하기 위하여 필요한 진술을 할 수 없는 당사자 또는 대리인의 진술을 금지하고, 변론을 계속할 새 기일을 정할 수 있다.
②제1항의 규정에 따라 진술을 금지하는 경우에 필요하다고 인정하면 법원은 변호사를 선임하도록 명할 수 있다.
③제1항 또는 제2항의 규정에 따라 대리인에게 진술을 금지하거나 변호사를 선임하도록 명하였을 때에는 본인에게 그 취지를 통지하여야 한다.
④소 또는 상소를 제기한 사람이 제2항의 규정에 따른 명령을 받고도 제1항의 새 기일까지 변호사를 선임하지 아니한 때에는 법원은 결정으로 소 또는 상소를 각하할 수 있다.
⑤제4항의 결정에 대하여는 즉시항고를 할 수 있다.

제145조(화해의 권고) ①법원은 소송의 정도와 관계없이 화해를 권고하거나, 수명법관 또는 수탁판사로 하여금 권고하게 할 수 있다.
②제1항의 경우에 법원·수명법관 또는 수탁판사는 당사자 본인이나 그 법정대리인의 출석을 명할 수 있다.

제146조(적시제출주의) 공격 또는 방어의 방법은 소송의 정도에 따라 적절한 시기에 제출하여야 한다.

제147조(제출기간의 제한) ①재판장은 당사자의 의견을 들어 한 쪽 또는 양 쪽 당사자에 대하여 특정한 사항에 관하여 주장을 제출하거나 증거를 신청할 기간을 정할 수 있다.
②당사자가 제1항의 기간을 넘긴 때에는 주장을 제출하거나 증거를 신청할 수 없다. 다만, 당사자가 정당한 사유로 그 기간 이내에 제출 또는 신청하지 못하였다는 것을 소명한 경우에는 그러하지 아니하다.

제148조(한 쪽 당사자가 출석하지 아니한 경우) ①원고 또는 피고가 변론기일에 출석하지 아니하거나, 출석하고서도 본안에 관하여 변론하지 아니한 때에는 그가 제출한 소장·답변서, 그 밖의 준비서면에 적혀 있는 사항을 진술한 것으로 보고 출석한 상대방에게 변론을 명할 수 있다.
②제1항의 규정에 따라 당사자가 진술한 것으로 보는 답변서, 그 밖의 준비서면에 청구의 포기 또는 인낙의 의사표시가 적혀 있고 공증사무소의 인증을 받은 때에는 그 취지에 따라 청구의 포기 또는 인낙이 성립된 것으로 본다.
③제1항의 규정에 따라 당사자가 진술한 것으로 보는 답변서, 그 밖의 준비서면에 화해의 의사표시가 적혀 있고 공증사무소의 인증을 받은 경우에, 상대방 당사자가 변론기일에 출석하여 그 화해의 의사표시를 받아들인 때에는 화해가 성립된 것으로 본다.

제149조(실기한 공격 · 방어방법의 각하)
①당사자가 제146조의 규정을 어기어 고의 또는 중대한 과실로 공격 또는 방어방법을 뒤늦게 제출함으로써 소송의 완결을 지연시키게 하는 것으로 인정할 때에는 법원은 직권으로 또는 상대방의 신청에 따라 결정으로 이를 각하할 수 있다.
②당사자가 제출한 공격 또는 방어방법의 취지가 분명하지 아니한 경우에, 당사자가 필요한 설명을 하지 아니하거나 설명할 기일에 출석하지 아니한 때에는 법원은 직권으로 또는 상대방의 신청에 따라 결정으로 이를 각하할 수 있다.

제150조(자백간주) ①당사자가 변론에서 상대방이 주장하는 사실을 명백히 다투지 아니한 때에는 그 사실을 자백한 것으로 본다. 다만, 변론 전체의 취지로 보아 그 사실에 대하여 다툰 것으로 인정되는 경우에는 그러하지 아니하다.
②상대방이 주장한 사실에 대하여 알지 못한다고 진술한 때에는 그 사실을 다툰 것으로 추정한다.
③당사자가 변론기일에 출석하지 아니하는 경우에는 제1항의 규정을 준용한다. 다만, 공시송달의 방법으로 기일통지서를 송달받은 당사자가 출석하지 아니한 경우에는 그러하지 아니하다.

제151조(소송절차에 관한 이의권)
당사자는 소송절차에 관한 규정에 어긋난 것임을 알거나, 알 수 있었을 경우에 바로 이의를 제기하지 아니하면 그 권리를 잃는다. 다만, 그 권리가 포기할 수 없는 것인 때에는 그러하지 아니하다.

제152조(변론조서의 작성) ①법원사무관등은 변론기일에 참여하여 기일마다 조서를 작성하여야 한다. 다만, 변론을 녹음하거나 속기하는 경우 그 밖에 이에 준하는 특별한 사정이 있는 경우에는 법원사무관등을 참여시키지 아니하고 변론기일을 열 수 있다.
②재판장은 필요하다고 인정하는 경우 법원사무관등을 참여시키지 아니하고 변론기일 및 변론준비기일 외의 기일을 열 수 있다.
③제1항 단서 및 제2항의 경우에는 법원사무관등은 그 기일이 끝난 뒤에 재판장의 설명에 따라 조서를 작성하고, 그 취지를 덧붙여 적어야 한다.

제153조(형식적 기재사항) 조서에는 법원사무관등이 다음 각호의 사항을 적고, 재판장과 법원사무관등이 기명날인 또는 서명한다. 다만, 재판장이 기명날인 또는 서명할 수 없는 사유가 있

는 때에는 합의부원이 그 사유를 적은 뒤에 기명날인 또는 서명하며, 법관 모두가 기명날인 또는 서명할 수 없는 사유가 있는 때에는 법원사무관등이 그 사유를 적는다. <개정 2017.10.31.>
1. 사건의 표시
2. 법관과 법원사무관등의 성명
3. 출석한 검사의 성명
4. 출석한 당사자·대리인·통역인과 출석하지 아니한 당사자의 성명
5. 변론의 날짜와 장소
6. 변론의 공개여부와 공개하지 아니한 경우에는 그 이유

제154조(실질적 기재사항) 조서에는 변론의 요지를 적되, 특히 다음 각호의 사항을 분명히 하여야 한다.
1. 화해, 청구의 포기·인낙, 소의 취하와 자백
2. 증인·감정인의 선서와 진술
3. 검증의 결과
4. 재판장이 적도록 명한 사항과 당사자의 청구에 따라 적는 것을 허락한 사항
5. 서면으로 작성되지 아니한 재판
6. 재판의 선고

제155조(조서기재의 생략 등) ①조서에 적을 사항은 대법원규칙이 정하는 바에 따라 생략할 수 있다. 다만, 당사자의 이의가 있으면 그러하지 아니하다.
②변론방식에 관한 규정의 준수, 화해, 청구의 포기·인낙, 소의 취하와 자백에 대하여는 제1항 본문의 규정을 적용하지 아니한다.

제156조(서면 등의 인용 · 첨부) 조서에는 서면, 사진, 그 밖에 법원이 적당하다고 인정한 것을 인용하고 소송기록에 붙여 이를 조서의 일부로 삼을 수 있다.

제157조(관계인의 조서낭독 등 청구권)
조서는 관계인이 신청하면 그에게 읽어 주거나 보여주어야 한다.

제158조(조서의 증명력) 변론방식에 관한 규정이 지켜졌다는 것은 조서로만 증명할 수 있다. 다만, 조서가 없어진 때에는 그러하지 아니하다.

제159조(변론의 속기와 녹음) ①법원은 필요하다고 인정하는 경우에는 변론의 전부 또는 일부를 녹음하거나, 속기자로 하여금 받아 적도록 명할 수 있으며, 당사자가 녹음 또는 속기를 신청하면 특별한 사유가 없는 한 이를 명하여야 한다.
②제1항의 녹음테이프와 속기록은 조서의 일부로 삼는다.
③제1항 및 제2항의 규정에 따라 녹음테이프 또는 속기록으로 조서의 기재를 대신한 경우에, 소송이 완결되기 전까지 당사자가 신청하거나 그 밖에 대법원규칙이 정하는 때에는 녹음테이프나 속기록의 요지를 정리하여 조서를 작성하여야 한다.
④제3항의 규정에 따라 조서가 작성된 경우에는 재판이 확정되거나, 양 쪽 당사자의 동의가 있으면 법원은 녹음테이프와 속기록을 폐기할 수 있다. 이 경우 당사자가 녹음테이프와 속기록을 폐기한다는 통지를 받은 날부터 2주 이내에 이의를 제기하지 아니하면 폐기에 대하여 동의한 것으로 본다.

제160조(다른 조서에 준용하는 규정)
법원·수명법관 또는 수탁판사의 신문(訊問) 또는 심문과 증거조사에는 제152조 내지 제159조의 규정을 준용한다.

제161조(신청 또는 진술의 방법)
①신청, 그 밖의 진술은 특별한 규정이 없는 한 서면 또는 말로 할 수 있다.
②말로 하는 경우에는 법원사무관등의 앞에서 하여야 한다.
③제2항의 경우에 법원사무관등은 신청 또는 진술의 취지에 따라 조서 또는 그 밖의 서면을 작성한 뒤 기명날인 또는 서명하여야 한다. <개정 2017.10.31.>

제162조(소송기록의 열람과 증명서의 교부청구) ①당사자나 이해관계를 소명한 제3자는 대법원규칙이 정하는 바에 따라, 소송기록의 열람·복사, 재판서·조서의 정본·등본·초본의 교부 또는 소송에 관한 사항의 증명서의 교부를 법원사무관등에게 신청할 수 있다.
②누구든지 권리구제·학술연구 또는 공익적 목적으로 대법원규칙으로 정하는 바에 따라 법원사무관등에게 재판이 확정된 소송기록의 열람을 신청할 수 있다. 다만, 공개를 금지한 변론에 관련된 소송기록에 대하여는 그러하지 아니하다. <신설 2007.5.17.>
③법원은 제2항에 따른 열람 신청시 당해 소송관계인이 동의하지 아니하는 경우에는 열람하게 하여서는 아니 된다. 이 경우 당해 소송관계인의 범위 및 동의 등에 관하여 필요한 사항은 대법원규칙으로 정한다. <신설 2007.5.17.>
④소송기록을 열람·복사한 사람은 열람·복사에 의하여 알게 된 사항을 이용하여 공공의 질서 또는 선량한 풍속을 해하거나 관계인의 명예 또는 생활의 평온을 해하는 행위를 하여서는 아니 된다. <신설 2007.5.17.>
⑤제1항 및 제2항의 신청에 대하여는 대법원규칙이 정하는 수수료를 내야 한다. <개정 2007.5.17.>
⑥재판서·조서의 정본·등본·초본에는 그 취지를 적고 법원사무관등이 기명날인 또는 서명하여야 한다. <개정 2007.5.17., 2017.10.31.>

제163조(비밀보호를 위한 열람 등의 제한)
①다음 각호 가운데 어느 하나에 해당한다는 소명이 있는 경우에는 법원은 당사자의 신청에 따라 결정으로 소송기록중 비밀이 적혀 있는 부분의 열람·복사, 재판서·조서중 비밀이 적혀 있는 부분의 정본·등본·초본의 교부(이하 "비밀 기재부분의 열람 등"이라 한다)를 신청할 수 있는 자를 당사자로 한정할 수 있다.
1. 소송기록 중에 당사자의 사생활에 관한 중대한 비밀이 적혀 있고, 제3자에게 비밀 기재부분의 열람 등을 허용하면 당사자의 사회생활에 지장이 클 우려가 있는 때
2. 소송기록중에 당사자가 가지는 영업비밀(부정경쟁방지및영업비밀보호에관한법률 제2조제2호에 규정된 영업비밀을 말한다)이 적혀 있는 때
②제1항의 신청이 있는 경우에는 그 신청에 관한 재판이 확정될 때까지 제3자는 비밀 기재부분의 열람 등을 신청할 수 없다.
③소송기록을 보관하고 있는 법원은 이해관계를 소명한 제3자의 신청에 따라 제1항 각호의 사유가 존재하지 아니하거나 소멸되었음을 이유로 제1항의 결정을 취소할 수 있다.
④제1항의 신청을 기각한 결정 또는 제3항의 신청에 관한 결정에 대하여는 즉시항고를 할 수 있다.
⑤제3항의 취소결정은 확정되어야 효력을 가진다.

제163조의2(확정 판결서의 열람 · 복사) ①제162조에도 불구하고 누구든지 판결이 확정된 사건의 판결서(「소액사건심판법」이 적용되는 사건의 판결서와 「상고심절차에 관한 특례법」 제4조 및 이 법 제429조 본문에 따른 판결서는 제외한다)를 인터넷, 그 밖의 전산정보처리시스템을 통한 전자적 방법 등으로 열람 및 복사할 수 있다. 다만, 변론의 공개를 금지한 사건의 판결서로서 대법원규칙으로 정하는 경우에는 열람 및 복사를 전부 또는 일부 제한할 수 있다.
②법원사무관등이나 그 밖의 법원공무원은 제1항에 따른 열람 및 복사에 앞서 판결서에 기재된 성명 등 개인정보가 공개되지 아니하도록 대법원규칙으로 정하는 보호조치를 하여야 한다.
③제2항에 따라 개인정보 보호조치를 한 법원사무관등이나 그 밖의 법원공무원은 고의 또는

중대한 과실로 인한 것이 아니면 제1항에 따른 열람 및 복사와 관련하여 민사상 · 형사상 책임을 지지 아니한다.
④제1항의 열람 및 복사에는 제162조제4항 · 제5항 및 제163조를 준용한다.
⑤판결서의 열람 및 복사의 방법과 절차, 개인정보 보호조치의 방법과 절차, 그 밖에 필요한 사항은 대법원규칙으로 정한다.
[본조신설 2011.7.18.]

제163조의2(판결서의 열람 · 복사)
①제162조에도 불구하고 누구든지 판결이 선고된 사건의 판결서(확정되지 아니한 사건에 대한 판결서를 포함하며, 「소액사건심판법」이 적용되는 사건의 판결서와 「상고심절차에 관한 특례법」 제4조 및 이 법 제429조 본문에 따른 판결서는 제외한다. 이하 이 조에서 같다)를 인터넷, 그 밖의 전산정보처리시스템을 통한 전자적 방법 등으로 열람 및 복사할 수 있다. 다만, 변론의 공개를 금지한 사건의 판결서로서 대법원규칙으로 정하는 경우에는 열람 및 복사를 전부 또는 일부 제한할 수 있다. <개정 2020.12.8.>
②제1항에 따라 열람 및 복사의 대상이 되는 판결서는 대법원규칙으로 정하는 바에 따라 판결서에 기재된 문자열 또는 숫자열이 검색어로 기능할 수 있도록 제공되어야 한다. <신설 2020.12.8.>
③법원사무관등이나 그 밖의 법원공무원은 제1항에 따른 열람 및 복사에 앞서 판결서에 기재된 성명 등 개인정보가 공개되지 아니하도록 대법원규칙으로 정하는 보호조치를 하여야 한다. <개정 2020.12.8.>
④제3항에 따라 개인정보 보호조치를 한 법원사무관등이나 그 밖의 법원공무원은 고의 또는 중대한 과실로 인한 것이 아니면 제1항에 따른 열람 및 복사와 관련하여 민사상 · 형사상 책임을 지지 아니한다. <개정 2020.12.8.>
⑤제1항의 열람 및 복사에는 제162조제4항 · 제5항 및 제163조를 준용한다. <개정 2020.12.8.>
⑥판결서의 열람 및 복사의 방법과 절차, 개인정보 보호조치의 방법과 절차, 그 밖에 필요한 사항은 대법원규칙으로 정한다.
<개정 2020.12.8.>
[본조신설 2011.7.18.]
[제목개정 2020.12.8.]
[시행일 : 2023.1.1.] 제163조의2

제164조(조서에 대한 이의) 조서에 적힌 사항에 대하여 관계인이 이의를 제기한 때에는 조서에 그 취지를 적어야 한다.

제2절 전문심리위원

제164조의2(전문심리위원의 참여)
①법원은 소송관계를 분명하게 하거나 소송절차(증거조사·화해 등을 포함한다. 이하 이 절에서 같다)를 원활하게 진행하기 위하여 직권 또는 당사자의 신청에 따른 결정으로 제164조의4제1항에 따라 전문심리위원을 지정하여 소송절차에 참여하게 할 수 있다.
②전문심리위원은 전문적인 지식을 필요로 하는 소송절차에서 설명 또는 의견을 기재한 서면을 제출하거나 기일에 출석하여 설명이나 의견을 진술할 수 있다. 다만, 재판의 합의에는 참여할 수 없다.
③전문심리위원은 기일에 재판장의 허가를 받아 당사자, 증인 또는 감정인 등 소송관계인에게 직접 질문할 수 있다.
④법원은 제2항에 따라 전문심리위원이 제출한 서면이나 전문심리위원의 설명 또는 의견의 진술에 관하여 당사자에게 구술 또는 서면에 의한 의견진술의 기회를 주어야 한다.

[본조신설 2007.7.13.]

제164조의3(전문심리위원 참여결정의 취소)
①법원은 상당하다고 인정하는 때에는 직권이나 당사자의 신청으로 제164조의2제1항에 따른 결정을 취소할 수 있다.
②제1항에도 불구하고 당사자가 합의로 제164조의2제1항에 따른 결정을 취소할 것을 신청하는 때에는 법원은 그 결정을 취소하여야 한다.
[본조신설 2007.7.13.]

제164조의4(전문심리위원의 지정 등)
①법원은 제164조의2제1항에 따라 전문심리위원을 소송절차에 참여시키는 경우 당사자의 의견을 들어 각 사건마다 1인 이상의 전문심리위원을 지정하여야 한다.
②전문심리위원에게는 대법원규칙으로 정하는 바에 따라 수당을 지급하고, 필요한 경우에는 그 밖의 여비, 일당 및 숙박료를 지급할 수 있다.
③전문심리위원의 지정에 관하여 그 밖에 필요한 사항은 대법원규칙으로 정한다.
[본조신설 2007.7.13.]

제164조의5(전문심리위원의 제척 및 기피)
①전문심리위원에게 제41조부터 제45조까지 및 제47조를 준용한다.
②제척 또는 기피 신청을 받은 전문심리위원은 그 신청에 관한 결정이 확정될 때까지 그 신청이 있는 사건의 소송절차에 참여할 수 없다. 이 경우 전문심리위원은 당해 제척 또는 기피 신청에 대하여 의견을 진술할 수 있다.
[본조신설 2007.7.13.]

제164조의6(수명법관 등의 권한) 수명법관 또는 수탁판사가 소송절차를 진행하는 경우에는 제164조의2제2항부터 제4항까지의 규정에 따른 법원 및 재판장의 직무는 그 수명법관이나 수탁판사가 행한다.
[본조신설 2007.7.13.]

제164조의7(비밀누설죄) 전문심리위원 또는 전문심리위원이었던 자가 그 직무수행 중에 알게 된 다른 사람의 비밀을 누설하는 경우에는 2년 이하의 징역이나 금고 또는 1천만원 이하의 벌금에 처한다.
[본조신설 2007.7.13.]

제164조의8(벌칙 적용에서의 공무원 의제)
전문심리위원은 「형법」 제129조부터 제132조까지의 규정에 따른 벌칙의 적용에서는 공무원으로 본다.
[본조신설 2007.7.13.]

제3절 기일과 기간

제165조(기일의 지정과 변경) ①기일은 직권으로 또는 당사자의 신청에 따라 재판장이 지정한다. 다만, 수명법관 또는 수탁판사가 신문하거나 심문하는 기일은 그 수명법관 또는 수탁판사가 지정한다.
②첫 변론기일 또는 첫 변론준비기일을 바꾸는 것은 현저한 사유가 없는 경우라도 당사자들이 합의하면 이를 허가한다.

제166조(공휴일의 기일) 기일은 필요한 경우에만 공휴일로도 정할 수 있다.

제167조(기일의 통지) ①기일은 기일통지서 또는 출석요구서를 송달하여 통지한다. 다만, 그 사건으로 출석한 사람에게는 기일을 직접 고지하면 된다.
②법원은 대법원규칙이 정하는 간이한 방법에 따라 기일을 통지할 수 있다. 이 경우 기일에 출석하지 아니한 당사자·증인 또는 감정인 등에 대하여 법률상의 제재, 그 밖에 기일을 게을리 함에 따른 불이익을 줄 수 없다.

제168조(출석승낙서의 효력) 소송관계인이 일정한 기일에 출석하겠다고 적은 서면을 제출한 때에는 기일통지서 또는 출석요구서를 송달한 것과 같은 효력을 가진다.

제169조(기일의 시작) 기일은 사건과 당사자의 이름을 부름으로써 시작된다.

제170조(기간의 계산) 기간의 계산은 민법에 따른다.

제171조(기간의 시작) 기간을 정하는 재판에 시작되는 때를 정하지 아니한 경우에 그 기간은 재판의 효력이 생긴 때부터 진행한다.

제172조(기간의 신축, 부가기간) ①법원은 법정기간 또는 법원이 정한 기간을 늘이거나 줄일 수 있다. 다만, 불변기간은 그러하지 아니하다.
②법원은 불변기간에 대하여 주소 또는 거소가 멀리 떨어진 곳에 있는 사람을 위하여 부가기간(附加期間)을 정할 수 있다.
③재판장·수명법관 또는 수탁판사는 제1항 및 제2항의 규정에 따라 법원이 정한 기간 또는 자신이 정한 기간을 늘이거나 줄일 수 있다.

제173조(소송행위의 추후보완) ①당사자가 책임질 수 없는 사유로 말미암아 불변기간을 지킬 수 없었던 경우에는 그 사유가 없어진 날부터 2주 이내에 게을리 한 소송행위를 보완할 수 있다. 다만, 그 사유가 없어질 당시 외국에 있던 당사자에 대하여는 이 기간을 30일로 한다.
②제1항의 기간에 대하여는 제172조의 규정을 적용하지 아니한다.

제4절 송달

제174조(직권송달의 원칙) 송달은 이 법에 특별한 규정이 없으면 법원이 직권으로 한다.

제175조(송달사무를 처리하는 사람)
①송달은 우편 또는 집행관에 의하거나, 그 밖에 대법원규칙이 정하는 방법에 따라서 하여야 한다.
②우편에 의한 송달은 우편집배원이 한다.
③송달기관이 송달하는 데 필요한 때에는 국가경찰공무원에게 원조를 요청할 수 있다. <개정 2006.2.21.>

제176조(송달기관) ①송달은 우편 또는 집행관에 의하거나, 그 밖에 대법원규칙이 정하는 방법에 따라서 하여야 한다.
②우편에 의한 송달은 우편집배원이 한다.
③송달기관이 송달하는 데 필요한 때에는 경찰공무원에게 원조를 요청할 수 있다. <개정 2006.2.21., 2020.12.22.>

제177조(법원사무관등에 의한 송달)
①해당 사건에 출석한 사람에게는 법원사무관등이 직접 송달할 수 있다.
②법원사무관등이 그 법원안에서 송달받을 사람에게 서류를 교부하고 영수증을 받은 때에는 송달의 효력을 가진다.

제178조(교부송달의 원칙) ①송달은 특별한 규정이 없으면 송달받을 사람에게 서류의 등본 또는 부본을 교부하여야 한다.
②송달할 서류의 제출에 갈음하여 조서, 그 밖의 서면을 작성한 때에는 그 등본이나 초본을 교부하여야 한다.

제179조(소송무능력자에게 할 송달)
소송무능력자에게 할 송달은 그의 법정대리인에게 한다.

제180조(공동대리인에게 할 송달)
여러 사람이 공동으로 대리권을 행사하는 경우의 송달은 그 가운데 한 사람에게 하면 된다.

제181조(군관계인에게 할 송달) 군사용의 청사 또는 선박에 속하여 있는 사람에게 할 송달은 그 청사 또는 선박의 장에게 한다.

제182조(구속된 사람 등에게 할 송달)
교도소·구치소 또는 국가경찰관서의 유치장에 체포·구속 또는 유치(留置)된 사람에게 할 송달은 교도소·구치소 또는 국가경찰관서의 장에게 한다. <개정 2006.2.21.>

제183조(송달장소) ①송달은 받을 사람의 주소·거소·영업소 또는 사무소(이하 "주소등"이라 한다)에서 한다. 다만, 법정대리인에게 할 송달은 본인의 영업소나 사무소에서도 할 수 있다.
②제1항의 장소를 알지 못하거나 그 장소에서 송달할 수 없는 때에는 송달받을 사람이 고용·위임 그 밖에 법률상 행위로 취업하고 있는 다른 사람의 주소등(이하 "근무장소"라 한다)에서 송달할 수 있다.
③송달받을 사람의 주소등 또는 근무장소가 국내에 없거나 알 수 없는 때에는 그를 만나는 장소에서 송달할 수 있다.
④주소등 또는 근무장소가 있는 사람의 경우에도 송달받기를 거부하지 아니하면 만나는 장소에서 송달할 수 있다.

제184조(송달받을 장소의 신고) 당사자·법정대리인 또는 소송대리인은 주소등 외의 장소(대한민국안의 장소로 한정한다)를 송달받을 장소로 정하여 법원에 신고할 수 있다. 이 경우에는 송달 영수인을 정하여 신고할 수 있다.

제185조(송달장소변경의 신고의무)
①당사자·법정대리인 또는 소송대리인이 송달받을 장소를 바꿀 때에는 바로 그 취지를 법원에 신고하여야 한다.
②제1항의 신고를 하지 아니한 사람에게 송달할 서류는 달리 송달할 장소를 알 수 없는 경우 종전에 송달받던 장소에 대법원규칙이 정하는 방법으로 발송할 수 있다.

제186조(보충송달 · 유치송달)
①근무장소 외의 송달할 장소에서 송달받을 사람을 만나지 못한 때에는 그 사무원, 피용자(被用者) 또는 동거인으로서 사리를 분별할 지능이 있는 사람에게 서류를 교부할 수 있다.
②근무장소에서 송달받을 사람을 만나지 못한 때에는 제183조제2항의 다른 사람 또는 그 법

정대리인이나 피용자 그 밖의 종업원으로서 사리를 분별할 지능이 있는 사람이 서류의 수령을 거부하지 아니하면 그에게 서류를 교부할 수 있다.
③서류를 송달받을 사람 또는 제1항의 규정에 의하여 서류를 넘겨받을 사람이 정당한 사유 없이 송달받기를 거부하는 때에는 송달할 장소에 서류를 놓아둘 수 있다.

제187조(우편송달) 제186조의 규정에 따라 송달할 수 없는 때에는 법원사무관등은 서류를 등기우편 등 대법원규칙이 정하는 방법으로 발송할 수 있다.

제188조(송달함 송달) ①제183조 내지 제187조의 규정에 불구하고 법원안에 송달할 서류를 넣을 함(이하 "송달함"이라 한다)을 설치하여 송달할 수 있다.
②송달함을 이용하는 송달은 법원사무관등이 한다.
③송달받을 사람이 송달함에서 서류를 수령하여 가지 아니한 경우에는 송달함에 서류를 넣은 지 3일이 지나면 송달된 것으로 본다.
④송달함의 이용절차와 수수료, 송달함을 이용하는 송달방법 및 송달함으로 송달할 서류에 관한 사항은 대법원규칙으로 정한다.

제189조(발신주의) 제185조제2항 또는 제187조의 규정에 따라 서류를 발송한 경우에는 발송한 때에 송달된 것으로 본다.

제190조(공휴일 등의 송달) ①당사자의 신청이 있는 때에는 공휴일 또는 해뜨기 전이나 해진 뒤에 집행관 또는 대법원규칙이 정하는 사람에 의하여 송달할 수 있다.
②제1항의 규정에 따라 송달하는 때에는 법원사무관등은 송달할 서류에 그 사유를 덧붙여 적어야 한다.
③제1항과 제2항의 규정에 어긋나는 송달은 서류를 교부받을 사람이 이를 영수한 때에만 효력을 가진다.

제191조(외국에서 하는 송달의 방법)
외국에서 하여야 하는 송달은 재판장이 그 나라에 주재하는 대한민국의 대사·공사·영사 또는 그 나라의 관할 공공기관에 촉탁한다.

제192조(전쟁에 나간 군인 또는 외국에 주재하는 군관계인 등에게 할 송달)
①전쟁에 나간 군대, 외국에 주둔하는 군대에 근무하는 사람 또는 군에 복무하는 선박의 승무원에게 할 송달은 재판장이 그 소속 사령관에게 촉탁한다.
②제1항의 송달에 대하여는 제181조의 규정을 준용한다.

제193조(송달통지) 송달한 기관은 송달에 관한 사유를 대법원규칙이 정하는 방법으로 법원에 알려야 한다.

제194조(공시송달의 요건) ①당사자의 주소등 또는 근무장소를 알 수 없는 경우 또는 외국에서 하여야 할 송달에 관하여 제191조의 규정에 따를 수 없거나 이에 따라도 효력이 없을 것으로 인정되는 경우에는 법원사무관등은 직권으로 또는 당사자의 신청에 따라 공시송달을 할 수 있다. <개정 2014.12.30.>
②제1항의 신청에는 그 사유를 소명하여야 한다.
③재판장은 제1항의 경우에 소송의 지연을 피하기 위하여 필요하다고 인정하는 때에는 공시송달을 명할 수 있다. <신설 2014.12.30.>
④재판장은 직권으로 또는 신청에 따라 법원사무관등의 공시송달처분을 취소할 수 있다. <신설 2014.12.30.>

제195조(공시송달의 방법) 공시송달은 법원사무관등이 송달할 서류를 보관하고 그 사유를 법원게시판에 게시하거나, 그 밖에 대법원규칙이 정하는 방법에 따라서 하여야 한다.

제196조(공시송달의 효력발생) ①첫 공시송달은 제195조의 규정에 따라 실시한 날부터 2주가 지나야 효력이 생긴다. 다만, 같은 당사자에게 하는 그 뒤의 공시송달은 실시한 다음 날부터 효력이 생긴다.
②외국에서 할 송달에 대한 공시송달의 경우에는 제1항 본문의 기간은 2월로 한다.
③제1항 및 제2항의 기간은 줄일 수 없다.

제197조(수명법관 등의 송달권한) 수명법관 및 수탁판사와 송달하는 곳의 지방법원판사도 송달에 대한 재판장의 권한을 행사할 수 있다.

제5절 재판

제198조(종국판결) 법원은 소송의 심리를 마치고 나면 종국판결(終局判決)을 한다.

제199조(종국판결 선고기간) 판결은 소가 제기된 날부터 5월 이내에 선고한다. 다만, 항소심 및 상고심에서는 기록을 받은 날부터 5월 이내에 선고한다.

제200조(일부판결) ①법원은 소송의 일부에 대한 심리를 마친 경우 그 일부에 대한 종국판결을 할 수 있다.
②변론을 병합한 여러 개의 소송 가운데 한 개의 심리를 마친 경우와, 본소(本訴)나 반소의 심리를 마친 경우에는 제1항의 규정을 준용한다.

제201조(중간판결) ①법원은 독립된 공격 또는 방어의 방법, 그 밖의 중간의 다툼에 대하여 필요한 때에는 중간판결(中間判決)을 할 수 있다.
②청구의 원인과 액수에 대하여 다툼이 있는 경우에 그 원인에 대하여도 중간판결을 할 수 있다.

제202조(자유심증주의) 법원은 변론 전체의 취지와 증거조사의 결과를 참작하여 자유로운 심증으로 사회정의와 형평의 이념에 입각하여 논리와 경험의 법칙에 따라 사실주장이 진실한지 아닌지를 판단한다.

제202조의2(손해배상 액수의 산정) 손해가 발생한 사실은 인정되나 구체적인 손해의 액수를 증명하는 것이 사안의 성질상 매우 어려운 경우에 법원은 변론 전체의 취지와 증거조사의 결과에 의하여 인정되는 모든 사정을 종합하여 상당하다고 인정되는 금액을 손해배상 액수로 정할 수 있다. [본조신설 2016.3.29.]

제203조(처분권주의) 법원은 당사자가 신청하지 아니한 사항에 대하여는 판결하지 못한다.

제204조(직접주의) ①판결은 기본이 되는 변론에 관여한 법관이 하여야 한다.
②법관이 바뀐 경우에 당사자는 종전의 변론결과를 진술하여야 한다.
③단독사건의 판사가 바뀐 경우에 종전에 신문한 증인에 대하여 당사자가 다시 신문신청을 한 때에는 법원은 그 신문을 하여야 한다. 합의부 법관의 반수 이상이 바뀐 경우에도 또한 같다.

제205조(판결의 효력발생) 판결은 선고로 효력이 생긴다.

제206조(선고의 방식) 판결은 재판장이 판결원본에 따라 주문을 읽어 선고하며, 필요한 때에는 이유를 간략히 설명할 수 있다.

제207조(선고기일) ①판결은 변론이 종결된 날부터 2주 이내에 선고하여야 하며, 복잡한 사건이나 그 밖의 특별한 사정이 있는 때에도 변론이 종결된 날부터 4주를 넘겨서는 아니 된다.
②판결은 당사자가 출석하지 아니하여도 선고할 수 있다.

제208조(판결서의 기재사항 등) ①판결서에는 다음 각호의 사항을 적고, 판결한 법관이 서명날인하여야 한다.
1. 당사자와 법정대리인
2. 주문
3. 청구의 취지 및 상소의 취지
4. 이유
5. 변론을 종결한 날짜. 다만, 변론 없이 판결하는 경우에는 판결을 선고하는 날짜
6. 법원
②판결서의 이유에는 주문이 정당하다는 것을 인정할 수 있을 정도로 당사자의 주장, 그 밖의 공격·방어방법에 관한 판단을 표시한다.
③제2항의 규정에 불구하고 제1심 판결로서 다음 각호 가운데 어느 하나에 해당하는 경우에는 청구를 특정함에 필요한 사항과 제216조제2항의 판단에 관한 사항만을 간략하게 표시할 수 있다.
1. 제257조의 규정에 의한 무변론 판결
2. 제150조제3항이 적용되는 경우의 판결
3. 피고가 제194조 내지 제196조의 규정에 의한 공시송달로 기일통지를 받고 변론기일에 출석하지 아니한 경우의 판결
④법관이 판결서에 서명날인함에 지장이 있는 때에는 다른 법관이 판결에 그 사유를 적고 서명날인하여야 한다.

제209조(법원사무관등에 대한 교부)
판결서는 선고한 뒤에 바로 법원사무관등에게 교부하여야 한다.

제210조(판결서의 송달) ①법원사무관등은 판결서를 받은 날부터 2주 이내에 당사자에게 송달하여야 한다.
②판결서는 정본으로 송달한다.

제211조(판결의 경정) ①판결에 잘못된 계산이나 기재, 그 밖에 이와 비슷한 잘못이 있음이 분명한 때에 법원은 직권으로 또는 당사자의 신청에 따라 경정결정(更正決定)을 할 수 있다.
②경정결정은 판결의 원본과 정본에 덧붙여 적어야 한다. 다만, 정본에 덧붙여 적을 수 없을 때에는 결정의 정본을 작성하여 당사자에게 송달하여야 한다.
③경정결정에 대하여는 즉시항고를 할 수 있다. 다만, 판결에 대하여 적법한 항소가 있는 때에는 그러하지 아니하다.

제212조(재판의 누락) ①법원이 청구의 일부에 대하여 재판을 누락한 경우에 그 청구부분에 대하여는 그 법원이 계속하여 재판한다.
②소송비용의 재판을 누락한 경우에는 법원은 직권으로 또는 당사자의 신청에 따라 그

소송비용에 대한 재판을 한다. 이 경우 제114조의 규정을 준용한다.
③제2항의 규정에 따른 소송비용의 재판은 본안판결에 대하여 적법한 항소가 있는 때에는 그 효력을 잃는다. 이 경우 항소법원은 소송의 총비용에 대하여 재판을 한다.

판례-혼인의무효

[대법원 2015.6.23, 선고, 2013므2397, 판결]

【판시사항】
재판상 이혼의 경우, 당사자의 청구가 없더라도 법원이 직권으로 미성년자인 자녀에 대한 친권자 및 양육자를 정하여야 하는지 여부(적극) / 법원이 이혼 판결을 선고하면서 미성년자인 자녀에 대한 친권자 및 양육자를 정하지 않은 경우, 재판의 누락이 있는지 여부(적극)

【판결요지】
이혼 과정에서 친권자 및 자녀의 양육책임에 관한 사항을 의무적으로 정하도록 한 민법 제837조 제1항, 제2항, 제4항 전문, 제843조, 제909조 제5항의 문언 내용 및 이혼 과정에서 자녀의 복리를 보장하기 위한 위 규정들의 취지와 아울러, 이혼 시 친권자 지정 및 양육에 관한 사항의 결정에 관한 민법 규정의 개정 경위와 변천 과정, 친권과 양육권의 관계 등을 종합하면, 재판상 이혼의 경우에 당사자의 청구가 없다 하더라도 법원은 직권으로 미성년자인 자녀에 대한 친권자 및 양육자를 정하여야 하며, 따라서 법원이 이혼 판결을 선고하면서 미성년자인 자녀에 대한 친권자 및 양육자를 정하지 아니하였다면 재판의 누락이 있다.

제213조(가집행의 선고) ①재산권의 청구에 관한 판결은 가집행(假執行)의 선고를 붙이지 아니할 상당한 이유가 없는 한 직권으로 담보를 제공하거나, 제공하지 아니하고 가집행을 할 수 있다는 것을 선고하여야 한다. 다만, 어음금·수표금 청구에 관한 판결에는 담보를 제공하게 하지 아니하고 가집행의 선고를 하여야 한다.
②법원은 직권으로 또는 당사자의 신청에 따라 채권전액을 담보로 제공하고 가집행을 면제받을 수 있다는 것을 선고할 수 있다.
③제1항 및 제2항의 선고는 판결주문에 적어야 한다.

제214조(소송비용담보규정의 준용)
제213조의 담보에는 제122조·제123조·제125조 및 제126조의 규정을 준용한다.

제215조(가집행선고의 실효, 가집행의 원상회복과 손해배상) ①가집행의 선고는 그 선고 또는 본안판결을 바꾸는 판결의 선고로 바뀌는 한도에서 그 효력을 잃는다.
②본안판결을 바꾸는 경우에는 법원은 피고의 신청에 따라 그 판결에서 가집행의 선고에 따라 지급한 물건을 돌려 줄 것과, 가집행으로 말미암은 손해 또는 그 면제를 받기 위하여 입은 손해를 배상할 것을 원고에게 명하여야 한다.
③가집행의 선고를 바꾼 뒤 본안판결을 바꾸는 경우에는 제2항의 규정을 준용한다.

제216조(기판력의 객관적 범위) ①확정판결(確定判決)은 주문에 포함된 것에 한하여 기판력(旣判力)을 가진다.
②상계를 주장한 청구가 성립되는지 아닌지의 판단은 상계하자고 대항한 액수에 한하여 기판력을 가진다.

판례-손해배상및매매대금반환

[대법원 2019.1.17., 선고, 2018다24349, 판결]

【판시사항】

확정판결에 의한 채권의 소멸시효기간인 10년의 경과가 임박한 경우, 시효중단을 위한 재소(再訴)에 소의 이익이 있는지 여부(적극) / 시효중단을 위한 후소 절차에서 채무자인 피고가 전소의 변론종결 후에 발생한 변제, 상계, 면제 등과 같은 채권소멸사유를 들어 항변할 수 있는지 여부(적극) 및 이는 소멸시효 완성의 경우에도 마찬가지인지 여부(적극) / 후소가 전소 판결이 확정된 후 10년이 지나 제기되었더라도 법원은 채무자인 피고의 항변에 따라 원고의 채권이 소멸시효 완성으로 소멸하였는지에 관한 본안판단을 하여야 하는지 여부(원칙적 적극)

【판결요지】
확정된 승소판결에는 기판력이 있으므로 승소 확정판결을 받은 당사자가 전소의 상대방을 상대로 다시 승소 확정판결의 전소(前訴)와 동일한 청구의 소를 제기하는 경우, 특별한 사정이 없는 한 후소(後訴)는 권리보호의 이익이 없어 부적법하다. 하지만 예외적으로 확정판결에 의한 채권의 소멸시효기간인 10년의 경과가 임박한 경우에는 그 시효중단을 위한 소는 소의 이익이 있다. 이는 승소판결이 확정된 후 그 채권의 소멸시효기간인 10년의 경과가 임박하지 않은 상태에서 굳이 다시 동일한 소를 제기하는 것은 확정판결의 기판력에 비추어 권리보호의 이익을 인정할 수 없으나, 그 기간의 경과가 임박한 경우에는 시효중단을 위한 필요성이 있으므로 후소를 제기할 소의 이익을 인정하는 것이다.
한편 시효중단을 위한 후소의 판결은 전소의 승소 확정판결의 내용에 저촉되어서는 아니 되므로, 후소 법원으로서는 그 확정된 권리를 주장할 수 있는 모든 요건이 구비되어 있는지에 관하여 다시 심리할 수 없으나, 위 후소 판결의 기판력은 후소의 변론종결 시를 기준으로 발생하므로, 전소의 변론종결 후에 발생한 변제, 상계, 면제 등과 같은 채권소멸사유는 후소의 심리대상이 된다. 따라서 채무자인 피고는 후소 절차에서 위와 같은 사유를 들어 항변할 수 있고 심리 결과 그 주장이 인정되면 법원은 원고의 청구를 기각하여야 한다. 이는 채권의 소멸사유 중 하나인 소멸시효 완성의 경우에도 마찬가지이다.
이처럼 판결이 확정된 채권의 소멸시효기간의 경과가 임박하였는지 여부에 따라 시효중단을 위한 후소의 권리보호이익을 달리 보는 취지와 채권의 소멸시효 완성이 갖는 효과 등을 고려해 보면, 시효중단을 위한 후소를 심리하는 법원으로서는 전소 판결이 확정된 후 소멸시효가 중단된 적이 있어 그 중단사유가 종료한 때로부터 새로이 진행된 소멸시효기간의 경과가 임박하지 않아 시효중단을 위한 재소(再訴)의 이익을 인정할 수 없다는 등의 특별한 사정이 없는 한, 후소가 전소 판결이 확정된 후 10년이 지나 제기되었다 하더라도 곧바로 소의 이익이 없다고 하여 소를 각하해서는 아니 되고, 채무자인 피고의 항변에 따라 원고의 채권이 소멸시효 완성으로 소멸하였는지에 관한 본안판단을 하여야 한다.

제217조(외국재판의 승인) ①외국법원의 확정판결 또는 이와 동일한 효력이 인정되는 재판(이하 "확정재판등"이라 한다)은 다음 각호의 요건을 모두 갖추어야 승인된다. <개정 2014.5.20.>
1. 대한민국의 법령 또는 조약에 따른 국제재판관할의 원칙상 그 외국법원의 국제재판관할권이 인정될 것
2. 패소한 피고가 소장 또는 이에 준하는 서면 및 기일통지서나 명령을 적법한 방식에 따라 방어에 필요한 시간여유를 두고 송달받았거나(공시송달이나 이와 비슷한 송달에 의한 경우를 제외한다) 송달받지 아니하였더라도 소송에 응하였을 것
3. 그 확정재판등의 내용 및 소송절차에 비추어 그 확정재판등의 승인이 대한민국의 선량한 풍속이나 그 밖의 사회질서에 어긋나지 아니할 것
4. 상호보증이 있거나 대한민국과 그 외국법원이 속하는 국가에 있어 확정재판등의 승인요건이 현저히 균형을 상실하지 아니하고 중요한 점에서 실질적으로 차이가 없을 것
② 법원은 제1항의 요건이 충족되었는지에 관하여 직권으로 조사하여야 한다. <신설 2014.5.20.>
[제목개정 2014.5.20.]

제217조의2(손해배상에 관한 확정재판등의 승인) ①법원은 손해배상에 관한 확정재판등이 대한민국의 법률 또는 대한민국이 체결한 국제조약의 기본질서에 현저히 반하는 결과를

초래할 경우에는 해당 확정재판등의 전부 또는 일부를 승인할 수 없다.
②법원은 제1항의 요건을 심리할 때에는 외국법원이 인정한 손해배상의 범위에 변호사보수를 비롯한 소송과 관련된 비용과 경비가 포함되는지와 그 범위를 고려하여야 한다.
[본조신설 2014.5.20.]

제218조(기판력의 주관적 범위) ①확정판결은 당사자, 변론을 종결한 뒤의 승계인(변론 없이 한 판결의 경우에는 판결을 선고한 뒤의 승계인) 또는 그를 위하여 청구의 목적물을 소지한 사람에 대하여 효력이 미친다.
②제1항의 경우에 당사자가 변론을 종결할 때(변론 없이 한 판결의 경우에는 판결을 선고할 때)까지 승계사실을 진술하지 아니한 때에는 변론을 종결한 뒤(변론 없이 한 판결의 경우에는 판결을 선고한 뒤)에 승계한 것으로 추정한다.
③다른 사람을 위하여 원고나 피고가 된 사람에 대한 확정판결은 그 다른 사람에 대하여도 효력이 미친다.
④가집행의 선고에는 제1항 내지 제3항의 규정을 준용한다.

제219조(변론 없이 하는 소의 각하)
부적법한 소로서 그 흠을 보정할 수 없는 경우에는 변론 없이 판결로 소를 각하할 수 있다.

제220조(화해, 청구의 포기 · 인낙조서의 효력) 화해, 청구의 포기·인낙을 변론조서·변론준비기일조서에 적은 때에는 그 조서는 확정판결과 같은 효력을 가진다.

제221조(결정 · 명령의 고지) ①결정과 명령은 상당한 방법으로 고지하면 효력을 가진다.
②법원사무관등은 고지의 방법·장소와 날짜를 재판의 원본에 덧붙여 적고 날인하여야 한다.

제222조(소송지휘에 관한 재판의 취소)
소송의 지휘에 관한 결정과 명령은 언제든지 취소할 수 있다.

제223조(법원사무관등의 처분에 대한 이의)
법원사무관등의 처분에 관한 이의신청에 대하여는 그 법원사무관등이 속한 법원이 결정으로 재판한다.

제224조(판결규정의 준용) ①성질에 어긋나지 아니하는 한, 결정과 명령에는 판결에 관한 규정을 준용한다. 다만, 법관의 서명은 기명으로 갈음할 수 있고, 이유를 적는 것을 생략할 수 있다.
②이 법에 따른 과태료재판에는 비송사건절차법 제248조 및 제250조 가운데 검사에 관한 규정을 적용하지 아니한다.

제6절 화해권고결정

제225조(결정에 의한 화해권고) ①법원·수명법관 또는 수탁판사는 소송에 계속중인 사건에 대하여 직권으로 당사자의 이익, 그 밖의 모든 사정을 참작하여 청구의 취지에 어긋나지 아니하는 범위안에서 사건의 공평한 해결을 위한 화해권고결정(和解勸告決定)을 할 수 있다.
②법원사무관등은 제1항의 결정내용을 적은 조서 또는 결정서의 정본을 당사자에게 송달하여야 한다. 다만, 그 송달은 제185조제2항·제187조 또는 제194조에 규정한 방법으로는 할 수 없다.

제226조(결정에 대한 이의신청) ①당사자는 제225조의 결정에 대하여 그 조서 또는 결정서의 정본을 송달받은 날부터 2주 이내에 이의를 신청할 수 있다. 다만, 그 정본이 송달되기 전에도 이의를 신청할 수 있다.
②제1항의 기간은 불변기간으로 한다.

제227조(이의신청의 방식) ①이의신청은 이의신청서를 화해권고결정을 한 법원에 제출함으로써 한다.
②이의신청서에는 다음 각호의 사항을 적어야 한다.
1. 당사자와 법정대리인
2. 화해권고결정의 표시와 그에 대한 이의신청의 취지
③이의신청서에는 준비서면에 관한 규정을 준용한다.
④제226조제1항의 규정에 따라 이의를 신청한 때에는 이의신청의 상대방에게 이의신청서의 부본을 송달하여야 한다.

제228조(이의신청의 취하) ①이의신청을 한 당사자는 그 심급의 판결이 선고될 때까지 상대방의 동의를 얻어 이의신청을 취하할 수 있다.
②제1항의 취하에는 제266조제3항 내지 제6항을 준용한다. 이 경우 "소"는 "이의신청"으로 본다.

제229조(이의신청권의 포기) ①이의신청권은 그 신청전까지 포기할 수 있다.
②이의신청권의 포기는 서면으로 하여야 한다.
③제2항의 서면은 상대방에게 송달하여야 한다.

제230조(이의신청의 각하) ①법원·수명법관 또는 수탁판사는 이의신청이 법령상의 방식에 어긋나거나 신청권이 소멸된 뒤의 것임이 명백한 경우에는 그 흠을 보정할 수 없으면 결정으로 이를 각하하여야 하며, 수명법관 또는 수탁판사가 각하하지 아니한 때에는 수소법원이 결정으로 각하한다.
②제1항의 결정에 대하여는 즉시항고를 할 수 있다.

제231조(화해권고결정의 효력) 화해권고결정은 다음 각호 가운데 어느 하나에 해당하면 재판상 화해와 같은 효력을 가진다.
1. 제226조제1항의 기간 이내에 이의신청이 없는 때
2. 이의신청에 대한 각하결정이 확정된 때
3. 당사자가 이의신청을 취하하거나 이의신청권을 포기한 때

제232조(이의신청에 의한 소송복귀 등)
①이의신청이 적법한 때에는 소송은 화해권고결정 이전의 상태로 돌아간다. 이 경우 그 이전에 행한 소송행위는 그대로 효력을 가진다.
②화해권고결정은 그 심급에서 판결이 선고된 때에는 그 효력을 잃는다.

제7절 소송절차의 중단과 중지

제233조(당사자의 사망으로 말미암은 중단)
①당사자가 죽은 때에 소송절차는 중단된다. 이 경우 상속인·상속재산관리인, 그 밖에 법률에 의하여 소송을 계속하여 수행할 사람이 소송절차를 수계(受繼)하여야 한다.
②상속인은 상속포기를 할 수 있는 동안 소송절차를 수계하지 못한다.

제234조(법인의 합병으로 말미암은 중단)
당사자인 법인이 합병에 의하여 소멸된 때에 소송절차는 중단된다. 이 경우 합병에 의하여 설립된 법인 또는 합병한 뒤의 존속법인이 소송절차를 수계하여야 한다.

제235조(소송능력의 상실, 법정대리권의 소멸로 말미암은 중단) 당사자가 소송능력을 잃은 때 또는 법정대리인이 죽거나 대리권을 잃은 때에 소송절차는 중단된다. 이 경우 소송능력을 회복한 당사자 또는 법정대리인이 된 사람이 소송절차를 수계하여야 한다.

제236조(수탁자의 임무가 끝남으로 말미암은 중단) 신탁으로 말미암은 수탁자의 위탁임무가 끝난 때에 소송절차는 중단된다. 이 경우 새로운 수탁자가 소송절차를 수계하여야 한다.

제237조(자격상실로 말미암은 중단)
①일정한 자격에 의하여 자기 이름으로 남을 위하여 소송당사자가 된 사람이 그 자격을 잃거나 죽은 때에 소송절차는 중단된다. 이 경우 같은 자격을 가진 사람이 소송절차를 수계하여야 한다.
②제53조의 규정에 따라 당사자가 될 사람을 선정한 소송에서 선정된 당사자 모두가 자격을 잃거나 죽은 때에 소송절차는 중단된다. 이 경우 당사자를 선정한 사람 모두 또는 새로 당사자로 선정된 사람이 소송절차를 수계하여야 한다.

제238조(소송대리인이 있는 경우의 제외)
소송대리인이 있는 경우에는 제233조제1항, 제234조 내지 제237조의 규정을 적용하지 아니한다.

제239조(당사자의 파산으로 말미암은 중단)
당사자가 파산선고를 받은 때에 파산재단에 관한 소송절차는 중단된다. 이 경우 「채무자 회생 및 파산에 관한 법률」에 따른 수계가 이루어지기 전에 파산절차가 해지되면 파산선고를 받은 자가 당연히 소송절차를 수계한다. <개정 2005.3.31.>

제240조(파산절차의 해지로 말미암은 중단)
「채무자 회생 및 파산에 관한 법률」에 따라 파산재단에 관한 소송의 수계가 이루어진 뒤 파산절차가 해지된 때에 소송절차는 중단된다. 이 경우 파산선고를 받은 자가 소송절차를 수계하여야 한다. <개정 2005.3.31.>

제241조(상대방의 수계신청권) 소송절차의 수계신청은 상대방도 할 수 있다.

제242조(수계신청의 통지) 소송절차의 수계신청이 있는 때에는 법원은 상대방에게 이를 통지하여야 한다.

제243조(수계신청에 대한 재판)
①소송절차의 수계신청은 법원이 직권으로 조사하여 이유가 없다고 인정한 때에는 결정으로 기각하여야 한다.
②재판이 송달된 뒤에 중단된 소송절차의 수계에 대하여는 그 재판을 한 법원이 결정하여야 한다.

제244조(직권에 의한 속행명령)
법원은 당사자가 소송절차를 수계하지 아니하는 경우에 직권으로 소송절차를 계속하여 진행하도록 명할 수 있다.

제245조(법원의 직무집행 불가능으로 말미암은 중지) 천재지변, 그 밖의 사고로 법원이 직무를 수행할 수 없을 경우에 소송절차는 그 사고가 소멸될 때까지 중지된다.

제246조(당사자의 장애로 말미암은 중지)
①당사자가 일정하지 아니한 기간동안 소송행위를 할 수 없는 장애사유가 생긴 경우에는 법원은 결정으로 소송절차를 중지하도록 명할 수 있다.
②법원은 제1항의 결정을 취소할 수 있다.

제247조(소송절차 정지의 효과)
①판결의 선고는 소송절차가 중단된 중에도 할 수 있다.
②소송절차의 중단 또는 중지는 기간의 진행을 정지시키며, 소송절차의 수계사실을 통지한 때 또는 소송절차를 다시 진행한 때부터 전체기간이 새로이 진행된다.

제2편 제1심의 소송절차

제1장 소의 제기

제248조(소제기의 방식) 소는 법원에 소장을 제출함으로써 제기한다.

제249조(소장의 기재사항) ①소장에는 당사자와 법정대리인, 청구의 취지와 원인을 적어야 한다.
②소장에는 준비서면에 관한 규정을 준용한다.

제250조(증서의 진정여부를 확인하는 소)
확인의 소는 법률관계를 증명하는 서면이 진정한지 아닌지를 확정하기 위하여서도 제기할 수 있다.

제251조(장래의 이행을 청구하는 소)
장래에 이행할 것을 청구하는 소는 미리 청구할 필요가 있어야 제기할 수 있다.

제252조(정기금판결과 변경의 소)
①정기금(定期金)의 지급을 명한 판결이 확정된 뒤에 그 액수산정의 기초가 된 사정이 현저하게 바뀜으로써 당사자 사이의 형평을 크게 침해할 특별한 사정이 생긴 때에는 그 판결의 당사자는 장차 지급할 정기금 액수를 바꾸어 달라는 소를 제기할 수 있다.
②제1항의 소는 제1심 판결법원의 전속관할로 한다.

제253조(소의 객관적 병합) 여러 개의 청구는 같은 종류의 소송절차에 따르는 경우에만 하나의 소로 제기할 수 있다.

제254조(재판장등의 소장심사권) ①소장이 제249조제1항의 규정에 어긋나는 경우와 소장에 법률의 규정에 따른 인지를 붙이지 아니한 경우에는 재판장은 상당한 기간을 정하고, 그 기간 이내에 흠을 보정하도록 명하여야 한다. 재판장은 법원사무관등으로 하여금 위 보정명령을 하게 할 수 있다. <개정 2014.12.30.>
②원고가 제1항의 기간 이내에 흠을 보정하지 아니한 때에는 재판장은 명령으로 소장을 각하하여야 한다.
③제2항의 명령에 대하여는 즉시항고를 할 수 있다.
④재판장은 소장을 심사하면서 필요하다고 인정하는 경우에는 원고에게 청구하는 이유에

대응하는 증거방법을 구체적으로 적어 내도록 명할 수 있으며, 원고가 소장에 인용한 서증(書證)의 등본 또는 사본을 붙이지 아니한 경우에는 이를 제출하도록 명할 수 있다.
[제목개정 2014.12.30.]

제255조(소장부본의 송달) ①법원은 소장의 부본을 피고에게 송달하여야 한다.
②소장의 부본을 송달할 수 없는 경우에는 제254조제1항 내지 제3항의 규정을 준용한다.

제256조(답변서의 제출의무) ①피고가 원고의 청구를 다투는 경우에는 소장의 부본을 송달받은 날부터 30일 이내에 답변서를 제출하여야 한다. 다만, 피고가 공시송달의 방법에 따라 소장의 부본을 송달받은 경우에는 그러하지 아니하다.
②법원은 소장의 부본을 송달할 때에 제1항의 취지를 피고에게 알려야 한다.
③법원은 답변서의 부본을 원고에게 송달하여야 한다.
④답변서에는 준비서면에 관한 규정을 준용한다.

제257조(변론 없이 하는 판결) ①법원은 피고가 제256조제1항의 답변서를 제출하지 아니한 때에는 청구의 원인이 된 사실을 자백한 것으로 보고 변론 없이 판결할 수 있다. 다만, 직권으로 조사할 사항이 있거나 판결이 선고되기까지 피고가 원고의 청구를 다투는 취지의 답변서를 제출한 경우에는 그러하지 아니하다.
②피고가 청구의 원인이 된 사실을 모두 자백하는 취지의 답변서를 제출하고 따로 항변을 하지 아니한 때에는 제1항의 규정을 준용한다.
③법원은 피고에게 소장의 부본을 송달할 때에 제1항 및 제2항의 규정에 따라 변론 없이 판결을 선고할 기일을 함께 통지할 수 있다.

제258조(변론기일의 지정) ①재판장은 제257조제1항 및 제2항에 따라 변론 없이 판결하는 경우 외에는 바로 변론기일을 정하여야 한다. 다만, 사건을 변론준비절차에 부칠 필요가 있는 경우에는 그러하지 아니하다.
②재판장은 변론준비절차가 끝난 경우에는 바로 변론기일을 정하여야 한다.
[전문개정 2008.12.26.]

제259조(중복된 소제기의 금지) 법원에 계속되어 있는 사건에 대하여 당사자는 다시 소를 제기하지 못한다.

제260조(피고의 경정) ①원고가 피고를 잘못 지정한 것이 분명한 경우에는 제1심 법원은 변론을 종결할 때까지 원고의 신청에 따라 결정으로 피고를 경정하도록 허가할 수 있다. 다만, 피고가 본안에 관하여 준비서면을 제출하거나, 변론준비기일에서 진술하거나 변론을 한 뒤에는 그의 동의를 받아야 한다.
②피고의 경정은 서면으로 신청하여야 한다.
③제2항의 서면은 상대방에게 송달하여야 한다. 다만, 피고에게 소장의 부본을 송달하지 아니한 경우에는 그러하지 아니하다.
④피고가 제3항의 서면을 송달받은 날부터 2주 이내에 이의를 제기하지 아니하면 제1항 단서와 같은 동의를 한 것으로 본다.

제261조(경정신청에 관한 결정의 송달 등)
①제260조제1항의 신청에 대한 결정은 피고에게 송달하여야 한다. 다만, 피고에게 소장의 부본을 송달하지 아니한 때에는 그러하지 아니하다.
②신청을 허가하는 결정을 한 때에는 그 결정의 정본과 소장의 부본을 새로운 피고에게 송달하여야 한다.
③신청을 허가하는 결정에 대하여는 동의가 없었다는 사유로만 즉시항고를 할 수 있다.

④신청을 허가하는 결정을 한 때에는 종전의 피고에 대한 소는 취하된 것으로 본다.

제262조(청구의 변경) ①원고는 청구의 기초가 바뀌지 아니하는 한도안에서 변론을 종결할 때(변론 없이 한 판결의 경우에는 판결을 선고할 때)까지 청구의 취지 또는 원인을 바꿀 수 있다. 다만, 소송절차를 현저히 지연시키는 경우에는 그러하지 아니하다.
②청구취지의 변경은 서면으로 신청하여야 한다.
③제2항의 서면은 상대방에게 송달하여야 한다.

제263조(청구의 변경의 불허가) 법원이 청구의 취지 또는 원인의 변경이 옳지 아니하다고 인정한 때에는 직권으로 또는 상대방의 신청에 따라 변경을 허가하지 아니하는 결정을 하여야 한다.

제264조(중간확인의 소) ①재판이 소송의 진행중에 쟁점이 된 법률관계의 성립여부에 매인 때에 당사자는 따로 그 법률관계의 확인을 구하는 소를 제기할 수 있다. 다만, 이는 그 확인청구가 다른 법원의 관할에 전속되지 아니하는 때에 한한다.
②제1항의 청구는 서면으로 하여야 한다.
③제2항의 서면은 상대방에게 송달하여야 한다.

제265조(소제기에 따른 시효중단의 시기)
시효의 중단 또는 법률상 기간을 지킴에 필요한 재판상 청구는 소를 제기한 때 또는 제260조제2항·제262조제2항 또는 제264조제2항의 규정에 따라 서면을 법원에 제출한 때에 그 효력이 생긴다.

제266조(소의 취하) ①소는 판결이 확정될 때까지 그 전부나 일부를 취하할 수 있다.
②소의 취하는 상대방이 본안에 관하여 준비서면을 제출하거나 변론준비기일에서 진술하거나 변론을 한 뒤에는 상대방의 동의를 받아야 효력을 가진다.
③소의 취하는 서면으로 하여야 한다. 다만, 변론 또는 변론준비기일에서 말로 할 수 있다.
④소장을 송달한 뒤에는 취하의 서면을 상대방에게 송달하여야 한다.
⑤제3항 단서의 경우에 상대방이 변론 또는 변론준비기일에 출석하지 아니한 때에는 그 기일의 조서등본을 송달하여야 한다.
⑥소취하의 서면이 송달된 날부터 2주 이내에 상대방이 이의를 제기하지 아니한 경우에는 소취하에 동의한 것으로 본다. 제3항 단서의 경우에 있어서, 상대방이 기일에 출석한 경우에는 소를 취하한 날부터, 상대방이 기일에 출석하지 아니한 경우에는 제5항의 등본이 송달된 날부터 2주 이내에 상대방이 이의를 제기하지 아니하는 때에도 또한 같다.

제267조(소취하의 효과) ①취하된 부분에 대하여는 소가 처음부터 계속되지 아니한 것으로 본다.
②본안에 대한 종국판결이 있은 뒤에 소를 취하한 사람은 같은 소를 제기하지 못한다.

제268조(양 쪽 당사자가 출석하지 아니한 경우) ①양 쪽 당사자가 변론기일에 출석하지 아니하거나 출석하였다 하더라도 변론하지 아니한 때에는 재판장은 다시 변론기일을 정하여 양 쪽 당사자에게 통지하여야 한다.
②제1항의 새 변론기일 또는 그 뒤에 열린 변론기일에 양 쪽 당사자가 출석하지 아니하거나 출석하였다 하더라도 변론하지 아니한 때에는 1월 이내에 기일지정신청을 하지 아니하면 소를 취하한 것으로 본다.
③제2항의 기일지정신청에 따라 정한 변론기일 또는 그 뒤의 변론기일에 양쪽 당사자가 출석하지 아니하거나 출석하였다 하더라도 변론하지 아니한 때에는 소를 취하한 것으로 본다.
④상소심의 소송절차에는 제1항 내지 제3항의 규정을 준용한다. 다만, 상소심에서는 상소를

취하한 것으로 본다.

제269조(반소) ①피고는 소송절차를 현저히 지연시키지 아니하는 경우에만 변론을 종결할 때까지 본소가 계속된 법원에 반소를 제기할 수 있다. 다만, 소송의 목적이 된 청구가 다른 법원의 관할에 전속되지 아니하고 본소의 청구 또는 방어의 방법과 서로 관련이 있어야 한다.
②본소가 단독사건인 경우에 피고가 반소로 합의사건에 속하는 청구를 한 때에는 법원은 직권 또는 당사자의 신청에 따른 결정으로 본소와 반소를 합의부에 이송하여야 한다. 다만, 반소에 관하여 제30조의 규정에 따른 관할권이 있는 경우에는 그러하지 아니하다.

제270조(반소의 절차) 반소는 본소에 관한 규정을 따른다.

제271조(반소의 취하) 본소가 취하된 때에는 피고는 원고의 동의 없이 반소를 취하할 수 있다.

제2장 변론과 그 준비

제272조(변론의 집중과 준비) ①변론은 집중되어야 하며, 당사자는 변론을 서면으로 준비하여야 한다.
②단독사건의 변론은 서면으로 준비하지 아니할 수 있다. 다만, 상대방이 준비하지 아니하면 진술할 수 없는 사항은 그러하지 아니하다.

제273조(준비서면의 제출 등) 준비서면은 그것에 적힌 사항에 대하여 상대방이 준비하는 데 필요한 기간을 두고 제출하여야 하며, 법원은 상대방에게 그 부본을 송달하여야 한다.

제274조(준비서면의 기재사항) ①준비서면에는 다음 각호의 사항을 적고, 당사자 또는 대리인이 기명날인 또는 서명한다.
1. 당사자의 성명·명칭 또는 상호와 주소
2. 대리인의 성명과 주소
3. 사건의 표시
4. 공격 또는 방어의 방법
5. 상대방의 청구와 공격 또는 방어의 방법에 대한 진술
6. 덧붙인 서류의 표시
7. 작성한 날짜
8. 법원의 표시

②제1항제4호 및 제5호의 사항에 대하여는 사실상 주장을 증명하기 위한 증거방법과 상대방의 증거방법에 대한 의견을 함께 적어야 한다.

제275조(준비서면의 첨부서류) ①당사자가 가지고 있는 문서로서 준비서면에 인용한 것은 그 등본 또는 사본을 붙여야 한다.
②문서의 일부가 필요한 때에는 그 부분에 대한 초본을 붙이고, 문서가 많을 때에는 그 문서를 표시하면 된다.
③제1항 및 제2항의 문서는 상대방이 요구하면 그 원본을 보여주어야 한다.

제276조(준비서면에 적지 아니한 효과)
준비서면에 적지 아니한 사실은 상대방이 출석하지 아니한 때에는 변론에서 주장하지 못

한다. 다만, 제272조제2항 본문의 규정에 따라 준비서면을 필요로 하지 아니하는 경우에는 그러하지 아니하다.

제277조(번역문의 첨부) 외국어로 작성된 문서에는 번역문을 붙여야 한다.

제278조(요약준비서면) 재판장은 당사자의 공격방어방법의 요지를 파악하기 어렵다고 인정하는 때에는 변론을 종결하기에 앞서 당사자에게 쟁점과 증거의 정리 결과를 요약한 준비서면을 제출하도록 할 수 있다.

제279조(변론준비절차의 실시) ①변론준비절차에서는 변론이 효율적이고 집중적으로 실시될 수 있도록 당사자의 주장과 증거를 정리하여야 한다. <개정 2008.12.26.>
②재판장은 특별한 사정이 있는 때에는 변론기일을 연 뒤에도 사건을 변론준비절차에 부칠 수 있다.

제280조(변론준비절차의 진행) ①변론준비절차는 기간을 정하여, 당사자로 하여금 준비서면, 그 밖의 서류를 제출하게 하거나 당사자 사이에 이를 교환하게 하고 주장사실을 증명할 증거를 신청하게 하는 방법으로 진행한다.
②변론준비절차의 진행은 재판장이 담당한다.
③합의사건의 경우 재판장은 합의부원을 수명법관으로 지정하여 변론준비절차를 담당하게 할 수 있다.
④재판장은 필요하다고 인정하는 때에는 변론준비절차의 진행을 다른 판사에게 촉탁할 수 있다.

제281조(변론준비절차에서의 증거조사)
①변론준비절차를 진행하는 재판장, 수명법관, 제280조제4항의 판사(이하 "재판장등"이라 한다)는 변론의 준비를 위하여 필요하다고 인정하면 증거결정을 할 수 있다.
②합의사건의 경우에 제1항의 증거결정에 대한 당사자의 이의신청에 관하여는 제138조의 규정을 준용한다.
③재판장등은 제279조제1항의 목적을 달성하기 위하여 필요한 범위안에서 증거조사를 할 수 있다. 다만, 증인신문 및 당사자신문은 제313조에 해당되는 경우에만 할 수 있다.
④제1항 및 제3항의 경우에는 재판장등이 이 법에서 정한 법원과 재판장의 직무를 행한다.

제282조(변론준비기일) ①재판장등은 변론준비절차를 진행하는 동안에 주장 및 증거를 정리하기 위하여 필요하다고 인정하는 때에는 변론준비기일을 열어 당사자를 출석하게 할 수 있다.
②사건이 변론준비절차에 부쳐진 뒤 변론준비기일이 지정됨이 없이 4월이 지난 때에는 재판장등은 즉시 변론준비기일을 지정하거나 변론준비절차를 끝내야 한다.
③당사자는 재판장등의 허가를 얻어 변론준비기일에 제3자와 함께 출석할 수 있다.
④당사자는 변론준비기일이 끝날 때까지 변론의 준비에 필요한 주장과 증거를 정리하여 제출하여야 한다.
⑤재판장등은 변론준비기일이 끝날 때까지 변론의 준비를 위한 모든 처분을 할 수 있다.

제283조(변론준비기일의 조서) ①변론준비기일의 조서에는 당사자의 진술에 따라 제274조제1항제4호와 제5호에 규정한 사항을 적어야 한다. 이 경우 특히 증거에 관한 진술은 명확히 하여야 한다.
②변론준비기일의 조서에는 제152조 내지 제159조의 규정을 준용한다.

제284조(변론준비절차의 종결) ①재판장등은 다음 각호 가운데 어느 하나에 해당하면

변론준비절차를 종결하여야 한다. 다만, 변론의 준비를 계속하여야 할 상당한 이유가 있는 때에는 그러하지 아니하다.
1. 사건을 변론준비절차에 부친 뒤 6월이 지난 때
2. 당사자가 제280조제1항의 규정에 따라 정한 기간 이내에 준비서면 등을 제출하지 아니하거나 증거의 신청을 하지 아니한 때
3. 당사자가 변론준비기일에 출석하지 아니한 때
②변론준비절차를 종결하는 경우에 재판장등은 변론기일을 미리 지정할 수 있다.

제285조(변론준비기일을 종결한 효과)
①변론준비기일에 제출하지 아니한 공격방어방법은 다음 각호 가운데 어느 하나에 해당하여야만 변론에서 제출할 수 있다.
1. 그 제출로 인하여 소송을 현저히 지연시키지 아니하는 때
2. 중대한 과실 없이 변론준비절차에서 제출하지 못하였다는 것을 소명한 때
3. 법원이 직권으로 조사할 사항인 때
②제1항의 규정은 변론에 관하여 제276조의 규정을 적용하는 데에 영향을 미치지 아니한다.
③소장 또는 변론준비절차전에 제출한 준비서면에 적힌 사항은 제1항의 규정에 불구하고 변론에서 주장할 수 있다. 다만, 변론준비절차에서 철회되거나 변경된 때에는 그러하지 아니하다.

제286조(준용규정) 변론준비절차에는 제135조 내지 제138조, 제140조, 제142조 내지 제151조, 제225조 내지 제232조, 제268조 및 제278조의 규정을 준용한다.

제287조(변론준비절차를 마친 뒤의 변론)
①법원은 변론준비절차를 마친 경우에는 첫 변론기일을 거친 뒤 바로 변론을 종결할 수 있도록 하여야 하며, 당사자는 이에 협력하여야 한다.
②당사자는 변론준비기일을 마친 뒤의 변론기일에서 변론준비기일의 결과를 진술하여야 한다.
③법원은 변론기일에 변론준비절차에서 정리된 결과에 따라서 바로 증거조사를 하여야 한다.

제3장 증거

제1절 총칙

제288조(불요증사실) 법원에서 당사자가 자백한 사실과 현저한 사실은 증명을 필요로 하지 아니한다. 다만, 진실에 어긋나는 자백은 그것이 착오로 말미암은 것임을 증명한 때에는 취소할 수 있다.

제289조(증거의 신청과 조사)
①증거를 신청할 때에는 증명할 사실을 표시하여야 한다.
②증거의 신청과 조사는 변론기일전에도 할 수 있다.

제290조(증거신청의 채택여부) 법원은 당사자가 신청한 증거를 필요하지 아니하다고 인정한 때에는 조사하지 아니할 수 있다. 다만, 그것이 당사자가 주장하는 사실에 대한 유일한 증거인 때에는 그러하지 아니하다.

제291조(증거조사의 장애) 법원은 증거조사를 할 수 있을지, 언제 할 수 있을지 알 수 없는 경우에는 그 증거를 조사하지 아니할 수 있다.

제292조(직권에 의한 증거조사) 법원은 당사자가 신청한 증거에 의하여 심증을 얻을 수 없거나, 그 밖에 필요하다고 인정한 때에는 직권으로 증거조사를 할 수 있다.

제293조(증거조사의 집중) 증인신문과 당사자신문은 당사자의 주장과 증거를 정리한 뒤 집중적으로 하여야 한다.

제294조(조사의 촉탁) 법원은 공공기관·학교, 그 밖의 단체·개인 또는 외국의 공공기관에게 그 업무에 속하는 사항에 관하여 필요한 조사 또는 보관중인 문서의 등본·사본의 송부를 촉탁할 수 있다.

제295조(당사자가 출석하지 아니한 경우의 증거조사) 증거조사는 당사자가 기일에 출석하지 아니한 때에도 할 수 있다.

제296조(외국에서 시행하는 증거조사)
①외국에서 시행할 증거조사는 그 나라에 주재하는 대한민국 대사·공사·영사 또는 그 나라의 관할 공공기관에 촉탁한다.
②외국에서 시행한 증거조사는 그 나라의 법률에 어긋나더라도 이 법에 어긋나지 아니하면 효력을 가진다.

제297조(법원밖에서의 증거조사) ①법원은 필요하다고 인정할 때에는 법원밖에서 증거조사를 할 수 있다. 이 경우 합의부원에게 명하거나 다른 지방법원 판사에게 촉탁할 수 있다.
②수탁판사는 필요하다고 인정할 때에는 다른 지방법원 판사에게 증거조사를 다시 촉탁할 수 있다. 이 경우 그 사유를 수소법원과 당사자에게 통지하여야 한다.

제298조(수탁판사의 기록송부) 수탁판사는 증거조사에 관한 기록을 바로 수소법원에 보내야 한다.

제299조(소명의 방법) ①소명은 즉시 조사할 수 있는 증거에 의하여야 한다.
②법원은 당사자 또는 법정대리인으로 하여금 보증금을 공탁하게 하거나, 그 주장이 진실하다는 것을 선서하게 하여 소명에 갈음할 수 있다.
③제2항의 선서에는 제320조, 제321조제1항·제3항·제4항 및 제322조의 규정을 준용한다.

제300조(보증금의 몰취) 제299조제2항의 규정에 따라 보증금을 공탁한 당사자 또는 법정대리인이 거짓 진술을 한 때에 법원은 결정으로 보증금을 몰취(沒取)한다.

제301조(거짓 진술에 대한 제재) 제299조제2항의 규정에 따라 선서한 당사자 또는 법정대리인이 거짓 진술을 한 때에 법원은 결정으로 200만원 이하의 과태료에 처한다.

제302조(불복신청) 제300조 및 제301조의 결정에 대하여는 즉시항고를 할 수 있다.

제2절 증인신문

제303조(증인의 의무) 법원은 특별한 규정이 없으면 누구든지 증인으로 신문할 수 있다.

제304조(대통령 · 국회의장 · 대법원장 · 헌법재판소장의 신문) 대통령·국회의장·대법원장 및 헌법재판소장 또는 그 직책에 있었던 사람을 증인으로 하여 직무상 비밀에 관한 사항을 신문

할 경우에 법원은 그의 동의를 받아야 한다.

제305조(국회의원 · 국무총리 · 국무위원의 신문) ①국회의원 또는 그 직책에 있었던 사람을 증인으로 하여 직무상 비밀에 관한 사항을 신문할 경우에 법원은 국회의 동의를 받아야 한다.
②국무총리·국무위원 또는 그 직책에 있었던 사람을 증인으로 하여 직무상 비밀에 관한 사항을 신문할 경우에 법원은 국무회의의 동의를 받아야 한다.

제306조(공무원의 신문) 제304조와 제305조에 규정한 사람 외의 공무원 또는 공무원이었던 사람을 증인으로 하여 직무상 비밀에 관한 사항을 신문할 경우에 법원은 그 소속 관청 또는 감독 관청의 동의를 받아야 한다.

제307조(거부권의 제한) 제305조와 제306조의 경우에 국회·국무회의 또는 제306조의 관청은 국가의 중대한 이익을 해치는 경우를 제외하고는 동의를 거부하지 못한다.

제308조(증인신문의 신청) 당사자가 증인신문을 신청하고자 하는 때에는 증인을 지정하여 신청하여야 한다.

제309조(출석요구서의 기재사항) 증인에 대한 출석요구서에는 다음 각호의 사항을 적어야 한다.
1. 당사자의 표시
2. 신문 사항의 요지
3. 출석하지 아니하는 경우의 법률상 제재

제310조(증언에 갈음하는 서면의 제출)
①법원은 증인과 증명할 사항의 내용 등을 고려하여 상당하다고 인정하는 때에는 출석·증언에 갈음하여 증언할 사항을 적은 서면을 제출하게 할 수 있다.
②법원은 상대방의 이의가 있거나 필요하다고 인정하는 때에는 제1항의 증인으로 하여금 출석·증언하게 할 수 있다.

제311조(증인이 출석하지 아니한 경우의 과태료 등) ①증인이 정당한 사유 없이 출석하지 아니한 때에 법원은 결정으로 증인에게 이로 말미암은 소송비용을 부담하도록 명하고 500만원 이하의 과태료에 처한다.
②법원은 증인이 제1항의 규정에 따른 과태료의 재판을 받고도 정당한 사유 없이 다시 출석하지 아니한 때에는 결정으로 증인을 7일 이내의 감치(監置)에 처한다.
③법원은 감치재판기일에 증인을 소환하여 제2항의 정당한 사유가 있는지 여부를 심리하여야 한다.
④감치에 처하는 재판은 그 재판을 한 법원의 재판장의 명령에 따라 법원공무원 또는 경찰공무원이 경찰서유치장 · 교도소 또는 구치소에 유치함으로써 집행한다. <개정 2006.2.21., 2020.12.22.>
⑤감치의 재판을 받은 증인이 제4항에 규정된 감치시설에 유치된 때에는 당해 감치시설의 장은 즉시 그 사실을 법원에 통보하여야 한다.
⑥법원은 제5항의 통보를 받은 때에는 바로 증인신문기일을 열어야 한다.
⑦감치의 재판을 받은 증인이 감치의 집행중에 증언을 한 때에는 법원은 바로 감치결정을 취소하고 그 증인을 석방하도록 명하여야 한다.
⑧제1항과 제2항의 결정에 대하여는 즉시항고를 할 수 있다. 다만, 제447조의 규정은 적용하지 아니한다.
⑨제2항 내지 제8항의 규정에 따른 재판절차 및 그 집행 그 밖에 필요한 사항은 대법원규칙으로 정한다.

제312조(출석하지 아니한 증인의 구인) ①법원은 정당한 사유 없이 출석하지 아니한 증인을 구인(拘引)하도록 명할 수 있다.
②제1항의 구인에는 형사소송법의 구인에 관한 규정을 준용한다.

제313조(수명법관 · 수탁판사에 의한 증인신문) 법원은 다음 각호 가운데 어느 하나에 해당하면 수명법관 또는 수탁판사로 하여금 증인을 신문하게 할 수 있다.
1. 증인이 정당한 사유로 수소법원에 출석하지 못하는 때
2. 증인이 수소법원에 출석하려면 지나치게 많은 비용 또는 시간을 필요로 하는 때
3. 그 밖의 상당한 이유가 있는 경우로서 당사자가 이의를 제기하지 아니하는 때

제314조(증언거부권) 증인은 그 증언이 자기나 다음 각호 가운데 어느 하나에 해당하는 사람이 공소제기되거나 유죄판결을 받을 염려가 있는 사항 또는 자기나 그들에게 치욕이 될 사항에 관한 것인 때에는 이를 거부할 수 있다. <개정 2005.3.31.>
1. 증인의 친족 또는 이러한 관계에 있었던 사람
2. 증인의 후견인 또는 증인의 후견을 받는 사람

제315조(증언거부권) ①증인은 다음 각호 가운데 어느 하나에 해당하면 증언을 거부할 수 있다.
1. 변호사·변리사·공증인·공인회계사·세무사·의료인·약사, 그 밖에 법령에 따라 비밀을 지킬 의무가 있는 직책 또는 종교의 직책에 있거나 이러한 직책에 있었던 사람이 직무상 비밀에 속하는 사항에 대하여 신문을 받을 때
2. 기술 또는 직업의 비밀에 속하는 사항에 대하여 신문을 받을 때
②증인이 비밀을 지킬 의무가 면제된 경우에는 제1항의 규정을 적용하지 아니한다.

제316조(거부이유의 소명) 증언을 거부하는 이유는 소명하여야 한다.

제317조(증언거부에 대한 재판) ①수소법원은 당사자를 심문하여 증언거부가 옳은 지를 재판한다.
②당사자 또는 증인은 제1항의 재판에 대하여 즉시항고를 할 수 있다.

제318조(증언거부에 대한 제재) 증언의 거부에 정당한 이유가 없다고 한 재판이 확정된 뒤에 증인이 증언을 거부한 때에는 제311조제1항, 제8항 및 제9항의 규정을 준용한다.

제319조(선서의 의무) 재판장은 증인에게 신문에 앞서 선서를 하게 하여야 한다. 다만, 특별한 사유가 있는 때에는 신문한 뒤에 선서를 하게 할 수 있다.

제320조(위증에 대한 벌의 경고) 재판장은 선서에 앞서 증인에게 선서의 취지를 밝히고, 위증의 벌에 대하여 경고하여야 한다.

제321조(선서의 방식) ①선서는 선서서에 따라서 하여야 한다.
②선서서에는 "양심에 따라 숨기거나 보태지 아니하고 사실 그대로 말하며, 만일 거짓말을 하면 위증의 벌을 받기로 맹세합니다."라고 적어야 한다.
③재판장은 증인으로 하여금 선서서를 소리내어 읽고 기명날인 또는 서명하게 하며, 증인이 선서서를 읽지 못하거나 기명날인 또는 서명하지 못하는 경우에는 참여한 법원사무관등이나 그 밖의 법원공무원으로 하여금 이를 대신하게 한다.
④증인은 일어서서 엄숙하게 선서하여야 한다.

제322조(선서무능력) 다음 각호 가운데 어느 하나에 해당하는 사람을 증인으로 신문할 때에

는 선서를 시키지 못한다.
1. 16세 미만인 사람
2. 선서의 취지를 이해하지 못하는 사람

제323조(선서의 면제) 제314조에 해당하는 증인으로서 증언을 거부하지 아니한 사람을 신문할 때에는 선서를 시키지 아니할 수 있다.

제324조(선서거부권) 증인이 자기 또는 제314조 각호에 규정된 어느 한 사람과 현저한 이해관계가 있는 사항에 관하여 신문을 받을 때에는 선서를 거부할 수 있다.

제325조(조서에의 기재) 선서를 시키지 아니하고 증인을 신문한 때에는 그 사유를 조서에 적어야 한다.

제326조(선서거부에 대한 제재) 증인이 선서를 거부하는 경우에는 제316조 내지 제318조의 규정을 준용한다.

제327조(증인신문의 방식) ①증인신문은 증인을 신청한 당사자가 먼저 하고, 다음에 다른 당사자가 한다.
②재판장은 제1항의 신문이 끝난 뒤에 신문할 수 있다.
③재판장은 제1항과 제2항의 규정에 불구하고 언제든지 신문할 수 있다.
④재판장이 알맞다고 인정하는 때에는 당사자의 의견을 들어 제1항과 제2항의 규정에 따른 신문의 순서를 바꿀 수 있다.
⑤당사자의 신문이 중복되거나 쟁점과 관계가 없는 때, 그 밖에 필요한 사정이 있는 때에 재판장은 당사자의 신문을 제한할 수 있다.
⑥합의부원은 재판장에게 알리고 신문할 수 있다.

제327조의2(비디오 등 중계장치에 의한 증인신문) ①법원은 다음 각 호의 어느 하나에 해당하는 사람을 증인으로 신문하는 경우 상당하다고 인정하는 때에는 당사자의 의견을 들어 비디오 등 중계장치에 의한 중계시설을 통하여 신문할 수 있다.
1. 증인이 멀리 떨어진 곳 또는 교통이 불편한 곳에 살고 있거나 그 밖의 사정으로 말미암아 법정에 직접 출석하기 어려운 경우
2. 증인이 나이, 심신상태, 당사자나 법정대리인과의 관계, 신문사항의 내용, 그 밖의 사정으로 말미암아 법정에서 당사자 등과 대면하여 진술하면 심리적인 부담으로 정신의 평온을 현저하게 잃을 우려가 있는 경우
②제1항에 따른 증인신문은 증인이 법정에 출석하여 이루어진 증인신문으로 본다.
③제1항에 따른 증인신문의 절차와 방법, 그 밖에 필요한 사항은 대법원규칙으로 정한다.
[본조신설 2016.3.29.]

제328조(격리신문과 그 예외)
①증인은 따로따로 신문하여야 한다.
②신문하지 아니한 증인이 법정(法廷)안에 있을 때에는 법정에서 나가도록 명하여야 한다. 다만, 필요하다고 인정한 때에는 신문할 증인을 법정안에 머무르게 할 수 있다.

제329조(대질신문) 재판장은 필요하다고 인정한 때에는 증인 서로의 대질을 명할 수 있다.

제330조(증인의 행위의무) 재판장은 필요하다고 인정한 때에는 증인에게 문자를 손수 쓰게 하거나 그 밖의 필요한 행위를 하게 할 수 있다.

제331조(증인의 진술원칙) 증인은 서류에 의하여 진술하지 못한다. 다만, 재판장이 허가하면 그러하지 아니하다.

제332조(수명법관 · 수탁판사의 권한)
수명법관 또는 수탁판사가 증인을 신문하는 경우에는 법원과 재판장의 직무를 행한다.

제3절 감정

제333조(증인신문규정의 준용) 감정에는 제2절의 규정을 준용한다. 다만, 제311조제2항 내지 제7항, 제312조, 제321조제2항, 제327조 및 제327조의2는 그러하지 아니하다. <개정 2016.3.29.>

제334조(감정의무) ①감정에 필요한 학식과 경험이 있는 사람은 감정할 의무를 진다.
②제314조 또는 제324조의 규정에 따라 증언 또는 선서를 거부할 수 있는 사람과 제322조에 규정된 사람은 감정인이 되지 못한다.

제335조(감정인의 지정) 감정인은 수소법원·수명법관 또는 수탁판사가 지정한다.

제335조의2(감정인의 의무) ①감정인은 감정사항이 자신의 전문분야에 속하지 아니하는 경우 또는 그에 속하더라도 다른 감정인과 함께 감정을 하여야 하는 경우에는 곧바로 법원에 감정인의 지정 취소 또는 추가 지정을 요구하여야 한다.
②감정인은 감정을 다른 사람에게 위임하여서는 아니 된다.
[본조신설 2016.3.29.]

제336조(감정인의 기피) 감정인이 성실하게 감정할 수 없는 사정이 있는 때에 당사자는 그를 기피할 수 있다. 다만, 당사자는 감정인이 감정사항에 관한 진술을 하기 전부터 기피할 이유가 있다는 것을 알고 있었던 때에는 감정사항에 관한 진술이 이루어진 뒤에 그를 기피하지 못한다.

제337조(기피의 절차)
①기피신청은 수소법원·수명법관 또는 수탁판사에게 하여야 한다.
②기피하는 사유는 소명하여야 한다.
③기피하는 데 정당한 이유가 있다고 한 결정에 대하여는 불복할 수 없고, 이유가 없다고 한 결정에 대하여는 즉시항고를 할 수 있다.

제338조(선서의 방식) 선서서에는 "양심에 따라 성실히 감정하고, 만일 거짓이 있으면 거짓감정의 벌을 받기로 맹세합니다."라고 적어야 한다.

제339조(감정진술의 방식) ①재판장은 감정인으로 하여금 서면이나 말로써 의견을 진술하게 할 수 있다.
②재판장은 여러 감정인에게 감정을 명하는 경우에는 다 함께 또는 따로따로 의견을 진술하게 할 수 있다.
③법원은 제1항 및 제2항에 따른 감정진술에 관하여 당사자에게 서면이나 말로써 의견을 진술할 기회를 주어야 한다. <신설 2016.3.29.>

제339조의2(감정인신문의 방식)
①감정인은 재판장이 신문한다.

②합의부원은 재판장에게 알리고 신문할 수 있다.
③당사자는 재판장에게 알리고 신문할 수 있다. 다만, 당사자의 신문이 중복되거나 쟁점과 관계가 없는 때, 그 밖에 필요한 사정이 있는 때에는 재판장은 당사자의 신문을 제한할 수 있다.
[본조신설 2016.3.29.]

제339조의3(비디오 등 중계장치 등에 의한 감정인신문) ①법원은 다음 각 호의 어느 하나에 해당하는 사람을 감정인으로 신문하는 경우 상당하다고 인정하는 때에는 당사자의 의견을 들어 비디오 등 중계장치에 의한 중계시설을 통하여 신문하거나 인터넷 화상장치를 이용하여 신문할 수 있다.
1. 감정인이 법정에 직접 출석하기 어려운 특별한 사정이 있는 경우
2. 감정인이 외국에 거주하는 경우
②제1항에 따른 감정인신문에 관하여는 제327조의2제2항 및 제3항을 준용한다.
[본조신설 2016.3.29.]

제340조(감정증인) 특별한 학식과 경험에 의하여 알게 된 사실에 관한 신문은 증인신문에 관한 규정을 따른다. 다만, 비디오 등 중계장치 등에 의한 감정증인신문에 관하여는 제339조의3을 준용한다. <개정 2016.3.29.>

제341조(감정의 촉탁) ①법원이 필요하다고 인정하는 경우에는 공공기관·학교, 그 밖에 상당한 설비가 있는 단체 또는 외국의 공공기관에 감정을 촉탁할 수 있다. 이 경우에는 선서에 관한 규정을 적용하지 아니한다.
②제1항의 경우에 법원은 필요하다고 인정하면 공공기관·학교, 그 밖의 단체 또는 외국 공공기관이 지정한 사람으로 하여금 감정서를 설명하게 할 수 있다.
③제2항의 경우에는 제339조의3을 준용한다. <신설 2016.3.29.>

제342조(감정에 필요한 처분) ①감정인은 감정을 위하여 필요한 경우에는 법원의 허가를 받아 남의 토지, 주거, 관리중인 가옥, 건조물, 항공기, 선박, 차량, 그 밖의 시설물안에 들어갈 수 있다.
②제1항의 경우 저항을 받을 때에는 감정인은 경찰공무원에게 원조를 요청할 수 있다. <개정 2006.2.21., 2020.12.22.>

제4절 서증

제343조(서증신청의 방식) 당사자가 서증(書證)을 신청하고자 하는 때에는 문서를 제출하는 방식 또는 문서를 가진 사람에게 그것을 제출하도록 명할 것을 신청하는 방식으로 한다.

제344조(문서의 제출의무) ①다음 각호의 경우에 문서를 가지고 있는 사람은 그 제출을 거부하지 못한다.
1. 당사자가 소송에서 인용한 문서를 가지고 있는 때
2. 신청자가 문서를 가지고 있는 사람에게 그것을 넘겨 달라고 하거나 보겠다고 요구할 수 있는 사법상의 권리를 가지고 있는 때
3. 문서가 신청자의 이익을 위하여 작성되었거나, 신청자와 문서를 가지고 있는 사람 사이의 법률관계에 관하여 작성된 것인 때. 다만, 다음 각목의 사유 가운데 어느 하나에 해당하는 경우에는 그러하지 아니하다.
가. 제304조 내지 제306조에 규정된 사항이 적혀있는 문서로서 같은 조문들에 규정된 동의를 받지 아니한 문서

나. 문서를 가진 사람 또는 그와 제314조 각호 가운데 어느 하나의 관계에 있는 사람에 관하여 같은 조에서 규정된 사항이 적혀 있는 문서
다. 제315조제1항 각호에 규정된 사항중 어느 하나에 규정된 사항이 적혀 있고 비밀을 지킬 의무가 면제되지 아니한 문서
②제1항의 경우 외에도 문서(공무원 또는 공무원이었던 사람이 그 직무와 관련하여 보관하거나 가지고 있는 문서를 제외한다)가 다음 각호의 어느 하나에도 해당하지 아니하는 경우에는 문서를 가지고 있는 사람은 그 제출을 거부하지 못한다.
1. 제1항제3호나목 및 다목에 규정된 문서
2. 오로지 문서를 가진 사람이 이용하기 위한 문서

제345조(문서제출신청의 방식) 문서제출신청에는 다음 각호의 사항을 밝혀야 한다.
1. 문서의 표시
2. 문서의 취지
3. 문서를 가진 사람
4. 증명할 사실
5. 문서를 제출하여야 하는 의무의 원인

제346조(문서목록의 제출) 제345조의 신청을 위하여 필요하다고 인정하는 경우에는, 법원은 신청대상이 되는 문서의 취지나 그 문서로 증명할 사실을 개괄적으로 표시한 당사자의 신청에 따라, 상대방 당사자에게 신청내용과 관련하여 가지고 있는 문서 또는 신청내용과 관련하여 서증으로 제출할 문서에 관하여 그 표시와 취지 등을 적어 내도록 명할 수 있다.

제347조(제출신청의 허가여부에 대한 재판) ①법원은 문서제출신청에 정당한 이유가 있다고 인정한 때에는 결정으로 문서를 가진 사람에게 그 제출을 명할 수 있다.
②문서제출의 신청이 문서의 일부에 대하여만 이유 있다고 인정한 때에는 그 부분만의 제출을 명하여야 한다.
③제3자에 대하여 문서의 제출을 명하는 경우에는 제3자 또는 그가 지정하는 자를 심문하여야 한다.
④법원은 문서가 제344조에 해당하는지를 판단하기 위하여 필요하다고 인정하는 때에는 문서를 가지고 있는 사람에게 그 문서를 제시하도록 명할 수 있다. 이 경우 법원은 그 문서를 다른 사람이 보도록 하여서는 안된다.

제348조(불복신청) 문서제출의 신청에 관한 결정에 대하여는 즉시항고를 할 수 있다.

제349조(당사자가 문서를 제출하지 아니한 때의 효과) 당사자가 제347조제1항·제2항 및 제4항의 규정에 의한 명령에 따르지 아니한 때에는 법원은 문서의 기재에 대한 상대방의 주장을 진실한 것으로 인정할 수 있다.

제350조(당사자가 사용을 방해한 때의 효과)
당사자가 상대방의 사용을 방해할 목적으로 제출의무가 있는 문서를 훼손하여 버리거나 이를 사용할 수 없게 한 때에는, 법원은 그 문서의 기재에 대한 상대방의 주장을 진실한 것으로 인정할 수 있다.

제351조(제3자가 문서를 제출하지 아니한 때의 제재) 제3자가 제347조제1항·제2항 및 제4항의 규정에 의한 명령에 따르지 아니한 때에는 제318조의 규정을 준용한다.

제352조(문서송부의 촉탁) 서증의 신청은 제343조의 규정에 불구하고 문서를 가지고 있는 사람

에게 그 문서를 보내도록 촉탁할 것을 신청함으로써도 할 수 있다. 다만, 당사자가 법령에 의하여 문서의 정본 또는 등본을 청구할 수 있는 경우에는 그러하지 아니하다.

第352조의2(협력의무) ①제352조에 따라 법원으로부터 문서의 송부를 촉탁받은 사람 또는 제297조에 따른 증거조사의 대상인 문서를 가지고 있는 사람은 정당한 사유가 없는 한 이에 협력하여야 한다.
②문서의 송부를 촉탁받은 사람이 그 문서를 보관하고 있지 아니하거나 그 밖에 송부촉탁에 따를 수 없는 사정이 있는 때에는 법원에 그 사유를 통지하여야 한다.
[본조신설 2007.5.17.]

第353조(제출문서의 보관) 법원은 필요하다고 인정하는 때에는 제출되거나 보내 온 문서를 맡아 둘 수 있다.

第354조(수명법관 · 수탁판사에 의한 조사)
①법원은 제297조의 규정에 따라 수명법관 또는 수탁판사에게 문서에 대한 증거조사를 하게 하는 경우에 그 조서에 적을 사항을 정할 수 있다.
②제1항의 조서에는 문서의 등본 또는 초본을 붙여야 한다.

第355조(문서제출의 방법 등) ①법원에 문서를 제출하거나 보낼 때에는 원본, 정본 또는 인증이 있는 등본으로 하여야 한다.
②법원은 필요하다고 인정하는 때에는 원본을 제출하도록 명하거나 이를 보내도록 촉탁할 수 있다.
③법원은 당사자로 하여금 그 인용한 문서의 등본 또는 초본을 제출하게 할 수 있다.
④문서가 증거로 채택되지 아니한 때에는 법원은 당사자의 의견을 들어 제출된 문서의 원본·정본·등본·초본 등을 돌려주거나 폐기할 수 있다.

第356조(공문서의 진정의 추정) ①문서의 작성방식과 취지에 의하여 공무원이 직무상 작성한 것으로 인정한 때에는 이를 진정한 공문서로 추정한다.
②공문서가 진정한지 의심스러운 때에는 법원은 직권으로 해당 공공기관에 조회할 수 있다.
③외국의 공공기관이 작성한 것으로 인정한 문서에는 제1항 및 제2항의 규정을 준용한다.

第357조(사문서의 진정의 증명) 사문서는 그것이 진정한 것임을 증명하여야 한다.

第358조(사문서의 진정의 추정) 사문서는 본인 또는 대리인의 서명이나 날인 또는 무인(拇印)이 있는 때에는 진정한 것으로 추정한다.

第359조(필적 또는 인영의 대조) 문서가 진정하게 성립된 것인지 어떤지는 필적 또는 인영(印影)을 대조하여 증명할 수 있다.

第360조(대조용문서의 제출절차) ①대조에 필요한 필적이나 인영이 있는 문서, 그 밖의 물건을 법원에 제출하거나 보내는 경우에는 제343조, 제347조 내지 제350조, 제352조 내지 제354조의 규정을 준용한다.
②제3자가 정당한 사유 없이 제1항의 규정에 의한 제출명령에 따르지 아니한 때에 법원은 결정으로 200만원 이하의 과태료에 처한다.
③제2항의 결정에 대하여는 즉시항고를 할 수 있다.

第361조(상대방이 손수 써야 하는 의무)
①대조하는 데에 적당한 필적이 없는 때에는 법원은 상대방에게 그 문자를 손수 쓰도록 명

할 수 있다.
②상대방이 정당한 이유 없이 제1항의 명령에 따르지 아니한 때에는 법원은 문서의 진정여부에 관한 확인신청자의 주장을 진실한 것으로 인정할 수 있다. 필치(筆致)를 바꾸어 손수 쓴 때에도 또한 같다.

제362조(대조용문서의 첨부) 대조하는 데에 제공된 서류는 그 원본·등본 또는 초본을 조서에 붙여야 한다.

제363조(문서성립의 부인에 대한 제재)
①당사자 또는 그 대리인이 고의나 중대한 과실로 진실에 어긋나게 문서의 진정을 다툰 때에는 법원은 결정으로 200만원 이하의 과태료에 처한다.
②제1항의 결정에 대하여는 즉시항고를 할 수 있다.
③제1항의 경우에 문서의 진정에 대하여 다툰 당사자 또는 대리인이 소송이 법원에 계속된 중에 그 진정을 인정하는 때에는 법원은 제1항의 결정을 취소할 수 있다.

제5절 검증

제364조(검증의 신청) 당사자가 검증을 신청하고자 하는 때에는 검증의 목적을 표시하여 신청하여야 한다.

제365조(검증할 때의 감정 등) 수명법관 또는 수탁판사는 검증에 필요하다고 인정할 때에는 감정을 명하거나 증인을 신문할 수 있다.

제366조(검증의 절차 등) ①검증할 목적물을 제출하거나 보내는 데에는 제343조, 제347조 내지 제350조, 제352조 내지 제354조의 규정을 준용한다.
②제3자가 정당한 사유 없이 제1항의 규정에 의한 제출명령에 따르지 아니한 때에는 법원은 결정으로 200만원 이하의 과태료에 처한다. 이 결정에 대하여는 즉시항고를 할 수 있다.
③법원은 검증을 위하여 필요한 경우에는 제342조제1항에 규정된 처분을 할 수 있다. 이 경우 저항을 받은 때에는 경찰공무원에게 원조를 요청할 수 있다. <개정 2006.2.21., 2020.12.22.>

제6절 당사자신문

제367조(당사자신문) 법원은 직권으로 또는 당사자의 신청에 따라 당사자 본인을 신문할 수 있다. 이 경우 당사자에게 선서를 하게 하여야 한다.

제368조(대질) 재판장은 필요하다고 인정한 때에 당사자 서로의 대질 또는 당사자와 증인의 대질을 명할 수 있다.

제369조(출석 · 선서 · 진술의 의무) 당사자가 정당한 사유 없이 출석하지 아니하거나 선서 또는 진술을 거부한 때에는 법원은 신문사항에 관한 상대방의 주장을 진실한 것으로 인정할 수 있다.

제370조(거짓 진술에 대한 제재) ①선서한 당사자가 거짓 진술을 한 때에는 법원은 결정

으로 500만원 이하의 과태료에 처한다.
②제1항의 결정에 대하여는 즉시항고를 할 수 있다.
③제1항의 결정에는 제363조제3항의 규정을 준용한다.

제371조(신문조서) 당사자를 신문한 때에는 선서의 유무와 진술 내용을 조서에 적어야 한다.

제372조(법정대리인의 신문) 소송에서 당사자를 대표하는 법정대리인에 대하여는 제367조 내지 제371조의 규정을 준용한다. 다만, 당사자 본인도 신문할 수 있다.

제373조(증인신문 규정의 준용) 이 절의 신문에는 제309조, 제313조, 제319조 내지 제322조, 제327조와 제330조 내지 제332조의 규정을 준용한다.

제7절 그 밖의 증거

제374조(그 밖의 증거) 도면·사진·녹음테이프·비디오테이프·컴퓨터용 자기디스크, 그 밖에 정보를 담기 위하여 만들어진 물건으로서 문서가 아닌 증거의 조사에 관한 사항은 제3절 내지 제5절의 규정에 준하여 대법원규칙으로 정한다.

제8절 증거보전

제375조(증거보전의 요건) 법원은 미리 증거조사를 하지 아니하면 그 증거를 사용하기 곤란할 사정이 있다고 인정한 때에는 당사자의 신청에 따라 이 장의 규정에 따라 증거조사를 할 수 있다.

제376조(증거보전의 관할) ①증거보전의 신청은 소를 제기한 뒤에는 그 증거를 사용할 심급의 법원에 하여야 한다. 소를 제기하기 전에는 신문을 받을 사람이나 문서를 가진 사람의 거소 또는 검증하고자 하는 목적물이 있는 곳을 관할하는 지방법원에 하여야 한다.
②급박한 경우에는 소를 제기한 뒤에도 제1항 후단에 규정된 지방법원에 증거보전의 신청을 할 수 있다.

제377조(신청의 방식) ①증거보전의 신청에는 다음 각호의 사항을 밝혀야 한다.
1. 상대방의 표시
2. 증명할 사실
3. 보전하고자 하는 증거
4. 증거보전의 사유

②증거보전의 사유는 소명하여야 한다.

제378조(상대방을 지정할 수 없는 경우)
증거보전의 신청은 상대방을 지정할 수 없는 경우에도 할 수 있다. 이 경우 법원은 상대방이 될 사람을 위하여 특별대리인을 선임할 수 있다.

제379조(직권에 의한 증거보전) 법원은 필요하다고 인정한 때에는 소송이 계속된 중에 직권으로 증거보전을 결정할 수 있다.

제380조(불복금지) 증거보전의 결정에 대하여는 불복할 수 없다.

제381조(당사자의 참여) 증거조사의 기일은 신청인과 상대방에게 통지하여야 한다. 다만, 긴급한 경우에는 그러하지 아니하다.

제382조(증거보전의 기록) 증거보전에 관한 기록은 본안소송의 기록이 있는 법원에 보내야 한다.

제383조(증거보전의 비용) 증거보전에 관한 비용은 소송비용의 일부로 한다.

제384조(변론에서의 재신문) 증거보전절차에서 신문한 증인을 당사자가 변론에서 다시 신문하고자 신청한 때에는 법원은 그 증인을 신문하여야 한다.

제4장 제소전화해(提訴前和解)의 절차

제385조(화해신청의 방식) ①민사상 다툼에 관하여 당사자는 청구의 취지·원인과 다투는 사정을 밝혀 상대방의 보통재판적이 있는 곳의 지방법원에 화해를 신청할 수 있다.
②당사자는 제1항의 화해를 위하여 대리인을 선임하는 권리를 상대방에게 위임할 수 없다.
③법원은 필요한 경우 대리권의 유무를 조사하기 위하여 당사자본인 또는 법정대리인의 출석을 명할 수 있다.
④화해신청에는 그 성질에 어긋나지 아니하면 소에 관한 규정을 준용한다.

제386조(화해가 성립된 경우) 화해가 성립된 때에는 법원사무관등은 조서에 당사자, 법정대리인, 청구의 취지와 원인, 화해조항, 날짜와 법원을 표시하고 판사와 법원사무관등이 기명날인 또는 서명한다.<개정 2017.10.31.>

제387조(화해가 성립되지 아니한 경우)
①화해가 성립되지 아니한 때에는 법원사무관등은 그 사유를 조서에 적어야 한다.
②신청인 또는 상대방이 기일에 출석하지 아니한 때에는 법원은 이들의 화해가 성립되지 아니한 것으로 볼 수 있다.
③법원사무관등은 제1항의 조서등본을 당사자에게 송달하여야 한다.

제388조(소제기신청) ①제387조의 경우에 당사자는 소제기신청을 할 수 있다.
②적법한 소제기신청이 있으면 화해신청을 한 때에 소가 제기된 것으로 본다. 이 경우 법원사무관등은 바로 소송기록을 관할법원에 보내야 한다.
③제1항의 신청은 제387조제3항의 조서등본이 송달된 날부터 2주 이내에 하여야 한다. 다만, 조서등본이 송달되기 전에도 신청할 수 있다.
④제3항의 기간은 불변기간으로 한다.

제389조(화해비용) 화해비용은 화해가 성립된 경우에는 특별한 합의가 없으면 당사자들이 각자 부담하고, 화해가 성립되지 아니한 경우에는 신청인이 부담한다. 다만, 소제기신청이 있는 경우에는 화해비용을 소송비용의 일부로 한다.

제3편 상소
제1장 항소

제390조(항소의 대상) ①항소(抗訴)는 제1심 법원이 선고한 종국판결에 대하여 할 수 있다. 다만, 종국판결 뒤에 양 쪽 당사자가 상고(上告)할 권리를 유보하고 항소를 하지 아니하기로 합의한 때에는 그러하지 아니하다.
②제1항 단서의 합의에는 제29조제2항의 규정을 준용한다.

제391조(독립한 항소가 금지되는 재판)
소송비용 및 가집행에 관한 재판에 대하여는 독립하여 항소를 하지 못한다.

제392조(항소심의 판단을 받는 재판)
종국판결 이전의 재판은 항소법원의 판단을 받는다. 다만, 불복할 수 없는 재판과 항고(抗告)로 불복할 수 있는 재판은 그러하지 아니하다.

제393조(항소의 취하) ①항소는 항소심의 종국판결이 있기 전에 취하할 수 있다.
②항소의 취하에는 제266조제3항 내지 제5항 및 제267조제1항의 규정을 준용한다.

제394조(항소권의 포기) 항소권은 포기할 수 있다.

제395조(항소권의 포기방식) ①항소권의 포기는 항소를 하기 이전에는 제1심 법원에, 항소를 한 뒤에는 소송기록이 있는 법원에 서면으로 하여야 한다.
②항소권의 포기에 관한 서면은 상대방에게 송달하여야 한다.
③항소를 한 뒤의 항소권의 포기는 항소취하의 효력도 가진다.

제396조(항소기간) ①항소는 판결서가 송달된 날부터 2주 이내에 하여야 한다. 다만, 판결서 송달전에도 할 수 있다.
②제1항의 기간은 불변기간으로 한다.

판례-청구이의

[대법원 2017.9.21., 선고, 2017다233931, 판결]

【판시사항】
[1] 항소기간 경과 후에 항소취하가 있는 경우, 제1심판결이 확정되는 시기(=항소기간 만료 시)
[2] 공유물분할청구의 소가 고유필수적 공동소송인지 여부(적극) 및 고유필수적 공동소송에서 공동소송인 중 일부가 상소를 제기한 경우, 공동소송인 전원에 대한 관계에서 판결의 확정이 차단되는지 여부(적극) / 공유물분할청구의 소에서 상소기간 만료로 판결이 확정되는 시기(=공유자 전원에 대하여 상소기간이 만료된 때)

【판결요지】
[1] 항소취하가 있으면 소송은 처음부터 항소심에 계속되지 아니한 것으로 보게 되나(민사소송법 제393조 제2항, 제267조 제1항), 항소취하는 소의 취하나 항소권 포기와 달리 제1심 종국판결이 유효하게 존재하므로, 항소기간 경과 후에 항소취하가 있는 경우에는 항소기간 만료 시로 소급하여 제1심판결이 확정된다.
[2] 공유물분할청구의 소는 분할을 청구하는 공유자가 원고가 되어 다른 공유자 전부를 공동피고로 하여야 하는 고유필수적 공동소송이고, 공동소송인과 상대방 사이에 판결의 합일확정을 필요로 하는 고유필수적 공동소송에서는 공동소송인 중 일부가 제기한 상소는 다른 공동

소송인에게도 효력이 미치므로 공동소송인 전원에 대한 관계에서 판결의 확정이 차단되고 소송은 전체로서 상소심에 이심된다. 따라서 공유물분할 판결은 공유자 전원에 대하여 상소기간이 만료되기 전에는 확정되지 않고, 일부 공유자에 대하여 상소기간이 만료되었다고 하더라도 그 공유자에 대한 판결 부분이 분리·확정되는 것은 아니다.

제397조(항소의 방식, 항소장의 기재사항)
①항소는 항소장을 제1심 법원에 제출함으로써 한다.
②항소장에는 다음 각호의 사항을 적어야 한다.
1. 당사자와 법정대리인
2. 제1심 판결의 표시와 그 판결에 대한 항소의 취지

제398조(준비서면규정의 준용) 항소장에는 준비서면에 관한 규정을 준용한다.

제399조(원심재판장등의 항소장심사권)
①항소장이 제397조제2항의 규정에 어긋난 경우와 항소장에 법률의 규정에 따른 인지를 붙이지 아니한 경우에는 원심재판장은 항소인에게 상당한 기간을 정하여 그 기간 이내에 흠을 보정하도록 명하여야 한다. 원심재판장은 법원사무관등으로 하여금 위 보정명령을 하게 할 수 있다. <개정 2014.12.30.>
②항소인이 제1항의 기간 이내에 흠을 보정하지 아니한 때와, 항소기간을 넘긴 것이 분명한 때에는 원심재판장은 명령으로 항소장을 각하하여야 한다.
③제2항의 명령에 대하여는 즉시항고를 할 수 있다.
[제목개정 2014.12.30.]

제400조(항소기록의 송부) ①항소장이 각하되지 아니한 때에 원심법원의 법원사무관등은 항소장이 제출된 날부터 2주 이내에 항소기록에 항소장을 붙여 항소법원으로 보내야 한다.
②제399조제1항의 규정에 의하여 원심재판장등이 흠을 보정하도록 명한 때에는 그 흠이 보정된 날부터 1주 이내에 항소기록을 보내야 한다. <개정 2014.12.30.>

제401조(항소장부본의 송달) 항소장의 부본은 피항소인에게 송달하여야 한다.

제402조(항소심재판장등의 항소장심사권)
①항소장이 제397조제2항의 규정에 어긋나거나 항소장에 법률의 규정에 따른 인지를 붙이지 아니하였음에도 원심재판장등이 제399조제1항의 규정에 의한 명령을 하지 아니한 경우, 또는 항소장의 부본을 송달할 수 없는 경우에는 항소심재판장은 항소인에게 상당한 기간을 정하여 그 기간 이내에 흠을 보정하도록 명하여야 한다. 항소심재판장은 법원사무관등으로 하여금 위 보정명령을 하게 할 수 있다. <개정 2014.12.30.>
②항소인이 제1항의 기간 이내에 흠을 보정하지 아니한 때, 또는 제399조제2항의 규정에 따라 원심재판장이 항소장을 각하하지 아니한 때에는 항소심재판장은 명령으로 항소장을 각하하여야 한다.
③제2항의 명령에 대하여는 즉시항고를 할 수 있다.
[제목개정 2014.12.30.]

제403조(부대항소) 피항소인은 항소권이 소멸된 뒤에도 변론이 종결될 때까지 부대항소(附帶抗訴)를 할 수 있다.

제404조(부대항소의 종속성) 부대항소는 항소가 취하되거나 부적법하여 각하된 때에는 그 효력을 잃는다. 다만, 항소기간 이내에 한 부대항소는 독립된 항소로 본다.

제405조(부대항소의 방식) 부대항소에는 항소에 관한 규정을 적용한다.

제406조(가집행의 선고) ①항소법원은 제1심 판결중에 불복신청이 없는 부분에 대하여는 당사자의 신청에 따라 결정으로 가집행의 선고를 할 수 있다.
②제1항의 신청을 기각한 결정에 대하여는 즉시항고를 할 수 있다.

제407조(변론의 범위) ①변론은 당사자가 제1심 판결의 변경을 청구하는 한도안에서 한다.
②당사자는 제1심 변론의 결과를 진술하여야 한다.

제408조(제1심 소송절차의 준용) 항소심의 소송절차에는 특별한 규정이 없으면 제2편 제1장 내지 제3장의 규정을 준용한다.

제409조(제1심 소송행위의 효력) 제1심의 소송행위는 항소심에서도 그 효력을 가진다.

제410조(제1심의 변론준비절차의 효력)
제1심의 변론준비절차는 항소심에서도 그 효력을 가진다.

제411조(관할위반 주장의 금지) 당사자는 항소심에서 제1심 법원의 관할위반을 주장하지 못한다. 다만, 전속관할에 대하여는 그러하지 아니하다.

제412조(반소의 제기) ①반소는 상대방의 심급의 이익을 해할 우려가 없는 경우 또는 상대방의 동의를 받은 경우에 제기할 수 있다.
②상대방이 이의를 제기하지 아니하고 반소의 본안에 관하여 변론을 한 때에는 반소제기에 동의한 것으로 본다.

제413조(변론 없이 하는 항소각하) 부적법한 항소로서 흠을 보정할 수 없으면 변론 없이 판결로 항소를 각하할 수 있다.

제414조(항소기각) ①항소법원은 제1심 판결을 정당하다고 인정한 때에는 항소를 기각하여야 한다.
②제1심 판결의 이유가 정당하지 아니한 경우에도 다른 이유에 따라 그 판결이 정당하다고 인정되는 때에는 항소를 기각하여야 한다.

제415조(항소를 받아들이는 범위)
제1심 판결은 그 불복의 한도안에서 바꿀 수 있다. 다만, 상계에 관한 주장을 인정한 때에는 그러하지 아니하다.

제416조(제1심 판결의 취소) 항소법원은 제1심 판결을 정당하지 아니하다고 인정한 때에는 취소하여야 한다.

제417조(판결절차의 위법으로 말미암은 취소)
제1심 판결의 절차가 법률에 어긋날 때에 항소법원은 제1심 판결을 취소하여야 한다.

제418조(필수적 환송) 소가 부적법하다고 각하한 제1심 판결을 취소하는 경우에는 항소법원은 사건을 제1심 법원에 환송(還送)하여야 한다. 다만, 제1심에서 본안판결을 할 수 있을 정도로 심리가 된 경우, 또는 당사자의 동의가 있는 경우에는 항소법원은 스스로 본안판결을 할 수 있다.

제419조(관할위반으로 말미암은 이송)
관할위반을 이유로 제1심 판결을 취소한 때에는 항소법원은 판결로 사건을 관할법원에 이송하여야 한다.

제420조(판결서를 적는 방법) 판결이유를 적을 때에는 제1심 판결을 인용할 수 있다. 다만, 제1심 판결이 제208조제3항에 따라 작성된 경우에는 그러하지 아니하다.

제421조(소송기록의 반송) 소송이 완결된 뒤 상고가 제기되지 아니하고 상고기간이 끝난 때에는 법원사무관등은 판결서 또는 제402조의 규정에 따른 명령의 정본을 소송기록에 붙여 제1심 법원에 보내야 한다.

제2장 상고

제422조(상고의 대상) ①상고는 고등법원이 선고한 종국판결과 지방법원 합의부가 제2심으로서 선고한 종국판결에 대하여 할 수 있다.
②제390조제1항 단서의 경우에는 제1심의 종국판결에 대하여 상고할 수 있다.

제423조(상고이유) 상고는 판결에 영향을 미친 헌법·법률·명령 또는 규칙의 위반이 있다는 것을 이유로 드는 때에만 할 수 있다.

제424조(절대적 상고이유) ①판결에 다음 각호 가운데 어느 하나의 사유가 있는 때에는 상고에 정당한 이유가 있는 것으로 한다.
1. 법률에 따라 판결법원을 구성하지 아니한 때
2. 법률에 따라 판결에 관여할 수 없는 판사가 판결에 관여한 때
3. 전속관할에 관한 규정에 어긋난 때
4. 법정대리권·소송대리권 또는 대리인의 소송행위에 대한 특별한 권한의 수여에 흠이 있는 때
5. 변론을 공개하는 규정에 어긋난 때
6. 판결의 이유를 밝히지 아니하거나 이유에 모순이 있는 때
②제60조 또는 제97조의 규정에 따라 추인한 때에는 제1항제4호의 규정을 적용하지 아니한다.

제425조(항소심절차의 준용) 상고와 상고심의 소송절차에는 특별한 규정이 없으면 제1장의 규정을 준용한다.

제426조(소송기록 접수의 통지) 상고법원의 법원사무관등은 원심법원의 법원사무관등으로부터 소송기록을 받은 때에는 바로 그 사유를 당사자에게 통지하여야 한다.

제427조(상고이유서 제출) 상고장에 상고이유를 적지 아니한 때에 상고인은 제426조의 통지를 받은 날부터 20일 이내에 상고이유서를 제출하여야 한다.

제428조(상고이유서, 답변서의 송달 등)
①상고이유서를 제출받은 상고법원은 바로 그 부본이나 등본을 상대방에게 송달하여야 한다.
②상대방은 제1항의 서면을 송달받은 날부터 10일 이내에 답변서를 제출할 수 있다.
③상고법원은 제2항의 답변서의 부본이나 등본을 상고인에게 송달하여야 한다.

제429조(상고이유서를 제출하지 아니함으로 말미암은 상고기각) 상고인이 제427조의 규정을 어기어 상고이유서를 제출하지 아니한 때에는 상고법원은 변론 없이 판결로 상고를 기각하여야 한다. 다만, 직권으로 조사하여야 할 사유가 있는 때에는 그러하지 아니하다.

제430조(상고심의 심리절차) ①상고법원은 상고장·상고이유서·답변서, 그 밖의 소송기록에 의하여 변론없이 판결할 수 있다.
②상고법원은 소송관계를 분명하게 하기 위하여 필요한 경우에는 특정한 사항에 관하여 변론을 열어 참고인의 진술을 들을 수 있다.

제431조(심리의 범위) 상고법원은 상고이유에 따라 불복신청의 한도 안에서 심리한다.

제432조(사실심의 전권) 원심판결이 적법하게 확정한 사실은 상고법원을 기속한다.

제433조(비약적 상고의 특별규정) 상고법원은 제422조제2항의 규정에 따른 상고에 대하여는 원심판결의 사실확정이 법률에 어긋난다는 것을 이유로 그 판결을 파기하지 못한다.

제434조(직권조사사항에 대한 예외)
법원이 직권으로 조사하여야 할 사항에 대하여는 제431조 내지 제433조의 규정을 적용하지 아니한다.

제435조(가집행의 선고) 상고법원은 원심판결중 불복신청이 없는 부분에 대하여는 당사자의 신청에 따라 결정으로 가집행의 선고를 할 수 있다.

제436조(파기환송, 이송) ①상고법원은 상고에 정당한 이유가 있다고 인정할 때에는 원심판결을 파기하고 사건을 원심법원에 환송하거나, 동등한 다른 법원에 이송하여야 한다.
②사건을 환송받거나 이송받은 법원은 다시 변론을 거쳐 재판하여야 한다. 이 경우에는 상고법원이 파기의 이유로 삼은 사실상 및 법률상 판단에 기속된다.
③원심판결에 관여한 판사는 제2항의 재판에 관여하지 못한다.

제437조(파기자판) 다음 각호 가운데 어느 하나에 해당하면 상고법원은 사건에 대하여 종국판결을 하여야 한다.
1. 확정된 사실에 대하여 법령적용이 어긋난다 하여 판결을 파기하는 경우에 사건이 그 사실을 바탕으로 재판하기 충분한 때
2. 사건이 법원의 권한에 속하지 아니한다 하여 판결을 파기하는 때

제438조(소송기록의 송부) 사건을 환송하거나 이송하는 판결이 내려졌을 때에는 법원사무관등은 2주 이내에 그 판결의 정본을 소송기록에 붙여 사건을 환송받거나 이송받을 법원에 보내야 한다.

제3장 항고

제439조(항고의 대상) 소송절차에 관한 신청을 기각한 결정이나 명령에 대하여 불복하면 항고할 수 있다.

제440조(형식에 어긋나는 결정·명령에 대한 항고) 결정이나 명령으로 재판할 수 없는 사항에 대하여 결정 또는 명령을 한 때에는 항고할 수 있다.

제441조(준항고) ①수명법관이나 수탁판사의 재판에 대하여 불복하는 당사자는 수소법원에 이의를 신청할 수 있다. 다만, 그 재판이 수소법원의 재판인 경우로서 항고할 수 있는 것인 때에 한한다.
②제1항의 이의신청에 대한 재판에 대하여는 항고할 수 있다.
③상고심이나 제2심에 계속된 사건에 대한 수명법관이나 수탁판사의 재판에는 제1항의 규정

을 준용한다.

제442조(재항고) 항고법원·고등법원 또는 항소법원의 결정 및 명령에 대하여는 재판에 영향을 미친 헌법·법률·명령 또는 규칙의 위반을 이유로 드는 때에만 재항고(再抗告)할 수 있다.

판례-회생

[대법원 2016.7.1, 자, 2015재마94, 결정]

【판시사항】

[1] 항고심이 회생계획 인가결정에 대한 즉시항고를 받아들여 인가결정을 취소하는 결정을 한 경우, 그에 대한 재항고의 법적 성격(=즉시항고)

[2] 항고심이 회생계획 인가결정에 대한 즉시항고를 받아들여 인가결정을 취소하고 제1심법원으로 환송하는 결정을 하는 경우, 주문과 이유의 요지를 공고하여야 하는지 여부(적극) / 위 항고심결정에 대한 불복 방법(=공고일부터 14일 이내에 재항고) 및 공고가 있기 전에 재항고를 하는 것이 허용되는지 여부(적극)

【판결요지】

[1] 채무자 회생 및 파산에 관한 법률 제247조 제1항, 제7항은 회생계획 인가 여부의 결정에 대하여 즉시항고를 할 수 있다고 규정하고 있고, 항고심이 회생계획 인가결정에 대한 즉시항고를 받아들여 인가결정을 취소하는 결정을 한 경우에 그에 대한 재항고 역시 즉시항고에 해당한다.

[2] 채무자 회생 및 파산에 관한 법률(이하 '채무자회생법'이라 한다) 제245조 제1항은 법원이 회생계획의 인가 여부의 결정을 선고하고 그 주문, 이유의 요지와 회생계획이나 그 요지를 공고하여야 한다고 규정하고 있다. 이는 회생계획 인가 여부의 결정이 회생계획의 효력 발생 여부를 정하는 결정으로서 다수의 이해관계인에게 미치는 영향이 크므로, 송달의 어려움으로 인한 회생절차의 지연을 방지하고 회생계획 인가 여부의 결정을 확정하는 시기의 통일성을 확보하기 위한 것이다. 그런데 회생계획 인가 여부의 결정과 마찬가지로 인가결정의 취소결정 역시 다수의 이해관계인에게 미치는 영향이 크고 확정 시기의 통일성을 확보할 필요가 있으므로, 회생계획 인가결정의 취소결정에 대한 고지방법에도 회생계획 인가 여부의 결정에 관한 채무자회생법 제245조 제1항이 유추적용된다. 따라서 항고심이 회생계획 인가결정에 대한 즉시항고를 받아들여 인가결정을 취소하고 제1심법원으로 환송하는 결정을 하는 경우에 항고심법원은 주문과 이유의 요지를 공고하여야 하며, 위 항고심결정에 대하여 법률상의 이해관계를 가지고 있는 사람은 공고일부터 14일 이내에 재항고를 할 수 있고, 또한 공고가 있기 전에 재항고를 하는 것도 허용된다.

제443조(항소 및 상고의 절차규정준용)

①항고법원의 소송절차에는 제1장의 규정을 준용한다.

②재항고와 이에 관한 소송절차에는 제2장의 규정을 준용한다.

제444조(즉시항고) ①즉시항고는 재판이 고지된 날부터 1주 이내에 하여야 한다.

②제1항의 기간은 불변기간으로 한다.

제445조(항고제기의 방식) 항고는 항고장을 원심법원에 제출함으로써 한다.

제446조(항고의 처리) 원심법원이 항고에 정당한 이유가 있다고 인정하는 때에는 그 재판을 경정하여야 한다.

제447조(즉시항고의 효력) 즉시항고는 집행을 정지시키는 효력을 가진다.

제448조(원심재판의 집행정지) 항고법원 또는 원심법원이나 판사는 항고에 대한 결정이 있을 때까지 원심재판의 집행을 정지하거나 그 밖에 필요한 처분을 명할 수 있다.

제449조(특별항고) ①불복할 수 없는 결정이나 명령에 대하여는 재판에 영향을 미친 헌법위반이 있거나, 재판의 전제가 된 명령·규칙·처분의 헌법 또는 법률의 위반여부에 대한 판단이 부당하다는 것을 이유로 하는 때에만 대법원에 특별항고(特別抗告)를 할 수 있다.
②제1항의 항고는 재판이 고지된 날부터 1주 이내에 하여야 한다.
③제2항의 기간은 불변기간으로 한다.

판례-판결경정

[대법원 2018.11.21., 자, 2018그636, 결정]

【판시사항】

[1] 당사자의 신청에 따라 판결의 경정을 하는 경우, 신청 당사자가 판결에 잘못된 계산이나 기재, 그 밖에 이와 비슷한 잘못이 있음이 분명하다는 점을 소명하여야 하는지 여부(적극)
[2] 甲 등이 乙 등을 상대로 제기한 소유권이전등기청구의 소에서 확정판결의 원고들과 甲 등이 동일인임을 전제로 당사자표시 중 원고들 이름 옆에 주민등록번호가 누락되어 판결의 집행을 할 수 없다고 주장하면서 주민등록번호를 추가 기재하는 것으로 판결경정을 신청하였으나, 원심이 이를 기각한 사안에서, 판결경정의 신청인과 확정판결의 원고가 동일인이라는 점에 관한 소명이 없으므로, 신청을 기각한 원심의 조치에 민사소송법에서 정한 특별항고이유에 해당하는 잘못이 없다고 한 사례

【판결요지】

[1] 판결의 경정은 판결에 잘못된 계산이나 기재, 그 밖에 이와 비슷한 잘못이 있음이 분명한 때에 법원이 직권으로 또는 당사자의 신청에 따라 결정하는 것이다(민사소송법 제211조 제1항). 당사자의 신청에 따라 판결의 경정을 하는 경우에는 우선 신청 당사자가 판결에 위와 같은 잘못이 있음이 분명하다는 점을 소명하여야 한다.
[2] 甲 등이 乙 등을 상대로 제기한 소유권이전등기청구의 소에서 확정판결의 원고들과 甲 등이 동일인임을 전제로 당사자표시 중 원고들 이름 옆에 주민등록번호가 누락되어 판결의 집행을 할 수 없다고 주장하면서 주민등록번호를 추가 기재하는 것으로 판결경정을 신청하였으나, 원심이 이를 기각한 사안에서, 甲 등이 특별항고를 하면서 본안의 소 제기 당시 원고들 주민등록번호를 전산 입력하는 방법으로 제출하였는데도 법원이 판결문에 주민등록번호의 기재를 누락하였다고 주장하나 본안 사건의 원고들이 소 제기 당시 주민등록번호를 전산 입력하는 방법으로 법원에 제출하였다고 인정할 자료가 없고, 특히 판결경정의 신청인과 확정판결의 원고가 동일인이라는 점에 관한 소명이 없으므로, 신청을 기각한 원심의 조치에 민사소송법에서 정한 특별항고이유에 해당하는 잘못이 없다고 한 사례.

제450조(준용규정) 특별항고와 그 소송절차에는 제448조와 상고에 관한 규정을 준용한다.

제4편 재심

제451조(재심사유) ①다음 각호 가운데 어느 하나에 해당하면 확정된 종국판결에 대하여 재심의 소를 제기할 수 있다. 다만, 당사자가 상소에 의하여 그 사유를 주장하였거나, 이를 알고도 주장하지 아니한 때에는 그러하지 아니하다.
1. 법률에 따라 판결법원을 구성하지 아니한 때
2. 법률상 그 재판에 관여할 수 없는 법관이 관여한 때
3. 법정대리권·소송대리권 또는 대리인이 소송행위를 하는 데에 필요한 권한의 수여에 흠이 있는 때. 다만, 제60조 또는 제97조의 규정에 따라 추인한 때에는 그러하지 아니하다.

4. 재판에 관여한 법관이 그 사건에 관하여 직무에 관한 죄를 범한 때
5. 형사상 처벌을 받을 다른 사람의 행위로 말미암아 자백을 하였거나 판결에 영향을 미칠 공격 또는 방어방법의 제출에 방해를 받은 때
6. 판결의 증거가 된 문서, 그 밖의 물건이 위조되거나 변조된 것인 때
7. 증인·감정인·통역인의 거짓 진술 또는 당사자신문에 따른 당사자나 법정대리인의 거짓 진술이 판결의 증거가 된 때
8. 판결의 기초가 된 민사나 형사의 판결, 그 밖의 재판 또는 행정처분이 다른 재판이나 행정처분에 따라 바뀐 때
9. 판결에 영향을 미칠 중요한 사항에 관하여 판단을 누락한 때
10. 재심을 제기할 판결이 전에 선고한 확정판결에 어긋나는 때
11. 당사자가 상대방의 주소 또는 거소를 알고 있었음에도 있는 곳을 잘 모른다고 하거나 주소나 거소를 거짓으로 하여 소를 제기한 때

②제1항제4호 내지 제7호의 경우에는 처벌받을 행위에 대하여 유죄의 판결이나 과태료부과의 재판이 확정된 때 또는 증거부족 외의 이유로 유죄의 확정판결이나 과태료부과의 확정재판을 할 수 없을 때에만 재심의 소를 제기할 수 있다.

③항소심에서 사건에 대하여 본안판결을 하였을 때에는 제1심 판결에 대하여 재심의 소를 제기하지 못한다.

제452조(기본이 되는 재판의 재심사유)
판결의 기본이 되는 재판에 제451조에 정한 사유가 있을 때에는 그 재판에 대하여 독립된 불복방법이 있는 경우라도 그 사유를 재심의 이유로 삼을 수 있다.

제453조(재심관할법원) ①재심은 재심을 제기할 판결을 한 법원의 전속관할로 한다.
②심급을 달리하는 법원이 같은 사건에 대하여 내린 판결에 대한 재심의 소는 상급법원이 관할한다. 다만, 항소심판결과 상고심판결에 각각 독립된 재심사유가 있는 때에는 그러하지 아니하다.

제454조(재심사유에 관한 중간판결)
①법원은 재심의 소가 적법한지 여부와 재심사유가 있는지 여부에 관한 심리 및 재판을 본안에 관한 심리 및 재판과 분리하여 먼저 시행할 수 있다.
②제1항의 경우에 법원은 재심사유가 있다고 인정한 때에는 그 취지의 중간판결을 한 뒤 본안에 관하여 심리·재판한다.

제455조(재심의 소송절차) 재심의 소송절차에는 각 심급의 소송절차에 관한 규정을 준용한다.

제456조(재심제기의 기간) ①재심의 소는 당사자가 판결이 확정된 뒤 재심의 사유를 안 날부터 30일 이내에 제기하여야 한다.
②제1항의 기간은 불변기간으로 한다.
③판결이 확정된 뒤 5년이 지난 때에는 재심의 소를 제기하지 못한다.
④재심의 사유가 판결이 확정된 뒤에 생긴 때에는 제3항의 기간은 그 사유가 발생한 날부터 계산한다.

제457조(재심제기의 기간) 대리권의 흠 또는 제451조제1항제10호에 규정한 사항을 이유로 들어 제기하는 재심의 소에는 제456조의 규정을 적용하지 아니한다.

제458조(재심소장의 필수적 기재사항)
재심소장에는 다음 각호의 사항을 적어야 한다.
1. 당사자와 법정대리인
2. 재심할 판결의 표시와 그 판결에 대하여 재심을 청구하는 취지

3. 재심의 이유

제459조(변론과 재판의 범위) ①본안의 변론과 재판은 재심청구이유의 범위안에서 하여야 한다.
②재심의 이유는 바꿀 수 있다.

제460조(결과가 정당한 경우의 재심기각)
재심의 사유가 있는 경우라도 판결이 정당하다고 인정한 때에는 법원은 재심의 청구를 기각하여야 한다.

제461조(준재심) 제220조의 조서 또는 즉시항고로 불복할 수 있는 결정이나 명령이 확정된 경우에 제451조제1항에 규정된 사유가 있는 때에는 확정판결에 대한 제451조 내지 제460조의 규정에 준하여 재심을 제기할 수 있다.

제5편 독촉절차

제462조(적용의 요건) 금전, 그 밖에 대체물(代替物)이나 유가증권의 일정한 수량의 지급을 목적으로 하는 청구에 대하여 법원은 채권자의 신청에 따라 지급명령을 할 수 있다. 다만, 대한민국에서 공시송달 외의 방법으로 송달할 수 있는 경우에 한한다.

제463조(관할법원) 독촉절차는 채무자의 보통재판적이 있는 곳의 지방법원이나 제7조 내지 제9조, 제12조 또는 제18조의 규정에 의한 관할법원의 전속관할로 한다.

제464조(지급명령의 신청) 지급명령의 신청에는 그 성질에 어긋나지 아니하면 소에 관한 규정을 준용한다.

제465조(신청의 각하) ①지급명령의 신청이 제462조 본문 또는 제463조의 규정에 어긋나거나, 신청의 취지로 보아 청구에 정당한 이유가 없는 것이 명백한 때에는 그 신청을 각하하여야 한다. 청구의 일부에 대하여 지급명령을 할 수 없는 때에 그 일부에 대하여도 또한 같다.
②신청을 각하하는 결정에 대하여는 불복할 수 없다.

제466조(지급명령을 하지 아니하는 경우)
①채권자는 법원으로부터 채무자의 주소를 보정하라는 명령을 받은 경우에 소제기신청을 할 수 있다.
②지급명령을 공시송달에 의하지 아니하고는 송달할 수 없거나 외국으로 송달하여야 할 때에는 법원은 직권에 의한 결정으로 사건을 소송절차에 부칠 수 있다.
③제2항의 결정에 대하여는 불복할 수 없다.

판례-전부금

[대법원 2017.5.17., 선고, 2016다274188, 판결]

【판시사항】
사망자를 피고로 하는 소 제기 상태에서 선고된 제1심판결의 효력(당연무효) 및 피고가 소 제기 후 소장부본이 송달되기 전에 사망한 경우에도 마찬가지인지 여부(적극) / 사망자를 채무자로 하여 지급명령을 신청하거나 지급명령 신청 후 정본이 송달되기 전에 채무자가 사망한 경우, 지급명령의 효력(무효) 및 관리인을 채무자로 한 지급명령의 발령 후 정본의 송달 전에 회생절차폐지결정이 확정된 경우, 채무자가 사망한 경우와 마찬가지로 보아야 하는지 여부(적극)

【판결요지】
사망자를 피고로 하는 소 제기 상태에서 선고된 제1심판결의 효력(당연무효) 및 피고가 소 제기 후 소장부본이 송달되기 전에 사망한 경우에도 마찬가지인지 여부(적극) / 사망자를 채무자로 하여 지급명령을 신청하거나 지급명령 신청 후 정본이 송달되기 전에 채무자가 사망한 경우, 지급명령의 효력(무효) 및 관리인을 채무자로 한 지급명령의 발령 후 정본의 송달 전에 회생절차폐지결정이 확정된 경우, 채무자가 사망한 경우와 마찬가지로 보아야 하는지 여부(적극)

제467조(일방적 심문) 지급명령은 채무자를 심문하지 아니하고 한다.

제468조(지급명령의 기재사항) 지급명령에는 당사자, 법정대리인, 청구의 취지와 원인을 적고, 채무자가 지급명령이 송달된 날부터 2주 이내에 이의신청을 할 수 있다는 것을 덧붙여 적어야 한다.

제469조(지급명령의 송달) ①지급명령은 당사자에게 송달하여야 한다.
②채무자는 지급명령에 대하여 이의신청을 할 수 있다.

제470조(이의신청의 효력) ①채무자가 지급명령을 송달받은 날부터 2주 이내에 이의신청을 한 때에는 지급명령은 그 범위안에서 효력을 잃는다.
②제1항의 기간은 불변기간으로 한다.

제471조(이의신청의 각하) ①법원은 이의신청이 부적법하다고 인정한 때에는 결정으로 이를 각하하여야 한다.
②제1항의 결정에 대하여는 즉시항고를 할 수 있다.

제472조(소송으로의 이행) ①채권자가 제466조제1항의 규정에 따라 소제기신청을 한 경우, 또는 법원이 제466조제2항의 규정에 따라 지급명령신청사건을 소송절차에 부치는 결정을 한 경우에는 지급명령을 신청한 때에 소가 제기된 것으로 본다.
②채무자가 지급명령에 대하여 적법한 이의신청을 한 경우에는 지급명령을 신청한 때에 이의신청된 청구목적의 값에 관하여 소가 제기된 것으로 본다.

제473조(소송으로의 이행에 따른 처리)
①제472조의 규정에 따라 소가 제기된 것으로 보는 경우, 지급명령을 발령한 법원은 채권자에게 상당한 기간을 정하여, 소를 제기하는 경우 소장에 붙여야 할 인지액에서 소제기신청 또는 지급명령신청시에 붙인 인지액을 뺀 액수의 인지를 보정하도록 명하여야 한다.
②채권자가 제1항의 기간 이내에 인지를 보정하지 아니한 때에는 위 법원은 결정으로 지급명령신청서를 각하하여야 한다. 이 결정에 대하여는 즉시항고를 할 수 있다.
③제1항에 규정된 인지가 보정되면 법원사무관 등은 바로 소송기록을 관할법원에 보내야 한다. 이 경우 사건이 합의부의 관할에 해당되면 법원사무관등은 바로 소송기록을 관할법원 합의부에 보내야 한다.
④제472조의 경우 독촉절차의 비용은 소송비용의 일부로 한다.

제474조(지급명령의 효력) 지급명령에 대하여 이의신청이 없거나, 이의신청을 취하하거나, 각하결정이 확정된 때에는 지급명령은 확정판결과 같은 효력이 있다.

판례-청구이의

[대법원 2012.11.15., 선고, 2012다70012, 판결]

【판시사항】
[1] 지급명령이 송달된 후 이의신청 기간 내에 회생절차개시결정 등과 같은 소송중단 사유

가 생긴 경우, 이의신청 기간의 진행이 정지되는지 여부(적극)
[2] 미확정 상태에 있는 지급명령에 대하여 청구이의의 소를 제기할 수 있는지 여부(소극)
[3] 甲이 乙 주식회사를 상대로 약속어음금 지급을 구하는 지급명령 신청을 하여 지급명령이 乙 회사에 송달되었는데 같은 날 乙 회사에 대하여 회생절차개시결정이 내려졌고, 이후 당사자가 독촉절차에서 수계절차를 밟지 않은 사안에서, 지급명령이 확정됐음을 전제로 청구이의의 소의 본안 판단에 나아간 원심판결을 파기하고 소를 각하한 사례

【판결요지】
[1] 독촉절차는 금전, 그 밖에 대체물이나 유가증권의 일정한 수량의 지급을 목적으로 하는 청구에 대하여 채권자로 하여금 간이·신속하게 집행권원을 얻을 수 있도록 하기 위한 특별소송절차로서(민사소송법 제462조), 그 성질에 어긋나지 아니하는 범위에서 소에 관한 규정이 준용된다(민사소송법 제464조). 따라서 지급명령이 송달된 후 이의신청 기간 내에 회생절차개시결정 등과 같은 소송중단 사유가 생긴 경우에는 민사소송법 제247조 제2항이 준용되어 이의신청 기간의 진행이 정지된다.
[2] 청구에 관한 이의의 소는 채무자가 확정된 종국판결 등 집행권원에 표시된 청구권에 관하여 실체상 사유를 주장하여 집행력의 배제를 구하는 소를 말하므로(민사집행법 제44조), 유효한 집행권원을 대상으로 한다. 지급명령은 이의신청이 없거나, 이의신청을 취하하거나, 각하결정이 확정된 때에 확정판결과 같은 효력이 있는데(민사소송법 제474조), 미확정 상태에 있는 지급명령은 유효한 집행권원이 될 수 없으므로 이에 대하여 집행력의 배제를 구하는 청구이의의 소를 제기할 수 없다.
[3] 甲이 乙 주식회사를 상대로 약속어음금 지급을 구하는 지급명령 신청을 하여 지급명령이 乙 회사에 송달되었는데 같은 날 乙 회사에 대하여 회생절차개시결정이 내려졌고, 이후 당사자가 독촉절차에서 수계절차를 밟지 않은 사안에서, 乙 회사에 대한 회생절차개시결정으로 재산에 관한 소송절차가 중단되고, 위 지급명령은 이의신청 기간이 정지되어 미확정 상태에 있으므로 이에 대한 청구이의의 소가 허용되지 않음에도, 지급명령이 확정됐음을 전제로 청구이의의 소의 본안 판단에 나아간 원심판결을 파기하고 소를 각하한 사례.

제6편 공시최고절차

제475조(공시최고의 적용범위) 공시최고(公示催告)는 권리 또는 청구의 신고를 하지 아니하면 그 권리를 잃게 될 것을 법률로 정한 경우에만 할 수 있다.

제476조(공시최고절차를 관할하는 법원)
①공시최고는 법률에 다른 규정이 있는 경우를 제외하고는 권리자의 보통재판적이 있는 곳의 지방법원이 관할한다. 다만, 등기 또는 등록을 말소하기 위한 공시최고는 그 등기 또는 등록을 한 공공기관이 있는 곳의 지방법원에 신청할 수 있다.
②제492조의 경우에는 증권이나 증서에 표시된 이행지의 지방법원이 관할한다. 다만, 증권이나 증서에 이행지의 표시가 없는 때에는 발행인의 보통재판적이 있는 곳의 지방법원이, 그 법원이 없는 때에는 발행 당시에 발행인의 보통재판적이 있었던 곳의 지방법원이 각각 관할한다.
③제1항 및 제2항의 관할은 전속관할로 한다.

제477조(공시최고의 신청) ①공시최고의 신청에는 그 신청의 이유와 제권판결(除權判決)을 청구하는 취지를 밝혀야 한다.
②제1항의 신청은 서면으로 하여야 한다.
③법원은 여러 개의 공시최고를 병합하도록 명할 수 있다.

제478조(공시최고의 허가여부) ①공시최고의 허가여부에 대한 재판은 결정으로 한다. 허가하지 아니하는 결정에 대하여는 즉시항고를 할 수 있다.
②제1항의 경우에는 신청인을 심문할 수 있다.

제479조(공시최고의 기재사항) ①공시최고의 신청을 허가한 때에는 법원은 공시최고를 하여야 한다.
②공시최고에는 다음 각호의 사항을 적어야 한다.
1. 신청인의 표시
2. 공시최고기일까지 권리 또는 청구의 신고를 하여야 한다는 최고
3. 신고를 하지 아니하면 권리를 잃게 될 사항
4. 공시최고기일

제480조(공고방법) 공시최고는 대법원규칙이 정하는 바에 따라 공고하여야 한다.

제481조(공시최고기간) 공시최고의 기간은 공고가 끝난 날부터 3월 뒤로 정하여야 한다.

제482조(제권판결전의 신고) 공시최고기일이 끝난 뒤에도 제권판결에 앞서 권리 또는 청구의 신고가 있는 때에는 그 권리를 잃지 아니한다.

제483조(신청인의 불출석과 새 기일의 지정)
①신청인이 공시최고기일에 출석하지 아니하거나, 기일변경신청을 하는 때에는 법원은 1회에 한하여 새 기일을 정하여 주어야 한다.
②제1항의 새 기일은 공시최고기일부터 2월을 넘기지 아니하여야 하며, 공고는 필요로 하지 아니한다.

제484조(취하간주) 신청인이 제483조의 새 기일에 출석하지 아니한 때에는 공시최고신청을 취하한 것으로 본다.

제485조(신고가 있는 경우) 신청이유로 내세운 권리 또는 청구를 다투는 신고가 있는 때에는 법원은 그 권리에 대한 재판이 확정될 때까지 공시최고절차를 중지하거나, 신고한 권리를 유보하고 제권판결을 하여야 한다.

제486조(신청인의 진술의무) 공시최고의 신청인은 공시최고기일에 출석하여 그 신청을 하게 된 이유와 제권판결을 청구하는 취지를 진술하여야 한다.

제487조(제권판결) ①법원은 신청인이 진술을 한 뒤에 제권판결신청에 정당한 이유가 없다고 인정할 때에는 결정으로 신청을 각하하여야 하며, 이유가 있다고 인정할 때에는 제권판결을 선고하여야 한다.
②법원은 제1항의 재판에 앞서 직권으로 사실을 탐지할 수 있다.

제488조(불복신청) 제권판결의 신청을 각하한 결정이나, 제권판결에 덧붙인 제한 또는 유보에 대하여는 즉시항고를 할 수 있다.

제489조(제권판결의 공고) 법원은 제권판결의 요지를 대법원규칙이 정하는 바에 따라 공고할 수 있다.

제490조(제권판결에 대한 불복소송)
①제권판결에 대하여는 상소를 하지 못한다.
②제권판결에 대하여는 다음 각호 가운데 어느 하나에 해당하면 신청인에 대한 소로써 최고법원에 불복할 수 있다.
1. 법률상 공시최고절차를 허가하지 아니할 경우일 때
2. 공시최고의 공고를 하지 아니하였거나, 법령이 정한 방법으로 공고를 하지 아니한 때
3. 공시최고기간을 지키지 아니한 때
4. 판결을 한 판사가 법률에 따라 직무집행에서 제척된 때
5. 전속관할에 관한 규정에 어긋난 때
6. 권리 또는 청구의 신고가 있음에도 법률에 어긋나는 판결을 한 때
7. 거짓 또는 부정한 방법으로 제권판결을 받은 때
8. 제451조제1항제4호 내지 제8호의 재심사유가 있는 때

판례-제권판결에 대한 불복

[대법원 2013.9.13, 선고, 2012다36661, 판결]

【판시사항】
제권판결에 대한 취소판결의 확정을 조건으로 한 수표금 청구가 장래이행의 소로서 허용되는지 여부(소극)

【판결요지】
제권판결 불복의 소와 같은 형성의 소는 그 판결이 확정됨으로써 비로소 권리변동의 효력이 발생하게 되므로 이에 의하여 형성되는 법률관계를 전제로 하는 이행소송 등을 병합하여 제기할 수 없는 것이 원칙이다. 또한 제권판결에 대한 취소판결의 확정 여부가 불확실한 상황에서 그 확정을 조건으로 한 수표금 청구는 장래이행의 소의 요건을 갖추었다고 보기 어려울 뿐만 아니라, 제권판결 불복의 소의 결과에 따라서는 수표금 청구소송의 심리가 무위에 그칠 우려가 있고, 제권판결 불복의 소가 인용될 경우를 대비하여 방어하여야 하는 수표금 청구소송의 피고에게도 지나친 부담을 지우게 된다는 점에서 이를 쉽사리 허용할 수 없다.

제491조(소제기기간) ①제490조제2항의 소는 1월 이내에 제기하여야 한다.
②제1항의 기간은 불변기간으로 한다.
③제1항의 기간은 원고가 제권판결이 있다는 것을 안 날부터 계산한다. 다만, 제490조제2항제4호·제7호 및 제8호의 사유를 들어 소를 제기하는 경우에는 원고가 이러한 사유가 있음을 안 날부터 계산한다.
④이 소는 제권판결이 선고된 날부터 3년이 지나면 제기하지 못한다.

제492조(증권의 무효선고를 위한 공시최고) ①도난·분실되거나 없어진 증권, 그 밖에 상법에서 무효로 할 수 있다고 규정한 증서의 무효선고를 청구하는 공시최고절차에는 제493조 내지 제497조의 규정을 적용한다.
②법률상 공시최고를 할 수 있는 그 밖의 증서에 관하여 그 법률에 특별한 규정이 없으면 제1항의 규정을 적용한다.

제493조(증서에 관한 공시최고신청권자)
무기명증권 또는 배서(背書)로 이전할 수 있거나 약식배서(略式背書)가 있는 증권 또는 증서에 관하여는 최종소지인이 공시최고절차를 신청할 수 있으며, 그 밖의 증서에 관하여는 그 증서에 따라서 권리를 주장할 수 있는 사람이 공시최고절차를 신청할 수 있다.

제494조(신청사유의 소명) ①신청인은 증서의 등본을 제출하거나 또는 증서의 존재 및 그 중요한 취지를 충분히 알리기에 필요한 사항을 제시하여야 한다.

②신청인은 증서가 도난·분실되거나 없어진 사실과, 그 밖에 공시최고절차를 신청할 수 있는 이유가 되는 사실 등을 소명하여야 한다.

제495조(신고최고, 실권경고) 공시최고에는 공시최고기일까지 권리 또는 청구의 신고를 하고 그 증서를 제출하도록 최고하고, 이를 게을리 하면 권리를 잃게 되어 증서의 무효가 선고된다는 것을 경고하여야 한다.

제496조(제권판결의 선고) 제권판결에서는 증권 또는 증서의 무효를 선고하여야 한다.

제497조(제권판결의 효력) 제권판결이 내려진 때에는 신청인은 증권 또는 증서에 따라 의무를 지는 사람에게 증권 또는 증서에 따른 권리를 주장할 수 있다.

제7편 판결의 확정 및 집행정지

제498조(판결의 확정시기) 판결은 상소를 제기할 수 있는 기간 또는 그 기간 이내에 적법한 상소제기가 있을 때에는 확정되지 아니한다.

제499조(판결확정증명서의 부여자) ①원고 또는 피고가 판결확정증명서를 신청한 때에는 제1심 법원의 법원사무관등이 기록에 따라 내어 준다.
②소송기록이 상급심에 있는 때에는 상급법원의 법원사무관등이 그 확정부분에 대하여만 증명서를 내어 준다.

제500조(재심 또는 상소의 추후보완신청으로 말미암은 집행정지) ①재심 또는 제173조에 따른 상소의 추후보완신청이 있는 경우에 불복하는 이유로 내세운 사유가 법률상 정당한 이유가 있다고 인정되고, 사실에 대한 소명이 있는 때에는 법원은 당사자의 신청에 따라 담보를 제공하게 하거나 담보를 제공하지 아니하게 하고 강제집행을 일시정지하도록 명할 수 있으며, 담보를 제공하게 하고 강제집행을 실시하도록 명하거나 실시한 강제처분을 취소하도록 명할 수 있다.
②담보없이 하는 강제집행의 정지는 그 집행으로 말미암아 보상할 수 없는 손해가 생기는 것을 소명한 때에만 한다.
③제1항 및 제2항의 재판은 변론없이 할 수 있으며, 이 재판에 대하여는 불복할 수 없다.
④상소의 추후보완신청의 경우에 소송기록이 원심법원에 있으면 그 법원이 제1항 및 제2항의 재판을 한다.

제501조(상소제기 또는 변경의 소제기로 말미암은 집행정지) 가집행의 선고가 붙은 판결에 대하여 상소를 한 경우 또는 정기금의 지급을 명한 확정판결에 대하여 제252조제1항의 규정에 따른 소를 제기한 경우에는 제500조의 규정을 준용한다.

제502조(담보를 공탁할 법원) ①이 편의 규정에 의한 담보의 제공이나 공탁은 원고나 피고의 보통재판적이 있는 곳의 지방법원 또는 집행법원에 할 수 있다.
②담보를 제공하거나 공탁을 한 때에는 법원은 당사자의 신청에 따라서 증명서를 주어야 한다.
③이 편에 규정된 담보에는 달리 규정이 있는 경우를 제외하고는 제122조·제123조·제125조 및 제126조의 규정을 준용한다.

부칙

<제17689호, 2020.12.22.>

제1조(시행일) 이 법은 2021년 1월 1일부터 시행한다.
제2조부터 제6조까지 생략

제7조(다른 법률의 개정) ①부터 ㉓까지 생략

㉔ 민사소송법 일부를 다음과 같이 개정한다.

제176조제3항, 제342조제2항 및 제366조제3항 후단 중 "국가경찰공무원에게"를 각각 "경찰공무원에게"로 한다.

제311조제4항 중 "국가경찰공무원이"를 "경찰공무원이"로 한다.

㉕부터 <53>까지 생략

제8조 생략

제2조(적용례) 이 법의 개정규정은 이 법 시행 후 최초로 조서 또는 그 밖의 서면을 작성하거나 재판서·조서의 정본·등본·초본을 교부하는 경우부터 적용한다.

민사집행법

민사집행법

[시행 2017.2.4.]
[법률 제13952호, 2016.2.3., 타법개정]

제1편 총칙

제1조(목적) 이 법은 강제집행, 담보권 실행을 위한 경매, 민법·상법, 그 밖의 법률의 규정에 의한 경매(이하 "민사집행"이라 한다) 및 보전처분의 절차를 규정함을 목적으로 한다.

제2조(집행실시자) 민사집행은 이 법에 특별한 규정이 없으면 집행관이 실시한다.

제3조(집행법원) ①이 법에서 규정한 집행행위에 관한 법원의 처분이나 그 행위에 관한 법원의 협력사항을 관할하는 집행법원은 법률에 특별히 지정되어 있지 아니하면 집행절차를 실시할 곳이나 실시한 곳을 관할하는 지방법원이 된다.
②집행법원의 재판은 변론 없이 할 수 있다.

제4조(집행신청의 방식) 민사집행의 신청은 서면으로 하여야 한다.

제5조(집행관의 강제력 사용)
①집행관은 집행을 하기 위하여 필요한 경우에는 채무자의 주거·창고 그 밖의 장소를 수색하고, 잠근 문과 기구를 여는 등 적절한 조치를 할 수 있다.
②제1항의 경우에 저항을 받으면 집행관은 경찰 또는 국군의 원조를 요청할 수 있다.
③제2항의 국군의 원조는 법원에 신청하여야 하며, 법원이 국군의 원조를 요청하는 절차는 대법원규칙으로 정한다.

제6조(참여자) 집행관은 집행하는 데 저항을 받거나 채무자의 주거에서 집행을 실시하려는데 채무자나 사리를 분별할 지능이 있는 그 친족·고용인을 만나지 못한 때에는 성년 두 사람이나 특별시·광역시의 구 또는 동 직원, 시·읍·면 직원(도농복합형태의 시의 경우 동지역에서는 시 직원, 읍·면지역에서는 읍·면 직원) 또는 경찰공무원중 한 사람을 증인으로 참여하게 하여야 한다.

제7조(집행관에 대한 원조요구)
①집행관 외의 사람으로서 법원의 명령에 의하여 민사집행에 관한 직무를 행하는 사람은 그 신분 또는 자격을 증명하는 문서를 지니고 있다가 관계인이 신청할 때에는 이를 내보여야 한다.
②제1항의 사람이 그 직무를 집행하는 데 저항을 받으면 집행관에게 원조를 요구할 수 있다.
③제2항의 원조요구를 받은 집행관은 제5조 및 제6조에 규정된 권한을 행사할 수 있다.

제8조(공휴일 · 야간의 집행) ①공휴일과 야간에는 법원의 허가가 있어야 집행행위를 할 수 있다.
②제1항의 허가명령은 민사집행을 실시할 때에 내보여야 한다.

제9조(기록열람 · 등본부여) 집행관은 이해관계 있는 사람이 신청하면 집행기록을 볼 수 있도록 허가하고, 기록에 있는 서류의 등본을 교부하여야 한다.

제10조(집행조서) ①집행관은 집행조서(執行調書)를 작성하여야 한다.

②제1항의 조서(調書)에는 다음 각호의 사항을 밝혀야 한다.
1. 집행한 날짜와 장소
2. 집행의 목적물과 그 중요한 사정의 개요
3. 집행참여자의 표시
4. 집행참여자의 서명날인
5. 집행참여자에게 조서를 읽어 주거나 보여 주고, 그가 이를 승인하고 서명날인한 사실
6. 집행관의 기명날인 또는 서명
③제2항제4호 및 제5호의 규정에 따라 서명날인할 수 없는 경우에는 그 이유를 적어야 한다.

제11조(집행행위에 속한 최고, 그 밖의 통지) ①집행행위에 속한 최고(催告) 그 밖의 통지는 집행관이 말로 하고 이를 조서에 적어야 한다.
②말로 최고나 통지를 할 수 없는 경우에는 민사소송법 제181조·제182조 및 제187조의 규정을 준용하여 그 조서의 등본을 송달한다. 이 경우 송달증서를 작성하지 아니한 때에는 조서에 송달한 사유를 적어야 한다.
③집행하는 곳과 법원의 관할구역안에서 제2항의 송달을 할 수 없는 경우에는 최고나 통지를 받을 사람에게 대법원규칙이 정하는 방법으로 조서의 등본을 발송하고 그 사유를 조서에 적어야 한다.

제12조(송달 · 통지의 생략) 채무자가 외국에 있거나 있는 곳이 분명하지 아니한 때에는 집행행위에 속한 송달이나 통지를 하지 아니하여도 된다.

제13조(외국송달의 특례) ①집행절차에서 외국으로 송달이나 통지를 하는 경우에는 송달이나 통지와 함께 대한민국안에 송달이나 통지를 받을 장소와 영수인을 정하여 상당한 기간 이내에 신고하도록 명할 수 있다.
②제1항의 기간 이내에 신고가 없는 경우에는 그 이후의 송달이나 통지를 하지 아니할 수 있다.

제14조(주소 등이 바뀐 경우의 신고의무)
①집행에 관하여 법원에 신청이나 신고를 한 사람 또는 법원으로부터 서류를 송달받은 사람이 송달받을 장소를 바꾼 때에는 그 취지를 법원에 바로 신고하여야 한다.
②제1항의 신고를 하지 아니한 사람에 대한 송달은 달리 송달할 장소를 알 수 없는 경우에는 법원에 신고된 장소 또는 종전에 송달을 받던 장소에 대법원규칙이 정하는 방법으로 발송할 수 있다.
③제2항의 규정에 따라 서류를 발송한 경우에는 발송한 때에 송달된 것으로 본다.

제15조(즉시항고) ①집행절차에 관한 집행법원의 재판에 대하여는 특별한 규정이 있어야만 즉시항고(卽時抗告)를 할 수 있다.
②항고인(抗告人)은 재판을 고지받은 날부터 1주의 불변기간 이내에 항고장(抗告狀)을 원심법원에 제출하여야 한다.
③항고장에 항고이유를 적지 아니한 때에는 항고인은 항고장을 제출한 날부터 10일 이내에 항고이유서를 원심법원에 제출하여야 한다.
④항고이유는 대법원규칙이 정하는 바에 따라 적어야 한다.
⑤항고인이 제3항의 규정에 따른 항고이유서를 제출하지 아니하거나 항고이유가 제4항의 규정에 위반한 때 또는 항고가 부적법하고 이를 보정(補正)할 수 없음이 분명한 때에는 원심법원은 결정으로 그 즉시항고를 각하하여야 한다.
⑥제1항의 즉시항고는 집행정지의 효력을 가지지 아니한다. 다만, 항고법원(재판기록이 원심법원에 남아 있는 때에는 원심법원)은 즉시항고에 대한 결정이 있을 때까지 담보를 제공하게 하거나 담보를 제공하게 하지 아니하고 원심재판의 집행을 정지하거나 집행절차의 전부 또는 일부를 정지하도록 명할 수 있고, 담보를 제공하게 하고 그 집행을 계속하도록

명할 수 있다.
⑦항고법원은 항고장 또는 항고이유서에 적힌 이유에 대하여서만 조사한다. 다만, 원심재판에 영향을 미칠 수 있는 법령위반 또는 사실오인이 있는지에 대하여 직권으로 조사할 수 있다.
⑧제5항의 결정에 대하여는 즉시항고를 할 수 있다.
⑨제6항 단서의 규정에 따른 결정에 대하여는 불복할 수 없다.
⑩제1항의 즉시항고에 대하여는 이 법에 특별한 규정이 있는 경우를 제외하고는 민사소송법 제3편 제3장중 즉시항고에 관한 규정을 준용한다.

제16조(집행에 관한 이의신청) ①집행법원의 집행절차에 관한 재판으로서 즉시항고를 할 수 없는 것과, 집행관의 집행처분, 그 밖에 집행관이 지킬 집행절차에 대하여서는 법원에 이의를 신청할 수 있다.
②법원은 제1항의 이의신청에 대한 재판에 앞서, 채무자에게 담보를 제공하게 하거나 제공하게 하지 아니하고 집행을 일시정지하도록 명하거나, 채권자에게 담보를 제공하게 하고 그 집행을 계속하도록 명하는 등 잠정처분(暫定處分)을 할 수 있다.
③집행관이 집행을 위임받기를 거부하거나 집행행위를 지체하는 경우 또는 집행관이 계산한 수수료에 대하여 다툼이 있는 경우에는 법원에 이의를 신청할 수 있다.

제17조(취소결정의 효력) ①집행절차를 취소하는 결정, 집행절차를 취소한 집행관의 처분에 대한 이의신청을 기각·각하하는 결정 또는 집행관에게 집행절차의 취소를 명하는 결정에 대하여는 즉시항고를 할 수 있다.
②제1항의 결정은 확정되어야 효력을 가진다.

제18조(집행비용의 예납 등) ①민사집행의 신청을 하는 때에는 채권자는 민사집행에 필요한 비용으로서 법원이 정하는 금액을 미리 내야 한다. 법원이 부족한 비용을 미리 내라고 명하는 때에도 또한 같다.
②채권자가 제1항의 비용을 미리 내지 아니한 때에는 법원은 결정으로 신청을 각하하거나 집행절차를 취소할 수 있다.
③제2항의 규정에 따른 결정에 대하여는 즉시항고를 할 수 있다.

제19조(담보제공 · 공탁 법원) ①이 법의 규정에 의한 담보의 제공이나 공탁은 채권자나 채무자의 보통재판적(普通裁判籍)이 있는 곳의 지방법원 또는 집행법원에 할 수 있다.
②당사자가 담보를 제공하거나 공탁을 한 때에는, 법원은 그의 신청에 따라 증명서를 주어야 한다.
③이 법에 규정된 담보에는 특별한 규정이 있는 경우를 제외하고는 민사소송법 제122조·제123조·제125조 및 제126조의 규정을 준용한다.

제20조(공공기관의 원조) 법원은 집행을 하기 위하여 필요하면 공공기관에 원조를 요청할 수 있다.

제21조(재판적) 이 법에 정한 재판적(裁判籍)은 전속관할(專屬管轄)로 한다.

제22조(시 · 군법원의 관할에 대한 특례)
다음 사건은 시·군법원이 있는 곳을 관할하는 지방법원 또는 지방법원지원이 관할한다.
1. 시·군법원에서 성립된 화해·조정(민사조정법 제34조제4항의 규정에 따라 재판상의 화해와 동일한 효력이 있는 결정을 포함한다. 이하 같다) 또는 확정된 지급명령에 관한 집행문부여의 소, 청구에 관한 이의의 소 또는 집행문부여에 대한 이의의 소로서 그 집행권원에서 인정된 권리가 소액사건심판법의 적용대상이 아닌 사건
2. 시·군법원에서 한 보전처분의 집행에 대한 제3자이의의 소

3. 시·군법원에서 성립된 화해·조정에 기초한 대체집행 또는 간접강제
4. 소액사건심판법의 적용대상이 아닌 사건을 본안으로 하는 보전처분

제23조(민사소송법의 준용 등) ①이 법에 특별한 규정이 있는 경우를 제외하고는 민사집행 및 보전처분의 절차에 관하여는 민사소송법의 규정을 준용한다.
②이 법에 정한 것 외에 민사집행 및 보전처분의 절차에 관하여 필요한 사항은 대법원규칙으로 정한다.

제2편 강제집행
제1장 총칙

제24조(강제집행과 종국판결) 강제집행은 확정된 종국판결(終局判決)이나 가집행의 선고가 있는 종국판결에 기초하여 한다.

제25조(집행력의 주관적 범위)
①판결이 그 판결에 표시된 당사자 외의 사람에게 효력이 미치는 때에는 그 사람에 대하여 집행하거나 그 사람을 위하여 집행할 수 있다. 다만, 민사소송법 제71조의 규정에 따른 참가인에 대하여는 그러하지 아니하다.
②제1항의 집행을 위한 집행문(執行文)을 내어 주는데 대하여는 제31조 내지 제33조의 규정을 준용한다.

제26조(외국재판의 강제집행) ①외국법원의 확정판결 또는 이와 동일한 효력이 인정되는 재판(이하 "확정재판등"이라 한다)에 기초한 강제집행은 대한민국 법원에서 집행판결로 그 강제집행을 허가하여야 할 수 있다. <개정 2014.5.20.>
②집행판결을 청구하는 소(訴)는 채무자의 보통재판적이 있는 곳의 지방법원이 관할하며, 보통재판적이 없는 때에는 민사소송법 제11조의 규정에 따라 채무자에 대한 소를 관할하는 법원이 관할한다.
[제목개정 2014.5.20.]

제27조(집행판결) ①집행판결은 재판의 옳고 그름을 조사하지 아니하고 하여야한다.
②집행판결을 청구하는 소는 다음 각호 가운데 어느 하나에 해당하면 각하하여야 한다. <개정 2014.5.20.>
1. 외국법원의 확정재판등이 확정된 것을 증명하지 아니한 때
2. 외국법원의 확정재판등이 민사소송법 제217조의 조건을 갖추지 아니한 때

제28조(집행력 있는 정본) ①강제집행은 집행문이 있는 판결정본(이하 "집행력 있는 정본"이라 한다)이 있어야 할 수 있다.
②집행문은 신청에 따라 제1심 법원의 법원서기관·법원사무관·법원주사 또는 법원주사보(이하 "법원사무관등"이라 한다)가 내어 주며, 소송기록이 상급심에 있는 때에는 그 법원의 법원사무관등이 내어 준다.
③집행문을 내어 달라는 신청은 말로 할 수 있다.

제29조(집행문) ①집행문은 판결정본의 끝에 덧붙여 적는다.
②집행문에는 "이 정본은 피고 아무개 또는 원고 아무개에 대한 강제집행을 실시하기 위하여 원고 아무개 또는 피고 아무개에게 준다."라고 적고 법원사무관등이 기명날인하여야 한다.

제30조(집행문부여) ①집행문은 판결이 확정되거나 가집행의 선고가 있는 때에만 내어 준다.
②판결을 집행하는 데에 조건이 붙어 있어 그 조건이 성취되었음을 채권자가 증명하여야 하는 때에는 이를 증명하는 서류를 제출하여야만 집행문을 내어 준다. 다만, 판결의 집행이 담보의 제공을 조건으로 하는 때에는 그러하지 아니하다.

제31조(승계집행문) ①집행문은 판결에 표시된 채권자의 승계인을 위하여 내어 주거나 판결에 표시된 채무자의 승계인에 대한 집행을 위하여 내어 줄 수 있다. 다만, 그 승계가 법원에 명백한 사실이거나, 증명서로 승계를 증명한 때에 한한다.
②제1항의 승계가 법원에 명백한 사실인 때에는 이를 집행문에 적어야 한다.

제32조(재판장의 명령) ①재판을 집행하는 데에 조건을 붙인 경우와 제31조의 경우에는 집행문은 재판장(합의부의 재판장 또는 단독판사를 말한다. 이하 같다)의 명령이 있어야 내어 준다.
②재판장은 그 명령에 앞서 서면이나 말로 채무자를 심문(審問) 할 수 있다.
③제1항의 명령은 집행문에 적어야 한다.

제33조(집행문부여의 소) 제30조제2항 및 제31조의 규정에 따라 필요한 증명을 할 수 없는 때에는 채권자는 집행문을 내어 달라는 소를 제1심 법원에 제기할 수 있다.

제34조(집행문부여 등에 관한 이의신청)
①집행문을 내어 달라는 신청에 관한 법원사무관등의 처분에 대하여 이의신청이 있는 경우에는 그 법원사무관등이 속한 법원이 결정으로 재판한다.
②집행문부여에 대한 이의신청이 있는 경우에는 법원은 제16조제2항의 처분에 준하는 결정을 할 수 있다.

제35조(여러 통의 집행문의 부여)
①채권자가 여러 통의 집행문을 신청하거나 전에 내어 준 집행문을 돌려주지 아니하고 다시 집행문을 신청한 때에는 재판장의 명령이 있어야만 이를 내어 준다.
②재판장은 그 명령에 앞서 서면이나 말로 채무자를 심문할 수 있으며, 채무자를 심문하지 아니하고 여러 통의 집행문을 내어 주거나 다시 집행문을 내어 준 때에는 채무자에게 그 사유를 통지하여야 한다.
③여러 통의 집행문을 내어 주거나 다시 집행문을 내어 주는 때에는 그 사유를 원본과 집행문에 적어야 한다.

제36조(판결원본에의 기재) 집행문을 내어 주는 경우에는 판결원본 또는 상소심 판결정본에 원고 또는 피고에게 이를 내어 준다는 취지와 그 날짜를 적어야 한다.

제37조(집행력 있는 정본의 효력) 집행력 있는 정본의 효력은 전국 법원의 관할구역에 미친다.

제38조(여러 통의 집행력 있는 정본에 의한 동시집행) 채권자가 한 지역에서 또는 한 가지 방법으로 강제집행을 하여도 모두 변제를 받을 수 없는 때에는 여러 통의 집행력 있는 정본에 의하여 여러 지역에서 또는 여러 가지 방법으로 동시에 강제집행을 할 수 있다.

제39조(집행개시의 요건) ①강제집행은 이를 신청한 사람과 집행을 받을 사람의 성명이 판결이나 이에 덧붙여 적은 집행문에 표시되어 있고 판결을 이미 송달하였거나 동시에 송달한 때에만 개시할 수 있다.

②판결의 집행이 그 취지에 따라 채권자가 증명할 사실에 매인 때 또는 판결에 표시된 채권자의 승계인을 위하여 하는 것이거나 판결에 표시된 채무자의 승계인에 대하여 하는 것일 때에는 집행할 판결 외에, 이에 덧붙여 적은 집행문을 강제집행을 개시하기 전에 채무자의 승계인에게 송달하여야 한다.
③증명서에 의하여 집행문을 내어 준 때에는 그 증명서의 등본을 강제집행을 개시하기 전에 채무자에게 송달하거나 강제집행과 동시에 송달하여야 한다.

제40조(집행개시의 요건) ①집행을 받을 사람이 일정한 시일에 이르러야 그 채무를 이행하게 되어 있는 때에는 그 시일이 지난 뒤에 강제집행을 개시할 수 있다.
②집행이 채권자의 담보제공에 매인 때에는 채권자는 담보를 제공한 증명서류를 제출하여야 한다. 이 경우의 집행은 그 증명서류의 등본을 채무자에게 이미 송달하였거나 동시에 송달하는 때에만 개시할 수 있다.

제41조(집행개시의 요건) ①반대의무의 이행과 동시에 집행할 수 있다는 것을 내용으로 하는 집행권원의 집행은 채권자가 반대의무의 이행 또는 이행의 제공을 하였다는 것을 증명하여야만 개시할 수 있다.
②다른 의무의 집행이 불가능한 때에 그에 갈음하여 집행할 수 있다는 것을 내용으로 하는 집행권원의 집행은 채권자가 그 집행이 불가능하다는 것을 증명하여야만 개시할 수 있다.

제42조(집행관에 의한 영수증의 작성 · 교부) ①채권자가 집행관에게 집행력 있는 정본을 교부하고 강제집행을 위임한 때에는 집행관은 특별한 권한을 받지 못하였더라도 지급이나 그 밖의 이행을 받고 그에 대한 영수증서를 작성하고 교부할 수 있다. 집행관은 채무자가 그 의무를 완전히 이행한 때에는 집행력 있는 정본을 채무자에게 교부하여야 한다.
②채무자가 그 의무의 일부를 이행한 때에는 집행관은 집행력 있는 정본에 그 사유를 덧붙여 적고 영수증서를 채무자에게 교부하여야 한다.
③채무자의 채권자에 대한 영수증 청구는 제2항의 규정에 의하여 영향을 받지 아니한다.

제43조(집행관의 권한) ①집행관은 집행력 있는 정본을 가지고 있으면 채무자와 제3자에 대하여 강제집행을 하고 제42조에 규정된 행위를 할 수 있는 권한을 가지며, 채권자는 그에 대하여 위임의 흠이나 제한을 주장하지 못한다.
②집행관은 집행력 있는 정본을 가지고 있다가 관계인이 요청할 때에는 그 자격을 증명하기 위하여 이를 내보여야 한다.

제44조(청구에 관한 이의의 소)
①채무자가 판결에 따라 확정된 청구에 관하여 이의하려면 제1심 판결법원에 청구에 관한 이의의 소를 제기하여야 한다.
②제1항의 이의는 그 이유가 변론이 종결된 뒤(변론 없이 한 판결의 경우에는 판결이 선고된 뒤)에 생긴 것이어야 한다.
③이의이유가 여러 가지인 때에는 동시에 주장하여야 한다.

제45조(집행문부여에 대한 이의의 소)
제30조제2항과 제31조의 경우에 채무자가 집행문부여에 관하여 증명된 사실에 의한 판결의 집행력을 다투거나, 인정된 승계에 의한 판결의 집행력을 다투는 때에는 제44조의 규정을 준용한다. 다만, 이 경우에도 제34조의 규정에 따라 집행문부여에 대하여 이의를 신청할 수 있는 채무자의 권한은 영향을 받지 아니한다.

제46조(이의의 소와 잠정처분) ①제44조 및 제45조의 이의의 소는 강제집행을 계속하여

진행하는 데에는 영향을 미치지 아니한다.
②제1항의 이의를 주장한 사유가 법률상 정당한 이유가 있다고 인정되고, 사실에 대한 소명(疎明)이 있을 때에는 수소법원(受訴法院)은 당사자의 신청에 따라 판결이 있을 때까지 담보를 제공하게 하거나 담보를 제공하게 하지 아니하고 강제집행을 정지하도록 명할 수 있으며, 담보를 제공하게 하고 그 집행을 계속하도록 명하거나 실시한 집행처분을 취소하도록 명할 수 있다.
③제2항의 재판은 변론 없이 하며 급박한 경우에는 재판장이 할 수 있다.
④급박한 경우에는 집행법원이 제2항의 권한을 행사할 수 있다. 이 경우 집행법원은 상당한 기간 이내에 제2항에 따른 수소법원의 재판서를 제출하도록 명하여야 한다.
⑤제4항 후단의 기간을 넘긴 때에는 채권자의 신청에 따라 강제집행을 계속하여 진행한다.

第47条(이의의 재판과 잠정처분)
①수소법원은 이의의 소의 판결에서 제46조의 명령을 내리고 이미 내린 명령을 취소·변경 또는 인가할 수 있다.
②판결중 제1항에 규정된 사항에 대하여는 직권으로 가집행의 선고를 하여야 한다.
③제2항의 재판에 대하여는 불복할 수 없다.

第48条(제3자이의의 소) ①제3자가 강제집행의 목적물에 대하여 소유권이 있다고 주장하거나 목적물의 양도나 인도를 막을 수 있는 권리가 있다고 주장하는 때에는 채권자를 상대로 그 강제집행에 대한 이의의 소를 제기할 수 있다. 다만, 채무자가 그 이의를 다투는 때에는 채무자를 공동피고로 할 수 있다.
②제1항의 소는 집행법원이 관할한다. 다만, 소송물이 단독판사의 관할에 속하지 아니할 때에는 집행법원이 있는 곳을 관할하는 지방법원의 합의부가 이를 관할한다.
③강제집행의 정지와 이미 실시한 집행처분의 취소에 대하여는 제46조 및 제47조의 규정을 준용한다. 다만, 집행처분을 취소할 때에는 담보를 제공하게 하지 아니할 수 있다.

第49条(집행의 필수적 정지 · 제한)
강제집행은 다음 각호 가운데 어느 하나에 해당하는 서류를 제출한 경우에 정지하거나 제한하여야 한다.
1. 집행할 판결 또는 그 가집행을 취소하는 취지나, 강제집행을 허가하지 아니하거나 그 정지를 명하는 취지 또는 집행처분의 취소를 명한 취지를 적은 집행력 있는 재판의 정본
2. 강제집행의 일시정지를 명한 취지를 적은 재판의 정본
3. 집행을 면하기 위하여 담보를 제공한 증명서류
4. 집행할 판결이 있은 뒤에 채권자가 변제를 받았거나, 의무이행을 미루도록 승낙한 취지를 적은 증서
5. 집행할 판결, 그 밖의 재판이 소의 취하 등의 사유로 효력을 잃었다는 것을 증명하는 조서등본 또는 법원사무관등이 작성한 증서
6. 강제집행을 하지 아니한다거나 강제집행의 신청이나 위임을 취하한다는 취지를 적은 화해조서(和解調書)의 정본 또는 공정증서(公正證書)의 정본

第50条(집행처분의 취소 · 일시유지)
①제49조제1호·제3호·제5호 및 제6호의 경우에는 이미 실시한 집행처분을 취소하여야 하며, 같은 조 제2호 및 제4호의 경우에는 이미 실시한 집행처분을 일시적으로 유지하게 하여야 한다.
②제1항에 따라 집행처분을 취소하는 경우에는 제17조의 규정을 적용하지 아니한다.

第51条(변제증서 등의 제출에 의한 집행정지의 제한) ①제49조제4호의 증서 가운데 변제를 받았다는 취지를 적은 증서를 제출하여 강제집행이 정지되는 경우 그 정지기간은

2월로 한다.
②제49조제4호의 증서 가운데 의무이행을 미루도록 승낙하였다는 취지를 적은 증서를 제출하여 강제집행이 정지되는 경우 그 정지는 2회에 한하며 통산하여 6월을 넘길 수 없다.

제52조(집행을 개시한 뒤 채무자가 죽은 경우) ①강제집행을 개시한 뒤에 채무자가 죽은 때에는 상속재산에 대하여 강제집행을 계속하여 진행한다.
②채무자에게 알려야 할 집행행위를 실시할 경우에 상속인이 없거나 상속인이 있는 곳이 분명하지 아니하면 집행법원은 채권자의 신청에 따라 상속재산 또는 상속인을 위하여 특별대리인을 선임하여야 한다.
③제2항의 특별대리인에 관하여는 「민사소송법」 제62조제2항부터 제5항까지의 규정을 준용한다. <개정 2016.2.3.>

제53조(집행비용의 부담) ①강제집행에 필요한 비용은 채무자가 부담하고 그 집행에 의하여 우선적으로 변상을 받는다.
②강제집행의 기초가 된 판결이 파기된 때에는 채권자는 제1항의 비용을 채무자에게 변상하여야 한다.

제54조(군인 · 군무원에 대한 강제집행)
①군인·군무원에 대하여 병영·군사용 청사 또는 군용 선박에서 강제집행을 할 경우 법원은 채권자의 신청에 따라 군판사 또는 부대장(部隊長)이나 선장에게 촉탁하여 이를 행한다.
②촉탁에 따라 압류한 물건은 채권자가 위임한 집행관에게 교부하여야 한다.

제55조(외국에서 할 집행) ①외국에서 강제집행을 할 경우에 그 외국 공공기관의 법률상 공조를 받을 수 있는 때에는 제1심 법원이 채권자의 신청에 따라 외국 공공기관에 이를 촉탁하여야 한다.
②외국에 머물고 있는 대한민국 영사(領事)에 의하여 강제집행을 할 수 있는 때에는 제1심 법원은 그 영사에게 이를 촉탁하여야 한다.

제56조(그 밖의 집행권원) 강제집행은 다음 가운데 어느 하나에 기초하여서도 실시할 수 있다.
1. 항고로만 불복할 수 있는 재판
2. 가집행의 선고가 내려진 재판
3. 확정된 지급명령
4. 공증인이 일정한 금액의 지급이나 대체물 또는 유가증권의 일정한 수량의 급여를 목적으로 하는 청구에 관하여 작성한 공정증서로서 채무자가 강제집행을 승낙한 취지가 적혀 있는 것
5. 소송상 화해, 청구의 인낙(認諾) 등 그 밖에 확정판결과 같은 효력을 가지는 것

제57조(준용규정) 제56조의 집행권원에 기초한 강제집행에 대하여는 제58조 및 제59조에서 규정하는 바를 제외하고는 제28조 내지 제55조의 규정을 준용한다.

제58조(지급명령과 집행) ①확정된 지급명령에 기한 강제집행은 집행문을 부여받을 필요없이 지급명령 정본에 의하여 행한다. 다만, 다음 각호 가운데 어느 하나에 해당하는 경우에는 그러하지 아니하다.
1. 지급명령의 집행에 조건을 붙인 경우
2. 당사자의 승계인을 위하여 강제집행을 하는 경우
3. 당사자의 승계인에 대하여 강제집행을 하는 경우
②채권자가 여러 통의 지급명령 정본을 신청하거나, 전에 내어준 지급명령 정본을 돌려주

지 아니하고 다시 지급명령 정본을 신청한 때에는 법원사무관등이 이를 부여한다. 이 경우 그 사유를 원본과 정본에 적어야 한다.
③청구에 관한 이의의 주장에 대하여는 제44조제2항의 규정을 적용하지 아니한다.
④집행문부여의 소, 청구에 관한 이의의 소 또는 집행문부여에 대한 이의의 소는 지급명령을 내린 지방법원이 관할한다.
⑤제4항의 경우에 그 청구가 합의사건인 때에는 그 법원이 있는 곳을 관할하는 지방법원의 합의부에서 재판한다.

제59조(공정증서와 집행) ①공증인이 작성한 증서의 집행문은 그 증서를 보존하는 공증인이 내어 준다.
②집행문을 내어 달라는 신청에 관한 공증인의 처분에 대하여 이의신청이 있는 때에는 그 공증인의 사무소가 있는 곳을 관할하는 지방법원 단독판사가 결정으로 재판한다.
③청구에 관한 이의의 주장에 대하여는 제44조제2항의 규정을 적용하지 아니한다.
④집행문부여의 소, 청구에 관한 이의의 소 또는 집행문부여에 대한 이의의 소는 채무자의 보통재판적이 있는 곳의 법원이 관할한다. 다만, 그러한 법원이 없는 때에는 민사소송법 제11조의 규정에 따라 채무자에 대하여 소를 제기할 수 있는 법원이 관할한다.

제60조(과태료의 집행) ①과태료의 재판은 검사의 명령으로 집행한다.
②제1항의 명령은 집행력 있는 집행권원과 같은 효력을 가진다.

제2장 금전채권에 기초한 강제집행

제1절 재산명시절차 등

제61조(재산명시신청) ①금전의 지급을 목적으로 하는 집행권원에 기초하여 강제집행을 개시할 수 있는 채권자는 채무자의 보통재판적이 있는 곳의 법원에 채무자의 재산명시를 요구하는 신청을 할 수 있다. 다만, 민사소송법 제213조에 따른 가집행의 선고가 붙은 판결 또는 같은 조의 준용에 따른 가집행의 선고가 붙어 집행력을 가지는 집행권원의 경우에는 그러하지 아니하다.
②제1항의 신청에는 집행력 있는 정본과 강제집행을 개시하는데 필요한 문서를 붙여야 한다.

제62조(재산명시신청에 대한 재판)
①재산명시신청에 정당한 이유가 있는 때에는 법원은 채무자에게 재산상태를 명시한 재산목록을 제출하도록 명할 수 있다.
②재산명시신청에 정당한 이유가 없거나, 채무자의 재산을 쉽게 찾을 수 있다고 인정한 때에는 법원은 결정으로 이를 기각하여야 한다.
③제1항 및 제2항의 재판은 채무자를 심문하지 아니하고 한다.
④제1항의 결정은 신청한 채권자 및 채무자에게 송달하여야 하고, 채무자에 대한 송달에서는 결정에 따르지 아니할 경우 제68조에 규정된 제재를 받을 수 있음을 함께 고지하여야 한다.
⑤제4항의 규정에 따라 채무자에게 하는 송달은 민사소송법 제187조 및 제194조에 의한 방법으로는 할 수 없다.
⑥제1항의 결정이 채무자에게 송달되지 아니한 때에는 법원은 채권자에게 상당한 기간을 정하여 그 기간 이내에 채무자의 주소를 보정하도록 명하여야 한다.
⑦채권자가 제6항의 명령을 받고도 이를 이행하지 아니한 때에는 법원은 제1항의 결정을 취소하고 재산명시신청을 각하하여야 한다.
⑧제2항 및 제7항의 결정에 대하여는 즉시항고를 할 수 있다.
⑨채무자는 제1항의 결정을 송달받은 뒤 송달장소를 바꾼 때에는 그 취지를 법원에 바로 신

고하여야 하며, 그러한 신고를 하지 아니한 경우에는 민사소송법 제185조제2항 및 제189조의 규정을 준용한다.

제63조(재산명시명령에 대한 이의신청)
①채무자는 재산명시명령을 송달받은 날부터 1주 이내에 이의신청을 할 수 있다.
②채무자가 제1항에 따라 이의신청을 한 때에는 법원은 이의신청사유를 조사할 기일을 정하고 채권자와 채무자에게 이를 통지하여야 한다.
③이의신청에 정당한 이유가 있는 때에는 법원은 결정으로 재산명시명령을 취소하여야 한다.
④이의신청에 정당한 이유가 없거나 채무자가 정당한 사유 없이 기일에 출석하지 아니한 때에는 법원은 결정으로 이의신청을 기각하여야 한다.
⑤제3항 및 제4항의 결정에 대하여는 즉시항고를 할 수 있다.

제64조(재산명시기일의 실시) ①재산명시명령에 대하여 채무자의 이의신청이 없거나 이를 기각한 때에는 법원은 재산명시를 위한 기일을 정하여 채무자에게 출석하도록 요구하여야 한다. 이 기일은 채권자에게도 통지하여야 한다.
②채무자는 제1항의 기일에 강제집행의 대상이 되는 재산과 다음 각호의 사항을 명시한 재산목록을 제출하여야 한다.
1. 재산명시명령이 송달되기 전 1년 이내에 채무자가 한 부동산의 유상양도(有償讓渡)
2. 재산명시명령이 송달되기 전 1년 이내에 채무자가 배우자, 직계혈족 및 4촌 이내의 방계혈족과 그 배우자, 배우자의 직계혈족과 형제자매에게 한 부동산 외의 재산의 유상양도
3. 재산명시명령이 송달되기 전 2년 이내에 채무자가 한 재산상 무상처분(無償處分). 다만, 의례적인 선물은 제외한다.
③재산목록에 적을 사항과 범위는 대법원규칙으로 정한다.
④제1항의 기일에 출석한 채무자가 3월 이내에 변제할 수 있음을 소명한 때에는 법원은 그 기일을 3월의 범위내에서 연기할 수 있으며, 채무자가 새 기일에 채무액의 3분의 2 이상을 변제하였음을 증명하는 서류를 제출한 때에는 다시 1월의 범위내에서 연기할 수 있다.

제65조(선서) ①채무자는 재산명시기일에 재산목록이 진실하다는 것을 선서하여야한다.
②제1항의 선서에 관하여는 민사소송법 제320조 및 제321조의 규정을 준용한다. 이경우 선서서(宣誓書)에는 다음과 같이 적어야 한다.
"양심에 따라 사실대로 재산목록을 작성하여 제출하였으며, 만일 숨긴 것이나 거짓 작성한 것이 있으면 처벌을 받기로 맹세합니다."

제66조(재산목록의 정정) ①채무자는 명시기일에 제출한 재산목록에 형식적인 흠이 있거나 불명확한 점이 있는 때에는 제65조의 규정에 의한 선서를 한 뒤라도 법원의 허가를 얻어 이미 제출한 재산목록을 정정할 수 있다.
②제1항의 허가에 관한 결정에 대하여는 즉시항고를 할 수 있다.

제67조(재산목록의 열람·복사) 채무자에 대하여 강제집행을 개시할 수 있는 채권자는 재산목록을 보거나 복사할 것을 신청할 수 있다.

제68조(채무자의 감치 및 벌칙)
①채무자가 정당한 사유 없이 다음 각호 가운데 어느 하나에 해당하는 행위를 한 경우에는 법원은 결정으로 20일 이내의 감치(監置)에 처한다.
1. 명시기일 불출석
2. 재산목록 제출 거부
3. 선서 거부

②채무자가 법인 또는 민사소송법 제52조의 사단이나 재단인 때에는 그 대표자 또는 관리인을 감치에 처한다.
③법원은 감치재판기일에 채무자를 소환하여 제1항 각호의 위반행위에 대하여 정당한 사유가 있는지 여부를 심리하여야 한다.
④제1항의 결정에 대하여는 즉시항고를 할 수 있다.
⑤채무자가 감치의 집행중에 재산명시명령을 이행하겠다고 신청한 때에는 법원은 바로 명시기일을 열어야 한다.
⑥채무자가 제5항의 명시기일에 출석하여 재산목록을 내고 선서하거나 신청채권자에 대한 채무를 변제하고 이를 증명하는 서면을 낸 때에는 법원은 바로 감치결정을 취소하고 그 채무자를 석방하도록 명하여야 한다.
⑦제5항의 명시기일은 신청채권자에게 통지하지 아니하고도 실시할 수 있다. 이 경우 제6항의 사실을 채권자에게 통지하여야 한다.
⑧제1항 내지 제7항의 규정에 따른 재판절차 및 그 집행 그 밖에 필요한 사항은 대법원규칙으로 정한다.
⑨채무자가 거짓의 재산목록을 낸 때에는 3년 이하의 징역 또는 500만원 이하의 벌금에 처한다.
⑩채무자가 법인 또는 민사소송법 제52조의 사단이나 재단인 때에는 그 대표자 또는 관리인을 제9항의 규정에 따라 처벌하고, 채무자는 제9항의 벌금에 처한다.

제69조(명시신청의 재신청) 재산명시신청이 기각·각하된 경우에는 그 명시신청을 한 채권자는 기각·각하사유를 보완하지 아니하고서는 같은 집행권원으로 다시 재산명시신청을 할 수 없다.

제70조(채무불이행자명부 등재신청)
①채무자가 다음 각호 가운데 어느 하나에 해당하면 채권자는 그 채무자를 채무불이행자명부(債務不履行者名簿)에 올리도록 신청할 수 있다.
1. 금전의 지급을 명한 집행권원이 확정된 후 또는 집행권원을 작성한 후 6월 이내에 채무를 이행하지 아니하는 때. 다만, 제61조제1항 단서에 규정된 집행권원의 경우를 제외한다.
2. 제68조제1항 각호의 사유 또는 같은 조제9항의 사유 가운데 어느 하나에 해당하는 때
②제1항의 신청을 할 때에는 그 사유를 소명하여야 한다.
③제1항의 신청에 대한 재판은 제1항제1호의 경우에는 채무자의 보통재판적이 있는 곳의 법원이 관할하고, 제1항제2호의 경우에는 재산명시절차를 실시한 법원이 관할한다.

제71조(등재신청에 대한 재판) ①제70조의 신청에 정당한 이유가 있는 때에는 법원은 채무자를 채무불이행자명부에 올리는 결정을 하여야 한다.
②등재신청에 정당한 이유가 없거나 쉽게 강제집행할 수 있다고 인정할 만한 명백한 사유가 있는 때에는 법원은 결정으로 이를 기각하여야 한다.
③제1항 및 제2항의 재판에 대하여는 즉시항고를 할 수 있다. 이 경우 민사소송법 제447조의 규정은 준용하지 아니한다.

제72조(명부의 비치) ①채무불이행자명부는 등재결정을 한 법원에 비치한다.
②법원은 채무불이행자명부의 부본을 채무자의 주소지(채무자가 법인인 경우에는 주된 사무소가 있는 곳) 시(구가 설치되지 아니한 시를 말한다. 이하 같다)·구·읍·면의 장(도농복합형태의 시의 경우 동지역은 시·구의 장, 읍·면지역은 읍·면의 장으로 한다. 이하 같다)에게 보내야 한다.
③법원은 채무불이행자명부의 부본을 대법원규칙이 정하는 바에 따라 일정한 금융기관의 장이나 금융기관 관련단체의 장에게 보내어 채무자에 대한 신용정보로 활용하게 할 수 있다.
④채무불이행자명부나 그 부본은 누구든지 보거나 복사할 것을 신청할 수 있다.

⑤채무불이행자명부는 인쇄물 등으로 공표되어서는 아니된다.

제73조(명부등재의 말소) ①변제, 그 밖의 사유로 채무가 소멸되었다는 것이 증명된 때에는 법원은 채무자의 신청에 따라 채무불이행자명부에서 그 이름을 말소하는 결정을 하여야 한다.
②채권자는 제1항의 결정에 대하여 즉시항고를 할 수 있다. 이 경우 민사소송법 제447조의 규정은 준용하지 아니한다.
③채무불이행자명부에 오른 다음 해부터 10년이 지난 때에는 법원은 직권으로 그 명부에 오른 이름을 말소하는 결정을 하여야 한다.
④제1항과 제3항의 결정을 한 때에는 그 취지를 채무자의 주소지(채무자가 법인인 경우에는 주된 사무소가 있는 곳) 시·구·읍·면의 장 및 제72조제3항의 규정에 따라 채무불이행자명부의 부본을 보낸 금융기관 등의 장에게 통지하여야 한다.
⑤제4항의 통지를 받은 시·구·읍·면의 장 및 금융기관 등의 장은 그 명부의 부본에 오른 이름을 말소하여야 한다.

제74조(재산조회) ①재산명시절차의 관할 법원은 다음 각호의 어느 하나에 해당하는 경우에는 그 재산명시를 신청한 채권자의 신청에 따라 개인의 재산 및 신용에 관한 전산망을 관리하는 공공기관·금융기관·단체 등에 채무자명의의 재산에 관하여 조회할 수 있다. <개정 2005.1.27.>
1. 재산명시절차에서 채권자가 제62조제6항의 규정에 의한 주소보정명령을 받고도 민사소송법 제194조제1항의 규정에 의한 사유로 인하여 채권자가 이를 이행할 수 없었던 것으로 인정되는 경우
2. 재산명시절차에서 채무자가 제출한 재산목록의 재산만으로는 집행채권의 만족을 얻기에 부족한 경우
3. 재산명시절차에서 제68조제1항 각호의 사유 또는 동조제9항의 사유가 있는 경우
②채권자가 제1항의 신청을 할 경우에는 조회할 기관·단체를 특정하여야 하며 조회에 드는 비용을 미리 내야 한다.
③법원이 제1항의 규정에 따라 조회할 경우에는 채무자의 인적 사항을 적은 문서에 의하여 해당 기관·단체의 장에게 채무자의 재산 및 신용에 관하여 그 기관·단체가 보유하고 있는 자료를 한꺼번에 모아 제출하도록 요구할 수 있다.
④공공기관·금융기관·단체 등은 정당한 사유 없이 제1항 및 제3항의 조회를 거부하지 못한다.

제75조(재산조회의 결과 등) ①법원은 제74조제1항 및 제3항의 규정에 따라 조회한 결과를 채무자의 재산목록에 준하여 관리하여야 한다.
②제74조제1항 및 제3항의 조회를 받은 기관·단체의 장이 정당한 사유 없이 거짓 자료를 제출하거나 자료를 제출할 것을 거부한 때에는 결정으로 500만원 이하의 과태료에 처한다.
③제2항의 결정에 대하여는 즉시항고를 할 수 있다.

제76조(벌칙) ①누구든지 재산조회의 결과를 강제집행 외의 목적으로 사용하여서는 아니된다.
②제1항의 규정에 위반한 사람은 2년 이하의 징역 또는 500만원 이하의 벌금에 처한다.

제77조(대법원규칙) 제74조제1항 및 제3항의 규정에 따라 조회를 할 공공기관·금융기관·단체 등의 범위 및 조회절차, 제74조제2항의 규정에 따라 채권자가 내야 할 비용, 제75조제1항의 규정에 따른 조회결과의 관리에 관한 사항, 제75조제2항의 규정에 의한 과태료의 부과절차 등은 대법원규칙으로 정한다.

제2절 부동산에 대한 강제집행
제1관 통칙

제78조(집행방법) ①부동산에 대한 강제집행은 채권자의 신청에 따라 법원이 한다.
②강제집행은 다음 각호의 방법으로 한다.
1. 강제경매
2. 강제관리
③채권자는 자기의 선택에 의하여 제2항 각호 가운데 어느 한 가지 방법으로 집행하게 하거나 두 가지 방법을 함께 사용하여 집행하게 할 수 있다.
④강제관리는 가압류를 집행할 때에도 할 수 있다.

제79조(집행법원) ①부동산에 대한 강제집행은 그 부동산이 있는 곳의 지방법원이 관할한다.
②부동산이 여러 지방법원의 관할구역에 있는 때에는 각 지방법원에 관할권이 있다. 이 경우 법원이 필요하다고 인정한 때에는 사건을 다른 관할 지방법원으로 이송할 수 있다.

제2관 강제경매

제80조(강제경매신청서) 강제경매신청서에는 다음 각호의 사항을 적어야 한다.
1. 채권자·채무자와 법원의 표시
2. 부동산의 표시
3. 경매의 이유가 된 일정한 채권과 집행할 수 있는 일정한 집행권원

제81조(첨부서류) ①강제경매신청서에는 집행력 있는 정본 외에 다음 각호 가운데 어느 하나에 해당하는 서류를 붙여야 한다. <개정 2011.4.12.>
1. 채무자의 소유로 등기된 부동산에 대하여는 등기사항증명서
2. 채무자의 소유로 등기되지 아니한 부동산에 대하여는 즉시 채무자명의로 등기할 수 있다는 것을 증명할 서류. 다만, 그 부동산이 등기되지 아니한 건물인 경우에는 그 건물이 채무자의 소유임을 증명할 서류, 그 건물의 지번·구조·면적을 증명할 서류 및 그 건물에 관한 건축허가 또는 건축신고를 증명할 서류
②채권자는 공적 장부를 주관하는 공공기관에 제1항제2호 단서의 사항들을 증명하여 줄 것을 청구할 수 있다.
③제1항제2호 단서의 경우에 건물의 지번·구조·면적을 증명하지 못한 때에는, 채권자는 경매신청과 동시에 그 조사를 집행법원에 신청할 수 있다.
④제3항의 경우에 법원은 집행관에게 그 조사를 하게 하여야 한다.
⑤강제관리를 하기 위하여 이미 부동산을 압류한 경우에 그 집행기록에 제1항 각호 가운데 어느 하나에 해당하는 서류가 붙어 있으면 다시 그 서류를 붙이지 아니할 수 있다.

제82조(집행관의 권한) ①집행관은 제81조제4항의 조사를 위하여 건물에 출입할 수 있고, 채무자 또는 건물을 점유하는 제3자에게 질문하거나 문서를 제시하도록 요구할 수 있다.
②집행관은 제1항의 규정에 따라 건물에 출입하기 위하여 필요한 때에는 잠긴 문을 여는 등 적절한 처분을 할 수 있다.

제83조(경매개시결정 등) ①경매절차를 개시하는 결정에는 동시에 그 부동산의 압류를 명하여야 한다.
②압류는 부동산에 대한 채무자의 관리·이용에 영향을 미치지 아니한다.
③경매절차를 개시하는 결정을 한 뒤에는 법원은 직권으로 또는 이해관계인의 신청에 따

라 부동산에 대한 침해행위를 방지하기 위하여 필요한 조치를 할 수 있다.
④압류는 채무자에게 그 결정이 송달된 때 또는 제94조의 규정에 따른 등기가 된 때에 효력이 생긴다.
⑤강제경매신청을 기각하거나 각하하는 재판에 대하여는 즉시항고를 할 수 있다.

제84조(배당요구의 종기결정 및 공고)
①경매개시결정에 따른 압류의 효력이 생긴 때(그 경매개시결정전에 다른 경매개시결정이 있은 경우를 제외한다)에는 집행법원은 절차에 필요한 기간을 감안하여 배당요구를 할 수 있는 종기(終期)를 첫 매각기일 이전으로 정한다.
②배당요구의 종기가 정하여진 때에는 법원은 경매개시결정을 한 취지 및 배당요구의 종기를 공고하고, 제91조제4항 단서의 전세권자 및 법원에 알려진 제88조제1항의 채권자에게 이를 고지하여야 한다.
③제1항의 배당요구의 종기결정 및 제2항의 공고는 경매개시결정에 따른 압류의 효력이 생긴 때부터 1주 이내에 하여야 한다.
④법원사무관등은 제148조제3호 및 제4호의 채권자 및 조세, 그 밖의 공과금을 주관하는 공공기관에 대하여 채권의 유무, 그 원인 및 액수(원금·이자·비용, 그 밖의 부대채권(附帶債權)을 포함한다)를 배당요구의 종기까지 법원에 신고하도록 최고하여야 한다.
⑤제148조제3호 및 제4호의 채권자가 제4항의 최고에 대한 신고를 하지 아니한 때에는 그 채권자의 채권액은 등기사항증명서 등 집행기록에 있는 서류와 증빙(證憑)에 따라 계산한다. 이 경우 다시 채권액을 추가하지 못한다. <개정 2011.4.12.>
⑥법원은 특별히 필요하다고 인정하는 경우에는 배당요구의 종기를 연기할 수 있다.
⑦제6항의 경우에는 제2항 및 제4항의 규정을 준용한다. 다만, 이미 배당요구 또는 채권신고를 한 사람에 대하여는 같은 항의 고지 또는 최고를 하지 아니한다.

제85조(현황조사) ①법원은 경매개시결정을 한 뒤에 바로 집행관에게 부동산의 현상, 점유관계, 차임(借賃) 또는 보증금의 액수, 그 밖의 현황에 관하여 조사하도록 명하여야 한다.
②집행관이 제1항의 규정에 따라 부동산을 조사할 때에는 그 부동산에 대하여 제82조에 규정된 조치를 할 수 있다.

제86조(경매개시결정에 대한 이의신청)
①이해관계인은 매각대금이 모두 지급될 때까지 법원에 경매개시결정에 대한 이의신청을 할 수 있다.
②제1항의 신청을 받은 법원은 제16조제2항에 준하는 결정을 할 수 있다.
③제1항의 신청에 관한 재판에 대하여 이해관계인은 즉시항고를 할 수 있다.

제87조(압류의 경합) ①강제경매절차 또는 담보권 실행을 위한 경매절차를 개시하는 결정을 한 부동산에 대하여 다른 강제경매의 신청이 있는 때에는 법원은 다시 경매개시결정을 하고, 먼저 경매개시결정을 한 집행절차에 따라 경매한다.
②먼저 경매개시결정을 한 경매신청이 취하되거나 그 절차가 취소된 때에는 법원은 제91조제1항의 규정에 어긋나지 아니하는 한도 안에서 뒤의 경매개시결정에 따라 절차를 계속 진행하여야 한다.
③제2항의 경우에 뒤의 경매개시결정이 배당요구의 종기 이후의 신청에 의한 것인 때에는 집행법원은 새로이 배당요구를 할 수 있는 종기를 정하여야 한다. 이 경우 이미 제84조제2항 또는 제4항의 규정에 따라 배당요구 또는 채권신고를 한 사람에 대하여는 같은 항의 고지 또는 최고를 하지 아니한다.
④먼저 경매개시결정을 한 경매절차가 정지된 때에는 법원은 신청에 따라 결정으로 뒤의 경매개시결정(배당요구의 종기까지 행하여진 신청에 의한 것에 한한다)에 기초하여 절차를 계속하여 진행할 수 있다. 다만, 먼저 경매개시결정을 한 경매절차가 취소되는 경우 제105조제

1항제3호의 기재사항이 바뀔 때에는 그러하지 아니하다.
⑤제4항의 신청에 대한 재판에 대하여는 즉시항고를 할 수 있다.

제88조(배당요구) ①집행력 있는 정본을 가진 채권자, 경매개시결정이 등기된 뒤에 가압류를 한 채권자, 민법·상법, 그 밖의 법률에 의하여 우선변제청구권이 있는 채권자는 배당요구를 할 수 있다.
②배당요구에 따라 매수인이 인수하여야 할 부담이 바뀌는 경우 배당요구를 한 채권자는 배당요구의 종기가 지난 뒤에 이를 철회하지 못한다.

제89조(이중경매신청 등의 통지) 법원은 제87조제1항 및 제88조제1항의 신청이 있는 때에는 그 사유를 이해관계인에게 통지하여야 한다.

제90조(경매절차의 이해관계인) 경매절차의 이해관계인은 다음 각호의 사람으로한다.
1. 압류채권자와 집행력 있는 정본에 의하여 배당을 요구한 채권자
2. 채무자 및 소유자
3. 등기부에 기입된 부동산 위의 권리자
4. 부동산 위의 권리자로서 그 권리를 증명한 사람

제91조(인수주의와 잉여주의의 선택 등)
①압류채권자의 채권에 우선하는 채권에 관한 부동산의 부담을 매수인에게 인수하게 하거나, 매각대금으로 그 부담을 변제하는 데 부족하지 아니하다는 것이 인정된 경우가 아니면 그 부동산을 매각하지못한다.
②매각부동산 위의 모든 저당권은 매각으로 소멸된다.
③지상권·지역권·전세권 및 등기된 임차권은 저당권·압류채권·가압류채권에 대항할 수 없는 경우에는 매각으로 소멸된다.
④제3항의 경우 외의 지상권·지역권·전세권 및 등기된 임차권은 매수인이 인수한다. 다만, 그 중 전세권의 경우에는 전세권자가 제88조에 따라 배당요구를 하면 매각으로 소멸된다.
⑤매수인은 유치권자(留置權者)에게 그 유치권(留置權)으로 담보하는 채권을 변제할 책임이 있다.

제92조(제3자와 압류의 효력)
①제3자는 권리를 취득할 때에 경매신청 또는 압류가 있다는 것을 알았을 경우에는 압류에 대항하지 못한다.
②부동산이 압류채권을 위하여 의무를 진 경우에는 압류한 뒤 소유권을 취득한 제3자가 소유권을 취득할 때에 경매신청 또는 압류가 있다는 것을 알지 못하였더라도 경매절차를 계속하여 진행하여야 한다.

제93조(경매신청의 취하)
①경매신청이 취하되면 압류의 효력은 소멸된다.
②매수신고가 있은 뒤 경매신청을 취하하는 경우에는 최고가매수신고인 또는 매수인과 제114조의 차순위매수신고인의 동의를 받아야 그 효력이 생긴다.
③제49조제3호 또는 제6호의 서류를 제출하는 경우에는 제1항 및 제2항의 규정을, 제49조제4호의 서류를 제출하는 경우에는 제2항의 규정을 준용한다.

제94조(경매개시결정의 등기) ①법원이 경매개시결정을 하면 법원사무관등은 즉시 그 사유를 등기부에 기입하도록 등기관(登記官)에게 촉탁하여야 한다.
②등기관은 제1항의 촉탁에 따라 경매개시결정사유를 기입하여야 한다.

제95조(등기사항증명서의 송부) 등기관은 제94조에 따라 경매개시결정사유를 등기부에 기입한 뒤 그 등기사항증명서를 법원에 보내야 한다. <개정 2011.4.12.>
[제목개정 2011.4.12.]

제96조(부동산의 멸실 등으로 말미암은 경매취소) ①부동산이 없어지거나 매각 등으로 말미암아 권리를 이전할 수 없는 사정이 명백하게 된 때에는 법원은 강제경매의 절차를 취소하여야 한다.
②제1항의 취소결정에 대하여는 즉시항고를 할 수 있다.

제97조(부동산의 평가와 최저매각가격의 결정) ①법원은 감정인(鑑定人)에게 부동산을 평가하게 하고 그 평가액을 참작하여 최저매각가격을 정하여야 한다.
②감정인은 제1항의 평가를 위하여 필요하면 제82조제1항에 규정된 조치를 할 수 있다.
③감정인은 제7조의 규정에 따라 집행관의 원조를 요구하는 때에는 법원의 허가를 얻어야 한다.

제98조(일괄매각결정) ①법원은 여러 개의 부동산의 위치·형태·이용관계 등을 고려하여 이를 일괄매수하게 하는 것이 알맞다고 인정하는 경우에는 직권으로 또는 이해관계인의 신청에 따라 일괄매각하도록 결정할 수 있다.
②법원은 부동산을 매각할 경우에 그 위치·형태·이용관계 등을 고려하여 다른 종류의 재산(금전채권을 제외한다)을 그 부동산과 함께 일괄매수하게 하는 것이 알맞다고 인정하는 때에는 직권으로 또는 이해관계인의 신청에 따라 일괄매각하도록 결정할 수 있다.
③제1항 및 제2항의 결정은 그 목적물에 대한 매각기일 이전까지 할 수 있다.

제99조(일괄매각사건의 병합) ①법원은 각각 경매신청된 여러 개의 재산 또는 다른 법원이나 집행관에 계속된 경매사건의 목적물에 대하여 제98조제1항 또는 제2항의 결정을 할 수 있다.
②다른 법원이나 집행관에 계속된 경매사건의 목적물의 경우에 그 다른 법원 또는 집행관은 그 목적물에 대한 경매사건을 제1항의 결정을 한 법원에 이송한다.
③제1항 및 제2항의 경우에 법원은 그 경매사건들을 병합한다.

제100조(일괄매각사건의 관할) 제98조 및 제99조의 경우에는 민사소송법 제31조에 불구하고 같은 법 제25조의 규정을 준용한다. 다만, 등기할 수 있는 선박에 관한 경매사건에 대하여서는 그러하지 아니하다.

제101조(일괄매각절차) ①제98조 및 제99조의 일괄매각결정에 따른 매각절차는 이 관의 규정에 따라 행한다. 다만, 부동산 외의 재산의 압류는 그 재산의 종류에 따라 해당되는 규정에서 정하는 방법으로 행하고, 그 중에서 집행관의 압류에 따르는 재산의 압류는 집행법원이 집행관에게 이를 압류하도록 명하는 방법으로 행한다.
②제1항의 매각절차에서 각 재산의 대금액을 특정할 필요가 있는 경우에는 각 재산에 대한 최저매각가격의 비율을 정하여야 하며, 각 재산의 대금액은 총대금액을 각 재산의 최저매각가격비율에 따라 나눈 금액으로 한다. 각 재산이 부담할 집행비용액을 특정할 필요가 있는 경우에도 또한 같다.
③여러 개의 재산을 일괄매각하는 경우에 그 가운데 일부의 매각대금으로 모든 채권자의 채권액과 강제집행비용을 변제하기에 충분하면 다른 재산의 매각을 허가하지 아니한다. 다만, 토지와 그 위의 건물을 일괄매각하는 경우나 재산을 분리하여 매각하면 그 경제적 효용이 현저하게 떨어지는 경우 또는 채무자의 동의가 있는 경우에는 그러하지 아니하다.
④제3항 본문의 경우에 채무자는 그 재산 가운데 매각할 것을 지정할 수 있다.
⑤일괄매각절차에 관하여 이 법에서 정한 사항을 제외하고는 대법원규칙으로 정한다.

제102조(남을 가망이 없을 경우의 경매취소)
①법원은 최저매각가격으로 압류채권자의 채권에 우선하는 부동산의 모든 부담과 절차비용을 변제하면 남을 것이 없겠다고 인정한 때에는 압류채권자에게 이를 통지하여야 한다.
②압류채권자가 제1항의 통지를 받은 날부터 1주 이내에 제1항의 부담과 비용을 변제하고 남을 만한 가격을 정하여 그 가격에 맞는 매수신고가 없을 때에는 자기가 그 가격으로 매수하겠다고 신청하면서 충분한 보증을 제공하지 아니하면, 법원은 경매절차를 취소하여야 한다.
③제2항의 취소 결정에 대하여는 즉시항고를 할 수 있다.

제103조(강제경매의 매각방법)
①부동산의 매각은 집행법원이 정한 매각방법에 따른다.
②부동산의 매각은 매각기일에 하는 호가경매(呼價競賣), 매각기일에 입찰 및 개찰하게 하는 기일입찰 또는 입찰기간 이내에 입찰하게 하여 매각기일에 개찰하는 기간입찰의 세가지 방법으로 한다.
③부동산의 매각절차에 관하여 필요한 사항은 대법원규칙으로 정한다.

제104조(매각기일과 매각결정기일 등의 지정) ①법원은 최저매각가격으로 제102조제1항의 부담과 비용을 변제하고도 남을 것이 있다고 인정하거나 압류채권자가 제102조제2항의 신청을 하고 충분한 보증을 제공한 때에는 직권으로 매각기일과 매각결정기일을 정하여 대법원규칙이 정하는 방법으로 공고한다.
②법원은 매각기일과 매각결정기일을 이해관계인에게 통지하여야 한다.
③제2항의 통지는 집행기록에 표시된 이해관계인의 주소에 대법원규칙이 정하는 방법으로 발송할 수 있다.
④기간입찰의 방법으로 매각할 경우에는 입찰기간에 관하여도 제1항 내지 제3항의 규정을 적용한다.

제105조(매각물건명세서 등) ①법원은 다음 각호의 사항을 적은 매각물건명세서를 작성하여야 한다.
1. 부동산의 표시
2. 부동산의 점유자와 점유의 권원, 점유할 수 있는 기간, 차임 또는 보증금에 관한 관계인의 진술
3. 등기된 부동산에 대한 권리 또는 가처분으로서 매각으로 효력을 잃지 아니하는 것
4. 매각에 따라 설정된 것으로 보게 되는 지상권의 개요
②법원은 매각물건명세서·현황조사보고서 및 평가서의 사본을 법원에 비치하여 누구든지 볼 수 있도록 하여야 한다.

제106조(매각기일의 공고내용) 매각기일의 공고내용에는 다음 각호의 사항을 적어야 한다.
1. 부동산의 표시
2. 강제집행으로 매각한다는 취지와 그 매각방법
3. 부동산의 점유자, 점유의 권원, 점유하여 사용할 수 있는 기간, 차임 또는 보증금약정 및 그 액수
4. 매각기일의 일시·장소, 매각기일을 진행할 집행관의 성명 및 기간입찰의 방법으로 매각할 경우에는 입찰기간·장소
5. 최저매각가격
6. 매각결정기일의 일시·장소
7. 매각물건명세서·현황조사보고서 및 평가서의 사본을 매각기일 전에 법원에 비치하여 누구든지 볼 수 있도록 제공한다는 취지
8. 등기부에 기입할 필요가 없는 부동산에 대한 권리를 가진 사람은 채권을 신고하여야 한다는 취지

9. 이해관계인은 매각기일에 출석할 수 있다는 취지

제107조(매각장소) 매각기일은 법원안에서 진행하여야 한다. 다만, 집행관은 법원의 허가를 얻어 다른 장소에서 매각기일을 진행할 수 있다.

제108조(매각장소의 질서유지) 집행관은 다음 각호 가운데 어느 하나에 해당한다고 인정되는 사람에 대하여 매각장소에 들어오지 못하도록 하거나 매각장소에서 내보내거나 매수의 신청을 하지 못하도록 할 수 있다.
1. 다른 사람의 매수신청을 방해한 사람
2. 부당하게 다른 사람과 담합하거나 그 밖에 매각의 적정한 실시를 방해한 사람
3. 제1호 또는 제2호의 행위를 교사(敎唆)한 사람
4. 민사집행절차에서의 매각에 관하여 형법 제136조·제137조·제140조·제140조의2·제142조·제315조 및 제323조 내지 제327조에 규정된 죄로 유죄판결을 받고 그 판결확정일부터 2년이 지나지 아니한 사람

제109조(매각결정기일) ①매각결정기일은 매각기일부터 1주 이내로 정하여야 한다.
②매각결정절차는 법원안에서 진행하여야 한다.

제110조(합의에 의한 매각조건의 변경)
①최저매각가격 외의 매각조건은 법원이 이해관계인의 합의에 따라 바꿀 수 있다.
②이해관계인은 배당요구의 종기까지 제1항의 합의를 할 수 있다.

제111조(직권에 의한 매각조건의 변경)
①거래의 실상을 반영하거나 경매절차를 효율적으로 진행하기 위하여 필요한 경우에 법원은 배당요구의 종기까지 매각조건을 바꾸거나 새로운 매각조건을 설정할 수 있다.
②이해관계인은 제1항의 재판에 대하여 즉시항고를 할 수 있다.
③제1항의 경우에 법원은 집행관에게 부동산에 대하여 필요한 조사를 하게 할 수 있다.

제112조(매각기일의 진행) 집행관은 기일입찰 또는 호가경매의 방법에 의한 매각기일에는 매각물건명세서·현황조사보고서 및 평가서의 사본을 볼 수 있게 하고, 특별한 매각조건이 있는 때에는 이를 고지하며, 법원이 정한 매각방법에 따라 매수가격을 신고하도록 최고하여야 한다.

제113조(매수신청의 보증) 매수신청인은 대법원규칙이 정하는 바에 따라 집행법원이 정하는 금액과 방법에 맞는 보증을 집행관에게 제공하여야 한다.

제114조(차순위매수신고) ①최고가매수신고인 외의 매수신고인은 매각기일을 마칠 때까지 집행관에게 최고가매수신고인이 대금지급기한까지 그 의무를 이행하지 아니하면 자기의 매수신고에 대하여 매각을 허가하여 달라는 취지의 신고(이하 "차순위매수신고"라 한다)를 할 수 있다.
②차순위매수신고는 그 신고액이 최고가매수신고액에서 그 보증액을 뺀 금액을 넘는 때에만 할 수 있다.

제115조(매각기일의 종결) ①집행관은 최고가매수신고인의 성명과 그 가격을 부르고 차순위매수신고를 최고한 뒤, 적법한 차순위매수신고가 있으면 차순위매수신고인을 정하여 그 성명과 가격을 부른 다음 매각기일을 종결한다고 고지하여야 한다.
②차순위매수신고를 한 사람이 둘 이상인 때에는 신고한 매수가격이 높은 사람을 차순위매수신고인으로 정한다. 신고한 매수가격이 같은 때에는 추첨으로 차순위매수신고인을 정한다.

③최고가매수신고인과 차순위매수신고인을 제외한 다른 매수신고인은 제1항의 고지에 따라 매수의 책임을 벗게 되고, 즉시 매수신청의 보증을 돌려 줄 것을 신청할 수 있다.
④기일입찰 또는 호가경매의 방법에 의한 매각기일에서 매각기일을 마감할 때까지 허가할 매수가격의 신고가 없는 때에는 집행관은 즉시 매각기일의 마감을 취소하고 같은 방법으로 매수가격을 신고하도록 최고할 수 있다.
⑤제4항의 최고에 대하여 매수가격의 신고가 없어 매각기일을 마감하는 때에는 매각기일의 마감을 다시 취소하지 못한다.

제116조(매각기일조서) ①매각기일조서에는 다음 각호의 사항을 적어야 한다.
1. 부동산의 표시
2. 압류채권자의 표시
3. 매각물건명세서·현황조사보고서 및 평가서의 사본을 볼 수 있게 한 일
4. 특별한 매각조건이 있는 때에는 이를 고지한 일
5. 매수가격의 신고를 최고한 일
6. 모든 매수신고가격과 그 신고인의 성명·주소 또는 허가할 매수가격의 신고가 없는 일
7. 매각기일을 마감할 때까지 허가할 매수가격의 신고가 없어 매각기일의 마감을 취소하고 다시 매수가격의 신고를 최고한 일
8. 최종적으로 매각기일의 종결을 고지한 일시
9. 매수하기 위하여 보증을 제공한 일 또는 보증을 제공하지 아니하므로 그 매수를 허가하지 아니한 일
10. 최고가매수신고인과 차순위매수신고인의 성명과 그 가격을 부른 일

②최고가매수신고인 및 차순위매수신고인과 출석한 이해관계인은 조서에 서명날인하여야 한다. 그들이 서명날인할 수 없을 때에는 집행관이 그 사유를 적어야 한다.
③집행관이 매수신청의 보증을 돌려 준 때에는 영수증을 받아 조서에 붙여야 한다.

제117조(조서와 금전의 인도) 집행관은 매각기일조서와 매수신청의 보증으로 받아 돌려주지 아니한 것을 매각기일부터 3일 이내에 법원사무관등에게 인도하여야 한다.

제118조(최고가매수신고인 등의 송달영수인신고) ①최고가매수신고인과 차순위매수신고인은 대한민국안에 주소·거소와 사무소가 없는 때에는 대한민국안에 송달이나 통지를 받을 장소와 영수인을 정하여 법원에 신고하여야 한다.
②최고가매수신고인이나 차순위매수신고인이 제1항의 신고를 하지 아니한 때에는 법원은 그에 대한 송달이나 통지를 하지 아니할 수 있다.
③제1항의 신고는 집행관에게 말로 할 수 있다. 이 경우 집행관은 조서에 이를 적어야 한다.

제119조(새 매각기일) 허가할 매수가격의 신고가 없이 매각기일이 최종적으로 마감된 때에는 제91조제1항의 규정에 어긋나지 아니하는 한도에서 법원은 최저매각가격을 상당히 낮추고 새 매각기일을 정하여야 한다. 그 기일에 허가할 매수가격의 신고가 없는 때에도 또한 같다.

제120조(매각결정기일에서의 진술)
①법원은 매각결정기일에 출석한 이해관계인에게 매각허가에 관한 의견을 진술하게 하여야 한다.
②매각허가에 관한 이의는 매각허가가 있을 때까지 신청하여야 한다. 이미 신청한 이의에 대한 진술도 또한 같다.

제121조(매각허가에 대한 이의신청사유)
매각허가에 관한 이의는 다음 각호 가운데 어느 하나에 해당하는 이유가 있어야 신청할 수 있다.

1. 강제집행을 허가할 수 없거나 집행을 계속 진행할 수 없을 때
2. 최고가매수신고인이 부동산을 매수할 능력이나 자격이 없는 때
3. 부동산을 매수할 자격이 없는 사람이 최고가매수신고인을 내세워 매수신고를 한 때
4. 최고가매수신고인, 그 대리인 또는 최고가매수신고인을 내세워 매수신고를 한 사람이 제108조 각호 가운데 어느 하나에 해당되는 때
5. 최저매각가격의 결정, 일괄매각의 결정 또는 매각물건명세서의 작성에 중대한 흠이 있는 때
6. 천재지변, 그 밖에 자기가 책임을 질 수 없는 사유로 부동산이 현저하게 훼손된 사실 또는 부동산에 관한 중대한 권리관계가 변동된 사실이 경매절차의 진행중에 밝혀진 때
7. 경매절차에 그 밖의 중대한 잘못이 있는 때

제122조(이의신청의 제한) 이의는 다른 이해관계인의 권리에 관한 이유로 신청하지못한다.

제123조(매각의 불허) ①법원은 이의신청이 정당하다고 인정한 때에는 매각을 허가하지 아니한다.
②제121조에 규정한 사유가 있는 때에는 직권으로 매각을 허가하지 아니한다. 다만, 같은 조 제2호 또는 제3호의 경우에는 능력 또는 자격의 흠이 제거되지 아니한 때에 한한다.

제124조(과잉매각되는 경우의 매각불허가)
①여러 개의 부동산을 매각하는 경우에 한 개의 부동산의 매각대금으로 모든 채권자의 채권액과 강제집행비용을 변제하기에 충분하면 다른 부동산의 매각을 허가하지 아니한다. 다만, 제101조제3항 단서에 따른 일괄매각의 경우에는 그러하지 아니하다.
②제1항 본문의 경우에 채무자는 그 부동산 가운데 매각할 것을 지정할 수 있다.

제125조(매각을 허가하지 아니할 경우의 새 매각기일) ①제121조와 제123조의 규정에 따라 매각을 허가하지 아니하고 다시 매각을 명하는 때에는 직권으로 새 매각기일을 정하여야 한다.
②제121조제6호의 사유로 제1항의 새 매각기일을 열게 된 때에는 제97조 내지 제105조의 규정을 준용한다.

제126조(매각허가여부의 결정선고)
①매각을 허가하거나 허가하지 아니하는 결정은 선고하여야 한다.
②매각결정기일조서에는 민사소송법 제152조 내지 제154조와 제156조 내지 제158조 및 제164조의 규정을 준용한다.
③제1항의 결정은 확정되어야 효력을 가진다.

제127조(매각허가결정의 취소신청)
①제121조제6호에서 규정한 사실이 매각허가결정의 확정 뒤에 밝혀진 경우에는 매수인은 대금을 낼 때까지 매각허가결정의 취소신청을 할 수 있다.
②제1항의 신청에 관한 결정에 대하여는 즉시항고를 할 수 있다.

제128조(매각허가결정) ①매각허가결정에는 매각한 부동산, 매수인과 매각가격을 적고 특별한 매각조건으로 매각한 때에는 그 조건을 적어야 한다.
②제1항의 결정은 선고하는 외에 대법원규칙이 정하는 바에 따라 공고하여야 한다.

제129조(이해관계인 등의 즉시항고)
①이해관계인은 매각허가여부의 결정에 따라 손해를 볼 경우에만 그 결정에 대하여 즉시항고를 할 수 있다.

②매각허가에 정당한 이유가 없거나 결정에 적은 것 외의 조건으로 허가하여야 한다고 주장하는 매수인 또는 매각허가를 주장하는 매수신고인도 즉시항고를 할 수 있다.
③제1항 및 제2항의 경우에 매각허가를 주장하는 매수신고인은 그 신청한 가격에 대하여 구속을 받는다.

제130조(매각허가여부에 대한 항고)
①매각허가결정에 대한 항고는 이 법에 규정한 매각허가에 대한 이의신청사유가 있다거나, 그 결정절차에 중대한 잘못이 있다는 것을 이유로 드는 때에만 할 수 있다.
②민사소송법 제451조제1항 각호의 사유는 제1항의 규정에 불구하고 매각허가 또는 불허가결정에 대한 항고의 이유로 삼을 수 있다.
③매각허가결정에 대하여 항고를 하고자 하는 사람은 보증으로 매각대금의 10분의 1에 해당하는 금전 또는 법원이 인정한 유가증권을 공탁하여야 한다.
④항고를 제기하면서 항고장에 제3항의 보증을 제공하였음을 증명하는 서류를 붙이지 아니한 때에는 원심법원은 항고장을 받은 날부터 1주 이내에 결정으로 이를 각하하여야 한다.
⑤제4항의 결정에 대하여는 즉시항고를 할 수 있다.
⑥채무자 및 소유자가 한 제3항의 항고가 기각된 때에는 항고인은 보증으로 제공한 금전이나 유가증권을 돌려 줄 것을 요구하지 못한다.
⑦채무자 및 소유자 외의 사람이 한 제3항의 항고가 기각된 때에는 항고인은 보증으로 제공한 금전이나, 유가증권을 현금화한 금액 가운데 항고를 한 날부터 항고기각결정이 확정된 날까지의 매각대금에 대한 대법원규칙이 정하는 이율에 의한 금액(보증으로 제공한 금전이나, 유가증권을 현금화한 금액을 한도로 한다)에 대하여는 돌려 줄 것을 요구할 수 없다. 다만, 보증으로 제공한 유가증권을 현금화하기 전에 위의 금액을 항고인이 지급한 때에는 그 유가증권을 돌려 줄 것을 요구할 수 있다.
⑧항고인이 항고를 취하한 경우에는 제6항 또는 제7항의 규정을 준용한다.

제131조(항고심의 절차) ①항고법원은 필요한 경우에 반대진술을 하게 하기 위하여 항고인의 상대방을 정할 수 있다.
②한 개의 결정에 대한 여러 개의 항고는 병합한다.
③항고심에는 제122조의 규정을 준용한다.

제132조(항고법원의 재판과 매각허가여부결정) 항고법원이 집행법원의 결정을 취소하는 경우에 그 매각허가여부의 결정은 집행법원이 한다.

제133조(매각을 허가하지 아니하는 결정의 효력) 매각을 허가하지 아니한 결정이 확정된 때에는 매수인과 매각허가를 주장한 매수신고인은 매수에 관한 책임이 면제된다.

제134조(최저매각가격의 결정부터 새로할 경우) 제127조의 규정에 따라 매각허가결정을 취소한 경우에는 제97조 내지 제105조의 규정을 준용한다.

제135조(소유권의 취득시기) 매수인은 매각대금을 다 낸 때에 매각의 목적인 권리를 취득한다.

제136조(부동산의 인도명령 등) ①법원은 매수인이 대금을 낸 뒤 6월 이내에 신청하면 채무자·소유자 또는 부동산 점유자에 대하여 부동산을 매수인에게 인도하도록 명할 수 있다. 다만, 점유자가 매수인에게 대항할 수 있는 권원에 의하여 점유하고 있는 것으로 인정되는 경우에는 그러하지 아니하다.
②법원은 매수인 또는 채권자가 신청하면 매각허가가 결정된 뒤 인도할 때까지 관리인에게 부동산을 관리하게 할 것을 명할 수 있다.
③제2항의 경우 부동산의 관리를 위하여 필요하면 법원은 매수인 또는 채권자의 신청에 따

라 담보를 제공하게 하거나 제공하게 하지 아니하고 제1항의 규정에 준하는 명령을 할 수 있다.
④법원이 채무자 및 소유자 외의 점유자에 대하여 제1항 또는 제3항의 규정에 따른 인도명령을 하려면 그 점유자를 심문하여야 한다. 다만, 그 점유자가 매수인에게 대항할 수 있는 권원에 의하여 점유하고 있지 아니함이 명백한 때 또는 이미 그 점유자를 심문한 때에는 그러하지 아니하다.
⑤제1항 내지 제3항의 신청에 관한 결정에 대하여는 즉시항고를 할 수 있다.
⑥채무자·소유자 또는 점유자가 제1항과 제3항의 인도명령에 따르지 아니할 때에는 매수인 또는 채권자는 집행관에게 그 집행을 위임할 수 있다.

제137조(차순위매수신고인에 대한 매각허가여부결정) ①차순위매수신고인이 있는 경우에 매수인이 대금지급기한까지 그 의무를 이행하지 아니한 때에는 차순위매수신고인에게 매각을 허가할 것인지를 결정하여야 한다. 다만, 제142조제4항의 경우에는 그러하지 아니하다.
②차순위매수신고인에 대한 매각허가결정이 있는 때에는 매수인은 매수신청의 보증을 돌려 줄 것을 요구하지 못한다.

제138조(재매각) ①매수인이 대금지급기한 또는 제142조제4항의 다시 정한 기한까지 그 의무를 완전히 이행하지 아니하였고, 차순위매수신고인이 없는 때에는 법원은 직권으로 부동산의 재매각을 명하여야 한다.
②재매각절차에도 종전에 정한 최저매각가격, 그 밖의 매각조건을 적용한다.
③매수인이 재매각기일의 3일 이전까지 대금, 그 지급기한이 지난 뒤부터 지급일까지의 대금에 대한 대법원규칙이 정하는 이율에 따른 지연이자와 절차비용을 지급한 때에는 재매각절차를 취소하여야 한다. 이 경우 차순위매수신고인이 매각허가결정을 받았던 때에는 위 금액을 먼저 지급한 매수인이 매매목적물의 권리를 취득한다.
④재매각절차에서는 전의 매수인은 매수신청을 할 수 없으며 매수신청의 보증을 돌려 줄 것을 요구하지 못한다.

제139조(공유물지분에 대한 경매)
① 공유물지분을 경매하는 경우에는 채권자의 채권을 위하여 채무자의 지분에 대한 경매개시결정이 있음을 등기부에 기입하고 다른 공유자에게 그 경매개시결정이 있다는 것을 통지하여야 한다. 다만, 상당한 이유가 있는 때에는 통지하지 아니할 수 있다.
②최저매각가격은 공유물 전부의 평가액을 기본으로 채무자의 지분에 관하여 정하여야 한다. 다만, 그와 같은 방법으로 정확한 가치를 평가하기 어렵거나 그 평가에 부당하게 많은 비용이 드는 등 특별한 사정이 있는 경우에는 그러하지 아니하다.

제140조(공유자의 우선매수권) ①공유자는 매각기일까지 제113조에 따른 보증을 제공하고 최고매수신고가격과 같은 가격으로 채무자의 지분을 우선매수하겠다는 신고를 할 수 있다.
②제1항의 경우에 법원은 최고가매수신고가 있더라도 그 공유자에게 매각을 허가하여야 한다.
③여러 사람의 공유자가 우선매수하겠다는 신고를 하고 제2항의 절차를 마친 때에는 특별한 협의가 없으면 공유지분의 비율에 따라 채무자의 지분을 매수하게 한다.
④제1항의 규정에 따라 공유자가 우선매수신고를 한 경우에는 최고가매수신고인을 제114조의 차순위매수신고인으로 본다.

제141조(경매개시결정등기의 말소)
경매신청이 매각허가 없이 마쳐진 때에는 법원사무관등은 제94조와 제139조제1항의 규정에 따른 기입을 말소하도록 등기관에게 촉탁하여야 한다.

제142조(대금의 지급) ①매각허가결정이 확정되면 법원은 대금의 지급기한을 정하고, 이를 매수인과 차순위매수신고인에게 통지하여야 한다.
②매수인은 제1항의 대금지급기한까지 매각대금을 지급하여야 한다.
③매수신청의 보증으로 금전이 제공된 경우에 그 금전은 매각대금에 넣는다.
④매수신청의 보증으로 금전 외의 것이 제공된 경우로서 매수인이 매각대금중 보증액을 뺀 나머지 금액만을 낸 때에는, 법원은 보증을 현금화하여 그 비용을 뺀 금액을 보증액에 해당하는 매각대금 및 이에 대한 지연이자에 충당하고, 모자라는 금액이 있으면 다시 대금지급기한을 정하여 매수인으로 하여금 내게 한다.
⑤제4항의 지연이자에 대하여는 제138조제3항의 규정을 준용한다.
⑥차순위매수신고인은 매수인이 대금을 모두 지급한 때 매수의 책임을 벗게 되고 즉시 매수신청의 보증을 돌려 줄 것을 요구할 수 있다.

제143조(특별한 지급방법) ①매수인은 매각조건에 따라 부동산의 부담을 인수하는 외에 배당표(配當表)의 실시에 관하여 매각대금의 한도에서 관계채권자의 승낙이 있으면 대금의 지급에 갈음하여 채무를 인수할 수 있다.
②채권자가 매수인인 경우에는 매각결정기일이 끝날 때까지 법원에 신고하고 배당받아야 할 금액을 제외한 대금을 배당기일에 낼 수 있다.
③제1항 및 제2항의 경우에 매수인이 인수한 채무나 배당받아야 할 금액에 대하여 이의가 제기된 때에는 매수인은 배당기일이 끝날 때까지 이에 해당하는 대금을 내야 한다.

제144조(매각대금 지급 뒤의 조치)
①매각대금이 지급되면 법원사무관등은 매각허가결정의 등본을 붙여 다음 각호의 등기를 촉탁하여야 한다.
1. 매수인 앞으로 소유권을 이전하는 등기
2. 매수인이 인수하지 아니한 부동산의 부담에 관한 기입을 말소하는 등기
3. 제94조 및 제139조제1항의 규정에 따른 경매개시결정등기를 말소하는 등기
②매각대금을 지급할 때까지 매수인과 부동산을 담보로 제공받으려고 하는 사람이 대법원규칙으로 정하는 바에 따라 공동으로 신청한 경우, 제1항의 촉탁은 등기신청의 대리를 업으로 할 수 있는 사람으로서 신청인이 지정하는 사람에게 촉탁서를 교부하여 등기소에 제출하도록 하는 방법으로 하여야 한다. 이 경우 신청인이 지정하는 사람은 지체 없이 그 촉탁서를 등기소에 제출하여야 한다. <신설 2010.7.23.>
③제1항의 등기에 드는 비용은 매수인이 부담한다.
[개정 2010.7.23.]

제145조(매각대금의 배당) ①매각대금이 지급되면 법원은 배당절차를 밟아야 한다.
②매각대금으로 배당에 참가한 모든 채권자를 만족하게 할 수 없는 때에는 법원은 민법·상법, 그 밖의 법률에 의한 우선순위에 따라 배당하여야 한다.

제146조(배당기일) 매수인이 매각대금을 지급하면 법원은 배당에 관한 진술 및 배당을 실시할 기일을 정하고 이해관계인과 배당을 요구한 채권자에게 이를 통지하여야 한다. 다만, 채무자가 외국에 있거나 있는 곳이 분명하지 아니한 때에는 통지하지 아니한다.

제147조(배당할 금액 등) ①배당할 금액은 다음 각호에 규정한 금액으로 한다.
1. 대금
2. 제138조제3항 및 제142조제4항의 경우에는 대금지급기한이 지난 뒤부터 대금의 지급·충당까지의 지연이자
3. 제130조제6항의 보증(제130조제8항에 따라 준용되는 경우를 포함한다.)
4. 제130조제7항 본문의 보증 가운데 항고인이 돌려 줄 것을 요구하지 못하는 금액 또는 제130조제7항 단서의 규정에 따라 항고인이 낸 금액(각각 제130조제8항에 따라 준용되는

경우를 포함한다.)

5. 제138조제4항의 규정에 의하여 매수인이 돌려줄 것을 요구할 수 없는 보증(보증이 금전 외의 방법으로 제공되어 있는 때에는 보증을 현금화하여 그 대금에서 비용을 뺀 금액)

②제1항의 금액 가운데 채권자에게 배당하고 남은 금액이 있으면, 제1항제4호의 금액의 범위안에서 제1항제4호의 보증 등을 제공한 사람에게 돌려준다.

③제1항의 금액 가운데 채권자에게 배당하고 남은 금액으로 제1항제4호의 보증 등을 돌려주기 부족한 경우로서 그 보증 등을 제공한 사람이 여럿인 때에는 제1항제4호의 보증 등의 비율에 따라 나누어 준다.

제148조(배당받을 채권자의 범위) 제147조제1항에 규정한 금액을 배당받을 채권자는 다음 각호에 규정된 사람으로 한다.

1. 배당요구의 종기까지 경매신청을 한 압류채권자
2. 배당요구의 종기까지 배당요구를 한 채권자
3. 첫 경매개시결정등기전에 등기된 가압류채권자
4. 저당권·전세권, 그 밖의 우선변제청구권으로서 첫 경매개시결정등기전에 등기되었고 매각으로 소멸하는 것을 가진 채권자

제149조(배당표의 확정) ①법원은 채권자와 채무자에게 보여 주기 위하여 배당기일의 3일전에 배당표원안(配當表原案)을 작성하여 법원에 비치하여야 한다.

②법원은 출석한 이해관계인과 배당을 요구한 채권자를 심문하여 배당표를 확정하여야 한다.

제150조(배당표의 기재 등) ①배당표에는 매각대금, 채권자의 채권의 원금, 이자, 비용, 배당의 순위와 배당의 비율을 적어야 한다.

②출석한 이해관계인과 배당을 요구한 채권자가 합의한 때에는 이에 따라 배당표를 작성하여야 한다.

제151조(배당표에 대한 이의) ①기일에 출석한 채무자는 채권자의 채권 또는 그 채권의 순위에 대하여 이의할 수 있다.

②제1항의 규정에 불구하고 채무자는 제149조제1항에 따라 법원에 배당표원안이 비치된 이후 배당기일이 끝날 때까지 채권자의 채권 또는 그 채권의 순위에 대하여 서면으로 이의할 수 있다.

③기일에 출석한 채권자는 자기의 이해에 관계되는 범위 안에서는 다른 채권자를 상대로 그의 채권 또는 그 채권의 순위에 대하여 이의할 수 있다.

제152조(이의의 완결) ①제151조의 이의에 관계된 채권자는 이에 대하여 진술하여야 한다.

②관계인이 제151조의 이의를 정당하다고 인정하거나 다른 방법으로 합의한 때에는 이에 따라 배당표를 경정(更正)하여 배당을 실시하여야 한다.

③제151조의 이의가 완결되지 아니한 때에는 이의가 없는 부분에 한하여 배당을 실시하여야 한다.

제153조(불출석한 채권자) ①기일에 출석하지 아니한 채권자는 배당표와 같이 배당을 실시하는 데에 동의한 것으로 본다.

②기일에 출석하지 아니한 채권자가 다른 채권자가 제기한 이의에 관계된 때에는 그 채권자는 이의를 정당하다고 인정하지 아니한 것으로 본다.

제154조(배당이의의 소 등) ①집행력 있는 집행권원의 정본을 가지지 아니한 채권자(가압류채권자를 제외한다)에 대하여 이의한 채무자와 다른 채권자에 대하여 이의한 채권자는 배당

이의의 소를 제기하여야 한다.
②집행력 있는 집행권원의 정본을 가진 채권자에 대하여 이의한 채무자는 청구이의의 소를 제기하여야 한다.
③이의한 채권자나 채무자가 배당기일부터 1주 이내에 집행법원에 대하여 제1항의 소를 제기한 사실을 증명하는 서류를 제출하지 아니한 때 또는 제2항의 소를 제기한 사실을 증명하는 서류와 그 소에 관한 집행정지재판의 정본을 제출하지 아니한 때에는 이의가 취하된 것으로 본다.

제155조(이의한 사람 등의 우선권 주장)
이의한 채권자가 제154조제3항의 기간을 지키지 아니한 경우에도 배당표에 따른 배당을 받은 채권자에 대하여 소로 우선권 및 그 밖의 권리를 행사하는 데 영향을 미치지 아니한다.

제156조(배당이의의 소의 관할) ①제154조제1항의 배당이의의 소는 배당을 실시한 집행법원이 속한 지방법원의 관할로 한다. 다만, 소송물이 단독판사의 관할에 속하지 아니할 경우에는 지방법원의 합의부가 이를 관할한다.
②여러 개의 배당이의의 소가 제기된 경우에 한 개의 소를 합의부가 관할하는 때에는 그 밖의 소도 함께 관할한다.
③이의한 사람과 상대방이 이의에 관하여 단독판사의 재판을 받을 것을 합의한 경우에는 제1항 단서와 제2항의 규정을 적용하지 아니한다.

제157조(배당이의의 소의 판결) 배당이의의 소에 대한 판결에서는 배당액에 대한 다툼이 있는 부분에 관하여 배당을 받을 채권자와 그 액수를 정하여야 한다. 이를 정하는 것이 적당하지 아니하다고 인정한 때에는 판결에서 배당표를 다시 만들고 다른 배당절차를 밟도록 명하여야 한다.

제158조(배당이의의 소의 취하간주)
이의한 사람이 배당이의의 소의 첫 변론기일에 출석하지 아니한 때에는 소를 취하한 것으로 본다.

제159조(배당실시절차 · 배당조서)
①법원은 배당표에 따라 제2항 및 제3항에 규정된 절차에 의하여 배당을 실시하여야 한다.
②채권 전부의 배당을 받을 채권자에게는 배당액지급증을 교부하는 동시에 그가 가진 집행력 있는 정본 또는 채권증서를 받아 채무자에게 교부하여야 한다.
③채권 일부의 배당을 받을 채권자에게는 집행력 있는 정본 또는 채권증서를 제출하게 한 뒤 배당액을 적어서 돌려주고 배당액지급증을 교부하는 동시에 영수증을 받아 채무자에게 교부하여야 한다.
④제1항 내지 제3항의 배당실시절차는 조서에 명확히 적어야 한다.

제160조(배당금액의 공탁) ①배당을 받아야 할 채권자의 채권에 대하여 다음 각호 가운데 어느 하나의 사유가 있으면 그에 대한 배당액을 공탁하여야 한다.
1. 채권에 정지조건 또는 불확정기한이 붙어 있는 때
2. 가압류채권자의 채권인 때
3. 제49조제2호 및 제266조제1항제5호에 규정된 문서가 제출되어 있는 때
4. 저당권설정의 가등기가 마쳐져 있는 때
5. 제154조제1항에 의한 배당이의의 소가 제기된 때
6. 민법 제340조제2항 및 같은 법 제370조에 따른 배당금액의 공탁청구가 있는 때
②채권자가 배당기일에 출석하지 아니한 때에는 그에 대한 배당액을 공탁하여야 한다.

제161조(공탁금에 대한 배당의 실시)
①법원이 제160조제1항의 규정에 따라 채권자에 대한 배당액을 공탁한 뒤 공탁의 사유가 소멸한 때에는 법원은 공탁금을 지급하거나 공탁금에 대한 배당을 실시하여야 한다.
②제1항에 따라 배당을 실시함에 있어서 다음 각호 가운데 어느 하나에 해당하는 때에는 법원은 배당에 대하여 이의하지 아니한 채권자를 위하여서도 배당표를 바꾸어야 한다.
1. 제160조제1항제1호 내지 제4호의 사유에 따른 공탁에 관련된 채권자에 대하여 배당을 실시할 수 없게 된 때
2. 제160조제1항제5호의 공탁에 관련된 채권자가 채무자로부터 제기당한 배당이의의 소에서 진 때
3. 제160조제1항제6호의 공탁에 관련된 채권자가 저당물의 매각대가로부터 배당을 받은 때
③제160조제2항의 채권자가 법원에 대하여 공탁금의 수령을 포기하는 의사를 표시한 때에는 그 채권자의 채권이 존재하지 아니하는 것으로 보고 배당표를 바꾸어야 한다.
④제2항 및 제3항의 배당표변경에 따른 추가 배당기일에 제151조의 규정에 따라 이의할 때에는 종전의 배당기일에서 주장할 수 없었던 사유만을 주장할 수 있다.

제162조(공동경매) 여러 압류채권자를 위하여 동시에 실시하는 부동산의 경매절차에는 제80조 내지 제161조의 규정을 준용한다.

제3관 강제관리

제163조(강제경매규정의 준용) 강제관리에는 제80조 내지 제82조, 제83조제1항·제3항 내지 제5항, 제85조 내지 제89조 및 제94조 내지 제96조의 규정을 준용한다.

제164조(강제관리개시결정) ①강제관리를 개시하는 결정에는 채무자에게는 관리사무에 간섭하여서는 아니되고 부동산의 수익을 처분하여서도 아니된다고 명하여야 하며, 수익을 채무자에게 지급할 제3자에게는 관리인에게 이를 지급하도록 명하여야 한다.
②수확하였거나 수확할 과실(果實)과, 이행기에 이르렀거나 이르게 될 과실은 제1항의 수익에 속한다.
③강제관리개시결정은 제3자에게는 결정서를 송달하여야 효력이 생긴다.
④강제관리신청을 기각하거나 각하하는 재판에 대하여는 즉시항고를 할 수 있다.

제165조(강제관리개시결정 등의 통지)
법원은 강제관리를 개시하는 결정을 한 부동산에 대하여 다시 강제관리의 개시결정을 하거나 배당요구의 신청이 있는 때에는 관리인에게 이를 통지하여야 한다.

제166조(관리인의 임명 등) ①관리인은 법원이 임명한다. 다만, 채권자는 적당한 사람을 관리인으로 추천할 수 있다.
②관리인은 관리와 수익을 하기 위하여 부동산을 점유할 수 있다. 이 경우 저항을 받으면 집행관에게 원조를 요구할 수 있다.
③관리인은 제3자가 채무자에게 지급할 수익을 추심(推尋)할 권한이 있다.

제167조(법원의 지휘 · 감독) ①법원은 관리에 필요한 사항과 관리인의 보수를 정하고, 관리인을 지휘·감독한다.
②법원은 관리인에게 보증을 제공하도록 명할 수 있다.
③관리인에게 관리를 계속할 수 없는 사유가 생긴 경우에는 법원은 직권으로 또는 이해관계인의 신청에 따라 관리인을 해임할 수 있다. 이 경우 관리인을 심문하여야 한다.

제168조(준용규정) 제3자가 부동산에 대한 강제관리를 막을 권리가 있다고 주장하는 경우에는 제48조의 규정을 준용한다.

제169조(수익의 처리) ①관리인은 부동산수익에서 그 부동산이 부담하는 조세, 그 밖의 공과금을 뺀 뒤에 관리비용을 변제하고, 그 나머지 금액을 채권자에게 지급한다.
②제1항의 경우 모든 채권자를 만족하게 할 수 없는 때에는 관리인은 채권자 사이의 배당협의에 따라 배당을 실시하여야 한다.
③채권자 사이에 배당협의가 이루어지지 못한 경우에 관리인은 그 사유를 법원에 신고하여야 한다.
④제3항의 신고가 있는 경우에는 제145조·제146조 및 제148조 내지 제161조의 규정을 준용하여 배당표를 작성하고 이에 따라 관리인으로 하여금 채권자에게 지급하게 하여야 한다.

제170조(관리인의 계산보고) ①관리인은 매년 채권자·채무자와 법원에 계산서를 제출하여야 한다. 그 업무를 마친 뒤에도 또한 같다.
②채권자와 채무자는 계산서를 송달받은 날부터 1주 이내에 집행법원에 이에 대한 이의신청을 할 수 있다.
③제2항의 기간 이내에 이의신청이 없는 때에는 관리인의 책임이 면제된 것으로 본다.
④제2항의 기간 이내에 이의신청이 있는 때에는 관리인을 심문한 뒤 결정으로 재판하여야 한다. 신청한 이의를 매듭 지은 때에는 법원은 관리인의 책임을 면제한다.

제171조(강제관리의 취소) ①강제관리의 취소는 법원이 결정으로 한다.
②채권자들이 부동산수익으로 전부 변제를 받았을 때에는 법원은 직권으로 제1항의 취소결정을 한다.
③제1항 및 제2항의 결정에 대하여는 즉시항고를 할 수 있다.
④강제관리의 취소결정이 확정된 때에는 법원사무관등은 강제관리에 관한 기입등기를 말소하도록 촉탁하여야 한다.

제3절 선박 등에 대한 강제집행

제172조(선박에 대한 강제집행) 등기할 수 있는 선박에 대한 강제집행은 부동산의 강제경매에 관한 규정에 따른다. 다만, 사물의 성질에 따른 차이가 있거나 특별한 규정이 있는 경우에는 그러하지 아니하다.

제173조(관할법원) 선박에 대한 강제집행의 집행법원은 압류 당시에 그 선박이 있는 곳을 관할하는 지방법원으로 한다.

제174조(선박국적증서 등의 제출)
①법원은 경매개시결정을 한 때에는 집행관에게 선박국적증서 그 밖에 선박운행에 필요한 문서(이하 "선박국적증서등"이라 한다)를 선장으로부터 받아 법원에 제출하도록 명하여야 한다.
②경매개시결정이 송달 또는 등기되기 전에 집행관이 선박국적증서등을 받은 경우에는 그 때에 압류의 효력이 생긴다.

제175조(선박집행신청전의 선박국적증서등의 인도명령) ①선박에 대한 집행의 신청전에 선박국적증서등을 받지 아니하면 집행이 매우 곤란할 염려가 있을 경우에는 선적(船籍)이 있는 곳을 관할하는 지방법원(선적이 없는 때에는 대법원규칙이 정하는 법원)은 신청에 따라 채

무자에게 선박국적증서등을 집행관에게 인도하도록 명할 수 있다. 급박한 경우에는 선박이 있는 곳을 관할하는 지방법원도 이 명령을 할 수 있다.
②집행관은 선박국적증서등을 인도받은 날부터 5일 이내에 채권자로부터 선박집행을 신청하였음을 증명하는 문서를 제출받지 못한 때에는 그 선박국적증서등을 돌려 주어야 한다.
③제1항의 규정에 따른 재판에 대하여는 즉시항고를 할 수 있다.
④제1항의 규정에 따른 재판에는 제292조제2항 및 제3항의 규정을 준용한다.

제176조(압류선박의 정박) ①법원은 집행절차를 행하는 동안 선박이 압류 당시의 장소에 계속 머무르도록 명하여야 한다.
②법원은 영업상의 필요, 그 밖에 상당한 이유가 있다고 인정할 경우에는 채무자의 신청에 따라 선박의 운행을 허가할 수 있다. 이 경우 채권자·최고가매수신고인·차순위매수신고인 및 매수인의 동의가 있어야 한다.
③제2항의 선박운행허가결정에 대하여는 즉시항고를 할 수 있다.
④제2항의 선박운행허가결정은 확정되어야 효력이 생긴다.

제177조(경매신청의 첨부서류) ①강제경매신청을 할 때에는 다음 각호의 서류를 내야 한다.
1. 채무자가 소유자인 경우에는 소유자로서 선박을 점유하고 있다는 것을, 선장인 경우에는 선장으로서 선박을 지휘하고 있다는 것을 소명할 수 있는 증서
2. 선박에 관한 등기사항을 포함한 등기부의 초본 또는 등본
②채권자는 공적 장부를 주관하는 공공기관이 멀리 떨어진 곳에 있는 때에는 제1항제2호의 초본 또는 등본을 보내주도록 법원에 신청할 수 있다.

제178조(감수 · 보존처분) ①법원은 채권자의 신청에 따라 선박을 감수(監守)하고 보존하기 위하여 필요한 처분을 할 수 있다.
②제1항의 처분을 한 때에는 경매개시결정이 송달되기 전에도 압류의 효력이 생긴다.

제179조(선장에 대한 판결의 집행)
①선장에 대한 판결로 선박채권자를 위하여 선박을 압류하면 그 압류는 소유자에 대하여도 효력이 미친다. 이 경우 소유자도 이해관계인으로 본다.
②압류한 뒤에 소유자나 선장이 바뀌더라도 집행절차에는 영향을 미치지 아니한다.
③압류한 뒤에 선장이 바뀐 때에는 바뀐 선장만이 이해관계인이 된다.

제180조(관할위반으로 말미암은 절차의 취소)
압류 당시 선박이 그 법원의 관할안에 없었음이 판명된 때에는 그 절차를 취소하여야 한다.

제181조(보증의 제공에 의한 강제경매절차의 취소) ①채무자가 제49조제2호 또는 제4호의 서류를 제출하고 압류채권자 및 배당을 요구한 채권자의 채권과 집행비용에 해당하는 보증을 매수신고전에 제공한 때에는 법원은 신청에 따라 배당절차 외의 절차를 취소하여야 한다.
②제1항에 규정한 서류를 제출함에 따른 집행정지가 효력을 잃은 때에는 법원은 제1항의 보증금을 배당하여야 한다.
③제1항의 신청을 기각한 재판에 대하여는 즉시항고를 할 수 있다.
④제1항의 규정에 따른 집행취소결정에는 제17조제2항의 규정을 적용하지 아니한다.
⑤제1항의 보증의 제공에 관하여 필요한 사항은 대법원규칙으로 정한다.

제182조(사건의 이송) ①압류된 선박이 관할구역 밖으로 떠난 때에는 집행법원은 선박이 있는 곳을 관할하는 법원으로 사건을 이송할 수 있다.
②제1항의 규정에 따른 결정에 대하여는 불복할 수 없다.

제183조(선박국적증서등을 넘겨받지 못한 경우의 경매절차취소) 경매개시결정이 있은 날부터 2월이 지나기까지 집행관이 선박국적증서등을 넘겨받지 못하고, 선박이 있는 곳이 분명하지 아니한 때에는 법원은 강제경매절차를 취소할 수 있다.

제184조(매각기일의 공고) 매각기일의 공고에는 선박의 표시와 그 정박한 장소를 적어야 한다.

제185조(선박지분의 압류명령) ①선박의 지분에 대한 강제집행은 제251조에서 규정한 강제집행의 예에 따른다.
②채권자가 선박의 지분에 대하여 강제집행신청을 하기 위하여서는 채무자가 선박의 지분을 소유하고 있다는 사실을 증명할 수 있는 선박등기부의 등본이나 그 밖의 증명서를 내야 한다.
③압류명령은 채무자 외에 「상법」 제764조에 의하여 선임된 선박관리인(이하 이 조에서 "선박관리인"이라 한다)에게도 송달하여야 한다. <개정 2007.8.3.>
④압류명령은 선박관리인에게 송달되면 채무자에게 송달된 것과 같은 효력을 가진다.

제186조(외국선박의 압류) 외국선박에 대한 강제집행에는 등기부에 기입할 절차에 관한 규정을 적용하지 아니한다.

제187조(자동차 등에 대한 강제집행)
자동차·건설기계·소형선박(「자동차 등 특정동산 저당법」 제3조제2호에 따른 소형선박을 말한다) 및 항공기(「자동차 등 특정동산 저당법」 제3조제4호에 따른 항공기 및 경량항공기를 말한다)에 대한 강제집행절차는 제2편제2장제2절부터 제4절까지의 규정에 준하여 대법원규칙으로 정한다. <개정 2007.8.3., 2009.3.25., 2015.5.18.>

제4절 동산에 대한 강제집행
제1관 통칙

제188조(집행방법, 압류의 범위) ①동산에 대한 강제집행은 압류에 의하여 개시한다.
②압류는 집행력 있는 정본에 적은 청구금액의 변제와 집행비용의 변상에 필요한 한도안에서 하여야 한다.
③압류물을 현금화하여도 집행비용 외에 남을 것이 없는 경우에는 집행하지 못한다.

제2관 유체동산에 대한 강제집행

제189조(채무자가 점유하고 있는 물건의 압류) ①채무자가 점유하고 있는 유체동산의 압류는 집행관이 그 물건을 점유함으로써 한다. 다만, 채권자의 승낙이 있거나 운반이 곤란한 때에는 봉인(封印), 그 밖의 방법으로 압류물임을 명확히 하여 채무자에게 보관시킬 수 있다.
②다음 각호 가운데 어느 하나에 해당하는 물건은 이 법에서 유체동산으로 본다.
1. 등기할 수 없는 토지의 정착물로서 독립하여 거래의 객체가 될 수 있는 것
2. 토지에서 분리하기 전의 과실로서 1월 이내에 수확할 수 있는 것
3. 유가증권으로서 배서가 금지되지 아니한 것
③집행관은 채무자에게 압류의 사유를 통지하여야 한다.

제190조(부부공유 유체동산의 압류)
채무자와 그 배우자의 공유로서 채무자가 점유하거나 그 배우자와 공동으로 점유하고 있는 유체동산은 제189조의 규정에 따라 압류할 수 있다.

제191조(채무자 외의 사람이 점유하고 있는 물건의 압류) 채권자 또는 물건의 제출을 거부하지 아니하는 제3자가 점유하고 있는 물건은 제189조의 규정을 준용하여 압류할 수 있다.

제192조(국고금의 압류) 국가에 대한 강제집행은 국고금을 압류함으로써 한다.

제193조(압류물의 인도) ①압류물을 제3자가 점유하게 된 경우에는 법원은 채권자의 신청에 따라 그 제3자에 대하여 그 물건을 집행관에게 인도하도록 명할 수 있다.
②제1항의 신청은 압류물을 제3자가 점유하고 있는 것을 안 날부터 1주 이내에 하여야 한다.
③제1항의 재판은 상대방에게 송달되기 전에도 집행할 수 있다.
④제1항의 재판은 신청인에게 고지된 날부터 2주가 지난 때에는 집행할 수 없다.
⑤제1항의 재판에 대하여는 즉시항고를 할 수 있다.

제194조(압류의 효력) 압류의 효력은 압류물에서 생기는 천연물에도 미친다.

제195조(압류가 금지되는 물건) 다음 각호의 물건은 압류하지 못한다.
[개정 2005.1.27.]
1. 채무자 및 그와 같이 사는 친족(사실상 관계에 따른 친족을 포함한다. 이하 이 조에서 "채무자등"이라 한다)의 생활에 필요한 의복·침구·가구·부엌기구, 그 밖의 생활필수품
2. 채무자등의 생활에 필요한 2월간의 식료품·연료 및 조명재료
3. 채무자등의 생활에 필요한 1월간의 생계비로서 대통령령이 정하는 액수의 금전
4. 주로 자기 노동력으로 농업을 하는 사람에게 없어서는 아니될 농기구·비료·가축·사료·종자, 그 밖에 이에 준하는 물건
5. 주로 자기의 노동력으로 어업을 하는 사람에게 없어서는 아니될 고기잡이 도구·어망·미끼·새끼고기, 그 밖에 이에 준하는 물건
6. 전문직 종사자·기술자·노무자, 그 밖에 주로 자기의 정신적 또는 육체적 노동으로 직업 또는 영업에 종사하는 사람에게 없어서는 아니 될 제복·도구, 그 밖에 이에 준하는 물건
7. 채무자 또는 그 친족이 받은 훈장·포장·기장, 그 밖에 이에 준하는 명예증표
8. 위패·영정·묘비, 그 밖에 상례·제사 또는 예배에 필요한 물건
9. 족보·집안의 역사적인 기록·사진첩, 그 밖에 선조숭배에 필요한 물건
10. 채무자의 생활 또는 직무에 없어서는 아니 될 도장·문패·간판, 그 밖에 이에 준하는 물건
11. 채무자의 생활 또는 직업에 없어서는 아니 될 일기장·상업장부, 그 밖에 이에 준하는 물건
12. 공표되지 아니한 저작 또는 발명에 관한 물건
13. 채무자등이 학교·교회·사찰, 그 밖의 교육기관 또는 종교단체에서 사용하는 교과서·교리서·학습용구, 그 밖에 이에 준하는 물건
14. 채무자등의 일상생활에 필요한 안경·보청기·의치·의수족·지팡이·장애보조용 바퀴의자, 그 밖에 이에 준하는 신체보조기구
15. 채무자등의 일상생활에 필요한 자동차로서 자동차관리법이 정하는 바에 따른 장애인용 경형자동차
16. 재해의 방지 또는 보안을 위하여 법령의 규정에 따라 설비하여야 하는 소방설비·경보기구·피난시설, 그 밖에 이에 준하는 물건

제196조(압류금지 물건을 정하는 재판)
①법원은 당사자가 신청하면 채권자와 채무자의 생활형편, 그 밖의 사정을 고려하여 유체동산의 전부 또는 일부에 대한 압류를 취소하도록 명하거나 제195조의 유체동산을 압류하도록 명할 수 있다.
②제1항의 결정이 있은 뒤에 그 이유가 소멸되거나 사정이 바뀐 때에는 법원은 직권으로 또는 당사자의 신청에 따라 그 결정을 취소하거나 바꿀 수 있다.
③제1항 및 제2항의 경우에 법원은 제16조제2항에 준하는 결정을 할 수 있다.
④제1항 및 제2항의 결정에 대하여는 즉시항고를 할 수 있다.
⑤제3항의 결정에 대하여는 불복할 수 없다.

제197조(일괄매각) ①집행관은 여러 개의 유체동산의 형태, 이용관계 등을 고려하여 일괄매수하게 하는 것이 알맞다고 인정하는 때에는 직권으로 또는 이해관계인의 신청에 따라 일괄하여 매각할 수 있다.
②제1항의 경우에는 제98조제3항, 제99조, 제100조, 제101조제2항 내지 제5항의 규정을 준용한다.

제198조(압류물의 보존) ①압류물을 보존하기 위하여 필요한 때에는 집행관은 적당한 처분을 하여야 한다.
②제1항의 경우에 비용이 필요한 때에는 채권자로 하여금 이를 미리 내게 하여야 한다. 채권자가 여럿인 때에는 요구하는 액수에 비례하여 미리 내게 한다.
③제49조제2호 또는 제4호의 문서가 제출된 경우에 압류물을 즉시 매각하지 아니하면 값이 크게 내릴 염려가 있거나, 보관에 지나치게 많은 비용이 드는 때에는 집행관은 그 물건을 매각할 수 있다.
④집행관은 제3항의 규정에 따라 압류물을 매각하였을 때에는 그 대금을 공탁하여야 한다.

제199조(압류물의 매각) 집행관은 압류를 실시한 뒤 입찰 또는 호가경매의 방법으로 압류물을 매각하여야 한다.

제200조(값비싼 물건의 평가) 매각할 물건 가운데 값이 비싼 물건이 있는 때에는 집행관은 적당한 감정인에게 이를 평가하게 하여야 한다.

제201조(압류금전) ①압류한 금전은 채권자에게 인도하여야 한다.
②집행관이 금전을 추심한 때에는 채무자가 지급한 것으로 본다. 다만, 담보를 제공하거나 공탁을 하여 집행에서 벗어날 수 있도록 채무자에게 허가한 때에는 그러하지 아니하다.

제202조(매각일) 압류일과 매각일 사이에는 1주 이상 기간을 두어야 한다. 다만, 압류물을 보관하는 데 지나치게 많은 비용이 들거나, 시일이 지나면 그 물건의 값이 크게 내릴 염려가 있는 때에는 그러하지 아니하다.

제203조(매각장소) ①매각은 압류한 유체동산이 있는 시·구·읍·면(도농복합형태의 시의 경우 동지역은 시·구, 읍·면지역은 읍·면)에서 진행한다. 다만, 압류채권자와 채무자가 합의하면 합의된 장소에서 진행한다.
②매각일자와 장소는 대법원규칙이 정하는 방법으로 공고한다. 공고에는 매각할 물건을 표시하여야 한다.

제204조(준용규정) 매각장소의 질서유지에 관하여는 제108조의 규정을 준용한다.

제205조(매각 · 재매각) ①집행관은 최고가매수신고인의 성명과 가격을 말한 뒤 매각을 허가한다.
②매각물은 대금과 서로 맞바꾸어 인도하여야 한다.
③매수인이 매각조건에 정한 지급기일에 대금의 지급과 물건의 인도청구를 게을리 한 때에는 재매각을 하여야 한다. 지급기일을 정하지 아니한 경우로서 매각기일의 마감에 앞서 대금의 지급과 물건의 인도청구를 게을리 한 때에도 또한 같다.
④제3항의 경우에는 전의 매수인은 재매각절차에 참가하지 못하며, 뒤의 매각대금이 처음의 매각대금보다 적은 때에는 그 부족한 액수를 부담하여야 한다.

제206조(배우자의 우선매수권) ①제190조의 규정에 따라 압류한 유체동산을 매각하는 경우에 배우자는 매각기일에 출석하여 우선매수할 것을 신고할 수 있다.
②제1항의 우선매수신고에는 제140조제1항 및 제2항의 규정을 준용한다.

제207조(매각의 한도) 매각은 매각대금으로 채권자에게 변제하고 강제집행비용을 지급하기에 충분하게 되면 즉시 중지하여야 한다. 다만, 제197조제2항 및 제101조제3항 단서에 따른 일괄매각의 경우에는 그러하지 아니하다.

제208조(집행관이 매각대금을 영수한 효과)
집행관이 매각대금을 영수한 때에는 채무자가 지급한 것으로 본다. 다만, 담보를 제공하거나 공탁을 하여 집행에서 벗어날 수 있도록 채무자에게 허가한 때에는 그러하지 아니하다.

제209조(금 · 은붙이의 현금화) 금·은붙이는 그 금·은의 시장가격 이상의 금액으로 일반 현금화의 규정에 따라 매각하여야 한다. 시장가격 이상의 금액으로 매수하는 사람이 없는 때에는 집행관은 그 시장가격에 따라 적당한 방법으로 매각할 수 있다.

제210조(유가증권의 현금화) 집행관이 유가증권을 압류한 때에는 시장가격이 있는 것은 매각하는 날의 시장가격에 따라 적당한 방법으로 매각하고 그 시장가격이 형성되지 아니한 것은 일반 현금화의 규정에 따라 매각하여야 한다.

제211조(기명유가증권의 명의개서) 유가증권이 기명식인 때에는 집행관은 매수인을 위하여 채무자에 갈음하여 배서 또는 명의개서에 필요한 행위를 할 수 있다.

제212조(어음 등의 제시의무) ①집행관은 어음·수표 그 밖의 금전의 지급을 목적으로 하는 유가증권(이하 "어음등"이라 한다)으로서 일정한 기간 안에 인수 또는 지급을 위한 제시 또는 지급의 청구를 필요로 하는 것을 압류하였을 경우에 그 기간이 개시되면 채무자에 갈음하여 필요한 행위를 하여야 한다.
②집행관은 미완성 어음등을 압류한 경우에 채무자에게 기한을 정하여 어음등에 적을 사항을 보충하도록 최고하여야 한다.

제213조(미분리과실의 매각) ①토지에서 분리되기 전에 압류한 과실은 충분히 익은 다음에 매각하여야 한다.
②집행관은 매각하기 위하여 수확을 하게 할 수 있다.

제214조(특별한 현금화 방법) ①법원은 필요하다고 인정하면 직권으로 또는 압류채권자, 배당을 요구한 채권자 또는 채무자의 신청에 따라 일반 현금화의 규정에 의하지 아니하고 다른 방법이나 다른 장소에서 압류물을 매각하게 할 수 있다. 또한 집행관에게 위임하지 아니하고 다른 사람으로 하여금 매각하게 하도록 명할 수 있다.
②제1항의 재판에 대하여는 불복할 수 없다.

제215조(압류의 경합) ①유체동산을 압류하거나 가압류한 뒤 매각기일에 이르기 전에 다른 강제집행이 신청된 때에는 집행관은 집행신청서를 먼저 압류한 집행관에게 교부하여야 한다. 이 경우 더 압류할 물건이 있으면 이를 압류한 뒤에 추가압류조서를 교부하여야 한다.
②제1항의 경우에 집행에 관한 채권자의 위임은 먼저 압류한 집행관에게 이전된다.
③제1항의 경우에 각 압류한 물건은 강제집행을 신청한 모든 채권자를 위하여 압류한 것으로 본다.
④제1항의 경우에 먼저 압류한 집행관은 뒤에 강제집행을 신청한 채권자를 위하여 다시 압류한다는 취지를 덧붙여 그 압류조서에 적어야 한다.

제216조(채권자의 매각최고) ①상당한 기간이 지나도 집행관이 매각하지 아니하는 때에는 압류채권자는 집행관에게 일정한 기간 이내에 매각하도록 최고할 수 있다.
②집행관이 제1항의 최고에 따르지 아니하는 때에는 압류채권자는 법원에 필요한 명령을 신청할 수 있다.

제217조(우선권자의 배당요구) 민법·상법, 그 밖의 법률에 따라 우선변제청구권이 있는 채권자는 매각대금의 배당을 요구할 수 있다.

제218조(배당요구의 절차) 제217조의 배당요구는 이유를 밝혀 집행관에게 하여야 한다.

제219조(배당요구 등의 통지) 제215조제1항 및 제218조의 경우에는 집행관은 그 사유를 배당에 참가한 채권자와 채무자에게 통지하여야 한다.

제220조(배당요구의 시기) ①배당요구는 다음 각호의 시기까지 할 수 있다.
1. 집행관이 금전을 압류한 때 또는 매각대금을 영수한 때
2. 집행관이 어음·수표 그 밖의 금전의 지급을 목적으로 한 유가증권에 대하여 그 금전을 지급받은 때
②제198조제4항에 따라 공탁된 매각대금에 대하여는 동산집행을 계속하여 진행할 수 있게 된 때까지, 제296조제5항 단서에 따라 공탁된 매각대금에 대하여는 압류의 신청을 한 때까지 배당요구를 할 수 있다.

제221조(배우자의 지급요구) ①제190조의 규정에 따라 압류한 유체동산에 대하여 공유지분을 주장하는 배우자는 매각대금을 지급하여 줄 것을 요구할 수 있다.
②제1항의 지급요구에는 제218조 내지 제220조의 규정을 준용한다.
③제219조의 통지를 받은 채권자가 배우자의 공유주장에 대하여 이의가 있는 때에는 배우자를 상대로 소를 제기하여 공유가 아니라는 것을 확정하여야 한다.
④제3항의 소에는 제154조제3항, 제155조 내지 제158조, 제160조제1항제5호 및 제161조제1항·제2항·제4항의 규정을 준용한다.

제222조(매각대금의 공탁) ①매각대금으로 배당에 참가한 모든 채권자를 만족하게 할 수 없고 매각허가된 날부터 2주 이내에 채권자 사이에 배당협의가 이루어지지 아니한 때에는 매각대금을 공탁하여야 한다.
②여러 채권자를 위하여 동시에 금전을 압류한 경우에도 제1항과 같다.
③제1항 및 제2항의 경우에 집행관은 집행절차에 관한 서류를 붙여 그 사유를 법원에 신고하여야 한다.

제3관 채권과 그 밖의 재산권에 대한 강제집행

제223조(채권의 압류명령) 제3자에 대한 채무자의 금전채권 또는 유가증권, 그 밖의 유체물의 권리이전이나 인도를 목적으로 한 채권에 대한 강제집행은 집행법원의 압류명령에 의하여 개시한다.

제224조(집행법원) ①제223조의 집행법원은 채무자의 보통재판적이 있는 곳의 지방법원으로 한다.
②제1항의 지방법원이 없는 경우 집행법원은 압류한 채권의 채무자(이하 "제3채무자"라 한다)의 보통재판적이 있는 곳의 지방법원으로 한다. 다만, 이 경우에 물건의 인도를 목적으로 하는 채권과 물적 담보권 있는 채권에 대한 집행법원은 그 물건이 있는 곳의 지방법원으로 한다.
③가압류에서 이전되는 채권압류의 경우에 제223조의 집행법원은 가압류를 명한 법원이 있는 곳을 관할하는 지방법원으로 한다.

제225조(압류명령의 신청) 채권자는 압류명령신청에 압류할 채권의 종류와 액수를 밝혀야 한다.

제226조(심문의 생략) 압류명령은 제3채무자와 채무자를 심문하지 아니하고 한다.

제227조(금전채권의 압류) ①금전채권을 압류할 때에는 법원은 제3채무자에게 채무자에 대한 지급을 금지하고 채무자에게 채권의 처분과 영수를 금지하여야 한다.
②압류명령은 제3채무자와 채무자에게 송달하여야 한다.
③압류명령이 제3채무자에게 송달되면 압류의 효력이 생긴다.
④압류명령의 신청에 관한 재판에 대하여는 즉시항고를 할 수 있다.

제228조(저당권이 있는 채권의 압류)
①저당권이 있는 채권을 압류할 경우 채권자는 채권압류사실을 등기부에 기입하여 줄 것을 법원사무관등에게 신청할 수 있다. 이 신청은 채무자의 승낙 없이 법원에 대한 압류명령의 신청과 함께 할 수 있다.
②법원사무관등은 의무를 지는 부동산 소유자에게 압류명령이 송달된 뒤에 제1항의 신청에 따른 등기를 촉탁하여야 한다.

제229조(금전채권의 현금화방법)
①압류한 금전채권에 대하여 압류채권자는 추심명령(推尋命令)이나 전부명령(轉付命令)을 신청할 수 있다.
②추심명령이 있는 때에는 압류채권자는 대위절차(代位節次) 없이 압류채권을 추심할 수 있다.
③전부명령이 있는 때에는 압류된 채권은 지급에 갈음하여 압류채권자에게 이전된다.
④추심명령에 대하여는 제227조제2항 및 제3항의 규정을, 전부명령에 대하여는 제227조제2항의 규정을 각각 준용한다.
⑤전부명령이 제3채무자에게 송달될 때까지 그 금전채권에 관하여 다른 채권자가 압류·가압류 또는 배당요구를 한 경우에는 전부명령은 효력을 가지지 아니한다.
⑥제1항의 신청에 관한 재판에 대하여는 즉시항고를 할 수 있다.
⑦전부명령은 확정되어야 효력을 가진다.
⑧전부명령이 있은 뒤에 제49조제2호 또는 제4호의 서류를 제출한 것을 이유로 전부명령에 대한 즉시항고가 제기된 경우에는 항고법원은 다른 이유로 전부명령을 취소하는 경우를 제외하고는 항고에 관한 재판을 정지하여야 한다.

제230조(저당권이 있는 채권의 이전)
저당권이 있는 채권에 관하여 전부명령이 있는 경우에는 제228조의 규정을 준용한다.

제231조(전부명령의 효과) 전부명령이 확정된 경우에는 전부명령이 제3채무자에게 송달된 때에 채무자가 채무를 변제한 것으로 본다. 다만, 이전된 채권이 존재하지 아니한 때에는 그러하지 아니하다.

제232조(추심명령의 효과) ①추심명령은 그 채권전액에 미친다. 다만, 법원은 채무자의 신청에 따라 압류채권자를 심문하여 압류액수를 그 채권자의 요구액수로 제한하고 채무자에게 그 초과된 액수의 처분과 영수를 허가할 수 있다.
②제1항 단서의 제한부분에 대하여 다른 채권자는 배당요구를 할 수 없다.
③제1항의 허가는 제3채무자와 채권자에게 통지하여야 한다.

제233조(지시채권의 압류) 어음·수표 그 밖에 배서로 이전할 수 있는 증권으로서 배서가 금지된 증권채권의 압류는 법원의 압류명령으로 집행관이 그 증권을 점유하여 한다.

제234조(채권증서) ①채무자는 채권에 관한 증서가 있으면 압류채권자에게 인도하여야 한다.
②채권자는 압류명령에 의하여 강제집행의 방법으로 그 증서를 인도받을 수 있다.

제235조(압류의 경합) ①채권 일부가 압류된 뒤에 그 나머지 부분을 초과하여 다시 압류명령이 내려진 때에는 각 압류의 효력은 그 채권 전부에 미친다.
②채권 전부가 압류된 뒤에 그 채권 일부에 대하여 다시 압류명령이 내려진 때 그 압류의 효력도 제1항과 같다.

제236조(추심의 신고) ①채권자는 추심한 채권액을 법원에 신고하여야 한다.
②제1항의 신고전에 다른 압류·가압류 또는 배당요구가 있었을 때에는 채권자는 추심한 금액을 바로 공탁하고 그 사유를 신고하여야 한다.

제237조(제3채무자의 진술의무) ①압류채권자는 제3채무자로 하여금 압류명령을 송달받은 날부터 1주 이내에 서면으로 다음 각호의 사항을 진술하게 하도록 법원에 신청할 수 있다.
1. 채권을 인정하는지의 여부 및 인정한다면 그 한도
2. 채권에 대하여 지급할 의사가 있는지의 여부 및 의사가 있다면 그 한도
3. 채권에 대하여 다른 사람으로부터 청구가 있는지의 여부 및 청구가 있다면 그 종류
4. 다른 채권자에게 채권을 압류당한 사실이 있는지의 여부 및 그 사실이 있다면 그 청구의 종류
②법원은 제1항의 진술을 명하는 서면을 제3채무자에게 송달하여야 한다.
③제3채무자가 진술을 게을리 한 때에는 법원은 제3채무자에게 제1항의 사항을 심문할 수 있다.

제238조(추심의 소제기) 채권자가 명령의 취지에 따라 제3채무자를 상대로 소를 제기할 때에는 일반규정에 의한 관할법원에 제기하고 채무자에게 그 소를 고지하여야 한다. 다만, 채무자가 외국에 있거나 있는 곳이 분명하지 아니한 때에는 고지할 필요가 없다.

제239조(추심의 소홀) 채권자가 추심할 채권의 행사를 게을리 한 때에는 이로써 생긴 채무자의 손해를 부담한다.

제240조(추심권의 포기) ①채권자는 추심명령에 따라 얻은 권리를 포기할 수 있다. 다

만, 기본채권에는 영향이 없다.
②제1항의 포기는 법원에 서면으로 신고하여야 한다. 법원사무관등은 그 등본을 제3채무자와 채무자에게 송달하여야 한다.

제241조(특별한 현금화방법) ①압류된 채권이 조건 또는 기한이 있거나, 반대의무의 이행과 관련되어 있거나 그 밖의 이유로 추심하기 곤란할 때에는 법원은 채권자의 신청에 따라 다음 각호의 명령을 할 수 있다.
1. 채권을 법원이 정한 값으로 지급함에 갈음하여 압류채권자에게 양도하는 양도명령
2. 추심에 갈음하여 법원이 정한 방법으로 그 채권을 매각하도록 집행관에게 명하는 매각명령
3. 관리인을 선임하여 그 채권의 관리를 명하는 관리명령
4. 그 밖에 적당한 방법으로 현금화하도록 하는 명령
②법원은 제1항의 경우 그 신청을 허가하는 결정을 하기 전에 채무자를 심문하여야 한다. 다만, 채무자가 외국에 있거나 있는 곳이 분명하지 아니한 때에는 심문할 필요가 없다.
③제1항의 결정에 대하여는 즉시항고를 할 수 있다.
④제1항의 결정은 확정되어야 효력을 가진다.
⑤압류된 채권을 매각한 경우에는 집행관은 채무자를 대신하여 제3채무자에게 서면으로 양도의 통지를 하여야 한다.
⑥양도명령에는 제227조제2항·제229조제5항·제230조 및 제231조의 규정을, 매각명령에 의한 집행관의 매각에는 제108조의 규정을, 관리명령에는 제227조제2항의 규정을, 관리명령에 의한 관리에는 제167조, 제169조 내지 제171조, 제222조제2항·제3항의 규정을 각각 준용한다.

제242조(유체물인도청구권 등에 대한 집행)
부동산·유체동산·선박·자동차·건설기계·항공기·경량항공기 등 유체물의 인도나 권리이전의 청구권에 대한 강제집행에 대하여는 제243조부터 제245조까지의 규정을 우선적용하는 것을 제외하고는 제227조부터 제240조까지의 규정을 준용한다. <개정 2015.5.18.>

제243조(유체동산에 관한 청구권의 압류)
①유체동산에 관한 청구권을 압류하는 경우에는 법원이 제3채무자에 대하여 그 동산을 채권자의 위임을 받은 집행관에게 인도하도록 명한다.
②채권자는 제3채무자에 대하여 제1항의 명령의 이행을 구하기 위하여 법원에 추심명령을 신청할 수 있다.
③제1항의 동산의 현금화에 대하여는 압류한 유체동산의 현금화에 관한 규정을 적용한다.

제244조(부동산청구권에 대한 압류)
①부동산에 관한 인도청구권의 압류에 대하여는 그 부동산소재지의 지방법원은 채권자 또는 제3채무자의 신청에 의하여 보관인을 정하고 제3채무자에 대하여 그 부동산을 보관인에게 인도할 것을 명하여야 한다.
②부동산에 관한 권리이전청구권의 압류에 대하여는 그 부동산소재지의 지방법원은 채권자 또는 제3채무자의 신청에 의하여 보관인을 정하고 제3채무자에 대하여 그 부동산에 관한 채무자명의의 권리이전등기절차를 보관인에게 이행할 것을 명하여야 한다.
③제2항의 경우에 보관인은 채무자명의의 권리이전등기신청에 관하여 채무자의 대리인이 된다.
④채권자는 제3채무자에 대하여 제1항 또는 제2항의 명령의 이행을 구하기 위하여 법원에 추심명령을 신청할 수 있다.

제245조(전부명령 제외) 유체물의 인도나 권리이전의 청구권에 대하여는 전부명령을 하지 못한다.

제246조(압류금지채권) ①다음 각호의 채권은 압류하지 못한다. <개정 2005.1.27., 2010.7.23., 2011.4.5.>
1. 법령에 규정된 부양료 및 유족부조료(遺族扶助料)
2. 채무자가 구호사업이나 제3자의 도움으로 계속 받는 수입
3. 병사의 급료
4. 급료·연금·봉급·상여금·퇴직연금, 그 밖에 이와 비슷한 성질을 가진 급여채권의 2분의 1에 해당하는 금액. 다만, 그 금액이 국민기초생활보장법에 의한 최저생계비를 감안하여 대통령령이 정하는 금액에 미치지 못하는 경우 또는 표준적인 가구의 생계비를 감안하여 대통령령이 정하는 금액을 초과하는 경우에는 각각 당해 대통령령이 정하는 금액으로 한다.
5. 퇴직금 그 밖에 이와 비슷한 성질을 가진 급여채권의 2분의 1에 해당하는 금액
6. 「주택임대차보호법」 제8조, 같은 법 시행령의 규정에 따라 우선변제를 받을 수 있는 금액
7. 생명, 상해, 질병, 사고 등을 원인으로 채무자가 지급받는 보장성보험의 보험금(해약환급 및 만기환급금을 포함한다). 다만, 압류금지의 범위는 생계유지, 치료 및 장애 회복에 소요될 것으로 예상되는 비용 등을 고려하여 대통령령으로 정한다.
8. 채무자의 1월간 생계유지에 필요한 예금(적금·부금·예탁금과 우편대체를 포함한다). 다만, 그 금액은 「국민기초생활 보장법」에 따른 최저생계비, 제195조제3호에서 정한 금액 등을 고려하여 대통령령으로 정한다.

②법원은 제1항제1호부터 제7호까지에 규정된 종류의 금원이 금융기관에 개설된 채무자의 계좌에 이체되는 경우 채무자의 신청에 따라 그에 해당하는 부분의 압류명령을 취소하여야 한다. <신설 2011.4.5.>
③법원은 당사자가 신청하면 채권자와 채무자의 생활형편, 그 밖의 사정을 고려하여 압류명령의 전부 또는 일부를 취소하거나 제1항의 압류금지채권에 대하여 압류명령을 할 수 있다. <개정 2011.4.5.>
④제3항의 경우에는 제196조제2항 내지 제5항의 규정을 준용한다. <개정 2011.4.5.>

제247조(배당요구) ①민법·상법, 그 밖의 법률에 의하여 우선변제청구권이 있는 채권자와 집행력 있는 정본을 가진 채권자는 다음 각호의 시기까지 법원에 배당요구를 할 수 있다.
1. 제3채무자가 제248조제4항에 따른 공탁의 신고를 한 때
2. 채권자가 제236조에 따른 추심의 신고를 한 때
3. 집행관이 현금화한 금전을 법원에 제출한 때

②전부명령이 제3채무자에게 송달된 뒤에는 배당요구를 하지 못한다.
③제1항의 배당요구에는 제218조 및 제219조의 규정을 준용한다.
④제1항의 배당요구는 제3채무자에게 통지하여야 한다.

제248조(제3채무자의 채무액의 공탁)
①제3채무자는 압류에 관련된 금전채권의 전액을 공탁할 수 있다.
②금전채권에 관하여 배당요구서를 송달받은 제3채무자는 배당에 참가한 채권자의 청구가 있으면 압류된 부분에 해당하는 금액을 공탁하여야 한다.
③금전채권중 압류되지 아니한 부분을 초과하여 거듭 압류명령 또는 가압류명령이 내려진 경우에 그 명령을 송달받은 제3채무자는 압류 또는 가압류채권자의 청구가 있으면 그 채권의 전액에 해당하는 금액을 공탁하여야 한다.
④제3채무자가 채무액을 공탁한 때에는 그 사유를 법원에 신고하여야 한다. 다만, 상당한 기간 이내에 신고가 없는 때에는 압류채권자, 가압류채권자, 배당에 참가한 채권자, 채무자, 그 밖의 이해관계인이 그 사유를 법원에 신고할 수 있다.

제249조(추심의 소) ①제3채무자가 추심절차에 대하여 의무를 이행하지 아니하는 때에는 압류채권자는 소로써 그 이행을 청구할 수 있다.
②집행력 있는 정본을 가진 모든 채권자는 공동소송인으로 원고 쪽에 참가할 권리가 있다.

③소를 제기당한 제3채무자는 제2항의 채권자를 공동소송인으로 원고 쪽에 참가하도록 명할 것을 첫 변론기일까지 신청할 수 있다.
④소에 대한 재판은 제3항의 명령을 받은 채권자에 대하여 효력이 미친다.

제250조(채권자의 추심최고) 압류채권자가 추심절차를 게을리 한 때에는 집행력 있는 정본으로 배당을 요구한 채권자는 일정한 기간내에 추심하도록 최고하고, 최고에 따르지 아니한 때에는 법원의 허가를 얻어 직접 추심할 수 있다.

제251조(그 밖의 재산권에 대한 집행)
①앞의 여러 조문에 규정된 재산권 외에 부동산을 목적으로 하지 아니한 재산권에 대한 강제집행은 이 관의 규정 및 제98조 내지 제101조의 규정을 준용한다.
②제3채무자가 없는 경우에 압류는 채무자에게 권리처분을 금지하는 명령을 송달한 때에 효력이 생긴다.

제4관 배당절차

제252조(배당절차의 개시) 법원은 다음 각호 가운데 어느 하나에 해당하는 경우에는 배당절차를 개시한다.
1. 제222조의 규정에 따라 집행관이 공탁한 때
2. 제236조의 규정에 따라 추심채권자가 공탁하거나 제248조의 규정에 따라 제3채무자가 공탁한 때
3. 제241조의 규정에 따라 현금화된 금전을 법원에 제출한 때

제253조(계산서 제출의 최고) 법원은 채권자들에게 1주 이내에 원금·이자·비용, 그 밖의 부대채권의 계산서를 제출하도록 최고하여야 한다.

제254조(배당표의 작성) ①제253조의 기간이 끝난 뒤에 법원은 배당표를 작성하여야 한다.
②제1항의 기간을 지키지 아니한 채권자의 채권은 배당요구서와 사유신고서의 취지 및 그 증빙서류에 따라 계산한다. 이 경우 다시 채권액을 추가하지 못한다.

제255조(배당기일의 준비) 법원은 배당을 실시할 기일을 지정하고 채권자와 채무자에게 이를 통지하여야 한다. 다만, 채무자가 외국에 있거나 있는 곳이 분명하지 아니한 때에는 통지하지 아니한다.

제256조(배당표의 작성과 실시) 배당표의 작성, 배당표에 대한 이의 및 그 완결과 배당표의 실시에 대하여는 제149조 내지 제161조의 규정을 준용한다.

제3장 금전채권 외의 채권에 기초한 강제집행

제257조(동산인도청구의 집행) 채무자가 특정한 동산이나 대체물의 일정한 수량을 인도하여야 할 때에는 집행관은 이를 채무자로부터 빼앗아 채권자에게 인도하여야 한다.

제258조(부동산 등의 인도청구의 집행)
①채무자가 부동산이나 선박을 인도하여야 할 때에는 집행관은 채무자로부터 점유를 빼앗

아 채권자에게 인도하여야 한다.
②제1항의 강제집행은 채권자나 그 대리인이 인도받기 위하여 출석한 때에만 한다.
③강제집행의 목적물이 아닌 동산은 집행관이 제거하여 채무자에게 인도하여야 한다.
④제3항의 경우 채무자가 없는 때에는 집행관은 채무자와 같이 사는 사리를 분별할 지능이 있는 친족 또는 채무자의 대리인이나 고용인에게 그 동산을 인도하여야 한다.
⑤채무자와 제4항에 적은 사람이 없는 때에는 집행관은 그 동산을 채무자의 비용으로 보관하여야 한다.
⑥채무자가 그 동산의 수취를 게을리 한 때에는 집행관은 집행법원의 허가를 받아 동산에 대한 강제집행의 매각절차에 관한 규정에 따라 그 동산을 매각하고 비용을 뺀 뒤에 나머지 대금을 공탁하여야 한다.

제259조(목적물을 제3자가 점유하는 경우)
인도할 물건을 제3자가 점유하고 있는 때에는 채권자의 신청에 따라 금전채권의 압류에 관한 규정에 따라 채무자의 제3자에 대한 인도청구권을 채권자에게 넘겨야 한다.

제260조(대체집행) ①민법 제389조제2항 후단과 제3항의 경우에는 제1심 법원은 채권자의 신청에 따라 민법의 규정에 의한 결정을 하여야 한다.
②채권자는 제1항의 행위에 필요한 비용을 미리 지급할 것을 채무자에게 명하는 결정을 신청할 수 있다. 다만, 뒷날 그 초과비용을 청구할 권리는 영향을 받지 아니한다.
③제1항과 제2항의 신청에 관한 재판에 대하여는 즉시항고를 할 수 있다.

제261조(간접강제) ①채무의 성질이 간접강제를 할 수 있는 경우에 제1심 법원은 채권자의 신청에 따라 간접강제를 명하는 결정을 한다. 그 결정에는 채무의 이행의무 및 상당한 이행기간을 밝히고, 채무자가 그 기간 이내에 이행을 하지 아니하는 때에는 늦어진 기간에 따라 일정한 배상을 하도록 명하거나 즉시 손해배상을 하도록 명할 수 있다.
②제1항의 신청에 관한 재판에 대하여는 즉시항고를 할 수 있다.

제262조(채무자의 심문) 제260조 및 제261조의 결정은 변론 없이 할 수 있다. 다만, 결정하기 전에 채무자를 심문하여야 한다.

제263조(의사표시의무의 집행) ①채무자가 권리관계의 성립을 인낙한 때에는 그 조서로, 의사의 진술을 명한 판결이 확정된 때에는 그 판결로 권리관계의 성립을 인낙하거나 의사를 진술한 것으로 본다.
②반대의무가 이행된 뒤에 권리관계의 성립을 인낙하거나 의사를 진술할 것인 경우에는 제30조와 제32조의 규정에 따라 집행문을 내어 준 때에 그 효력이 생긴다.

제3편 담보권 실행 등을 위한 경매

제264조(부동산에 대한 경매신청)
①부동산을 목적으로 하는 담보권을 실행하기 위한 경매신청을 함에는 담보권이 있다는 것을 증명하는 서류를 내야 한다.
②담보권을 승계한 경우에는 승계를 증명하는 서류를 내야 한다.
③부동산 소유자에게 경매개시결정을 송달할 때에는 제2항의 규정에 따라 제출된 서류의 등본을 붙여야 한다.

제265조(경매개시결정에 대한 이의신청사유) 경매절차의 개시결정에 대한 이의신청사유로 담보권이 없다는 것 또는 소멸되었다는 것을 주장할 수 있다.

제266조(경매절차의 정지) ①다음 각호 가운데 어느 하나에 해당하는 문서가 경매법원에 제출되면 경매절차를 정지하여야 한다. <개정 2011.4.12.>
1. 담보권의 등기가 말소된 등기사항증명서
2. 담보권 등기를 말소하도록 명한 확정판결의 정본
3. 담보권이 없거나 소멸되었다는 취지의 확정판결의 정본
4. 채권자가 담보권을 실행하지 아니하기로 하거나 경매신청을 취하하겠다는 취지 또는 피담보채권을 변제받았거나 그 변제를 미루도록 승낙한다는 취지를 적은 서류
5. 담보권 실행을 일시정지하도록 명한 재판의 정본

②제1항제1호 내지 제3호의 경우와 제4호의 서류가 화해조서의 정본 또는 공정증서의 정본인 경우에는 경매법원은 이미 실시한 경매절차를 취소하여야 하며, 제5호의 경우에는 그 재판에 따라 경매절차를 취소하지 아니한 때에만 이미 실시한 경매절차를 일시적으로 유지하게 하여야 한다.
③제2항의 규정에 따라 경매절차를 취소하는 경우에는 제17조의 규정을 적용하지 아니한다.

제267조(대금완납에 따른 부동산취득의 효과)
매수인의 부동산 취득은 담보권 소멸로 영향을 받지 아니한다.

제268조(준용규정) 부동산을 목적으로 하는 담보권 실행을 위한 경매절차에는 제79조 내지 제162조의 규정을 준용한다.

제269조(선박에 대한 경매) 선박을 목적으로 하는 담보권 실행을 위한 경매절차에는 제172조 내지 제186조, 제264조 내지 제268조의 규정을 준용한다.

제270조(자동차 등에 대한 경매)
자동차·건설기계·소형선박(「자동차 등 특정동산 저당법」 제3조제2호에 따른 소형선박을 말한다) 및 항공기(「자동차 등 특정동산 저당법」 제3조제4호에 따른 항공기 및 경량항공기를 말한다)를 목적으로 하는 담보권 실행을 위한 경매절차는 제264조부터 제269조까지, 제271조 및 제272조의 규정에 준하여 대법원규칙으로 정한다. <개정 2007.8.3., 2009.3.25., 2015.5.18.>

제271조(유체동산에 대한 경매) 유체동산을 목적으로 하는 담보권 실행을 위한 경매는 채권자가 그 목적물을 제출하거나, 그 목적물의 점유자가 압류를 승낙한 때에 개시한다.

제272조(준용규정) 제271조의 경매절차에는 제2편 제2장 제4절 제2관의 규정과 제265조 및 제266조의 규정을 준용한다.

제273조(채권과 그 밖의 재산권에 대한 담보권의 실행) ①채권, 그 밖의 재산권을 목적으로 하는 담보권의 실행은 담보권의 존재를 증명하는 서류(권리의 이전에 관하여 등기나 등록을 필요로 하는 경우에는 그 등기사항증명서 또는 등록원부의 등본)가 제출된 때에 개시한다. <개정 2011.4.12.>
②민법 제342조에 따라 담보권설정자가 받을 금전, 그 밖의 물건에 대하여 권리를 행사하는 경우에도 제1항과 같다.
③제1항과 제2항의 권리실행절차에는 제2편 제2장 제4절 제3관의 규정을 준용한다.

제274조(유치권 등에 의한 경매)
①유치권에 의한 경매와 민법·상법, 그 밖의 법률이 규정하는 바에 따른 경매(이하 "유치권 등에 의한 경매"라 한다)는 담보권 실행을 위한 경매의 예에 따라 실시한다.
②유치권 등에 의한 경매절차는 목적물에 대하여 강제경매 또는 담보권 실행을 위한 경매

절차가 개시된 경우에는 이를 정지하고, 채권자 또는 담보권자를 위하여 그 절차를 계속하여 진행한다.
③제2항의 경우에 강제경매 또는 담보권 실행을 위한 경매가 취소되면 유치권 등에 의한 경매절차를 계속하여 진행하여야 한다.

제275조(준용규정) 이 편에 규정한 경매 등 절차에는 제42조 내지 제44조 및 제46조 내지 제53조의 규정을 준용한다.

제4편 보전처분

제276조(가압류의 목적) ①가압류는 금전채권이나 금전으로 환산할 수 있는 채권에 대하여 동산 또는 부동산에 대한 강제집행을 보전하기 위하여 할 수 있다.
②제1항의 채권이 조건이 붙어 있는 것이거나 기한이 차지 아니한 것인 경우에도 가압류를 할 수 있다.

제277조(보전의 필요) 가압류는 이를 하지 아니하면 판결을 집행할 수 없거나 판결을 집행하는 것이 매우 곤란할 염려가 있을 경우에 할 수 있다.

제278조(가압류법원) 가압류는 가압류할 물건이 있는 곳을 관할하는 지방법원이나 본안의 관할법원이 관할한다.

제279조(가압류신청) ①가압류신청에는 다음 각호의 사항을 적어야 한다.
1. 청구채권의 표시, 그 청구채권이 일정한 금액이 아닌 때에는 금전으로 환산한 금액
2. 제277조의 규정에 따라 가압류의 이유가 될 사실의 표시
②청구채권과 가압류의 이유는 소명하여야 한다.

제280조(가압류명령) ①가압류신청에 대한 재판은 변론 없이 할 수 있다.
②청구채권이나 가압류의 이유를 소명하지 아니한 때에도 가압류로 생길 수 있는 채무자의 손해에 대하여 법원이 정한 담보를 제공한 때에는 법원은 가압류를 명할 수 있다.
③청구채권과 가압류의 이유를 소명한 때에도 법원은 담보를 제공하게 하고 가압류를 명할 수 있다.
④담보를 제공한 때에는 그 담보의 제공과 담보제공의 방법을 가압류명령에 적어야 한다.

제281조(재판의 형식) ①가압류신청에 대한 재판은 결정으로 한다. <개정 2005.1.27.>
②채권자는 가압류신청을 기각하거나 각하하는 결정에 대하여 즉시항고를 할 수 있다.
③담보를 제공하게 하는 재판, 가압류신청을 기각하거나 각하하는 재판과 제2항의 즉시항고를 기각하거나 각하하는 재판은 채무자에게 고지할 필요가 없다.

제282조(가압류해방금액) 가압류명령에는 가압류의 집행을 정지시키거나 집행한 가압류를 취소시키기 위하여 채무자가 공탁할 금액을 적어야 한다.

제283조(가압류결정에 대한 채무자의 이의신청) ①채무자는 가압류결정에 대하여 이의를 신청할 수 있다.
②제1항의 이의신청에는 가압류의 취소나 변경을 신청하는 이유를 밝혀야 한다.
③이의신청은 가압류의 집행을 정지하지 아니한다.

제284조(가압류이의신청사건의 이송)
법원은 가압류이의신청사건에 관하여 현저한 손해 또는 지연을 피하기 위한 필요가 있는 때에는 직권으로 또는 당사자의 신청에 따라 결정으로 그 가압류사건의 관할권이 있는 다른 법원에 사건을 이송할 수 있다. 다만, 그 법원이 심급을 달리하는 경우에는 그러하지 아니하다.

제285조(가압류이의신청의 취하)
①채무자는 가압류이의신청에 대한 재판이 있기 전까지 가압류이의신청을 취하할 수 있다. <개정 2005.1.27.>
②제1항의 취하에는 채권자의 동의를 필요로 하지 아니한다.
③가압류이의신청의 취하는 서면으로 하여야 한다. 다만, 변론기일 또는 심문기일에서는 말로 할 수 있다. <개정 2005.1.27.>
④가압류이의신청서를 송달한 뒤에는 취하의 서면을 채권자에게 송달하여야 한다.
⑤제3항 단서의 경우에 채권자가 변론기일 또는 심문기일에 출석하지 아니한 때에는 그 기일의 조서등본을 송달하여야 한다. <개정 2005.1.27.>

제286조(이의신청에 대한 심리와 재판)
①이의신청이 있는 때에는 법원은 변론기일 또는 당사자 쌍방이 참여할 수 있는 심문기일을 정하고 당사자에게 이를 통지하여야 한다.
②법원은 심리를 종결하고자 하는 경우에는 상당한 유예기간을 두고 심리를 종결할 기일을 정하여 이를 당사자에게 고지하여야 한다. 다만, 변론기일 또는 당사자 쌍방이 참여할 수 있는 심문기일에는 즉시 심리를 종결할 수 있다.
③이의신청에 대한 재판은 결정으로 한다.
④제3항의 규정에 의한 결정에는 이유를 적어야 한다. 다만, 변론을 거치지 아니한 경우에는 이유의 요지만을 적을 수 있다.
⑤법원은 제3항의 규정에 의한 결정으로 가압류의 전부나 일부를 인가·변경 또는 취소할 수 있다. 이 경우 법원은 적당한 담보를 제공하도록 명할 수 있다.
⑥법원은 제3항의 규정에 의하여 가압류를 취소하는 결정을 하는 경우에는 채권자가 그 고지를 받은 날부터 2주를 넘지 아니하는 범위 안에서 상당하다고 인정하는 기간이 경과하여야 그 결정의 효력이 생긴다는 뜻을 선언할 수 있다.
⑦제3항의 규정에 의한 결정에 대하여는 즉시항고를 할 수 있다. 이 경우 민사소송법 제447조의 규정을 준용하지 아니한다.
[전문개정 2005.1.27.]

제287조(본안의 제소명령) ①가압류법원은 채무자의 신청에 따라 변론 없이 채권자에게 상당한 기간 이내에 본안의 소를 제기하여 이를 증명하는 서류를 제출하거나 이미 소를 제기하였으면 소송계속사실을 증명하는 서류를 제출하도록 명하여야 한다.
②제1항의 기간은 2주 이상으로 정하여야 한다.
③채권자가 제1항의 기간 이내에 제1항의 서류를 제출하지 아니한 때에는 법원은 채무자의 신청에 따라 결정으로 가압류를 취소하여야 한다.
④제1항의 서류를 제출한 뒤에 본안의 소가 취하되거나 각하된 경우에는 그 서류를 제출하지 아니한 것으로 본다.
⑤제3항의 신청에 관한 결정에 대하여는 즉시항고를 할 수 있다. 이 경우 민사소송법 제447조의 규정은 준용하지 아니한다.

제288조(사정변경 등에 따른 가압류취소)
①채무자는 다음 각호의 어느 하나에 해당하는 사유가 있는 경우에는 가압류가 인가된 뒤에도 그 취소를 신청할 수 있다. 제3호에 해당하는 경우에는 이해관계인도 신청할 수 있다.

1. 가압류이유가 소멸되거나 그 밖에 사정이 바뀐 때
2. 법원이 정한 담보를 제공한 때
3. 가압류가 집행된 뒤에 3년간 본안의 소를 제기하지 아니한 때

②제1항의 규정에 의한 신청에 대한 재판은 가압류를 명한 법원이 한다. 다만, 본안이 이미 계속된 때에는 본안법원이 한다.
③제1항의 규정에 의한 신청에 대한 재판에는 제286조제1항 내지 제4항·제6항 및 제7항을 준용한다.
[전문개정 2005.1.27.]

제289조(가압류취소결정의 효력정지)
①가압류를 취소하는 결정에 대하여 즉시항고가 있는 경우에, 불복의 이유로 주장한 사유가 법률상 정당한 사유가 있다고 인정되고 사실에 대한 소명이 있으며, 그 가압류를 취소함으로 인하여 회복할 수 없는 손해가 생길 위험이 있다는 사정에 대한 소명이 있는 때에는, 법원은 당사자의 신청에 따라 담보를 제공하게 하거나 담보를 제공하지 아니하게 하고 가압류취소결정의 효력을 정지시킬 수 있다.
②제1항의 규정에 의한 소명은 보증금을 공탁하거나 주장이 진실함을 선서하는 방법으로 대신할 수 없다.
③재판기록이 원심법원에 있는 때에는 원심법원이 제1항의 규정에 의한 재판을 한다.
④항고법원은 항고에 대한 재판에서 제1항의 규정에 의한 재판을 인가·변경 또는 취소하여야 한다.
⑤제1항 및 제4항의 규정에 의한 재판에 대하여는 불복할 수 없다.
[전문개정 2005.1.27.]

제290조(가압류 이의신청규정의 준용)
①제287조제3항, 제288조제1항에 따른 재판의 경우에는 제284조의 규정을 준용한다. <개정 2005.1.27.>
②제287조제1항·제3항 및 제288조제1항에 따른 신청의 취하에는 제285조의 규정을 준용한다. <개정 2005.1.27.>

제291조(가압류집행에 대한 본집행의 준용) 가압류의 집행에 대하여는 강제집행에 관한 규정을 준용한다. 다만, 아래의 여러 조문과 같이 차이가 나는 경우에는 그러하지 아니하다.

제292조(집행개시의 요건) ①가압류에 대한 재판이 있은 뒤에 채권자나 채무자의 승계가 이루어진 경우에 가압류의 재판을 집행하려면 집행문을 덧붙여야 한다.
②가압류에 대한 재판의 집행은 채권자에게 재판을 고지한 날부터 2주를 넘긴 때에는 하지 못한다. <개정 2005.1.27.>
③제2항의 집행은 채무자에게 재판을 송달하기 전에도 할 수 있다.

제293조(부동산가압류집행) ①부동산에 대한 가압류의 집행은 가압류재판에 관한 사항을 등기부에 기입하여야 한다.
②제1항의 집행법원은 가압류재판을 한 법원으로 한다.
③가압류등기는 법원사무관등이 촉탁한다.

제294조(가압류를 위한 강제관리)
가압류의 집행으로 강제관리를 하는 경우에는 관리인이 청구채권액에 해당하는 금액을 지급받아 공탁하여야 한다.

제295조(선박가압류집행) ①등기할 수 있는 선박에 대한 가압류를 집행하는 경우에는 가압류등기를 하는 방법이나 집행관에게 선박국적증서등을 선장으로부터 받아 집행법원에 제출하도록 명하는 방법으로 한다. 이들 방법은 함께 사용할 수 있다.
②가압류등기를 하는 방법에 의한 가압류집행은 가압류명령을 한 법원이, 선박국적증서등을 받아 제출하도록 명하는 방법에 의한 가압류집행은 선박이 정박하여 있는 곳을 관할하는 지방법원이 집행법원으로서 관할한다.
③가압류등기를 하는 방법에 의한 가압류의 집행에는 제293조제3항의 규정을 준용한다.

제296조(동산가압류집행) ①동산에 대한 가압류의 집행은 압류와 같은 원칙에 따라야 한다.
②채권가압류의 집행법원은 가압류명령을 한 법원으로 한다.
③채권의 가압류에는 제3채무자에 대하여 채무자에게 지급하여서는 아니 된다는 명령만을 하여야 한다.
④가압류한 금전은 공탁하여야 한다.
⑤가압류물은 현금화를 하지 못한다. 다만, 가압류물을 즉시 매각하지 아니하면 값이 크게 떨어질 염려가 있거나 그 보관에 지나치게 많은 비용이 드는 경우에는 집행관은 그 물건을 매각하여 매각대금을 공탁하여야 한다.

제297조(제3채무자의 공탁) 제3채무자가 가압류 집행된 금전채권액을 공탁한 경우에는 그 가압류의 효력은 그 청구채권액에 해당하는 공탁금액에 대한 채무자의 출급청구권에 대하여 존속한다.

제298조(가압류취소결정의 취소와 집행)
①가압류의 취소결정을 상소법원이 취소한 경우로서 법원이 그 가압류의 집행기관이 되는 때에는 그 취소의 재판을 한 상소법원이 직권으로 가압류를 집행한다. <개정 2005.1.27.>
②제1항의 경우에 그 취소의 재판을 한 상소법원이 대법원인 때에는 채권자의 신청에 따라 제1심 법원이 가압류를 집행한다. [제목개정 2005.1.27.]

제299조(가압류집행의 취소) ①가압류명령에 정한 금액을 공탁한 때에는 법원은 결정으로 집행한 가압류를 취소하여야 한다. <개정 2005.1.27.>
② 삭제 <2005.1.27.>
③제1항의 취소결정에 대하여는 즉시항고를 할 수 있다.
④제1항의 취소결정에 대하여는 제17조제2항의 규정을 준용하지 아니한다.

제300조(가처분의 목적) ①다툼의 대상에 관한 가처분은 현상이 바뀌면 당사자가 권리를 실행하지 못하거나 이를 실행하는 것이 매우 곤란할 염려가 있을 경우에 한다.
②가처분은 다툼이 있는 권리관계에 대하여 임시의 지위를 정하기 위하여도 할 수 있다. 이 경우 가처분은 특히 계속하는 권리관계에 끼칠 현저한 손해를 피하거나 급박한 위험을 막기 위하여, 또는 그 밖의 필요한 이유가 있을 경우에 하여야 한다.

제301조(가압류절차의 준용) 가처분절차에는 가압류절차에 관한 규정을 준용한다. 다만, 아래의 여러 조문과 같이 차이가 나는 경우에는 그러하지 아니하다.

제302조 삭제 <2005.1.27.>

제303조(관할법원) 가처분의 재판은 본안의 관할법원 또는 다툼의 대상이 있는 곳을 관할하는 지방법원이 관할한다.

제304조(임시의 지위를 정하기 위한 가처분)
제300조제2항의 규정에 의한 가처분의 재판에는 변론기일 또는 채무자가 참석할 수 있는 심문기일을 열어야 한다. 다만, 그 기일을 열어 심리하면 가처분의 목적을 달성할 수 없는 사정이 있는 때에는 그러하지 아니하다.

제305조(가처분의 방법) ①법원은 신청목적을 이루는 데 필요한 처분을 직권으로 정한다.
②가처분으로 보관인을 정하거나, 상대방에게 어떠한 행위를 하거나 하지 말도록, 또는 급여를 지급하도록 명할 수 있다.
③가처분으로 부동산의 양도나 저당을 금지한 때에는 법원은 제293조의 규정을 준용하여 등기부에 그 금지한 사실을 기입하게 하여야 한다.

제306조(법인임원의 직무집행정지 등 가처분의 등기촉탁) 법원사무관등은 법원이 법인의 대표자 그 밖의 임원으로 등기된 사람에 대하여 직무의 집행을 정지하거나 그 직무를 대행할 사람을 선임하는 가처분을 하거나 그 가처분을 변경·취소한 때에는, 법인의 주사무소 및 분사무소 또는 본점 및 지점이 있는 곳의 등기소에 그 등기를 촉탁하여야 한다. 다만, 이 사항이 등기하여야 할 사항이 아닌 경우에는 그러하지 아니하다.

제307조(가처분의 취소) ①특별한 사정이 있는 때에는 담보를 제공하게 하고 가처분을 취소할 수 있다.
②제1항의 경우에는 제284조, 제285조 및 제286조제1항 내지 제4항·제6항·제7항의 규정을 준용한다. <개정 2005.1.27.>

판례-가처분취소

[대법원 2017.10.19., 자, 2015마1383, 결정]

【판시사항】
[1] 가처분취소결정의 집행으로 처분금지가처분등기가 말소된 경우, 가처분등기가 마쳐져 있던 상태에서 부동산을 양수하여 소유권이전등기를 마친 제3자가 소유권취득의 효력으로 가처분채권자에게 대항할 수 있는지 여부(적극) 및 이 경우 가처분채권자는 처분금지가처분을 신청할 이익을 상실하는지 여부(적극)
[2] 甲이 乙 친목회의 가처분신청으로 처분금지가처분등기가 마쳐져 있던 丙 소유의 부동산을 매수하여 소유권이전등기를 마친 다음 乙 친목회를 상대로 가처분취소신청을 하자, 1심법원이 가처분결정을 취소하는 결정을 하였고, 1심결정 후 甲의 가처분 집행취소신청에 따라 가처분등기가 말소되었는데, 원심이 乙 친목회의 항고를 받아들여 1심결정을 취소하고 甲의 가처분취소신청을 기각한 사안에서, 위 가처분신청은 신청의 이익을 상실하여 부적법하므로 가처분결정을 취소한 1심결정이 결과적으로 정당하다는 이유로 원심결정을 파기하고 자판으로 乙 친목회의 항고를 기각한 사례

【판결요지】
[1] 가처분취소결정의 집행에 의하여 처분금지가처분등기가 말소된 경우 그 효력은 확정적인 것이다. 따라서 처분금지가처분결정에 따른 가처분등기가 마쳐져 있던 상태에서 부동산을 양수하여 소유권이전등기를 마친 제3자라 하더라도 위와 같이 가처분등기가 말소된 이후에는 더 이상 처분금지효의 제한을 받지 않고 소유권취득의 효력으로 가처분채권자에게 대항할 수 있게 된다. 이러한 경우 가처분채권자는 더 이상 처분금지가처분을 신청할 이익이 없게 된다.
[2] 甲이 乙 친목회의 가처분신청으로 처분금지가처분등기가 마쳐져 있던 丙 소유의 부동산을 매수하여 소유권이전등기를 마친 다음 乙 친목회를 상대로 가처분취소신청을 하자, 1심법원이 가처분결정을 취소하는 결정을 하였고, 1심결정 후 甲의 가처분 집행취소신청에 따라 가처분등기가 말소되었는데, 원심이 乙 친목회의 항고를 받아들여 1심결정을 취소하고 甲의 가처분취소

신청을 기각한 사안에서, 위 가처분신청은 신청의 이익을 상실하여 부적법하므로 가처분결정을 취소한 1심결정이 결과적으로 정당하다는 이유로 원심결정을 파기하고 자판으로 乙 친목회의 항고를 기각한 사례.

제308조(원상회복재판) 가처분을 명한 재판에 기초하여 채권자가 물건을 인도받거나, 금전을 지급받거나 또는 물건을 사용·보관하고 있는 경우에는, 법원은 가처분을 취소하는 재판에서 채무자의 신청에 따라 채권자에 대하여 그 물건이나 금전을 반환하도록 명할 수 있다.

제309조(가처분의 집행정지) ①소송물인 권리 또는 법률관계가 이행되는 것과 같은 내용의 가처분을 명한 재판에 대하여 이의신청이 있는 경우에, 이의신청으로 주장한 사유가 법률상 정당한 사유가 있다고 인정되고 주장사실에 대한 소명이 있으며, 그 집행에 의하여 회복할 수 없는 손해가 생길 위험이 있다는 사정에 대한 소명이 있는 때에는, 법원은 당사자의 신청에 따라 담보를 제공하게 하거나 담보를 제공하게 하지 아니하고 가처분의 집행을 정지하도록 명할 수 있고, 담보를 제공하게 하고 집행한 처분을 취소하도록 명할 수 있다.
②제1항에서 규정한 소명은 보증금을 공탁하거나 주장이 진실함을 선서하는 방법으로 대신할 수 없다.
③재판기록이 원심법원에 있는 때에는 원심법원이 제1항의 규정에 의한 재판을 한다.
④법원은 이의신청에 대한 결정에서 제1항의 규정에 의한 명령을 인가·변경 또는 취소하여야 한다.
⑤제1항·제3항 또는 제4항의 규정에 의한 재판에 대하여는 불복할 수 없다.
[전문개정 2005.1.27.]

제310조(준용규정) 제301조에 따라 준용되는 제287조제3항, 제288조제1항 또는 제307조의 규정에 따른 가처분취소신청이 있는 경우에는 제309조의 규정을 준용한다.
[전문개정 2005.1.27.]

제311조(본안의 관할법원) 이 편에 규정한 본안법원은 제1심 법원으로 한다. 다만, 본안이 제2심에 계속된 때에는 그 계속된 법원으로 한다.

제312조(재판장의 권한) 급박한 경우에 재판장은 이 편의 신청에 대한 재판을 할 수 있다. <개정 2005.1.27.>

부칙

<제13952호, 2016.2.3.>
(민사소송법)

제1조(시행일) 이 법은 공포 후 1년이 경과한 날부터 시행한다.

제2조 및 제3조 생략

제4조(다른 법률의 개정)
①생략
②민사집행법 일부를 다음과 같이 개정한다. 제52조제3항 중 "민사소송법 제62조제3항 내지 제6항의 규정"을 "「민사소송법」 제62조제2항부터 제5항까지의 규정"으로 한다.

형 법

제1편 총 칙

제2편 각 칙

형법

[시행 2020.10.20.]
[법률 제17511호, 2020.10.20., 일부개정]

제1편 총칙
제1장 형법의 적용범위

제1조(범죄의 성립과 처벌) ①범죄의 성립과 처벌은 행위 시의 법률에 의한다.
②범죄후 법률의 변경에 의하여 그 행위가 범죄를 구성하지 아니하거나 형이 구법보다 경한 때에는 신법에 의한다.
③재판확정후 법률의 변경에 의하여 그 행위가 범죄를 구성하지 아니하는 때에는 형의 집행을 면제한다.

제1조(범죄의 성립과 처벌) ①범죄의 성립과 처벌은 행위 시의 법률에 따른다.
②범죄 후 법률이 변경되어 그 행위가 범죄를 구성하지 아니하게 되거나 형이 구법(舊法)보다 가벼워진 경우에는 신법(新法)에 따른다.
③재판이 확정된 후 법률이 변경되어 그 행위가 범죄를 구성하지 아니하게 된 경우에는 형의 집행을 면제한다.
[전문개정 2020.12.8.]
[시행일 : 2021.12.9.] 제1조

제2조(국내범) 본법은 대한민국영역내에서 죄를 범한 내국인과 외국인에게 적용한다.

제3조(내국인의 국외범) 본법은 대한민국영역외에서 죄를 범한 내국인에게 적용한다.

제4조(국외에 있는 내국선박 등에서 외국인이 범한 죄) 본법은 대한민국영역외에 있는 대한민국의 선박 또는 항공기내에서 죄를 범한 외국인에게 적용한다.

제5조(외국인의 국외범) 본법은 대한민국영역외에서 다음에 기재한 죄를 범한 외국인에게 적용한다.
1. 내란의 죄
2. 외환의 죄
3. 국기에 관한 죄
4. 통화에 관한 죄
5. 유가증권, 우표와 인지에 관한 죄
6. 문서에 관한 죄중 제225조 내지 제230조
7. 인장에 관한 죄중 제238조

제6조(대한민국과 대한민국국민에 대한 국외범) 본법은 대한민국영역외에서 대한민국 또는 대한민국국민에 대하여 전조에 기재한 이외의 죄를 범한 외국인에게 적용한다. 단 행위지의 법률에 의하여 범죄를 구성하지 아니하거나 소추 또는 형의 집행을 면제할 경우에는 예외로 한다.

판례-특정 경제범죄 가중처벌등에 관한 법률위반(사기)·사기·위조 사문서 행사

[대법원 2011.8.25., 선고, 2011도6507, 판결]

【판시사항】

[1]형법 제6조 본문에서 정한 '대한민국 또는 대한민국 국민에 대하여 죄를 범한 때'의 의미

[2] 캐나다 시민권자인 피고인이 캐나다에서 위조사문서를 행사하였다는 내용으로 기소된 사안에서, 외국인 국외범으로서 우리나라에 재판권이 있다고 보아 유죄를 인정한 원심판결에 재판권 인정에 관한 법리오해의 위법이 있다고 한 사례

[3]형법 제6조 단서에서 정한 '외국법규의 존재'에 대한 증명의 정도(=엄격한 증명)와 증명책임의 소재(=검사)

[4] 캐나다 시민권자인 피고인이 피해자들을 기망하여 투자금 명목의 돈을 편취하였다는 내용으로 기소된 사안에서, 공소사실 중 '피고인이 대한민국 국민을 기망하여 캐나다에서 투자금을 수령한 부분'이 행위지인 캐나다 법률에 의하여 범죄를 구성하는지 등에 관하여 아무런 증명이 없는 상황에서 공소사실 전부를 유죄로 인정한 원심판결에 법리오해 및 심리미진의 위법이 있다고 한 사례

【판결요지】

[1] 형법 제5조, 제6조의 각 규정에 의하면, 외국인이 외국에서 죄를 범한 경우에는 형법 제5조 제1호 내지 제7호에 열거된 죄를 범한 때와 형법 제5조 제1호 내지 제7호에 열거된 죄 이외에 대한민국 또는 대한민국 국민에 대하여 죄를 범한 때에만 대한민국 형법이 적용되어 우리나라에 재판권이 있게 되고, 여기서 '대한민국 또는 대한민국 국민에 대하여 죄를 범한 때'란 대한민국 또는 대한민국 국민의 법익이 직접적으로 침해되는 결과를 야기하는 죄를 범한 경우를 의미한다.

[2] 캐나다 시민권자인 피고인이 캐나다에서 위조사문서를 행사하였다는 내용으로 기소된 사안에서,형법 제234조의 위조사문서행사죄는 형법 제5조 제1호 내지 제7호에 열거된 죄에 해당하지 않고, 위조사문서행사를 형법 제6조의 대한민국 또는 대한민국 국민의 법익을 직접적으로 침해하는 행위라고 볼 수도 없으므로 피고인의 행위에 대하여는 우리나라에 재판권이 없는데도, 위 행위가 외국인의 국외범으로서 우리나라에 재판권이 있다고 보아 유죄를 인정한 원심판결에 재판권 인정에 관한 법리오해의 위법이 있다고 한 사례.

[3]형법 제6조 본문에 의하여 외국인이 대한민국 영역 외에서 대한민국 국민에 대하여 범죄를 저지른 경우 우리 형법이 적용되지만, 같은 조 단서에 의하여 행위지 법률에 의하여 범죄를 구성하지 아니하거나 소추 또는 형의 집행을 면제할 경우에는 우리 형법을 적용하여 처벌할 수 없고, 이 경우 행위지 법률에 의하여 범죄를 구성하는지는 엄격한 증명에 의하여 검사가 이를 증명하여야 한다.

[4] 캐나다 시민권자인 피고인이 투자금을 교부받더라도 선물시장에 투자하여 운용할 의사나 능력이 없음에도, 피해자들을 기망하여 투자금 명목의 돈을 편취하였다는 내용으로 기소된 사안에서, 공소사실 중 '피고인이 캐나다에 거주하는 대한민국 국민을 기망하여 캐나다에서 직접 또는 현지 은행계좌로 투자금을 수령한 부분'은 외국인이 대한민국 영역 외에서 대한민국 국민에 대하여 범죄를 저지른 경우에 해당하므로, 이 부분이 행위지인 캐나다 법률에 의하여 범죄를 구성하는지 및 소추 또는 형의 집행이 면제되는지를 심리하여 해당 부분이 행위지 법률에 의하여 범죄를 구성하고 그에 대한 소추나 형의 집행이 면제되지 않는 경우에 한하여 우리 형법을 적용하였어야 하는데도, 이에 관하여 아무런 증명이 없는 상황에서 공소사실 전부를 유죄로 인정한 원심판결에 재판권 인정에 관한 법리오해 및 심리미진의 위법이 있다고 한 사례.

제7조(외국에서 집행된 형의 산입) 죄를 지어 외국에서 형의 전부 또는 일부가 집행된 사람에 대해서는 그 집행된 형의 전부 또는 일부를 선고하는 형에 산입한다.

[전문개정 2016.12.20.]

[2016.12.20. 법률 제14415호에 의하여 2015.5.28. 헌법재판소에서 헌법불합치 결정된 이 조를 개정함.]

판례-살인

[대법원 2017.8.24. 선고 2017도5977 전원합의체 판결]

【판시사항】

[1] '외국에서 집행된 형의 산입' 규정인 형법 제7조의 취지 / 형법 제7조에서 정한 '외국에서 형의 전부 또는 일부가 집행된 사람'의 의미 및 형사사건으로 외국 법원에 기소되었다가 무죄판결을 받기까지 상당 기간 미결구금된 사람이 이에 해당하는지 여부(소극)와 그 미결구금 기간이 형법 제7조에 의한 산입의 대상이 되는지 여부(소극) / 외국에서 미결구금되었다가 무죄판결을 받은 사람의 미결구금일수를 형법 제7조의 유추적용에 의하여 그가 국내에서 같은 행위로 인하여 선고받는 형에 산입할 수 있는지 여부(소극)

[2] 피고인이 외국에서 살인죄를 범하였다가 무죄 취지의 재판을 받고 석방된 후 국내에서 다시 기소되어 제1심에서 징역 10년을 선고받게 되자 자신이 외국에서 미결 상태로 구금된 5년여의 기간에 대하여도 '외국에서 집행된 형의 산입' 규정인 형법 제7조가 적용되어야 한다고 주장하며 항소한 사안에서, 피고인의 주장을 배척한 원심판단에 형법 제7조의 적용 대상 등에 관한 법리오해의 위법이 없다고 한 사례

【판결요지】

[1] [다수의견] (가) 형법 제7조는 "죄를 지어 외국에서 형의 전부 또는 일부가 집행된 사람에 대해서는 그 집행된 형의 전부 또는 일부를 선고하는 형에 산입한다."라고 규정하고 있다. 이 규정의 취지는, 형사판결은 국가주권의 일부분인 형벌권 행사에 기초한 것이어서 피고인이 외국에서 형사처벌을 과하는 확정판결을 받았더라도 그 외국 판결은 우리나라 법원을 기속할 수 없고 우리나라에서는 기판력도 없어 일사부재리의 원칙이 적용되지 않으므로, 피고인이 동일한 행위에 관하여 우리나라 형벌법규에 따라 다시 처벌받는 경우에 생길 수 있는 실질적인 불이익을 완화하려는 것이다. 그런데 여기서 '외국에서 형의 전부 또는 일부가 집행된 사람'이란 문언과 취지에 비추어 '외국 법원의 유죄판결에 의하여 자유형이나 벌금형 등 형의 전부 또는 일부가 실제로 집행된 사람'을 말한다고 해석하여야 한다.

따라서 형사사건으로 외국 법원에 기소되었다가 무죄판결을 받은 사람은, 설령 그가 무죄판결을 받기까지 상당 기간 미결구금되었더라도 이를 유죄판결에 의하여 형이 실제로 집행된 것으로 볼 수는 없으므로, '외국에서 형의 전부 또는 일부가 집행된 사람'에 해당한다고 볼 수 없고, 그 미결구금 기간은 형법 제7조에 의한 산입의 대상이 될 수 없다.

(나) 미결구금은 공소의 목적을 달성하기 위하여 어쩔 수 없이 피고인 또는 피의자를 구금하는 강제처분이어서 형의 집행은 아니지만 신체의 자유를 박탈하는 점이 자유형과 유사하기 때문에, 형법 제57조 제1항은 인권 보호의 관점에서 미결구금일수의 전부를 본형에 산입한다고 규정하고 있다.

그러나 외국에서 무죄판결을 받고 석방되기까지의 미결구금은, 국내에서의 형벌권 행사가 외국에서의 형사절차와는 별개의 것인 만큼 우리나라 형벌법규에 따른 공소의 목적을 달성하기 위하여 필수불가결하게 이루어진 강제처분으로 볼 수 없고, 유죄판결을 전제로 한 것이 아니어서 해당 국가의 형사보상제도에 따라 구금 기간에 상응하는 금전적 보상을 받음으로써 구제받을 성질의 것에 불과하다. 또한 형사절차에서 미결구금이 이루어지는 목적, 미결구금의 집행 방법 및 피구금자에 대한 처우, 미결구금에 대한 법률적 취급 등이 국가별로 다양하여 외국에서의 미결구금으로 인해 피고인이 받는 신체적 자유 박탈에 따른 불이익의 양상과 정도를 국내에서의 미결구금이나 형의 집행과 효과 면에서 서로 같거나 유사하다고 단정할 수도 없다. 따라서 위와 같이 외국에서 이루어진 미결구금을 형법 제57조 제1항에서 규정한 '본형에 당연히 산입되는 미결구금'과 같다고 볼 수 없다.

결국 미결구금이 자유 박탈이라는 효과 면에서 형의 집행과 일부 유사하다는 점만을 근거로, 외국에서 형이 집행된 것이 아니라 단지 미결구금되었다가 무죄판결을 받은 사람의 미결구금일수를 형법 제7조의 유추적용에 의하여 그가 국내에서 같은 행위로 인하여 선고받는 형에 산입하여야 한다는 것은 허용되기 어렵다.

(다) 한편 양형의 조건에 관하여 규정한 형법 제51조의 사항은 널리 형의 양정에 관한 법원의 재량사항에 속하고, 이는 열거적인 것이 아니라 예시적인 것이다. 피고인이 외국에서 기소되어

미결구금되었다가 무죄판결을 받은 이후 다시 그 행위로 국내에서 처벌받는 경우, 공판 과정에서 외국에서의 미결구금 사실이 밝혀진다면, 양형에 관한 여러 사정들과 함께 그 미결구금의 원인이 된 사실과 공소사실의 동일성의 정도, 미결구금 기간, 해당 국가에서 이루어진 미결구금의 특수성 등을 고려하여 필요한 경우 형법 제53조의 작량감경 등을 적용하고, 나아가 이를 양형의 조건에 관한 사항으로 참작하여 최종의 선고형을 정함으로써 적정한 양형을 통해 피고인의 미결구금에 따른 불이익을 충분히 해소할 수 있다. 형법 제7조를 유추적용하여 외국에서의 미결구금을 확정된 형의 집행 단계에서 전부 또는 일부 산입한다면 이는 위 미결구금을 고려하지 아니하고 형을 정함을 전제로 하므로, 오히려 위와 같이 미결구금을 양형 단계에서 반영하여 그에 상응한 적절한 형으로 선고하는 것에 비하여 피고인에게 더 유리하다고 단정할 수 없다.

제8조(총칙의 적용) 본법 총칙은 타법령에 정한 죄에 적용한다. 단, 그 법령에 특별한 규정이 있는 때에는 예외로 한다.

제2장 죄

제1절 죄의 성립과 형의 감면

제9조(형사미성년자) 14세되지 아니한 자의 행위는 벌하지 아니한다.

판례-도로교통법위반·도로교통법위반(음주운전)(미성년자의 음주운전과 법정대리인의 채혈 동의 사건)

[대법원 2014.11.13, 선고, 2013도1228, 판결]

【판시사항】
음주운전과 관련한 도로교통법 위반죄의 범죄수사를 위하여 미성년자인 피의자의 혈액채취가 필요한 경우, 법정대리인이 의사능력 없는 피의자를 대리하여 채혈에 관한 동의를 할 수 있는지 여부(원칙적 소극)

【판결요지】
형사소송법상 소송능력이란 소송당사자가 유효하게 소송행위를 할 수 있는 능력, 즉 피고인 또는 피의자가 자기의 소송상의 지위와 이해관계를 이해하고 이에 따라 방어행위를 할 수 있는 의사능력을 의미하는데, 피의자에게 의사능력이 있으면 직접 소송행위를 하는 것이 원칙이고, 피의자에게 의사능력이 없는 경우에는 형법 제9조 내지 제11조의 규정의 적용을 받지 아니하는 범죄사건에 한하여 예외적으로 법정대리인이 소송행위를 대리할 수 있다(형사소송법 제26조). 따라서 음주운전과 관련한 도로교통법 위반죄의 범죄수사를 위하여 미성년자인 피의자의 혈액채취가 필요한 경우에도 피의자에게 의사능력이 있다면 피의자 본인만이 혈액채취에 관한 유효한 동의를 할 수 있고, 피의자에게 의사능력이 없는 경우에도 명문의 규정이 없는 이상 법정대리인이 피의자를 대리하여 동의할 수는 없다.

제10조(심신장애인) ①심신장애로 인하여 사물을 변별할 능력이 없거나 의사를 결정할 능력이 없는 자의 행위는 벌하지 아니한다.
②심신장애로 인하여 전항의 능력이 미약한 자의 행위는 형을 감경할 수 있다. <개정 2018.12.18.>
③위험의 발생을 예견하고 자의로 심신장애를 야기한 자의 행위에는 전2항의 규정을 적용하지 아니한다.
[제목개정 2014.12.30.]

제11조(농아자) 농아자의 행위는 형을 감경한다.

제11조(청각 및 언어 장애인) 듣거나 말하는 데 모두 장애가 있는 사람의 행위에 대해서는 형을 감경한다.
[전문개정 2020.12.8.]
[시행일 : 2021.12.9.] 제11조

제12조(강요된 행위) 저항할 수 없는 폭력이나 자기 또는 친족의 생명, 신체에 대한 위해를 방어할 방법이 없는 협박에 의하여 강요된 행위는 벌하지 아니한다.

제13조(범의) 죄의 성립요소인 사실을 인식하지 못한 행위는 벌하지 아니한다. 단, 법률에 특별한 규정이 있는 경우에는 예외로 한다.

제13조(고의) 죄의 성립요소인 사실을 인식하지 못한 행위는 벌하지 아니한다. 다만, 법률에 특별한 규정이 있는 경우에는 예외로 한다.
[전문개정 2020.12.8.]
[시행일 : 2021.12.9.] 제13조

판례-명예훼손

[대법원 2018.6.15., 선고, 2018도4200, 판결]

【판시사항】
[1] 명예훼손죄의 성립요건 / 불미스러운 소문의 진위를 확인하고자 질문을 하는 과정에서 타인의 명예를 훼손하는 발언을 한 경우, 명예훼손의 고의를 인정할 수 있는지 여부(소극)
[2] 명예훼손죄 구성요건 중 '공연성'의 의미 / 전파가능성을 이유로 명예훼손죄의 공연성을 인정하는 경우, 주관적 구성요건요소로서 고의의 내용 및 고의 유무의 판단 방법
[3] 마트의 운영자인 피고인이 마트에 물품을 납품하는 업체 직원인 甲을 불러 '다른 업체에서는 마트에 입점하기 위하여 입점비를 준다고 하던데, 입점비를 얼마나 줬냐? 점장 乙이 여러 군데 업체에서 입점비를 돈으로 받아 해먹었고, 지금 뒷조사 중이다.'라고 말하여 공연히 허위 사실을 적시하여 乙의 명예를 훼손하였다는 내용으로 기소된 사안에서, 피고인에게 유죄를 인정한 원심판단에 명예훼손죄에서의 고의와 공연성 또는 전파가능성에 관한 법리오해의 잘못이 있다고 한 사례

【판결요지】
[1] 명예훼손죄가 성립하기 위해서는 주관적 구성요소로서 타인의 명예를 훼손한다는 고의를 가지고 사람의 사회적 평가를 저하시키는 데 충분한 구체적 사실을 적시하는 행위를 할 것이 요구된다. 따라서 불미스러운 소문의 진위를 확인하고자 질문을 하는 과정에서 타인의 명예를 훼손하는 발언을 하였다면 이러한 경우에는 그 동기에 비추어 명예훼손의 고의를 인정하기 어렵다.
[2] 명예훼손죄의 구성요건인 공연성은 불특정 또는 다수인이 인식할 수 있는 상태를 말한다. 비록 개별적으로 한 사람에 대하여 사실을 유포하였더라도 그로부터 불특정 또는 다수인에게 전파될 가능성이 있다면 공연성의 요건을 충족하지만 이와 달리 전파될 가능성이 없다면 특정한 한 사람에 대한 사실의 유포는 공연성이 없다고 할 것이다. 한편 위와 같이 전파가능성을 이유로 명예훼손죄의 공연성을 인정하는 경우에는 적어도 범죄구성요건의 주관적 요소로서 미필적 고의가 필요하므로 전파가능성에 대한 인식이 있음은 물론 나아가 그 위험을 용인하는 내심의 의사가 있어야 한다. 행위자가 전파가능성을 용인하고 있었는지 여부는 외부에 나타난 행위의 형태와 상황 등 구체적인 사정을 기초로 일반인이라면 그 전파가능성을 어떻게 평가할 것인가를 고려하면서 행위자의 입장에서 그 심리상태를 추인하여야 한다.
[3] 마트의 운영자인 피고인이 마트에 아이스크림을 납품하는 업체 직원인 甲을 불러 '다른 업체에서는 마트에 입점하기 위하여 입점비를 준다고 하던데, 입점비를 얼마나 줬냐? 점장 乙이 여러 군데 업체에서 입점비를 돈으로 받아 해먹었고, 지금 뒷조사 중이다.'라고 말하여 공연히

허위 사실을 적시하여 乙의 명예를 훼손하였다는 내용으로 기소된 사안에서, 피고인은 마트 영업을 시작하면서 乙을 점장으로 고용하여 관리를 맡겼는데, 재고조사 후 일부 품목과 금액의 손실이 발견되자 그때부터 乙을 의심하여 마트 관계자들을 상대로 乙의 비리 여부를 확인하고 다니던 중 乙이 납품업자들로부터 현금으로 입점비를 받았다는 이야기를 듣고 甲을 불러 乙에게 입점비를 얼마 주었느냐고 질문하였던 점 등 제반 사정을 종합하면, 피고인은 乙이 납품업체들로부터 입점비를 받아 개인적으로 착복하였다는 소문을 듣고 甲을 불러 소문의 진위를 확인하면서 甲도 입점비를 乙에게 주었는지 질문하는 과정에서 위와 같은 말을 한 것으로 보이므로, 乙의 사회적 평가를 저하시킬 의도를 가지거나 그러한 결과가 발생할 것을 인식한 상태에서 위와 같은 말을 한 것이 아니어서 피고인에게 명예훼손의 고의를 인정하기 어렵고, 한편 피고인이 아무도 없는 사무실로 甲을 불러 단둘이 이야기를 하였고, 甲에게 그와 같은 사실을 乙에게 말하지 말고 혼자만 알고 있으라고 당부하였으며, 甲이 그 후 乙에게는 이야기하였으나 乙 외의 다른 사람들에게 이야기한 정황은 없는 점 등을 고려하면 피고인에게 전파가능성에 대한 인식과 그 위험을 용인하는 내심의 의사가 있었다고 보기도 어려운데도, 이와 달리 보아 유죄를 인정한 원심판단에 명예훼손죄에서의 고의와 공연성 또는 전파가능성에 관한 법리오해의 잘못이 있다고 한 사례.

제14조(과실) 정상의 주의를 태만함으로 인하여 죄의 성립요소인 사실을 인식하지 못한 행위는 법률에 특별한 규정이 있는 경우에 한하여 처벌한다.

제14조(과실) 정상적으로 기울여야 할 주의(注意)를 게을리하여 죄의 성립요소인 사실을 인식하지 못한 행위는 법률에 특별한 규정이 있는 경우에만 처벌한다.
[전문개정 2020.12.8.]
[시행일 : 2021.12.9.] 제14조

제15조(사실의 착오) ①특별히 중한 죄가 되는 사실을 인식하지 못한 행위는 중한 죄로 벌하지 아니한다.
②결과로 인하여 형이 중할 죄에 있어서 그 결과의 발생을 예견할 수 없었을 때에는 중한 죄로 벌하지 아니한다.

제15조(사실의 착오) ①특별히 무거운 죄가 되는 사실을 인식하지 못한 행위는 무거운 죄로 벌하지 아니한다.
②결과 때문에 형이 무거워지는 죄의 경우에 그 결과의 발생을 예견할 수 없었을 때에는 무거운 죄로 벌하지 아니한다.
[전문개정 2020.12.8.]
[시행일 : 2021.12.9.] 제15조

제16조(법률의 착오) 자기의 행위가 법령에 의하여 죄가 되지 아니하는 것으로 오인한 행위는 그 오인에 정당한 이유가 있는 때에 한하여 벌하지 아니한다.

제17조(인과관계) 어떤 행위라도 죄의 요소되는 위험발생에 연결되지 아니한 때에는 그 결과로 인하여 벌하지 아니한다.

판례-위조사문서행사·특정경제범죄가중처벌등에관한법률위반(사기)(피고인1에대하여일부인정된죄명:사기)·업무상횡령·특정경제범죄가중처벌등에관한법률위반(배임)·건설산업기본법위반·부동산실권리자명의등기에관한법률위반·특정경제범죄가중처벌등에관한법률위반(횡령)·사문서위조·정치자금법위반

[대법원 2016.7.14, 선고, 2015도20233, 판결]

【판시사항】

甲 주식회사의 실질적 운영자이자 乙 주식회사의 대표이사인 피고인 丙 및 피고인 丁 등이 공모하여, 甲 회사가 시행하고 乙 회사가 시공하는 아파트 중 임대아파트 부분의 신축과 관련하여 戊 은행에 임대주택건설자금 대출을 신청하면서 아파트 부지의 매매가격을 부풀린 매매계약서 등을 제출하는 방법으로 戊 은행을 기망하여 국민주택기금 대출금을 편취하였다는 내용으로 기소된 사안에서, 피고인들이 아파트 부지의 매매가격을 부풀린 매매계약서 등을 제출한 행위와 戊 은행의 대출 사이에 인과관계가 존재한다고 보기 어렵다고 한 사례

【판결요지】
甲 주식회사의 실질적 운영자이자 乙 주식회사의 대표이사인 피고인 丙 및 피고인 丁 등이 공모하여, 甲 회사가 시행하고 乙 회사가 시공하는 아파트 중 임대아파트 부분의 신축과 관련하여 국민주택기금의 기금수탁자인 戊 은행에 국민주택기금을 재원으로 한 임대주택건설자금 대출을 신청하면서 아파트 부지의 매매가격을 부풀린 매매계약서 등을 제출하는 방법으로 戊 은행을 기망하여 국민주택기금 대출금을 편취하였다는 내용으로 기소된 사안에서, 戊 은행은 '호당 대출금액'과 임대아파트 세대수를 기준 삼아 전체 대출금액을 정하였고, '호당 대출금액'은 '호당 주택가격', 즉 '호당 부지가격'과 '호당 건물가격'을 기초로 산정되는데, '호당 건물가격'은 戊 은행이 정한 표준건축비 단가를 적용하여 산정되므로 아파트 부지의 가치와는 무관하고 허위 매매계약서 등에 의하여 영향을 받을 수 있는 부분은 '호당 부지가격'뿐이며, '호당 부지가격'은 戊 은행이 정한 '사정가격'에 의하여 정해지는데, 戊 은행은 별도의 감정평가법인이 정한 감정평가액을 기초로 '사정가격'을 결정하였고, 감정평가액이 피고인들의 행위로 부당하게 높게 산정되었다는 점에 대한 증명이 부족하여 戊 은행이 담보가치 평가를 그르쳐 적정 담보가치를 반영하지 못한 '사정가격'을 결정하였다고 단정하기 어려우므로, 피고인들이 아파트 부지의 매매가격을 부풀린 매매계약서 등을 제출한 행위와 戊 은행의 대출 사이에 인과관계가 존재한다고 보기 어렵다고 한 사례.

제18조(부작위범) 위험의 발생을 방지할 의무가 있거나 자기의 행위로 인하여 위험발생의 원인을 야기한 자가 그 위험발생을 방지하지 아니한 때에는 그 발생된 결과에 의하여 처벌한다.

제19조(독립행위의 경합) 동시 또는 이시의 독립행위가 경합한 경우에 그 결과발생의 원인된 행위가 판명되지 아니한 때에는 각 행위를 미수범으로 처벌한다.

제20조(정당행위) 법령에 의한 행위 또는 업무로 인한 행위 기타 사회상규에 위배되지 아니하는 행위는 벌하지 아니한다.

제21조(정당방위) ①자기 또는 타인의 법익에 대한 현재의 부당한 침해를 방위하기 위한 행위는 상당한 이유가 있는 때에는 벌하지 아니한다.
②방위행위가 그 정도를 초과한 때에는 정황에 의하여 그 형을 감경 또는 면제할 수 있다.
③전항의 경우에 그 행위가 야간 기타 불안스러운 상태하에서 공포, 경악, 흥분 또는 당황으로 인한 때에는 벌하지 아니한다.

제21조(정당방위) ①현재의 부당한 침해로부터 자기 또는 타인의 법익(法益)을 방위하기 위하여 한 행위는 상당한 이유가 있는 경우에는 벌하지 아니한다.
②방위행위가 그 정도를 초과한 경우에는 정황(情況)에 따라 그 형을 감경하거나 면제할 수 있다.
③제2항의 경우에 야간이나 그 밖의 불안한 상태에서 공포를 느끼거나 경악(驚愕)하거나 흥분하거나 당황하였기 때문에 그 행위를 하였을 때에는 벌하지 아니한다.
[전문개정 2020.12.8.]
[시행일 : 2021.12.9.] 제21조

판례-상해·공무집행방해

[대법원 2011.5.26, 선고, 2011도3682, 판결]

【판시사항】

[1] 현행범인을 체포하기 위하여 '체포의 필요성'이 있어야 하는지 여부(적극) 및 현행범인 체포 요건을 갖추지 못하여 위법한 체포에 해당하는지의 판단 기준

[2] 공무집행방해죄에서 '적법한 공무집행'의 의미 및 현행범인이 경찰관의 불법한 체포를 면하려고 반항하는 과정에서 경찰관에게 상해를 가한 경우 '정당방위'의 성립 여부(적극)

[3] 피고인이 경찰관의 불심검문을 받아 운전면허증을 교부한 후 경찰관에게 큰 소리로 욕설을 하였는데, 경찰관이 피고인을 모욕죄의 현행범으로 체포하려고 하자 피고인이 반항하면서 경찰관에게 상해를 가한 사안에서, 위 행위가 정당방위에 해당한다는 이유로, 피고인에 대한 '상해' 및 '공무집행방해'의 공소사실을 무죄로 인정한 원심판단을 수긍한 사례

【판결요지】

[1] 현행범인은 누구든지 영장 없이 체포할 수 있는데(형사소송법 제212조), 현행범인으로 체포하기 위하여는 행위의 가벌성, 범죄의 현행성·시간적 접착성, 범인·범죄의 명백성 이외에 체포의 필요성 즉, 도망 또는 증거인멸의 염려가 있어야 하고, 이러한 요건을 갖추지 못한 현행범인 체포는 법적 근거에 의하지 아니한 영장 없는 체포로서 위법한 체포에 해당한다. 여기서 현행범인 체포의 요건을 갖추었는지는 체포 당시 상황을 기초로 판단하여야 하고, 이에 관한 검사나 사법경찰관 등 수사주체의 판단에는 상당한 재량 여지가 있으나, 체포 당시 상황으로 보아도 요건 충족 여부에 관한 검사나 사법경찰관 등의 판단이 경험칙에 비추어 현저히 합리성을 잃은 경우에는 그 체포는 위법하다고 보아야 한다.

[2] 형법 제136조가 규정하는 공무집행방해죄는 공무원의 직무집행이 적법한 경우에 한하여 성립하고, 여기서 적법한 공무집행은 그 행위가 공무원의 추상적 권한에 속할 뿐 아니라 구체적 직무집행에 관한 법률상 요건과 방식을 갖춘 경우를 가리킨다. 경찰관이 현행범인 체포 요건을 갖추지 못하였는데도 실력으로 현행범인을 체포하려고 하였다면 적법한 공무집행이라고 할 수 없고, 현행범인 체포행위가 적법한 공무집행을 벗어나 불법인 것으로 볼 수밖에 없다면, 현행범이 체포를 면하려고 반항하는 과정에서 경찰관에게 상해를 가한 것은 불법체포로 인한 신체에 대한 현재의 부당한 침해에서 벗어나기 위한 행위로서 정당방위에 해당하여 위법성이 조각된다.

[3] 피고인이 경찰관의 불심검문을 받아 운전면허증을 교부한 후 경찰관에게 큰 소리로 욕설을 하였는데, 경찰관이 모욕죄의 현행범으로 체포하겠다고 고지한 후 피고인의 오른쪽 어깨를 붙잡자 반항하면서 경찰관에게 상해를 가한 사안에서, 피고인은 경찰관의 불심검문에 응하여 이미 운전면허증을 교부한 상태이고, 경찰관뿐 아니라 인근 주민도 욕설을 직접 들었으므로, 피고인이 도망하거나 증거를 인멸할 염려가 있다고 보기는 어렵고, 피고인의 모욕 범행은 불심검문에 항의하는 과정에서 저지른 일시적, 우발적인 행위로서 사안 자체가 경미할 뿐 아니라, 피해자인 경찰관이 범행현장에서 즉시 범인을 체포할 급박한 사정이 있다고 보기도 어려우므로, 경찰관이 피고인을 체포한 행위는 적법한 공무집행이라고 볼 수 없고, 피고인이 체포를 면하려고 반항하는 과정에서 상해를 가한 것은 불법체포로 인한 신체에 대한 현재의 부당한 침해에서 벗어나기 위한 행위로서 정당방위에 해당한다는 이유로, 피고인에 대한 상해 및 공무집행방해의 공소사실을 무죄로 인정한 원심판단을 수긍한 사례.

제22조(긴급피난) ①자기 또는 타인의 법익에 대한 현재의 위난을 피하기 위한 행위는 상당한 이유가 있는 때에는 벌하지 아니한다.

②위난을 피하지 못할 책임이 있는 자에 대하여는 전항의 규정을 적용하지 아니한다.

③전조 제2항과 제3항의 규정은 본조에 준용한다.

제23조(자구행위) ①법정절차에 의하여 청구권을 보전하기 불능한 경우에 그 청구권의 실행불능 또는 현저한 실행곤란을 피하기 위한 행위는 상당한 이유가 있는 때에는 벌하지 아니한다.

②전항의 행위가 그 정도를 초과한 때에는 정황에 의하여 형을 감경 또는 면제할 수 있다.

제23조(자구행위) ①법률에서 정한 절차에 따라서는 청구권을 보전(保全)할 수 없는 경우에 그 청구권의 실행이 불가능해지거나 현저히 곤란해지는 상황을 피하기 위하여 한 행위는 상당한 이유가 있는 때에는 벌하지 아니한다.
②제1항의 행위가 그 정도를 초과한 경우에는 정황에 따라 그 형을 감경하거나 면제할 수 있다.
[전문개정 2020.12.8.]
[시행일 : 2021.12.9.] 제23조

제24조(피해자의 승낙) 처분할 수 있는 자의 승낙에 의하여 그 법익을 훼손한 행위는 법률에 특별한 규정이 없는 한 벌하지 아니한다.

제2절 미수범

제25조(미수범) ①범죄의 실행에 착수하여 행위를 종료하지 못하였거나 결과가 발생하지 아니한 때에는 미수범으로 처벌한다.
②미수범의 형은 기수범보다 감경할 수 있다.

제26조(중지범) 범인이 자의로 실행에 착수한 행위를 중지하거나 그 행위로 인한 결과의 발생을 방지한 때에는 형을 감경 또는 면제한다.

제26조(중지범) 범인이 실행에 착수한 행위를 자의(自意)로 중지하거나 그 행위로 인한 결과의 발생을 자의로 방지한 경우에는 형을 감경하거나 면제한다.
[전문개정 2020.12.8.]
[시행일 : 2021.12.9.] 제26조

제27조(불능범) 실행의 수단 또는 대상의 착오로 인하여 결과의 발생이 불가능하더라도 위험성이 있는 때에는 처벌한다. 단, 형을 감경 또는 면제할 수 있다.

제28조(음모, 예비) 범죄의 음모 또는 예비행위가 실행의 착수에 이르지 아니한 때에는 법률에 특별한 규정이 없는 한 벌하지 아니한다.

제29조(미수범의 처벌) 미수범을 처벌할 죄는 각 본조에 정한다.

제29조(미수범의 처벌) 미수범을 처벌할 죄는 각칙의 해당 죄에서 정한다.
[전문개정 2020.12.8.]
[시행일 : 2021.12.9.] 제29조

제3절 공범

제30조(공동정범) 2인 이상이 공동하여 죄를 범한 때에는 각자를 그 죄의 정범으로 처벌한다.

판례-뇌물공여·건설산업기본법위반·국가기술자격법위반·건설기술관리법위반·전기공사업법위반

[대법원 2010.7.15. 선고 2010도3544 판결]

【판시사항】

[1] 구성요건행위를 직접 분담하여 실행하지 아니한 공모자를 공모공동정범으로 인정하기 위한 요건

[2] 건설 관련 회사의 유일한 지배자가 회사 대표의 지위에서 장기간에 걸쳐 건설공사 현장소장들의 뇌물공여행위를 보고받고 이를 확인·결재하는 등의 방법으로 위 행위에 관여한 사안에서, 뇌물공여의 기능적 행위지배를 하였다고 보아 공모공동정범의 죄책을 인정하여야 함에도 이를 인정하지 아니한 원심판단에 법리 오해의 위법이 있다고 한 사례

【판결요지】

[1] 형법 제30조의 공동정범은 공동가공의 의사와 그 공동의사에 의한 기능적 행위지배를 통한 범죄실행이라는 주관적·객관적 요건을 충족함으로써 성립하므로, 공모자 중 구성요건행위를 직접 분담하여 실행하지 아니한 사람도 위 요건의 충족 여부에 따라 이른바 공모공동정범으로서의 죄책을 질 수도 있다. 한편 구성요건행위를 직접 분담하여 실행하지 아니한 공모자가 공모공동정범으로 인정되기 위하여는 전체 범죄에 있어서 그가 차지하는 지위·역할이나 범죄경과에 대한 지배 내지 장악력 등을 종합하여 그가 단순한 공모자에 그치는 것이 아니라 범죄에 대한 본질적 기여를 통한 기능적 행위지배가 존재하는 것으로 인정되어야 한다.

[2] 건설 관련 회사의 유일한 지배자가 회사 대표의 지위에서 장기간에 걸쳐 건설공사 현장소장들의 뇌물공여행위를 보고받고 이를 확인·결재하는 등의 방법으로 위 행위에 관여한 사안에서, 비록 사전에 구체적인 대상 및 액수를 정하여 뇌물공여를 지시하지 아니하였다고 하더라도 그 핵심적 경과를 계획적으로 조종하거나 촉진하는 등으로 기능적 행위지배를 하였다고 보아 공모공동정범의 죄책을 인정하여야 함에도 이를 인정하지 아니한 원심판단에 법리 오해의 위법이 있다고 한 사례.

제31조(교사범) ①타인을 교사하여 죄를 범하게 한 자는 죄를 실행한 자와 동일한 형으로 처벌한다.

②교사를 받은 자가 범죄의 실행을 승낙하고 실행의 착수에 이르지 아니한 때에는 교사자와 피교사자를 음모 또는 예비에 준하여 처벌한다.

③교사를 받은 자가 범죄의 실행을 승낙하지 아니한 때에도 교사자에 대하여는 전항과 같다.

제32조(종범) ①타인의 범죄를 방조한 자는 종범으로 처벌한다.

②종범의 형은 정범의 형보다 감경한다.

제33조(공범과 신분) 신분관계로 인하여 성립될 범죄에 가공한 행위는 신분관계가 없는 자에게도 전3조의 규정을 적용한다. 단, 신분관계로 인하여 형의 경중이 있는 경우에는 중한 형으로 벌하지 아니한다.

제33조(공범과 신분) 신분이 있어야 성립되는 범죄에 신분 없는 사람이 가담한 경우에는 그 신분 없는 사람에게도 제30조부터 제32조까지의 규정을 적용한다. 다만, 신분 때문에 형의 경중이 달라지는 경우에 신분이 없는 사람은 무거운 형으로 벌하지 아니한다.

[전문개정 2020.12.8.]

[시행일 : 2021.12.9.] 제33조

제34조(간접정범, 특수한 교사, 방조에 대한 형의 가중) ①어느 행위로 인하여 처벌되지 아니하는 자 또는 과실범으로 처벌되는 자를 교사 또는 방조하여 범죄행위의 결과를 발생하게

한 자는 교사 또는 방조의 예에 의하여 처벌한다.
②자기의 지휘, 감독을 받는 자를 교사 또는 방조하여 전항의 결과를 발생하게 한 자는 교사인 때에는 정범에 정한 형의 장기 또는 다액에 그 2분의 1까지 가중하고 방조인 때에는 정범의 형으로 처벌한다.

제4절 누범

제35조(누범) ①금고 이상의 형을 받어 그 집행을 종료하거나 면제를 받은 후 3년내에 금고 이상에 해당하는 죄를 범한 자는 누범으로 처벌한다.
②누범의 형은 그 죄에 정한 형의 장기의 2배까지 가중한다.

제35조(누범) ①금고(禁錮) 이상의 형을 선고받아 그 집행이 종료되거나 면제된 후 3년 내에 금고 이상에 해당하는 죄를 지은 사람은 누범(累犯)으로 처벌한다.
②누범의 형은 그 죄에 대하여 정한 형의 장기(長期)의 2배까지 가중한다.
[전문개정 2020.12.8.]
[시행일 : 2021.12.9.] 제35조

제36조(판결선고후의 누범발각) 판결선고후 누범인 것이 발각된 때에는 그 선고한 형을 통산하여 다시 형을 정할 수 있다. 단, 선고한 형의 집행을 종료하거나 그 집행이 면제된 후에는 예외로 한다.

제5절 경합범

제37조(경합범) 판결이 확정되지 아니한 수개의 죄 또는 금고 이상의 형에 처한 판결이 확정된 죄와 그 판결확정전에 범한 죄를 경합범으로 한다. <개정 2004.1.20.>

판례-특정범죄가중처벌등에관한법률위반(절도), 주거침입

[대법원 2017.7.11. 선고 2017도4044 판결]

【판시사항】
특정범죄 가중처벌 등에 관한 법률 제5조의4 제6항에 규정된 상습절도 등 죄를 범한 범인이 그 범행의 수단으로 주거침입을 한 경우, 주거침입행위가 별개로 주거침입죄를 구성하는지 여부(소극) / 위 상습절도 등 죄를 범한 범인이 그 범행 외에 상습적인 절도의 목적으로 주거침입을 하였다가 절도에 이르지 아니하고 주거침입에 그친 경우, 주거침입행위가 상습절도 등 죄와 별개로 주거침입죄를 구성하는지 여부(한정 소극)

【판결요지】
특정범죄 가중처벌 등에 관한 법률 제5조의4 제6항에 규정된 상습절도 등 죄를 범한 범인이 그 범행의 수단으로 주거침입을 한 경우에 주거침입행위는 상습절도 등 죄에 흡수되어 위 조문에 규정된 상습절도 등 죄의 1죄만이 성립하고 별개로 주거침입죄를 구성하지 않으며, 또 위 상습절도 등 죄를 범한 범인이 그 범행 외에 상습적인 절도의 목적으로 주거침입을 하였다가 절도에 이르지 아니하고 주거침입에 그친 경우에도 그것이 절도상습성의 발현이라고 보이는 이상 주거침입행위는 다른 상습절도 등 죄에 흡수되어 위 조문에 규정된 상습절도 등 죄의 1죄만을 구성하고 상습절도 등 죄와 별개로 주거침입죄를 구성하지 않는다.

제38조(경합범과 처벌례) ①경합범을 동시에 판결할 때에는 다음의 구별에 의하여 처벌한다.

1. 가장 중한 죄에 정한 형이 사형 또는 무기징역이나 무기금고인 때에는 가장 중한 죄에 정한 형으로 처벌한다.
2. 각 죄에 정한 형이 사형 또는 무기징역이나 무기금고 이외의 동종의 형인 때에는 가장 중한 죄에 정한 장기 또는 다액에 그 2분의 1까지 가중하되 각 죄에 정한 형의 장기 또는 다액을 합산한 형기 또는 액수를 초과할 수 없다. 단 과료와 과료, 몰수와 몰수는 병과할 수 있다.
3. 각 죄에 정한 형이 무기징역이나 무기금고 이외의 이종의 형인 때에는 병과한다.
②전항 각호의 경우에 있어서 징역과 금고는 동종의 형으로 간주하여 징역형으로 처벌한다.

제38조(경합범과 처벌례) ①경합범을 동시에 판결할 때에는 다음 각 호의 구분에 따라 처벌한다.
1. 가장 무거운 죄에 대하여 정한 형이 사형, 무기징역, 무기금고인 경우에는 가장 무거운 죄에 대하여 정한 형으로 처벌한다.
2. 각 죄에 대하여 정한 형이 사형, 무기징역, 무기금고 외의 같은 종류의 형인 경우에는 가장 무거운 죄에 대하여 정한 형의 장기 또는 다액(多額)에 그 2분의 1까지 가중하되 각 죄에 대하여 정한 형의 장기 또는 다액을 합산한 형기 또는 액수를 초과할 수 없다. 다만, 과료와 과료, 몰수와 몰수는 병과(倂科)할 수 있다.
3. 각 죄에 대하여 정한 형이 무기징역, 무기금고 외의 다른 종류의 형인 경우에는 병과한다.
②제1항 각 호의 경우에 징역과 금고는 같은 종류의 형으로 보아 징역형으로 처벌한다.
[전문개정 2020.12.8.]
[시행일 : 2021.12.9.] 제38조

제39조(판결을 받지 아니한 경합범, 수개의 판결과 경합범, 형의 집행과 경합범)
①경합범중 판결을 받지 아니한 죄가 있는 때에는 그 죄와 판결이 확정된 죄를 동시에 판결할 경우와 형평을 고려하여 그 죄에 대하여 형을 선고한다. 이 경우 그 형을 감경 또는 면제할 수 있다. <개정 2005.7.29.>
②삭제 <2005.7.29.>
③경합범에 의한 판결의 선고를 받은 자가 경합범 중의 어떤 죄에 대하여 사면 또는 형의 집행이 면제된 때에는 다른 죄에 대하여 다시 형을 정한다.
④전 3항의 형의 집행에 있어서는 이미 집행한 형기를 통산한다.
제40조(상상적 경합) 1개의 행위가 수개의 죄에 해당하는 경우에는 가장 중한 죄에 정한 형으로 처벌한다.

제40조(상상적 경합) 한 개의 행위가 여러 개의 죄에 해당하는 경우에는 가장 무거운 죄에 대하여 정한 형으로 처벌한다.
[전문개정 2020.12.8.]
[시행일 : 2021.12.9.] 제40조

제3장 형

제1절 형의 종류와 경중

제41조(형의 종류) 형의 종류는 다음과 같다.
1. 사형
2. 징역
3. 금고
4. 자격상실

5. 자격정지
6. 벌금
7. 구류
8. 과료
9. 몰수

제42조(징역 또는 금고의 기간) 징역 또는 금고는 무기 또는 유기로 하고 유기는 1개월 이상 30년 이하로 한다. 단, 유기징역 또는 유기금고에 대하여 형을 가중하는 때에는 50년까지로 한다. <개정 2010.4.15.>

제43조(형의 선고와 자격상실, 자격정지)
①사형, 무기징역 또는 무기금고의 판결을 받은 자는 다음에 기재한 자격을 상실한다.
1. 공무원이 되는 자격
2. 공법상의 선거권과 피선거권
3. 법률로 요건을 정한 공법상의 업무에 관한 자격
4. 법인의 이사, 감사 또는 지배인 기타 법인의 업무에 관한 검사역이나 재산관리인이 되는 자격

②유기징역 또는 유기금고의 판결을 받은 자는 그 형의 집행이 종료하거나 면제될 때까지 전항 제1호 내지 제3호에 기재된 자격이 정지된다. 다만, 다른 법률에 특별한 규정이 있는 경우에는 그 법률에 따른다. <개정 2016.1.6.>
[2016.1.6. 법률 제13719호에 의하여 2014.1.28. 헌법재판소에서 위헌 및 헌법불합치 결정된 이 조 제2항을 개정함.]

제44조(자격정지) ①전조에 기재한 자격의 전부 또는 일부에 대한 정지는 1년 이상 15년 이하로 한다.
②유기징역 또는 유기금고에 자격정지를 병과한 때에는 징역 또는 금고의 집행을 종료하거나 면제된 날로부터 정지기간을 기산한다.

제45조(벌금) 벌금은 5만원 이상으로 한다. 다만, 감경하는 경우에는 5만원 미만으로 할 수 있다. <개정 1995.12.29.>

제46조(구류) 구류는 1일 이상 30일 미만으로 한다.

제47조(과료) 과료는 2천원 이상 5만원 미만으로 한다. <개정 1995.12.29.>

제48조(몰수의 대상과 추징) ①범인이외의 자의 소유에 속하지 아니하거나 범죄후 범인이외의 자가 정을 알면서 취득한 다음 기재의 물건은 전부 또는 일부를 몰수할 수 있다.
1. 범죄행위에 제공하였거나 제공하려고 한 물건.
2. 범죄행위로 인하여 생하였거나 이로 인하여 취득한 물건.
3. 전 2호의 대가로 취득한 물건.

②전항에 기재한 물건을 몰수하기 불능한 때에는 그 가액을 추징한다.
③문서, 도화, 전자기록등 특수매체기록 또는 유가증권의 일부가 몰수에 해당하는 때에는 그 부분을 폐기한다. <개정 1995.12.29.>

제48조(몰수의 대상과 추징) ①범인 외의 자의 소유에 속하지 아니하거나 범죄 후 범인 외의 자가 사정을 알면서 취득한 다음 각 호의 물건은 전부 또는 일부를 몰수할 수 있다.
1. 범죄행위에 제공하였거나 제공하려고 한 물건
2. 범죄행위로 인하여 생겼거나 취득한 물건

3. 제1호 또는 제2호의 대가로 취득한 물건
②제1항 각 호의 물건을 몰수할 수 없을 때에는 그 가액(價額)을 추징한다.
③문서, 도화(圖畵), 전자기록(電磁記錄) 등 특수매체기록 또는 유가증권의 일부가 몰수의 대상이 된 경우에는 그 부분을 폐기한다.
[전문개정 2020.12.8.]
[시행일 : 2021.12.9.] 제48조

제49조(몰수의 부가성) 몰수는 타형에 부가하여 과한다. 단, 행위자에게 유죄의 재판을 아니할 때에도 몰수의 요건이 있는 때에는 몰수만을 선고할 수 있다.

제50조(형의 경중) ①형의 경중은 제41조 기재의 순서에 의한다. 단, 무기금고와 유기징역은 금고를 중한 것으로 하고 유기금고의 장기가 유기징역의 장기를 초과하는 때에는 금고를 중한 것으로 한다.
②동종의 형은 장기의 긴 것과 다액의 많은 것을 중한 것으로 하고 장기 또는 다액이 동일한 때에는 그 단기의 긴 것과 소액의 많은 것을 중한 것으로 한다.
③전 2항의 규정에 의한 외에는 죄질과 범정에 의하여 경중을 정한다.

제50조(형의 경중) ①형의 경중은 제41조 각 호의 순서에 따른다. 다만, 무기금고와 유기징역은 무기금고를 무거운 것으로 하고 유기금고의 장기가 유기징역의 장기를 초과하는 때에는 유기금고를 무거운 것으로 한다.
②같은 종류의 형은 장기가 긴 것과 다액이 많은 것을 무거운 것으로 하고 장기 또는 다액이 같은 경우에는 단기가 긴 것과 소액이 많은 것을 무거운 것으로 한다.
③제1항 및 제2항을 제외하고는 죄질과 범정(犯情)을 고려하여 경중을 정한다.
[전문개정 2020.12.8.]
[시행일 : 2021.12.9.] 제50조

제2절 형의 양정

제51조(양형의 조건) 형을 정함에 있어서는 다음 사항을 참작하여야 한다.
1. 범인의 연령, 성행, 지능과 환경
2. 피해자에 대한 관계
3. 범행의 동기, 수단과 결과
4. 범행 후의 정황

판례-게임산업진흥에관한법률위반·도박개장

[대법원 2015.7.23, 선고, 2015도3260, 전원합의체 판결]

【판시사항】
[1] 제1심과 비교하여 양형의 조건에 변화가 없고 제1심의 양형이 재량의 합리적인 범위를 벗어나지 않는 경우, 항소심이 이를 존중하여야 하는지 여부(적극) 및 항소심이 형의 양정이 부당한 제1심판결을 파기하여야 하는 경우
[2] 항소심이 자신의 양형판단과 일치하지 않는다고 하여 양형부당을 이유로 제1심판결을 파기하는 경우, 양형심리 및 양형판단 방법이 위법한지 여부(소극) 및 원심판단에 근거가 된 양형자료와 그에 관한 판단 내용이 모순 없이 설시되어 있더라도, 양형의 조건이 되는 사유를 일일이 명시하지 아니하면 위법한지 여부(소극)
【판결요지】
[1] 양형부당은 원심판결의 선고형이 구체적인 사안의 내용에 비추어 너무 무겁거나 너무 가벼운 경우를 말한다. 양형은 법정형을 기초로 하여 형법 제51조에서 정한 양형의 조건이 되는

사항을 두루 참작하여 합리적이고 적정한 범위 내에서 이루어지는 재량 판단으로서, 공판중심주의와 직접주의를 취하고 있는 우리 형사소송법에서는 양형판단에 관하여도 제1심의 고유한 영역이 존재한다. 이러한 사정들과 아울러 항소심의 사후심적 성격 등에 비추어 보면, 제1심과 비교하여 양형의 조건에 변화가 없고 제1심의 양형이 재량의 합리적인 범위를 벗어나지 아니하는 경우에는 이를 존중함이 타당하며, 제1심의 형량이 재량의 합리적인 범위 내에 속함에도 항소심의 견해와 다소 다르다는 이유만으로 제1심판결을 파기하여 제1심과 별로 차이 없는 형을 선고하는 것은 자제함이 바람직하다. 그렇지만 제1심의 양형심리 과정에서 나타난 양형의 조건이 되는 사항과 양형기준 등을 종합하여 볼 때에 제1심의 양형판단이 재량의 합리적인 한계를 벗어났다고 평가되거나, 항소심의 양형심리 과정에서 새로이 현출된 자료를 종합하면 제1심의 양형판단을 그대로 유지하는 것이 부당하다고 인정되는 등의 사정이 있는 경우에는, 항소심은 형의 양정이 부당한 제1심판결을 파기하여야 한다.
[2] [다수의견] 항소심은 제1심에 대한 사후심적 성격이 가미된 속심으로서 제1심과 구분되는 고유의 양형재량을 가지고 있으므로, 항소심이 자신의 양형판단과 일치하지 아니한다고 하여 양형부당을 이유로 제1심판결을 파기하는 것이 바람직하지 아니한 점이 있다고 하더라도 이를 두고 양형심리 및 양형판단 방법이 위법하다고까지 할 수는 없다. 그리고 원심의 판단에 근거가 된 양형자료와 그에 관한 판단 내용이 모순 없이 설시되어 있는 경우에는 양형의 조건이 되는 사유에 관하여 일일이 명시하지 아니하여도 위법하다고 할 수 없다.
[대법관 박보영, 대법관 김신, 대법관 권순일의 반대의견] 상고심은 항소심이 제1심판결에 대한 항소이유가 있는지를 제대로 판단하였는지 여부, 항소심에서 항소이유가 있다고 판단하여 제1심판결을 파기하였을 경우 그에 대한 적절한 심리와 판단이 이루어졌는지 및 파기이유 기재가 충분한지 여부 등을 법률심으로서 심사할 권한이 있다. 따라서 항소심이 제1심판결을 파기할 수 없는 경우임에도 제1심판결을 파기하였다면 이는 항소이유가 없음에도 항소이유가 있다고 잘못 판단한 것이므로, 당연히 상고심의 심사대상이 된다. 이는 항소심이 선고한 형량이 부당한지 여부를 심사하는 것이 아니라 항소이유에 대한 판단이 제대로 이루어졌는지를 심사하는 것이므로 양형부당의 문제가 아니라 법령 위반의 문제로 보아야 한다. 나아가 항소심이 제1심의 양형판단을 뒤집을 만한 특별한 사정이 인정되는 객관적이고 합리적인 근거를 파기이유로 설시하지 않았다면 이 또한 법령 위반으로 평가할 수 있다. 요컨대, 제1심의 양형판단이 항소심에서 그대로 유지되는 경우와 제1심의 양형판단이 항소심에서 파기되는 경우에 항소심 이유 기재의 정도는 달라질 수밖에 없다. 이는 사실오인의 항소이유를 배척할 때에는 간단히 '사실오인의 항소이유는 이유 없다'고만 하여도 무방하지만, 항소이유를 받아들일 경우에는 구체적으로 어떤 점에서 제1심의 사실인정이 잘못되었는지를 밝혀야 하는 것과 마찬가지이다.

제52조(자수, 자복) ①죄를 범한 후 수사책임이 있는 관서에 자수한 때에는 그 형을 감경 또는 면제할 수 있다.
②피해자의 의사에 반하여 처벌할 수 없는 죄에 있어서 피해자에게 자복한 때에도 전항과 같다.

제52조(자수, 자복) ①죄를 지은 후 수사기관에 자수한 경우에는 형을 감경하거나 면제할 수 있다.
②피해자의 의사에 반하여 처벌할 수 없는 범죄의 경우에는 피해자에게 죄를 자복(自服)하였을 때에도 형을 감경하거나 면제할 수 있다.
[전문개정 2020.12.8.]
[시행일 : 2021.12.9.] 제52조

제53조(작량감경) 범죄의 정상에 참작할 만한 사유가 있는 때에는 작량하여 그 형을 감경할 수 있다.

제53조(정상참작감경) 범죄의 정상(情狀)에 참작할 만한 사유가 있는 경우에는 그 형을 감경할 수 있다.

[전문개정 2020.12.8.]
[시행일 : 2021.12.9.] 제53조

제54조(선택형과 작량감경) 1개의 죄에 정한 형이 수종인 때에는 먼저 적용할 형을 정하고 그 형을 감경한다.

제54조(선택형과 정상참작감경) 한 개의 죄에 정한 형이 여러 종류인 때에는 먼저 적용할 형을 정하고 그 형을 감경한다.
[전문개정 2020.12.8.]
[시행일 : 2021.12.9.] 제54조

제55조(법률상의 감경) ①법률상의 감경은 다음과 같다. <개정 2010.4.15.>
1. 사형을 감경할 때에는 무기 또는 20년 이상 50년 이하의 징역 또는 금고로 한다.
2. 무기징역 또는 무기금고를 감경할 때에는 10년 이상 50년 이하의 징역 또는 금고로 한다.
3. 유기징역 또는 유기금고를 감경할 때에는 그 형기의 2분의 1로 한다.
4. 자격상실을 감경할 때에는 7년 이상의 자격정지로 한다.
5. 자격정지를 감경할 때에는 그 형기의 2분의 1로 한다.
6. 벌금을 감경할 때에는 그 다액의 2분의 1로 한다.
7. 구류를 감경할 때에는 그 장기의 2분의 1로 한다.
8. 과료를 감경할 때에는 그 다액의 2분의 1로 한다.

②법률상 감경할 사유가 수개있는 때에는 거듭 감경할 수 있다.

제56조(가중감경의 순서) 형을 가중감경할 사유가 경합된 때에는 다음 순서에 의한다.
1. 각칙 본조에 의한 가중
2. 제34조제2항의 가중
3. 누범가중
4. 법률상감경
5. 경합범가중
6. 작량감경

제56조(가중·감경의 순서) 형을 가중·감경할 사유가 경합하는 경우에는 다음 각 호의 순서에 따른다.
1. 각칙 조문에 따른 가중
2. 제34조제2항에 따른 가중
3. 누범 가중
4. 법률상 감경
5. 경합범 가중
6. 정상참작감경

[전문개정 2020.12.8.]
[시행일 : 2021.12.9.] 제56조

제57조(판결선고전 구금일수의 통산)
①판결선고전의 구금일수는 그 전부를 유기징역, 유기금고, 벌금이나 과료에 관한 유치 또는 구류에 산입한다. <개정 2014.12.30.>
②전항의 경우에는 구금일수의 1일은 징역, 금고, 벌금이나 과료에 관한 유치 또는 구류의 기간의 1일로 계산한다.
[2014.12.30. 법률 제12898호에 의하여 2009.6.25. 위헌 결정된 제57조제1항을 개정함]

제58조(판결의 공시) ①피해자의 이익을 위하여 필요하다고 인정할 때에는 피해자의 청구가

있는 경우에 한하여 피고인의 부담으로 판결공시의 취지를 선고할 수 있다.
②피고사건에 대하여 무죄의 판결을 선고하는 경우에는 무죄판결공시의 취지를 선고하여야 한다. 다만, 무죄판결을 받은 피고인이 무죄판결공시 취지의 선고에 동의하지 아니하거나 피고인의 동의를 받을 수 없는 경우에는 그러하지 아니하다. <개정 2014.12.30.>
③피고사건에 대하여 면소의 판결을 선고하는 경우에는 면소판결공시의 취지를 선고할 수 있다. <신설 2014.12.30.>

제3절 형의 선고유예

제59조(선고유예의 요건) ①1년 이하의 징역이나 금고, 자격정지 또는 벌금의 형을 선고할 경우에 제51조의 사항을 참작하여 개전의 정상이 현저한 때에는 그 선고를 유예할 수 있다. 단, 자격정지 이상의 형을 받은 전과가 있는 자에 대하여는 예외로 한다.
②형을 병과할 경우에도 형의 전부 또는 일부에 대하여 그 선고를 유예할 수 있다.

제59조(선고유예의 요건) ①1년 이하의 징역이나 금고, 자격정지 또는 벌금의 형을 선고할 경우에 제51조의 사항을 고려하여 뉘우치는 정상이 뚜렷할 때에는 그 형의 선고를 유예할 수 있다. 다만, 자격정지 이상의 형을 받은 전과가 있는 사람에 대해서는 예외로 한다.
②형을 병과할 경우에도 형의 전부 또는 일부에 대하여 선고를 유예할 수 있다.
[전문개정 2020.12.8.]
[시행일 : 2021.12.9.] 제59조

제59조의2(보호관찰) ①형의 선고를 유예하는 경우에 재범방지를 위하여 지도 및 원호가 필요한 때에는 보호관찰을 받을 것을 명할 수 있다.
②제1항의 규정에 의한 보호관찰의 기간은 1년으로 한다.
[본조신설 1995.12.29.]

제60조(선고유예의 효과) 형의 선고유예를 받은 날로부터 2년을 경과한 때에는 면소된 것으로 간주한다.

제61조(선고유예의 실효) ①형의 선고유예를 받은 자가 유예기간 중 자격정지 이상의 형에 처한 판결이 확정되거나 자격정지 이상의 형에 처한 전과가 발견된 때에는 유예한 형을 선고한다. <개정 1995.12.29.>
②제59조의2의 규정에 의하여 보호관찰을 명한 선고유예를 받은 자가 보호관찰기간중에 준수사항을 위반하고 그 정도가 무거운 때에는 유예한 형을 선고할 수 있다. <신설 1995.12.29.>

제4절 형의 집행유예

제62조(집행유예의 요건) ①3년 이하의 징역이나 금고 또는 500만원 이하의 벌금의 형을 선고할 경우에 제51조의 사항을 참작하여 그 정상에 참작할 만한 사유가 있는 때에는 1년 이상 5년 이하의 기간 형의 집행을 유예할 수 있다. 다만, 금고 이상의 형을 선고한 판결이 확정된 때부터 그 집행을 종료하거나 면제된 후 3년까지의 기간에 범한 죄에 대하여 형을 선고하는 경우에는 그러하지 아니하다. <개정 2005.7.29., 2016.1.6.>
②형을 병과할 경우에는 그 형의 일부에 대하여 집행을 유예할 수 있다.

제62조의2(보호관찰, 사회봉사 · 수강명령)
①형의 집행을 유예하는 경우에는 보호관찰을 받을 것을 명하거나 사회봉사 또는 수강을 명할 수 있다.
②제1항의 규정에 의한 보호관찰의 기간은 집행을 유예한 기간으로 한다. 다만, 법원은 유예기간의 범위내에서 보호관찰기간을 정할 수 있다.
③사회봉사명령 또는 수강명령은 집행유예기간내에 이를 집행한다.
[본조신설 1995.12.29.]

제63조(집행유예의 실효) 집행유예의 선고를 받은 자가 유예기간 중 고의로 범한 죄로 금고 이상의 실형을 선고받아 그 판결이 확정된 때에는 집행유예의 선고는 효력을 잃는다. <개정 2005.7.29.>

제64조(집행유예의 취소) ①집행유예의 선고를 받은 후 제62조 단행의 사유가 발각된 때에는 집행유예의 선고를 취소한다. <개정 1995.12.29.>
②제62조의2의 규정에 의하여 보호관찰이나 사회봉사 또는 수강을 명한 집행유예를 받은 자가 준수사항이나 명령을 위반하고 그 정도가 무거운 때에는 집행유예의 선고를 취소할 수 있다. <신설 1995.12.29.>

제65조(집행유예의 효과) 집행유예의 선고를 받은 후 그 선고의 실효 또는 취소됨이 없이 유예기간을 경과한 때에는 형의 선고는 효력을 잃는다.

제5절 형의 집행

제66조(사형) 사형은 형무소내에서 교수하여 집행한다.

제66조(사형) 사형은 교정시설 안에서 교수(絞首)하여 집행한다.
[전문개정 2020.12.8.]
[시행일 : 2021.12.9.] 제66조

제67조(징역) 징역은 형무소내에 구치하여 정역에 복무하게 한다.

제67조(징역) 징역은 교정시설에 수용하여 집행하며, 정해진 노역(勞役)에 복무하게 한다.
[전문개정 2020.12.8.]
[시행일 : 2021.12.9.] 제67조

제68조(금고와 구류) 금고와 구류는 형무소에 구치한다.

제68조(금고와 구류) 금고와 구류는 교정시설에 수용하여 집행한다.
[전문개정 2020.12.8.]
[시행일 : 2021.12.9.] 제68조

제69조(벌금과 과료) ①벌금과 과료는 판결확정일로부터 30일내에 납입하여야 한다. 단, 벌금을 선고할 때에는 동시에 그 금액을 완납할 때까지 노역장에 유치할 것을 명할 수 있다.
②벌금을 납입하지 아니한 자는 1일 이상 3년 이하, 과료를 납입하지 아니한 자는 1일 이상 30일 미만의 기간 노역장에 유치하여 작업에 복무하게 한다.

제70조(노역장유치) ①벌금 또는 과료를 선고할 때에는 납입하지 아니하는 경우의 유치기간

을 정하여 동시에 선고하여야 한다. <개정 2014.5.14.>
②선고하는 벌금이 1억원 이상 5억원 미만인 경우에는 300일 이상, 5억원 이상 50억원 미만인 경우에는 500일 이상, 50억원 이상인 경우에는 1,000일 이상의 유치기간을 정하여야 한다. <신설 2014.5.14.>

제70조(노역장 유치) ①벌금이나 과료를 선고할 때에는 이를 납입하지 아니하는 경우의 노역장 유치기간을 정하여 동시에 선고하여야 한다. <개정 2020.12.8.>
②선고하는 벌금이 1억원 이상 5억원 미만인 경우에는 300일 이상, 5억원 이상 50억원 미만인 경우에는 500일 이상, 50억원 이상인 경우에는 1천일 이상의 노역장 유치기간을 정하여야 한다. <신설 2014.5.14., 2020.12.8.>
[제목개정 2020.12.8.]
[시행일 : 2021.12.9.] 제70조

제71조(유치일수의 공제) 벌금 또는 과료의 선고를 받은 자가 그 일부를 납입한 때에는 벌금 또는 과료액과 유치기간의 일수에 비례하여 납입금액에 상당한 일수를 제한다.

제71조(유치일수의 공제) 벌금이나 과료의 선고를 받은 사람이 그 금액의 일부를 납입한 경우에는 벌금 또는 과료액과 노역장 유치기간의 일수(日數)에 비례하여 납입금액에 해당하는 일수를 뺀다.
[전문개정 2020.12.8.]
[시행일 : 2021.12.9.] 제71조

제6절 가석방

제72조(가석방의 요건) ①징역 또는 금고의 집행 중에 있는 자가 그 행상이 양호하여 개전의 정이 현저한 때에는 무기에 있어서는 20년, 유기에 있어서는 형기의 3분의 1을 경과한 후 행정처분으로 가석방을 할 수 있다. <개정 2010.4.15.>
②전항의 경우에 벌금 또는 과료의 병과가 있는 때에는 그 금액을 완납하여야 한다.

제72조(가석방의 요건) ①징역이나 금고의 집행 중에 있는 사람이 행상(行狀)이 양호하여 뉘우침이 뚜렷한 때에는 무기형은 20년, 유기형은 형기의 3분의 1이 지난 후 행정처분으로 가석방을 할 수 있다.
②제1항의 경우에 벌금이나 과료가 병과되어 있는 때에는 그 금액을 완납하여야 한다.
[전문개정 2020.12.8.]
[시행일 : 2021.12.9.] 제72조

제73조(판결선고전 구금과 가석방)
①형기에 산입된 판결선고전 구금의 일수는 가석방에 있어서 집행을 경과한 기간에 산입한다.
②벌금 또는 과료에 관한 유치기간에 산입된 판결선고전 구금일수는 전조제2항의 경우에 있어서 그에 해당하는 금액이 납입된 것으로 간주한다.

제73조(판결선고 전 구금과 가석방) ①형기에 산입된 판결선고 전 구금일수는 가석방을 하는 경우 집행한 기간에 산입한다.
②제72조제2항의 경우에 벌금이나 과료에 관한 노역장 유치기간에 산입된 판결선고 전 구금일수는 그에 해당하는 금액이 납입된 것으로 본다.
[전문개정 2020.12.8.] [시행일 : 2021.12.9.] 제73조

제73조의2(가석방의 기간 및 보호관찰)
①가석방의 기간은 무기형에 있어서는 10년으로 하고, 유기형에 있어서는 남은 형기로 하되, 그 기간은 10년을 초과할 수 없다.
②가석방된 자는 가석방기간중 보호관찰을 받는다. 다만, 가석방을 허가한 행정관청이 필요가 없다고 인정한 때에는 그러하지 아니하다.
[본조신설 1995.12.29.]

제74조(가석방의 실효) 가석방중 금고 이상의 형의 선고를 받어 그 판결이 확정된 때에는 가석방처분은 효력을 잃는다. 단 과실로 인한 죄로 형의 선고를 받었을 때에는 예외로 한다.

제74조(가석방의 실효) 가석방 기간 중 고의로 지은 죄로 금고 이상의 형을 선고받아 그 판결이 확정된 경우에 가석방 처분은 효력을 잃는다.
[전문개정 2020.12.8.]
[시행일 : 2021.12.9.] 제74조

제75조(가석방의 취소) 가석방의 처분을 받은 자가 감시에 관한 규칙을 위배하거나, 보호관찰의 준수사항을 위반하고 그 정도가 무거운 때에는 가석방처분을 취소할 수 있다.
[전문개정 1995.12.29.]

제76조(가석방의 효과) ①가석방의 처분을 받은 후 그 처분이 실효 또는 취소되지 아니하고 가석방기간을 경과한 때에는 형의 집행을 종료한 것으로 본다. <개정 1995.12.29.>
②전2조의 경우에는 가석방중의 일수는 형기에 산입하지 아니한다.

제7절 형의 시효

제77조(시효의 효과) 형의 선고를 받은 자는 시효의 완성으로 인하여 그 집행이 면제된다.

제77조(형의 시효의 효과) 형을 선고받은 사람에 대해서는 시효가 완성되면 그 집행이 면제된다.
[전문개정 2020.12.8.]
[시행일 : 2021.12.9.] 제77조

제78조(시효의 기간) 시효는 형을 선고하는 재판이 확정된 후 그 집행을 받음이 없이 다음의 기간을 경과함으로 인하여 완성된다. <개정 2017.12.12.>
1. 사형은 30년
2. 무기의 징역 또는 금고는 20년
3. 10년 이상의 징역 또는 금고는 15년
4. 3년 이상의 징역이나 금고 또는 10년 이상의 자격정지는 10년
5. 3년 미만의 징역이나 금고 또는 5년 이상의 자격정지는 7년
6. 5년 미만의 자격정지, 벌금, 몰수 또는 추징은 5년
7. 구류 또는 과료는 1년

제78조(형의 시효의 기간) 시효는 형을 선고하는 재판이 확정된 후 그 집행을 받지 아니하고 다음 각 호의 구분에 따른 기간이 지나면 완성된다. <개정 2017.12.12., 2020.12.8.>
1. 사형: 30년
2. 무기의 징역 또는 금고: 20년

3. 10년 이상의 징역 또는 금고: 15년
4. 3년 이상의 징역이나 금고 또는 10년 이상의 자격정지: 10년
5. 3년 미만의 징역이나 금고 또는 5년 이상의 자격정지: 7년
6. 5년 미만의 자격정지, 벌금, 몰수 또는 추징: 5년
7. 구류 또는 과료: 1년

[제목개정 2020.12.8.]
[시행일 : 2021.12.9.] 제78조

제79조(시효의 정지) ①시효는 형의 집행의 유예나 정지 또는 가석방 기타 집행할 수 없는 기간은 진행되지 아니한다. <개정 2014.5.14.>
②시효는 형이 확정된 후 그 형의 집행을 받지 아니한 자가 형의 집행을 면할 목적으로 국외에 있는 기간 동안은 진행되지 아니한다. <신설 2014.5.14.>

제80조(시효의 중단) 시효는 사형, 징역, 금고와 구류에 있어서는 수형자를 체포함으로, 벌금, 과료, 몰수와 추징에 있어서는 강제처분을 개시함으로 인하여 중단된다.

판례-재판의집행에관한이의기각결정에대한재항고

[대법원 2009.6.25, 자, 2008모1396, 결정]

【판시사항】
채권에 대한 강제집행의 방법으로 벌금형을 집행하는 경우 그 벌금에 대하여 시효중단의 효력이 발생하는 시기(=채권압류명령 신청시) 및 수형자의 재산이라고 추정되는 채권에 대하여 압류신청을 하였으나 집행불능이 된 경우 이미 발생한 시효중단의 효력이 소멸하는지 여부(소극)

【판결요지】
벌금에 있어서의 시효는 강제처분을 개시함으로 인하여 중단되고(형법 제80조), 여기서 채권에 대한 강제집행의 방법으로 벌금형을 집행하는 경우에는 검사의 징수명령서에 기하여 '법원에 채권압류명령을 신청하는 때'에 강제처분인 집행행위의 개시가 있는 것으로 보아 특별한 사정이 없는 한 그때 시효중단의 효력이 발생하며, 한편 그 시효중단의 효력이 발생하기 위하여 집행행위가 종료되거나 성공하였음을 요하지 아니하고, 수형자에게 집행행위의 개시사실을 통지할 것을 요하지 아니한다. 따라서 일응 수형자의 재산이라고 추정되는 채권에 대하여 압류신청을 한 이상 피압류채권이 존재하지 아니하거나 압류채권을 환가하여도 집행비용 외에 잉여가 없다는 이유로 집행불능이 되었다고 하더라도 이미 발생한 시효중단의 효력이 소멸하지는 않는다.

제8절 형의 소멸

제81조(형의 실효) 징역 또는 금고의 집행을 종료하거나 집행이 면제된 자가 피해자의 손해를 보상하고 자격정지 이상의 형을 받음이 없이 7년을 경과한 때에는 본인 또는 검사의 신청에 의하여 그 재판의 실효를 선고할 수 있다.

제82조(복권) 자격정지의 선고를 받은 자가 피해자의 손해를 보상하고 자격정지 이상의 형을 받음이 없이 정지기간의 2분의 1을 경과한 때에는 본인 또는 검사의 신청에 의하여 자격의 회복을 선고할 수 있다.

제4장 기간

제83조(기간의 계산) 연 또는 월로써 정한 기간은 역수에 따라 계산한다.

제83조(기간의 계산) 연(年) 또는 월(月)로 정한 기간은 연 또는 월 단위로 계산한다.
[전문개정 2020.12.8.]
[시행일 : 2021.12.9.] 제83조

제84조(형기의 기산) ①형기는 판결이 확정된 날로부터 기산한다.
②징역, 금고, 구류와 유치에 있어서는 구속되지 아니한 일수는 형기에 산입하지 아니한다.

제85조(형의 집행과 시효기간의 초일)
형의 집행과 시효기간의 초일은 시간을 계산함이 없이 1일로 산정한다.

제86조(석방일) 석방은 형기종료일에 하여야 한다.

제2편 각칙

제1장 내란의 죄

제87조(내란) 국토를 참절하거나 국헌을 문란할 목적으로 폭동한 자는 다음의 구별에 의하여 처단한다.
1. 수괴는 사형, 무기징역 또는 무기금고에 처한다.
2. 모의에 참여하거나 지휘하거나 기타 중요한 임무에 종사한 자는 사형, 무기 또는 5년 이상의 징역이나 금고에 처한다. 살상, 파괴 또는 약탈의 행위를 실행한 자도 같다.
3. 부화수행하거나 단순히 폭동에만 관여한 자는 5년 이하의 징역 또는 금고에 처한다.

제87조(내란) 대한민국 영토의 전부 또는 일부에서 국가권력을 배제하거나 국헌을 문란하게 할 목적으로 폭동을 일으킨 자는 다음 각 호의 구분에 따라 처벌한다.
1. 우두머리는 사형, 무기징역 또는 무기금고에 처한다.
2. 모의에 참여하거나 지휘하거나 그 밖의 중요한 임무에 종사한 자는 사형, 무기 또는 5년 이상의 징역이나 금고에 처한다. 살상, 파괴 또는 약탈 행위를 실행한 자도 같다.
3. 부화수행(附和隨行)하거나 단순히 폭동에만 관여한 자는 5년 이하의 징역이나 금고에 처한다.
[전문개정 2020.12.8.]
[시행일 : 2021.12.9.] 제87조

제88조(내란목적의 살인) 국토를 참절하거나 국헌을 문란할 목적으로 사람을 살해한 자는 사형, 무기징역 또는 무기금고에 처한다.

제88조(내란목적의 살인) 대한민국 영토의 전부 또는 일부에서 국가권력을 배제하거나 국헌을 문란하게 할 목적으로 사람을 살해한 자는 사형, 무기징역 또는 무기금고에 처한다.
[전문개정 2020.12.8.]
[시행일 : 2021.12.9.] 제88조

제89조(미수범) 전2조의 미수범은 처벌한다.

제90조(예비, 음모, 선동, 선전)
①제87조 또는 제88조의 죄를 범할 목적으로 예비 또는 음모한 자는 3년 이상의 유기징역이나 유기금고에 처한다. 단, 그 목적한 죄의 실행에 이르기 전에 자수한 때에는 그 형을 감경 또는 면제한다.
②제87조 또는 제88조의 죄를 범할 것을 선동 또는 선전한 자도 전항의 형과 같다.

제91조(국헌문란의 정의) 본장에서 국헌을 문란할 목적이라 함은 다음 각호의 1에 해당함을 말한다.
1. 헌법 또는 법률에 정한 절차에 의하지 아니하고 헌법 또는 법률의 기능을 소멸시키는 것
2. 헌법에 의하여 설치된 국가기관을 강압에 의하여 전복 또는 그 권능행사를 불가능하게 하는 것

제2장 외환의 죄

제92조(외환유치) 외국과 통모하여 대한민국에 대하여 전단을 열게 하거나 외국인과 통모하여 대한민국에 항적한 자는 사형 또는 무기징역에 처한다.

제93조(여적) 적국과 합세하여 대한민국에 항적한 자는 사형에 처한다.

제94조(모병이적) ①적국을 위하여 모병한 자는 사형 또는 무기징역에 처한다.
②전항의 모병에 응한 자는 무기 또는 5년 이상의 징역에 처한다.

제95조(시설제공이적) ①군대, 요새, 진영 또는 군용에 공하는 선박이나 항공기 기타 장소, 설비 또는 건조물을 적국에 제공한 자는 사형 또는 무기징역에 처한다.
②병기 또는 탄약 기타 군용에 공하는 물건을 적국에 제공한 자도 전항의 형과 같다.

제96조(시설파괴이적) 적국을 위하여 전조에 기재한 군용시설 기타 물건을 파괴하거나 사용할 수 없게 한 자는 사형 또는 무기징역에 처한다.

제97조(물건제공이적) 군용에 공하지 아니하는 병기, 탄약 또는 전투용에 공할 수 있는 물건을 적국에 제공한 자는 무기 또는 5년 이상의 징역에 처한다.

제98조(간첩) ①적국을 위하여 간첩하거나 적국의 간첩을 방조한 자는 사형, 무기 또는 7년 이상의 징역에 처한다.
②군사상의 기밀을 적국에 누설한 자도 전항의 형과 같다.

제99조(일반이적) 전7조에 기재한 이외에 대한민국의 군사상 이익을 해하거나 적국에 군사상 이익을 공여한 자는 무기 또는 3년 이상의 징역에 처한다.

제100조(미수범) 전8조의 미수범은 처벌한다.

제101조(예비, 음모, 선동, 선전) ①제92조 내지 제99조의 죄를 범할 목적으로 예비 또는 음모한 자는 2년 이상의 유기징역에 처한다. 단 그 목적한 죄의 실행에 이르기 전에 자수한 때에는 그 형을 감경 또는 면제한다.
②제92조 내지 제99조의 죄를 선동 또는 선전한 자도 전항의 형과 같다.

제102조(준적국) 제93조 내지 전조의 죄에 있어서는 대한민국에 적대하는 외국 또는 외국

인의 단체는 적국으로 간주한다.

第103條(전시군수계약불이행) ①전쟁 또는 사변에 있어서 정당한 이유없이 정부에 대한 군수품 또는 군용공작물에 관한 계약을 이행하지 아니한 자는 10년 이하의 징역에 처한다.
②전항의 계약이행을 방해한 자도 전항의 형과 같다.

第104條(동맹국) 본장의 규정은 동맹국에 대한 행위에 적용한다.

第104條의2 삭제 <1988.12.31.>

제3장 국기에 관한 죄

第105條(국기, 국장의 모독) 대한민국을 모욕할 목적으로 국기 또는 국장을 손상, 제거 또는 오욕한 자는 5년 이하의 징역이나 금고, 10년 이하의 자격정지 또는 700만원 이하의 벌금에 처한다. <개정 1995.12.29.>

第106條(국기, 국장의 비방) 전조의 목적으로 국기 또는 국장을 비방한 자는 1년 이하의 징역이나 금고, 5년 이하의 자격정지 또는 200만원 이하의 벌금에 처한다. <개정 1995.12.29.>

제4장 국교에 관한 죄

第107條(외국원수에 대한 폭행 등) ①대한민국에 체재하는 외국의 원수에 대하여 폭행 또는 협박을 가한 자는 7년 이하의 징역이나 금고에 처한다.
②전항의 외국원수에 대하여 모욕을 가하거나 명예를 훼손한 자는 5년 이하의 징역이나 금고에 처한다.

第108條(외국사절에 대한 폭행 등) ①대한민국에 파견된 외국사절에 대하여 폭행 또는 협박을 가한 자는 5년 이하의 징역이나 금고에 처한다.
②전항의 외국사절에 대하여 모욕을 가하거나 명예를 훼손한 자는 3년 이하의 징역이나 금고에 처한다.

第109條(외국의 국기, 국장의 모독)
외국을 모욕할 목적으로 그 나라의 공용에 공하는 국기 또는 국장을 손상, 제거 또는 오욕한 자는 2년 이하의 징역이나 금고 또는 300만원 이하의 벌금에 처한다. <개정 1995.12.29.>

第110條(피해자의 의사) 제107조 내지 제109조의 죄는 그 외국정부의 명시한 의사에 반하여 공소를 제기할 수 없다.
<개정 1995.12.29.>

第111條(외국에 대한 사전) ①외국에 대하여 사전한 자는 1년 이상의 유기금고에 처한다.
②전항의 미수범은 처벌한다.
③제1항의 죄를 범할 목적으로 예비 또는 음모한 자는 3년 이하의 금고 또는 500만원 이하의 벌금에 처한다. 단 그 목적한 죄의 실행에 이르기 전에 자수한 때에는 감경 또는 면제한다.

<개정 1995.12.29.>

제112조(중립명령위반) 외국간의 교전에 있어서 중립에 관한 명령에 위반한 자는 3년 이하의 금고 또는 500만원 이하의 벌금에 처한다. <개정 1995.12.29.>

제113조(외교상기밀의 누설) ①외교상의 기밀을 누설한 자는 5년 이하의 징역 또는 1천만원 이하의 벌금에 처한다. <개정 1995.12.29.>
②누설할 목적으로 외교상의 기밀을 탐지 또는 수집한 자도 전항의 형과 같다.

제5장 공안(公安)을 해하는 죄

제114조(범죄단체 등의 조직) 사형, 무기 또는 장기 4년 이상의 징역에 해당하는 범죄를 목적으로 하는 단체 또는 집단을 조직하거나 이에 가입 또는 그 구성원으로 활동한 사람은 그 목적한 죄에 정한 형으로 처벌한다. 다만, 형을 감경할 수 있다.
[전문개정 2013.4.5.]

제115조(소요) 다중이 집합하여 폭행, 협박 또는 손괴의 행위를 한 자는 1년 이상 10년 이하의 징역이나 금고 또는 1천500만원 이하의 벌금에 처한다. <개정 1995.12.29.>

제116조(다중불해산) 폭행, 협박 또는 손괴의 행위를 할 목적으로 다중이 집합하여 그를 단속할 권한이 있는 공무원으로부터 3회 이상의 해산명령을 받고 해산하지 아니한 자는 2년 이하의 징역이나 금고 또는 300만원 이하의 벌금에 처한다. <개정 1995.12.29.>

제117조(전시공수계약불이행) ①전쟁, 천재 기타 사변에 있어서 국가 또는 공공단체와 체결한 식량 기타 생활필수품의 공급계약을 정당한 이유없이 이행하지 아니한 자는 3년 이하의 징역 또는 500만원 이하의 벌금에 처한다. <개정 1995.12.29.>
②전항의 계약이행을 방해한 자도 전항의 형과 같다.
③전 2항의 경우에는 그 소정의 벌금을 병과할 수 있다.

제118조(공무원자격의 사칭) 공무원의 자격을 사칭하여 그 직권을 행사한 자는 3년 이하의 징역 또는 700만원 이하의 벌금에 처한다. <개정 1995.12.29.>

제6장 폭발물에 관한 죄

제119조(폭발물사용) ①폭발물을 사용하여 사람의 생명, 신체 또는 재산을 해하거나 기타 공안을 문란한 자는 사형, 무기 또는 7년 이상의 징역에 처한다.
②전쟁, 천재 기타 사변에 있어서 전항의 죄를 범한 자는 사형 또는 무기징역에 처한다.
③전2항의 미수범은 처벌한다.

제119조(폭발물 사용) ①폭발물을 사용하여 사람의 생명, 신체 또는 재산을 해하거나 그 밖에 공공의 안전을 문란하게 한 자는 사형, 무기 또는 7년 이상의 징역에 처한다.
②전쟁, 천재지변 그 밖의 사변에 있어서 제1항의 죄를 지은 자는 사형이나 무기징역에 처한다.
③제1항과 제2항의 미수범은 처벌한다.
[전문개정 2020.12.8.] [시행일 : 2021.12.9.] 제119조

판례-폭발물사용·폭발물사용방조

[대법원 2009.6.25, 자, 2008모1396, 결정]

【판시사항】

[1] 형법 제119조 폭발물사용죄에서 '폭발물'의 의미 및 어떠한 물건이 폭발물에 해당하는지 판단하는 기준

[2] 피고인이 자신이 제작한 폭발물을 사용하여 공안을 문란하게 하였다고 하여 폭발물사용으로 기소된 사안에서, 피고인이 제작한 물건의 구조 등에 비추어 그것이 형법 제119조 제1항에 규정된 '폭발물'에 해당한다고 볼 수 없는데도, 이와 달리 보아 폭발물사용죄가 성립한다고 한 원심판결에 법리오해의 위법이 있다고 한 사례

【판결요지】

[1] 형법 제119조 제1항에서 규정한 폭발물사용죄는 폭발물을 사용하여 공안을 문란하게 함으로써 성립하는 공공위험범죄로서 개인의 생명, 신체 등과 아울러 공공의 안전과 평온을 보호법익으로 하는 것이고, 법정형이 사형, 무기 또는 7년 이상의 징역으로 범죄의 행위 태양에 해당하는 생명, 신체 또는 재산을 해하는 경우에 성립하는 살인죄, 상해죄, 재물손괴죄 등의 범죄를 비롯한 유사한 다른 범죄에 비하여 매우 무겁게 설정되어 있을 뿐 아니라, 형법은 제172조에서 '폭발성 있는 물건을 파열시켜 사람의 생명, 신체 또는 재산에 대하여 위험을 발생시킨 자'를 처벌하는 폭발성물건파열죄를 별도로 규정하고 있는데 그 법정형은 1년 이상의 유기징역으로 되어 있다. 이와 같은 여러 사정을 종합해 보면, 폭발물사용죄에서 말하는 폭발물이란 폭발작용의 위력이나 파편의 비산 등으로 사람의 생명, 신체, 재산 및 공공의 안전이나 평온에 직접적이고 구체적인 위험을 초래할 수 있는 정도의 강한 파괴력을 가지는 물건을 의미한다. 따라서 어떠한 물건이 형법 제119조에 규정된 폭발물에 해당하는지는 폭발작용 자체의 위력이 공안을 문란하게 할 수 있는 정도로 고도의 폭발성능을 가지고 있는지에 따라 엄격하게 판단하여야 한다.

[2] 피고인이 자신이 제작한 폭발물을 배낭에 담아 고속버스터미널 등의 물품보관함 안에 넣어 두고 폭발하게 함으로써 공안을 문란하게 하였다고 하여 폭발물사용으로 기소된 사안에서, 피고인이 제작한 물건의 구조, 그것이 설치된 장소 및 폭발 당시의 상황 등에 비추어, 위 물건은 폭발작용 자체에 의하여 공공의 안전을 문란하게 하거나 사람의 생명, 신체 또는 재산을 해할 정도의 성능이 없거나, 사람의 신체 또는 재산을 경미하게 손상시킬 수 있는 정도에 그쳐 사회의 안전과 평온에 직접적이고 구체적인 위험을 초래하여 공공의 안전을 문란하게 하기에는 현저히 부족한 정도의 파괴력과 위험성만을 가진 물건이므로 형법 제172조 제1항에 규정된 '폭발성 있는 물건'에는 해당될 여지가 있으나 이를 형법 제119조 제1항에 규정된 '폭발물'에 해당한다고 볼 수는 없는데도, 위 제작물이 폭발물에 해당한다고 보아 폭발물사용죄가 성립한다고 한 원심판결에 법리오해의 위법이 있다고 한 사례.

제120조(예비, 음모, 선동) ①전조제1항, 제2항의 죄를 범할 목적으로 예비 또는 음모한 자는 2년 이상의 유기징역에 처한다. 단, 그 목적한 죄의 실행에 이르기 전에 자수한 때에는 그 형을 감경 또는 면제한다.
②전조제1항, 제2항의 죄를 범할 것을 선동한 자도 전항의 형과 같다.

제121조(전시폭발물제조 등) 전쟁 또는 사변에 있어서 정당한 이유없이 폭발물을 제조, 수입, 수출, 수수 또는 소지한 자는 10년 이하의 징역에 처한다.

제7장 공무원의 직무에 관한 죄

제122조(직무유기) 공무원이 정당한 이유없이 그 직무수행을 거부하거나 그 직무를 유기한 때에는 1년 이하의 징역이나 금고 또는 3년 이하의 자격정지에 처한다.

제123조(직권남용) 공무원이 직권을 남용하여 사람으로 하여금 의무없는 일을 하게 하거나 사람의 권리행사를 방해한 때에는 5년 이하의 징역, 10년 이하의 자격정지 또는 1천만원 이하의 벌금에 처한다. <개정 1995.12.29.>

판례-특정범죄 가중처벌 등에 관한 법률위반(뇌물)·특정범죄가중처벌등에관한법률위반(특수직무유기)·뇌물수수·직권남용권리행사방해·강요(인정된죄명:강요방조)·공무상비밀누설교사

[대법원 2011.7.28, 선고, 2011도1739, 판결]

【판시사항】

[1] 직권남용권리행사방해죄에서 '직권남용'의 의미와 판단 기준 및 어떠한 직무를 '공무원의 일반적 권한에 속하는 사항'으로 인정하기 위한 요건

[2] 해군본부 법무실장인 피고인이 국방부 검찰수사관 甲에게 군내 납품비리 수사와 관련한 수사기밀사항을 보고하게 하여 직무상 권한을 남용하였다는 내용으로 기소된 사안에서, 피고인에게 직권남용권리행사방해죄를 인정한 원심판단을 수긍한 사례

[3] 특수직무유기죄의 구성요건 중 '인지'의 의미

[4] 직무유기죄에서 '직무를 유기한 때'의 의미 및 특수직무유기죄의 경우에도 동일한 법리가 적용되는지 여부(적극)

[5] 해군본부 고등검찰부장인 피고인이 甲의 구 특정범죄 가중처벌 등에 관한 법률 위반(알선수재)의 범죄 혐의사실을 인지하고도 정당한 이유 없이 직무를 유기하였다고 하여 같은 법 위반(특수직무유기)으로 기소된 사안에서, 피고인에게 무죄를 인정한 원심판단을 수긍한 사례

【판결요지】

[1] 형법 제123조의 직권남용권리행사방해죄에서 '직권의 남용'이란 공무원이 '일반적 권한'에 속하는 사항을 불법하게 행사하는 것, 즉 형식적, 외형적으로는 직무집행으로 보이나 실질은 정당한 권한 외의 행위를 하는 경우를 의미하고, 남용에 해당하는지는 구체적인 공무원의 직무행위가 그 목적 및 그것이 행하여진 상황에서 볼 때의 필요성·상당성 여부, 직권행사가 허용되는 법령상 요건을 충족했는지 등 제반 요소를 고려하여 결정하여야 한다. 그리고 어떠한 직무가 공무원의 일반적 권한에 속하는 사항이라고 하기 위해서는 그에 관한 법령상의 근거가 필요하지만, 명문이 없는 경우라도 법·제도를 종합적, 실질적으로 관찰해서 그것이 해당 공무원의 직무권한에 속한다고 해석되고, 남용된 경우 상대방으로 하여금 사실상 의무 없는 일을 행하게 하거나 권리를 방해하기에 충분한 것이라고 인정되는 경우에는 직권남용죄에서 말하는 '일반적 권한'에 포함된다고 보아야 한다.

[2] 해군본부 법무실장인 피고인이 국방부 검찰수사관 甲에게 군내 납품비리 수사와 관련한 수사기밀사항을 보고하게 하여 직무상 권한을 남용하였다는 내용으로 기소된 사안에서, 피고인은 해군 검찰업무뿐 아니라 소송, 징계업무 등 법무업무 전반에 관하여 해군참모총장을 보좌하는 자로서 해군 소속 인원의 사법처리와 관련된 중요 사항에 관하여 보고를 받을 일반적인 직무권한이 있으나, 여기서 나아가 국방부 검찰단의 향후 수사 방향에 대한 내용 등 수사기밀사항에 대한 보고를 요구하는 행위는 형식적, 외형적으로는 직무집행으로 보이나 실질은 일반적 직무권한 범위를 넘어 직무의 행사에 가탁한 부당한 행위이고, 甲으로서는 외부에 유출될 경우 검찰단의 수사 기능에 현저한 장애를 초래할 수 있는 검찰단 내부 수사 내용을 피고인에게 보고할 법률상의 의무가 없었다고 보아, 피고인에게 직권남용권리행사방해죄를 인정한 원심판단을 수긍한 사례.

[3] 특정범죄 가중처벌 등에 관한 법률상의 특수직무유기죄는 범죄수사의 직무에 종사하는 공무원이 같은 법에 규정된 죄를 범한 사람을 '인지'하고 직무를 유기할 것을 구성요건으로 하고 있으므로, 본죄가 성립하기 위해서는 범죄수사의 직무에 종사하는 공무원이 같은 법에 규정된 죄를 범한 자임을 명백히 인식하고 그에 대하여 수사를 개시할 수 있을 정도의 단계에 이르러야 하고, 단순히 확인되지 않은 제보 등에 의하여 이러한 죄를 범하였을 수도 있다는 의심을

품은 것만으로는 위 법에서 규정하고 있는 '인지'가 있었다고 할 수 없다.
[4] 직무유기죄에서 '직무를 유기한 때'란 공무원이 법령, 내규 등에 의한 추상적 충근의무를 태만히 하는 일체의 경우를 이르는 것이 아니고 직장의 무단이탈, 직무의 의식적인 포기 등과 같이 그것이 국가의 기능을 저해하며 국민에게 피해를 야기시킬 가능성이 있는 경우를 말하는 것으로서, 이는 특정범죄 가중처벌 등에 관한 법률 제15조에서 정한 특수직무유기죄의 경우에도 마찬가지이다.
[5] 해군본부 고등검찰부장인 피고인이 甲의 구 특정범죄 가중처벌 등에 관한 법률(2010. 3. 31. 법률 제10210호로 개정되기 전의 것, 이하 '특가법'이라고 한다) 위반(알선수재)의 범죄 혐의사실을 인지하고도 정당한 이유 없이 직무를 유기하였다고 하여 특가법 위반(특수직무유기)으로 기소된 사안에서, 검찰이 제출한 증거만으로는 피고인이 甲의 범죄 혐의사실을 실제로 알았다거나 그러고도 구체적으로 직무를 회피하여 수사하지 않았다고 단정할 수 없고, 비록 피고인이 甲의 범죄 혐의사실을 사건이첩이나 인지보고서를 작성하는 등 방법으로 신속, 적절하게 수사하지 않았더라도 특가법 위반(특수직무유기)죄에 해당한다고 할 수 없다고 보아, 피고인에게 무죄를 인정한 원심판단을 수긍한 사례.

제124조(불법체포, 불법감금) ①재판, 검찰, 경찰 기타 인신구속에 관한 직무를 행하는 자 또는 이를 보조하는 자가 그 직권을 남용하여 사람을 체포 또는 감금한 때에는 7년 이하의 징역과 10년 이하의 자격정지에 처한다.
②전항의 미수범은 처벌한다.

제125조(폭행, 가혹행위) 재판, 검찰, 경찰 기타 인신구속에 관한 직무를 행하는 자 또는 이를 보조하는 자가 그 직무를 행함에 당하여 형사피의자 또는 기타 사람에 대하여 폭행 또는 가혹한 행위를 가한 때에는 5년 이하의 징역과 10년 이하의 자격정지에 처한다.

제125조(폭행, 가혹행위) 재판, 검찰, 경찰 그 밖에 인신구속에 관한 직무를 수행하는 자 또는 이를 보조하는 자가 그 직무를 수행하면서 형사피의자나 그 밖의 사람에 대하여 폭행 또는 가혹행위를 한 경우에는 5년 이하의 징역과 10년 이하의 자격정지에 처한다.
[전문개정 2020.12.8.]
[시행일 : 2021.12.9.] 제125조

제126조(피의사실공표) 검찰, 경찰 기타 범죄수사에 관한 직무를 행하는 자 또는 이를 감독하거나 보조하는 자가 그 직무를 행함에 당하여 지득한 피의사실을 공판청구전에 공표한 때에는 3년 이하의 징역 또는 5년 이하의 자격정지에 처한다.

제126조(피의사실공표) 검찰, 경찰 그 밖에 범죄수사에 관한 직무를 수행하는 자 또는 이를 감독하거나 보조하는 자가 그 직무를 수행하면서 알게 된 피의사실을 공소제기 전에 공표(公表)한 경우에는 3년 이하의 징역 또는 5년 이하의 자격정지에 처한다.
[전문개정 2020.12.8.]
[시행일 : 2021.12.9.] 제126조

제127조(공무상 비밀의 누설) 공무원 또는 공무원이었던 자가 법령에 의한 직무상 비밀을 누설한 때에는 2년 이하의 징역이나 금고 또는 5년 이하의 자격정지에 처한다.

제128조(선거방해) 검찰, 경찰 또는 군의 직에 있는 공무원이 법령에 의한 선거에 관하여 선거인, 입후보자 또는 입후보자되려는 자에게 협박을 가하거나 기타 방법으로 선거의 자유를 방해한 때에는 10년 이하의 징역과 5년 이상의 자격정지에 처한다.

제129조(수뢰, 사전수뢰) ①공무원 또는 중재인이 그 직무에 관하여 뇌물을 수수, 요구

또는 약속한 때에는 5년 이하의 징역 또는 10년 이하의 자격정지에 처한다.
②공무원 또는 중재인이 될 자가 그 담당할 직무에 관하여 청탁을 받고 뇌물을 수수, 요구 또는 약속한 후 공무원 또는 중재인이 된 때에는 3년 이하의 징역 또는 7년 이하의 자격정지에 처한다.
[한정위헌, 2011헌바117, 2012.12.27. 형법(1953.9.18. 법률 제293호로 제정된 것) 제129조 제1항의 '공무원'에 구 '제주특별자치도 설치 및 국제자유도시 조성을 위한 특별법'(2007.7.27. 법률 제8566호로 개정되기 전의 것) 제299조 제2항의 제주특별자치도통합영향평가심의위원회 심의위원 중 위촉위원이 포함되는 것으로 해석하는 한 헌법에 위반된다.]

第130조(제삼자뇌물제공) 공무원 또는 중재인이 그 직무에 관하여 부정한 청탁을 받고 제3자에게 뇌물을 공여하게 하거나 공여를 요구 또는 약속한 때에는 5년 이하의 징역 또는 10년 이하의 자격정지에 처한다.

第131조(수뢰후부정처사, 사후수뢰)
①공무원 또는 중재인이 전2조의 죄를 범하여 부정한 행위를 한 때에는 1년 이상의 유기징역에 처한다.
②공무원 또는 중재인이 그 직무상 부정한 행위를 한 후 뇌물을 수수, 요구 또는 약속하거나 제삼자에게 이를 공여하게 하거나 공여를 요구 또는 약속한 때에도 전항의 형과 같다.
③공무원 또는 중재인이었던 자가 그 재직 중에 청탁을 받고 직무상 부정한 행위를 한 후 뇌물을 수수, 요구 또는 약속한 때에는 5년 이하의 징역 또는 10년 이하의 자격정지에 처한다.
④전3항의 경우에는 10년 이하의 자격정지를 병과할 수 있다.

第132조(알선수뢰) 공무원이 그 지위를 이용하여 다른 공무원의 직무에 속한 사항의 알선에 관하여 뇌물을 수수, 요구 또는 약속한 때에는 3년 이하의 징역 또는 7년 이하의 자격정지에 처한다.

판례-특정범죄가중처벌등에관한법률위반(뇌물)·상해·업무상횡령(도시정비법상 조합 임원의 뇌물 사건)

[대법원 2016.1.14, 선고, 2015도15798, 판결]

【판시사항】
도시 및 주거환경정비법상 정비사업조합의 임원이 조합 임원의 지위를 상실하거나 직무수행권을 상실한 후에도 조합 임원으로 등기되어 있는 상태에서 계속하여 실질적으로 조합 임원으로서 직무를 수행하여 온 경우, 그 조합 임원을 같은 법 제84조에 따라 형법상 뇌물죄의 적용에서 '공무원'으로 보아야 하는지 여부(적극)

【판결요지】
도시 및 주거환경정비법(이하 '도시정비법'이라고 한다) 제84조의 문언과 취지, 형법상 뇌물죄의 보호법익 등을 고려하면, 정비사업조합의 임원이 정비구역 안에 있는 토지 또는 건축물의 소유권 또는 지상권을 상실함으로써 조합 임원의 지위를 상실한 경우나 임기가 만료된 정비사업조합의 임원이 관련 규정에 따라 후임자가 선임될 때까지 계속하여 직무를 수행하다가 후임자가 선임되어 직무수행권을 상실한 경우, 그 조합 임원이 그 후에도 조합의 법인 등기부에 임원으로 등기되어 있는 상태에서 계속하여 실질적으로 조합 임원으로서의 직무를 수행하여 왔다면 직무수행의 공정과 그에 대한 사회의 신뢰 및 직무행위의 불가매수성은 여전히 보호되어야 한다. 따라서 그 조합 임원은 임원의 지위 상실이나 직무수행권의 상실에도 불구하고 도시정비법 제84조에 따라 형법 제129조 내지 제132조의 적용에서 공무원으로 보아야 한다.

제133조(뇌물공여등) ①제129조 내지 제132조에 기재한 뇌물을 약속, 공여 또는 공여의 의사를 표시한 자는 5년 이하의 징역 또는 2천만원 이하의 벌금에 처한다. <개정 1995.12.29.>
②전항의 행위에 공할 목적으로 제삼자에게 금품을 교부하거나 그 정을 알면서 교부를 받은 자도 전항의 형과 같다.

제133조(뇌물공여등) ①제129조부터 제132조까지에 기재한 뇌물을 약속, 공여 또는 공여의 의사를 표시한 자는 5년 이하의 징역 또는 2천만원 이하의 벌금에 처한다.
②제1항의 행위에 제공할 목적으로 제3자에게 금품을 교부한 자 또는 그 사정을 알면서 금품을 교부받은 제3자도 제1항의 형에 처한다.
[전문개정 2020.12.8.]
[시행일 : 2021.12.9.] 제133조

제134조(몰수, 추징) 범인 또는 정을 아는 제삼자가 받은 뇌물 또는 뇌물에 공할 금품은 몰수한다. 그를 몰수하기 불능한 때에는 그 가액을 추징한다.

제134조(몰수, 추징) 범인 또는 사정을 아는 제3자가 받은 뇌물 또는 뇌물로 제공하려고 한 금품은 몰수한다. 이를 몰수할 수 없을 경우에는 그 가액을 추징한다.
[전문개정 2020.12.8.]
[시행일 : 2021.12.9.] 제134조

제135조(공무원의 직무상 범죄에 대한 형의 가중) 공무원이 직권을 이용하여 본장 이외의 죄를 범한 때에는 그 죄에 정한 형의 2분의 1까지 가중한다. 단 공무원의 신분에 의하여 특별히 형이 규정된 때에는 예외로 한다.

제8장 공무방해에 관한 죄

제136조(공무집행방해) ①직무를 집행하는 공무원에 대하여 폭행 또는 협박한 자는 5년 이하의 징역 또는 1천만원 이하의 벌금에 처한다. <개정 1995.12.29.>
②공무원에 대하여 그 직무상의 행위를 강요 또는 조지하거나 그 직을 사퇴하게 할 목적으로 폭행 또는 협박한 자도 전항의 형과 같다.

판례-공무집행방해

[대법원 2015.5.29, 선고, 2015도3430, 판결]

【판시사항】
피고인이, 국민권익위원회 운영지원과 소속 기간제근로자로서 청사 안전관리 및 민원인 안내 등의 사무를 담당한 甲의 공무집행을 방해하였다는 내용으로 기소된 사안에서, 甲은 법령의 근거에 기하여 국가 등의 사무에 종사하는 형법상 공무원이라고 보기 어렵다고 한 사례

【판결요지】
피고인이, 국민권익위원회 운영지원과 소속 기간제근로자로서 청사 안전관리 및 민원인 안내 등의 사무를 담당한 甲의 공무집행을 방해하였다는 내용으로 기소된 사안에서, 甲은 국민권익위원회 위원장과 계약기간 1년의 근로계약을 체결한 점, 공무원으로 임용된 적이 없고 공무원연금이 아니라 국민연금에 가입되어 있는 점, 국민권익위원회 훈령으로 '무기계약근로자 및 기간제근로자 관리운용 규정'이 있으나 국민권익위원회 내부규정으로 그 내용도 채용, 근로조건 및 퇴직 등 인사에 관한 일반적인 사항을 정하는 것에 불과하고, 달리 甲이 법령의 근거에 기하여 위 사무에 종사한 것이라고 볼 만한 자료가 없는 점 등 제반 사정에 비추어 甲은 법

령의 근거에 기하여 국가 등의 사무에 종사하는 형법상 공무원이라고 보기 어려운데도, 甲이 공무집행방해죄에서 공무원에 해당한다고 단정한 원심판단에 형법상 공무원에 관한 법리오해의 잘못이 있다고 한 사례.

판례-공무집행방해

[대법원 2018.3.29. 선고 2017도21537 판결]

【판시사항】

[1] 공무집행방해죄에서 말하는 '폭행'의 의미 및 구체적으로 직무집행의 방해라는 결과발생을 요하는지 여부(소극) / 공무집행방해죄에서 말하는 '직무를 집행하는'의 의미와 판단 방법

[2] 피고인이 갑과 주차문제로 언쟁을 벌이던 중, 112 신고를 받고 출동한 경찰관 을이 갑을 때리려는 피고인을 제지하자 자신만 제지를 당한 데 화가 나서 손으로 을의 가슴을 밀치고, 피고인을 현행범으로 체포하며 순찰차 뒷좌석에 태우려고 하는 을의 정강이 부분을 양발로 걷어차는 등 폭행함으로써 경찰관의 112 신고처리에 관한 직무집행을 방해하였다는 내용으로 기소된 사안에서, 공소사실을 무죄라고 판단한 원심판결에 공무집행방해죄의 폭행이나 직무집행, 현행범 체포의 요건 등에 관한 법리오해 등의 잘못이 있다고 한 사례

【판결요지】

[1] 형법 제136조에서 정한 공무집행방해죄는 직무를 집행하는 공무원에 대하여 폭행 또는 협박한 경우에 성립하는 범죄로서 여기서의 폭행은 사람에 대한 유형력의 행사로 족하고 반드시 그 신체에 대한 것임을 요하지 아니하며, 또한 추상적 위험범으로서 구체적으로 직무집행의 방해라는 결과발생을 요하지도 아니한다. 한편 공무집행방해죄에서 '직무를 집행하는'이란 공무원이 직무수행에 직접 필요한 행위를 현실적으로 행하고 있는 때만을 가리키는 것이 아니라 공무원이 직무수행을 위하여 근무 중인 상태에 있는 때를 포괄하고, 직무의 성질에 따라서는 직무수행의 과정을 개별적으로 분리하여 부분적으로 각각의 개시와 종료를 논하는 것이 부적절하고 여러 종류의 행위를 포괄하여 일련의 직무수행으로 파악함이 상당한 경우가 있다.

[2] 피고인이 갑과 주차문제로 언쟁을 벌이던 중, 112 신고를 받고 출동한 경찰관 을이 갑을 때리려는 피고인을 제지하자 자신만 제지를 당한 데 화가 나서 손으로 을의 가슴을 1회 밀치고, 계속하여 욕설을 하면서 피고인을 현행범으로 체포하며 순찰차 뒷좌석에 태우려고 하는 을의 정강이 부분을 양발로 2회 걷어차는 등 폭행함으로써 경찰관의 112 신고처리에 관한 직무집행을 방해하였다는 내용으로 기소된 사안에서, 제반 사정을 종합하면 피고인이 손으로 을의 가슴을 밀칠 당시 을은 112 신고처리에 관한 직무 내지 순찰근무를 수행하고 있었고, 이와 같이 공무를 집행하고 있는 을의 가슴을 밀치는 행위는 공무원에 대한 유형력의 행사로서 공무집행방해죄에서 정한 폭행에 해당하며, 피고인이 체포될 당시 도망 또는 증거인멸의 염려가 없었다고 할 수 없어 체포의 필요성이 인정되고, 공소사실에 관한 증인들의 법정진술의 신빙성을 인정한 제1심의 판단을 뒤집을 만한 특별한 사정이 없다는 등의 이유로, 이와 달리 보아 공소사실을 무죄라고 판단한 원심판결에 공무집행방해죄의 폭행이나 직무집행, 현행범 체포의 요건 등에 관한 법리오해 또는 제1심 증인이 한 진술의 신빙성을 판단할 때 공판중심주의와 직접심리주의 원칙을 위반한 잘못이 있다고 한 사례.

제137조(위계에 의한 공무집행방해)
위계로써 공무원의 직무집행을 방해한 자는 5년 이하의 징역 또는 1천만원 이하의 벌금에 처한다. <개정 1995.12.29.>

제138조(법정 또는 국회회의장모욕)
법원의 재판 또는 국회의 심의를 방해 또는 위협할 목적으로 법정이나 국회회의장 또는 그 부근에서 모욕 또는 소동한 자는 3년 이하의 징역 또는 700만원 이하의 벌금에 처한다. <개정 1995.12.29.>

제139조(인권옹호직무방해) 경찰의 직무를 행하는 자 또는 이를 보조하는 자가 인권옹

호에 관한 검사의 직무집행을 방해하거나 그 명령을 준수하지 아니한 때에는 5년 이하의 징역 또는 10년 이하의 자격정지에 처한다.

제140조(공무상비밀표시무효) ①공무원이 그 직무에 관하여 실시한 봉인 또는 압류 기타 강제처분의 표시를 손상 또는 은닉하거나 기타 방법으로 그 효용을 해한 자는 5년 이하의 징역 또는 700만원 이하의 벌금에 처한다. <개정 1995.12.29.>
②공무원이 그 직무에 관하여 봉함 기타 비밀장치한 문서 또는 도화를 개봉한 자도 제1항의 형과 같다. <개정 1995.12.29.>
③공무원이 그 직무에 관하여 봉함 기타 비밀장치한 문서, 도화 또는 전자기록등 특수매체기록을 기술적 수단을 이용하여 그 내용을 알아낸 자도 제1항의 형과 같다. <신설 1995.12.29.>

제140조의2(부동산강제집행효용침해)
강제집행으로 명도 또는 인도된 부동산에 침입하거나 기타 방법으로 강제집행의 효용을 해한 자는 5년 이하의 징역 또는 700만원 이하의 벌금에 처한다.
[본조신설 1995.12.29.]

제141조(공용서류 등의 무효, 공용물의 파괴)
①공무소에서 사용하는 서류 기타 물건 또는 전자기록등 특수매체기록을 손상 또는 은닉하거나 기타 방법으로 그 효용을 해한 자는 7년 이하의 징역 또는 1천만원 이하의 벌금에 처한다. <개정 1995.12.29.>
②공무소에서 사용하는 건조물, 선박, 기차 또는 항공기를 파괴한 자는 1년 이상 10년 이하의 징역에 처한다.

제142조(공무상 보관물의 무효) 공무소로부터 보관명령을 받거나 공무소의 명령으로 타인이 관리하는 자기의 물건을 손상 또는 은닉하거나 기타 방법으로 그 효용을 해한 자는 5년 이하의 징역 또는 700만원 이하의 벌금에 처한다. <개정 1995.12.29.>

제143조(미수범) 제140조 내지 전조의 미수범은 처벌한다.

제144조(특수공무방해) ①단체 또는 다중의 위력을 보이거나 위험한 물건을 휴대하여 제136조, 제138조와 제140조 내지 전조의 죄를 범한 때에는 각조에 정한 형의 2분의 1까지 가중한다.
②제1항의 죄를 범하여 공무원을 상해에 이르게 한 때에는 3년 이상의 유기징역에 처한다. 사망에 이르게 한 때에는 무기 또는 5년 이상의 징역에 처한다. <개정 1995.12.29.>

제9장 도주와 범인은닉의 죄

제145조(도주, 집합명령위반) ①법률에 의하여 체포 또는 구금된 자가 도주한 때에는 1년 이하의 징역에 처한다.
②전항의 구금된 자가 천재, 사변 기타 법령에 의하여 잠시 해금된 경우에 정당한 이유없이 그 집합명령에 위반한 때에도 전항의 형과 같다.

제145조(도주, 집합명령위반) ①법률에 따라 체포되거나 구금된 자가 도주한 경우에는 1년 이하의 징역에 처한다.
②제1항의 구금된 자가 천재지변이나 사변 그 밖에 법령에 따라 잠시 석방된 상황에서 정당한 이유없이 집합명령에 위반한 경우에도 제1항의 형에 처한다.

[전문개정 2020.12.8.]
[시행일 : 2021.12.9.] 제145조

제146조(특수도주) 수용설비 또는 기구를 손괴하거나 사람에게 폭행 또는 협박을 가하거나 2인 이상이 합동하여 전조제1항의 죄를 범한 자는 7년 이하의 징역에 처한다.

제147조(도주원조) 법률에 의하여 구금된 자를 탈취하거나 도주하게 한 자는 10년 이하의 징역에 처한다.

제148조(간수자의 도주원조) 법률에 의하여 구금된 자를 간수 또는 호송하는 자가 이를 도주하게 한 때에는 1년 이상 10년 이하의 징역에 처한다.

제149조(미수범) 전4조의 미수범은 처벌한다.

제150조(예비, 음모) 제147조와 제148조의 죄를 범할 목적으로 예비 또는 음모한 자는 3년 이하의 징역에 처한다.

제151조(범인은닉과 친족간의 특례)
①벌금 이상의 형에 해당하는 죄를 범한 자를 은닉 또는 도피하게 한 자는 3년 이하의 징역 또는 500만원 이하의 벌금에 처한다. <개정 1995.12.29.>
②친족 또는 동거의 가족이 본인을 위하여 전항의 죄를 범한 때에는 처벌하지 아니한다. <개정 2005.3.31.>

제10장 위증과 증거인멸의 죄

제152조(위증, 모해위증) ①법률에 의하여 선서한 증인이 허위의 진술을 한 때에는 5년 이하의 징역 또는 1천만원 이하의 벌금에 처한다. <개정 1995.12.29.>
②형사사건 또는 징계사건에 관하여 피고인, 피의자 또는 징계혐의자를 모해할 목적으로 전항의 죄를 범한 때에는 10년 이하의 징역에 처한다.

제153조(자백, 자수) 전조의 죄를 범한 자가 그 공술한 사건의 재판 또는 징계처분이 확정되기 전에 자백 또는 자수한 때에는 그 형을 감경 또는 면제한다.

판례-무고

[대법원 2018.8.1. 선고 2018도7293 판결]

【판시사항】
무고죄의 경우 재판확정 전의 자백을 필요적 감경 또는 면제사유로 정한 형법 제157조, 제153조에서 자백의 범위 / 형법 제153조에서 정한 '재판이 확정되기 전'에 피고인의 고소사건 수사 결과 피고인의 무고 혐의가 밝혀져 피고인에 대한 공소가 제기되고 피고소인에 대해서는 불기소 결정이 내려져 재판절차가 개시되지 않은 경우가 포함되는지 여부(적극)

【판결요지】
형법 제157조, 제153조는 무고죄를 범한 자가 그 신고한 사건의 재판 또는 징계처분이 확정되기 전에 자백 또는 자수한 때에는 그 형을 감경 또는 면제한다고 하여 이러한 재판확정 전의 자백을 필요적 감경 또는 면제사유로 정하고 있다. 위와 같은 자백의 절차에 관해서는 아무런 법령상의 제한이 없으므로 그가 신고한 사건을 다루는 기관에 대한 고백이나 그 사건을 다루는 재판부에 증인으로 다시 출석하여 전에 그가 한 신고가 허위의 사실이었음을 고백하는 것은 물론 무고 사건의 피고인 또는 피의자로서 법원이나 수사기관에서의 신문에 의한 고백 또한 자백의 개념에 포함된다.
형법 제153조에서 정한 '재판이 확정되기 전'에는 피고인의 고소사건 수사 결과 피고인의 무고 혐의가 밝혀져 피고인에 대한 공소가 제기되고 피고소인에 대해서는 불기소결정이 내려져 재판절차가 개시되지 않은 경우도 포함된다.

제154조(허위의 감정, 통역, 번역) 법률에 의하여 선서한 감정인, 통역인 또는 번역인이 허위의 감정, 통역 또는 번역을 한 때에는 전2조의 예에 의한다.

제155조(증거인멸 등과 친족간의 특례) ①타인의 형사사건 또는 징계사건에 관한 증거를 인멸, 은닉, 위조 또는 변조하거나 위조 또는 변조한 증거를 사용한 자는 5년 이하의 징역 또는 700만원 이하의 벌금에 처한다. <개정 1995.12.29.>
②타인의 형사사건 또는 징계사건에 관한 증인을 은닉 또는 도피하게 한 자도 제1항의 형과 같다. <개정 1995.12.29.>
③피고인, 피의자 또는 징계혐의자를 모해할 목적으로 전2항의 죄를 범한 자는 10년 이하의 징역에 처한다.
④친족 또는 동거의 가족이 본인을 위하여 본조의 죄를 범한 때에는 처벌하지 아니한다. <개정 2005.3.31.>

제11장 무고의 죄

제156조(무고) 타인으로 하여금 형사처분 또는 징계처분을 받게 할 목적으로 공무소 또는 공무원에 대하여 허위의 사실을 신고한 자는 10년 이하의 징역 또는 1천500만원 이하의 벌금에 처한다. <개정 1995.12.29.>

판례-무고

[대법원 2019.7.11. 선고 2018도2614 판결]

【판시사항】
[1] 무고죄의 성립요건 / 신고사실의 진실성을 인정할 수 없다는 소극적 증명만으로 그 신고사실을 허위로 단정하여 무고죄를 인정할 수 있는지 여부(소극) / 신고내용에 일부 객관적 진실에 반하는 내용이 포함되어 있으나 단지 신고사실의 정황을 과장하는 데 불과한 경우, 무고죄가 성립하는지 여부(소극)
[2] 성폭행이나 성희롱 사건의 피해자가 하는 진술의 증명력을 판단할 때 고려하여야 할 사항 / 피해자임을 주장하는 자가 성폭행 등의 피해를 입었다고 신고한 사실에 대하여 증거불충분 등을 이유로 불기소처분되거나 무죄판결이 선고된 경우, 반대로 이러한 신고내용이 객관적 사실에 반하여 무고죄가 성립하는지 여부를 판단할 때에도 같은 법리가 고려되어야 하는지 여부(적극)
[3] 강제추행죄에 폭행행위 자체가 추행행위라고 인정되는 기습추행의 경우가 포함되는지 여부(적극) 및 이때 요구되는 폭행의 정도

【판결요지】
[1] 무고죄는 타인으로 하여금 형사처분이나 징계처분을 받게 할 목적으로 신고한 사실이 객관적인 진실에 반하는 허위사실인 경우에 성립하는 범죄이므로, 신고한 사실이 객관적 진실에 반하는 허위사실이라는 요건은 적극적 증명이 있어야 하고, 신고사실의 진실성을 인정할 수 없다는 소극적 증명만으로 곧 그 신고사실이 객관적 진실에 반하는 허위의 사실이라 단정하여 무고죄의 성립을 인정할 수는 없으며, 신고내용에 일부 객관적 진실에 반하는 내용이 포함되어 있더라도 그것이 범죄의 성부에 영향을 미치는 중요한 부분이 아니고 단지 신고사실의 정황을 과장하는 데 불과하다면 무고죄는 성립하지 않는다.

[2] 성폭행이나 성희롱 사건의 피해자가 피해사실을 알리고 문제를 삼는 과정에서 오히려 피해자가 부정적인 여론이나 불이익한 처우 및 신분 노출의 피해 등을 입기도 하여 온 점 등에 비추어 보면, 성폭행 피해자의 대처 양상은 피해자의 성정이나 가해자와의 관계 및 구체적인 상황에 따라 다르게 나타날 수밖에 없다. 따라서 개별적, 구체적인 사건에서 성폭행 등의 피해자가 처하여 있는 특별한 사정을 충분히 고려하지 않은 채 피해자 진술의 증명력을 가볍게 배척하는 것은 정의와 형평의 이념에 입각하여 논리와 경험의 법칙에 따른 증거판단이라고 볼 수 없다.
위와 같은 법리는, 피해자임을 주장하는 자가 성폭행 등의 피해를 입었다고 신고한 사실에 대하여 증거불충분 등을 이유로 불기소처분되거나 무죄판결이 선고된 경우 반대로 이러한 신고내용이 객관적 사실에 반하여 무고죄가 성립하는지 여부를 판단할 때에도 마찬가지로 고려되어야 한다. 따라서 성폭행 등의 피해를 입었다는 신고사실에 관하여 불기소처분 내지 무죄판결이 내려졌다고 하여, 그 자체를 무고를 하였다는 적극적인 근거로 삼아 신고내용을 허위라고 단정하여서는 아니 됨은 물론, 개별적, 구체적인 사건에서 피해자임을 주장하는 자가 처하였던 특별한 사정을 충분히 고려하지 아니한 채 진정한 피해자라면 마땅히 이렇게 하였을 것이라는 기준을 내세워 성폭행 등의 피해를 입었다는 점 및 신고에 이르게 된 경위 등에 관한 변소를 쉽게 배척하여서는 아니 된다.
[3] 강제추행죄는 상대방에 대하여 폭행 또는 협박을 가하여 항거를 곤란하게 한 뒤에 추행행위를 하는 경우뿐만 아니라 폭행행위 자체가 추행행위라고 인정되는 이른바 기습추행의 경우도 포함되며, 이 경우의 폭행은 반드시 상대방의 의사를 억압할 정도의 것임을 요하지 않고 상대방의 의사에 반하는 유형력의 행사가 있는 이상 그 힘의 대소강약을 불문한다.

第157条(자백 · 자수) 제153조는 전조에 준용한다.

제12장 신앙에 관한 죄

第158条(장례식등의 방해) 장례식, 제사, 예배 또는 설교를 방해한 자는 3년 이하의 징역 또는 500만원 이하의 벌금에 처한다. <개정 1995.12.29.>

판례-장례식 방해

[대법원 2013.2.14, 선고, 2010도13450, 판결]

【판시사항】
장례식방해죄의 성립 요건 및 장례식의 절차와 평온을 저해할 위험이 초래된 방해행위가 있었다는 사실에 대한 증명책임 소재(=검사)

第159条(사체 등의 오욕) 사체, 유골 또는 유발을 오욕한 자는 2년 이하의 징역 또는 500만원 이하의 벌금에 처한다.
<개정 1995.12.29.>

第159条(시체 등의 오욕) 시체, 유골 또는 유발(遺髮)을 오욕한 자는 2년 이하의 징역 또는 500만원 이하의 벌금에 처한다.
[전문개정 2020.12.8.]
[시행일 : 2021.12.9.] 제159조

第160条(분묘의 발굴) 분묘를 발굴한 자는 5년 이하의 징역에 처한다.

第161条(사체 등의 영득) ①사체, 유골, 유발 또는 관내에 장치한 물건을 손괴, 유기, 은닉 또는 영득한 자는 7년 이하의 징역에 처한다.
②분묘를 발굴하여 전항의 죄를 범한 자는 10년 이하의 징역에 처한다.

제161조(시체 등의 유기 등) ①시체, 유골, 유발 또는 관 속에 넣어 둔 물건을 손괴(損壞), 유기, 은닉 또는 영득(領得)한 자는 7년 이하의 징역에 처한다.
②분묘를 발굴하여 제1항의 죄를 지은 자는 10년 이하의 징역에 처한다.
[전문개정 2020.12.8.]
[시행일 : 2021.12.9.] 제161조

제162조(미수범) 전2조의 미수범은 처벌한다.

제163조(변사체검시방해) 변사자의 사체 또는 변사의 의심있는 사체를 은닉 또는 변경하거나 기타 방법으로 검시를 방해한 자는 700만원 이하의 벌금에 처한다.
[전문개정 1995.12.29.]

제163조(변사체 검시 방해) 변사자의 시체 또는 변사(變死)로 의심되는 시체를 은닉하거나 변경하거나 그 밖의 방법으로 검시(檢視)를 방해한 자는 700만원 이하의 벌금에 처한다.
[전문개정 2020.12.8.]
[시행일 : 2021.12.9.] 제163조

제13장 방화와 실화의 죄

제164조(현주건조물등에의 방화) ①불을 놓아 사람이 주거로 사용하거나 사람이 현존하는 건조물, 기차, 전차, 자동차, 선박, 항공기 또는 광갱을 소훼한 자는 무기 또는 3년 이상의 징역에 처한다.
②제1항의 죄를 범하여 사람을 상해에 이르게 한 때에는 무기 또는 5년 이상의 징역에 처한다. 사망에 이르게 한 때에는 사형, 무기 또는 7년이상의 징역에 처한다.
[전문개정 1995.12.29.]

제164조(현주건조물 등 방화) ①불을 놓아 사람이 주거로 사용하거나 사람이 현존하는 건조물, 기차, 전차, 자동차, 선박, 항공기 또는 지하채굴시설을 불태운 자는 무기 또는 3년 이상의 징역에 처한다.
②제1항의 죄를 지어 사람을 상해에 이르게 한 경우에는 무기 또는 5년 이상의 징역에 처한다. 사망에 이르게 한 경우에는 사형, 무기 또는 7년 이상의 징역에 처한다.
[전문개정 2020.12.8.]
[시행일 : 2021.12.9.] 제164조

제165조(공용건조물 등에의 방화)
불을 놓아 공용 또는 공익에 공하는 건조물, 기차, 전차, 자동차, 선박, 항공기 또는 광갱을 소훼한 자는 무기 또는 3년 이상의 징역에 처한다.

제165조(공용건조물 등 방화) 불을 놓아 공용(公用)으로 사용하거나 공익을 위해 사용하는 건조물, 기차, 전차, 자동차, 선박, 항공기 또는 지하채굴시설을 불태운 자는 무기 또는 3년 이상의 징역에 처한다.
[전문개정 2020.12.8.]
[시행일 : 2021.12.9.] 제165조

제166조(일반건조물 등에의 방화)
①불을 놓아 전2조에 기재한 이외의 건조물, 기차, 전차, 자동차, 선박, 항공기 또는 광갱을 소훼한 자는 2년 이상의 유기징역에 처한다.

②자기소유에 속하는 제1항의 물건을 소훼하여 공공의 위험을 발생하게 한 자는 7년 이하의 징역 또는 1천만원 이하의 벌금에 처한다. <개정 1995.12.29.>

제166조(일반건조물 등 방화) ①불을놓아 제164조와 제165조에 기재한 외의 건조물, 기차, 전차, 자동차, 선박, 항공기 또는 지하채굴시설을 불태운 자는 2년 이상의 유기징역에 처한다.
②자기 소유인 제1항의 물건을 불태워 공공의 위험을 발생하게 한 자는 7년 이하의 징역 또는 1천만원 이하의 벌금에 처한다.
[전문개정 2020.12.8.]
[시행일 : 2021.12.9.] 제166조

제167조(일반물건에의 방화) ①불을 놓아 전3조에 기재한 이외의 물건을 소훼하여 공공의 위험을 발생하게 한 자는 1년 이상 10년 이하의 징역에 처한다.
②제1항의 물건이 자기의 소유에 속한 때에는 3년 이하의 징역 또는 700만원 이하의 벌금에 처한다. <개정 1995.12.29.>

제167조(일반물건 방화) ①불을 놓아 제164조부터 제166조까지에 기재한 외의 물건을 불태워 공공의 위험을 발생하게 한 자는 1년 이상 10년 이하의 징역에 처한다.
②제1항의 물건이 자기 소유인 경우에는 3년 이하의 징역 또는 700만원 이하의 벌금에 처한다.
[전문개정 2020.12.8.]
[시행일 : 2021.12.9.] 제167조

제168조(연소) ①제166조제2항 또는 전조제2항의 죄를 범하여 제164조, 제165조 또는 제166조제1항에 기재한 물건에 연소한 때에는 1년 이상 10년 이하의 징역에 처한다.
②전조제2항의 죄를 범하여 전조제1항에 기재한 물건에 연소한 때에는 5년 이하의 징역에 처한다.

제169조(진화방해) 화재에 있어서 진화용의 시설 또는 물건을 은닉 또는 손괴하거나 기타 방법으로 진화를 방해한 자는 10년 이하의 징역에 처한다.

제170조(실화) ①과실로 인하여 제164조 또는 제165조에 기재한 물건 또는 타인의 소유에 속하는 제166조에 기재한 물건을 소훼한 자는 1천500만원 이하의 벌금에 처한다. <개정 1995.12.29.>
②과실로 인하여 자기의 소유에 속하는 제166조 또는 제167조에 기재한 물건을 소훼하여 공공의 위험을 발생하게 한 자도 전항의 형과 같다.

제170조(실화) ①과실로 제164조 또는 제165조에 기재한 물건 또는 타인 소유인 제166조에 기재한 물건을 불태운 자는 1천500만원 이하의 벌금에 처한다.
②과실로 자기 소유인 제166조의 물건 또는 제167조에 기재한 물건을 불태워 공공의 위험을 발생하게 한 자도 제1항의 형에 처한다.
[전문개정 2020.12.8.]
[시행일 : 2021.12.9.] 제170조

제171조(업무상실화, 중실화) 업무상과실 또는 중대한 과실로 인하여 제170조의 죄를 범한 자는 3년 이하의 금고 또는 2천만원 이하의 벌금에 처한다. <개정 1995.12.29.>

제172조(폭발성물건파열) ①보일러, 고압가스 기타 폭발성있는 물건을 파열시켜 사람의 생명, 신체 또는 재산에 대하여 위험을 발생시킨 자는 1년 이상의 유기징역에 처한다.
②제1항의 죄를 범하여 사람을 상해에 이르게 한 때에는 무기 또는 3년 이상의 징역에

처한다. 사망에 이르게 한 때에는 무기 또는 5년 이상의 징역에 처한다.
[전문개정 1995.12.29.]

제172조의2(가스 · 전기등 방류) ①가스, 전기, 증기 또는 방사선이나 방사성 물질을 방출, 유출 또는 살포시켜 사람의 생명, 신체 또는 재산에 대하여 위험을 발생시킨 자는 1년 이상 10년 이하의 징역에 처한다.
②제1항의 죄를 범하여 사람을 상해에 이르게 한 때에는 무기 또는 3년 이상의 징역에 처한다. 사망에 이르게 한 때에는 무기 또는 5년 이상의 징역에 처한다.
[본조신설 1995.12.29.]

제173조(가스 · 전기등 공급방해)
①가스, 전기 또는 증기의 공작물을 손괴 또는 제거하거나 기타 방법으로 가스, 전기 또는 증기의 공급이나 사용을 방해하여 공공의 위험을 발생하게 한 자는 1년 이상 10년 이하의 징역에 처한다. <개정 1995.12.29.>
②공공용의 가스, 전기 또는 증기의 공작물을 손괴 또는 제거하거나 기타 방법으로 가스, 전기 또는 증기의 공급이나 사용을 방해한 자도 전항의 형과 같다. <개정 1995.12.29.>
③제1항 또는 제2항의 죄를 범하여 사람을 상해에 이르게 한 때에는 2년 이상의 유기징역에 처한다. 사망에 이르게 한 때에는 무기 또는 3년이상의 징역에 처한다. <개정 1995.12.29.>

제173조의2(과실폭발성물건파열등)
①과실로 제172조제1항, 제172조의2제1항, 제173조제1항과 제2항의 죄를 범한 자는 5년 이하의 금고 또는 1천500만원 이하의 벌금에 처한다.
②업무상과실 또는 중대한 과실로 제1항의 죄를 범한 자는 7년 이하의 금고 또는 2천만원 이하의 벌금에 처한다.
[본조신설 1995.12.29.]

제174조(미수범) 제164조제1항, 제165조, 제166조제1항, 제172조제1항, 제172조의2제1항, 제173조제1항과 제2항의 미수범은 처벌한다.
[전문개정 1995.12.29.]

제175조(예비, 음모) 제164조제1항, 제165조, 제166조제1항, 제172조제1항, 제172조의2제1항, 제173조제1항과 제2항의 죄를 범할 목적으로 예비 또는 음모한 자는 5년 이하의 징역에 처한다. 단 그 목적한 죄의 실행에 이르기 전에 자수한 때에는 형을 감경 또는 면제한다. <개정 1995.12.29.>

제176조(타인의 권리대상이 된 자기의 물건)
자기의 소유에 속하는 물건이라도 압류 기타 강제처분을 받거나 타인의 권리 또는 보험의 목적물이 된 때에는 본장의 규정의 적용에 있어서 타인의 물건으로 간주한다.

제14장 일수와 수리에 관한 죄

제177조(현주건조물등에의 일수) ①물을 넘겨 사람이 주거에 사용하거나 사람이 현존하는 건조물, 기차, 전차, 자동차, 선박, 항공기 또는 광갱을 침해한 자는 무기 또는 3년 이상의 징역에 처한다.
②제1항의 죄를 범하여 사람을 상해에 이르게 한 때에는 무기 또는 5년 이상의 징역에 처한다. 사망에 이르게 한 때에는 무기 또는 7년 이상의 징역에 처한다.

[전문개정 1995.12.29.]

제178조(공용건조물 등에의 일수) 물을 넘겨 공용 또는 공익에 공하는 건조물, 기차, 전차, 자동차, 선박, 항공기 또는 광갱을 침해한 자는 무기 또는 2년 이상의 징역에 처한다.

제179조(일반건조물 등에의 일수)
①물을 넘겨 전2조에 기재한 이외의 건조물, 기차, 전차, 자동차, 선박, 항공기 또는 광갱 기타 타인의 재산을 침해한 자는 1년 이상 10년 이하의 징역에 처한다.
②자기의 소유에 속하는 전항의 물건을 침해하여 공공의 위험을 발생하게 한 때에는 3년 이하의 징역 또는 700만원 이하의 벌금에 처한다. <개정 1995.12.29.>
③제176조의 규정은 본조의 경우에 준용한다.

제180조(방수방해) 수재에 있어서 방수용의 시설 또는 물건을 손괴 또는 은닉하거나 기타 방법으로 방수를 방해한 자는 10년 이하의 징역에 처한다.

제181조(과실일수) 과실로 인하여 제177조 또는 제178조에 기재한 물건을 침해한 자 또는 제179조에 기재한 물건을 침해하여 공공의 위험을 발생하게 한 자는 1천만원 이하의 벌금에 처한다. <개정 1995.12.29.>

제182조(미수범) 제177조 내지 제179조제1항의 미수범은 처벌한다.

제183조(예비, 음모) 제177조 내지 제179조제1항의 죄를 범할 목적으로 예비 또는 음모한 자는 3년 이하의 징역에 처한다.

제184조(수리방해) 제방을 결궤하거나 수문을 파괴하거나 기타 방법으로 수리를 방해한 자는 5년 이하의 징역 또는 700만원 이하의 벌금에 처한다. <개정 1995.12.29.>

제184조(수리방해) 둑을 무너뜨리거나 수문을 파괴하거나 그 밖의 방법으로 수리(水利)를 방해한 자는 5년 이하의 징역 또는 700만원 이하의 벌금에 처한다.
[전문개정 2020.12.8.]
[시행일 : 2021.12.9.] 제184조

제15장 교통방해의 죄

제185조(일반교통방해) 육로, 수로 또는 교량을 손괴 또는 불통하게 하거나 기타 방법으로 교통을 방해한 자는 10년 이하의 징역 또는 1천500만원 이하의 벌금에 처한다. <개정 1995.12.29.>

제186조(기차, 선박 등의 교통방해)
궤도, 등대 또는 표지를 손괴하거나 기타 방법으로 기차, 전차, 자동차, 선박 또는 항공기의 교통을 방해한 자는 1년 이상의 유기징역에 처한다.

제187조(기차 등의 전복 등) 사람의 현존하는 기차, 전차, 자동차, 선박 또는 항공기를 전복, 매몰, 추락 또는 파괴한 자는 무기 또는 3년 이상의 징역에 처한다.

제188조(교통방해치사상) 제185조 내지 제187조의 죄를 범하여 사람을 상해에 이르게 한

때에는 무기 또는 3년 이상의 징역에 처한다. 사망에 이르게 한 때에는 무기 또는 5년 이상의 징역에 처한다.
[전문개정 1995.12.29.]

제189조(과실, 업무상과실, 중과실)
①과실로 인하여 제185조 내지 제187조의 죄를 범한 자는 1천만원 이하의 벌금에 처한다. <개정 1995.12.29.>
②업무상과실 또는 중대한 과실로 인하여 제185조 내지 제187조의 죄를 범한 자는 3년 이하의 금고 또는 2천만원 이하의 벌금에 처한다. <개정 1995.12.29.>

제190조(미수범) 제185조 내지 제187조의 미수범은 처벌한다.

제191조(예비, 음모) 제186조 또는 제187조의 죄를 범할 목적으로 예비 또는 음모한 자는 3년 이하의 징역에 처한다.

제16장 음용수에 관한 죄

제192조(음용수의 사용방해) ①일상음용에 공하는 정수에 오물을 혼입하여 음용하지 못하게 한 자는 1년 이하의 징역 또는 500만원 이하의 벌금에 처한다. <개정 1995.12.29.>
②전항의 음용수에 독물 기타 건강을 해할 물건을 혼입한 자는 10년 이하의 징역에 처한다.

제192조(먹는 물의 사용방해) ①일상생활에서 먹는 물로 사용되는 물에 오물을 넣어 먹는 물로 쓰지 못하게 한 자는 1년 이하의 징역 또는 500만원 이하의 벌금에 처한다.
②제1항의 먹는 물에 독물(毒物)이나 그 밖에 건강을 해하는 물질을 넣은 사람은 10년 이하의 징역에 처한다.
[전문개정 2020.12.8.]
[시행일 : 2021.12.9.] 제192조

제193조(수도음용수의 사용방해) ①수도에 의하여 공중의 음용에 공하는 정수 또는 그 수원에 오물을 혼입하여 음용하지 못하게 한 자는 1년 이상 10년 이하의 징역에 처한다.
②전항의 음용수 또는 수원에 독물 기타 건강을 해할 물건을 혼입한 자는 2년 이상의 유기징역에 처한다.

제193조(수돗물의 사용방해) ①수도(水道)를 통해 공중이 먹는 물로 사용하는 물 또는 그 수원(水原)에 오물을 넣어 먹는 물로 쓰지 못하게 한 자는 1년 이상 10년 이하의 징역에 처한다.
②제1항의 먹는 물 또는 수원에 독물 그 밖에 건강을 해하는 물질을 넣은 자는 2년 이상의 유기징역에 처한다.
[전문개정 2020.12.8.]
[시행일 : 2021.12.9.] 제193조

제194조(음용수혼독치사상) 제192조제2항 또는 제193조제2항의 죄를 범하여 사람을 상해에 이르게 한 때에는 무기 또는 3년 이상의 징역에 처한다. 사망에 이르게 한 때에는 무기 또는 5년 이상의 징역에 처한다.
[전문개정 1995.12.29.]

제194조(먹는 물 혼독치사상) 제192조제2항 또는 제193조제2항의 죄를 지어 사람을 상해에 이르게 한 경우에는 무기 또는 3년 이상의 징역에 처한다. 사망에 이르게 한 경우에는 무기 또는 5년 이상의 징역에 처한다.
[전문개정 2020.12.8.]
[시행일 : 2021.12.9.] 제194조

제195조(수도불통) 공중의 음용수를 공급하는 수도 기타 시설을 손괴 기타 방법으로 불통하게 한 자는 1년 이상 10년 이하의 징역에 처한다.

제195조(수도불통) 공중이 먹는 물을 공급하는 수도 그 밖의 시설을 손괴하거나 그 밖의 방법으로 불통(不通)하게 한 자는 1년 이상 10년 이하의 징역에 처한다.
[전문개정 2020.12.8.]
[시행일 : 2021.12.9.] 제195조

제196조(미수범) 제192조제2항, 제193조제2항과 전조의 미수범은 처벌한다.

제197조(예비, 음모) 제192조제2항, 제193조제2항 또는 제195조의 죄를 범할 목적으로 예비 또는 음모한 자는 2년 이하의 징역에 처한다.

제17장 아편에 관한 죄

제198조(아편 등의 제조 등) 아편, 몰핀 또는 그 화합물을 제조, 수입 또는 판매하거나 판매할 목적으로 소지한 자는 10년 이하의 징역에 처한다.

제199조(아편흡식기의 제조 등) 아편을 흡식하는 기구를 제조, 수입 또는 판매하거나 판매할 목적으로 소지한 자는 5년 이하의 징역에 처한다.

제200조(세관 공무원의 아편 등의 수입)
세관의 공무원이 아편, 몰핀이나 그 화합물 또는 아편흡식기구를 수입하거나 그 수입을 허용한 때에는 1년 이상의 유기징역에 처한다.

제201조(아편흡식 등, 동장소제공)
①아편을 흡식하거나 몰핀을 주사한 자는 5년 이하의 징역에 처한다.
②아편흡식 또는 몰핀 주사의 장소를 제공하여 이익을 취한 자도 전항의 형과 같다.

제202조(미수범) 전4조의 미수범은 처벌한다.

제203조(상습범) 상습으로 전5조의 죄를 범한 때에는 각조에 정한 형의 2분의 1까지 가중한다.

제204조(자격정지 또는 벌금의 병과)
제198조 내지 제203조의 경우에는 10년 이하의 자격정지 또는 2천만원 이하의 벌금을 병과할 수 있다. <개정 1995.12.29.>

제205조(아편 등의 소지) 아편, 몰핀이나 그 화합물 또는 아편흡식기구를 소지한 자는 1년 이하의 징역 또는 500만원 이하의 벌금에 처한다. <개정 1995.12.29.>

제206조(몰수, 추징) 본장의 죄에 제공한 아편, 몰핀이나 그 화합물 또는 아편흡식기구는 몰수한다. 그를 몰수하기 불능한 때에는 그 가액을 추징한다.

제18장 통화에 관한 죄

제207조(통화의 위조 등) ①행사할 목적으로 통용하는 대한민국의 화폐, 지폐 또는 은행권을 위조 또는 변조한 자는 무기 또는 2년 이상의 징역에 처한다.
②행사할 목적으로 내국에서 유통하는 외국의 화폐, 지폐 또는 은행권을 위조 또는 변조한 자는 1년 이상의 유기징역에 처한다.
③행사할 목적으로 외국에서 통용하는 외국의 화폐, 지폐 또는 은행권을 위조 또는 변조한 자는 10년 이하의 징역에 처한다.
④위조 또는 변조한 전3항 기재의 통화를 행사하거나 행사할 목적으로 수입 또는 수출한 자는 그 위조 또는 변조의 각 죄에 정한 형에 처한다.

제208조(위조통화의 취득) 행사할 목적으로 위조 또는 변조한 제207조 기재의 통화를 취득한 자는 5년 이하의 징역 또는 1천500만원 이하의 벌금에 처한다. <개정 1995.12.29.>

제209조(자격정지 또는 벌금의 병과)
제207조 또는 제208조의 죄를 범하여 유기징역에 처할 경우에는 10년 이하의 자격정지 또는 2천만원 이하의 벌금을 병과할 수 있다. <개정 1995.12.29.>

제210조(위조통화취득후의 지정행사)
제207조기재의 통화를 취득한 후 그 정을 알고 행사한 자는 2년 이하의 징역 또는 500만원 이하의 벌금에 처한다. <개정 1995.12.29.>

제210조(위조통화 취득 후의 지정행사) 제207조에 기재한 통화를 취득한 후 그 사정을 알고 행사한 자는 2년 이하의 징역 또는 500만원 이하의 벌금에 처한다.
[전문개정 2020.12.8.] [시행일 : 2021.12.9.] 제210조

제211조(통화유사물의 제조 등) ①판매할 목적으로 내국 또는 외국에서 통용하거나 유통하는 화폐, 지폐 또는 은행권에 유사한 물건을 제조, 수입 또는 수출한 자는 3년 이하의 징역 또는 700만원 이하의 벌금에 처한다. <개정 1995.12.29.>
②전항의 물건을 판매한 자도 전항의 형과 같다.

제212조(미수범) 제207조, 제208조와 전조의 미수범은 처벌한다.

제213조(예비, 음모) 제207조제1항 내지 제3항의 죄를 범할 목적으로 예비 또는 음모한 자는 5년 이하의 징역에 처한다. 단, 그 목적한 죄의 실행에 이르기 전에 자수한 때에는 그 형을 감경 또는 면제한다.

제19장 유가증권, 우표와 인지에 관한 죄

제214조(유가증권의 위조 등) ①행사할 목적으로 대한민국 또는 외국의 공채증서 기타 유가증권을 위조 또는 변조한 자는 10년 이하의 징역에 처한다.
②행사할 목적으로 유가증권의 권리의무에 관한 기재를 위조 또는 변조한 자도 전항의 형과 같다.

판례-유가증권위조(인정된죄명:유가증권변조)·절도·횡령·공무상표시무효·유가증권변조

[대법원 2012.9.27, 선고, 2010도15206, 판결]

【판시사항】
유가증권의 내용 중 이미 변조된 부분을 다시 권한 없이 변경한 경우, 유가증권변조죄가 성립하는지 여부(소극)

【판결요지】
유가증권변조죄에서 '변조'는 진정하게 성립된 유가증권의 내용에 권한 없는 자가 유가증권의 동일성을 해하지 않는 한도에서 변경을 가하는 것을 의미하고, 이와 같이 권한 없는 자에 의해 변조된 부분은 진정하게 성립된 부분이라 할 수 없다. 따라서 유가증권의 내용 중 권한 없는 자에 의하여 이미 변조된 부분을 다시 권한 없이 변경하였다고 하더라도 유가증권변조죄는 성립하지 않는다.

제215조(자격모용에 의한 유가증권의 작성)
행사할 목적으로 타인의 자격을 모용하여 유가증권을 작성하거나 유가증권의 권리 또는 의무에 관한 사항을 기재한 자는 10년 이하의 징역에 처한다.

제216조(허위유가증권의 작성 등) 행사할 목적으로 허위의 유가증권을 작성하거나 유가증권에 허위사항을 기재한 자는 7년 이하의 징역 또는 3천만원 이하의 벌금에 처한다. <개정 1995.12.29.>

제217조(위조유가증권 등의 행사 등)
위조, 변조, 작성 또는 허위기재한 전3조 기재의 유가증권을 행사하거나 행사할 목적으로 수입 또는 수출한 자는 10년 이하의 징역에 처한다.

제218조(인지 · 우표의 위조등) ①행사할 목적으로 대한민국 또는 외국의 인지, 우표 기타 우편요금을 표시하는 증표를 위조 또는 변조한 자는 10년 이하의 징역에 처한다. <개정 1995.12.29.>
②위조 또는 변조된 대한민국 또는 외국의 인지, 우표 기타 우편요금을 표시하는 증표를 행사하거나 행사할 목적으로 수입 또는 수출한 자도 제1항의 형과 같다. <개정 1995.12.29.>

제219조(위조인지 · 우표등의 취득)
행사할 목적으로 위조 또는 변조한 대한민국 또는 외국의 인지, 우표 기타 우편요금을 표시하는 증표를 취득한 자는 3년 이하의 징역 또는 1천만원 이하의 벌금에 처한다. <개정 1995.12.29.>

제220조(자격정지 또는 벌금의 병과)
제214조 내지 제219조의 죄를 범하여 징역에 처하는 경우에는 10년 이하의 자격정지 또는 2천만원 이하의 벌금을 병과할 수 있다.
[전문개정 1995.12.29.]

제221조(소인말소) 행사할 목적으로 대한민국 또는 외국의 인지, 우표 기타 우편요금을 표시하는 증표의 소인 기타 사용의 표지를 말소한 자는 1년 이하의 징역 또는 300만원 이하의 벌금에 처한다.
[전문개정 1995.12.29.]

第222조(인지 · 우표유사물의 제조 등)
①판매할 목적으로 대한민국 또는 외국의 공채증서, 인지, 우표 기타 우편요금을 표시하는 증표와 유사한 물건을 제조, 수입 또는 수출한 자는 2년 이하의 징역 또는 500만원 이하의 벌금에 처한다. <개정 1995.12.29.>
②전항의 물건을 판매한 자도 전항의 형과 같다.

第223조(미수범) 제214조 내지 제219조와 전조의 미수범은 처벌한다.

第224조(예비, 음모) 제214조, 제215조와 제218조제1항의 죄를 범할 목적으로 예비 또는 음모한 자는 2년 이하의 징역에 처한다.

제20장 문서에 관한 죄

第225조(공문서등의 위조 · 변조) 행사할 목적으로 공무원 또는 공무소의 문서 또는 도화를 위조 또는 변조한 자는 10년 이하의 징역에 처한다. <개정 1995.12.29.>

第226조(자격모용에 의한 공문서 등의 작성)
행사할 목적으로 공무원 또는 공무소의 자격을 모용하여 문서 또는 도화를 작성한 자는 10년 이하의 징역에 처한다. <개정 1995.12.29.>

第227조(허위공문서작성등) 공무원이 행사할 목적으로 그 직무에 관하여 문서 또는 도화를 허위로 작성하거나 변개한 때에는 7년 이하의 징역 또는 2천만원 이하의 벌금에 처한다.
[전문개정 1995.12.29.]

판례-허위공문서작성·허위작성공문서행사
[대법원 2010.4.29, 선고, 2010도875, 판결]

【판시사항】
[1] 외부 전문기관이 작성·보고하고 지방자치단체의 장 또는 계약담당자가 결재·승인한 '검사조서'가 공문서에 해당하는지 여부(적극)
[2] 자생식물원 조성공사의 감리업체의 책임감리원 甲과 이 공사를 감독하는 담당공무원 乙이 공모하여 허위 내용의 준공검사조서를 작성한 다음, 이를 준공검사결과보고서에 첨부하여 공무원들의 결재를 받아 사무실에 비치한 사안에서, 위 '준공검사조서'는 공문서에 해당한다고 한 사례

【판결요지】
[1] 지방자치단체를 당사자로 하는 계약의 이행완료에 관한 검사는 지방자치단체의 장 또는 계약담당자의 직무권한에 속하는 사항으로서 이를 전문기관에 위임하여 수행하게 한다고 하여 그 직무 소관이 달라지는 것은 아니고 다만 이때에는 전문기관으로부터 검사결과를 문서로 통보받아 확인하는 방법으로 그 직무를 집행하게 되는 것이므로, 지방자치단체의 장 또는 계약담당자가 그 검사를 위임받아 수행한 전문기관으로부터 검사결과를 검사조서로 작성·보고받고 이를 확인하여 승인하는 의미로 검사조서에 결재하였다면 그와 같이 결재된 검사조서는 공무원이 그 직무권한 내에서 작성한 문서로서 허위공문서작성죄의 객체인 공문서에 해당한다.
[2] 자생식물원 조성공사의 감리업체의 책임감리원인 甲이, 이 공사를 감독하는 담당공무원 乙과 공모하여 허위 내용의 준공검사조서를 작성한 다음 준공검사결과보고서에 첨부하여 乙에게 제출하여 공무원들의 결재를 받아 사무실에 비치한 사안에서, 위

'준공검사조서'는 공문서에 해당한다고 한 사례.

제227조의2(공전자기록위작 · 변작) 사무처리를 그르치게 할 목적으로 공무원 또는 공무소의 전자기록등 특수매체기록을 위작 또는 변작한 자는 10년 이하의 징역에 처한다.
[본조신설 1995.12.29.]

제228조(공정증서원본 등의 부실기재)
①공무원에 대하여 허위신고를 하여 공정증서원본 또는 이와 동일한 전자기록등 특수매체기록에 부실의 사실을 기재 또는 기록하게 한 자는 5년 이하의 징역 또는 1천만원 이하의 벌금에 처한다. <개정 1995.12.29.>
②공무원에 대하여 허위신고를 하여 면허증, 허가증, 등록증 또는 여권에 부실의 사실을 기재하게 한 자는 3년 이하의 징역 또는 700만원 이하의 벌금에 처한다. <개정 1995.12.29.>

제229조(위조등 공문서의 행사) 제225조 내지 제228조의 죄에 의하여 만들어진 문서, 도화, 전자기록등 특수매체기록, 공정증서원본, 면허증, 허가증, 등록증 또는 여권을 행사한 자는 그 각 죄에 정한 형에 처한다.
[전문개정 1995.12.29.]

제230조(공문서 등의 부정행사) 공무원 또는 공무소의 문서 또는 도화를 부정행사한 자는 2년 이하의 징역이나 금고 또는 500만원 이하의 벌금에 처한다. <개정 1995.12.29.>

제231조(사문서등의 위조 · 변조) 행사할 목적으로 권리·의무 또는 사실증명에 관한 타인의 문서 또는 도화를 위조 또는 변조한 자는 5년 이하의 징역 또는 1천만원 이하의 벌금에 처한다. <개정 1995.12.29.>

제232조(자격모용에 의한 사문서의 작성)
행사할 목적으로 타인의 자격을 모용하여 권리·의무 또는 사실증명에 관한 문서 또는 도화를 작성한 자는 5년 이하의 징역 또는 1천만원 이하의 벌금에 처한다. <개정 1995.12.29.>

제232조의2(사전자기록위작 · 변작)
사무처리를 그르치게 할 목적으로 권리·의무 또는 사실증명에 관한 타인의 전자기록등 특수매체기록을 위작 또는 변작한 자는 5년 이하의 징역 또는 1천만원 이하의 벌금에 처한다.
[본조신설 1995.12.29.]

제233조(허위진단서등의 작성) 의사, 한의사, 치과의사 또는 조산사가 진단서, 검안서 또는 생사에 관한 증명서를 허위로 작성한 때에는 3년 이하의 징역이나 금고, 7년 이하의 자격정지 또는 3천만원 이하의 벌금에 처한다.
[전문개정 1995.12.29.]

제234조(위조사문서등의 행사) 제231조 내지 제233조의 죄에 의하여 만들어진 문서, 도화 또는 전자기록등 특수매체기록을 행사한 자는 그 각 죄에 정한 형에 처한다.
[전문개정 1995.12.29.]

판례-사문서부정행사(인정된죄명:사문서위조·위조사문서행사)(경유증표를 컬러복사기로 복사한 것이 위조행위에 해당하는지 문제 된 사건)

[대법원 2016.7.14, 선고, 2016도2081, 판결]

【판시사항】
[1] '문서가 원본인지 여부'가 중요한 거래에서 문서 사본을 진정한 원본인 것처럼 행사할

목적으로 다른 조작을 가함이 없이 문서 원본을 그대로 컬러복사기로 복사한 후 복사한 문서 사본을 원본인 것처럼 행사한 행위가 사문서위조죄 및 동행사죄에 해당하는지 여부(적극) / 사문서위조죄가 성립하기 위한 위조의 정도
[2] 변호사인 피고인이 대량의 저작권법 위반 형사고소 사건을 수임하여 피고소인 30명을 각 형사고소하기 위하여 20건 또는 10건의 고소장을 개별적으로 수사관서에 제출하면서 각 하나의 고소위임장에만 소속 변호사회에서 발급받은 진정한 경유증표 원본을 첨부한 후 이를 일체로 하여 컬러복사기로 20장 또는 10장의 고소위임장을 각 복사한 다음 고소위임장과 일체로 복사한 경유증표를 고소장에 첨부하여 접수한 사안에서, 피고인의 행위가 사문서위조죄 및 동행사죄에 해당한다고 한 사례

【판결요지】
[1] 문서위조 및 동행사죄의 보호법익은 문서에 대한 공공의 신용이므로 '문서가 원본인지 여부'가 중요한 거래에서 문서의 사본을 진정한 원본인 것처럼 행사할 목적으로 다른 조작을 가함이 없이 문서의 원본을 그대로 컬러복사기로 복사한 후 복사한 문서의 사본을 원본인 것처럼 행사한 행위는 사문서위조죄 및 동행사죄에 해당한다. 또한 사문서위조죄는 명의자가 진정으로 작성한 문서로 볼 수 있을 정도의 형식과 외관을 갖추어 일반인이 명의자의 진정한 사문서로 오신하기에 충분한 정도이면 성립한다.
[2] 변호사인 피고인이 대량의 저작권법 위반 형사고소 사건을 수임하여 피고소인 30명을 각 형사고소하기 위하여 20건 또는 10건의 고소장을 개별적으로 수사관서에 제출하면서 각 하나의 고소위임장에만 소속 변호사회에서 발급받은 진정한 경유증표 원본을 첨부한 후 이를 일체로 하여 컬러복사기로 20장 또는 10장의 고소위임장을 각 복사한 다음 고소위임장과 일체로 복사한 경유증표를 고소장에 첨부하여 접수한 사안에서, 변호사회가 발급한 경유증표는 증표가 첨부된 변호사선임서 등이 변호사회를 경유하였고 소정의 경유회비를 납부하였음을 확인하는 문서이므로 법원, 수사기관 또는 공공기관에 이를 제출할 때에는 원본을 제출하여야 하고 사본으로 원본에 갈음할 수 없으며, 각 고소위임장에 함께 복사되어 있는 변호사회 명의의 경유증표는 원본이 첨부된 고소위임장을 그대로 컬러 복사한 것으로서 일반적으로 문서가 갖추어야 할 형식을 모두 구비하고 있고, 이를 주의 깊게 관찰하지 아니하면 그것이 원본이 아닌 복사본임을 알아차리기 어려울 정도이므로 일반인이 명의자의 진정한 사문서로 오신하기에 충분한 정도의 형식과 외관을 갖추었다는 이유로, 피고인의 행위가 사문서위조죄 및 동행사죄에 해당한다고 한 사례.

제235조(미수범) 제225조 내지 제234조의 미수범은 처벌한다. <개정 1995.12.29.>

제236조(사문서의 부정행사) 권리·의무 또는 사실증명에 관한 타인의 문서 또는 도화를 부정행사한 자는 1년 이하의 징역이나 금고 또는 300만원 이하의 벌금에 처한다. <개정 1995.12.29.>

제237조(자격정지의 병과) 제225조 내지 제227조의2 및 그 행사죄를 범하여 징역에 처할 경우에는 10년 이하의 자격정지를 병과할 수 있다. <개정 1995.12.29.>

제237조의2(복사문서등) 이 장의 죄에 있어서 전자복사기, 모사전송기 기타 이와 유사한 기기를 사용하여 복사한 문서 또는 도화의 사본도 문서 또는 도화로 본다.
[본조신설 1995.12.29.]

제21장 인장에 관한 죄

제238조(공인 등의 위조, 부정사용)
①행사할 목적으로 공무원 또는 공무소의 인장, 서명, 기명 또는 기호를 위조 또는 부정사용한 자는 5년 이하의 징역에 처한다.
②위조 또는 부정사용한 공무원 또는 공무소의 인장, 서명, 기명 또는 기호를 행사한 자도 전항의 형과 같다.
③전 2항의 경우에는 7년 이하의 자격정지를 병과할 수 있다.

제239조(사인등의 위조, 부정사용)
①행사할 목적으로 타인의 인장, 서명, 기명 또는 기호를 위조 또는 부정사용한 자는 3년 이하의 징역에 처한다.
②위조 또는 부정사용한 타인의 인장, 서명, 기명 또는 기호를 행사한 때에도 전항의 형과 같다.

제240조(미수범) 본장의 미수범은 처벌한다.

제22장 성풍속에 관한 죄

제241조 삭제 <2016.1.6.>
[2016.1.6. 법률 제13719호에 의하여 2015.2.26. 헌법재판소에서 위헌 결정된 이 조를 삭제함.]

제242조(음행매개) 영리의 목적으로 사람을 매개하여 간음하게 한 자는 3년 이하의 징역 또는 1천500만원 이하의 벌금에 처한다. <개정 1995.12.29., 2012.12.18.>

제243조(음화반포등) 음란한 문서, 도화, 필름 기타 물건을 반포, 판매 또는 임대하거나 공연히 전시 또는 상영한 자는 1년 이하의 징역 또는 500만원 이하의 벌금에 처한다.
[전문개정 1995.12.29.]

제244조(음화제조 등) 제243조의 행위에 공할 목적으로 음란한 물건을 제조, 소지, 수입 또는 수출한 자는 1년 이하의 징역 또는 500만원 이하의 벌금에 처한다. <개정 1995.12.29.>

제245조(공연음란) 공연히 음란한 행위를 한 자는 1년 이하의 징역, 500만원 이하의 벌금, 구류 또는 과료에 처한다.
<개정 1995.12.29.>

제23장 도박과 복표에 관한 죄

제246조(도박, 상습도박) ①도박을 한 사람은 1천만원 이하의 벌금에 처한다. 다만, 일시 오락 정도에 불과한 경우에는 예외로 한다.
②상습으로 제1항의 죄를 범한 사람은 3년 이하의 징역 또는 2천만원 이하의 벌금에 처한다.
[전문개정 2013.4.5.]

제247조(도박장소 등 개설) 영리의 목적으로 도박을 하는 장소나 공간을 개설한 사람은 5년 이하의 징역 또는 3천만원 이하의 벌금에 처한다.
[전문개정 2013.4.5.]

제248조(복표의 발매 등) ①법령에 의하지 아니한 복표를 발매한 사람은 5년 이하의 징역 또는 3천만원 이하의 벌금에 처한다.
②제1항의 복표발매를 중개한 사람은 3년 이하의 징역 또는 2천만원 이하의 벌금에 처한다.
③제1항의 복표를 취득한 사람은 1천만원 이하의 벌금에 처한다.
[전문개정 2013.4.5.]

제249조(벌금의 병과) 제246조제2항, 제247조와 제248조제1항의 죄에 대하여는 1천만원 이하의 벌금을 병과할 수 있다.
[전문개정 2013.4.5.]

제24장 살인의 죄

제250조(살인, 존속살해) ①사람을 살해한 자는 사형, 무기 또는 5년 이상의 징역에 처한다.
②자기 또는 배우자의 직계존속을 살해한 자는 사형, 무기 또는 7년 이상의 징역에 처한다.
<개정 1995.12.29.>

제251조(영아살해) 직계존속이 치욕을 은폐하기 위하거나 양육할 수 없음을 예상하거나 특히 참작할 만한 동기로 인하여 분만중 또는 분만직후의 영아를 살해한 때에는 10년 이하의 징역에 처한다.

제252조(촉탁, 승낙에 의한 살인 등)
①사람의 촉탁 또는 승낙을 받어 그를 살해한 자는 1년 이상 10년 이하의 징역에 처한다.
②사람을 교사 또는 방조하여 자살하게 한 자도 전항의 형과 같다.

제252조(촉탁, 승낙에 의한 살인 등) ①사람의 촉탁이나 승낙을 받아 그를 살해한 자는 1년 이상 10년 이하의 징역에 처한다.
②사람을 교사하거나 방조하여 자살하게 한 자도 제1항의 형에 처한다.
[전문개정 2020.12.8.]
[시행일 : 2021.12.9.] 제252조

제253조(위계 등에 의한 촉탁살인 등)
전조의 경우에 위계 또는 위력으로써 촉탁 또는 승낙하게 하거나 자살을 결의하게 한 때에는 제250조의 예에 의한다.

제254조(미수범) 전4조의 미수범은 처벌한다.

제255조(예비, 음모) 제250조와 제253조의 죄를 범할 목적으로 예비 또는 음모한 자는 10년 이하의 징역에 처한다.

제256조(자격정지의 병과) 제250조, 제252조 또는 제253조의 경우에 유기징역에 처할 때에는 10년 이하의 자격정지를 병과할 수 있다.

제25장 상해와 폭행의 죄

제257조(상해, 존속상해) ①사람의 신체를 상해한 자는 7년 이하의 징역, 10년 이하의 자격정지 또는 1천만원 이하의 벌금에 처한다. <개정 1995.12.29.>
②자기 또는 배우자의 직계존속에 대하여 제1항의 죄를 범한 때에는 10년 이하의 징역 또는 1천500만원 이하의 벌금에 처한다. <개정 1995.12.29.>
③전 2항의 미수범은 처벌한다.

제258조(중상해, 존속중상해) ①사람의 신체를 상해하여 생명에 대한 위험을 발생하게 한 자는 1년 이상 10년 이하의 징역에 처한다.
②신체의 상해로 인하여 불구 또는 불치나 난치의 질병에 이르게 한 자도 전항의 형과 같다.
③자기 또는 배우자의 직계존속에 대하여 전2항의 죄를 범한 때에는 2년 이상 15년 이하의 징역에 처한다. <개정 2016.1.6.>

판례-중상해

[대법원 2012.9.13, 선고, 2011도6911, 판결]

【판시사항】
[1] 공소사실이나 범죄사실의 동일성 여부를 판단하는 기준
[2] 경범죄처벌법상 범칙금제도의 의의 및 범칙금의 납부에 따라 확정판결에 준하는 효력이 인정되는 범위
[3] 피고인이 경범죄처벌법상 '인근소란' 범칙행위로 범칙금 통고처분을 받아 이를 납부하였는데, 이와 근접한 일시·장소에서 피해자에게 상해를 가하여 생명에 대한 위험을 발생하게 하였다는 내용으로 기소된 사안에서, 범칙행위인 인근소란과 공소사실인 중상해행위는 기본적 사실관계가 동일한 것으로 평가할 수 없는데도, 범칙행위에 대한 범칙금 납부의 효력이 공소사실에도 미친다고 보아 면소를 선고한 원심판결에 법리오해의 위법이 있다고 한 사례

제258조의2(특수상해) ①단체 또는 다중의 위력을 보이거나 위험한 물건을 휴대하여 제257조 제1항 또는 제2항의 죄를 범한 때에는 1년 이상 10년 이하의 징역에 처한다.
②단체 또는 다중의 위력을 보이거나 위험한 물건을 휴대하여 제258조의 죄를 범한 때에는 2년 이상 20년 이하의 징역에 처한다.
③제1항의 미수범은 처벌한다.
[본조신설 2016.1.6.]

제259조(상해치사) ①사람의 신체를 상해하여 사망에 이르게 한 자는 3년 이상의 유기징역에 처한다. <개정 1995.12.29.>
②자기 또는 배우자의 직계존속에 대하여 전항의 죄를 범한 때에는 무기 또는 5년 이상의 징역에 처한다.

제260조(폭행, 존속폭행) ①사람의 신체에 대하여 폭행을 가한 자는 2년 이하의 징역, 500만원 이하의 벌금, 구류 또는 과료에 처한다. <개정 1995.12.29.>
②자기 또는 배우자의 직계존속에 대하여 제1항의 죄를 범한 때에는 5년 이하의 징역 또는 700만원 이하의 벌금에 처한다. <개정 1995.12.29.>
③제1항 및 제2항의 죄는 피해자의 명시한 의사에 반하여 공소를 제기할 수 없다. <개정 1995.12.29.>

제261조(특수폭행) 단체 또는 다중의 위력을 보이거나 위험한 물건을 휴대하여 제260조제1항 또는 제2항의 죄를 범한 때에는 5년 이하의 징역 또는 1천만원 이하의 벌금에 처한다. <개정 1995.12.29.>

第262조(폭행치사상) 전2조의 죄를 범하여 사람을 사상에 이르게 한때에는 제257조 내지 제259조의 예에 의한다.

第262조(폭행치사상) 제260조와 제261조의 죄를 지어 사람을 사망이나 상해에 이르게 한 경우에는 제257조부터 제259조까지의 예에 따른다.
[전문개정 2020.12.8.]
[시행일 : 2021.12.9.] 제262조

第263조(동시범) 독립행위가 경합하여 상해의 결과를 발생하게 한 경우에 있어서 원인된 행위가 판명되지 아니한 때에는 공동정범의 예에 의한다.

第264조(상습범) 상습으로 제257조, 제258조, 제258조의2, 제260조 또는 제261조의 죄를 범한 때에는 그 죄에 정한 형의 2분의 1까지 가중한다. <개정 2016.1.6.>

第265조(자격정지의 병과) 제257조제2항, 제258조, 제258조의2, 제260조제2항, 제261조 또는 전조의 경우에는 10년 이하의 자격정지를 병과할 수 있다. <개정 2016.1.6.>

第26장 과실치사상의 죄

第266조(과실치상) ①과실로 인하여 사람의 신체를 상해에 이르게 한 자는 500만원 이하의 벌금, 구류 또는 과료에 처한다. <개정 1995.12.29.>
②제1항의 죄는 피해자의 명시한 의사에 반하여 공소를 제기할 수 없다. <개정 1995.12.29.>

第267조(과실치사) 과실로 인하여 사람을 사망에 이르게 한 자는 2년 이하의 금고 또는 700만원 이하의 벌금에 처한다. <개정 1995.12.29.>

第268조(업무상과실 · 중과실 치사상)
업무상과실 또는 중대한 과실로 인하여 사람을 사상에 이르게 한 자는 5년 이하의 금고 또는 2천만원 이하의 벌금에 처한다. <개정 1995.12.29.>

第268조(업무상과실 · 중과실 치사상)
업무상과실 또는 중대한 과실로 사람을 사망이나 상해에 이르게 한 자는 5년 이하의 금고 또는 2천만원 이하의 벌금에 처한다.
[전문개정 2020.12.8.]
[시행일 : 2021.12.9.] 제268조

第27장 낙태의 죄

第269조(낙태) ①부녀가 약물 기타 방법으로 낙태한 때에는 1년 이하의 징역 또는 200만원 이하의 벌금에 처한다. <개정 1995.12.29.>
②부녀의 촉탁 또는 승낙을 받어 낙태하게 한 자도 제1항의 형과 같다. <개정 1995.12.29.>
③제2항의 죄를 범하여 부녀를 상해에 이르게 한때에는 3년 이하의 징역에 처한다. 사망에 이르게 한때에는 7년 이하의 징역에 처한다. <개정 1995.12.29.>

제270조(의사 등의 낙태, 부동의낙태)
①의사, 한의사, 조산사, 약제사 또는 약종상이 부녀의 촉탁 또는 승낙을 받어 낙태하게 한 때에는 2년 이하의 징역에 처한다. <개정 1995.12.29.>
②부녀의 촉탁 또는 승낙없이 낙태하게 한 자는 3년 이하의 징역에 처한다.
③제1항 또는 제2항의 죄를 범하여 부녀를 상해에 이르게 한때에는 5년 이하의 징역에 처한다. 사망에 이르게 한때에는 10년 이하의 징역에 처한다. <개정 1995.12.29.>
④전 3항의 경우에는 7년 이하의 자격정지를 병과한다.

제28장 유기와 학대의 죄

제271조(유기, 존속유기) ①노유, 질병 기타 사정으로 인하여 부조를 요하는 자를 보호할 법률상 또는 계약상의무 있는 자가 유기한 때에는 3년 이하의 징역 또는 500만원 이하의 벌금에 처한다. <개정 1995.12.29.>
②자기 또는 배우자의 직계존속에 대하여 제1항의 죄를 범한 때에는 10년 이하의 징역 또는 1천500만원 이하의 벌금에 처한다. <개정 1995.12.29.>
③제1항의 죄를 범하여 사람의 생명에 대한 위험을 발생하게 한 때에는 7년 이하의 징역에 처한다.
④제2항의 죄를 범하여 사람의 생명에 대하여 위험을 발생한 때에는 2년 이상의 유기징역에 처한다.

제271조(유기, 존속유기) ①나이가 많거나 어림, 질병 그 밖의 사정으로 도움이 필요한 사람을 법률상 또는 계약상 보호할 의무가 있는 자가 유기한 경우에는 3년 이하의 징역 또는 500만원 이하의 벌금에 처한다.
②자기 또는 배우자의 직계존속에 대하여 제1항의 죄를 지은 경우에는 10년 이하의 징역 또는 1천500만원 이하의 벌금에 처한다.
③제1항의 죄를 지어 사람의 생명에 위험을 발생하게 한 경우에는 7년 이하의 징역에 처한다.
④제2항의 죄를 지어 사람의 생명에 위험을 발생하게 한 경우에는 2년 이상의 유기징역에 처한다.
[전문개정 2020.12.8.]
[시행일 : 2021.12.9.] 제271조

판례-준사기(인정된 죄명:절도)·강도치사(인정된 죄명:절도 및 유기치사)·식품위생법 위반

[대법원 2011.11.24, 선고, 2011도12302, 판결]

【판시사항】
[1] 유기죄에 관한 형법 제271조 제1항의 '계약상 의무'가 계약에 기한 주된 급부의무가 부조를 제공하는 것인 경우에 한정되는지 여부(소극) 및 '계약상의 부조의무' 유무를 판단하는 기준
[2] 피고인이 자신이 운영하는 주점에 손님으로 와서 수일 동안 식사는 한 끼도 하지 않은 채 계속하여 술을 마시고 만취한 피해자를 주점 내에 그대로 방치하여 저체온증 등으로 사망에 이르게 하였다는 내용으로 예비적으로 기소된 사안에서, 피고인은 피해자에게 생명 또는 신체에 대한 위해가 발생하지 아니하도록 필요한 조치를 강구하여야 할 계약상의 부조의무를 부담한다고 판단하여 유기치사죄를 인정한 원심판결을 수긍한 사례

【판결요지】
[1] 유기죄에 관한 형법 제271조 제1항은 그 행위의 주체를 "노유, 질병 기타 사정으로 부조

를 요하는 자를 보호할 법률상 또는 계약상 의무 있는 자"라고 정하고 있다. 여기서의 '계약상 의무'는 간호사나 보모와 같이 계약에 기한 주된 급부의무가 부조를 제공하는 것인 경우에 반드시 한정되지 아니하며, 계약의 해석상 계약관계의 목적이 달성될 수 있도록 상대방의 신체 또는 생명에 대하여 주의와 배려를 한다는 부수적 의무의 한 내용으로 상대방을 부조하여야 하는 경우를 배제하는 것은 아니라고 할 것이다. 그러나 그 의무 위반의 효과로서 주로 손해배상책임이 문제되는 민사영역에서와는 달리 유기죄의 경우에는 당사자의 인적 책임에 대한 형사적 제재가 문제된다는 점 등을 고려하여 보면, 단지 위와 같은 부수의무로서의 민사적 부조의무 또는 보호의무가 인정된다고 해서 형법 제271조 소정의 '계약상 의무'가 당연히 긍정된다고는 말할 수 없고, 당해 계약관계의 성질과 내용, 계약당사자 기타 관련자들 사이의 관계 및 그 전개양상, 그들의 경제적·사회적 지위, 부조가 필요하기에 이른 전후의 경위, 필요로 하는 부조의 대체가능성을 포함하여 그 부조의 종류와 내용, 달리 부조를 제공할 사람 또는 설비가 있는지 여부 기타 제반 사정을 고려하여 위 '계약상의 부조의무'의 유무를 신중하게 판단하여야 한다.

[2] 피고인이 자신이 운영하는 주점에 손님으로 와서 수일 동안 식사는 한 끼도 하지 않은 채 계속하여 술을 마시고 만취한 피해자를 주점 내에 그대로 방치하여 저체온증 등으로 사망에 이르게 하였다는 내용으로 예비적으로 기소된 사안에서, 피해자가 피고인의 지배 아래 있는 주점에서 3일 동안 과도하게 술을 마시고 추운 날씨에 난방이 제대로 되지 아니한 주점 내 소파에서 잠을 자면서 정신을 잃은 상태에 있었다면, 피고인은 주점의 운영자로서 피해자의 생명 또는 신체에 대한 위해가 발생하지 아니하도록 피해자를 주점 내실로 옮기거나 인근에 있는 여관에 데려다 주어 쉬게 하거나 피해자의 지인 또는 경찰에 연락하는 등 필요한 조치를 강구하여야 할 계약상의 부조의무를 부담한다고 판단하여 유기치사죄를 인정한 원심판결을 수긍한 사례.

제272조(영아유기) 직계존속이 치욕을 은폐하기 위하거나 양육할 수 없음을 예상하거나 특히 참작할 만한 동기로 인하여 영아를 유기한 때에는 2년 이하의 징역 또는 300만원 이하의 벌금에 처한다. <개정 1995.12.29.>

제273조(학대, 존속학대) ①자기의 보호 또는 감독을 받는 사람을 학대한 자는 2년 이하의 징역 또는 500만원 이하의 벌금에 처한다. <개정 1995.12.29.>
②자기 또는 배우자의 직계존속에 대하여 전항의 죄를 범한 때에는 5년 이하의 징역 또는 700만원 이하의 벌금에 처한다. <개정 1995.12.29.>

제274조(아동혹사) 자기의 보호 또는 감독을 받는 16세 미만의 자를 그 생명 또는 신체에 위험한 업무에 사용할 영업자 또는 그 종업자에게 인도한 자는 5년 이하의 징역에 처한다. 그 인도를 받은 자도 같다.

제275조(유기등 치사상) ①제271조 내지 제273조의 죄를 범하여 사람을 상해에 이르게 한 때에는 7년 이하의 징역에 처한다. 사망에 이르게 한 때에는 3년 이상의 유기징역에 처한다.
②자기 또는 배우자의 직계존속에 대하여 제271조 또는 제273조의 죄를 범하여 상해에 이르게 한 때에는 3년 이상의 유기징역에 처한다. 사망에 이르게 한 때에는 무기 또는 5년이상의 징역에 처한다.
[전문개정 1995.12.29.]

제29장 체포와 감금의 죄

제276조(체포, 감금, 존속체포, 존속감금)
①사람을 체포 또는 감금한 자는 5년 이하의 징역 또는 700만원 이하의 벌금에 처한다. <개정

1995.12.29.>
②자기 또는 배우자의 직계존속에 대하여 제1항의 죄를 범한 때에는 10년 이하의 징역 또는 1천500만원 이하의 벌금에 처한다. <개정 1995.12.29.>

제277조(중체포, 중감금, 존속중체포, 존속중감금) ①사람을 체포 또는 감금하여 가혹한 행위를 가한 자는 7년 이하의 징역에 처한다.
②자기 또는 배우자의 직계존속에 대하여 전항의 죄를 범한 때에는 2년 이상의 유기징역에 처한다.

제278조(특수체포, 특수감금) 단체 또는 다중의 위력을 보이거나 위험한 물건을 휴대하여 전 2조의 죄를 범한 때에는 그 죄에 정한 형의 2분의 1까지 가중한다.

제279조(상습범) 상습으로 제276조 또는 제277조의 죄를 범한 때에는 전조의 예에 의한다.

제280조(미수범) 전4조의 미수범은 처벌한다.

제281조(체포 · 감금등의 치사상)
①제276조 내지 제280조의 죄를 범하여 사람을 상해에 이르게 한 때에는 1년 이상의 유기징역에 처한다. 사망에 이르게 한 때에는 3년 이상의 유기징역에 처한다.
②자기 또는 배우자의 직계존속에 대하여 제276조 내지 제280조의 죄를 범하여 상해에 이르게 한 때에는 2년 이상의 유기징역에 처한다. 사망에 이르게 한 때에는 무기 또는 5년이상의 징역에 처한다.
[전문개정 1995.12.29.]

제282조(자격정지의 병과) 본장의 죄에는 10년 이하의 자격정지를 병과할 수 있다.

제30장 협박의 죄

제283조(협박, 존속협박) ①사람을 협박한 자는 3년 이하의 징역, 500만원 이하의 벌금, 구류 또는 과료에 처한다. <개정 1995.12.29.>
②자기 또는 배우자의 직계존속에 대하여 제1항의 죄를 범한 때에는 5년 이하의 징역 또는 700만원 이하의 벌금에 처한다. <개정 1995.12.29.>
③제1항 및 제2항의 죄는 피해자의 명시한 의사에 반하여 공소를 제기할 수 없다. <개정 1995.12.29.>

제284조(특수협박) 단체 또는 다중의 위력을 보이거나 위험한 물건을 휴대하여 전조제1항, 제2항의 죄를 범한 때에는 7년 이하의 징역 또는 1천만원 이하의 벌금에 처한다. <개정 1995.12.29.>

판례-특정범죄가중처벌등에관한법률위반(보복협박등)·폭력행위등처벌에관한법률위반(상습협박)(인정된죄명:상습협박)·직업안정법위반

[대법원 2016.10.27, 선고, 2016도11880, 판결]

【판시사항】
법원이 특수협박죄로 공소가 제기된 범죄사실을 공소장변경 없이 상습특수협박죄로 처벌할 수 있는지 여부(원칙적 소극)

第285條(상습범) 상습으로 제283조제1항, 제2항 또는 전조의 죄를 범한 때에는 그 죄에 정한 형의 2분의 1까지 가중한다.

第286條(미수범) 전3조의 미수범은 처벌한다.

제31장 약취(略取), 유인(誘引) 및 인신매매의 죄

第287條(미성년자의 약취, 유인) 미성년자를 약취 또는 유인한 사람은 10년 이하의 징역에 처한다.
[전문개정 2013.4.5.]

第288條(추행 등 목적 약취, 유인 등)
①추행, 간음, 결혼 또는 영리의 목적으로 사람을 약취 또는 유인한 사람은 1년 이상 10년 이하의 징역에 처한다.
②노동력 착취, 성매매와 성적 착취, 장기적출을 목적으로 사람을 약취 또는 유인한 사람은 2년 이상 15년 이하의 징역에 처한다.
③국외에 이송할 목적으로 사람을 약취 또는 유인하거나 약취 또는 유인된 사람을 국외에 이송한 사람도 제2항과 동일한 형으로 처벌한다.
[전문개정 2013.4.5.]

第289條(인신매매) ①사람을 매매한 사람은 7년 이하의 징역에 처한다.
②추행, 간음, 결혼 또는 영리의 목적으로 사람을 매매한 사람은 1년 이상 10년 이하의 징역에 처한다.
③노동력 착취, 성매매와 성적 착취, 장기적출을 목적으로 사람을 매매한 사람은 2년 이상 15년 이하의 징역에 처한다.
④국외에 이송할 목적으로 사람을 매매하거나 매매된 사람을 국외로 이송한 사람도 제3항과 동일한 형으로 처벌한다.
[전문개정 2013.4.5.]

第290條(약취, 유인, 매매, 이송 등 상해·치상) ①제287조부터 제289조까지의 죄를 범하여 약취, 유인, 매매 또는 이송된 사람을 상해한 때에는 3년 이상 25년 이하의 징역에 처한다.
②제287조부터 제289조까지의 죄를 범하여 약취, 유인, 매매 또는 이송된 사람을 상해에 이르게 한 때에는 2년 이상 20년 이하의 징역에 처한다.
[전문개정 2013.4.5.]

第291條(약취, 유인, 매매, 이송 등 살인·치사) ①제287조부터 제289조까지의 죄를 범하여 약취, 유인, 매매 또는 이송된 사람을 살해한 때에는 사형, 무기 또는 7년 이상의 징역에 처한다.
②제287조부터 제289조까지의 죄를 범하여 약취, 유인, 매매 또는 이송된 사람을 사망에 이르게 한 때에는 무기 또는 5년 이상의 징역에 처한다.
[전문개정 2013.4.5.]

第292條(약취, 유인, 매매, 이송된 사람의 수수·은닉 등) ①제287조부터 제289조까지의 죄로 약취, 유인, 매매 또는 이송된 사람을 수수(授受) 또는 은닉한 사람은 7년 이하의 징역에 처한다.
②제287조부터 제289조까지의 죄를 범할 목적으로 사람을 모집, 운송, 전달한 사람도 제1항과 동일한 형으로 처벌한다.

[전문개정 2013.4.5.]

제293조 삭제 <2013.4.5.>

제294조(미수범) 제287조부터 제289조까지, 제290조제1항, 제291조제1항과 제292조제1항의 미수범은 처벌한다.
[전문개정 2013.4.5.]

제295조(벌금의 병과) 제288조부터 제291조까지, 제292조제1항의 죄와 그 미수범에 대하여는 5천만원 이하의 벌금을 병과할 수 있다.
[전문개정 2013.4.5.]

제295조의2(형의 감경) 제287조부터 제290조까지, 제292조와 제294조의 죄를 범한 사람이 약취, 유인, 매매 또는 이송된 사람을 안전한 장소로 풀어준 때에는 그 형을 감경할 수 있다.
[전문개정 2013.4.5.]

제296조(예비, 음모) 제287조부터 제289조까지, 제290조제1항, 제291조제1항과 제292조제1항의 죄를 범할 목적으로 예비 또는 음모한 사람은 3년 이하의 징역에 처한다.
[전문개정 2013.4.5.]

제296조의2(세계주의) 제287조부터 제292조까지 및 제294조는 대한민국 영역 밖에서 죄를 범한 외국인에게도 적용한다. [본조신설 2013.4.5.]

제32장 강간과 추행의 죄

제297조(강간) 폭행 또는 협박으로 사람을 강간한 자는 3년 이상의 유기징역에 처한다. <개정 2012.12.18.>

판례-강간미수·체포미수

[대법원 2018.2.28. 선고 2017도21249 판결]

【판시사항】
[1] 강간죄가 성립하기 위한 가해자의 폭행·협박이 있었는지 판단하는 방법
[2] 체포죄에서 말하는 '체포'의 의미 / 체포죄가 계속범인지 여부(적극) 및 체포죄의 기수 시기와 실행의 착수 시기

【판결요지】
[1] 강간죄가 성립하기 위한 가해자의 폭행·협박이 있었는지 여부는 폭행·협박의 내용과 정도는 물론 유형력을 행사하게 된 경위, 피해자와의 관계, 행위 당시와 그 후의 정황 등 모든 사정을 종합하여 피해자가 당시 처하였던 구체적인 상황을 기준으로 판단하여야 하며, 사후적으로 보아 피해자가 범행 현장을 벗어날 수 있었다거나 피해자가 사력을 다하여 반항하지 않았다는 사정만으로 가해자의 폭행·협박이 피해자의 항거를 현저히 곤란하게 할 정도에 이르지 않았다고 섣불리 단정하여서는 안 된다.
[2] 형법 제276조 제1항의 체포죄에서 말하는 '체포'는 사람의 신체에 대하여 직접적이고 현실적인 구속을 가하여 신체활동의 자유를 박탈하는 행위를 의미하는 것으로서 수단과 방법을 불문한다. 체포죄는 계속범으로서 체포의 행위에 확실히 사람의 신체의 자유를 구속한다고 인정할 수 있을 정도의 시간적 계속이 있어야 하나, 체포의 고의로써 타인의 신체적 활동의 자유를 현실적으로 침해하는 행위를 개시한 때 체포죄의 실행에 착수하였다고 볼 것이다.

제297조의2(유사강간) 폭행 또는 협박으로 사람에 대하여 구강, 항문 등 신체(성기는 제외한다)의 내부에 성기를 넣거나 성기, 항문에 손가락 등 신체(성기는 제외한다)의 일부 또는 도구를 넣는 행위를 한 사람은 2년 이상의 유기징역에 처한다.
[본조신설 2012.12.18.]

제298조(강제추행) 폭행 또는 협박으로 사람에 대하여 추행을 한 자는 10년 이하의 징역 또는 1천500만원 이하의 벌금에 처한다. <개정 1995.12.29.>

판례-아동·청소년의성보호에관한법률위반, 주거침입, 보호관찰명령

[대법원 2015.9.10. 선고 2015도6980, 2015모2524(병합) 판결]

【판시사항】

[1] 강제추행죄에서 '폭행'의 형태와 정도 및 '추행'의 의미와 판단 기준 / 추행의 고의로 폭행행위를 하여 실행행위에 착수하였으나 추행의 결과에 이르지 못한 경우, 강제추행미수죄가 성립하는지 여부(적극) 및 이러한 법리는 폭행행위 자체가 추행행위라고 인정되는 '기습추행'의 경우에도 마찬가지로 적용되는지 여부(적극)

[2] 피고인이 밤에 술을 마시고 배회하던 중 버스에서 내려 혼자 걸어가는 피해자 갑을 발견하고 마스크를 착용한 채 뒤따라가다가 인적이 없고 외진 곳에서 가까이 접근하여 껴안으려 하였으나, 갑이 뒤돌아보면서 소리치자 그 상태로 몇 초 동안 쳐다보다가 다시 오던 길로 되돌아갔다고 하여 아동·청소년의 성보호에 관한 법률 위반으로 기소된 사안에서, 피고인의 행위가 아동·청소년에 대한 강제추행미수죄에 해당한다고 한 사례

【판결요지】

[1] 강제추행죄는 상대방에 대하여 폭행 또는 협박을 가하여 항거를 곤란하게 한 뒤에 추행행위를 하는 경우뿐만 아니라 폭행행위 자체가 추행행위라고 인정되는 경우도 포함되며, 이 경우의 폭행은 반드시 상대방의 의사를 억압할 정도의 것일 필요는 없다. 추행은 객관적으로 일반인에게 성적 수치심이나 혐오감을 일으키게 하고 선량한 성적 도덕관념에 반하는 행위로서 피해자의 성적 자유를 침해하는 것을 말하며, 이에 해당하는지는 피해자의 의사, 성별, 연령, 행위자와 피해자의 이전부터의 관계, 행위에 이르게 된 경위, 구체적 행위태양, 주위의 객관적 상황과 그 시대의 성적 도덕관념 등을 종합적으로 고려하여 신중히 결정되어야 한다. 그리고 추행의 고의로 상대방의 의사에 반하는 유형력의 행사, 즉 폭행행위를 하여 실행행위에 착수하였으나 추행의 결과에 이르지 못한 때에는 강제추행미수죄가 성립하며, 이러한 법리는 폭행행위 자체가 추행행위라고 인정되는 이른바 '기습추행'의 경우에도 마찬가지로 적용된다.

[2] 피고인이 밤에 술을 마시고 배회하던 중 버스에서 내려 혼자 걸어가는 피해자 갑(여, 17세)을 발견하고 마스크를 착용한 채 뒤따라가다가 인적이 없고 외진 곳에서 가까이 접근하여 껴안으려 하였으나, 갑이 뒤돌아보면서 소리치자 그 상태로 몇 초 동안 쳐다보다가 다시 오던 길로 되돌아갔다고 하여 아동·청소년의 성보호에 관한 법률 위반으로 기소된 사안에서, 피고인과 갑의 관계, 갑의 연령과 의사, 행위에 이르게 된 경위와 당시 상황, 행위 후 갑의 반응 및 행위가 갑에게 미친 영향 등을 고려하여 보면, 피고인은 갑을 추행하기 위해 뒤따라간 것으로 추행의 고의를 인정할 수 있고, 피고인이 가까이 접근하여 갑자기 뒤에서 껴안는 행위는 일반인에게 성적 수치심이나 혐오감을 일으키게 하고 선량한 성적 도덕관념에 반하는 행위로서 갑의 성적 자유를 침해하는 행위여서 그 자체로 이른바 '기습추행' 행위로 볼 수 있으므로, 피고인의 팔이 갑의 몸에 닿지 않았더라도 양팔을 높이 들어 갑자기 뒤에서 껴안으려는 행위는 갑의 의사에 반하는 유형력의 행사로서 폭행행위에 해당하며, 그때 '기습추행'에 관한 실행의 착수가 있는데, 마침 갑이 뒤돌아보면서 소리치는 바람에 몸을 껴안는 추행의 결과에 이르지 못하고 미수에 그쳤으므로, 피고인의 행위는 아동·청소년에 대한 강제추행미수죄에 해당한다고 한 사례.

제299조(준강간, 준강제추행) 사람의 심신상실 또는 항거불능의 상태를 이용하여 간음 또는 추행을 한 자는 제297조, 제297조의2 및 제298조의 예에 의한다. <개정 2012.12.18.>

제300조(미수범) 제297조, 제297조의2, 제298조 및 제299조의 미수범은 처벌한다. <개정 2012.12.18.>

제301조(강간 등 상해 · 치상) 제297조, 제297조의2 및 제298조부터 제300조까지의 죄를 범한 자가 사람을 상해하거나 상해에 이르게 한 때에는 무기 또는 5년 이상의 징역에 처한다. <개정 2012.12.18.>
[전문개정 1995.12.29.]

제301조의2(강간등 살인 · 치사) 제297조, 제297조의2 및 제298조부터 제300조까지의 죄를 범한 자가 사람을 살해한 때에는 사형 또는 무기징역에 처한다. 사망에 이르게 한 때에는 무기 또는 10년 이상의 징역에 처한다. <개정 2012.12.18.>
[본조신설 1995.12.29.]

제302조(미성년자 등에 대한 간음) 미성년자 또는 심신미약자에 대하여 위계 또는 위력으로써 간음 또는 추행을 한 자는 5년 이하의 징역에 처한다.

제303조(업무상위력 등에 의한 간음)
①업무, 고용 기타 관계로 인하여 자기의 보호 또는 감독을 받는 사람에 대하여 위계 또는 위력으로써 간음한 자는 7년 이하의 징역 또는 3천만원 이하의 벌금에 처한다.<개정 1995.12.29., 2012.12.18., 2018.10.16.>
②법률에 의하여 구금된 사람을 감호하는 자가 그 사람을 간음한 때에는 10년 이하의 징역에 처한다.<개정 2012.12.18., 2018.10.16.>

제304조 삭제 <2012.12.18.>

제305조(미성년자에 대한 간음, 추행)
①13세 미만의 사람에 대하여 간음 또는 추행을 한 자는 제297조, 제297조의2, 제298조, 제301조 또는 제301조의2의 예에 의한다. <개정 1995.12.29., 2012.12.18., 2020.5.19.>
②13세 이상 16세 미만의 사람에 대하여 간음 또는 추행을 한 19세 이상의 자는 제297조, 제297조의2, 제298조, 제301조 또는 제301조의2의 예에 의한다. <신설 2020.5.19.>

판례-미성년자의제강제추행

[대법원 2008.7.10, 선고, 2006도2520, 판결]

【판시사항】
[1] 성추행 피해 아동이 한 진술의 신빙성 유무를 판단하는 방법
[2] 사진제시에 의한 범인식별 절차에서 피해자 진술의 신빙성을 높이기 위한 절차적 요건

【판결요지】
[1] 증거로 제출된 성추행 피해 아동이 검찰에서 한 진술의 신빙성을 판단함에 있어서는, 아동의 경우 질문자에 의한 피암시성이 강하고, 상상과 현실을 혼동하거나 기억내용의 출처를 제대로 인식하지 못할 가능성이 있는 점 등을 고려하여, 아동의 나이가 얼마나 어린지, 그 진술이 사건 발생시로부터 얼마나 지난 후에 이루어진 것인지, 사건 발생 후 그러한 진술이 이루어지기까지의 과정에서 최초로 아동의 피해 사실을 청취한 보호자나 수사관들이 편파적인 예단을 가지고 아동에게 사실이 아닌 정보를 주거나 반복적인 신문 등을 통하여 특정한 답변을 유도하는 등으로 아동 기억에 변형을 가져 올 여지는 없었는지, 그 진술 당시 질문자에 의하여 오도될 수 있는 암시적인 질문이 반복된 것은 아닌지, 같이 신문을 받은 또래 아

동의 진술에 영향을 받은 것은 아닌지, 면담자로부터 영향을 받지 않은 아동 자신의 진술이 이루어진 것인지, 법정에서는 피해사실에 대하여 어떠한 진술을 하고 있는지 등을 살펴보아야 하며, 또한 검찰에서의 진술내용에 있어서도 일관성이 있고 명확한지, 세부내용의 묘사가 풍부한지, 사건·사물·가해자에 대한 특징적인 부분에 관한 묘사가 있는지, 정형화된 사건 이상의 정보를 포함하고 있는지 등도 종합적으로 검토하여야 한다.
[2] 범인식별 절차에서 피해자 진술의 신빙성을 높게 평가할 수 있게 하려면, 범인의 인상착의 등에 관한 목격자의 진술 내지 묘사를 사전에 상세히 기록화한 다음, 용의자를 포함하여 그와 인상착의가 비슷한 여러 사람을 동시에 목격자와 대면시켜 범인을 지목하도록 하여야 하고, 용의자와 목격자 및 비교대상자들이 상호 사전에 접촉하지 못하도록 하여야 하며, 사후에 증거가치를 평가할 수 있도록 대질 과정과 결과를 문자와 사진 등으로 서면화하는 등의 조치를 취하여야 하고, 사진제시에 의한 범인식별 절차에 있어서도 기본적으로 이러한 원칙에 따라야 한다.

제305조의2(상습범) 상습으로 제297조, 제297조의2, 제298조부터 제300조까지, 제302조, 제303조 또는 제305조의 죄를 범한 자는 그 죄에 정한 형의 2분의 1까지 가중한다. <개정 2012.12.18.>
[본조신설 2010.4.15.]

제305조의3(예비, 음모) 제297조, 제297조의2, 제299조(준강간죄에 한정한다), 제301조(강간 등 상해죄에 한정한다) 및 제305조의 죄를 범할 목적으로 예비 또는 음모한 사람은 3년 이하의 징역에 처한다. [본조신설 2020.5.19.]

제306조 삭제 <2012.12.18.>

제33장 명예에 관한 죄

제307조(명예훼손) ①공연히 사실을 적시하여 사람의 명예를 훼손한 자는 2년 이하의 징역이나 금고 또는 500만원 이하의 벌금에 처한다. <개정 1995.12.29.>
②공연히 허위의 사실을 적시하여 사람의 명예를 훼손한 자는 5년 이하의 징역, 10년 이하의 자격정지 또는 1천만원 이하의 벌금에 처한다. <개정 1995.12.29.>

제308조(사자의 명예훼손) 공연히 허위의 사실을 적시하여 사자의 명예를 훼손한 자는 2년 이하의 징역이나 금고 또는 500만원 이하의 벌금에 처한다.
<개정 1995.12.29.>

제309조(출판물 등에 의한 명예훼손)
①사람을 비방할 목적으로 신문, 잡지 또는 라디오 기타 출판물에 의하여 제307조제1항의 죄를 범한 자는 3년 이하의 징역이나 금고 또는 700만원 이하의 벌금에 처한다. <개정 1995.12.29.>
②제1항의 방법으로 제307조제2항의 죄를 범한 자는 7년 이하의 징역, 10년 이하의 자격정지 또는 1천500만원 이하의 벌금에 처한다. <개정 1995.12.29.>

제310조(위법성의 조각) 제307조제1항의 행위가 진실한 사실로서 오로지 공공의 이익에 관한 때에는 처벌하지 아니한다.

제311조(모욕) 공연히 사람을 모욕한 자는 1년 이하의 징역이나 금고 또는 200만원 이하의 벌금에 처한다. <개정 1995.12.29.>

판례-모욕

[대법원 2015.9.10, 선고, 2015도2229, 판결]

【판시사항】
[1] 모욕죄에서 말하는 '모욕'의 의미 / 상대방의 인격적 가치에 대한 사회적 평가를 저하시킬 만한 것이 아닌 표현이 다소 무례한 방법으로 표시된 경우, 모욕죄 구성요건에 해당하는지 여부(소극)
[2] 아파트 입주자대표회의 감사인 피고인이 관리소장 甲의 업무처리에 항의하기 위해 관리소장실을 방문한 자리에서 甲과 언쟁을 하다가 "야, 이따위로 일할래.", "나이 처먹은 게 무슨 자랑이냐."라고 말한 사안에서, 피고인의 발언은 상대방을 불쾌하게 할 수 있는 무례하고 저속한 표현이기는 하지만 객관적으로 甲의 인격적 가치에 대한 사회적 평가를 저하시킬 만한 모욕적 언사에 해당하지 않는다고 한 사례

【판결요지】
[1] 형법 제311조의 모욕죄는 사람의 가치에 대한 사회적 평가를 의미하는 외부적 명예를 보호법익으로 하는 범죄로서, 모욕죄에서 말하는 모욕이란 사실을 적시하지 아니하고 사람의 사회적 평가를 저하시킬 만한 추상적 판단이나 경멸적 감정을 표현하는 것을 의미한다. 따라서 어떠한 표현이 상대방의 인격적 가치에 대한 사회적 평가를 저하시킬 만한 것이 아니라면 표현이 다소 무례한 방법으로 표시되었다 하더라도 모욕죄의 구성요건에 해당한다고 볼 수 없다.
[2] 아파트 입주자대표회의 감사인 피고인이 관리소장 甲의 외부특별감사에 관한 업무처리에 항의하기 위해 관리소장실을 방문한 자리에서 甲과 언쟁을 하다가 "야, 이따위로 일할래.", "나이 처먹은 게 무슨 자랑이냐."라고 말한 사안에서, 피고인과 甲의 관계, 피고인이 발언을 하게 된 경위와 발언의 횟수, 발언의 의미와 전체적인 맥락, 발언을 한 장소와 발언 전후의 정황 등에 비추어 볼 때, 피고인의 발언은 상대방을 불쾌하게 할 수 있는 무례하고 저속한 표현이기는 하지만 객관적으로 甲의 인격적 가치에 대한 사회적 평가를 저하시킬 만한 모욕적 언사에 해당하지 않는다고 한 사례.

제312조(고소와 피해자의 의사) ①제308조와 제311조의 죄는 고소가 있어야 공소를 제기할 수 있다. <개정 1995.12.29.>
②제307조와 제309조의 죄는 피해자의 명시한 의사에 반하여 공소를 제기할 수 없다. <개정 1995.12.29.>

제34장 신용, 업무와 경매에 관한 죄

제313조(신용훼손) 허위의 사실을 유포하거나 기타 위계로써 사람의 신용을 훼손한 자는 5년 이하의 징역 또는 1천500만원 이하의 벌금에 처한다. <개정 1995.12.29.>

제314조(업무방해) ①제313조의 방법 또는 위력으로써 사람의 업무를 방해한 자는 5년 이하의 징역 또는 1천500만원 이하의 벌금에 처한다. <개정 1995.12.29.>
②컴퓨터등 정보처리장치 또는 전자기록등 특수매체기록을 손괴하거나 정보처리장치에 허위의 정보 또는 부정한 명령을 입력하거나 기타 방법으로 정보처리에 장애를 발생하게 하여 사람의 업무를 방해한 자도 제1항의 형과 같다. <신설 1995.12.29.>

제315조(경매, 입찰의 방해) 위계 또는 위력 기타 방법으로 경매 또는 입찰의 공정을 해한 자는 2년 이하의 징역 또는 700만원 이하의 벌금에 처한다. <개정 1995.12.29.>

제35장 비밀침해의 죄

제316조(비밀침해) ①봉함 기타 비밀장치한 사람의 편지, 문서 또는 도화를 개봉한 자는 3년 이하의 징역이나 금고 또는 500만원 이하의 벌금에 처한다. <개정 1995.12.29.>
②봉함 기타 비밀장치한 사람의 편지, 문서, 도화 또는 전자기록등 특수매체기록을 기술적 수단을 이용하여 그 내용을 알아낸 자도 제1항의 형과 같다. <신설 1995.12.29.>

제317조(업무상비밀누설) ①의사, 한의사, 치과의사, 약제사, 약종상, 조산사, 변호사, 변리사, 공인회계사, 공증인, 대서업자나 그 직무상 보조자 또는 차등의 직에 있던 자가 그 직무처리중 지득한 타인의 비밀을 누설한 때에는 3년 이하의 징역이나 금고, 10년 이하의 자격정지 또는 700만원 이하의 벌금에 처한다. <개정 1995.12.29., 1997.12.13.>
②종교의 직에 있는 자 또는 있던 자가 그 직무상 지득한 사람의 비밀을 누설한 때에도 전항의 형과 같다.

제318조(고소) 본장의 죄는 고소가 있어야 공소를 제기할 수 있다.
<개정 1995.12.29.>

제36장 주거침입의 죄

제319조(주거침입, 퇴거불응) ①사람의 주거, 관리하는 건조물, 선박이나 항공기 또는 점유하는 방실에 침입한 자는 3년 이하의 징역 또는 500만원 이하의 벌금에 처한다. <개정 1995.12.29.>
②전항의 장소에서 퇴거요구를 받고 응하지 아니한 자도 전항의 형과 같다.

제320조(특수주거침입) 단체 또는 다중의 위력을 보이거나 위험한 물건을 휴대하여 전조의 죄를 범한 때에는 5년 이하의 징역에 처한다.

제321조(주거 · 신체 수색) 사람의 신체, 주거, 관리하는 건조물, 자동차, 선박이나 항공기 또는 점유하는 방실을 수색한 자는 3년 이하의 징역에 처한다. <개정 1995.12.29.>

제322조(미수범) 본장의 미수범은 처벌한다.

제37장 권리행사를 방해하는 죄

제323조(권리행사방해) 타인의 점유 또는 권리의 목적이 된 자기의 물건 또는 전자기록등 특수매체기록을 취거, 은닉 또는 손괴하여 타인의 권리행사를 방해한 자는 5년 이하의 징역 또는 700만원 이하의 벌금에 처한다. <개정 1995.12.29.>

판례-사기·업무상횡령·권리행사방해

[대법원 2017.5.30., 선고, 2017도4578, 판결]

【판시사항】
자기의 소유가 아닌 물건이 권리행사방해죄의 객체가 될 수 있는지 여부(소극) / 권리행사방해죄의 공범으로 기소된 물건의 소유자에게 고의가 없는 등으로 범죄가 성립하지 않는 경우, 물건의 소유자가 아닌 사람이 권리행사방해죄의 공동정범이 될 수 있는지 여부(소극)

【판결요지】

형법 제323조의 권리행사방해죄는 타인의 점유 또는 권리의 목적이 된 자기의 물건을 취거, 은닉 또는 손괴하여 타인의 권리행사를 방해함으로써 성립하므로 그 취거, 은닉 또는 손괴한 물건이 자기의 물건이 아니라면 권리행사방해죄가 성립할 수 없다.
물건의 소유자가 아닌 사람은 형법 제33조 본문에 따라 소유자의 권리행사방해 범행에 가담한 경우에 한하여 그의 공범이 될 수 있을 뿐이다. 그러나 권리행사방해죄의 공범으로 기소된 물건의 소유자에게 고의가 없는 등으로 범죄가 성립하지 않는다면 공동정범이 성립할 여지가 없다.

제324조(강요) ①폭행 또는 협박으로 사람의 권리행사를 방해하거나 의무없는 일을 하게 한 자는 5년 이하의 징역 또는 3천만원 이하의 벌금에 처한다. <개정 1995.12.29., 2016.1.6.>
② 단체 또는 다중의 위력을 보이거나 위험한 물건을 휴대하여 제1항의 죄를 범한 자는 10년 이하의 징역 또는 5천만원 이하의 벌금에 처한다. <신설 2016.1.6.>

제324조의2(인질강요) 사람을 체포·감금·약취 또는 유인하여 이를 인질로 삼아 제3자에 대하여 권리행사를 방해하거나 의무없는 일을 하게 한 자는 3년 이상의 유기징역에 처한다.
[본조신설 1995.12.29.]

제324조의3(인질상해 · 치상) 제324조의2의 죄를 범한 자가 인질을 상해하거나 상해에 이르게 한 때에는 무기 또는 5년 이상의 징역에 처한다.
[본조신설 1995.12.29.]

제324조의4(인질살해 · 치사) 제324조의2의 죄를 범한 자가 인질을 살해한 때에는 사형 또는 무기징역에 처한다. 사망에 이르게 한 때에는 무기 또는 10년 이상의 징역에 처한다.
[본조신설 1995.12.29.]

제324조의5(미수범) 제324조 내지 제324조의4의 미수범은 처벌한다.
[본조신설 1995.12.29.]

제324조의6(형의 감경) 제324조의2 또는 제324조의3의 죄를 범한 자 및 그 죄의 미수범이 인질을 안전한 장소로 풀어준 때에는 그 형을 감경할 수 있다.
[본조신설 1995.12.29.]

제325조(점유강취, 준점유강취) ①폭행 또는 협박으로 타인의 점유에 속하는 자기의 물건을 강취한 자는 7년 이하의 징역 또는 10년 이하의 자격정지에 처한다.
②타인의 점유에 속하는 자기의 물건을 취거함에 당하여 그 탈환을 항거하거나 체포를 면탈하거나 죄적을 인멸할 목적으로 폭행 또는 협박을 가한 때에도 전항의 형과 같다.
③전 2항의 미수범은 처벌한다.

제325조(점유강취, 준점유강취) ①폭행 또는 협박으로 타인의 점유에 속하는 자기의 물건을 강취(强取)한 자는 7년 이하의 징역 또는 10년 이하의 자격정지에 처한다.
②타인의 점유에 속하는 자기의 물건을 취거(取去)하는 과정에서 그 물건의 탈환에 항거하거나 체포를 면탈하거나 범죄의 흔적을 인멸할 목적으로 폭행 또는 협박한 때에도 제1항의 형에 처한다.
③제1항과 제2항의 미수범은 처벌한다.
[전문개정 2020.12.8.]
[시행일 : 2021.12.9.] 제325조

제326조(중권리행사방해) 제324조 또는 제325조의 죄를 범하여 사람의 생명에 대한 위험을

발생하게 한 자는 10년 이하의 징역에 처한다. <개정 1995.12.29.>

제327조(강제집행면탈) 강제집행을 면할 목적으로 재산을 은닉, 손괴, 허위양도 또는 허위의 채무를 부담하여 채권자를 해한 자는 3년 이하의 징역 또는 1천만원 이하의 벌금에 처한다. <개정 1995.12.29.>

제328조(친족간의 범행과 고소) ①직계혈족, 배우자, 동거친족, 동거가족 또는 그 배우자간의 제323조의 죄는 그 형을 면제한다. <개정 2005.3.31.>
②제1항이외의 친족간에 제323조의 죄를 범한 때에는 고소가 있어야 공소를 제기할 수 있다. <개정 1995.12.29.>
③전 2항의 신분관계가 없는 공범에 대하여는 전 이항을 적용하지 아니한다.

제38장 절도와 강도의 죄

제329조(절도) 타인의 재물을 절취한 자는 6년 이하의 징역 또는 1천만원 이하의 벌금에 처한다. <개정 1995.12.29.>

제330조(야간주거침입절도) 야간에 사람의 주거, 간수하는 저택, 건조물이나 선박 또는 점유하는 방실에 침입하여 타인의 재물을 절취한 자는 10년 이하의 징역에 처한다.

제330조(야간주거침입절도) 야간에 사람의 주거, 관리하는 건조물, 선박, 항공기 또는 점유하는 방실(房室)에 침입하여 타인의 재물을 절취(竊取)한 자는 10년 이하의 징역에 처한다.
[전문개정 2020.12.8.]
[시행일 : 2021.12.9.] 제330조

제331조(특수절도) ①야간에 문호 또는 장벽 기타 건조물의 일부를 손괴하고 전조의 장소에 침입하여 타인의 재물을 절취한 자는 1년 이상 10년 이하의 징역에 처한다.
②흉기를 휴대하거나 2인 이상이 합동하여 타인의 재물을 절취한 자도 전항의 형과 같다.

제331조(특수절도) ①야간에 문이나 담 그 밖의 건조물의 일부를 손괴하고 제330조의 장소에 침입하여 타인의 재물을 절취한 자는 1년 이상 10년 이하의 징역에 처한다.
②흉기를 휴대하거나 2명 이상이 합동하여 타인의 재물을 절취한 자도 제1항의 형에 처한다.
[전문개정 2020.12.8.]
[시행일 : 2021.12.9.] 제331조

제331조의2(자동차등 불법사용) 권리자의 동의없이 타인의 자동차, 선박, 항공기 또는 원동기장치자전차를 일시 사용한 자는 3년 이하의 징역, 500만원 이하의 벌금, 구류 또는 과료에 처한다.
[본조신설 1995.12.29.]

제332조(상습범) 상습으로 제329조 내지 제331조의2의 죄를 범한 자는 그 죄에 정한 형의 2분의 1까지 가중한다. <개정 1995.12.29.>

제333조(강도) 폭행 또는 협박으로 타인의 재물을 강취하거나 기타 재산상의 이익을 취득하거나 제삼자로 하여금 이를 취득하게 한 자는 3년 이상의 유기징역에 처한다.

제334조(특수강도) ①야간에 사람의 주거, 관리하는 건조물, 선박이나 항공기 또는 점유

하는 방실에 침입하여 제333조의 죄를 범한 자는 무기 또는 5년 이상의 징역에 처한다. <개정 1995.12.29.>
②흉기를 휴대하거나 2인 이상이 합동하여 전조의 죄를 범한 자도 전항의 형과 같다.

제335조(준강도) 절도가 재물의 탈환을 항거하거나 체포를 면탈하거나 죄적을 인멸할 목적으로 폭행 또는 협박을 가한 때에는 전2조의 예에 의한다.

제335조(준강도) 절도가 재물의 탈환에 항거하거나 체포를 면탈하거나 범죄의 흔적을 인멸할 목적으로 폭행 또는 협박한 때에는 제333조 및 제334조의 예에 따른다.
[전문개정 2020.12.8.]
[시행일 : 2021.12.9.] 제335조

제336조(인질강도) 사람을 체포·감금·약취 또는 유인하여 이를 인질로 삼아 재물 또는 재산상의 이익을 취득하거나 제3자로 하여금 이를 취득하게 한 자는 3년 이상의 유기징역에 처한다.
[전문개정 1995.12.29.]

제335조(준강도) 절도가 재물의 탈환에 항거하거나 체포를 면탈하거나 범죄의 흔적을 인멸할 목적으로 폭행 또는 협박한 때에는 제333조 및 제334조의 예에 따른다.
[전문개정 2020.12.8.]
[시행일 : 2021.12 9.] 제335조

제337조(강도상해, 치상) 강도가 사람을 상해하거나 상해에 이르게 한때에는 무기 또는 7년 이상의 징역에 처한다. <개정 1995.12.29.>

제338조(강도살인 · 치사) 강도가 사람을 살해한 때에는 사형 또는 무기징역에 처한다. 사망에 이르게 한 때에는 무기 또는 10년 이상의 징역에 처한다.
[전문개정 1995.12.29.]

제339조(강도강간) 강도가 사람을 강간한 때에는 무기 또는 10년 이상의 징역에 처한다. <개정 2012.12.18.>

제340조(해상강도) ①다중의 위력으로 해상에서 선박을 강취하거나 선박내에 침입하여 타인의 재물을 강취한 자는 무기 또는 7년 이상의 징역에 처한다.
②제1항의 죄를 범한 자가 사람을 상해하거나 상해에 이르게 한때에는 무기 또는 10년 이상의 징역에 처한다. <개정 1995.12.29.>
③제1항의 죄를 범한 자가 사람을 살해 또는 사망에 이르게 하거나 강간한 때에는 사형 또는 무기징역에 처한다. <개정 1995.12.29., 2012.12.18.>

제341조(상습범) 상습으로 제333조, 제334조, 제336조 또는 전조제1항의 죄를 범한 자는 무기 또는 10년 이상의 징역에 처한다.

제342조(미수범) 제329조 내지 제341조의 미수범은 처벌한다.
[전문개정 1995.12.29.]

제343조(예비, 음모) 강도할 목적으로 예비 또는 음모한 자는 7년 이하의 징역에 처한다.

제344조(친족간의 범행) 제328조의 규정은 제329조 내지 제332조의 죄 또는 미수범에 준용한다.

제345조(자격정지의 병과) 본장의 죄를 범하여 유기징역에 처할 경우에는 10년 이하의 자격정지를 병과할 수 있다.

제346조(동력) 본장의 죄에 있어서 관리할 수 있는 동력은 재물로 간주한다.

제39장 사기와 공갈의 죄

제347조(사기) ①사람을 기망하여 재물의 교부를 받거나 재산상의 이익을 취득한 자는 10년 이하의 징역 또는 2천만원 이하의 벌금에 처한다. <개정 1995.12.29.>
②전항의 방법으로 제삼자로 하여금 재물의 교부를 받게 하거나 재산상의 이익을 취득하게 한 때에도 전항의 형과 같다.

판례-특정경제범죄가중처벌등에관한법률위반(사기)·사문서위조·위조사문서행사
[대법원 2017.9.26., 선고, 2017도8449, 판결]

【판시사항】
사기죄의 성립요건 / 사기죄의 피해자가 법인이나 단체인 경우, 기망행위로 인한 착오, 인과관계 등이 있었는지 판단하는 기준이 되는 자(=대표 등 최종 의사결정권자 또는 내부적인 권한 위임 등에 따라 실질적으로 법인의 의사를 결정하고 처분을 할 권한을 가지고 있는 사람) / 피해자 법인이나 단체의 대표자 또는 실질적으로 의사결정을 하는 최종결재권자 등이 기망행위자와 동일인이거나 기망행위자와 공모하는 등 기망행위임을 알고 있었던 경우, 사기죄가 성립하는지 여부(소극) / 피해자 법인이나 단체의 업무를 처리하는 실무자인 일반 직원이나 구성원 등이 기망행위임을 알고 있었으나, 그 대표자 또는 실질적으로 의사결정을 하는 최종결재권자 등이 기망행위임을 알지 못한 채 착오에 빠져 처분행위에 이른 경우, 피해자 법인에 대한 사기죄가 성립하는지 여부(적극)

【판결요지】
사기죄는 타인을 기망하여 착오에 빠뜨리고 그로 인하여 피기망자(기망행위의 상대방)가 처분행위를 하도록 유발하여 재물 또는 재산상의 이익을 얻음으로써 성립하는 범죄이다. 따라서 사기죄가 성립하려면 행위자의 기망행위, 피기망자의 착오와 그에 따른 처분행위, 그리고 행위자 등의 재물이나 재산상 이익의 취득이 있고, 그 사이에 순차적인 인과관계가 존재하여야 한다. 그리고 사기죄의 피해자가 법인이나 단체인 경우에 기망행위로 인한 착오, 인과관계 등이 있었는지는 법인이나 단체의 대표 등 최종 의사결정권자 또는 내부적인 권한 위임 등에 따라 실질적으로 법인의 의사를 결정하고 처분을 할 권한을 가지고 있는 사람을 기준으로 판단하여야 한다. 따라서 피해자 법인이나 단체의 대표자 또는 실질적으로 의사결정을 하는 최종결재권자 등이 기망행위자와 동일인이거나 기망행위자와 공모하는 등 기망행위임을 알고 있었던 경우에는 기망행위로 인한 착오가 있다고 볼 수 없고, 재물 교부 등의 처분행위가 있었더라도 기망행위와 인과관계가 있다고 보기 어렵다. 이러한 경우에는 사안에 따라 업무상횡령죄 또는 업무상배임죄 등이 성립하는 것은 별론으로 하고 사기죄가 성립한다고 볼 수 없다.
반면에 피해자 법인이나 단체의 업무를 처리하는 실무자인 일반 직원이나 구성원 등이 기망행위임을 알고 있었더라도, 피해자 법인이나 단체의 대표자 또는 실질적으로 의사결정을 하는 최종결재권자 등이 기망행위임을 알지 못한 채 착오에 빠져 처분행위에 이른 경우라면, 피해자 법인에 대한 사기죄의 성립에 영향이 없다.

제347조의2(컴퓨터등 사용사기) 컴퓨터등 정보처리장치에 허위의 정보 또는 부정한 명령을

입력하거나 권한 없이 정보를 입력·변경하여 정보처리를 하게 함으로써 재산상의 이익을 취득하거나 제3자로 하여금 취득하게 한 자는 10년 이하의 징역 또는 2천만원 이하의 벌금에 처한다.
[전문개정 2001.12.29.]

제348조(준사기) ①미성년자의 지려천박 또는 사람의 심신장애를 이용하여 재물의 교부를 받거나 재산상의 이익을 취득한 자는 10년 이하의 징역 또는 2천만원 이하의 벌금에 처한다. <개정 1995.12.29.>
②전항의 방법으로 제삼자로 하여금 재물의 교부를 받게 하거나 재산상의 이익을 취득하게 한 때에도 전항의 형과 같다.

제348조(준사기) ①미성년자의 사리분별력 부족 또는 사람의 심신장애를 이용하여 재물을 교부받거나 재산상 이익을 취득한 자는 10년 이하의 징역 또는 2천만원 이하의 벌금에 처한다.
②제1항의 방법으로 제3자로 하여금 재물을 교부받게 하거나 재산상 이익을 취득하게 한 경우에도 제1항의 형에 처한다.
[전문개정 2020.12.8.]
[시행일 : 2021.12.9.] 제348조

제348조의2(편의시설부정이용) 부정한 방법으로 대가를 지급하지 아니하고 자동판매기, 공중전화 기타 유료자동설비를 이용하여 재물 또는 재산상의 이익을 취득한 자는 3년 이하의 징역, 500만원 이하의 벌금, 구류 또는 과료에 처한다.
[본조신설 1995.12.29.]

제349조(부당이득) ①사람의 궁박한 상태를 이용하여 현저하게 부당한 이익을 취득한 자는 3년 이하의 징역 또는 1천만원 이하의 벌금에 처한다. <개정 1995.12.29.>
②전항의 방법으로 제삼자로 하여금 부당한 이익을 취득하게 한 때에도 전항의 형과 같다.

제349조(부당이득) ①사람의 곤궁하고 절박한 상태를 이용하여 현저하게 부당한 이익을 취득한 자는 3년 이하의 징역 또는 1천만원 이하의 벌금에 처한다.
②제1항의 방법으로 제3자로 하여금 부당한 이익을 취득하게 한 경우에도 제1항의 형에 처한다.
[전문개정 2020.12.8.]
[시행일 : 2021.12.9.] 제349조

제350조(공갈) ①사람을 공갈하여 재물의 교부를 받거나 재산상의 이익을 취득한 자는 10년 이하의 징역 또는 2천만원 이하의 벌금에 처한다. <개정 1995.12.29.>
②전항의 방법으로 제삼자로 하여금 재물의 교부를 받게 하거나 재산상의 이익을 취득하게 한 때에도 전항의 형과 같다.

제350조의2(특수공갈) 단체 또는 다중의 위력을 보이거나 위험한 물건을 휴대하여 제350조의 죄를 범한 자는 1년 이상 15년 이하의 징역에 처한다.
[본조신설 2016.1.6.]

제351조(상습범) 상습으로 제347조 내지 전조의 죄를 범한 자는 그 죄에 정한 형의 2분의 1까지 가중한다.

제352조(미수범) 제347조 내지 제348조의2, 제350조, 제350조의2와 제351조의 미수범은 처벌한다. <개정 2016.1.6.>
[전문개정 1995.12.29.]

제353조(자격정지의 병과) 본장의 죄에는 10년 이하의 자격정지를 병과할 수 있다.

제354조(친족간의 범행, 동력) 제328조와 제346조의 규정은 본장의 죄에 준용한다.

제40장 횡령과 배임의 죄

제355조(횡령, 배임) ①타인의 재물을 보관하는 자가 그 재물을 횡령하거나 그 반환을 거부한 때에는 5년 이하의 징역 또는 1천500만원 이하의 벌금에 처한다. <개정 1995.12.29.>
②타인의 사무를 처리하는 자가 그 임무에 위배하는 행위로써 재산상의 이익을 취득하거나 제삼자로 하여금 이를 취득하게 하여 본인에게 손해를 가한 때에도 전항의 형과 같다.

판례-배임

[대법원 2016.4.29., 선고, 2015도5665, 판결]

【판시사항】
타인에 대한 채무의 담보로 제3채무자에 대한 채권에 대하여 권리질권을 설정하고, 질권설정자가 제3채무자에게 질권설정의 사실을 통지하거나 제3채무자가 이를 승낙한 상태에서, 질권설정자가 질권자의 동의 없이 제3채무자에게서 질권의 목적인 채권의 변제를 받은 경우, 질권자에 대한 관계에서 배임죄가 성립하는지 여부(소극)

【판결요지】
타인에 대한 채무의 담보로 제3채무자에 대한 채권에 대하여 권리질권을 설정한 경우 질권설정자는 질권자의 동의 없이 질권의 목적된 권리를 소멸하게 하거나 질권자의 이익을 해하는 변경을 할 수 없다(민법 제352조). 또한 질권설정자가 제3채무자에게 질권설정의 사실을 통지하거나 제3채무자가 이를 승낙한 때에는 제3채무자가 질권자의 동의 없이 질권의 목적인 채무를 변제하더라도 이로써 질권자에게 대항할 수 없고, 질권자는 여전히 제3채무자에 대하여 직접 채무의 변제를 청구하거나 변제할 금액의 공탁을 청구할 수 있다(민법 제353조 제2항, 제3항). 그러므로 이러한 경우 질권설정자가 질권의 목적인 채권의 변제를 받았다고 하여 질권자에 대한 관계에서 타인의 사무를 처리하는 자로서 임무에 위배하는 행위를 하여 질권자에게 손해를 가하거나 손해 발생의 위험을 초래하였다고 할 수 없고, 배임죄가 성립하지도 않는다.

제356조(업무상의 횡령과 배임) 업무상의 임무에 위배하여 제355조의 죄를 범한 자는 10년 이하의 징역 또는 3천만원 이하의 벌금에 처한다. <개정 1995.12.29.>

제357조(배임수증재) ①타인의 사무를 처리하는 자가 그 임무에 관하여 부정한 청탁을 받고 재물 또는 재산상의 이익을 취득하거나 제3자로 하여금 이를 취득하게 한 때에는 5년 이하의 징역 또는 1천만원 이하의 벌금에 처한다. <개정 2016.5.29.>
②제1항의 재물 또는 이익을 공여한 자는 2년 이하의 징역 또는 500만원 이하의 벌금에 처한다. <개정 1995.12.29.>
③범인 또는 정(情)을 아는 제3자가 취득한 제1항의 재물은 몰수한다. 그 재물을 몰수하기 불가능하거나 재산상의 이익을 취득한 때에는 그 가액을 추징한다. <개정 2016.5.29.>
[제목개정 2016.5.29.]

제357조(배임수증재) ①타인의 사무를 처리하는 자가 그 임무에 관하여 부정한 청탁을 받고 재물 또는 재산상의 이익을 취득하거나 제3자로 하여금 이를 취득하게 한 때에는 5년 이하의 징역 또는 1천만원 이하의 벌금에 처한다. <개정 2016.5.29.>
②제1항의 재물 또는 재산상 이익을 공여한 자는 2년 이하의 징역 또는 500만원 이하의 벌금에 처한다. <개정 2020.12.8.>

③법인 또는 그 사정을 아는 제3자가 취득한 제1항의 재물은 몰수한다. 그 재물을 몰수하기 불가능하거나 재산상의 이익을 취득한 때에는 그 가액을 추징한다. <개정 2016.5.29., 2020.12.8.>
[제목개정 2016.5.29.]
[시행일 : 2021.12.9.] 제357조

제358조(자격정지의 병과) 전3조의 죄에는 10년 이하의 자격정지를 병과할 수 있다.

제359조(미수범) 제355조 내지 제357조의 미수범은 처벌한다.

제360조(점유이탈물횡령) ①유실물, 표류물 또는 타인의 점유를 이탈한 재물을 횡령한 자는 1년 이하의 징역이나 300만원 이하의 벌금 또는 과료에 처한다. <개정 1995.12.29.>
②매장물을 횡령한 자도 전항의 형과 같다.

제361조(친족간의 범행, 동력) 제328조와 제346조의 규정은 본장의 죄에 준용한다.

제41장 장물에 관한 죄

제362조(장물의 취득, 알선 등) ①장물을 취득, 양도, 운반 또는 보관한 자는 7년 이하의 징역 또는 1천500만원 이하의 벌금에 처한다. <개정 1995.12.29.>
②전항의 행위를 알선한 자도 전항의 형과 같다.

판례-사기·장물취득·외국환거래법위반

[대법원 2011.4.28., 선고, 2010도15350, 판결]

【판시사항】
[1] 장물죄에서 본범이 되는 범죄행위에 대하여 우리 형법이 적용되지 않는 경우, 그에 관한 법적 평가 기준 및 '장물'에 해당하기 위한 요건
[2] 횡령죄에서 재물의 타인성 등과 관련된 법률관계에 외국적 요소가 있는 경우, 소유권 귀속관계 등의 판단 기준
[3] 대한민국 국민 또는 외국인이 미국 캘리포니아주에서 미국 리스회사와 미국 캘리포니아주의 법에 따라 차량 이용에 관한 리스계약을 체결하였는데, 이후 자동차수입업자인 피고인이 리스기간 중 위 리스이용자들이 임의로 처분한 위 차량들을 수입한 사안에서, 피고인에게 장물취득죄를 인정한 원심판단의 결론을 정당하다고 한 사례

【판결요지】
[1] '장물'이라 함은 재산죄인 범죄행위에 의하여 영득된 물건을 말하는 것으로서 절도·강도·사기·공갈·횡령 등 영득죄에 의하여 취득된 물건이어야 한다. 여기에서의 범죄행위는 절도죄 등 본범의 구성요건에 해당하는 위법한 행위일 것을 요한다. 그리고 본범의 행위에 관한 법적 평가는 그 행위에 대하여 우리 형법이 적용되지 아니하는 경우에도 우리 형법을 기준으로 하여야 하고 또한 이로써 충분하므로, 본범의 행위가 우리 형법에 비추어 절도죄 등의 구성요건에 해당하는 위법한 행위라고 인정되는 이상 이에 의하여 영득된 재물은 장물에 해당한다.
[2] 횡령죄가 성립하기 위하여는 그 주체가 '타인의 재물을 보관하는 자'이어야 하고, 타인의 재물인가 또는 그 재물을 보관하는가의 여부는 민법·상법 기타의 민사실체법에 의하여 결정되어야 한다. 따라서 타인의 재물인가 등과 관련된 법률관계에 당사자의 국적·주소, 물건 소재지, 행위지 등이 외국과 밀접하게 관련되어 있어서 국제사법 제1조 소정의 외국적 요소가 있는 경우에는 다른 특별한 사정이 없는 한 국제사법의 규정에 좇아 정하여지는 준거법을 1차적인 기준으로 하여 당해 재물의 소유권의 귀속관계 등을 결정하여야 한다.
[3] 대한민국 국민 또는 외국인이 미국 캘리포니아주에서 미국 리스회사와 미국 캘리포니아주

의 법에 따라 차량 이용에 관한 리스계약을 체결하면서 준거법에 관하여는 별도로 약정하지 아니하였는데, 이후 자동차수입업자인 피고인이 리스기간 중 위 리스이용자들이 임의로 처분한 리스계약의 목적물인 차량들을 수입한 사안에서, 국제사법에 따라 위 리스계약에 적용될 준거법인 미국 캘리포니아주의 법에 의하면, 위 차량들의 소유권은 리스회사에 속하고, 리스이용자는 일정 기간 차량의 점유·사용의 권한을 이전받을 뿐이어서(미국 캘리포니아주 상법 제10103조 제a항 제10호도 참조), 리스이용자들은 리스회사에 대한 관계에서 위 차량들에 관한 보관자로서의 지위에 있으므로, 위 차량들을 임의로 처분한 행위는 형법상 횡령죄의 구성요건에 해당하는 위법한 행위로 평가되고 이에 의하여 영득된 위 차량들은 장물에 해당한다는 이유로, 피고인에게 장물취득죄를 인정한 원심판단의 결론을 정당하다고 한 사례.

제363조(상습범) ①상습으로 전조의 죄를 범한 자는 1년 이상 10년 이하의 징역에 처한다.
②제1항의 경우에는 10년 이하의 자격정지 또는 1천500만원 이하의 벌금을 병과할 수 있다. <개정 1995.12.29.>

제364조(업무상과실, 중과실) 업무상과실 또는 중대한 과실로 인하여 제362조의 죄를 범한 자는 1년 이하의 금고 또는 500만원 이하의 벌금에 처한다. <개정 1995.12.29.>

제365조(친족간의 범행) ①전3조의 죄를 범한 자와 피해자간에 제328조제1항, 제2항의 신분관계가 있는 때에는 동조의 규정을 준용한다.
②전3조의 죄를 범한 자와 본범간에 제328조제1항의 신분관계가 있는 때에는 그 형을 감경 또는 면제한다. 단, 신분관계가 없는 공범에 대하여는 예외로 한다.

제42장 손괴의 죄

제366조(재물손괴등) 타인의 재물, 문서 또는 전자기록등 특수매체기록을 손괴 또는 은닉 기타 방법으로 기 효용을 해한 자는 3년이하의 징역 또는 700만원 이하의 벌금에 처한다. <개정 1995.12.29.>

제367조(공익건조물파괴) 공익에 공하는 건조물을 파괴한 자는 10년 이하의 징역 또는 2천만원 이하의 벌금에 처한다. <개정 1995.12.29.>

제368조(중손괴) ①전2조의 죄를 범하여 사람의 생명 또는 신체에 대하여 위험을 발생하게 한 때에는 1년 이상 10년 이하의 징역에 처한다.
②제366조 또는 제367조의 죄를 범하여 사람을 상해에 이르게 한 때에는 1년 이상의 유기징역에 처한다. 사망에 이르게 한 때에는 3년 이상의 유기징역에 처한다. <개정 1995.12.29.>

제369조(특수손괴) ①단체 또는 다중의 위력을 보이거나 위험한 물건을 휴대하여 제366조의 죄를 범한 때에는 5년 이하의 징역 또는 1천만원 이하의 벌금에 처한다. <개정 1995.12.29.>
②제1항의 방법으로 제367조의 죄를 범한 때에는 1년 이상의 유기징역 또는 2천만원 이하의 벌금에 처한다. <개정 1995.12.29.>

제370조(경계침범) 경계표를 손괴, 이동 또는 제거하거나 기타 방법으로 토지의 경계를 인식 불능하게 한 자는 3년 이하의 징역 또는 500만원 이하의 벌금에 처한다. <개정 1995.12.29.>

제371조(미수범) 제366조, 제367조와 제369조의 미수범은 처벌한다.

제372조(동력) 본장의 죄에는 제346조를 준용한다.

부칙

<제17511호, 2020.10.20.>

이 법은 공포한 날부터 시행한다.

형사소송법

제1편 총　칙

제2편 제1심

제3편 상　소

제4편 특별소송절차

형사소송법

[시행 2021.1.1.]
[법률 제16924호, 2020.2.4, 일부개정]

제1편 총칙
제1장 법원의 관할

제1조(관할의 직권조사) 법원은 직권으로 관할을 조사하여야 한다.

제2조(관할위반과 소송행위의 효력)
소송행위는 관할위반인 경우에도 그 효력에 영향이 없다.

제3조(관할구역 외에서의 집무)
①법원은 사실발견을 위하여 필요하거나 긴급을 요하는 때에는 관할구역 외에서 직무를 행하거나 사실조사에 필요한 처분을 할 수 있다.
②전항의 규정은 수명법관에게 준용한다.

제4조(토지관할) ①토지관할은 범죄지, 피고인의 주소, 거소 또는 현재지로 한다.
②국외에 있는 대한민국 선박 내에서 범한 죄에 관하여는 전항에 규정한 곳 외에 선적지 또는 범죄 후의 선착지로 한다.
③전항의 규정은 국외에 있는 대한민국 항공기 내에서 범한 죄에 관하여 준용한다.

판례-직권남용권리행사방해·업무방해·공무상비밀누설·선박안전법위반교사

[대법원 2015.10.15, 선고, 2015도1803, 판결]

【판시사항】
형사사건의 관할을 결정하는 기준 / 제1심 형사사건에 관한 지방법원 본원과 지방법원 지원 사이의 관할의 분배가 소송법상 토지관할의 분배에 해당하는지 여부(적극) / 지방법원 지원에 제1심 형사사건 토지관할이 인정된다는 사정만으로 당연히 지방법원 본원에 제1심 토지관할이 인정되는지 여부(원칙적 소극)

【판결요지】
형사사건의 관할은 심리의 편의와 사건의 능률적 처리라는 절차적 요구뿐만 아니라 피고인의 출석과 방어권 행사의 편의라는 방어상의 이익도 충분히 고려하여 결정하여야 하고, 특히 자의적 사건처리를 방지하기 위하여 법률에 규정된 추상적 기준에 따라 획일적으로 결정하여야 한다. 이에 따라 각급 법원의 설치와 관할구역에 관한 법률 제4조 제1호 [별표 3]은 지방법원 본원과 지방법원 지원의 관할구역을 대등한 입장에서 서로 겹치지 않게 구분하여 규정하고 있다. 따라서 제1심 형사사건에 관하여 지방법원 본원과 지방법원 지원은 소송법상 별개의 법원이자 각각 일정한 토지관할 구역을 나누어 가지는 대등한 관계에 있으므로, 지방법원 본원과 지방법원 지원 사이의 관할의 분배도 지방법원 내부의 사법행정사무로서 행해진 지방법원 본원과 지원 사이의 단순한 사무분배에 그치는 것이 아니라 소송법상 토지관할의 분배에 해당한다. 그러므로 형사소송법 제4조에 의하여 지방법원 본원에 제1심 토지관할이 인정된다고 볼 특별한 사정이 없는 한, 지방법원 지원에 제1심 토지관할이 인정된다는 사정만으로 당연히 지방법원 본원에도 제1심 토지관할이 인정된다고 볼 수는 없다.

제5조(토지관할의 병합) 토지관할을 달리하는 수개의 사건이 관련된 때에는 1개의 사건에

관하여 관할권 있는 법원은 다른 사건까지 관할할 수 있다.

제6조(토지관할의 병합심리) 토지관할을 달리하는 수개의 관련사건이 각각 다른 법원에 계속된 때에는 공통되는 직근 상급법원은 검사 또는 피고인의 신청에 의하여 결정으로 1개 법원으로 하여금 병합심리하게 할 수 있다.

제6조(토지관할의 병합심리) 토지관할이 다른 여러 개의 관련사건이 각각 다른 법원에 계속된 때에는 공통되는 바로 위의 상급법원은 검사나 피고인의 신청에 의하여 결정(決定)으로 한 개 법원으로 하여금 병합심리하게 할 수 있다.
[전문개정 2020.12.8.]
[시행일 : 2021.12.9.] 제6조

제7조(토지관할의 심리분리) 토지관할을 달리하는 수개의 관련사건이 동일법원에 계속된 경우에 병합심리의 필요가 없는 때에는 법원은 결정으로 이를 분리하여 관할권 있는 다른 법원에 이송할 수 있다.

제8조(사건의 직권이송) ①법원은 피고인이 그 관할구역 내에 현재하지 아니하는 경우에 특별한 사정이 있으면 결정으로 사건을 피고인의 현재지를 관할하는 동급 법원에 이송할 수 있다.
②단독판사의 관할사건이 공소장변경에 의하여 합의부 관할사건으로 변경된 경우에 법원은 결정으로 관할권이 있는 법원에 이송한다. <신설 1995.12.29.>

제9조(사물관할의 병합) 사물관할을 달리하는 수개의 사건이 관련된 때에는 법원합의부는 병합관할한다. 단, 결정으로 관할권 있는 법원단독판사에게 이송할 수 있다.

제10조(사물관할의 병합심리) 사물관할을 달리하는 수개의 관련사건이 각각 법원합의부와 단독판사에 계속된 때에는 합의부는 결정으로 단독판사에 속한 사건을 병합하여 심리할 수 있다.

제11조(관련사건의 정의) 관련사건은 다음과 같다.
1. 1인이 범한 수죄
2. 수인이 공동으로 범한 죄
3. 수인이 동시에 동일장소에서 범한 죄
4. 범인은닉죄, 증거인멸죄, 위증죄, 허위감정통역죄 또는 장물에 관한 죄와 그 본범의 죄

제12조(동일사건과 수개의 소송계속)
동일사건이 사물관할을 달리하는 수개의 법원에 계속된 때에는 법원합의부가 심판한다.

제13조(관할의 경합) 동일사건이 사물관할을 같이하는 수개의 법원에 계속된 때에는 먼저 공소를 받은 법원이 심판한다. 단, 각 법원에 공통되는 직근 상급법원은 검사 또는 피고인의 신청에 의하여 결정으로 뒤에 공소를 받은 법원으로 하여금 심판하게 할 수 있다.

제13조(관할의 경합) 같은 사건이 사물관할이 같은 여러 개의 법원에 계속된 때에는 먼저 공소를 받은 법원이 심판한다. 다만, 각 법원에 공통되는 바로 위의 상급법원은 검사나 피고인의 신청에 의하여 결정으로 뒤에 공소를 받은 법원으로 하여금 심판하게 할 수 있다.
[전문개정 2020.12.8.]
[시행일 : 2021.12.9.] 제13조

제14조(관할지정의 청구) 검사는 다음 경우에는 관계있는 제1심법원에 공통되는 직근 상급법원에 관할지정을 신청하여야 한다.
1. 법원의 관할이 명확하지 아니한 때
2. 관할위반을 선고한 재판이 확정된 사건에 관하여 다른 관할법원이 없는 때

제14조(관할지정의 청구) 검사는 다음 각 호의 경우 관계있는 제1심법원에 공통되는 바로 위의 상급법원에 관할지정을 신청하여야 한다.
1. 법원의 관할이 명확하지 아니한 때
2. 관할위반을 선고한 재판이 확정된 사건에 관하여 다른 관할법원이 없는 때
[전문개정 2020.12.8.]
[시행일 : 2021.12.9.] 제14조

제15조(관할이전의 신청) 검사는 다음 경우에는 직근 상급법원에 관할이전을 신청하여야 한다. 피고인도 이 신청을 할 수 있다.
1. 관할법원이 법률상의 이유 또는 특별한 사정으로 재판권을 행할 수 없는 때
2. 범죄의 성질, 지방의 민심, 소송의 상황 기타 사정으로 재판의 공평을 유지하기 어려운 염려가 있는 때

제16조(관할의 지정 또는 이전신청의 방식)
①관할의 지정 또는 이전을 신청함에는 그 사유를 기재한 신청서를 직근 상급법원에 제출하여야 한다.
②공소를 제기한 후 관할의 지정 또는 이전을 신청하는 때에는 즉시 공소를 접수한 법원에 통지하여야 한다.

제16조(관할의 지정 또는 이전 신청의 방식) ①관할의 지정 또는 이전을 신청하려면 그 사유를 기재한 신청서를 바로 위의 상급법원에 제출하여야 한다.
②공소를 제기한 후 관할의 지정 또는 이전을 신청할 때에는 즉시 공소를 접수한 법원에 통지하여야 한다.
[전문개정 2020.12.8.]
[시행일 : 2021.12.9.] 제16조

제16조의2(사건의 군사법원 이송)
법원은 공소가 제기된 사건에 대하여 군사법원이 재판권을 가지게 되었거나 재판권을 가졌음이 판명된 때에는 결정으로 사건을 재판권이 있는 같은 심급의 군사법원으로 이송한다. 이 경우에 이송전에 행한 소송행위는 이송후에도 그 효력에 영향이 없다. <개정 1987.11.28.>
[본조신설 1973.1.25.]

제2장 법원직원의 제척, 기피, 회피

제17조(제척의 원인) 법관은 다음 경우에는 직무집행에서 제척된다. <개정 2005.3.31.>
1. 법관이 피해자인 때
2. 법관이 피고인 또는 피해자의 친족 또는 친족관계가 있었던 자인 때
3. 법관이 피고인 또는 피해자의 법정대리인, 후견감독인인 때
4. 법관이 사건에 관하여 증인, 감정인, 피해자의 대리인으로 된 때
5. 법관이 사건에 관하여 피고인의 대리인, 변호인, 보조인으로 된 때
6. 법관이 사건에 관하여 검사 또는 사법경찰관의 직무를 행한 때
7. 법관이 사건에 관하여 전심재판 또는 그 기초되는 조사, 심리에 관여한 때

제17조(제척의 원인) 법관은 다음 경우에는 직무집행에서 제척된다. <개정 2005.3.31.,

2020.12.8.>
1. 법관이 피해자인 때
2. 법관이 피고인 또는 피해자의 친족 또는 친족관계가 있었던 자인 때
3. 법관이 피고인 또는 피해자의 법정대리인, 후견감독인인 때
4. 법관이 사건에 관하여 증인, 감정인, 피해자의 대리인으로 된 때
5. 법관이 사건에 관하여 피고인의 대리인, 변호인, 보조인으로 된 때
6. 법관이 사건에 관하여 검사 또는 사법경찰관의 직무를 행한 때
7. 법관이 사건에 관하여 전심재판 또는 그 기초되는 조사, 심리에 관여한 때
8. 법관이 사건에 관하여 피고인의 변호인이거나 피고인·피해자의 대리인인 법무법인, 법무법인(유한), 법무조합, 법률사무소, 「외국법자문사법」 제2조제9호에 따른 합작법무법인에서 퇴직한 날부터 2년이 지나지 아니한 때
9. 법관이 피고인인 법인·기관·단체에서 임원 또는 직원으로 퇴직한 날부터 2년이 지나지 아니한 때
[시행일 : 2021.6.9.] 제17조제8호, 제17조제9호

제18조(기피의 원인과 신청권자)
①검사 또는 피고인은 다음 경우에 법관의 기피를 신청할 수 있다.
1. 법관이 전조 각 호의 사유에 해당되는 때
2. 법관이 불공평한 재판을 할 염려가 있는 때
②변호인은 피고인의 명시한 의사에 반하지 아니하는 때에 한하여 법관에 대한 기피를 신청할 수 있다.

판례-공무집행방해·폭력행위등 처벌에 관한 법률 위반(공동상해)

[대법원 2013.9.12, 선고, 2011도12918, 판결]

【판시사항】
범죄 피해자인 검사 또는 압수·수색영장의 집행에 참여한 검사가 관여한 수사의 적법 여부

【판결요지】
범죄의 피해자인 검사가 그 사건의 수사에 관여하거나, 압수·수색영장의 집행에 참여한 검사가 다시 수사에 관여하였다는 이유만으로 바로 그 수사가 위법하다거나 그에 따른 참고인이나 피의자의 진술에 임의성이 없다고 볼 수는 없다.

제19조(기피신청의 관할) ①합의법원의 법관에 대한 기피는 그 법관의 소속법원에 신청하고 수명법관, 수탁판사 또는 단독판사에 대한 기피는 당해 법관에게 신청하여야 한다.
②기피사유는 신청한 날로부터 3일 이내에 서면으로 소명하여야 한다.

제20조(기피신청기각과 처리) ①기피신청이 소송의 지연을 목적으로 함이 명백하거나 제19조의 규정에 위배된 때에는 신청을 받은 법원 또는 법관은 결정으로 이를 기각한다. <개정 1995.12.29.>
②기피당한 법관은 전항의 경우를 제한 외에는 지체없이 기피신청에 대한 의견서를 제출하여야 한다.
③전항의 경우에 기피당한 법관이 기피의 신청을 이유있다고 인정하는 때에는 그 결정이 있은 것으로 간주한다.

제21조(기피신청에 대한 재판) ①기피신청에 대한 재판은 기피당한 법관의 소속법원합의부에서 결정으로 하여야 한다.
②기피당한 법관은 전항의 결정에 관여하지 못한다.
③기피당한 판사의 소속법원이 합의부를 구성하지 못하는 때에는 직근 상급법원이 결정하여야 한다.

제22조(기피신청과 소송의 정지) 기피신청이 있는 때에는 제20조제1항의 경우를 제한 외에는 소송진행을 정지하여야 한다. 단, 급속을 요하는 경우에는 예외로 한다.

제23조(기피신청기각과 즉시항고)
①기피신청을 기각한 결정에 대하여는 즉시항고를 할 수 있다.
②제20조제1항의 기각결정에 대한 즉시항고는 재판의 집행을 정지하는 효력이 없다.
<신설 1995.12.29.>

제24조(회피의 원인 등) ①법관이 제18조의 규정에 해당하는 사유가 있다고 사료한 때에는 회피하여야 한다.
②회피는 소속법원에 서면으로 신청하여야 한다.
③제21조의 규정은 회피에 준용한다.

제25조(법원사무관등에 대한 제척 · 기피 · 회피) ①본장의 규정은 제17조제7호의 규정을 제한 외에는 법원서기관·법원사무관·법원주사 또는 법원주사보(이하 "법원사무관등"이라 한다)와 통역인에 준용한다. <개정 2007.6.1.>
②전항의 법원사무관등과 통역인에 대한 기피재판은 그 소속법원이 결정으로 하여야 한다. 단, 제20조제1항의 결정은 기피당한 자의 소속법관이 한다. <개정 2007.6.1.>
[제목개정 2007.6.1.]

제3장 소송행위의 대리와 보조

제26조(의사무능력자와 소송행위의 대리)
「형법」 제9조 내지 제11조의 규정의 적용을 받지 아니하는 범죄사건에 관하여 피고인 또는 피의자가 의사능력이 없는 때에는 그 법정대리인이 소송행위를 대리한다. <개정 2007.6.1.>

판례-도로교통법위반·도로교통법위반(음주운전)(미성년자의 음주운전과 법정대리인의 채혈 동의 사건)

[대법원 2014.11.13, 선고, 2013도1228, 판결]

【판시사항】
음주운전과 관련한 도로교통법 위반죄의 범죄수사를 위하여 미성년자인 피의자의 혈액채취가 필요한 경우, 법정대리인이 의사능력 없는 피의자를 대리하여 채혈에 관한 동의를 할 수 있는지 여부(원칙적 소극)

【판결요지】
형사소송법상 소송능력이란 소송당사자가 유효하게 소송행위를 할 수 있는 능력, 즉 피고인 또는 피의자가 자기의 소송상의 지위와 이해관계를 이해하고 이에 따라 방어행위를 할 수 있는 의사능력을 의미하는데, 피의자에게 의사능력이 있으면 직접 소송행위를 하는 것이 원칙이고, 피의자에게 의사능력이 없는 경우에는 형법 제9조 내지 제11조의 규정의 적용을 받지 아니하는 범죄사건에 한하여 예외적으로 법정대리인이 소송행위를 대리할 수 있다(형사소송법 제26조). 따라서 음주운전과 관련한 도로교통법 위반죄의 범죄수사를 위하여 미성년자인 피의자의 혈액채취가 필요한 경우에도 피의자에게 의사능력이 있다면 피의자 본인만이 혈액채취에 관한 유효한 동의를 할 수 있고, 피의자에게 의사능력이 없는 경우에도 명문의 규정이 없는 이상 법정대리인이 피의자를 대리하여 동의할 수는 없다.

제27조(법인과 소송행위의 대표) ①피고인 또는 피의자가 법인인 때에는 그 대표자가

소송행위를 대표한다.
②수인이 공동하여 법인을 대표하는 경우에도 소송행위에 관하여는 각자가 대표한다.

第28條(소송행위의 특별대리인) ①전2조의 규정에 의하여 피고인을 대리 또는 대표할 자가 없는 때에는 법원은 직권 또는 검사의 청구에 의하여 특별대리인을 선임하여야 하며 피의자를 대리 또는 대표할 자가 없는 때에는 법원은 검사 또는 이해관계인의 청구에 의하여 특별대리인을 선임하여야 한다.
②특별대리인은 피고인 또는 피의자를 대리 또는 대표하여 소송행위를 할 자가 있을 때까지 그 임무를 행한다.

第29條(보조인) ①피고인 또는 피의자의 법정대리인, 배우자, 직계친족과 형제자매는 보조인이 될 수 있다. <개정 2005.3.31.>
②보조인이 될 수 있는 자가 없거나 장애 등의 사유로 보조인으로서 역할을 할 수 없는 경우에는 피고인 또는 피의자와 신뢰관계 있는 자가 보조인이 될 수 있다. <신설 2015.7.31.>
③보조인이 되고자 하는 자는 심급별로 그 취지를 신고하여야 한다. <개정 2007.6.1., 2015.7.31.>
④보조인은 독립하여 피고인 또는 피의자의 명시한 의사에 반하지 아니하는 소송행위를 할 수 있다. 단, 법률에 다른 규정이 있는 때에는 예외로 한다. <개정 2015.7.31.>

제4장 변호

第30條(변호인선임권자) ①피고인 또는 피의자는 변호인을 선임할 수 있다.
②피고인 또는 피의자의 법정대리인, 배우자, 직계친족과 형제자매는 독립하여 변호인을 선임할 수 있다. <개정 2005.3.31.>

第31條(변호인의 자격과 특별변호인)
변호인은 변호사 중에서 선임하여야 한다. 단, 대법원 이외의 법원은 특별한 사정이 있으면 변호사 아닌 자를 변호인으로 선임함을 허가할 수 있다.

第32條(변호인선임의 효력) ①변호인의 선임은 심급마다 변호인과 연명날인한 서면으로 제출하여야 한다.
②공소제기 전의 변호인 선임은 제1심에도 그 효력이 있다.

第32條의2(대표변호인) ①수인의 변호인이 있는 때에는 재판장은 피고인·피의자 또는 변호인의 신청에 의하여 대표변호인을 지정할 수 있고 그 지정을 철회 또는 변경할 수 있다.
②제1항의 신청이 없는 때에는 재판장은 직권으로 대표변호인을 지정할 수 있고 그 지정을 철회 또는 변경할 수 있다.
③대표변호인은 3인을 초과할 수 없다.
④대표변호인에 대한 통지 또는 서류의 송달은 변호인 전원에 대하여 효력이 있다.
⑤제1항 내지 제4항의 규정은 피의자에게 수인의 변호인이 있는 때에 검사가 대표변호인을 지정하는 경우에 이를 준용한다.
[본조신설 1995.12.29.]

第33條(국선변호인) ①다음 각 호의 어느 하나에 해당하는 경우에 변호인이 없는 때에는 법원은 직권으로 변호인을 선정하여야 한다.
1. 피고인이 구속된 때

2. 피고인이 미성년자인 때
3. 피고인이 70세 이상인 때
4. 피고인이 농아자인 때
5. 피고인이 심신장애의 의심이 있는 때
6. 피고인이 사형, 무기 또는 단기 3년 이상의 징역이나 금고에 해당하는 사건으로 기소된 때
②법원은 피고인이 빈곤 그 밖의 사유로 변호인을 선임할 수 없는 경우에 피고인의 청구가 있는 때에는 변호인을 선정하여야 한다.
③법원은 피고인의 연령·지능 및 교육 정도 등을 참작하여 권리보호를 위하여 필요하다고 인정하는 때에는 피고인의 명시적 의사에 반하지 아니하는 범위 안에서 변호인을 선정하여야 한다.
[전문개정 2006.7.19.]

제33조(국선변호인) ①다음 각 호의 어느 하나에 해당하는 경우에 변호인이 없는 때에는 법원은 직권으로 변호인을 선정하여야 한다. <개정 2020.12.8.>
1. 피고인이 구속된 때
2. 피고인이 미성년자인 때
3. 피고인이 70세 이상인 때
4. 피고인이 듣거나 말하는 데 모두 장애가 있는 사람인 때
5. 피고인이 심신장애가 있는 것으로 의심되는 때
6. 피고인이 사형, 무기 또는 단기 3년 이상의 징역이나 금고에 해당하는 사건으로 기소된 때
②법원은 피고인이 빈곤이나 그 밖의 사유로 변호인을 선임할 수 없는 경우에 피고인이 청구하면 변호인을 선정하여야 한다. <개정 2020.12.8.>
③법원은 피고인의 나이·지능 및 교육 정도 등을 참작하여 권리보호를 위하여 필요하다고 인정하면 피고인의 명시적 의사에 반하지 아니하는 범위에서 변호인을 선정하여야 한다. <개정 2020.12.8.>
[전문개정 2006.7.19.]
[시행일 : 2021.12.9.] 제33조

판례-모욕·폭행·상해·명예훼손

[대법원 2015.12.23, 선고, 2015도9951, 판결]

【판시사항】
[1] 헌법상 보장되는 '변호인의 조력을 받을 권리'의 의미 및 피고인에게 국선변호인의 조력을 받을 권리를 보장하여야 할 국가의 의무에 국선변호인의 실질적 조력을 받을 수 있도록 할 의무가 포함되는지 여부(적극)
[2] 공소사실 자체로 보아 어느 피고인에 대한 유리한 변론이 다른 피고인에게 불리한 결과를 초래하는 경우, 공동피고인들 사이에 이해가 상반되는지 여부(적극) / 이해가 상반된 피고인들 중 어느 피고인이 법무법인을 변호인으로 선임하고, 법무법인이 담당변호사를 지정하였는데 법원이 담당변호사 중 1인 또는 수인을 다른 피고인을 위한 국선변호인으로 선정한 경우, 국선변호인의 조력을 받을 피고인의 권리를 침해하는지 여부(적극)

【판결요지】
[1] 헌법상 보장되는 '변호인의 조력을 받을 권리'는 변호인의 '충분한 조력'을 받을 권리를 의미하므로, 피고인에게 국선변호인의 조력을 받을 권리를 보장하여야 할 국가의 의무에는 피고인이 국선변호인의 실질적 조력을 받을 수 있도록 할 의무가 포함된다.
[2] 공소사실 기재 자체로 보아 어느 피고인에 대한 유리한 변론이 다른 피고인에게는 불리한 결과를 초래하는 경우 공동피고인들 사이에 이해가 상반된다. 이해가 상반된 피고인들 중 어느 피고인이 법무법인을 변호인으로 선임하고, 법무법인이 담당변호사를 지정하였을 때, 법원이 담당변호사 중 1인 또는 수인을 다른 피고인을 위한 국선변호인으로 선정한다면, 국

선변호인으로 선정된 변호사는 이해가 상반된 피고인들 모두에게 유리한 변론을 하기 어렵다. 결국 이로 인하여 다른 피고인은 국선변호인의 실질적 조력을 받을 수 없게 되고, 따라서 국선변호인 선정은 국선변호인의 조력을 받을 피고인의 권리를 침해하는 것이다.

제34조(피고인, 피의자와의 접견, 교통, 수진)
변호인 또는 변호인이 되려는 자는 신체구속을 당한 피고인 또는 피의자와 접견하고 서류 또는 물건을 수수할 수 있으며 의사로 하여금 진료하게 할 수 있다.

제34조(피고인·피의자와의 접견, 교통, 진료) 변호인이나 변호인이 되려는 자는 신체가 구속된 피고인 또는 피의자와 접견하고 서류나 물건을 수수(授受)할 수 있으며 의사로 하여금 피고인이나 피의자를 진료하게 할 수 있다.
[전문개정 2020.12.8.]
[시행일 : 2021.12.9.] 제34조

제35조(서류·증거물의 열람·복사)
①피고인과 변호인은 소송계속 중의 관계 서류 또는 증거물을 열람하거나 복사할 수 있다. <개정 2016.5.29.>
②피고인의 법정대리인, 제28조에 따른 특별대리인, 제29조에 따른 보조인 또는 피고인의 배우자·직계친족·형제자매로서 피고인의 위임장 및 신분관계를 증명하는 문서를 제출한 자도 제1항과 같다.
③재판장은 피해자, 증인 등 사건관계인의 생명 또는 신체의 안전을 현저히 해칠 우려가 있는 경우에는 제1항 및 제2항에 따른 열람·복사에 앞서 사건관계인의 성명 등 개인정보가 공개되지 아니하도록 보호조치를 할 수 있다. <신설 2016.5.29.>
④제3항에 따른 개인정보 보호조치의 방법과 절차, 그 밖에 필요한 사항은 대법원규칙으로 정한다. <신설 2016.5.29.>
[전문개정 2007.6.1.]
[제목개정 2016.5.29.]

제36조(변호인의 독립소송행위권)
변호인은 독립하여 소송행위를 할 수 있다. 단, 법률에 다른 규정이 있는 때에는 예외로 한다.

제5장 재판

제37조(판결, 결정, 명령) ①판결은 법률에 다른 규정이 없으면 구두변론에 의거하여야 한다.
②결정 또는 명령은 구두변론에 의거하지 아니 할 수 있다.
③결정 또는 명령을 함에 필요한 경우에는 사실을 조사할 수 있다.
④전항의 조사는 부원에게 명할 수 있고 다른 지방법원의 판사에게 촉탁할 수 있다.

제37조(판결, 결정, 명령) ①판결은 법률에 다른 규정이 없으면 구두변론(口頭辯論)을 거쳐서 하여야 한다.
②결정이나 명령은 구두변론을 거치지 아니할 수 있다.
③결정이나 명령을 할 때 필요하면 사실을 조사할 수 있다.
④제3항의 조사는 부원(部員)에게 명할 수 있고 다른 지방법원의 판사에게 촉탁할 수 있다.
[전문개정 2020.12.8.]
[시행일 : 2021.12.9.] 제37조

판례-강간

[대법원 2015.12.10, 선고, 2015도11696, 판결]

【판시사항】

[1] 검사의 항소이유가 실질적으로 구두변론을 거쳐 심리되지 않았다고 평가될 경우, 항소심법원이 검사의 항소이유 주장을 받아들여 피고인에게 불리하게 제1심판결을 변경할 수 있는지 여부(소극)

[2] 검사가 일부 유죄, 일부 무죄가 선고된 제1심판결 전부에 대하여 항소하면서 유죄 부분에 대하여 항소이유를 주장하지 아니한 경우, 항소심이 제1심판결의 형보다 중한 형을 선고할 수 있는지 여부(소극) / 이러한 법리는 검사가 항소장이나 법정기간 내에 제출된 항소이유서에서 유죄 부분에 대하여 양형부당 주장을 하였으나 실질적으로 구두변론을 거쳐 심리되지 아니한 경우에도 마찬가지로 적용되는지 여부(적극)

【판결요지】

[1] 공판중심주의를 실현하고 이를 통하여 피고인의 방어권을 실질적으로 보장하기 위하여 마련된 형사소송법 제37조 제1항, 제275조의3, 제285조, 제286조 제1항, 제287조, 제370조, 형사소송규칙 제156조의3 제1항, 제2항, 제156조의4, 제156조의7에 비추어 볼 때, 검사가 공판정에서 구두변론을 통해 항소이유를 주장하지 않았고 피고인도 그에 대한 적절한 방어권을 행사하지 못하는 등 검사의 항소이유가 실질적으로 구두변론을 거쳐 심리되지 않았다고 평가될 경우, 항소심법원이 검사의 항소이유 주장을 받아들여 피고인에게 불리하게 제1심판결을 변경하는 것은 허용되지 않는다.

[2] 검사가 일부 유죄, 일부 무죄가 선고된 제1심판결 전부에 대하여 항소하면서 유죄 부분에 대하여는 아무런 항소이유도 주장하지 않은 경우에는, 유죄 부분에 대하여 법정기간 내에 항소이유서를 제출하지 않은 것이 되고, 그 경우 설령 제1심의 양형이 가벼워 부당하다 하더라도 그와 같은 사유는 형사소송법 제361조의4 제1항 단서의 직권조사사유나 같은 법 제364조 제2항의 직권심판사항에 해당하지 않으므로, 항소심이 제1심판결의 형보다 중한 형을 선고하는 것은 허용되지 않는데, 이러한 법리는 검사가 유죄 부분에 대하여 아무런 항소이유를 주장하지 않은 경우뿐만 아니라 검사가 항소장이나 법정기간 내에 제출된 항소이유서에서 유죄 부분에 대하여 양형부당 주장을 하였으나, 항소이유 주장이 실질적으로 구두변론을 거쳐 심리되지 아니한 경우에도 마찬가지로 적용된다.

제38조(재판서의 방식) 재판은 법관이 작성한 재판서에 의하여야 한다. 단, 결정 또는 명령을 고지하는 경우에는 재판서를 작성하지 아니하고 조서에만 기재하여 할 수 있다.

제39조(재판의 이유) 재판에는 이유를 명시하여야 한다. 단, 상소를 불허하는 결정 또는 명령은 예외로 한다.

제40조(재판서의 기재요건) ①재판서에는 법률에 다른 규정이 없으면 재판을 받는 자의 성명, 연령, 직업과 주거를 기재하여야 한다.
②재판을 받는 자가 법인인 때에는 그 명칭과 사무소를 기재하여야 한다.
③판결서에는 기소한 검사와 공판에 관여한 검사의 관직, 성명과 변호인의 성명을 기재하여야 한다. <개정 2011.7.18.>

제41조(재판서의 서명 등) ①재판서에는 재판한 법관이 서명날인하여야 한다.
②재판장이 서명날인할 수 없는 때에는 다른 법관이 그 사유를 부기하고 서명날인하여야 하며 다른 법관이 서명날인할 수 없는 때에는 재판장이 그 사유를 부기하고 서명날인하여야 한다.
③판결서 기타 대법원규칙이 정하는 재판서를 제외한 재판서에 대하여는 제1항 및 제2항의 서명날인에 갈음하여 기명날인할 수 있다. <신설 1995.12.29.>

제42조(재판의 선고, 고지의 방식)
재판의 선고 또는 고지는 공판정에서는 재판서에 의하여야 하고 기타의 경우에는 재판서 등본의 송달 또는 다른 적당한 방법으로 하여야 한다. 단, 법률에 다른 규정이 있는 때에는 예외로 한다.

제43조(동전) 재판의 선고 또는 고지는 재판장이 한다. 판결을 선고함에는 주문을 낭독하고 이유의 요지를 설명하여야 한다.

제44조(검사의 집행지휘를 요하는 사건)
검사의 집행지휘를 요하는 재판은 재판서 또는 재판을 기재한 조서의 등본 또는 초본을 재판의 선고 또는 고지한 때로부터 10일 이내에 검사에게 송부하여야 한다. 단, 법률에 다른 규정이 있는 때에는 예외로 한다. <개정 1961.9.1.>

제45조(재판서의 등본, 초본의 청구)
피고인 기타의 소송관계인은 비용을 납입하고 재판서 또는 재판을 기재한 조서의 등본 또는 초본의 교부를 청구할 수 있다.

제46조(재판서의 등, 초본의 작성)
재판서 또는 재판을 기재한 조서의 등본 또는 초본은 원본에 의하여 작성하여야 한다. 단, 부득이한 경우에는 등본에 의하여 작성할 수 있다.

제6장 서류

제47조(소송서류의 비공개) 소송에 관한 서류는 공판의 개정 전에는 공익상 필요 기타 상당한 이유가 없으면 공개하지 못한다.

제48조(조서의 작성방법) ①피고인, 피의자, 증인, 감정인, 통역인 또는 번역인을 신문하는 때에는 참여한 법원사무관등이 조서를 작성하여야 한다. <개정 2007.6.1.>
②조서에는 다음 사항을 기재하여야 한다.
1. 피고인, 피의자, 증인, 감정인, 통역인 또는 번역인의 진술
2. 증인, 감정인, 통역인 또는 번역인이 선서를 하지 아니한 때에는 그 사유
③조서는 진술자에게 읽어주거나 열람하게 하여 기재내용의 정확여부를 물어야 한다.
④진술자가 증감변경의 청구를 한 때에는 그 진술을 조서에 기재하여야 한다.
⑤신문에 참여한 검사, 피고인, 피의자 또는 변호인이 조서의 기재의 정확성에 대하여 이의를 진술한 때에는 그 진술의 요지를 조서에 기재하여야 한다.
⑥전항의 경우에는 재판장 또는 신문한 법관은 그 진술에 대한 의견을 기재하게 할 수 있다.
⑦조서에는 진술자로 하여금 간인한 후 서명날인하게 하여야 한다. 단, 진술자가 서명날인을 거부한 때에는 그 사유를 기재하여야 한다.

제48조(조서의 작성 방법) ①피고인, 피의자, 증인, 감정인, 통역인 또는 번역인을 신문(訊問)하는 때에는 신문에 참여한 법원사무관등이 조서를 작성하여야 한다.
②조서에는 다음 각 호의 사항을 기재하여야 한다.
1. 피고인, 피의자, 증인, 감정인, 통역인 또는 번역인의 진술
2. 증인, 감정인, 통역인 또는 번역인이 선서를 하지 아니한 때에는 그 사유
③조서는 진술자에게 읽어 주거나 열람하게 하여 기재 내용이 정확한지를 물어야 한다.
④진술자가 조서에 대하여 추가, 삭제 또는 변경의 청구를 한 때에는 그 진술내용을 조서에 기

재하여야 한다.
⑤신문에 참여한 검사, 피고인, 피의자 또는 변호인이 조서 기재 내용의 정확성에 대하여 이의(異議)를 진술한 때에는 그 진술의 요지를 조서에 기재하여야 한다.
⑥제5항의 경우 재판장이나 신문한 법관은 그 진술에 대한 의견을 기재하게 할 수 있다.
⑦조서에는 진술자로 하여금 간인(間印)한 후 서명날인하게 하여야 한다. 다만, 진술자가 서명날인을 거부한 때에는 그 사유를 기재하여야 한다.
[전문개정 2020.12.8.]
[시행일 : 2021.12.9.] 제48조

제49조(검증 등의 조서) ①검증, 압수 또는 수색에 관하여는 조서를 작성하여야 한다.
②검증조서에는 검증목적물의 현상을 명확하게 하기 위하여 도화나 사진을 첨부할 수 있다.
③압수조서에는 품종, 외형상의 특징과 수량을 기재하여야 한다.

제50조(각종 조서의 기재요건) 전2조의 조서에는 조사 또는 처분의 연월일시와 장소를 기재하고 그 조사 또는 처분을 행한 자와 참여한 법원사무관등이 기명날인 또는 서명하여야 한다. 단, 공판기일 외에 법원이 조사 또는 처분을 행한 때에는 재판장 또는 법관과 참여한 법원사무관등이 기명날인 또는 서명하여야 한다. <개정 2007.6.1.>

제51조(공판조서의 기재요건) ①공판기일의 소송절차에 관하여는 참여한 법원사무관등이 공판조서를 작성하여야 한다. <개정 2007.6.1.>
②공판조서에는 다음 사항 기타 모든 소송절차를 기재하여야 한다. <개정 2007.6.1.>
1. 공판을 행한 일시와 법원
2. 법관, 검사, 법원사무관등의 관직, 성명
3. 피고인, 대리인, 대표자, 변호인, 보조인과 통역인의 성명
4. 피고인의 출석여부
5. 공개의 여부와 공개를 금한 때에는 그 이유
6. 공소사실의 진술 또는 그를 변경하는 서면의 낭독
7. 피고인에게 그 권리를 보호함에 필요한 진술의 기회를 준 사실과 그 진술한 사실
8. 제48조제2항에 기재한 사항
9. 증거조사를 한 때에는 증거될 서류, 증거물과 증거조사의 방법
10. 공판정에서 행한 검증 또는 압수
11. 변론의 요지
12. 재판장이 기재를 명한 사항 또는 소송관계인의 청구에 의하여 기재를 허가한 사항
13. 피고인 또는 변호인에게 최종 진술할 기회를 준 사실과 그 진술한 사실
14. 판결 기타의 재판을 선고 또는 고지한 사실

제52조(공판조서작성상의 특례) 공판조서 및 공판기일외의 증인신문조서에는 제48조제3항 내지 제7항의 규정에 의하지 아니한다. 단, 진술자의 청구가 있는 때에는 그 진술에 관한 부분을 읽어주고 증감변경의 청구가 있는 때에는 그 진술을 기재하여야 한다. <개정 1995.12.29.>

제53조(공판조서의 서명 등) ①공판조서에는 재판장과 참여한 법원사무관등이 기명날인 또는 서명하여야 한다. <개정 2007.6.1.>
②재판장이 기명날인 또는 서명할 수 없는 때에는 다른 법관이 그 사유를 부기하고 기명날인 또는 서명하여야 하며 법관전원이 기명날인 또는 서명할 수 없는 때에는 참여한 법원사무관등이 그 사유를 부기하고 기명날인 또는 서명하여야 한다. <개정 2007.6.1.>
③법원사무관등이 기명날인 또는 서명할 수 없는 때에는 재판장 또는 다른 법관이 그 사유를 부기하고 기명날인 또는 서명하여야 한다. <개정 2007.6.1.>

제54조(공판조서의 정리 등) ①공판조서는 각 공판기일 후 신속히 정리하여야 한다.

<개정 2007.6.1.>
②다음 회의 공판기일에 있어서는 전회의 공판심리에 관한 주요사항의 요지를 조서에 의하여 고지하여야 한다. 다만, 다음 회의 공판기일까지 전회의 공판조서가 정리되지 아니한 때에는 조서에 의하지 아니하고 고지할 수 있다. <개정 2007.6.1.>
③검사, 피고인 또는 변호인은 공판조서의 기재에 대하여 변경을 청구하거나 이의를 제기할 수 있다. <개정 2007.6.1.>
④제3항에 따른 청구나 이의가 있는 때에는 그 취지와 이에 대한 재판장의 의견을 기재한 조서를 당해 공판조서에 첨부하여야 한다. <신설 2007.6.1.>

제55조(피고인의 공판조서열람권등)
①피고인은 공판조서의 열람 또는 등사를 청구할 수 있다. <개정 1995.12.29.>
②피고인이 공판조서를 읽지 못하는 때에는 공판조서의 낭독을 청구할 수 있다. <개정 1995.12.29.>
③전2항의 청구에 응하지 아니한 때에는 그 공판조서를 유죄의 증거로 할 수 없다.

판례-특정범죄가중처벌등에 관한 법률위반(위험운전치사상)·도로교통법위반(음주측정거부)·도로교통법위반(무면허운전)

[대법원 2012.12.27, 선고, 2011도15869, 판결]

【판시사항】
피고인의 공판조서에 대한 열람 또는 등사청구권이 침해된 경우, 공판조서 또는 공판조서에 기재된 피고인이나 증인의 진술을 증거로 할 수 있는지 여부(소극) 및 이때 공판조서 등을 증거로 사용한 잘못이 판결에 영향을 미친 위법에 해당하지 않는 경우

【판결요지】
형사소송법 제55조 제1항은 공판조서의 정확성을 담보함과 아울러 피고인의 방어권을 충실하게 보장하려는 취지에서 피고인에게 공판조서의 열람 또는 등사청구권을 인정하고, 제3항은 피고인의 위와 같은 청구에 응하지 아니하는 때에는 공판조서를 유죄의 증거로 할 수 없다고 규정하고 있다. 따라서 피고인이 공판조서의 열람 또는 등사를 청구하였음에도 법원이 불응하여 피고인의 열람 또는 등사청구권이 침해된 경우에는 공판조서를 유죄의 증거로 할 수 없을 뿐만 아니라 공판조서에 기재된 당해 피고인이나 증인의 진술도 증거로 할 수 없다고 보아야 한다. 다만 그러한 증거들 이외에 적법하게 채택하여 조사한 다른 증거들만에 의하더라도 범죄사실을 인정하기에 충분하고, 또한 당해 공판조서의 내용 등에 비추어 보아 공판조서의 열람 또는 등사에 응하지 아니한 것이 피고인의 방어권이나 변호인의 변호권을 본질적으로 침해한 정도에 이르지는 않은 경우에는, 판결에서 공판조서 등을 증거로 사용하였다고 하더라도 그러한 잘못이 판결에 영향을 미친 위법이라고 할 수는 없다.

제56조(공판조서의 증명력) 공판기일의 소송절차로서 공판조서에 기재된 것은 그 조서만으로써 증명한다.

제56조의2(공판정에서의 속기·녹음 및 영상녹화) ①법원은 검사, 피고인 또는 변호인의 신청이 있는 때에는 특별한 사정이 없는 한 공판정에서의 심리의 전부 또는 일부를 속기사로 하여금 속기하게 하거나 녹음장치 또는 영상녹화장치를 사용하여 녹음 또는 영상녹화(녹음이 포함된 것을 말한다. 이하 같다)하여야 하며, 필요하다고 인정하는 때에는 직권으로 이를 명할 수 있다.
②법원은 속기록·녹음물 또는 영상녹화물을 공판조서와 별도로 보관하여야 한다.
③검사, 피고인 또는 변호인은 비용을 부담하고 제2항에 따른 속기록·녹음물 또는 영상녹화물의 사본을 청구할 수 있다. [전문개정 2007.6.1.]

제57조(공무원의 서류) ①공무원이 작성하는 서류에는 법률에 다른 규정이 없는 때에는 작성 연월일과 소속공무소를 기재하고 기명날인 또는 서명하여야 한다. <개정 2007.6.1.>
②서류에는 간인하거나 이에 준하는 조치를 하여야 한다. <개정 1995.12.29.>
③ 삭제 <2007.6.1.>

제58조(공무원의 서류) ①공무원이 서류를 작성함에는 문자를 변개하지 못한다.
②삽입, 삭제 또는 난외기재를 할 때에는 이 기재한 곳에 날인하고 그 자수를 기재하여야 한다. 단, 삭제한 부분은 해득할 수 있도록 자체를 존치하여야 한다.

제59조(비공무원의 서류) 공무원 아닌 자가 작성하는 서류에는 연월일을 기재하고 기명날인 또는 서명하여야 한다. 인장이 없으면 지장으로 한다. <개정 2017.12.12.>

제59조의2(재판확정기록의 열람 · 등사)
①누구든지 권리구제·학술연구 또는 공익적 목적으로 재판이 확정된 사건의 소송기록을 보관하고 있는 검찰청에 그 소송기록의 열람 또는 등사를 신청할 수 있다.
②검사는 다음 각 호의 어느 하나에 해당하는 경우에는 소송기록의 전부 또는 일부의 열람 또는 등사를 제한할 수 있다. 다만, 소송관계인이나 이해관계 있는 제3자가 열람 또는 등사에 관하여 정당한 사유가 있다고 인정되는 경우에는 그러하지 아니하다.
1. 심리가 비공개로 진행된 경우
2. 소송기록의 공개로 인하여 국가의 안전보장, 선량한 풍속, 공공의 질서유지 또는 공공복리를 현저히 해할 우려가 있는 경우
3. 소송기록의 공개로 인하여 사건관계인의 명예나 사생활의 비밀 또는 생명·신체의 안전이나 생활의 평온을 현저히 해할 우려가 있는 경우
4. 소송기록의 공개로 인하여 공범관계에 있는 자 등의 증거인멸 또는 도주를 용이하게 하거나 관련 사건의 재판에 중대한 영향을 초래할 우려가 있는 경우
5. 소송기록의 공개로 인하여 피고인의 개선이나 갱생에 현저한 지장을 초래할 우려가 있는 경우
6. 소송기록의 공개로 인하여 사건관계인의 영업비밀(「부정경쟁방지 및 영업비밀보호에 관한 법률」 제2조제2호의 영업비밀을 말한다)이 현저하게 침해될 우려가 있는 경우
7. 소송기록의 공개에 대하여 당해 소송관계인이 동의하지 아니하는 경우
③검사는 제2항에 따라 소송기록의 열람 또는 등사를 제한하는 경우에는 신청인에게 그 사유를 명시하여 통지하여야 한다.
④검사는 소송기록의 보존을 위하여 필요하다고 인정하는 경우에는 그 소송기록의 등본을 열람 또는 등사하게 할 수 있다. 다만, 원본의 열람 또는 등사가 필요한 경우에는 그러하지 아니하다.
⑤소송기록을 열람 또는 등사한 자는 열람 또는 등사에 의하여 알게 된 사항을 이용하여 공공의 질서 또는 선량한 풍속을 해하거나 피고인의 개선 및 갱생을 방해하거나 사건관계인의 명예 또는 생활의 평온을 해하는 행위를 하여서는 아니 된다.
⑥제1항에 따라 소송기록의 열람 또는 등사를 신청한 자는 열람 또는 등사에 관한 검사의 처분에 불복하는 경우에는 당해 기록을 보관하고 있는 검찰청에 대응한 법원에 그 처분의 취소 또는 변경을 신청할 수 있다.
⑦제418조 및 제419조는 제6항의 불복신청에 관하여 준용한다.
[본조신설 2007.6.1.]

제59조의3(확정 판결서등의 열람 · 복사)
①누구든지 판결이 확정된 사건의 판결서 또는 그 등본, 증거목록 또는 그 등본, 그 밖에 검사나 피고인 또는 변호인이 법원에 제출한 서류·물건의 명칭·목록 또는 이에 해당하는 정보(이하 "판결서등"이라 한다)를 보관하는 법원에서 해당 판결서등을 열람 및 복사(인터넷, 그 밖의 전산정보처리시스템을 통한 전자적 방법을 포함한다. 이하 이 조에서 같다)할 수 있다. 다만, 다

음 각 호의 어느 하나에 해당하는 경우에는 판결서등의 열람 및 복사를 제한할 수 있다.
1. 심리가 비공개로 진행된 경우
2. 「소년법」 제2조에 따른 소년에 관한 사건인 경우
3. 공범관계에 있는 자 등의 증거인멸 또는 도주를 용이하게 하거나 관련 사건의 재판에 중대한 영향을 초래할 우려가 있는 경우
4. 국가의 안전보장을 현저히 해할 우려가 명백하게 있는 경우
5. 제59조의2제2항제3호 또는 제6호의 사유가 있는 경우. 다만, 소송관계인의 신청이 있는 경우에 한정한다.
②법원사무관등이나 그 밖의 법원공무원은 제1항에 따른 열람 및 복사에 앞서 판결서등에 기재된 성명 등 개인정보가 공개되지 아니하도록 대법원규칙으로 정하는 보호조치를 하여야 한다.
③제2항에 따른 개인정보 보호조치를 한 법원사무관등이나 그 밖의 법원공무원은 고의 또는 중대한 과실로 인한 것이 아니면 제1항에 따른 열람 및 복사와 관련하여 민사상·형사상 책임을 지지 아니한다.
④열람 및 복사에 관하여 정당한 사유가 있는 소송관계인이나 이해관계 있는 제3자는 제1항 단서에도 불구하고 제1항 본문에 따른 법원의 법원사무관등이나 그 밖의 법원공무원에게 판결서등의 열람 및 복사를 신청할 수 있다. 이 경우 법원사무관등이나 그 밖의 법원공무원의 열람 및 복사에 관한 처분에 불복하는 경우에는 제1항 본문에 따른 법원에 처분의 취소 또는 변경을 신청할 수 있다.
⑤제4항의 불복신청에 대하여는 제417조 및 제418조를 준용한다.
⑥판결서등의 열람 및 복사의 방법과 절차, 개인정보 보호조치의 방법과 절차, 그 밖에 필요한 사항은 대법원규칙으로 정한다.
[본조신설 2011.7.18.]
[시행일 : 2014.1.1.] 제59조의3 개정규정 중 증거목록이나 그 등본, 그 밖에 검사나 피고인 또는 변호인이 법원에 제출한 서류·물건의 명칭·목록 또는 이에 해당하는 정보의 전자적 방법에 따른 열람 및 복사에 관한 사항, 단독판사가 심판하는 사건 및 그에 대한 상소심 사건에서 증거목록이나 그 등본, 그 밖에 검사나 피고인 또는 변호인이 법원에 제출한 서류·물건의 명칭·목록 또는 이에 해당하는 정보의 열람 및 복사에 관한 사항(전자적 방법에 따른 열람 및 복사를 포함한다)

제7장 송달

제60조(송달받기 위한 신고) ①피고인, 대리인, 대표자, 변호인 또는 보조인이 법원 소재지에 서류의 송달을 받을 수 있는 주거 또는 사무소를 두지 아니한 때에는 법원 소재지에 주거 또는 사무소 있는 자를 송달영수인으로 선임하여 연명한 서면으로 신고하여야 한다.
②송달영수인은 송달에 관하여 본인으로 간주하고 그 주거 또는 사무소는 본인의 주거 또는 사무소로 간주한다.
③송달영수인의 선임은 같은 지역에 있는 각 심급법원에 대하여 효력이 있다.
④전3항의 규정은 신체구속을 당한 자에게 적용하지 아니한다.

제61조(우체에 부치는 송달) ①주거, 사무소 또는 송달영수인의 선임을 신고하여야 할 자가 그 신고를 하지 아니하는 때에는 법원사무관등은 서류를 우체에 부치거나 기타 적당한 방법에 의하여 송달할 수 있다. <개정 2007.6.1.>
②서류를 우체에 부친 경우에는 도달된 때에 송달된 것으로 간주한다.

제62조(검사에 대한 송달) 검사에 대한 송달은 서류를 소속검찰청에 송부하여야 한다.

제63조(공시송달의 원인) ①피고인의 주거, 사무소와 현재지를 알 수 없는 때에는 공시송달을 할 수 있다.
②피고인이 재판권이 미치지 아니하는 장소에 있는 경우에 다른 방법으로 송달할 수 없는 때에도 전항과 같다.

판례-도로교통법 위반(음주운전)·도로교통법 위반(무면허운전)

[대법원 2013.6.27, 선고, 2013도2714, 판결]

【판시사항】
[1] 구치소나 교도소 등에 수감 중인 피고인에게 공시송달의 방법으로 소송서류를 송달한 것이 위법한지 여부(적극) 및 주거, 사무소, 현재지 등 소재가 확인되지 않는 피고인에게 공시송달을 할 때 법원이 취할 조치
[2] 제1심법원이 별건으로 수감 중인 피고인에게 공시송달의 방법으로 소송서류를 송달한 다음 피고인의 출석 없이 재판을 진행하여 유죄를 선고하였는데, 그 후 피고인이 상소권회복결정을 받아 원심 공판기일에 출석한 사안에서, 원심이 절차진행을 새로이 하지 아니한 채 제1심이 채택·조사한 증거만으로 피고인에게 유죄판결을 선고한 것은 위법하다고 한 사례

【판결요지】
[1] 피고인이 구치소나 교도소 등에 수감 중에 있는 경우는 형사소송법 제63조 제1항에 규정된 '피고인의 주거, 사무소, 현재지를 알 수 없는 때'나 '소송촉진 등에 관한 특례법' 제23조에 규정된 '피고인의 소재를 확인할 수 없는 경우'에 해당한다고 할 수 없으므로, 법원이 수감 중인 피고인에 대하여 공소장 부본과 피고인소환장 등을 종전 주소지 등으로 송달한 경우는 물론 공시송달의 방법으로 송달하였더라도 이는 위법하다고 보아야 한다. 따라서 법원은 주거, 사무소, 현재지 등 소재가 확인되지 않는 피고인에 대하여 공시송달을 할 때에는 검사에게 주소보정을 요구하거나 기타 필요한 조치를 취하여 피고인의 수감 여부를 확인할 필요가 있다.
[2] 제1심법원이 별건으로 수감 중인 피고인에게 공시송달의 방법으로 소송서류를 송달한 다음 피고인의 출석 없이 재판을 진행하여 유죄를 선고하였는데, 그 후 피고인이 상소권회복결정을 받아 원심 공판기일에 출석한 사안에서, 제1심의 피고인에 대한 송달은 위법하고, 위법한 공시송달에 기초하여 진행된 제1심 소송절차는 모두 위법하므로, 원심이 제1심의 공시송달이 적법함을 전제로 공소장 부본의 송달부터 증거조사 등 절차진행을 새로이 하지 아니한 채 제1심이 채택하여 조사한 증거만으로 피고인에게 유죄판결을 선고한 것은 위법하다고 한 사례.

제64조(공시송달의 방식) ①공시송달은 대법원규칙의 정하는 바에 의하여 법원이 명한 때에 한하여 할 수 있다.
②공시송달은 법원사무관등이 송달할 서류를 보관하고 그 사유를 법원게시장에 공시하여야 한다. <개정 1961.9.1., 2007.6.1.>
③법원은 전항의 사유를 관보나 신문지상에 공고할 것을 명할 수 있다. <개정 1961.9.1.>
④최초의 공시송달은 제2항의 공시를 한 날로부터 2주일을 경과하면 그 효력이 생긴다. 단, 제2회이후의 공시송달은 5일을 경과하면 그 효력이 생긴다. <개정 1961.9.1.>

제65조(「민사소송법」의 준용) 서류의 송달에 관하여 법률에 다른 규정이 없는 때에는 「민사소송법」을 준용한다. <개정 2007.6.1.>
[제목개정 2007.6.1.]

판례-항소기각결정에대한재항고

[대법원 2017.9.22, 자, 2017모1680, 결정]

【판시사항】
[1] 재감자에 대한 송달을 교도소 등의 장에게 하지 아니한 경우, 송달의 효력(=무효) / 통지

의 방법 및 효력 발생 시기(=통지의 대상자에게 도달한 때)
[2] 구치소에 재감 중인 재항고인이 제1심판결에 대하여 항소하였는데, 항소심법원이 구치소로 소송기록접수통지서를 송달하면서 송달받을 사람을 구치소의 장이 아닌 재항고인으로 하였고 구치소 서무계원이 이를 수령한 사안에서, 소송기록접수의 통지는 효력이 없다고 한 사례

【판결요지】
[1] 교도소·구치소 또는 국가경찰관서의 유치장에 체포·구속 또는 유치된 사람에게 할 송달은 교도소·구치소 또는 국가경찰관서의 장에게 하여야 하고(형사소송법 제65조, 민사소송법 제182조), 재감자에 대한 송달을 교도소 등의 장에게 하지 아니하였다면 그 송달은 부적법하여 무효이다. 한편 통지는 법령에 다른 정함이 있다는 등의 특별한 사정이 없는 한 서면 이외에 구술·전화·모사전송·전자우편·휴대전화 문자전송 그 밖에 적당한 방법으로도 할 수 있고, 통지의 대상자에게 도달됨으로써 효력이 발생한다.
[2] 구치소에 재감 중인 재항고인이 제1심판결에 대하여 항소하였는데, 항소심법원이 구치소로 소송기록접수통지서를 송달하면서 송달받을 사람을 구치소의 장이 아닌 재항고인으로 하였고 구치소 서무계원이 이를 수령한 사안에서, 송달받을 사람을 재항고인으로 한 송달은 효력이 없고, 달리 재항고인에게 소송기록접수의 통지가 도달하였다는 등의 사정을 발견할 수 없으므로, 소송기록접수의 통지는 효력이 없다고 한 사례

제8장 기간

제66조(기간의 계산) ①기간의 계산에 관하여는 시로써 계산하는 것은 즉시부터 기산하고 일, 월 또는 연으로써 계산하는 것은 초일을 산입하지 아니한다. 단, 시효와 구속기간의 초일은 시간을 계산함이 없이 1일로 산정한다.
②연 또는 월로써 정한 기간은 역서에 따라 계산한다.
③기간의 말일이 공휴일 또는 토요일에 해당하는 날은 기간에 산입하지 아니한다. 단, 시효와 구속의 기간에 관하여서는 예외로 한다. <개정 2007.12.21.>

제66조(기간의 계산) ①기간의 계산에 관하여는 시(時)로 계산하는 것은 즉시(卽時)부터 기산하고 일(日), 월(月) 또는 연(年)으로 계산하는 것은 초일을 산입하지 아니한다. 다만, 시효(時效)와 구속기간의 초일은 시간을 계산하지 아니하고 1일로 산정한다.
②연 또는 월로 정한 기간은 연 또는 월 단위로 계산한다.
③기간의 말일이 공휴일이거나 토요일이면 그날은 기간에 산입하지 아니한다. 다만, 시효와 구속기간에 관하여는 예외로 한다.
[전문개정 2020.12.8.]
[시행일 : 2021.12.9.] 제66조

제67조(법정기간의 연장) 법정기간은 소송행위를 할 자의 주거 또는 사무소의 소재지와 법원 또는 검찰청 소재지와의 거리 및 교통통신의 불편정도에 따라 대법원규칙으로 이를 연장할 수 있다.
[전문개정 1995.12.29.]

제9장 피고인의 소환, 구속

제68조(소환) 법원은 피고인을 소환할 수 있다.

제69조(구속의 정의) 본법에서 구속이라 함은 구인과 구금을 포함한다.

제70조(구속의 사유) ①법원은 피고인이 죄를 범하였다고 의심할 만한 상당한 이유가 있고 다음 각 호의 1에 해당하는 사유가 있는 경우에는 피고인을 구속할 수 있다. <개정 1995.12.29.>

1. 피고인이 일정한 주거가 없는 때
2. 피고인이 증거를 인멸할 염려가 있는 때
3. 피고인이 도망하거나 도망할 염려가 있는 때

②법원은 제1항의 구속사유를 심사함에 있어서 범죄의 중대성, 재범의 위험성, 피해자 및 중요 참고인 등에 대한 위해우려 등을 고려하여야 한다. <신설 2007.6.1.>
③다액 50만원이하의 벌금, 구류 또는 과료에 해당하는 사건에 관하여는 제1항제1호의 경우를 제한 외에는 구속할 수 없다. <개정 1973.1.25., 1995.12.29., 2007.6.1.>

판례-공무집행방해·상해·도로교통법 위반(무면허운전)

[대법원 2013.9.12, 선고, 2012도2349, 판결]

【판시사항】
[1] 벌금형에 따르는 노역장유치의 집행을 위하여 형집행장을 발부하여 구인하는 경우, 구속사유에 관한 형사소송법 제70조나 구속이유의 고지에 관한 형사소송법 제72조가 준용되는지 여부(소극)
[2] 사법경찰관리가 벌금형을 받은 사람을 노역장유치 집행을 위하여 구인하는 경우, 검사로부터 발부받은 형집행장을 상대방에게 제시하여야 하는지 여부(적극) 및 형집행장의 제시 없이 구인할 수 있는 '급속을 요하는 때'의 의미

【판결요지】
[1] 벌금형에 따르는 노역장유치는 실질적으로 자유형과 동일한 것으로서 그 집행에 대하여는 자유형의 집행에 관한 규정이 준용된다(형사소송법 제492조). 구금되지 아니한 당사자에 대하여 형의 집행기관인 검사는 그 형의 집행을 위하여 당사자를 소환할 수 있고, 당사자가 소환에 응하지 아니한 때에는 형집행장을 발부하여 구인할 수 있다(형사소송법 제473조). 형사소송법 제475조는 이 경우 형집행장의 집행에 관하여 형사소송법 제1편 제9장에서 정하는 피고인의 구속에 관한 규정을 준용한다고 규정하고 있고, 여기서 '피고인의 구속에 관한 규정'은 '피고인의 구속영장의 집행에 관한 규정'을 의미한다고 할 것이므로, 형집행장의 집행에 관하여는 구속의 사유에 관한 형사소송법 제70조나 구속이유의 고지에 관한 형사소송법 제72조가 준용되지 아니한다.
[2] 사법경찰관리가 벌금형을 받은 사람을 그에 따르는 노역장유치의 집행을 위하여 구인하려면 검사로부터 발부받은 형집행장을 그 상대방에게 제시하여야 하지만(형사소송법 제85조 제1항 참조), 형집행장을 소지하지 아니한 경우에 급속을 요하는 때에는 그 상대방에 대하여 형집행 사유와 형집행장이 발부되었음을 고하고 집행할 수 있다(형사소송법 제85조 제3항 참조). 그리고 형집행장의 제시 없이 구인할 수 있는 '급속을 요하는 때'란 애초 사법경찰관리가 적법하게 발부된 형집행장을 소지할 여유가 없이 형집행의 상대방을 조우한 경우 등을 가리킨다.

제71조(구인의 효력) 구인한 피고인을 법원에 인치한 경우에 구금할 필요가 없다고 인정한 때에는 그 인치한 때로부터 24시간 내에 석방하여야 한다.

제71조의2(구인 후의 유치) 법원은 인치받은 피고인을 유치할 필요가 있는 때에는 교도소·구치소 또는 경찰서 유치장에 유치할 수 있다. 이 경우 유치기간은 인치한 때부터 24시간을 초과할 수 없다.
[본조신설 2007.6.1.]

第72조(구속과 이유의 고지) 피고인에 대하여 범죄사실의 요지, 구속의 이유와 변호인을 선임할 수 있음을 말하고 변명할 기회를 준 후가 아니면 구속할 수 없다 다만, 피고인이 도망한 경우에는 그러하지 아니하다. <개정 1987.11.28., 2007.6.1.>

第72조의2(수명법관) 법원은 합의부원으로 하여금 제72조의 절차를 이행하게 할 수 있다.
[본조신설 2014.10.15.]

第73조(영장의 발부) 피고인을 소환함에는 소환장을, 구인 또는 구금함에는 구속영장을 발부하여야 한다.

第74조(소환장의 방식) 소환장에는 피고인의 성명, 주거, 죄명, 출석일시, 장소와 정당한 이유 없이 출석하지 아니하는 때에는 도망할 염려가 있다고 인정하여 구속영장을 발부할 수 있음을 기재하고 재판장 또는 수명법관이 기명날인 또는 서명하여야 한다. <개정 1995.12.29., 2017.12.12.>

第75조(구속영장의 방식) ①구속영장에는 피고인의 성명, 주거, 죄명, 공소사실의 요지, 인치 구금할 장소, 발부년월일, 그 유효기간과 그 기간을 경과하면 집행에 착수하지 못하며 영장을 반환하여야 할 취지를 기재하고 재판장 또는 수명법관이 서명날인하여야 한다.
②피고인의 성명이 분명하지 아니한 때에는 인상, 체격, 기타 피고인을 특정할 수 있는 사항으로 피고인을 표시할 수 있다.
③피고인의 주거가 분명하지 아니한 때에는 그 주거의 기재를 생략할 수 있다.

第76조(소환장의 송달) ①소환장은 송달하여야 한다.
②피고인이 기일에 출석한다는 서면을 제출하거나 출석한 피고인에 대하여 차회기일을 정하여 출석을 명한 때에는 소환장의 송달과 동일한 효력이 있다.
③전항의 출석을 명한 때에는 그 요지를 조서에 기재하여야 한다.
④구금된 피고인에 대하여는 교도관에게 통지하여 소환한다. <개정 1963.12.13., 2007.6.1.>
⑤피고인이 교도관으로부터 소환통지를 받은 때에는 소환장의 송달과 동일한 효력이 있다. <개정 1963.12.13., 2007.6.1.>

第77조(구속의 촉탁) ①법원은 피고인의 현재지의 지방법원판사에게 피고인의 구속을 촉탁할 수 있다.
②수탁판사는 피고인이 관할구역 내에 현재하지 아니한 때에는 그 현재지의 지방법원판사에게 전촉할 수 있다.
③수탁판사는 구속영장을 발부하여야 한다.
④제75조의 규정은 전항의 구속영장에 준용한다.

第78조(촉탁에 의한 구속의 절차)
①전조의 경우에 촉탁에 의하여 구속영장을 발부한 판사는 피고인을 인치한 때로부터 24시간 이내에 그 피고인임에 틀림없는가를 조사하여야 한다.
②피고인임에 틀림없는 때에는 신속히 지정된 장소에 송치하여야 한다.

第79조(출석, 동행명령) 법원은 필요한 때에는 지정한 장소에 피고인의 출석 또는 동행을 명할 수 있다.

第80조(요급처분) 재판장은 급속을 요하는 경우에는 제68조부터 제71조까지, 제71조의2, 제73조, 제76조, 제77조와 전조에 규정한 처분을 할 수 있고 또는 합의부원으로 하여금 처분을 하게 할 수 있다. <개정 2014.10.15.>

第81조(구속영장의 집행) ①구속영장은 검사의 지휘에 의하여 사법경찰관리가 집행한다.

단, 급속을 요하는 경우에는 재판장, 수명법관 또는 수탁판사가 그 집행을 지휘할 수 있다.
②제1항 단서의 경우에는 법원사무관등에게 그 집행을 명할 수 있다. 이 경우에 법원사무관등은 그 집행에 관하여 필요한 때에는 사법경찰관리·교도관 또는 법원경위에게 보조를 요구할 수 있으며 관할구역 외에서도 집행할 수 있다. <개정 2007.6.1.>
③교도소 또는 구치소에 있는 피고인에 대하여 발부된 구속영장은 검사의 지휘에 의하여 교도관이 집행한다. <개정 1963.12.13., 2007.6.1.>

판례-부정 처사후 수뢰(일부 예비적 죄명:직무유기)·뇌물 수수·범인 도피

[대법원 2011.9.8, 선고, 2009도13371, 판결]

【판시사항】
[1] 벌금미납자에 대한 노역장유치 집행을 위하여 검사의 지휘를 받아 형집행장을 집행하는 경우, 벌금미납자 검거가 사법경찰관리의 직무범위에 속하는지 여부(적극)
[2] 경찰관인 피고인이 벌금미납자로 지명수배되어 있던 甲을 세 차례에 걸쳐 만나고도 그를 검거하여 검찰청에 신병을 인계하는 등 필요한 조치를 취하지 않아 직무를 유기하였다는 내용으로 예비적으로 기소된 사안에서, 공소사실을 무죄로 인정한 원심판단에 법리오해의 위법이 있다고 한 사례

【판결요지】
[1] 형사소송법 제460조 제1항, 제473조에 의하면 재판의 집행은 검사가 지휘하고, 검사는 신체를 구금하는 자유형의 집행을 위하여 형집행장을 발부하여 수형자를 구인할 수 있으며, 같은 법 제475조, 제81조에 의하면 구속영장과 동일한 효력이 있는 형집행장은 검사의 지휘에 의하여 사법경찰관리가 집행하고, 이러한 형의 집행에 관한 규정은 같은 법 제492조에 의하여 벌금미납자에 대한 노역장유치의 집행에 준용되고 있다. 이러한 규정을 종합하면 사법경찰관리도 검사의 지휘를 받아 벌금미납자에 대한 노역장유치의 집행을 위하여 형집행장의 집행 등을 할 권한이 있으므로, 이 경우 벌금미납자에 대한 검거는 사법경찰관리의 직무범위에 속한다고 보아야 한다.
[2] 경찰관인 피고인이 벌금미납자로 지명수배되어 있던 甲을 세 차례에 걸쳐 만나고도 그를 검거하여 검찰청에 신병을 인계하는 등 필요한 조치를 취하지 않아 정당한 이유 없이 직무를 유기하였다는 내용으로 예비적으로 기소된 사안에서, 벌금미납자에 대한 노역장유치 집행을 위하여 검사의 지휘를 받아 형집행장을 집행하는 경우 벌금미납자 검거는 사법경찰관리의 직무범위에 속한다고 보아야 하는데도, 재판의 집행이 사법경찰관리의 직무범위에 속한다고 볼 법률적 근거가 없다는 이유로 甲에 대하여 실제 형집행장이 발부되어 있었는지 등에 대하여 나아가 심리하지 않은 채 공소사실을 무죄로 인정한 원심판단에 법리오해의 위법이 있다고 한 사례.

제82조(수통의 구속영장의 작성)
①구속영장은 수통을 작성하여 사법경찰관리 수인에게 교부할 수 있다.
②전항의 경우에는 그 사유를 구속영장에 기재하여야 한다.

제83조(관할구역 외에서의 구속영장의 집행과 그 촉탁) ①검사는 필요에 의하여 관할구역 외에서 구속영장의 집행을 지휘할 수 있고 또는 당해 관할구역의 검사에게 집행지휘를 촉탁할 수 있다.
②사법경찰관리는 필요에 의하여 관할구역 외에서 구속영장을 집행할 수 있고 또는 당해 관할구역의 사법경찰관리에게 집행을 촉탁할 수 있다.

제84조(고등검찰청검사장 또는 지방검찰청검사장에 대한 수사촉탁) 피고인의 현재지가 분명하지 아니한 때에는 재판장은 고등검찰청검사장 또는 지방검찰청검사장에게 그 수사와 구속영장의 집행을 촉탁할 수 있다. <개정 2004.1.20.>

[제목개정 2004.1.20.]

제85조(구속영장집행의 절차) ①구속영장을 집행함에는 피고인에게 반드시 이를 제시하여야 하며 신속히 지정된 법원 기타 장소에 인치하여야 한다.
②제77조제3항의 구속영장에 관하여는 이를 발부한 판사에게 인치하여야 한다.
③구속영장을 소지하지 아니한 경우에 급속을 요하는 때에는 피고인에 대하여 공소사실의 요지와 영장이 발부되었음을 고하고 집행할 수 있다.
④전항의 집행을 완료한 후에는 신속히 구속영장을 제시하여야 한다.

판례-공무집행방해

[대법원 2010.10.14, 선고, 2010도8591, 판결]

【판시사항】
[1] 사법경찰관리가 벌금형에 따르는 노역장 유치의 집행을 위하여 구인하는 경우, 검사로부터 발부받은 형집행장을 그 상대방에게 제시하여야 하는지 여부(적극)
[2] 경찰관이 벌금형에 따르는 노역장 유치의 집행을 위하여 형집행장을 소지하지 아니한 채 피고인을 체포·구인하려고 하자 피고인이 이를 거부하면서 경찰관을 폭행한 사안에서, 위 공무집행방해의 공소사실에 대하여 무죄를 선고한 원심판단을 수긍한 사례

【판결요지】
[1] 벌금형에 따르는 노역장 유치는 실질적으로 자유형과 동일하므로, 그 집행에 대하여는 자유형의 집행에 관한 규정이 준용된다(형사소송법 제492조). 따라서 구금되지 아니한 당사자에 대하여 형의 집행기관인 검사는 그 형의 집행을 위하여 이를 소환할 수 있으나, 당사자가 소환에 응하지 아니한 때에는 형집행장을 발부하여 이를 구인할 수 있는데(같은 법 제473조), 이 경우의 형집행장의 집행에 관하여는 형사소송법 제1편 제9장(제68조 이하)에서 정하는 피고인의 구속에 관한 규정이 준용된다(같은 법 제475조). 그리하여 사법경찰관리가 벌금형을 받은 이를 그에 따르는 노역장 유치의 집행을 위하여 구인하려면, 검사로부터 발부받은 형집행장을 그 상대방에게 제시하여야 한다(같은 법 제85조 제1항).
[2] 경찰관이 벌금형에 따르는 노역장 유치의 집행을 위하여 형집행장을 소지하지 아니한 채 피고인을 구인할 목적으로 그의 주거지를 방문하여 임의동행의 형식으로 데리고 가다가, 피고인이 동행을 거부하며 다른 곳으로 가려는 것을 제지하면서 체포·구인하려고 하자 피고인이 이를 거부하면서 경찰관을 폭행한 사안에서, 위와 같이 피고인을 체포·구인하려고 한 것은 노역장 유치의 집행에 관한 법규정에 반하는 것으로서 적법한 공무집행행위라고 할 수 없으며, 또한 그 경우에 형집행장의 제시 없이 구인할 수 있는 '급속을 요하는 경우'(형사소송법 제85조 제3항)에 해당한다고 할 수 없고, 이는 피고인이 벌금미납자로 지명수배 되었다고 하더라도 달리 볼 것이 아니라는 이유로, 위 공무집행방해의 공소사실에 대하여 무죄를 선고한 원심판단을 수긍한 사례.

제86조(호송 중의 가유치) 구속영장의 집행을 받은 피고인을 호송할 경우에 필요한 때에는 가장 접근한 교도소 또는 구치소에 임시로 유치할 수 있다. <개정 1963.12.13.>

제86조(호송 중의 가유치) 구속영장의 집행을 받은 피고인을 호송할 경우에 필요하면 가장 가까운 교도소 또는 구치소에 임시로 유치할 수 있다.
[전문개정 2020.12.8.]
[시행일 : 2021.12.9.] 제86조

제87조(구속의 통지) ①피고인을 구속한 때에는 변호인이 있는 경우에는 변호인에게, 변호인이 없는 경우에는 제30조제2항에 규정한 자 중 피고인이 지정한 자에게 피고사건명, 구속일시·장소, 범죄사실의 요지, 구속의 이유와 변호인을 선임할 수 있는 취지를 알려야 한다. <개정 1987.11.28., 1995.12.29.>

②제1항의 통지는 지체없이 서면으로 하여야 한다. <개정 1987.11.28.>

제88조(구속과 공소사실 등의 고지)
피고인을 구속한 때에는 즉시 공소사실의 요지와 변호인을 선임할 수 있음을 알려야 한다.

제89조(구속된 피고인과의 접견, 수진)
구속된 피고인은 법률의 범위 내에서 타인과 접견하고 서류 또는 물건을 수수하며 의사의 진료를 받을 수 있다.

제89조(구속된 피고인의 접견 · 진료) 구속된 피고인은 관련 법률이 정한 범위에서 타인과 접견하고 서류나 물건을 수수하며 의사의 진료를 받을 수 있다.
[전문개정 2020.12.8.]
[시행일 : 2021.12.9.] 제89조

제90조(변호인의 의뢰) ①구속된 피고인은 법원, 교도소장 또는 구치소장 또는 그 대리자에게 변호사를 지정하여 변호인의 선임을 의뢰할 수 있다.
②전항의 의뢰를 받은 법원, 교도소장 또는 구치소장 또는 그 대리자는 급속히 피고인이 지명한 변호사에게 그 취지를 통지하여야 한다. <개정 1963.12.13.>

제91조(비변호인과의 접견, 교통의 접견)
법원은 도망하거나 또는 죄증을 인멸할 염려가 있다고 인정할 만한 상당한 이유가 있는 때에는 직권 또는 검사의 청구에 의하여 결정으로 구속된 피고인과 제34조에 규정한 외의 타인과의 접견을 금하거나 수수할 서류 기타 물건의 검열, 수수의 금지 또는 압수를 할 수 있다. 단, 의류, 양식, 의료품의 수수를 금지 또는 압수할 수 없다.

제91조(변호인 아닌 자와의 접견 · 교통) 법원은 도망하거나 범죄의 증거를 인멸할 염려가 있다고 인정할 만한 상당한 이유가 있는 때에는 직권 또는 검사의 청구에 의하여 결정으로 구속된 피고인과 제34조에 규정한 외의 타인과의 접견을 금지할 수 있고, 서류나 그 밖의 물건을 수수하지 못하게 하거나 검열 또는 압수할 수 있다. 다만, 의류 · 양식 · 의료품은 수수를 금지하거나 압수할 수 없다.
[전문개정 2020.12.8.]
[시행일 : 2021.12.9.] 제91조

제92조(구속기간과 갱신) ①구속기간은 2개월로 한다. <개정 2007.6.1.>
②제1항에도 불구하고 특히 구속을 계속할 필요가 있는 경우에는 심급마다 2개월 단위로 2차에 한하여 결정으로 갱신할 수 있다. 다만, 상소심은 피고인 또는 변호인이 신청한 증거의 조사, 상소이유를 보충하는 서면의 제출 등으로 추가 심리가 필요한 부득이한 경우에는 3차에 한하여 갱신할 수 있다. <개정 2007.6.1.>
③제22조, 제298조제4항, 제306조제1항 및 제2항의 규정에 의하여 공판절차가 정지된 기간 및 공소제기전의 체포·구인·구금 기간은 제1항 및 제2항의 기간에 산입하지 아니한다. <신설 1961.9.1., 1995.12.29., 2007.6.1.>

제93조(구속의 취소) 구속의 사유가 없거나 소멸된 때에는 법원은 직권 또는 검사, 피고인, 변호인과 제30조제2항에 규정한 자의 청구에 의하여 결정으로 구속을 취소하여야 한다.

제94조(보석의 청구) 피고인, 피고인의 변호인·법정대리인·배우자·직계친족·형제자매·가족·동거인 또는 고용주는 법원에 구속된 피고인의 보석을 청구할 수 있다.
[전문개정 2007.6.1.]

第95條(필요적 보석) 보석의 청구가 있는 때에는 다음 이외의 경우에는 보석을 허가하여야 한다. <개정 1973.12.20., 1995.12.29.>
1. 피고인이 사형, 무기 또는 장기 10년이 넘는 징역이나 금고에 해당하는 죄를 범한 때
2. 피고인이 누범에 해당하거나 상습범인 죄를 범한 때
3. 피고인이 죄증을 인멸하거나 인멸할 염려가 있다고 믿을 만한 충분한 이유가 있는 때
4. 피고인이 도망하거나 도망할 염려가 있다고 믿을 만한 충분한 이유가 있는 때
5. 피고인의 주거가 분명하지 아니한 때
6. 피고인이 피해자, 당해 사건의 재판에 필요한 사실을 알고 있다고 인정되는 자 또는 그 친족의 생명·신체나 재산에 해를 가하거나 가할 염려가 있다고 믿을만한 충분한 이유가 있는 때

[전문개정 1973.1.25.]

第96條(임의적 보석) 법원은 제95조의 규정에 불구하고 상당한 이유가 있는 때에는 직권 또는 제94조에 규정한 자의 청구에 의하여 결정으로 보석을 허가할 수 있다. <개정 1995.12.29.>

第97條(보석, 구속의 취소와 검사의 의견)

①재판장은 보석에 관한 결정을 하기 전에 검사의 의견을 물어야 한다. <개정 2007.6.1.>

②구속의 취소에 관한 결정을 함에 있어서도 검사의 청구에 의하거나 급속을 요하는 경우외에는 제1항과 같다. <개정 1995.12.29.>

③검사는 제1항 및 제2항에 따른 의견요청에 대하여 지체 없이 의견을 표명하여야 한다. <신설 2007.6.1.>

④구속을 취소하는 결정에 대하여는 검사는 즉시항고를 할 수 있다. <개정 1995.12.29., 2007.6.1.>

[전문개정 1973.1.25.]

[93헌가2 1993.12.23.(1973.1.25. 法2450)]

第98條(보석의 조건) 법원은 보석을 허가하는 경우에는 필요하고 상당한 범위 안에서 다음 각 호의 조건 중 하나 이상의 조건을 정하여야 한다.
1. 법원이 지정하는 일시·장소에 출석하고 증거를 인멸하지 아니하겠다는 서약서를 제출할 것
2. 법원이 정하는 보증금 상당의 금액을 납입할 것을 약속하는 약정서를 제출할 것
3. 법원이 지정하는 장소로 주거를 제한하고 이를 변경할 필요가 있는 경우에는 법원의 허가를 받는 등 도주를 방지하기 위하여 행하는 조치를 수인할 것
4. 피해자, 당해 사건의 재판에 필요한 사실을 알고 있다고 인정되는 자 또는 그 친족의 생명·신체·재산에 해를 가하는 행위를 하지 아니하고 주거·직장 등 그 주변에 접근하지 아니할 것
5. 피고인 외의 자가 작성한 출석보증서를 제출할 것
6. 법원의 허가 없이 외국으로 출국하지 아니할 것을 서약할 것
7. 법원이 지정하는 방법으로 피해자의 권리회복에 필요한 금원을 공탁하거나 그에 상당한 담보를 제공할 것
8. 피고인 또는 법원이 지정하는 자가 보증금을 납입하거나 담보를 제공할 것
9. 그 밖에 피고인의 출석을 보증하기 위하여 법원이 정하는 적당한 조건을 이행할 것

[전문개정 2007.6.1.]

第98條(보석의 조건) 법원은 보석을 허가하는 경우에는 필요하고 상당한 범위 안에서 다음 각 호의 조건 중 하나 이상의 조건을 정하여야 한다. <개정 2020.12.8.>
1. 법원이 지정하는 일시·장소에 출석하고 증거를 인멸하지 아니하겠다는 서약서를 제출할 것
2. 법원이 정하는 보증금에 해당하는 금액을 납입할 것을 약속하는 약정서를 제출할 것
3. 법원이 지정하는 장소로 주거를 제한하고 주거를 변경할 필요가 있는 경우에는 법원의 허가를 받는 등 도주를 방지하기 위하여 행하는 조치를 받아들일 것

4. 피해자, 당해 사건의 재판에 필요한 사실을 알고 있다고 인정되는 사람 또는 그 친족의 생명 · 신체 · 재산에 해를 가하는 행위를 하지 아니하고 주거 · 직장 등 그 주변에 접근하지 아니할 것
5. 피고인 아닌 자가 작성한 출석보증서를 제출할 것
6. 법원의 허가 없이 외국으로 출국하지 아니할 것을 서약할 것
7. 법원이 지정하는 방법으로 피해자의 권리 회복에 필요한 금전을 공탁하거나 그에 상당하는 담보를 제공할 것
8. 피고인이나 법원이 지정하는 자가 보증금을 납입하거나 담보를 제공할 것
9. 그 밖에 피고인의 출석을 보증하기 위하여 법원이 정하는 적당한 조건을 이행할 것
[전문개정 2007.6.1.]
[시행일 : 2021.12.9.] 제98조

제99조(보석조건의 결정 시 고려사항)
①법원은 제98조의 조건을 정함에 있어서 다음 각 호의 사항을 고려하여야 한다.
1. 범죄의 성질 및 죄상(罪狀)
2. 증거의 증명력
3. 피고인의 전과·성격·환경 및 자산
4. 피해자에 대한 배상 등 범행 후의 정황에 관련된 사항
②법원은 피고인의 자력 또는 자산 정도로는 이행할 수 없는 조건을 정할 수 없다.
[전문개정 2007.6.1.]

제99조(보석조건의 결정 시 고려사항)
①법원은 제98조의 조건을 정할 때 다음 각 호의 사항을 고려하여야 한다. <개정 2020.12.8.>
1. 범죄의 성질 및 죄상(罪狀)
2. 증거의 증명력
3. 피고인의 전과(前科) · 성격 · 환경 및 자산
4. 피해자에 대한 배상 등 범행 후의 정황에 관련된 사항
②법원은 피고인의 자금능력 또는 자산 정도로는 이행할 수 없는 조건을 정할 수 없다. <개정 2020.12.8.>
[전문개정 2007.6.1.]
[시행일 : 2021.12.9.] 제99조

제100조(보석집행의 절차) ①제98조제1호·제2호·제5호·제7호 및 제8호의 조건은 이를 이행한 후가 아니면 보석허가결정을 집행하지 못하며, 법원은 필요하다고 인정하는 때에는 다른 조건에 관하여도 그 이행 이후 보석허가결정을 집행하도록 정할 수 있다. <개정 2007.6.1.>
②법원은 보석청구자 이외의 자에게 보증금의 납입을 허가할 수 있다.
③법원은 유가증권 또는 피고인 외의 자가 제출한 보증서로써 보증금에 갈음함을 허가할 수 있다. <개정 2007.6.1.>
④전항의 보증서에는 보증금액을 언제든지 납입할 것을 기재하여야 한다.
⑤법원은 보석허가결정에 따라 석방된 피고인이 보석조건을 준수하는데 필요한 범위 안에서 관공서나 그 밖의 공사단체에 대하여 적절한 조치를 취할 것을 요구할 수 있다. <신설 2007.6.1.>
[제목개정 2007.6.1.]

제100조의2(출석보증인에 대한 과태료)
①법원은 제98조제5호의 조건을 정한 보석허가결정에 따라 석방된 피고인이 정당한 사유 없이 기일에 불출석하는 경우에는 결정으로 그 출석보증인에 대하여 500만원 이하의 과태료를 부과할 수 있다.
②제1항의 결정에 대하여는 즉시항고를 할 수 있다. [본조신설 2007.6.1.]

제101조(구속의 집행정지) ①법원은 상당한 이유가 있는 때에는 결정으로 구속된 피고인을 친족·보호단체 기타 적당한 자에게 부탁하거나 피고인의 주거를 제한하여 구속의 집행을 정지할 수 있다.
②전항의 결정을 함에는 검사의 의견을 물어야 한다. 단, 급속을 요하는 경우에는 그러하지 아니하다.
③ 삭제 <2015.7.31.>
④헌법 제44조에 의하여 구속된 국회의원에 대한 석방요구가 있으면 당연히 구속영장의 집행이 정지된다. <개정 1980.12.18., 1987.11.28.>
⑤전항의 석방요구의 통고를 받은 검찰총장은 즉시 석방을 지휘하고 그 사유를 수소법원에 통지하여야 한다.
[전문개정 1973.1.25.]
[2015.7.31. 법률 제13454호에 의하여 2012.6.27. 헌법재판소에서 위헌 결정된 이 조 제3항을 삭제함.]

제102조(보석조건의 변경과 취소 등)
①법원은 직권 또는 제94조에 규정된 자의 신청에 따라 결정으로 피고인의 보석조건을 변경하거나 일정기간 동안 당해 조건의 이행을 유예할 수 있다.
②법원은 피고인이 다음 각 호의 어느 하나에 해당하는 경우에는 직권 또는 검사의 청구에 따라 결정으로 보석 또는 구속의 집행정지를 취소할 수 있다. 다만, 제101조제4항에 따른 구속영장의 집행정지는 그 회기 중 취소하지 못한다.
1. 도망한 때
2. 도망하거나 죄증을 인멸할 염려가 있다고 믿을 만한 충분한 이유가 있는 때
3. 소환을 받고 정당한 사유 없이 출석하지 아니한 때
4. 피해자, 당해 사건의 재판에 필요한 사실을 알고 있다고 인정되는 자 또는 그 친족의 생명·신체·재산에 해를 가하거나 가할 염려가 있다고 믿을 만한 충분한 이유가 있는 때
5. 법원이 정한 조건을 위반한 때
③법원은 피고인이 정당한 사유 없이 보석조건을 위반한 경우에는 결정으로 피고인에 대하여 1천만원 이하의 과태료를 부과하거나 20일 이내의 감치에 처할 수 있다.
④제3항의 결정에 대하여는 즉시항고를 할 수 있다.
[전문개정 2007.6.1.]

제103조(보증금 등의 몰취) ①법원은 보석을 취소하는 때에는 직권 또는 검사의 청구에 따라 결정으로 보증금 또는 담보의 전부 또는 일부를 몰취할 수 있다.
②법원은 보증금의 납입 또는 담보제공을 조건으로 석방된 피고인이 동일한 범죄사실에 관하여 형의 선고를 받고 그 판결이 확정된 후 집행하기 위한 소환을 받고 정당한 사유 없이 출석하지 아니하거나 도망한 때에는 직권 또는 검사의 청구에 따라 결정으로 보증금 또는 담보의 전부 또는 일부를 몰취하여야 한다.
[전문개정 2007.6.1.]

제104조(보증금 등의 환부) 구속 또는 보석을 취소하거나 구속영장의 효력이 소멸된 때에는 몰취하지 아니한 보증금 또는 담보를 청구한 날로부터 7일 이내에 환부하여야 한다.
<개정 2007.6.1.>
[제목개정 2007.6.1.]

제104조의2(보석조건의 효력상실 등)
①구속영장의 효력이 소멸한 때에는 보석조건은 즉시 그 효력을 상실한다.
②보석이 취소된 경우에도 제1항과 같다. 다만, 제98조제8호의 조건은 예외로 한다.
[본조신설 2007.6.1.]

제105조(상소와 구속에 관한 결정) 상소기간 중 또는 상소 중의 사건에 관하여 구속기간의 갱신, 구속의 취소, 보석, 구속의 집행정지와 그 정지의 취소에 대한 결정은 소송기록이 원심법원에 있는 때에는 원심법원이 하여야 한다.

제10장 압수와 수색

제106조(압수) ①법원은 필요한 때에는 피고사건과 관계가 있다고 인정할 수 있는 것에 한정하여 증거물 또는 몰수할 것으로 사료하는 물건을 압수할 수 있다. 단, 법률에 다른 규정이 있는 때에는 예외로 한다. <개정 2011.7.18.>
②법원은 압수할 물건을 지정하여 소유자, 소지자 또는 보관자에게 제출을 명할 수 있다.
③법원은 압수의 목적물이 컴퓨터용디스크, 그 밖에 이와 비슷한 정보저장매체(이하 이 항에서 "정보저장매체등"이라 한다)인 경우에는 기억된 정보의 범위를 정하여 출력하거나 복제하여 제출받아야 한다. 다만, 범위를 정하여 출력 또는 복제하는 방법이 불가능하거나 압수의 목적을 달성하기에 현저히 곤란하다고 인정되는 때에는 정보저장매체등을 압수할 수 있다. <신설 2011.7.18.>
④법원은 제3항에 따라 정보를 제공받은 경우 「개인정보 보호법」 제2조제3호에 따른 정보주체에게 해당 사실을 지체 없이 알려야 한다. <신설 2011.7.18.>

제107조(우체물의 압수) ①법원은 필요한 때에는 피고사건과 관계가 있다고 인정할 수 있는 것에 한정하여 우체물 또는 「통신비밀보호법」 제2조제3호에 따른 전기통신(이하 "전기통신"이라 한다)에 관한 것으로서 체신관서, 그 밖의 관련 기관 등이 소지 또는 보관하는 물건의 제출을 명하거나 압수를 할 수 있다. <개정 2011.7.18.>
②삭제 <2011.7.18.>
③제1항에 따른 처분을 할 때에는 발신인이나 수신인에게 그 취지를 통지하여야 한다. 단, 심리에 방해될 염려가 있는 경우에는 예외로 한다. <개정 2011.7.18.>

제108조(임의 제출물 등의 압수) 소유자, 소지자 또는 보관자가 임의로 제출한 물건 또는 유류한 물건은 영장없이 압수할 수 있다.

제109조(수색) ①법원은 필요한 때에는 피고사건과 관계가 있다고 인정할 수 있는 것에 한정하여 피고인의 신체, 물건 또는 주거, 그 밖의 장소를 수색할 수 있다. <개정 2011.7.18.>
②피고인 아닌 자의 신체, 물건, 주거 기타 장소에 관하여는 압수할 물건이 있음을 인정할 수 있는 경우에 한하여 수색할 수 있다.

제110조(군사상 비밀과 압수) ①군사상 비밀을 요하는 장소는 그 책임자의 승낙 없이는 압수 또는 수색할 수 없다.
②전항의 책임자는 국가의 중대한 이익을 해하는 경우를 제외하고는 승낙을 거부하지 못한다.

제111조(공무상 비밀과 압수) ①공무원 또는 공무원이었던 자가 소지 또는 보관하는 물건에 관하여는 본인 또는 그 해당 공무소가 직무상의 비밀에 관한 것임을 신고한 때에는 그 소속공무소 또는 당해 감독관공서의 승낙 없이는 압수하지 못한다.
②소속공무소 또는 당해 감독관공서는 국가의 중대한 이익을 해하는 경우를 제외하고는 승낙을 거부하지 못한다.

제112조(업무상비밀과 압수) 변호사, 변리사, 공증인, 공인회계사, 세무사, 대서업자, 의사, 한의사, 치과의사, 약사, 약종상, 조산사, 간호사, 종교의 직에 있는 자 또는 이러한

직에 있던 자가 그 업무상 위탁을 받아 소지 또는 보관하는 물건으로 타인의 비밀에 관한 것은 압수를 거부할 수 있다. 단, 그 타인의 승낙이 있거나 중대한 공익상 필요가 있는 때에는 예외로 한다. <개정 1980.12.18., 1997.12.13.>

제113조(압수 · 수색영장) 공판정 외에서 압수 또는 수색을 함에는 영장을 발부하여 시행하여야 한다.

제114조(영장의 방식) ①압수·수색영장에는 피고인의 성명, 죄명, 압수할 물건, 수색할 장소, 신체, 물건, 발부년월일, 유효기간과 그 기간을 경과하면 집행에 착수하지 못하며 영장을 반환하여야 한다는 취지 기타 대법원규칙으로 정한 사항을 기재하고 재판장 또는 수명법관이 서명날인하여야 한다. 다만, 압수·수색할 물건이 전기통신에 관한 것인 경우에는 작성기간을 기재하여야 한다. <개정 2011.7.18.>
②제75조제2항의 규정은 전항의 영장에 준용한다.

제114조(영장의 방식) ①압수 · 수색영장에는 다음 각 호의 사항을 기재하고 재판장이나 수명법관이 서명날인하여야 한다. 다만, 압수 · 수색할 물건이 전기통신에 관한 것인 경우에는 작성기간을 기재하여야 한다. <개정 2011.7.18., 2020.12.8.>
1. 피고인의 성명
2. 죄명

3. 압수할 물건
4. 수색할 장소 · 신체 · 물건
5. 영장 발부 연월일
6. 영장의 유효기간과 그 기간이 지나면 집행에 착수할 수 없으며 영장을 반환하여야 한다는 취지
7. 그 밖에 대법원규칙으로 정하는 사항
②제1항의 영장에 관하여는 제75조제2항을 준용한다. <개정 2020.12.8.>
[제목개정 2020.12.8.]
[시행일 : 2021.12.9.] 제114조

판례-배임수재·축산물가공처리법위반·사기·특정범죄가중처벌등에관한법률위반(조세)·조세범처벌법위반

[대법원 2016.3.10, 선고, 2013도11233, 판결]

【판시사항】
검사 또는 사법경찰관이 영장 발부 사유로 된 범죄 혐의사실과 무관한 별개의 증거를 압수한 경우, 유죄 인정의 증거로 사용할 수 있는지 여부(원칙적 소극) / 수사기관이 별개의 증거를 환부하고 후에 임의제출받아 다시 압수한 경우, 제출에 임의성이 있다는 점에 관한 증명책임 소재(=검사)와 증명 정도 및 임의로 제출된 것이라고 볼 수 없는 경우 증거능력을 인정할 수 있는지 여부(소극)

【판결요지】
검사 또는 사법경찰관은 범죄수사에 필요한 때에는 피의자가 죄를 범하였다고 의심할 만한 정황이 있는 경우에 판사로부터 발부받은 영장에 의하여 압수·수색을 할 수 있으나, 압수·수색은 영장 발부의 사유로 된 범죄 혐의사실과 관련된 증거에 한하여 할 수 있으므로, 영장 발부의 사유로 된 범죄 혐의사실과 무관한 별개의 증거를 압수하였을 경우 이는 원칙적으로 유죄 인정의 증거로 사용할 수 없다. 다만 수사기관이 별개의 증거를 피압수자 등에게 환부하고 후에 임의제출받아 다시 압수하였다면 증거를 압수한 최초의 절차 위반행위와 최종적인 증거수집 사이의 인과관계가 단절되었다고 평가할 수 있으나, 환부 후 다시 제출하는 과

정에서 수사기관의 우월적 지위에 의하여 임의제출 명목으로 실질적으로 강제적인 압수가 행하여질 수 있으므로, 제출에 임의성이 있다는 점에 관하여는 검사가 합리적 의심을 배제할 수 있을 정도로 증명하여야 하고, 임의로 제출된 것이라고 볼 수 없는 경우에는 증거능력을 인정할 수 없다.

제115조(영장의 집행) ①압수·수색영장은 검사의 지휘에 의하여 사법경찰관리가 집행한다. 단, 필요한 경우에는 재판장은 법원사무관등에게 그 집행을 명할 수 있다. <개정 2007.6.1.>
②제83조의 규정은 압수·수색영장의 집행에 준용한다.

제116조(주의사항) 압수·수색영장의 집행에 있어서는 타인의 비밀을 보지하여야 하며 처분받은 자의 명예를 해하지 아니하도록 주의하여야 한다.

제116조(주의사항) 압수·수색영장을 집행할 때에는 타인의 비밀을 보호하여야 하며 처분받은 자의 명예를 해하지 아니하도록 주의하여야 한다.
[전문개정 2020.12.8.]
[시행일 : 2021.12.9.] 제116조

제117조(집행의 보조) 법원사무관등은 압수·수색영장의 집행에 관하여 필요한 때에는 사법경찰관리에게 보조를 구할 수 있다. <개정 2007.6.1.>

제118조(영장의 제시) 압수·수색영장은 처분을 받는 자에게 반드시 제시하여야 한다.

제119조(집행 중의 출입금지)
①압수·수색영장의 집행 중에는 타인의 출입을 금지할 수 있다.
②전항의 규정에 위배한 자에게는 퇴거하게 하거나 집행종료시까지 간수자를 붙일 수 있다.

제120조(집행과 필요한 처분) ①압수·수색영장의 집행에 있어서는 건정을 열거나 개봉 기타 필요한 처분을 할 수 있다.
②전항의 처분은 압수물에 대하여도 할 수 있다.

제121조(영장집행과 당사자의 참여) 검사, 피고인 또는 변호인은 압수·수색영장의 집행에 참여할 수 있다.

제122조(영장집행과 참여권자에의 통지)
압수·수색영장을 집행함에는 미리 집행의 일시와 장소를 전조에 규정한 자에게 통지하여야 한다. 단, 전조에 규정한 자가 참여하지 아니한다는 의사를 명시한 때 또는 급속을 요하는 때에는 예외로 한다.

제123조(영장의 집행과 책임자의 참여)
①공무소, 군사용의 항공기 또는 선차 내에서 압수·수색영장을 집행함에는 그 책임자에게 참여할 것을 통지하여야 한다.
②전항에 규정한 이외의 타인의 주거, 간수자 있는 가옥, 건조물, 항공기 또는 선차 내에서 압수·수색영장을 집행함에는 주거주, 간수자 또는 이에 준하는 자를 참여하게 하여야 한다.
③전항의 자를 참여하게 하지 못할 때에는 인거인 또는 지방공공단체의 직원을 참여하게 하여야 한다.

제123조(영장의 집행과 책임자의 참여)
① 공무소, 군사용 항공기 또는 선박·차량 안에서 압수·수색영장을 집행하려면 그 책임자에

게 참여할 것을 통지하여야 한다.
② 제1항에 규정한 장소 외에 타인의 주거, 간수자 있는 가옥, 건조물(建造物), 항공기 또는 선박 · 차량 안에서 압수 · 수색영장을 집행할 때에는 주거주(住居主), 간수자 또는 이에 준하는 사람을 참여하게 하여야 한다.
③ 제2항의 사람을 참여하게 하지 못할 때에는 이웃 사람 또는 지방공공단체의 직원을 참여하게 하여야 한다.
[전문개정 2020.12.8.]
[시행일 : 2021.12.9.] 제123조

제124조(여자의 수색과 참여) 여자의 신체에 대하여 수색할 때에는 성년의 여자를 참여하게 하여야 한다.

제125조(야간집행의 제한) 일출 전, 일몰 후에는 압수·수색영장에 야간집행을 할 수 있는 기재가 없으면 그 영장을 집행하기 위하여 타인의 주거, 간수자 있는 가옥, 건조물, 항공기 또는 선차 내에 들어가지 못한다.

제126조(야간집행제한의 예외) 다음 장소에서 압수·수색영장을 집행함에는 전조의 제한을 받지 아니한다.
1. 도박 기타 풍속을 해하는 행위에 상용된다고 인정하는 장소
2. 여관, 음식점 기타 야간에 공중이 출입할 수 있는 장소. 단, 공개한 시간 내에 한한다.

제127조(집행중지와 필요한 처분) 압수·수색영장의 집행을 중지한 경우에 필요한 때에는 집행이 종료될 때까지 그 장소를 폐쇄하거나 간수자를 둘 수 있다.

제128조(증명서의 교부) 수색한 경우에 증거물 또는 몰취할 물건이 없는 때에는 그 취지의 증명서를 교부하여야 한다.

제129조(압수목록의 교부) 압수한 경우에는 목록을 작성하여 소유자, 소지자, 보관자 기타 이에 준할 자에게 교부하여야 한다.

제130조(압수물의 보관과 폐기) ①운반 또는 보관에 불편한 압수물에 관하여는 간수자를 두거나 소유자 또는 적당한 자의 승낙을 얻어 보관하게 할 수 있다.
②위험발생의 염려가 있는 압수물은 폐기할 수 있다.
③법령상 생산·제조·소지·소유 또는 유통이 금지된 압수물로서 부패의 염려가 있거나 보관하기 어려운 압수물은 소유자 등 권한 있는 자의 동의를 받아 폐기할 수 있다. <신설 2007.6.1.>

제131조(주의사항) 압수물에 대하여는 그 상실 또는 파손등의 방지를 위하여 상당한 조치를 하여야 한다.

제132조(압수물의 대가보관) ①몰수하여야 할 압수물로서 멸실·파손·부패 또는 현저한 가치 감소의 염려가 있거나 보관하기 어려운 압수물은 매각하여 대가를 보관할 수 있다.
②환부하여야 할 압수물 중 환부를 받을 자가 누구인지 알 수 없거나 그 소재가 불명한 경우로서 그 압수물의 멸실·파손·부패 또는 현저한 가치 감소의 염려가 있거나 보관하기 어려운 압수물은 매각하여 대가를 보관할 수 있다.
[전문개정 2007.6.1.]

제133조(압수물의 환부, 가환부)
①압수를 계속할 필요가 없다고 인정되는 압수물은 피고사건 종결 전이라도 결정으로 환부하여야 하고 증거에 공할 압수물은 소유자, 소지자, 보관자 또는 제출인의 청구에 의하

여 가환부할 수 있다.
②증거에만 공할 목적으로 압수한 물건으로서 그 소유자 또는 소지자가 계속 사용하여야 할 물건은 사진촬영 기타 원형보존의 조치를 취하고 신속히 가환부하여야 한다.

제134조(압수장물의 피해자환부) 압수한 장물은 피해자에게 환부할 이유가 명백한 때에는 피고사건의 종결 전이라도 결정으로 피해자에게 환부할 수 있다.

제135조(압수물처분과 당사자에의 통지)
전3조의 결정을 함에는 검사, 피해자, 피고인 또는 변호인에게 미리 통지하여야 한다.

제136조(수명법관, 수탁판사) ①법원은 압수 또는 수색을 합의부원에게 명할 수 있고 그 목적물의 소재지를 관할하는 지방법원 판사에게 촉탁할 수 있다.
②수탁판사는 압수 또는 수색의 목적물이 그 관할구역 내에 없는 때에는 그 목적물 소재지지방법원 판사에게 전촉할 수 있다.
③수명법관, 수탁판사가 행하는 압수 또는 수색에 관하여는 법원이 행하는 압수 또는 수색에 관한 규정을 준용한다.

제137조(구속영장집행과 수색) 검사, 사법경찰관리 또는 제81조제2항의 규정에 의한 법원사무관등이 구속영장을 집행할 경우에 필요한 때에는 미리 수색영장을 발부받기 어려운 긴급한 사정이 있는 경우에 한정하여 타인의 주거, 간수자있는 가옥, 건조물, 항공기, 선차 내에 들어가 피고인을 수색할 수 있다. <개정 2007.6.1., 2019.12.31.>

제138조(준용규정) 제119조, 제120조, 제123조와 제127조의 규정은 전조의 규정에 의한 검사, 사법경찰관리, 법원사무관등의 수색에 준용한다. <개정 2007.6.1.>

제11장 검증

제139조(검증) 법원은 사실을 발견함에 필요한 때에는 검증을 할 수 있다.

제140조(검증과 필요한 처분) 검증을 함에는 신체의 검사, 사체의 해부, 분묘의 발굴, 물건의 파괴 기타 필요한 처분을 할 수 있다.

제141조(신체검사에 관한 주의) ①신체의 검사에 관하여는 검사를 당하는 자의 성별, 연령, 건강상태 기타 사정을 고려하여 그 사람의 건강과 명예를 해하지 아니하도록 주의하여야 한다.
②피고인 아닌 자의 신체검사는 증적의 존재를 확인할 수 있는 현저한 사유가 있는 경우에 한하여 할 수 있다.
③여자의 신체를 검사하는 경우에는 의사나 성년의 여자를 참여하게 하여야 한다.
④사체의 해부 또는 분묘의 발굴을 하는 때에는 예를 잊지 아니하도록 주의하고 미리 유족에게 통지하여야 한다.

제141조(신체검사에 관한 주의) ①신체의 검사에 관하여는 검사를 받는 사람의 성별, 나이, 건강상태, 그 밖의 사정을 고려하여 그 사람의 건강과 명예를 해하지 아니하도록 주의하여야 한다.
②피고인 아닌 사람의 신체검사는 증거가 될 만한 흔적을 확인할 수 있는 현저한 사유가 있는 경우에만 할 수 있다.
③여자의 신체를 검사하는 경우에는 의사나 성년 여자를 참여하게 하여야 한다.
④시체의 해부 또는 분묘의 발굴을 하는 때에는 예(禮)에 어긋나지 아니하도록 주의하고 미리

유족에게 통지하여야 한다.
[전문개정 2020.12.8.]
[시행일 : 2021.12.9.] 제141조

제142조(신체검사와 소환) 법원은 신체를 검사하기 위하여 피고인 아닌 자를 법원 기타 지정한 장소에 소환할 수 있다.

제143조(시각의 제한) ①일출 전, 일몰 후에는 가주, 간수자 또는 이에 준하는 자의 승낙이 없으면 검증을 하기 위하여 타인의 주거, 간수자 있는 가옥, 건조물, 항공기, 선차 내에 들어가지 못한다. 단, 일출 후에는 검증의 목적을 달성할 수 없을 염려가 있는 경우에는 예외로 한다.
②일몰 전에 검증에 착수한 때에는 일몰 후라도 검증을 계속할 수 있다.
③제126조에 규정한 장소에는 제1항의 제한을 받지 아니한다.

제144조(검증의 보조) 검증을 함에 필요한 때에는 사법경찰관리에게 보조를 명할 수 있다.

제145조(준용규정) 제110조, 제119조 내지 제123조, 제127조와 제136조의 규정은 검증에 관하여 준용한다.

제12장 증인신문

제146조(증인의자격) 법원은 법률에 다른 규정이 없으면 누구든지 증인으로 신문할 수 있다.

제147조(공무상 비밀과 증인자격)
①공무원 또는 공무원이었던 자가 그 직무에 관하여 알게 된 사실에 관하여 본인 또는 당해 공무소가 직무상 비밀에 속한 사항임을 신고한 때에는 그 소속공무소 또는 감독관공서의 승낙 없이는 증인으로 신문하지 못한다.
②그 소속공무소 또는 당해 감독관공서는 국가에 중대한 이익을 해하는 경우를 제외하고는 승낙을 거부하지 못한다.

제148조(근친자의 형사책임과 증언거부)
누구든지 자기나 다음 각 호의 1에 해당한 관계있는 자가 형사소추 또는 공소제기를 당하거나 유죄판결을 받을 사실이 발로될 염려있는 증언을 거부할 수 있다. <개정 2005.3.31.>
1. 친족 또는 친족관계가 있었던 자
2. 법정대리인, 후견감독인

제148조(근친자의 형사책임과 증언 거부) 누구든지 자기나 다음 각 호의 어느 하나에 해당하는 자가 형사소추(刑事訴追) 또는 공소제기를 당하거나 유죄판결을 받을 사실이 드러날 염려가 있는 증언을 거부할 수 있다.
1. 친족이거나 친족이었던 사람
2. 법정대리인, 후견감독인
[전문개정 2020.12.8.]
[시행일 : 2021.12.9.] 제148조

판례-마약류관리에관한법률위반(향정)(증인이 정당한 이유 없이 증언을 거부한 경우, 그의 진술이 기재된 검찰 진술조서의 증거능력이 인정되는지 문제된 사건)

[대법원 2019.11.21., 선고, 2018도13945, 전원합의체 판결]

【판시사항】

수사기관에서 진술한 참고인이 법정에서 증언을 거부하여 피고인이 반대신문을 하지 못하였으나 정당하게 증언거부권을 행사한 것이 아닌 경우, 형사소송법 제314조의 '그 밖에 이에 준하는 사유로 인하여 진술할 수 없는 때'에 해당하는지 여부(원칙적 소극) 및 이때 수사기관에서 그 증인의 진술을 기재한 서류의 증거능력 유무(소극)

【판결요지】

[다수의견] 수사기관에서 진술한 참고인이 법정에서 증언을 거부하여 피고인이 반대신문을 하지 못한 경우에는 정당하게 증언거부권을 행사한 것이 아니라도, 피고인이 증인의 증언거부 상황을 초래하였다는 등의 특별한 사정이 없는 한 형사소송법 제314조의 '그 밖에 이에 준하는 사유로 인하여 진술할 수 없는 때'에 해당하지 않는다고 보아야 한다. 따라서 증인이 정당하게 증언거부권을 행사하여 증언을 거부한 경우와 마찬가지로 수사기관에서 그 증인의 진술을 기재한 서류는 증거능력이 없다.

다만 피고인이 증인의 증언거부 상황을 초래하였다는 등의 특별한 사정이 있는 경우에는 형사소송법 제314조의 적용을 배제할 이유가 없다. 이러한 경우까지 형사소송법 제314조의 '그 밖에 이에 준하는 사유로 인하여 진술할 수 없는 때'에 해당하지 않는다고 보면 사건의 실체에 대한 심증 형성은 법관의 면전에서 본래증거에 대한 반대신문이 보장된 증거조사를 통하여 이루어져야 한다는 실질적 직접심리주의와 전문법칙에 대하여 예외를 정한 형사소송법 제314조의 취지에 반하고 정의의 관념에도 맞지 않기 때문이다.

제149조(업무상비밀과 증언거부) 변호사, 변리사, 공증인, 공인회계사, 세무사, 대서업자, 의사, 한의사, 치과의사, 약사, 약종상, 조산사, 간호사, 종교의 직에 있는 자 또는 이러한 직에 있던 자가 그 업무상 위탁을 받은 관계로 알게 된 사실로서 타인의 비밀에 관한 것은 증언을 거부할 수 있다. 단, 본인의 승낙이 있거나 중대한 공익상 필요있는 때에는 예외로 한다. <개정 1980.12.18., 1997.12.13.>

제150조(증언거부사유의 소명) 증언을 거부하는 자는 거부사유를 소명하여야 한다.

제150조의2(증인의 소환) ①법원은 소환장의 송달, 전화, 전자우편, 그 밖의 상당한 방법으로 증인을 소환한다.

②증인을 신청한 자는 증인이 출석하도록 합리적인 노력을 할 의무가 있다.

[본조신설 2007.6.1.]

제151조(증인이 출석하지 아니한 경우의 과태료 등) ①법원은 소환장을 송달받은 증인이 정당한 사유 없이 출석하지 아니한 때에는 결정으로 당해 불출석으로 인한 소송비용을 증인이 부담하도록 명하고, 500만원 이하의 과태료를 부과할 수 있다. 제153조에 따라 준용되는 제76조제2항·제5항에 따라 소환장의 송달과 동일한 효력이 있는 경우에도 또한 같다.

②법원은 증인이 제1항에 따른 과태료 재판을 받고도 정당한 사유 없이 다시 출석하지 아니한 때에는 결정으로 증인을 7일 이내의 감치에 처한다.

③법원은 감치재판기일에 증인을 소환하여 제2항에 따른 정당한 사유가 있는지의 여부를 심리하여야 한다.

④감치는 그 재판을 한 법원의 재판장의 명령에 따라 사법경찰관리·교도관·법원경위 또는 법원사무관등이 교도소·구치소 또는 경찰서유치장에 유치하여 집행한다.

⑤감치에 처하는 재판을 받은 증인이 제4항에 규정된 감치시설에 유치된 경우 당해 감치

시설의 장은 즉시 그 사실을 법원에 통보하여야 한다.
⑥법원은 제5항의 통보를 받은 때에는 지체 없이 증인신문기일을 열어야 한다.
⑦법원은 감치의 재판을 받은 증인이 감치의 집행 중에 증언을 한 때에는 즉시 감치결정을 취소하고 그 증인을 석방하도록 명하여야 한다.
⑧제1항과 제2항의 결정에 대하여는 즉시항고를 할 수 있다. 이 경우 제410조는 적용하지 아니한다.
[전문개정 2007.6.1.]

제152조(소환불응과 구인) 정당한 사유없이 소환에 응하지 아니하는 증인은 구인할 수 있다.

제153조(준용규정) 제73조, 제74조, 제76조의 규정은 증인의 소환에 준용한다.

제154조(구내증인의 소환) 증인이 법원의 구내에 있는 때에는 소환함이 없이 신문할 수 있다.

제155조(준용규정) 제73조, 제75조, 제77조, 제81조 내지 제83조, 제85조제1항, 제2항의 규정은 증인의 구인에 준용한다.

제156조(증인의 선서) 증인에게는 신문 전에 선서하게 하여야 한다. 단, 법률에 다른 규정이 있는 경우에는 예외로 한다.

제157조(선서의 방식) ①선서는 선서서에 의하여야 한다.
②선서서에는 「양심에 따라 숨김과 보탬이 없이 사실 그대로 말하고 만일 거짓말이 있으면 위증의 벌을 받기로 맹세합니다」라고 기재하여야 한다.
③재판장은 증인으로 하여금 선서서를 낭독하고 기명날인 또는 서명하게 하여야 한다. 단, 증인이 선서서를 낭독하지 못하거나 서명을 하지 못하는 경우에는 참여한 법원사무관등이 이를 대행한다. <개정 2007.6.1.>
④선서는 기립하여 엄숙히 하여야 한다.

제157조(선서의 방식) ①선서는 선서서(宣誓書)에 따라 하여야 한다.
②선서서에는 "양심에 따라 숨김과 보탬이 없이 사실 그대로 말하고 만일 거짓말이 있으면 위증의 벌을 받기로 맹세합니다."라고 기재하여야 한다.
③재판장은 증인에게 선서서를 낭독하고 기명날인하거나 서명하게 하여야 한다. 다만, 증인이 선서서를 낭독하지 못하거나 서명을 하지 못하는 경우에는 참여한 법원사무관등이 대행한다.
④선서는 일어서서 엄숙하게 하여야 한다.
[전문개정 2020.12.8.]
[시행일 : 2021.12.9.] 제157조

제158조(선서한 증인에 대한 경고)
재판장은 선서할 증인에 대하여 선서 전에 위증의 벌을 경고하여야 한다.

제159조(선서 무능력) 증인이 다음 각 호의 1에 해당한 때에는 선서하게 하지 아니하고 신문하여야 한다.
1. 16세미만의 자
2. 선서의 취지를 이해하지 못하는 자

제160조(증언거부권의 고지) 증인이 제148조, 제149조에 해당하는 경우에는 재판장은

신문 전에 증언을 거부할 수 있음을 설명하여야 한다.

제161조(선서, 증언의 거부와 과태료)
①증인이 정당한 이유없이 선서나 증언을 거부한 때에는 결정으로 50만원이하의 과태료에 처할 수 있다. <개정 1973.1.25., 1995.12.29.>
②제1항의 결정에 대하여는 즉시항고를 할 수 있다. <개정 1995.12.29.>

제161조의2(증인신문의 방식) ①증인은 신청한 검사, 변호인 또는 피고인이 먼저 이를 신문하고 다음에 다른 검사, 변호인 또는 피고인이 신문한다.
②재판장은 전항의 신문이 끝난 뒤에 신문할 수 있다.
③재판장은 필요하다고 인정하면 전2항의 규정에 불구하고 어느 때나 신문할 수 있으며 제1항의 신문순서를 변경할 수 있다.
④법원이 직권으로 신문할 증인이나 범죄로 인한 피해자의 신청에 의하여 신문할 증인의 신문방식은 재판장이 정하는 바에 의한다. <개정 1987.11.28.>
⑤합의부원은 재판장에게 고하고 신문할 수 있다.
[본조신설 1961.9.1.]

제162조(개별신문과 대질) ①증인신문은 각 증인에 대하여 신문하여야 한다. <개정 1961.9.1.>
②신문하지 아니한 증인이 재정한 때에는 퇴정을 명하여야 한다.
③필요한 때에는 증인과 다른 증인 또는 피고인과 대질하게 할 수 있다.
④ 삭제 <1961.9.1.>

제163조(당사자의 참여권, 신문권)
①검사, 피고인 또는 변호인은 증인신문에 참여할 수 있다.
②증인신문의 시일과 장소는 전항의 규정에 의하여 참여할 수 있는 자에게 미리 통지하여야 한다. 단, 참여하지 아니한다는 의사를 명시한 때에는 예외로 한다.

제163조의2(신뢰관계에 있는 자의 동석)
①법원은 범죄로 인한 피해자를 증인으로 신문하는 경우 증인의 연령, 심신의 상태, 그 밖의 사정을 고려하여 증인이 현저하게 불안 또는 긴장을 느낄 우려가 있다고 인정하는 때에는 직권 또는 피해자·법정대리인·검사의 신청에 따라 피해자와 신뢰관계에 있는 자를 동석하게 할 수 있다.
②법원은 범죄로 인한 피해자가 13세 미만이거나 신체적 또는 정신적 장애로 사물을 변별하거나 의사를 결정할 능력이 미약한 경우에 재판에 지장을 초래할 우려가 있는 등 부득이한 경우가 아닌 한 피해자와 신뢰관계에 있는 자를 동석하게 하여야 한다.
③제1항 또는 제2항에 따라 동석한 자는 법원·소송관계인의 신문 또는 증인의 진술을 방해하거나 그 진술의 내용에 부당한 영향을 미칠 수 있는 행위를 하여서는 아니 된다.
④제1항 또는 제2항에 따라 동석할 수 있는 신뢰관계에 있는 자의 범위, 동석의 절차 및 방법 등에 관하여 필요한 사항은 대법원규칙으로 정한다.
[본조신설 2007.6.1.]

제164조(신문의 청구) ①검사, 피고인 또는 변호인이 증인신문에 참여하지 아니할 경우에는 법원에 대하여 필요한 사항의 신문을 청구할 수 있다.
②피고인 또는 변호인의 참여없이 증인을 신문한 경우에 피고인에게 예기하지 아니한 불이익의 증언이 진술된 때에는 반드시 그 진술내용을 피고인 또는 변호인에게 알려주어야 한다.
③ 삭제 <1961.9.1.>

제165조(증인의 법정 외 신문) 법원은 증인의 연령, 직업, 건강상태 기타의 사정을 고려하여 검사, 피고인 또는 변호인의 의견을 묻고 법정 외에 소환하거나 현재지에서 신문할 수 있다.

제165조의2(비디오 등 중계장치 등에 의한 증인신문) 법원은 다음 각 호의 어느 하나에 해당하는 자를 증인으로 신문하는 경우 상당하다고 인정하는 때에는 검사와 피고인 또는 변호인의 의견을 들어 비디오 등 중계장치에 의한 중계시설을 통하여 신문하거나 차폐(遮蔽)시설 등을 설치하고 신문할 수 있다. <개정 2009.6.9., 2011.8.4., 2012.12.18.>
1. 「아동복지법」 제71조제1항제1호부터 제3호까지에 해당하는 죄의 피해자
2. 「아동·청소년의 성보호에 관한 법률」 제7조, 제8조, 제11조부터 제15조까지 및 제17조제1항의 규정에 해당하는 죄의 대상이 되는 아동·청소년 또는 피해자
3. 범죄의 성질, 증인의 연령, 심신의 상태, 피고인과의 관계, 그 밖의 사정으로 인하여 피고인 등과 대면하여 진술하는 경우 심리적인 부담으로 정신의 평온을 현저하게 잃을 우려가 있다고 인정되는 자

[본조신설 2007.6.1.]

제165조의2(비디오 등 중계장치 등에 의한 증인신문) 법원은 다음 각 호의 어느 하나에 해당하는 사람을 증인으로 신문하는 경우 상당하다고 인정할 때에는 검사와 피고인 또는 변호인의 의견을 들어 비디오 등 중계장치에 의한 중계시설을 통하여 신문하거나 가림 시설 등을 설치하고 신문할 수 있다. <개정 2009.6.9., 2011.8.4., 2012.12.18., 2020.12.8>
1. 「아동복지법」 제71조제1항제1호・제1호의2・제2호・제3호에 해당하는 죄의 피해자
2. 「아동・청소년의 성보호에 관한 법률」 제7조, 제8조, 제11조부터 제15조까지 및 제17조제1항의 규정에 해당하는 죄의 대상이 되는 아동・청소년 또는 피해자
3. 범죄의 성질, 증인의 나이, 심신의 상태, 피고인과의 관계, 그 밖의 사정으로 인하여 피고인 등과 대면하여 진술할 경우 심리적인 부담으로 정신의 평온을 현저하게 잃을 우려가 있다고 인정되는 사람

[본조신설 2007.6.1.]
[시행일 : 2021.12.9.] 제165조의2

제166조(동행명령과 구인) ①법원은 필요한 때에는 결정으로 지정한 장소에 증인의 동행을 명할 수 있다.
②증인이 정당한 사유없이 동행을 거부하는 때에는 구인할 수 있다.

제167조(수명법관, 수탁판사) ①법원은 합의부원에게 법정 외의 증인신문을 명할 수 있고 또는 증인 현재지의 지방법원판사에게 그 신문을 촉탁할 수 있다.
②수탁판사는 증인이 관할구역 내에 현재하지 아니한 때에는 그 현재지의 지방법원판사에게 전촉할 수 있다.
③수명법관 또는 수탁판사는 증인의 신문에 관하여 법원 또는 재판장에 속한 처분을 할 수 있다.

제168조(증인의 여비, 일당, 숙박료)
소환받은 증인은 법률의 규정한 바에 의하여 여비, 일당과 숙박료를 청구할 수 있다. 단, 정당한 사유없이 선서 또는 증언을 거부한 자는 예외로 한다.

제13장 감정

제169조(감정) 법원은 학식 경험있는 자에게 감정을 명할 수 있다.

제170조(선서) ①감정인에게는 감정 전에 선서하게 하여야 한다.
②선서는 선서서에 의하여야 한다.
③선서서에는 「양심에 따라 성실히 감정하고 만일 거짓이 있으면 허위감정의 벌을 받기로 맹서합니다」라고 기재하여야 한다.
④제157조제3항, 제4항과 제158조의 규정은 감정인의 선서에 준용한다.

제171조(감정보고) ①감정의 경과와 결과는 감정인으로 하여금 서면으로 제출하게 하여야 한다.
②감정인이 수인인 때에는 각각 또는 공동으로 제출하게 할 수 있다.
③감정의 결과에는 그 판단의 이유를 명시하여야 한다.
④필요한 때에는 감정인에게 설명하게 할 수 있다.

제172조(법원 외의 감정) ①법원은 필요한 때에는 감정인으로 하여금 법원 외에서 감정하게 할 수 있다.
②전항의 경우에는 감정을 요하는 물건을 감정인에게 교부할 수 있다.
③피고인의 정신 또는 신체에 관한 감정에 필요한 때에는 법원은 기간을 정하여 병원 기타 적당한 장소에 피고인을 유치하게 할 수 있고 감정이 완료되면 즉시 유치를 해제하여야 한다.
④전항의 유치를 함에는 감정유치장을 발부하여야 한다. <개정 1973.1.25.>
⑤제3항의 유치를 함에 있어서 필요한 때에는 법원은 직권 또는 피고인을 수용할 병원 기타 장소의 관리자의 신청에 의하여 사법경찰관리에게 피고인의 간수를 명할 수 있다. <신설 1973.1.25.>
⑥법원은 필요한 때에는 유치기간을 연장하거나 단축할 수 있다. <신설 1973.1.25.>
⑦구속에 관한 규정은 이 법률에 특별한 규정이 없는 경우에는 제3항의 유치에 관하여 이를 준용한다. 단, 보석에 관한 규정은 그러하지 아니하다. <신설 1973.1.25.>
⑧제3항의 유치는 미결구금일수의 산입에 있어서는 이를 구속으로 간주한다. <신설 1973.1.25.>

제172조의2(감정유치와 구속) ①구속 중인 피고인에 대하여 감정유치장이 집행되었을 때에는 피고인이 유치되어 있는 기간 구속은 그 집행이 정지된 것으로 간주한다.
②전항의 경우에 전조 제3항의 유치처분이 취소되거나 유치기간이 만료된 때에는 구속의 집행정지가 취소된 것으로 간주한다.
[본조신설 1973.1.25.]

제173조(감정에 필요한 처분) ①감정인은 감정에 관하여 필요한 때에는 법원의 허가를 얻어 타인의 주거, 간수자 있는 가옥, 건조물, 항공기, 선차 내에 들어 갈 수 있고 신체의 검사, 사체의 해부, 분묘발굴, 물건의 파괴를 할 수 있다.
②전항의 허가에는 피고인의 성명, 죄명, 들어갈 장소, 검사할 신체, 해부할 사체, 발굴할 분묘, 파괴할 물건, 감정인의 성명과 유효기간을 기재한 허가장을 발부하여야 한다.
③감정인은 제1항의 처분을 받는 자에게 허가장을 제시하여야 한다.
④전2항의 규정은 감정인이 공판정에서 행하는 제1항의 처분에는 적용하지 아니한다.
⑤제141조, 제143조의 규정은 제1항의 경우에 준용한다.

판례-도로교통법 위반(음주운전)

[대법원 2012.11.15, 선고, 2011도15258, 판결]

【판시사항】
[1] 영장이나 감정처분허가장 없이 채취한 혈액을 이용한 혈중알코올농도 감정 결과의 증거능력 유무(원칙적 소극) 및 피고인 등의 동의가 있더라도 마찬가지인지 여부(적극)
[2] 강제채혈의 법적 성질(=감정에 필요한 처분 또는 압수영장의 집행에 필요한 처분)

[3] 음주운전 중 교통사고를 내고 의식불명 상태에 빠져 병원으로 후송된 운전자에 대하여 수사기관이 영장 없이 강제채혈을 할 수 있는지 여부(한정 적극) 및 이 경우 사후 압수영장을 받아야 하는지 여부(적극)

【판결요지】
[1] 수사기관이 법원으로부터 영장 또는 감정처분허가장을 발부받지 아니한 채 피의자의 동의 없이 피의자의 신체로부터 혈액을 채취하고 사후에도 지체 없이 영장을 발부받지 아니한 채 혈액 중 알코올농도에 관한 감정을 의뢰하였다면, 이러한 과정을 거쳐 얻은 감정의뢰회보 등은 형사소송법상 영장주의 원칙을 위반하여 수집하거나 그에 기초하여 획득한 증거로서, 원칙적으로 절차위반행위가 적법절차의 실질적인 내용을 침해하여 피고인이나 변호인의 동의가 있더라도 유죄의 증거로 사용할 수 없다.
[2] 수사기관이 범죄 증거를 수집할 목적으로 피의자의 동의 없이 피의자의 혈액을 취득·보관하는 행위는 법원으로부터 감정처분허가장을 받아 형사소송법 제221조의4 제1항, 제173조 제1항에 의한 '감정에 필요한 처분'으로도 할 수 있지만, 형사소송법 제219조, 제106조 제1항에 정한 압수의 방법으로도 할 수 있고, 압수의 방법에 의하는 경우 혈액의 취득을 위하여 피의자의 신체로부터 혈액을 채취하는 행위는 혈액의 압수를 위한 것으로서 형사소송법 제219조, 제120조 제1항에 정한 '압수영장의 집행에 있어 필요한 처분'에 해당한다.
[3] 음주운전 중 교통사고를 야기한 후 피의자가 의식불명 상태에 빠져 있는 등으로 도로교통법이 음주운전의 제1차적 수사방법으로 규정한 호흡조사에 의한 음주측정이 불가능하고 혈액 채취에 대한 동의를 받을 수도 없을 뿐만 아니라 법원으로부터 혈액 채취에 대한 감정처분허가장이나 사전 압수영장을 발부받을 시간적 여유도 없는 긴급한 상황이 생길 수 있다. 이러한 경우 피의자의 신체 내지 의복류에 주취로 인한 냄새가 강하게 나는 등 형사소송법 제211조 제2항 제3호가 정하는 범죄의 증적이 현저한 준현행범인의 요건이 갖추어져 있고 교통사고 발생 시각으로부터 사회통념상 범행 직후라고 볼 수 있는 시간 내라면, 피의자의 생명·신체를 구조하기 위하여 사고현장으로부터 곧바로 후송된 병원 응급실 등의 장소는 형사소송법 제216조 제3항의 범죄 장소에 준한다 할 것이므로, 검사 또는 사법경찰관은 피의자의 혈중알코올농도 등 증거의 수집을 위하여 의료법상 의료인의 자격이 있는 자로 하여금 의료용 기구로 의학적인 방법에 따라 필요최소한의 한도 내에서 피의자의 혈액을 채취하게 한 후 그 혈액을 영장 없이 압수할 수 있다. 다만 이 경우에도 형사소송법 제216조 제3항 단서, 형사소송규칙 제58조, 제107조 제1항 제3호에 따라 사후에 지체 없이 강제채혈에 의한 압수의 사유 등을 기재한 영장청구서에 의하여 법원으로부터 압수영장을 받아야 한다.

제174조(감정인의 참여권, 신문권)
①감정인은 감정에 관하여 필요한 경우에는 재판장의 허가를 얻어 서류와 증거물을 열람 또는 등사하고 피고인 또는 증인의 신문에 참여할 수 있다.
②감정인은 피고인 또는 증인의 신문을 구하거나 재판장의 허가를 얻어 직접 발문할 수 있다.

제175조(수명법관) 법원은 합의부원으로 하여금 감정에 관하여 필요한 처분을 하게 할 수 있다.

제176조(당사자의 참여) ①검사, 피고인 또는 변호인은 감정에 참여할 수 있다.
②제122조의 규정은 전항의 경우에 준용한다.

제177조(준용규정) 전장의 규정은 구인에 관한 규정을 제한 외에는 감정에 관하여 준용한다.

제177조(준용규정) 감정에 관하여는 제12장(구인에 관한 규정은 제외한다)을 준용한다.
[전문개정 2020.12.8.] [시행일 : 2021.12.9.] 제177조

제178조(여비, 감정료 등) 감정인은 법률의 정하는 바에 의하여 여비, 일당, 숙박료 외에 감정료와 체당금의 변상을 청구할 수 있다.

제179조(감정증인) 특별한 지식에 의하여 알게 된 과거의 사실을 신문하는 경우에는 본장의 규정에 의하지 아니하고 전장의 규정에 의한다.

제179조의2(감정의 촉탁) ①법원은 필요하다고 인정하는 때에는 공무소·학교·병원 기타 상당한 설비가 있는 단체 또는 기관에 대하여 감정을 촉탁할 수 있다. 이 경우 선서에 관한 규정은 이를 적용하지 아니한다.
②제1항의 경우 법원은 당해 공무소·학교·병원·단체 또는 기관이 지정한 자로 하여금 감정서의 설명을 하게 할 수 있다.
[본조신설 1995.12.29.]

제14장 통역과 번역

제180조(통역) 국어에 통하지 아니하는 자의 진술에는 통역인으로 하여금 통역하게 하여야 한다.

제181조(농아자의 통역) 농자 또는 아자의 진술에는 통역인으로 하여금 통역하게 할 수 있다.

제181조(청각 또는 언어장애인의 통역)
듣거나 말하는 데 장애가 있는 사람의 진술에 대해서는 통역인으로 하여금 통역하게 할 수 있다.
[전문개정 2020.12.8.]
[시행일 : 2021.12.9.] 제181조

제182조(번역) 국어 아닌 문자 또는 부호는 번역하게 하여야 한다.

제183조(준용규정) 전장의 규정은 통역과 번역에 준용한다.

제15장 증거보전

제184조(증거보전의 청구와 그 절차)
①검사, 피고인, 피의자 또는 변호인은 미리 증거를 보전하지 아니하면 그 증거를 사용하기 곤란한 사정이 있는 때에는 제1회 공판기일 전이라도 판사에게 압수, 수색, 검증, 증인신문 또는 감정을 청구할 수 있다.
②전항의 청구를 받은 판사는 그 처분에 관하여 법원 또는 재판장과 동일한 권한이 있다.
③제1항의 청구를 함에는 서면으로 그 사유를 소명하여야 한다.
④제1항의 청구를 기각하는 결정에 대하여는 3일 이내에 항고할 수 있다. <신설 2007.6.1.>

제185조(서류의 열람등) 검사, 피고인, 피의자 또는 변호인은 판사의 허가를 얻어 전조의 처분에 관한 서류와 증거물을 열람 또는 등사할 수 있다.

제16장 소송비용

제186조(피고인의 소송비용부담) ①형의 선고를 하는 때에는 피고인에게 소송비용의 전부 또는 일부를 부담하게 하여야 한다. 다만, 피고인의 경제적 사정으로 소송비용을 납부할 수 없는 때에는 그러하지 아니하다. <개정 1995.12.29.>
②피고인에게 책임지울 사유로 발생된 비용은 형의 선고를 하지 아니하는 경우에도 피고인에게 부담하게 할 수 있다.

제187조(공범의 소송비용) 공범의 소송비용은 공범인에게 연대부담하게 할 수 있다.

제188조(고소인등의 소송비용부담) 고소 또는 고발에 의하여 공소를 제기한 사건에 관하여 피고인이 무죄 또는 면소의 판결을 받은 경우에 고소인 또는 고발인에게 고의 또는 중대한 과실이 있는 때에는 그 자에게 소송비용의 전부 또는 일부를 부담하게 할 수 있다.

제189조(검사의 상소취하와 소송비용부담)
검사만이 상소 또는 재심청구를 한 경우에 상소 또는 재심의 청구가 기각되거나 취하된 때에는 그 소송비용을 피고인에게 부담하게 하지 못한다.

제190조(제삼자의 소송비용부담) ①검사 아닌 자가 상소 또는 재심청구를 한 경우에 상소 또는 재심의 청구가 기각되거나 취하된 때에는 그 자에게 그 소송비용을 부담하게 할 수 있다.
②피고인 아닌 자가 피고인이 제기한 상소 또는 재심의 청구를 취하한 경우에도 전항과 같다.

제191조(소송비용부담의 재판) ①재판으로 소송절차가 종료되는 경우에 피고인에게 소송비용을 부담하게 하는 때에는 직권으로 재판하여야 한다.
②전항의 재판에 대하여는 본안의 재판에 관하여 상소하는 경우에 한하여 불복할 수 있다.

제192조(제삼자부담의 재판) ①재판으로 소송절차가 종료되는 경우에 피고인 아닌 자에게 소송비용을 부담하게 하는 때에는 직권으로 결정을 하여야 한다.
②전항의 결정에 대하여는 즉시항고를 할 수 있다.

제193조(재판에 의하지 아니한 절차종료)
①재판에 의하지 아니하고 소송절차가 종료되는 경우에 소송비용을 부담하게 하는 때에는 사건의 최종계속법원이 직권으로 결정을 하여야 한다.
②전항의 결정에 대하여는 즉시항고를 할 수 있다.

제194조(부담액의 산정) 소송비용의 부담을 명하는 재판에 그 금액을 표시하지 아니한 때에는 집행을 지휘하는 검사가 산정한다.

제194조의2(무죄판결과 비용보상)
①국가는 무죄판결이 확정된 경우에는 당해 사건의 피고인이었던 자에 대하여 그 재판에 소요된 비용을 보상하여야 한다.
②다음 각 호의 어느 하나에 해당하는 경우에는 제1항에 따른 비용의 전부 또는 일부를 보상하지 아니할 수 있다.
1. 피고인이었던 자가 수사 또는 재판을 그르칠 목적으로 거짓 자백을 하거나 다른 유죄의 증거를 만들어 기소된 것으로 인정된 경우

2. 1개의 재판으로써 경합범의 일부에 대하여 무죄판결이 확정되고 다른 부분에 대하여 유죄판결이 확정된 경우
3. 「형법」 제9조 및 제10조제1항의 사유에 따른 무죄판결이 확정된 경우
4. 그 비용이 피고인이었던 자에게 책임지울 사유로 발생한 경우
[본조신설 2007.6.1.]

제194조의3(비용보상의 절차 등) ①제194조의2제1항에 따른 비용의 보상은 피고인이었던 자의 청구에 따라 무죄판결을 선고한 법원의 합의부에서 결정으로 한다.
②제1항에 따른 청구는 무죄판결이 확정된 사실을 안 날부터 3년, 무죄판결이 확정된 때부터 5년 이내에 하여야 한다. <개정 2014.12.30.>
③제1항의 결정에 대하여는 즉시항고를 할 수 있다.
[본조신설 2007.6.1.]

제194조의4(비용보상의 범위) ①제194조의2에 따른 비용보상의 범위는 피고인이었던 자 또는 그 변호인이었던 자가 공판준비 및 공판기일에 출석하는데 소요된 여비·일당·숙박료와 변호인이었던 자에 대한 보수에 한한다. 이 경우 보상금액에 관하여는「형사소송비용 등에 관한 법률」을 준용하되, 피고인이었던 자에 대하여는 증인에 관한 규정을, 변호인이었던 자에 대하여는 국선변호인에 관한 규정을 준용한다.
②법원은 공판준비 또는 공판기일에 출석한 변호인이 2인 이상이었던 경우에는 사건의 성질, 심리 상황, 그 밖의 사정을 고려하여 변호인이었던 자의 여비·일당 및 숙박료를 대표변호인이나 그 밖의 일부 변호인의 비용만으로 한정할 수 있다.
[본조신설 2007.6.1.]

제194조의5(준용규정) 비용보상청구, 비용보상절차, 비용보상과 다른 법률에 따른 손해배상과의 관계, 보상을 받을 권리의 양도·압류 또는 피고인이었던 자의 상속인에 대한 비용보상에 관하여 이 법에 규정한 것을 제외하고는 「형사보상법」에 따른 보상의 예에 따른다.
[본조신설 2007.6.1.]

제2편 제1심
제1장 수사

제195조(검사와 사법경찰관의 관계 등)
①검사와 사법경찰관은 수사, 공소제기 및 공소유지에 관하여 서로 협력하여야 한다.
②제1항에 따른 수사를 위하여 준수하여야 하는 일반적 수사준칙에 관한 사항은 대통령령으로 정한다.
[본조신설 2020.2.4.]
[종전 제195조는 제196조로 이동 <2020.2.4.>]

제196조(검사의 수사) 검사는 범죄의 혐의가 있다고 사료하는 때에는 범인, 범죄사실과 증거를 수사한다.
[전문개정 2020.2.4.]
[제195조에서 이동, 종전 제196조는 제197조로 이동 <2020.2.4.>]

제197조(사법경찰관리) ①경무관, 총경, 경정, 경감, 경위는 사법경찰관으로서 범죄의 혐의가 있다고 사료하는 때에는 범인, 범죄사실과 증거를 수사한다. <개정 2020.2.4.>
②경사, 경장, 순경은 사법경찰리로서 수사의 보조를 하여야 한다. <개정 2020.2.4.>
③ 삭제 <2020.2.4.>

④ 삭제 <2020.2.4.>
⑤ 삭제 <2020.2.4.>
⑥ 삭제 <2020.2.4.>
[전문개정 2011.7.18.]
[제196조에서 이동, 종전 제197조는 삭제 <2020.2.4.>]

제197조의2(보완수사요구) ①검사는 다음 각 호의 어느 하나에 해당하는 경우에 사법경찰관에게 보완수사를 요구할 수 있다.
1. 송치사건의 공소제기 여부 결정 또는 공소의 유지에 관하여 필요한 경우
2. 사법경찰관이 신청한 영장의 청구 여부 결정에 관하여 필요한 경우
②사법경찰관은 제1항의 요구가 있는 때에는 정당한 이유가 없는 한 지체 없이 이를 이행하고, 그 결과를 검사에게 통보하여야 한다.
③검찰총장 또는 각급 검찰청 검사장은 사법경찰관이 정당한 이유 없이 제1항의 요구에 따르지 아니하는 때에는 권한 있는 사람에게 해당 사법경찰관의 직무배제 또는 징계를 요구할 수 있고, 그 징계 절차는 「공무원 징계령」 또는 「경찰공무원 징계령」에 따른다.
[본조신설 2020.2.4.]

제197조의3(시정조치요구 등) ①검사는 사법경찰관리의 수사과정에서 법령위반, 인권침해 또는 현저한 수사권 남용이 의심되는 사실의 신고가 있거나 그러한 사실을 인식하게 된 경우에는 사법경찰관에게 사건기록 등본의 송부를 요구할 수 있다.
②제1항의 송부 요구를 받은 사법경찰관은 지체 없이 검사에게 사건기록 등본을 송부하여야 한다.
③제2항의 송부를 받은 검사는 필요하다고 인정되는 경우에는 사법경찰관에게 시정조치를 요구할 수 있다.
④사법경찰관은 제3항의 시정조치 요구가 있는 때에는 정당한 이유가 없으면 지체 없이 이를 이행하고, 그 결과를 검사에게 통보하여야 한다.
⑤제4항의 통보를 받은 검사는 제3항에 따른 시정조치 요구가 정당한 이유 없이 이행되지 않았다고 인정되는 경우에는 사법경찰관에게 사건을 송치할 것을 요구할 수 있다.
⑥제5항의 송치 요구를 받은 사법경찰관은 검사에게 사건을 송치하여야 한다.
⑦검찰총장 또는 각급 검찰청 검사장은 사법경찰관리의 수사과정에서 법령위반, 인권침해 또는 현저한 수사권 남용이 있었던 때에는 권한 있는 사람에게 해당 사법경찰관리의 징계를 요구할 수 있고, 그 징계 절차는 「공무원 징계령」 또는 「경찰공무원 징계령」에 따른다.
⑧사법경찰관은 피의자를 신문하기 전에 수사과정에서 법령위반, 인권침해 또는 현저한 수사권 남용이 있는 경우 검사에게 구제를 신청할 수 있음을 피의자에게 알려주어야 한다.
[본조신설 2020.2.4.]

제197조의4(수사의 경합) ①검사는 사법경찰관과 동일한 범죄사실을 수사하게 된 때에는 사법경찰관에게 사건을 송치할 것을 요구할 수 있다.
②제1항의 요구를 받은 사법경찰관은 지체 없이 검사에게 사건을 송치하여야 한다. 다만, 검사가 영장을 청구하기 전에 동일한 범죄사실에 관하여 사법경찰관이 영장을 신청한 경우에는 해당 영장에 기재된 범죄사실을 계속 수사할 수 있다.
[본조신설 2020.2.4.]

제198조(준수사항) ①피의자에 대한 수사는 불구속 상태에서 함을 원칙으로 한다.
②검사·사법경찰관리와 그 밖에 직무상 수사에 관계있는 자는 피의자 또는 다른 사람의 인권을 존중하고 수사과정에서 취득한 비밀을 엄수하며 수사에 방해되는 일이 없도록 하여야 한다.
③검사·사법경찰관리와 그 밖에 직무상 수사에 관계있는 자는 수사과정에서 수사와 관련하여 작성하거나 취득한 서류 또는 물건에 대한 목록을 빠짐 없이 작성하여야 한다. <신설

2011.7.18.>
[전문개정 2007.6.1.]

제198조의2(검사의 체포 · 구속장소감찰)
①지방검찰청 검사장 또는 지청장은 불법체포·구속의 유무를 조사하기 위하여 검사로 하여금 매월 1회 이상 관하수사관서의 피의자의 체포·구속장소를 감찰하게 하여야 한다. 감찰하는 검사는 체포 또는 구속된 자를 심문하고 관련서류를 조사하여야 한다. <개정 1995.12.29.>
②검사는 적법한 절차에 의하지 아니하고 체포 또는 구속된 것이라고 의심할 만한 상당한 이유가 있는 경우에는 즉시 체포 또는 구속된 자를 석방하거나 사건을 검찰에 송치할 것을 명하여야 한다.
<개정 1995.12.29.>
[본조신설 1961.9.1.]
[제목개정 1995.12.29.]

제199조(수사와 필요한 조사) ①수사에 관하여는 그 목적을 달성하기 위하여 필요한 조사를 할 수 있다. 다만, 강제처분은 이 법률에 특별한 규정이 있는 경우에 한하며, 필요한 최소한도의 범위 안에서만 하여야 한다. <개정 1995.12.29.>
②수사에 관하여는 공무소 기타 공사단체에 조회하여 필요한 사항의 보고를 요구할 수 있다.

제200조(피의자의 출석요구) 검사 또는 사법경찰관은 수사에 필요한 때에는 피의자의 출석을 요구하여 진술을 들을 수 있다.
[전문개정 2007.6.1.]

판례-준항고 기각결정에 대한 재항고

[대법원 2013.7.1, 자, 2013모160, 결정]

【판시사항】
구속영장 발부에 의하여 적법하게 구금된 피의자가 피의자신문을 위한 출석요구에 응하지 아니하면서 수사기관 조사실에 출석을 거부할 경우, 수사기관이 구속영장의 효력에 의하여 피의자를 조사실로 구인할 수 있는지 여부(적극) 및 이때 피의자를 신문하기 전에 진술거부권을 고지하여야 하는지 여부(적극)
【판결요지】
형사소송법(이하 '법'이라고 한다) 제70조 제1항 제1호, 제2호, 제3호, 제199조 제1항, 제200조, 제200조의2 제1항, 제201조 제1항의 취지와 내용에 비추어 보면, 수사기관이 관할 지방법원 판사가 발부한 구속영장에 의하여 피의자를 구속하는 경우, 그 구속영장은 기본적으로 장차 공판정에의 출석이나 형의 집행을 담보하기 위한 것이지만, 이와 함께 법 제202조, 제203조에서 정하는 구속기간의 범위 내에서 수사기관이 법 제200조, 제241조 내지 제244조의5에 규정된 피의자신문의 방식으로 구속된 피의자를 조사하는 등 적정한 방법으로 범죄를 수사하는 것도 예정하고 있다고 할 것이다. 따라서 구속영장 발부에 의하여 적법하게 구금된 피의자가 피의자신문을 위한 출석요구에 응하지 아니하면서 수사기관 조사실에 출석을 거부한다면 수사기관은 그 구속영장의 효력에 의하여 피의자를 조사실로 구인할 수 있다고 보아야 한다. 다만 이러한 경우에도 그 피의자신문 절차는 어디까지나 법 제199조 제1항 본문, 제200조의 규정에 따른 임의수사의 한 방법으로 진행되어야 하므로, 피의자는 헌법 제12조 제2항과 법 제244조의3에 따라 일체의 진술을 하지 아니하거나 개개의 질문에 대하여 진술을 거부할 수 있고, 수사기관은 피의자를 신문하기 전에 그와 같은 권리를 알려주어야 한다.

제200조의2(영장에 의한 체포) ①피의자가 죄를 범하였다고 의심할 만한 상당한 이유가 있고, 정당한 이유없이 제200조의 규정에 의한 출석요구에 응하지 아니하거나 응하지

아니할 우려가 있는 때에는 검사는 관할 지방법원판사에게 청구하여 체포영장을 발부받아 피의자를 체포할 수 있고, 사법경찰관은 검사에게 신청하여 검사의 청구로 관할지방법원판사의 체포영장을 발부받아 피의자를 체포할 수 있다. 다만, 다액 50만원이하의 벌금, 구류 또는 과료에 해당하는 사건에 관하여는 피의자가 일정한 주거가 없는 경우 또는 정당한 이유없이 제200조의 규정에 의한 출석요구에 응하지 아니한 경우에 한한다.
②제1항의 청구를 받은 지방법원판사는 상당하다고 인정할 때에는 체포영장을 발부한다. 다만, 명백히 체포의 필요가 인정되지 아니하는 경우에는 그러하지 아니하다.
③제1항의 청구를 받은 지방법원판사가 체포영장을 발부하지 아니할 때에는 청구서에 그 취지 및 이유를 기재하고 서명날인하여 청구한 검사에게 교부한다.
④검사가 제1항의 청구를 함에 있어서 동일한 범죄사실에 관하여 그 피의자에 대하여 전에 체포영장을 청구하였거나 발부받은 사실이 있는 때에는 다시 체포영장을 청구하는 취지 및 이유를 기재하여야 한다.
⑤체포한 피의자를 구속하고자 할 때에는 체포한 때부터 48시간이내에 제201조의 규정에 의하여 구속영장을 청구하여야 하고, 그 기간내에 구속영장을 청구하지 아니하는 때에는 피의자를 즉시 석방하여야 한다.
[본조신설 1995.12.29.]
[제목개정 2007.6.1.]

제200조의3(긴급체포) ①검사 또는 사법경찰관은 피의자가 사형·무기 또는 장기 3년이상의 징역이나 금고에 해당하는 죄를 범하였다고 의심할 만한 상당한 이유가 있고, 다음 각 호의 어느 하나에 해당하는 사유가 있는 경우에 긴급을 요하여 지방법원판사의 체포영장을 받을 수 없는 때에는 그 사유를 알리고 영장없이 피의자를 체포할 수 있다. 이 경우 긴급을 요한다 함은 피의자를 우연히 발견한 경우등과 같이 체포영장을 받을 시간적 여유가 없는 때를 말한다. <개정 2007.6.1.>
1. 피의자가 증거를 인멸할 염려가 있는 때
2. 피의자가 도망하거나 도망할 우려가 있는 때
②사법경찰관이 제1항의 규정에 의하여 피의자를 체포한 경우에는 즉시 검사의 승인을 얻어야 한다.
③검사 또는 사법경찰관은 제1항의 규정에 의하여 피의자를 체포한 경우에는 즉시 긴급체포서를 작성하여야 한다.
④제3항의 규정에 의한 긴급체포서에는 범죄사실의 요지, 긴급체포의 사유등을 기재하여야 한다.
[본조신설 1995.12.29.]

제200조의4(긴급체포와 영장청구기간)
①검사 또는 사법경찰관이 제200조의3의 규정에 의하여 피의자를 체포한 경우 피의자를 구속하고자 할 때에는 지체 없이 검사는 관할지방법원판사에게 구속영장을 청구하여야 하고, 사법경찰관은 검사에게 신청하여 검사의 청구로 관할지방법원판사에게 구속영장을 청구하여야 한다. 이 경우 구속영장은 피의자를 체포한 때부터 48시간 이내에 청구하여야 하며, 제200조의3 제3항에 따른 긴급체포서를 첨부하여야 한다. <개정 2007.6.1.>
②제1항의 규정에 의하여 구속영장을 청구하지 아니하거나 발부받지 못한 때에는 피의자를 즉시 석방하여야 한다.
③제2항의 규정에 의하여 석방된 자는 영장없이는 동일한 범죄사실에 관하여 체포하지 못한다.
④검사는 제1항에 따른 구속영장을 청구하지 아니하고 피의자를 석방한 경우에는 석방한 날부터 30일 이내에 서면으로 다음 각 호의 사항을 법원에 통지하여야 한다. 이 경우 긴급체포서의 사본을 첨부하여야 한다. <신설 2007.6.1.>
1. 긴급체포 후 석방된 자의 인적사항
2. 긴급체포의 일시·장소와 긴급체포하게 된 구체적 이유
3. 석방의 일시·장소 및 사유

4. 긴급체포 및 석방한 검사 또는 사법경찰관의 성명
⑤긴급체포 후 석방된 자 또는 그 변호인·법정대리인·배우자·직계친족·형제자매는 통지서 및 관련 서류를 열람하거나 등사할 수 있다. <신설 2007.6.1.>
⑥사법경찰관은 긴급체포한 피의자에 대하여 구속영장을 신청하지 아니하고 석방한 경우에는 즉시 검사에게 보고하여야 한다. <신설 2007.6.1.>
[본조신설 1995.12.29.]

제200조의5(체포와 피의사실 등의 고지)
검사 또는 사법경찰관은 피의자를 체포하는 경우에는 피의사실의 요지, 체포의 이유와 변호인을 선임할 수 있음을 말하고 변명할 기회를 주어야 한다.
[본조신설 2007.6.1.]
[종전 제200조의5는 제200조의6으로 이동 <2007.6.1.>]

제200조의6(준용규정) 제75조, 제81조제1항 본문 및 제3항, 제82조, 제83조, 제85조제1항·제3항 및 제4항, 제86조, 제87조, 제89조부터 제91조까지, 제93조, 제101조제4항 및 제102조제2항 단서의 규정은 검사 또는 사법경찰관이 피의자를 체포하는 경우에 이를 준용한다. 이 경우 "구속"은 이를 "체포"로, "구속영장"은 이를 "체포영장"으로 본다. <개정 2007.6.1.>
[본조신설 1995.12.29.]
[제200조의5에서 이동 <2007.6.1.>]

제201조(구속) ①피의자가 죄를 범하였다고 의심할 만한 상당한 이유가 있고 제70조제1항 각 호의 1에 해당하는 사유가 있을 때에는 검사는 관할지방법원판사에게 청구하여 구속영장을 받아 피의자를 구속할 수 있고 사법경찰관은 검사에게 신청하여 검사의 청구로 관할지방법원판사의 구속영장을 받아 피의자를 구속할 수 있다. 다만, 다액 50만원이하의 벌금, 구류 또는 과료에 해당하는 범죄에 관하여는 피의자가 일정한 주거가 없는 경우에 한한다. <개정 1980.12.18., 1995.12.29.>
②구속영장의 청구에는 구속의 필요를 인정할 수 있는 자료를 제출하여야 한다. <개정 1980.12.18.>
③제1항의 청구를 받은 지방법원판사는 신속히 구속영장의 발부여부를 결정하여야 한다. <신설 1995.12.29.>
④제1항의 청구를 받은 지방법원판사는 상당하다고 인정할 때에는 구속영장을 발부한다. 이를 발부하지 아니할 때에는 청구서에 그 취지 및 이유를 기재하고 서명날인하여 청구한 검사에게 교부한다. <개정 1980.12.18.>
⑤검사가 제1항의 청구를 함에 있어서 동일한 범죄사실에 관하여 그 피의자에 대하여 전에 구속영장을 청구하거나 발부받은 사실이 있을 때에는 다시 구속영장을 청구하는 취지 및 이유를 기재하여야 한다. <개정 1980.12.18.>
[전문개정 1973.1.25.]

제201조의2(구속영장 청구와 피의자 심문)
①제200조의2·제200조의3 또는 제212조에 따라 체포된 피의자에 대하여 구속영장을 청구받은 판사는 지체 없이 피의자를 심문하여야 한다. 이 경우 특별한 사정이 없는 한 구속영장이 청구된 날의 다음날까지 심문하여야 한다.
②제1항 외의 피의자에 대하여 구속영장을 청구받은 판사는 피의자가 죄를 범하였다고 의심할 만한 이유가 있는 경우에 구인을 위한 구속영장을 발부하여 피의자를 구인한 후 심문하여야 한다. 다만, 피의자가 도망하는 등의 사유로 심문할 수 없는 경우에는 그러하지 아니하다.
③판사는 제1항의 경우에는 즉시, 제2항의 경우에는 피의자를 인치한 후 즉시 검사, 피의자 및 변호인에게 심문기일과 장소를 통지하여야 한다. 이 경우 검사는 피의자가 체포되

어 있는 때에는 심문기일에 피의자를 출석시켜야 한다.
④검사와 변호인은 제3항에 따른 심문기일에 출석하여 의견을 진술할 수 있다.
⑤판사는 제1항 또는 제2항에 따라 심문하는 때에는 공범의 분리심문이나 그 밖에 수사상의 비밀보호를 위하여 필요한 조치를 하여야 한다.
⑥제1항 또는 제2항에 따라 피의자를 심문하는 경우 법원사무관등은 심문의 요지 등을 조서로 작성하여야 한다.
⑦피의자심문을 하는 경우 법원이 구속영장청구서·수사 관계 서류 및 증거물을 접수한 날부터 구속영장을 발부하여 검찰청에 반환한 날까지의 기간은 제202조 및 제203조의 적용에 있어서 그 구속기간에 이를 산입하지 아니한다.
⑧심문할 피의자에게 변호인이 없는 때에는 지방법원판사는 직권으로 변호인을 선정하여야 한다. 이 경우 변호인의 선정은 피의자에 대한 구속영장 청구가 기각되어 효력이 소멸한 경우를 제외하고는 제1심까지 효력이 있다.
⑨법원은 변호인의 사정이나 그 밖의 사유로 변호인 선정결정이 취소되어 변호인이 없게 된 때에는 직권으로 변호인을 다시 선정할 수 있다.
⑩제71조, 제71조의2, 제75조, 제81조부터 제83조까지, 제85조제1항·제3항·제4항, 제86조, 제87조제1항, 제89조부터 제91조까지 및 제200조의5는 제2항에 따라 구인을 하는 경우에 준용하고, 제48조, 제51조, 제53조, 제56조의2 및 제276조의2는 피의자에 대한 심문의 경우에 준용한다.
[전문개정 2007.6.1.]

제202조(사법경찰관의 구속기간) 사법경찰관이 피의자를 구속한 때에는 10일 이내에 피의자를 검사에게 인치하지 아니하면 석방하여야 한다.

제203조(검사의 구속기간) 검사가 피의자를 구속한 때 또는 사법경찰관으로부터 피의자의 인치를 받은 때에는 10일 이내에 공소를 제기하지 아니하면 석방하여야 한다.

제203조의2(구속기간에의 산입) 피의자가 제200조의2·제200조의3·제201조의2제2항 또는 제212조의 규정에 의하여 체포 또는 구인된 경우에는 제202조 또는 제203조의 구속기간은 피의자를 체포 또는 구인한 날부터 기산한다. <개정 1997.12.13., 2007.6.1.>
[본조신설 1995.12.29.]

제204조(영장발부와 법원에 대한 통지)
체포영장 또는 구속영장의 발부를 받은 후 피의자를 체포 또는 구속하지 아니하거나 체포 또는 구속한 피의자를 석방한 때에는 지체없이 검사는 영장을 발부한 법원에 그 사유를 서면으로 통지하여야 한다. <개정 1995.12.29.>

제205조(구속기간의 연장) ①지방법원판사는 검사의 신청에 의하여 수사를 계속함에 상당한 이유가 있다고 인정한 때에는 10일을 초과하지 아니하는 한도에서 제203조의 구속기간의 연장을 1차에 한하여 허가할 수 있다.
②전항의 신청에는 구속기간의 연장의 필요를 인정할 수 있는 자료를 제출하여야 한다.

제206조 삭제 <1995.12.29.>
제207조 삭제 <1995.12.29.>

제208조(재구속의 제한) ①검사 또는 사법경찰관에 의하여 구속되었다가 석방된 자는 다른 중요한 증거를 발견한 경우를 제외하고는 동일한 범죄사실에 관하여 재차 구속하지 못한다.
②전항의 경우에는 1개의 목적을 위하여 동시 또는 수단결과의 관계에서 행하여진 행위는

동일한 범죄사실로 간주한다.
[전문개정 1973.1.25.]

제209조(준용규정) 제70조제2항, 제71조, 제75조, 제81조제1항 본문·제3항, 제82조, 제83조, 제85조부터 제87조까지, 제89조부터 제91조까지, 제93조, 제101조제1항, 제102조제2항 본문(보석의 취소에 관한 부분은 제외한다) 및 제200조의5는 검사 또는 사법경찰관의 피의자 구속에 관하여 준용한다. <개정 2007.12.21.> [전문개정 2007.6.1.]

제210조(사법경찰관리의 관할구역 외의 수사)
사법경찰관리가 관할구역 외에서 수사하거나 관할구역 외의 사법경찰관리의 촉탁을 받어 수사할 때에는 관할지방검찰청 검사장 또는 지청장에게 보고하여야 한다. 다만, 제200조의3, 제212조, 제214조, 제216조와 제217조의 규정에 의한 수사를 하는 경우에 긴급을 요할 때에는 사후에 보고할 수 있다. <개정 1961.9.1., 1995.12.29.>

제211조(현행범인과 준현행범인) ①범죄의 실행 중이거나 실행의 즉후인 자를 현행범인이라 한다.
②다음 각 호의 1에 해당하는 자는 현행범인으로 간주한다.
1. 범인으로 호창되어 추적되고 있는 때
2. 장물이나 범죄에 사용되었다고 인정함에 충분한 흉기 기타의 물건을 소지하고 있는 때
3. 신체 또는 의복류에 현저한 증적이 있는 때
4. 누구임을 물음에 대하여 도망하려 하는 때

제211조(현행범인과 준현행범인) ①범죄를 실행하고 있거나 실행하고 난 직후의 사람을 현행범인이라 한다.
②다음 각 호의 어느 하나에 해당하는 사람은 현행범인으로 본다.
1. 범인으로 불리며 추적되고 있을 때
2. 장물이나 범죄에 사용되었다고 인정하기에 충분한 흉기나 그 밖의 물건을 소지하고 있을 때
3. 신체나 의복류에 증거가 될 만한 뚜렷한 흔적이 있을 때
4. 누구냐고 묻자 도망하려고 할 때
[전문개정 2020.12.8.]
[시행일 : 2021.12.9.] 제211조

제212조(현행범인의 체포) 현행범인은 누구든지 영장없이 체포할 수 있다.

판례-업무방해·공무집행방해·폭행·상해

[대법원 2013.8.23, 선고, 2011도4763, 판결]

【판시사항】
공무집행방해죄에서 공무집행의 적법성을 판단하는 기준 및 현행범 체포의 적법성을 판단하는 경우에도 마찬가지인지 여부(적극)

【판결요지】
공무집행방해죄는 공무원의 적법한 공무집행이 전제로 되는데, 추상적인 권한에 속하는 공무원의 어떠한 공무집행이 적법한지 여부는 행위 당시의 구체적 상황에 기하여 객관적·합리적으로 판단하여야 하고 사후적으로 순수한 객관적 기준에서 판단할 것은 아니다. 마찬가지로 현행범 체포의 적법성은 체포 당시의 구체적 상황을 기초로 객관적으로 판단하여야 하고, 사후에 범인으로 인정되었는지에 의할 것은 아니다.

제212조의2 삭제 <1987.11.28.>

제213조(체포된 현행범인의 인도)
①검사 또는 사법경찰관리 아닌 자가 현행범인을 체포한 때에는 즉시 검사 또는 사법경찰관리에게 인도하여야 한다.
②사법경찰관리가 현행범인의 인도를 받은 때에는 체포자의 성명, 주거, 체포의 사유를 물어야 하고 필요한 때에는 체포자에 대하여 경찰관서에 동행함을 요구할 수 있다.
③ 삭제 <1987.11.28.>

제213조의2(준용규정) 제87조, 제89조, 제90조, 제200조의2제5항 및 제200조의5의 규정은 검사 또는 사법경찰관리가 현행범인을 체포하거나 현행범인을 인도받은 경우에 이를 준용한다. <개정 1995.12.29., 2007.6.1.>
[본조신설 1987.11.28.]

제214조(경미사건과 현행범인의 체포)
다액 50만원이하의 벌금, 구류 또는 과료에 해당하는 죄의 현행범인에 대하여는 범인의 주거가 분명하지 아니한 때에 한하여 제212조 내지 제213조의 규정을 적용한다. <개정 1973.1.25., 1980.12.18., 1995.12.29.>

제214조의2(체포와 구속의 적부심사)
①체포 또는 구속된 피의자 또는 그 변호인, 법정대리인, 배우자, 직계친족, 형제자매나 가족, 동거인 또는 고용주는 관할법원에 체포 또는 구속의 적부심사를 청구할 수 있다. <개정 1987.11.28., 1995.12.29., 2005.3.31., 2007.6.1.>
②피의자를 체포 또는 구속한 검사 또는 사법경찰관은 체포 또는 구속된 피의자와 제1항에 규정된 자 중에서 피의자가 지정하는 자에게 제1항에 따른 적부심사를 청구할 수 있음을 알려야 한다. <신설 2007.6.1.>
③법원은 제1항에 따른 청구가 다음 각 호의 어느 하나에 해당하는 때에는 제4항에 따른 심문 없이 결정으로 청구를 기각할 수 있다. <개정 1987.11.28., 1995.12.29., 2007.6.1.>
1. 청구권자 아닌 자가 청구하거나 동일한 체포영장 또는 구속영장의 발부에 대하여 재청구한 때
2. 공범 또는 공동피의자의 순차청구가 수사방해의 목적임이 명백한 때
④제1항의 청구를 받은 법원은 청구서가 접수된 때부터 48시간 이내에 체포 또는 구속된 피의자를 심문하고 수사관계서류와 증거물을 조사하여 그 청구가 이유없다고 인정한 때에는 결정으로 이를 기각하고, 이유있다고 인정한 때에는 결정으로 체포 또는 구속된 피의자의 석방을 명하여야 한다. 심사청구후 피의자에 대하여 공소제기가 있는 경우에도 또한 같다. <개정 1995.12.29., 2004.10.16., 2007.6.1.>
⑤법원은 구속된 피의자(심사청구후 공소제기된 자를 포함한다)에 대하여 피의자의 출석을 보증할 만한 보증금의 납입을 조건으로 하여 결정으로 제4항의 석방을 명할 수 있다. 다만, 다음 각 호에 해당하는 경우에는 그러하지 아니하다. <신설 1995.12.29., 2004.10.16., 2007.6.1.>
1. 죄증을 인멸할 염려가 있다고 믿을만한 충분한 이유가 있는 때
2. 피해자, 당해 사건의 재판에 필요한 사실을 알고 있다고 인정되는 자 또는 그 친족의 생명·신체나 재산에 해를 가하거나 가할 염려가 있다고 믿을만한 충분한 이유가 있는 때
⑥제5항의 석방결정을 하는 경우에 주거의 제한, 법원 또는 검사가 지정하는 일시·장소에 출석할 의무 기타 적당한 조건을 부가할 수 있다. <신설 1995.12.29., 2007.6.1.>
⑦제99조 및 100조는 제5항에 따라 보증금의 납입을 조건으로 하는 석방을 하는 경우에 준용한다. <신설 1995.12.29., 2007.6.1.>
⑧제3항과 제4항의 결정에 대하여는 항고하지 못한다. <개정 2007.6.1.>
⑨검사·변호인·청구인은 제4항의 심문기일에 출석하여 의견을 진술할 수 있다.
<개정 2007.6.1.>

⑩체포 또는 구속된 피의자에게 변호인이 없는 때에는 제33조의 규정을 준용한다. <개정 1995.12.29., 2007.6.1.>
⑪법원은 제4항의 심문을 하는 경우 공범의 분리심문이나 그 밖에 수사상의 비밀보호를 위한 적절한 조치를 취하여야 한다. <개정 2007.6.1.>
⑫체포영장 또는 구속영장을 발부한 법관은 제4항부터 제6항까지의 심문·조사·결정에 관여하지 못한다. 다만, 체포영장 또는 구속영장을 발부한 법관외에는 심문·조사·결정을 할 판사가 없는 경우에는 그러하지 아니하다. <개정 1995.12.29., 2007.6.1.>
⑬법원이 수사 관계 서류와 증거물을 접수한 때부터 결정 후 검찰청에 반환된 때까지의 기간은 제200조의2제5항(제213조의2에 따라 준용되는 경우를 포함한다) 및 제200조의4제1항의 적용에 있어서는 그 제한기간에 산입하지 아니하고, 제202조·제203조 및 제205조의 적용에 있어서는 그 구속기간에 산입하지 아니한다. <개정 2007.6.1.>
⑭제201조의2제6항은 제4항에 따라 피의자를 심문하는 경우에 준용한다. <신설 2007.6.1.>
[본조신설 1980.12.18.]
[제목개정 1995.12.29.]

제214조의2(체포와 구속의 적부심사)
①체포되거나 구속된 피의자 또는 그 변호인, 법정대리인, 배우자, 직계친족, 형제자매나 가족, 동거인 또는 고용주는 관할법원에 체포 또는 구속의 적부심사(適否審査)를 청구할 수 있다. <개정 2020.12.8.>
②피의자를 체포하거나 구속한 검사 또는 사법경찰관은 체포되거나 구속된 피의자와 제1항에 규정된 사람 중에서 피의자가 지정하는 사람에게 제1항에 따른 적부심사를 청구할 수 있음을 알려야 한다. <신설 2007.6.1., 2020.12.8.>
③법원은 제1항에 따른 청구가 다음 각 호의 어느 하나에 해당하는 때에는 제4항에 따른 심문 없이 결정으로 청구를 기각할 수 있다. <개정 1987.11.28., 1995.12.29., 2007.6.1., 2020.12.8.>
1. 청구권자 아닌 사람이 청구하거나 동일한 체포영장 또는 구속영장의 발부에 대하여 재청구한 때
2. 공범이나 공동피의자의 순차청구(順次請求)가 수사 방해를 목적으로 하고 있음이 명백한 때
④제1항의 청구를 받은 법원은 청구서가 접수된 때부터 48시간 이내에 체포되거나 구속된 피의자를 심문하고 수사 관계 서류와 증거물을 조사하여 그 청구가 이유 없다고 인정한 경우에는 결정으로 기각하고, 이유 있다고 인정한 경우에는 결정으로 체포되거나 구속된 피의자의 석방을 명하여야 한다. 심사 청구 후 피의자에 대하여 공소제기가 있는 경우에도 또한 같다. <개정 2020.12.8.>
⑤법원은 구속된 피의자(심사청구 후 공소제기된 사람을 포함한다)에 대하여 피의자의 출석을 보증할 만한 보증금의 납입을 조건으로 하여 결정으로 제4항의 석방을 명할 수 있다. 다만, 다음 각 호에 해당하는 경우에는 그러하지 아니하다. <개정 2020.12.8.>
1. 범죄의 증거를 인멸할 염려가 있다고 믿을 만한 충분한 이유가 있는 때
2. 피해자, 당해 사건의 재판에 필요한 사실을 알고 있다고 인정되는 사람 또는 그 친족의 생명·신체나 재산에 해를 가하거나 가할 염려가 있다고 믿을 만한 충분한 이유가 있는 때
⑥제5항의 석방 결정을 하는 경우에는 주거의 제한, 법원 또는 검사가 지정하는 일시·장소에 출석할 의무, 그 밖의 적당한 조건을 부가할 수 있다. <개정 2020.12.8.>
⑦제5항에 따라 보증금 납입을 조건으로 석방을 하는 경우에는 제99조와 제100조를 준용한다. <개정 2020.12.8.>
⑧제3항과 제4항의 결정에 대해서는 항고할 수 없다. <개정 2020.12.8.>
⑨검사·변호인·청구인은 제4항의 심문기일에 출석하여 의견을 진술할 수 있다. <개정 2020.12.8.>
⑩체포되거나 구속된 피의자에게 변호인이 없는 때에는 제33조를 준용한다. <개정 2020.12.8.>
⑪법원은 제4항의 심문을 하는 경우 공범의 분리심문이나 그 밖에 수사상의 비밀보호를 위한

적절한 조치를 하여야 한다. <개정 2007.6.1., 2020.12.8.>
⑫체포영장이나 구속영장을 발부한 법관은 제4항부터 제6항까지의 심문·조사·결정에 관여할 수 없다. 다만, 체포영장이나 구속영장을 발부한 법관 외에는 심문·조사·결정을 할 판사가 없는 경우에는 그러하지 아니하다.
<개정 2020.12.8.>
⑬법원이 수사 관계 서류와 증거물을 접수한 때부터 결정 후 검찰청에 반환된 때까지의 기간은 제200조의2제5항(제213조의2에 따라 준용되는 경우를 포함한다) 및 제200조의4제1항을 적용할 때에는 그 제한기간에 산입하지 아니하고, 제202조·제203조 및 제205조를 적용할 때에는 그 구속기간에 산입하지 아니한다.
<개정 2007.6.1., 2020.12.8.>
⑭제4항에 따라 피의자를 심문하는 경우에는 제201조의2제6항을 준용한다.
<개정 2020.12.8.>
[본조신설 1980.12.18.]
[제목개정 2020.12.8.]
[시행일 : 2021.12.9.] 제214조의2

제214조의3(재체포 및 재구속의 제한)
①제214조의2제4항의 규정에 의한 체포 또는 구속적부심사결정에 의하여 석방된 피의자가 도망하거나 죄증을 인멸하는 경우를 제외하고는 동일한 범죄사실에 관하여 재차 체포 또는 구속하지 못한다. <개정 1995.12.29., 2007.6.1.>
②제214조의2제5항에 따라 석방된 피의자에 대하여 다음 각 호의 1에 해당하는 사유가 있는 경우를 제외하고는 동일한 범죄사실에 관하여 재차 체포 또는 구속하지 못한다. <신설 1995.12.29., 2007.6.1.>
1. 도망한 때
2. 도망하거나 죄증을 인멸할 염려가 있다고 믿을만한 충분한 이유가 있는 때
3. 출석요구를 받고 정당한 이유없이 출석하지 아니한 때
4. 주거의 제한 기타 법원이 정한 조건을 위반한 때
[본조신설 1980.12.18.]
[제목개정 1995.12.29.]

제214조의3(재체포 및 재구속의 제한)
①제214조의2제4항에 따른 체포 또는 구속 적부심사결정에 의하여 석방된 피의자가 도망하거나 범죄의 증거를 인멸하는 경우를 제외하고는 동일한 범죄사실로 재차 체포하거나 구속할 수 없다. <개정 2020.12.8.>
②제214조의2제5항에 따라 석방된 피의자에게 다음 각 호의 어느 하나에 해당하는 사유가 있는 경우를 제외하고는 동일한 범죄사실로 재차 체포하거나 구속할 수 없다. <신설 1995.12.29., 2007.6.1., 2020.12.8.>
1. 도망한 때
2. 도망하거나 범죄의 증거를 인멸할 염려가 있다고 믿을 만한 충분한 이유가 있는 때
3. 출석요구를 받고 정당한 이유없이 출석하지 아니한 때
4. 주거의 제한이나 그 밖에 법원이 정한 조건을 위반한 때
[본조신설 1980.12.18.]
[제목개정 2020.12.8.]
[시행일 : 2021.12.9.] 제214조의3

제214조의4(보증금의 몰수) ①법원은 다음 각 호의 1의 경우에 직권 또는 검사의 청구에 의하여 결정으로 제214조의2제5항에 따라 납입된 보증금의 전부 또는 일부를 몰수할 수 있다. <개정 2007.6.1.>
1. 제214조의2제5항에 따라 석방된 자를 제214조의3제2항에 열거된 사유로 재차 구속할 때

2. 공소가 제기된 후 법원이 제214조의2제5항에 따라 석방된 자를 동일한 범죄사실에 관하여 재차 구속할 때

②법원은 제214조의2제5항에 따라 석방된 자가 동일한 범죄사실에 관하여 형의 선고를 받고 그 판결이 확정된 후, 집행하기 위한 소환을 받고 정당한 이유없이 출석하지 아니하거나 도망한 때에는 직권 또는 검사의 청구에 의하여 결정으로 보증금의 전부 또는 일부를 몰수하여야 한다. <개정 2007.6.1.>

[본조신설 1995.12.29.]

제215조(압수, 수색, 검증) ①검사는 범죄수사에 필요한 때에는 피의자가 죄를 범하였다고 의심할 만한 정황이 있고 해당 사건과 관계가 있다고 인정할 수 있는 것에 한정하여 지방법원판사에게 청구하여 발부받은 영장에 의하여 압수, 수색 또는 검증을 할 수 있다.

②사법경찰관이 범죄수사에 필요한 때에는 피의자가 죄를 범하였다고 의심할 만한 정황이 있고 해당 사건과 관계가 있다고 인정할 수 있는 것에 한정하여 검사에게 신청하여 검사의 청구로 지방법원판사가 발부한 영장에 의하여 압수, 수색 또는 검증을 할 수 있다.

[전문개정 2011.7.18.]

제216조(영장에 의하지 아니한 강제처분)

①검사 또는 사법경찰관은 제200조의2·제200조의3·제201조 또는 제212조의 규정에 의하여 피의자를 체포 또는 구속하는 경우에 필요한 때에는 영장없이 다음 처분을 할 수 있다. <개정 1995.12.29., 2019.12.31.>

1. 타인의 주거나 타인이 간수하는 가옥, 건조물, 항공기, 선차 내에서의 피의자 수색. 다만, 제200조의2 또는 제201조에 따라 피의자를 체포 또는 구속하는 경우의 피의자 수색은 미리 수색영장을 발부받기 어려운 긴급한 사정이 있는 때에 한정한다.
2. 체포현장에서의 압수, 수색, 검증

②전항 제2호의 규정은 검사 또는 사법경찰관이 피고인에 대한 구속영장의 집행의 경우에 준용한다.

③범행 중 또는 범행직후의 범죄 장소에서 긴급을 요하여 법원판사의 영장을 받을 수 없는 때에는 영장없이 압수, 수색 또는 검증을 할 수 있다. 이 경우에는 사후에 지체없이 영장을 받아야 한다. <신설 1961.9.1.>

[헌법불합치, 2015헌바370, 2018.4.26., 형사소송법(1995.12.29. 법률 제5054호로 개정된 것) 제216조 제1항 제1호 중 제200조의2에 관한 부분은 헌법에 합치되지 아니한다. 위 법률조항은 2020.3.31.을 시한으로 입법자가 개정할 때까지 계속 적용된다.]

제217조(영장에 의하지 아니하는 강제처분)

①검사 또는 사법경찰관은 제200조의3에 따라 체포된 자가 소유·소지 또는 보관하는 물건에 대하여 긴급히 압수할 필요가 있는 경우에는 체포한 때부터 24시간 이내에 한하여 영장 없이 압수·수색 또는 검증을 할 수 있다.

②검사 또는 사법경찰관은 제1항 또는 제216조제1항제2호에 따라 압수한 물건을 계속 압수할 필요가 있는 경우에는 지체 없이 압수수색영장을 청구하여야 한다. 이 경우 압수수색영장의 청구는 체포한 때부터 48시간 이내에 하여야 한다.

③검사 또는 사법경찰관은 제2항에 따라 청구한 압수수색영장을 발부받지 못한 때에는 압수한 물건을 즉시 반환하여야 한다.

[전문개정 2007.6.1.]

제218조(영장에 의하지 아니한 압수)

검사, 사법경찰관은 피의자 기타인의 유류한 물건이나 소유자, 소지자 또는 보관자가 임의로 제출한 물건을 영장없이 압수할 수 있다.

제218조의2(압수물의 환부, 가환부)
①검사는 사본을 확보한 경우 등 압수를 계속할 필요가 없다고 인정되는 압수물 및 증거에 사용할 압수물에 대하여 공소제기 전이라도 소유자, 소지자, 보관자 또는 제출인의 청구가 있는 때에는 환부 또는 가환부하여야 한다.
②제1항의 청구에 대하여 검사가 이를 거부하는 경우에는 신청인은 해당 검사의 소속 검찰청에 대응한 법원에 압수물의 환부 또는 가환부 결정을 청구할 수 있다.
③제2항의 청구에 대하여 법원이 환부 또는 가환부를 결정하면 검사는 신청인에게 압수물을 환부 또는 가환부하여야 한다.
④사법경찰관의 환부 또는 가환부 처분에 관하여는 제1항부터 제3항까지의 규정을 준용한다. 이 경우 사법경찰관은 검사의 지휘를 받아야 한다.
[본조신설 2011.7.18.]

제219조(준용규정) 제106조, 제107조, 제109조 내지 제112조, 제114조, 제115조제1항 본문, 제2항, 제118조부터 제132조까지, 제134조, 제135조, 제140조, 제141조, 제333조제2항, 제486조의 규정은 검사 또는 사법경찰관의 본장의 규정에 의한 압수, 수색 또는 검증에 준용한다. 단, 사법경찰관이 제130조, 제132조 및 제134조에 따른 처분을 함에는 검사의 지휘를 받아야 한다. <개정 1980.12.18., 2007.6.1., 2011.7.18.>

제220조(요급처분) 제216조의 규정에 의한 처분을 하는 경우에 급속을 요하는 때에는 제123조제2항, 제125조의 규정에 의함을 요하지 아니한다.

제221조(제3자의 출석요구 등) ①검사 또는 사법경찰관은 수사에 필요한 때에는 피의자가 아닌 자의 출석을 요구하여 진술을 들을 수 있다. 이 경우 그의 동의를 받아 영상녹화할 수 있다.
②검사 또는 사법경찰관은 수사에 필요한 때에는 감정·통역 또는 번역을 위촉할 수 있다.
③제163조의2제1항부터 제3항까지는 검사 또는 사법경찰관이 범죄로 인한 피해자를 조사하는 경우에 준용한다.
[전문개정 2007.6.1.]

판례-정치자금법위반
(진술서 증거능력 사건)

[대법원 2015.4.23, 선고, 2013도3790, 판결]

【판시사항】
피고인이 아닌 자가 수사과정에서 진술서를 작성하였으나 수사기관이 그에 대한 조사과정을 기록하지 아니하여 형사소송법 제244조의4 제3항, 제1항에서 정한 절차를 위반한 경우, 그 진술서의 증거능력 유무(원칙적 소극)

【판결요지】
형사소송법 제221조 제1항, 제244조의4 제1항, 제3항, 제312조 제4항, 제5항 및 그 입법 목적 등을 종합하여 보면, 피고인이 아닌 자가 수사과정에서 진술서를 작성하였지만 수사기관이 그에 대한 조사과정을 기록하지 아니하여 형사소송법 제244조의4 제3항, 제1항에서 정한 절차를 위반한 경우에는, 특별한 사정이 없는 한 '적법한 절차와 방식'에 따라 수사과정에서 진술서가 작성되었다 할 수 없으므로 증거능력을 인정할 수 없다.

제221조의2(증인신문의 청구) ①범죄의 수사에 없어서는 아니될 사실을 안다고 명백히 인정되는 자가 전조의 규정에 의한 출석 또는 진술을 거부한 경우에는 검사는 제1회 공판기일 전에 한하여 판사에게 그에 대한 증인신문을 청구할 수 있다.
② 삭제 <2007.6.1.>

③제1항의 청구를 함에는 서면으로 그 사유를 소명하여야 한다. <개정 2007.6.1.>
④제1항의 청구를 받은 판사는 증인신문에 관하여 법원 또는 재판장과 동일한 권한이 있다. <개정 2007.6.1.>
⑤판사는 제1항의 청구에 따라 증인신문기일을 정한 때에는 피고인·피의자 또는 변호인에게 이를 통지하여 증인신문에 참여할 수 있도록 하여야 한다. <개정 2007.6.1.>
⑥판사는 제1항의 청구에 의한 증인신문을 한 때에는 지체없이 이에 관한 서류를 검사에게 송부하여야 한다. <개정 2007.6.1.>
[본조신설 1973.1.25.]
[94헌바1 1996.12.26. 헌법재판소 위헌결정 이전인 1995.12.29. 법률 제5054호로 이 조 제5항이 개정되었으나 위 결정으로 이 조 제2항이 무효로 되었으므로 제5항 중 제2항에 관한 부분은 자동 효력 상실]

제221조의3(감정의 위촉과 감정유치의 청구)
①검사는 제221조의 규정에 의하여 감정을 위촉하는 경우에 제172조제3항의 유치처분이 필요할 때에는 판사에게 이를 청구하여야 한다. <개정 1980.12.18.>
②판사는 제1항의 청구가 상당하다고 인정할 때에는 유치처분을 하여야 한다. 제172조 및 제172조의2의 규정은 이 경우에 준용한다. <개정 1980.12.18.>
[본조신설 1973.1.25.]

제221조의4(감정에 필요한 처분, 허가장)
①제221조의 규정에 의하여 감정의 위촉을 받은 자는 판사의 허가를 얻어 제173조제1항에 규정된 처분을 할 수 있다.
②제1항의 허가의 청구는 검사가 하여야 한다. <개정 1980.12.18.>
③판사는 제2항의 청구가 상당하다고 인정할 때에는 허가장을 발부하여야 한다. <개정 1980.12.18.>
④제173조제2항, 제3항 및 제5항의 규정은 제3항의 허가장에 준용한다. <개정 1980.12.18.>
[본조신설 1973.1.25.]

제221조의5(사법경찰관이 신청한 영장의 청구 여부에 대한 심의) ①검사가 사법경찰관이 신청한 영장을 정당한 이유 없이 판사에게 청구하지 아니한 경우 사법경찰관은 그 검사 소속의 지방검찰청 소재지를 관할하는 고등검찰청에 영장 청구 여부에 대한 심의를 신청할 수 있다.
②제1항에 관한 사항을 심의하기 위하여 각 고등검찰청에 영장심의위원회(이하 이 조에서 "심의위원회"라 한다)를 둔다.
③심의위원회는 위원장 1명을 포함한 10명 이내의 외부 위원으로 구성하고, 위원은 각 고등검찰청 검사장이 위촉한다.
④사법경찰관은 심의위원회에 출석하여 의견을 개진할 수 있다.
⑤심의위원회의 구성 및 운영 등 그 밖에 필요한 사항은 법무부령으로 정한다.
[본조신설 2020.2.4.]

제222조(변사자의 검시) ①변사자 또는 변사의 의심있는 사체가 있는 때에는 그 소재지를 관할하는 지방검찰청 검사가 검시하여야 한다.
②전항의 검시로 범죄의 혐의를 인정하고 긴급을 요할 때에는 영장없이 검증할 수 있다. <신설 1961.9.1.>
③검사는 사법경찰관에게 전2항의 처분을 명할 수 있다. <신설 1961.9.1.>

제223조(고소권자) 범죄로 인한 피해자는 고소할 수 있다.

제224조(고소의 제한) 자기 또는 배우자의 직계존속을 고소하지 못한다.

第225條(비피해자인 고소권자) ①피해자의 법정대리인은 독립하여 고소할 수 있다.
②피해자가 사망한 때에는 그 배우자, 직계친족 또는 형제자매는 고소할 수 있다. 단, 피해자의 명시한 의사에 반하지 못한다.

第226條(동전) 피해자의 법정대리인이 피의자이거나 법정대리인의 친족이 피의자인 때에는 피해자의 친족은 독립하여 고소할 수 있다.

第227條(동전) 사자의 명예를 훼손한 범죄에 대하여는 그 친족 또는 자손은 고소할 수 있다.

第228條(고소권자의 지정) 친고죄에 대하여 고소할 자가 없는 경우에 이해관계인의 신청이 있으면 검사는 10일 이내에 고소할 수 있는 자를 지정하여야 한다.

第229條(배우자의 고소) ①「형법」 제241조의 경우에는 혼인이 해소되거나 이혼소송을 제기한 후가 아니면 고소할 수 없다. <개정 2007.6.1.>
②전항의 경우에 다시 혼인을 하거나 이혼소송을 취하한 때에는 고소는 취소된 것으로 간주한다.

第230條(고소기간) ①친고죄에 대하여는 범인을 알게 된 날로부터 6월을 경과하면 고소하지 못한다. 단, 고소할 수 없는 불가항력의 사유가 있는 때에는 그 사유가 없어진 날로부터 기산한다.
② 삭제 <2013.4.5.>

第231條(수인의 고소권자) 고소할 수 있는 자가 수인인 경우에는 1인의 기간의 해태는 타인의 고소에 영향이 없다.

第232條(고소의 취소) ①고소는 제1심 판결선고 전까지 취소할 수 있다.
②고소를 취소한 자는 다시 고소하지 못한다.
③피해자의 명시한 의사에 반하여 죄를 논할 수 없는 사건에 있어서 처벌을 희망하는 의사표시의 철회에 관하여도 전2항의 규정을 준용한다.

第232條(고소의 취소) ①고소는 제1심 판결선고 전까지 취소할 수 있다.
②고소를 취소한 자는 다시 고소할 수 없다.
③피해자의 명시한 의사에 반하여 공소를 제기할 수 없는 사건에서 처벌을 원하는 의사표시를 철회한 경우에도 제1항과 제2항을 준용한다.
[전문개정 2020.12.8.]
[시행일 : 2021.12.9.] 제232조

第233條(고소의 불가분) 친고죄의 공범 중 그 1인 또는 수인에 대한 고소 또는 그 취소는 다른 공범자에 대하여도 효력이 있다.

판례-강제추행

[대법원 2015.11.17, 선고, 2013도7987, 판결]

【판시사항】
고소권자가 비친고죄로 고소한 사건을 검사가 친고죄로 구성하여 공소를 제기한 경우, 법원이 친고죄에서 소송조건이 되는 고소가 유효하게 존재하는지 직권으로 조사·심리하여야 하는지 여부(한정 적극) 및 이때 공소사실에 대하여 피고인과 공범관계에 있는 사람에 대한 적법한 고소취소의 효력이 피고인에 대하여 미치는지 여부(적극)

【판결요지】
법원은 검사가 공소를 제기한 범죄사실을 심판하는 것이지 고소권자가 고소한 내용을 심판하는 것이 아니므로, 고소권자가 비친고죄로 고소한 사건이더라도 검사가 사건을 친고죄로 구성하여 공소를 제기하였다면 공소장 변경절차를 거쳐 공소사실이 비친고죄로 변경되지 아니하는 한, 법원으로서는 친고죄에서 소송조건이 되는 고소가 유효하게 존재하는지를 직권으로 조사·심리하여야 한다. 그리고 이 경우 친고죄에서 고소와 고소취소의 불가분 원칙을 규정한 형사소송법 제233조는 당연히 적용되므로, 만일 공소사실에 대하여 피고인과 공범관계에 있는 사람에 대한 적법한 고소취소가 있다면 고소취소의 효력은 피고인에 대하여 미친다.

제234조(고발) ①누구든지 범죄가 있다고 사료하는 때에는 고발할 수 있다.
②공무원은 그 직무를 행함에 있어 범죄가 있다고 사료하는 때에는 고발하여야 한다.

제235조(고발의 제한) 제224조의 규정은 고발에 준용한다.

제236조(대리고소) 고소 또는 그 취소는 대리인으로 하여금하게 할 수 있다.

제237조(고소, 고발의 방식) ①고소 또는 고발은 서면 또는 구술로써 검사 또는 사법경찰관에게 하여야 한다.
②검사 또는 사법경찰관이 구술에 의한 고소 또는 고발을 받은 때에는 조서를 작성하여야 한다.

제238조(고소, 고발과 사법경찰관의 조치)
사법경찰관이 고소 또는 고발을 받은 때에는 신속히 조사하여 관계서류와 증거물을 검사에게 송부하여야 한다.

제239조(준용규정) 전2조의 규정은 고소 또는 고발의 취소에 관하여 준용한다.

제240조(자수와 준용규정) 제237조와 제238조의 규정은 자수에 대하여 준용한다.

제241조(피의자신문) 검사 또는 사법경찰관이 피의자를 신문함에는 먼저 그 성명, 연령, 등록기준지, 주거와 직업을 물어 피의자임에 틀림없음을 확인하여야 한다. <개정 2007.5.17.>

제242조(피의자신문사항) 검사 또는 사법경찰관은 피의자에 대하여 범죄사실과 정상에 관한 필요사항을 신문하여야 하며 그 이익되는 사실을 진술할 기회를 주어야 한다.

제243조(피의자신문과 참여자) 검사가 피의자를 신문함에는 검찰청수사관 또는 서기관이나 서기를 참여하게 하여야 하고 사법경찰관이 피의자를 신문함에는 사법경찰관리를 참여하게 하여야 한다. <개정 2007.6.1., 2007.12.21.>

제243조의2(변호인의 참여 등) ①검사 또는 사법경찰관은 피의자 또는 그 변호인·법정대리인·배우자·직계친족·형제자매의 신청에 따라 변호인을 피의자와 접견하게 하거나 정당한 사유가 없는 한 피의자에 대한 신문에 참여하게 하여야 한다.
②신문에 참여하고자 하는 변호인이 2인 이상인 때에는 피의자가 신문에 참여할 변호인 1인을 지정한다. 지정이 없는 경우에는 검사 또는 사법경찰관이 이를 지정할 수 있다.
③신문에 참여한 변호인은 신문 후 의견을 진술할 수 있다. 다만, 신문 중이라도 부당한 신문방법에 대하여 이의를 제기할 수 있고, 검사 또는 사법경찰관의 승인을 얻어 의견을 진술할 수 있다.
④제3항에 따른 변호인의 의견이 기재된 피의자신문조서는 변호인에게 열람하게 한 후 변호

인으로 하여금 그 조서에 기명날인 또는 서명하게 하여야 한다.
⑤검사 또는 사법경찰관은 변호인의 신문참여 및 그 제한에 관한 사항을 피의자신문조서에 기재하여야 한다.
[본조신설 2007.6.1.]

제244조(피의자신문조서의 작성) ①피의자의 진술은 조서에 기재하여야 한다.
②제1항의 조서는 피의자에게 열람하게 하거나 읽어 들려주어야 하며, 진술한 대로 기재되지 아니하였거나 사실과 다른 부분의 유무를 물어 피의자가 증감 또는 변경의 청구 등 이의를 제기하거나 의견을 진술한 때에는 이를 조서에 추가로 기재하여야 한다. 이 경우 피의자가 이의를 제기하였던 부분은 읽을 수 있도록 남겨두어야 한다. <개정 2007.6.1.>
③피의자가 조서에 대하여 이의나 의견이 없음을 진술한 때에는 피의자로 하여금 그 취지를 자필로 기재하게 하고 조서에 간인한 후 기명날인 또는 서명하게 한다. <개정 2007.6.1.>

제244조의2(피의자진술의 영상녹화)
①피의자의 진술은 영상녹화할 수 있다. 이 경우 미리 영상녹화사실을 알려주어야 하며, 조사의 개시부터 종료까지의 전 과정 및 객관적 정황을 영상녹화하여야 한다.
②제1항에 따른 영상녹화가 완료된 때에는 피의자 또는 변호인 앞에서 지체 없이 그 원본을 봉인하고 피의자로 하여금 기명날인 또는 서명하게 하여야 한다.
③제2항의 경우에 피의자 또는 변호인의 요구가 있는 때에는 영상녹화물을 재생하여 시청하게 하여야 한다. 이 경우 그 내용에 대하여 이의를 진술하는 때에는 그 취지를 기재한 서면을 첨부하여야 한다.
[본조신설 2007.6.1.]

제244조의3(진술거부권 등의 고지)
①검사 또는 사법경찰관은 피의자를 신문하기 전에 다음 각 호의 사항을 알려주어야 한다.
1. 일체의 진술을 하지 아니하거나 개개의 질문에 대하여 진술을 하지 아니할 수 있다는 것
2. 진술을 하지 아니하더라도 불이익을 받지 아니한다는 것
3. 진술을 거부할 권리를 포기하고 행한 진술은 법정에서 유죄의 증거로 사용될 수 있다는 것
4. 신문을 받을 때에는 변호인을 참여하게 하는 등 변호인의 조력을 받을 수 있다는 것
②검사 또는 사법경찰관은 제1항에 따라 알려 준 때에는 피의자가 진술을 거부할 권리와 변호인의 조력을 받을 권리를 행사할 것인지의 여부를 질문하고, 이에 대한 피의자의 답변을 조서에 기재하여야 한다. 이 경우 피의자의 답변은 피의자로 하여금 자필로 기재하게 하거나 검사 또는 사법경찰관이 피의자의 답변을 기재한 부분에 기명날인 또는 서명하게 하여야 한다.
[본조신설 2007.6.1.]

제244조의4(수사과정의 기록) ①검사 또는 사법경찰관은 피의자가 조사장소에 도착한 시각, 조사를 시작하고 마친 시각, 그 밖에 조사과정의 진행경과를 확인하기 위하여 필요한 사항을 피의자신문조서에 기록하거나 별도의 서면에 기록한 후 수사기록에 편철하여야 한다.
②제244조제2항 및 제3항은 제1항의 조서 또는 서면에 관하여 준용한다.
③제1항 및 제2항은 피의자가 아닌 자를 조사하는 경우에 준용한다.
[본조신설 2007.6.1.]

제244조의5(장애인 등 특별히 보호를 요하는 자에 대한 특칙) 검사 또는 사법경찰관은 피의자를 신문하는 경우 다음 각 호의 어느 하나에 해당하는 때에는 직권 또는 피의자·법정대

리인의 신청에 따라 피의자와 신뢰관계에 있는 자를 동석하게 할 수 있다.
1. 피의자가 신체적 또는 정신적 장애로 사물을 변별하거나 의사를 결정·전달할 능력이 미약한 때
2. 피의자의 연령·성별·국적 등의 사정을 고려하여 그 심리적 안정의 도모와 원활한 의사소통을 위하여 필요한 경우
[본조신설 2007.6.1.]

제245조(참고인과의 대질) 검사 또는 사법경찰관이 사실을 발견함에 필요한 때에는 피의자와 다른 피의자 또는 피의자 아닌 자와 대질하게 할 수 있다.

제245조의2(전문수사자문위원의 참여)
①검사는 공소제기 여부와 관련된 사실관계를 분명하게 하기 위하여 필요한 경우에는 직권이나 피의자 또는 변호인의 신청에 의하여 전문수사자문위원을 지정하여 수사절차에 참여하게 하고 자문을 들을 수 있다.
②전문수사자문위원은 전문적인 지식에 의한 설명 또는 의견을 기재한 서면을 제출하거나 전문적인 지식에 의하여 설명이나 의견을 진술할 수 있다.
③검사는 제2항에 따라 전문수사자문위원이 제출한 서면이나 전문수사자문위원의 설명 또는 의견의 진술에 관하여 피의자 또는 변호인에게 구술 또는 서면에 의한 의견진술의 기회를 주어야 한다.
[본조신설 2007.12.21.]

제245조의3(전문수사자문위원 지정 등)
①제245조의2제1항에 따라 전문수사자문위원을 수사절차에 참여시키는 경우 검사는 각 사건마다 1인 이상의 전문수사자문위원을 지정한다.
②검사는 상당하다고 인정하는 때에는 전문수사자문위원의 지정을 취소할 수 있다.
③피의자 또는 변호인은 검사의 전문수사자문위원 지정에 대하여 관할 고등검찰청검사장에게 이의를 제기할 수 있다.
④전문수사자문위원에게는 수당을 지급하고, 필요한 경우에는 그 밖의 여비, 일당 및 숙박료를 지급할 수 있다.
⑤전문수사자문위원의 지정 및 지정취소, 이의제기 절차 및 방법, 수당지급, 그 밖에 필요한 사항은 법무부령으로 정한다.
[본조신설 2007.12.21.]

제245조의4(준용규정) 제279조의7 및 제279조의8은 검사의 전문수사자문위원에게 준용한다.
[본조신설 2007.12.21.]

제245조의5(사법경찰관의 사건송치 등)
사법경찰관은 고소·고발 사건을 포함하여 범죄를 수사한 때에는 다음 각 호의 구분에 따른다.
1. 범죄의 혐의가 있다고 인정되는 경우에는 지체 없이 검사에게 사건을 송치하고, 관계 서류와 증거물을 검사에게 송부하여야 한다.
2. 그 밖의 경우에는 그 이유를 명시한 서면과 함께 관계 서류와 증거물을 지체 없이 검사에게 송부하여야 한다. 이 경우 검사는 송부받은 날부터 90일 이내에 사법경찰관에게 반환하여야 한다.
[본조신설 2020.2.4.]

제245조의6(고소인 등에 대한 송부통지)
사법경찰관은 제245조의5제2호의 경우에는 그 송부한 날부터 7일 이내에 서면으로 고소

인·고발인·피해자 또는 그 법정대리인(피해자가 사망한 경우에는 그 배우자·직계친족·형제자매를 포함한다)에게 사건을 검사에게 송치하지 아니하는 취지와 그 이유를 통지하여야 한다. [본조신설 2020.2.4.]

제245조의7(고소인 등의 이의신청)
①제245조의6의 통지를 받은 사람은 해당 사법경찰관의 소속 관서의 장에게 이의를 신청할 수 있다.
②사법경찰관은 제1항의 신청이 있는 때에는 지체 없이 검사에게 사건을 송치하고 관계 서류와 증거물을 송부하여야 하며, 처리결과와 그 이유를 제1항의 신청인에게 통지하여야 한다.
[본조신설 2020.2.4.]

제245조의8(재수사요청 등) ①검사는 제245조의5제2호의 경우에 사법경찰관이 사건을 송치하지 아니한 것이 위법 또는 부당한 때에는 그 이유를 문서로 명시하여 사법경찰관에게 재수사를 요청할 수 있다.
②사법경찰관은 제1항의 요청이 있는 때에는 사건을 재수사하여야 한다.
[본조신설 2020.2.4.]

제245조의9(검찰청 직원) ①검찰청 직원으로서 사법경찰관리의 직무를 행하는 자와 그 직무의 범위는 법률로 정한다.
②사법경찰관의 직무를 행하는 검찰청 직원은 검사의 지휘를 받아 수사하여야 한다.
③사법경찰리의 직무를 행하는 검찰청 직원은 검사 또는 사법경찰관의 직무를 행하는 검찰청 직원의 수사를 보조하여야 한다.
④사법경찰관리의 직무를 행하는 검찰청 직원에 대하여는 제197조의2부터 제197조의4까지, 제221조의5, 제245조의5부터 제245조의8까지의 규정을 적용하지 아니한다.
[본조신설 2020.2.4.]

제245조의10(특별사법경찰관리) ①삼림,
해사, 전매, 세무, 군수사기관, 그 밖에 특별한 사항에 관하여 사법경찰관리의 직무를 행할 특별사법경찰관리와 그 직무의 범위는 법률로 정한다.
②특별사법경찰관은 모든 수사에 관하여 검사의 지휘를 받는다.
③특별사법경찰관은 범죄의 혐의가 있다고 인식하는 때에는 범인, 범죄사실과 증거에 관하여 수사를 개시·진행하여야 한다.
④특별사법경찰관리는 검사의 지휘가 있는 때에는 이에 따라야 한다. 검사의 지휘에 관한 구체적 사항은 법무부령으로 정한다.
⑤특별사법경찰관은 범죄를 수사한 때에는 지체 없이 검사에게 사건을 송치하고, 관계 서류와 증거물을 송부하여야 한다.
⑥특별사법경찰관리에 대하여는 제197조의2부터 제197조의4까지, 제221조의5, 제245조의5부터 제245조의8까지의 규정을 적용하지 아니한다.
[본조신설 2020.2.4.]
[시행일 : 2021.1.1.] 제245조의10

제2장 공소

제246조(국가소추주의) 공소는 검사가 제기하여 수행한다.

제247조(기소편의주의) 검사는 「형법」 제51조의 사항을 참작하여 공소를 제기하지 아니

할 수 있다. [전문개정 2007.6.1.]

제248조(공소효력의 범위) ①공소는 검사가 피고인으로 지정한 사람 외의 다른 사람에게는 그 효력이 미치지 아니한다.
②범죄사실의 일부에 대한 공소는 그 효력이 전부에 미친다.
[전문개정 2007.6.1.]

제248조(공소의 효력 범위) ①공소의 효력은 검사가 피고인으로 지정한 자에게만 미친다. <개정 2020.12.8.>
②범죄사실의 일부에 대한 공소의 효력은 범죄사실 전부에 미친다. <개정 2020.12.8.>
[전문개정 2007.6.1.]
[제목개정 2020.12.8.]
[시행일 : 2021.12.9.] 제248조

제249조(공소시효의 기간) ①공소시효는 다음 기간의 경과로 완성한다. <개정 1973.1.25., 2007.12.21.>
1. 사형에 해당하는 범죄에는 25년
2. 무기징역 또는 무기금고에 해당하는 범죄에는 15년
3. 장기 10년 이상의 징역 또는 금고에 해당하는 범죄에는 10년
4. 장기 10년 미만의 징역 또는 금고에 해당하는 범죄에는 7년
5. 장기 5년 미만의 징역 또는 금고, 장기10년 이상의 자격정지 또는 벌금에 해당하는 범죄에는 5년
6. 장기 5년 이상의 자격정지에 해당하는 범죄에는 3년
7. 장기 5년 미만의 자격정지, 구류, 과료 또는 몰수에 해당하는 범죄에는 1년

②공소가 제기된 범죄는 판결의 확정이 없이 공소를 제기한 때로부터 25년을 경과하면 공소시효가 완성한 것으로 간주한다. <신설 1961.9.1., 2007.12.21.>

제250조(2개 이상의 형과 시효기간)
2개 이상의 형을 병과하거나 2개 이상의 형에서 그 1개를 과할 범죄에는 중한 형에 의하여 전조의 규정을 적용한다.

제250조(두 개 이상의 형과 시효기간) 두 개 이상의 형을 병과(倂科)하거나 두 개 이상의 형에서 한 개를 과(科)할 범죄에 대해서는 무거운 형에 의하여 제249조를 적용한다.
[전문개정 2020.12.8.]
[시행일 : 2021.12.9.] 제250조

제251조(형의 가중, 감경과 시효기간)
「형법」에 의하여 형을 가중 또는 감경한 경우에는 가중 또는 감경하지 아니한 형에 의하여 제249조의 규정을 적용한다.
<개정 2007.6.1.>

제252조(시효의 기산점) ①시효는 범죄행위의 종료한 때로부터 진행한다.
②공범에는 최종행위의 종료한 때로부터 전공범에 대한 시효기간을 기산한다.

판례-아동복지법위반

[대법원 2016.9.28, 선고, 2016도7273, 판결]

【판시사항】
아동학대범죄의 처벌 등에 관한 특례법 제34조의 취지 및 같은 법 시행일 당시 범죄행위가 종

료되었으나 아직 공소시효가 완성되지 아니한 아동학대범죄에 대하여 같은 법 제34조 제1항이 적용되는지 여부(적극)

【판결요지】
아동학대범죄의 처벌 등에 관한 특례법(2014.1.28. 법률 제12341호로 제정되어 2014.9.29. 시행되었으며, 이하 '아동학대처벌법'이라 한다)은 아동학대범죄의 처벌에 관한 특례 등을 규정함으로써 아동을 보호하여 아동이 건강한 사회 구성원으로 성장하도록 함을 목적으로 제정되었다. 아동학대처벌법 제2조 제4호 (타)목은 아동복지법 제71조 제1항 제2호, 제17조 제3호에서 정한 '아동의 신체에 손상을 주거나 신체의 건강 및 발달을 해치는 신체적 학대행위'[구 아동복지법(2011.8.4. 법률 제11002호로 전부 개정되기 전의 것) 제29조 제1호 '아동의 신체에 손상을 주는 학대행위'에 상응하는 규정이다]를 아동학대범죄의 하나로 규정하고, 나아가 제34조는 '공소시효의 정지와 효력'이라는 표제 밑에 제1항에서 "아동학대범죄의 공소시효는 형사소송법 제252조에도 불구하고 해당 아동학대범죄의 피해아동이 성년에 달한 날부터 진행한다."라고 규정하며, 부칙은 "이 법은 공포 후 8개월이 경과한 날부터 시행한다."라고 규정하고 있다. 이처럼 아동학대처벌법은 신체적 학대행위를 비롯한 아동학대범죄로부터 피해아동을 보호하기 위한 것으로서, 같은 법 제34조 역시 아동학대범죄가 피해아동의 성년에 이르기 전에 공소시효가 완성되어 처벌대상에서 벗어나지 못하도록 진행을 정지시킴으로써 보호자로부터 피해를 입은 18세 미만 아동을 실질적으로 보호하려는 취지이다.
이러한 아동학대처벌법의 입법 목적 및 같은 법 제34조의 취지를 공소시효를 정지하는 특례조항의 신설·소급에 관한 법리에 비추어 보면, 비록 아동학대처벌법이 제34조 제1항의 소급적용 등에 관하여 명시적인 경과규정을 두고 있지는 아니하나, 위 규정은 완성되지 아니한 공소시효의 진행을 일정한 요건 아래에서 장래를 향하여 정지시키는 것으로서, 시행일인 2014.9.29. 당시 범죄행위가 종료되었으나 아직 공소시효가 완성되지 아니한 아동학대범죄에 대하여도 적용된다.

제253조(시효의 정지와 효력) ①시효는 공소의 제기로 진행이 정지되고 공소기각 또는 관할위반의 재판이 확정된 때로부터 진행한다. <개정 1961.9.1.>
②공범의 1인에 대한 전항의 시효정지는 다른 공범자에게 대하여 효력이 미치고 당해 사건의 재판이 확정된 때로부터 진행한다. <개정 1961.9.1.>
③범인이 형사처분을 면할 목적으로 국외에 있는 경우 그 기간 동안 공소시효는 정지된다. <신설 1995.12.29.>

제253조의2(공소시효의 적용 배제)
사람을 살해한 범죄(종범은 제외한다)로 사형에 해당하는 범죄에 대하여는 제249조부터 제253조까지에 규정된 공소시효를 적용하지 아니한다.
[본조신설 2015.7.31.]

제254조(공소제기의 방식과 공소장)
①공소를 제기함에는 공소장을 관할법원에 제출하여야 한다.
②공소장에는 피고인수에 상응한 부본을 첨부하여야 한다.
③공소장에는 다음 사항을 기재하여야 한다.
1. 피고인의 성명 기타 피고인을 특정할 수 있는 사항
2. 죄명
3. 공소사실
4. 적용법조
④공소사실의 기재는 범죄의 시일, 장소와 방법을 명시하여 사실을 특정할 수 있도록 하여야 한다.
⑤수개의 범죄사실과 적용법조를 예비적 또는 택일적으로 기재할 수 있다.

제255조(공소의 취소) ①공소는 제1심판결의 선고 전까지 취소할 수 있다.
②공소취소는 이유를 기재한 서면으로 하여야 한다. 단, 공판정에서는 구술로써 할 수 있다.

제256조(타관송치) 검사는 사건이 그 소속검찰청에 대응한 법원의 관할에 속하지 아니한 때에는 사건을 서류와 증거물과 함께 관할법원에 대응한 검찰청검사에게 송치하여야 한다.

제256조의2(군검사에의 사건송치)
검사는 사건이 군사법원의 재판권에 속하는 때에는 사건을 서류와 증거물과 함께 재판권을 가진 관할 군검찰부 군검사에게 송치하여야 한다. 이 경우에 송치전에 행한 소송행위는 송치 후에도 그 효력에 영향이 없다. <개정 1987.11.28., 2016.1.6.>
[본조신설 1973.1.25.]
[제목개정 2016.1.6.]

제257조(고소등에 의한 사건의 처리)
검사가 고소 또는 고발에 의하여 범죄를 수사할 때에는 고소 또는 고발을 수리한 날로부터 3월 이내에 수사를 완료하여 공소제기여부를 결정하여야 한다.

제258조(고소인등에의 처분고지) ①검사는 고소 또는 고발있는 사건에 관하여 공소를 제기하거나 제기하지 아니하는 처분, 공소의 취소 또는 제256조의 송치를 한 때에는 그 처분한 날로부터 7일 이내에 서면으로 고소인 또는 고발인에게 그 취지를 통지하여야 한다.
②검사는 불기소 또는 제256조의 처분을 한 때에는 피의자에게 즉시 그 취지를 통지하여야 한다.

제259조(고소인등에의 공소불제기이유고지)
검사는 고소 또는 고발있는 사건에 관하여 공소를 제기하지 아니하는 처분을 한 경우에 고소인 또는 고발인의 청구가 있는 때에는 7일 이내에 고소인 또는 고발인에게 그 이유를 서면으로 설명하여야 한다.

제259조의2(피해자 등에 대한 통지)
검사는 범죄로 인한 피해자 또는 그 법정대리인(피해자가 사망한 경우에는 그 배우자·직계친족·형제자매를 포함한다)의 신청이 있는 때에는 당해 사건의 공소제기여부, 공판의 일시·장소, 재판결과, 피의자·피고인의 구속·석방 등 구금에 관한 사실 등을 신속하게 통지하여야 한다.
[본조신설 2007.6.1.]

제260조(재정신청) ①고소권자로서 고소를 한 자(「형법」 제123조부터 제126조까지의 죄에 대하여는 고발을 한 자를 포함한다. 이하 이 조에서 같다)는 검사로부터 공소를 제기하지 아니한다는 통지를 받은 때에는 그 검사 소속의 지방검찰청 소재지를 관할하는 고등법원(이하 "관할고등법원"이라 한다)에 그 당부에 관한 재정을 신청할 수 있다. 다만, 「형법」 제126조의 죄에 대하여는 피공표자의 명시한 의사에 반하여 재정을 신청할 수 없다. <개정 2011.7.18.>
②제1항에 따른 재정신청을 하려면 「검찰청법」 제10조에 따른 항고를 거쳐야 한다. 다만, 다음 각 호의 어느 하나에 해당하는 경우에는 그러하지 아니하다.
1. 항고 이후 재기수사가 이루어진 다음에 다시 공소를 제기하지 아니한다는 통지를 받은 경우
2. 항고 신청 후 항고에 대한 처분이 행하여지지 아니하고 3개월이 경과한 경우
3. 검사가 공소시효 만료일 30일 전까지 공소를 제기하지 아니하는 경우

③제1항에 따른 재정신청을 하려는 자는 항고기각 결정을 통지받은 날 또는 제2항 각 호의 사유가 발생한 날부터 10일 이내에 지방검찰청검사장 또는 지청장에게 재정신청서를 제출하여야 한다. 다만, 제2항제3호의 경우에는 공소시효 만료일 전날까지 재정신청서를 제출할 수 있다.
④재정신청서에는 재정신청의 대상이 되는 사건의 범죄사실 및 증거 등 재정신청을 이유 있게 하는 사유를 기재하여야 한다.
[전문개정 2007.6.1.]

제261조(지방검찰청검사장 등의 처리)
제260조제3항에 따라 재정신청서를 제출받은 지방검찰청검사장 또는 지청장은 재정신청서를 제출받은 날부터 7일 이내에 재정신청서·의견서·수사 관계 서류 및 증거물을 관할 고등검찰청을 경유하여 관할 고등법원에 송부하여야 한다. 다만, 제260조제2항 각 호의 어느 하나에 해당하는 경우에는 지방검찰청검사장 또는 지청장은 다음의 구분에 따른다.
1. 신청이 이유 있는 것으로 인정하는 때에는 즉시 공소를 제기하고 그 취지를 관할 고등법원과 재정신청인에게 통지한다.
2. 신청이 이유 없는 것으로 인정하는 때에는 30일 이내에 관할 고등법원에 송부한다.
[전문개정 2007.6.1.]

제262조(심리와 결정) ①법원은 재정신청서를 송부받은 때에는 송부받은 날부터 10일 이내에 피의자에게 그 사실을 통지하여야 한다.
②법원은 재정신청서를 송부받은 날부터 3개월 이내에 항고의 절차에 준하여 다음 각 호의 구분에 따라 결정한다. 이 경우 필요한 때에는 증거를 조사할 수 있다.
1. 신청이 법률상의 방식에 위배되거나 이유 없는 때에는 신청을 기각한다.
2. 신청이 이유 있는 때에는 사건에 대한 공소제기를 결정한다.
③재정신청사건의 심리는 특별한 사정이 없는 한 공개하지 아니한다.
④제2항제1호의 결정에 대하여는 제415조에 따른 즉시항고를 할 수 있고, 제2항제2호의 결정에 대하여는 불복할 수 없다. 제2항제1호의 결정이 확정된 사건에 대하여는 다른 중요한 증거를 발견한 경우를 제외하고는 소추할 수 없다. <개정 2016.1.6.>
⑤법원은 제2항의 결정을 한 때에는 즉시 그 정본을 재정신청인·피의자와 관할 지방검찰청검사장 또는 지청장에게 송부하여야 한다. 이 경우 제2항제2호의 결정을 한 때에는 관할 지방검찰청검사장 또는 지청장에게 사건기록을 함께 송부하여야 한다.
⑥제2항제2호의 결정에 따른 재정결정서를 송부받은 관할 지방검찰청 검사장 또는 지청장은 지체 없이 담당 검사를 지정하고 지정받은 검사는 공소를 제기하여야 한다.
[전문개정 2007.6.1.]

판례-업무상횡령

[대법원 2015.9.10, 선고, 2012도14755, 판결]

【판시사항】
[1] 형사소송법 제262조 제4항 후문에서 재정신청 기각결정이 확정된 사건에 대하여 다른 중요한 증거를 발견한 경우를 제외하고는 소추할 수 없도록 규정하고 있는 취지
[2] 형사소송법 제262조 제4항 후문에서 말하는 '제2항 제1호의 결정이 확정된 사건'은 법원에서 심리와 판단이 현실적으로 이루어져 재정신청 기각결정의 대상이 된 사건만을 의미하는지 여부(적극) 및 재정신청 기각결정의 대상이 되지 않은 사건이 고소인의 고소내용에 포함되어 있더라도 '제2항 제1호의 결정이 확정된 사건'이라고 할 수 없는지 여부(적극)

【판결요지】
[1] 형사소송법 제262조 제4항 후문에서 재정신청 기각결정이 확정된 사건에 대하여 다른 중요한 증거를 발견한 경우를 제외하고는 소추할 수 없도록 규정하고 있는 것은, 한편으로 법원의 판단에 의하여 재정신청 기각결정이 확정되었음에도 불구하고 검사의 공소제기를 제한 없이

허용할 경우 피의자를 지나치게 장기간 불안정한 상태에 두게 되고 유죄판결이 선고될 가능성이 낮은 사건에 사법인력과 예산을 낭비하게 되는 결과로 이어질 수 있음을 감안하여 재정신청 기각결정이 확정된 사건에 대한 검사의 공소제기를 제한하면서, 다른 한편으로 재정신청사건에 대한 법원의 결정에는 일사부재리의 효력이 인정되지 않는 만큼 피의사실을 유죄로 인정할 명백한 증거가 발견된 경우에도 재정신청 기각결정이 확정되었다는 이유만으로 검사의 공소제기를 전적으로 금지하는 것은 사법정의에 반하는 결과가 된다는 점을 고려한 것이다.
[2] 형사소송법 제262조 제2항, 제4항과 형사소송법 제262조 제4항 후문의 입법 취지 등에 비추어 보면, 형사소송법 제262조 제4항 후문에서 말하는 '제2항 제1호의 결정이 확정된 사건'은 재정신청사건을 담당하는 법원에서 공소제기의 가능성과 필요성 등에 관한 심리와 판단이 현실적으로 이루어져 재정신청 기각결정의 대상이 된 사건만을 의미한다.
따라서 재정신청 기각결정의 대상이 되지 않은 사건은 형사소송법 제262조 제4항 후문에서 말하는 '제2항 제1호의 결정이 확정된 사건'이라고 할 수 없고, 재정신청 기각결정의 대상이 되지 않은 사건이 고소인의 고소내용에 포함되어 있었다 하더라도 이와 달리 볼 수 없다.

제262조의2(재정신청사건 기록의 열람 · 등사 제한) 재정신청사건의 심리 중에는 관련 서류 및 증거물을 열람 또는 등사할 수 없다. 다만, 법원은 제262조제2항 후단의 증거조사과정에서 작성된 서류의 전부 또는 일부의 열람 또는 등사를 허가할 수 있다.
[본조신설 2007.6.1.]
[종전 제262조의2는 제262조의4로 이동 <2007.6.1.>]

제262조의3(비용부담 등) ①법원은 제262조제2항제1호의 결정 또는 제264조제2항의 취소가 있는 경우에는 결정으로 재정신청인에게 신청절차에 의하여 생긴 비용의 전부 또는 일부를 부담하게 할 수 있다.
②법원은 직권 또는 피의자의 신청에 따라 재정신청인에게 피의자가 재정신청절차에서 부담하였거나 부담할 변호인선임료 등 비용의 전부 또는 일부의 지급을 명할 수 있다.
③제1항 및 제2항의 결정에 대하여는 즉시항고를 할 수 있다.
④제1항 및 제2항에 따른 비용의 지급범위와 절차 등에 대하여는 대법원규칙으로 정한다.
[본조신설 2007.6.1.]

제262조의4(공소시효의 정지 등)
①제260조에 따른 재정신청이 있으면 제262조에 따른 재정결정이 확정될 때까지 공소시효의 진행이 정지된다. <개정 2007.12.21., 2016.1.6.>
②제262조제2항제2호의 결정이 있는 때에는 공소시효에 관하여 그 결정이 있는 날에 공소가 제기된 것으로 본다.
[전문개정 2007.6.1.]
[제262조의2에서 이동 <2007.6.1.>]

제263조 삭제 <2007.6.1.>

제264조(대리인에 의한 신청과 1인의 신청의 효력, 취소) ①재정신청은 대리인에 의하여 할 수 있으며 공동신청권자 중 1인의 신청은 그 전원을 위하여 효력을 발생한다.
②재정신청은 제262조제2항의 결정이 있을 때까지 취소할 수 있다. 취소한 자는 다시 재정신청을 할 수 없다. <개정 2007.6.1.>
③전항의 취소는 다른 공동신청권자에게 효력을 미치지 아니한다.

제264조의2(공소취소의 제한) 검사는 제262조제2항제2호의 결정에 따라 공소를 제기한 때에는 이를 취소할 수 없다.
[본조신설 2007.6.1.]

제265조 삭제 <2007.6.1.>

제3장 공판

제1절 공판준비와 공판절차

제266조(공소장부본의 송달) 법원은 공소의 제기가 있는 때에는 지체없이 공소장의 부본을 피고인 또는 변호인에게 송달하여야 한다. 단, 제1회 공판기일 전 5일까지 송달하여야 한다.

제266조의2(의견서의 제출) ①피고인 또는 변호인은 공소장 부본을 송달받은 날부터 7일 이내에 공소사실에 대한 인정 여부, 공판준비절차에 관한 의견 등을 기재한 의견서를 법원에 제출하여야 한다. 다만, 피고인이 진술을 거부하는 경우에는 그 취지를 기재한 의견서를 제출할 수 있다.
②법원은 제1항의 의견서가 제출된 때에는 이를 검사에게 송부하여야 한다.
[본조신설 2007.6.1.]

제266조의3(공소제기 후 검사가 보관하고 있는 서류 등의 열람 · 등사) ①피고인 또는 변호인은 검사에게 공소제기된 사건에 관한 서류 또는 물건(이하 "서류등"이라 한다)의 목록과 공소사실의 인정 또는 양형에 영향을 미칠 수 있는 다음 서류등의 열람·등사 또는 서면의 교부를 신청할 수 있다. 다만, 피고인에게 변호인이 있는 경우에는 피고인은 열람만을 신청할 수 있다.
1. 검사가 증거로 신청할 서류등
2. 검사가 증인으로 신청할 사람의 성명·사건과의 관계 등을 기재한 서면 또는 그 사람이 공판기일 전에 행한 진술을 기재한 서류등
3. 제1호 또는 제2호의 서면 또는 서류등의 증명력과 관련된 서류등
4. 피고인 또는 변호인이 행한 법률상·사실상 주장과 관련된 서류등(관련 형사재판확정기록, 불기소처분기록 등을 포함한다)
②검사는 국가안보, 증인보호의 필요성, 증거인멸의 염려, 관련 사건의 수사에 장애를 가져올 것으로 예상되는 구체적인 사유 등 열람·등사 또는 서면의 교부를 허용하지 아니할 상당한 이유가 있다고 인정하는 때에는 열람·등사 또는 서면의 교부를 거부하거나 그 범위를 제한할 수 있다.
③검사는 열람·등사 또는 서면의 교부를 거부하거나 그 범위를 제한하는 때에는 지체 없이 그 이유를 서면으로 통지하여야 한다.
④ 피고인 또는 변호인은 검사가 제1항의 신청을 받은 때부터 48시간 이내에 제3항의 통지를 하지 아니하는 때에는 제266조의4제1항의 신청을 할 수 있다.
⑤검사는 제2항에도 불구하고 서류등의 목록에 대하여는 열람 또는 등사를 거부할 수 없다.
⑥제1항의 서류등은 도면·사진·녹음테이프·비디오테이프·컴퓨터용 디스크, 그 밖에 정보를 담기 위하여 만들어진 물건으로서 문서가 아닌 특수매체를 포함한다. 이 경우 특수매체에 대한 등사는 필요 최소한의 범위에 한한다.
[본조신설 2007.6.1.]

제266조의4(법원의 열람 · 등사에 관한 결정)
①피고인 또는 변호인은 검사가 서류등의 열람·등사 또는 서면의 교부를 거부하거나 그 범위를 제한한 때에는 법원에 그 서류등의 열람·등사 또는 서면의 교부를 허용하도록 할 것을 신청할 수 있다.
②법원은 제1항의 신청이 있는 때에는 열람·등사 또는 서면의 교부를 허용하는 경우에 생길 폐해의 유형·정도, 피고인의 방어 또는 재판의 신속한 진행을 위한 필요성 및 해당 서류등의 중요성 등을 고려하여 검사에게 열람·등사 또는 서면의 교부를 허용할 것을 명할 수 있다.

이 경우 열람 또는 등사의 시기·방법을 지정하거나 조건·의무를 부과할 수 있다.
③법원은 제2항의 결정을 하는 때에는 검사에게 의견을 제시할 수 있는 기회를 부여하여야 한다.
④법원은 필요하다고 인정하는 때에는 검사에게 해당 서류등의 제시를 요구할 수 있고, 피고인이나 그 밖의 이해관계인을 심문할 수 있다.
⑤검사는 제2항의 열람·등사 또는 서면의 교부에 관한 법원의 결정을 지체 없이 이행하지 아니하는 때에는 해당 증인 및 서류등에 대한 증거신청을 할 수 없다.
[본조신설 2007.6.1.]

제266조의5(공판준비절차) ①재판장은 효율적이고 집중적인 심리를 위하여 사건을 공판준비절차에 부칠 수 있다.
②공판준비절차는 주장 및 입증계획 등을 서면으로 준비하게 하거나 공판준비기일을 열어 진행한다.
③검사, 피고인 또는 변호인은 증거를 미리 수집·정리하는 등 공판준비절차가 원활하게 진행될 수 있도록 협력하여야 한다.
[본조신설 2007.6.1.]

제266조의6(공판준비를 위한 서면의 제출)
①검사, 피고인 또는 변호인은 법률상·사실상 주장의 요지 및 입증취지 등이 기재된 서면을 법원에 제출할 수 있다.
②재판장은 검사, 피고인 또는 변호인에 대하여 제1항에 따른 서면의 제출을 명할 수 있다.
③법원은 제1항 또는 제2항에 따라 서면이 제출된 때에는 그 부본을 상대방에게 송달하여야 한다.
④재판장은 검사, 피고인 또는 변호인에게 공소장 등 법원에 제출된 서면에 대한 설명을 요구하거나 그 밖에 공판준비에 필요한 명령을 할 수 있다.
[본조신설 2007.6.1.]

제266조의7(공판준비기일) ①법원은 검사, 피고인 또는 변호인의 의견을 들어 공판준비기일을 지정할 수 있다.
②검사, 피고인 또는 변호인은 법원에 대하여 공판준비기일의 지정을 신청할 수 있다. 이 경우 당해 신청에 관한 법원의 결정에 대하여는 불복할 수 없다.
③법원은 합의부원으로 하여금 공판준비기일을 진행하게 할 수 있다. 이 경우 수명법관은 공판준비기일에 관하여 법원 또는 재판장과 동일한 권한이 있다.
④공판준비기일은 공개한다. 다만, 공개하면 절차의 진행이 방해될 우려가 있는 때에는 공개하지 아니할 수 있다.
[본조신설 2007.6.1.]

제266조의8(검사 및 변호인 등의 출석)
①공판준비기일에는 검사 및 변호인이 출석하여야 한다.
②공판준비기일에는 법원사무관등이 참여한다.
③법원은 검사, 피고인 및 변호인에게 공판준비기일을 통지하여야 한다.
④법원은 공판준비기일이 지정된 사건에 관하여 변호인이 없는 때에는 직권으로 변호인을 선정하여야 한다.
⑤법원은 필요하다고 인정하는 때에는 피고인을 소환할 수 있으며, 피고인은 법원의 소환이 없는 때에도 공판준비기일에 출석할 수 있다.
⑥재판장은 출석한 피고인에게 진술을 거부할 수 있음을 알려주어야 한다.
[본조신설 2007.6.1.]

제266조의9(공판준비에 관한 사항)
①법원은 공판준비절차에서 다음 행위를 할 수 있다.
1. 공소사실 또는 적용법조를 명확하게 하는 행위
2. 공소사실 또는 적용법조의 추가·철회 또는 변경을 허가하는 행위
3. 공소사실과 관련하여 주장할 내용을 명확히 하여 사건의 쟁점을 정리하는 행위
4. 계산이 어렵거나 그 밖에 복잡한 내용에 관하여 설명하도록 하는 행위
5. 증거신청을 하도록 하는 행위
6. 신청된 증거와 관련하여 입증 취지 및 내용 등을 명확하게 하는 행위
7. 증거신청에 관한 의견을 확인하는 행위
8. 증거 채부(採否)의 결정을 하는 행위
9. 증거조사의 순서 및 방법을 정하는 행위
10. 서류등의 열람 또는 등사와 관련된 신청의 당부를 결정하는 행위
11. 공판기일을 지정 또는 변경하는 행위
12. 그 밖에 공판절차의 진행에 필요한 사항을 정하는 행위
②제296조 및 제304조는 공판준비절차에 관하여 준용한다.
[본조신설 2007.6.1.]

제266조의10(공판준비기일 결과의 확인)
①법원은 공판준비기일을 종료하는 때에는 검사, 피고인 또는 변호인에게 쟁점 및 증거에 관한 정리결과를 고지하고, 이에 대한 이의의 유무를 확인하여야 한다.
②법원은 쟁점 및 증거에 관한 정리결과를 공판준비기일조서에 기재하여야 한다.
[본조신설 2007.6.1.]

제266조의11(피고인 또는 변호인이 보관하고 있는 서류등의 열람 · 등사)
①검사는 피고인 또는 변호인이 공판기일 또는 공판준비절차에서 현장부재·심신상실 또는 심신미약 등 법률상·사실상의 주장을 한 때에는 피고인 또는 변호인에게 다음 서류등의 열람·등사 또는 서면의 교부를 요구할 수 있다.
1. 피고인 또는 변호인이 증거로 신청할 서류등
2. 피고인 또는 변호인이 증인으로 신청할 사람의 성명, 사건과의 관계 등을 기재한 서면
3. 제1호의 서류등 또는 제2호의 서면의 증명력과 관련된 서류등
4. 피고인 또는 변호인이 행한 법률상·사실상의 주장과 관련된 서류등
②피고인 또는 변호인은 검사가 제266조의3제1항에 따른 서류등의 열람·등사 또는 서면의 교부를 거부한 때에는 제1항에 따른 서류등의 열람·등사 또는 서면의 교부를 거부할 수 있다. 다만, 법원이 제266조의4제1항에 따른 신청을 기각하는 결정을 한 때에는 그러하지 아니하다.
③검사는 피고인 또는 변호인이 제1항에 따른 요구를 거부한 때에는 법원에 그 서류등의 열람· 등사 또는 서면의 교부를 허용하도록 할 것을 신청할 수 있다.
④제266조의4제2항부터 제5항까지의 규정은 제3항의 신청이 있는 경우에 준용한다.
⑤제1항에 따른 서류등에 관하여는 제266조의3제6항을 준용한다.
[본조신설 2007.6.1.]

제266조의12(공판준비절차의 종결사유)
법원은 다음 각 호의 어느 하나에 해당하는 사유가 있는 때에는 공판준비절차를 종결하여야 한다. 다만, 제2호 또는 제3호에 해당하는 경우로서 공판의 준비를 계속하여야 할 상당한 이유가 있는 때에는 그러하지 아니하다.
1. 쟁점 및 증거의 정리가 완료된 때
2. 사건을 공판준비절차에 부친 뒤 3개월이 지난 때
3. 검사·변호인 또는 소환받은 피고인이 출석하지 아니한 때
[본조신설 2007.6.1.]

제266조의13(공판준비기일 종결의 효과)
①공판준비기일에서 신청하지 못한 증거는 다음 각 호의 어느 하나에 해당하는 경우에 한하여 공판기일에 신청할 수 있다.
1. 그 신청으로 인하여 소송을 현저히 지연시키지 아니하는 때
2. 중대한 과실 없이 공판준비기일에 제출하지 못하는 등 부득이한 사유를 소명한 때
②제1항에도 불구하고 법원은 직권으로 증거를 조사할 수 있다.
[본조신설 2007.6.1.]

제266조의14(준용규정) 제305조는 공판준비기일의 재개에 관하여 준용한다.
[본조신설 2007.6.1.]

제266조의15(기일간 공판준비절차)
법원은 쟁점 및 증거의 정리를 위하여 필요한 경우에는 제1회 공판기일 후에도 사건을 공판준비절차에 부칠 수 있다. 이 경우 기일전 공판준비절차에 관한 규정을 준용한다.
[본조신설 2007.6.1.]

제266조의16(열람 · 등사된 서류등의 남용금지) ①피고인 또는 변호인(피고인 또는 변호인이었던 자를 포함한다. 이하 이 조에서 같다)은 검사가 열람 또는 등사하도록 한 제266조의3제1항에 따른 서면 및 서류등의 사본을 당해 사건 또는 관련 소송의 준비에 사용할 목적이 아닌 다른 목적으로 다른 사람에게 교부 또는 제시(전기통신설비를 이용하여 제공하는 것을 포함한다)하여서는 아니 된다.
②피고인 또는 변호인이 제1항을 위반하는 때에는 1년 이하의 징역 또는 500만원 이하의 벌금에 처한다.
[본조신설 2007.6.1.]

제267조(공판기일의 지정) ①재판장은 공판기일을 정하여야 한다.
②공판기일에는 피고인, 대표자 또는 대리인을 소환하여야 한다.
③공판기일은 검사, 변호인과 보조인에게 통지하여야 한다.

제267조의2(집중심리) ①공판기일의 심리는 집중되어야 한다.
②심리에 2일 이상이 필요한 경우에는 부득이한 사정이 없는 한 매일 계속 개정하여야 한다.
③재판장은 여러 공판기일을 일괄하여 지정할 수 있다.
④재판장은 부득이한 사정으로 매일 계속 개정하지 못하는 경우에도 특별한 사정이 없는 한 전회의 공판기일부터 14일 이내로 다음 공판기일을 지정하여야 한다.
⑤소송관계인은 기일을 준수하고 심리에 지장을 초래하지 아니하도록 하여야 하며, 재판장은 이에 필요한 조치를 할 수 있다.
[본조신설 2007.6.1.]

제268조(소환장송달의 의제) 법원의 구내에 있는 피고인에 대하여 공판기일을 통지한 때에는 소환장송달의 효력이 있다.

제269조(제1회 공판기일의 유예기간)
①제1회 공판기일은 소환장의 송달 후 5일 이상의 유예기간을 두어야 한다.
②피고인이 이의없는 때에는 전항의 유예기간을 두지 아니할 수 있다.

제270조(공판기일의 변경) ①재판장은 직권 또는 검사, 피고인이나 변호인의 신청에 의하여 공판기일을 변경할 수 있다.
②공판기일 변경신청을 기각한 명령은 송달하지 아니한다.

제271조(불출석사유, 자료의 제출) 공판기일에 소환 또는 통지서를 받은 자가 질병 기타의 사유로 출석하지 못할 때에는 의사의 진단서 기타의 자료를 제출하여야 한다.

제272조(공무소등에 대한 조회) ①법원은 직권 또는 검사, 피고인이나 변호인의 신청에 의하여 공무소 또는 공사단체에 조회하여 필요한 사항의 보고 또는 그 보관서류의 송부를 요구할 수 있다.
②전항의 신청을 기각함에는 결정으로 하여야 한다.

제273조(공판기일 전의 증거조사) ①법원은 검사, 피고인 또는 변호인의 신청에 의하여 공판준비에 필요하다고 인정한 때에는 공판기일 전에 피고인 또는 증인을 신문할 수 있고 검증, 감정 또는 번역을 명할 수 있다.
②재판장은 부원으로 하여금 전항의 행위를 하게 할 수 있다.
③제1항의 신청을 기각함에는 결정으로 하여야 한다.

제274조(당사자의 공판기일 전의 증거제출)
검사, 피고인 또는 변호인은 공판기일 전에 서류나 물건을 증거로 법원에 제출할 수 있다. <개정 1961.9.1.>

제275조(공판정의 심리) ①공판기일에는 공판정에서 심리한다.
②공판정은 판사와 검사, 법원사무관등이 출석하여 개정한다. <개정 2007.6.1.>
③검사의 좌석과 피고인 및 변호인의 좌석은 대등하며, 법대의 좌우측에 마주 보고 위치하고, 증인의 좌석은 법대의 정면에 위치한다. 다만, 피고인신문을 하는 때에는 피고인은 증인석에 좌석한다. <개정 2007.6.1.>

판례-특정범죄가중처벌등에관한법률위반(알선수재)

[대법원 2019.11.28. 선고 2013도6825 판결]

【판시사항】
제1심에서 피고인에 대하여 무죄판결이 선고되어 검사가 항소한 후, 수사기관이 항소심 공판기일에 증인으로 신청하여 신문할 수 있는 사람을 특별한 사정 없이 미리 수사기관에 소환하여 작성한 진술조서의 증거능력 유무(원칙적 소극) / 참고인이 나중에 법정에 증인으로 출석하여 위 진술조서의 성립의 진정을 인정하고 피고인 측에 반대신문의 기회가 부여되더라도 위 진술조서의 증거능력을 인정할 수 없음은 마찬가지인지 여부(적극) / 참고인이 법정에서 위와 같이 증거능력이 없는 진술조서와 같은 취지로 피고인에게 불리한 내용의 진술을 한 경우, 그 진술에 신빙성을 인정하여 유죄의 증거로 삼을 것인지 판단하는 기준

【판결요지】
헌법은 제12조 제1항 후문에서 적법절차의 원칙을 천명하고, 제27조에서 재판받을 권리를 보장하고 있다. 형사소송법은 이를 실질적으로 구현하기 위하여, 피고사건에 대한 실체심리가 공개된 법정에서 검사와 피고인 양 당사자의 공격·방어활동에 의하여 행해져야 한다는 당사자주의와 공판중심주의 원칙, 공소사실의 인정은 법관의 면전에서 직접 조사한 증거만을 기초로 해야 한다는 직접심리주의와 증거재판주의 원칙을 기본원칙으로 채택하고 있다. 이에 따라 공소가 제기된 후에는 그 사건에 관한 형사절차의 모든 권한이 사건을 주재하는 수소법원에 속하게 되며, 수사의 대상이던 피의자는 검사와 대등한 당사자인 피고인의 지위에서 방어권을 행사하게 된다. 형사소송법상 법관의 면전에서 당사자의 모든 주장과 증거조사가 실질적으로 이루어지는 제1심법정에서의 절차가 실질적 직접심리주의와 공판중심주의를 구현하는 원칙적인 것이지만, 제1심의 공판절차에 관한 규정은 특별한 규정이 없으면 항소심의 심판절차에도 준용되는 만큼 항소심도 제한적인 범위 내에서 이러한 원칙에 따른 절차로 볼 수 있다.
이러한 형사소송법의 기본원칙에 따라 살펴보면, 제1심에서 피고인에 대하여 무죄판결이 선고

되어 검사가 항소한 후, 수사기관이 항소심 공판기일에 증인으로 신청하여 신문할 수 있는 사람을 특별한 사정 없이 미리 수사기관에 소환하여 작성한 진술조서는 피고인이 증거로 할 수 있음에 동의하지 않는 한 증거능력이 없다. 검사가 공소를 제기한 후 참고인을 소환하여 피고인에게 불리한 진술을 기재한 진술조서를 작성하여 이를 공판절차에 증거로 제출할 수 있게 한다면, 피고인과 대등한 당사자의 지위에 있는 검사가 수사기관으로서의 권한을 이용하여 일방적으로 법정 밖에서 유리한 증거를 만들 수 있게 하는 것이므로 당사자주의·공판중심주의·직접심리주의에 반하고 피고인의 공정한 재판을 받을 권리를 침해하기 때문이다.
위 참고인이 나중에 법정에 증인으로 출석하여 위 진술조서의 성립의 진정을 인정하고 피고인 측에 반대신문의 기회가 부여된다 하더라도 위 진술조서의 증거능력을 인정할 수 없음은 마찬가지이다.
위 참고인이 법정에서 위와 같이 증거능력이 없는 진술조서와 같은 취지로 피고인에게 불리한 내용의 진술을 한 경우, 그 진술에 신빙성을 인정하여 유죄의 증거로 삼을 것인지는 증인신문 전 수사기관에서 진술조서가 작성된 경위와 그것이 법정진술에 영향을 미쳤을 가능성 등을 종합적으로 고려하여 신중하게 판단하여야 한다.

제275조의2(피고인의 무죄추정) 피고인은 유죄의 판결이 확정될 때까지는 무죄로 추정된다.
[본조신설 1980.12.18.]

제275조의3(구두변론주의) 공판정에서의 변론은 구두로 하여야 한다.
[본조신설 2007.6.1.]

제276조(피고인의 출석권) 피고인이 공판기일에 출석하지 아니한 때에는 특별한 규정이 없으면 개정하지 못한다. 단, 피고인이 법인인 경우에는 대리인을 출석하게 할 수 있다.

판례-도시및주거환경정비법위반

[대법원 2016.4.29, 선고, 2016도2210, 판결]

【판시사항】
항소심에서 피고인의 출석 없이 개정하려면 불출석이 2회 이상 계속되어야 하는지 여부(적극)

【판결요지】
형사소송법 제370조, 제276조에 의하면 항소심에서도 공판기일에 피고인의 출석 없이는 개정하지 못하나, 같은 법 제365조가 피고인이 항소심 공판기일에 출석하지 아니한 때에는 다시 기일을 정하고, 피고인이 정당한 사유 없이 다시 정한 기일에도 출석하지 아니한 때에는 피고인의 진술 없이 판결할 수 있도록 정하고 있으므로 피고인의 출석 없이 개정하려면 불출석이 2회 이상 계속된 바가 있어야 한다.

제276조의2(장애인 등 특별히 보호를 요하는 자에 대한 특칙) ①재판장 또는 법관은 피고인을 신문하는 경우 다음 각 호의 어느 하나에 해당하는 때에는 직권 또는 피고인·법정대리인·검사의 신청에 따라 피고인과 신뢰관계에 있는 자를 동석하게 할 수 있다.
1. 피고인이 신체적 또는 정신적 장애로 사물을 변별하거나 의사를 결정·전달할 능력이 미약한 경우
2. 피고인의 연령·성별·국적 등의 사정을 고려하여 그 심리적 안정의 도모와 원활한 의사소통을 위하여 필요한 경우
②제1항에 따라 동석할 수 있는 신뢰관계에 있는 자의 범위, 동석의 절차 및 방법 등에 관하여 필요한 사항은 대법원규칙으로 정한다.
[본조신설 2007.6.1.]

제277조(경미사건 등과 피고인의 불출석)
다음 각 호의 어느 하나에 해당하는 사건에 관하여는 피고인의 출석을 요하지 아니한다. 이 경우 피고인은 대리인을 출석하게 할 수 있다.
1. 다액 500만원 이하의 벌금 또는 과료에 해당하는 사건
2. 공소기각 또는 면소의 재판을 할 것이 명백한 사건
3. 장기 3년 이하의 징역 또는 금고, 다액 500만원을 초과하는 벌금 또는 구류에 해당하는 사건에서 피고인의 불출석허가신청이 있고 법원이 피고인의 불출석이 그의 권리를 보호함에 지장이 없다고 인정하여 이를 허가한 사건. 다만, 제284조에 따른 절차를 진행하거나 판결을 선고하는 공판기일에는 출석하여야 한다.
4. 제453조제1항에 따라 피고인만이 정식재판의 청구를 하여 판결을 선고하는 사건
[전문개정 2007.6.1.]

제277조의2(피고인의 출석거부와 공판절차)
①피고인이 출석하지 아니하면 개정하지 못하는 경우에 구속된 피고인이 정당한 사유없이 출석을 거부하고, 교도관에 의한 인치가 불가능하거나 현저히 곤란하다고 인정되는 때에는 피고인의 출석 없이 공판절차를 진행할 수 있다. <개정 2007.6.1.>
②제1항의 규정에 의하여 공판절차를 진행할 경우에는 출석한 검사 및 변호인의 의견을 들어야 한다.
[본조신설 1995.12.29.]

제278조(검사의 불출석) 검사가 공판기일의 통지를 2회 이상받고 출석하지 아니하거나 판결만을 선고하는 때에는 검사의 출석 없이 개정할 수 있다. <개정 1995.12.29.>

제279조(재판장의 소송지휘권) 공판기일의 소송지휘는 재판장이 한다.

제279조의2(전문심리위원의 참여)
①법원은 소송관계를 분명하게 하거나 소송절차를 원활하게 진행하기 위하여 필요한 경우에는 직권으로 또는 검사, 피고인 또는 변호인의 신청에 의하여 결정으로 전문심리위원을 지정하여 공판준비 및 공판기일 등 소송절차에 참여하게 할 수 있다.
②전문심리위원은 전문적인 지식에 의한 설명 또는 의견을 기재한 서면을 제출하거나 기일에 전문적인 지식에 의하여 설명이나 의견을 진술할 수 있다. 다만, 재판의 합의에는 참여할 수 없다.
③전문심리위원은 기일에 재판장의 허가를 받아 피고인 또는 변호인, 증인 또는 감정인 등 소송관계인에게 소송관계를 분명하게 하기 위하여 필요한 사항에 관하여 직접 질문할 수 있다.
④법원은 제2항에 따라 전문심리위원이 제출한 서면이나 전문심리위원의 설명 또는 의견의 진술에 관하여 검사, 피고인 또는 변호인에게 구술 또는 서면에 의한 의견진술의 기회를 주어야 한다.
[본조신설 2007.12.21.]

제279조의3(전문심리위원 참여결정의 취소)
①법원은 상당하다고 인정하는 때에는 검사, 피고인 또는 변호인의 신청이나 직권으로 제279조의2제1항에 따른 결정을 취소할 수 있다.
②법원은 검사와 피고인 또는 변호인이 합의하여 제279조의2제1항의 결정을 취소할 것을 신청한 때에는 그 결정을 취소하여야 한다.
[본조신설 2007.12.21.]

제279조의4(전문심리위원의 지정 등)
①제279조의2제1항에 따라 전문심리위원을 소송절차에 참여시키는 경우 법원은 검사, 피고인 또

는 변호인의 의견을 들어 각 사건마다 1인 이상의 전문심리위원을 지정한다.
②전문심리위원에게는 대법원규칙으로 정하는 바에 따라 수당을 지급하고, 필요한 경우에는 그 밖의 여비, 일당 및 숙박료를 지급할 수 있다.
③그 밖에 전문심리위원의 지정에 관하여 필요한 사항은 대법원규칙으로 정한다.
[본조신설 2007.12.21.]

제279조의5(전문심리위원의 제척 및 기피)
①제17조부터 제20조까지 및 제23조는 전문심리위원에게 준용한다.
②제척 또는 기피 신청이 있는 전문심리위원은 그 신청에 관한 결정이 확정될 때까지 그 신청이 있는 사건의 소송절차에 참여할 수 없다. 이 경우 전문심리위원은 해당 제척 또는 기피 신청에 대하여 의견을 진술할 수 있다.
[본조신설 2007.12.21.]

제279조의6(수명법관 등의 권한) 수명법관 또는 수탁판사가 소송절차를 진행하는 경우에는 제279조의2제2항부터 제4항까지의 규정에 따른 법원 및 재판장의 직무는 그 수명법관이나 수탁판사가 행한다.
[본조신설 2007.12.21.]

제279조의7(비밀누설죄) 전문심리위원 또는 전문심리위원이었던 자가 그 직무수행 중에 알게 된 다른 사람의 비밀을 누설한 때에는 2년 이하의 징역이나 금고 또는 1천만원 이하의 벌금에 처한다.
[본조신설 2007.12.21.]

제279조의8(벌칙 적용에서의 공무원 의제)
전문심리위원은 「형법」 제129조부터 제132조까지의 규정에 따른 벌칙의 적용에서는 공무원으로 본다.
[본조신설 2007.12.21.]

제280조(공판정에서의 신체구속의 금지)
공판정에서는 피고인의 신체를 구속하지 못한다. 다만, 재판장은 피고인이 폭력을 행사하거나 도망할 염려가 있다고 인정하는 때에는 피고인의 신체의 구속을 명하거나 기타 필요한 조치를 할 수 있다. <개정 1995.12.29.>

제281조(피고인의 재정의무, 법정경찰권)
①피고인은 재판장의 허가없이 퇴정하지 못한다.
②재판장은 피고인의 퇴정을 제지하거나 법정의 질서를 유지하기 위하여 필요한 처분을 할 수 있다.

제282조(필요적 변호) 제33조제1항 각 호의 어느 하나에 해당하는 사건 및 같은 조 제2항·제3항의 규정에 따라 변호인이 선정된 사건에 관하여는 변호인 없이 개정하지 못한다. 단, 판결만을 선고할 경우에는 예외로 한다. <개정 2006.7.19.>
[제목개정 2006.7.19.]

제283조(국선변호인) 제282조 본문의 경우 변호인이 출석하지 아니한 때에는 법원은 직권으로 변호인을 선정하여야 한다. <개정 2006.7.19.>
[제목개정 2006.7.19.]

제283조의2(피고인의 진술거부권)
①피고인은 진술하지 아니하거나 개개의 질문에 대하여 진술을 거부할 수 있다.

②재판장은 피고인에게 제1항과 같이 진술을 거부할 수 있음을 고지하여야 한다.
[본조신설 2007.6.1.]

제284조(인정신문) 재판장은 피고인의 성명, 연령, 등록기준지, 주거와 직업을 물어서 피고인임에 틀림없음을 확인하여야 한다.
<개정 2007.5.17.>

제285조(검사의 모두진술) 검사는 공소장에 의하여 공소사실·죄명 및 적용법조를 낭독하여야 한다. 다만, 재판장은 필요하다고 인정하는 때에는 검사에게 공소의 요지를 진술하게 할 수 있다.
[전문개정 2007.6.1.]

제286조(피고인의 모두진술) ①피고인은 검사의 모두진술이 끝난 뒤에 공소사실의 인정 여부를 진술하여야 한다. 다만, 피고인이 진술거부권을 행사하는 경우에는 그러하지 아니하다.
②피고인 및 변호인은 이익이 되는 사실 등을 진술할 수 있다.
[전문개정 2007.6.1.]

제286조의2(간이공판절차의 결정)
피고인이 공판정에서 공소사실에 대하여 자백한 때에는 법원은 그 공소사실에 한하여 간이공판절차에 의하여 심판할 것을 결정할 수 있다. <개정 1995.12.29.>
[본조신설 1973.1.25.]

제286조의3(결정의 취소) 법원은 전조의 결정을 한 사건에 대하여 피고인의 자백이 신빙할 수 없다고 인정되거나 간이공판절차로 심판하는 것이 현저히 부당하다고 인정할 때에는 검사의 의견을 들어 그 결정을 취소하여야 한다.
[본조신설 1973.1.25.]

제287조(재판장의 쟁점정리 및 검사 · 변호인의 증거관계 등에 대한 진술)
①재판장은 피고인의 모두진술이 끝난 다음에 피고인 또는 변호인에게 쟁점의 정리를 위하여 필요한 질문을 할 수 있다.
②재판장은 증거조사를 하기에 앞서 검사 및 변호인으로 하여금 공소사실 등의 증명과 관련된 주장 및 입증계획 등을 진술하게 할 수 있다. 다만, 증거로 할 수 없거나 증거로 신청할 의사가 없는 자료에 기초하여 법원에 사건에 대한 예단 또는 편견을 발생하게 할 염려가 있는 사항은 진술할 수 없다.
[전문개정 2007.6.1.]

제288조 삭제 <1961.9.1.>
제289조 삭제 <2007.6.1.>

제290조(증거조사) 증거조사는 제287조에 따른 절차가 끝난 후에 실시한다.
[전문개정 2007.6.1.]

제291조(동전) ①소송관계인이 증거로 제출한 서류나 물건 또는 제272조, 제273조의 규정에 의하여 작성 또는 송부된 서류는 검사, 변호인 또는 피고인이 공판정에서 개별적으로 지시설명하여 조사하여야 한다.
②재판장은 직권으로 전항의 서류나 물건을 공판정에서 조사할 수 있다.
[전문개정 1961.9.1.]

제291조의2(증거조사의 순서) ①법원은 검사가 신청한 증거를 조사한 후 피고인 또는 변호인이 신청한 증거를 조사한다.
②법원은 제1항에 따른 조사가 끝난 후 직권으로 결정한 증거를 조사한다.
③법원은 직권 또는 검사, 피고인·변호인의 신청에 따라 제1항 및 제2항의 순서를 변경할 수 있다.
[본조신설 2007.6.1.]

제292조(증거서류에 대한 조사방식)
①검사, 피고인 또는 변호인의 신청에 따라 증거서류를 조사하는 때에는 신청인이 이를 낭독하여야 한다.
②법원이 직권으로 증거서류를 조사하는 때에는 소지인 또는 재판장이 이를 낭독하여야 한다.
③재판장은 필요하다고 인정하는 때에는 제1항 및 제2항에도 불구하고 내용을 고지하는 방법으로 조사할 수 있다.
④재판장은 법원사무관등으로 하여금 제1항부터 제3항까지의 규정에 따른 낭독이나 고지를 하게 할 수 있다.
⑤재판장은 열람이 다른 방법보다 적절하다고 인정하는 때에는 증거서류를 제시하여 열람하게 하는 방법으로 조사할 수 있다.
[전문개정 2007.6.1.]

제292조의2(증거물에 대한 조사방식)
①검사, 피고인 또는 변호인의 신청에 따라 증거물을 조사하는 때에는 신청인이 이를 제시하여야 한다.
②법원이 직권으로 증거물을 조사하는 때에는 소지인 또는 재판장이 이를 제시하여야 한다.
③재판장은 법원사무관등으로 하여금 제1항 및 제2항에 따른 제시를 하게 할 수 있다.
[본조신설 2007.6.1.]

제292조의3(그 밖의 증거에 대한 조사방식)
도면·사진·녹음테이프·비디오테이프·컴퓨터용디스크, 그 밖에 정보를 담기 위하여 만들어진 물건으로서 문서가 아닌 증거의 조사에 관하여 필요한 사항은 대법원규칙으로 정한다.
[본조신설 2007.6.1.]

제293조(증거조사 결과와 피고인의 의견)
재판장은 피고인에게 각 증거조사의결과에 대한 의견을 묻고 권리를 보호함에 필요한 증거조사를 신청할 수 있음을 고지하여야 한다.

제294조(당사자의 증거신청) ①검사, 피고인 또는 변호인은 서류나 물건을 증거로 제출할 수 있고, 증인·감정인·통역인 또는 번역인의 신문을 신청할 수 있다.
②법원은 검사, 피고인 또는 변호인이 고의로 증거를 뒤늦게 신청함으로써 공판의 완결을 지연하는 것으로 인정할 때에는 직권 또는 상대방의 신청에 따라 결정으로 이를 각하할 수 있다.
[전문개정 2007.6.1.]

제294조의2(피해자등의 진술권)
①법원은 범죄로 인한 피해자 또는 그 법정대리인(피해자가 사망한 경우에는 배우자·직계친족·형제자매를 포함한다. 이하 이 조에서 "피해자등"이라 한다)의 신청이 있는 때에는 그 피해자등을 증인으로 신문하여야 한다. 다만, 다음 각 호의 어느 하나에 해당하는 경우에는 그러하지 아니하다. <개정 2007.6.1.>
1. 삭제 <2007.6.1.>

2. 피해자등 이미 당해 사건에 관하여 공판절차에서 충분히 진술하여 다시 진술할 필요가 없다고 인정되는 경우
3. 피해자등의 진술로 인하여 공판절차가 현저하게 지연될 우려가 있는 경우
②법원은 제1항에 따라 피해자등을 신문하는 경우 피해의 정도 및 결과, 피고인의 처벌에 관한 의견, 그 밖에 당해 사건에 관한 의견을 진술할 기회를 주어야 한다. <개정 2007.6.1.>
③법원은 동일한 범죄사실에서 제1항의 규정에 의한 신청인이 여러 명인 경우에는 진술할 자의 수를 제한할 수 있다. <개정 2007.6.1.>
④제1항의 규정에 의한 신청인이 출석통지를 받고도 정당한 이유없이 출석하지 아니한 때에는 그 신청을 철회한 것으로 본다. <개정 2007.6.1.>
[본조신설 1987.11.28.]
[제목개정 2007.6.1.]

제294조의3(피해자 진술의 비공개)
①법원은 범죄로 인한 피해자를 증인으로 신문하는 경우 당해 피해자·법정대리인 또는 검사의 신청에 따라 피해자의 사생활의 비밀이나 신변보호를 위하여 필요하다고 인정하는 때에는 결정으로 심리를 공개하지 아니할 수 있다.
②제1항의 결정은 이유를 붙여 고지한다.
③법원은 제1항의 결정을 한 경우에도 적당하다고 인정되는 자의 재정(在廷)을 허가할 수 있다.
[본조신설 2007.6.1.]

제294조의4(피해자 등의 공판기록 열람 · 등사) ①소송계속 중인 사건의 피해자(피해자가 사망하거나 그 심신에 중대한 장애가 있는 경우에는 그 배우자·직계친족 및 형제자매를 포함한다), 피해자 본인의 법정대리인 또는 이들로부터 위임을 받은 피해자 본인의 배우자·직계친족·형제자매·변호사는 소송기록의 열람 또는 등사를 재판장에게 신청할 수 있다.
②재판장은 제1항의 신청이 있는 때에는 지체 없이 검사, 피고인 또는 변호인에게 그 취지를 통지하여야 한다.
③재판장은 피해자 등의 권리구제를 위하여 필요하다고 인정하거나 그 밖의 정당한 사유가 있는 경우 범죄의 성질, 심리의 상황, 그 밖의 사정을 고려하여 상당하다고 인정하는 때에는 열람 또는 등사를 허가할 수 있다.
④재판장이 제3항에 따라 등사를 허가하는 경우에는 등사한 소송기록의 사용목적을 제한하거나 적당하다고 인정하는 조건을 붙일 수 있다.
⑤제1항에 따라 소송기록을 열람 또는 등사한 자는 열람 또는 등사에 의하여 알게 된 사항을 사용함에 있어서 부당히 관계인의 명예나 생활의 평온을 해하거나 수사와 재판에 지장을 주지 아니하도록 하여야 한다.
⑥제3항 및 제4항에 관한 재판에 대하여는 불복할 수 없다.
[본조신설 2007.6.1.]

제295조(증거신청에 대한 결정) 법원은 제294조 및 제294조의2의 증거신청에 대하여 결정을 하여야 하며 직권으로 증거조사를 할 수 있다. <개정 1987.11.28.>

제296조(증거조사에 대한 이의신청)
①검사, 피고인 또는 변호인은 증거조사에 관하여 이의신청을 할 수 있다.
②법원은 전항의 신청에 대하여 결정을 하여야 한다.

제296조의2(피고인신문) ①검사 또는 변호인은 증거조사 종료 후에 순차로 피고인에게 공소사실 및 정상에 관하여 필요한 사항을 신문할 수 있다. 다만, 재판장은 필요하다고 인정하는 때에는 증거조사가 완료되기 전이라도 이를 허가할 수 있다.

②재판장은 필요하다고 인정하는 때에는 피고인을 신문할 수 있다.
③제161조의2제1항부터 제3항까지 및 제5항은 제1항의 신문에 관하여 준용한다.
[본조신설 2007.6.1.]

제297조(피고인등의 퇴정) ①재판장은 증인 또는 감정인이 피고인 또는 어떤 재정인의 면전에서 충분한 진술을 할 수 없다고 인정한 때에는 그를 퇴정하게 하고 진술하게 할 수 있다. 피고인이 다른 피고인의 면전에서 충분한 진술을 할 수 없다고 인정한 때에도 같다.
②전항의 규정에 의하여 피고인을 퇴정하게 한 경우에 증인, 감정인 또는 공동피고인의 진술이 종료한 때에는 퇴정한 피고인을 입정하게 한 후 법원사무관등으로 하여금 진술의 요지를 고지하게 하여야 한다. <개정 1961.9.1., 2007.6.1.>

제297조의2(간이공판절차에서의 증거조사)
제286조의2의 결정이 있는 사건에 대하여는 제161조의2, 제290조 내지 제293조, 제297조의 규정을 적용하지 아니하며 법원이 상당하다고 인정하는 방법으로 증거조사를 할 수 있다.
[본조신설 1973.1.25.]

제298조(공소장의 변경) ①검사는 법원의 허가를 얻어 공소장에 기재한 공소사실 또는 적용법조의 추가, 철회 또는 변경을 할 수 있다. 이 경우에 법원은 공소사실의 동일성을 해하지 아니하는 한도에서 허가하여야 한다.
②법원은 심리의 경과에 비추어 상당하다고 인정할 때에는 공소사실 또는 적용법조의 추가 또는 변경을 요구하여야 한다.
③법원은 공소사실 또는 적용법조의 추가, 철회 또는 변경이 있을 때에는 그 사유를 신속히 피고인 또는 변호인에게 고지하여야 한다.
④법원은 전3항의 규정에 의한 공소사실 또는 적용법조의 추가, 철회 또는 변경이 피고인의 불이익을 증가할 염려가 있다고 인정한 때에는 직권 또는 피고인이나 변호인의 청구에 의하여 피고인으로 하여금 필요한 방어의 준비를 하게 하기 위하여 결정으로 필요한 기간 공판절차를 정지할 수 있다.
[전문개정 1973.1.25.]

제299조(불필요한 변론등의 제한)
재판장은 소송관계인의 진술 또는 신문이 중복된 사항이거나 그 소송에 관계없는 사항인 때에는 소송관계인의 본질적 권리를 해하지 아니하는 한도에서 이를 제한할 수 있다.

제300조(변론의 분리와 병합) 법원은 필요하다고 인정한 때에는 직권 또는 검사, 피고인이나 변호인의 신청에 의하여 결정으로 변론을 분리하거나 병합할 수 있다.

제301조(공판절차의 갱신) 공판개정 후 판사의 경질이 있는 때에는 공판절차를 갱신하여야 한다. 단, 판결의 선고만을 하는 경우에는 예외로 한다.

제301조의2(간이공판절차결정의 취소와 공판절차의 갱신) 제286조의2의 결정이 취소된 때에는 공판절차를 갱신하여야 한다. 단, 검사, 피고인 또는 변호인이 이의가 없는 때에는 그러하지 아니하다.
[본조신설 1973.1.25.]

제302조(증거조사 후의 검사의 의견진술)
피고인 신문과 증거조사가 종료한 때에는 검사는 사실과 법률적용에 관하여 의견을 진술하여야 한다. 단, 제278조의 경우에는 공소장의 기재사항에 의하여 검사의 의견진술이 있는 것으로 간주한다.

제303조(피고인의 최후진술) 재판장은 검사의 의견을 들은 후 피고인과 변호인에게 최종의 의견을 진술할 기회를 주어야 한다.

제304조(재판장의 처분에 대한 이의)
①검사, 피고인 또는 변호인은 재판장의 처분에 대하여 이의신청을 할 수 있다.
②전항의 이의신청이 있는 때에는 법원은 결정을 하여야 한다.

제305조(변론의 재개) 법원은 필요하다고 인정한 때에는 직권 또는 검사, 피고인이나 변호인의 신청에 의하여 결정으로 종결한 변론을 재개할 수 있다.

제306조(공판절차의 정지) ①피고인이 사물의 변별 또는 의사의 결정을 할 능력이 없는 상태에 있는 때에는 법원은 검사와 변호인의 의견을 들어서 결정으로 그 상태가 계속하는 기간 공판절차를 정지하여야 한다.
②피고인이 질병으로 인하여 출정할 수 없는 때에는 법원은 검사와 변호인의 의견을 들어서 결정으로 출정할 수 있을 때까지 공판절차를 정지하여야 한다.
③전2항의 규정에 의하여 공판절차를 정지함에는 의사의 의견을 들어야 한다.
④피고사건에 대하여 무죄, 면소, 형의 면제 또는 공소기각의 재판을 할 것으로 명백한 때에는 제1항, 제2항의 사유있는 경우에도 피고인의 출정없이 재판할 수 있다.
⑤제277조의 규정에 의하여 대리인이 출정할 수 있는 경우에는 제1항 또는 제2항의 규정을 적용하지 아니한다.

제2절 증거

제307조(증거재판주의) ①사실의 인정은 증거에 의하여야 한다.
②범죄사실의 인정은 합리적인 의심이 없는 정도의 증명에 이르러야 한다.
[전문개정 2007.6.1.]

판례-자살방조(유서대필 재심 사건)

[대법원 2015.5.14, 선고, 2014도2946, 판결]

【판시사항】
[1] 재심개시결정 확정 사건에 대하여 법원이 심급에 따라 다시 심판하도록 규정한 형사소송법 제438조 제1항에서 '다시' 심판한다는 것의 의미 및 재심대상판결이 상소심을 거쳐 확정된 재심사건에서 공소사실이 인정되는지 판단하는 방법 / 재심사건의 공소사실에 관한 증거취사와 사실인정이 사실심으로서 재심사건을 심리하는 법원의 전권에 속하는지 여부(원칙적 적극)
[2] 피고인이 甲 명의의 유서(遺書)를 대필하여 주는 방법으로 甲의 자살을 방조하였다는 공소사실로 유죄판결을 받아 확정되었는데, 그 후 재심이 개시된 사안에서, 국립과학수사연구소 감정인 乙이 작성한 감정서 중 유서와 피고인의 필적이 동일하다는 부분은 그대로 믿기 어렵고, 나머지 증거만으로는 공소사실이 증명되었다고 볼 수 없다고 한 사례

【판결요지】
[1] 형사소송법 제438조 제1항은 "재심개시의 결정이 확정한 사건에 대하여는 제436조의 경우 외에는 법원은 그 심급에 따라 다시 심판을 하여야 한다."고 규정하고 있다. 여기서 '다시' 심판한다는 것은 재심대상판결의 당부를 심사하는 것이 아니라 피고 사건 자체를 처음부터 새로 심판하는 것을 의미하므로, 재심대상판결이 상소심을 거쳐 확정되었더라도 재심사건에서는 재심대상판결의 기초가 된 증거와 재심사건의 심리과정에서 제출된 증거를 모두 종합하여 공소사실이 인정되는지를 새로이 판단하여야 한다. 그리고 재심사건의 공소사실에 관한 증거취사와 이에 근거한 사실인정도 다른 사건과 마찬가지로 그것이 논리와 경험의 법칙을 위반하거나 자유심증주의의 한계를 벗어나지 아니하는 한 사실심으로서 재심사건을 심리하

는 법원의 전권에 속한다.
[2] 피고인이 甲 명의의 유서(遺書)를 대필하여 주는 방법으로 甲의 자살을 방조하였다는 공소사실로 유죄판결을 받아 확정되었는데, 그 후 재심이 개시된 사안에서, 국립과학수사연구소 감정인 乙이 유서와 피고인의 필적이 동일하다고 판단하는 근거로 내세우는 특징들 중 일부는 항상성 있는 특징으로 볼 수 없는 점 등 제반 사정을 종합하면 乙이 작성한 감정서 중 유서와 피고인의 필적이 동일하다는 부분은 그대로 믿기 어렵고, 나머지 증거만으로는 공소사실이 합리적 의심의 여지가 없을 정도로 충분히 증명되었다고 볼 수 없다는 이유로 무죄를 선고한 원심판단을 정당하다고 한 사례.

제308조(자유심증주의) 증거의 증명력은 법관의 자유판단에 의한다.

제308조의2(위법수집증거의 배제) 적법한 절차에 따르지 아니하고 수집한 증거는 증거로 할 수 없다.
[본조신설 2007.6.1.]

제309조(강제등 자백의 증거능력) 피고인의 자백이 고문, 폭행, 협박, 신체구속의 부당한 장기화 또는 기망 기타의 방법으로 임의로 진술한 것이 아니라고 의심할 만한 이유가 있는 때에는 이를 유죄의 증거로 하지 못한다.
[제목개정 1963.12.13.]

제310조(불이익한 자백의 증거능력)
피고인의 자백이 그 피고인에게 불이익한 유일의 증거인 때에는 이를 유죄의 증거로 하지 못한다.

제310조의2(전문증거와 증거능력의 제한)
제311조 내지 제316조에 규정한 것 이외에는 공판준비 또는 공판기일에서의 진술에 대신하여 진술을 기재한 서류나 공판준비 또는 공판기일 외에서의 타인의 진술을 내용으로 하는 진술은 이를 증거로 할 수 없다.
[본조신설 1961.9.1.]

제311조(법원 또는 법관의 조서) 공판준비 또는 공판기일에 피고인이나 피고인 아닌 자의 진술을 기재한 조서와 법원 또는 법관의 검증의 결과를 기재한 조서는 증거로 할 수 있다. 제184조 및 제221조의2의 규정에 의하여 작성한 조서도 또한 같다. <개정 1973.1.25., 1995.12.29.>
[전문개정 1961.9.1.]

제312조(검사 또는 사법경찰관의 조서 등)
①검사가 피고인이 된 피의자의 진술을 기재한 조서는 적법한 절차와 방식에 따라 작성된 것으로서 피고인이 진술한 내용과 동일하게 기재되어 있음이 공판준비 또는 공판기일에서의 피고인의 진술에 의하여 인정되고, 그 조서에 기재된 진술이 특히 신빙할 수 있는 상태하에서 행하여졌음이 증명된 때에 한하여 증거로 할 수 있다.
②제1항에도 불구하고 피고인이 그 조서의 성립의 진정을 부인하는 경우에는 그 조서에 기재된 진술이 피고인이 진술한 내용과 동일하게 기재되어 있음이 영상녹화물이나 그 밖의 객관적인 방법에 의하여 증명되고, 그 조서에 기재된 진술이 특히 신빙할 수 있는 상태하에서 행하여졌음이 증명된 때에 한하여 증거로 할 수 있다.
③검사 이외의 수사기관이 작성한 피의자신문조서는 적법한 절차와 방식에 따라 작성된 것으로서 공판준비 또는 공판기일에 그 피의자였던 피고인 또는 변호인이 그 내용을 인정할 때에 한하여 증거로 할 수 있다.

④검사 또는 사법경찰관이 피고인이 아닌 자의 진술을 기재한 조서는 적법한 절차와 방식에 따라 작성된 것으로서 그 조서가 검사 또는 사법경찰관 앞에서 진술한 내용과 동일하게 기재되어 있음이 원진술자의 공판준비 또는 공판기일에서의 진술이나 영상녹화물 또는 그 밖의 객관적인 방법에 의하여 증명되고, 피고인 또는 변호인이 공판준비 또는 공판기일에 그 기재 내용에 관하여 원진술자를 신문할 수 있었던 때에는 증거로 할 수 있다. 다만, 그 조서에 기재된 진술이 특히 신빙할 수 있는 상태하에서 행하여졌음이 증명된 때에 한한다.
⑤제1항부터 제4항까지의 규정은 피고인 또는 피고인이 아닌 자가 수사과정에서 작성한 진술서에 관하여 준용한다.
⑥검사 또는 사법경찰관이 검증의 결과를 기재한 조서는 적법한 절차와 방식에 따라 작성된 것으로서 공판준비 또는 공판기일에서의 작성자의 진술에 따라 그 성립의 진정함이 증명된 때에는 증거로 할 수 있다.
[전문개정 2007.6.1.]

제312조(검사 또는 사법경찰관의 조서 등)
①검사가 작성한 피의자신문조서는 적법한 절차와 방식에 따라 작성된 것으로서 공판준비, 공판기일에 그 피의자였던 피고인 또는 변호인이 그 내용을 인정할 때에 한정하여 증거로 할 수 있다. <개정 2020.2.4.>
②삭제 <2020.2.4.>
③검사 이외의 수사기관이 작성한 피의자신문조서는 적법한 절차와 방식에 따라 작성된 것으로서 공판준비 또는 공판기일에 그 피의자였던 피고인 또는 변호인이 그 내용을 인정할 때에 한하여 증거로 할 수 있다.
④검사 또는 사법경찰관이 피고인이 아닌 자의 진술을 기재한 조서는 적법한 절차와 방식에 따라 작성된 것으로서 그 조서가 검사 또는 사법경찰관 앞에서 진술한 내용과 동일하게 기재되어 있음이 원진술자의 공판준비 또는 공판기일에서의 진술이나 영상녹화물 또는 그 밖의 객관적인 방법에 의하여 증명되고, 피고인 또는 변호인이 공판준비 또는 공판기일에 그 기재 내용에 관하여 원진술자를 신문할 수 있었던 때에는 증거로 할 수 있다. 다만, 그 조서에 기재된 진술이 특히 신빙할 수 있는 상태하에서 행하여졌음이 증명된 때에 한한다.
⑤제1항부터 제4항까지의 규정은 피고인 또는 피고인이 아닌 자가 수사과정에서 작성한 진술서에 관하여 준용한다.
⑥검사 또는 사법경찰관이 검증의 결과를 기재한 조서는 적법한 절차와 방식에 따라 작성된 것으로서 공판준비 또는 공판기일에서의 작성자의 진술에 따라 그 성립의 진정함이 증명된 때에는 증거로 할 수 있다.
[전문개정 2007.6.1.]

제313조(진술서등) ①전2조의 규정 이외에 피고인 또는 피고인이 아닌 자가 작성한 진술서나 그 진술을 기재한 서류로서 그 작성자 또는 진술자의 자필이거나 그 서명 또는 날인이 있는 것(피고인 또는 피고인 아닌 자가 작성하였거나 진술한 내용이 포함된 문자·사진·영상 등의 정보로서 컴퓨터용디스크, 그 밖에 이와 비슷한 정보저장매체에 저장된 것을 포함한다. 이하 이 조에서 같다)은 공판준비나 공판기일에서의 그 작성자 또는 진술자의 진술에 의하여 그 성립의 진정함이 증명된 때에는 증거로 할 수 있다. 단, 피고인의 진술을 기재한 서류는 공판준비 또는 공판기일에서의 그 작성자의 진술에 의하여 그 성립의 진정함이 증명되고 그 진술이 특히 신빙할 수 있는 상태하에서 행하여 진 때에 한하여 피고인의 공판준비 또는 공판기일에서의 진술에 불구하고 증거로 할 수 있다. <개정 2016.5.29.>
②제1항 본문에도 불구하고 진술서의 작성자가 공판준비나 공판기일에서 그 성립의 진정을 부인하는 경우에는 과학적 분석결과에 기초한 디지털포렌식 자료, 감정 등 객관적 방법으로 성립의 진정함이 증명되는 때에는 증거로 할 수 있다. 다만, 피고인 아닌 자가 작성한 진술서는 피고인 또는 변호인이 공판준비 또는 공판기일에 그 기재 내용에 관하여 작성자를 신문할 수 있었을 것을 요한다. <개정 2016.5.29.>
③감정의 경과와 결과를 기재한 서류도 제1항 및 제2항과 같다. <신설 2016.5.29.>

[전문개정 1961.9.1.]

제314조(증거능력에 대한 예외) 제312조 또는 제313조의 경우에 공판준비 또는 공판기일에 진술을 요하는 자가 사망·질병·외국거주·소재불명 그 밖에 이에 준하는 사유로 인하여 진술할 수 없는 때에는 그 조서 및 그 밖의 서류(피고인 또는 피고인 아닌 자가 작성하였거나 진술한 내용이 포함된 문자·사진·영상 등의 정보로서 컴퓨터용디스크, 그 밖에 이와 비슷한 정보저장매체에 저장된 것을 포함한다)를 증거로 할 수 있다. 다만, 그 진술 또는 작성이 특히 신빙할 수 있는 상태하에서 행하여졌음이 증명된 때에 한한다. <개정 2016.5.29.>
[전문개정 2007.6.1.]

제315조(당연히 증거능력이 있는 서류)
다음에 게기한 서류는 증거로 할 수 있다. <개정 2007.5.17.>
1. 가족관계기록사항에 관한 증명서, 공정증서등본 기타 공무원 또는 외국공무원의 직무상 증명할 수 있는 사항에 관하여 작성한 문서
2. 상업장부, 항해일지 기타 업무상 필요로 작성한 통상문서
3. 기타 특히 신용할 만한 정황에 의하여 작성된 문서

제316조(전문의 진술) ①피고인이 아닌 자(공소제기 전에 피고인을 피의자로 조사하였거나 그 조사에 참여하였던 자를 포함한다. 이하 이 조에서 같다)의 공판준비 또는 공판기일에서의 진술이 피고인의 진술을 그 내용으로 하는 것인 때에는 그 진술이 특히 신빙할 수 있는 상태하에서 행하여졌음이 증명된 때에 한하여 이를 증거로 할 수 있다. <개정 2007.6.1.>
②피고인 아닌 자의 공판준비 또는 공판기일에서의 진술이 피고인 아닌 타인의 진술을 그 내용으로 하는 것인 때에는 원진술자가 사망, 질병, 외국거주, 소재불명 그 밖에 이에 준하는 사유로 인하여 진술할 수 없고, 그 진술이 특히 신빙할 수 있는 상태하에서 행하여졌음이 증명된 때에 한하여 이를 증거로 할 수 있다. <개정 1995.12.29., 2007.6.1.>
[전문개정 1961.9.1.]

제317조(진술의 임의성) ①피고인 또는 피고인 아닌 자의 진술이 임의로 된 것이 아닌 것은 증거로 할 수 없다.
②전항의 서류는 그 작성 또는 내용인 진술이 임의로 되었다는 것이 증명된 것이 아니면 증거로 할 수 없다.
③검증조서의 일부가 피고인 또는 피고인 아닌 자의 진술을 기재한 것인 때에는 그 부분에 한하여 전2항의 예에 의한다.

제318조(당사자의 동의와 증거능력)
①검사와 피고인이 증거로 할 수 있음을 동의한 서류 또는 물건은 진정한 것으로 인정한 때에는 증거로 할 수 있다.
②피고인의 출정없이 증거조사를 할 수 있는 경우에 피고인이 출정하지 아니한 때에는 전항의 동의가 있는 것으로 간주한다. 단, 대리인 또는 변호인이 출정한 때에는 예외로 한다.

제318조의2(증명력을 다투기 위한 증거)
①제312조부터 제316조까지의 규정에 따라 증거로 할 수 없는 서류나 진술이라도 공판준비 또는 공판기일에서의 피고인 또는 피고인이 아닌 자(공소제기 전에 피고인을 피의자로 조사하였거나 그 조사에 참여하였던 자를 포함한다. 이하 이 조에서 같다)의 진술의 증명력을 다투기 위하여 증거로 할 수 있다.
②제1항에도 불구하고 피고인 또는 피고인이 아닌 자의 진술을 내용으로 하는 영상녹화물은 공판준비 또는 공판기일에 피고인 또는 피고인이 아닌 자가 진술함에 있어서 기억이 명백하지

아니한 사항에 관하여 기억을 환기시켜야 할 필요가 있다고 인정되는 때에 한하여 피고인 또는 피고인이 아닌 자에게 재생하여 시청하게 할 수 있다.
[전문개정 2007.6.1.]

제318조의3(간이공판절차에서의 증거능력에 관한 특례) 제286조의2의 결정이 있는 사건의 증거에 관하여는 제310조의2, 제312조 내지 제314조 및 제316조의 규정에 의한 증거에 대하여 제318조제1항의 동의가 있는 것으로 간주한다. 단, 검사, 피고인 또는 변호인이 증거로 함에 이의가 있는 때에는 그러하지 아니하다.
[본조신설 1973.1.25.]

제3절 공판의 재판

제318조의4(판결선고기일) ①판결의 선고는 변론을 종결한 기일에 하여야 한다. 다만, 특별한 사정이 있는 때에는 따로 선고기일을 지정할 수 있다.
②변론을 종결한 기일에 판결을 선고하는 경우에는 판결의 선고 후에 판결서를 작성할 수 있다.
③제1항 단서의 선고기일은 변론종결 후 14일 이내로 지정되어야 한다.
[본조신설 2007.6.1.]

제319조(관할위반의 판결) 피고사건이 법원의 관할에 속하지 아니한 때에는 판결로써 관할위반의 선고를 하여야 한다. <개정 2007.12.21.>

제320조(토지관할 위반) ①법원은 피고인의 신청이 없으면 토지관할에 관하여 관할 위반의 선고를 하지 못한다.
②관할 위반의 신청은 피고사건에 대한 진술 전에 하여야 한다.

제321조(형선고와 동시에 선고될 사항)
①피고사건에 대하여 범죄의 증명이 있는 때에는 형의 면제 또는 선고유예의 경우 외에는 판결로써 형을 선고하여야 한다.
②형의 집행유예, 판결 전 구금의 산입일수, 노역장의 유치기간은 형의 선고와 동시에 판결로써 선고하여야 한다.

제322조(형면제 또는 형의 선고유예의 판결)
피고사건에 대하여 형의 면제 또는 선고유예를 하는 때에는 판결로써 선고하여야 한다.

제323조(유죄판결에 명시될 이유)
①형의 선고를 하는 때에는 판결이유에 범죄될 사실, 증거의 요지와 법령의 적용을 명시하여야 한다.
②법률상 범죄의 성립을 조각하는 이유 또는 형의 가중, 감면의 이유되는 사실의 진술이 있은 때에는 이에 대한 판단을 명시하여야 한다.

제324조(상소에 대한 고지) 형을 선고하는 경우에는 재판장은 피고인에게 상소할 기간과 상소할 법원을 고지하여야 한다.

제325조(무죄의 판결) 피고사건이 범죄로 되지 아니하거나 범죄사실의 증명이 없는 때에는 판결로써 무죄를 선고하여야 한다.

제326조(면소의 판결) 다음 경우에는 판결로써 면소의 선고를 하여야 한다.
1. 확정판결이 있은 때
2. 사면이 있은 때
3. 공소의 시효가 완성되었을 때
4. 범죄 후의 법령개폐로 형이 폐지되었을 때

제327조(공소기각의 판결) 다음 각 호의 경우에는 판결로써 공소기각의 선고를 하여야 한다.
1. 피고인에 대하여 재판권이 없을 때
2. 공소제기의 절차가 법률의 규정을 위반하여 무효일 때
3. 공소가 제기된 사건에 대하여 다시 공소가 제기되었을 때
4. 제329조를 위반하여 공소가 제기되었을 때
5. 고소가 있어야 공소를 제기할 수 있는 사건에서 고소가 취소되었을 때
6. 피해자의 명시한 의사에 반하여 공소를 제기할 수 없는 사건에서 처벌을 원하지 아니하는 의사표시를 하거나 처벌을 원하는 의사표시를 철회하였을 때

[전문개정 2020.12.8.]
[시행일 : 2021.12.9.] 제327조

제327조(공소기각의 판결) 다음 경우에는 판결로써 공소기각의 선고를 하여야 한다.
1. 피고인에 대하여 재판권이 없는 때
2. 공소제기의 절차가 법률의 규정에 위반하여 무효인 때
3. 공소가 제기된 사건에 대하여 다시 공소가 제기되었을 때
4. 제329조의 규정에 위반하여 공소가 제기되었을 때
5. 고소가 있어야 죄를 논할 사건에 대하여 고소의 취소가 있은 때
6. 피해자의 명시한 의사에 반하여 죄를 논할 수 없는 사건에 대하여 처벌을 희망하지 아니하는 의사표시가 있거나 처벌을 희망하는 의사표시가 철회되었을 때

제328조(공소기각의 결정) ①다음 경우에는 결정으로 공소를 기각하여야 한다.
1. 공소가 취소 되었을 때
2. 피고인이 사망하거나 피고인인 법인이 존속하지 아니하게 되었을 때
3. 제12조 또는 제13조의 규정에 의하여 재판할 수 없는 때
4. 공소장에 기재된 사실이 진실하다 하더라도 범죄가 될 만한 사실이 포함되지 아니하는 때

②전항의 결정에 대하여는 즉시항고를 할 수 있다.

제329조(공소취소와 재기소) 공소취소에 의한 공소기각의 결정이 확정된 때에는 공소취소 후 그 범죄사실에 대한 다른 중요한 증거를 발견한 경우에 한하여 다시 공소를 제기할 수 있다.

판례-특정범죄가중처벌등에관한법률위반(허위세금계산서교부등)

[대법원 2009.8.20, 선고, 2008도9634, 판결]

【판시사항】
[1] 공소취소 후 재기소에 관한 규정인
형사소송법 제329조가 종전의 범죄사실을 변경하여 재기소하는 경우에도 적용되는지 여부(적극)
[2] 하나의 매출·매입처별세금계산서합계표에 여러 가지 사항에 관하여 허위의 사실을 기재하여 제출한 경우,
조세범처벌법 제11조의2 제4항 제3호 위반죄의 죄수(=일죄)

【판결요지】
[1] 형사소송법 제329조는 공소취소에 의한 공소기각의 결정이 확정된 때에는 공소취소 후 그 범죄사실에 대한 다른 중요한 증거를 발견한 경우에 한하여 다시 공소를 제기할 수 있다고 규정하고 있는바, 이는 단순일죄인 범죄사실에 대하여 공소가 제기되었다가 공소취소에 의한 공소기각결정이 확정된 후 다시 종전 범죄사실 그대로 재기소하는 경우뿐만 아니라 범죄의 태양, 수단, 피해의 정도, 범죄로 얻은 이익 등 범죄사실의 내용을 추가 변경하여 재기소하는 경우에도 마찬가지로 적용된다. 따라서 단순일죄인 범죄사실에 대하여 공소취소로 인한 공소기각결정이 확정된 후에 종전의 범죄사실을 변경하여 재기소하기 위하여는 변경된 범죄사실에 대한 다른 중요한 증거가 발견되어야 한다.
[2] 조세범처벌법 제11조의2 제4항 제3호는 부가가치세법의 규정에 의한 재화 또는 용역을 공급하지 아니하고 매출·매입처별세금계산서합계표를 허위기재하여 정부에 제출한 행위를 처벌하도록 규정하고 있는바, 하나의 매출·매입처별세금계산서합계표에 여러 가지 사항에 관하여 허위의 사실을 기재하였더라도 전체로서 하나의 매출·매입처별세금계산서합계표를 허위로 작성하여 정부에 제출하는 것이므로 하나의 조세범처벌법 위반죄가 성립한다.

제330조(피고인의 진술없이 하는 판결)
피고인이 진술하지 아니하거나 재판장의 허가없이 퇴정하거나 재판장의 질서유지를 위한 퇴정명령을 받은 때에는 피고인의 진술없이 판결할 수 있다.

제331조(무죄등 선고와 구속영장의 효력)
무죄, 면소, 형의 면제, 형의 선고유예, 형의 집행유예, 공소기각 또는 벌금이나 과료를 과하는 판결이 선고된 때에는 구속영장은 효력을 잃는다. <개정 1995.12.29.>
[92헌가8 1992.12.24.(1995.12.29. 法5054)]

제332조(몰수의 선고와 압수물) 압수한 서류 또는 물품에 대하여 몰수의 선고가 없는 때에는 압수를 해제한 것으로 간주한다.

제333조(압수장물의 환부) ①압수한 장물로서 피해자에게 환부할 이유가 명백한 것은 판결로써 피해자에게 환부하는 선고를 하여야 한다.
②전항의 경우에 장물을 처분하였을 때에는 판결로써 그 대가로 취득한 것을 피해자에게 교부하는 선고를 하여야 한다.
③가환부한 장물에 대하여 별단의 선고가 없는 때에는 환부의 선고가 있는 것으로 간주한다.
④전3항의 규정은 이해관계인이 민사소송절차에 의하여 그 권리를 주장함에 영향을 미치지 아니한다.

제334조(재산형의 가납판결) ①법원은 벌금, 과료 또는 추징의 선고를 하는 경우에 판결의 확정 후에는 집행할 수 없거나 집행하기 곤란할 염려가 있다고 인정한 때에는 직권 또는 검사의 청구에 의하여 피고인에게 벌금, 과료 또는 추징에 상당한 금액의 가납을 명할 수 있다.
②전항의 재판은 형의 선고와 동시에 판결로써 선고하여야 한다.
③전항의 판결은 즉시로 집행할 수 있다.

제335조(형의 집행유예 취소의 절차)
①형의 집행유예를 취소할 경우에는 검사는 피고인의 현재지 또는 최후의 거주지를 관할하는 법원에 청구하여야 한다.
②전항의 청구를 받은 법원은 피고인 또는 그 대리인의 의견을 물은 후에 결정을 하여야 한다.
③전항의 결정에 대하여는 즉시항고를 할 수 있다.

④전2항의 규정은 유예한 형을 선고할 경우에 준용한다.

제336조(경합범 중 다시 형을 정하는 절차)
①「형법」 제36조, 동 제39조제4항 또는 동 제61조의규정에 의하여 형을 정할 경우에는 검사는 그 범죄사실에 대한 최종판결을 한 법원에 청구하여야 한다. 단, 「형법」 제61조의 규정에 의하여 유예한 형을 선고할 때에는 제323조에 의하여야 하고 선고유예를 해제하는 이유를 명시하여야 한다. <개정 2007.6.1.>
②전조 제2항의 규정은 전항의 경우에 준용한다.

제337조(형의 소멸의 재판) ①「형법」 제81조 또는 동 제82조의 규정에 의한 선고는 그 사건에 관한 기록이 보관되어 있는 검찰청에 대응하는 법원에 대하여 신청하여야 한다. <개정 2007.6.1.>
②전항의 신청에 의한 선고는 결정으로 한다.
③제1항의 신청을 각하하는 결정에 대하여는 즉시항고를 할 수 있다.

제3편 상소
제1장 통칙

제338조(상소권자)
①검사 또는 피고인은 상소를 할 수 있다.
②삭제 <2007.12.21.>

제339조(항고권자) 검사 또는 피고인 아닌 자가 결정을 받은 때에는 항고할 수 있다.

제340조(당사자 이외의 상소권자)
피고인의 법정대리인은 피고인을 위하여 상소할 수 있다.

제341조(동전) ①피고인의 배우자, 직계친족, 형제자매 또는 원심의 대리인이나 변호인은 피고인을 위하여 상소할 수 있다. <개정 2005.3.31.>
②전항의 상소는 피고인의 명시한 의사에 반하여 하지 못한다.

판례-항소기각결정에대한재항고

[대법원 2018.3.29., 자, 2018모642, 결정]

【판시사항】
항소이유서 부제출을 이유로 항소기각의 결정을 하기 위한 요건 / 피고인의 항소대리권자인 배우자가 피고인을 위하여 항소한 경우, 소송기록접수통지를 항소인인 피고인에게 하여야 하는지 여부(적극)

【판결요지】
형사소송법 제361조의4, 제361조의3, 제361조의2에 따르면, 항소인이나 변호인이 항소법원으로부터 소송기록접수통지를 받은 날로부터 20일 이내에 항소이유서를 제출하지 않고 항소장에도 항소이유의 기재가 없는 경우에는 결정으로 항소를 기각할 수 있도록 정하고 있다. 그러나 항소이유서 부제출을 이유로 항소기각의 결정을 하기 위해서는 항소인이 적법한 소송기록접수통지서를 받고서도 정당한 이유 없이 20일 이내에 항소이유서를 제출하지 않았어야 한다. 피고인의 항소대리권자인 배우자가 피고인을 위하여 항소한 경우(형사소송법 제341조)에도 소송기록접수통지는 항소인인 피고인에게 하여야 하는데(형사소송법 제361조의2), 피고인이 적법하게 소송기록접수통지서를 받지 못하였다면 항소이유서 제출기간이 지났다는 이유로 항소기각결정을 하는 것은 위법하다.

제342조(일부상소) ①상소는 재판의 일부에 대하여 할 수 있다.
②일부에 대한 상소는 그 일부와 불가분의 관계에 있는 부분에 대하여도 효력이 미친다.

제343조(상소 제기기간) ①상소의 제기는 그 기간 내에 서면으로 한다.
②상소의 제기기간은 재판을 선고 또는 고지한 날로부터 진행된다.

제344조(재소자에 대한 특칙) ①교도소 또는 구치소에 있는 피고인이 상소의 제기기간 내에 상소장을 교도소장 또는 구치소장 또는 그 직무를 대리하는 자에게 제출한 때에는 상소의 제기기간 내에 상소한 것으로 간주한다. <개정 1963.12.13.>
②전항의 경우에 피고인이 상소장을 작성할 수 없는 때에는 교도소장 또는 구치소장은 소속공무원으로 하여금 대서하게 하여야 한다. <개정 1963.12.13.>

제345조(상소권회복청구권자)
제338조 내지 제341조의 규정에 의하여 상소할 수 있는 자는 자기 또는 대리인이 책임질 수 없는 사유로 인하여 상소의 제기기간 내에 상소를 하지 못한 때에는 상소권회복의 청구를 할 수 있다.

제345조(상소권회복 청구권자) 제338조부터 제341조까지의 규정에 따라 상소할 수 있는 자는 자기 또는 대리인이 책임질 수 없는 사유로 상소 제기기간 내에 상소를 하지 못한 경우에는 상소권회복의 청구를 할 수 있다.
[전문개정 2020.12.8.]
[시행일 : 2021.12.9.] 제345조

제346조(상소권회복청구의 방식) ①상소권회복의 청구는 사유가 종지한 날로부터 상소의 제기기간에 상당한 기간 내에 서면으로 원심법원에 제출하여야 한다.
②상소권회복의 청구를 할 때에는 원인된 사유를 소명하여야 한다.
③상소권의 회복을 청구한 자는 그 청구와 동시에 상소를 제기하여야 한다.

제346조(상소권회복 청구의 방식) ①상소권회복을 청구할 때에는 제345조의 사유가 해소된 날부터 상소 제기기간에 해당하는 기간 내에 서면으로 원심법원에 제출하여야 한다.
②상소권회복을 청구할 때에는 제345조의 책임질 수 없는 사유를 소명하여야 한다.
③상소권회복을 청구한 자는 그 청구와 동시에 상소를 제기하여야 한다.
[전문개정 2020.12.8.]
[시행일 : 2021.12.9.] 제346조

제347조(상소권회복에 대한 결정과 즉시항고) ①상소권회복의 청구를 받은 법원은 청구의 허부에 관한 결정을 하여야 한다.
②전항의 결정에 대하여는 즉시항고를 할 수 있다.

제348조(상소권회복청구와 집행정지)
①상소권회복의 청구가 있는 때에는 법원은 전조의 결정을 할 때까지 재판의 집행을 정지하는 결정을 할 수 있다. <개정 2007.6.1.>
②전항의 집행정지의 결정을 한 경우에 피고인의 구금을 요하는 때에는 구속영장을 발부하여야 한다. 단, 제70조의 요건이 구비된 때에 한한다.

제349조(상소의 포기, 취하) 검사나 피고인 또는 제339조에 규정한 자는 상소의 포기 또

는 취하를 할 수 있다. 단, 피고인 또는 제341조에 규정한 자는 사형 또는 무기징역이나 무기금고가 선고된 판결에 대하여는 상소의 포기를 할 수 없다.

제350조(상소의 포기등과 법정대리인의 동의) 법정대리인이 있는 피고인이 상소의 포기 또는 취하를 함에는 법정대리인의 동의를 얻어야 한다. 단, 법정대리인의 사망 기타 사유로 인하여 그 동의를 얻을 수 없는 때에는 예외로 한다.

제351조(상소의 취하와 피고인의 동의)
피고인의 법정대리인 또는 제341조에 규정한 자는 피고인의 동의를 얻어 상소를 취하할 수 있다.

제352조(상소포기 등의 방식) ①상소의 포기 또는 취하는 서면으로 하여야 한다. 단, 공판정에서는 구술로써 할 수 있다.
②구술로써 상소의 포기 또는 취하를 한 경우에는 그 사유를 조서에 기재하여야 한다.

제353조(상소포기 등의 관할) 상소의 포기는 원심법원에, 상소의 취하는 상소법원에 하여야 한다. 단, 소송기록이 상소법원에 송부되지 아니한 때에는 상소의 취하를 원심법원에 제출할 수 있다.

제354조(상소포기 후의 재상소의 금지)
상소를 취하한 자 또는 상소의 포기나 취하에 동의한 자는 그 사건에 대하여 다시 상소를 하지 못한다.

제355조(재소자에 대한 특칙) 제344조의 규정은 교도소 또는 구치소에 있는 피고인이 상소권회복의 청구 또는 상소의 포기나 취하를 하는 경우에 준용한다.
<개정 1963.12.13.>

제356조(상소포기등과 상대방의 통지)
상소, 상소의 포기나 취하 또는 상소권회복의 청구가 있는 때에는 법원은 지체없이 상대방에게 그 사유를 통지하여야 한다.

제2장 항소

제357조(항소할 수 있는 판결) 제1심법원의 판결에 대하여 불복이 있으면 지방법원 단독판사가 선고한 것은 지방법원 본원합의부에 항소할 수 있으며 지방법원 합의부가 선고한 것은 고등법원에 항소할 수 있다.
[전문개정 1961.9.1.]
[제목개정 1963.12.13.]

제358조(항소제기기간) 항소의 제기기간은 7일로 한다. <개정 1963.12.13.>

제359조(항소제기의 방식) 항소를 함에는 항소장을 원심법원에 제출하여야 한다. <개정 1963.12.13.>

제360조(원심법원의 항소기각 결정)
①항소의 제기가 법률상의 방식에 위반하거나 항소권소멸 후인 것이 명백한 때에는 원심법원은 결정으로 항소를 기각하여야 한다. <개정 1963.12.13.>
②전항의 결정에 대하여는 즉시항고를 할 수 있다.

제361조(소송기록과 증거물의 송부)
제360조의 경우를 제외하고는 원심법원은 항소장을 받은 날부터 14일이내에 소송기록과 증거물을 항소법원에 송부하여야 한다.
[전문개정 1995.12.29.]
[92헌마44 1995.11.30.(1995.12.29. 法5054)]

제361조의2(소송기록접수와 통지)
①항소법원이 기록의 송부를 받은 때에는 즉시 항소인과 상대방에게 그 사유를 통지하여야 한다. <개정 1963.12.13.>
②전항의 통지 전에 변호인의 선임이 있는 때에는 변호인에게도 전항의 통지를 하여야 한다.
③피고인이 교도소 또는 구치소에 있는 경우에는 원심법원에 대응한 검찰청검사는 제1항의 통지를 받은 날부터 14일이내에 피고인을 항소법원소재지의 교도소 또는 구치소에 이송하여야 한다. <신설 1995.12.29.>
[본조신설 1961.9.1.]

제361조의3(항소이유서와 답변서)
①항소인 또는 변호인은 전조의 통지를 받은 날로부터 20일 이내에 항소이유서를 항소법원에 제출하여야 한다. 이 경우 제344조를 준용한다. <개정 1963.12.13., 2007.12.21.>
②항소이유서의 제출을 받은 항소법원은 지체없이 부본 또는 등본을 상대방에게 송달하여야 한다. <개정 1963.12.13.>
③상대방은 전항의 송달을 받은 날로부터 10일 이내에 답변서를 항소법원에 제출하여야 한다. <개정 1963.12.13.>
④답변서의 제출을 받은 항소법원은 지체없이 그 부본 또는 등본을 항소인 또는 변호인에게 송달하여야 한다. <개정 1963.12.13.>
[본조신설 1961.9.1.]

제361조의4(항소기각의 결정)
①항소인이나 변호인이 전조제1항의 기간 내에 항소이유서를 제출하지 아니한 때에는 결정으로 항소를 기각하여야 한다. 단, 직권조사사유가 있거나 항소장에 항소이유의 기재가 있는 때에는 예외로 한다.
②전항의 결정에 대하여는 즉시항고를 할 수 있다. <신설 1963.12.13.>
[본조신설 1961.9.1.]

제361조의5(항소이유) 다음 사유가 있을 경우에는 원심판결에 대한 항소이유로 할 수 있다. <개정 1963.12.13.>
1. 판결에 영향을 미친 헌법·법률·명령 또는 규칙의 위반이 있는 때
2. 판결 후 형의 폐지나 변경 또는 사면이 있는 때
3. 관할 또는 관할위반의 인정이 법률에 위반한 때
4. 판결법원의 구성이 법률에 위반한 때
5. 삭제 <1963.12.13.>
6. 삭제 <1963.12.13.>
7. 법률상 그 재판에 관여하지 못할 판사가 그 사건의 심판에 관여한 때
8. 사건의 심리에 관여하지 아니한 판사가 그 사건의 판결에 관여한 때
9. 공판의 공개에 관한 규정에 위반한 때
10. 삭제 <1963.12.13.>
11. 판결에 이유를 붙이지 아니하거나 이유에 모순이 있는 때
12. 삭제 <1963.12.13.>
13. 재심청구의 사유가 있는 때

14. 사실의 오인이 있어 판결에 영향을 미칠 때
15. 형의 양정이 부당하다고 인정할 사유가 있는 때
[본조신설 1961.9.1.]

제362조(항소기각의 결정) ①제360조의 규정에 해당한 경우에 원심법원이 항소기각의 결정을 하지 아니한 때에는 항소법원은 결정으로 항소를 기각하여야 한다. <개정 1963.12.13.>
②전항의 결정에 대하여는 즉시 항고를 할 수 있다.

제363조(공소기각의 결정) ①제328조제1항 각 호의 규정에 해당한 사유가 있는 때에는 항소법원은 결정으로 공소를 기각하여야 한다. <개정 1963.12.13., 1995.12.29.>
②전항의 결정에 대하여는 즉시 항고를 할 수 있다.

제364조(항소법원의 심판) ①항소법원은 항소이유에 포함된 사유에 관하여 심판하여야 한다. <개정 1963.12.13.>
②항소법원은 판결에 영향을 미친 사유에 관하여는 항소이유서에 포함되지 아니한 경우에도 직권으로 심판할 수 있다.
<개정 1963.12.13.>
③제1심법원에서 증거로 할 수 있었던 증거는 항소법원에서도 증거로 할 수 있다. <신설 1963.12.13.>
④항소이유 없다고 인정한 때에는 판결로써 항소를 기각하여야 한다.
<개정 1963.12.13.>
⑤항소이유 없음이 명백한 때에는 항소장, 항소이유서 기타의 소송기록에 의하여 변론없이 판결로써 항소를 기각할 수 있다. <개정 1963.12.13.>
⑥항소이유가 있다고 인정한 때에는 원심판결을 파기하고 다시 판결을 하여야 한다. <개정 1963.12.13.>
[전문개정 1961.9.1.]

제364조의2(공동피고인을 위한 파기)
피고인을 위하여 원심판결을 파기하는 경우에 파기의 이유가 항소한 공동피고인에게 공통되는 때에는 그 공동피고인에게 대하여도 원심판결을 파기하여야 한다. <개정 1963.12.13.>
[본조신설 1961.9.1.]

제365조(피고인의 출정) ①피고인이 공판기일에 출정하지 아니한 때에는 다시 기일을 정하여야 한다. <개정 1961.9.1.>
②피고인이 정당한 사유없이 다시 정한 기일에 출정하지 아니한 때에는 피고인의 진술없이 판결을 할 수 있다.

제366조(원심법원에의 환송) 공소기각 또는 관할위반의 재판이 법률에 위반됨을 이유로 원심판결을 파기하는 때에는 판결로써 사건을 원심법원에 환송하여야 한다.

제367조(관할법원에의 이송) 관할인정이 법률에 위반됨을 이유로 원심판결을 파기하는 때에는 판결로써 사건을 관할법원에 이송하여야 한다. 단, 항소법원이 그 사건의 제1심관할권이 있는 때에는 제1심으로 심판하여야 한다. <개정 1963.12.13.>

제368조(불이익변경의 금지) 피고인이 항소한 사건과 피고인을 위하여 항소한 사건에 대하여는 원심판결의 형보다 중한 형을 선고하지 못한다. <개정 1963.12.13.>

제368조(불이익변경의 금지) 피고인이 항소한 사건과 피고인을 위하여 항소한 사건에 대해서는

원심판결의 형보다 무거운 형을 선고할 수 없다.
[전문개정 2020.12.8.]
[시행일 : 2021.12.9.] 제368조

제369조(재판서의 기재방식) 항소법원의 재판서에는 항소이유에 대한 판단을 기재하여야 하며 원심판결에 기재한 사실과 증거를 인용할 수 있다. <개정 1963.12.13.>
[전문개정 1961.9.1.]

제370조(준용규정) 제2편 중 공판에 관한 규정은 본장에 특별한 규정이 없으면 항소의 심판에 준용한다. <개정 1963.12.13.>

제3장 상고

제371조(상고할 수 있는 판결) 제2심판결에 대하여 불복이 있으면 대법원에 상고할 수 있다. <개정 1963.12.13.>
[전문개정 1961.9.1.]

제372조(비약적 상고) 다음 경우에는 제1심판결에 대하여 항소를 제기하지 아니하고 상고를 할 수 있다. <개정 1961.9.1.>
1. 원심판결이 인정한 사실에 대하여 법령을 적용하지 아니하였거나 법령의 적용에 착오가 있는 때
2. 원심판결이 있은 후 형의 폐지나 변경 또는 사면이 있는 때

제373조(항소와 비약적 상고) 제1심판결에 대한 상고는 그 사건에 대한 항소가 제기된 때에는 그 효력을 잃는다. 단, 항소의 취하 또는 항소기각의 결정이 있는 때에는 예외로 한다.

제374조(상고기간) 상고의 제기기간은 7일로 한다.

제375조(상고제기의 방식) 상고를 함에는 상고장을 원심법원에 제출하여야 한다.

제376조(원심법원에서의 상고기각 결정)
①상고의 제기가 법률상의 방식에 위반하거나 상고권소멸 후인 것이 명백한 때에는 원심법원은 결정으로 상고를 기각하여야 한다.
②전항의 결정에 대하여는 즉시항고를 할 수 있다.

제377조(소송기록과 증거물의 송부)
제376조의 경우를 제외하고는 원심법원은 상고장을 받은 날부터 14일이내에 소송기록과 증거물을 상고법원에 송부하여야 한다.
[전문개정 1995.12.29.]

제378조(소송기록접수와 통지) ①상고법원이 소송기록의 송부를 받은 때에는 즉시 상고인과 상대방에 대하여 그 사유를 통지하여야 한다. <개정 1961.9.1.>
②전항의 통지 전에 변호인의 선임이 있는 때에는 변호인에 대하여도 전항의 통지를 하여야 한다.

제379조(상고이유서와 답변서) ①상고인 또는 변호인이 전조의 통지를 받은 날로부터

20일 이내에 상고이유서를 상고법원에 제출하여야 한다. 이 경우 제344조를 준용한다. <개정 1961.9.1., 2007.12.21.>
②상고이유서에는 소송기록과 원심법원의 증거조사에 표현된 사실을 인용하여 그 이유를 명시하여야 한다.
③상고이유서의 제출을 받은 상고법원은 지체없이 그 부본 또는 등본을 상대방에 송달하여야 한다. <개정 1961.9.1.>
④상대방은 전항의 송달을 받은 날로부터 10일 이내에 답변서를 상고법원에 제출할 수 있다. <개정 1961.9.1.>
⑤답변서의 제출을 받은 상고법원은 지체없이 그 부본 또는 등본을 상고인 또는 변호인에게 송달하여야 한다. <개정 1961.9.1.>

제380조(상고기각 결정) ①상고인이나 변호인이 전조제1항의 기간 내에 상고이유서를 제출하지 아니한 때에는 결정으로 상고를 기각하여야 한다. 단, 상고장에 이유의 기재가 있는 때에는 예외로 한다. <개정 1961.9.1., 2014.5.14.>
②상고장 및 상고이유서에 기재된 상고이유의 주장이 제383조 각 호의 어느 하나의 사유에 해당하지 아니함이 명백한 때에는 결정으로 상고를 기각하여야 한다. <신설 2014.5.14.>

제381조(동전) 제376조의 규정에 해당한 경우에 원심법원이 상고기각의 결정을 하지 아니한 때에는 상고법원은 결정으로 상고를 기각하여야 한다. <개정 1961.9.1.>

제382조(공소기각의 결정) 제328조제1항 각 호의 규정에 해당하는 사유가 있는 때에는 상고법원은 결정으로 공소를 기각하여야 한다. [전문개정 1995.12.29.]

제383조(상고이유) 다음 사유가 있을 경우에는 원심판결에 대한 상고이유로 할 수 있다. <개정 1961.9.1., 1963.12.13.>
1. 판결에 영향을 미친 헌법·법률·명령 또는 규칙의 위반이 있을 때
2. 판결후 형의 폐지나 변경 또는 사면이 있는 때
3. 재심청구의 사유가 있는 때
4. 사형, 무기 또는 10년 이상의 징역이나 금고가 선고된 사건에 있어서 중대한 사실의 오인이 있어 판결에 영향을 미친 때 또는 형의 양정이 심히 부당하다고 인정할 현저한 사유가 있는 때

제384조(심판범위) 상고법원은 상고이유서에 포함된 사유에 관하여 심판하여야 한다. 그러나, 전조 제1호 내지 제3호의 경우에는 상고이유서에 포함되지 아니한 때에도 직권으로 심판할 수 있다.
<개정 1961.9.1., 1963.12.13.>

제385조 삭제 <1961.9.1.>

제386조(변호인의 자격) 상고심에는 변호사 아닌 자를 변호인으로 선임하지 못한다.

제387조(변론능력) 상고심에는 변호인 아니면 피고인을 위하여 변론하지 못한다.

제388조(변론방식) 검사와 변호인은 상고이유서에 의하여 변론하여야 한다.

제389조(변호인의 불출석등) ①변호인의 선임이 없거나 변호인이 공판기일에 출정하지 아니한 때에는 검사의 진술을 듣고 판결을 할 수 있다. 단, 제283조의 규정에 해당한 경우에는 예외로 한다.
②전항의 경우에 적법한 이유서의 제출이 있는 때에는 그 진술이 있는 것으로 간주한다.

제389조의2(피고인의 소환 여부) 상고심의 공판기일에는 피고인의 소환을 요하지 아니한다.
[본조신설 1995.12.29.]

제390조(서면심리에 의한 판결)
①상고법원은 상고장, 상고이유서 기타의 소송기록에 의하여 변론 없이 판결할 수 있다. <개정 2007.6.1.>
②상고법원은 필요한 경우에는 특정한 사항에 관하여 변론을 열어 참고인의 진술을 들을 수 있다. <신설 2007.6.1.>
[전문개정 1961.9.1.]

제391조(원심판결의 파기) 상고이유가 있는 때에는 판결로써 원심판결을 파기하여야 한다.

제392조(공동피고인을 위한 파기) 피고인의 이익을 위하여 원심판결을 파기하는 경우에 파기의 이유가 상고한 공동피고인에 공통되는 때에는 그 공동피고인에 대하여도 원심판결을 파기하여야 한다.

제393조(공소기각과 환송의 판결)
적법한 공소를 기각하였다는 이유로 원심판결 또는 제1심판결을 파기하는 경우에는 판결로써 사건을 원심법원 또는 제1심법원에 환송하여야 한다.

제394조(관할인정과 이송의 판결)
관할의 인정이 법률에 위반됨을 이유로 원심판결 또는 제1심판결을 파기하는 경우에는 판결로써 사건을 관할있는 법원에 이송하여야 한다.

제395조(관할위반과 환송의 판결)
관할위반의 인정이 법률에 위반됨을 이유로 원심판결 또는 제1심판결을 파기하는 경우에는 판결로써 사건을 원심법원 또는 제1심법원에 환송하여야 한다.

제396조(파기자판) ①상고법원은 원심판결을 파기한 경우에 그 소송기록과 원심법원과 제1심법원이 조사한 증거에 의하여 판결하기 충분하다고 인정한 때에는 피고사건에 대하여 직접판결을 할 수 있다. <개정 1961.9.1.>
②제368조의 규정은 전항의 판결에 준용한다.

제397조(환송 또는 이송) 전4조의 경우 외에 원심판결을 파기한 때에는 판결로써 사건을 원심법원에 환송하거나 그와 동등한 다른 법원에 이송하여야 한다.

제398조(재판서의 기재방식) 재판서에는 상고의 이유에 관한 판단을 기재하여야 한다. <개정 1961.9.1.>

제399조(준용규정) 전장의 규정은 본장에 특별한 규정이 없으면 상고의 심판에 준용한다.

제400조(판결정정의 신청) ①상고법원은 그 판결의 내용에 오류가 있음을 발견한 때에는 직권 또는 검사, 상고인이나 변호인의 신청에 의하여 판결로써 정정할 수 있다. <개정 1961.9.1.>
②전항의 신청은 판결의 선고가 있은 날로부터 10일 이내에 하여야 한다.

③제1항의 신청은 신청의 이유를 기재한 서면으로 하여야 한다.

제401조(정정의 판결) ①정정의 판결은 변론없이 할 수 있다
②정정할 필요가 없다고 인정한 때에는 지체없이 결정으로 신청을 기각하여야 한다.

제4장 항 고

제402조(항고할 수 있는 재판) 법원의 결정에 대하여 불복이 있으면 항고를 할 수 있다. 단, 이 법률에 특별한 규정이 있는 경우에는 예외로 한다.

제403조(판결 전의 결정에 대한 항고)
①법원의 관할 또는 판결 전의 소송절차에 관한 결정에 대하여는 특히 즉시항고를 할 수 있는 경우 외에는 항고하지 못한다.
②전항의 규정은 구금, 보석, 압수나 압수물의 환부에 관한 결정 또는 감정하기 위한 피고인의 유치에 관한 결정에 적용하지 아니한다.

제404조(보통항고의 시기) 항고는 즉시항고 외에는 언제든지 할 수 있다. 단, 원심결정을 취소하여도 실익이 없게 된 때에는 예외로 한다.
[제목개정 1963.12.13.]

제405조(즉시항고의 제기기간) 즉시항고의 제기기간은 7일로 한다. <개정 2019.12.31.>
[헌법불합치, 2015헌바77, 2018.12.27. 형사소송법(1954.9.23. 법률 제341호로 제정된 것) 제405조는 헌법에 합치되지 아니한다. 위 법률조항은 2019.12.31.을 시한으로 입법자가 개정할 때까지 계속 적용된다.]

제406조(항고의 절차) 항고를 함에는 항고장을 원심법원에 제출하여야 한다.

제407조(원심법원의 항고기각 결정)
①항고의 제기가 법률상의 방식에 위반하거나 항고권소멸 후인 것이 명백한 때에는 원심법원은 결정으로 항고를 기각하여야 한다.
②전항의 결정에 대하여는 즉시항고를 할 수 있다.

제408조(원심법원의 갱신결정) ①원심법원은 항고가 이유있다고 인정한 때에는 결정을 경정하여야 한다.
②항고의 전부 또는 일부가 이유없다고 인정한 때에는 항고장을 받은 날로부터 3일 이내에 의견서를 첨부하여 항고법원에 송부하여야 한다.

제409조(보통항고와 집행정지) 항고는 즉시항고 외에는 재판의 집행을 정지하는 효력이 없다. 단, 원심법원 또는 항고법원은 결정으로 항고에 대한 결정이 있을 때까지 집행을 정지할 수 있다.

제410조(즉시항고와 집행정지의 효력)
즉시항고의 제기기간 내와 그 제기가 있는 때에는 재판의 집행은 정지된다.

제411조(소송기록등의 송부) ①원심법원이 필요하다고 인정한 때에는 소송기록과 증거물을 항고법원에 송부하여야 한다.
②항고법원은 소송기록과 증거물의 송부를 요구할 수 있다.

③전2항의 경우에 항고법원이 소송기록과 증거물의 송부를 받은 날로부터 5일 이내에 당사자에게 그 사유를 통지하여야 한다.

제412조(검사의 의견진술) 검사는 항고사건에 대하여 의견을 진술할 수 있다.

제413조(항고기각의 결정) 제407조의 규정에 해당한 경우에 원심법원이 항고기각의 결정을 하지 아니한 때에는 항고법원은 결정으로 항고를 기각하여야 한다.

제414조(항고기각과 항고이유 인정)
①항고를 이유없다고 인정한 때에는 결정으로 항고를 기각하여야 한다.
②항고를 이유있다고 인정한 때에는 결정으로 원심결정을 취소하고 필요한 경우에는 항고사건에 대하여 직접 재판을 하여야 한다.

제415조(재항고) 항고법원 또는 고등법원의 결정에 대하여는 재판에 영향을 미친 헌법·법률·명령 또는 규칙의 위반이 있음을 이유로 하는 때에 한하여 대법원에 즉시항고를 할 수 있다.
[전문개정 1963.12.13.]

제416조(준항고) ①재판장 또는 수명법관이 다음 각 호의 1에 해당한 재판을 고지한 경우에 불복이 있으면 그 법관소속의 법원에 재판의 취소 또는 변경을 청구할 수 있다.
1. 기피신청을 기각한 재판
2. 구금, 보석, 압수 또는 압수물환부에 관한 재판
3. 감정하기 위하여 피고인의 유치를 명한 재판
4. 증인, 감정인, 통역인 또는 번역인에 대하여 과태료 또는 비용의 배상을 명한 재판
②지방법원이 전항의 청구를 받은 때에는 합의부에서 결정을 하여야 한다.
③제1항의 청구는 재판의 고지있는 날로부터 7일 이내에 하여야 한다. <개정 2019.12.31.>
④제1항제4호의 재판은 전항의 청구기간 내와 청구가 있는 때에는 그 재판의 집행은 정지된다.

제417조(동전) 검사 또는 사법경찰관의 구금, 압수 또는 압수물의 환부에 관한 처분과 제243조의2에 따른 변호인의 참여 등에 관한 처분에 대하여 불복이 있으면 그 직무집행지의 관할법원 또는 검사의 소속검찰청에 대응한 법원에 그 처분의 취소 또는 변경을 청구할 수 있다. <개정 2007.6.1., 2007.12.21.>

제418조(준항고의 방식) 전2조의청구는 서면으로 관할법원에 제출하여야 한다.

제419조(준용규정) 제409조, 제413조, 제414조, 제415조의 규정은 제416조, 제417조의 청구있는 경우에 준용한다. <개정 1995.12.29.>

제4편 특별소송절차

제1장 재심

제420조(재심이유) 재심은 다음 각 호의 1에 해당하는 이유가 있는 경우에 유죄의 확정판결에 대하여 그 선고를 받은 자의 이익을 위하여 청구할 수 있다.
1. 원판결의 증거된 서류 또는 증거물이 확정판결에 의하여 위조 또는 변조인 것이 증명된 때
2. 원판결의 증거된 증언, 감정, 통역 또는 번역이 확정판결에 의하여 허위인 것이 증명

된 때
3. 무고로 인하여 유죄의 선고를 받은 경우에 그 무고의 죄가 확정판결에 의하여 증명된 때
4. 원판결의 증거된 재판이 확정재판에 의하여 변경된 때
5. 유죄의 선고를 받은 자에 대하여 무죄 또는 면소를, 형의 선고를 받은 자에 대하여 형의 면제 또는 원판결이 인정한 죄보다 경한 죄를 인정할 명백한 증거가 새로 발견된 때
6. 저작권, 특허권, 실용신안권, 의장권 또는 상표권을 침해한 죄로 유죄의 선고를 받은 사건에 관하여 그 권리에 대한 무효의 심결 또는 무효의 판결이 확정된 때
7. 원판결, 전심판결 또는 그 판결의 기초 된 조사에 관여한 법관, 공소의 제기 또는 그 공소의 기초 된 수사에 관여한 검사나 사법경찰관이 그 직무에 관한 죄를 범한 것이 확정판결에 의하여 증명된 때 단, 원판결의 선고 전에 법관, 검사 또는 사법경찰관에 대하여 공소의 제기가 있는 경우에는 원판결의 법원이 그 사유를 알지 못한 때에 한한다.

제420조(재심이유) 재심은 다음 각 호의 어느 하나에 해당하는 이유가 있는 경우에 유죄의 확정판결에 대하여 그 선고를 받은 자의 이익을 위하여 청구할 수 있다.
1. 원판결의 증거가 된 서류 또는 증거물이 확정판결에 의하여 위조되거나 변조된 것임이 증명된 때
2. 원판결의 증거가 된 증언, 감정, 통역 또는 번역이 확정판결에 의하여 허위임이 증명된 때
3. 무고(誣告)로 인하여 유죄를 선고받은 경우에 그 무고의 죄가 확정판결에 의하여 증명된 때
4. 원판결의 증거가 된 재판이 확정재판에 의하여 변경된 때
5. 유죄를 선고받은 자에 대하여 무죄 또는 면소를, 형의 선고를 받은 자에 대하여 형의 면제 또는 원판결이 인정한 죄보다 가벼운 죄를 인정할 명백한 증거가 새로 발견된 때
6. 저작권, 특허권, 실용신안권, 디자인권 또는 상표권을 침해한 죄로 유죄의 선고를 받은 사건에 관하여 그 권리에 대한 무효의 심결 또는 무효의 판결이 확정된 때
7. 원판결, 전심판결 또는 그 판결의 기초가 된 조사에 관여한 법관, 공소의 제기 또는 그 공소의 기초가 된 수사에 관여한 검사나 사법경찰관이 그 직무에 관한 죄를 지은 것이 확정판결에 의하여 증명된 때. 다만, 원판결의 선고 전에 법관, 검사 또는 사법경찰관에 대하여 공소가 제기되었을 경우에는 원판결의 법원이 그 사유를 알지 못한 때로 한정한다.
[전문개정 2020.12.8.]
[시행일 : 2021.12.9.] 제420조

제421조(동전) ①항소 또는 상고의 기각판결에 대하여는 전조제1호, 제2호, 제7호의 사유있는 경우에 한하여 그 선고를 받은 자의 이익을 위하여 재심을 청구할 수 있다. <개정 1963.12.13.>
②제1심확정판결에 대한 재심청구사건의 판결이 있은 후에는 항소기각 판결에 대하여 다시 재심을 청구하지 못한다. <개정 1963.12.13.>
③제1심 또는 제2심의 확정판결에 대한 재심청구사건의 판결이 있은 후에는 상고기각판결에 대하여 다시 재심을 청구하지 못한다.

제422조(확정판결에 대신하는 증명)
전2조의 규정에 의하여 확정판결로써 범죄가 증명됨을 재심청구의 이유로 할 경우에 그 확정판결을 얻을 수 없는 때에는 그 사실을 증명하여 재심의 청구를 할 수 있다. 단, 증거가 없다는 이유로 확정판결을 얻을 수 없는 때에는 예외로 한다.

제423조(재심의 관할) 재심의 청구는 원판결의 법원이 관할한다.

제424조(재심청구권자) 다음 각 호의 1에 해당하는 자는 재심의 청구를 할 수 있다.
1. 검사
2. 유죄의 선고를 받은 자

3. 유죄의 선고를 받은 자의 법정대리인
4. 유죄의 선고를 받은 자가 사망하거나 심신장애가 있는 경우에는 그 배우자, 직계친족 또는 형제자매

제425조(검사만이 청구할 수 있는 재심)
제420조제7호의 사유에 의한 재심의 청구는 유죄의 선고를 받은 자가 그 죄를 범하게 한 경우에는 검사가 아니면 하지 못한다.

제426조(변호인의 선임) ①검사 이외의 자가 재심의 청구를 하는 경우에는 변호인을 선임할 수 있다.
②전항의 규정에 의한 변호인의 선임은 재심의 판결이 있을 때까지 그 효력이 있다.

제427조(재심청구의 시기) 재심의 청구는 형의 집행을 종료하거나 형의 집행을 받지 아니하게 된 때에도 할 수 있다.

제428조(재심과 집행정지의 효력) 재심의 청구는 형의 집행을 정지하는 효력이 없다. 단 관할법원에 대응한 검찰청검사는 재심청구에 대한 재판이 있을 때까지 형의 집행을 정지할 수 있다.

제429조(재심청구의 취하) ①재심의 청구는 취하할 수 있다.
②재심의 청구를 취하한 자는 동일한 이유로써 다시 재심을 청구하지 못한다.

제430조(재소자에 대한 특칙) 제344조의 규정은 재심의 청구와 그 취하에 준용한다.

제431조(사실조사) ①재심의 청구를 받은 법원은 필요하다고 인정한 때에는 합의부원에게 재심청구의 이유에 대한 사실조사를 명하거나 다른 법원판사에게 이를 촉탁할 수 있다.
②전항의 경우에는 수명법관 또는 수탁판사는 법원 또는 재판장과 동일한 권한이 있다.

제432조(재심에 대한 결정과 당사자의 의견)
재심의 청구에 대하여 결정을 함에는 청구한 자와 상대방의 의견을 들어야 한다. 단, 유죄의 선고를 받은 자의 법정대리인이 청구한 경우에는 유죄의 선고를 받은 자의 의견을 들어야 한다.

제433조(청구기각 결정) 재심의 청구가 법률상의 방식에 위반하거나 청구권의 소멸 후인 것이 명백한 때에는 결정으로 기각하여야 한다.

제434조(동전) ①재심의 청구가 이유없다고 인정한 때에는 결정으로 기각하여야 한다.
②전항의 결정이 있는 때에는 누구든지 동일한 이유로써 다시 재심을 청구하지 못한다.

제435조(재심개시의 결정) ①재심의 청구가 이유있다고 인정한 때에는 재심개시의 결정을 하여야 한다.
②재심개시의 결정을 할 때에는 결정으로 형의 집행을 정지할 수 있다. <개정 1995.12.29.>

제436조(청구의 경합과 청구기각의 결정)
①항소기각의 확정판결과 그 판결에 의하여 확정된 제1심판결에 대하여 재심의 청구가 있는 경우에 제1심법원이 재심의 판결을 한 때에는 항소법원은 결정으로 재심의 청구를 기각하여야 한다.

②제1심 또는 제2심판결에 대한 상고기각의 판결과 그 판결에 의하여 확정된 제1심 또는 제2심의 판결에 대하여 재심의 청구가 있는 경우에 제1심법원 또는 항소법원이 재심의 판결을 한 때에는 상고법원은 결정으로 재심의 청구를 기각하여야 한다.
[전문개정 1963.12.13.]

제437조(즉시항고) 제433조, 제434조제1항, 제435조제1항과 전조제1항의 결정에 대하여는 즉시항고를 할 수 있다.

제438조(재심의 심판) ①재심개시의 결정이 확정한 사건에 대하여는 제436조의 경우 외에는 법원은 그 심급에 따라 다시 심판을 하여야 한다.
②다음 경우에는 제306조제1항, 제328조제1항제2호의 규정은 전항의 심판에 적용하지 아니한다. <개정 2014.12.30.>
1. 사망자 또는 회복할 수 없는 심신장애인을 위하여 재심의 청구가 있는 때
2. 유죄의 선고를 받은 자가 재심의 판결 전에 사망하거나 회복할 수 없는 심신장애인으로 된 때
③전항의 경우에는 피고인이 출정하지 아니하여도 심판을 할 수 있다. 단, 변호인이 출정하지 아니하면 개정하지 못한다.
④전2항의 경우에 재심을 청구한 자가 변호인을 선임하지 아니한 때에는 재판장은 직권으로 변호인을 선임하여야 한다.

제439조(불이익변경의 금지) 재심에는 원판결의 형보다 중한 형을 선고하지 못한다.

제439조(불이익변경의 금지) 재심에는 원판결의 형보다 무거운 형을 선고할 수 없다.
[전문개정 2020.12.8.]
[시행일 : 2021.12.9.] 제439조

제440조(무죄판결의 공시) 재심에서 무죄의 선고를 한 때에는 그 판결을 관보와 그 법원 소재지의 신문지에 기재하여 공고하여야 한다. 다만, 다음 각 호의 어느 하나에 해당하는 사람이 이를 원하지 아니하는 의사를 표시한 경우에는 그러하지 아니하다.
1. 제424조제1호부터 제3호까지의 어느 하나에 해당하는 사람이 재심을 청구한 때에는 재심에서 무죄의 선고를 받은 사람
2. 제424조제4호에 해당하는 사람이 재심을 청구한 때에는 재심을 청구한 그 사람
[전문개정 2016.5.29.]

제2장 비상상고

제441조(비상상고이유) 검찰총장은 판결이 확정한 후 그 사건의 심판이 법령에 위반한 것을 발견한 때에는 대법원에 비상상고를 할 수 있다.

제442조(비상상고의 방식) 비상상고를 함에는 그 이유를 기재한 신청서를 대법원에 제출하여야 한다.

제443조(공판기일) 공판기일에는 검사는 신청서에 의하여 진술하여야 한다.

제444조(조사의 범위, 사실의 조사)
①대법원은 신청서에 포함된 이유에 한하여 조사하여야 한다.
②법원의 관할, 공소의 수리와 소송절차에 관하여는 사실조사를 할 수 있다.

③전항의 경우에는 제431조의 규정을 준용한다.

제445조(기각의 판결) 비상상고가 이유 없다고 인정한 때에는 판결로써 이를 기각하여야 한다.

제446조(파기의 판결) 비상상고가 이유 있다고 인정한 때에는 다음의 구별에 따라 판결을 하여야 한다.
1. 원판결이 법령에 위반한 때에는 그 위반된 부분을 파기하여야 한다. 단, 원판결이 피고인에게 불이익한 때에는 원판결을 파기하고 피고사건에 대하여 다시 판결을 한다.
2. 원심소송절차가 법령에 위반한 때에는 그 위반된 절차를 파기한다.

제447조(판결의 효력) 비상상고의 판결은 전조제1호 단행의 규정에 의한 판결 외에는 그 효력이 피고인에게 미치지 아니한다.

제3장 약식절차

제448조(약식명령을 할 수 있는 사건)
①지방법원은 그 관할에 속한 사건에 대하여 검사의 청구가 있는 때에는 공판절차없이 약식명령으로 피고인을 벌금, 과료 또는 몰수에 처할 수 있다.
②전항의 경우에는 추징 기타 부수의 처분을 할 수 있다.

제449조(약식명령의 청구) 약식명령의 청구는 공소의 제기와 동시에 서면으로 하여야 한다.

제450조(보통의 심판) 약식명령의 청구가 있는 경우에 그 사건이 약식명령으로 할 수 없거나 약식명령으로 하는 것이 적당하지 아니하다고 인정한 때에는 공판절차에 의하여 심판하여야 한다.

제451조(약식명령의 방식) 약식명령에는 범죄사실, 적용법령, 주형, 부수처분과 약식명령의 고지를 받은 날로부터 7일 이내에 정식재판의 청구를 할 수 있음을 명시하여야 한다.

제452조(약식명령의 고지) 약식명령의 고지는 검사와 피고인에 대한 재판서의 송달에 의하여 한다.

제453조(정식재판의 청구) ①검사 또는 피고인은 약식명령의 고지를 받은 날로부터 7일 이내에 정식재판의 청구를 할 수 있다. 단, 피고인은 정식재판의 청구를 포기할 수 없다.
②정식재판의 청구는 약식명령을 한 법원에 서면으로 제출하여야 한다.
③정식재판의 청구가 있는 때에는 법원은 지체없이 검사 또는 피고인에게 그 사유를 통지하여야 한다.

제454조(정식재판청구의 취하) 정식재판의 청구는 제1심판결선고 전까지 취하할 수 있다.

제455조(기각의 결정) ①정식재판의 청구가 법령상의 방식에 위반하거나 청구권의 소멸 후인 것이 명백한 때에는 결정으로 기각하여야 한다.
②전항의 결정에 대하여는 즉시항고를 할 수 있다.
③정식재판의 청구가 적법한 때에는 공판절차에 의하여 심판하여야 한다.

제456조(약식명령의 실효) 약식명령은 정식재판의 청구에 의한 판결이 있는 때에는 그 효력을 잃는다.

도로법위반

[대법원 2013.4.11, 선고, 2011도10626, 판결]

【판시사항】

약식명령에 대한 정식재판 절차에서 유죄판결이 선고되어 확정된 경우, 재심청구의 대상(=유죄의 확정판결) 및 이때 피고인 등이 약식명령에 대하여 재심을 청구하여 재심개시결정이 확정된 경우, 재심절차를 진행하는 법원의 심판 대상

【판결요지】

형사소송법 제420조 본문은 재심은 유죄의 확정판결에 대하여 그 선고를 받은 자의 이익을 위하여 청구할 수 있도록 하고, 같은 법 제456조는 약식명령은 정식재판의 청구에 의한 판결이 있는 때에는 그 효력을 잃도록 규정하고 있다. 위 각 규정에 의하면, 약식명령에 대하여 정식재판 청구가 이루어지고 그 후 진행된 정식재판 절차에서 유죄판결이 선고되어 확정된 경우, 재심사유가 존재한다고 주장하는 피고인 등은 효력을 잃은 약식명령이 아니라 유죄의 확정판결을 대상으로 재심을 청구하여야 한다. 그런데도 피고인 등이 약식명령에 대하여 재심의 청구를 한 경우, 법원으로서는 재심의 청구에 기재된 재심을 개시할 대상의 표시 이외에도 재심청구의 이유에 기재된 주장 내용을 살펴보고 재심을 청구한 피고인 등의 의사를 참작하여 재심청구의 대상을 무엇으로 보아야 하는지 심리·판단할 필요가 있다. 그러나 법원이 심리한 결과 재심청구의 대상이 약식명령이라고 판단하여 그 약식명령을 대상으로 재심개시결정을 한 후 이에 대하여 검사나 피고인 등이 모두 불복하지 아니함으로써 그 결정이 확정된 때에는, 그 재심개시결정에 의하여 재심이 개시된 대상은 약식명령으로 확정되고, 그 재심개시결정에 따라 재심절차를 진행하는 법원이 재심이 개시된 대상을 유죄의 확정판결로 변경할 수는 없다. 이 경우 그 재심개시결정은 이미 효력을 상실하여 재심을 개시할 수 없는 약식명령을 대상으로 한 것이므로, 그 재심개시결정에 따라 재심절차를 진행하는 법원으로서는 심판의 대상이 없어 아무런 재판을 할 수 없다.

제457조(약식명령의 효력) 약식명령은 정식재판의 청구기간이 경과하거나 그 청구의 취하 또는 청구기각의 결정이 확정한 때에는 확정판결과 동일한 효력이 있다.

제457조의2(형종 상향의 금지 등)

①피고인이 정식재판을 청구한 사건에 대하여는 약식명령의 형보다 중한 종류의 형을 선고하지 못한다.

②피고인이 정식재판을 청구한 사건에 대하여 약식명령의 형보다 중한 형을 선고하는 경우에는 판결서에 양형의 이유를 적어야 한다.

[전문개정 2017.12.19]

제458조(준용규정) ①제340조 내지 제342조, 제345조 내지 제352조, 제354조의 규정은 정식재판의 청구 또는 그 취하에 준용한다.

②제365조의 규정은 정식재판절차의 공판기일에 정식재판을 청구한 피고인이 출석하지 아니한 경우에 이를 준용한다.

<신설 1995.12.29.>

[제목개정 1995.12.29.]

제5편 재판의 집행

제459조(재판의 확정과 집행) 재판은 이 법률에 특별한 규정이 없으면 확정한 후에 집행한다.

제460조(집행지휘) ①재판의 집행은 그 재판을 한 법원에 대응한 검찰청검사가 지휘한다. 단, 재판의 성질상 법원 또는 법관이 지휘할 경우에는 예외로 한다.
②상소의 재판 또는 상소의 취하로 인하여 하급법원의 재판을 집행할 경우에는 상소법원에 대응한 검찰청검사가 지휘한다. 단, 소송기록이 하급법원 또는 그 법원에 대응한 검찰청에 있는 때에는 그 검찰청검사가 지휘한다.

제461조(집행지휘의 방식) 재판의 집행지휘는 재판서 또는 재판을 기재한 조서의 등본 또는 초본을 첨부한 서면으로 하여야 한다. 단, 형의 집행을 지휘하는 경우 외에는 재판서의 원본, 등본이나 초본 또는 조서의 등본이나 초본에 인정하는 날인으로 할 수 있다.

제462조(형집행의 순서) 2이상의 형의 집행은 자격상실, 자격정지, 벌금, 과료와 몰수 외에는 그 중한 형을 먼저 집행한다. 단, 검사는 소속장관의 허가를 얻어 중한 형의 집행을 정지하고 다른 형의 집행을 할 수 있다.

제462조(형 집행의 순서) 2이상의 형을 집행하는 경우에 자격상실, 자격정지, 벌금, 과료와 몰수 외에는 무거운 형을 먼저 집행한다. 다만, 검사는 소속 장관의 허가를 얻어 무거운 형의 집행을 정지하고 다른 형의 집행을 할 수 있다.
[전문개정 2020.12.8.]
[시행일 : 2021.12.9.] 제462

제463조(사형의 집행) 사형은 법무부장관의 명령에 의하여 집행한다.

제464조(사형판결확정과 소송기록의 제출)
사형을 선고한 판결이 확정한 때에는 검사는 지체없이 소송기록을 법무부장관에게 제출하여야 한다.

제465조(사형집행명령의 시기) ①사형집행의 명령은 판결이 확정된 날로부터 6월 이내에 하여야 한다.
②상소권회복의 청구, 재심의 청구 또는 비상상고의 신청이 있는 때에는 그 절차가 종료할 때까지의 기간은 전항의 기간에 산입하지 아니한다.

제466조(사형집행의 기간) 법무부장관이 사형의 집행을 명한 때에는 5일 이내에 집행하여야 한다.

제467조(사형집행의 참여) ①사형의 집행에는 검사와 검찰청서기관과 교도소장 또는 구치소장이나 그 대리자가 참여하여야 한다.
②검사 또는 교도소장 또는 구치소장의 허가가 없으면 누구든지 형의 집행장소에 들어가지 못한다.

제468조(사형집행조서) 사형의 집행에 참여한 검찰청서기관은 집행조서를 작성하고 검사와 교도소장 또는 구치소장이나 그 대리자와 함께 기명날인 또는 서명하여야 한다. <개정 1963.12.13., 2007.6.1.>

제469조(사형집행의 정지) ①사형의 선고를 받은 자가 심신의 장애로 의사능력이 없는 상태에 있거나 잉태 중에 있는 여자인 때에는 법무부장관의 명령으로 집행을 정지한다.
②전항의 규정에 의하여 형의 집행을 정지한 경우에는 심신장애의 회복 또는 출산 후 법무부장관의 명령에 의하여 형을 집행한다.

제469조(사형 집행의 정지) ①사형선고를 받은 사람이 심신의 장애로 의사능력이 없는 상태이거나 임신 중인 여자인 때에는 법무부장관의 명령으로 집행을 정지한다.
②제1항에 따라 형의 집행을 정지한 경우에는 심신장애의 회복 또는 출산 후에 법무부장관의 명령에 의하여 형을 집행한다.
[전문개정 2020.12.8.]
[시행일 : 2021.12.9.] 제469조

제470조(자유형집행의 정지) ①징역, 금고 또는 구류의 선고를 받은 자가 심신의 장애로 의사능력이 없는 상태에 있는 때에는 형을 선고한 법원에 대응한 검찰청검사 또는 형의 선고를 받은 자의 현재지를 관할하는 검찰청검사의 지휘에 의하여 심신장애가 회복될 때까지 형의 집행을 정지한다.
②전항의 규정에 의하여 형의 집행을 정지한 경우에는 검사는 형의 선고를 받은 자를 감호의무자 또는 지방공공단체에 인도하여 병원 기타 적당한 장소에 수용하게 할 수 있다.
③형의 집행이 정지된 자는 전항의 처분이 있을 때까지 교도소 또는 구치소에 구치하고 그 기간을 형기에 산입한다. <개정 1963.12.13.>

제471조(동전) ①징역, 금고 또는 구류의 선고를 받은 자에 대하여 다음 각 호의 1에 해당한 사유가 있는 때에는 형을 선고한 법원에 대응한 검찰청검사 또는 형의 선고를 받은 자의 현재지를 관할하는 검찰청검사의 지휘에 의하여 형의 집행을 정지할 수 있다. <개정 2007.12.21.>
1. 형의 집행으로 인하여 현저히 건강을 해하거나 생명을 보전할 수 없을 염려가 있는 때
2. 연령 70세 이상인 때
3. 잉태 후 6월 이상인 때
4. 출산 후 60일을 경과하지 아니한 때
5. 직계존속이 연령 70세 이상 또는 중병이나 장애인으로 보호할 다른 친족이 없는 때
6. 직계비속이 유년으로 보호할 다른 친족이 없는 때
7. 기타 중대한 사유가 있는 때

②검사가 전항의 지휘를 함에는 소속 고등검찰청검사장 또는 지방검찰청검사장의 허가를 얻어야 한다. <개정 2004.1.20., 2007.6.1.>

제471조의2(형집행정지 심의위원회)
①제471조제1항제1호의 형집행정지 및 그 연장에 관한 사항을 심의하기 위하여 각 지방검찰청에 형집행정지 심의위원회(이하 이 조에서 "심의위원회"라 한다)를 둔다.
②심의위원회는 위원장 1명을 포함한 10명 이내의 위원으로 구성하고, 위원은 학계, 법조계, 의료계, 시민단체 인사 등 학식과 경험이 있는 사람 중에서 각 지방검찰청 검사장이 임명 또는 위촉한다.
③심의위원회의 구성 및 운영 등 그 밖에 필요한 사항은 법무부령으로 정한다.
[본조신설 2015.7.31.]

제472조(소송비용의 집행정지) 제487조에 규정된 신청기간 내와 그 신청이 있는 때에는 소송비용부담의 재판의 집행은 그 신청에 대한 재판이 확정될 때까지 정지된다.

제473조(집행하기 위한 소환) ①사형, 징역, 금고 또는 구류의 선고를 받은 자가 구금되지 아니한 때에는 검사는 형을 집행하기 위하여 이를 소환하여야 한다.

②소환에 응하지 아니한 때에는 검사는 형집행장을 발부하여 구인하여야 한다. <개정 1973.1.25.>
③제1항의 경우에 형의 선고를 받은 자가 도망하거나 도망할 염려가 있는 때 또는 현재지를 알 수 없는 때에는 소환함이 없이 형집행장을 발부하여 구인할 수 있다. <개정 1973.1.25.>

판례-공무집행방해

[대법원 2017.9.26., 선고, 2017도9458, 판결]

【판시사항】
[1] 사법경찰관리가 벌금형을 받은 이를 노역장 유치의 집행을 위하여 구인하는 경우, 검사로부터 발부받은 형집행장을 상대방에게 제시하여야 하는지 여부(적극) 및 형집행장의 제시 없이 구인할 수 있는 '급속을 요하는 때'의 의미 / 이때 사법경찰관리가 벌금 미납으로 인한 노역장 유치의 집행의 상대방에게 형집행 사유와 더불어 벌금 미납으로 인한 지명수배 사실을 고지한 경우, 형집행장이 발부되어 있는 사실도 고지한 것이라거나 형집행장이 발부되어 있는 사실까지도 포함하여 고지한 것이라고 볼 수 있는지 여부(원칙적 소극) 및 이와 같은 사법경찰관리의 직무집행이 적법한 직무집행에 해당하는지 여부(소극)
[2] 경찰관 甲이 도로를 순찰하던 중 벌금 미납으로 지명수배된 피고인과 조우하게 되어 벌금 미납 사실을 고지하고 벌금납부를 유도하였으나 피고인이 이를 거부하자 벌금 미납으로 인한 노역장 유치의 집행을 위하여 구인하려 하였는데, 피고인이 이에 저항하여 甲을 폭행함으로써 벌금수배자 검거를 위한 경찰관의 공무집행을 방해하였다는 내용으로 기소된 사안에서, 甲이 피고인을 구인하는 과정에서 형집행장이 발부되어 있는 사실은 고지하지 않았던 사정에 비추어 甲의 직무집행은 위법하다고 보아 공소사실을 무죄로 판단한 원심판결이 정당하다고 한 사례

【판결요지】
[1] 벌금형에 따르는 노역장 유치는 실질적으로 자유형과 동일하므로, 그 집행에 대하여는 자유형의 집행에 관한 규정이 준용된다(형사소송법 제492조). 구금되지 아니한 당사자에 대하여 형의 집행기관인 검사는 그 형의 집행을 위하여 이를 소환할 수 있으나, 당사자가 소환에 응하지 아니한 때에는 형집행장을 발부하여 이를 구인할 수 있는데(형사소송법 제473조), 이 경우의 형집행장의 집행에 관하여는 형사소송법 제1편 제9장에서 정하는 피고인의 구속에 관한 규정이 준용된다(형사소송법 제475조). 그리하여 사법경찰관리가 벌금형을 받은 이를 그에 따르는 노역장 유치의 집행을 위하여 구인하려면 검사로부터 발부받은 형집행장을 상대방에게 제시하여야 하지만(형사소송법 제85조 제1항), 형집행장을 소지하지 아니한 경우에 급속을 요하는 때에는 상대방에 대하여 형집행 사유와 형집행장이 발부되었음을 고하고 집행할 수 있고(형사소송법 제85조 제3항), 여기서 형집행장의 제시 없이 구인할 수 있는 '급속을 요하는 때'란 애초 사법경찰관리가 적법하게 발부된 형집행장을 소지할 여유가 없이 형집행의 상대방을 조우한 경우 등을 가리킨다. 이때 사법경찰관리가 벌금 미납으로 인한 노역장 유치의 집행의 상대방에게 형집행 사유와 더불어 벌금 미납으로 인한 지명수배 사실을 고지하였더라도 특별한 사정이 없는 한 그러한 고지를 형집행장이 발부되어 있는 사실도 고지한 것이라거나 형집행장이 발부되어 있는 사실까지도 포함하여 고지한 것이라고 볼 수 없으므로, 이와 같은 사법경찰관리의 직무집행은 적법한 직무집행에 해당한다고 할 수 없다.
[2] 경찰관 甲이 도로를 순찰하던 중 벌금 미납으로 지명수배된 피고인과 조우하게 되어 벌금 미납 사실을 고지하고 벌금납부를 유도하였으나 피고인이 이를 거부하자 벌금 미납으로 인한 노역장 유치의 집행을 위하여 구인하려 하였는데, 피고인이 이에 저항하여 甲의 가슴을 양손으로 수차례 밀침으로써 벌금수배자 검거를 위한 경찰관의 공무집행을 방해하였다는 내용으로 기소된 사안에서, 피고인에 대하여 확정된 벌금형의 집행을 위하여 형집행장이 이미 발부되어 있었으나, 甲이 피고인을 구인하는 과정에서 형집행장이 발부되어 있는 사실은 고지하지 않았던 사정에 비추어 甲의 위와 같은 직무집행은 위법하다고 보아 공소사실을 무죄로 판단한 원심판결이 정당하다고 한 사례.

제474조(형집행장의 방식과 효력)
①전조의 형집행장에는 형의 선고를 받은 자의 성명, 주거, 연령, 형명, 형기 기타 필요한 사항을 기재하여야 한다.
②형집행장은 구속영장과 동일한 효력이 있다.
[전문개정 1973.1.25.]

제475조(형집행장의 집행) 전2조의 규정에 의한 형집행장의 집행에는 제1편제9장 피고인의 구속에 관한 규정을 준용한다.
[전문개정 1973.1.25.]

제476조(자격형의 집행) 자격상실 또는 자격정지의 선고를 받은 자에 대하여는 이를 수형자원부에 기재하고 지체없이 그 등본을 형의 선고를 받은 자의 등록기준지와 주거지의 시(區가 設置되지 아니한 市를 말한다. 이하 같다)·구·읍·면장(都農複合形態의 市에 있어서는 洞地域인 경우에는 市·區 의 長, 邑·面地域인 경우에는 邑·面의 長으로 한다)에게 송부하여야 한다. <개정 1994.12.22., 2007.5.17.>

제477조(재산형 등의 집행) ①벌금, 과료, 몰수, 추징, 과태료, 소송비용, 비용배상 또는 가납의 재판은 검사의 명령에 의하여 집행한다.
②전항의 명령은 집행력 있는 채무명의와 동일한 효력이 있다.
③제1항의 재판의 집행에는 「민사집행법」의 집행에 관한 규정을 준용한다. 단, 집행 전에 재판의 송달을 요하지 아니한다. <개정 2002.1.26., 2007.6.1.>
④제3항에도 불구하고 제1항의 재판은 「국세징수법」에 따른 국세체납처분의 예에 따라 집행할 수 있다. <신설 2007.6.1.>
⑤검사는 제1항의 재판을 집행하기 위하여 필요한 조사를 할 수 있다. 이 경우 제199조제2항을 준용한다. <신설 2007.6.1.>
⑥벌금, 과료, 추징, 과태료, 소송비용 또는 비용배상의 분할납부, 납부연기 및 납부대행기관을 통한 납부 등 납부방법에 필요한 사항은 법무부령으로 정한다. <신설 2016.1.6.>

제478조(상속재산에 대한 집행) 몰수 또는 조세, 전매 기타 공과에 관한 법령에 의하여 재판한 벌금 또는 추징은 그 재판을 받은 자가 재판확정 후 사망한 경우에는 그 상속재산에 대하여 집행할 수 있다.

제479조(합병 후 법인에 대한 집행)
법인에 대하여 벌금 ,과료, 몰수, 추징, 소송비용 또는 비용배상을 명한 경우에 법인이 그 재판확정 후 합병에 의하여 소멸한 때에는 합병 후 존속한 법인 또는 합병에 의하여 설립된 법인에 대하여 집행할 수 있다.

제480조(가납집행의 조정) 제1심가납의 재판을 집행한 후에 제2심가납의 재판이 있는 때에는 제1심재판의 집행은 제2심가납금액의 한도에서 제2심재판의 집행으로 간주한다.

제481조(가납집행과 본형의 집행) 가납의 재판을 집행한 후 벌금, 과료 또는 추징의 재판이 확정한 때에는 그 금액의 한도에서 형의 집행이 된 것으로 간주한다.

제482조(판결확정 전 구금일수 등의 산입)
①판결선고 후 판결확정 전 구금일수(판결선고 당일의 구금일수를 포함한다)는 전부를 본형에 산입한다. <개정 2015.7.31.>
②상소기각 결정 시에 송달기간이나 즉시항고기간 중의 미결구금일수는 전부를 본형에 산입한다. <신설 2007.6.1., 2015.7.31.>
③제1항 및 제2항의 경우에는 구금일수의 1일을 형기의 1일 또는 벌금이나 과료에 관한

유치기간의 1일로 계산한다.
<개정 2015.7.31.>
[제목개정 2015.7.31.]
[2015.7.31. 법률 제13454호에 의하여 2009.12.29. 헌법재판소에서 헌법불합치 결정된 이 조를 개정함.]

판례-형사보상

[서울고법 2011.8.9., 자, 2011코4, 결정 : 확정]

【판시사항】
[1] 미결구금을 형사보상의 대상으로 삼거나 본형에 산입하는 취지 및 징역형 또는 징역형의 집행유예가 선고되는 경우, 미결구금이 형사보상의 대상이 되는지 여부(소극)
[2] 재건축사업조합 조합장으로 재직하던 청구인이 뇌물을 수수 또는 요구하였다는 혐의로 구속되어 제①, 제②, 제③공소사실로 기소되었다가 제1심법원으로부터 공소사실 전부에 관하여 무죄를 선고받고 당일 석방되었는데, 그 후 항소심법원이 제②공소사실만을 유죄로 인정하여 징역형의 집행유예를 선고한 판결이 확정되자 미결구금에 대하여 형사보상을 청구한 사안에서, 청구인에 대하여 미결구금일수를 상회하는 징역형이 선고되어 확정된 이상, 비록 집행이 유예되었다 할지라도 청구인의 형사보상 주장은 이유 없다고 하여 청구를 기각한 사례

【판결요지】
[1] 미결구금이란 수사 또는 공소의 목적을 달성하기 위하여 피고인 또는 피의자를 판결이 선고될 때까지 구금, 즉 구속하는 강제처분을 말하며, 형사보상 및 명예회복에 관한 법률 제2조 제1항에 의하여 미결구금이 형사보상의 대상으로 되는 것은 신체의 자유가 박탈된 것에 대한 국가적인 보상책으로 볼 수 있다. 이와 같은 미결구금은 신체의 자유를 박탈한다는 점에서 형의 집행과 동일시되므로, 형법 제57조에 의하여 그 일수를 본형에 산입한다. 실형 선고의 경우 미결구금일수가 형기에 산입되고 이는 형사보상의 대상으로 될 수 없는 것처럼, 징역형 및 이에 대한 집행유예가 선고되는 경우에도 미결구금일수는 당연히 징역형에 산입되어 그만큼 징역형이 집행된 것이 되므로 역시 형사보상의 대상이 아니다.
[2] 재건축사업조합 조합장으로 재직하던 청구인이 사업 시행사인 甲 주식회사 대표이사 乙에게서 뇌물을 수수 또는 요구하였다는 혐의로 구속되어 포괄일죄인 제①, 제②공소사실 및 이와 경합범 관계인 제③공소사실로 기소되었다가 제1심법원으로부터 위 공소사실 전부에 관하여 무죄를 선고받고 당일 석방되었는데, 그 후 항소심법원이 제①, 제②공소사실 부분을 파기하여 제②공소사실만을 유죄로 인정하면서 징역형의 집행유예를 선고하되 제①공소사실은 이유에서 무죄로 판단한 판결이 확정되자 제②공소사실 부분이 유죄라 하더라도 처음부터 불구속 수사 및 재판을 받았어야 한다고 주장하며 미결구금에 대하여 형사보상을 청구한 사안에서, 청구인이 제①, 제③공소사실에 대하여 무죄판결을 받았더라도, 청구인의 미결구금일수는 이미 제②공소사실에 대한 징역형에 산입되었으므로 더 이상 형사보상의 대상으로 되는 미결구금일수는 존재할 수 없고, 결국 청구인에 대하여 미결구금일수를 상회하는 징역형이 선고되어 확정된 이상, 비록 집행이 유예되었다 할지라도 청구인의 형사보상 주장은 이유 없다고 하여 청구를 기각한 사례.

제483조(몰수물의 처분) 몰수물은 검사가 처분하여야 한다. <개정 1995.12.29.>

제484조(몰수물의 교부) ①몰수를 집행한 후 3월 이내에 그 몰수물에 대하여 정당한 권리있는 자가 몰수물의 교부를 청구한 때에는 검사는 파괴 또는 폐기할 것이 아니면 이를 교부하여야 한다.
②몰수물을 처분한 후 전항의 청구가 있는 경우에는 검사는 공매에 의하여 취득한 대가를 교부하여야 한다.

제485조(위조등의 표시) ①위조 또는 변조한 물건을 환부하는 경우에는 그 물건의 전부 또는 일부에 위조나 변조인 것을 표시하여야 한다.
②위조 또는 변조한 물건이 압수되지 아니한 경우에는 그 물건을 제출하게 하여 전항의 처분을 하여야 한다. 단, 그 물건이 공무소에 속한 것인 때에는 위조나 변조의 사유를 공무소에 통지하여 적당한 처분을 하게 하여야 한다.

제486조(환부불능과 공고) ①압수물의 환부를 받을 자의 소재가 불명하거나 기타 사유로 인하여 환부를 할 수 없는 경우에는 검사는 그 사유를 관보에 공고하여야 한다.
②공고한 후 3월 이내에 환부의 청구가 없는 때에는 그 물건은 국고에 귀속한다. <개정 1973.1.25.>
③전항의 기간 내에도 가치없는 물건은 폐기할 수 있고 보관하기 어려운 물건은 공매하여 그 대가를 보관할 수 있다. <개정 2007.6.1.>

제487조(소송비용의 집행면제의 신청)
소송비용부담의 재판을 받은 자가 빈곤으로 인하여 이를 완납할 수 없는 때에는 그 재판의 확정 후 10일 이내에 재판을 선고한 법원에 소송비용의 전부 또는 일부에 대한 재판의 집행면제를 신청할 수 있다.

제488조(의의신청) 형의 선고를 받은 자는 집행에 관하여 재판의 해석에 대한 의의가 있는 때에는 재판을 선고한 법원에 의의신청을 할 수 있다.

제489조(이의신청) 재판의 집행을 받은 자 또는 그 법정대리인이나 배우자는 집행에 관한 검사의 처분이 부당함을 이유로 재판을 선고한 법원에 이의신청을 할 수 있다.

제490조(신청의 취하) ①전3조의 신청은 법원의 결정이 있을 때까지 취하할 수 있다.
②제344조의 규정은 전3조의 신청과 그 취하에 준용한다.

제491조(즉시항고) ①제487조 내지 제489조의 신청이 있는 때에는 법원은 결정을 하여야 한다.
②전항의 결정에 대하여는 즉시항고를 할 수 있다.

제492조(노역장유치의 집행) 벌금 또는 과료를 완납하지 못한 자에 대한 노역장유치의 집행에는 형의 집행에 관한 규정을 준용한다.

제493조(집행비용의 부담) 제477조제1항의 재판집행비용은 집행을 받은 자의 부담으로 하고 「민사집행법」의 규정에 준하여 집행과 동시에 징수하여야 한다.
<개정 2002.1.26., 2007.6.1.>

부칙

<제16924호, 2020.2.4.>

제1조(시행일) 이 법은 공포 후 6개월이 경과한 날부터 1년 내에 시행하되, 그 기간 내에 대통령령으로 정하는 시점부터 시행한다. 다만, 제312조제1항의 개정규정은 공포 후 4년 내에 시행하되, 그 기간 내에 대통령령으로 정하는 시점부터 시행한다.

제2조(다른 법률의 개정) 법률 제16863호 고위공직자범죄수사처 설치 및 운영에 관한 법률 일부를 다음과 같이 개정한다.
제21조제2항 중 "「형사소송법」 제196조제1항"을 "「형사소송법」 제197조제1항"으로 한다.

상 법

제1편 총 칙

제2편 상행위

제3편 회사

제4편 보험

제5편 해상

제6편 항공운송

상법

[시행 2020.12.29.]
[법률 제17764호, 2020.12.29., 일부개정]

제1편 총칙
제1장 통칙

제1조(상사적용법규) 상사에 관하여 본법에 규정이 없으면 상관습법에 의하고 상관습법이 없으면 민법의 규정에 의한다.

제2조(공법인의 상행위) 공법인의 상행위에 대하여는 법령에 다른 규정이 없는 경우에 한하여 본법을 적용한다.

판례-사용료

[대법원 2013.4.11, 선고, 2011다112032, 판결]

【판시사항】
다수의 전기수용가와 체결되는 전기공급계약 약관 등에, 계약종별 외의 용도로 전기를 사용하면 전기요금 면탈금액의 2배에 해당하는 위약금을 부과한다고 되어 있으나, 별도로 면탈한 전기요금 자체 또는 손해배상을 청구할 수 있도록 하는 규정은 없고 면탈금액에 대해서만 부가가치세 상당을 가산하도록 되어 있는 경우, 위 약관에 의한 위약금의 법적 성질 및 그 지급채무에 적용되는 소멸시효기간

【판결요지】
다수의 전기수용가와 사이에 체결되는 전기공급계약에 적용되는 약관 등에, 계약종별 외의 용도로 전기를 사용하면 그로 인한 전기요금 면탈금액의 2배에 해당하는 위약금을 부과한다고 되어 있지만, 그와 별도로 면탈한 전기요금 자체 또는 손해배상을 청구할 수 있도록 하는 규정은 없고 면탈금액에 대해서만 부가가치세 상당을 가산하도록 되어 있는 등의 사정이 있는 경우, 위 약관에 의한 위약금은 손해배상액의 예정과 위약벌의 성질을 함께 가지는 것으로 봄이 타당하다. 그리고 계약종별 위반으로 약관에 의하여 부담하는 위약금 지급채무는 전기의 공급에 따른 전기요금 채무 자체가 아니므로, 3년의 단기소멸시효가 적용되는 민법 제163조 제1호의 채권, 즉 '1년 이내의 기간으로 정한 금전의 지급을 목적으로 한 채권'에 해당하지 않는다. 그러나 '영업으로 하는 전기의 공급에 관한 행위'는 상법상 기본적 상행위에 해당하고(상법 제46조 제4호), 전기공급주체가 공법인인 경우에도 법령에 다른 규정이 없는 한 상법이 적용되므로(상법 제2조), 그러한 전기공급계약에 근거한 위약금 지급채무 역시 상행위로 인한 채권으로서 상법 제64조에 따라 5년의 소멸시효기간이 적용된다.

제3조(일방적 상행위) 당사자중 그 1인의 행위가 상행위인 때에는 전원에 대하여 본법을 적용한다.

제2장 상인

제4조(상인-당연상인) 자기명의로 상행위를 하는 자를 상인이라 한다.

제5조(동전-의제상인) ①점포 기타 유사한 설비에 의하여 상인적 방법으로 영업을 하는 자는 상행위를 하지 아니하더라도 상인으로 본다.

②회사는 상행위를 하지 아니하더라도 전항과 같다.

제6조(미성년자의 영업과 등기) 미성년자가 법정대리인의 허락을 얻어 영업을 하는 때에는 등기를 하여야 한다.
[전문개정 2018.9.18.]

제7조(미성년자와 무한책임사원) 미성년자가 법정대리인의 허락을 얻어 회사의 무한책임사원이 된 때에는 그 사원자격으로 인한 행위에는 능력자로 본다.
[전문개정 2018.9.18.]

제8조(법정대리인에 의한 영업의 대리)
①법정대리인이 미성년자, 피한정후견인 또는 피성년후견인을 위하여 영업을 하는 때에는 등기를 하여야 한다. <개정 2018.9.18.>
②법정대리인의 대리권에 대한 제한은 선의의 제삼자에게 대항하지 못한다.
[제목개정 2018.9.18.]

제9조(소상인) 지배인, 상호, 상업장부와 상업등기에 관한 규정은 소상인에게 적용하지 아니한다.

제3장 상업사용인

제10조(지배인의 선임) 상인은 지배인을 선임하여 본점 또는 지점에서 영업을 하게 할 수 있다.

제11조(지배인의 대리권) ①지배인은 영업주에 갈음하여 그 영업에 관한 재판상 또는 재판외의 모든 행위를 할 수 있다.
②지배인은 지배인이 아닌 점원 기타 사용인을 선임 또는 해임할 수 있다.
③지배인의 대리권에 대한 제한은 선의의 제3자에게 대항하지 못한다.

제12조(공동지배인) ①상인은 수인의 지배인에게 공동으로 대리권을 행사하게 할 수 있다.
②전항의 경우에 지배인 1인에 대한 의사표시는 영업주에 대하여 그 효력이 있다.

제13조(지배인의 등기) 상인은 지배인의 선임과 그 대리권의 소멸에 관하여 그 지배인을 둔 본점 또는 지점소재지에서 등기하여야 한다. 전조제1항에 규정한 사항과 그 변경도 같다.

제14조(표현지배인) ①본점 또는 지점의 본부장, 지점장, 그 밖에 지배인으로 인정될 만한 명칭을 사용하는 자는 본점 또는 지점의 지배인과 동일한 권한이 있는 것으로 본다. 다만, 재판상 행위에 관하여는 그러하지 아니하다.
②제1항은 상대방이 악의인 경우에는 적용하지 아니한다.
[전문개정 2010.5.14.]

제15조(부분적 포괄대리권을 가진 사용인)
①영업의 특정한 종류 또는 특정한 사항에 대한 위임을 받은 사용인은 이에 관한 재판외의 모든 행위를 할 수 있다.
②제11조제3항의 규정은 전항의 경우에 준용한다.

판례-물건인도·물품대금

[대법원 2009.5.28, 선고, 2007다20440,20457, 판결]

【판시사항】
[1] '부분적 포괄대리권을 가진 상업사용인'의 행위가 위임받은 영업의 특정한 종류 또는 사항에 속하는지 여부의 판단 기준
[2] 부당이득으로 금전과 유사한 대체물을 취득한 경우, 그 소비 여부를 불문하고 현존하는 것으로 추정되는지 여부(적극)

【판결요지】
[1] 상법 제15조에 의하여 부분적 포괄대리권을 가진 상업사용인은 그가 수여받은 영업의 특정한 종류 또는 특정한 사항에 관한 재판 외의 모든 행위를 할 수 있으므로 개개의 행위에 대하여 영업주로부터 별도의 수권이 필요 없으나, 어떠한 행위가 위임받은 영업의 특정한 종류 또는 사항에 속하는가는 당해 영업의 규모와 성격, 거래행위의 형태 및 계속 반복 여부, 사용인의 직책명, 전체적인 업무분장 등 여러 사정을 고려해서 거래통념에 따라 객관적으로 판단하여야 한다.
[2] 법률상 원인 없이 타인의 재산 또는 노무로 이익을 얻고 그로 인하여 타인에게 손해를 가한 경우, 그 취득한 것이 금전상의 이득인 때에는 그 금전은 이를 취득한 자가 소비하였는가의 여부를 불문하고 현존하는 것으로 추정되고, 그 취득한 것이 성질상 계속적으로 반복하여 거래되는 물품으로서 곧바로 판매되어 환가될 수 있는 금전과 유사한 대체물인 경우에도 마찬가지다.

제16조(물건판매점포의 사용인) ①물건을 판매하는 점포의 사용인은 그 판매에 관한 모든 권한이 있는 것으로 본다.
②제14조제2항의 규정은 전항의 경우에 준용한다.

제17조(상업사용인의 의무) ①상업사용인은 영업주의 허락없이 자기 또는 제삼자의 계산으로 영업주의 영업부류에 속한 거래를 하거나 회사의 무한책임사원, 이사 또는 다른 상인의 사용인이 되지 못한다.
②상업사용인이 전항의 규정에 위반하여 거래를 한 경우에 그 거래가 자기의 계산으로 한 것인 때에는 영업주는 이를 영업주의 계산으로 한 것으로 볼 수 있고 제3자의 계산으로 한 것인 때에는 영업주는 사용인에 대하여 이로 인한 이득의 양도를 청구할 수 있다. <개정 1962.12.12.>
③전항의 규정은 영업주로부터 사용인에 대한 계약의 해지 또는 손해배상의 청구에 영향을 미치지 아니한다.
④제2항에 규정한 권리는 영업주가 그 거래를 안 날로부터 2주간을 경과하거나 그 거래가 있은 날로부터 1년을 경과하면 소멸한다.

제4장 상호

제18조(상호선정의 자유) 상인은 그 성명 기타의 명칭으로 상호를 정할 수 있다.

제19조(회사의 상호) 회사의 상호에는 그 종류에 따라 합명회사, 합자회사, 유한책임회사, 주식회사 또는 유한회사의 문자를 사용하여야 한다.
[전문개정 2011.4.14.]

제20조(회사상호의 부당사용의 금지)
회사가 아니면 상호에 회사임을 표시하는 문자를 사용하지 못한다. 회사의 영업을 양수한 경

우에도 같다.

제21조(상호의 단일성) ①동일한 영업에는 단일상호를 사용하여야 한다.
②지점의 상호에는 본점과의 종속관계를 표시하여야 한다.

제22조(상호등기의 효력) 타인이 등기한 상호는 동일한 특별시·광역시·시·군에서 동종영업의 상호로 등기하지 못한다. <개정 1984.4.10., 1994.12.22., 1995.12.29.>

제22조의2(상호의 가등기) ①유한책임회사, 주식회사 또는 유한회사를 설립하고자 할 때에는 본점의 소재지를 관할하는 등기소에 상호의 가등기를 신청할 수 있다. <개정 2020.6.9.>
②회사는 상호나 목적 또는 상호와 목적을 변경하고자 할 때에는 본점의 소재지를 관할하는 등기소에 상호의 가등기를 신청할 수 있다.
③회사는 본점을 이전하고자 할 때에는 이전할 곳을 관할하는 등기소에 상호의 가등기를 신청할 수 있다.
④상호의 가등기는 제22조의 적용에 있어서는 상호의 등기로 본다.
⑤ 삭제 <2007.8.3.>
[본조신설 1995.12.29.]

제23조(주체를 오인시킬 상호의 사용금지)
①누구든지 부정한 목적으로 타인의 영업으로 오인할 수 있는 상호를 사용하지 못한다.
②제1항의 규정에 위반하여 상호를 사용하는 자가 있는 경우에 이로 인하여 손해를 받을 염려가 있는 자 또는 상호를 등기한 자는 그 폐지를 청구할 수 있다. <개정 1984.4.10.>
③제2항의 규정은 손해배상의 청구에 영향을 미치지 아니한다. <개정 1984.4.10.>
④동일한 특별시·광역시·시·군에서 동종영업으로 타인이 등기한 상호를 사용하는 자는 부정한 목적으로 사용하는 것으로 추정한다. <개정 1984.4.10., 1994.12.22., 1995.12.29.>

제24조(명의대여자의 책임) 타인에게 자기의 성명 또는 상호를 사용하여 영업을 할 것을 허락한 자는 자기를 영업주로 오인하여 거래한 제3자에 대하여 그 타인과 연대하여 변제할 책임이 있다.

판례-공사대금

[대법원 2008.10.23, 선고, 2008다46555, 판결]

【판시사항】
상법 제24조에 따른 명의대여자의 연대책임 및 건설업 면허를 대여받은 자를 대리 또는 대행한 자가 면허대여자 명의로 하도급거래를 한 경우에도 위 책임을 부담하는지 여부(적극)

【판결요지】
상법 제24조는 명의를 대여한 자를 영업의 주체로 오인하고 거래한 상대방의 이익을 보호하기 위한 규정으로서 이에 따르면 명의대여자는 명의차용자가 영업거래를 수행하는 과정에서 부담하는 채무를 연대하여 변제할 책임이 있다. 그리고 건설업 면허를 대여한 자는 자기의 성명 또는 상호를 사용하여 건설업을 할 것을 허락하였다고 할 것인데, 건설업에서는 공정에 따라 하도급거래를 수반하는 것이 일반적이어서 특별한 사정이 없는 한 건설업 면허를 대여받은 자가 그 면허를 사용하여 면허를 대여한 자의 명의로 하도급거래를 하는 것도 허락하였다고 봄이 상당하므로, 면허를 대여한 자를 영업의 주체로 오인한 하수급인에 대하여도 명의대여자로서의 책임을 지고, 면허를 대여받은 자를 대리 또는 대행한 자가 면허를 대여한 자의 명의로 하도급거래를 한 경우에도 마찬가지이다.

제25조(상호의 양도) ①상호는 영업을 폐지하거나 영업과 함께 하는 경우에 한하여 이를 양도할 수 있다.

②상호의 양도는 등기하지 아니하면 제3자에게 대항하지 못한다.

제26조(상호불사용의 효과) 상호를 등기한 자가 정당한 사유없이 2년간 상호를 사용하지 아니하는 때에는 이를 폐지한 것으로 본다.

제27조(상호등기의 말소청구) 상호를 변경 또는 폐지한 경우에 2주간내에 그 상호를 등기한 자가 변경 또는 폐지의 등기를 하지 아니하는 때에는 이해관계인은 그 등기의 말소를 청구할 수 있다.

제28조(상호 부정사용에 대한 제재)
제20조와 제23조제1항에 위반한 자는 200만원 이하의 과태료에 처한다. <개정 1984.4.10., 1995.12.29.>

제5장 상업장부

제29조(상업장부의 종류 · 작성원칙)
①상인은 영업상의 재산 및 손익의 상황을 명백히 하기 위하여 회계장부 및 대차대조표를 작성하여야 한다.
②상업장부의 작성에 관하여 이 법에 규정한 것을 제외하고는 일반적으로 공정·타당한 회계관행에 의한다.
[전문개정 1984.4.10.]

제30조(상업장부의 작성방법) ①회계장부에는 거래와 기타 영업상의 재산에 영향이 있는 사항을 기재하여야 한다.
②상인은 영업을 개시한 때와 매년 1회 이상 일정시기에, 회사는 성립한 때와 매 결산기에 회계장부에 의하여 대차대조표를 작성하고, 작성자가 이에 기명날인 또는 서명하여야 한다. <개정 1995.12.29.>
[전문개정 1984.4.10.]

제31조 삭제 <2010.5.14.>

제32조(상업장부의 제출) 법원은 신청에 의하여 또는 직권으로 소송당사자에게 상업장부 또는 그 일부분의 제출을 명할 수 있다.

제33조(상업장부등의 보존) ①상인은 10년간 상업장부와 영업에 관한 중요서류를 보존하여야 한다. 다만, 전표 또는 이와 유사한 서류는 5년간 이를 보존하여야 한다. <개정 1995.12.29.>
②전항의 기간은 상업장부에 있어서는 그 폐쇄한 날로부터 기산한다.
③제1항의 장부와 서류는 마이크로필름 기타의 전산정보처리조직에 의하여 이를 보존할 수 있다. <신설 1995.12.29.>
④제3항의 규정에 의하여 장부와 서류를 보존하는 경우 그 보존방법 기타 필요한 사항은 대통령령으로 정한다. <신설 1995.12.29.>

제6장 상업등기

제34조(통칙) 이 법에 따라 등기할 사항은 당사자의 신청에 의하여 영업소의 소재지를

관할하는 법원의 상업등기부에 등기한다.
[전문개정 2010.5.14.]

제34조의2 삭제 <2007.8.3.>

제35조(지점소재지에서의 등기) 본점의 소재지에서 등기할 사항은 다른 규정이 없으면 지점의 소재지에서도 등기하여야 한다.

제36조 삭제 <1995.12.29.>

제37조(등기의 효력) ①등기할 사항은 이를 등기하지 아니하면 선의의 제3자에게 대항하지 못한다.
②등기한 후라도 제3자가 정당한 사유로 인하여 이를 알지 못한 때에는 제1항과 같다.
[전문개정 1995.12.29.]

제38조(지점소재지에서의 등기의 효력)
지점의 소재지에서 등기할 사항을 등기하지 아니한 때에는 전조의 규정은 그 지점의 거래에 한하여 적용한다.

제39조(부실의 등기) 고의 또는 과실로 인하여 사실과 상위한 사항을 등기한 자는 그 상위를 선의의 제3자에게 대항하지 못한다.

제40조(변경, 소멸의 등기) 등기한 사항에 변경이 있거나 그 사항이 소멸한 때에는 당사자는 지체없이 변경 또는 소멸의 등기를 하여야 한다.

제7장 영업양도

제41조(영업양도인의 경업금지)
①영업을 양도한 경우에 다른 약정이 없으면 양도인은 10년간 동일한 특별시·광역시·시·군과 인접 특별시·광역시·시·군에서 동종영업을 하지 못한다. <개정 1984.4.10., 1994.12.22., 1995.12.29.>
②양도인이 동종영업을 하지 아니할 것을 약정한 때에는 동일한 특별시·광역시·시·군과 인접 특별시·광역시·시·군에 한하여 20년을 초과하지 아니한 범위내에서 그 효력이 있다. <개정 1984.4.10., 1994.12.22., 1995.12.29.>

제42조(상호를 속용하는 양수인의 책임)
①영업양수인이 양도인의 상호를 계속사용하는 경우에는 양도인의 영업으로 인한 제3자의 채권에 대하여 양수인도 변제할 책임이 있다.
②전항의 규정은 양수인이 영업양도를 받은 후 지체없이 양도인의 채무에 대한 책임이 없음을 등기한 때에는 적용하지 아니한다. 양도인과 양수인이 지체없이 제3자에 대하여 그 뜻을 통지한 경우에 그 통지를 받은 제3자에 대하여도 같다.

제43조(영업양수인에 대한 변제) 전조제1항의 경우에 양도인의 영업으로 인한 채권에 대하여 채무자가 선의이며 중대한 과실없이 양수인에게 변제한 때에는 그 효력이 있다.

제44조(채무인수를 광고한 양수인의 책임)
영업양수인이 양도인의 상호를 계속사용하지 아니하는 경우에 양도인의 영업으로 인한 채무를 인수할 것을 광고한 때에는 양수인도 변제할 책임이 있다.

제45조(영업양도인의 책임의 존속기간)
영업양수인이 제42조제1항 또는 전조의 규정에 의하여 변제의 책임이 있는 경우에는 양도인의 제3자에 대한 채무는 영업양도 또는 광고후 2년이 경과하면 소멸한다.

판례-물품대금

[대법원 2009.9.10, 선고, 2009다38827, 판결]

【판시사항】
영업의 출자로 설립된 회사가 상호를 계속 사용함으로써 상법 제42조 제1항이 유추적용되는 경우, 상법 제45조도 당연히 유추적용되는지 여부(적극)

【판결요지】
상법 제42조 제1항은 영업양수인이 양도인의 상호를 계속 사용하는 경우에는 양도인의 영업으로 인한 제3자의 채권에 대하여 양수인도 변제할 책임이 있다고 규정하고, 상법 제45조는 영업양수인이 상법 제42조 제1항의 규정에 의하여 변제의 책임이 있는 경우에는 양도인의 제3자에 대한 채무는 영업양도 후 2년이 경과하면 소멸한다고 규정하고 있는바, 영업을 출자하여 주식회사를 설립하고 그 상호를 계속 사용함으로써 상법 제42조 제1항의 규정이 유추적용되는 경우에는 상법 제45조의 규정도 당연히 유추적용된다.

제2편 상행위
제1장 통칙

제46조(기본적 상행위) 영업으로 하는 다음의 행위를 상행위라 한다. 그러나 오로지 임금을 받을 목적으로 물건을 제조하거나 노무에 종사하는 자의 행위는 그러하지 아니하다. <개정 1995.12.29., 2010.5.14.>

1. 동산, 부동산, 유가증권 기타의 재산의 매매
2. 동산, 부동산, 유가증권 기타의 재산의 임대차
3. 제조, 가공 또는 수선에 관한 행위
4. 전기, 전파, 가스 또는 물의 공급에 관한 행위
5. 작업 또는 노무의 도급의 인수
6. 출판, 인쇄 또는 촬영에 관한 행위
7. 광고, 통신 또는 정보에 관한 행위
8. 수신·여신·환 기타의 금융거래
9. 공중(公衆)이 이용하는 시설에 의한 거래
10. 상행위의 대리의 인수
11. 중개에 관한 행위
12. 위탁매매 기타의 주선에 관한 행위
13. 운송의 인수
14. 임치의 인수
15. 신탁의 인수
16. 상호부금 기타 이와 유사한 행위
17. 보험
18. 광물 또는 토석의 채취에 관한 행위
19. 기계, 시설, 그 밖의 재산의 금융리스에 관한 행위
20. 상호·상표 등의 사용허락에 의한 영업에 관한 행위
21. 영업상 채권의 매입·회수 등에 관한 행위

22. 신용카드, 전자화폐 등을 이용한 지급결제 업무의 인수

제47조(보조적 상행위)
①상인이 영업을 위하여 하는 행위는 상행위로 본다.
②상인의 행위는 영업을 위하여 하는 것으로 추정한다.

제48조(대리의 방식) 상행위의 대리인이 본인을 위한 것임을 표시하지 아니하여도 그 행위는 본인에 대하여 효력이 있다. 그러나 상대방이 본인을 위한 것임을 알지 못한 때에는 대리인에 대하여도 이행의 청구를 할 수 있다.

제49조(위임) 상행위의 위임을 받은 자는 위임의 본지에 반하지 아니한 범위내에서 위임을 받지 아니한 행위를 할 수 있다.

제50조(대리권의 존속) 상인이 그 영업에 관하여 수여한 대리권은 본인의 사망으로 인하여 소멸하지 아니한다.
[전문개정 2010.5.14.]

제51조(대화자간의 청약의 구속력) 대화자간의 계약의 청약은 상대방이 즉시 승낙하지 아니한 때에는 그 효력을 잃는다.

제52조 삭제 <2010.5.14.>

제53조(청약에 대한 낙부통지의무)
상인이 상시 거래관계에 있는 자로부터 그 영업부류에 속한 계약의 청약을 받은 때에는 지체없이 낙부의 통지를 발송하여야 한다. 이를 해태한 때에는 승낙한 것으로 본다.

판례-보증채무금·사해행위취소

[대법원 2007.5.10, 선고, 2007다4691, 판결]

【판시사항】
[1] 연대보증인 제외 요청에 대하여 금융기관이 승낙 여부의 통지를 하지 않았다 하여 그 요청을 승낙한 것으로 볼 수 있는지 여부(소극)
[2] 회사의 어음거래약정에 연대보증을 한 대표이사가 대표이사직을 사임한 경우, 채권자인 금융기관이 위와 같은 사정변경 사실을 알고 있었다는 사정만으로는 연대보증계약이 해지되었다고 볼 수 없다고 한 사례

【판결요지】
[1] 통상의 금융거래에 있어서 연대보증인에서 제외시켜 달라는 채무자측의 요청은, 채권자인 금융기관의 입장에서 볼 때 이미 다른 확실한 물적·인적 담보가 확보되어 있다거나 또는 그 연대보증에 대신할 만한 충분한 담보가 새로이 제공된다는 등의 특별한 사정이 없는 한 그에 대한 승낙이 당연히 예상된다고 할 수는 없기 때문에, 위와 같은 특별한 사정이 없는 연대보증인 제외 요청에 대하여 금융기관이 승낙 여부의 통지를 하지 않았다고 하여 상법 제53조에 따라 금융기관이 그 요청을 승낙한 것으로 볼 수는 없다.
[2] 회사의 어음거래약정에 연대보증을 한 대표이사가 대표이사직을 사임한 경우, 채권자인 금융기관이 위와 같은 사정변경 사실을 알고 있었다는 사정만으로는 연대보증계약이 해지되었다고 볼 수 없다고 한 사례.

제54조(상사법정이율) 상행위로 인한 채무의 법정이율은 연 6분으로 한다. <개정 1962.12.12.>

판례-예탁금반환(특정금전신탁에서 신탁회사의 주의의무의 내용과 위반의 효과)

[대법원 2018.2.28., 선고, 2013다26425, 판결]

【판시사항】

[1] 신탁회사가 특정금전신탁의 신탁재산인 금전의 구체적 운용방법을 미리 정하여 놓고 고객에게 계약 체결을 권유하는 등 실질적으로 투자를 권유하였다고 볼 수 있는 경우, 신탁재산의 구체적 운용방법을 포함한 신탁계약의 특성 등을 고객에게 설명하여야 할 주의의무를 부담하는지 여부(적극) 및 이 경우 고객에게 어느 정도의 설명을 하여야 하는지 판단하는 기준

[2] 신탁회사가 고객을 보호하여야 할 주의의무를 위반함으로써 고객이 본래 체결하지 않았을 신탁계약을 체결하게 된 경우, 신탁회사가 불법행위로 인한 손해배상책임을 지는지 여부(적극) 및 이 경우 채무불이행에 의한 손해배상책임도 지는지 여부(원칙적 소극)

[3] 불법행위로 인한 손해배상채무에 상사법정이율이 적용되는지 여부(소극)

[4] 신탁보수약정이 있는데도 약정된 보수액의 전부를 청구할 수 없는 경우

[5] 신탁계약에서 수탁자가 선량한 관리자의 주의의무를 위반하여 신탁비용을 지출한 경우, 이러한 과실로 확대된 신탁비용에 대하여 비용상환청구를 할 수 있는지 여부(소극)

[6] 병합의 형태가 선택적 병합인지 예비적 병합인지 판단하는 기준(=병합청구의 성질)

【판결요지】

[1] 특정금전신탁은 위탁자가 신탁재산인 금전의 운용방법을 지정하는 금전신탁으로서 신탁회사는 위탁자가 지정한 운용방법대로 자산을 운용하여야 한다. 그 운용과정에서 신탁회사가 신탁재산에 대하여 선량한 관리자의 주의의무를 다하였다면 자기책임의 원칙상 신탁재산의 운용 결과에 대한 손익은 모두 수익자에게 귀속된다.

그러나 신탁회사가 특정금전신탁의 신탁재산인 금전의 구체적인 운용방법을 미리 정하여 놓고 고객에게 계약 체결을 권유하는 등 실질적으로 투자를 권유하였다고 볼 수 있는 경우에는, 신탁회사는 신탁재산의 구체적 운용방법을 포함한 신탁계약의 특성 및 주요 내용과 그에 따르는 위험을 적절하고 합리적으로 조사하고, 그 결과를 신탁계약의 고객이 이해할 수 있도록 명확히 설명함으로써 고객이 그 정보를 바탕으로 합리적인 투자판단을 할 수 있도록 고객을 보호하여야 할 주의의무가 있다. 이 경우 신탁회사가 고객에게 어느 정도의 설명을 하여야 하는지는 신탁재산 운용방법의 구체적 내용 및 위험도의 수준, 고객의 투자 경험 및 능력 등을 종합적으로 고려하여 판단하여야 한다.

[2] 신탁회사가 신탁계약의 체결을 권유하면서 합리적인 투자판단을 할 수 있도록 고객을 보호하여야 할 주의의무를 위반함으로써 고객이 본래 체결하지 않았을 신탁계약을 체결하게 된 경우, 신탁회사는 신탁계약 체결로 고객이 입게 된 손해에 관하여 불법행위로 인한 손해배상책임을 지고, 다른 특별한 사정이 없는 한 계약상의 채무불이행에 의한 손해배상책임을 지지는 않는다.

[3] 상법 제54조의 상사법정이율은 상행위로 인한 채무나 이와 동일성을 가진 채무에 관하여 적용되는 것이고, 상행위가 아닌 불법행위로 인한 손해배상채무에는 적용되지 아니한다.

[4] 신탁보수약정을 한 경우에 신탁사무를 완료한 수탁자는 위탁자에게 약정된 보수액을 전부 청구할 수 있는 것이 원칙이다. 그러나 신탁사무처리의 내용 및 경과, 신탁기간, 신탁사무로 인한 위탁자의 손실 규모 및 발생 경위, 그 밖에 변론에 나타난 제반 사정을 고려하여 약정된 보수액이 부당하게 과다하여 신의성실의 원칙이나 형평의 원칙에 반한다고 볼 만한 특별한 사정이 있는 경우에는 상당하다고 인정되는 범위로 보수액을 제한할 수 있다.

[5] 수탁자가 신탁의 본지에 따라 신탁사업을 수행하면서 정당하게 지출하거나 부담한 신탁비용 등에 관하여는 신탁자에게 보상을 청구할 수 있다. 그러나 수탁자가 선량한 관리자의 주의의무를 위반하여 신탁비용을 지출한 경우에는 이러한 과실로 인하여 확대된 비용은 신탁비용의 지출 또는 부담에 정당한 사유가 없는 경우에 해당하여 수탁자는 비용상환청구를 할 수 없다.

[6] 병합의 형태가 선택적 병합인지 예비적 병합인지는 당사자의 의사가 아닌 병합청구의 성질을 기준으로 판단하여야 한다.

제55조(법정이자청구권) ①상인이 그 영업에 관하여 금전을 대여한 경우에는 법정이자를 청구할 수 있다.

②상인이 그 영업범위 내에서 타인을 위하여 금전을 체당(替當)하였을 때에는 체당한 날 이

후의 법정이자를 청구할 수 있다.
[전문개정 2010.5.14.]

제56조(지점거래의 채무이행장소)
채권자의 지점에서의 거래로 인한 채무이행의 장소가 그 행위의 성질 또는 당사자의 의사표시에 의하여 특정되지 아니한 경우 특정물 인도 외의 채무이행은 그 지점을 이행장소로 본다.
[전문개정 2010.5.14.]

제57조(다수채무자간 또는 채무자와 보증인의 연대) ①수인이 그 1인 또는 전원에게 상행위가 되는 행위로 인하여 채무를 부담한 때에는 연대하여 변제할 책임이 있다.
②보증인이 있는 경우에 그 보증이 상행위이거나 주채무가 상행위로 인한 것인 때에는 주채무자와 보증인은 연대하여 변제할 책임이 있다.

제58조(상사유치권) 상인간의 상행위로 인한 채권이 변제기에 있는 때에는 채권자는 변제를 받을 때까지 그 채무자에 대한 상행위로 인하여 자기가 점유하고 있는 채무자소유의 물건 또는 유가증권을 유치할 수 있다. 그러나 당사자간에 다른 약정이 있으면 그러하지 아니하다.

제59조(유질계약의 허용) 민법 제339조의 규정은 상행위로 인하여 생긴 채권을 담보하기 위하여 설정한 질권에는 적용하지 아니한다.

제60조(물건보관의무) 상인이 그 영업부류에 속한 계약의 청약을 받은 경우에 견품 기타의 물건을 받은 때에는 그 청약을 거절한 때에도 청약자의 비용으로 그 물건을 보관하여야 한다. 그러나 그 물건의 가액이 보관의 비용을 상환하기에 부족하거나 보관으로 인하여 손해를 받을 염려가 있는 때에는 그러하지 아니하다.

제61조(상인의 보수청구권) 상인이 그 영업범위내에서 타인을 위하여 행위를 한 때에는 이에 대하여 상당한 보수를 청구할 수 있다.

제62조(임치를 받은 상인의 책임)
상인이 그 영업범위내에서 물건의 임치를 받은 경우에는 보수를 받지 아니하는 때에도 선량한 관리자의 주의를 하여야 한다.

제63조(거래시간과 이행 또는 그 청구)
법령 또는 관습에 의하여 영업시간이 정하여져 있는 때에는 채무의 이행 또는 이행의 청구는 그 시간내에 하여야 한다.

제64조(상사시효) 상행위로 인한 채권은 본법에 다른 규정이 없는 때에는 5년간 행사하지 아니하면 소멸시효가 완성한다. 그러나 다른 법령에 이보다 단기의 시효의 규정이 있는 때에는 그 규정에 의한다.

제65조(유가증권과 준용규정) ①금전의 지급청구권, 물건 또는 유가증권의 인도청구권이나 사원의 지위를 표시하는 유가증권에 대하여는 다른 법률에 특별한 규정이 없으면 「민법」 제508조부터 제525조까지의 규정을 적용하는 외에 「어음법」 제12조제1항 및 제2항을 준용한다.
②제1항의 유가증권으로서 그 권리의 발생·변경·소멸을 전자등록하는 데에 적합한 유가증권은 제356조의2제1항의 전자등록기관의 전자등록부에 등록하여 발행할 수 있다. 이 경우 제356조의2제2항부터 제4항까지의 규정을 준용한다. <개정 2016.3.22.>
[전문개정 2011.4.14.]

第66條(준상행위) 본장의 규정은 제5조의 규정에 의한 상인의 행위에 준용한다.

제2장 매매

第67條(매도인의 목적물의 공탁, 경매권) ①상인간의 매매에 있어서 매수인이 목적물의 수령을 거부하거나 이를 수령할 수 없는 때에는 매도인은 그 물건을 공탁하거나 상당한 기간을 정하여 최고한 후 경매할 수 있다. 이 경우에는 지체없이 매수인에 대하여 그 통지를 발송하여야 한다.
②전항의 경우에 매수인에 대하여 최고를 할 수 없거나 목적물이 멸실 또는 훼손될 염려가 있는 때에는 최고없이 경매할 수 있다.
③전2항의 규정에 의하여 매도인이 그 목적물을 경매한 때에는 그 대금에서 경매비용을 공제한 잔액을 공탁하여야 한다. 그러나 그 전부나 일부를 매매대금에 충당할 수 있다.

第68條(확정기매매의 해제) 상인간의 매매에 있어서 매매의 성질 또는 당사자의 의사표시에 의하여 일정한 일시 또는 일정한 기간내에 이행하지 아니하면 계약의 목적을 달성할 수 없는 경우에 당사자의 일방이 이행시기를 경과한 때에는 상대방은 즉시 그 이행을 청구하지 아니하면 계약을 해제한 것으로 본다.

판례-손해배상(기)

[대법원 2009.7.9, 선고, 2009다15565, 판결]

【판시사항】
[1] 상인간의 매매가 상법 제68조에 정한 확정기매매인지 여부의 판단 기준
[2] 가격변동이 심한 원자재를 계약 목적물로 한 국제 중개무역이라는 사유만으로는 상법 제68조에 정한 상인간의 확정기매매에 해당한다고 볼 수 없다고 한 사례

【판결요지】
[1] 상법 제68조에 정한 상인간의 확정기매매의 경우 당사자의 일방이 이행시기를 경과하면 상대방은 이행의 최고나 해제의 의사표시 없이 바로 해제의 효력을 주장할 수 있는바, 상인간의 확정기매매인지 여부는 매매목적물의 가격 변동성, 매매계약을 체결한 목적 및 그러한 사정을 상대방이 알고 있었는지 여부, 매매대금의 결제 방법 등과 더불어 이른바 시.아이.에프(C. I. F.) 약관과 같이 선적기간의 표기가 불가결하고 중요한 약관이 있는지 여부, 계약 당사자 사이에 종전에 계약이 체결되어 이행된 방식, 당해 매매계약에서의 구체적인 이행 상황 등을 종합하여 판단하여야 한다.
[2] 계약 당사자 사이에 종전에 계약이 체결되어 이행된 방식, 당해 매매계약에서의 구체적인 이행 상황 등에 비추어 볼 때, 가격변동이 심한 원자재를 계약 목적물로 한 국제 중개무역이라는 사유만으로는 상법 제68조에 정한 상인간의 확정기매매에 해당한다고 볼 수 없다고 한 사례.

第69條(매수인의 목적물의 검사와 하자통지의무) ①상인간의 매매에 있어서 매수인이 목적물을 수령한 때에는 지체없이 이를 검사하여야 하며 하자 또는 수량의 부족을 발견한 경우에는 즉시 매도인에게 그 통지를 발송하지 아니하면 이로 인한 계약해제, 대금감액 또는 손해배상을 청구하지 못한다. 매매의 목적물에 즉시 발견할 수 없는 하자가 있는 경우에 매수인이 6월내에 이를 발견한 때에도 같다.
②전항의 규정은 매도인이 악의인 경우에는 적용하지 아니한다.

第70條(매수인의 목적물보관, 공탁의무)
①제69조의 경우에 매수인이 계약을 해제한 때에도 매도인의 비용으로 매매의 목적물을 보관 또는 공탁하여야 한다. 그러나 그 목적물이 멸실 또는 훼손될 염려가 있는 때에는 법원의 허

가를 얻어 경매하여 그 대가를 보관 또는 공탁하여야 한다. <개정 1984.4.10.>
②제1항의 규정에 의하여 매수인이 경매한 때에는 지체없이 매도인에게 그 통지를 발송하여야 한다. <개정 1984.4.10.>
③제1항 및 제2항의 규정은 목적물의 인도장소가 매도인의 영업소 또는 주소와 동일한 특별시·광역시·시·군에 있는 때에는 이를 적용하지 아니한다. <개정 1995.12.29.>

제71조(동전-수량초과 등의 경우)
전조의 규정은 매도인으로부터 매수인에게 인도한 물건이 매매의 목적물과 상위하거나 수량이 초과한 경우에 그 상위 또는 초과한 부분에 대하여 준용한다.

제3장 상호계산

제72조(의의) 상호계산은 상인간 또는 상인과 비상인간에 상시 거래관계가 있는 경우에 일정한 기간의 거래로 인한 채권채무의 총액에 관하여 상계하고 그 잔액을 지급할 것을 약정함으로써 그 효력이 생긴다.

제73조(상업증권상의 채권채무에 관한 특칙)
어음 기타의 상업증권으로 인한 채권채무를 상호계산에 계입한 경우에 그 증권채무자가 변제하지 아니한 때에는 당사자는 그 채무의 항목을 상호계산에서 제거할 수 있다.

제74조(상호계산기간) 당사자가 상계할 기간을 정하지 아니한 때에는 그 기간은 6월로 한다.

제75조(계산서의 승인과 이의) 당사자가 채권채무의 각 항목을 기재한 계산서를 승인한 때에는 그 각 항목에 대하여 이의를 하지 못한다. 그러나 착오나 탈루가 있는 때에는 그러하지 아니하다.

제76조(잔액채권의 법정이자) ①상계로 인한 잔액에 대하여는 채권자는 계산폐쇄일 이후의 법정이자를 청구할 수 있다.
②전항의 규정에 불구하고 당사자는 각 항목을 상호계산에 계입한 날로부터 이자를 붙일 것을 약정할 수 있다.

제77조(해지) 각 당사자는 언제든지 상호계산을 해지할 수 있다. 이 경우에는 즉시 계산을 폐쇄하고 잔액의 지급을 청구할 수 있다.

제4장 익명조합

제78조(의의) 익명조합은 당사자의 일방이 상대방의 영업을 위하여 출자하고 상대방은 그 영업으로 인한 이익을 분배할 것을 약정함으로써 그 효력이 생긴다.

제79조(익명조합원의 출자) 익명조합원이 출자한 금전 기타의 재산은 영업자의 재산으로 본다.

제80조(익명조합원의 대외관계) 익명조합원은 영업자의 행위에 관하여서는 제3자에 대하여 권리나 의무가 없다.

제81조(성명, 상호의 사용허락으로 인한 책임) 익명조합원이 자기의 성명을 영업자의 상호 중에 사용하게 하거나 자기의 상호를 영업자의 상호로 사용할 것을 허락한 때에는 그 사용 이후의 채무에 대하여 영업자와 연대하여 변제할 책임이 있다.

제82조(이익배당과 손실분담)
①익명조합원의 출자가 손실로 인하여 감소된 때에는 그 손실을 전보한 후가 아니면 이익배당을 청구하지 못한다.
②손실이 출자액을 초과한 경우에도 익명조합원은 이미 받은 이익의 반환 또는 증자할 의무가 없다.
③전2항의 규정은 당사자간에 다른 약정이 있으면 적용하지 아니한다.

제83조(계약의 해지) ①조합계약으로 조합의 존속기간을 정하지 아니하거나 어느 당사자의 종신까지 존속할 것을 약정한 때에는 각 당사자는 영업연도말에 계약을 해지할 수 있다. 그러나 이 해지는 6월전에 상대방에게 예고하여야 한다.
②조합의 존속기간의 약정의 유무에 불구하고 부득이한 사정이 있는 때에는 각 당사자는 언제든지 계약을 해지할 수 있다.

제84조(계약의 종료) 조합계약은 다음의 사유로 인하여 종료한다.
1. 영업의 폐지 또는 양도
2. 영업자의 사망 또는 성년후견개시
3. 영업자 또는 익명조합원의 파산
[전문개정 2018.9.18.]

제85조(계약종료의 효과) 조합계약이 종료한 때에는 영업자는 익명조합원에게 그 출자의 가액을 반환하여야 한다. 그러나 출자가 손실로 인하여 감소된 때에는 그 잔액을 반환하면 된다.

제86조(준용규정) 제272조, 제277조와 제278조의 규정은 익명조합원에 준용한다.

제4장의2 합자조합

제86조의2(의의) 합자조합은 조합의 업무집행자로서 조합의 채무에 대하여 무한책임을 지는 조합원과 출자가액을 한도로 하여 유한책임을 지는 조합원이 상호출자하여 공동사업을 경영할 것을 약정함으로써 그 효력이 생긴다.
[본조신설 2011.4.14.]

제86조의3(조합계약) 합자조합의 설립을 위한 조합계약에는 다음 사항을 적고 총조합원이 기명날인하거나 서명하여야 한다.
1. 목적
2. 명칭
3. 업무집행조합원의 성명 또는 상호, 주소 및 주민등록번호
4. 유한책임조합원의 성명 또는 상호, 주소 및 주민등록번호
5. 주된 영업소의 소재지
6. 조합원의 출자(出資)에 관한 사항
7. 조합원에 대한 손익분배에 관한 사항
8. 유한책임조합원의 지분(持分)의 양도에 관한 사항
9. 둘 이상의 업무집행조합원이 공동으로 합자조합의 업무를 집행하거나 대리할 것을 정한

경우에는 그 규정
10. 업무집행조합원 중 일부 업무집행조합원만 합자조합의 업무를 집행하거나 대리할 것을 정한 경우에는 그 규정
11. 조합의 해산 시 잔여재산 분배에 관한 사항
12. 조합의 존속기간이나 그 밖의 해산사유에 관한 사항
13. 조합계약의 효력 발생일
[본조신설 2011.4.14.]

제86조의4(등기) ①업무집행조합원은 합자조합 설립 후 2주 내에 조합의 주된 영업소의 소재지에서 다음의 사항을 등기하여야 한다.
1. 제86조의3제1호부터 제5호까지(제4호의 경우에는 유한책임조합원이 업무를 집행하는 경우에 한정한다), 제9호, 제10호, 제12호 및 제13호의 사항
2. 조합원의 출자의 목적, 재산출자의 경우에는 그 가액과 이행한 부분
②제1항 각 호의 사항이 변경된 경우에는 2주 내에 변경등기를 하여야 한다.
[본조신설 2011.4.14.]

제86조의5(업무집행조합원) ①업무집행조합원은 조합계약에 다른 규정이 없으면 각자가 합자조합의 업무를 집행하고 대리할 권리와 의무가 있다.
②업무집행조합원은 선량한 관리자의 주의로써 제1항에 따른 업무를 집행하여야 한다.
③둘 이상의 업무집행조합원이 있는 경우에 조합계약에 다른 정함이 없으면 그 각 업무집행조합원의 업무집행에 관한 행위에 대하여 다른 업무집행조합원의 이의가 있는 경우에는 그 행위를 중지하고 업무집행조합원 과반수의 결의에 따라야 한다.
[본조신설 2011.4.14.]

제86조의6(유한책임조합원의 책임)
①유한책임조합원은 조합계약에서 정한 출자가액에서 이미 이행한 부분을 뺀 가액을 한도로 하여 조합채무를 변제할 책임이 있다.
②제1항의 경우 합자조합에 이익이 없음에도 불구하고 배당을 받은 금액은 변제책임을 정할 때에 변제책임의 한도액에 더한다.
[본조신설 2011.4.14.]

제86조의7(조합원의 지분의 양도)
①업무집행조합원은 다른 조합원 전원의 동의를 받지 아니하면 그 지분의 전부 또는 일부를 타인에게 양도(讓渡)하지 못한다.
②한책임조합원의 지분은 조합계약에서 정하는 바에 따라 양도할 수 있다.
③유한책임조합원의 지분을 양수(讓受)한 자는 양도인의 조합에 대한 권리·의무를 승계한다.
[본조신설 2011.4.14.]

제86조의8(준용규정) ①합자조합에 대하여는 제182조제1항, 제228조, 제253조, 제264조 및 제285조를 준용한다.
②업무집행조합원에 대하여는 제183조의2, 제198조, 제199조, 제200조의2, 제208조제2항, 제209조, 제212조 및 제287조를 준용한다. 다만, 제198조와 제199조는 조합계약에 다른 규정이 있으면 그러하지 아니하다.
③조합계약에 다른 규정이 없으면 유한책임조합원에 대하여는 제199조, 제272조, 제275조, 제277조, 제278조, 제283조 및 제284조를 준용한다.
④합자조합에 관하여는 이 법 또는 조합계약에 다른 규정이 없으면 「민법」 중 조합에 관한 규정을 준용한다. 다만, 유한책임조합원에 대하여는 「민법」 제712조 및 제713조는 준용하지 아니한다.
[본조신설 2011.4.14.]

제86조의9(과태료) 합자조합의 업무집행조합원, 제86조의8에 따라 준용되는 제183조의2 또는 제253조에 따른 직무대행자 또는 청산인이 이 장(章)에서 정한 등기를 게을리한 경우에는 500만원 이하의 과태료를 부과한다.
[본조신설 2011.4.14.]

제5장 대리상

제87조(의의) 일정한 상인을 위하여 상업사용인이 아니면서 상시 그 영업부류에 속하는 거래의 대리 또는 중개를 영업으로 하는 자를 대리상이라 한다.

제88조(통지의무) 대리상이 거래의 대리 또는 중개를 한 때에는 지체없이 본인에게 그 통지를 발송하여야 한다.

제89조(경업금지) ①대리상은 본인의 허락없이 자기나 제3자의 계산으로 본인의 영업부류에 속한 거래를 하거나 동종영업을 목적으로 하는 회사의 무한책임사원 또는 이사가 되지 못한다.
②제17조제2항 내지 제4항의 규정은 대리상이 전항의 규정에 위반한 경우에 준용한다.

제90조(통지를 받을 권한) 물건의 판매나 그 중개의 위탁을 받은 대리상은 매매의 목적물의 하자 또는 수량부족 기타 매매의 이행에 관한 통지를 받을 권한이 있다.

제91조(대리상의 유치권) 대리상은 거래의 대리 또는 중개로 인한 채권이 변제기에 있는 때에는 그 변제를 받을 때까지 본인을 위하여 점유하는 물건 또는 유가증권을 유치할 수 있다. 그러나 당사자간에 다른 약정이 있으면 그러하지 아니하다.

제92조(계약의 해지) ①당사자가 계약의 존속기간을 약정하지 아니한 때에는 각 당사자는 2월전에 예고하고 계약을 해지할 수 있다.
②제83조제2항의 규정은 대리상에 준용한다.

제92조의2(대리상의 보상청구권)
①대리상의 활동으로 본인이 새로운 고객을 획득하거나 영업상의 거래가 현저하게 증가하고 이로 인하여 계약의 종료후에도 본인이 이익을 얻고 있는 경우에는 대리상은 본인에 대하여 상당한 보상을 청구할 수 있다. 다만, 계약의 종료가 대리상의 책임있는 사유로 인한 경우에는 그러하지 아니하다.
②제1항의 규정에 의한 보상금액은 계약의 종료전 5년간의 평균년보수액을 초과할 수 없다. 계약의 존속기간이 5년 미만인 경우에는 그 기간의 평균년보수액을 기준으로 한다.
③제1항의 규정에 의한 보상청구권은 계약이 종료한 날부터 6월을 경과하면 소멸한다.
[본조신설 1995.12.29.]

제92조의3(대리상의 영업비밀준수의무)
대리상은 계약의 종료후에도 계약과 관련하여 알게 된 본인의 영업상의 비밀을 준수하여야 한다.
[본조신설 1995.12.29.]

제6장 중개업

제93조(의의) 타인간의 상행위의 중개를 영업으로 하는 자를 중개인이라 한다.

제94조(중개인의 급여수령대리권)
중개인은 그 중개한 행위에 관하여 당사자를 위하여 지급 기타의 이행을 받지 못한다. 그러나 다른 약정이나 관습이 있으면 그러하지 아니하다.

제95조(견품보관의무) 중개인이 그 중개한 행위에 관하여 견품을 받은 때에는 그 행위가 완료될 때까지 이를 보관하여야 한다.

제96조(결약서교부의무) ①당사자간에 계약이 성립된 때에는 중개인은 지체없이 각 당사자의 성명 또는 상호, 계약년월일과 그 요령을 기재한 서면을 작성하여 기명날인 또는 서명한 후 각 당사자에게 교부하여야 한다. <개정 1995.12.29.>
②당사자가 즉시 이행을 하여야 하는 경우를 제외하고 중개인은 각 당사자로 하여금 제1항의 서면에 기명날인 또는 서명하게 한 후 그 상대방에게 교부하여야 한다. <개정 1995.12.29.>
③제1항 및 제2항의 경우에 당사자의 일방이 서면의 수령을 거부하거나 기명날인 또는 서명하지 아니한 때에는 중개인은 지체없이 상대방에게 그 통지를 발송하여야 한다. <개정 1995.12.29.>

제97조(중개인의 장부작성의무)
①중개인은 전조에 규정한 사항을 장부에 기재하여야 한다.
②당사자는 언제든지 자기를 위하여 중개한 행위에 관한 장부의 등본의 교부를 청구할 수 있다.

제98조(성명, 상호 묵비의 의무)
당사자가 그 성명 또는 상호를 상대방에게 표시하지 아니할 것을 중개인에게 요구한 때에는 중개인은 그 상대방에게 교부할 제96조제1항의 서면과 전조 제2항의 등본에 이를 기재하지 못한다.

제99조(중개인의 이행책임) 중개인이 임의로 또는 전조의 규정에 의하여 당사자의 일방의 성명 또는 상호를 상대방에게 표시하지 아니한 때에는 상대방은 중개인에 대하여 이행을 청구할 수 있다.

제100조(보수청구권) ①중개인은 제96조의 절차를 종료하지 아니하면 보수를 청구하지 못한다.
②중개인의 보수는 당사자쌍방이 균분하여 부담한다.

제7장 위탁매매업

제101조(의의) 자기명의로써 타인의 계산으로 물건 또는 유가증권의 매매를 영업으로 하는 자를 위탁매매인이라 한다.

제102조(위탁매매인의 지위) 위탁매매인은 위탁자를 위한 매매로 인하여 상대방에 대하여 직접 권리를 취득하고 의무를 부담한다.

제103조(위탁물의 귀속) 위탁매매인이 위탁자로부터 받은 물건 또는 유가증권이나 위탁매매

로 인하여 취득한 물건, 유가증권 또는 채권은 위탁자와 위탁매매인 또는 위탁매매인의 채권자간의 관계에서는 이를 위탁자의 소유 또는 채권으로 본다.

제104조(통지의무, 계산서제출의무)
위탁매매인이 위탁받은 매매를 한 때에는 지체없이 위탁자에 대하여 그 계약의 요령과 상대방의 주소, 성명의 통지를 발송하여야 하며 계산서를 제출하여야 한다.

제105조(위탁매매인의 이행담보책임)
위탁매매인은 위탁자를 위한 매매에 관하여 상대방이 채무를 이행하지 아니하는 경우에는 위탁자에 대하여 이를 이행할 책임이 있다. 그러나 다른 약정이나 관습이 있으면 그러하지 아니하다.

제106조(지정가액준수의무)
①위탁자가 지정한 가액보다 염가로 매도하거나 고가로 매수한 경우에도 위탁매매인이 그 차액을 부담한 때에는 그 매매는 위탁자에 대하여 효력이 있다.
②위탁자가 지정한 가액보다 고가로 매도하거나 염가로 매수한 경우에는 그 차액은 다른 약정이 없으면 위탁자의 이익으로 한다.

제107조(위탁매매인의 개입권) ①위탁매매인이 거래소의 시세가 있는 물건 또는 유가증권의 매매를 위탁받은 경우에는 직접 그 매도인이나 매수인이 될 수 있다. 이 경우의 매매대가는 위탁매매인이 매매의 통지를 발송할 때의 거래소의 시세에 따른다.
②제1항의 경우에 위탁매매인은 위탁자에게 보수를 청구할 수 있다.
[전문개정 2010.5.14.]

제108조(위탁물의 훼손, 하자 등의 효과)
①위탁매매인이 위탁매매의 목적물을 인도받은 후에 그 물건의 훼손 또는 하자를 발견하거나 그 물건이 부패할 염려가 있는 때 또는 가격저락의 상황을 안 때에는 지체없이 위탁자에게 그 통지를 발송하여야 한다.
②전항의 경우에 위탁자의 지시를 받을 수 없거나 그 지시가 지연되는 때에는 위탁매매인은 위탁자의 이익을 위하여 적당한 처분을 할 수 있다.

제109조(매수물의 공탁, 경매권)
제67조의 규정은 위탁매매인이 매수의 위탁을 받은 경우에 위탁자가 매수한 물건의 수령을 거부하거나 이를 수령할 수 없는 때에 준용한다.

제110조(매수위탁자가 상인인 경우)
상인인 위탁자가 그 영업에 관하여 물건의 매수를 위탁한 경우에는 위탁자와 위탁매매인간의 관계에는 제68조 내지 제71조의 규정을 준용한다.

제111조(준용규정) 제91조의 규정은 위탁매매인에 준용한다.

제112조(위임에 관한 규정의 적용) 위탁자와 위탁매매인간의 관계에는 본장의 규정외에 위임에 관한 규정을 적용한다.

제113조(준위탁매매인) 본장의 규정은 자기명의로써 타인의 계산으로 매매아닌 행위를 영업으로 하는 자에 준용한다.

제8장 운송주선업

제114조(의의) 자기의 명의로 물건운송의 주선을 영업으로 하는 자를 운송주선인이라 한다.

제115조(손해배상책임) 운송주선인은 자기나 그 사용인이 운송물의 수령, 인도, 보관, 운송인이나 다른 운송주선인의 선택 기타 운송에 관하여 주의를 해태하지 아니하였음을 증명하지 아니하면 운송물의 멸실, 훼손 또는 연착으로 인한 손해를 배상할 책임을 면하지 못한다.

판례-손해배상(기)

[서울서부지법 2007.12.21, 선고, 2006가합8979, 판결 : 항소]

【판시사항】

[1] 별도의 갑판적 운송 약정 없이 임의로 화물의 일부를 갑판적으로 운송하여 손상을 야기한 경우, 운송주선인과 운송인은 의뢰인에 대해 손해배상책임을 부담한다고 한 사례

[2] 정기용선자가 선하증권상 운송인의 책임을 부담하는 경우

[3] 별도의 갑판적 운송 약정 없이 임의로 운송인이 화물의 일부를 갑판적으로 운송한 것은 상법 제789조의2 제1항 단서의 무모한 행위에 해당하여 책임제한이 허용되지 않는다고 한 사례

【판결요지】

[1] 별도의 갑판적 운송 약정 없이 임의로 화물의 일부를 갑판적으로 운송하여 손상을 야기한 경우, 운송주선인과 운송인은 의뢰인에 대해 손해배상책임을 부담한다고 한 사례.

[2] 당사자 간에 체결된 정기용선계약의 내용에 비추어 선박에 대한 점유권이 용선자에게 이전되는 것은 아니지만 선박임대차와 유사하게 용선자가 선박의 자유사용권을 취득하고 그에 선원의 노무공급계약적인 요소가 수반되는 것이라면, 이는 해상기업활동에서 관행적으로 형성 발전된 특수한 계약관계로서 정기용선자는 대외적인 책임관계에 있어서 선박임차인에 관한 상법 제766조의 유추적용에 의하여 선박소유자와 동일한 책임을 지므로, 정기용선자는 선장이 발행한 선하증권상의 운송인으로서의 책임을 부담한다.

[3] 상법이 갑판적으로 행하는 운송의 경우 운송인의 의무 또는 책임의 경감·면제에 관한 상법 규정의 강행규정성을 배제하고, 갑판에 적재한 하물이 손실된 경우 그 가액을 공동해손의 액에 산입하지 아니하도록 규정하고 있는 점 등에 비추어 보면, 별도의 갑판적 운송 약정 없이 임의로 운송인이 화물의 일부를 갑판적으로 운송한 것은 상법 제789조의2 제1항 단서의 무모한 행위에 해당하여 책임제한이 허용되지 않는다고 한 사례.

제116조(개입권) ①운송주선인은 다른 약정이 없으면 직접운송할 수 있다. 이 경우에는 운송주선인은 운송인과 동일한 권리의무가 있다.

②운송주선인이 위탁자의 청구에 의하여 화물상환증을 작성한 때에는 직접운송하는 것으로 본다.

제117조(중간운송주선인의 대위)

①수인이 순차로 운송주선을 하는 경우에는 후자는 전자에 갈음하여 그 권리를 행사할 의무를 부담한다.

②전항의 경우에 후자가 전자에게 변제한 때에는 전자의 권리를 취득한다.

제118조(운송인의 권리의 취득) 전조의 경우에 운송주선인이 운송인에게 변제한 때에는 운송인의 권리를 취득한다.

제119조(보수청구권) ①운송주선인은 운송물을 운송인에게 인도한 때에는 즉시 보수를 청구할 수 있다.
②운송주선계약으로 운임의 액을 정한 경우에는 다른 약정이 없으면 따로 보수를 청구하지 못한다.

제120조(유치권) 운송주선인은 운송물에 관하여 받을 보수, 운임, 기타 위탁자를 위한 체당금이나 선대금에 관하여서만 그 운송물을 유치할 수 있다.

제121조(운송주선인의 책임의 시효)
①운송주선인의 책임은 수하인이 운송물을 수령한 날로부터 1년을 경과하면 소멸시효가 완성한다.
②전항의 기간은 운송물이 전부멸실한 경우에는 그 운송물을 인도할 날로부터 기산한다. <개정 1962.12.12.>
③전2항의 규정은 운송주선인이나 그 사용인이 악의인 경우에는 적용하지 아니한다.

제122조(운송주선인의 채권의 시효)
운송주선인의 위탁자 또는 수하인에 대한 채권은 1 년간 행사하지 아니하면 소멸시효가 완성한다.

제123조(준용규정) 운송주선인에 관하여는 본장의 규정외에 위탁매매인에 관한 규정을 준용한다.

제124조(동전) 제136조, 제140조와 제141조의 규정은 운송주선업에 준용한다.

제9장 운송업

제125조(의의) 육상 또는 호천, 항만에서 물건 또는 여객의 운송을 영업으로 하는 자를 운송인이라 한다.

제1절 물건운송

제126조(화물명세서) ①송하인은 운송인의 청구에 의하여 화물명세서를 교부하여야 한다. <개정 2007.8.3.>
②화물명세서에는 다음의 사항을 기재하고 송하인이 기명날인 또는 서명하여야 한다. <개정 1995.12.29., 2007.8.3.>
1. 운송물의 종류, 중량 또는 용적, 포장의 종별, 개수와 기호
2. 도착지
3. 수하인과 운송인의 성명 또는 상호, 영업소 또는 주소
4. 운임과 그 선급 또는 착급의 구별
5. 화물명세서의 작성지와 작성년월일

[제목개정 2007.8.3.]

제127조(화물명세서의 허위기재에 대한 책임) ①송하인이 화물명세서에 허위 또는 부정확한 기재를 한 때에는 운송인에 대하여 이로 인한 손해를 배상할 책임이 있다. <개정 2007.8.3.>

②전항의 규정은 운송인이 악의인 경우에는 적용하지 아니한다.
[제목개정 2007.8.3.]

제128조(화물상환증의 발행) ①운송인은 송하인의 청구에 의하여 화물상환증을 교부하여야 한다.
②화물상환증에는 다음의 사항을 기재하고 운송인이 기명날인 또는 서명하여야 한다. <개정 1995.12.29.>
1. 제126조제2항제1호 내지 제3호의 사항
2. 송하인의 성명 또는 상호, 영업소 또는 주소
3. 운임 기타 운송물에 관한 비용과 그 선급 또는 착급의 구별
4. 화물상환증의 작성지와 작성년월일

제129조(화물상환증의 상환증권성)
화물상환증을 작성한 경우에는 이와 상환하지 아니하면 운송물의 인도를 청구할 수 없다.

제130조(화물상환증의 당연한 지시증권성)
화물상환증은 기명식인 경우에도 배서에 의하여 양도할 수 있다. 그러나 화물상환증에 배서를 금지하는 뜻을 기재한 때에는 그러하지 아니하다.

제131조(화물상환증 기재의 효력)
①제128조에 따라 화물상환증이 발행된 경우에는 운송인과 송하인 사이에 화물상환증에 적힌 대로 운송계약이 체결되고 운송물을 수령한 것으로 추정한다.
②화물상환증을 선의로 취득한 소지인에 대하여 운송인은 화물상환증에 적힌 대로 운송물을 수령한 것으로 보고 화물상환증에 적힌 바에 따라 운송인으로서 책임을 진다.
[전문개정 2010.5.14.]

제132조(화물상환증의 처분증권성)
화물상환증을 작성한 경우에는 운송물에 관한 처분은 화물상환증으로써 하여야 한다.

제133조(화물상환증교부의 물권적 효력)
화물상환증에 의하여 운송물을 받을 수 있는 자에게 화물상환증을 교부한 때에는 운송물 위에 행사하는 권리의 취득에 관하여 운송물을 인도한 것과 동일한 효력이 있다.

제134조(운송물멸실과 운임) ①운송물의 전부 또는 일부가 송하인의 책임없는 사유로 인하여 멸실한 때에는 운송인은 그 운임을 청구하지 못한다. 운송인이 이미 그 운임의 전부 또는 일부를 받은 때에는 이를 반환하여야 한다.
②운송물의 전부 또는 일부가 그 성질이나 하자 또는 송하인의 과실로 인하여 멸실한 때에는 운송인은 운임의 전액을 청구할 수 있다.

제135조(손해배상책임) 운송인은 자기 또는 운송주선인이나 사용인, 그 밖에 운송을 위하여 사용한 자가 운송물의 수령, 인도, 보관 및 운송에 관하여 주의를 게을리하지 아니하였음을 증명하지 아니하면 운송물의 멸실, 훼손 또는 연착으로 인한 손해를 배상할 책임이 있다.
[전문개정 2010.5.14.]

제136조(고가물에 대한 책임) 화폐, 유가증권 기타의 고가물에 대하여는 송하인이 운송을 위탁할 때에 그 종류와 가액을 명시한 경우에 한하여 운송인이 손해를 배상할 책임이 있다.

제137조(손해배상의 액) ①운송물이 전부멸실 또는 연착된 경우의 손해배상액은 인도할

날의 도착지의 가격에 따른다. <개정 2011.4.14.>
②운송물이 일부 멸실 또는 훼손된 경우의 손해배상액은 인도한 날의 도착지의 가격에 의한다.
③운송물의 멸실, 훼손 또는 연착이 운송인의 고의나 중대한 과실로 인한 때에는 운송인은 모든 손해를 배상하여야 한다.
④운송물의 멸실 또는 훼손으로 인하여 지급을 요하지 아니하는 운임 기타 비용은 전3항의 배상액에서 공제하여야 한다.

제138조(순차운송인의 연대책임, 구상권)
①수인이 순차로 운송할 경우에는 각 운송인은 운송물의 멸실, 훼손 또는 연착으로 인한 손해를 연대하여 배상할 책임이 있다.
②운송인중 1인이 전항의 규정에 의하여 손해를 배상한 때에는 그 손해의 원인이 된 행위를 한 운송인에 대하여 구상권이 있다.
③전항의 경우에 그 손해의 원인이 된 행위를 한 운송인을 알 수 없는 때에는 각 운송인은 그 운임액의 비율로 손해를 분담한다. 그러나 그 손해가 자기의 운송구간내에서 발생하지 아니하였음을 증명한 때에는 손해분담의 책임이 없다.

제139조(운송물의 처분청구권)
①송하인 또는 화물상환증이 발행된 때에는 그 소지인이 운송인에 대하여 운송의 중지, 운송물의 반환 기타의 처분을 청구할 수 있다. 이 경우에 운송인은 이미 운송한 비율에 따른 운임, 체당금과 처분으로 인한 비용의 지급을 청구할 수 있다.
② 삭제 <1995.12.29.>

판례-손해배상(기)

[대법원 2015.12.10, 선고, 2013다3170, 판결]

【판시사항】
[1] 운송물을 수령 또는 선적하지 않고 발행한 선하증권의 효력(무효) 및 이러한 법리는 운송물이 이미 수하인에게 적법하게 인도된 후 발행된 선하증권의 경우에도 마찬가지인지 여부(적극)
[2] 상법 제854조 제2항에서 말하는 '선하증권을 선의로 취득한 소지인'의 의미
[3] 수하인이 목적지에 도착한 화물에 대하여 운송인에게 인도청구를 한 후 운송계약에 따라 선하증권이 송하인에게 발행된 경우, 선하증권을 소지한 송하인이 운송인에게 새로 운송물에 대한 인도청구권 등의 권리를 갖는지 여부(소극)

제140조(수하인의 지위) ①운송물이 도착지에 도착한 때에는 수하인은 송하인과 동일한 권리를 취득한다.
②운송물이 도착지에 도착한 후 수하인이 그 인도를 청구한 때에는 수하인의 권리가 송하인의 권리에 우선한다.
[신설 1995.12.29.]

제141조(수하인의 의무) 수하인이 운송물을 수령한 때에는 운송인에 대하여 운임 기타 운송에 관한 비용과 체당금을 지급할 의무를 부담한다.

제142조(수하인불명의 경우의 공탁, 경매권)
①수하인을 알 수 없는 때에는 운송인은 운송물을 공탁할 수 있다.
②제1항의 경우에 운송인은 송하인에 대하여 상당한 기간을 정하여 운송물의 처분에 대한 지시를 최고하여도 그 기간내에 지시를 하지 아니한 때에는 운송물을 경매할 수 있다. <개정 1995.12.29.>
③운송인이 제1항 및 제2항의 규정에 의하여 운송물의 공탁 또는 경매를 한 때에는 지체없이

송하인에게 그 통지를 발송하여야 한다. <개정 1995.12.29.>

제143조(운송물의 수령거부, 수령불능의 경우) ①전조의 규정은 수하인이 운송물의 수령을 거부하거나 수령할 수 없는 경우에 준용한다.
②운송인이 경매를 함에는 송하인에 대한 최고를 하기 전에 수하인에 대하여 상당한 기간을 정하여 운송물의 수령을 최고하여야 한다. <개정 1995.12.29.>

제144조(공시최고) ①송하인, 화물상환증소지인과 수하인을 알 수 없는 때에는 운송인은 권리자에 대하여 6월 이상의 기간을 정하여 그 기간 내에 권리를 주장할 것을 공고하여야 한다.
②제1항의 공고는 관보나 일간신문에 2회 이상 하여야 한다. <개정 1984.4.10.>
③운송인이 제1항 및 제2항의 규정에 의한 공고를 하여도 그 기간내에 권리를 주장하는 자가 없는 때에는 운송물을 경매할 수 있다. <개정 1984.4.10.>

제145조(준용규정) 제67조제2항과 제3항의 규정은 전3조의 경매에 준용한다.

제146조(운송인의 책임소멸) ①운송인의 책임은 수하인 또는 화물상환증소지인이 유보없이 운송물을 수령하고 운임 기타의 비용을 지급한 때에는 소멸한다. 그러나 운송물에 즉시 발견할 수 없는 훼손 또는 일부 멸실이 있는 경우에 운송물을 수령한 날로부터 2주간내에 운송인에게 그 통지를 발송한 때에는 그러하지 아니하다.
②전항의 규정은 운송인 또는 그 사용인이 악의인 경우에는 적용하지 아니한다.

제147조(준용규정) 제117조, 제120조 내지 제122조의 규정은 운송인에 준용한다.

판례-손해배상·운송료

[대법원 2015.5.28, 선고, 2013다216389,216396, 판결]

【판시사항】
상법 항공운송편이 신설·시행되기 전 항공운송인의 채권에 관하여 상법 제814조 제1항이 유추적용되는지 여부(소극)

제2절 여객운송

제148조(여객이 받은 손해의 배상책임)
①운송인은 자기 또는 사용인이 운송에 관한 주의를 해태하지 아니하였음을 증명하지 아니하면 여객이 운송으로 인하여 받은 손해를 배상할 책임을 면하지 못한다.
②손해배상의 액을 정함에는 법원은 피해자와 그 가족의 정상을 참작하여야 한다.

제149조(인도를 받은 수하물에 대한 책임)
①운송인은 여객으로부터 인도를 받은 수하물에 관하여는 운임을 받지 아니한 경우에도 물건운송인과 동일한 책임이 있다.
②수하물이 도착지에 도착한 날로부터 10일내에 여객이 그 인도를 청구하지 아니한 때에는 제67조의 규정을 준용한다. 그러나 주소 또는 거소를 알지 못하는 여객에 대하여는 최고와 통지를 요하지 아니한다.

제150조(인도를 받지 아니한 수하물에 대한 책임) 운송인은 여객으로부터 인도를 받지 아니한 수하물의 멸실 또는 훼손에 대하여는 자기 또는 사용인의 과실이 없으면 손해를 배상할 책임이 없다.

제10장 공중접객업

제151조(의의) 극장, 여관, 음식점, 그 밖의 공중이 이용하는 시설에 의한 거래를 영업으로 하는 자를 공중접객업자(公衆接客業者)라 한다.
[전문개정 2010.5.14.]

제152조(공중접객업자의 책임)
①공중접객업자는 자기 또는 그 사용인이 고객으로부터 임치(任置)받은 물건의 보관에 관하여 주의를 게을리하지 아니하였음을 증명하지 아니하면 그 물건의 멸실 또는 훼손으로 인한 손해를 배상할 책임이 있다.
②공중접객업자는 고객으로부터 임치받지 아니한 경우에도 그 시설 내에 휴대한 물건이 자기 또는 그 사용인의 과실로 인하여 멸실 또는 훼손되었을 때에는 그 손해를 배상할 책임이 있다.
③고객의 휴대물에 대하여 책임이 없음을 알린 경우에도 공중접객업자는 제1항과 제2항의 책임을 면하지 못한다.
[전문개정 2010.5.14.]

제153조(고가물에 대한 책임) 화폐, 유가증권, 그 밖의 고가물(高價物)에 대하여는 고객이 그 종류와 가액(價額)을 명시하여 임치하지 아니하면 공중접객업자는 그 물건의 멸실 또는 훼손으로 인한 손해를 배상할 책임이 없다.
[전문개정 2010.5.14.]

제154조(공중접객업자의 책임의 시효)
①제152조와 제153조의 책임은 공중접객업자가 임치물을 반환하거나 고객이 휴대물을 가져간 후 6개월이 지나면 소멸시효가 완성된다.
②물건이 전부 멸실된 경우에는 제1항의 기간은 고객이 그 시설에서 퇴거한 날부터 기산한다.
③제1항과 제2항은 공중접객업자나 그 사용인이 악의인 경우에는 적용하지 아니한다.
[전문개정 2010.5.14.]

제11장 창고업

제155조(의의) 타인을 위하여 창고에 물건을 보관함을 영업으로 하는 자를 창고업자라 한다.

제156조(창고증권의 발행) ①창고업자는 임치인의 청구에 의하여 창고증권을 교부하여야 한다.
②창고증권에는 다음의 사항을 기재하고 창고업자가 기명날인 또는 서명하여야 한다. <개정 1995.12.29.>
1. 임치물의 종류, 품질, 수량, 포장의 종별, 개수와 기호
2. 임치인의 성명 또는 상호, 영업소 또는 주소
3. 보관장소
4. 보관료
5. 보관기간을 정한 때에는 그 기간
6. 임치물을 보험에 붙인 때에는 보험금액, 보험기간과 보험자의 성명 또는 상호, 영업소 또는 주소
7. 창고증권의 작성지와 작성년월일

제157조(준용규정) 제129조 내지 제133조의 규정은 창고증권에 준용한다.

제158조(분할부분에 대한 창고증권의 청구)
①창고증권소지인은 창고업자에 대하여 그 증권을 반환하고 임치물을 분할하여 각부분에 대한 창고증권의 교부를 청구할 수 있다.
②전항의 규정에 의한 임치물의 분할과 증권교부의 비용은 증권소지인이 부담한다.

제159조(창고증권에 의한 입질과 일부출고)
창고증권으로 임치물을 입질한 경우에도 질권자의 승낙이 있으면 임치인은 채권의 변제기전이라도 임치물의 일부반환을 청구할 수 있다. 이 경우에는 창고업자는 반환한 임치물의 종류, 품질과 수량을 창고증권에 기재하여야 한다.

제160조(손해배상책임) 창고업자는 자기 또는 사용인이 임치물의 보관에 관하여 주의를 해태하지 아니하였음을 증명하지 아니하면 임치물의 멸실 또는 훼손에 대하여 손해를 배상할 책임을 면하지 못한다.

제161조(임치물의 검사, 견품적취, 보존처분권) 임치인 또는 창고증권소지인은 영업시간내에 언제든지 창고업자에 대하여 임치물의 검사 또는 견품의 적취를 요구하거나 그 보존에 필요한 처분을 할 수 있다.

제162조(보관료청구권) ①창고업자는 임치물을 출고할 때가 아니면 보관료 기타의 비용과 체당금의 지급을 청구하지 못한다. 그러나 보관기간 경과후에는 출고전이라도 이를 청구할 수 있다.
②임치물의 일부출고의 경우에는 창고업자는 그 비율에 따른 보관료 기타의 비용과 체당금의 지급을 청구할 수 있다.

제163조(임치기간) ①당사자가 임치기간을 정하지 아니한 때에는 창고업자는 임치물을 받은 날로부터 6월을 경과한 후에는 언제든지 이를 반환할 수 있다.
②전항의 경우에 임치물을 반환함에는 2주간전에 예고하여야 한다.

제164조(동전-부득이한 사유가 있는 경우)
부득이한 사유가 있는 경우에는 창고업자는 전조의 규정에 불구하고 언제든지 임치물을 반환할 수 있다.

제165조(준용규정) 제67조제1항과 제2항의 규정은 임치인 또는 창고증권소지인이 임치물의 수령을 거부하거나 이를 수령할 수 없는 경우에 준용한다.

제166조(창고업자의 책임의 시효)
①임치물의 멸실 또는 훼손으로 인하여 생긴 창고업자의 책임은 그 물건을 출고한 날로부터 1년이 경과하면 소멸시효가 완성한다.
②전항의 기간은 임치물이 전부 멸실한 경우에는 임치인과 알고 있는 창고증권소지인에게 그 멸실의 통지를 발송한 날로부터 기산한다.
③전2항의 규정은 창고업자 또는 그 사용인이 악의인 경우에는 적용하지 아니한다.

제167조(창고업자의 채권의 시효)
창고업자의 임치인 또는 창고증권소지인에 대한 채권은 그 물건을 출고한 날로부터 1년간 행사하지 아니하면 소멸시효가 완성한다.

제168조(준용규정) 제108조와 제146조의 규정은 창고업자에 준용한다. <개정 1962.12.12.>

판례-손해배상(기)

[대법원 2013.12.26, 선고, 2011다49936, 판결]

【판시사항】

보세창고업자가 운송인으로부터 인도받아 보관하던 수입화물을 운송인이 발행한 화물인도지시서에 의하여 출고지시를 받은 수취인에게 출고·인도해 준 경우, 화물 인도에 따른 책임을 면하는지 여부(원칙적 적극) 및 화물인도지시서가 선하증권과 상환하지 않고 발행한 이른바 '선(先) D/O'인 경우도 마찬가지인지 여부(적극)

판례-채무부존재확인, 규정손해금, 규정손해금

[대법원 2019.2.14. 선고 2016다245418(본소), 2016다245425(반소), 2016다245432(반소) 판결]

【판시사항】

금융리스업자가 상법 제168조의3 제1항에 따라 금융리스이용자가 공급자로부터 적합한 금융리스물건을 수령할 수 있도록 협력할 의무를 부담하는 외에 이와 별도로 독자적인 금융리스물건 인도의무 또는 검사·확인의무를 부담하는지 여부(원칙적 소극)

【판결요지】

금융리스계약은 금융리스업자가 금융리스이용자가 선정한 기계, 시설 등 금융리스물건을 공급자로부터 취득하거나 대여받아 금융리스이용자에게 일정 기간 이용하게 하고 그 기간 종료 후 물건의 처분에 관하여는 당사자 사이의 약정으로 정하는 계약이다(상법 제168조의2). 금융리스계약은 금융리스업자가 금융리스이용자에게 금융리스물건을 취득 또는 대여하는 데 소요되는 자금에 관한 금융의 편의를 제공하는 것을 본질적 내용으로 한다. 금융리스업자는 금융리스이용자가 금융리스계약에서 정한 시기에 금융리스계약에 적합한 금융리스물건을 수령할 수 있도록 하여야 하고(상법 제168조의3 제1항), 금융리스이용자가 금융리스물건수령증을 발급한 경우에는 금융리스업자와 사이에 적합한 금융리스물건이 수령된 것으로 추정한다(상법 제168조의3 제3항).

이러한 금융리스계약의 법적 성격에 비추어 보면, 금융리스계약 당사자 사이에 금융리스업자가 직접 물건의 공급을 담보하기로 약정하는 등의 특별한 사정이 없는 한, 금융리스업자는 금융리스이용자가 공급자로부터 상법 제168조의3 제1항에 따라 적합한 금융리스물건을 수령할 수 있도록 협력할 의무를 부담할 뿐이고, 이와 별도로 독자적인 금융리스물건 인도의무 또는 검사·확인의무를 부담한다고 볼 수는 없다.

제12장 금융리스업

제168조의2(의의) 금융리스이용자가 선정한 기계, 시설, 그 밖의 재산(이하 이 장에서 "금융리스물건"이라 한다)을 제3자(이하 이 장에서 "공급자"라 한다)로부터 취득하거나 대여받아 금융리스이용자에게 이용하게 하는 것을 영업으로 하는 자를 금융리스업자라 한다.
[본조신설 2010.5.14.]

제168조의3(금융리스업자와 금융리스이용자의 의무) ①금융리스업자는 금융리스이용자가 금융리스계약에서 정한 시기에 금융리스계약에 적합한 금융리스물건을 수령할 수 있도록 하여야 한다.
②금융리스이용자는 제1항에 따라 금융리스물건을 수령함과 동시에 금융리스료를 지급하여야 한다.
③금융리스물건수령증을 발급한 경우에는 제1항의 금융리스계약 당사자 사이에 적합한 금융리스물건이 수령된 것으로 추정한다.
④금융리스이용자는 금융리스물건을 수령한 이후에는 선량한 관리자의 주의로 금융리스물건

을 유지 및 관리하여야 한다.
[본조신설 2010.5.14.]

제168조의4(공급자의 의무) ①금융리스물건의 공급자는 공급계약에서 정한 시기에 그 물건을 금융리스이용자에게 인도하여야 한다.
②금융리스물건이 공급계약에서 정한 시기와 내용에 따라 공급되지 아니한 경우 금융리스이용자는 공급자에게 직접 손해배상을 청구하거나 공급계약의 내용에 적합한 금융리스물건의 인도를 청구할 수 있다.
③금융리스업자는 금융리스이용자가 제2항의 권리를 행사하는 데 필요한 협력을 하여야 한다.
[본조신설 2010.5.14.]

제168조의5(금융리스계약의 해지)
①금융리스이용자의 책임 있는 사유로 금융리스계약을 해지하는 경우에는 금융리스업자는 잔존 금융리스료 상당액의 일시 지급 또는 금융리스물건의 반환을 청구할 수 있다.
②제1항에 따른 금융리스업자의 청구는 금융리스업자의 금융리스이용자에 대한 손해배상청구에 영향을 미치지 아니한다.
③금융리스이용자는 중대한 사정변경으로 인하여 금융리스물건을 계속 사용할 수 없는 경우에는 3개월 전에 예고하고 금융리스계약을 해지할 수 있다. 이 경우 금융리스이용자는 계약의 해지로 인하여 금융리스업자에게 발생한 손해를 배상하여야 한다.
<본조신설 2010.5.14.>

제13장 가맹업

제168조의6(의의) 자신의 상호·상표 등(이하 이 장에서 "상호등"이라 한다)을 제공하는 것을 영업으로 하는 자[이하 "가맹업자"(加盟業者)라 한다]로부터 그의 상호등을 사용할 것을 허락받아 가맹업자가 지정하는 품질기준이나 영업방식에 따라 영업을 하는 자를 가맹상(加盟商)이라 한다.
[본조신설 2010.5.14.]

제168조의7(가맹업자의 의무)
①가맹업자는 가맹상의 영업을 위하여 필요한 지원을 하여야 한다.
②가맹업자는 다른 약정이 없으면 가맹상의 영업지역 내에서 동일 또는 유사한 업종의 영업을 하거나, 동일 또는 유사한 업종의 가맹계약을 체결할 수 없다.
[본조신설 2010.5.14.]

제168조의8(가맹상의 의무)
①가맹상은 가맹업자의 영업에 관한 권리가 침해되지 아니하도록 하여야 한다.
②가맹상은 계약이 종료한 후에도 가맹계약과 관련하여 알게 된 가맹업자의 영업상의 비밀을 준수하여야 한다.
[본조신설 2010.5.14.]

제168조의9(가맹상의 영업양도)
①가맹상은 가맹업자의 동의를 받아 그 영업을 양도할 수 있다.
②가맹업자는 특별한 사유가 없으면 제1항의 영업양도에 동의하여야 한다.
[본조신설 2010.5.14.]

제168조의10(계약의 해지) 가맹계약상 존속기간에 대한 약정의 유무와 관계없이 부득이

한 사정이 있으면 각 당사자는 상당한 기간을 정하여 예고한 후 가맹계약을 해지할 수 있다.
[본조신설 2010.5.14.]

제14장 채권매입업

제168조의11(의의) 타인이 물건·유가증권의 판매, 용역의 제공 등에 의하여 취득하였거나 취득할 영업상의 채권(이하 이 장에서 "영업채권"이라 한다)을 매입하여 회수하는 것을 영업으로 하는 자를 채권매입업자라 한다.
[본조신설 2010.5.14.]

제168조의12(채권매입업자의 상환청구)
영업채권의 채무자가 그 채무를 이행하지 아니하는 경우 채권매입업자는 채권매입계약의 채무자에게 그 영업채권액의 상환을 청구할 수 있다. 다만, 채권매입계약에서 다르게 정한 경우에는 그러하지 아니하다.
[본조신설 2010.5.14.]

제3편 회사
제1장 통칙

제169조(회사의 의의) 이 법에서 "회사"란 상행위나 그 밖의 영리를 목적으로 하여 설립한 법인을 말한다.
[전문개정 2011.4.14.]

판례-대여금

[대법원 2016.4.28, 선고, 2015다13690, 판결]

【판시사항】
[1] 법인격부인론을 적용할 때 '법인격 형해화' 또는 '법인격 남용'을 인정하기 위한 요건
[2] 기존회사가 채무를 면탈할 목적으로 기업의 형태·내용이 실질적으로 동일한 신설회사를 설립한 경우, 기존회사의 채권자가 두 회사 모두에 채무 이행을 청구할 수 있는지 여부(적극) 및 기존회사의 채무를 면탈할 의도로 다른 회사의 법인격이 이용되었는지 판단하는 기준

제170조(회사의 종류) 회사는 합명회사, 합자회사, 유한책임회사, 주식회사와 유한회사의 5종으로 한다.
[전문개정 2011.4.14.]

제171조(회사의 주소) 회사의 주소는 본점소재지에 있는 것으로 한다.
[전문개정 2011.4.14.]

제172조(회사의 성립) 회사는 본점소재지에서 설립등기를 함으로써 성립한다.

제173조(권리능력의 제한) 회사는 다른 회사의 무한책임사원이 되지 못한다.

제174조(회사의 합병) ①회사는 합병을 할 수 있다.

②합병을 하는 회사의 일방 또는 쌍방이 주식회사, 유한회사 또는 유한책임회사인 경우에는 합병 후 존속하는 회사나 합병으로 설립되는 회사는 주식회사, 유한회사 또는 유한책임회사이어야 한다. <개정 2011.4.14.>
③해산후의 회사는 존립 중의 회사를 존속하는 회사로 하는 경우에 한하여 합병을 할 수 있다.

제175조(동전-설립위원) ①회사의 합병으로 인하여 신회사를 설립하는 경우에는 정관의 작성 기타 설립에 관한 행위는 각 회사에서 선임한 설립위원이 공동으로 하여야 한다.
②제230조, 제434조와 제585조의 규정은 전항의 선임에 준용한다.

제176조(회사의 해산명령) ①법원은 다음의 사유가 있는 경우에는 이해관계인이나 검사의 청구에 의하여 또는 직권으로 회사의 해산을 명할 수 있다.
1. 회사의 설립목적이 불법한 것인 때
2. 회사가 정당한 사유없이 설립후 1년내에 영업을 개시하지 아니하거나 1년 이상 영업을 휴지하는 때
3. 이사 또는 회사의 업무를 집행하는 사원이 법령 또는 정관에 위반하여 회사의 존속을 허용할 수 없는 행위를 한 때
②전항의 청구가 있는 때에는 법원은 해산을 명하기 전일지라도 이해관계인이나 검사의 청구에 의하여 또는 직권으로 관리인의 선임 기타 회사재산의 보전에 필요한 처분을 할 수 있다.
③이해관계인이 제1항의 청구를 한 때에는 법원은 회사의 청구에 의하여 상당한 담보를 제공할 것을 명할 수 있다.
④회사가 전항의 청구를 함에는 이해관계인의 청구가 악의임을 소명하여야 한다.

제177조(등기기간의 기산점) 본편의 규정에 의하여 등기할 사항으로서 관청의 허가 또는 인가를 요하는 것에 관하여는 그 서류가 도달한 날로부터 등기기간을 기산한다.

제2장 합명회사

제1절 설립

제178조(정관의 작성) 합명회사의 설립에는 2인 이상의 사원이 공동으로 정관을 작성하여야 한다.

제179조(정관의 절대적 기재사항)
정관에는 다음의 사항을 기재하고 총사원이 기명날인 또는 서명하여야 한다. <개정 1995.12.29.>
1. 목적
2. 상호
3. 사원의 성명·주민등록번호 및 주소
4. 사원의 출자의 목적과 가격 또는 그 평가의 표준
5. 본점의 소재지
6. 정관의 작성년월일

판례-사원변경등기등

[대법원 2010.9.30, 선고, 2010다21337, 판결]

【판시사항】
[1] 합자회사 사원의 책임 변경에 총 사원의 동의가 필요한지 여부(원칙적 적극)
[2] 합자회사의 정관에서 규정하고 있는 요건을 갖추지 못한 유한책임사원의 지분양도의 효력

(무효)

【판결요지】
[1] 상법 제270조는 합자회사 정관에는 각 사원이 무한책임사원인지 또는 유한책임사원인지를 기재하도록 규정하고 있으므로, 정관에 기재된 합자회사 사원의 책임 변경은 정관변경의 절차에 의하여야 하고, 이를 위해서는 정관에 그 의결정족수 내지 동의정족수 등에 관하여 별도로 정하고 있다는 등의 특별한 사정이 없는 한 상법 제269조에 의하여 준용되는 상법 제204조에 따라 총 사원의 동의가 필요하다.

제180조(설립의 등기) 합명회사의 설립등기에 있어서는 다음의 사항을 등기하여야 한다. <개정 1995.12.29., 2011.4.14.>
1. 제179조제1호 내지 제3호 및 제5호의 사항과 지점을 둔 때에는 그 소재지. 다만, 회사를 대표할 사원을 정한 때에는 그 외의 사원의 주소를 제외한다.
2. 사원의 출자의 목적, 재산출자에는 그 가격과 이행한 부분
3. 존립기간 기타 해산사유를 정한 때에는 그 기간 또는 사유
4. 회사를 대표할 사원을 정한 경우에는 그 성명·주소 및 주민등록번호
5. 수인의 사원이 공동으로 회사를 대표할 것을 정한 때에는 그 규정

제181조(지점 설치의 등기) ①회사의 설립과 동시에 지점을 설치하는 경우에는 설립등기를 한 후 2주 내에 지점소재지에서 제180조제1호 본문(다른 지점의 소재지는 제외한다) 및 제3호부터 제5호까지의 사항을 등기하여야 한다. 다만, 회사를 대표할 사원을 정한 경우에는 그 외의 사원은 등기하지 아니한다.
②회사의 성립 후에 지점을 설치하는 경우에는 본점소재지에서는 2주 내에 그 지점소재지와 설치 연월일을 등기하고, 그 지점소재지에서는 3주 내에 제180조제1호 본문(다른 지점의 소재지는 제외한다) 및 제3호부터 제5호까지의 사항을 등기하여야 한다. 다만, 회사를 대표할 사원을 정한 경우에는 그 밖의 사원은 등기하지 아니한다.
[전문개정 2011.4.14.]

제182조(본점, 지점의 이전등기)
①회사가 본점을 이전하는 경우에는 2주간내에 구소재지에서는 신소재지와 이전년월일을, 신소재지에서는 제180조 각호의 사항을 등기하여야 한다. <개정 1995.12.29.>
②회사가 지점을 이전하는 경우에는 2주 내에 본점과 구지점소재지에서는 신지점소재지와 이전 연월일을 등기하고, 신지점소재지에서는 제180조제1호 본문(다른 지점의 소재지는 제외한다) 및 제3호부터 제5호까지의 사항을 등기하여야 한다. 다만, 회사를 대표할 사원을 정한 경우에는 그 밖의 사원은 등기하지 아니한다. <개정 2011.4.14.>
③ 삭제 <1995.12.29.>

제183조(변경등기) 제180조에 게기한 사항에 변경이 있는 때에는 본점소재지에서는 2주간 내, 지점소재지에서는 3주간 내에 변경등기를 하여야 한다.

판례-상법위반이의

[대법원 2009.4.23, 자, 2009마120, 결정]

【판시사항】
[1] 회사 본점소재지와 지점소재지의 관할 등기소가 같지 않은 경우 등기 해태에 따른 과태료의 부과 방법
[2] 회사의 등기 해태에 따른 과태료 부과 대상자 및 등기해태 기간 중 대표자의 지위를 상실한 경우 과태료의 책임 범위

【판결요지】
[1] 회사의 등기사항에 변경이 있는 때에는 본점소재지에서는 2주간 내, 지점소재지에서는 3주간 내에 변경등기를 하여야 하는바(상법 제183조), 본점소재지와 지점소재지의 관할 등기소가 동일하지 아니한 때에는 그 등기도 각각 신청하여야 하는 것이므로, 그 등기 해태에 따른 과태료도 본점소재지와 지점소재지의 등기 해태에 따라 각각 부과되는 것이다.
[2] 회사의 등기는 법령에 다른 규정이 있는 경우를 제외하고는 그 대표자가 신청 의무를 부담하므로(상업등기법 제17조), 회사의 등기를 해태한 때에는 등기 해태 당시 회사의 대표자가 과태료 부과 대상자가 되고, 등기 해태 기간이 지속되는 중에 대표자의 지위를 상실한 경우에는 대표자의 지위에 있으면서 등기를 해태한 기간에 대하여만 과태료 책임을 부담한다.

제183조의2(업무집행정지가처분 등의 등기)
사원의 업무집행을 정지하거나 직무대행자를 선임하는 가처분을 하거나 그 가처분을 변경·취소하는 경우에는 본점 및 지점이 있는 곳의 등기소에서 이를 등기하여야 한다.
[본조신설 2001.12.29.]

제184조(설립무효, 취소의 소)
①회사의 설립의 무효는 그 사원에 한하여, 설립의 취소는 그 취소권있는 자에 한하여 회사성립의 날로부터 2년내에 소만으로 이를 주장할 수 있다.
②민법 제140조의 규정은 전항의 설립의 취소에 준용한다.

제185조(채권자에 의한 설립취소의 소)
사원이 그 채권자를 해할 것을 알고 회사를 설립한 때에는 채권자는 그 사원과 회사에 대한 소로 회사의 설립취소를 청구할 수 있다.

제186조(전속관할) 전2조의 소는 본점소재지의 지방법원의 관할에 전속한다.

제187조(소제기의 공고) 설립무효의 소 또는 설립취소의 소가 제기된 때에는 회사는 지체없이 공고하여야 한다.

제188조(소의 병합심리) 수개의 설립무효의 소 또는 설립취소의 소가 제기된 때에는 법원은 이를 병합심리하여야 한다.

제189조(하자의 보완 등과 청구의 기각)
설립무효의 소 또는 설립취소의 소가 그 심리중에 원인이 된 하자가 보완되고 회사의 현황과 제반사정을 참작하여 설립을 무효 또는 취소하는 것이 부적당하다고 인정한 때에는 법원은 그 청구를 기각할 수 있다.

제190조(판결의 효력) 설립무효의 판결 또는 설립취소의 판결은 제3자에 대하여도 그 효력이 있다. 그러나 판결확정전에 생긴 회사와 사원 및 제3자간의 권리의무에 영향을 미치지 아니한다.

제191조(패소원고의 책임) 설립무효의 소 또는 설립취소의 소를 제기한 자가 패소한 경우에 악의 또는 중대한 과실이 있는 때에는 회사에 대하여 연대하여 손해를 배상할 책임이 있다.

제192조(설립무효, 취소의 등기) 설립무효의 판결 또는 설립취소의 판결이 확정된 때에는 본점과 지점의 소재지에서 등기하여야 한다.

제193조(설립무효, 취소판결의 효과)
①설립무효의 판결 또는 설립취소의 판결이 확정된 때에는 해산의 경우에 준하여 청산하여야 한다.
②전항의 경우에는 법원은 사원 기타의 이해관계인의 청구에 의하여 청산인을 선임할 수 있다.

제194조(설립무효, 취소와 회사계속)
①설립무효의 판결 또는 설립취소의 판결이 확정된 경우에 그 무효나 취소의 원인이 특정한 사원에 한한 것인 때에는 다른 사원전원의 동의로써 회사를 계속할 수 있다.
②전항의 경우에는 그 무효 또는 취소의 원인이 있는 사원은 퇴사한 것으로 본다.
③제229조제2항과 제3항의 규정은 전2항의 경우에 준용한다.

제2절 회사의 내부관계

제195조(준용법규) 합명회사의 내부관계에 관하여는 정관 또는 본법에 다른 규정이 없으면 조합에 관한 민법의 규정을 준용한다.

제196조(채권출자) 채권을 출자의 목적으로 한 사원은 그 채권이 변제기에 변제되지 아니한 때에는 그 채권액을 변제할 책임을 진다. 이 경우에는 이자를 지급하는 외에 이로 인하여 생긴 손해를 배상하여야 한다.

제197조(지분의 양도) 사원은 다른 사원의 동의를 얻지 아니하면 그 지분의 전부 또는 일부를 타인에게 양도하지 못한다.

제198조(사원의 경업의 금지) ①사원은 다른 사원의 동의가 없으면 자기 또는 제3자의 계산으로 회사의 영업부류에 속하는 거래를 하지 못하며 동종영업을 목적으로 하는 다른 회사의 무한책임사원 또는 이사가 되지 못한다.
②사원이 전항의 규정에 위반하여 거래를 한 경우에 그 거래가 자기의 계산으로 한 것인 때에는 회사는 이를 회사의 계산으로 한 것으로 볼 수 있고 제3자의 계산으로 한것인 때에는 그 사원에 대하여 회사는 이로 인한 이득의 양도를 청구할 수 있다. <개정 1962.12.12.>
③전항의 규정은 회사의 그 사원에 대한 손해배상의 청구에 영향을 미치지 아니한다.
④제2항의 권리는 다른 사원 과반수의 결의에 의하여 행사하여야 하며 다른 사원의 1인이 그 거래를 안 날로부터 2주간을 경과하거나 그 거래가 있은 날로부터 1년을 경과하면 소멸한다.

제199조(사원의 자기거래) 사원은 다른 사원 과반수의 결의가 있는 때에 한하여 자기 또는 제삼자의 계산으로 회사와 거래를 할 수 있다. 이 경우에는 민법 제124조의 규정을 적용하지 아니한다.

제200조(업무집행의 권리의무) ①각 사원은 정관에 다른 규정이 없는 때에는 회사의 업무를 집행할 권리와 의무가 있다.
②각 사원의 업무집행에 관한 행위에 대하여 다른 사원의 이의가 있는 때에는 곧 행위를 중지하고 총사원과반수의 결의에 의하여야 한다.

제200조의2(직무대행자의 권한)
①제183조의2의 직무대행자는 가처분명령에 다른 정함이 있는 경우 외에는 법인의 통상업무에 속하지 아니한 행위를 하지 못한다. 다만, 법원의 허가를 얻은 경우에는 그러하지 아니하다.

②직무대행자가 제1항의 규정에 위반한 행위를 한 경우에도 회사는 선의의 제3자에 대하여 책임을 진다.
[본조신설 2001.12.29.]

제201조(업무집행사원) ①정관으로 사원의 1인 또는 수인을 업무집행사원으로 정한 때에는 그 사원이 회사의 업무를 집행할 권리와 의무가 있다.
②수인의 업무집행사원이 있는 경우에 그 각 사원의 업무집행에 관한 행위에 대하여 다른 업무집행사원의 이의가 있는 때에는 곧 그 행위를 중지하고 업무집행사원 과반수의 결의에 의하여야 한다.

제202조(공동업무집행사원)
정관으로 수인의 사원을 공동업무집행사원으로 정한 때에 그 전원의 동의가 없으면 업무집행에 관한 행위를 하지 못한다. 그러나 지체할 염려가 있는 때에는 그러하지 아니하다.

제203조(지배인의 선임과 해임)
지배인의 선임과 해임은 정관에 다른 정함이 없으면 업무집행사원이 있는 경우에도 총사원 과반수의 결의에 의하여야 한다.

제204조(정관의 변경) 정관을 변경함에는 총사원의 동의가 있어야 한다.

제205조(업무집행사원의 권한상실선고)
①사원이 업무를 집행함에 현저하게 부적임하거나 중대한 의무에 위반한 행위가 있는 때에는 법원은 사원의 청구에 의하여 업무집행권한의 상실을 선고할 수 있다.
②전항의 판결이 확정된 때에는 본점과 지점의 소재지에서 등기하여야 한다.

제206조(준용규정) 제186조의 규정은 전조의 소에 준용한다.

제3절 회사의 외부관계

제207조(회사대표) 정관으로 업무집행사원을 정하지 아니한 때에는 각 사원은 회사를 대표한다. 수인의 업무집행사원을 정한 경우에 각 업무집행사원은 회사를 대표한다. 그러나 정관 또는 총사원의 동의로 업무집행사원중 특히 회사를 대표할 자를 정할 수 있다.

제208조(공동대표) ①회사는 정관 또는 총사원의 동의로 수인의 사원이 공동으로 회사를 대표할 것을 정할 수 있다.
②전항의 경우에도 제삼자의 회사에 대한 의사표시는 공동대표의 권한있는 사원 1인에 대하여 이를 함으로써 그 효력이 생긴다.

제209조(대표사원의 권한) ①회사를 대표하는 사원은 회사의 영업에 관하여 재판상 또는 재판외의 모든 행위를 할 권한이 있다.
②전항의 권한에 대한 제한은 선의의 제삼자에게 대항하지 못한다.

판례-기타(금전)

[대법원 2019.8.14. 선고 2019다204463 판결]

【판시사항】
주식회사가 회생절차개시신청을 하는 경우, 이사회 결의를 거쳐야 하는지 여부(적극)

【판결요지】
상법 제393조 제1항은 주식회사의 중요한 자산의 처분 및 양도, 대규모 재산의 차입 등 회사의 업무집행은 이사회의 결의로 한다고 규정함으로써 주식회사의 이사회는 회사의 업무집행에 관한 의사결정권한이 있음을 밝히고 있으므로, 주식회사의 중요한 자산의 처분이나 대규모 재산의 차입행위뿐만 아니라 이사회가 일반적·구체적으로 대표이사에게 위임하지 않은 업무로서 일상 업무에 속하지 아니한 중요한 업무에 대해서는 이사회의 결의를 거쳐야 한다.
주식회사가 회생절차를 신청할 경우 개시결정 전에도 그 신청사실은 금융위원회와 감독행정청 등에 통지되고[채무자 회생 및 파산에 관한 법률(이하 '채무자회생법'이라고 한다) 제40조], 법원의 보전처분을 통해 채무자의 업무 및 재산에 관한 처분권한이 통제되는 등(채무자회생법 제43조) 채무자에 미치는 영향이 적지 않다.
주식회사에 대하여 회생절차가 개시되는 경우 이를 이유로 한 계약의 해지 및 환취권 행사 등으로 인하여 회사의 영업 또는 재산에 상당한 변동이 발생하게 된다. 또한 본래 주식회사의 업무집행권은 대표이사에게 부여되고(상법 제389조 제3항, 제209조 제1항), 정관이나 법률이 정한 사항 내지 중요한 자산의 처분 및 양도 등에 관한 의사결정권은 주주총회 내지 이사회가 가지고 있으나(상법 제361조, 제393조 제1항), 회생절차가 개시되면 주식회사의 업무수행권과 관리처분권이 관리인에게 전속하게 되고, 관리인이 재산의 처분이나 금전의 지출 등 일정한 행위를 하기 위해서는 미리 법원의 허가를 받아야 하는 등(채무자회생법 제56조 제1항, 제61조 등 참조) 회사의 경영에 근본적인 변화가 발생하게 된다.
주식회사는 회생절차를 통하여 채권자·주주 등 여러 이해관계인의 법률관계를 조정하여 채무자 또는 그 사업의 효율적인 회생을 도모할 수 있으나(채무자회생법 제1조), 회생절차 폐지의 결정이 확정된 경우 파산절차가 진행될 수 있는 등(채무자회생법 제6조 제1항) 회생절차 신청 여부에 관한 결정이 주식회사에 미치는 영향이 크다.
위와 같은 주식회사에서의 이사회의 역할 및 주식회사에 대한 회생절차개시결정의 효과 등에 비추어 보면 주식회사의 회생절차개시신청은 대표이사의 업무권한인 일상 업무에 속하지 아니한 중요한 업무에 해당하여 이사회 결의가 필요하다고 보아야 한다.

제210조(손해배상책임) 회사를 대표하는 사원이 그 업무집행으로 인하여 타인에게 손해를 가한 때에는 회사는 그 사원과 연대하여 배상할 책임이 있다.

제211조(회사와 사원간의 소에 관한 대표권)
회사가 사원에 대하여 또는 사원이 회사에 대하여 소를 제기하는 경우에 회사를 대표할 사원이 없을 때에는 다른 사원 과반수의 결의로 선정하여야 한다.

제212조(사원의 책임) ①회사의 재산으로 회사의 채무를 완제할 수 없는 때에는 각 사원은 연대하여 변제할 책임이 있다.
②회사재산에 대한 강제집행이 주효하지 못한 때에도 전항과 같다.
③전항의 규정은 사원이 회사에 변제의 자력이 있으며 집행이 용이한 것을 증명한 때에는 적용하지 아니한다.

제213조(신입사원의 책임) 회사성립후에 가입한 사원은 그 가입전에 생긴 회사채무에 대하여 다른 사원과 동일한 책임을 진다.

제214조(사원의 항변) ①사원이 회사채무에 관하여 변제의 청구를 받은 때에는 회사가 주장할 수 있는 항변으로 그 채권자에게 대항할 수 있다.
②회사가 그 채권자에 대하여 상계, 취소 또는 해제할 권리가 있는 경우에는 사원은 전항의 청구에 대하여 변제를 거부할 수 있다.

제215조(자칭사원의 책임) 사원이 아닌 자가 타인에게 자기를 사원이라고 오인시키는 행위를 하였을 때에는 오인으로 인하여 회사와 거래한 자에 대하여 사원과 동일한 책임을 진다.

제216조(준용규정) 제205조와 제206조의 규정은 회사의 대표사원에 준용한다.

제4절 사원의 퇴사

제217조(사원의 퇴사권) ①정관으로 회사의 존립기간을 정하지 아니하거나 어느 사원의 종신까지 존속할 것을 정한 때에는 사원은 영업년도말에 한하여 퇴사할 수 있다. 그러나 6월전에 이를 예고하여야 한다.
②사원이 부득이한 사유가 있을 때에는 언제든지 퇴사할 수 있다.

제218조(퇴사원인) 사원은 전조의 경우 외에 다음의 사유로 인하여 퇴사한다.
1. 정관에 정한 사유의 발생
2. 총사원의 동의
3. 사망
4. 성년후견개시
5. 파산
6. 제명
[전문개정 2018.9.18.]

제219조(사원사망 시 권리승계의 통지)
①정관으로 사원이 사망한 경우에 그 상속인이 회사에 대한 피상속인의 권리의무를 승계하여 사원이 될 수 있음을 정한 때에는 상속인은 상속의 개시를 안 날로부터 3월내에 회사에 대하여 승계 또는 포기의 통지를 발송하여야 한다.
②상속인이 전항의 통지 없이 3월을 경과한 때에는 사원이 될 권리를 포기한 것으로 본다.

제220조(제명의 선고) ①사원에게 다음의 사유가 있는 때에는 회사는 다른 사원 과반수의 결의에 의하여 그 사원의 제명의 선고를 법원에 청구할 수 있다.
1. 출자의 의무를 이행하지 아니한 때
2. 제198조제1항의 규정에 위반한 행위가 있는 때
3. 회사의 업무집행 또는 대표에 관하여 부정한 행위가 있는 때, 권한없이 업무를 집행하거나 회사를 대표한 때
4. 기타 중요한 사유가 있는 때
②제205조제2항과 제206조의 규정은 전항의 경우에 준용한다.

제221조(제명사원과 회사간의 계산)
제명된 사원과 회사와의 계산은 제명의 소를 제기한 때의 회사재산의 상태에 따라서 하며 그 때부터 법정이자를 붙여야 한다.

제222조(지분의 환급) 퇴사한 사원은 노무 또는 신용으로 출자의 목적으로 한 경우에도 그 지분의 환급을 받을 수 있다. 그러나 정관에 다른 규정이 있는 때에는 그러하지 아니하다.

제223조(지분의 압류) 사원의 지분의 압류는 사원이 장래이익의 배당과 지분의 환급을 청구하는 권리에 대하여도 그 효력이 있다.

제224조(지분 압류채권자에 의한 퇴사청구)
①사원의 지분을 압류한 채권자는 영업년도말에 그 사원을 퇴사시킬 수 있다. 그러나 회사와 그 사원에 대하여 6월전에 그 예고를 하여야 한다.

②전항 단서의 예고는 사원이 변제를 하거나 상당한 담보를 제공한 때에는 그 효력을 잃는다.

제225조(퇴사원의 책임) ①퇴사한 사원은 본점소재지에서 퇴사등기를 하기 전에 생긴 회사채무에 대하여는 등기후 2년내에는 다른 사원과 동일한 책임이 있다.
②전항의 규정은 지분을 양도한 사원에 준용한다.

제226조(퇴사원의 상호변경청구권)
퇴사한 사원의 성명이 회사의 상호 중에 사용된 경우에는 그 사원은 회사에 대하여 그 사용의 폐지를 청구할 수 있다.

제5절 회사의 해산

제227조(해산원인) 회사는 다음의 사유로 인하여 해산한다.
1. 존립기간의 만료 기타 정관으로 정한 사유의 발생
2. 총사원의 동의
3. 사원이 1인으로 된 때
4. 합병
5. 파산
6. 법원의 명령 또는 판결

손해배상(기)

[대법원 2017.8.23, 선고, 2015다70341, 판결]

【판시사항】
합자회사가 존립기간의 만료로 해산한 후 사원의 일부만 회사계속에 동의한 경우, 그 사원들의 동의로 정관의 규정을 변경하거나 폐지할 수 있는지 여부(적극) 및 일부 사원이 회사계속에 동의한 경우, 나머지 사원들의 동의 여부가 불분명하더라도 회사계속의 효과가 발생하는지 여부(적극)

【판결요지】
합자회사가 정관으로 정한 존립기간의 만료로 해산한 경우에도(상법 제269조, 제227조 제1호), 사원의 전부 또는 일부의 동의로 회사를 계속할 수 있다(상법 제269조, 제229조 제1항). 이 경우 존립기간에 관한 정관의 규정을 변경 또는 폐지할 필요가 있는데, 특별한 사정이 없는 한 합자회사가 정관을 변경함에는 총사원의 동의가 있어야 할 것이나(상법 제269조, 제204조), 합자회사가 존립기간의 만료로 해산한 후 사원의 일부만 회사계속에 동의하였다면 그 사원들의 동의로 정관의 규정을 변경하거나 폐지할 수 있다. 그리고 회사계속 동의 여부에 대한 사원 전부의 의사가 동시에 분명하게 표시되어야만 회사계속이 가능한 것은 아니므로, 일부 사원이 회사계속에 동의하였다면 나머지 사원들의 동의 여부가 불분명하더라도 회사계속의 효과는 발생한다.

제228조(해산등기) 회사가 해산된 때에는 합병과 파산의 경우외에는 그 해산사유가 있은 날로부터 본점소재지에서는 2주간내, 지점소재지에서는 3주간내에 해산등기를 하여야 한다.

제229조(회사의 계속) ①제227조제1호와 제2호의 경우에는 사원의 전부 또는 일부의 동의로 회사를 계속할 수 있다. 그러나 동의를 하지 아니한 사원은 퇴사한 것으로 본다.
②제227조제3호의 경우에는 새로 사원을 가입시켜서 회사를 계속할 수 있다.
③전2항의 경우에 이미 회사의 해산등기를 하였을 때에는 본점소재지에서는 2주간내, 지점소재지에서는 3주간내에 회사의 계속등기를 하여야 한다.

④제213조의 규정은 제2항의 신입사원의 책임에 준용한다.

제230조(합병의 결의) 회사가 합병을 함에는 총사원의 동의가 있어야 한다.

제231조 삭제 <1984.4.10.>

제232조(채권자의 이의) ①회사는 합병의 결의가 있은 날부터 2주내에 회사채권자에 대하여 합병에 이의가 있으면 일정한 기간내에 이를 제출할 것을 공고하고 알고 있는 채권자에 대하여는 따로따로 이를 최고하여야 한다. 이 경우 그 기간은 1월 이상이어야 한다. <개정 1984.4.10., 1998.12.28.>
②채권자가 제1항의 기간내에 이의를 제출하지 아니한 때에는 합병을 승인한 것으로 본다. <개정 1984.4.10.>
③이의를 제출한 채권자가 있는 때에는 회사는 그 채권자에 대하여 변제 또는 상당한 담보를 제공하거나 이를 목적으로 하여 상당한 재산을 신탁회사에 신탁하여야 한다.

제233조(합병의 등기) 회사가 합병을 한 때에는 본점소재지에서는 2주간 내, 지점소재지에서는 3주간 내에 합병후 존속하는 회사의 변경등기, 합병으로 인하여 소멸하는 회사의 해산등기, 합병으로 인하여 설립되는 회사의 설립등기를 하여야 한다.

제234조(합병의 효력발생) 회사의 합병은 합병후 존속하는 회사 또는 합병으로 인하여 설립되는 회사가 그 본점소재지에서 전조의 등기를 함으로써 그 효력이 생긴다.

제235조(합병의 효과) 합병후 존속한 회사 또는 합병으로 인하여 설립된 회사는 합병으로 인하여 소멸된 회사의 권리의무를 승계한다.

제236조(합병무효의 소의 제기) ①회사의 합병의 무효는 각 회사의 사원, 청산인, 파산관재인 또는 합병을 승인하지 아니한 회사채권자에 한하여 소만으로 이를 주장할 수 있다.
②전항의 소는 제233조의 등기가 있은 날로부터 6월내에 제기하여야 한다.

제237조(준용규정) 제176조제3항과 제4항의 규정은 회사채권자가 전조의 소를 제기한 때에 준용한다.

제238조(합병무효의 등기) 합병을 무효로 한 판결이 확정된 때에는 본점과 지점의 소재지에서 합병후 존속한 회사의 변경등기, 합병으로 인하여 소멸된 회사의 회복등기, 합병으로 인하여 설립된 회사의 해산등기를 하여야 한다.

제239조(무효판결확정과 회사의 권리의무의 귀속) ①합병을 무효로 한 판결이 확정된 때에는 합병을 한 회사는 합병후 존속한 회사 또는 합병으로 인하여 설립된 회사의 합병후 부담한 채무에 대하여 연대하여 변제할 책임이 있다.
②합병후 존속한 회사 또는 합병으로 인하여 설립한 회사의 합병후 취득한 재산은 합병을 한 회사의 공유로 한다.
③전2항의 경우에 각 회사의 협의로 그 부담부분 또는 지분을 정하지 못한 때에는 법원은 그 청구에 의하여 합병당시의 각 회사의 재산상태 기타의 사정을 참작하여 이를 정한다.

제240조(준용규정) 제186조 내지 제191조의 규정은 합병무효의 소에 준용한다.

제241조(사원에 의한 해산청구)
①부득이한 사유가 있는 때에는 각 사원은 회사의 해산을 법원에 청구할 수 있다.

②제186조와 제191조의 규정은 전항의 경우에 준용한다.

제242조(조직변경) ①합명회사는 총사원의 동의로 일부사원을 유한책임사원으로 하거나 유한책임사원을 새로 가입시켜서 합자회사로 변경할 수 있다.
②전항의 규정은 제229조제2항의 규정에 의하여 회사를 계속하는 경우에 준용한다.

제243조(조직변경의 등기) 합명회사를 합자회사로 변경한 때에는 본점소재지에서는 2주간내, 지점소재지에서는 3주간내에 합명회사에 있어서는 해산등기, 합자회사에 있어서는 설립등기를 하여야 한다.

제244조(조직변경에 의하여 유한책임사원이 된 자의 책임) 합명회사사원으로서 제242조제1항의 규정에 의하여 유한책임사원이 된 자는 전조의 규정에 의한 본점등기를 하기 전에 생긴 회사채무에 대하여는 등기 후 2년내에는 무한책임사원의 책임을 면하지 못한다.

제6절 청산

제245조(청산 중의 회사) 회사는 해산된 후에도 청산의 목적범위내에서 존속하는 것으로 본다.

제246조(수인의 지분상속인이 있는 경우)
회사의 해산후 사원이 사망한 경우에 그 상속인이 수인인 때에는 청산에 관한 사원의 권리를 행사할 자 1인을 정하여야 한다. 이를 정하지 아니한 때에는 회사의 통지 또는 최고는 그 중의 1인에 대하여 하면 전원에 대하여 그 효력이 있다.

제247조(임의청산) ①해산된 회사의 재산처분방법은 정관 또는 총사원의 동의로 이를 정할 수 있다. 이 경우에는 해산사유가 있는 날로부터 2주간내에 재산목록과 대차대조표를 작성하여야 한다.
②전항의 규정은 회사가 제227조제3호 또는 제6호의 사유로 인하여 해산한 경우에는 이를 적용하지 아니한다.
③제232조의 규정은 제1항의 경우에 준용한다.
④제1항의 경우에 사원의 지분을 압류한 자가 있는 때에는 그 동의를 얻어야 한다.
⑤제1항의 회사는 그 재산의 처분을 완료한 날부터 본점소재지에서는 2주간내에, 지점소재지에서는 3주간내에 청산종결의 등기를 하여야 한다. <신설 1995.12.29.>

제248조(임의청산과 채권자보호)
①회사가 전조제3항의 규정에 위반하여 그 재산을 처분함으로써 회사채권자를 해한 때에는 회사채권자는 그 처분의 취소를 법원에 청구할 수 있다.
②제186조와 민법제406조제1항 단서, 제2항 및 제407조의 규정은 전항의 취소의 청구에 준용한다.

제249조(지분압류채권자의 보호)
회사가 제247조제4항의 규정에 위반하여 그 재산을 처분한 때에는 사원의 지분을 압류한 자는 회사에 대하여 그 지분에 상당하는 금액의 지급을 청구할 수 있다. 이 경우에는 전조의 규정을 준용한다.

제250조(법정청산) 제247조제1항의 규정에 의하여 회사재산의 처분방법을 정하지 아니한 때에는 합병과 파산의 경우를 제외하고 제251조 내지 제265조의 규정에 따라서 청산을 하여야 한다.

제251조(청산인) ①회사가 해산된 때에는 총사원 과반수의 결의로 청산인을 선임한다.
②청산인의 선임이 없는 때에는 업무집행사원이 청산인이 된다.

제252조(법원선임에 의한 청산인)
회사가 제227조제3호 또는 제6호의 사유로 인하여 해산된 때에는 법원은 사원 기타의 이해관계인이나 검사의 청구에 의하여 또는 직권으로 청산인을 선임한다.

제253조(청산인의 등기) ①청산인이 선임된 때에는 그 선임된 날로부터, 업무집행사원이 청산인이 된 때에는 해산된 날로부터 본점소재지에서는 2주간내, 지점소재지에서는 3주간내에 다음의 사항을 등기하여야 한다. <개정 1995.12.29.>
1. 청산인의 성명·주민등록번호 및 주소. 다만, 회사를 대표할 청산인을 정한 때에는 그 외의 청산인의 주소를 제외한다.
2. 회사를 대표할 청산인을 정한 때에는 그 성명
3. 수인의 청산인이 공동으로 회사를 대표할 것을 정한 때에는 그 규정
②제183조의 규정은 제1항의 등기에 준용한다. <개정 1995.12.29.>

제254조(청산인의 직무권한) ①청산인의 직무는 다음과 같다.
1. 현존사무의 종결
2. 채권의 추심과 채무의 변제
3. 재산의 환가처분
4. 잔여재산의 분배
②청산인이 수인인 때에는 청산의 직무에 관한 행위는 그 과반수의 결의로 정한다.
③회사를 대표할 청산인은 제1항의 직무에 관하여 재판상 또는 재판외의 모든 행위를 할 권한이 있다.
④민법 제93조의 규정은 합명회사에 준용한다.

제255조(청산인의 회사대표) ①업무집행사원이 청산인으로 된 경우에는 종전의 정함에 따라 회사를 대표한다.
②법원이 수인의 청산인을 선임하는 경우에는 회사를 대표할 자를 정하거나 수인이 공동하여 회사를 대표할 것을 정할 수 있다.

제256조(청산인의 의무) ①청산인은 취임한 후 지체없이 회사의 재산상태를 조사하고 재산목록과 대차대조표를 작성하여 각 사원에게 교부하여야 한다.
②청산인은 사원의 청구가 있는 때에는 언제든지 청산의 상황을 보고하여야 한다.

제257조(영업의 양도) 청산인이 회사의 영업의 전부 또는 일부를 양도함에는 총사원 과반수의 결의가 있어야 한다.

제258조(채무완제불능과 출자청구)
①회사의 현존재산이 그 채무를 변제함에 부족한 때에는 청산인은 변제기에 불구하고 각 사원에 대하여 출자를 청구할 수 있다.
②전항의 출자액은 각 사원의 출자의 비율로 이를 정한다.

제259조(채무의 변제) ①청산인은 변제기에 이르지 아니한 회사채무에 대하여도 이를 변제할 수 있다.
②전항의 경우에 이자없는 채권에 관하여는 변제기에 이르기까지의 법정이자를 가산하여 그 채권액에 달할 금액을 변제하여야 한다.
③전항의 규정은 이자있는 채권으로서 그 이율이 법정이율에 달하지 못하는 것에 이를 준용한

다.
④제1항의 경우에는 조건부채권, 존속기간이 불확정한 채권 기타 가액이 불확정한 채권에 대하여는 법원이 선임한 감정인의 평가에 의하여 변제하여야 한다.

제260조(잔여재산의 분배) 청산인은 회사의 채무를 완제한 후가 아니면 회사재산을 사원에게 분배하지 못한다. 그러나 다툼이 있는 채무에 대하여는 그 변제에 필요한 재산을 보류하고 잔여재산을 분배할 수 있다.

제261조(청산인의 해임) 사원이 선임한 청산인은 총사원 과반수의 결의로 해임할 수 있다.

제262조(동전) 청산인이 그 직무를 집행함에 현저하게 부적임하거나 중대한 임무에 위반한 행위가 있는 때에는 법원은 사원 기타의 이해관계인의 청구에 의하여 청산인을 해임할 수 있다.

제263조(청산인의 임무종료)
①청산인은 그 임무가 종료한 때에는 지체없이 계산서를 작성하여 각 사원에게 교부하고 그 승인을 얻어야 한다.
②전항의 계산서를 받은 사원이 1월내에 이의를 하지 아니한 때에는 그 계산을 승인한 것으로 본다. 그러나 청산인에게 부정행위가 있는 경우에는 그러하지 아니하다.

제264조(청산종결의 등기) 청산이 종결된 때에는 청산인은 전조의 규정에 의한 총사원의 승인이 있은 날로부터 본점소재지에서는 2주간내, 지점소재지에서는 3주간내에 청산종결의 등기를 하여야 한다.

제265조(준용규정) 제183조의2·제199조·제200조의2·제207조·제208조·제209조제2항·제210조·제382조제2항·제399조 및 제401조의 규정은 청산인에 준용한다.
[전문개정 2001.12.29.]

제266조(장부, 서류의 보존) ①회사의 장부와 영업 및 청산에 관한 중요서류는 본점소재지에서 청산종결의 등기를 한 후 10년간 이를 보존하여야 한다. 다만, 전표 또는 이와 유사한 서류는 5년간 이를 보존하여야 한다. <개정 1995.12.29.>
②제1항의 경우에는 총사원 과반수의 결의로 보존인과 보존방법을 정하여야 한다. <개정 1995.12.29.>

제267조(사원의 책임의 소멸시기)
①제212조의 규정에 의한 사원의 책임은 본점소재지에서 해산등기를 한 후 5년을 경과하면 소멸한다.
②전항의 기간경과후에도 분배하지 아니한 잔여재산이 있는 때에는 회사채권자는 이에 대하여 변제를 청구할 수 있다.

제3장 합자회사

제268조(회사의 조직) 합자회사는 무한책임사원과 유한책임사원으로 조직한다.

제269조(준용규정) 합자회사에는 본장에 다른 규정이 없는 사항은 합명회사에 관한 규정을 준용한다.

판례-업무집행사원의 권한상실 선고

[대법원 2012.12.13, 선고, 2010다82189, 판결]

【판시사항】
합자회사의 유한책임사원이 업무집행사원에 대한 권한상실선고를 청구할 수 있는지 여부(적극)

【판결요지】
상법 제205조 제1항은 합명회사의 업무집행사원의 권한상실선고에 관하여 "사원이 업무를 집행함에 현저하게 부적임하거나 중대한 의무에 위반한 행위가 있는 때에는 법원은 사원의 청구에 의하여 업무집행권한의 상실을 선고할 수 있다."고 규정하고 있고, 상법 제269조는 "합자회사에는 본장에 다른 규정이 없는 사항은 합명회사에 관한 규정을 준용한다."고 규정하여 상법 제205조 제1항을 합자회사에 준용하고 있다. 이러한 상법 규정의 문언과 취지 등에 비추어 볼 때, 합자회사의 무한책임사원뿐만 아니라 유한책임사원도 각자 업무집행사원에 대한 권한상실선고를 청구할 수 있다고 해석하는 것이 타당하다.

제270조(정관의 절대적 기재사항)
합자회사의 정관에는 제179조에 게기한 사항외에 각 사원의 무한책임 또는 유한책임인 것을 기재하여야 한다.

제271조(등기사항) ①합자회사의 설립등기를 할 때에는 제180조 각 호의 사항 외에 각 사원의 무한책임 또는 유한책임인 것을 등기하여야 한다.
②합자회사가 지점을 설치하거나 이전할 때에는 지점소재지 또는 신지점소재지에서 제180조제1호 본문(다른 지점의 소재지는 제외한다) 및 제3호부터 제5호까지의 사항을 등기하여야 한다. 다만, 무한책임사원만을 등기하되, 회사를 대표할 사원을 정한 경우에는 다른 사원은 등기하지 아니한다.
[전문개정 2011.4.14.]

제272조(유한책임사원의 출자) 유한책임사원은 신용 또는 노무를 출자의 목적으로 하지 못한다.

제273조(업무집행의 권리의무) 무한책임사원은 정관에 다른 규정이 없는 때에는 각자가 회사의 업무를 집행할 권리와 의무가 있다.

제274조(지배인의 선임, 해임) 지배인의 선임과 해임은 업무집행사원이 있는 경우에도 무한책임사원 과반수의 결의에 의하여야 한다.

제275조(유한책임사원의 경업의 자유)
유한책임사원은 다른 사원의 동의없이 자기 또는 제삼자의 계산으로 회사의 영업부류에 속하는 거래를 할 수 있고 동종영업을 목적으로 하는 다른 회사의 무한책임사원 또는 이사가 될 수 있다.

제276조(유한책임사원의 지분양도)
유한책임사원은 무한책임사원 전원의 동의가 있으면 그 지분의 전부 또는 일부를 타인에게 양도할 수 있다. 지분의 양도에 따라 정관을 변경하여야 할 경우에도 같다.

제277조(유한책임사원의 감시권)
①유한책임사원은 영업년도말에 있어서 영업시간 내에 한하여 회사의 회계장부·대차대조표 기타의 서류를 열람할 수 있고 회사의 업무와 재산상태를 검사할 수 있다. <개정 1984.4.10.>
②중요한 사유가 있는 때에는 유한책임사원은 언제든지 법원의 허가를 얻어 제1항의 열람과

검사를 할 수 있다. <개정 1984.4.10.>

제278조(유한책임사원의 업무집행, 회사대표의 금지) 유한책임사원은 회사의 업무집행이나 대표행위를 하지 못한다.

제279조(유한책임사원의 책임) ①유한책임사원은 그 출자가액에서 이미 이행한 부분을 공제한 가액을 한도로 하여 회사채무를 변제할 책임이 있다.
②회사에 이익이 없음에도 불구하고 배당을 받은 금액은 변제책임을 정함에 있어서 이를 가산한다.

제280조(출자감소의 경우의 책임)
유한책임사원은 그 출자를 감소한 후에도 본점소재지에서 등기를 하기 전에 생긴 회사채무에 대하여는 등기후 2년내에는 전조의 책임을 면하지 못한다.

제281조(자칭 무한책임사원의 책임)
①유한책임사원이 타인에게 자기를 무한책임사원이라고 오인시키는 행위를 한 때에는 오인으로 인하여 회사와 거래를 한 자에 대하여 무한책임사원과 동일한 책임이 있다.
②전항의 규정은 유한책임사원이 그 책임의 한도를 오인시키는 행위를 한 경우에 준용한다.

제282조(책임을 변경한 사원의 책임)
제213조의 규정은 유한책임사원이 무한책임사원으로 된 경우에, 제225조의 규정은 무한책임사원이 유한책임사원으로 된 경우에 준용한다.

제283조(유한책임사원의 사망)
①유한책임사원이 사망한 때에는 그 상속인이 그 지분을 승계하여 사원이 된다.
②전항의 경우에 상속인이 수인인 때에는 사원의 권리를 행사할 자 1인을 정하여야 한다. 이를 정하지 아니한 때에는 회사의 통지 또는 최고는 그 중의 1인에 대하여 하면 전원에 대하여 그 효력이 있다.

제284조(유한책임사원의 성년후견개시)
유한책임사원은 성년후견개시 심판을 받은 경우에도 퇴사되지 아니한다.
[전문개정 2018.9.18.]

제285조(해산, 계속) ①합자회사는 무한책임사원 또는 유한책임사원의 전원이 퇴사한 때에는 해산된다.
②전항의 경우에 잔존한 무한책임사원 또는 유한책임사원은 전원의 동의로 새로 유한책임사원 또는 무한책임사원을 가입시켜서 회사를 계속할 수 있다.
③제213조와 제229조제3항의 규정은 전항의 경우에 준용한다.

제286조(조직변경) ①합자회사는 사원전원의 동의로 그 조직을 합명회사로 변경하여 계속할 수 있다.
②유한책임사원전원이 퇴사한 경우에도 무한책임사원은 그 전원의 동의로 합명회사로 변경하여 계속할 수 있다.
③전2항의 경우에는 본점소재지에서는 2주간내, 지점소재지에서는 3주간내에 합자회사에 있어서는 해산등기를, 합명회사에 있어서는 설립등기를 하여야 한다.

제287조(청산인) 합자회사의 청산인은 무한책임사원 과반수의 의결로 선임한다. 이를 선임하지 아니한 때에는 업무집행사원이 청산인이 된다.

제3장의2 유한책임회사

제1절 설립

제287조의2(정관의 작성) 유한책임회사를 설립할 때에는 사원은 정관을 작성하여야 한다.
[본조신설 2011.4.14.]

제287조의3(정관의 기재사항) 정관에는 다음 각 호의 사항을 적고 각 사원이 기명날인하거나 서명하여야 한다.
1. 제179조제1호부터 제3호까지, 제5호 및 제6호에서 정한 사항
2. 사원의 출자의 목적 및 가액
3. 자본금의 액
4. 업무집행자의 성명(법인인 경우에는 명칭) 및 주소

[본조신설 2011.4.14.]

제287조의4(설립 시의 출자의 이행)
①사원은 신용이나 노무를 출자의 목적으로 하지 못한다.
②사원은 정관의 작성 후 설립등기를 하는 때까지 금전이나 그 밖의 재산의 출자를 전부 이행하여야 한다.
③현물출자를 하는 사원은 납입기일에 지체 없이 유한책임회사에 출자의 목적인 재산을 인도하고, 등기, 등록, 그 밖의 권리의 설정 또는 이전이 필요한 경우에는 이에 관한 서류를 모두 갖추어 교부하여야 한다.
[본조신설 2011.4.14.]

제287조의5(설립의 등기 등) ①유한책임회사는 본점의 소재지에서 다음 각 호의 사항을 등기함으로써 성립한다.
1. 제179조제1호·제2호 및 제5호에서 정한 사항과 지점을 둔 경우에는 그 소재지
2. 제180조제3호에서 정한 사항
3. 자본금의 액
4. 업무집행자의 성명, 주소 및 주민등록번호(법인인 경우에는 명칭, 주소 및 법인등록번호). 다만, 유한책임회사를 대표할 업무집행자를 정한 경우에는 그 외의 업무집행자의 주소는 제외한다.
5. 유한책임회사를 대표할 자를 정한 경우에는 그 성명 또는 명칭과 주소
6. 정관으로 공고방법을 정한 경우에는 그 공고방법
7. 둘 이상의 업무집행자가 공동으로 회사를 대표할 것을 정한 경우에는 그 규정

②유한책임회사가 지점을 설치하는 경우에는 제181조를 준용한다.
③유한책임회사가 본점이나 지점을 이전하는 경우에는 제182조를 준용한다.
④제1항 각 호의 사항이 변경된 경우에는 본점소재지에서는 2주 내에 변경등기를 하고, 지점소재지에서는 3주 내에 변경등기를 하여야 한다.
⑤유한책임회사의 업무집행자의 업무집행을 정지하거나 직무대행자를 선임하는 가처분을 하거나 그 가처분을 변경 또는 취소하는 경우에는 본점 및 지점이 있는 곳의 등기소에서 등기하여야 한다.
[본조신설 2011.4.14.]

제287조의6(준용규정) 유한책임회사의 설립의 무효와 취소에 관하여는 제184조부터 제194조까지의 규정을 준용한다. 이 경우 제184조 중 "사원"은 "사원 및 업무집행자"로 본다.
[본조신설 2011.4.14.]

제2절 유한책임회사의 내부관계

제287조의7(사원의 책임) 사원의 책임은 이 법에 다른 규정이 있는 경우 외에는 그 출자금액을 한도로 한다.
[본조신설 2011.4.14.]

제287조의8(지분의 양도) ①사원은 다른 사원의 동의를 받지 아니하면 그 지분의 전부 또는 일부를 타인에게 양도하지 못한다.
②제1항에도 불구하고 업무를 집행하지 아니한 사원은 업무를 집행하는 사원 전원의 동의가 있으면 지분의 전부 또는 일부를 타인에게 양도할 수 있다. 다만, 업무를 집행하는 사원이 없는 경우에는 사원 전원의 동의를 받아야 한다.
③제1항과 제2항에도 불구하고 정관으로 그에 관한 사항을 달리 정할 수 있다.
[본조신설 2011.4.14.]

제287조의9(유한책임회사에 의한 지분양수의 금지) ①유한책임회사는 그 지분의 전부 또는 일부를 양수할 수 없다.
②유한책임회사가 지분을 취득하는 경우에 그 지분은 취득한 때에 소멸한다.
[본조신설 2011.4.14.]

제287조의10(업무집행자의 경업 금지)
①업무집행자는 사원 전원의 동의를 받지 아니하고는 자기 또는 제3자의 계산으로 회사의 영업부류(營業部類)에 속한 거래를 하지 못하며, 같은 종류의 영업을 목적으로 하는 다른 회사의 업무집행자·이사 또는 집행임원이 되지 못한다.
②업무집행자가 제1항을 위반하여 거래를 한 경우에는 제198조제2항부터 제4항까지의 규정을 준용한다.
[본조신설 2011.4.14.]

제287조의11(업무집행자와 유한책임회사 간의 거래) 업무집행자는 다른 사원 과반수의 결의가 있는 경우에만 자기 또는 제3자의 계산으로 회사와 거래를 할 수 있다. 이 경우에는 「민법」 제124조를 적용하지 아니한다.
[본조신설 2011.4.14.]

제287조의12(업무의 집행) ①유한책임회사는 정관으로 사원 또는 사원이 아닌 자를 업무집행자로 정하여야 한다.
②1명 또는 둘 이상의 업무집행자를 정한 경우에는 업무집행자 각자가 회사의 업무를 집행할 권리와 의무가 있다. 이 경우에는 제201조제2항을 준용한다.
③정관으로 둘 이상을 공동업무집행자로 정한 경우에는 그 전원의 동의가 없으면 업무집행에 관한 행위를 하지 못한다.
[본조신설 2011.4.14.]

제287조의13(직무대행자의 권한 등)
제287조의5제5항에 따라 선임된 직무대행자의 권한에 대하여는 제200조의2를 준용한다.
[본조신설 2011.4.14.]

제287조의14(사원의 감시권) 업무집행자가 아닌 사원의 감시권에 대하여는 제277조를 준용한다.
[본조신설 2011.4.14.]

제287조의15(법인이 업무집행자인 경우의 특칙) ①법인이 업무집행자인 경우에는 그 법

인은 해당 업무집행자의 직무를 행할 자를 선임하고, 그 자의 성명과 주소를 다른 사원에게 통지하여야 한다.
②제1항에 따라 선임된 직무수행자에 대하여는 제287조의11과 제287조의12를 준용한다.
[본조신설 2011.4.14.]

제287조의16(정관의 변경) 정관에 다른 규정이 없는 경우 정관을 변경하려면 총사원의 동의가 있어야 한다.
[본조신설 2011.4.14.]

제287조의17(업무집행자 등의 권한상실 선고) ①업무집행자의 업무집행권한의 상실에 관하여는 제205조를 준용한다.
②제1항의 소(訴)는 본점소재지의 지방법원의 관할에 전속한다.
[본조신설 2011.4.14.]

제287조의18(준용규정) 유한책임회사의 내부관계에 관하여는 정관이나 이 법에 다른 규정이 없으면 합명회사에 관한 규정을 준용한다.
[본조신설 2011.4.14.]

제3절 유한책임회사의 외부관계

제287조의19(유한책임회사의 대표)
①업무집행자는 유한책임회사를 대표한다.
②업무집행자가 둘 이상인 경우 정관 또는 총사원의 동의로 유한책임회사를 대표할 업무집행자를 정할 수 있다.
③유한책임회사는 정관 또는 총사원의 동의로 둘 이상의 업무집행자가 공동으로 회사를 대표할 것을 정할 수 있다.
④제3항의 경우에 제3자의 유한책임회사에 대한 의사표시는 공동대표의 권한이 있는 자 1인에 대하여 함으로써 그 효력이 생긴다.
⑤유한책임회사를 대표하는 업무집행자에 대하여는 제209조를 준용한다.
[본조신설 2011.4.14.]

제287조의20(손해배상책임) 유한책임회사를 대표하는 업무집행자가 그 업무집행으로 타인에게 손해를 입힌 경우에는 회사는 그 업무집행자와 연대하여 배상할 책임이 있다.
[본조신설 2011.4.14.]

제287조의21(유한책임회사와 사원 간의 소)
유한책임회사가 사원(사원이 아닌 업무집행자를 포함한다. 이하 이 조에서 같다)에 대하여 또는 사원이 유한책임회사에 대하여 소를 제기하는 경우에 유한책임회사를 대표할 사원이 없을 때에는 다른 사원 과반수의 결의로 대표할 사원을 선정하여야 한다.
[본조신설 2011.4.14.]

제287조의22(대표소송) ①사원은 회사에 대하여 업무집행자의 책임을 추궁하는 소의 제기를 청구할 수 있다.
②제1항의 소에 관하여는 제403조제2항부터 제4항까지, 제6항, 제7항 및 제404조부터 제406조까지의 규정을 준용한다.
[본조신설 2011.4.14.]

제4절 사원의 가입 및 탈퇴

제287조의23(사원의 가입) ①유한책임회사는 정관을 변경함으로써 새로운 사원을 가입시킬 수 있다.
②제1항에 따른 사원의 가입은 정관을 변경한 때에 효력이 발생한다. 다만, 정관을 변경한 때에 해당 사원이 출자에 관한 납입 또는 재산의 전부 또는 일부의 출자를 이행하지 아니한 경우에는 그 납입 또는 이행을 마친 때에 사원이 된다.
③사원 가입 시 현물출자를 하는 사원에 대하여는 제287조의4제3항을 준용한다.
[본조신설 2011.4.14.]

제287조의24(사원의 퇴사권) 사원의 퇴사에 관하여는 정관으로 달리 정하지 아니하는 경우에는 제217조제1항을 준용한다.
[본조신설 2011.4.14.]

제287조의25(퇴사 원인) 사원의 퇴사 원인에 관하여는 제218조를 준용한다.
[본조신설 2011.4.14.]

제287조의26(사원사망 시 권리승계의 통지)
사원이 사망한 경우에는 제219조를 준용한다.
[본조신설 2011.4.14.]

제287조의27(제명의 선고) 사원의 제명에 관하여는 제220조를 준용한다. 다만, 사원의 제명에 필요한 결의는 정관으로 달리 정할 수 있다.
[본조신설 2011.4.14.]

제287조의28(퇴사 사원 지분의 환급)
①퇴사 사원은 그 지분의 환급을 금전으로 받을 수 있다.
②퇴사 사원에 대한 환급금액은 퇴사 시의 회사의 재산 상황에 따라 정한다.
③퇴사 사원의 지분 환급에 대하여는 정관으로 달리 정할 수 있다.
[본조신설 2011.4.14.]

제287조의29(지분압류채권자에 의한 퇴사)
사원의 지분을 압류한 채권자가 그 사원을 퇴사시키는 경우에는 제224조를 준용한다.
[본조신설 2011.4.14.]

제287조의30(퇴사 사원의 지분 환급과 채권자의 이의) ①유한책임회사의 채권자는 퇴사하는 사원에게 환급하는 금액이 제287조의37에 따른 잉여금을 초과한 경우에는 그 환급에 대하여 회사에 이의를 제기할 수 있다.
②제1항의 이의제기에 관하여는 제232조를 준용한다. 다만, 제232조제3항은 지분을 환급하더라도 채권자에게 손해를 끼칠 우려가 없는 경우에는 준용하지 아니한다.
[본조신설 2011.4.14.]

제287조의31(퇴사 사원의 상호변경 청구권)
퇴사한 사원의 성명이 유한책임회사의 상호 중에 사용된 경우에는 그 사원은 유한책임회사에 대하여 그 사용의 폐지를 청구할 수 있다.
[본조신설 2011.4.14.]

제5절 회계 등

제287조의32(회계 원칙) 유한책임회사의 회계는 이 법과 대통령령으로 규정한 것 외에는 일반적으로 공정하고 타당한 회계관행에 따른다.
[본조신설 2011.4.14.]

제287조의33(재무제표의 작성 및 보존)
업무집행자는 결산기마다 대차대조표, 손익계산서, 그 밖에 유한책임회사의 재무상태와 경영성과를 표시하는 것으로서 대통령령으로 정하는 서류를 작성하여야 한다.
[본조신설 2011.4.14.]

제287조의34(재무제표의 비치 · 공시)
①업무집행자는 제287조의33에 규정된 서류를 본점에 5년간 갖추어 두어야 하고, 그 등본을 지점에 3년간 갖추어 두어야 한다.
②사원과 유한책임회사의 채권자는 회사의 영업시간 내에는 언제든지 제287조의33에 따라 작성된 재무제표(財務諸表)의 열람과 등사를 청구할 수 있다.
[본조신설 2011.4.14.]

제287조의35(자본금의 액) 사원이 출자한 금전이나 그 밖의 재산의 가액을 유한책임회사의 자본금으로 한다.
[본조신설 2011.4.14.]

제287조의36(자본금의 감소) ①유한책임회사는 정관 변경의 방법으로 자본금을 감소할 수 있다.
②제1항의 경우에는 제232조를 준용한다. 다만, 감소 후의 자본금의 액이 순자산액 이상인 경우에는 그러하지 아니하다.
[본조신설 2011.4.14.]

제287조의37(잉여금의 분배) ①유한책임회사는 대차대조표상의 순자산액으로부터 자본금의 액을 뺀 액(이하 이 조에서 "잉여금"이라 한다)을 한도로 하여 잉여금을 분배할 수 있다.
②제1항을 위반하여 잉여금을 분배한 경우에는 유한책임회사의 채권자는 그 잉여금을 분배받은 자에 대하여 회사에 반환할 것을 청구할 수 있다.
③제2항의 청구에 관한 소는 본점소재지의 지방법원의 관할에 전속한다.
④잉여금은 정관에 다른 규정이 없으면 각 사원이 출자한 가액에 비례하여 분배한다.
⑤잉여금의 분배를 청구하는 방법이나 그 밖에 잉여금의 분배에 관한 사항은 정관으로 정할 수 있다.
⑥사원의 지분의 압류는 잉여금의 배당을 청구하는 권리에 대하여도 그 효력이 있다.
[본조신설 2011.4.14.]

제6절 해산

제287조의38(해산 원인) 유한책임회사는 다음 각 호의 어느 하나에 해당하는 사유로 해산한다.
1. 제227조제1호·제2호 및 제4호부터 제6호까지에서 규정한 사항에 해당하는 경우
2. 사원이 없게 된 경우
[본조신설 2011.4.14.]

제287조의39(해산등기) 유한책임회사가 해산된 경우에는 합병과 파산의 경우 외에는 그 해산사유가 있었던 날부터 본점소재지에서는 2주 내에 해산등기를 하고, 지점소재지에서는 3주 내에 해산등기를 하여야 한다.
[본조신설 2011.4.14.]

제287조의40(유한책임회사의 계속)
제287조의38의 해산 원인 중 제227조제1호 및 제2호의 경우에는 제229조제1항 및 제3항을 준용한다.
[본조신설 2011.4.14.]

제287조의41(유한책임회사의 합병)
유한책임회사의 합병에 관하여는 제230조, 제232조부터 제240조까지의 규정을 준용한다.
[본조신설 2011.4.14.]

제287조의42(해산청구) 유한책임회사의 사원이 해산을 청구하는 경우에는 제241조를 준용한다.
[본조신설 2011.4.14.]

제7절 조직변경

제287조의43(조직의 변경) ①주식회사는 총회에서 총주주의 동의로 결의한 경우에는 그 조직을 변경하여 이 장에 따른 유한책임회사로 할 수 있다.
②유한책임회사는 총사원의 동의에 의하여 주식회사로 변경할 수 있다.
[본조신설 2011.4.14.]

제287조의44(준용규정) 유한책임회사의 조직의 변경에 관하여는 제232조 및 제604조부터 제607조까지의 규정을 준용한다.
[본조신설 2011.4.14.]

제8절 청산

제287조의45(청산) 유한책임회사의 청산(清算)에 관하여는 제245조, 제246조, 제251조부터 제257조까지 및 제259조부터 제267조까지의 규정을 준용한다.
[본조신설 2011.4.14.]

제4장 주식회사

제1절 설립

제288조(발기인) 주식회사를 설립함에는 발기인이 정관을 작성하여야 한다.
[전문개정 2001.7.24.]

제289조(정관의 작성, 절대적 기재사항)
①발기인은 정관을 작성하여 다음의 사항을 적고 각 발기인이 기명날인 또는 서명하여야 한다. <개정

1984.4.10., 1995.12.29., 2001.7.24., 2011.4.14>
1. 목적
2. 상호
3. 회사가 발행할 주식의 총수
4. 액면주식을 발행하는 경우 1주의 금액
5. 회사의 설립 시에 발행하는 주식의 총수
6. 본점의 소재지
7. 회사가 공고를 하는 방법
8. 발기인의 성명·주민등록번호 및 주소
9. 삭제 <1984.4.10.>
②삭제 <2011.4.14.>
③회사의 공고는 관보 또는 시사에 관한 사항을 게재하는 일간신문에 하여야 한다. 다만, 회사는 그 공고를 정관으로 정하는 바에 따라 전자적 방법으로 할 수 있다. <개정 2009.5.28.>
④회사는 제3항에 따라 전자적 방법으로 공고할 경우 대통령령으로 정하는 기간까지 계속 공고하고, 재무제표를 전자적 방법으로 공고할 경우에는 제450조에서 정한 기간까지 계속 공고하여야 한다. 다만, 공고기간 이후에도 누구나 그 내용을 열람할 수 있도록 하여야 한다. <신설 2009.5.28.>
⑤회사가 전자적 방법으로 공고를 할 경우에는 게시 기간과 게시 내용에 대하여 증명하여야 한다. <신설 2009.5.28.>
⑥회사의 전자적 방법으로 하는 공고에 관하여 필요한 사항은 대통령령으로 정한다 <신설 2009.5.28.>

제290조(변태설립사항) 다음의 사항은 정관에 기재함으로써 그 효력이 있다.
1. 발기인이 받을 특별이익과 이를 받을 자의 성명
2. 현물출자를 하는 자의 성명과 그 목적인 재산의 종류, 수량, 가격과 이에 대하여 부여할 주식의 종류와 수
3. 회사성립후에 양수할 것을 약정한 재산의 종류, 수량, 가격과 그 양도인의 성명
4. 회사가 부담할 설립비용과 발기인이 받을 보수액

제291조(설립 당시의 주식발행사항의 결정)
회사설립 시에 발행하는 주식에 관하여 다음의 사항은 정관으로 달리 정하지 아니하면 발기인 전원의 동의로 이를 정한다.
1. 주식의 종류와 수
2. 액면주식의 경우에 액면 이상의 주식을 발행할 때에는 그 수와 금액
3. 무액면주식을 발행하는 경우에는 주식의 발행가액과 주식의 발행가액 중 자본금으로 계상하는 금액
[전문개정 2011.4.14.]

제292조(정관의 효력발생) 정관은 공증인의 인증을 받음으로써 효력이 생긴다. 다만, 자본금 총액이 10억원 미만인 회사를 제295조제1항에 따라 발기설립(發起設立)하는 경우에는 제289조제1항에 따라 각 발기인이 정관에 기명날인 또는 서명함으로써 효력이 생긴다.
[전문개정 2009.5.28.]

제293조(발기인의 주식인수) 각 발기인은 서면에 의하여 주식을 인수하여야 한다.

제294조 삭제 <1995.12.29.>

제295조(발기설립의 경우의 납입과 현물출자의 이행) ①발기인이 회사의 설립 시에 발행하는 주식의 총수를 인수한 때에는 지체없이 각 주식에 대하여 그 인수가액의 전액을 납입하여야 한다. 이 경우 발기인은 납입을 맡을 은행 기타 금융기관과 납입장소를 지정하여

야 한다. <개정 1995.12.29.>
②현물출자를 하는 발기인은 납입기일에 지체없이 출자의 목적인 재산을 인도하고 등기, 등록 기타 권리의 설정 또는 이전을 요할 경우에는 이에 관한 서류를 완비하여 교부하여야 한다.

제296조(발기설립의 경우의 임원선임)
①전조의 규정에 의한 납입과 현물출자의 이행이 완료된 때에는 발기인은 지체없이 의결권의 과반수로 이사와 감사를 선임하여야 한다.
②발기인의 의결권은 그 인수주식의 1주에 대하여 1개로 한다.

제297조(발기인의 의사록작성) 발기인은 의사록을 작성하여 의사의 경과와 그 결과를 기재하고 기명날인 또는 서명하여야 한다. <개정 1995.12.29.>

제298조(이사 · 감사의 조사 · 보고와 검사인의 선임청구) ①이사와 감사는 취임후 지체없이 회사의 설립에 관한 모든 사항이 법령 또는 정관의 규정에 위반되지 아니하는지의 여부를 조사하여 발기인에게 보고하여야 한다.
②이사와 감사중 발기인이었던 자·현물출자자 또는 회사성립후 양수할 재산의 계약당사자인 자는 제1항의 조사·보고에 참가하지 못한다.
③이사와 감사의 전원이 제2항에 해당하는 때에는 이사는 공증인으로 하여금 제1항의 조사·보고를 하게 하여야 한다.
④정관으로 제290조 각호의 사항을 정한 때에는 이사는 이에 관한 조사를 하게 하기 위하여 검사인의 선임을 법원에 청구하여야 한다. 다만, 제299조의2의 경우에는 그러하지 아니하다.
[전문개정 1995.12.29.]

제299조(검사인의 조사, 보고) ①검사인은 제290조 각 호의 사항과 제295조에 따른 현물출자의 이행을 조사하여 법원에 보고하여야 한다.
②제1항은 다음 각 호의 어느 하나에 해당할 경우에는 적용하지 아니한다.
1. 제290조제2호 및 제3호의 재산총액이 자본금의 5분의 1을 초과하지 아니하고 대통령령으로 정한 금액을 초과하지 아니하는 경우
2. 제290조제2호 또는 제3호의 재산이 거래소에서 시세가 있는 유가증권인 경우로서 정관에 적힌 가격이 대통령령으로 정한 방법으로 산정된 시세를 초과하지 아니하는 경우
3. 그 밖에 제1호 및 제2호에 준하는 경우로서 대통령령으로 정하는 경우
③검사인은 제1항의 조사보고서를 작성한 후 지체 없이 그 등본을 각 발기인에게 교부하여야 한다.
④검사인의 조사보고서에 사실과 다른 사항이 있는 경우에는 발기인은 이에 대한 설명서를 법원에 제출할 수 있다.
[전문개정 2011.4.14.]

제299조의2(현물출자 등의 증명)
제290조제1호 및 제4호에 기재한 사항에 관하여는 공증인의 조사·보고로, 제290조제2호 및 제3호의 규정에 의한 사항과 제295조의 규정에 의한 현물출자의 이행에 관하여는 공인된 감정인의 감정으로 제299조제1항의 규정에 의한 검사인의 조사에 갈음할 수 있다. 이 경우 공증인 또는 감정인은 조사 또는 감정결과를 법원에 보고하여야 한다. <개정 1998.12.28.>
[본조신설 1995.12.29.]

제300조(법원의 변경처분) ①법원은 검사인 또는 공증인의 조사보고서 또는 감정인의 감정결과와 발기인의 설명서를 심사하여 제290조의 규정에 의한 사항을 부당하다고 인정한 때에는 이를 변경하여 각 발기인에게 통고할 수 있다. <개정 1998.12.28.>
②제1항의 변경에 불복하는 발기인은 그 주식의 인수를 취소할 수 있다. 이 경우에는 정

관을 변경하여 설립에 관한 절차를 속행할 수 있다. <개정 1998.12.28.>
③법원의 통고가 있은 후 2주내에 주식의 인수를 취소한 발기인이 없는 때에는 정관은 통고에 따라서 변경된 것으로 본다. <개정 1998.12.28.>

제301조(모집설립의 경우의 주식모집)
발기인이 회사의 설립시에 발행하는 주식의 총수를 인수하지 아니하는 때에는 주주를 모집하여야 한다.

제302조(주식인수의 청약, 주식청약서의 기재사항) ①주식인수의 청약을 하고자 하는 자는 주식청약서 2통에 인수할 주식의 종류 및 수와 주소를 기재하고 기명날인 또는 서명하여야 한다. <개정 1995.12.29.>
②주식청약서는 발기인이 작성하고 다음의 사항을 적어야 한다. <개정 1962.12.12., 1984.4.10., 1995.12.29., 2011.4.14.>
1. 정관의 인증년월일과 공증인의 성명
2. 제289조제1항과 제290조에 게기한 사항
3. 회사의 존립기간 또는 해산사유를 정한 때에는 그 규정
4. 각 발기인이 인수한 주식의 종류와 수
5. 제291조에 게기한 사항
5의2. 주식의 양도에 관하여 이사회의 승인을 얻도록 정한 때에는 그 규정
6. 삭제 <2011.4.14.>
7. 주주에게 배당할 이익으로 주식을 소각할 것을 정한 때에는 그 규정
8. 일정한 시기까지 창립총회를 종결하지 아니한 때에는 주식의 인수를 취소할 수 있다는 뜻
9. 납입을 맡을 은행 기타 금융기관과 납입장소
10. 명의개서대리인을 둔 때에는 그 성명·주소 및 영업소
③민법 제107조제1항 단서의 규정은 주식인수의 청약에는 적용하지 아니한다.

제303조(주식인수인의 의무) 주식인수를 청약한 자는 발기인이 배정한 주식의 수에 따라서 인수가액을 납입할 의무를 부담한다.

제304조(주식인수인 등에 대한 통지, 최고)
①주식인수인 또는 주식청약인에 대한 통지나 최고는 주식인수증 또는 주식청약서에 기재한 주소 또는 그 자로부터 회사에 통지한 주소로 하면 된다.
②전항의 통지 또는 최고는 보통 그 도달할 시기에 도달한 것으로 본다.

제305조(주식에 대한 납입) ①회사설립시에 발행하는 주식의 총수가 인수된 때에는 발기인은 지체없이 주식인수인에 대하여 각 주식에 대한 인수가액의 전액을 납입시켜야 한다.
②전항의 납입은 주식청약서에 기재한 납입장소에서 하여야 한다.
③제295조제2항의 규정은 제1항의 경우에 준용한다.

제306조(납입금의 보관자 등의 변경)
납입금의 보관자 또는 납입장소를 변경할 때에는 법원의 허가를 얻어야 한다.

제307조(주식인수인의 실권절차) ①주식인수인이 제305조의 규정에 의한 납입을 하지 아니한 때에는 발기인은 일정한 기일을 정하여 그 기일내에 납입을 하지 아니하면 그 권리를 잃는다는 뜻을 기일의 2주간전에 그 주식인수인에게 통지하여야 한다.
②전항의 통지를 받은 주식인수인이 그 기일내에 납입의 이행을 하지 아니한 때에는 그 권리를 잃는다. 이 경우에는 발기인은 다시 그 주식에 대한 주주를 모집할 수 있다.
③전2항의 규정은 그 주식인수인에 대한 손해배상의 청구에 영향을 미치지 아니한다.

제308조(창립총회) ①제305조의 규정에 의한 납입과 현물출자의 이행을 완료한 때에는 발기인은 지체없이 창립총회를 소집하여야 한다.
②제363조제1항·제2항, 제364조, 제368조제2항·제3항, 제368조의2, 제369조제1항, 제371조제2항, 제372조, 제373조, 제376조 내지 제381조와 제435조의 규정은 창립총회에 준용한다. <개정 1984.4.10., 2014.5.20.>

제309조(창립총회의 결의) 창립총회의 결의는 출석한 주식인수인의 의결권의 3분의 2 이상이며 인수된 주식의 총수의 과반수에 해당하는 다수로 하여야 한다.

제310조(변태설립의 경우의 조사)
①정관으로 제290조에 게기한 사항을 정한 때에는 발기인은 이에 관한 조사를 하게 하기 위하여 검사인의 선임을 법원에 청구하여야 한다.
②전항의 검사인의 보고서는 이를 창립총회에 제출하여야 한다.
③제298조제4항 단서 및 제299조의2의 규정은 제1항의 조사에 관하여 이를 준용한다. <신설 1995.12.29.>

제311조(발기인의 보고) ①발기인은 회사의 창립에 관한 사항을 서면에 의하여 창립총회에 보고하여야 한다.
②전항의 보고서에는 다음의 사항을 명확히 기재하여야 한다.
1. 주식인수와 납입에 관한 제반상황
2. 제290조에 게기한 사항에 관한 실태

제312조(임원의 선임) 창립총회에서는 이사와 감사를 선임하여야 한다.

판례-특정범죄 가중처벌 등에 관한 법률 위반(뇌물)·뇌물공여

[대법원 2014.1.23, 선고, 2013도9690, 판결]

【판시사항】
구 도시 및 주거환경정비법상 '정비사업전문관리업자'가 주식회사인 경우, 같은 법 제84조에 의하여 공무원으로 의제되는 정비사업전문관리업자의 '임원'은 수뢰행위 당시 상업등기부에 대표이사, 이사, 감사로 등기된 사람에 한정되는지 여부(적극) 및 주식회사의 임원으로 등기되지 아니한 실질적 경영자가 위 '임원'에 해당하는지 여부(소극)

【판결요지】
구 도시 및 주거환경정비법(2009.2.6. 법률 제9444호로 개정되기 전의 것, 이하 '도시정비법'이라고 한다) 제84조는 "형법 제129조 내지 제132조의 적용에 있어서 조합의 임원과 정비사업전문관리업자의 대표자(법인인 경우에는 임원을 말한다)·직원은 이를 공무원으로 본다."라고 규정하고 있는데, 도시정비법은 정비사업전문관리업자가 법인인 경우 공무원으로 의제되는 '임원'에 관하여 더 이상의 자세한 규정을 두고 있지 아니하다. 따라서 위와 같은 '임원'에 해당하는지 여부는 민법, 상법, 기타의 실체법에 의하여 결정하여야 할 것인데, 그 중 주식회사의 법률관계를 규율하고 있는 상법 제312조는 '임원의 선임'이라는 표제하에 "창립총회에서는 이사와 감사를 선임하여야 한다."고 하면서, 구 상법(2007. 8. 3. 법률 제8581호로 개정되기 전의 것) 제317조 제2항은 주식회사의 설립에 있어 등기하여야 할 사항으로 "이사와 감사의 성명 및 주민등록번호"(제8호), "회사를 대표할 이사의 성명·주민등록번호 및 주소"(제9호) 등을 규정하고 있다. 위와 같은 규정들의 문언·체계 및 그 취지 등을 종합하면, 도시정비법에서 정하는 '정비사업전문관리업자'가 주식회사인 경우 같은 법 제84조에 의하여 공무원으로 의제되는 '임원'은 형법 제129조 내지 제132조에 해당하는 수뢰행위 당시 상업등기부에 대표이사, 이사, 감사로 등기된 사람에 한정된다고 보아야 하며, 설령 실질적 경영자라고 하더라도 해당 주식회사의 임원으로 등기되지 아니한 사람까지 도시정비법 제84조에 의하여 공무원으로 의제되는 정비사업전문관리업자의 '임원'에 해당한다고 해석하는 것은 형벌법규를 피고인에게 불리한 방향으로 지나치게 유추하거나 확장해석하는 것으로서 죄형법정주의의 원칙에 어긋나는 것이어서 허용될 수 없다.

제313조(이사, 감사의 조사, 보고)
①이사와 감사는 취임후 지체없이 회사의 설립에 관한 모든 사항이 법령 또는 정관의 규정에 위반되지 아니하는지의 여부를 조사하여 창립총회에 보고하여야 한다. <개정 1962.12.12., 1995.12.29.>
②제298조제2항 및 제3항의 규정은 제1항의 조사와 보고에 관하여 이를 준용한다. <개정 1995.12.29.>
③ 삭제 <1995.12.29.>

제314조(변태설립사항의 변경)
①창립총회에서는 제290조에 게기한 사항이 부당하다고 인정한 때에는 이를 변경할 수 있다.
②제300조제2항과 제3항의 규정은 전항의 경우에 준용한다.

제315조(발기인에 대한 손해배상청구)
전조의 규정은 발기인에 대한 손해배상의 청구에 영향을 미치지 아니한다.

제316조(정관변경, 설립폐지의 결의)
①창립총회에서는 정관의 변경 또는 설립의 폐지를 결의할 수 있다.
②전항의 결의는 소집통지서에 그 뜻의 기재가 없는 경우에도 이를 할 수 있다.

제317조(설립의 등기) ①주식회사의 설립등기는 발기인이 회사설립시에 발행한 주식의 총수를 인수한 경우에는 제299조와 제300조의 규정에 의한 절차가 종료한 날로부터, 발기인이 주주를 모집한 경우에는 창립총회가 종결한 날 또는 제314조의 규정에 의한 절차가 종료한 날로부터 2주간내에 이를 하여야 한다.
②제1항의 설립등기에 있어서는 다음의 사항을 등기하여야 한다.
<개정 1962.12.12., 1984.4.10., 1995.12.29., 1999.12.31., 2009.1.30., 2011.4.14.>
1. 제289조제1항제1호 내지 제4호, 제6호와 제7호에 게기한 사항
2. 자본금의 액
3. 발행주식의 총수, 그 종류와 각종주식의 내용과 수
3의2. 주식의 양도에 관하여 이사회의 승인을 얻도록 정한 때에는 그 규정
3의3. 주식매수선택권을 부여하도록 정한 때에는 그 규정
3의4. 지점의 소재지
4. 회사의 존립기간 또는 해산사유를 정한 때에는 그 기간 또는 사유
5. 삭제 <2011.4.14.>
6. 주주에게 배당할 이익으로 주식을 소각할 것을 정한 때에는 그 규정
7. 전환주식을 발행하는 경우에는 제347조에 게기한 사항
8. 사내이사, 사외이사, 그 밖에 상무에 종사하지 아니하는 이사, 감사 및 집행임원의 성명과 주민등록번호
9. 회사를 대표할 이사 또는 집행임원의 성명·주민등록번호 및 주소
10. 둘 이상의 대표이사 또는 대표집행임원이 공동으로 회사를 대표할 것을 정한 경우에는 그 규정
11. 명의개서대리인을 둔 때에는 그 상호 및 본점소재지
12. 감사위원회를 설치한 때에는 감사위원회 위원의 성명 및 주민등록번호
③주식회사의 지점 설치 및 이전 시 지점소재지 또는 신지점소재지에서 등기를 할 때에는 제289조제1항제1호·제2호·제6호 및 제7호와 이 조 제2항제4호·제9호 및 제10호에 따른 사항을 등기하여야 한다. <개정 2011.4.14.>
④제181조 내지 제183조의 규정은 주식회사의 등기에 준용한다.

제318조(납입금 보관자의 증명과 책임)
①납입금을 보관한 은행이나 그 밖의 금융기관은 발기인 또는 이사의 청구를 받으면 그 보관금액에 관하여 증명서를 발급하여야 한다.
②제1항의 은행이나 그 밖의 금융기관은 증명한 보관금액에 대하여는 납입이 부실하거나 그 금액의 반환에 제한이 있다는 것을 이유로 회사에 대항하지 못한다.
③자본금 총액이 10억원 미만인 회사를 제295조제1항에 따라 발기설립하는 경우에는 제1항의 증명서를 은행이나 그 밖의 금융기관의 잔고증명서로 대체할 수 있다.
[전문개정 2009.5.28.]

제319조(권리주의 양도) 주식의 인수로 인한 권리의 양도는 회사에 대하여 효력이 없다.

제320조(주식인수의 무효 주장, 취소의 제한) ①회사성립후에는 주식을 인수한 자는 주식청약서의 요건의 흠결을 이유로 하여 그 인수의 무효를 주장하거나 사기, 강박 또는 착오를 이유로 하여 그 인수를 취소하지 못한다.
②창립총회에 출석하여 그 권리를 행사한 자는 회사의 성립전에도 전항과 같다.

제321조(발기인의 인수, 납입담보책임)
①회사설립시에 발행한 주식으로서 회사성립후에 아직 인수되지 아니한 주식이 있거나 주식인수의 청약이 취소된 때에는 발기인이 이를 공동으로 인수한 것으로 본다.
②회사성립후 제295조제1항 또는 제305조제1항의 규정에 의한 납입을 완료하지 아니한 주식이 있는 때에는 발기인은 연대하여 그 납입을 하여야 한다.
③제315조의 규정은 전2항의 경우에 준용한다.

제322조(발기인의 손해배상책임)
①발기인이 회사의 설립에 관하여 그 임무를 해태한 때에는 그 발기인은 회사에 대하여 연대하여 손해를 배상할 책임이 있다.
②발기인이 악의 또는 중대한 과실로 인하여 그 임무를 해태한 때에는 그 발기인은 제삼자에 대하여도 연대하여 손해를 배상할 책임이 있다.

제323조(발기인, 임원의 연대책임)
이사 또는 감사가 제313조제1항의 규정에 의한 임무를 해태하여 회사 또는 제삼자에 대하여 손해를 배상할 책임을 지는 경우에 발기인도 책임을 질때에는 그 이사, 감사와 발기인은 연대하여 손해를 배상할 책임이 있다.

제324조(발기인의 책임면제, 주주의 대표소송) 제400조, 제403조부터 제406조까지 및 제406조의2는 발기인에 준용한다. <개정 2020.12.29.>

제325조(검사인의 손해배상책임)
법원이 선임한 검사인이 악의 또는 중대한 과실로 인하여 그 임무를 해태한 때에는 회사 또는 제삼자에 대하여 손해를 배상할 책임이 있다.

제326조(회사불성립의 경우의 발기인의 책임) ①회사가 성립하지 못한 경우에는 발기인은 그 설립에 관한 행위에 대하여 연대하여 책임을 진다.
②전항의 경우에 회사의 설립에 관하여 지급한 비용은 발기인이 부담한다.

제327조(유사발기인의 책임) 주식청약서 기타 주식모집에 관한 서면에 성명과 회사의 설립에 찬조하는 뜻을 기재할 것을 승낙한 자는 발기인과 동일한 책임이 있다.

제328조(설립무효의 소) ①회사설립의 무효는 주주·이사 또는 감사에 한하여 회사성립의 날로부터 2년내에 소만으로 이를 주장할 수 있다. <개정 1984.4.10.>
②제186조 내지 제193조의 규정은 제1항의 소에 준용한다. <개정 1984.4.10.>

제2절 주식

제1관 주식과 주권

제329조(자본금의 구성) ①회사는 정관으로 정한 경우에는 주식의 전부를 무액면주식으로 발행할 수 있다. 다만, 무액면주식을 발행하는 경우에는 액면주식을 발행할 수 없다.
②액면주식의 금액은 균일하여야 한다.
③액면주식 1주의 금액은 100원 이상으로 하여야 한다.
④회사는 정관으로 정하는 바에 따라 발행된 액면주식을 무액면주식으로 전환하거나 무액면주식을 액면주식으로 전환할 수 있다.
⑤제4항의 경우에는 제440조, 제441조 본문 및 제442조를 준용한다.
[전문개정 2011.4.14.]

제329조의2(주식의 분할) ①회사는 제434조의 규정에 의한 주주총회의 결의로 주식을 분할할 수 있다.
②제1항의 경우에 분할 후의 액면주식 1주의 금액은 제329조제3항에 따른 금액 미만으로 하지 못한다. <개정 2011.4.14.>
③제440조부터 제443조까지의 규정은 제1항의 규정에 의한 주식분할의 경우에 이를 준용한다. <개정 2014.5.20.>
[본조신설 1998.12.28.]

판례-집행문 부여

[대법원 2011.7.28, 선고, 2009다90856, 판결]

【판시사항】
[1] 재판상 화해의 효력 및 그 효력이 미치는 범위
[2] 상속인인 甲과 乙 등이 상속재산분할협의를 하면서 망인 소유 주식을 乙 등이 상속받되 주주로서 의사결정권한 일체를 甲에게 위임하며, 乙 등이 신주인수권 행사 등으로 주식을 추가로 취득할 경우 甲이 주식매수권을 갖는 것으로 약정하였고, 그 후 일정한 조건 아래 乙 등이 甲에게 위 주식에 관한 명의개서절차를 이행하기로 하는 재판상 화해를 하였는데, 그 화해조항의 효력이 화해 이후 자산재평가적립금의 자본전입에 의해 무상증자 방식으로 발행된 신주에 대하여도 미치는지 문제된 사안에서, 화해조항의 효력이 신주에 대하여 당연히 미친다고 본 원심의 판단은 잘못이나, 화해조항에 나타난 당사자의 진정한 의사는 망인이 보유하고 있던 주식에 관한 지분적 권리를 甲이 승계할 수 있도록 하는 것이라고 봄이 타당하므로, 화해 이후 무상증자로 발행된 신주를 기존 주식의 변형물로 보아 乙 등은 甲에게 신주를 표창하는 주권을 인도할 의무가 있다고 본 원심의 결론은 정당하다고 한 사례
[3] 자산재평가법상 재평가적립금 등의 자본전입에 따른 무상주 발행의 실질적 효과(=기존 주식의 분할)

제330조(액면미달발행의 제한) 주식은 액면미달의 가액으로 발행하지 못한다. 그러나 제417조의 경우에는 그러하지 아니하다.

제331조(주주의 책임) 주주의 책임은 그가 가진 주식의 인수가액을 한도로 한다.

제332조(가설인, 타인의 명의에 의한 인수인의 책임) ①가설인의 명의로 주식을 인수하거

나 타인의 승락없이 그 명의로 주식을 인수한 자는 주식인수인으로서의 책임이 있다.
②타인의 승락을 얻어 그 명의로 주식을 인수한 자는 그 타인과 연대하여 납입할 책임이 있다.

제333조(주식의 공유) ①수인이 공동으로 주식을 인수한 자는 연대하여 납입할 책임이 있다.
②주식이 수인의 공유에 속하는 때에는 공유자는 주주의 권리를 행사할 자 1인을 정하여야 한다.
③주주의 권리를 행사할 자가 없는 때에는 공유자에 대한 통지나 최고는 그 1인에 대하여 하면 된다.

제334조 삭제 <2011.4.14.>

제335조(주식의 양도성) ① 주식은 타인에게 양도할 수 있다. 다만, 회사는 정관으로 정하는 바에 따라 그 발행하는 주식의 양도에 관하여 이사회의 승인을 받도록 할 수 있다. <개정 2011.4.14.>
②제1항 단서의 규정에 위반하여 이사회의 승인을 얻지 아니한 주식의 양도는 회사에 대하여 효력이 없다. <신설 1995.12.29.>
③주권발행전에 한 주식의 양도는 회사에 대하여 효력이 없다. 그러나 회사성립후 또는 신주의 납입기일후 6월이 경과한 때에는 그러하지 아니하다. <개정 1984.4.10.>

제335조의2(양도승인의 청구)
①주식의 양도에 관하여 이사회의 승인을 얻어야 하는 경우에는 주식을 양도하고자 하는 주주는 회사에 대하여 양도의 상대방 및 양도하고자 하는 주식의 종류와 수를 기재한 서면으로 양도의 승인을 청구할 수 있다.
②회사는 제1항의 청구가 있는 날부터 1월 이내에 주주에게 그 승인여부를 서면으로 통지하여야 한다.
③회사가 제2항의 기간내에 주주에게 거부의 통지를 하지 아니한 때에는 주식의 양도에 관하여 이사회의 승인이 있는 것으로 본다.
④제2항의 양도승인거부의 통지를 받은 주주는 통지를 받은 날부터 20일내에 회사에 대하여 양도의 상대방의 지정 또는 그 주식의 매수를 청구할 수 있다.
[본조신설 1995.12.29.]

제335조의3(양도상대방의 지정청구)
①주주가 양도의 상대방을 지정하여 줄 것을 청구한 경우에는 이사회는 이를 지정하고, 그 청구가 있은 날부터 2주간내에 주주 및 지정된 상대방에게 서면으로 이를 통지하여야 한다.
②제1항의 기간내에 주주에게 상대방지정의 통지를 하지 아니한 때에는 주식의 양도에 관하여 이사회의 승인이 있는 것으로 본다.
[본조신설 1995.12.29.]

제335조의4(지정된 자의 매도청구권)
①제335조의3제1항의 규정에 의하여 상대방으로 지정된 자는 지정통지를 받은 날부터 10일 이내에 지정청구를 한 주주에 대하여 서면으로 그 주식을 자기에게 매도할 것을 청구할 수 있다.
②제335조의3제2항의 규정은 주식의 양도상대방으로 지정된 자가 제1항의 기간내에 매도의 청구를 하지 아니한 때에 이를 준용한다.
[본조신설 1995.12.29.]
[제목개정 2001.7.24.]

제335조의5(매도가액의 결정) ①제335조의4의 경우에 그 주식의 매도가액은 주주와 매도청구인간의 협의로 이를 결정한다.
<개정 2001.7.24.>
②제374조의2제4항 및 제5항의 규정은 제335조의4제1항의 규정에 의한 청구를 받은 날부터 30일 이내에 제1항의 규정에 의한 협의가 이루어지지 아니하는 경우에 이를 준용한다.
<개정 2001.7.24.>
[본조신설 1995.12.29.]
[제목개정 2001.7.24.]

제335조의6(주식의 매수청구) 제374조의2제2항 내지 제5항의 규정은 제335조의2제4항의 규정에 의하여 주주가 회사에 대하여 주식의 매수를 청구한 경우에 이를 준용한다. <개정 2001.7.24.>
[본조신설 1995.12.29.]

제335조의7(주식의 양수인에 의한 승인청구) ①주식의 양도에 관하여 이사회의 승인을 얻어야 하는 경우에 주식을 취득한 자는 회사에 대하여 그 주식의 종류와 수를 기재한 서면으로 그 취득의 승인을 청구할 수 있다.
②제335조의2제2항 내지 제4항, 제335조의3 내지 제335조의6의 규정은 제1항의 경우에 이를 준용한다.
[본조신설 1995.12.29.]

제336조(주식의 양도방법) ①주식의 양도에 있어서는 주권을 교부하여야 한다.
②주권의 점유자는 이를 적법한 소지인으로 추정한다.
[전문개정 1984.4.10.]

판례-주주확인등

[대법원 2019.8.14. 선고 2017다231980 판결]

【판시사항】
[1] 주권이 발행되어 있는 주식을 취득한 자가 주권을 제시하는 등 취득사실을 증명하는 방법으로 명의개서를 신청하고, 주주명부를 작성할 권한 있는 자가 형식적 심사의무를 다한 경우, 이에 따라 이루어진 명의개서를 적법하다고 보아야 하는지 여부(원칙적 적극)
[2] 갑 주식회사의 자회사인 을 주식회사가 신주를 발행하자, 갑 회사의 대표이사인 병의 동서 정이 자기앞수표로 위 주식의 인수대금을 납입한 다음 주권을 발행받아 현재까지 소지하고 있는데, 갑 회사가 병이 대표이사직에서 해임된 후 정에게 주식 명의신탁 해지의 의사표시를 하면서 주권을 반환하라고 요구하는 통지서를 발송하고 병에게도 주권이 반환될 수 있도록 해달라는 통지서를 발송한 다음, 을 회사를 상대로 위 주식은 갑 회사가 정에게 명의신탁한 것인데 적법하게 명의신탁이 해지되었다며 명의개서절차 이행을 청구하여 을 회사로부터 위 주식에 관한 명의개서를 받은 사안에서, 을 회사는 갑 회사의 명의개서절차 이행청구에 대하여 형식적 심사의무를 다하였다고 볼 수 없다고 한 사례

【판결요지】
[1] 주권의 점유자는 적법한 소지인으로 추정되므로(상법 제336조 제2항), 주권을 점유하는 자는 반증이 없는 한 그 권리자로 인정되고 이를 다투는 자는 반대사실을 입증하여야 한다. 주권이 발행되어 있는 주식을 양도할 때에는 주권을 교부하여야 하고(상법 제336조 제1항), 주권이 발행되어 있는 주식을 양수한 자는 주권을 제시하여 양수사실을 증명함으로써 회사에 대해 단독으로 명의개서를 청구할 수 있다. 이때 회사는 청구자가 진정한 주권을 점유하고 있는가에 대한 형식적 자격만을 심사하면 족하고, 나아가 청구자가 진정한 주주인가에 대한 실질적 자격까지 심사할 의무는 없다. 따라서 주권이 발행되어 있는 주식을 취득한 자가 주권을 제시하는 등 그

취득사실을 증명하는 방법으로 명의개서를 신청하고, 그 신청에 관하여 주주명부를 작성할 권한 있는 자가 형식적 심사의무를 다하였으며, 그에 따라 명의개서가 이루어졌다면, 특별한 사정이 없는 한 그 명의개서는 적법한 것으로 보아야 한다.
[2] 갑 주식회사의 자회사인 을 주식회사가 신주를 발행하자, 갑 회사의 대표이사인 병의 동서 정이 자기앞수표로 위 주식의 인수대금을 납입한 다음 주권을 발행받아 현재까지 소지하고 있는데, 갑 회사가 병이 대표이사직에서 해임된 후 정에게 주식 명의신탁 해지의 의사표시를 하면서 주권을 반환하라고 요구하는 통지서를 발송하고 병에게도 주권이 반환될 수 있도록 해달라는 통지서를 발송한 다음, 을 회사를 상대로 위 주식은 갑 회사가 정에게 명의신탁한 것인데 적법하게 명의신탁이 해지되었다며 명의개서절차 이행을 청구하여 을 회사로부터 위 주식에 관한 명의개서를 받은 사안에서, 을 회사는 정이 위 주식에 관한 주권을 소지하고 있음을 잘 알고 있으면서도 주권을 점유하지 않은 제3자인 갑 회사의 명의개서절차 이행청구에 따라 위 주식에 관한 명의개서를 마쳐주었고, 당시 갑 회사가 정과 위 주식의 명의신탁약정을 체결하였다는 처분문서조차 제시하지 못한 점 등에 비추어 보면, 을 회사는 명의신탁 해지를 주주권 취득원인으로 주장한 갑 회사의 명의개서절차 이행청구에 대하여 형식적 심사의무를 다하였다고 볼 수 없다고 한 사례.

제337조(주식의 이전의 대항요건)

①주식의 이전은 취득자의 성명과 주소를 주주명부에 기재하지 아니하면 회사에 대항하지 못한다. <개정 2014.5.20.>
②회사는 정관이 정하는 바에 의하여 명의개서대리인을 둘 수 있다. 이 경우 명의개서대리인이 취득자의 성명과 주소를 주주명부의 복본에 기재한 때에는 제1항의 명의개서가 있는 것으로 본다. <신설 1984.4.10.>
[제목개정 2014.5.20.]

판례-주식인도

[대법원 2013.2.14, 선고, 2011다109708, 판결]

【판시사항】
주권발행 전 주식의 주주명의를 신탁한 실질적인 주주의 채권자가 자신의 채권을 보전하기 위하여 실질적인 주주를 대위하여 명의신탁계약을 해지하고 주주명의인을 상대로 주주권 확인을 구할 이익이 있는지 여부(적극)

【판결요지】
주권발행 전 주식에 관하여 주주명의를 신탁한 사람이 수탁자에 대하여 명의신탁계약을 해지하면 그 주식에 대한 주주의 권리는 해지의 의사표시만으로 명의신탁자에게 복귀하는 것이고, 이러한 경우 주주명부에 등재된 형식상 주주명의인이 실질적인 주주의 주주권을 다투는 경우에 실질적인 주주가 주주명부상 주주명의인을 상대로 주주권의 확인을 구할 이익이 있다. 이는 실질적인 주주의 채권자가 자신의 채권을 보전하기 위하여 실질적인 주주를 대위하여 명의신탁계약을 해지하고 주주명의인을 상대로 주주권의 확인을 구하는 경우에도 마찬가지이고, 그 주식을 발행한 회사를 상대로 명의개서절차의 이행을 구할 수 있다거나 명의신탁자와 명의수탁자 사이에 직접적인 분쟁이 없다고 하여 달리 볼 것은 아니다.

판례-주주권확인

[대법원 2019.5.16. 선고 2016다240338 판결]

【판시사항】
[1] 주주명부상 주주가 아닌 제3자가 주식을 인수하고 그 대금을 납입한 경우, 제3자를 실질상 주주로 볼 것인지 판단하는 방법
[2] 이행의 소를 제기할 수 있는데도 확인의 소를 제기한 경우, 확인의 이익이 있는지 여부(소극) 및 확인의 이익이 있는지는 법원이 직권으로 판단할 사항인지 여부(적극)

[3] 주식을 취득한 자가 주권 제시 등의 방법으로 주식 취득 사실을 증명하여 회사에 단독으로 명의개서를 청구할 수 있는지 여부(원칙적 적극)
[4] 갑이 을 주식회사를 상대로 자신이 주주명부상 주식의 소유자인데 위조된 주식매매계약서에 의해 타인 앞으로 명의개서가 되었다며 주주권 확인을 구한 사안에서, 갑이 을 회사를 상대로 직접 자신이 주주임을 증명하여 명의개서절차의 이행을 구할 수 있으므로, 갑이 을 회사를 상대로 주주권 확인을 구하는 것은 확인의 이익이 없다고 한 사례

【판결요지】
[1] 주주명부상의 주주가 아닌 제3자가 주식을 인수하고 그 대금을 납입한 경우 그 제3자를 실질상의 주주로 보기 위해서는 단순히 제3자가 주식인수대금을 납입하였다는 사정만으로는 부족하고 제3자와 주주명부상 주주 사이의 내부관계, 주식 인수와 주주명부 등재에 관한 경위 및 목적, 주주명부 등재 후 주주로서의 권리행사 내용 등을 종합하여 판단해야 한다.
[2] 확인의 소는 법적 지위의 불안·위험을 제거하기 위하여 확인판결을 받는 것이 가장 유효·적절한 수단인 경우에 인정되고, 이행을 청구하는 소를 제기할 수 있는데도 불구하고 확인의 소를 제기하는 것은 분쟁의 종국적인 해결방법이 아니어서 확인의 이익이 없다. 또한 확인의 소에 확인의 이익이 있는지는 직권조사사항이므로 당사자의 주장 여부에 관계없이 법원이 직권으로 판단하여야 한다.
[3] 주식을 취득한 자는 특별한 사정이 없는 한 점유하고 있는 주권의 제시 등의 방법으로 자신이 주식을 취득한 사실을 증명함으로써 회사에 대하여 단독으로 그 명의개서를 청구할 수 있다.
[4] 갑이 을 주식회사를 상대로 자신이 주주명부상 주식의 소유자인데 위조된 주식매매계약서에 의해 타인 앞으로 명의개서가 되었다며 주주권 확인을 구한 사안에서, 갑이 을 회사를 상대로 직접 자신이 주주임을 증명하여 명의개서절차의 이행을 구할 수 있으므로, 갑이 을 회사를 상대로 주주권 확인을 구하는 것은 갑의 권리 또는 법률상 지위에 현존하는 불안·위험을 제거하는 유효·적절한 수단이 아니거나 분쟁의 종국적 해결방법이 아니어서 확인의 이익이 없다고 한 사례.

제338조(주식의 입질) ①주식을 질권의 목적으로 하는 때에는 주권을 질권자에게 교부하여야 한다. <개정 2014.5.20.>
②질권자는 계속하여 주권을 점유하지 아니하면 그 질권으로써 제삼자에게 대항하지 못한다.
[제목개정 2014.5.20.]

제339조(질권의 물상대위) 주식의 소각, 병합, 분할 또는 전환이 있는 때에는 이로 인하여 종전의 주주가 받을 금전이나 주식에 대하여도 종전의 주식을 목적으로한 질권을 행사할 수 있다. <개정 1998.12.28.>

제340조(주식의 등록질) ①주식을 질권(質權)의 목적으로 한 경우에 회사가 질권설정자의 청구에 따라 그 성명과 주소를 주주명부에 덧붙여 쓰고 그 성명을 주권(株券)에 적은 경우에는 질권자는 회사로부터 이익배당, 잔여재산의 분배 또는 제339조에 따른 금전의 지급을 받아 다른 채권자에 우선하여 자기채권의 변제에 충당할 수 있다. <개정 2011.4.14., 2014.5.20.>
②민법 제353조제3항의 규정은 전항의 경우에 준용한다.
③제1항의 질권자는 회사에 대하여 전조의 주식에 대한 주권의 교부를 청구할 수 있다.
[제목개정 2014.5.20.]

제340조의2(주식매수선택권) ①회사는 정관으로 정하는 바에 따라 제434조의 주주총회의 결의로 회사의 설립·경영 및 기술혁신 등에 기여하거나 기여할 수 있는 회사의 이사, 집행임원, 감사 또는 피용자(被用者)에게 미리 정한 가액(이하 "주식매수선택권의 행사가액"이라 한다)으로 신주를 인수하거나 자기의 주식을 매수할 수 있는 권리(이하 "주식매수선택권"이라 한다)를 부여할 수 있다. 다만, 주식매수선택권의 행사가액이 주식의 실질가액보다 낮은 경우

에 회사는 그 차액을 금전으로 지급하거나 그 차액에 상당하는 자기의 주식을 양도할 수 있다. 이 경우 주식의 실질가액은 주식매수선택권의 행사일을 기준으로 평가한다.
②다음 각 호의 어느 하나에 해당하는 자에게는 제1항의 주식매수선택권을 부여할 수 없다.
1. 의결권 없는 주식을 제외한 발행주식총수의 100분의 10 이상의 주식을 가진 주주
2. 이사·집행임원·감사의 선임과 해임 등 회사의 주요 경영사항에 대하여 사실상 영향력을 행사하는 자
3. 제1호와 제2호에 규정된 자의 배우자와 직계존비속
③제1항에 따라 발행할 신주 또는 양도할 자기의 주식은 회사의 발행주식총수의 100분의 10을 초과할 수 없다.
④제1항의 주식매수선택권의 행사가액은 다음 각 호의 가액 이상이어야 한다.
1. 신주를 발행하는 경우에는 주식매수선택권의 부여일을 기준으로 한 주식의 실질가액과 주식의 권면액(券面額) 중 높은 금액. 다만, 무액면주식을 발행한 경우에는 자본으로 계상되는 금액 중 1주에 해당하는 금액을 권면액으로 본다.
2. 자기의 주식을 양도하는 경우에는 주식매수선택권의 부여일을 기준으로 한 주식의 실질가액
[전문개정 2011.4.14.]

판례-주식매수선택권행사차액보상청구의소

[대법원 2018.7.26., 선고, 2016다237714, 판결]

【판시사항】
회사가 주식매수선택권을 부여받은 자의 권리를 부당하게 제한하지 않고 정관의 기본 취지나 핵심 내용을 해치지 않는 범위에서 주주총회 결의와 개별 계약을 통해 주식매수선택권을 부여받은 자가 언제까지 선택권을 행사할 수 있는지를 자유롭게 정할 수 있는지 여부(적극) 및 주주총회 결의가 있은 후 회사가 주식매수선택권 부여에 관한 계약을 체결하면서 주식매수선택권의 행사기간 등을 일부 변경하거나 조정한 것이 유효한지 여부(원칙적 적극)

【판결요지】
회사는 정관으로 정하는 바에 따라 상법 제434조가 정한 주주총회의 특별결의로 회사의 설립·경영과 기술혁신 등에 기여하거나 기여할 수 있는 회사의 이사, 집행임원, 감사 또는 피용자에게 미리 정한 가액으로 신주를 인수하거나 자기의 주식을 매수할 수 있는 권리(이하 '주식매수선택권'이라 한다)를 부여할 수 있다(상법 제340조의2 제1항). 이러한 주식매수선택권 제도는 회사의 설립·경영과 기술혁신 등에 기여하거나 기여할 수 있는 임직원에게 장차 주식매수로 인한 이득을 유인동기로 삼아 직무에 충실하도록 유도하기 위한 일종의 성과보상제도이다.
회사가 주식매수선택권을 부여하기 위해서는 정관에 근거가 있어야 하고(상법 제340조의3 제1항), 주식매수선택권에 관한 주주총회 결의에서는 주식매수선택권을 부여받을 자의 성명, 부여방법, 행사가액과 조정에 관한 사항, 주식매수선택권의 행사기간, 주식매수선택권의 행사로 발행하거나 양도할 주식의 종류와 수를 정하여야 한다(같은 조 제2항). 주주총회에서 특정인에게 주식매수선택권을 부여하는 결의가 이루어지면 회사는 결의내용에 따라 주식매수선택권을 부여받은 자와 계약을 체결하고 상당한 기간 내에 그에 관한 계약서를 작성하여야 한다(같은 조 제3항).
주식매수선택권 부여에 관한 주주총회 결의는 회사의 의사결정절차에 지나지 않고, 특정인에 대한 주식매수선택권의 구체적 내용은 일반적으로 회사가 체결하는 계약을 통해서 정해진다. 주식매수선택권을 부여받은 자는 계약에서 주어진 조건에 따라 계약에서 정한 기간 내에 선택권을 행사할 수 있다.
상법은 주식매수선택권을 부여하기로 한 주주총회 결의일(상장회사에서 이사회결의로 부여하는 경우에는 이사회 결의일)부터 2년 이상 재임 또는 재직하여야 주식매수선택권을 행사할 수 있다고 정하고 있다(상법 제340조의4 제1항, 제542조의3 제4항, 상법 시행령 제30조 제5항). 이와 같이 상법은 주식매수선택권을 행사할 수 있는 시기(始期)만을 제한하고 있을 뿐 언제까지 행사할 수 있는지에 관해서는 정하지 않고 회사의 자율적인 결정에 맡기고 있다. 따라서 회사는 주식매수선택권을 부여받은 자의 권리를 부당하게 제한하지 않고 정관의 기본 취지나 핵심 내용

을 해치지 않는 범위에서 주주총회 결의와 개별 계약을 통해서 주식매수선택권을 부여받은 자가 언제까지 선택권을 행사할 수 있는지를 자유롭게 정할 수 있다고 보아야 한다.
나아가 주식매수선택권을 부여하는 주주총회 결의에서 주식매수선택권의 부여 대상과 부여방법, 행사가액, 행사기간, 주식매수선택권의 행사로 발행하거나 양도할 주식의 종류와 수 등을 정하도록 한 것은 이해관계를 가지는 기존 주주들로 하여금 회사의 의사결정 단계에서 중요 내용을 정하도록 함으로써 주식매수선택권의 행사에 관한 예측가능성을 도모하기 위한 것이다. 그러나 주주총회 결의 시 해당 사항의 세부적인 내용을 빠짐없이 정하도록 예정한 것으로 보기는 어렵다. 이후 회사가 주식매수선택권 부여에 관한 계약을 체결할 때 주식매수선택권의 행사기간 등을 일부 변경하거나 조정한 경우 그것이 주식매수선택권을 부여받은 자, 기존 주주 등 이해관계인들 사이의 균형을 해치지 않고 주주총회 결의에서 정한 본질적인 내용을 훼손하는 것이 아니라면 유효하다고 보아야 한다.

제340조의3(주식매수선택권의 부여)

①제340조의2제1항의 주식매수선택권에 관한 정관의 규정에는 다음 각호의 사항을 기재하여야 한다.
1. 일정한 경우 주식매수선택권을 부여할 수 있다는 뜻
2. 주식매수선택권의 행사로 발행하거나 양도할 주식의 종류와 수
3. 주식매수선택권을 부여받을 자의 자격요건
4. 주식매수선택권의 행사기간
5. 일정한 경우 이사회결의로 주식매수선택권의 부여를 취소할 수 있다는 뜻

②제340조의2제1항의 주식매수선택권에 관한 주주총회의 결의에 있어서는 다음 각호의 사항을 정하여야 한다.
1. 주식매수선택권을 부여받을 자의 성명
2. 주식매수선택권의 부여방법
3. 주식매수선택권의 행사가액과 그 조정에 관한 사항
4. 주식매수선택권의 행사기간
5. 주식매수선택권을 부여받을 자 각각에 대하여 주식매수선택권의 행사로 발행하거나 양도할 주식의 종류와 수

③회사는 제2항의 주주총회결의에 의하여 주식매수선택권을 부여받은 자와 계약을 체결하고 상당한 기간내에 그에 관한 계약서를 작성하여야 한다.

④회사는 제3항의 계약서를 주식매수선택권의 행사기간이 종료할 때까지 본점에 비치하고 주주로 하여금 영업시간내에 이를 열람할 수 있도록 하여야 한다.

[본조신설 1999.12.31.]

제340조의4(주식매수선택권의 행사)

①제340조의2제1항의 주식매수선택권은 제340조의3제2항 각호의 사항을 정하는 주주총회결의일부터 2년 이상 재임 또는 재직하여야 이를 행사할 수 있다.

②제340조의2제1항의 주식매수선택권은 이를 양도할 수 없다. 다만, 동조제2항의 규정에 의하여 주식매수선택권을 행사할 수 있는 자가 사망한 경우에는 그 상속인이 이를 행사할 수 있다.

[본조신설 1999.12.31.]

제340조의5(준용규정) 제350조제2항, 제351조, 제516조의9제1항·제3항·제4항 및 제516조의10 전단은 주식매수선택권의 행사로 신주를 발행하는 경우에 이를 준용한다.
<개정 2011.4.14., 2020.12.29.>
[본조신설 1999.12.31.]

제341조(자기주식의 취득)

①회사는 다음의 방법에 따라 자기의 명의와 계산으로 자기의 주식을 취득할 수 있다. 다만, 그 취득가액의 총액은 직전 결산기의 대차대조표상의 순자산액에서 제462조제1항 각 호의 금액을 뺀 금액을 초과하지 못한다.

1. 거래소에서 시세(時勢)가 있는 주식의 경우에는 거래소에서 취득하는 방법
2. 제345조제1항의 주식의 상환에 관한 종류주식의 경우 외에 각 주주가 가진 주식 수에 따라 균등한 조건으로 취득하는 것으로서 대통령령으로 정하는 방법
②제1항에 따라 자기주식을 취득하려는 회사는 미리 주주총회의 결의로 다음 각 호의 사항을 결정하여야 한다. 다만, 이사회의 결의로 이익배당을 할 수 있다고 정관으로 정하고 있는 경우에는 이사회의 결의로써 주주총회의 결의를 갈음할 수 있다.
1. 취득할 수 있는 주식의 종류 및 수
2. 취득가액의 총액의 한도
3. 1년을 초과하지 아니하는 범위에서 자기주식을 취득할 수 있는 기간
③회사는 해당 영업연도의 결산기에 대차대조표상의 순자산액이 제462조제1항 각 호의 금액의 합계액에 미치지 못할 우려가 있는 경우에는 제1항에 따른 주식의 취득을 하여서는 아니 된다.
④해당 영업연도의 결산기에 대차대조표상의 순자산액이 제462조제1항 각 호의 금액의 합계액에 미치지 못함에도 불구하고 회사가 제1항에 따라 주식을 취득한 경우 이사는 회사에 대하여 연대하여 그 미치지 못한 금액을 배상할 책임이 있다. 다만, 이사가 제3항의 우려가 없다고 판단하는 때에 주의를 게을리하지 아니하였음을 증명한 경우에는 그러하지 아니하다.
[전문개정 2011.4.14.]

제341조의2(특정목적에 의한 자기주식의 취득) 회사는 다음 각 호의 어느 하나에 해당하는 경우에는 제341조에도 불구하고 자기의 주식을 취득할 수 있다.
1. 회사의 합병 또는 다른 회사의 영업전부의 양수로 인한 경우
2. 회사의 권리를 실행함에 있어 그 목적을 달성하기 위하여 필요한 경우
3. 단주(端株)의 처리를 위하여 필요한 경우
4. 주주가 주식매수청구권을 행사한 경우
[전문개정 2011.4.14.]

제341조의3(자기주식의 질취) 회사는 발행주식총수의 20분의 1을 초과하여 자기의 주식을 질권의 목적으로 받지 못한다. 다만, 제341조의2제1호 및 제2호의 경우에는 그 한도를 초과하여 질권의 목적으로 할 수 있다.
[전문개정 2011.4.14.]

제342조(자기주식의 처분) 회사가 보유하는 자기의 주식을 처분하는 경우에 다음 각 호의 사항으로서 정관에 규정이 없는 것은 이사회가 결정한다.
1. 처분할 주식의 종류와 수
2. 처분할 주식의 처분가액과 납입기일
3. 주식을 처분할 상대방 및 처분방법
[전문개정 2011.4.14.]

제342조의2(자회사에 의한 모회사주식의 취득)
①다른 회사의 발행주식의 총수의 100분의 50을 초과하는 주식을 가진 회사(이하 "모회사"라 한다)의 주식은 다음의 경우를 제외하고는 그 다른 회사(이하 "자회사"라 한다)가 이를 취득할 수 없다. <개정 2001.7.24.>
1. 주식의 포괄적 교환, 주식의 포괄적 이전, 회사의 합병 또는 다른 회사의 영업전부의 양수로 인한 때
2. 회사의 권리를 실행함에 있어 그 목적을 달성하기 위하여 필요한 때
②제1항 각호의 경우 자회사는 그 주식을 취득한 날로부터 6월 이내에 모회사의 주식을 처분하여야 한다.
③다른 회사의 발행주식의 총수의 100분의 50을 초과하는 주식을 모회사 및 자회사 또는 자회사가 가지고 있는 경우 그 다른 회사는 이 법의 적용에 있어 그 모회사의 자회사로 본다.

<개정 2001.7.24.>
[본조신설 1984.4.10.]

제342조의3(다른 회사의 주식취득)
회사가 다른 회사의 발행주식총수의 10분의 1을 초과하여 취득한 때에는 그 다른 회사에 대하여 지체없이 이를 통지하여야 한다.
[본조신설 1995.12.29.]

제343조(주식의 소각) ①주식은 자본금 감소에 관한 규정에 따라서만 소각(消却)할 수 있다. 다만, 이사회의 결의에 의하여 회사가 보유하는 자기주식을 소각하는 경우에는 그러하지 아니하다.
②자본금감소에 관한 규정에 따라 주식을 소각하는 경우에는 제440조 및 제441조를 준용한다.
[전문개정 2011.4.14.]

제343조의2 삭제 <2011.4.14.>

제344조(종류주식) ①회사는 이익의 배당, 잔여재산의 분배, 주주총회에서의 의결권의 행사, 상환 및 전환 등에 관하여 내용이 다른 종류의 주식(이하 "종류주식"이라 한다)을 발행할 수 있다.
②제1항의 경우에는 정관으로 각 종류주식의 내용과 수를 정하여야 한다.
③회사가 종류주식을 발행하는 때에는 정관에 다른 정함이 없는 경우에도 주식의 종류에 따라 신주의 인수, 주식의 병합·분할·소각 또는 회사의 합병·분할로 인한 주식의 배정에 관하여 특수하게 정할 수 있다.
④종류주식 주주의 종류주주총회의 결의에 관하여는 제435조제2항을 준용한다.
[전문개정 2011.4.14.]

제344조의2(이익배당, 잔여재산분배에 관한 종류주식) ①회사가 이익의 배당에 관하여 내용이 다른 종류주식을 발행하는 경우에는 정관에 그 종류주식의 주주에게 교부하는 배당재산의 종류, 배당재산의 가액의 결정방법, 이익을 배당하는 조건 등 이익배당에 관한 내용을 정하여야 한다.
②회사가 잔여재산의 분배에 관하여 내용이 다른 종류주식을 발행하는 경우에는 정관에 잔여재산의 종류, 잔여재산의 가액의 결정방법, 그 밖에 잔여재산분배에 관한 내용을 정하여야 한다.
[본조신설 2011.4.14.]

제344조의3(의결권의 배제 · 제한에 관한 종류주식) ①회사가 의결권이 없는 종류주식이나 의결권이 제한되는 종류주식을 발행하는 경우에는 정관에 의결권을 행사할 수 없는 사항과, 의결권행사 또는 부활의 조건을 정한 경우에는 그 조건 등을 정하여야 한다.
②제1항에 따른 종류주식의 총수는 발행주식총수의 4분의 1을 초과하지 못한다. 이 경우 의결권이 없거나 제한되는 종류주식이 발행주식총수의 4분의 1을 초과하여 발행된 경우에는 회사는 지체 없이 그 제한을 초과하지 아니하도록 하기 위하여 필요한 조치를 하여야 한다.
[본조신설 2011.4.14.]

제345조(주식의 상환에 관한 종류주식)
①회사는 정관으로 정하는 바에 따라 회사의 이익으로써 소각할 수 있는 종류주식을 발행할 수 있다. 이 경우 회사는 정관에 상환가액, 상환기간, 상환의 방법과 상환할 주식의 수를 정하여야 한다.

②제1항의 경우 회사는 상환대상인 주식의 취득일부터 2주 전에 그 사실을 그 주식의 주주 및 주주명부에 적힌 권리자에게 따로 통지하여야 한다. 다만, 통지는 공고로 갈음할 수 있다.
③회사는 정관으로 정하는 바에 따라 주주가 회사에 대하여 상환을 청구할 수 있는 종류주식을 발행할 수 있다. 이 경우 회사는 정관에 주주가 회사에 대하여 상환을 청구할 수 있다는 뜻, 상환가액, 상환청구기간, 상환의 방법을 정하여야 한다.
④제1항 및 제3항의 경우 회사는 주식의 취득의 대가로 현금 외에 유가증권(다른 종류주식은 제외한다)이나 그 밖의 자산을 교부할 수 있다. 다만, 이 경우에는 그 자산의 장부가액이 제462조에 따른 배당가능이익을 초과하여서는 아니 된다.
⑤제1항과 제3항에서 규정한 주식은 종류주식(상환과 전환에 관한 것은 제외한다)에 한정하여 발행할 수 있다.
[전문개정 2011.4.14.]

제346조(주식의 전환에 관한 종류주식)
①회사가 종류주식을 발행하는 경우에는 정관으로 정하는 바에 따라 주주는 인수한 주식을 다른 종류주식으로 전환할 것을 청구할 수 있다. 이 경우 전환의 조건, 전환의 청구기간, 전환으로 인하여 발행할 주식의 수와 내용을 정하여야 한다.
②회사가 종류주식을 발행하는 경우에는 정관에 일정한 사유가 발생할 때 회사가 주주의 인수 주식을 다른 종류주식으로 전환할 수 있음을 정할 수 있다. 이 경우 회사는 전환의 사유, 전환의 조건, 전환의 기간, 전환으로 인하여 발행할 주식의 수와 내용을 정하여야 한다.
③제2항의 경우에 이사회는 다음 각 호의 사항을 그 주식의 주주 및 주주명부에 적힌 권리자에게 따로 통지하여야 한다. 다만, 통지는 공고로 갈음할 수 있다.
1. 전환할 주식
2. 2주 이상의 일정한 기간 내에 그 주권을 회사에 제출하여야 한다는 뜻
3. 그 기간 내에 주권을 제출하지 아니할 때에는 그 주권이 무효로 된다는 뜻
④제344조제2항에 따른 종류주식의 수 중 새로 발행할 주식의 수는 전환청구기간 또는 전환의 기간 내에는 그 발행을 유보(留保)하여야 한다.
[전문개정 2011.4.14.]

제347조(전환주식발행의 절차) 제346조의 경우에는 주식청약서 또는 신주인수권증서에 다음의 사항을 적어야 한다. <개정 1984.4.10., 2011.4.14.>
1. 주식을 다른 종류의 주식으로 전환할 수 있다는 뜻
2. 전환의 조건
3. 전환으로 인하여 발행할 주식의 내용
4. 전환청구기간 또는 전환의 기간

제348조(전환으로 인하여 발행하는 주식의 발행가액) 전환으로 인하여 신주식을 발행하는 경우에는 전환전의 주식의 발행가액을 신주식의 발행가액으로 한다.

제349조(전환의 청구) ①주식의 전환을 청구하는 자는 청구서 2통에 주권을 첨부하여 회사에 제출하여야 한다.
②제1항의 청구서에는 전환하고자 하는 주식의 종류, 수와 청구년월일을 기재하고 기명날인 또는 서명하여야 한다. <개정 1995.12.29.>
③ 삭제 <1995.12.29.>

제350조(전환의 효력발생) ①주식의 전환은 주주가 전환을 청구한 경우에는 그 청구한 때에, 회사가 전환을 한 경우에는 제346조제3항제2호의 기간이 끝난 때에 그 효력이 발생한다. <개정 2011.4.14.>
②제354조제1항의 기간 중에 전환된 주식의 주주는 그 기간 중의 총회의 결의에 관하여는 의결

권을 행사할 수 없다.
③삭제 <2020.12.29.>
[전문개정 1995.12.29.]

제351조(전환의 등기) 주식의 전환으로 인한 변경등기는 전환을 청구한 날 또는 제346조제3항제2호의 기간이 끝난 날이 속하는 달의 마지막 날부터 2주 내에 본점소재지에서 하여야 한다.
[전문개정 2011.4.14.]

제352조(주주명부의 기재사항)
①주식을 발행한 때에는 주주명부에 다음의 사항을 기재하여야 한다. <개정 1984.4.10., 2014.5.20.>
1. 주주의 성명과 주소
2. 각 주주가 가진 주식의 종류와 그 수
2의2. 각 주주가 가진 주식의 주권을 발행한 때에는 그 주권의 번호
3. 각주식의 취득년월일
②제1항의 경우에 전환주식을 발행한 때에는 제347조에 게기한 사항도 주주명부에 기재하여야 한다. <개정 1984.4.10., 2014.5.20.>

제352조의2(전자주주명부) ①회사는 정관으로 정하는 바에 따라 전자문서로 주주명부(이하 "전자주주명부"라 한다)를 작성할 수 있다.
②전자주주명부에는 제352조제1항의 기재사항 외에 전자우편주소를 적어야 한다.
③전자주주명부의 비치·공시 및 열람의 방법에 관하여 필요한 사항은 대통령령으로 정한다.
[본조신설 2009.5.28.]

제353조(주주명부의 효력) ①주주 또는 질권자에 대한 회사의 통지 또는 최고는 주주명부에 기재한 주소 또는 그 자로부터 회사에 통지한 주소로 하면 된다.
②제304조제2항의 규정은 전항의 통지 또는 최고에 준용한다.

제354조(주주명부의 폐쇄, 기준일)
①회사는 의결권을 행사하거나 배당을 받을 자 기타 주주 또는 질권자로서 권리를 행사할 자를 정하기 위하여 일정한 기간을 정하여 주주명부의 기재변경을 정지하거나 일정한 날에 주주명부에 기재된 주주 또는 질권자를 그 권리를 행사할 주주 또는 질권자로 볼 수 있다. <개정 1984.4.10.>
②제1항의 기간은 3월을 초과하지 못한다. <개정 1984.4.10.>
③제1항의 날은 주주 또는 질권자로서 권리를 행사할 날에 앞선 3월내의 날로 정하여야 한다. <개정 1984.4.10.>
④회사가 제1항의 기간 또는 날을 정한 때에는 그 기간 또는 날의 2주간전에 이를 공고하여야 한다. 그러나 정관으로 그 기간 또는 날을 지정한 때에는 그러하지 아니하다.

제355조(주권발행의 시기) ①회사는 성립후 또는 신주의 납입기일후 지체없이 주권을 발행하여야 한다.
②주권은 회사의 성립후 또는 신주의 납입기일후가 아니면 발행하지 못한다.
③전항의 규정에 위반하여 발행한 주권은 무효로 한다. 그러나 발행한 자에 대한 손해배상의 청구에 영향을 미치지 아니한다.

제356조(주권의 기재사항) 주권에는 다음의 사항과 번호를 기재하고 대표이사가 기명날인 또는 서명하여야 한다. <개정 1995.12.29., 2011.4.14.>

1. 회사의 상호
2. 회사의 성립년월일
3. 회사가 발행할 주식의 총수
4. 액면주식을 발행하는 경우 1주의 금액
5. 회사의 성립후 발행된 주식에 관하여는 그 발행 연월일
6. 종류주식이 있는 경우에는 그 주식의 종류와 내용
6의2. 주식의 양도에 관하여 이사회의 승인을 얻도록 정한 때에는 그 규정
7. 삭제 <2011.4.14.>
8. 삭제 <2011.4.14.>

제356조의2(주식의 전자등록) ①회사는 주권을 발행하는 대신 정관으로 정하는 바에 따라 전자등록기관(유가증권 등의 전자등록 업무를 취급하는 기관을 말한다. 이하 같다)의 전자등록부에 주식을 등록할 수 있다. <개정 2016.3.22.>
②전자등록부에 등록된 주식의 양도나 입질(入質)은 전자등록부에 등록하여야 효력이 발생한다.
③전자등록부에 주식을 등록한 자는 그 등록된 주식에 대한 권리를 적법하게 보유한 것으로 추정하며, 이러한 전자등록부를 선의(善意)로, 그리고 중대한 과실 없이 신뢰하고 제2항의 등록에 따라 권리를 취득한 자는 그 권리를 적법하게 취득한다.
④전자등록의 절차·방법 및 효과, 전자등록기관에 대한 감독, 그 밖에 주식의 전자등록 등에 필요한 사항은 따로 법률로 정한다. <개정 2016.3.22.>
[본조신설 2011.4.14.]

제357조 삭제 <2014.5.20.>
제358조 삭제 <2014.5.20.>

제358조의2(주권의 불소지) ①주주는 정관에 다른 정함이 있는 경우를 제외하고는 그 주식에 대하여 주권의 소지를 하지 아니하겠다는 뜻을 회사에 신고할 수 있다. <개정 2014.5.20.>
②제1항의 신고가 있는 때에는 회사는 지체없이 주권을 발행하지 아니한다는 뜻을 주주명부와 그 복본에 기재하고, 그 사실을 주주에게 통지하여야 한다. 이 경우 회사는 그 주권을 발행할 수 없다.
③제1항의 경우 이미 발행된 주권이 있는 때에는 이를 회사에 제출하여야 하며, 회사는 제출된 주권을 무효로 하거나 명의개서대리인에게 임치하여야 한다.
④제1항 내지 제3항의 규정에 불구하고 주주는 언제든지 회사에 대하여 주권의 발행 또는 반환을 청구할 수 있다.
[전문개정 1995.12.29.]

제359조(주권의 선의취득) 수표법 제21조의 규정은 주권에 관하여 이를 준용한다.
[전문개정 1984.4.10.]

판례-주식명의개서청구의소

[대법원 2018.7.12., 선고, 2015다251812, 판결]

【판시사항】
상법 제359조, 수표법 제21조 단서에서 정한 '악의 또는 중대한 과실'의 의미 및 그 유무 판단의 기준 시기(=주권의 취득 시기) / 주권 등을 취득하면서 양도인이 무권리자임을 의심할 만한 사정이 있는데도 이에 대하여 상당하다고 인정될 만한 조사를 하지 않은 경우, 양수인에게 위 단서에서 말하는 '중대한 과실'이 있다고 보아야 하는지 여부(적극)

【판결요지】
주권의 선의취득은 주권의 소지라는 권리외관을 신뢰하여 거래한 사람을 보호하는 제도이다.

주권 취득이 악의 또는 중대한 과실로 인한 때에는 선의취득이 인정되지 않는다(상법 제359조, 수표법 제21조). 여기서 악의 또는 중대한 과실이 있는지는 그 취득 시기를 기준으로 결정하여야 하며, '악의'란 교부계약에 하자가 있다는 것을 알고 있었던 경우, 즉 종전 소지인이 무권리자 또는 무능력자라거나 대리권이 흠결되었다는 등의 사정을 알고 취득한 것을 말하고, 중대한 과실이란 거래에서 필요로 하는 주의의무를 현저히 결여한 것을 말한다. 그리고 주권 등을 취득하면서 통상적인 거래기준으로 판단하여 볼 때 양도인이 무권리자임을 의심할 만한 사정이 있음에도 불구하고 이에 대하여 상당하다고 인정될 만한 조사를 하지 아니한 채 만연히 주권 등을 양수한 경우에는 양수인에게 상법 제359조, 수표법 제21조 단서에서 말하는 '중대한 과실'이 있다고 보아야 한다.

제360조(주권의 제권판결, 재발행)
①주권은 공시최고의 절차에 의하여 이를 무효로 할 수 있다.
②주권을 상실한 자는 제권판결을 얻지 아니하면 회사에 대하여 주권의 재발행을 청구하지 못한다.

제2관 주식의 포괄적 교환

제360조의2(주식의 포괄적 교환에 의한 완전모회사의 설립) ①회사는 이 관의 규정에 의한 주식의 포괄적 교환에 의하여 다른 회사의 발행주식의 총수를 소유하는 회사(이하 "완전모회사"라 한다)가 될 수 있다. 이 경우 그 다른 회사를 "완전자회사"라 한다.
②주식의 포괄적 교환(이하 이 관에서 "주식교환"이라 한다)에 의하여 완전자회사가 되는 회사의 주주가 가지는 그 회사의 주식은 주식을 교환하는 날에 주식교환에 의하여 완전모회사가 되는 회사에 이전하고, 그 완전자회사가 되는 회사의 주주는 그 완전모회사가 되는 회사가 주식교환을 위하여 발행하는 신주의 배정을 받거나 그 회사 자기주식의 이전을 받음으로써 그 회사의 주주가 된다. <개정 2015.12.1.>
[본조신설 2001.7.24.]

제360조의3(주식교환계약서의 작성과 주주총회의 승인 및 주식교환대가가 모회사 주식인 경우의 특칙) ①주식교환을 하고자 하는 회사는 주식교환계약서를 작성하여 주주총회의 승인을 얻어야 한다.
②제1항의 승인결의는 제434조의 규정에 의하여야 한다.
③주식교환계약서에는 다음 각호의 사항을 적어야 한다. <개정 2011.4.14., 2015.12.1.>
1. 완전모회사가 되는 회사가 주식교환으로 인하여 정관을 변경하는 경우에는 그 규정
2. 완전모회사가 되는 회사가 주식교환을 위하여 신주를 발행하거나 자기주식을 이전하는 경우에는 발행하는 신주 또는 이전하는 자기주식의 총수·종류, 종류별 주식의 수 및 완전자회사가 되는 회사의 주주에 대한 신주의 배정 또는 자기주식의 이전에 관한 사항
3. 완전모회사가 되는 회사의 자본금 또는 준비금이 증가하는 경우에는 증가할 자본금 또는 준비금에 관한 사항
4. 완전자회사가 되는 회사의 주주에게 제2호에도 불구하고 그 대가의 전부 또는 일부로서 금전이나 그 밖의 재산을 제공하는 경우에는 그 내용 및 배정에 관한 사항
5. 각 회사가 제1항의 결의를 할 주주총회의 기일
6. 주식교환을 할 날
7. 각 회사가 주식교환을 할 날까지 이익배당을 할 때에는 그 한도액
8. 삭제 <2015.12.1.>
9. 완전모회사가 되는 회사에 취임할 이사와 감사 또는 감사위원회의 위원을 정한 때에는 그 성명 및 주민등록번호
④회사는 제363조의 규정에 의한 통지에 다음 각호의 사항을 기재하여야 한다. <개정 2014.5.20.>

1. 주식교환계약서의 주요내용
2. 제360조의5제1항의 규정에 의한 주식매수청구권의 내용 및 행사방법
3. 일방회사의 정관에 주식의 양도에 관하여 이사회의 승인을 요한다는 뜻의 규정이 있고 다른 회사의 정관에 그 규정이 없는 경우 그 뜻

⑤주식교환으로 인하여 주식교환에 관련되는 각 회사의 주주의 부담이 가중되는 경우에는 제1항 및 제436조의 결의 외에 그 주주 전원의 동의가 있어야 한다. <신설 2011.4.14.>

⑥제342조의2제1항에도 불구하고 제3항제4호에 따라 완전자회사가 되는 회사의 주주에게 제공하는 재산이 완전모회사가 되는 회사의 모회사 주식을 포함하는 경우에는 완전모회사가 되는 회사는 그 지급을 위하여 그 모회사의 주식을 취득할 수 있다. <신설 2015.12.1.>

⑦완전모회사가 되는 회사는 제6항에 따라 취득한 그 회사의 모회사 주식을 주식교환 후에도 계속 보유하고 있는 경우 주식교환의 효력이 발생하는 날부터 6개월 이내에 그 주식을 처분하여야 한다. <신설 2015.12.1.>

[본조신설 2001.7.24.]

[제목개정 2015.12.1.]

제360조의4(주식교환계약서 등의 공시)

①이사는 제360조의3제1항의 주주총회의 회일의 2주전부터 주식교환의 날 이후 6월이 경과하는 날까지 다음 각호의 서류를 본점에 비치하여야 한다. <개정 2015.12.1.>

1. 주식교환계약서
2. 완전모회사가 되는 회사가 주식교환을 위하여 신주를 발행하거나 자기주식을 이전하는 경우에는 완전자회사가 되는 회사의 주주에 대한 신주의 배정 또는 자기주식의 이전에 관하여 그 이유를 기재한 서면
3. 제360조의3제1항의 주주총회의 회일(제360조의9의 규정에 의한 간이주식교환의 경우에는 동조제2항의 규정에 의하여 공고 또는 통지를 한 날)전 6월 이내의 날에 작성한 주식교환을 하는 각 회사의 최종 대차대조표 및 손익계산서

②제1항의 서류에 관하여는 제391조의3제3항의 규정을 준용한다.

[본조신설 2001.7.24.]

제360조의5(반대주주의 주식매수청구권)

①제360조의3제1항의 규정에 의한 승인사항에 관하여 이사회의 결의가 있는 때에 그 결의에 반대하는 주주(의결권이 없거나 제한되는 주주를 포함한다. 이하 이 조에서 같다)는 주주총회전에 회사에 대하여 서면으로 그 결의에 반대하는 의사를 통지한 경우에는 그 총회의 결의일부터 20일 이내에 주식의 종류와 수를 기재한 서면으로 회사에 대하여 자기가 소유하고 있는 주식의 매수를 청구할 수 있다. <개정 2015.12.1.>

②제360조의9제2항의 공고 또는 통지를 한 날부터 2주내에 회사에 대하여 서면으로 주식교환에 반대하는 의사를 통지한 주주는 그 기간이 경과한 날부터 20일 이내에 주식의 종류와 수를 기재한 서면으로 회사에 대하여 자기가 소유하고 있는 주식의 매수를 청구할 수 있다.

③제1항 및 제2항의 매수청구에 관하여는 제374조의2제2항 내지 제5항의 규정을 준용한다.

[본조신설 2001.7.24.]

제360조의6 삭제 <2015.12.1.>

제360조의7(완전모회사의 자본금 증가의 한도액) ①완전모회사가 되는 회사의 자본금은 주식교환의 날에 완전자회사가 되는 회사에 현존하는 순자산액에서 다음 각호의 금액을 뺀 금액을 초과하여 증가시킬 수 없다. <개정 2011.4.14., 2015.12.1.>

1. 완전자회사가 되는 회사의 주주에게 제공할 금전이나 그 밖의 재산의 가액
2. 제360조의3제3항제2호에 따라 완전자회사가 되는 회사의 주주에게 이전하는 자기주식

의 장부가액의 합계액
②완전모회사가 되는 회사가 주식교환 이전에 완전자회사가 되는 회사의 주식을 이미 소유하고 있는 경우에는 완전모회사가 되는 회사의 자본금은 주식교환의 날에 완전자회사가 되는 회사에 현존하는 순자산액에 그 회사의 발행주식총수에 대한 주식교환으로 인하여 완전모회사가 되는 회사에 이전하는 주식의 수의 비율을 곱한 금액에서 제1항 각호의 금액을 뺀 금액의 한도를 초과하여 이를 증가시킬 수 없다. <개정 2011.4.14.>
[본조신설 2001.7.24.]
[제목개정 2011.4.14.]

제360조의8(주권의 실효절차) ①주식교환에 의하여 완전자회사가 되는 회사는 주주총회에서 제360조의3제1항의 규정에 의한 승인을 한 때에는 다음 각호의 사항을 주식교환의 날 1월 전에 공고하고, 주주명부에 기재된 주주와 질권자에 대하여 따로 따로 그 통지를 하여야 한다.
1. 제360조의3제1항의 규정에 의한 승인을 한 뜻
2. 주식교환의 날의 전날까지 주권을 회사에 제출하여야 한다는 뜻
3. 주식교환의 날에 주권이 무효가 된다는 뜻
②제442조의 규정은 제360조의3제1항의 규정에 의한 승인을 한 경우에 이를 준용한다. <개정 2014.5.20.>
[본조신설 2001.7.24.]

제360조의9(간이주식교환) ①완전자회사가 되는 회사의 총주주의 동의가 있거나 그 회사의 발행주식총수의 100분의 90 이상을 완전모회사가 되는 회사가 소유하고 있는 때에는 완전자회사가 되는 회사의 주주총회의 승인은 이를 이사회의 승인으로 갈음할 수 있다.
②제1항의 경우에 완전자회사가 되는 회사는 주식교환계약서를 작성한 날부터 2주내에 주주총회의 승인을 얻지 아니하고 주식교환을 한다는 뜻을 공고하거나 주주에게 통지하여야 한다. 다만, 총주주의 동의가 있는 때에는 그러하지 아니하다.
[본조신설 2001.7.24.]

제360조의10(소규모 주식교환)
①완전모회사가 되는 회사가 주식교환을 위하여 발행하는 신주 및 이전하는 자기주식의 총수가 그 회사의 발행주식총수의 100분의 10을 초과하지 아니하는 경우에는 그 회사에서의 제360조의3제1항의 규정에 의한 주주총회의 승인은 이를 이사회의 승인으로 갈음할 수 있다. 다만, 완전자회사가 되는 회사의 주주에게 제공할 금전이나 그 밖의 재산을 정한 경우에 그 금액 및 그 밖의 재산의 가액이 제360조의4제1항제3호에서 규정한 최종 대차대조표에 의하여 완전모회사가 되는 회사에 현존하는 순자산액의 100분의 5를 초과하는 때에는 그러하지 아니하다. <개정 2015.12.1.>
② 삭제 <2015.12.1.>
③제1항 본문의 경우에는 주식교환계약서에 완전모회사가 되는 회사에 관하여는 제360조의3제1항의 규정에 의한 주주총회의 승인을 얻지 아니하고 주식교환을 할 수 있는 뜻을 기재하여야 하며, 동조제3항제1호의 사항은 이를 기재하지 못한다.
④완전모회사가 되는 회사는 주식교환계약서를 작성한 날부터 2주내에 완전자회사가 되는 회사의 상호와 본점, 주식교환을 할 날 및 제360조의3제1항의 승인을 얻지 아니하고 주식교환을 한다는 뜻을 공고하거나 주주에게 통지하여야 한다.
⑤완전모회사가 되는 회사의 발행주식총수의 100분의 20 이상에 해당하는 주식을 가지는 주주가 제4항에 따른 공고 또는 통지를 한 날부터 2주 내에 회사에 대하여 서면으로 제1항 본문에 따른 주식교환에 반대하는 의사를 통지한 경우에는 이 조에 따른 주식교환을 할 수 없다. <개정 2011.4.14.>
⑥제1항 본문의 경우에 완전모회사가 되는 회사에 관하여 제360조의4제1항의 규정을 적용함에 있어서는 동조동항 각호외의 부분중 "제360조의3제1항의 주주총회의 회일의 2주전" 및 동조동항제3호중 "제360조의3제1항의 주주총회의 회일"은 각각 "이 조제4항의 규정에 의한 공고 또는 통지의

날"로 한다.
⑦제1항 본문의 경우에는 제360조의5의 규정은 이를 적용하지 아니한다.
[본조신설 2001.7.24.]

제360조의11(단주처리 등에 관한 규정의 준용) ①제443조의 규정은 회사의 주식교환의 경우에 이를 준용한다.
②제339조 및 제340조제3항의 규정은 주식교환의 경우에 완전자회사가 되는 회사의 주식을 목적으로 하는 질권에 이를 준용한다.
[본조신설 2001.7.24.]

제360조의12(주식교환사항을 기재한 서면의 사후공시) ①이사는 다음 각호의 사항을 기재한 서면을 주식교환의 날부터 6월간 본점에 비치하여야 한다.
1. 주식교환의 날
2. 주식교환의 날에 완전자회사가 되는 회사에 현존하는 순자산액
3. 주식교환으로 인하여 완전모회사에 이전한 완전자회사의 주식의 수
4. 그 밖의 주식교환에 관한 사항
②제1항의 서면에 관하여는 제391조의3제3항의 규정을 준용한다.
[본조신설 2001.7.24.]

제360조의13(완전모회사의 이사·감사의 임기) 주식교환에 의하여 완전모회사가 되는 회사의 이사 및 감사로서 주식교환전에 취임한 자는 주식교환계약서에 다른 정함이 있는 경우를 제외하고는 주식교환후 최초로 도래하는 결산기에 관한 정기총회가 종료하는 때에 퇴임한다.
[본조신설 2001.7.24.]

제360조의14(주식교환무효의 소)
①주식교환의 무효는 각 회사의 주주·이사·감사·감사위원회의 위원 또는 청산인에 한하여 주식교환의 날부터 6월내에 소만으로 이를 주장할 수 있다.
②제1항의 소는 완전모회사가 되는 회사의 본점소재지의 지방법원의 관할에 전속한다.
③주식교환을 무효로 하는 판결이 확정된 때에는 완전모회사가 된 회사는 주식교환을 위하여 발행한 신주 또는 이전한 자기주식의 주주에 대하여 그가 소유하였던 완전자회사가 된 회사의 주식을 이전하여야 한다. <개정 2015.12.1.>
④제187조 내지 제189조, 제190조 본문, 제191조, 제192조, 제377조 및 제431조의 규정은 제1항의 소에, 제339조 및 제340조제3항의 규정은 제3항의 경우에 각각 이를 준용한다.
[본조신설 2001.7.24.]

제3관 주식의 포괄적 이전

제360조의15(주식의 포괄적 이전에 의한 완전모회사의 설립) ①회사는 이 관의 규정에 의한 주식의 포괄적 이전(이하 이 관에서 "주식이전"이라 한다)에 의하여 완전모회사를 설립하고 완전자회사가 될 수 있다.
②주식이전에 의하여 완전자회사가 되는 회사의 주주가 소유하는 그 회사의 주식은 주식이전에 의하여 설립하는 완전모회사에 이전하고, 그 완전자회사가 되는 회사의 주주는 그 완전모회사가 주식이전을 위하여 발행하는 주식의 배정을 받음으로써 그 완전모회사의 주주가 된다.
[본조신설 2001.7.24.]

제360조의16(주주총회에 의한 주식이전의 승인) ①주식이전을 하고자 하는 회사는 다음 각호의 사항을 적은 주식이전계획서를 작성하여 주주총회의 승인을 받아야 한다. <개정 2011.4.14., 2015.12.1.>
1. 설립하는 완전모회사의 정관의 규정
2. 설립하는 완전모회사가 주식이전에 있어서 발행하는 주식의 종류와 수 및 완전자회사가 되는 회사의 주주에 대한 주식의 배정에 관한 사항
3. 설립하는 완전모회사의 자본금 및 자본준비금에 관한 사항
4. 완전자회사가 되는 회사의 주주에게 제2호에도 불구하고 금전이나 그 밖의 재산을 제공하는 경우에는 그 내용 및 배정에 관한 사항
5. 주식이전을 할 시기
6. 완전자회사가 되는 회사가 주식이전의 날까지 이익배당을 할 때에는 그 한도액
7. 설립하는 완전모회사의 이사와 감사 또는 감사위원회의 위원의 성명 및 주민등록번호
8. 회사가 공동으로 주식이전에 의하여 완전모회사를 설립하는 때에는 그 뜻

②제1항의 승인결의는 제434조의 규정에 의하여야 한다.
③제360조의3제4항의 규정은 제1항의 경우의 주주총회의 승인에 이를 준용한다.
④주식이전으로 인하여 주식이전에 관련되는 각 회사의 주주의 부담이 가중되는 경우에는 제1항 및 제436조의 결의 외에 그 주주 전원의 동의가 있어야 한다. <신설 2011.4.14.>
[본조신설 2001.7.24.]

제360조의17(주식이전계획서 등의 서류의 공시) ①이사는 제360조의16제1항의 규정에 의한 주주총회의 회일의 2주전부터 주식이전의 날 이후 6월을 경과하는 날까지 다음 각호의 서류를 본점에 비치하여야 한다.
1. 제360조의16제1항의 규정에 의한 주식이전계획서
2. 완전자회사가 되는 회사의 주주에 대한 주식의 배정에 관하여 그 이유를 기재한 서면
3. 제360조의16제1항의 주주총회의 회일전 6월 이내의 날에 작성한 완전자회사가 되는 회사의 최종 대차대조표 및 손익계산서

②제1항의 서류에 관하여는 제391조의3제3항의 규정을 준용한다.
[본조신설 2001.7.24.]

제360조의18(완전모회사의 자본금의 한도액)
설립하는 완전모회사의 자본금은 주식이전의 날에 완전자회사가 되는 회사에 현존하는 순자산액에서 그 회사의 주주에게 제공할 금전 및 그 밖의 재산의 가액을 뺀 액을 초과하지 못한다. <개정 2011.4.14., 2015.12.1.>
[본조신설 2001.7.24.]
[제목개정 2011.4.14.]

제360조의19(주권의 실효절차) ①주식이전에 의하여 완전자회사가 되는 회사는 제360조의16제1항의 규정에 의한 결의를 한 때에는 다음 각호의 사항을 공고하고, 주주명부에 기재된 주주와 질권자에 대하여 따로 따로 그 통지를 하여야 한다.
1. 제360조의16제1항의 규정에 의한 결의를 한 뜻
2. 1월을 초과하여 정한 기간내에 주권을 회사에 제출하여야 한다는 뜻
3. 주식이전의 날에 주권이 무효가 된다는 뜻

②제442조의 규정은 제360조의16제1항의 규정에 의한 결의를 한 경우에 이를 준용한다. <개정 2014.5.20.>
[본조신설 2001.7.24.]

제360조의20(주식이전에 의한 등기)
주식이전을 한 때에는 설립한 완전모회사의 본점의 소재지에서는 2주내에, 지점의 소재지에서는 3주내에 제317조제2항에서 정하는 사항을 등기하여야 한다. [본조신설 2001.7.24.]

제360조의21(주식이전의 효력발생시기)
주식이전은 이로 인하여 설립한 완전모회사가 그 본점소재지에서 제360조의20의 규정에 의한 등기를 함으로써 그 효력이 발생한다.
[본조신설 2001.7.24.]

제360조의22(주식교환 규정의 준용)
제360조의5, 제360조의11 및 제360조의12의 규정은 주식이전의 경우에 이를 준용한다.
[본조신설 2001.7.24.]

제360조의23(주식이전무효의 소)
①주식이전의 무효는 각 회사의 주주·이사·감사·감사위원회의 위원 또는 청산인에 한하여 주식이전의 날부터 6월내에 소만으로 이를 주장할 수 있다.
②제1항의 소는 완전모회사가 되는 회사의 본점소재지의 지방법원의 관할에 전속한다.
③주식이전을 무효로 하는 판결이 확정된 때에는 완전모회사가 된 회사는 주식이전을 위하여 발행한 주식의 주주에 대하여 그가 소유하였던 완전자회사가 된 회사의 주식을 이전하여야 한다.
④제187조 내지 제193조 및 제377조의 규정은 제1항의 소에, 제339조 및 제340조제3항의 규정은 제3항의 경우에 각각 이를 준용한다.
[본조신설 2001.7.24.]

제4관 지배주주에 의한 소수주식의 전부 취득

제360조의24(지배주주의 매도청구권)
①회사의 발행주식총수의 100분의 95 이상을 자기의 계산으로 보유하고 있는 주주(이하 이 관에서 "지배주주"라 한다)는 회사의 경영상 목적을 달성하기 위하여 필요한 경우에는 회사의 다른 주주(이하 이 관에서 "소수주주"라 한다)에게 그 보유하는 주식의 매도를 청구할 수 있다.
②제1항의 보유주식의 수를 산정할 때에는 모회사와 자회사가 보유한 주식을 합산한다. 이 경우 회사가 아닌 주주가 발행주식총수의 100분의 50을 초과하는 주식을 가진 회사가 보유하는 주식도 그 주주가 보유하는 주식과 합산한다.
③제1항의 매도청구를 할 때에는 미리 주주총회의 승인을 받아야 한다.
④제3항의 주주총회의 소집을 통지할 때에는 다음 각 호에 관한 사항을 적어야 하고, 매도를 청구하는 지배주주는 주주총회에서 그 내용을 설명하여야 한다.
1. 지배주주의 회사 주식의 보유 현황
2. 매도청구의 목적
3. 매매가액의 산정 근거와 적정성에 관한 공인된 감정인의 평가
4. 매매가액의 지급보증
⑤지배주주는 매도청구의 날 1개월 전까지 다음 각 호의 사실을 공고하고, 주주명부에 적힌 주주와 질권자에게 따로 그 통지를 하여야 한다.
1. 소수주주는 매매가액의 수령과 동시에 주권을 지배주주에게 교부하여야 한다는 뜻
2. 교부하지 아니할 경우 매매가액을 수령하거나 지배주주가 매매가액을 공탁(供託)한 날에 주권은 무효가 된다는 뜻
⑥제1항의 매도청구를 받은 소수주주는 매도청구를 받은 날부터 2개월 내에 지배주주에게 그 주식을 매도하여야 한다.
⑦제6항의 경우 그 매매가액은 매도청구를 받은 소수주주와 매도를 청구한 지배주주 간의 협의로 결정한다.
⑧제1항의 매도청구를 받은 날부터 30일 내에 제7항의 매매가액에 대한 협의가 이루어지지 아니한 경우에는 매도청구를 받은 소수주주 또는 매도청구를 한 지배주주는 법원에 매매가액의 결정을 청

구할 수 있다.
⑨법원이 제8항에 따라 주식의 매매가액을 결정하는 경우에는 회사의 재산상태와 그 밖의 사정을 고려하여 공정한 가액으로 산정하여야 한다.
[본조신설 2011.4.14.]

제360조의25(소수주주의 매수청구권)
①지배주주가 있는 회사의 소수주주는 언제든지 지배주주에게 그 보유주식의 매수를 청구할 수 있다.
②제1항의 매수청구를 받은 지배주주는 매수를 청구한 날을 기준으로 2개월 내에 매수를 청구한 주주로부터 그 주식을 매수하여야 한다.
③제2항의 경우 그 매매가액은 매수를 청구한 주주와 매수청구를 받은 지배주주 간의 협의로 결정한다.
④제2항의 매수청구를 받은 날부터 30일 내에 제3항의 매매가액에 대한 협의가 이루어지지 아니한 경우에는 매수청구를 받은 지배주주 또는 매수청구를 한 소수주주는 법원에 대하여 매매가액의 결정을 청구할 수 있다.
⑤법원이 제4항에 따라 주식의 매매가액을 결정하는 경우에는 회사의 재산상태와 그 밖의 사정을 고려하여 공정한 가액으로 산정하여야 한다.
[본조신설 2011.4.14.]

제360조의26(주식의 이전 등) ①제360조의24와 제360조의25에 따라 주식을 취득하는 지배주주가 매매가액을 소수주주에게 지급한 때에 주식이 이전된 것으로 본다.
②제1항의 매매가액을 지급할 소수주주를 알 수 없거나 소수주주가 수령을 거부할 경우에는 지배주주는 그 가액을 공탁할 수 있다. 이 경우 주식은 공탁한 날에 지배주주에게 이전된 것으로 본다.
[본조신설 2011.4.14.]

제3절 회사의 기관

제1관 주주총회

제361조(총회의 권한) 주주총회는 본법 또는 정관에 정하는 사항에 한하여 결의할 수 있다.

제362조(소집의 결정) 총회의 소집은 본법에 다른 규정이 있는 경우외에는 이사회가 이를 결정한다.

제363조(소집의 통지) ①주주총회를 소집할 때에는 주주총회일의 2주 전에 각 주주에게 서면으로 통지를 발송하거나 각 주주의 동의를 받아 전자문서로 통지를 발송하여야 한다. 다만, 그 통지가 주주명부상 주주의 주소에 계속 3년간 도달하지 아니한 경우에는 회사는 해당 주주에게 총회의 소집을 통지하지 아니할 수 있다.
②제1항의 통지서에는 회의의 목적사항을 적어야 한다.
③제1항에도 불구하고 자본금 총액이 10억원 미만인 회사가 주주총회를 소집하는 경우에는 주주총회일의 10일 전에 각 주주에게 서면으로 통지를 발송하거나 각 주주의 동의를 받아 전자문서로 통지를 발송할 수 있다. <개정 2014.5.20.>
④자본금 총액이 10억원 미만인 회사는 주주 전원의 동의가 있을 경우에는 소집절차 없이 주주총회를 개최할 수 있고, 서면에 의한 결의로써 주주총회의 결의를 갈음할 수 있다. 결의의 목적사항에 대하여 주주 전원이 서면으로 동의를 한 때에는 서면에 의한 결의가 있는 것으로 본다.
<개정 2014.5.20.>

⑤제4항의 서면에 의한 결의는 주주총회의 결의와 같은 효력이 있다. <개정 2014.5.20.>
⑥서면에 의한 결의에 대하여는 주주총회에 관한 규정을 준용한다. <개정 2014.5.20.>
⑦제1항부터 제4항까지의 규정은 의결권 없는 주주에게는 적용하지 아니한다. 다만, 제1항의 통지서에 적은 회의의 목적사항에 제360조의5, 제360조의22, 제374조의2, 제522조의3 또는 제530조의11에 따라 반대주주의 주식매수청구권이 인정되는 사항이 포함된 경우에는 그러하지 아니하다. <개정 2014.5.20., 2015.12.1.>
[전문개정 2009.5.28.]
[제목개정 2014.5.20.]

제363조의2(주주제안권) ①의결권없는 주식을 제외한 발행주식총수의 100분의 3 이상에 해당하는 주식을 가진 주주는 이사에게 주주총회일(정기주주총회의 경우 직전 연도의 정기주주총회일에 해당하는 그 해의 해당일. 이하 이 조에서 같다)의 6주 전에 서면 또는 전자문서로 일정한 사항을 주주총회의 목적사항으로 할 것을 제안(이하 '주주제안'이라 한다)할 수 있다. <개정 2009.1.30.>
②제1항의 주주는 이사에게 주주총회일의 6주 전에 서면 또는 전자문서로 회의의 목적으로 할 사항에 추가하여 당해 주주가 제출하는 의안의 요령을 제363조에서 정하는 통지에 기재할 것을 청구할 수 있다. <개정 2009.1.30., 2014.5.20.>
③이사는 제1항에 의한 주주제안이 있는 경우에는 이를 이사회에 보고하고, 이사회는 주주제안의 내용이 법령 또는 정관을 위반하는 경우와 그 밖에 대통령령으로 정하는 경우를 제외하고는 이를 주주총회의 목적사항으로 하여야 한다. 이 경우 주주제안을 한 자의 청구가 있는 때에는 주주총회에서 당해 의안을 설명할 기회를 주어야 한다. <개정 2009.1.30.>
[본조신설 1998.12.28.]

제364조(소집지) 총회는 정관에 다른 정함이 없으면 본점소재지 또는 이에 인접한 지에 소집하여야 한다.

제365조(총회의 소집) ①정기총회는 매년 1회 일정한 시기에 이를 소집하여야 한다.
②연 2회 이상의 결산기를 정한 회사는 매기에 총회를 소집하여야 한다.
③임시총회는 필요있는 경우에 수시 이를 소집한다.

제366조(소수주주에 의한 소집청구)
①발행주식총수의 100분의 3 이상에 해당하는 주식을 가진 주주는 회의의 목적사항과 소집의 이유를 적은 서면 또는 전자문서를 이사회에 제출하여 임시총회의 소집을 청구할 수 있다. <개정 2009.5.28.>
②제1항의 청구가 있은 후 지체 없이 총회소집의 절차를 밟지 아니한 때에는 청구한 주주는 법원의 허가를 받아 총회를 소집할 수 있다. 이 경우 주주총회의 의장은 법원이 이해관계인의 청구나 직권으로 선임할 수 있다. <개정 2011.4.14.>
③제1항 및 제2항의 규정에 의한 총회는 회사의 업무와 재산상태를 조사하게 하기 위하여 검사인을 선임할 수 있다. <개정 1998.12.28.>

제366조의2(총회의 질서유지)
①총회의 의장은 정관에서 정함이 없는 때에는 총회에서 선임한다.
②총회의 의장은 총회의 질서를 유지하고 의사를 정리한다.
③총회의 의장은 고의로 의사진행을 방해하기 위한 발언·행동을 하는 등 현저히 질서를 문란하게 하는 자에 대하여 그 발언의 정지 또는 퇴장을 명할 수 있다.
[본조신설 1999.12.31.]

제367조(검사인의 선임) ①총회는 이사가 제출한 서류와 감사의 보고서를 조사하게 하기 위하여 검사인(檢査人)을 선임할 수 있다.

②회사 또는 발행주식총수의 100분의 1 이상에 해당하는 주식을 가진 주주는 총회의 소집 절차나 결의방법의 적법성을 조사하기 위하여 총회 전에 법원에 검사인의 선임을 청구할 수 있다.
[전문개정 2011.4.14.]

제368조(총회의 결의방법과 의결권의 행사)
①총회의 결의는 이 법 또는 정관에 다른 정함이 있는 경우를 제외하고는 출석한 주주의 의결권의 과반수와 발행주식총수의 4분의 1 이상의 수로써 하여야 한다. <개정 1995.12.29.>
②주주는 대리인으로 하여금 그 의결권을 행사하게 할 수 있다. 이 경우에는 그 대리인은 대리권을 증명하는 서면을 총회에 제출하여야 한다. <개정 2014.5.20.>
③총회의 결의에 관하여 특별한 이해관계가 있는 자는 의결권을 행사하지 못한다. <개정 2014.5.20.>

제368조의2(의결권의 불통일행사)
①주주가 2 이상의 의결권을 가지고 있는 때에는 이를 통일하지 아니하고 행사할 수 있다. 이 경우 주주총회일의 3일전에 회사에 대하여 서면 또는 전자문서로 그 뜻과 이유를 통지하여야 한다. <개정 2009.5.28.>
②주주가 주식의 신탁을 인수하였거나 기타 타인을 위하여 주식을 가지고 있는 경우외에는 회사는 주주의 의결권의 불통일행사를 거부할 수 있다.
[본조신설 1984.4.10.]

제368조의3(서면에 의한 의결권의 행사)
①주주는 정관이 정한 바에 따라 총회에 출석하지 아니하고 서면에 의하여 의결권을 행사할 수 있다.
②회사는 총회의 소집통지서에 주주가 제1항의 규정에 의한 의결권을 행사하는데 필요한 서면과 참고자료를 첨부하여야 한다.
[본조신설 1999.12.31.]

제368조의4(전자적 방법에 의한 의결권의 행사) ①회사는 이사회의 결의로 주주가 총회에 출석하지 아니하고 전자적 방법으로 의결권을 행사할 수 있음을 정할 수 있다.
②회사는 제363조에 따라 소집통지를 할 때에는 주주가 제1항에 따른 방법으로 의결권을 행사할 수 있다는 내용을 통지하여야 한다. <개정 2014.5.20.>
③회사가 제1항에 따라 전자적 방법에 의한 의결권행사를 정한 경우에 주주는 주주 확인절차 등 대통령령으로 정하는 바에 따라 의결권을 행사하여야 한다. 이 경우 회사는 의결권행사에 필요한 양식과 참고자료를 주주에게 전자적 방법으로 제공하여야 한다.
④동일한 주식에 관하여 제1항 또는 제368조의3제1항에 따라 의결권을 행사하는 경우 전자적 방법 또는 서면 중 어느 하나의 방법을 선택하여야 한다.
⑤회사는 의결권행사에 관한 전자적 기록을 총회가 끝난 날부터 3개월간 본점에 갖추어 두어 열람하게 하고 총회가 끝난 날부터 5년간 보존하여야 한다.
⑥주주 확인절차 등 전자적 방법에 의한 의결권행사의 절차와 그 밖에 필요한 사항은 대통령령으로 정한다.
[본조신설 2009.5.28.]

제369조(의결권)
①의결권은 1주마다 1개로 한다.
②회사가 가진 자기주식은 의결권이 없다.
③회사, 모회사 및 자회사 또는 자회사가 다른 회사의 발행주식의 총수의 10분의 1을 초과하는 주식을 가지고 있는 경우 그 다른 회사가 가지고 있는 회사 또는 모회사의 주식은 의결권이 없다. <신설 1984.4.10.>

제370조 삭제 <2011.4.14.>

제371조(정족수, 의결권수의 계산)
①총회의 결의에 관하여는 제344조의3제1항과 제369조제2항 및 제3항의 의결권 없는 주식의 수는 발행주식총수에 산입하지 아니한다.
②총회의 결의에 관하여는 제368조제3항에 따라 행사할 수 없는 주식의 의결권 수와 제409조제2항 및 제542조의12제4항에 따라 그 비율을 초과하는 주식으로서 행사할 수 없는 주식의 의결권 수는 출석한 주주의 의결권의 수에 산입하지 아니한다. <개정 2014.5.20., 2020.12.29.>
[전문개정 2011.4.14.]

제372조(총회의 연기, 속행의 결의)
①총회에서는 회의의 속행 또는 연기의 결의를 할 수 있다.
②전항의 경우에는 제363조의 규정을 적용하지 아니한다.

제373조(총회의 의사록) ①총회의 의사에는 의사록을 작성하여야 한다.
②의사록에는 의사의 경과요령과 그 결과를 기재하고 의장과 출석한 이사가 기명날인 또는 서명하여야 한다. <개정 1995.12.29.>

제374조(영업양도, 양수, 임대등)
① 회사가 다음 각 호의 어느 하나에 해당하는 행위를 할 때에는 제434조에 따른 결의가 있어야 한다. <개정 2011.4.14.]
1. 영업의 전부 또는 중요한 일부의 양도
2. 영업 전부의 임대 또는 경영위임, 타인과 영업의 손익 전부를 같이 하는 계약, 그 밖에 이에 준하는 계약의 체결·변경 또는 해약
3. 회사의 영업에 중대한 영향을 미치는 다른 회사의 영업 전부 또는 일부의 양수
②제1항의 행위에 관한 주주총회의 소집의 통지를 하는 때에는 제374조의2제1항 및 제2항의 규정에 의한 주식매수청구권의 내용 및 행사방법을 명시하여야 한다. <신설 1995.12.29., 2014.5.20.>

판례-주주명의변경

[대법원 2018.4.26., 선고, 2017다288757, 판결]

【판시사항】
[1] 신의성실의 원칙의 의미와 이에 위배된다는 이유로 권리의 행사를 부정하기 위한 요건 및 강행법규를 위반한 자가 스스로 약정의 무효를 주장하는 것이 신의칙에 반하는지 여부(원칙적 소극)
[2] 주식회사가 영업의 전부 또는 중요한 일부를 양도한 후 주주총회의 특별결의가 없었다는 이유를 들어 스스로 약정의 무효를 주장하는 것이 신의성실의 원칙에 반하는지 여부(원칙적 소극)

【판결요지】
[1] 민법상 신의성실의 원칙은 법률관계의 당사자는 상대방의 이익을 배려하여 형평에 어긋나거나, 신뢰를 저버리는 내용 또는 방법으로 권리를 행사하거나 의무를 이행하여서는 아니 된다는 추상적 규범으로서, 신의성실의 원칙에 위배된다는 이유로 권리의 행사를 부정하기 위해서는 상대방에게 신의를 공여하였다거나 객관적으로 보아 상대방이 신의를 가짐이 정당한 상태에 있어야 하고, 이러한 상대방의 신의에 반하여 권리를 행사하는 것이 정의관념에 비추어 용인될 수 없는 정도의 상태에 이르러야 한다. 또한 강행법규를 위반한 자가 스스로 그 약정의 무효를 주장하는 것이 신의칙에 위배되는 권리의 행사라는 이유로 그 주장을 배척한다면, 이는

오히려 강행법규에 의하여 배제하려는 결과를 실현시키는 셈이 되어 입법 취지를 완전히 몰각하게 되므로, 달리 특별한 사정이 없는 한 위와 같은 주장이 권리남용에 해당되거나 신의성실 원칙에 반한다고 할 수 없다.
[2] 상법 제374조 제1항 제1호는 주식회사가 영업의 전부 또는 중요한 일부의 양도행위를 할 때에는 제434조에 따라 출석한 주주의 의결권의 3분의 2 이상의 수와 발행주식총수의 3분의 1 이상의 수로써 결의가 있어야 한다고 규정하고 있는데 이는 주식회사가 주주의 이익에 중대한 영향을 미치는 계약을 체결할 때에는 주주총회의 특별결의를 얻도록 하여 그 결정에 주주의 의사를 반영하도록 함으로써 주주의 이익을 보호하려는 강행법규이므로, 주식회사가 영업의 전부 또는 중요한 일부를 양도한 후 주주총회의 특별결의가 없었다는 이유를 들어 스스로 그 약정의 무효를 주장하더라도 주주 전원이 그와 같은 약정에 동의한 것으로 볼 수 있는 등 특별한 사정이 인정되지 않는다면 위와 같은 무효 주장이 신의성실 원칙에 반한다고 할 수는 없다.

제374조의2(반대주주의 주식매수청구권)
①제374조에 따른 결의사항에 반대하는 주주(의결권이 없거나 제한되는 주주를 포함한다. 이하 이 조에서 같다)는 주주총회 전에 회사에 대하여 서면으로 그 결의에 반대하는 의사를 통지한 경우에는 그 총회의 결의일부터 20일 이내에 주식의 종류와 수를 기재한 서면으로 회사에 대하여 자기가 소유하고 있는 주식의 매수를 청구할 수 있다. <개정 2015.12.1.>
② 제1항의 청구를 받으면 해당 회사는 같은 항의 매수 청구 기간(이하 이 조에서 "매수청구기간"이라 한다)이 종료하는 날부터 2개월 이내에 그 주식을 매수하여야 한다. <개정 2015.12.1.>
③제2항의 규정에 의한 주식의 매수가액은 주주와 회사간의 협의에 의하여 결정한다. <개정 2001.7.24.>
④매수청구기간이 종료하는 날부터 30일 이내에 제3항의 규정에 의한 협의가 이루어지지 아니한 경우에는 회사 또는 주식의 매수를 청구한 주주는 법원에 대하여 매수가액의 결정을 청구할 수 있다. <개정 2001.7.24., 2015.12.1.>
⑤법원이 제4항의 규정에 의하여 주식의 매수가액을 결정하는 경우에는 회사의 재산상태 그 밖의 사정을 참작하여 공정한 가액으로 이를 산정하여야 한다. <신설 2001.7.24.>
[본조신설 1995.12.29.]
[제목개정 2015.12.1.]

제374조의3(간이영업양도, 양수, 임대 등)
①제374조제1항 각 호의 어느 하나에 해당하는 행위를 하는 회사의 총주주의 동의가 있거나 그 회사의 발행주식총수의 100분의 90 이상을 해당 행위의 상대방이 소유하고 있는 경우에는 그 회사의 주주총회의 승인은 이를 이사회의 승인으로 갈음할 수 있다.
②제1항의 경우에 회사는 영업양도, 양수, 임대 등의 계약서 작성일부터 2주 이내에 주주총회의 승인을 받지 아니하고 영업양도, 양수, 임대 등을 한다는 뜻을 공고하거나 주주에게 통지하여야 한다. 다만, 총주주의 동의가 있는 경우에는 그러하지 아니하다.
③제2항의 공고 또는 통지를 한 날부터 2주 이내에 회사에 대하여 서면으로 영업양도, 양수, 임대 등에 반대하는 의사를 통지한 주주는 그 기간이 경과한 날부터 20일 이내에 주식의 종류와 수를 기재한 서면으로 회사에 대하여 자기가 소유하고 있는 주식의 매수를 청구할 수 있다. 이 경우 제374조의2제2항부터 제5항까지의 규정을 준용한다.
[본조신설 2015.12.1.]

제375조(사후설립) 회사가 그 성립 후 2년 내에 그 성립 전부터 존재하는 재산으로서 영업을 위하여 계속하여 사용하여야 할 것을 자본금의 100분의 5 이상에 해당하는 대가로 취득하는 계약을 하는 경우에는 제374조를 준용한다.
[전문개정 2011.4.14.]

第376条(결의취소의 소) ①총회의 소집절차 또는 결의방법이 법령 또는 정관에 위반하거나 현저하게 불공정한 때 또는 그 결의의 내용이 정관에 위반한 때에는 주주·이사 또는 감사는 결의의 날로부터 2월내에 결의취소의 소를 제기할 수 있다. <개정 1984.4.10., 1995.12.29.>
②제186조 내지 제188조, 제190조 본문과 제191조의 규정은 제1항의 소에 준용한다. <개정 1984.4.10., 1995.12.29.>

第377条(제소주주의 담보제공의무)
①주주가 결의취소의 소를 제기한 때에는 법원은 회사의 청구에 의하여 상당한 담보를 제공할 것을 명할 수 있다. 그러나 그 주주가 이사 또는 감사인 때에는 그러하지 아니하다. <개정 1984.4.10.>:
②제176조제4항의 규정은 제1항의 청구에 준용한다. <개정 1984.4.10.>

第378条(결의취소의 등기) 결의한 사항이 등기된 경우에 결의취소의 판결이 확정된 때에는 본점과 지점의 소재지에서 등기하여야 한다.

第379条(법원의 재량에 의한 청구기각)
결의취소의 소가 제기된 경우에 결의의 내용, 회사의 현황과 제반사정을 참작하여 그 취소가 부적당하다고 인정한 때에는 법원은 그 청구를 기각할 수 있다.

第380条(결의무효 및 부존재확인의 소)
제186조 내지 제188조, 제190조 본문, 제191조, 제377조와 제378조의 규정은 총회의 결의의 내용이 법령에 위반한 것을 이유로 하여 결의무효의 확인을 청구하는 소와 총회의 소집절차 또는 결의방법에 총회결의가 존재한다고 볼 수 없을 정도의 중대한 하자가 있는 것을 이유로 하여 결의부존재의 확인을 청구하는 소에 이를 준용한다. <개정 1984.4.10., 1995.12.29.>

第381条(부당결의의 취소, 변경의 소)
①주주가 제368조제3항의 규정에 의하여 의결권을 행사할 수 없었던 경우에 결의가 현저하게 부당하고 그 주주가 의결권을 행사하였더라면 이를 저지할 수 있었을 때에는 그 주주는 그 결의의 날로부터 2월내에 결의의 취소의 소 또는 변경의 소를 제기할 수 있다. <개정 2014.5.20.>
②제186조 내지 제188조, 제190조 본문, 제191조, 제377조와 제378조의 규정은 제1항의 소에 준용한다. <개정 1998.12.28.>

제2관 이사와 이사회

第382条(이사의 선임, 회사와의 관계 및 사외이사)
①이사는 주주총회에서 선임한다.
②회사와 이사의 관계는 「민법」의 위임에 관한 규정을 준용한다.
③사외이사(社外理事)는 해당 회사의 상무(常務)에 종사하지 아니하는 이사로서 다음 각 호의 어느 하나에 해당하지 아니하는 자를 말한다. 사외이사가 다음 각 호의 어느 하나에 해당하는 경우에는 그 직을 상실한다. <개정 2011.4.14.>
1. 회사의 상무에 종사하는 이사·집행임원 및 피용자 또는 최근 2년 이내에 회사의 상무에 종사한 이사·감사·집행임원 및 피용자
2. 최대주주가 자연인인 경우 본인과 그 배우자 및 직계 존속·비속
3. 최대주주가 법인인 경우 그 법인의 이사·감사·집행임원 및 피용자
4. 이사·감사·집행임원의 배우자 및 직계 존속·비속
5. 회사의 모회사 또는 자회사의 이사·감사·집행임원 및 피용자
6. 회사와 거래관계 등 중요한 이해관계에 있는 법인의 이사·감사·집행임원 및 피용자

7. 회사의 이사·집행임원 및 피용자가 이사·집행임원으로 있는 다른 회사의 이사·감사·집행임원 및 피용자
[전문개정 2009.1.30.]

판례-결의무효확인

[대법원 2015.2.26, 선고, 2014다70368, 판결]

【판시사항】
지역농업협동조합과 감사의 법률관계(=위임 유사의 관계) 및 지역농업협동조합은 특별한 해임사유가 없더라도 언제든지 농업협동조합법 등에서 정한 절차에 따라 감사를 해임할 수 있는지 여부(원칙적 적극)

【판결요지】
농업협동조합법 제45조 제1항, 제55조, 상법 제382조 제2항의 내용 및 농업협동조합법에 따라 설립된 지역농업협동조합(이하 '지역농협'이라고 한다)에 있어서 감사의 지위와 역할 등을 고려하면, 지역농협과 감사의 법률관계는 신뢰를 기초로 한 위임 유사의 관계로 보아야 한다. 한편 위임계약은 각 당사자가 언제든지 해지할 수 있고, 다만 당사자 일방이 부득이한 사유없이 상대방의 불리한 시기에 계약을 해지한 때에는 그 손해를 배상할 책임을 부담할 뿐이다(민법 제689조). 따라서 정관 등에서 감사의 해임사유를 정하고 있는 등 특별한 사정이 없는 한, 지역농협은 특별한 사유가 없더라도 언제든지 농업협동조합법 등에서 정한 절차에 따라 감사를 해임할 수 있고, 다만 부득이한 사유없이 감사에게 불리한 시기에 해임한 때에는 그로 인한 손해를 배상할 책임을 부담할 뿐이다.

제382조의2(집중투표) ①2인 이상의 이사의 선임을 목적으로 하는 총회의 소집이 있는 때에는 의결권없는 주식을 제외한 발행주식총수의 100분의 3 이상에 해당하는 주식을 가진 주주는 정관에서 달리 정하는 경우를 제외하고는 회사에 대하여 집중투표의 방법으로 이사를 선임할 것을 청구할 수 있다.
②제1항의 청구는 주주총회일의 7일 전까지 서면 또는 전자문서로 하여야 한다. <개정 2009.5.28.>
③제1항의 청구가 있는 경우에 이사의 선임결의에 관하여 각 주주는 1주마다 선임할 이사의 수와 동일한 수의 의결권을 가지며, 그 의결권은 이사 후보자 1인 또는 수인에게 집중하여 투표하는 방법으로 행사할 수 있다.
④제3항의 규정에 의한 투표의 방법으로 이사를 선임하는 경우에는 투표의 최다수를 얻은 자부터 순차적으로 이사에 선임되는 것으로 한다.
⑤제1항의 청구가 있는 경우에는 의장은 의결에 앞서 그러한 청구가 있다는 취지를 알려야 한다.
⑥제2항의 서면은 총회가 종결될 때까지 이를 본점에 비치하고 주주로 하여금 영업시간내에 열람할 수 있게 하여야 한다.
[본조신설 1998.12.28.]

제382조의3(이사의 충실의무) 이사는 법령과 정관의 규정에 따라 회사를 위하여 그 직무를 충실하게 수행하여야 한다. [본조신설 1998.12.28.]

제382조의4(이사의 비밀유지의무)
이사는 재임중 뿐만 아니라 퇴임후에도 직무상 알게된 회사의 영업상 비밀을 누설하여서는 아니된다.
[본조신설 2001.7.24.]

제383조(원수, 임기) ①이사는 3명 이상이어야 한다. 다만, 자본금 총액이 10억원 미만인 회사는 1명 또는 2명으로 할 수 있다. <개정 2009.5.28.>

②이사의 임기는 3년을 초과하지 못한다. <개정 1984.4.10.>
③제2항의 임기는 정관으로 그 임기 중의 최종의 결산기에 관한 정기주주총회의 종결에 이르기까지 연장할 수 있다. <개정 1984.4.10.>
④제1항 단서의 경우에는 제302조제2항제5호의2, 제317조제2항제3호의2, 제335조제1항 단서 및 제2항, 제335조의2제1항·제3항, 제335조의3제1항·제2항, 제335조의7제1항, 제340조의3제1항제5호, 제356조제6호의2, 제397조제1항·제2항, 제397조의2제1항, 제398조, 제416조 본문, 제451조제2항, 제461조제1항 본문 및 제3항, 제462조의3제1항, 제464조의2제1항, 제469조, 제513조제2항 본문 및 제516조의2제2항 본문(준용되는 경우를 포함한다) 중 "이사회"는 각각 "주주총회"로 보며, 제360조의5제1항 및 제522조의3제1항 중 "이사회의 결의가 있는 때"는 "제363조제1항에 따른 주주총회의 소집통지가 있는 때"로 본다. <개정 2009.5.28., 2011.4.14.>
⑤제1항 단서의 경우에는 제341조제2항 단서, 제390조, 제391조, 제391조의2, 제391조의3, 제392조, 제393조제2항부터 제4항까지, 제399조제2항, 제408조의2제3항·제4항, 제408조의3제2항, 제408조의4제2호, 제408조의5제1항, 제408조의6, 제408조의7, 제412조의4, 제449조의2, 제462조제2항 단서, 제526조제3항, 제527조제4항, 제527조의2, 제527조의3제1항 및 제527조의5제2항은 적용하지 아니한다. <개정 2009.5.28., 2011.4.14.>
⑥제1항 단서의 경우에는 각 이사(정관에 따라 대표이사를 정한 경우에는 그 대표이사를 말한다)가 회사를 대표하며 제343조제1항 단서, 제346조제3항, 제362조, 제363조의2제3항, 제366조제1항, 제368조의4제1항, 제393조제1항, 제412조의3제1항 및 제462조의3제1항에 따른 이사회의 기능을 담당한다. <개정 2009.5.28., 2011.4.14.>

제384조 삭제 <1995.12.29.>

제385조(해임) ①이사는 언제든지 제434조의 규정에 의한 주주총회의 결의로 이를 해임할 수 있다. 그러나 이사의 임기를 정한 경우에 정당한 이유없이 그 임기만료전에 이를 해임한 때에는 그 이사는 회사에 대하여 해임으로 인한 손해의 배상을 청구할 수 있다.
②이사가 그 직무에 관하여 부정행위 또는 법령이나 정관에 위반한 중대한 사실이 있음에도 불구하고 주주총회에서 그 해임을 부결한 때에는 발행주식의 총수의 100분의 3 이상에 해당하는 주식을 가진 주주는 총회의 결의가 있은 날부터 1월내에 그 이사의 해임을 법원에 청구할 수 있다. <개정 1998.12.28.>
③제186조의 규정은 전항의 경우에 준용한다.

제386조(결원의 경우) ①법률 또는 정관에 정한 이사의 원수를 결한 경우에는 임기의 만료 또는 사임으로 인하여 퇴임한 이사는 새로 선임된 이사가 취임할 때까지 이사의 권리의무가 있다.
②제1항의 경우에 필요하다고 인정할 때에는 법원은 이사, 감사 기타의 이해관계인의 청구에 의하여 일시 이사의 직무를 행할 자를 선임할 수 있다. 이 경우에는 본점의 소재지에서 그 등기를 하여야 한다. <개정 1995.12.29.>

제387조(자격주) 정관으로 이사가 가질 주식의 수를 정한 경우에 다른 규정이 없는 때에는 이사는 그 수의 주권을 감사에게 공탁하여야 한다.

제388조(이사의 보수) 이사의 보수는 정관에 그 액을 정하지 아니한 때에는 주주총회의 결의로 이를 정한다.

판례-부당이득금(명목상 이사·감사 보수 사건)

[대법원 2015.7.23, 선고, 2014다236311, 판결]

【판시사항】
이른바 명목상 이사·감사가 회사에 대하여 정관의 규정 또는 주주총회의 결의로 결정된 보수

의 청구권을 갖는지 여부(원칙적 적극)

【판결요지】
법적으로는 주식회사 이사·감사의 지위를 갖지만 회사와의 명시적 또는 묵시적 약정에 따라 이사·감사로서의 실질적인 직무를 수행하지 않는 이른바 명목상 이사·감사도 법인인 회사의 기관으로서 회사가 사회적 실체로서 성립하고 활동하는 데 필요한 기초를 제공함과 아울러 상법이 정한 권한과 의무를 갖고 의무 위반에 따른 책임을 부담하는 것은 일반적인 이사·감사와 다를 바 없으므로, 과다한 보수에 대한 사법적 통제의 문제는 별론으로 하더라도, 오로지 보수의 지급이라는 형식으로 회사의 자금을 개인에게 지급하기 위한 방편으로 이사·감사로 선임한 것이라는 등의 특별한 사정이 없는 한, 회사에 대하여 상법 제388조, 제415조에 따라 정관의 규정 또는 주주총회의 결의에 의하여 결정된 보수의 청구권을 갖는다.

판례-손해배상(기)등

[대법원 2019.7.4. 선고 2017다17436 판결]

【판시사항】
정관 등에서 이사의 퇴직금에 관하여 주주총회의 결의로 정한다고 규정하면서 퇴직금의 액수에 관하여만 정하고 있는 경우, 이사가 퇴직금 중간정산금 청구권을 행사하기 위하여는 퇴직금 중간정산에 관한 주주총회의 결의가 있어야 하는지 여부(적극)

【판결요지】
상법 제388조에 의하면 주식회사의 이사의 보수는 정관에 그 액을 정하지 아니한 때에는 주주총회의 결의로 이를 정한다고 규정되어 있다. 이는 이사가 자신의 보수와 관련하여 개인적 이익을 도모하는 폐해를 방지하여 회사와 주주 및 회사채권자의 이익을 보호하기 위한 강행규정이다. 따라서 정관 등에서 이사의 보수에 관하여 주주총회의 결의로 정한다고 규정되어 있는 경우 그 금액·지급방법·지급시기 등에 관한 주주총회의 결의가 있었음을 인정할 증거가 없는 한 이사의 보수 청구권을 행사할 수 없다.
이사의 퇴직금은 상법 제388조에 규정된 보수에 포함되고, 퇴직금을 미리 정산하여 지급받는 형식을 취하는 퇴직금 중간정산금도 퇴직금과 성격이 동일하다. 다만 이사에 대한 퇴직금은 성격상 퇴직한 이사에 대해 재직 중 직무집행의 대가로 지급되는 보수의 일종이므로, 이사가 재직하는 한 이사에 대한 퇴직금 지급의무가 발생할 여지가 없고 이사가 퇴직하는 때에 비로소 지급의무가 생긴다. 그런데 퇴직금 중간정산금은 지급시기가 일반적으로 정해져 있는 정기적 보수 또는 퇴직금과 달리 권리자인 이사의 신청을 전제로 이사의 퇴직 전에 지급의무가 발생하게 되므로, 이사가 중간정산의 형태로 퇴직금을 지급받을 수 있는지 여부는 퇴직금의 지급시기와 지급방법에 관한 매우 중요한 요소이다.
따라서 정관 등에서 이사의 퇴직금에 관하여 주주총회의 결의로 정한다고 규정하면서 퇴직금의 액수에 관하여만 정하고 있다면, 퇴직금 중간정산에 관한 주주총회의 결의가 있었음을 인정할 증거가 없는 한 이사는 퇴직금 중간정산금 청구권을 행사할 수 없다.

제389조(대표이사) ①회사는 이사회의 결의로 회사를 대표할 이사를 선정하여야 한다. 그러나 정관으로 주주총회에서 이를 선정할 것을 정할 수 있다.
②전항의 경우에는 수인의 대표이사가 공동으로 회사를 대표할 것을 정할 수 있다.
③제208조제2항, 제209조, 제210조와 제386조의 규정은 대표이사에 준용한다. <개정 1962.12.12.>

제390조(이사회의 소집) ①이사회는 각 이사가 소집한다. 그러나 이사회의 결의로 소집할 이사를 정한 때에는 그러하지 아니하다.
②제1항 단서의 규정에 의하여 소집권자로 지정되지 않은 다른 이사는 소집권자인 이사에게 이사회 소집을 요구할 수 있다. 소집권자인 이사가 정당한 이유없이 이사회 소집을 거절하는 경우에는 다른 이사가 이사회를 소집할 수 있다. <신설 2001.7.24.>

③이사회를 소집함에는 회일을 정하고 그 1주간전에 각 이사 및 감사에 대하여 통지를 발송하여야 한다. 그러나 그 기간은 정관으로 단축할 수 있다. <개정 1984.4.10.>
④이사회는 이사 및 감사 전원의 동의가 있는 때에는 제3항의 절차없이 언제든지 회의할 수 있다. <개정 1984.4.10., 2001.7.24.>

제391조(이사회의 결의방법) ①이사회의 결의는 이사과반수의 출석과 출석이사의 과반수로 하여야 한다. 그러나 정관으로 그 비율을 높게 정할 수 있다.
②정관에서 달리 정하는 경우를 제외하고 이사회는 이사의 전부 또는 일부가 직접 회의에 출석하지 아니하고 모든 이사가 음성을 동시에 송수신하는 원격통신수단에 의하여 결의에 참가하는 것을 허용할 수 있다. 이 경우 당해 이사는 이사회에 직접 출석한 것으로 본다. <신설 1999.12.31., 2011.4.14.>
③제368조제3항 및 제371조제2항의 규정은 제1항의 경우에 이를 준용한다. <개정 2014.5.20.>
[전문개정 1984.4.10.]

제391조의2(감사의 이사회출석 · 의견진술권)
①감사는 이사회에 출석하여 의견을 진술할 수 있다.
②감사는 이사가 법령 또는 정관에 위반한 행위를 하거나 그 행위를 할 염려가 있다고 인정한 때에는 이사회에 이를 보고하여야 한다.
[본조신설 1984.4.10.]

제391조의3(이사회의 의사록)
①이사회의 의사에 관하여는 의사록을 작성하여야 한다.
②의사록에는 의사의 안건, 경과요령, 그 결과, 반대하는 자와 그 반대이유를 기재하고 출석한 이사 및 감사가 기명날인 또는 서명하여야 한다. <개정 1995.12.29., 1999.12.31.>
③주주는 영업시간내에 이사회의사록의 열람 또는 등사를 청구할 수 있다. <신설 1999.12.31.>
④회사는 제3항의 청구에 대하여 이유를 붙여 이를 거절할 수 있다. 이 경우 주주는 법원의 허가를 얻어 이사회의사록을 열람 또는 등사할 수 있다. <신설 1999.12.31.>
[본조신설 1984.4.10.]

제392조(이사회의 연기 · 속행) 제372조의 규정은 이사회에 관하여 이를 준용한다. [전문개정 1984.4.10.]

제393조(이사회의 권한) ①중요한 자산의 처분 및 양도, 대규모 재산의 차입, 지배인의 선임 또는 해임과 지점의 설치·이전 또는 폐지 등 회사의 업무집행은 이사회의 결의로 한다. <개정 2001.7.24.>
②이사회는 이사의 직무의 집행을 감독한다.
③이사는 대표이사로 하여금 다른 이사 또는 피용자의 업무에 관하여 이사회에 보고할 것을 요구할 수 있다. <신설 2001.7.24.>
④이사는 3월에 1회 이상 업무의 집행상황을 이사회에 보고하여야 한다. <신설 2001.7.24.>
[전문개정 1984.4.10.]

제393조의2(이사회내 위원회)
①이사회는 정관이 정한 바에 따라 위원회를 설치할 수 있다.
②이사회는 다음 각호의 사항을 제외하고는 그 권한을 위원회에 위임할 수 있다.
1. 주주총회의 승인을 요하는 사항의 제안
2. 대표이사의 선임 및 해임
3. 위원회의 설치와 그 위원의 선임 및 해임
4. 정관에서 정하는 사항

③위원회는 2인 이상의 이사로 구성한다.
④위원회는 결의된 사항을 각 이사에게 통지하여야 한다. 이 경우 이를 통지받은 각 이사는 이사회의 소집을 요구할 수 있으며, 이사회는 위원회가 결의한 사항에 대하여 다시 결의할 수 있다.
⑤제386조제1항·제390조·제391조·제391조의3 및 제392조의 규정은 위원회에 관하여 이를 준용한다.
[본조신설 1999.12.31.]

제394조(이사와 회사간의 소에 관한 대표)
①회사가 이사에 대하여 또는 이사가 회사에 대하여 소를 제기하는 경우에 감사는 그 소에 관하여 회사를 대표한다. 회사가 제403조제1항 또는 제406조의2제1항의 청구를 받은 경우에도 또한 같다. <개정 2020.12.29.>
②제415조의2의 규정에 의한 감사위원회의 위원이 소의 당사자인 경우에는 감사위원회 또는 이사는 법원에 회사를 대표할 자를 선임하여 줄 것을 신청하여야 한다.
<신설 1999.12.31.>
[전문개정 1984.4.10.]

판례-임원지위부존재확인

[대법원 2018.3.15., 선고, 2016다275679, 판결]

【판시사항】
[1] 확인의 소에 권리보호요건으로서 '확인의 이익'이 있는지 판단하는 기준
[2] 법원이 상법 제366조 제2항에 따라 총회의 소집을 구하는 소수주주에게 회의의 목적사항을 정하여 총회의 소집을 허가하면서 소집기간을 구체적으로 정하지 않은 경우, 소수주주가 총회를 소집하여야 하는 시기(=총회소집허가결정일로부터 상당한 기간 내) / 위 기간이 경과하도록 총회가 소집되지 않은 경우, 소집허가결정에 따른 소집권한이 소멸하는지 여부(원칙적 적극) 및 위 기간이 경과하였는지 판단하는 기준
[3] 상법 제394조 제1항에서 이사와 회사 사이의 소에 관하여 감사가 회사를 대표하도록 규정한 취지
[4] 甲 주식회사의 일시대표이사인 乙이 甲 회사를 대표하여 甲 회사의 소수주주가 소집한 주주총회에서 이사로 선임된 丙을 상대로 이사선임결의의 부존재를 주장하며 이사 지위의 부존재 확인을 구하자, 丙이 회사와 이사 사이의 소는 상법 제394조 제1항에 따라 감사가 회사를 대표하여야 한다고 주장한 사안에서, 일시대표이사인 乙로 하여금 甲 회사를 대표하도록 하는 것이 공정한 소송수행을 저해한다고 보기 어려워 위 소에 상법 제394조 제1항은 적용되지 않는다고 한 사례

【판결요지】
[1] 확인의 소에는 권리보호요건으로서 확인의 이익이 있어야 하고, 확인의 이익은 확인판결을 받는 것이 원고의 권리 또는 법률상의 지위에 현존하는 불안·위험을 제거하는 가장 유효적절한 수단일 때에 인정된다.
[2] 법원은 상법 제366조 제2항에 따라 총회의 소집을 구하는 소수주주에게 회의의 목적사항을 정하여 이를 허가할 수 있다. 이때 법원이 총회의 소집기간을 구체적으로 정하지 않은 경우에도 소집허가를 받은 주주는 소집의 목적에 비추어 상당한 기간 내에 총회를 소집하여야 한다. 소수주주에게 총회의 소집권한이 부여되는 경우, 총회에서 결의할 사항은 이미 정해진 상태이고, 일정기간이 경과하면 소집허가결정의 기초가 되었던 사정에 변경이 생길 수 있기 때문이다. 소수주주가 아무런 시간적 제약 없이 총회를 소집할 수 있다고 보는 것은, 이사회 이외에 소수주주가 총회의 소집권한을 가진다는 예외적인 사정이 장기간 계속되는 상태를 허용하는 것이 되고, 이사회는 소수주주가 소집청구를 한 경우 지체 없이 소집절차를 밟아야 하는 것에 비해 균형을 상실하는 것이 된다. 따라서 총회소집허가결정일로부터 상당한 기간이 경과하도록 총회가 소집되지 않았다면, 소집허가결정에 따른 소집권한은 특별한 사정이 없는 한 소멸한다.

소집허가결정으로부터 상당한 기간이 경과하였는지는 총회소집의 목적과 소집허가결정이 내려진 경위, 소집허가결정과 총회소집 시점 사이의 기간, 소집허가결정의 기초가 된 사정의 변경 여부, 뒤늦게 총회가 소집된 경위와 이유 등을 고려하여 판단하여야 한다.
[3] 상법 제394조 제1항은 이사와 회사 사이의 소에 관하여 감사로 하여금 회사를 대표하도록 규정하고 있는데, 이는 이사와 회사 양자 간에 이해의 충돌이 있기 쉬우므로, 그 충돌을 방지하고 공정한 소송수행을 확보하기 위한 것이다.
[4] 甲 주식회사의 일시대표이사인 乙이 甲 회사를 대표하여 甲 회사의 소수주주가 소집한 주주총회에서 이사로 선임된 丙을 상대로 이사선임결의의 부존재를 주장하며 이사 지위의 부존재 확인을 구하자, 丙이 회사와 이사 사이의 소는 상법 제394조 제1항에 따라 감사가 회사를 대표하여야 한다고 주장한 사안에서, 소 제기 전 甲 회사의 주주가 甲 회사를 적법하게 대표할 사람이 없다는 이유로 일시대표이사 및 이사의 선임을 구하는 신청을 하여 변호사인 乙이 甲 회사의 일시대표이사 및 이사로 선임된 것이어서 일시대표이사인 乙로 하여금 甲 회사를 대표하도록 하였더라도 그것이 공정한 소송수행을 저해하는 것이라고 보기는 어려우므로, 위 소에 상법 제394조 제1항은 적용되지 않는다고 한 사례.

제395조(표현대표이사의 행위와 회사의 책임) 사장, 부사장, 전무, 상무 기타 회사를 대표할 권한이 있는 것으로 인정될 만한 명칭을 사용한 이사의 행위에 대하여는 그 이사가 회사를 대표할 권한이 없는 경우에도 회사는 선의의 제삼자에 대하여 그 책임을 진다.

제396조(정관 등의 비치, 공시의무)
①이사는 회사의 정관, 주주총회의 의사록을 본점과 지점에, 주주명부, 사채원부를 본점에 비치하여야 한다. 이 경우 명의개서대리인을 둔 때에는 주주명부나 사채원부 또는 그 복본을 명의개서대리인의 영업소에 비치할 수 있다. <개정 1984.4.10., 1999.12.31.>
②주주와 회사채권자는 영업시간 내에 언제든지 제1항의 서류의 열람 또는 등사를 청구할 수 있다. <개정 1984.4.10.>

제397조(경업금지) ①이사는 이사회의 승인이 없으면 자기 또는 제삼자의 계산으로 회사의 영업부류에 속한 거래를 하거나 동종영업을 목적으로 하는 다른 회사의 무한책임사원이나 이사가 되지 못한다. <개정 1995.12.29.>
②이사가 제1항의 규정에 위반하여 거래를 한 경우에 회사는 이사회의 결의로 그 이사의 거래가 자기의 계산으로 한 것인 때에는 이를 회사의 계산으로 한 것으로 볼 수 있고 제삼자의 계산으로 한 것인 때에는 그 이사에 대하여 이로 인한 이득의 양도를 청구할 수 있다. <개정 1962.12.12., 1995.12.29.>
③제2항의 권리는 거래가 있은 날로부터 1년을 경과하면 소멸한다. <개정 1995.12.29.>

제397조의2(회사의 기회 및 자산의 유용 금지) ①이사는 이사회의 승인 없이 현재 또는 장래에 회사의 이익이 될 수 있는 다음 각 호의 어느 하나에 해당하는 회사의 사업기회를 자기 또는 제3자의 이익을 위하여 이용하여서는 아니 된다. 이 경우 이사회의 승인은 이사 3분의 2 이상의 수로써 하여야 한다.
1. 직무를 수행하는 과정에서 알게 되거나 회사의 정보를 이용한 사업기회
2. 회사가 수행하고 있거나 수행할 사업과 밀접한 관계가 있는 사업기회
②제1항을 위반하여 회사에 손해를 발생시킨 이사 및 승인한 이사는 연대하여 손해를 배상할 책임이 있으며 이로 인하여 이사 또는 제3자가 얻은 이익은 손해로 추정한다.
[본조신설 2011.4.14.]

제398조(이사 등과 회사 간의 거래)
다음 각 호의 어느 하나에 해당하는 자가 자기 또는 제3자의 계산으로 회사와 거래를 하기 위하여는 미리 이사회에서 해당 거래에 관한 중요사실을 밝히고 이사회의 승인을 받

아야 한다. 이 경우 이사회의 승인은 이사 3분의 2 이상의 수로써 하여야 하고, 그 거래의 내용과 절차는 공정하여야 한다.
1. 이사 또는 제542조의8제2항제6호에 따른 주요주주
2. 제1호의 자의 배우자 및 직계존비속
3. 제1호의 자의 배우자의 직계존비속
4. 제1호부터 제3호까지의 자가 단독 또는 공동으로 의결권 있는 발행주식 총수의 100분의 50 이상을 가진 회사 및 그 자회사
5. 제1호부터 제3호까지의 자가 제4호의 회사와 합하여 의결권 있는 발행주식총수의 100분의 50 이상을 가진 회사
[전문개정 2011.4.14.]

제399조(회사에 대한 책임)

①이사가 고의 또는 과실로 법령 또는 정관에 위반한 행위를 하거나 그 임무를 게을리한 경우에는 그 이사는 회사에 대하여 연대하여 손해를 배상할 책임이 있다. <개정 2011.4.14.>
②전항의 행위가 이사회의 결의에 의한 것인 때에는 그 결의에 찬성한 이사도 전항의 책임이 있다.
③전항의 결의에 참가한 이사로서 이의를 한 기재가 의사록에 없는 자는 그 결의에 찬성한 것으로 추정한다.

판례-손해배상(기)

[대법원 2019.5.16. 선고 2016다260455 판결]

【판시사항】
[1] 이사가 이사회에 출석하여 결의에 기권하였다고 의사록에 기재된 경우, 상법 제399조 제3항에 따라 이사회 결의에 찬성한 것으로 추정할 수 있는지 여부(소극)
[2] 주식회사 이사들이 이사회에서 회사의 주주 중 1인에 대한 기부행위를 결의하는 경우, 이사들이 결의에 찬성한 행위가 선량한 관리자로서의 주의의무에 위배되는 행위에 해당하는지 판단하는 기준
[3] 카지노사업자인 갑 주식회사의 이사회에서 주주 중 1인인 을 지방자치단체에 대한 기부행위를 결의하였는데, 갑 회사가 이사회 결의에 찬성한 이사인 병 등을 상대로 상법 제399조에 따른 손해배상을 구한 사안에서, 제반 사정에 비추어 병 등이 위 결의에 찬성한 것은 이사의 선량한 관리자로서의 주의의무에 위배되는 행위에 해당한다고 본 원심판단을 수긍한 사례
[4] 이사가 법령 또는 정관에 위반한 행위를 하거나 임무를 해태함으로써 회사에 대하여 손해를 배상할 책임이 있는 경우, 임무 위반의 경위 등 제반 사정을 참작하여 손해배상액을 제한할 수 있는지 여부(적극) 및 이때 손해배상액 제한의 참작 사유에 관한 사실인정이나 제한의 비율을 정하는 것이 사실심의 전권사항인지 여부(원칙적 적극)

【판결요지】
[1] 상법 제399조 제1항은 "이사가 고의 또는 과실로 법령 또는 정관에 위반한 행위를 하거나 그 임무를 게을리한 경우에는 그 이사는 회사에 대하여 연대하여 손해를 배상할 책임이 있다."라고 규정하고, 같은 조 제2항은 "전항의 행위가 이사회의 결의에 의한 것인 때에는 그 결의에 찬성한 이사도 전항의 책임이 있다.", 같은 조 제3항은 "전항의 결의에 참가한 이사로서 이의를 한 기재가 의사록에 없는 자는 그 결의에 찬성한 것으로 추정한다."라고 규정하고 있다. 이와 같이 상법 제399조 제2항은 같은 조 제1항이 규정한 이사의 임무 위반행위가 이사회 결의에 의한 것일 때 결의에 찬성한 이사에 대하여도 손해배상책임을 지우고 있고, 상법 제399조 제3항은 같은 조 제2항을 전제로 하면서, 이사의 책임을 추궁하는 자로서는 어떤 이사가 이사회 결의에 찬성하였는지를 알기 어려워 증명이 곤란한 경우가 있음을 고려하여 증명책임을 이사에게 전가하는 규정이다. 그렇다면 이사가 이사회에 출석하여 결의에 기권하였다고 의사록에 기재된 경우에 그 이사는 "이의를 한 기재가 의사록에 없는 자"라고 볼 수 없으므로, 상법 제

399조 제3항에 따라 이사회 결의에 찬성한 것으로 추정할 수 없고, 따라서 같은 조 제2항의 책임을 부담하지 않는다고 보아야 한다.
[2] 주식회사 이사들이 이사회에서 회사의 주주 중 1인에 대한 기부행위를 결의하면서 기부금의 성격, 기부행위가 회사의 설립 목적과 공익에 미치는 영향, 회사 재정상황에 비추어 본 기부금 액수의 상당성, 회사와 기부상대방의 관계 등에 관해 합리적인 정보를 바탕으로 충분한 검토를 거치지 않았다면, 이사들이 결의에 찬성한 행위는 이사의 선량한 관리자로서의 주의의무에 위배되는 행위에 해당한다.
[3] 카지노사업자인 갑 주식회사의 이사회에서 주주 중 1인인 을 지방자치단체에 대한 기부행위를 결의하였는데, 갑 회사가 이사회 결의에 찬성한 이사인 병 등을 상대로 상법 제399조에 따른 손해배상을 구한 사안에서, 위 이사회 결의는 폐광지역의 경제 진흥을 통한 지역 간 균형발전 및 주민의 생활향상이라는 공익에 기여하기 위한 목적으로 이루어졌고, 기부액이 갑 회사 재무상태에 비추어 과다하다고 보기 어렵다고 하더라도, 기부행위가 폐광지역 전체의 공익 증진에 기여하는 정도와 갑 회사에 주는 이익이 그다지 크지 않고, 기부의 대상 및 사용처에 비추어 공익 달성에 상당한 방법으로 이루어졌다고 보기 어려울 뿐만 아니라 병 등이 이사회에서 결의를 할 당시 위와 같은 점들에 대해 충분히 검토하였다고 보기도 어려우므로, 병 등이 위 결의에 찬성한 것은 이사의 선량한 관리자로서의 주의의무에 위배되는 행위에 해당한다고 본 원심판단을 수긍한 사례.
[4] 이사가 법령 또는 정관에 위반한 행위를 하거나 임무를 해태함으로써 회사에 대하여 손해를 배상할 책임이 있는 경우에 손해배상의 범위를 정할 때에는, 당해 사업의 내용과 성격, 당해 이사의 임무 위반의 경위 및 임무 위반행위의 태양, 회사의 손해 발생 및 확대에 관여된 객관적인 사정이나 정도, 평소 이사의 회사에 대한 공헌도, 임무 위반행위로 인한 당해 이사의 이득 유무, 회사의 조직체계의 흠결 유무나 위험관리체제의 구축 여부 등 제반 사정을 참작하여 손해분담의 공평이라는 손해배상제도의 이념에 비추어 손해배상액을 제한할 수 있다. 이때 손해배상액 제한의 참작 사유에 관한 사실인정이나 제한의 비율을 정하는 것은, 그것이 형평의 원칙에 비추어 현저히 불합리한 것이 아닌 한 사실심의 전권사항이다.

제400조(회사에 대한 책임의 감면)
①제399조에 따른 이사의 책임은 주주 전원의 동의로 면제할 수 있다.
②회사는 정관으로 정하는 바에 따라 제399조에 따른 이사의 책임을 이사가 그 행위를 한 날 이전 최근 1년간의 보수액(상여금과 주식매수선택권의 행사로 인한 이익 등을 포함한다)의 6배(사외이사의 경우는 3배)를 초과하는 금액에 대하여 면제할 수 있다. 다만, 이사가 고의 또는 중대한 과실로 손해를 발생시킨 경우와 제397조 제397조의2 및 제398조에 해당하는 경우에는 그러하지 아니하다.
[전문개정 2011.4.14.]

제401조(제삼자에 대한 책임) ①이사가 고의 또는 중대한 과실로 그 임무를 게을리한 때에는 그 이사는 제3자에 대하여 연대하여 손해를 배상할 책임이 있다. <개정 2011.4.14.>
②제399조제2항, 제3항의 규정은 전항의 경우에 준용한다.

제401조의2(업무집행지시자 등의 책임)
①다음 각 호의 어느 하나에 해당하는 자가 그 지시하거나 집행한 업무에 관하여 제399조, 제401조, 제403조 및 제406조의2를 적용하는 경우에는 그 자를 "이사"로 본다. <개정 2020.12.29.>
1. 회사에 대한 자신의 영향력을 이용하여 이사에게 업무집행을 지시한 자
2. 이사의 이름으로 직접 업무를 집행한 자
3. 이사가 아니면서 명예회장·회장·사장·부사장·전무·상무·이사 기타 회사의 업무를 집행할 권한이 있는 것으로 인정될 만한 명칭을 사용하여 회사의 업무를 집행한 자
②제1항의 경우에 회사 또는 제3자에 대하여 손해를 배상할 책임이 있는 이사는 제1항에 규정된 자와 연대하여 그 책임을 진다. [본조신설 1998.12.28.]

제402조(유지청구권) 이사가 법령 또는 정관에 위반한 행위를 하여 이로 인하여 회사에 회복할 수 없는 손해가 생길 염려가 있는 경우에는 감사 또는 발행주식의 총수의 100분의 1 이상에 해당하는 주식을 가진 주주는 회사를 위하여 이사에 대하여 그 행위를 유지할 것을 청구할 수 있다. <개정 1984.4.10., 1998.12.28.>

제403조(주주의 대표소송) ①발행주식의 총수의 100분의 1 이상에 해당하는 주식을 가진 주주는 회사에 대하여 이사의 책임을 추궁할 소의 제기를 청구할 수 있다. <개정 1998.12.28.>
②제1항의 청구는 그 이유를 기재한 서면으로 하여야 한다. <개정 1998.12.28.>
③회사가 전항의 청구를 받은 날로부터 30일내에 소를 제기하지 아니한 때에는 제1항의 주주는 즉시 회사를 위하여 소를 제기할 수 있다.
④제3항의 기간의 경과로 인하여 회사에 회복할 수 없는 손해가 생길 염려가 있는 경우에는 전항의 규정에 불구하고 제1항의 주주는 즉시 소를 제기할 수 있다. <개정 1998.12.28.>
⑤제3항과 제4항의 소를 제기한 주주의 보유주식이 제소후 발행주식총수의 100분의 1 미만으로 감소한 경우(발행주식을 보유하지 아니하게 된 경우를 제외한다)에도 제소의 효력에는 영향이 없다. <신설 1998.12.28.>
⑥회사가 제1항의 청구에 따라 소를 제기하거나 주주가 제3항과 제4항의 소를 제기한 경우 당사자는 법원의 허가를 얻지 아니하고는 소의 취하, 청구의 포기·인락·화해를 할 수 없다. <신설 1998.12.28., 2011.4.14.>
⑦제176조제3항, 제4항과 제186조의 규정은 본조의 소에 준용한다.

제404조(대표소송과 소송참가, 소송고지)
①회사는 전조제3항과 제4항의 소송에 참가할 수 있다.
②전조제3항과 제4항의 소를 제기한 주주는 소를 제기한 후 지체없이 회사에 대하여 그 소송의 고지를 하여야 한다.

제405조(제소주주의 권리의무)
①제403조제3항과 제4항의 규정에 의하여 소를 제기한 주주가 승소한 때에는 그 주주는 회사에 대하여 소송비용 및 그 밖에 소송으로 인하여 지출한 비용중 상당한 금액의 지급을 청구할 수 있다. 이 경우 소송비용을 지급한 회사는 이사 또는 감사에 대하여 구상권이 있다. <개정 1962.12.12., 2001.7.24.>
②제403조제3항과 제4항의 규정에 의하여 소를 제기한 주주가 패소한 때에는 악의인 경우외에는 회사에 대하여 손해를 배상할 책임이 없다.

제406조(대표소송과 재심의 소)
①제403조의 소가 제기된 경우에 원고와 피고의 공모로 인하여 소송의 목적인 회사의 권리를 사해할 목적으로써 판결을 하게 한 때에는 회사 또는 주주는 확정한 종국판결에 대하여 재심의 소를 제기할 수 있다.
②전조의 규정은 전항의 소에 준용한다.

제406조의2(다중대표소송) ①모회사 발행주식총수의 100분의 1 이상에 해당하는 주식을 가진 주주는 자회사에 대하여 자회사 이사의 책임을 추궁할 소의 제기를 청구할 수 있다.
②제1항의 주주는 자회사가 제1항의 청구를 받은 날부터 30일 내에 소를 제기하지 아니한 때에는 즉시 자회사를 위하여 소를 제기할 수 있다.
③제1항 및 제2항의 소에 관하여는 제176조제3항·제4항, 제403조제2항, 같은 조 제4항부터 제6항까지 및 제404조부터 제406조까지의 규정을 준용한다.
④제1항의 청구를 한 후 모회사가 보유한 자회사의 주식이 자회사 발행주식총수의 100분의 50 이하로 감소한 경우(발행주식을 보유하지 아니하게 된 경우를 제외한다)에도 제1항 및 제2항에 따른 제소의 효력에는 영향이 없다.
⑤제1항 및 제2항의 소는 자회사의 본점소재지의 지방법원의 관할에 전속한다.

[본조신설 2020.12.29.]

제407조(직무집행정지, 직무대행자선임)
①이사선임결의의 무효나 취소 또는 이사해임의 소가 제기된 경우에는 법원은 당사자의 신청에 의하여 가처분으로써 이사의 직무집행을 정지할 수 있고 또는 직무대행자를 선임할 수 있다. 급박한 사정이 있는 때에는 본안소송의 제기전에도 그 처분을 할 수 있다.
②법원은 당사자의 신청에 의하여 전항의 가처분을 변경 또는 취소할 수 있다.
③전2항의 처분이 있는 때에는 본점과 지점의 소재지에서 그 등기를 하여야 한다.

제408조(직무대행자의 권한) ①전조의 직무대행자는 가처분명령에 다른 정함이 있는 경우외에는 회사의 상무에 속하지 아니한 행위를 하지 못한다. 그러나 법원의 허가를 얻은 경우에는 그러하지 아니하다.
②직무대행자가 전항의 규정에 위반한 행위를 한 경우에도 회사는 선의의 제삼자에 대하여 책임을 진다.

제408조의2(집행임원 설치회사, 집행임원과 회사의 관계) ①회사는 집행임원을 둘 수 있다. 이 경우 집행임원을 둔 회사(이하 "집행임원 설치회사"라 한다)는 대표이사를 두지 못한다.
②집행임원 설치회사와 집행임원의 관계는 「민법」 중 위임에 관한 규정을 준용한다.
③집행임원 설치회사의 이사회는 다음의 권한을 갖는다.
1. 집행임원과 대표집행임원의 선임·해임
2. 집행임원의 업무집행 감독
3. 집행임원과 집행임원 설치회사의 소송에서 집행임원 설치회사를 대표할 자의 선임
4. 집행임원에게 업무집행에 관한 의사결정의 위임(이 법에서 이사회 권한사항으로 정한 경우는 제외한다)
5. 집행임원이 여러 명인 경우 집행임원의 직무 분담 및 지휘·명령관계, 그 밖에 집행임원의 상호관계에 관한 사항의 결정
6. 정관에 규정이 없거나 주주총회의 승인이 없는 경우 집행임원의 보수 결정
④집행임원 설치회사는 이사회의 회의를 주관하기 위하여 이사회 의장을 두어야 한다. 이 경우 이사회 의장은 정관의 규정이 없으면 이사회 결의로 선임한다.
[본조신설 2011.4.14.]

제408조의3(집행임원의 임기)
①집행임원의 임기는 정관에 다른 규정이 없으면 2년을 초과하지 못한다.
②제1항의 임기는 정관에 그 임기 중의 최종 결산기에 관한 정기주주총회가 종결한 후 가장 먼저 소집하는 이사회의 종결 시까지로 정할 수 있다.
[본조신설 2011.4.14.]

제408조의4(집행임원의 권한) 집행임원의 권한은 다음 각 호의 사항으로 한다.
1. 집행임원 설치회사의 업무집행
2. 정관이나 이사회의 결의에 의하여 위임받은 업무집행에 관한 의사결정
[본조신설 2011.4.14.]

제408조의5(대표집행임원) ①2명 이상의 집행임원이 선임된 경우에는 이사회 결의로 집행임원 설치회사를 대표할 대표집행임원을 선임하여야 한다. 다만, 집행임원이 1명인 경우에는 그 집행임원이 대표집행임원이 된다.
②대표집행임원에 관하여는 이 법에 다른 규정이 없으면 주식회사의 대표이사에 관한 규정을 준용한다.
③집행임원 설치회사에 대하여는 제395조를 준용한다.
[본조신설 2011.4.14.]

제408조의6(집행임원의 이사회에 대한 보고)
①집행임원은 3개월에 1회 이상 업무의 집행상황을 이사회에 보고하여야 한다.
②집행임원은 제1항의 경우 외에도 이사회의 요구가 있으면 언제든지 이사회에 출석하여 요구한 사항을 보고하여야 한다.
③이사는 대표집행임원으로 하여금 다른 집행임원 또는 피용자의 업무에 관하여 이사회에 보고할 것을 요구할 수 있다.
[본조신설 2011.4.14.]

제408조의7(집행임원의 이사회 소집 청구)
①집행임원은 필요하면 회의의 목적사항과 소집이유를 적은 서면을 이사(소집권자가 있는 경우에는 소집권자를 말한다. 이하 이 조에서 같다)에게 제출하여 이사회 소집을 청구할 수 있다.
②제1항의 청구를 한 후 이사가 지체 없이 이사회 소집의 절차를 밟지 아니하면 소집을 청구한 집행임원은 법원의 허가를 받아 이사회를 소집할 수 있다. 이 경우 이사회 의장은 법원이 이해관계자의 청구에 의하여 또는 직권으로 선임할 수 있다.
[본조신설 2011.4.14.]

제408조의8(집행임원의 책임)
①집행임원이 고의 또는 과실로 법령이나 정관을 위반한 행위를 하거나 그 임무를 게을리한 경우에는 그 집행임원은 집행임원 설치회사에 손해를 배상할 책임이 있다.
②집행임원이 고의 또는 중대한 과실로 그 임무를 게을리한 경우에는 그 집행임원은 제3자에게 손해를 배상할 책임이 있다.
③집행임원이 집행임원 설치회사 또는 제3자에게 손해를 배상할 책임이 있는 경우에 다른 집행임원·이사 또는 감사도 그 책임이 있으면 다른 집행임원·이사 또는 감사와 연대하여 배상할 책임이 있다.
[본조신설 2011.4.14.]

제408조의9(준용규정) 집행임원에 대해서는 제382조의3, 제382조의4, 제396조, 제397조, 제397조의2, 제398조, 제400조, 제401조의2, 제402조부터 제406조까지, 제406조의2, 제407조, 제408조, 제412조 및 제412조의2를 준용한다. <개정 2020.12.29.>
[본조신설 2011.4.14.]

제3관 감사 및 감사위원회

제409조(선임) ①감사는 주주총회에서 선임한다.
②의결권없는 주식을 제외한 발행주식의 총수의 100분의 3(정관에서 더 낮은 주식 보유비율을 정할 수 있으며, 정관에서 더 낮은 주식 보유비율을 정한 경우에는 그 비율로 한다)을 초과하는 수의 주식을 가진 주주는 그 초과하는 주식에 관하여 제1항의 감사의 선임에 있어서는 의결권을 행사하지 못한다. <개정 1984.4.10., 2020.12.29.>
③회사가 제368조의4제1항에 따라 전자적 방법으로 의결권을 행사할 수 있도록 한 경우에는 제368조제1항에도 불구하고 출석한 주주의 의결권의 과반수로써 제1항에 따른 감사의 선임을 결의할 수 있다. <개정 2020.12.29.>
④제1항, 제296조제1항 및 제312조에도 불구하고 자본금의 총액이 10억원 미만인 회사의 경우에는 감사를 선임하지 아니할 수 있다. <신설 2009.5.28.>
⑤제4항에 따라 감사를 선임하지 아니한 회사가 이사에 대하여 또는 이사가 그 회사에 대하여 소를 제기하는 경우에 회사, 이사 또는 이해관계인은 법원에 회사를 대표할 자를 선임하여 줄 것을 신청하여야 한다. <신설 2009.5.28.>

⑥제4항에 따라 감사를 선임하지 아니한 경우에는 제412조, 제412조의2 및 제412조의5제1항·제2항 중 "감사"는 각각 "주주총회"로 본다. <신설 2009.5.28., 2011.4.14.>

제409조의2(감사의 해임에 관한 의견진술의 권리) 감사는 주주총회에서 감사의 해임에 관하여 의견을 진술할 수 있다.
[본조신설 1995.12.29.]

제410조(임기) 감사의 임기는 취임후 3년내의 최종의 결산기에 관한 정기총회의 종결시까지로 한다. <개정 1995.12.29.>
[전문개정 1984.4.10.]

제411조(겸임금지) 감사는 회사 및 자회사의 이사 또는 지배인 기타의 사용인의 직무를 겸하지 못한다. <개정 1995.12.29.>

제412조(감사의 직무와 보고요구, 조사의 권한) ①감사는 이사의 직무의 집행을 감사한다.
②감사는 언제든지 이사에 대하여 영업에 관한 보고를 요구하거나 회사의 업무와 재산상태를 조사할 수 있다.
③감사는 회사의 비용으로 전문가의 도움을 구할 수 있다. <신설 2011.4.14.>
[전문개정 1984.4.10.]
[제목개정 2011.4.14.]

제412조의2(이사의 보고의무) 이사는 회사에 현저하게 손해를 미칠 염려가 있는 사실을 발견한 때에는 즉시 감사에게 이를 보고하여야 한다.
[본조신설 1995.12.29.]

제412조의3(총회의 소집청구)
①감사는 회의의 목적사항과 소집의 이유를 기재한 서면을 이사회에 제출하여 임시총회의 소집을 청구할 수 있다.
②제366조제2항의 규정은 감사가 총회를 소집하는 경우에 이를 준용한다.
[본조신설 1995.12.29.]

제412조의4(감사의 이사회 소집 청구)
①감사는 필요하면 회의의 목적사항과 소집이유를 서면에 적어 이사(소집권자가 있는 경우에는 소집권자를 말한다. 이하 이 조에서 같다)에게 제출하여 이사회 소집을 청구할 수 있다.
②제1항의 청구를 하였는데도 이사가 지체 없이 이사회를 소집하지 아니하면 그 청구한 감사가 이사회를 소집할 수 있다.
[본조신설 2011.4.14.]
[종전 제412조의4는 제412조의5로 이동
<2011.4.14.>]

제412조의5(자회사의 조사권)
①모회사의 감사는 그 직무를 수행하기 위하여 필요한 때에는 자회사에 대하여 영업의 보고를 요구할 수 있다.
②모회사의 감사는 제1항의 경우에 자회사가 지체없이 보고를 하지 아니할 때 또는 그 보고의 내용을 확인할 필요가 있는 때에는 자회사의 업무와 재산상태를 조사할 수 있다.
③자회사는 정당한 이유가 없는 한 제1항의 규정에 의한 보고 또는 제2항의 규정에 의한

조사를 거부하지 못한다.
[본조신설 1995.12.29.]
[제412조의4에서 이동 <2011.4.14.>]

제413조(조사 · 보고의 의무) 감사는 이사가 주주총회에 제출할 의안 및 서류를 조사하여 법령 또는 정관에 위반하거나 현저하게 부당한 사항이 있는지의 여부에 관하여 주주총회에 그 의견을 진술하여야 한다.
[전문개정 1984.4.10.]

제413조의2(감사록의 작성) ①감사는 감사에 관하여 감사록을 작성하여야 한다.
②감사록에는 감사의 실시요령과 그 결과를 기재하고 감사를 실시한 감사가 기명날인 또는 서명하여야 한다. <개정 1995.12.29.>
[본조신설 1984.4.10.]

제414조(감사의 책임) ①감사가 그 임무를 해태한 때에는 그 감사는 회사에 대하여 연대하여 손해를 배상할 책임이 있다.
②감사가 악의 또는 중대한 과실로 인하여 그 임무를 해태한 때에는 그 감사는 제삼자에 대하여 연대하여 손해를 배상할 책임이 있다.
③감사가 회사 또는 제삼자에 대하여 손해를 배상할 책임이 있는 경우에 이사도 그 책임이 있는 때에는 그 감사와 이사는 연대하여 배상할 책임이 있다.

제415조(준용규정) 제382조제2항, 제382조의4, 제385조, 제386조, 제388조, 제400조, 제401조, 제403조부터 제406조까지, 제406조의2 및 제407조는 감사에 준용한다.
<개정 1984.4.10., 2001.7.24., 2020.12.29.>

제415조의2(감사위원회) ①회사는 정관이 정한 바에 따라 감사에 갈음하여 제393조의2의 규정에 의한 위원회로서 감사위원회를 설치할 수 있다. 감사위원회를 설치한 경우에는 감사를 둘 수 없다.
②감사위원회는 제393조의2제3항에도 불구하고 3명 이상의 이사로 구성한다. 다만, 사외이사가 위원의 3분의 2 이상이어야 한다. <개정 2009.1.30.>
③감사위원회의 위원의 해임에 관한 이사회의 결의는 이사 총수의 3분의 2 이상의 결의로 하여야 한다.
④감사위원회는 그 결의로 위원회를 대표할 자를 선정하여야 한다. 이 경우 수인의 위원이 공동으로 위원회를 대표할 것을 정할 수 있다.
⑤감사위원회는 회사의 비용으로 전문가의 조력을 구할 수 있다.
⑥감사위원회에 대하여는 제393조의2제4항 후단을 적용하지 아니 한다. <신설 2009.1.30.>
⑦제296조·제312조·제367조·제387조·제391조의2제2항·제394조제1항·제400조·제402조 내지 제407조·제412조 내지 제414조·제447조의3·제447조의4·제450조·제527조의4·제530조의5제1항제9호·제530조의6제1항제10호 및 제534조의 규정은 감사위원회에 관하여 이를 준용한다. 이 경우 제530조의5제1항제9호 및 제530조의6제1항제10호중 "감사"는 "감사위원회 위원"으로 본다. <개정 2009.1.30.>
[본조신설 1999.12.31.]

제4절 신주의 발행

제416조(발행사항의 결정) 회사가 그 성립 후에 주식을 발행하는 경우에는 다음의 사항으로서 정관에 규정이 없는 것은 이사회가 결정한다. 다만, 이 법에 다른 규정이 있거나 정관으로 주주총회에서 결정하기로 정한 경우에는 그러하지 아니하다. <개정 1984.4.10.,

2011.4.14.>
1. 신주의 종류와 수
2. 신주의 발행가액과 납입기일
2의2. 무액면주식의 경우에는 신주의 발행가액 중 자본금으로 계상하는 금액
3. 신주의 인수방법
4. 현물출자를 하는 자의 성명과 그 목적인 재산의 종류, 수량, 가액과 이에 대하여 부여할 주식의 종류와 수
5. 주주가 가지는 신주인수권을 양도할 수 있는 것에 관한 사항
6. 주주의 청구가 있는 때에만 신주인수권증서를 발행한다는 것과 그 청구기간

판례-주주권확인등

[대법원 2016.8.29, 선고, 2014다53745, 판결]

【판시사항】
[1] 주주명부 기재의 추정력 및 주주명부상 주주 명의의 명의신탁에 관한 증명책임의 소재(=명의신탁관계를 주장하는 측)
[2] 구체적 신주인수권이 주주권 이전에 수반하여 이전되는지 여부(소극) 및 회사가 신주를 발행하면서 권리의 귀속자를 일정 시점에 주주명부에 기재된 주주로 한정할 경우, 신주인수권은 일정 시점에 실질상의 주주인지와 관계없이 주주명부에 기재된 주주에게 귀속되는지 여부(적극)

제417조(액면미달의 발행) ①회사가 성립한 날로부터 2년을 경과한 후에 주식을 발행하는 경우에는 회사는 제434조의 규정에 의한 주주총회의 결의와 법원의 인가를 얻어서 주식을 액면미달의 가액으로 발행할 수 있다. <개정 1962.12.12.>
②전항의 주주총회의 결의에서는 주식의 최저발행가액을 정하여야 한다.
③법원은 회사의 현황과 제반사정을 참작하여 최저발행가액을 변경하여 인가할 수 있다. 이 경우에 법원은 회사의 재산상태 기타 필요한 사항을 조사하게 하기 위하여 검사인을 선임할 수 있다.
④제1항의 주식은 법원의 인가를 얻은 날로부터 1월내에 발행하여야 한다. 법원은 이 기간을 연장하여 인가할 수 있다.

제418조(신주인수권의 내용 및 배정일의 지정 · 공고) ①주주는 그가 가진 주식 수에 따라서 신주의 배정을 받을 권리가 있다. <개정 2001.7.24.>
②회사는 제1항의 규정에 불구하고 정관에 정하는 바에 따라 주주 외의 자에게 신주를 배정할 수 있다. 다만, 이 경우에는 신기술의 도입, 재무구조의 개선 등 회사의 경영상 목적을 달성하기 위하여 필요한 경우에 한한다. <신설 2001.7.24.>
③회사는 일정한 날을 정하여 그 날에 주주명부에 기재된 주주가 제1항의 권리를 가진다는 뜻과 신주인수권을 양도할 수 있을 경우에는 그 뜻을 그 날의 2주간전에 공고하여야 한다. 그러나 그 날이 제354조제1항의 기간 중인 때에는 그 기간의 초일의 2주간전에 이를 공고하여야 한다. <신설 1984.4.10.>
④제2항에 따라 주주 외의 자에게 신주를 배정하는 경우 회사는 제416조제1호, 제2호, 제2호의2, 제3호 및 제4호에서 정하는 사항을 그 납입기일의 2주 전까지 주주에게 통지하거나 공고하여야 한다. <신설 2011.4.14.>

제419조(신주인수권자에 대한 최고)
①회사는 신주의 인수권을 가진 자에 대하여 그 인수권을 가지는 주식의 종류 및 수와 일정한 기일까지 주식인수의 청약을 하지 아니하면 그 권리를 잃는다는 뜻을 통지하여야 한다. 이 경우 제416조제5호 및 제6호에 규정한 사항의 정함이 있는 때에는 그 내용도 통지하여야 한다.
②제1항의 통지는 제1항의 기일의 2주간전에 이를 하여야 한다. <개정 2014.5.20.>

③제1항의 통지에도 불구하고 그 기일까지 주식인수의 청약을 하지 아니한 때에는 신주의 인수권을 가진 자는 그 권리를 잃는다. <개정 2014.5.20.>
[전문개정 1984.4.10.]

제420조(주식청약서) 이사는 주식청약서를 작성하여 다음의 사항을 적어야 한다. <개정 1984.4.10., 2011.4.14.>
1. 제289조제1항제2호 내지 제4호에 게기한 사항
2. 제302조제2항제7호·제9호 및 제10호에 게기한 사항
3. 제416조제1호 내지 제4호에 게기한 사항
4. 제417조에 따른 주식을 발행한 경우에는 그 발행조건과 미상각액(未償却額)
5. 주주에 대한 신주인수권의 제한에 관한 사항 또는 특정한 제삼자에게 이를 부여할 것을 정한 때에는 그 사항
6. 주식발행의 결의연월일

제420조의2(신주인수권증서의 발행)
①제416조제5호에 규정한 사항을 정한 경우에 회사는 동조제6호의 정함이 있는 때에는 그 정함에 따라, 그 정함이 없는 때에는 제419조제1항의 기일의 2주간전에 신주인수권증서를 발행하여야 한다.
②신주인수권증서에는 다음 사항과 번호를 기재하고 이사가 기명날인 또는 서명하여야 한다. <개정 1995.12.29.>
1. 신주인수권증서라는 뜻의 표시
2. 제420조에 규정한 사항
3. 신주인수권의 목적인 주식의 종류와 수
4. 일정기일까지 주식의 청약을 하지 아니할 때에는 그 권리를 잃는다는 뜻
[본조신설 1984.4.10.]

제420조의3(신주인수권의 양도)
①신주인수권의 양도는 신주인수권증서의 교부에 의하여서만 이를 행한다.
②제336조제2항 및 수표법 제21조의 규정은 신주인수권증서에 관하여 이를 준용한다.
[본조신설 1984.4.10.]

제420조의4(신주인수권의 전자등록)
회사는 신주인수권증서를 발행하는 대신 정관으로 정하는 바에 따라 전자등록기관의 전자등록부에 신주인수권을 등록할 수 있다. 이 경우 제356조의2제2항부터 제4항까지의 규정을 준용한다.
[본조신설 2011.4.14.]
[종전 제420조의4는 제420조의5로 이동 <2011.4.14.>]

제420조의5(신주인수권증서에 의한 청약)
①신주인수권증서를 발행한 경우에는 신주인수권증서에 의하여 주식의 청약을 한다. 이 경우에는 제302조제1항의 규정을 준용한다.
②신주인수권증서를 상실한 자는 주식청약서에 의하여 주식의 청약을 할 수 있다. 그러나 그 청약은 신주인수권증서에 의한 청약이 있는 때에는 그 효력을 잃는다.
[본조신설 1984.4.10.]
[제420조의4에서 이동 <2011.4.14.>]

제421조(주식에 대한 납입) ①이사는 신주의 인수인으로 하여금 그 배정한 주수(株數)에 따라 납입기일에 그 인수한 주식에 대한 인수가액의 전액을 납입시켜야 한다.
②신주의 인수인은 회사의 동의 없이 제1항의 납입채무와 주식회사에 대한 채권을 상계할 수 없다. [전문개정 2011.4.14.]

제422조(현물출자의 검사) ①현물출자를 하는 자가 있는 경우에는 이사는 제416조제4호의 사항을 조사하게 하기 위하여 검사인의 선임을 법원에 청구하여야 한다. 이 경우 공인된 감정인의 감정으로 검사인의 조사에 갈음할 수 있다. <개정 1998.12.28.>
②다음 각 호의 어느 하나에 해당할 경우에는 제1항을 적용하지 아니한다. <신설 2011.4.14.>
1. 제416조제4호의 현물출자의 목적인 재산의 가액이 자본금의 5분의 1을 초과하지 아니하고 대통령령으로 정한 금액을 초과하지 아니하는 경우
2. 제416조제4호의 현물출자의 목적인 재산이 거래소의 시세 있는 유가증권인 경우 제416조 본문에 따라 결정된 가격이 대통령령으로 정한 방법으로 산정된 시세를 초과하지 아니하는 경우
3. 변제기가 돌아온 회사에 대한 금전채권을 출자의 목적으로 하는 경우로서 그 가액이 회사장부에 적혀 있는 가액을 초과하지 아니하는 경우
4. 그 밖에 제1호부터 제3호까지의 규정에 준하는 경우로서 대통령령으로 정하는 경우
③법원은 검사인의 조사보고서 또는 감정인 감정결과를 심사하여 제1항의 사항을 부당하다고 인정한 때에는 이를 변경하여 이사와 현물출자를 한 자에게 통고할 수 있다. <개정 1998.12.28., 2011.4.14.>
④전항의 변경에 불복하는 현물출자를 한 자는 그 주식의 인수를 취소할 수 있다. <개정 2011.4.14.>
⑤법원의 통고가 있은 후 2주내에 주식의 인수를 취소한 현물출자를 한 자가 없는 때에는 제1항의 사항은 통고에 따라 변경된 것으로 본다. <개정 1998.12.28., 2011.4.14.>

제423조(주주가 되는 시기, 납입해태의 효과) ①신주의 인수인은 납입 또는 현물출자의 이행을 한 때에는 납입기일의 다음 날로부터 주주의 권리의무가 있다. <개정 1984.4.10., 1995.12.29., 2020.12.29.>
②신주의 인수인이 납입기일에 납입 또는 현물출자의 이행을 하지 아니한 때에는 그 권리를 잃는다.
③제2항의 규정은 신주의 인수인에 대한 손해배상의 청구에 영향을 미치지 아니한다. <개정 1984.4.10.>

제424조(유지청구권) 회사가 법령 또는 정관에 위반하거나 현저하게 불공정한 방법에 의하여 주식을 발행함으로써 주주가 불이익을 받을 염려가 있는 경우에는 그 주주는 회사에 대하여 그 발행을 유지할 것을 청구할 수 있다.

제424조의2(불공정한 가액으로 주식을 인수한 자의 책임) ①이사와 통모하여 현저하게 불공정한 발행가액으로 주식을 인수한 자는 회사에 대하여 공정한 발행가액과의 차액에 상당한 금액을 지급할 의무가 있다.
②제403조 내지 제406조의 규정은 제1항의 지급을 청구하는 소에 관하여 이를 준용한다.
③제1항 및 제2항의 규정은 이사의 회사 또는 주주에 대한 손해배상의 책임에 영향을 미치지 아니한다.
[본조신설 1984.4.10.]

제425조(준용규정) ①제302조제1항, 제3항, 제303조, 제305조제2항, 제3항, 제306조, 제318조와 제319조의 규정은 신주의 발행에 준용한다.
②제305조제2항의 규정은 신주인수권증서를 발행하는 경우에 이를 준용한다. <신설 1984.4.10.>

제426조(미상각액의 등기) 제417조에 따른 주식을 발행한 경우에 주식의 발행에 따른 변경등기에는 미상각액을 등기하여야 한다.
[전문개정 2011.4.14.]

第427条(인수의 무효주장, 취소의 제한) 신주의 발행으로 인한 변경등기를 한 날로부터 1년을 경과한 후에는 신주를 인수한 자는 주식청약서 또는 신주인수권증서의 요건의 흠결을 이유로 하여 그 인수의 무효를 주장하거나 사기, 강박 또는 착오를 이유로 하여 그 인수를 취소하지 못한다. 그 주식에 대하여 주주의 권리를 행사한 때에도 같다. <개정 1962.12.12., 1984.4.10.>

第428条(이사의 인수담보책임) ①신주의 발행으로 인한 변경등기가 있은 후에 아직 인수하지 아니한 주식이 있거나 주식인수의 청약이 취소된 때에는 이사가 이를 공동으로 인수한 것으로 본다.
②전항의 규정은 이사에 대한 손해배상의 청구에 영향을 미치지 아니한다.

第429条(신주발행무효의 소) 신주발행의 무효는 주주·이사 또는 감사에 한하여 신주를 발행한 날로부터 6월내에 소만으로 이를 주장할 수 있다. <개정 1984.4.10.>

第430条(준용규정) 제186조 내지 제189조·제190조 본문·제191조·제192조 및 제377조의 규정은 제429조의 소에 관하여 이를 준용한다.
[전문개정 1995.12.29.]

第431条(신주발행무효판결의 효력) ①신주발행무효의 판결이 확정된 때에는 신주는 장래에 대하여 그 효력을 잃는다.
②전항의 경우에는 회사는 지체없이 그 뜻과 일정한 기간내에 신주의 주권을 회사에 제출할 것을 공고하고 주주명부에 기재된 주주와 질권자에 대하여는 각별로 그 통지를 하여야 한다. 그러나 그 기간은 3월 이상으로 하여야 한다.

第432条(무효판결과 주주에의 환급) ①신주발행무효의 판결이 확정된 때에는 회사는 신주의 주주에 대하여 그 납입한 금액을 반환하여야 한다.
②전항의 금액이 전조제1항의 판결확정시의 회사의 재산상태에 비추어 현저하게 부당한 때에는 법원은 회사 또는 전항의 주주의 청구에 의하여 그 금액의 증감을 명할 수 있다.
③제339조와 제340조제1항, 제2항의 규정은 제1항의 경우에 준용한다.

제5절 정관의 변경

第433条(정관변경의 방법) ①정관의 변경은 주주총회의 결의에 의하여야 한다.
②정관의 변경에 관한 의안의 요령은 제363조에 따른 통지에 기재하여야 한다. <개정 2014.5.20.>

第434条(정관변경의 특별결의) 제433조제1항의 결의는 출석한 주주의 의결권의 3분의 2 이상의 수와 발행주식총수의 3분의 1 이상의 수로써 하여야 한다.
[전문개정 1995.12.29.]

第435条(종류주주총회) ①회사가 종류주식을 발행한 경우에 정관을 변경함으로써 어느 종류주식의 주주에게 손해를 미치게 될 때에는 주주총회의 결의 외에 그 종류주식의 주주의 총회의 결의가 있어야 한다. <개정 2011.4.14.>
②제1항의 결의는 출석한 주주의 의결권의 3분의 2 이상의 수와 그 종류의 발행주식총수의 3분의 1 이상의 수로써 하여야 한다. <개정 1995.12.29.>
③주주총회에 관한 규정은 의결권없는 종류의 주식에 관한 것을 제외하고 제1항의 총회에

준용한다.

제436조(준용규정) 제344조제3항에 따라 주식의 종류에 따라 특수하게 정하는 경우와 회사의 분할 또는 분할합병, 주식교환, 주식이전 및 회사의 합병으로 인하여 어느 종류의 주주에게 손해를 미치게 될 경우에는 제435조를 준용한다.
[전문개정 2011.4.14.]

제437조 삭제 <1995.12.29.>

제6절 자본금의 감소

제438조(자본금 감소의 결의) ①자본금의 감소에는 제434조에 따른 결의가 있어야 한다.
②제1항에도 불구하고 결손의 보전(補塡)을 위한 자본금의 감소는 제368조제1항의 결의에 의한다.
③자본금의 감소에 관한 의안의 주요내용은 제363조에 따른 통지에 적어야 한다. <개정 2014.5.20.>
[전문개정 2011.4.14.]

제439조(자본금 감소의 방법, 절차)
①자본금 감소의 결의에서는 그 감소의 방법을 정하여야 한다.
②자본금 감소의 경우에는 제232조를 준용한다. 다만, 결손의 보전을 위하여 자본금을 감소하는 경우에는 그러하지 아니하다.
③사채권자가 이의를 제기하려면 사채권자집회의 결의가 있어야 한다. 이 경우에는 법원은 이해관계인의 청구에 의하여 사채권자를 위하여 이의 제기 기간을 연장할 수 있다.
[전문개정 2011.4.14.]

제440조(주식병합의 절차) 주식을 병합할 경우에는 회사는 1월 이상의 기간을 정하여 그 뜻과 그 기간 내에 주권을 회사에 제출할 것을 공고하고 주주명부에 기재된 주주와 질권자에 대하여는 각별로 그 통지를 하여야 한다. <개정 1995.12.29.>

제441조(동전) 주식의 병합은 전조의 기간이 만료한 때에 그 효력이 생긴다. 그러나 제232조의 규정에 의한 절차가 종료하지 아니한 때에는 그 종료한 때에 효력이 생긴다.

제442조(신주권의 교부) ①주식을 병합하는 경우에 구주권을 회사에 제출할 수 없는 자가 있는 때에는 회사는 그 자의 청구에 의하여 3월 이상의 기간을 정하고 이해관계인에 대하여 그 주권에 대한 이의가 있으면 그 기간 내에 제출할 뜻을 공고하고 그 기간이 경과한 후에 신주권을 청구자에게 교부할 수 있다.
②전항의 공고의 비용은 청구자의 부담으로 한다.

제443조(단주의 처리) ①병합에 적당하지 아니한 수의 주식이 있는 때에는 그 병합에 적당하지 아니한 부분에 대하여 발행한 신주를 경매하여 각 주수에 따라 그 대금을 종전의 주주에게 지급하여야 한다. 그러나 거래소의 시세있는 주식은 거래소를 통하여 매각하고, 거래소의 시세없는 주식은 법원의 허가를 받아 경매외의 방법으로 매각할 수 있다. <개정 1984.4.10.>
②제442조의 규정은 제1항의 경우에 준용한다. <개정 1984.4.10.>

제444조 삭제 <2014.5.20.>

제445조(감자무효의 소) 자본금 감소의 무효는 주주·이사·감사·청산인·파산관재인 또는 자본금의 감소를 승인하지 아니한 채권자만이 자본금 감소로 인한 변경등기가 된 날부터 6개월 내에 소(訴)만으로 주장할 수 있다.
[전문개정 2011.4.14.]

제446조(준용규정) 제186조 내지 제189조·제190조 본문·제191조·제192조 및 제377조의 규정은 제445조의 소에 관하여 이를 준용한다.
[전문개정 1995.12.29.]

제7절 회사의 회계

제446조의2(회계의 원칙) 회사의 회계는 이 법과 대통령령으로 규정한 것을 제외하고는 일반적으로 공정하고 타당한 회계관행에 따른다.
[본조신설 2011.4.14.]

제447조(재무제표의 작성) ①이사는 결산기마다 다음 각 호의 서류와 그 부속명세서를 작성하여 이사회의 승인을 받아야 한다.
1. 대차대조표
2. 손익계산서
3. 그 밖에 회사의 재무상태와 경영성과를 표시하는 것으로서 대통령령으로 정하는 서류
②대통령령으로 정하는 회사의 이사는 연결재무제표(聯結財務諸表)를 작성하여 이사회의 승인을 받아야 한다.
[전문개정 2011.4.14.]

제447조의2(영업보고서의 작성)
①이사는 매결산기에 영업보고서를 작성하여 이사회의 승인을 얻어야 한다.
②영업보고서에는 대통령령이 정하는 바에 의하여 영업에 관한 중요한 사항을 기재하여야 한다.
[본조신설 1984.4.10.]

제447조의3(재무제표등의 제출) 이사는 정기총회회일의 6주간전에 제447조 및 제447조의2의 서류를 감사에게 제출하여야 한다.
[본조신설 1984.4.10.]

제447조의4(감사보고서) ①감사는 제447조의3의 서류를 받은 날부터 4주 내에 감사보고서를 이사에게 제출하여야 한다.
②제1항의 감사보고서에는 다음 각 호의 사항을 적어야 한다.
1. 감사방법의 개요
2. 회계장부에 기재될 사항이 기재되지 아니하거나 부실기재된 경우 또는 대차대조표나 손익계산서의 기재 내용이 회계장부와 맞지 아니하는 경우에는 그 뜻
3. 대차대조표 및 손익계산서가 법령과 정관에 따라 회사의 재무상태와 경영성과를 적정하게 표시하고 있는 경우에는 그 뜻
4. 대차대조표 또는 손익계산서가 법령이나 정관을 위반하여 회사의 재무상태와 경영성과를 적정하게 표시하지 아니하는 경우에는 그 뜻과 이유
5. 대차대조표 또는 손익계산서의 작성에 관한 회계방침의 변경이 타당한지 여부와 그 이유
6. 영업보고서가 법령과 정관에 따라 회사의 상황을 적정하게 표시하고 있는지 여부

7. 이익잉여금의 처분 또는 결손금의 처리가 법령 또는 정관에 맞는지 여부
8. 이익잉여금의 처분 또는 결손금의 처리가 회사의 재무상태나 그 밖의 사정에 비추어 현저하게 부당한 경우에는 그 뜻
9. 제447조의 부속명세서에 기재할 사항이 기재되지 아니하거나 부실기재된 경우 또는 회계장부·대차대조표·손익계산서나 영업보고서의 기재 내용과 맞지 아니하게 기재된 경우에는 그 뜻
10. 이사의 직무수행에 관하여 부정한 행위 또는 법령이나 정관의 규정을 위반하는 중대한 사실이 있는 경우에는 그 사실
③감사가 감사를 하기 위하여 필요한 조사를 할 수 없었던 경우에는 감사보고서에 그 뜻과 이유를 적어야 한다.
[전문개정 2011.4.14.]

제448조(재무제표 등의 비치 · 공시)
①이사는 정기총회회일의 1주간전부터 제447조 및 제447조의2의 서류와 감사보고서를 본점에 5년간, 그 등본을 지점에 3년간 비치하여야 한다. <개정 1962.12.12., 1984.4.10.>
②주주와 회사채권자는 영업시간내에 언제든지 제1항의 비치서류를 열람할 수 있으며 회사가 정한 비용을 지급하고 그 서류의 등본이나 초본의 교부를 청구할 수 있다. <개정 1984.4.10.>

제449조(재무제표 등의 승인 · 공고)
①이사는 제447조의 각 서류를 정기총회에 제출하여 그 승인을 요구하여야 한다. <개정 2011.4.14.>
②이사는 제447조의2의 서류를 정기총회에 제출하여 그 내용을 보고하여야 한다. <신설 1984.4.10.>
③이사는 제1항의 서류에 대한 총회의 승인을 얻은 때에는 지체없이 대차대조표를 공고하여야 한다. <개정 1984.4.10.>

제449조의2(재무제표 등의 승인에 대한 특칙) ①제449조에도 불구하고 회사는 정관으로 정하는 바에 따라 제447조의 각 서류를 이사회의 결의로 승인할 수 있다. 다만, 이 경우에는 다음 각 호의 요건을 모두 충족하여야 한다.
1. 제447조의 각 서류가 법령 및 정관에 따라 회사의 재무상태 및 경영성과를 적정하게 표시하고 있다는 외부감사인의 의견이 있을 것
2. 감사(감사위원회 설치회사의 경우에는 감사위원을 말한다) 전원의 동의가 있을 것
②제1항에 따라 이사회가 승인한 경우에는 이사는 제447조의 각 서류의 내용을 주주총회에 보고하여야 한다.
[본조신설 2011.4.14.]

제450조(이사, 감사의 책임해제)
정기총회에서 전조제1항의 승인을 한 후 2년내에 다른 결의가 없으면 회사는 이사와 감사의 책임을 해제한 것으로 본다. 그러나 이사 또는 감사의 부정행위에 대하여는 그러하지 아니하다.

제451조(자본금) ①회사의 자본금은 이 법에서 달리 규정한 경우 외에는 발행주식의 액면총액으로 한다.
②회사가 무액면주식을 발행하는 경우 회사의 자본금은 주식 발행가액의 2분의 1 이상의 금액으로서 이사회(제416조 단서에서 정한 주식발행의 경우에는 주주총회를 말한다)에서 자본금으로 계상하기로 한 금액의 총액으로 한다. 이 경우 주식의 발행가액 중 자본금으로 계상하지 아니하는 금액은 자본준비금으로 계상하여야 한다.
③회사의 자본금은 액면주식을 무액면주식으로 전환하거나 무액면주식을 액면주식으로 전환함으로써 변경할 수 없다.
[전문개정 2011.4.14.]

第452条 삭제 <2011.4.14.>
第453条 삭제 <2011.4.14.>
第453条의2 삭제 <2011.4.14.>
第454条 삭제 <2011.4.14.>
第455条 삭제 <2011.4.14.>
第456条 삭제 <2011.4.14.>
第457条 삭제 <2011.4.14.>
第457条의2 삭제 <2011.4.14.>

第458条(이익준비금) 회사는 그 자본금의 2분의 1이 될 때까지 매 결산기 이익배당액의 10분의 1 이상을 이익준비금으로 적립하여야 한다. 다만, 주식배당의 경우에는 그러하지 아니하다.
[전문개정 2011.4.14.]

第459条(자본준비금) ①회사는 자본거래에서 발생한 잉여금을 대통령령으로 정하는 바에 따라 자본준비금으로 적립하여야 한다.
②합병이나 제530조의2에 따른 분할 또는 분할합병의 경우 소멸 또는 분할되는 회사의 이익준비금이나 그 밖의 법정준비금은 합병·분할·분할합병 후 존속되거나 새로 설립되는 회사가 승계할 수 있다.
[전문개정 2011.4.14.]

第460条(법정준비금의 사용) 제458조 및 제459조의 준비금은 자본금의 결손 보전에 충당하는 경우 외에는 처분하지 못한다.
[전문개정 2011.4.14.]

第461条(준비금의 자본금 전입) ①회사는 이사회의 결의에 의하여 준비금의 전부 또는 일부를 자본금에 전입할 수 있다. 그러나 정관으로 주주총회에서 결정하기로 정한 경우에는 그러하지 아니하다. <개정 2011.4.14.>
②제1항의 경우에는 주주에 대하여 그가 가진 주식의 수에 따라 주식을 발행하여야 한다. 이 경우 1주에 미달하는 단수에 대하여는 제443조제1항의 규정을 준용한다.
③제1항의 이사회의 결의가 있은 때에는 회사는 일정한 날을 정하여 그 날에 주주명부에 기재된 주주가 제2항의 신주의 주주가 된다는 뜻을 그 날의 2주간전에 공고하여야 한다. 그러나 그 날이 제354조제1항의 기간 중인 때에는 그 기간의 초일의 2주간전에 이를 공고하여야 한다.
④제1항 단서의 경우에 주주는 주주총회의 결의가 있은 때로부터 제2항의 신주의 주주가 된다.
⑤제3항 또는 제4항의 규정에 의하여 신주의 주주가 된 때에는 이사는 지체없이 신주를 받은 주주와 주주명부에 기재된 질권자에 대하여 그 주주가 받은 주식의 종류와 수를 통지하여야 한다. <개정 2014.5.20.>
⑥제339조의 규정은 제2항의 규정에 의하여 주식의 발행이 있는 경우에 이를 준용한다. <개정2020.12.29.>
[전문개정 1984.4.10.]
[제목개정 2011.4.14.]

第461条의2(준비금의 감소) 회사는 적립된 자본준비금 및 이익준비금의 총액이 자본금의 1.5배를 초과하는 경우에 주주총회의 결의에 따라 그 초과한 금액 범위에서 자본준비금과 이익준비금을 감액할 수 있다.
[본조신설 2011.4.14.]

제462조(이익의 배당) ①회사는 대차대조표의 순자산액으로부터 다음의 금액을 공제한 액을 한도로 하여 이익배당을 할 수 있다.
1. 자본금의 액
2. 그 결산기까지 적립된 자본준비금과 이익준비금의 합계액
3. 그 결산기에 적립하여야 할 이익준비금의 액
4. 대통령령으로 정하는 미실현이익
②이익배당은 주주총회의 결의로 정한다. 다만, 제449조의2제1항에 따라 재무제표를 이사회가 승인하는 경우에는 이사회의 결의로 정한다.
③제1항을 위반하여 이익을 배당한 경우에 회사채권자는 배당한 이익을 회사에 반환할 것을 청구할 수 있다.
④제3항의 청구에 관한 소에 대하여는 제186조를 준용한다.
[전문개정 2011.4.14.]

제462조의2(주식배당) ①회사는 주주총회의 결의에 의하여 이익의 배당을 새로이 발행하는 주식으로써 할 수 있다. 그러나 주식에 의한 배당은 이익배당총액의 2분의 1에 상당하는 금액을 초과하지 못한다.
②제1항의 배당은 주식의 권면액으로 하며, 회사가 종류주식을 발행한 때에는 각각 그와 같은 종류의 주식으로 할 수 있다. <개정 1995.12.29., 2011.4.14.>
③주식으로 배당할 이익의 금액중 주식의 권면액에 미달하는 단수가 있는 때에는 그 부분에 대하여는 제443조제1항의 규정을 준용한다. <개정 1995.12.29.>
④주식으로 배당을 받은 주주는 제1항의 결의가 있는 주주총회가 종결한 때부터 신주의 주주가 된다. <개정 1995.12.29., 2020.12.29.>
⑤이사는 제1항의 결의가 있는 때에는 지체없이 배당을 받을 주주와 주주명부에 기재된 질권자에게 그 주주가 받을 주식의 종류와 수를 통지하여야 한다. <개정 2014.5.20.>
⑥제340조제1항의 질권자의 권리는 제1항의 규정에 의한 주주가 받을 주식에 미친다. 이 경우 제340조제3항의 규정을 준용한다.
[본조신설 1984.4.10.]

제462조의3(중간배당) ①년 1회의 결산기를 정한 회사는 영업년도중 1회에 한하여 이사회의 결의로 일정한 날을 정하여 그 날의 주주에 대하여 이익을 배당(이하 이 條에서 "中間配當"이라 한다)할 수 있음을 정관으로 정할 수 있다. <개정 2011.4.14.>
②중간배당은 직전 결산기의 대차대조표상의 순자산액에서 다음 각호의 금액을 공제한 액을 한도로 한다. <개정 2001. 7.24., 2011.4.14.>
1. 직전 결산기의 자본금의 액
2. 직전 결산기까지 적립된 자본준비금과 이익준비금의 합계액
3. 직전 결산기의 정기총회에서 이익으로 배당하거나 또는 지급하기로 정한 금액
4. 중간배당에 따라 당해 결산기에 적립하여야 할 이익준비금
③회사는 당해 결산기의 대차대조표상의 순자산액이 제462조제1항 각호의 금액의 합계액에 미치지 못할 우려가 있는 때에는 중간배당을 하여서는 아니된다. <개정 2001.7.24.>
④당해 결산기 대차대조표상의 순자산액이 제462조제1항 각호의 금액의 합계액에 미치지 못함에도 불구하고 중간배당을 한 경우 이사는 회사에 대하여 연대하여 그 차액(配當額이 그 差額보다 적을 경우에는 配當額)을 배상할 책임이 있다. 다만, 이사가 제3항의 우려가 없다고 판단함에 있어 주의를 게을리하지 아니하였음을 증명한 때에는 그러하지 아니하다. <개정 2001.7.24.>
⑤제340조제1항, 제344조제1항, 제354조제1항, 제458조, 제464조 및 제625조제3호의 규정의 적용에 관하여는 중간배당을 제462조제1항의 규정에 의한 이익의 배당으로 본다. <개정 2011.4.14., 2020.12.29.>
⑥제399조제2항·제3항 및 제400조의 규정은 제4항의 이사의 책임에 관하여, 제462조제3항 및 제4항은 제3항의 규정에 위반하여 중간배당을 한 경우에 이를 준용한다. <개정

2011.4.14.>
[본조신설 1998.12.28.]

제462조의4(현물배당) ①회사는 정관으로 금전 외의 재산으로 배당을 할 수 있음을 정할 수 있다.
②제1항에 따라 배당을 결정한 회사는 다음 사항을 정할 수 있다.
1. 주주가 배당되는 금전 외의 재산 대신 금전의 지급을 회사에 청구할 수 있도록 한 경우에는 그 금액 및 청구할 수 있는 기간
2. 일정 수 미만의 주식을 보유한 주주에게 금전 외의 재산 대신 금전을 지급하기로 한 경우에는 그 일정 수 및 금액
[본조신설 2011.4.14.]

제463조 삭제 <2011.4.14.>

제464조(이익배당의 기준) 이익배당은 각 주주가 가진 주식의 수에 따라 한다. 다만, 제344조제1항을 적용하는 경우에는 그러하지 아니하다.
[전문개정 2011.4.14.]

제464조의2(이익배당의 지급시기)
①회사는 제464조에 따른 이익배당을 제462조제2항의 주주총회나 이사회의 결의 또는 제462조의3제1항의 결의를 한 날부터 1개월 내에 하여야 한다. 다만, 주주총회 또는 이사회에서 배당금의 지급시기를 따로 정한 경우에는 그러하지 아니하다. <개정 2011.4.14.>
②제1항의 배당금의 지급청구권은 5년간 이를 행사하지 아니하면 소멸시효가 완성한다.
[본조신설 1984.4.10.]
[제목개정 2011.4.14.]

제465조 삭제 <1984.4.10.>

제466조(주주의 회계장부열람권)
①발행주식의 총수의 100분의 3 이상에 해당하는 주식을 가진 주주는 이유를 붙인 서면으로 회계의 장부와 서류의 열람 또는 등사를 청구할 수 있다. <개정 1998.12.28.>
②회사는 제1항의 주주의 청구가 부당함을 증명하지 아니하면 이를 거부하지 못한다. <개정 1998.12.28.>

판례-회계장부와서류·열람등사

[대법원 2018.2.28., 선고, 2017다270916, 판결]

【판시사항】
[1] 주주의 회계장부와 서류 등에 대한 열람·등사권 행사가 부당한지 판단하는 기준 및 주식매수청구권을 행사한 주주가 회사로부터 주식의 매매대금을 지급받지 아니하고 있는 동안 주주로서의 권리를 행사하기 위하여 회계장부열람·등사를 청구한 경우, 주식매수청구권을 행사하였다는 사정만으로 청구가 정당한 목적을 결하여 부당하다고 볼 수 있는지 여부(소극)
[2] 판결 주문이 갖추어야 할 명확성의 정도
[3] 甲 주식회사의 주주인 乙이 甲 회사의 회계장부 및 서류의 열람·등사를 청구하는 소를 제기하였는데, 소송 계속 중 甲 회사가 丙 주식회사에 공장용지와 공장 건물을 양도하는 과정에서 乙이 반대주주의 주식매수청구권을 행사하였고, 주식매수가액의 협의가 이루어지지 않자 乙이 법원에 주식매수가액 산정결정 신청을 하여 재판이 계속 중이고, 그 후 乙이 甲 회사의 이사들을 상대로 주주대표소송을 제기하고, 甲 회사를 상대로 사해행위취소소송을 제기하여 각 소송이 계속 중인 사안에서, 乙은 주식매수가액의 산정과 주주대표소송의 수행에 필요한 범위

에서 甲 회사에 회계장부의 열람·등사를 청구할 권리가 있으나 사해행위취소소송을 제기한 것을 내세워 회계장부열람·등사청구를 하는 것은 부당하다고 한 사례

【판결요지】

[1] 상법 제466조 제1항에서 규정하고 있는 주주의 회계장부와 서류 등에 대한 열람·등사청구가 있는 경우 회사는 청구가 부당함을 증명하여 이를 거부할 수 있고, 주주의 열람·등사권 행사가 부당한 것인지는 행사에 이르게 된 경위, 행사의 목적, 악의성 유무 등 제반 사정을 종합적으로 고려하여 판단하여야 한다. 특히 주주의 이와 같은 열람·등사권 행사가 회사업무의 운영 또는 주주 공동의 이익을 해치거나 주주가 회사의 경쟁자로서 취득한 정보를 경업에 이용할 우려가 있거나, 또는 회사에 지나치게 불리한 시기를 택하여 행사하는 경우 등에는 정당한 목적을 결하여 부당한 것이라고 보아야 한다. 한편 주식매수청구권을 행사한 주주도 회사로부터 주식의 매매대금을 지급받지 아니하고 있는 동안에는 주주로서의 지위를 여전히 가지고 있으므로 특별한 사정이 없는 한 주주로서의 권리를 행사하기 위하여 필요한 경우에는 위와 같은 회계장부열람·등사권을 가진다. 주주가 주식의 매수가액을 결정하기 위한 경우뿐만 아니라 회사의 이사에 대하여 대표소송을 통한 책임추궁이나 유지청구, 해임청구를 하는 등 주주로서의 권리를 행사하기 위하여 필요하다고 인정되는 경우에는 특별한 사정이 없는 한 그 청구는 회사의 경영을 감독하여 회사와 주주의 이익을 보호하기 위한 것이므로, 주식매수청구권을 행사하였다는 사정만으로 청구가 정당한 목적을 결하여 부당한 것이라고 볼 수 없다.
[2] 판결의 주문은 내용이 특정되어야 하고 주문 자체에 의하여 특정할 수 있어야 한다.
[3] 甲 주식회사의 주주인 乙이 甲 회사의 회계장부 및 서류의 열람·등사를 청구하는 소를 제기하였는데, 소송 계속 중 甲 회사가 丙 주식회사에 공장용지와 공장 건물을 양도하는 과정에서 乙이 반대주주의 주식매수청구권을 행사하였고, 주식매수가액의 협의가 이루어지지 않자 乙이 법원에 주식매수가액 산정결정 신청을 하여 재판이 계속 중이고, 그 후 乙이 甲 회사의 이사들을 상대로 주주대표소송을 제기하고, 甲 회사를 상대로 사해행위취소소송을 제기하여 각 소송이 계속 중인 사안에서, 乙이 주식매수청구권을 행사한 후 주식에 대한 매매대금을 지급받지 아니한 이상 주주의 지위에 있고, 주식매수가액의 산정에 필요한 甲 회사의 회계장부 및 서류를 열람·등사할 필요가 있다고 본 원심의 판단이 정당하다고 하는 한편, 乙은 주주로서 이사의 책임을 추궁하기 위하여 주주대표소송을 제기하였으므로 甲 회사의 재무제표에 나타난 재무상태 악화의 경위를 확인하여 주주대표소송을 수행하는 데 필요한 범위에서 甲 회사에 회계장부의 열람·등사를 청구할 권리가 있고, 乙이 주식매수청구권을 행사하였고 주주대표소송을 제기하기 이전에 甲 회사를 상대로 다수의 소송을 제기한 적이 있다는 등의 사정만으로 위와 같은 청구가 부당하다고 볼 수는 없으며, 다만 사해행위취소소송은 乙이 甲 회사에 대한 금전채권자의 지위에서 제기한 것이지 주주의 지위에서 제기한 것으로 보기 어려우므로 乙이 사해행위취소소송을 제기한 것을 내세워 회계장부열람·등사청구를 하는 것은 부당하다고 한 사례.

제467조(회사의 업무, 재산상태의 검사)

①회사의 업무집행에 관하여 부정행위 또는 법령이나 정관에 위반한 중대한 사실이 있음을 의심할 사유가 있는 때에는 발행주식의 총수의 100분의 3 이상에 해당하는 주식을 가진 주주는 회사의 업무와 재산상태를 조사하게 하기 위하여 법원에 검사인의 선임을 청구할 수 있다. <개정 1998.12.28.>
②검사인은 그 조사의 결과를 법원에 보고하여야 한다.
③법원은 제2항의 보고에 의하여 필요하다고 인정한 때에는 대표이사에게 주주총회의 소집을 명할 수 있다. 제310조제2항의 규정은 이 경우에 준용한다. <개정 1962.12.12., 1995.12.29.>
④이사와 감사는 지체없이 제3항의 규정에 의한 검사인의 보고서의 정확여부를 조사하여 이를 주주총회에 보고하여야 한다. <신설 1995.12.29.>

판례-상법위반

[대법원 2018.2.8., 선고, 2015도7397, 판결]

【판시사항】

[1] 상법상 주주의 권리행사에 관한 이익공여의 죄가 주주의 권리행사와 관련 없이 재산상 이익을 공여하거나 그러한 관련성에 대한 범의가 없는 경우에 성립하는지 여부(소극) / 피고인이 재산상 이익을 공여한 사실은 인정하면서도 주주의 권리행사와 관련 없는 것으로서 그에 대한 범의도 없었다고 주장하는 경우, 권리행사와의 관련성 및 범의 유무를 판단하는 방법 / 주주의 권리행사와 관련된 재산상 이익의 공여가 의례적이거나 불가피한 것이라는 등의 특별한 사정이 있는 경우, 형법 제20조에 정하여진 '사회상규에 위배되지 아니하는 행위'에 해당하는지 여부(적극) 및 그러한 특별한 사정이 있는지 판단하는 기준
[2] 甲 주식회사 대표이사인 피고인이 주주총회 등에서 특정 의결권 행사방법을 독려하기 위한 방법으로 甲 회사의 주주총회 등에 참석하여 사전투표 또는 직접투표 방식으로 의결권을 행사한 주주들에게 甲 회사에서 발행한 상품교환권 등을 제공함으로써 상법을 위반하였다는 내용으로 기소된 사안에서, 피고인의 행위가 상법상 주주의 권리행사에 관한 이익공여의 죄에 해당한다고 본 원심의 판단이 정당하다고 한 사례

【판결요지】
[1] 상법상 주주의 권리행사에 관한 이익공여의 죄는 주주의 권리행사와 관련 없이 재산상 이익을 공여하거나 그러한 관련성에 대한 범의가 없는 경우에는 성립할 수 없다. 피고인이 재산상 이익을 공여한 사실은 인정하면서도 주주의 권리행사와 관련 없는 것으로서 그에 대한 범의도 없었다고 주장하는 경우에는, 상법 제467조의2 제2항, 제3항 등에 따라 회사가 특정 주주에 대해 무상으로 또는 과다한 재산상 이익을 공여한 때에는 관련자들에게 상당한 법적 불이익이 부과되고 있음을 감안하여야 하고, 증명을 통해 밝혀진 공여행위와 그 전후의 여러 간접사실들을 통해 경험칙에 바탕을 두고 치밀한 관찰력이나 분석력에 의하여 사실의 연결상태를 합리적으로 판단하여야 한다.
한편 주주의 권리행사와 관련된 재산상 이익의 공여라 하더라도 그것이 의례적인 것이라거나 불가피한 것이라는 등의 특별한 사정이 있는 경우에는, 법질서 전체의 정신이나 그 배후에 놓여 있는 사회윤리 내지 사회통념에 비추어 용인될 수 있는 행위로서 형법 제20조에 정하여진 '사회상규에 위배되지 아니하는 행위'에 해당한다. 그러한 특별한 사정이 있는지 여부는 이익공여의 동기, 방법, 내용과 태양, 회사의 규모, 공여된 이익의 정도 및 이를 통해 회사가 얻는 이익의 정도 등을 종합적으로 고려하여 사회통념에 따라 판단하여야 한다.
[2] 甲 주식회사 대표이사인 피고인이 주주총회 등에서 특정 의결권 행사방법을 독려하기 위한 방법으로 甲 회사의 주주총회 등에 참석하여 사전투표 또는 직접투표 방식으로 의결권을 행사한 주주들에게 甲 회사에서 발행한 20만 원 상당의 상품교환권 등을 제공함으로써 상법을 위반하였다는 내용으로 기소된 사안에서, 피고인이 甲 회사의 계산으로 사전투표와 직접투표를 한 주주들에게 무상으로 20만 원 상당의 상품교환권 등을 각 제공한 것은 주주총회 의결권 행사와 관련된 이익의 공여로서 사회통념상 허용되는 범위를 넘어서는 것이어서 상법상 주주의 권리행사에 관한 이익공여의 죄에 해당한다고 본 원심의 판단이 정당하다고 한 사례.

제467조의2(이익공여의 금지) ①회사는 누구에게든지 주주의 권리행사와 관련하여 재산상의 이익을 공여할 수 없다.
②회사가 특정의 주주에 대하여 무상으로 재산상의 이익을 공여한 경우에는 주주의 권리행사와 관련하여 이를 공여한 것으로 추정한다. 회사가 특정의 주주에 대하여 유상으로 재산상의 이익을 공여한 경우에 있어서 회사가 얻은 이익이 공여한 이익에 비하여 현저하게 적은 때에도 또한 같다.
③회사가 제1항의 규정에 위반하여 재산상의 이익을 공여한 때에는 그 이익을 공여받은 자는 이를 회사에 반환하여야 한다. 이 경우 회사에 대하여 대가를 지급한 것이 있는 때에는 그 반환을 받을 수 있다.
④제403조 내지 제406조의 규정은 제3항의 이익의 반환을 청구하는 소에 대하여 이를 준용한다.
[본조신설 1984.4.10.]

제468조(사용인의 우선변제권)
신원보증금의 반환을 받을 채권 기타 회사와 사용인간의 고용관계로 인한 채권이 있는 자는 회사의 총재산에 대하여 우선변제를 받을 권리가 있다. 그러나 질권·저당권이나 「동산·채권 등의 담보에 관한 법률」에 따른 담보권에 우선하지 못한다. <개정 2010.6.10.>

제8절 사채

제1관 통칙

제469조(사채의 발행) ①회사는 이사회의 결의에 의하여 사채(社債)를 발행할 수 있다.
②제1항의 사채에는 다음 각 호의 사채를 포함한다.
1. 이익배당에 참가할 수 있는 사채
2. 주식이나 그 밖의 다른 유가증권으로 교환 또는 상환할 수 있는 사채
3. 유가증권이나 통화 또는 그 밖에 대통령령으로 정하는 자산이나 지표 등의 변동과 연계하여 미리 정하여진 방법에 따라 상환 또는 지급금액이 결정되는 사채

③제2항에 따라 발행하는 사채의 내용 및 발행 방법 등 발행에 필요한 구체적인 사항은 대통령령으로 정한다.
④제1항에도 불구하고 정관으로 정하는 바에 따라 이사회는 대표이사에게 사채의 금액 및 종류를 정하여 1년을 초과하지 아니하는 기간 내에 사채를 발행할 것을 위임할 수 있다.
[전문개정 2011.4.14.]

제470조 삭제 <2011.4.14.>
제471조 삭제 <2011.4.14.>
제472조 삭제 <2011.4.14.>
제473조 삭제 <2011.4.14.>

제474조(공모발행, 사채청약서)
①사채의 모집에 응하고자 하는 자는 사채청약서 2통에 그 인수할 사채의 수와 주소를 기재하고 기명날인 또는 서명하여야 한다. <개정 1995.12.29.>
②사채청약서는 이사가 작성하고 다음의 사항을 적어야 한다. <개정 1984.4.10., 1995.12.29., 2011.4.14.>
1. 회사의 상호
2. 자본금과 준비금의 총액
3. 최종의 대차대조표에 의하여 회사에 현존하는 순재산액
4. 사채의 총액
5. 각 사채의 금액
6. 사채발행의 가액 또는 그 최저가액
7. 사채의 이율
8. 사채의 상환과 이자지급의 방법과 기한
9. 사채를 수회에 분납할 것을 정한 때에는 그 분납금액과 시기
10. 채권을 기명식 또는 무기명식에 한한 때에는 그 뜻
10의2. 채권을 발행하는 대신 전자등록기관의 전자등록부에 사채권자의 권리를 등록하는 때에는 그 뜻
11. 전에 모집한 사채가 있는 때에는 그 상환하지 아니한 금액
12. 삭제 <2011.4.14.>
13. 사채모집의 위탁을 받은 회사가 있는 때에는 그 상호와 주소
13의2. 사채관리회사가 있는 때에는 그 상호와 주소
13의3. 사채관리회사가 사채권자집회결의에 의하지 아니하고 제484조제4항제2호의 행위를

할 수 있도록 정한 때에는 그 뜻
14. 제13호의 위탁을 받은 회사가 그 모집액이 총액에 달하지 못한 경우에 그 잔액을 인수할 것을 약정한 때에는 그 뜻
15. 명의개서대리인을 둔 때에는 그 성명·주소 및 영업소
③사채발행의 최저가액을 정한 경우에는 응모자는 사채청약서에 응모가액을 기재하여야 한다.

제475조(총액인수의 방법) 전조의 규정은 계약에 의하여 사채의 총액을 인수하는 경우에는 이를 적용하지 아니한다. 사채모집의 위탁을 받은 회사가 사채의 일부를 인수하는 경우에는 그 일부에 대하여도 같다.

제476조(납입) ①사채의 모집이 완료한 때에는 이사는 지체없이 인수인에 대하여 각 사채의 전액 또는 제1회의 납입을 시켜야 한다.
②사채모집의 위탁을 받은 회사는 그 명의로 위탁회사를 위하여 제474조제2항과 전항의 행위를 할 수 있다.

제477조 삭제 <1984.4.10.>

제478조(채권의 발행) ①채권은 사채전액의 납입이 완료한 후가 아니면 이를 발행하지 못한다.
②채권에는 다음의 사항을 적고 대표이사가 기명날인 또는 서명하여야 한다. <개정 2011.4.14.>
1. 채권의 번호
2. 제474조제2항제1호·제4호·제5호·제7호·제8호·제10호·제13호·제13호의2 및 제13호의3에 규정된 사항
③회사는 제1항의 채권(債券)을 발행하는 대신 정관으로 정하는 바에 따라 전자등록기관의 전자등록부에 채권(債權)을 등록할 수 있다. 이 경우 제356조의2제2항부터 제4항까지의 규정을 준용한다. <신설 2011.4.14.>

제479조(기명사채의 이전) ①기명사채의 이전은 취득자의 성명과 주소를 사채원부에 기재하고 그 성명을 채권에 기재하지 아니하면 회사 기타의 제3자에게 대항하지 못한다.
②제337조제2항의 규정은 기명사채의 이전에 대하여 이를 준용한다. <신설 1984.4.10.>

제480조(기명식, 무기명식간의 전환)
사채권자는 언제든지 기명식의 채권을 무기명식으로, 무기명식의 채권을 기명식으로 할 것을 회사에 청구할 수 있다. 그러나 채권을 기명식 또는 무기명식에 한할 것으로 정한 때에는 그러하지 아니하다.

제480조의2(사채관리회사의 지정 · 위탁)
회사는 사채를 발행하는 경우에 사채관리회사를 정하여 변제의 수령, 채권의 보전, 그 밖에 사채의 관리를 위탁할 수 있다. [본조신설 2011.4.14.]

제480조의3(사채관리회사의 자격)
①은행, 신탁회사, 그 밖에 대통령령으로 정하는 자가 아니면 사채관리회사가 될 수 없다.
②사채의 인수인은 그 사채의 사채관리회사가 될 수 없다.
③사채를 발행한 회사와 특수한 이해관계가 있는 자로서 대통령령으로 정하는 자는 사채관리회사가 될 수 없다.
[본조신설 2011.4.14.]

제481조(사채관리회사의 사임) 사채관리회사는 사채를 발행한 회사와 사채권자집회의 동의를 받아 사임할 수 있다. 부득이한 사유가 있어 법원의 허가를 받은 경우에도 같다.
[전문개정 2011.4.14.]

제482조(사채관리회사의 해임) 사채관리회사가 그 사무를 처리하기에 적임이 아니거나 그 밖에 정당한 사유가 있을 때에는 법원은 사채를 발행하는 회사 또는 사채권자집회의 청구에 의하여 사채관리회사를 해임할 수 있다.
[전문개정 2011.4.14.]

제483조(사채관리회사의 사무승계자)
①사채관리회사의 사임 또는 해임으로 인하여 사채관리회사가 없게 된 경우에는 사채를 발행한 회사는 그 사무를 승계할 사채관리회사를 정하여 사채권자를 위하여 사채 관리를 위탁하여야 한다. 이 경우 회사는 지체 없이 사채권자집회를 소집하여 동의를 받아야 한다. <개정 2011.4.14.>
②부득이한 사유가 있는 때에는 이해관계인은 사무승계자의 선임을 법원에 청구할 수 있다.
[제목개정 2011.4.14.]

제484조(사채관리회사의 권한)
①사채관리회사는 사채권자를 위하여 사채에 관한 채권을 변제받거나 채권의 실현을 보전하기 위하여 필요한 재판상 또는 재판 외의 모든 행위를 할 수 있다.
②사채관리회사는 제1항의 변제를 받으면 지체 없이 그 뜻을 공고하고, 알고 있는 사채권자에게 통지하여야 한다.
③제2항의 경우에 사채권자는 사채관리회사에 사채 상환액 및 이자 지급을 청구할 수 있다. 이 경우 사채권이 발행된 때에는 사채권과 상환하여 상환액지급청구를 하고, 이권(利券)과 상환하여 이자지급청구를 하여야 한다.
④사채관리회사가 다음 각 호의 어느 하나에 해당하는 행위(사채에 관한 채권을 변제받거나 채권의 실현을 보전하기 위한 행위는 제외한다)를 하는 경우에는 사채권자집회의 결의에 의하여야 한다. 다만, 사채를 발행하는 회사는 제2호의 행위를 사채관리회사가 사채권자집회결의에 의하지 아니하고 할 수 있음을 정할 수 있다.
1. 해당 사채 전부에 대한 지급의 유예, 그 채무의 불이행으로 발생한 책임의 면제 또는 화해
2. 해당 사채 전부에 관한 소송행위 또는 채무자회생 및 파산에 관한 절차에 속하는 행위
⑤사채관리회사가 제4항 단서에 따라 사채권자집회의 결의에 의하지 아니하고 제4항제2호의 행위를 한 때에는 지체 없이 그 뜻을 공고하고, 알고 있는 사채권자에게는 따로 통지하여야 한다.
⑥제2항과 제5항의 공고는 사채를 발행한 회사가 하는 공고와 같은 방법으로 하여야 한다.
⑦사채관리회사는 그 관리를 위탁받은 사채에 관하여 제1항 또는 제4항 각 호에서 정한 행위를 위하여 필요하면 법원의 허가를 받아 사채를 발행한 회사의 업무와 재산상태를 조사할 수 있다.
[전문개정 2011.4.14.]

제484조의2(사채관리회사의 의무 및 책임)
①사채관리회사는 사채권자를 위하여 공평하고 성실하게 사채를 관리하여야 한다.
②사채관리회사는 사채권자에 대하여 선량한 관리자의 주의로 사채를 관리하여야 한다.
③사채관리회사가 이 법이나 사채권자집회결의를 위반한 행위를 한 때에는 사채권자에 대하여 연대하여 이로 인하여 발생한 손해를 배상할 책임이 있다.
[본조신설 2011.4.14.]

제485조(둘 이상의 사채관리회사가 있는 경우의 권한과 의무) ①사채관리회사가 둘 이상 있

을 때에는 그 권한에 속하는 행위는 공동으로 하여야 한다.
②제1항의 경우에 사채관리회사가 제484조제1항의 변제를 받은 때에는 사채관리회사는 사채권자에 대하여 연대하여 변제액을 지급할 의무가 있다.
[전문개정 2011.4.14.]

제486조(이권흠결의 경우) ①이권있는 무기명식의 사채를 상환하는 경우에 이권이 흠결된 때에는 그 이권에 상당한 금액을 상환액으로부터 공제한다.
②전항의 이권소지인은 언제든지 그 이권과 상환하여 공제액의 지급을 청구할 수 있다.

제487조(원리청구권의 시효) ①사채의 상환청구권은 10년간 행사하지 아니하면 소멸시효가 완성한다.
②제484조제3항의 청구권도 전항과 같다.
③사채의 이자와 전조제2항의 청구권은 5년간 행사하지 아니하면 소멸시효가 완성한다.

제488조(사채원부) 회사는 사채원부를 작성하고 다음 각 호의 사항을 적어야 한다.
1. 사채권자(무기명식 채권이 발행되어 있는 사채의 사채권자는 제외한다)의 성명과 주소
2. 채권의 번호
3. 제474조제2항제4호, 제5호, 제7호부터 제9호까지, 제13호, 제13호의2 및 제13호의3에 규정된 사항
4. 각 사채의 납입금액과 납입연월일
5. 채권의 발행연월일 또는 채권을 발행하는 대신 전자등록기관의 전자등록부에 사채권자의 권리를 등록하는 때에는 그 뜻
6. 각 사채의 취득연월일
7. 무기명식 채권을 발행한 때에는 그 종류, 수, 번호와 발행연월일
[전문개정 2011.4.14.]

제489조(준용규정) ①제353조의 규정은 사채응모자 또는 사채권자에 대한 통지와 최고에 준용한다.
②제333조의 규정은 사채가 수인의 공유에 속하는 경우에 준용한다.

제2관 사채권자집회

제490조(결의사항) 사채권자집회는 이 법에서 규정하고 있는 사항 및 사채권자의 이해관계가 있는 사항에 관하여 결의를 할 수 있다.
[전문개정 2011.4.14.]

제491조(소집권자) ①사채권자집회는 사채를 발행한 회사 또는 사채관리회사가 소집한다. <개정 2011.4.14.>
②사채의 종류별로 해당 종류의 사채 총액(상환받은 액은 제외한다)의 10분의 1 이상에 해당하는 사채를 가진 사채권자는 회의 목적인 사항과 소집 이유를 적은 서면 또는 전자문서를 사채를 발행한 회사 또는 사채관리회사에 제출하여 사채권자집회의 소집을 청구할 수 있다. <개정 2011.4.14.>
③제366조제2항의 규정은 전항의 경우에 준용한다.
④무기명식의 채권을 가진 자는 그 채권을 공탁하지 아니하면 전2항의 권리를 행사하지 못한다.

제491조의2(소집의 통지, 공고)
①제363조제1항 및 제2항은 사채권자집회를 소집할 경우에 이를 준용한다.

②제1항에도 불구하고 회사가 무기명식의 채권을 발행한 경우에는 주주총회일의 3주(자본금 총액이 10억원 미만인 회사는 2주) 전에 사채권자집회를 소집하는 뜻과 회의의 목적사항을 공고하여야 한다.
[본조신설 2014.5.20.]

제492조(의결권) ①각 사채권자는 그가 가지는 해당 종류의 사채 금액의 합계액(상환받은 액은 제외한다)에 따라 의결권을 가진다. <개정 2011.4.14.>
②무기명식의 채권을 가진 자는 회일로부터 1주간전에 채권을 공탁하지 아니하면 그 의결권을 행사하지 못한다.

제493조(사채발행회사 또는 사채관리회사 대표자의 출석 등) ①사채를 발행한 회사 또는 사채관리회사는 그 대표자를 사채권자집회에 출석하게 하거나 서면으로 의견을 제출할 수 있다. <개정 2011.4.14.>
②사채권자집회의 소집은 전항의 회사에 통지하여야 한다.
③제363조제1항과 제2항의 규정은 전항의 통지에 준용한다. <제목개정 2011.4.14.>

제494조(사채발행회사의 대표자의 출석청구)
사채권자집회 또는 그 소집자는 필요있다고 인정하는 때에는 사채를 발행한 회사에 대하여 그 대표자의 출석을 청구할 수 있다.

제495조(결의의 방법) ①제434조의 규정은 사채권자집회의 결의에 준용한다.
②제481조부터 제483조까지 및 제494조의 동의 또는 청구는 제1항에도 불구하고 출석한 사채권자 의결권의 과반수로 결정할 수 있다. <개정 2011.4.14.>
③사채권자집회에 출석하지 아니한 사채권자는 서면에 의하여 의결권을 행사할 수 있다. <신설 2011.4.14.>
④서면에 의한 의결권행사는 의결권행사서면에 필요한 사항을 적어 사채권자집회 전일까지 의결권행사서면을 소집자에게 제출하여야 한다. <신설 2011.4.14.>
⑤제4항에 따라 서면에 의하여 행사한 의결권의 수는 출석한 의결권자의 의결권 수에 포함한다. <신설 2011.4.14.>
⑥사채권자집회에 대하여는 제368조의4를 준용한다. <신설 2011.4.14.>

제496조(결의의 인가의 청구) 사채권자집회의 소집자는 결의한 날로부터 1주간내에 결의의 인가를 법원에 청구하여야 한다.

제497조(결의의 불인가의 사유)
①법원은 다음의 경우에는 사채권자집회의 결의를 인가하지 못한다.
1. 사채권자집회소집의 절차 또는 그 결의방법이 법령이나 사채모집의 계획서의 기재에 위반한 때
2. 결의가 부당한 방법에 의하여 성립하게 된 때
3. 결의가 현저하게 불공정한 때
4. 결의가 사채권자의 일반의 이익에 반하는 때
②전항제1호와 제2호의 경우에는 법원은 결의의 내용 기타 모든 사정을 참작하여 결의를 인가할 수 있다.

제498조(결의의 효력) ①사채권자집회의 결의는 법원의 인가를 받음으로써 그 효력이 생긴다. 다만, 그 종류의 사채권자 전원이 동의한 결의는 법원의 인가가 필요하지 아니하다.
②사채권자집회의 결의는 그 종류의 사채를 가진 모든 사채권자에게 그 효력이 있다.
[전문개정 2011.4.14.]

제499조(결의의 인가, 불인가의 공고)
사채권자집회의 결의에 대하여 인가 또는 불인가의 결정이 있은 때에는 사채를 발행한 회사는 지체없이 그 뜻을 공고하여야 한다.

제500조(사채권자집회의 대표자)
①사채권자집회는 해당 종류의 사채 총액(상환받은 금액은 제외한다)의 500분의 1 이상을 가진 사채권자 중에서 1명 또는 여러 명의 대표자를 선임하여 그 결의할 사항의 결정을 위임할 수 있다. <개정 2011.4.14.>
②대표자가 수인인 때에는 전항의 결정은 그 과반수로 한다.

제501조(결의의 집행) 사채권자집회의 결의는 사채관리회사가 집행하고, 사채관리회사가 없는 때에는 제500조의 대표자가 집행한다. 다만, 사채권자집회의 결의로써 따로 집행자를 정한 때에는 그러하지 아니하다.
[전문개정 2011.4.14.]

제502조(수인의 대표자, 집행자가 있는 경우)
제485조제1항의 규정은 대표자나 집행자가 수인인 경우에 준용한다.

제503조(사채상환에 관한 결의의 집행)
제484조, 제485조제2항과 제487조제2항의 규정은 대표자나 집행자가 사채의 상환에 관한 결의를 집행하는 경우에 준용한다.

제504조(대표자, 집행자의 해임 등)
사채권자집회는 언제든지 대표자나 집행자를 해임하거나 위임한 사항을 변경할 수 있다.

제505조 삭제 <2011.4.14.>
제506조 삭제 <2011.4.14.>

제507조(사채관리회사 등의 보수, 비용)
①사채관리회사, 대표자 또는 집행자에게 줄 보수와 그 사무 처리에 필요한 비용은 사채를 발행한 회사와의 계약에 약정된 경우 외에는 법원의 허가를 받아 사채를 발행한 회사로 하여금 부담하게 할 수 있다.
②사채관리회사, 대표자 또는 집행자는 사채에 관한 채권을 변제받은 금액에서 사채권자보다 우선하여 제1항의 보수와 비용을 변제받을 수 있다. [전문개정 2011.4.14.]

제508조(사채권자집회의 비용)
①사채권자집회에 관한 비용은 사채를 발행한 회사가 부담한다.
②제496조의 청구에 관한 비용은 회사가 부담한다. 그러나 법원은 이해관계인의 신청에 의하여 또는 직권으로 그 전부 또는 일부에 관하여 따로 부담자를 정할 수 있다.

제509조(수종의 사채있는 경우의 사채권자집회) 수종의 사채를 발행한 경우에는 사채권자집회는 각종의 사채에 관하여 이를 소집하여야 한다.

제510조(준용규정) ①제368조제2항·제3항, 제369조제2항 및 제371조부터 제373조까지의 규정은 사채권자집회에 준용한다. <개정 2014.5.20.>
②사채권자집회의 의사록은 사채를 발행한 회사가 그 본점에 비치하여야 한다.
③사채관리회사와 사채권자는 영업시간 내에 언제든지 제2항의 의사록 열람을 청구할 수 있다. <개정 2011.4.14.>

제511조(사채관리회사에 의한 취소의 소)
①회사가 어느 사채권자에게 한 변제, 화해, 그 밖의 행위가 현저하게 불공정한 때에는 사채관리회사는 소(訴)만으로 그 행위의 취소를 청구할 수 있다. <개정 2011.4.14.>
②제1항의 소는 사채관리회사가 취소의 원인인 사실을 안 때부터 6개월, 행위가 있은 때부터 1년 내에 제기하여야 한다. <개정 2011.4.14.>
③제186조와 민법 제406조제1항 단서 및 제407조의 규정은 제1항의 소에 준용한다.
[제목개정 2011.4.14.]

제512조(대표자등에 의한 취소의 소)
사채권자집회의 결의가 있는 때에는 대표자 또는 집행자도 전조제1항의 소를 제기할 수 있다. 그러나 행위가 있은 때로부터 1년내에 한한다.

제3관 전환사채

제513조(전환사채의 발행) ①회사는 전환사채를 발행할 수 있다.
②제1항의 경우에 다음의 사항으로서 정관에 규정이 없는 것은 이사회가 이를 결정한다. 그러나 정관으로 주주총회에서 이를 결정하기로 정한 경우에는 그러하지 아니하다.
1. 전환사채의 총액
2. 전환의 조건
3. 전환으로 인하여 발행할 주식의 내용
4. 전환을 청구할 수 있는 기간
5. 주주에게 전환사채의 인수권을 준다는 뜻과 인수권의 목적인 전환사채의 액
6. 주주외의 자에게 전환사채를 발행하는 것과 이에 대하여 발행할 전환사채의 액

③주주외의 자에 대하여 전환사채를 발행하는 경우에 그 발행할 수 있는 전환사채의 액, 전환의 조건, 전환으로 인하여 발행할 주식의 내용과 전환을 청구할 수 있는 기간에 관하여 정관에 규정이 없으면 제434조의 결의로써 이를 정하여야 한다. 이 경우 제418조제2항 단서의 규정을 준용한다. <개정 2001.7.24.>
④제3항의 결의에 있어서 전환사채의 발행에 관한 의안의 요령은 제363조의 규정에 의한 통지에 기재하여야 한다. <개정 2014.5.20.>
[전문개정 1984.4.10.]

제513조의2(전환사채의 인수권을 가진 주주의 권리) ①전환사채의 인수권을 가진 주주는 그가 가진 주식의 수에 따라서 전환사채의 배정을 받을 권리가 있다. 그러나 각 전환사채의 금액중 최저액에 미달하는 단수에 대하여는 그러하지 아니하다.
②제418조제3항은 주주가 전환사채의 인수권을 가진 경우에 이를 준용한다. <개정 2011.4.14.>
[본조신설 1984.4.10.]

제513조의3(전환사채의 인수권을 가진 주주에 대한 최고) ①주주가 전환사채의 인수권을 가진 경우에는 각 주주에 대하여 그 인수권을 가지는 전환사채의 액, 발행가액, 전환의 조건, 전환으로 인하여 발행할 주식의 내용, 전환을 청구할 수 있는 기간과 일정한 기일까지 전환사채의 청약을 하지 아니하면 그 권리를 잃는다는 뜻을 통지하여야 한다.
②제419조제2항 및 제3항의 규정은 제1항의 경우에 이를 준용한다. <개정 2014.5.20.>
[본조신설 1984.4.10.]

제514조(전환사채발행의 절차)
①전환사채에 관하여는 사채청약서, 채권과 사채원부에 다음의 사항을 기재하여야 한다. <개정 1995.12.29.>
1. 사채를 주식으로 전환할 수 있다는 뜻
2. 전환의 조건

3. 전환으로 인하여 발행할 주식의 내용
4. 전환을 청구할 수 있는 기간
5. 주식의 양도에 관하여 이사회의 승인을 얻도록 정한 때에는 그 규정
② 삭제 <1984.4.10.>

제514조의2(전환사채의 등기)
①회사가 전환사채를 발행한 때에는 제476조의 규정에 의한 납입이 완료된 날로부터 2주간내에 본점의 소재지에서 전환사채의 등기를 하여야 한다. <개정 1995.12.29.>
②제1항의 규정에 의하여 등기할 사항은 다음 각호와 같다.
1. 전환사채의 총액
2. 각 전환사채의 금액
3. 각 전환사채의 납입금액
4. 제514조제1호 내지 제4호에 정한 사항
③제183조의 규정은 제2항의 등기에 대하여 이를 준용한다.
④외국에서 전환사채를 모집한 경우에 등기할 사항이 외국에서 생긴 때에는 등기기간은 그 통지가 도달한 날로부터 기산한다.
[본조신설 1984.4.10.]

제515조(전환의 청구) ①전환을 청구하는 자는 청구서 2통에 채권을 첨부하여 회사에 제출하여야 한다. 다만, 제478조제3항에 따라 채권(債券)을 발행하는 대신 전자등록기관의 전자등록부에 채권(債權)을 등록한 경우에는 그 채권을 증명할 수 있는 자료를 첨부하여 회사에 제출하여야 한다. <개정 2011.4.14.>
②제1항의 청구서에는 전환하고자 하는 사채와 청구의 연월일을 기재하고 기명날인 또는 서명하여야 한다. <개정 1995.12.29.>

제516조(준용규정) ①제346조제4항, 제424조 및 제424조의2의 규정은 전환사채의 발행의 경우에 이를 준용한다. <개정 2011.4.14.>
②제339조, 제348조, 제350조 및 제351조의 규정은 사채의 전환의 경우에 이를 준용한다. <개정 1995.12.29.>
[전문개정 1984.4.10.]

제4관 신주인수권부사채

제516조의2(신주인수권부사채의 발행)
①회사는 신주인수권부사채를 발행할 수 있다.
②제1항의 경우에 다음의 사항으로서 정관에 규정이 없는 것은 이사회가 이를 결정한다. 그러나 정관으로 주주총회에서 이를 결정하도록 정한 경우에는 그러하지 아니하다. <개정 2011.4.14.>
1. 신주인수권부사채의 총액
2. 각 신주인수권부사채에 부여된 신주인수권의 내용
3. 신주인수권을 행사할 수 있는 기간
4. 신주인수권만을 양도할 수 있는 것에 관한 사항
5. 신주인수권을 행사하려는 자의 청구가 있는 때에는 신주인수권부사채의 상환에 갈음하여 그 발행가액으로 제516조의9제1항의 납입이 있는 것으로 본다는 뜻
6. 삭제 <1995.12.29.>
7. 주주에게 신주인수권부사채의 인수권을 준다는 뜻과 인수권의 목적인 신주인수권부사채의 액
8. 주주외의 자에게 신주인수권부사채를 발행하는 것과 이에 대하여 발행할 신주인수권부사채의 액
③각 신주인수권부사채에 부여된 신주인수권의 행사로 인하여 발행할 주식의 발행가액의 합

계액은 각 신주인수권부사채의 금액을 초과할 수 없다.
④주주외의 자에 대하여 신주인수권부사채를 발행하는 경우에 그 발행할 수 있는 신주인수권부사채의 액, 신주인수권의 내용과 신주인수권을 행사할 수 있는 기간에 관하여 정관에 규정이 없으면 제434조의 결의로써 이를 정하여야 한다. 이 경우 제418조제2항 단서의 규정을 준용한다. <개정 2001.7.24.>
⑤제513조제4항의 규정은 제4항의 경우에 이를 준용한다.
[본조신설 1984.4.10.]

제516조의3(신주인수권부사채의 인수권을 가진 주주에 대한 최고)
①주주가 신주인수권부사채의 인수권을 가진 경우에는 각 주주에 대하여 인수권을 가지는 신주인수권부사채의 액, 발행가액, 신주인수권의 내용, 신주인수권을 행사할 수 있는 기간과 일정한 기일까지 신주인수권부사채의 청약을 하지 아니하면 그 권리를 잃는다는 뜻을 통지하여야 한다. 이 경우 제516조의2제2항제4호 또는 제5호에 규정한 사항의 정함이 있는 때에는 그 내용도 통지하여야 한다.
②제419조제2항 및 제3항의 규정은 제1항의 경우에 이를 준용한다. <개정 2014.5.20.>
[본조신설 1984.4.10.]

제516조의4(사채청약서 · 채권 · 사채원부의 기재사항) 신주인수권부사채에 있어서는 사채청약서·채권 및 사채원부에 다음의 사항을 기재하여야 한다. 그러나 제516조의5제1항의 신주인수권증권을 발행할 때에는 채권에는 이를 기재하지 아니한다. <개정 1995.12.29., 2011.4.14.>
1. 신주인수권부사채라는 뜻
2. 제516조의2제2항제2호 내지 제5호에 정한 사항
3. 제516조의9에 따라 납입을 맡을 은행이나 그 밖의 금융기관 및 납입장소
4. 주식의 양도에 관하여 이사회의 승인을 얻도록 정한 때에는 그 규정
[본조신설 1984.4.10.]

제516조의5(신주인수권증권의 발행)
①제516조의2제2항제4호에 규정한 사항을 정한 경우에는 회사는 채권과 함께 신주인수권증권을 발행하여야 한다.
②신주인수권증권에는 다음의 사항과 번호를 기재하고 이사가 기명날인 또는 서명하여야 한다. <개정 1995.12.29.>
1. 신주인수권증권이라는 뜻의 표시
2. 회사의 상호
3. 제516조의2제2항제2호·제3호 및 제5호에 정한 사항
4. 제516조의4제3호에 정한 사항
5. 주식의 양도에 관하여 이사회의 승인을 얻도록 정한 때에는 그 규정
[본조신설 1984.4.10.]

제516조의6(신주인수권의 양도)
①신주인수권증권이 발행된 경우에 신주인수권의 양도는 신주인수권증권의 교부에 의하여서만 이를 행한다.
②제336조제2항, 제360조 및 수표법 제21조의 규정은 신주인수권증권에 관하여 이를 준용한다.
[본조신설 1984.4.10.]

제516조의7(신주인수권의 전자등록)
회사는 신주인수권증권을 발행하는 대신 정관으로 정하는 바에 따라 전자등록기관의 전자등록부에 신주인수권을 등록할 수 있다. 이 경우 제356조의2제2항부터 제4항까지의 규정을 준용한다.

[본조신설 2011.4.14.]
[종전 제516조의7은 제516조의8로 이동 <2011.4.14.>]

제516조의8(신주인수권부사채의 등기)
①회사가 신주인수권부사채를 발행한 때에는 다음의 사항을 등기하여야 한다.
1. 신주인수권부사채라는 뜻
2. 신주인수권의 행사로 인하여 발행할 주식의 발행가액의 총액
3. 각 신주인수권부사채의 금액
4. 각 신주인수권부사채의 납입금액
5. 제516조의2제2항제1호 내지 제3호에 정한 사항
②제514조의2제1항·제3항 및 제4항의 규정은 제1항의 등기에 관하여 이를 준용한다.
[본조신설 1984.4.10.]
[제516조의7에서 이동, 종전 제516조의8은 제516조의9로 이동 <2011.4.14.>]

제516조의9(신주인수권의 행사)
①신주인수권을 행사하려는 자는 청구서 2통을 회사에 제출하고, 신주의 발행가액의 전액을 납입하여야 한다.
②제1항의 규정에 의하여 청구서를 제출하는 경우에 신주인수권증권이 발행된 때에는 신주인수권증권을 첨부하고, 이를 발행하지 아니한 때에는 채권을 제시하여야 한다. 다만, 제478조제3항 또는 제516조의7에 따라 채권(債券)이나 신주인수권증권을 발행하는 대신 전자등록기관의 전자등록부에 채권(債權)이나 신주인수권을 등록한 경우에는 그 채권이나 신주인수권을 증명할 수 있는 자료를 첨부하여 회사에 제출하여야 한다. <개정 2011.4.14.>
③제1항의 납입은 채권 또는 신주인수권증권에 기재한 은행 기타 금융기관의 납입장소에서 하여야 한다.
④제302조제1항의 규정은 제1항의 청구서에, 제306조 및 제318조의 규정은 제3항의 납입을 맡은 은행 기타 금융기관에 이를 준용한다.
[본조신설 1984.4.10.]
[제516조의8에서 이동, 종전 제516조의9는 제516조의10으로 이동 <2011.4.14.>]

제516조의10(주주가 되는 시기) 제516조의9제1항에 따라 신주인수권을 행사한 자는 동항의 납입을 한 때에 주주가 된다. 이 경우 제350조제2항을 준용한다. <개정 1995.12.29., 2011.4.14., 2020.12.29.>
[본조신설 1984.4.10.]
[제516조의9에서 이동, 종전 제516조의10은 제516조의11로 이동 <2011.4.14.>]

제516조의11(준용규정) 제351조의 규정은 신주인수권의 행사가 있는 경우에, 제513조의2 및 제516조제1항의 규정은 신주인수권부사채에 관하여 이를 준용한다. <개정 1995.12.29.>
[본조신설 1984.4.10.]
[제516조의10에서 이동 <2011.4.14.>]

제9절 해산

제517조(해산사유) 주식회사는 다음의 사유로 인하여 해산한다. <개정 1998.12.28.>
1. 제227조제1호, 제4호 내지 제6호에 정한 사유
1의2. 제530조의2의 규정에 의한 회사의 분할 또는 분할합병
2. 주주총회의 결의

제518조(해산의 결의) 해산의 결의는 제434조의 규정에 의하여야 한다.

제519조(회사의 계속) 회사가 존립기간의 만료 기타 정관에 정한 사유의 발생 또는 주주총회의 결의에 의하여 해산한 경우에는 제434조의 규정에 의한 결의로 회사를 계속할 수 있다.

제520조(해산판결) ①다음의 경우에 부득이한 사유가 있는 때에는 발행주식의 총수의 100분의 10 이상에 해당하는 주식을 가진 주주는 회사의 해산을 법원에 청구할 수 있다.
1. 회사의 업무가 현저한 정돈상태를 계속하여 회복할 수 없는 손해가 생긴 때 또는 생길 염려가 있는 때
2. 회사재산의 관리 또는 처분의 현저한 실당으로 인하여 회사의 존립을 위태롭게 한 때
②제186조와 제191조의 규정은 전항의 청구에 준용한다.

제520조의2(휴면회사의 해산) ①법원행정처장이 최후의 등기후 5년을 경과한 회사는 본점의 소재지를 관할하는 법원에 아직 영업을 폐지하지 아니하였다는 뜻의 신고를 할 것을 관보로써 공고한 경우에, 그 공고한 날에 이미 최후의 등기후 5년을 경과한 회사로써 공고한 날로부터 2월 이내에 대통령령이 정하는 바에 의하여 신고를 하지 아니한 때에는 그 회사는 그 신고기간이 만료된 때에 해산한 것으로 본다. 그러나 그 기간내에 등기를 한 회사에 대하여는 그러하지 아니하다.
②제1항의 공고가 있는 때에는 법원은 해당 회사에 대하여 그 공고가 있었다는 뜻의 통지를 발송하여야 한다.
③제1항의 규정에 의하여 해산한 것으로 본 회사는 그 후 3년 이내에는 제434조의 결의에 의하여 회사를 계속할 수 있다.
④제1항의 규정에 의하여 해산한 것으로 본 회사가 제3항의 규정에 의하여 회사를 계속하지 아니한 경우에는 그 회사는 그 3년이 경과한 때에 청산이 종결된 것으로 본다.
[본조신설 1984.4.10.]

제521조(해산의 통지, 공고) 회사가 해산한 때에는 파산의 경우외에는 이사는 지체없이 주주에 대하여 그 통지를 하여야 한다. <개정 2014.5.20.>

제521조의2(준용규정) 제228조와 제229조제3항의 규정은 주식회사의 해산에 관하여 이를 준용한다.
[본조신설 1998.12.28.]

제10절 합병

제522조(합병계약서와 그 승인결의)
①회사가 합병을 함에는 합병계약서를 작성하여 주주총회의 승인을 얻어야 한다. <개정 1995.12.29., 1998·12·28>
②합병계약의 요령은 제363조에 정한 통지에 기재하여야 한다. <개정 2014.5.20.>
③제1항의 승인결의는 제434조의 규정에 의하여야 한다. <개정 1998.12.28.>

제522조의2(합병계약서 등의 공시)
①이사는 제522조제1항의 주주총회 회일의 2주 전부터 합병을 한 날 이후 6개월이 경과하는 날까지 다음 각 호의 서류를 본점에 비치하여야 한다. <개정 1998.12.28., 2015.12.1.>
1. 합병계약
2. 합병을 위하여 신주를 발행하거나 자기주식을 이전하는 경우에는 합병으로 인하여 소멸하는 회사의 주주에 대한 신주의 배정 또는 자기주식의 이전에 관하여 그 이유를 기재한 서면

3.각 회사의 최종의 대차대조표와 손익계산서
②주주 및 회사채권자는 영업시간내에는 언제든지 제1항 각호의 서류의 열람을 청구하거나, 회사가 정한 비용을 지급하고 그 등본 또는 초본의 교부를 청구할 수 있다.
<개정 1998.12.28.>
[본조신설 1984.4.10.]
[제목개정 2015.12.1.]

제522조의3(합병반대주주의 주식매수청구권) ①제522조제1항에 따른 결의사항에 관하여 이사회의 결의가 있는 때에 그 결의에 반대하는 주주(의결권이 없거나 제한되는 주주를 포함한다. 이하 이 조에서 같다)는 주주총회 전에 회사에 대하여 서면으로 그 결의에 반대하는 의사를 통지한 경우에는 그 총회의 결의일부터 20일 이내에 주식의 종류와 수를 기재한 서면으로 회사에 대하여 자기가 소유하고 있는 주식의 매수를 청구할 수 있다. <개정 2015.12.1.>
②제527조의2제2항의 공고 또는 통지를 한 날부터 2주내에 회사에 대하여 서면으로 합병에 반대하는 의사를 통지한 주주는 그 기간이 경과한 날부터 20일 이내에 주식의 종류와 수를 기재한 서면으로 회사에 대하여 자기가 소유하고 있는 주식의 매수를 청구할 수 있다. <신설 1998.12.28.>
[본조신설 1995.12.29.]
[제목개정 2015.12.1.]

제523조(흡수합병의 합병계약서)
합병할 회사의 일방이 합병 후 존속하는 경우에는 합병계약서에 다음의 사항을 적어야 한다.
<개정 1998.12.28., 2001.7.24., 2011.4.14., 2015.12.1.>
1. 존속하는 회사가 합병으로 인하여 그 발행할 주식의 총수를 증가하는 때에는 그 증가할 주식의 총수, 종류와 수
2. 존속하는 회사의 자본금 또는 준비금이 증가하는 경우에는 증가할 자본금 또는 준비금에 관한 사항
3. 존속하는 회사가 합병을 하면서 신주를 발행하거나 자기주식을 이전하는 경우에는 발행하는 신주 또는 이전하는 자기주식의 총수, 종류와 수 및 합병으로 인하여 소멸하는 회사의 주주에 대한 신주의 배정 또는 자기주식의 이전에 관한 사항
4. 존속하는 회사가 합병으로 소멸하는 회사의 주주에게 제3호에도 불구하고 그 대가의 전부 또는 일부로서 금전이나 그 밖의 재산을 제공하는 경우에는 그 내용 및 배정에 관한 사항
5. 각 회사에서 합병의 승인결의를 할 사원 또는 주주의 총회의 기일
6. 합병을 할 날
7. 존속하는 회사가 합병으로 인하여 정관을 변경하기로 정한 때에는 그 규정
8. 각 회사가 합병으로 이익배당을 할 때에는 그 한도액
9. 합병으로 인하여 존속하는 회사에 취임할 이사와 감사 또는 감사위원회의 위원을 정한 때에는 그 성명 및 주민등록번호
[제목개정 2015.12.1.]

제523조의2(합병대가가 모회사주식인 경우의 특칙) ①제342조의2에도 불구하고 제523조 제4호에 따라 소멸하는 회사의 주주에게 제공하는 재산이 존속하는 회사의 모회사주식을 포함하는 경우에는 존속하는 회사는 그 지급을 위하여 모회사주식을 취득할 수 있다. <개정 2015.12.1.>
②존속하는 회사는 제1항에 따라 취득한 모회사의 주식을 합병 후에도 계속 보유하고 있는 경우 합병의 효력이 발생하는 날부터 6개월 이내에 그 주식을 처분하여야 한다. <신설 2015.12.1.>
[본조신설 2011.4.14.]

第524条(신설합병의 합병계약서)
합병으로 회사를 설립하는 경우에는 합병계약서에 다음의 사항을 적어야 한다. <개정 2001.7.24., 2011.4.14., 2015.12.1.>
1. 설립되는 회사에 대하여 제289조제1항제1호부터 제4호까지에 규정된 사항과 종류주식을 발행할 때에는 그 종류, 수와 본점소재지
2. 설립되는 회사가 합병당시에 발행하는 주식의 총수와 종류, 수 및 각 회사의 주주에 대한 주식의 배정에 관한 사항
3. 설립되는 회사의 자본금과 준비금의 총액
4. 각 회사의 주주에게 제2호에도 불구하고 금전이나 그 밖의 재산을 제공하는 경우에는 그 내용 및 배정에 관한 사항
5. 제523조제5호 및 제6호에 규정된 사항
6. 합병으로 인하여 설립되는 회사의 이사와 감사 또는 감사위원회의 위원을 정한 때에는 그 성명 및 주민등록번호
[제목개정 2015.12.1.]

第525条(합명회사, 합자회사의 합병계약서)
①합병후 존속하는 회사 또는 합병으로 인하여 설립되는 회사가 주식회사인 경우에 합병할 회사의 일방 또는 쌍방이 합명회사 또는 합자회사인 때에는 총사원의 동의를 얻어 합병계약서를 작성하여야 한다.
②전2조의 규정은 전항의 합병계약서에 준용한다.

第526条(흡수합병의 보고총회) ①합병을 하는 회사의 일방이 합병후 존속하는 경우에는 그 이사는 제527조의5의 절차의 종료후, 합병으로 인한 주식의 병합이 있을 때에는 그 효력이 생긴 후, 병합에 적당하지 아니한 주식이 있을 때에는 합병후, 존속하는 회사에 있어서는 제443조의 처분을 한 후, 소규모합병의 경우에는 제527조의3제3항 및 제4항의 절차를 종료한 후 지체없이 주주총회를 소집하고 합병에 관한 사항을 보고하여야 한다. <개정 1998.12.28.>
②합병당시에 발행하는 신주의 인수인은 제1항의 주주총회에서 주주와 동일한 권리가 있다. <개정 1998.12.28.>
③제1항의 경우에 이사회는 공고로써 주주총회에 대한 보고에 갈음할 수 있다. <신설 1995.12.29.>

第527条(신설합병의 창립총회) ①합병으로 인하여 회사를 설립하는 경우에는 설립위원은 제527조의5의 절차의 종료후, 합병으로 인한 주식의 병합이 있을 때에는 그 효력이 생긴 후, 병합에 적당하지 아니한 주식이 있을 때에는 제443조의 처분을 한 후 지체없이 창립총회를 소집하여야 한다. <개정 1998.12.28.>
②창립총회에서는 정관변경의 결의를 할 수 있다. 그러나 합병계약의 취지에 위반하는 결의는 하지 못한다.
③제308조제2항, 제309조, 제311조, 제312조와 제316조제2항의 규정은 제1항의 창립총회에 준용한다.
④제1항의 경우에 이사회는 공고로써 주주총회에 대한 보고에 갈음할 수 있다. <신설 1998.12.28.>

第527条의2(간이합병) ①합병할 회사의 일방이 합병후 존속하는 경우에 합병으로 인하여 소멸하는 회사의 총주주의 동의가 있거나 그 회사의 발행주식총수의 100분의 90이상을 합병후 존속하는 회사가 소유하고 있는 때에는 합병으로 인하여 소멸하는 회사의 주주총회의 승인은 이를 이사회의 승인으로 갈음할 수 있다.
②제1항의 경우에 합병으로 인하여 소멸하는 회사는 합병계약서를 작성한 날부터 2주내에 주주총회의 승인을 얻지 아니하고 합병을 한다는 뜻을 공고하거나 주주에게 통지하여야

한다. 다만, 총주주의 동의가 있는 때에는 그러하지 아니하다.
[본조신설 1998.12.28.]

제527조의3(소규모합병) ①합병 후 존속하는 회사가 합병으로 인하여 발행하는 신주 및 이전하는 자기주식의 총수가 그 회사의 발행주식총수의 100분의 10을 초과하지 아니하는 경우에는 그 존속하는 회사의 주주총회의 승인은 이를 이사회의 승인으로 갈음할 수 있다. 다만, 합병으로 인하여 소멸하는 회사의 주주에게 제공할 금전이나 그 밖의 재산을 정한 경우에 그 금액 및 그 밖의 재산의 가액이 존속하는 회사의 최종 대차대조표상으로 현존하는 순자산액의 100분의 5를 초과하는 경우에는 그러하지 아니하다. <개정 2015.12.1.>
②제1항의 경우에 존속하는 회사의 합병계약서에는 주주총회의 승인을 얻지 아니하고 합병을 한다는 뜻을 기재하여야 한다.
③제1항의 경우에 존속하는 회사는 합병계약서를 작성한 날부터 2주내에 소멸하는 회사의 상호 및 본점의 소재지, 합병을 할 날, 주주총회의 승인을 얻지 아니하고 합병을 한다는 뜻을 공고하거나 주주에게 통지하여야 한다.
④합병후 존속하는 회사의 발행주식총수의 100분의 20 이상에 해당하는 주식을 소유한 주주가 제3항의 규정에 의한 공고 또는 통지를 한 날부터 2주내에 회사에 대하여 서면으로 제1항의 합병에 반대하는 의사를 통지한 때에는 제1항 본문의 규정에 의한 합병을 할 수 없다.
⑤제1항 본문의 경우에는 제522조의3의 규정은 이를 적용하지 아니한다.
[본조신설 1998.12.28.]
[제목개정 2015.12.1.]

제527조의4(이사 · 감사의 임기)
①합병을 하는 회사의 일방이 합병후 존속하는 경우에 존속하는 회사의 이사 및 감사로서 합병전에 취임한 자는 합병계약서에 다른 정함이 있는 경우를 제외하고는 합병후 최초로 도래하는 결산기의 정기총회가 종료하는 때에 퇴임한다.
② 삭제 <2001.7.24.>
[본조신설 1998.12.28.]

제527조의5(채권자보호절차) ①회사는 제522조의 주주총회의 승인결의가 있은 날부터 2주내에 채권자에 대하여 합병에 이의가 있으면 1월이상의 기간내에 이를 제출할 것을 공고하고 알고 있는 채권자에 대하여는 따로따로 이를 최고하여야 한다.
②제1항의 규정을 적용함에 있어서 제527조의2 및 제527조의3의 경우에는 이사회의 승인결의를 주주총회의 승인결의로 본다.
③제232조제2항 및 제3항의 규정은 제1항 및 제2항의 경우에 이를 준용한다.
[본조신설 1998.12.28.]

제527조의6(합병에 관한 서류의 사후공시)
①이사는 제527조의5에 규정한 절차의 경과, 합병을 한 날, 합병으로 인하여 소멸하는 회사로부터 승계한 재산의 가액과 채무액 기타 합병에 관한 사항을 기재한 서면을 합병을 한 날부터 6월간 본점에 비치하여야 한다.
②제522조의2제2항의 규정은 제1항의 서면에 관하여 이를 준용한다.
[본조신설 1998.12.28.]

제528조(합병의 등기) ①회사가 합병을 한 때에는 제526조의 주주총회가 종결한 날 또는 보고에 갈음하는 공고일, 제527조의 창립총회가 종결한 날 또는 보고에 갈음하는 공고일부터 본점소재지에서는 2주내, 지점소재지에서는 3주내에 합병후 존속하는 회사에 있어서는 변경의 등기, 합병으로 인하여 소멸하는 회사에 있어서는 해산의 등기, 합병으로 인하여 설립된 회사에 있어서는 제317조에 정하는 등기를 하여야 한다. <개정 1998.12.28.>

②합병후 존속하는 회사 또는 합병으로 인하여 설립된 회사가 합병으로 인하여 전환사채 또는 신주인수권부사채를 승계한 때에는 제1항의 등기와 동시에 사채의 등기를 하여야 한다. <개정 1984.4.10.>

제529조(합병무효의 소) ①합병무효는 각 회사의 주주·이사·감사·청산인·파산관재인 또는 합병을 승인하지 아니한 채권자에 한하여 소만으로 이를 주장할 수 있다. <개정 1984.4.10.>
②제1항의 소는 제528조의 등기가 있은 날로부터 6월내에 제기하여야 한다. <개정 1984.4.10.>

제530조(준용규정)
①삭제 <1998.12.28.>
②제234조, 제235조, 제237조 내지 제240조, 제329조의2, 제374조제2항, 제374조의2제2항 내지 제5항 및 제439조제3항의 규정은 주식회사의 합병에 관하여 이를 준용한다. <개정 1995.12.29., 1998.12.28., 2001.7.24.>
③제440조부터 제443조까지의 규정은 회사의 합병으로 인한 주식병합 또는 주식분할의 경우에 준용한다. <개정 1998.12.28., 2014.5.20.>
④제339조와 제340조제3항의 규정은 주식을 병합하지 아니하는 경우에 합병으로 인하여 소멸하는 회사의 주식을 목적으로 하는 질권에 준용한다.

제11절 회사의 분할

제530조의2(회사의 분할 · 분할합병)
①회사는 분할에 의하여 1개 또는 수개의 회사를 설립할 수 있다.
②회사는 분할에 의하여 1개 또는 수개의 존립 중의 회사와 합병(이하 "분할합병"이라 한다)할 수 있다.
③회사는 분할에 의하여 1개 또는 수개의 회사를 설립함과 동시에 분할합병할 수 있다.
④해산후의 회사는 존립중의 회사를 존속하는 회사로 하거나 새로 회사를 설립하는 경우에 한하여 분할 또는 분할합병할 수 있다.
[본조신설 1998.12.28.]

제530조의3(분할계획서 · 분할합병계약서의 승인) ①회사가 분할 또는 분할합병을 하는 때에는 분할계획서 또는 분할합병계약서를 작성하여 주주총회의 승인을 얻어야 한다.
②제1항의 승인결의는 제434조의 규정에 의하여야 한다.
③제2항의 결의에 관하여는 제344조의3제1항에 따라 의결권이 배제되는 주주도 의결권이 있다. <개정 2011.4.14.>
④분할계획 또는 분할합병계약의 요령은 제363조에 정한 통지에 기재하여야 한다. <개정 2014.5.20.>
⑤삭제 <2011.4.14.>
⑥회사의 분할 또는 분할합병으로 인하여 분할 또는 분할합병에 관련되는 각 회사의 주주의 부담이 가중되는 경우에는 제1항 및 제436조의 결의외에 그 주주 전원의 동의가 있어야 한다. <개정 2011.4.14.>
[본조신설 1998.12.28.]

제530조의4(분할에 의한 회사의 설립)
제530조의2에 따른 회사의 설립에 관하여는 이 장 제1절의 회사설립에 관한 규정을 준용한다. 다만, 분할되는 회사(이하 "분할회사"라 한다)의 출자만으로 회사가 설립되는 경우에는 제299조를 적용하지 아니한다.
[전문개정 2015.12.1.]

제530조의5(분할계획서의 기재사항)
①분할에 의하여 회사를 설립하는 경우에는 분할계획서에 다음 각 호의 사항을 기재하여야 한다. <개정 2011.4.14., 2015.12.1.>
1. 분할에 의하여 설립되는 회사(이하 "단순분할신설회사"라 한다)의 상호, 목적, 본점의 소재지 및 공고의 방법
2. 단순분할신설회사가 발행할 주식의 총수 및 액면주식·무액면주식의 구분
3. 단순분할신설회사가 분할 당시에 발행하는 주식의 총수, 종류 및 종류주식의 수, 액면주식·무액면주식의 구분
4. 분할회사의 주주에 대한 단순분할신설회사의 주식의 배정에 관한 사항 및 배정에 따른 주식의 병합 또는 분할을 하는 경우에는 그에 관한 사항
5. 분할회사의 주주에게 제4호에도 불구하고 금전이나 그 밖의 재산을 제공하는 경우에는 그 내용 및 배정에 관한 사항
6. 단순분할신설회사의 자본금과 준비금에 관한 사항
7. 단순분할신설회사에 이전될 재산과 그 가액
8. 제530조의9제2항의 정함이 있는 경우에는 그 내용
8의2. 분할을 할 날
9. 단순분할신설회사의 이사와 감사를 정한 경우에는 그 성명과 주민등록번호
10. 단순분할신설회사의 정관에 기재할 그 밖의 사항
②분할후 회사가 존속하는 경우에는 존속하는 회사에 관하여 분할계획서에 다음 각호의 사항을 기재하여야 한다. <개정 2011.4.14.>
1. 감소할 자본금과 준비금의 액
2. 자본감소의 방법
3. 분할로 인하여 이전할 재산과 그 가액
4. 분할후의 발행주식의 총수
5. 회사가 발행할 주식의 총수를 감소하는 경우에는 그 감소할 주식의 총수, 종류 및 종류별 주식의 수
6. 정관변경을 가져오게 하는 그 밖의 사항
[본조신설 1998.12.28.]
[제목개정 2015.12.1.]

제530조의6(분할합병계약서의 기재사항 및 분할합병대가가 모회사주식인 경우의 특칙)
①분할회사의 일부가 다른 회사와 합병하여 그 다른 회사(이하 "분할합병의 상대방 회사"라 한다)가 존속하는 경우에는 분할합병계약서에 다음 각 호의 사항을 기재하여야 한다. <개정 2015.12.1.>
1. 분할합병의 상대방 회사로서 존속하는 회사(이하 "분할승계회사"라 한다)가 분할합병으로 인하여 발행할 주식의 총수를 증가하는 경우에는 증가할 주식의 총수, 종류 및 종류별 주식의 수
2. 분할승계회사가 분할합병을 하면서 신주를 발행하거나 자기주식을 이전하는 경우에는 그 발행하는 신주 또는 이전하는 자기주식의 총수, 종류 및 종류별 주식의 수
3. 분할승계회사가 분할합병을 하면서 신주를 발행하거나 자기주식을 이전하는 경우에는 분할회사의 주주에 대한 분할승계회사의 신주의 배정 또는 자기주식의 이전에 관한 사항 및 주식의 병합 또는 분할을 하는 경우에는 그에 관한 사항
4. 분할승계회사가 분할회사의 주주에게 제3호에도 불구하고 그 대가의 전부 또는 일부로서 금전이나 그 밖의 재산을 제공하는 경우에는 그 내용 및 배정에 관한 사항
5. 분할승계회사의 자본금 또는 준비금이 증가하는 경우에는 증가할 자본금 또는 준비금에 관한 사항
6. 분할회사가 분할승계회사에 이전할 재산과 그 가액
7. 제530조의9제3항의 정함이 있는 경우에는 그 내용
8. 각 회사에서 제530조의3제2항의 결의를 할 주주총회의 기일

9. 분할합병을 할 날
10. 분할승계회사의 이사와 감사를 정한 경우에는 그 성명과 주민등록번호
11. 분할승계회사의 정관변경을 가져오게 하는 그 밖의 사항
②분할회사의 일부가 다른 분할회사의 일부 또는 다른 회사와 분할합병을 하여 회사를 설립하는 경우에는 분할합병계약서에 다음 각 호의 사항을 기재하여야 한다. <개정 2015.12.1.>
1. 제530조의5제1항제1호·제2호·제6호·제7호·제8호·제8호의2·제9호·제10호에 규정된 사항
2. 분할합병을 하여 설립되는 회사(이하 "분할합병신설회사"라 한다)가 분할합병을 하면서 발행하는 주식의 총수, 종류 및 종류별 주식의 수
3. 각 회사의 주주에 대한 주식의 배정에 관한 사항과 배정에 따른 주식의 병합 또는 분할을 하는 경우에는 그 규정
4. 각 회사가 분할합병신설회사에 이전할 재산과 그 가액
5. 각 회사의 주주에게 지급할 금액을 정한 때에는 그 규정
6. 각 회사에서 제530조의3제2항의 결의를 할 주주총회의 기일
7. 분할합병을 할 날
③제530조의5의 규정은 제1항 및 제2항의 경우에 각 회사의 분할합병을 하지 아니하는 부분의 기재에 관하여 이를 준용한다.
④제342조의2제1항에도 불구하고 제1항제4호에 따라 분할회사의 주주에게 제공하는 재산이 분할승계회사의 모회사 주식을 포함하는 경우에는 분할승계회사는 그 지급을 위하여 모회사 주식을 취득할 수 있다. <신설 2015.12.1.>
⑤분할승계회사는 제4항에 따라 취득한 모회사의 주식을 분할합병 후에도 계속 보유하고 있는 경우 분할합병의 효력이 발생하는 날부터 6개월 이내에 그 주식을 처분하여야 한다. <신설 2015.12.1.>
[본조신설 1998.12.28.]
[제목개정 2015.12.1.]

제530조의7(분할대차대조표 등의 공시)
①분할회사의 이사는 제530조의3제1항에 따른 주주총회 회일의 2주 전부터 분할의 등기를 한 날 또는 분할합병을 한 날 이후 6개월 간 다음 각 호의 서류를 본점에 비치하여야 한다. <개정 2015.12.1.>
1. 분할계획서 또는 분할합병계약서
2. 분할되는 부분의 대차대조표
3. 분할합병의 경우 분할합병의 상대방 회사의 대차대조표
4. 분할 또는 분할합병을 하면서 신주가 발행되거나 자기주식이 이전되는 경우에는 분할회사의 주주에 대한 신주의 배정 또는 자기주식의 이전에 관하여 그 이유를 기재한 서면
②제530조의6제1항의 분할승계회사의 이사는 분할합병을 승인하는 주주총회 회일의 2주 전부터 분할합병의 등기를 한 후 6개월 간 다음 각 호의 서류를 본점에 비치하여야 한다. <개정 2015.12.1.>
1. 분할합병계약서
2. 분할회사의 분할되는 부분의 대차대조표
3. 분할합병을 하면서 신주를 발행하거나 자기주식을 이전하는 경우에는 분할회사의 주주에 대한 신주의 배정 또는 자기주식의 이전에 관하여 그 이유를 기재한 서면
③제522조의2제2항의 규정은 제1항 및 제2항의 서류에 관하여 이를 준용한다.
[본조신설 1998.12.28.]
[제목개정 2015.12.1.]

제530조의8 삭제 <2015.12.1.>

제530조의9(분할 및 분할합병 후의 회사의 책임) ①분할회사, 단순분할신설회사, 분할승계회사 또는 분할합병신설회사는 분할 또는 분할합병 전의 분할회사 채무에 관하여 연대하여 변제할 책임이 있다.

②제1항에도 불구하고 분할회사가 제530조의3제2항에 따른 결의로 분할에 의하여 회사를 설립하는 경우에는 단순분할신설회사는 분할회사의 채무 중에서 분할계획서에 승계하기로 정한 채무에 대한 책임만을 부담하는 것으로 정할 수 있다. 이 경우 분할회사가 분할 후에 존속하는 경우에는 단순분할신설회사가 부담하지 아니하는 채무에 대한 책임만을 부담한다.
③분할합병의 경우에 분할회사는 제530조의3제2항에 따른 결의로 분할합병에 따른 출자를 받는 분할승계회사 또는 분할합병신설회사가 분할회사의 채무 중에서 분할합병계약서에 승계하기로 정한 채무에 대한 책임만을 부담하는 것으로 정할 수 있다. 이 경우 제2항 후단을 준용한다.
④제2항의 경우에는 제439조제3항 및 제527조의5를 준용한다.
[전문개정 2015.12.1.]

제530조의10(분할 또는 분할합병의 효과)
단순분할신설회사, 분할승계회사 또는 분할합병신설회사는 분할회사의 권리와 의무를 분할계획서 또는 분할합병계약서에서 정하는 바에 따라 승계한다.
[전문개정 2015.12.1.]

제530조의11(준용규정) ①분할 또는 분할합병의 경우에는 제234조, 제237조부터 제240조까지, 제329조의2, 제440조부터 제443조까지, 제526조, 제527조, 제527조의6, 제528조 및 제529조를 준용한다. 다만, 제527조의 설립위원은 대표이사로 한다. <개정 2011.4.14., 2014.5.20.>
②제374조제2항, 제439조제3항, 제522조의3, 제527조의2, 제527조의3 및 제527조의5의 규정은 분할합병의 경우에 이를 준용한다. <개정 1999.12.31.>
[본조신설 1998.12.28.]

제530조의12(물적 분할) 이 절의 규정은 분할되는 회사가 분할 또는 분할합병으로 인하여 설립되는 회사의 주식의 총수를 취득하는 경우에 이를 준용한다.
[본조신설 1998.12.28.]

제12절 청산

제531조(청산인의 결정) ①회사가 해산한 때에는 합병·분할·분할합병 또는 파산의 경우외에는 이사가 청산인이 된다. 다만, 정관에 다른 정함이 있거나 주주총회에서 타인을 선임한 때에는 그러하지 아니하다. <개정 1998.12.28.>
②전항의 규정에 의한 청산인이 없는 때에는 법원은 이해관계인의 청구에 의하여 청산인을 선임한다.

제532조(청산인의 신고) 청산인은 취임한 날로부터 2주간내에 다음의 사항을 법원에 신고하여야 한다. <개정 1995.12.29.>
1. 해산의 사유와 그 연월일
2. 청산인의 성명·주민등록번호 및 주소

제533조(회사재산조사보고의무)
①청산인은 취임한 후 지체없이 회사의 재산상태를 조사하여 재산목록과 대차대조표를 작성하고 이를 주주총회에 제출하여 그 승인을 얻어야 한다.
②청산인은 전항의 승인을 얻은 후 지체없이 재산목록과 대차대조표를 법원에 제출하여야 한다.

제534조(대차대조표 · 사무보고서 · 부속명세서의 제출 · 감사 · 공시 · 승인)
①청산인은 정기총회회일로부터 4주간전에 대차대조표 및 그 부속명세서와 사무보고서를 작성하여 감사에게 제출하여야 한다.

②감사는 정기총회회일로부터 1주간전에 제1항의 서류에 관한 감사보고서를 청산인에게 제출하여야 한다.
③청산인은 정기총회회일의 1주간전부터 제1항의 서류와 제2항의 감사보고서를 본점에 비치하여야 한다.
④제448조제2항의 규정은 제3항의 서류에 관하여 이를 준용한다.
⑤청산인은 대차대조표 및 사무보고서를 정기총회에 제출하여 그 승인을 요구하여야 한다.
[전문개정 1984.4.10.]

第535條(회사채권자에의 최고)
①청산인은 취임한 날로부터 2월내에 회사채권자에 대하여 일정한 기간내에 그 채권을 신고할 것과 그 기간내에 신고하지 아니하면 청산에서 제외될 뜻을 2회 이상 공고로써 최고하여야 한다. 그러나 그 기간은 2월 이상이어야 한다.
②청산인은 알고 있는 채권자에 대하여는 각별로 그 채권의 신고를 최고하여야 하며 그 채권자가 신고하지 아니한 경우에도 이를 청산에서 제외하지 못한다.

第536條(채권신고기간내의 변제)
①청산인은 전조제1항의 신고기간내에는 채권자에 대하여 변제를 하지 못한다. 그러나 회사는 그 변제의 지연으로 인한 손해배상의 책임을 면하지 못한다.
②청산인은 전항의 규정에 불구하고 소액의 채권, 담보있는 채권 기타 변제로 인하여 다른 채권자를 해할 염려가 없는 채권에 대하여는 법원의 허가를 얻어 이를 변제할 수 있다.

第537條(제외된 채권자에 대한 변제)
①청산에서 제외된 채권자는 분배되지 아니한 잔여재산에 대하여서만 변제를 청구할 수 있다.
②일부의 주주에 대하여 재산의 분배를 한 경우에는 그와 동일한 비율로 다른 주주에게 분배할 재산은 전항의 잔여재산에서 공제한다.

第538條(잔여재산의 분배) 잔여재산은 각 주주가 가진 주식의 수에 따라 주주에게 분배하여야 한다. 그러나 제344조제1항의 규정을 적용하는 경우에는 그러하지 아니하다.

第539條(청산인의 해임) ①청산인은 법원이 선임한 경우외에는 언제든지 주주총회의 결의로 이를 해임할 수 있다.
②청산인이 그 업무를 집행함에 현저하게 부적임하거나 중대한 임무에 위반한 행위가 있는 때에는 발행주식의 총수의 100분의 3 이상에 해당하는 주식을 가진 주주는 법원에 그 청산인의 해임을 청구할 수 있다. <개정 1998.12.28.>
③제186조의 규정은 제2항의 청구에 관한 소에 준용한다. <개정 1998.12.28.>

第540條(청산의 종결) ①청산사무가 종결한 때에는 청산인은 지체없이 결산보고서를 작성하고 이를 주주총회에 제출하여 승인을 얻어야 한다.
②전항의 승인이 있는 때에는 회사는 청산인에 대하여 그 책임을 해제한 것으로 본다. 그러나 청산인의 부정행위에 대하여는 그러하지 아니하다.

第541條(서류의 보존) ①회사의 장부 기타 영업과 청산에 관한 중요한 서류는 본점소재지에서 청산종결의 등기를 한 후 10년간 이를 보존하여야 한다. 다만, 전표 또는 이와 유사한 서류는 5년간 이를 보존하여야 한다. <개정 1995.12.29.>
②전항의 보존에 관하여는 청산인 기타의 이해관계인의 청구에 의하여 법원이 보존인과 보존방법을 정한다.

제542조(준용규정) ①제245조, 제252조 내지 제255조, 제259조, 제260조와 제264조의 규정은 주식회사에 준용한다.
②제362조, 제363조의2, 제366조, 제367조, 제373조, 제376조, 제377조, 제382조제2항, 제386조, 제388조 내지 제394조, 제396조, 제398조부터 제406조까지, 제406조의2, 제407조, 제408조, 제411조 내지 제413조, 제414조제3항, 제449조제3항, 제450조와 제466조는 청산인에 준용한다. <개정 1962. 12.12., 1984.4.10., 1998.12.28., 2020.12.29.>

제13절 상장회사에 대한 특례

제542조의2(적용범위) ①이 절은 대통령령으로 정하는 증권시장(증권의 매매를 위하여 개설된 시장을 말한다)에 상장된 주권을 발행한 주식회사(이하 "상장회사"라 한다)에 대하여 적용한다. 다만, 집합투자(2인 이상에게 투자권유를 하여 모은 금전이나 그 밖의 재산적 가치가 있는 재산을 취득·처분, 그 밖의 방법으로 운용하고 그 결과를 투자자에게 배분하여 귀속시키는 것을 말한다)를 수행하기 위한 기구로서 대통령령으로 정하는 주식회사는 제외한다.
②이 절은 이 장 다른 절에 우선하여 적용한다.
[본조신설 2009.1.30.]

제542조의3(주식매수선택권) ①상장회사는 제340조의2제1항 본문에 규정된 자 외에도 대통령령으로 정하는 관계 회사의 이사, 집행임원, 감사 또는 피용자에게 주식매수선택권을 부여할 수 있다. 다만, 제542조의8제2항제5호의 최대주주 등 대통령령으로 정하는 자에게는 주식매수선택권을 부여할 수 없다. <개정 2011.4.14.>
②상장회사는 제340조의2제3항에도 불구하고 발행주식총수의 100분의 20의 범위에서 대통령령으로 정하는 한도까지 주식매수선택권을 부여할 수 있다.
③상장회사는 제340조의2제1항 본문에도 불구하고 정관으로 정하는 바에 따라 발행주식총수의 100분의 10의 범위에서 대통령령으로 정하는 한도까지 이사회가 제340조의3제2항 각 호의 사항을 결의함으로써 해당 회사의 집행임원·감사 또는 피용자 및 제1항에 따른 관계회사의 이사·집행임원·감사 또는 피용자에게 주식매수선택권을 부여할 수 있다. 이 경우 주식매수선택권을 부여한 후 처음으로 소집되는 주주총회의 승인을 받아야 한다. <개정 2011.4.14.>
④상장회사의 주식매수선택권을 부여받은 자는 제340조의4제1항에도 불구하고 대통령령으로 정하는 경우를 제외하고는 주식매수선택권을 부여하기로 한 주주총회 또는 이사회의 결의일부터 2년 이상 재임하거나 재직하여야 주식매수선택권을 행사할 수 있다.
⑤제1항부터 제4항까지에서 규정한 사항 외에 상장회사의 주식매수선택권 부여, 취소, 그 밖에 필요한 사항은 대통령령으로 정한다.
[본조신설 2009.1.30.]

제542조의4(주주총회 소집공고 등)
①상장회사가 주주총회를 소집하는 경우 대통령령으로 정하는 수 이하의 주식을 소유하는 주주에게는 정관으로 정하는 바에 따라 주주총회일의 2주 전에 주주총회를 소집하는 뜻과 회의의 목적사항을 둘 이상의 일간신문에 각각 2회 이상 공고하거나 대통령령으로 정하는 바에 따라 전자적 방법으로 공고함으로써 제363조제1항의 소집통지를 갈음할 수 있다.
②상장회사가 이사·감사의 선임에 관한 사항을 목적으로 하는 주주총회를 소집통지 또는 공고하는 경우에는 이사·감사 후보자의 성명, 약력, 추천인, 그 밖에 대통령령으로 정하는 후보자에 관한 사항을 통지하거나 공고하여야 한다.
③상장회사가 주주총회 소집의 통지 또는 공고를 하는 경우에는 사외이사 등의 활동내역과 보수에 관한 사항, 사업개요 등 대통령령으로 정하는 사항을 통지 또는 공고하여야 한다. 다만, 상장회사가 그 사항을 대통령령으로 정하는 방법으로 일반인이 열람할 수 있도록 하는 경우에는 그러하지 아니하다. [본조신설 2009.1.30.]

제542조의5(이사 · 감사의 선임방법)
상장회사가 주주총회에서 이사 또는 감사를 선임하려는 경우에는 제542조의4제2항에 따라 통지하거나 공고한 후보자 중에서 선임하여야 한다.
[본조신설 2009.1.30.]

제542조의6(소수주주권) ①6개월 전부터 계속하여 상장회사 발행주식총수의 1천분의 15 이상에 해당하는 주식을 보유한 자는 제366조(제542조에서 준용하는 경우를 포함한다) 및 제467조에 따른 주주의 권리를 행사할 수 있다.
②6개월 전부터 계속하여 상장회사의 의결권 없는 주식을 제외한 발행주식총수의 1천분의 10(대통령령으로 정하는 상장회사의 경우에는 1천분의 5) 이상에 해당하는 주식을 보유한 자는 제363조의2(제542조에서 준용하는 경우를 포함한다)에 따른 주주의 권리를 행사할 수 있다.
③6개월 전부터 계속하여 상장회사 발행주식총수의 1만분의 50(대통령령으로 정하는 상장회사의 경우에는 1만분의 25) 이상에 해당하는 주식을 보유한 자는 제385조(제415조에서 준용하는 경우를 포함한다) 및 제539조에 따른 주주의 권리를 행사할 수 있다.
④6개월 전부터 계속하여 상장회사 발행주식총수의 1만분의 10(대통령령으로 정하는 상장회사의 경우에는 1만분의 5) 이상에 해당하는 주식을 보유한 자는 제466조(제542조에서 준용하는 경우를 포함한다)에 따른 주주의 권리를 행사할 수 있다.
⑤6개월 전부터 계속하여 상장회사 발행주식총수의 10만분의 50(대통령령으로 정하는 상장회사의 경우에는 10만분의 25) 이상에 해당하는 주식을 보유한 자는 제402조(제408조의9 및 제542조에서 준용하는 경우를 포함한다)에 따른 주주의 권리를 행사할 수 있다. <개정 2011.4.14.>
⑥6개월 전부터 계속하여 상장회사 발행주식총수의 1만분의 1 이상에 해당하는 주식을 보유한 자는 제403조(제324조, 제408조의9, 제415조, 제424조의2, 제467조의2 및 제542조에서 준용하는 경우를 포함한다)에 따른 주주의 권리를 행사할 수 있다.
<개정 2011.4.14.>
⑦6개월 전부터 계속하여 상장회사 발행주식총수의 1만분의 50 이상에 해당하는 주식을 보유한 자는 제406조의2(제324조, 제408조의9, 제415조 및 제542조에서 준용하는 경우를 포함한다)에 따른 주주의 권리를 행사할 수 있다. <신설 2020.12.29.>
⑧상장회사는 정관에서 제1항부터 제6항까지 규정된 것보다 단기의 주식 보유기간을 정하거나 낮은 주식 보유비율을 정할 수 있다. <개정 2020.12.29.>
⑨제1항부터 제6항까지 및 제542조의7제2항에서 "주식을 보유한 자"란 주식을 소유한 자, 주주권 행사에 관한 위임을 받은 자, 2명 이상 주주의 주주권을 공동으로 행사하는 자를 말한다. <개정 2020.12.29.>
⑩제1항부터 제7항까지는 제542조의2제2항에도 불구하고 이 장의 다른 절에 따른 소수주주권의 행사에 영향을 미치지 아니한다. <신설 2020.12.29.>
[본조신설 2009.1.30.]

제542조의7(집중투표에 관한 특례)
①상장회사에 대하여 제382조의2에 따라 집중투표의 방법으로 이사를 선임할 것을 청구하는 경우 주주총회일(정기주주총회의 경우에는 직전 연도의 정기주주총회일에 해당하는 그 해의 해당일. 이하 제542조의8제5항에서 같다)의 6주 전까지 서면 또는 전자문서로 회사에 청구하여야 한다.
②자산 규모 등을 고려하여 대통령령으로 정하는 상장회사의 의결권 없는 주식을 제외한 발행주식총수의 100분의 1 이상에 해당하는 주식을 보유한 자는 제382조의2에 따라 집중투표의 방법으로 이사를 선임할 것을 청구할 수 있다.
③제2항의 상장회사가 정관으로 집중투표를 배제하거나 그 배제된 정관을 변경하려는 경우에는 의결권 없는 주식을 제외한 발행주식총수의 100분의 3을 초과하는 수의 주식을 가진 주주는 그 초과하는 주식에 관하여 의결권을 행사하지 못한다. 다만, 정관에서 이보

다 낮은 주식 보유비율을 정할 수 있다.
④제2항의 상장회사가 주주총회의 목적사항으로 제3항에 따른 집중투표 배제에 관한 정관 변경에 관한 의안을 상정하려는 경우에는 그 밖의 사항의 정관 변경에 관한 의안과 별도로 상정하여 의결하여야 한다.
[본조신설 2009.1.30.]

제542조의8(사외이사의 선임) ①상장회사는 자산 규모 등을 고려하여 대통령령으로 정하는 경우를 제외하고는 이사 총수의 4분의 1 이상을 사외이사로 하여야 한다. 다만, 자산 규모 등을 고려하여 대통령령으로 정하는 상장회사의 사외이사는 3명 이상으로 하되, 이사 총수의 과반수가 되도록 하여야 한다.
②상장회사의 사외이사는 제382조제3항 각 호 뿐만 아니라 다음 각 호의 어느 하나에 해당되지 아니하여야 하며, 이에 해당하게 된 경우에는 그 직을 상실한다. <개정 2011.4.14.,2018.9.18.>
1. 미성년자, 피성년후견인 또는 피한정후견인
2. 파산선고를 받고 복권되지 아니한 자
3. 금고 이상의 형을 선고받고 그 집행이 끝나거나 집행이 면제된 후 2년이 지나지 아니한 자
4. 대통령령으로 별도로 정하는 법률을 위반하여 해임되거나 면직된 후 2년이 지나지 아니한 자
5. 상장회사의 주주로서 의결권 없는 주식을 제외한 발행주식총수를 기준으로 본인 및 그와 대통령령으로 정하는 특수한 관계에 있는 자(이하 "특수관계인"이라 한다)가 소유하는 주식의 수가 가장 많은 경우 그 본인(이하 "최대주주"라 한다) 및 그의 특수관계인
6. 누구의 명의로 하든지 자기의 계산으로 의결권 없는 주식을 제외한 발행주식총수의 100분의 10 이상의 주식을 소유하거나 이사·집행임원·감사의 선임과 해임 등 상장회사의 주요 경영사항에 대하여 사실상의 영향력을 행사하는 주주(이하 "주요주주"라 한다) 및 그의 배우자와 직계 존속·비속
7. 그 밖에 사외이사로서의 직무를 충실하게 수행하기 곤란하거나 상장회사의 경영에 영향을 미칠 수 있는 자로서 대통령령으로 정하는 자
③제1항의 상장회사는 사외이사의 사임·사망 등의 사유로 인하여 사외이사의 수가 제1항의 이사회의 구성요건에 미달하게 되면 그 사유가 발생한 후 처음으로 소집되는 주주총회에서 제1항의 요건에 합치되도록 사외이사를 선임하여야 한다.
④제1항 단서의 상장회사는 사외이사 후보를 추천하기 위하여 제393조의2의 위원회(이하 이 조에서 "사외이사 후보추천위원회"라 한다)를 설치하여야 한다. 이 경우 사외이사 후보추천위원회는 사외이사가 총위원의 과반수가 되도록 구성하여야 한다. <개정 2011.4.14.>
⑤제1항 단서에서 규정하는 상장회사가 주주총회에서 사외이사를 선임하려는 때에는 사외이사 후보추천위원회의 추천을 받은 자 중에서 선임하여야 한다. 이 경우 사외이사 후보추천위원회가 사외이사 후보를 추천할 때에는 제363조의2제1항, 제542조의6제1항·제2항의 권리를 행사할 수 있는 요건을 갖춘 주주가 주주총회일(정기주주총회의 경우 직전연도의 정기주주총회일에 해당하는 해당 연도의 해당일)의 6주 전에 추천한 사외이사 후보를 포함시켜야 한다. <개정 2011.4.14.>
[본조신설 2009.1.30.]

제542조의9(주요주주 등 이해관계자와의 거래) ①상장회사는 다음 각 호의 어느 하나에 해당하는 자를 상대방으로 하거나 그를 위하여 신용공여(금전 등 경제적 가치가 있는 재산의 대여, 채무이행의 보증, 자금 지원적 성격의 증권 매입, 그 밖에 거래상의 신용위험이 따르는 직접적·간접적 거래로서 대통령령으로 정하는 거래를 말한다. 이하 이 조에서 같다)를 하여서는 아니 된다. <개정 2011.4.14.>
1. 주요주주 및 그의 특수관계인
2. 이사(제401조의2제1항 각 호의 어느 하나에 해당하는 자를 포함한다. 이하 이 조에서 같다) 및 집행임원

3. 감사
②제1항에도 불구하고 다음 각 호의 어느 하나에 해당하는 경우에는 신용공여를 할 수 있다. <개정 2011.4.14.>
1. 복리후생을 위한 이사·집행임원 또는 감사에 대한 금전대여 등으로서 대통령령으로 정하는 신용공여
2. 다른 법령에서 허용하는 신용공여
3. 그 밖에 상장회사의 경영건전성을 해칠 우려가 없는 금전대여 등으로서 대통령령으로 정하는 신용공여
③자산 규모 등을 고려하여 대통령령으로 정하는 상장회사는 최대주주, 그의 특수관계인 및 그 상장회사의 특수관계인으로서 대통령령으로 정하는 자를 상대방으로 하거나 그를 위하여 다음 각 호의 어느 하나에 해당하는 거래(제1항에 따라 금지되는 거래는 제외한다)를 하려는 경우에는 이사회의 승인을 받아야 한다.
1. 단일 거래규모가 대통령령으로 정하는 규모 이상인 거래
2. 해당 사업연도 중에 특정인과의 해당 거래를 포함한 거래총액이 대통령령으로 정하는 규모 이상이 되는 경우의 해당 거래
④제3항의 경우 상장회사는 이사회의 승인 결의 후 처음으로 소집되는 정기주주총회에 해당 거래의 목적, 상대방, 그 밖에 대통령령으로 정하는 사항을 보고하여야 한다.
⑤제3항에도 불구하고 상장회사가 경영하는 업종에 따른 일상적인 거래로서 다음 각 호의 어느 하나에 해당하는 거래는 이사회의 승인을 받지 아니하고 할 수 있으며, 제2호에 해당하는 거래에 대하여는 그 거래내용을 주주총회에 보고하지 아니할 수 있다.
1. 약관에 따라 정형화된 거래로서 대통령령으로 정하는 거래
2. 이사회에서 승인한 거래총액의 범위 안에서 이행하는 거래
[본조신설 2009.1.30.]

제542조의10(상근감사) ①대통령령으로 정하는 상장회사는 주주총회 결의에 의하여 회사에 상근하면서 감사업무를 수행하는 감사(이하 "상근감사"라고 한다)를 1명 이상 두어야 한다. 다만, 이 절 및 다른 법률에 따라 감사위원회를 설치한 경우(감사위원회 설치 의무가 없는 상장회사가 이 절의 요건을 갖춘 감사위원회를 설치한 경우를 포함한다)에는 그러하지 아니하다. <개정 2011.4.14.>
②다음 각 호의 어느 하나에 해당하는 자는 제1항 본문의 상장회사의 상근감사가 되지 못하며, 이에 해당하게 되는 경우에는 그 직을 상실한다. <개정 2011.4.14.>
1. 제542조의8제2항제1호부터 제4호까지 및 제6호에 해당하는 자
2. 회사의 상무(常務)에 종사하는 이사·집행임원 및 피용자 또는 최근 2년 이내에 회사의 상무에 종사한 이사·집행임원 및 피용자. 다만, 이 절에 따른 감사위원회위원으로 재임 중이거나 재임하였던 이사는 제외한다.
3. 제1호 및 제2호 외에 회사의 경영에 영향을 미칠 수 있는 자로서 대통령령으로 정하는 자
[본조신설 2009.1.30.]

제542조의11(감사위원회) ①자산 규모 등을 고려하여 대통령령으로 정하는 상장회사는 감사위원회를 설치하여야 한다.
②제1항의 상장회사의 감사위원회는 제415조의2제2항의 요건 및 다음 각 호의 요건을 모두 갖추어야 한다.
1. 위원 중 1명 이상은 대통령령으로 정하는 회계 또는 재무 전문가일 것
2. 감사위원회의 대표는 사외이사일 것
③제542조의10제2항 각 호의 어느 하나에 해당하는 자는 제1항의 상장회사의 사외이사가 아닌 감사위원회위원이 될 수 없고, 이에 해당하게 된 경우에는 그 직을 상실한다.
④상장회사는 감사위원회위원인 사외이사의 사임·사망 등의 사유로 인하여 사외이사의 수가 다음 각 호의 감사위원회의 구성요건에 미달하게 되면 그 사유가 발생한 후 처음으로 소집되는 주주총회에서 그 요건에 합치되도록 하여야 한다.

1. 제1항에 따라 감사위원회를 설치한 상장회사는 제2항 각 호 및 제415조의2제2항의 요건
2. 제415조의2제1항에 따라 감사위원회를 설치한 상장회사는 제415조의2제2항의 요건
[본조신설 2009.1.30.]

제542조의12(감사위원회의 구성 등) ①제542조의11제1항의 상장회사의 경우 제393조의2에도 불구하고 감사위원회위원을 선임하거나 해임하는 권한은 주주총회에 있다.
②제542조의11제1항의 상장회사는 주주총회에서 이사를 선임한 후 선임된 이사 중에서 감사위원회위원을 선임하여야 한다. 다만, 감사위원회위원 중 1명(정관에서 2명 이상으로 정할 수 있으며, 정관으로 정한 경우에는 그에 따른 인원으로 한다)은 주주총회 결의로 다른 이사들과 분리하여 감사위원회위원이 되는 이사로 선임하여야 한다. <개정 2020.12.29.>
③제1항에 따른 감사위원회위원은 제434조에 따른 주주총회의 결의로 해임할 수 있다. 이 경우 제2항 단서에 따른 감사위원회위원은 이사와 감사위원회위원의 지위를 모두 상실한다. <개정 2020.12.29.>
④제1항에 따른 감사위원회위원을 선임 또는 해임할 때에는 상장회사의 의결권 없는 주식을 제외한 발행주식총수의 100분의 3(정관에서 더 낮은 주식 보유비율을 정할 수 있으며, 정관에서 더 낮은 주식 보유비율을 정한 경우에는 그 비율로 한다)을 초과하는 수의 주식을 가진 주주(최대주주인 경우에는 사외이사가 아닌 감사위원회위원을 선임 또는 해임할 때에 그의 특수관계인, 그 밖에 대통령령으로 정하는 자가 소유하는 주식을 합산한다)는 그 초과하는 주식에 관하여 의결권을 행사하지 못한다. <개정 2020.12.29.>
⑤상장회사가 주주총회의 목적사항으로 감사의 선임 또는 감사의 보수결정을 위한 의안을 상정하려는 경우에는 이사의 선임 또는 이사의 보수결정을 위한 의안과는 별도로 상정하여 의결하여야 한다.
⑥상장회사의 감사 또는 감사위원회는 제447조의4제1항에도 불구하고 이사에게 감사보고서를 주주총회일의 1주 전까지 제출할 수 있다.
⑦제4항은 상장회사가 감사를 선임하거나 해임할 때에 준용한다. 이 경우 주주가 최대주주인 경우에는 그의 특수관계인, 그 밖에 대통령령으로 정하는 자가 소유하는 주식을 합산한다. <신설 2020.12.29.>
⑧회사가 제368조의4제1항에 따라 전자적 방법으로 의결권을 행사할 수 있도록 한 경우에는 제368조제1항에도 불구하고 출석한 주주의 의결권의 과반수로써 제1항에 따른 감사위원회위원의 선임을 결의할 수 있다. <신설 2020.12.29.>
[본조신설 2009.1.30.]

제542조의13(준법통제기준 및 준법지원인)
①자산 규모 등을 고려하여 대통령령으로 정하는 상장회사는 법령을 준수하고 회사경영을 적정하게 하기 위하여 임직원이 그 직무를 수행할 때 따라야 할 준법통제에 관한 기준 및 절차(이하 "준법통제기준"이라 한다)를 마련하여야 한다.
②제1항의 상장회사는 준법통제기준의 준수에 관한 업무를 담당하는 사람(이하 "준법지원인"이라 한다)을 1명 이상 두어야 한다.
③준법지원인은 준법통제기준의 준수여부를 점검하여 그 결과를 이사회에 보고하여야 한다.
④제1항의 상장회사는 준법지원인을 임면하려면 이사회 결의를 거쳐야 한다.
⑤ 준법지원인은 다음 각 호의 사람 중에서 임명하여야 한다.
1. 변호사 자격을 가진 사람
2. 「고등교육법」 제2조에 따른 학교에서 법률학을 가르치는 조교수 이상의 직에 5년 이상 근무한 사람
3. 그 밖에 법률적 지식과 경험이 풍부한 사람으로서 대통령령으로 정하는 사람
⑥준법지원인의 임기는 3년으로 하고, 준법지원인은 상근으로 한다.
⑦준법지원인은 선량한 관리자의 주의로 그 직무를 수행하여야 한다.
⑧준법지원인은 재임 중뿐만 아니라 퇴임 후에도 직무상 알게 된 회사의 영업상 비밀을 누설하여서는 아니 된다.

⑨제1항의 상장회사는 준법지원인이 그 직무를 독립적으로 수행할 수 있도록 하여야 하고, 제1항의 상장회사의 임직원은 준법지원인이 그 직무를 수행할 때 자료나 정보의 제출을 요구하는 경우 이에 성실하게 응하여야 한다.
⑩제1항의 상장회사는 준법지원인이었던 사람에 대하여 그 직무수행과 관련된 사유로 부당한 인사상의 불이익을 주어서는 아니 된다.
⑪준법지원인에 관하여 다른 법률에 특별한 규정이 있는 경우를 제외하고는 이 법에서 정하는 바에 따른다. 다만, 다른 법률의 규정이 준법지원인의 임기를 제6항보다 단기로 정하고 있는 경우에는 제6항을 다른 법률에 우선하여 적용한다.
⑫그 밖의 준법통제기준 및 준법지원인에 관하여 필요한 사항은 대통령령으로 정한다.
[본조신설 2011.4.14.]

제5장 유한회사

제1절 설립

제543조(정관의 작성, 절대적 기재사항)
①유한회사를 설립함에는 사원이 정관을 작성하여야 한다. <개정 2001.7.24.>
②정관에는 다음의 사항을 기재하고 각 사원이 기명날인 또는 서명하여야 한다. <개정 1984.4.10., 1995.12.29., 2001.7.24., 2011.4.14.>
1. 제179조제1호 내지 제3호에 정한 사항
2. 자본금의 총액
3. 출자1좌의 금액
4. 각 사원의 출자좌수
5. 본점의 소재지

③제292조의 규정은 유한회사에 준용한다.

제544조(변태설립사항) 다음의 사항은 정관에 기재함으로써 그 효력이 있다.
1. 현물출자를 하는 자의 성명과 그 목적인 재산의 종류, 수량, 가격과 이에 대하여 부여하는 출자좌수
2. 회사의 설립후에 양수할 것을 약정한 재산의 종류, 수량, 가격과 그 양도인의 성명
3. 회사가 부담할 설립비용

제545조 삭제 <2011.4.14.>

제546조(출자 1좌의 금액의 제한)
출자 1좌의 금액은 100원 이상으로 균일하게 하여야 한다.
[전문개정 2011.4.14.]

제547조(초대이사의 선임)
①정관으로 이사를 정하지 아니한 때에는 회사성립전에 사원총회를 열어 이를 선임하여야 한다.
②전항의 사원총회는 각 사원이 소집할 수 있다.

제548조(출자의 납입) ①이사는 사원으로 하여금 출자전액의 납입 또는 현물출자의 목적인 재산전부의 급여를 시켜야 한다.
②제295조제2항의 규정은 사원이 현물출자를 하는 경우에 준용한다.

제549조(설립의 등기) ①유한회사의 설립등기는 제548조의 납입 또는 현물출자의 이행이

있은 날로부터 2주간 내에 하여야 한다. <개정 1995.12.29.>
②제1항의 등기에서 다음 각 호의 사항을 등기하여야 한다. <개정 1995.12.29., 2011.4.14.>
1. 제179조제1호·제2호 및 제5호에 규정된 사항과 지점을 둔 때에는 그 소재지
2. 제543조제2항제2호와 제3호에 게기한 사항
3. 이사의 성명·주민등록번호 및 주소. 다만, 회사를 대표할 이사를 정한 때에는 그 외의 이사의 주소를 제외한다.
4. 회사를 대표할 이사를 정한 때에는 그 성명, 주소와 주민등록번호
5. 수인의 이사가 공동으로 회사를 대표할 것을 정한 때에는 그 규정
6. 존립기간 기타의 해산사유를 정한 때에는 그 기간과 사유
7. 감사가 있는 때에는 그 성명 및 주민등록번호
③유한회사의 지점 설치 및 이전 시 지점소재지 또는 신지점소재지에서 등기를 하는 때에는 제2항제3호부터 제6호까지에 규정된 사항과 제179조제1호·제2호 및 제5호에 규정된 사항을 등기하여야 한다. 다만, 회사를 대표할 이사를 정한 때에는 그 외의 이사는 등기하지 아니한다. <개정 2011.4.14.>
④제181조 내지 제183조의 규정은 유한회사의 등기에 준용한다. <개정 1962.12.12.>

제550조(현물출자 등에 관한 회사성립시의 사원의 책임) ①제544조제1호와 제2호의 재산의 회사성립당시의 실가가 정관에 정한 가격에 현저하게 부족한 때에는 회사성립당시의 사원은 회사에 대하여 그 부족액을 연대하여 지급할 책임이 있다.
②전항의 사원의 책임은 면제하지 못한다. <신설 1962.12.12.>

제551조(출자미필액에 대한 회사성립시의 사원 등의 책임) ①회사성립후에 출자금액의 납입 또는 현물출자의 이행이 완료되지 아니하였음이 발견된 때에는 회사성립당시의 사원, 이사와 감사는 회사에 대하여 그 납입되지 아니한 금액 또는 이행되지 아니한 현물의 가액을 연대하여 지급할 책임이 있다. <개정 1962.12.12.>
②전항의 사원의 책임은 면제하지 못한다. <신설 1962.12.12.>
③제1항의 이사와 감사의 책임은 총사원의 동의가 없으면 면제하지 못한다. <신설 1962.12.12.>

제552조(설립무효, 취소의 소) ①회사의 설립의 무효는 그 사원, 이사와 감사에 한하여 설립의 취소는 그 취소권있는 자에 한하여 회사설립의 날로부터 2년내에 소만으로 이를 주장할 수 있다.
②제184조제2항과 제185조 내지 제193조의 규정은 전항의 소에 준용한다.
[전문개정 1962.12.12.]

제2절 사원의 권리의무

제553조(사원의 책임) 사원의 책임은 본법에 다른 규정이 있는 경우외에는 그 출자금액을 한도로 한다.

제554조(사원의 지분) 각 사원은 그 출자좌수에 따라 지분을 가진다.

제555조(지분에 관한 증권) 유한회사는 사원의 지분에 관하여 지시식 또는 무기명식의 증권을 발행하지 못한다.

제556조(지분의 양도) 사원은 그 지분의 전부 또는 일부를 양도하거나 상속할 수 있다. 다만, 정관으로 지분의 양도를 제한할 수 있다.
[전문개정 2011.4.14.]

第557條(지분이전의 대항요건) 지분의 이전은 취득자의 성명, 주소와 그 목적이 되는 출자좌수를 사원명부에 기재하지 아니하면 이로써 회사와 제삼자에게 대항하지 못한다.

第558條(지분의 공유) 제333조의 규정은 지분이 수인의 공유에 속하는 경우에 준용한다.

第559條(지분의 입질) ①지분은 질권의 목적으로 할 수 있다.
②제556조와 제557조의 규정은 지분의 입질에 준용한다.

第560條(준용규정) ①사원의 지분에 대하여는 제339조, 제340조제1항·제2항, 제341조의2, 제341조의3, 제342조 및 제343조제1항을 준용한다. <개정 2011.4.14.>
②제353조의 규정은 사원에 대한 통지 또는 최고에 준용한다.

제3절 회사의 관리

第561條(이사) 유한회사에는 1인 또는 수인의 이사를 두어야 한다.

第562條(회사대표) ①이사는 회사를 대표한다.
②이사가 수인인 경우에 정관에 다른 정함이 없으면 사원총회에서 회사를 대표할 이사를 선정하여야 한다.
③정관 또는 사원총회는 수인의 이사가 공동으로 회사를 대표할 것을 정할 수 있다.
④제208조제2항의 규정은 전항의 경우에 준용한다.

第563條(이사, 회사간의 소에 관한 대표)
회사가 이사에 대하여 또는 이사가 회사에 대하여 소를 제기하는 경우에는 사원총회는 그 소에 관하여 회사를 대표할 자를 선정하여야 한다.

第564條(업무집행의 결정, 이사와 회사간의 거래) ①이사가 수인인 경우에 정관에 다른 정함이 없으면 회사의 업무집행, 지배인의 선임 또는 해임과 지점의 설치·이전 또는 폐지는 이사 과반수의 결의에 의하여야 한다. <개정 1984.4.10.>
②사원총회는 제1항의 규정에 불구하고 지배인의 선임 또는 해임을 할 수 있다. <개정 1984.4.10.>
③이사는 감사가 있는 때에는 그 승인이, 감사가 없는 때에는 사원총회의 승인이 있는 때에 한하여 자기 또는 제삼자의 계산으로 회사와 거래를 할 수 있다. 이 경우에는 민법 제124조의 규정을 적용하지 아니한다.
<신설 1962.12.12.>

第564條의2(유지청구권) 이사가 법령 또는 정관에 위반한 행위를 하여 이로 인하여 회사에 회복할 수 없는 손해가 생길 염려가 있는 경우에는 감사 또는 자본금 총액의 100분의 3 이상에 해당하는 출자좌수를 가진 사원은 회사를 위하여 이사에 대하여 그 행위를 유지할 것을 청구할 수 있다. <개정 2011.4.14.>
[본조신설 1999.12.31.]

第565條(사원의 대표소송) ①자본금 총액의 100분의 3 이상에 해당하는 출자좌수를 가진 사원은 회사에 대하여 이사의 책임을 추궁할 소의 제기를 청구할 수 있다.
<개정 1999.12.31., 2011.4.14.>
②제403조제2항 내지 제7항과 제404조 내지 제406조의 규정은 제1항의 경우에 준용한다.
<개정 1998.12.28.>

第566조(서류의 비치, 열람) ①이사는 정관과 사원총회의 의사록을 본점과 지점에, 사원명부를 본점에 비치하여야 한다.
②사원명부에는 사원의 성명, 주소와 그 출자좌수를 기재하여야 한다.
③사원과 회사채권자는 영업시간 내에 언제든지 제1항에 게기한 서류의 열람 또는 등사를 청구할 수 있다.

第567조(준용규정) 제209조, 제210조, 제382조, 제385조, 제386조, 제388조, 제395조, 제397조, 제399조 내지 제401조, 제407조와 제408조의 규정은 유한회사의 이사에 준용한다. 이 경우 제397조의 "이사회"는 이를 "사원총회"로 한다. <개정 1962.12.12, 1998.12.28, 1999.12.31.>

第568조(감사) ①유한회사는 정관에 의하여 1인 또는 수인의 감사를 둘 수 있다.
②제547조의 규정은 정관에서 감사를 두기로 정한 경우에 준용한다.

第569조(감사의 권한) 감사는 언제든지 회사의 업무와 재산상태를 조사할 수 있고 이사에 대하여 영업에 관한 보고를 요구할 수 있다.

第570조(준용규정) 제382조, 제385조제1항, 제386조, 제388조, 제400조, 제407조, 제411조, 제413조, 제414조와 제565조의 규정은 감사에 준용한다.

第571조(사원총회의 소집) ①사원총회는 이 법에서 달리 규정하는 경우 외에는 이사가 소집한다. 그러나 임시총회는 감사도 소집할 수 있다.
②사원총회를 소집할 때에는 사원총회일의 1주 전에 각 사원에게 서면으로 통지서를 발송하거나 각 사원의 동의를 받아 전자문서로 통지서를 발송하여야 한다.
③사원총회의 소집에 관하여는 제363조제2항 및 제364조를 준용한다.
[전문개정 2011.4.14.]

第572조(소수사원에 의한 총회소집청구)
①자본금 총액의 100분의 3 이상에 해당하는 출자좌수를 가진 사원은 회의의 목적사항과 소집의 이유를 기재한 서면을 이사에게 제출하여 총회의 소집을 청구할 수 있다. <개정 1999.12.31., 2011.4.14.>
②전항의 규정은 정관으로 다른 정함을 할 수 있다.
③제366조제2항과 제3항의 규정은 제1항의 경우에 준용한다.

第573조(소집절차의 생략) 총사원의 동의가 있을 때에는 소집절차없이 총회를 열 수 있다.

第574조(총회의 정족수, 결의방법)
사원총회의 결의는 정관 또는 본법에 다른 규정이 있는 경우외에는 총사원의 의결권의 과반수를 가지는 사원이 출석하고 그 의결권의 과반수로써 하여야 한다.

第575조(사원의 의결권) 각 사원은 출자1좌마다 1개의 의결권을 가진다. 그러나 정관으로 의결권의 수에 관하여 다른 정함을 할 수 있다.

第576조(유한회사의 영업양도 등에 특별결의를 받아야 할 사항) ①유한회사가 제374조제1항제1호부터 제3호까지의 규정에 해당되는 행위를 하려면 제585조에 따른 총회의 결의가 있어야 한다. <개정 2011.4.14.>
②전항의 규정은 유한회사가 그 성립후 2년내에 성립전으로부터 존재하는 재산으로서 영업을 위하여 계속하여 사용할 것을 자본금의 20분의 1 이상에 상당한 대가로 취득하는 계약을 체결

하는 경우에 준용한다. <개정 2011.4.14.>
[제목개정 2011.4.14.]

第577조(서면에 의한 결의) ①총회의 결의를 하여야 할 경우에 총사원의 동의가 있는 때에는 서면에 의한 결의를 할 수 있다.
②결의의 목적사항에 대하여 총사원이 서면으로 동의를 한 때에는 서면에 의한 결의가 있은 것으로 본다.
③서면에 의한 결의는 총회의 결의와 동일한 효력이 있다.
④총회에 관한 규정은 서면에 의한 결의에 준용한다.

第578조(준용규정) 제365조, 제367조, 제368조제2항·제3항, 제369조제2항, 제371조제2항, 제372조, 제373조와 제376조 내지 제381조의 규정은 사원총회에 준용한다.
<개정 2014.5.20.>

第579조(재무제표의 작성) ①이사는 매결산기에 다음의 서류와 그 부속명세서를 작성하여야 한다. <개정 2011.4.14.>
1. 대차대조표
2. 손익계산서
3. 그 밖에 회사의 재무상태와 경영성과를 표시하는 것으로서 제447조제1항제3호에 따른 서류
②감사가 있는 때에는 이사는 정기총회회일로부터 4주간전에 제1항의 서류를 감사에게 제출하여야 한다.
③감사는 제2항의 서류를 받은 날로부터 3주간내에 감사보고서를 이사에게 제출하여야 한다.
[전문개정 1984.4.10.]

第579조의2(영업보고서의 작성)
①이사는 매결산기에 영업보고서를 작성하여야 한다.
②제579조제2항 및 제3항의 규정은 제1항의 영업보고서에 관하여 이를 준용한다.
[본조신설 1984.4.10.]

第579조의3(재무제표등의 비치 · 공시)
①이사는 정기총회회일의 1주간전부터 5년간 제579조 및 제579조의2의 서류와 감사보고서를 본점에 비치하여야 한다.
②제448조제2항의 규정은 제1항의 서류에 관하여 이를 준용한다.
[본조신설 1984.4.10.]

第580조(이익배당의 기준) 이익의 배당은 정관에 다른 정함이 있는 경우외에는 각사원의 출자좌수에 따라 하여야 한다.

第581조(사원의 회계장부열람권)
①자본금의 100분의 3 이상에 해당하는 출자좌수를 가진 사원은 회계의 장부와 서류의 열람 또는 등사를 청구할 수 있다. <개정 1999.12.31., 2011.4.14.>
②회사는 정관으로 각 사원이 제1항의 청구를 할 수 있다는 뜻을 정할 수 있다. 이 경우 제579조 제1항의 규정에 불구하고 부속명세서는 이를 작성하지 아니한다. <개정 1984.4.10.>

第582조(업무, 재산상태의 검사)
①회사의 업무집행에 관하여 부정행위 또는 법령이나 정관에 위반한 중대한 사유가 있는

때에는 자본금 총액의 100분의 3 이상에 해당하는 출자좌수를 가진 사원은 회사의 업무와 재산상태를 조사하게 하기 위하여 법원에 검사인의 선임을 청구할 수 있다. <개정 1999.12.31., 2011.4.14.>
②검사인은 그 조사의 결과를 서면으로 법원에 보고하여야 한다.
③법원은 전항의 보고서에 의하여 필요하다고 인정한 경우에는 감사가 있는 때에는 감사에게, 감사가 없는 때에는 이사에게 사원총회의 소집을 명할 수 있다. 제310조제2항의 규정은 이 경우에 준용한다. <개정 1962.12.12.>

제583조(준용규정) ①유한회사의 계산에 대하여는 제449조제1항·제2항, 제450조, 제458조부터 제460조까지, 제462조, 제462조의3 및 제466조를 준용한다. <개정 2011.4.14.>
②제468조의 규정은 유한회사와 피용자간에 고용관계로 인하여 생긴 채권에 준용한다. <개정 1999.12.31.>

제4절 정관의 변경

제584조(정관변경의 방법) 정관을 변경함에는 사원총회의 결의가 있어야 한다.

제585조(정관변경의 특별결의) ①전조의 결의는 총사원의 반수 이상이며 총사원의 의결권의 4분의 3 이상을 가지는 자의 동의로 한다.
②전항의 규정을 적용함에 있어서는 의결권을 행사할 수 없는 사원은 이를 총사원의 수에, 그 행사할 수 없는 의결권은 이를 의결권의 수에 산입하지 아니한다.

제586조(자본금 증가의 결의) 다음 각 호의 사항은 정관에 다른 정함이 없더라도 자본금 증가의 결의에서 정할 수 있다.
1. 현물출자를 하는 자의 성명과 그 목적인 재산의 종류, 수량, 가격과 이에 대하여 부여할 출자좌수
2. 자본금 증가 후에 양수할 것을 약정한 재산의 종류, 수량, 가격과 그 양도인의 성명
3. 증가할 자본금에 대한 출자의 인수권을 부여할 자의 성명과 그 권리의 내용
[전문개정 2011.4.14.]

제587조(자본금 증가의 경우의 출자인수권의 부여) 유한회사가 특정한 자에 대하여 장래 그 자본금을 증가할 때 출자의 인수권을 부여할 것을 약속하는 경우에는 제585조에서 정하는 결의에 의하여야 한다.
[전문개정 2011.4.14.]

제588조(사원의 출자인수권) 사원은 증가할 자본금에 대하여 그 지분에 따라 출자를 인수할 권리가 있다. 그러나 전2조의 결의에서 출자의 인수자를 정한 때에는 그러하지 아니하다. <개정 2011.4.14.>

제589조(출자인수의 방법) ①자본금 증가의 경우에 출자의 인수를 하고자 하는 자는 인수를 증명하는 서면에 그 인수할 출자의 좌수와 주소를 기재하고 기명날인 또는 서명하여야 한다. <개정 1995.12.29., 2011.4.14.>
②유한회사는 광고 기타의 방법에 의하여 인수인을 공모하지 못한다.

제590조(출자인수인의 지위) 자본금 증가의 경우에 출자의 인수를 한 자는 출자의 납입의 기일 또는 현물출자의 목적인 재산의 급여의 기일로부터 이익배당에 관하여 사원과 동일한 권리를 가진다. <개정 2011.4.14.>

제591조(자본금 증가의 등기) 유한회사는 자본금 증가로 인한 출자 전액의 납입 또는 현물 출자의 이행이 완료된 날부터 2주 내에 본점소재지에서 자본금 증가로 인한 변경등기를 하여야 한다.
[전문개정 2011.4.14.]

제592조(자본금 증가의 효력발생)
자본금의 증가는 본점소재지에서 제591조의 등기를 함으로써 효력이 생긴다.
[전문개정 2011.4.14.]

제593조(현물출자등에 관한 사원의 책임)
①제586조제1호와 제2호의 재산의 자본금 증가당시의 실가가 자본금 증가의 결의에 의하여 정한 가격에 현저하게 부족한 때에는 그 결의에 동의한 사원은 회사에 대하여 그 부족액을 연대하여 지급할 책임이 있다. <개정 2011.4.14.>
②제550조제2항과 제551조제2항의 규정은 전항의 경우에 준용한다. <개정 1962.12.12.>

제594조(미인수출자 등에 관한 이사 등의 책임) ①자본금 증가후에 아직 인수되지 아니한 출자가 있는 때에는 이사와 감사가 공동으로 이를 인수한 것으로 본다. <개정 1962.12.12., 2011.4.14.>
②자본금 증가후에 아직 출자전액의 납입 또는 현물출자의 목적인 재산의 급여가 미필된 출자가 있는 때에는 이사와 감사는 연대하여 그 납입 또는 급여미필재산의 가액을 지급할 책임이 있다. <개정 1962.12.12., 2011.4.14.>
③제551조제3항의 규정은 전항의 경우에 준용한다. <개정 1962.12.12.>

제595조(증자무효의 소) ①자본금 증가의 무효는 사원, 이사 또는 감사에 한하여 제591조의 규정에 의한 본점소재지에서의 등기를 한 날로부터 6월내에 소만으로 이를 주장할 수 있다. <개정 1962.12.12., 2011.4.14.>
②제430조 내지 제432조의 규정은 전항의 경우에 준용한다.

제596조(준용규정) 제421조제2항, 제548조와 제576조제2항의 규정은 자본금 증가의 경우에 준용한다. <개정 1962.12.12., 2011.4.14.>

제597조(동전) 제439조제1항, 제2항, 제443조, 제445조와 제446조의 규정은 자본금감소의 경우에 준용한다. <개정 2011.4.14.]>

제5절 합병과 조직변경

제598조(합병의 방법) 유한회사가 다른 회사와 합병을 함에는 제585조의 규정에 의한 사원총회의 결의가 있어야 한다.

제599조(설립위원의 선임) 제175조의 규정에 의한 설립위원의 선임은 제585조의 규정에 의한 사원총회의 결의에 의하여야 한다.

제600조(유한회사와 주식회사의 합병)
①유한회사가 주식회사와 합병하는 경우에 합병후 존속하는 회사 또는 합병으로 인하여 설립되는 회사가 주식회사인 때에는 법원의 인가를 얻지 아니하면 합병의 효력이 없다.
②합병을 하는 회사의 일방이 사채의 상환을 완료하지 아니한 주식회사인 때에는 합병후 존속하는 회사 또는 합병으로 인하여 설립되는 회사는 유한회사로 하지 못한다.

제601조(물상대위) ①유한회사가 주식회사와 합병하는 경우에 합병후 존속하는 회사 또는 합병으로 인하여 설립되는 회사가 유한회사인 때에는 제339조의 규정은 종전의 주식을 목적으로 하는 질권에 준용한다.
②전항의 경우에 질권의 목적인 지분에 관하여 출자좌수와 질권자의 성명 및 주소를 사원명부에 기재하지 아니하면 그 질권으로써 회사 기타의 제삼자에 대항하지 못한다.

제602조(합병의 등기) 유한회사가 합병을 한 때에는 제603조에서 준용하는 제526조 또는 제527조의 규정에 의한 사원총회가 종결한 날로부터 본점소재지에서는 2주간, 지점소재지에서는 3주간내에 합병후 존속하는 유한회사에 있어서는 변경등기, 합병으로 인하여 소멸되는 유한회사에 있어서는 해산등기, 합병으로 인하여 설립되는 유한회사에 있어서는 제549조제2항에 정한 등기를 하여야 한다.

제603조(준용규정) 제232조, 제234조, 제235조, 제237조 내지 제240조, 제443조, 제522조제1항·제2항, 제522조의2, 제523조, 제524조, 제526조제1항·제2항, 제527조제1항 내지 제3항 및 제529조의 규정은 유한회사의 합병의 경우에 준용한다. <개정 1962.12.12., 1984.4.10., 1998.12.28.>

제604조(주식회사의 유한회사에의 조직변경) ①주식회사는 총주주의 일치에 의한 총회의 결의로 그 조직을 변경하여 이를 유한회사로 할 수 있다. 그러나 사채의 상환을 완료하지 아니한 경우에는 그러하지 아니하다.
②전항의 조직변경의 경우에는 회사에 현존하는 순재산액보다 많은 금액을 자본금의 총액으로 하지 못한다. <개정 2011.4.14.>
③제1항의 결의에 있어서는 정관 기타 조직변경에 필요한 사항을 정하여야 한다.
④제601조의 규정은 제1항의 조직변경의 경우에 준용한다.

제605조(이사, 주주의 순재산액전보책임)
①전조의 조직변경의 경우에 회사에 현존하는 순재산액이 자본금의 총액에 부족하는 때에는 전조제1항의 결의당시의 이사와 주주는 회사에 대하여 연대하여 그 부족액을 지급할 책임이 있다. <개정 2011.4.14.>
②제550조제2항과 제551조제2항, 제3항의 규정은 전항의 경우에 준용한다. <개정 1962.12.12.>

제606조(조직변경의 등기) 주식회사가 제604조의 규정에 의하여 그 조직을 변경한 때에는 본점소재지에서는 2주간, 지점소재지에서는 3주간내에 주식회사에 있어서는 해산등기, 유한회사에 있어서는 제549조제2항에 정하는 등기를 하여야 한다.

제607조(유한회사의 주식회사로의 조직변경)
①유한회사는 총사원의 일치에 의한 총회의 결의로 주식회사로 조직을 변경할 수 있다. 다만, 회사는 그 결의를 정관으로 정하는 바에 따라 제585조의 사원총회의 결의로 할 수 있다.
②제1항에 따라 조직을 변경할 때 발행하는 주식의 발행가액의 총액은 회사에 현존하는 순재산액을 초과하지 못한다.
③제1항의 조직변경은 법원의 인가를 받지 아니하면 효력이 없다.
④제1항에 따라 조직을 변경하는 경우 회사에 현존하는 순재산액이 조직변경으로 발행하는 주식의 발행가액 총액에 부족할 때에는 제1항의 결의 당시의 이사, 감사 및 사원은 연대하여 회사에 그 부족액을 지급할 책임이 있다. 이 경우에 제550조제2항 및 제551조제2항·제3항을 준용한다.
⑤제1항에 따라 조직을 변경하는 경우 제340조제3항, 제601조제1항, 제604조제3항 및 제606조를 준용한다.
[전문개정 2011.4.14.]

제608조(준용규정) 제232조의 규정은 제604조와 제607조의 조직변경의 경우에 준용한다. <개정 1984.4.10.>

제6절 해산과 청산

제609조(해산사유) ①유한회사는 다음의 사유로 인하여 해산한다. <개정 2001.7.24.>
1. 제227조제1호·제4호 내지 제6호에 규정된 사유
2. 사원총회의 결의

②전항제2호의 결의는 제585조의 규정에 의하여야 한다.

제610조(회사의 계속) ①제227조제1호 또는 전조제1항제2호의 사유로 인하여 회사가 해산한 경우에는 제585조의 규정에 의한 사원총회의 결의로써 회사를 계속할 수 있다.
② 삭제 <2001.7.24.>

제611조(준용규정) 제229조제3항의 규정은 전조의 회사 계속의 경우에 준용한다.

제612조(잔여재산의 분배) 잔여재산은 정관에 다른 정함이 있는 경우외에는 각사원의 출자좌수에 따라 사원에게 분배하여야 한다.

제613조(준용규정) ①제228조, 제245조, 제252조 내지 제255조, 제259조, 제260조, 제264조, 제520조, 제531조 내지 제537조, 제540조와 제541조의 규정은 유한회사에 준용한다. <개정 1962.12.12.>
②제209조, 제210조, 제366조제2항·제3항, 제367조, 제373조제2항, 제376조, 제377조, 제382조제2항, 제386조, 제388조, 제399조 내지 제402조, 제407조, 제408조, 제411조 내지 제413조, 제414조제3항, 제450조, 제466조제2항, 제539조, 제562조, 제563조, 제564조제3항, 제565조, 제566조, 제571조, 제572조제1항과 제581조의 규정은 유한회사의 청산인에 준용한다. <개정 1962.12.12., 1984.4.10.>

제6장 외국회사

제614조(대표자, 영업소의 설정과 등기)
①외국회사가 대한민국에서 영업을 하려면 대한민국에서의 대표자를 정하고 대한민국 내에 영업소를 설치하거나 대표자 중 1명 이상이 대한민국에 그 주소를 두어야 한다. <개정 2011.4.14.>
②전항의 경우에는 외국회사는 그 영업소의 설치에 관하여 대한민국에서 설립되는 동종의 회사 또는 가장 유사한 회사의 지점과 동일한 등기를 하여야 한다.
③전항의 등기에서는 회사설립의 준거법과 대한민국에서의 대표자의 성명과 그 주소를 등기하여야 한다.
④제209조와 제210조의 규정은 외국회사의 대표자에게 준용한다. <개정 1962.12.12.>

제615조(등기기간의 기산점) 전조제2항과 제3항의 규정에 의한 등기사항이 외국에서 생긴 때에는 등기기간은 그 통지가 도달한 날로부터 기산한다.

제616조(등기전의 계속거래의 금지)
①외국회사는 그 영업소의 소재지에서 제614조의 규정에 의한 등기를 하기 전에는 계속하

여 거래를 하지 못한다.
②전항의 규정에 위반하여 거래를 한 자는 그 거래에 대하여 회사와 연대하여 책임을 진다.

제616조의2(대차대조표 또는 이에 상당하는 것의 공고) ①외국회사로서 이 법에 따라 등기를 한 외국회사(대한민국에서의 같은 종류의 회사 또는 가장 비슷한 회사가 주식회사인 것만 해당한다)는 제449조에 따른 승인과 같은 종류의 절차 또는 이와 비슷한 절차가 종결된 후 지체 없이 대차대조표 또는 이에 상당하는 것으로서 대통령령으로 정하는 것을 대한민국에서 공고하여야 한다.
②제1항의 공고에 대하여는 제289조제3항부터 제6항까지의 규정을 준용한다.
[본조신설 2011.4.14.]

제617조(유사외국회사) 외국에서 설립된 회사라도 대한민국에 그 본점을 설치하거나 대한민국에서 영업할 것을 주된 목적으로 하는 때에는 대한민국에서 설립된 회사와 같은 규정에 따라야 한다.
[전문개정 2011.4.14.]

제618조(준용규정) ①제335조, 제335조의2부터 제335조의7까지, 제336조부터 제338조까지, 제340조제1항, 제355조, 제356조, 제356조의2, 제478조제1항, 제479조 및 제480조의 규정은 대한민국에서의 외국회사의 주권 또는 채권의 발행과 그 주식의 이전이나 입질 또는 사채의 이전에 준용한다. <개정 2014.5.20.>
②전항의 경우에는 처음 대한민국에 설치한 영업소를 본점으로 본다.

제619조(영업소폐쇄명령) ①외국회사가 대한민국에 영업소를 설치한 경우에 다음의 사유가 있는 때에는 법원은 이해관계인 또는 검사의 청구에 의하여 그 영업소의 폐쇄를 명할 수 있다. <개정 1962.12.12.>
1. 영업소의 설치목적이 불법한 것인 때
2. 영업소의 설치등기를 한 후 정당한 사유없이 1년내에 영업을 개시하지 아니하거나 1년 이상 영업을 휴지한 때 또는 정당한 사유없이 지급을 정지한 때
3. 회사의 대표자 기타 업무를 집행하는 자가 법령 또는 선량한 풍속 기타 사회질서에 위반한 행위를 한 때
②제176조제2항 내지 제4항의 규정은 전항의 경우에 준용한다.

제620조(한국에 있는 재산의 청산)
①전조제1항의 규정에 의하여 영업소의 폐쇄를 명한 경우에는 법원은 이해관계인의 신청에 의하여 또는 직권으로 대한민국에 있는 그 회사재산의 전부에 대한 청산의 개시를 명할 수 있다. 이 경우에는 법원은 청산인을 선임하여야 한다.
②제535조 내지 제537조와 제542조의 규정은 그 성질이 허하지 아니하는 경우외에는 전항의 청산에 준용한다.
③전2항의 규정은 외국회사가 스스로 영업소를 폐쇄한 경우에 준용한다.

제621조(외국회사의 지위) 외국회사는 다른 법률의 적용에 있어서는 법률에 다른 규정이 있는 경우외에는 대한민국에서 성립된 동종 또는 가장 유사한 회사로 본다.

제7장 벌칙

제622조(발기인, 이사 기타의 임원등의 특별배임죄) ①회사의 발기인, 업무집행사원, 이사,

집행임원, 감사위원회 위원, 감사 또는 제386조제2항, 제407조제1항, 제415조 또는 제567조의 직무대행자, 지배인 기타 회사영업에 관한 어느 종류 또는 특정한 사항의 위임을 받은 사용인이 그 임무에 위배한 행위로써 재산상의 이익을 취하거나 제삼자로 하여금 이를 취득하게 하여 회사에 손해를 가한 때에는 10년 이하의 징역 또는 3천만원 이하의 벌금에 처한다. <개정 1984.4.10., 1995.12.29., 1999.12.31., 2011.4.14.>
②회사의 청산인 또는 제542조제2항의 직무대행자, 제175조의 설립위원이 제1항의 행위를 한 때에도 제1항과 같다. <개정 1984.4.10.>

第623條(사채권자집회의 대표자 등의 특별배임죄) 사채권자집회의 대표자 또는 그 결의를 집행하는 자가 그 임무에 위배한 행위로써 재산상의 이익을 취하거나 제삼자로 하여금 이를 취득하게 하여 사채권자에게 손해를 가한 때에는 7년 이하의 징역 또는 2천만원 이하의 벌금에 처한다. <개정 1984.4.10., 1995.12.29.>

第624條(특별배임죄의 미수) 전2조의 미수범은 처벌한다.

第624條의2(주요주주 등 이해관계자와의 거래 위반의 죄) 제542조의9제1항을 위반하여 신용공여를 한 자는 5년 이하의 징역 또는 2억원 이하의 벌금에 처한다.
[본조신설 2009.1.30.]

第625條(회사재산을 위태롭게 하는 죄)
제622조제1항에 규정된 자, 검사인, 제298조제3항·제299조의2·제310조제3항 또는 제313조제2항의 공증인(인가공증인의 공증담당변호사를 포함한다. 이하 이 장에서 같다)이나 제299조의2, 제310조제3항 또는 제422조제1항의 감정인이 다음의 행위를 한 때에는 5년 이하의 징역 또는 1천500만 원 이하의 벌금에 처한다. <개정 2009.2.6., 2011.4.14.>
1. 주식 또는 출자의 인수나 납입, 현물출자의 이행, 제290조, 제416조제4호 또는 제544조에 규정된 사항에 관하여 법원·총회 또는 발기인에게 부실한 보고를 하거나 사실을 은폐한 때
2. 누구의 명의로 하거나를 불문하고 회사의 계산으로 부정하게 그 주식 또는 지분을 취득하거나 질권의 목적으로 이를 받은 때
3. 법령 또는 정관에 위반하여 이익배당을 한 때
4. 회사의 영업범위외에서 투기행위를 하기 위하여 회사재산을 처분한 때

第625條의2(주식의 취득제한 등에 위반한 죄) 다음 각 호의 어느 하나에 해당하는 자는 2천만원 이하의 벌금에 처한다.
1. 제342조의2제1항 또는 제2항을 위반한 자
2. 제360조의3제7항을 위반한 자
3. 제523조의2제2항을 위반한 자
4. 제530조의6제5항을 위반한 자
[전문개정 2015.12.1.]

第626條(부실보고죄) 회사의 이사, 집행임원, 감사위원회 위원, 감사 또는 제386조제2항, 제407조제1항, 제415조 또는 제567조의 직무대행자가 제604조 또는 제607조의 조직변경의 경우에 제604조제2항 또는 제607조제2항의 순재산액에 관하여 법원 또는 총회에 부실한 보고를 하거나 사실을 은폐한 경우에는 5년 이하의 징역 또는 1천500만원 이하의 벌금에 처한다.
[전문개정 2011.4.14.]

第627條(부실문서행사죄) ①제622조제1항에 게기한 자, 외국회사의 대표자, 주식 또는 사채의 모집의 위탁을 받은 자가 주식 또는 사채를 모집함에 있어서 중요한 사항에 관하여 부실한 기재가 있는 주식청약서, 사채청약서, 사업계획서, 주식 또는 사채의 모집에 관한 광고 기타의 문서를 행사한 때에는 5년 이하의 징역 또는 1천500만원 이하의 벌금에 처한다. <개정

1984.4.10., 1995.12.29.>
②주식 또는 사채를 매출하는 자가 그 매출에 관한 문서로서 중요한 사항에 관하여 부실한 기재가 있는 것을 행사한 때에도 제1항과 같다. <개정 1984.4.10.>

第628조(납입가장죄등) ①제622조제1항에 게기한 자가 납입 또는 현물출자의 이행을 가장하는 행위를 한 때에는 5년 이하의 징역 또는 1천500만원 이하의 벌금에 처한다. <개정 1984.4.10., 1995.12.29.>
②제1항의 행위에 응하거나 이를 중개한 자도 제1항과 같다. <개정 1984.4.10.>

第629조(초과발행의 죄) 회사의 발기인, 이사, 집행임원 또는 제386조제2항 또는 제407조제1항의 직무대행자가 회사가 발행할 주식의 총수를 초과하여 주식을 발행한 경우에는 5년 이하의 징역 또는 1천500만원 이하의 벌금에 처한다.
[전문개정 2011.4.14.]

第630조(발기인, 이사 기타의 임원의 독직죄) ①제622조와 제623조에 규정된 자, 검사인, 제298조제3항·제299조의2·제310조제3항 또는 제313조제2항의 공증인이나 제299조의2, 제310조제3항 또는 제422조제1항의 감정인이 그 직무에 관하여 부정한 청탁을 받고 재산상의 이익을 수수, 요구 또는 약속한 때에는 5년 이하의 징역 또는 1천500만원 이하의 벌금에 처한다. <개정 1984.4.10., 1995.12.29., 1998.12.28.>
②제1항의 이익을 약속, 공여 또는 공여의 의사를 표시한 자도 제1항과 같다. <개정 1984.4.10.>

第631조(권리행사방해 등에 관한 증수뢰죄)
①다음의 사항에 관하여 부정한 청탁을 받고 재산상의 이익을 수수, 요구 또는 약속한 자는 1년 이하의 징역 또는 300만원 이하의 벌금에 처한다.
<개정 1962.12.12., 1984.4.10., 1995.12.29., 1998.12.28., 1999.12.31., 2011.4.14.>
1. 창립총회, 사원총회, 주주총회 또는 사채권자집회에서의 발언 또는 의결권의 행사
2. 제3편에 정하는 소의 제기, 발행주식의 총수의 100분의 1 또는 100분의 3 이상에 해당하는 주주, 사채총액의 100분의 10 이상에 해당하는 사채권자 또는 자본금의 100분의 3 이상에 해당하는 출자좌수를 가진 사원의 권리의 행사
3. 제402조 또는 제424조에 정하는 권리의 행사
②제1항의 이익을 약속, 공여 또는 공여의 의사를 표시한 자도 제1항과 같다. <개정 1984.4.10.>

第632조(징역과 벌금의 병과) 제622조 내지 전조의 징역과 벌금은 이를 병과할 수 있다.

第633조(몰수, 추징) 제630조제1항 또는 제631조제1항의 경우에는 범인이 수수한 이익은 이를 몰수한다. 그 전부 또는 일부를 몰수하기 불능한 때에는 그 가액을 추징한다.

第634조(납입책임면탈의 죄) 납입의 책임을 면하기 위하여 타인 또는 가설인의 명의로 주식 또는 출자를 인수한 자는 1년 이하의 징역 또는 300만원 이하의 벌금에 처한다. <개정 1984.4.10., 1995.12.29.>

第634조의2(주주의 권리행사에 관한 이익공여의 죄) ①주식회사의 이사, 집행임원, 감사위원회 위원, 감사, 제386조제2항·제407조제1항 또는 제415조의 직무대행자, 지배인, 그 밖의 사용인이 주주의 권리 행사와 관련하여 회사의 계산으로 재산상의 이익을 공여(供與)한 경우에는 1년 이하의 징역 또는 300만원 이하의 벌금에 처한다. <개정 2011.4.14.>
②제1항의 이익을 수수하거나, 제3자에게 이를 공여하게 한 자도 제1항과 같다.

[본조신설 1984.4.10.]

제634조의3(양벌규정) 회사의 대표자나 대리인, 사용인, 그 밖의 종업원이 그 회사의 업무에 관하여 제624조의2의 위반행위를 하면 그 행위자를 벌하는 외에 그 회사에도 해당 조문의 벌금형을 과(科)한다. 다만, 회사가 제542조의13에 따른 의무를 성실히 이행한 경우 등 회사가 그 위반행위를 방지하기 위하여 해당 업무에 관하여 상당한 주의와 감독을 게을리하지 아니한 경우에는 그러하지 아니하다. <개정 2011.4.14.>
[본조신설 2009.1.30.]

제635조(과태료에 처할 행위) ①회사의 발기인, 설립위원, 업무집행사원, 업무집행자, 이사, 집행임원, 감사, 감사위원회 위원, 외국회사의 대표자, 검사인, 제298조제3항·제299조의2·제310조제3항 또는 제313조제2항의 공증인, 제299조의2·제310조제3항 또는 제422조제1항의 감정인, 지배인, 청산인, 명의개서대리인, 사채모집을 위탁받은 회사와 그 사무승계자 또는 제386조제2항·제407조제1항·제415조·제542조제2항 또는 제567조의 직무대행자가 다음 각 호의 어느 하나에 해당하는 행위를 한 경우에는 500만원 이하의 과태료를 부과한다. 다만, 그 행위에 대하여 형(刑)을 과(科)할 때에는 그러하지 아니하다. <개정 2011.4.14.>
1. 이 편(編)에서 정한 등기를 게을리한 경우
2. 이 편에서 정한 공고 또는 통지를 게을리하거나 부정(不正)한 공고 또는 통지를 한 경우
3. 이 편에서 정한 검사 또는 조사를 방해한 경우
4. 이 편의 규정을 위반하여 정당한 사유 없이 서류의 열람 또는 등사, 등본 또는 초본의 발급을 거부한 경우
5. 관청, 총회, 사채권자집회 또는 발기인에게 부실한 보고를 하거나 사실을 은폐한 경우
6. 주권, 채권 또는 신주인수권증권에 적을 사항을 적지 아니하거나 부실하게 적은 경우
7. 정당한 사유 없이 주권의 명의개서를 하지 아니한 경우
8. 법률 또는 정관에서 정한 이사 또는 감사의 인원수를 궐(闕)한 경우에 그 선임절차를 게을리한 경우
9. 정관·주주명부 또는 그 복본(複本), 사원명부·사채원부 또는 그 복본, 의사록, 감사록, 재산목록, 대차대조표, 영업보고서, 사무보고서, 손익계산서, 그 밖에 회사의 재무상태와 경영성과를 표시하는 것으로서 제287조의33 및 제447조제1항제3호에 따라 대통령령으로 정하는 서류, 결산보고서, 회계장부, 제447조·제534조·제579조제1항 또는 제613조제1항의 부속명세서 또는 감사보고서에 적을 사항을 적지 아니하거나 부실하게 적은 경우
10. 법원이 선임한 청산인에 대한 사무의 인계(引繼)를 게을리하거나 거부한 경우
11. 청산의 종결을 늦출 목적으로 제247조제3항, 제535조제1항 또는 제613조제1항의 기간을 부당하게 장기간으로 정한 경우
12. 제254조제4항, 제542조제1항 또는 제613조제1항을 위반하여 파산선고 청구를 게을리한 경우
13. 제589조제2항을 위반하여 출자의 인수인을 공모한 경우
14. 제232조, 제247조제3항, 제439조제2항, 제527조의5, 제530조제2항, 제530조의9제4항, 제530조의11제2항, 제597조, 제603조 또는 제608조를 위반하여 회사의 합병·분할·분할합병 또는 조직변경, 회사재산의 처분 또는 자본금의 감소를 한 경우
15. 제260조, 제542조제1항 또는 제613조제1항을 위반하여 회사재산을 분배한 경우
16. 제302조제2항, 제347조, 제420조, 제420조의2, 제474조제2항 또는 제514조을 위반하여 주식청약서, 신주인수권증서 또는 사채청약서를 작성하지 아니하거나 이에 적을 사항을 적지 아니하거나 또는 부실하게 적은 경우
17. 제342조 또는 제560조제1항을 위반하여 주식 또는 지분의 실효 절차, 주식 또는 지분의 질권 처분을 게을리한 경우
18. 제343조제1항 또는 제560조제1항을 위반하여 주식 또는 출자를 소각한 경우
19. 제355조제1항·제2항 또는 제618조를 위반하여 주권을 발행한 경우

20. 제358조의2제2항을 위반하여 주주명부에 기재를 하지 아니한 경우
21. 제363조의2제1항, 제542조제2항 또는 제542조의6제2항을 위반하여 주주가 제안한 사항을 주주총회의 목적사항으로 하지 아니한 경우
22. 제365조제1항·제2항, 제578조, 제467조제3항, 제582조제3항에 따른 법원의 명령을 위반하여 주주총회를 소집하지 아니하거나, 정관으로 정한 곳 외의 장소에서 주주총회를 소집하거나, 제363조, 제364조, 제571조제2항·제3항을 위반하여 주주총회를 소집한 경우
23. 제374조제2항, 제530조제2항 또는 제530조의11제2항을 위반하여 주식매수청구권의 내용과 행사방법을 통지 또는 공고하지 아니하거나 부실한 통지 또는 공고를 한 경우
24. 제287조의34제1항, 제396조제1항, 제448조제1항, 제510조제2항, 제522조의2제1항, 제527조의6제1항, 제530조의7, 제534조제3항, 제542조제2항, 제566조제1항, 제579조의3, 제603조 또는 제613조를 위반하여 장부 또는 서류를 갖추어 두지 아니한 경우
25. 제412조의5제3항을 위반하여 정당한 이유 없이 감사 또는 감사위원회의 조사를 거부한 경우
26. 제458조부터 제460조까지 또는 제583조를 위반하여 준비금을 적립하지 아니하거나 이를 사용한 경우
27. 제464조의2제1항의 기간에 배당금을 지급하지 아니한 경우
28. 제478조제1항 또는 제618조를 위반하여 채권을 발행한 경우
29. 제536조 또는 제613조제1항을 위반하여 채무 변제를 한 경우
30. 제542조의5를 위반하여 이사 또는 감사를 선임한 경우
31. 제555조를 위반하여 지분에 대한 지시식 또는 무기명식의 증권을 발행한 경우
32. 제619조제1항에 따른 법원의 명령을 위반한 경우

②발기인, 이사 또는 집행임원이 주권의 인수로 인한 권리를 양도한 경우에도 제1항과 같다. <개정 2011.4.14.>

③제1항 각 호 외의 부분에 규정된 자가 다음 각 호의 어느 하나에 해당하는 행위를 한 경우에는 5천만원 이하의 과태료를 부과한다. <신설 2009.1.30.>
1. 제542조의8제1항을 위반하여 사외이사 선임의무를 이행하지 아니한 경우
2. 제542조의8제4항을 위반하여 사외이사 후보추천위원회를 설치하지 아니하거나 사외이사가 총위원의 2분의 1 이상이 되도록 사외이사 후보추천위원회를 구성하지 아니한 경우
3. 제542조의8제5항에 따라 사외이사를 선임하지 아니한 경우
4. 제542조의9제3항을 위반하여 이사회 승인 없이 거래한 경우
5. 제542조의11제1항을 위반하여 감사위원회를 설치하지 아니한 경우
6. 제542조의11제2항을 위반하여 제415조의2제2항 및 제542조의11제2항 각 호의 감사위원회의 구성요건에 적합한 감사위원회를 설치하지 아니한 경우
7. 제542조의11제4항제1호 및 제2호를 위반하여 감사위원회가 제415조의2제2항 및 제542조의11제2항 각 호의 감사위원회의 구성요건에 적합하도록 하지 아니한 경우
8. 제542조의12제2항을 위반하여 감사위원회위원의 선임절차를 준수하지 아니한 경우

④ 제1항 각 호 외의 부분에 규정된 자가 다음 각 호의 어느 하나에 해당하는 행위를 한 경우에는 1천만원 이하의 과태료를 부과한다. <신설 2009.1.30.>
1. 제542조의4에 따른 주주총회 소집의 통지·공고를 게을리하거나 부정한 통지 또는 공고를 한 경우
2. 제542조의7제4항 또는 제542조의12제5항을 위반하여 의안을 별도로 상정하여 의결하지 아니한 경우

판례-상법위반 이의 결정에 대한 즉시 항고

[대법원 2013.6.14, 자, 2013마499, 결정]

【판시사항】

상법 제635조 제1항 제8호에서 정한 과태료 부과 사유가 있는 경우, 법원이 법무부장관의 과태료 처분 이전에 직권으로 과태료 재판을 할 수 있는지 여부(소극)

제636조(등기전의 회사명의의 영업 등)
①회사의 성립전에 회사의 명의로 영업을 한 자는 회사설립의 등록세의 배액에 상당한 과태료에 처한다.
②전항의 규정은 제616조제1항의 규정에 위반한 자에 준용한다.

제637조(법인에 대한 벌칙의 적용)
제622조, 제623조, 제625조, 제627조, 제628조 또는 제630조제1항에 규정된 자가 법인인 경우에는 이 장의 벌칙은 그 행위를 한 이사, 집행임원, 감사, 그 밖에 업무를 집행한 사원 또는 지배인에게 적용한다.
[전문개정 2011.4.14.]

제637조의2(과태료의 부과 · 징수)
①제635조(제1항제1호는 제외한다) 또는 제636조에 따른 과태료는 대통령령으로 정하는 바에 따라 법무부장관이 부과·징수한다.
②제1항에 따른 과태료 처분에 불복하는 자는 그 처분을 고지받은 날부터 60일 이내에 법무부장관에게 이의를 제기할 수 있다.
③제1항에 따른 과태료 처분을 받은 자가 제2항에 따라 이의를 제기한 때에는 법무부장관은 지체 없이 관할 법원에 그 사실을 통보하여야 하며, 그 통보를 받은 관할 법원은 「비송사건절차법」에 따른 과태료 재판을 한다.
④제2항에서 규정하는 기간 내에 이의를 제기하지 아니하고 과태료를 납부하지 아니한 때에는 국세 체납처분의 예에 따라 징수한다.
[본조신설 2009.1.30.]

제4편 보험
제1장 통칙

제638조(보험계약의 의의) 보험계약은 당사자 일방이 약정한 보험료를 지급하고 재산 또는 생명이나 신체에 불확정한 사고가 발생할 경우에 상대방이 일정한 보험금이나 그 밖의 급여를 지급할 것을 약정함으로써 효력이 생긴다.
[전문개정 2014.3.11.]

제638조의2(보험계약의 성립) ①보험자가 보험계약자로부터 보험계약의 청약과 함께 보험료 상당액의 전부 또는 일부의 지급을 받은 때에는 다른 약정이 없으면 30일내에 그 상대방에 대하여 낙부의 통지를 발송하여야 한다. 그러나 인보험계약의 피보험자가 신체검사를 받아야 하는 경우에는 그 기간은 신체검사를 받은 날부터 기산한다.
②보험자가 제1항의 규정에 의한 기간내에 낙부의 통지를 해태한 때에는 승낙한 것으로 본다.
③보험자가 보험계약자로부터 보험계약의 청약과 함께 보험료 상당액의 전부 또는 일부를 받은 경우에 그 청약을 승낙하기 전에 보험계약에서 정한 보험사고가 생긴 때에는 그 청약을 거절할 사유가 없는 한 보험자는 보험계약상의 책임을 진다. 그러나 인보험계약의 피보험자가 신체검사를 받아야 하는 경우에 그 검사를 받지 아니한 때에는 그러하지 아니하다.
[본조신설 1991.12.31.]

제638조의3(보험약관의 교부 · 설명 의무)
①보험자는 보험계약을 체결할 때에 보험계약자에게 보험약관을 교부하고 그 약관의 중요한 내용을 설명하여야 한다.

②보험자가 제1항을 위반한 경우 보험계약자는 보험계약이 성립한 날부터 3개월 이내에 그 계약을 취소할 수 있다.
[전문개정 2014.3.11.]

판례-보험금·보험금

[대법원 2015.3.26, 선고, 2014다229917,229924, 판결]

【판시사항】
甲 보험회사와 乙이 체결한 상해보험의 특별약관에 '특별약관의 보장개시 전의 원인에 의하거나 그 이전에 발생한 후유장해로서 후유장해보험금의 지급사유가 되지 않았던 후유장해가 있었던 피보험자의 동일 신체 부위에 또다시 후유장해가 발생하였을 경우에는 기존 후유장해에 대한 후유장해보험금이 지급된 것으로 보고 최종 후유장해상태에 해당되는 후유장해보험금에서 이미 지급받은 것으로 간주한 후유장해보험금을 차감한 나머지 금액을 지급한다'고 정한 사안에서, 甲 회사는 위 기왕장해 감액규정을 명시·설명할 의무가 있다고 한 사례

【판결요지】
甲 보험회사와 乙이 체결한 상해보험의 특별약관에 '특별약관의 보장개시 전의 원인에 의하거나 그 이전에 발생한 후유장해로서 후유장해보험금의 지급사유가 되지 않았던 후유장해가 있었던 피보험자의 동일 신체 부위에 또다시 후유장해가 발생하였을 경우에는 기존 후유장해에 대한 후유장해보험금이 지급된 것으로 보고 최종 후유장해상태에 해당되는 후유장해보험금에서 이미 지급받은 것으로 간주한 후유장해보험금을 차감한 나머지 금액을 지급한다'고 정한 사안에서, 정액보험인 상해보험에서는 기왕장해가 있는 경우에도 약정 보험금 전액을 지급하는 것이 원칙이고 예외적으로 감액규정이 있는 경우에만 보험금을 감액할 수 있으므로, 위 기왕장해 감액규정과 같이 후유장해보험금에서 기왕장해에 해당하는 보험금 부분을 감액하는 것이 거래상 일반적이고 공통된 것이어서 보험계약자가 별도의 설명 없이도 충분히 예상할 수 있는 내용이라거나, 이미 법령에 정하여진 것을 되풀이하거나 부연하는 정도에 불과한 사항이라고 볼 수 없어, 보험계약자나 대리인이 내용을 충분히 잘 알고 있지 않는 한 보험자인 甲 회사는 기왕장해 감액규정을 명시·설명할 의무가 있다고 한 사례.

제639조(타인을 위한 보험) ①보험계약자는 위임을 받거나 위임을 받지 아니하고 특정 또는 불특정의 타인을 위하여 보험계약을 체결할 수 있다. 그러나 손해보험계약의 경우에 그 타인의 위임이 없는 때에는 보험계약자는 이를 보험자에게 고지하여야 하고, 그 고지가 없는 때에는 타인이 그 보험계약이 체결된 사실을 알지 못하였다는 사유로 보험자에게 대항하지 못한다. <개정 1991.12.31.>
②제1항의 경우에는 그 타인은 당연히 그 계약의 이익을 받는다. 그러나 손해보험계약의 경우에 보험계약자가 그 타인에게 보험사고의 발생으로 생긴 손해의 배상을 한 때에는 보험계약자는 그 타인의 권리를 해하지 아니하는 범위안에서 보험자에게 보험금액의 지급을 청구할 수 있다. <신설 1991.12.31.>
③제1항의 경우에는 보험계약자는 보험자에 대하여 보험료를 지급할 의무가 있다. 그러나 보험계약자가 파산선고를 받거나 보험료의 지급을 지체한 때에는 그 타인이 그 권리를 포기하지 아니하는 한 그 타인도 보험료를 지급할 의무가 있다. <개정 1991.12.31.>

제640조(보험증권의 교부) ①보험자는 보험계약이 성립한 때에는 지체없이 보험증권을 작성하여 보험계약자에게 교부하여야 한다. 그러나 보험계약자가 보험료의 전부 또는 최초의 보험료를 지급하지 아니한 때에는 그러하지 아니하다. <개정 1991.12.31.>
②기존의 보험계약을 연장하거나 변경한 경우에는 보험자는 그 보험증권에 그 사실을 기재함으로써 보험증권의 교부에 갈음할 수 있다. <신설 1991.12.31.>

제641조(증권에 관한 이의약관의 효력)
보험계약의 당사자는 보험증권의 교부가 있은 날로부터 일정한 기간내에 한하여 그 증권내용의 정부에 관한 이의를 할 수 있음을 약정할 수 있다. 이 기간은 1월을 내리지 못한다.

제642조(증권의 재교부청구) 보험증권을 멸실 또는 현저하게 훼손한 때에는 보험계약자는 보험자에 대하여 증권의 재교부를 청구할 수 있다. 그 증권작성의 비용은 보험계약자의 부담으로 한다.

제643조(소급보험) 보험계약은 그 계약전의 어느 시기를 보험기간의 시기로 할 수 있다.

제644조(보험사고의 객관적 확정의 효과)
보험계약당시에 보험사고가 이미 발생하였거나 또는 발생할 수 없는 것인 때에는 그 계약은 무효로 한다. 그러나 당사자 쌍방과 피보험자가 이를 알지 못한 때에는 그러하지 아니하다.

제645조 삭제 <1991.12.31.>

제646조(대리인이 안 것의 효과) 대리인에 의하여 보험계약을 체결한 경우에 대리인이 안 사유는 그 본인이 안 것과 동일한 것으로 한다.

제646조의2(보험대리상 등의 권한)
①보험대리상은 다음 각 호의 권한이 있다.
1. 보험계약자로부터 보험료를 수령할 수 있는 권한
2. 보험자가 작성한 보험증권을 보험계약자에게 교부할 수 있는 권한
3. 보험계약자로부터 청약, 고지, 통지, 해지, 취소 등 보험계약에 관한 의사표시를 수령할 수 있는 권한
4. 보험계약자에게 보험계약의 체결, 변경, 해지 등 보험계약에 관한 의사표시를 할 수 있는 권한
②제1항에도 불구하고 보험자는 보험대리상의 제1항 각 호의 권한 중 일부를 제한할 수 있다. 다만, 보험자는 그러한 권한 제한을 이유로 선의의 보험계약자에게 대항하지 못한다.
③보험대리상이 아니면서 특정한 보험자를 위하여 계속적으로 보험계약의 체결을 중개하는 자는 제1항제1호(보험자가 작성한 영수증을 보험계약자에게 교부하는 경우만 해당한다) 및 제2호의 권한이 있다.
④피보험자나 보험수익자가 보험료를 지급하거나 보험계약에 관한 의사표시를 할 의무가 있는 경우에는 제1항부터 제3항까지의 규정을 그 피보험자나 보험수익자에게도 적용한다.
[본조신설 2014.3.11.]

제647조(특별위험의 소멸로 인한 보험료의 감액청구) 보험계약의 당사자가 특별한 위험을 예기하여 보험료의 액을 정한 경우에 보험기간중 그 예기한 위험이 소멸한 때에는 보험계약자는 그 후의 보험료의 감액을 청구할 수 있다.

제648조(보험계약의 무효로 인한 보험료반환청구) 보험계약의 전부 또는 일부가 무효인 경우에 보험계약자와 피보험자가 선의이며 중대한 과실이 없는 때에는 보험자에 대하여 보험료의 전부 또는 일부의 반환을 청구할 수 있다. 보험계약자와 보험수익자가 선의이며 중대한 과실이 없는 때에도 같다.

제649조(사고발생전의 임의해지) ①보험사고가 발생하기 전에는 보험계약자는 언제든지 계약의 전부 또는 일부를 해지할 수 있다. 그러나 제639조의 보험계약의 경우에는 보험계약자

는 그 타인의 동의를 얻지 아니하거나 보험증권을 소지하지 아니하면 그 계약을 해지하지 못한다. <개정 1991.12.31.>
②보험사고의 발생으로 보험자가 보험금액을 지급한 때에도 보험금액이 감액되지 아니하는 보험의 경우에는 보험계약자는 그 사고발생후에도 보험계약을 해지할 수 있다. <신설 1991.12.31.>
③제1항의 경우에는 보험계약자는 당사자간에 다른 약정이 없으면 미경과보험료의 반환을 청구할 수 있다. <개정 1991.12.31.>

제650조(보험료의 지급과 지체의 효과)
①보험계약자는 계약체결후 지체없이 보험료의 전부 또는 제1회 보험료를 지급하여야 하며, 보험계약자가 이를 지급하지 아니하는 경우에는 다른 약정이 없는 한 계약성립후 2월이 경과하면 그 계약은 해제된 것으로 본다.
②계속보험료가 약정한 시기에 지급되지 아니한 때에는 보험자는 상당한 기간을 정하여 보험계약자에게 최고하고 그 기간내에 지급되지 아니한 때에는 그 계약을 해지할 수 있다.
③특정한 타인을 위한 보험의 경우에 보험계약자가 보험료의 지급을 지체한 때에는 보험자는 그 타인에게도 상당한 기간을 정하여 보험료의 지급을 최고한 후가 아니면 그 계약을 해제 또는 해지하지 못한다.
[전문개정 1991.12.31.]

제650조의2(보험계약의 부활)
제650조제2항에 따라 보험계약이 해지되고 해지환급금이 지급되지 아니한 경우에 보험계약자는 일정한 기간내에 연체보험료에 약정이자를 붙여 보험자에게 지급하고 그 계약의 부활을 청구할 수 있다. 제638조의2의 규정은 이 경우에 준용한다.
[본조신설 1991.12.31.]

제651조(고지의무위반으로 인한 계약해지)
보험계약당시에 보험계약자 또는 피보험자가 고의 또는 중대한 과실로 인하여 중요한 사항을 고지하지 아니하거나 부실의 고지를 한 때에는 보험자는 그 사실을 안 날로부터 1월내에, 계약을 체결한 날로부터 3년내에 한하여 계약을 해지할 수 있다. 그러나 보험자가 계약당시에 그 사실을 알았거나 중대한 과실로 인하여 알지 못한 때에는 그러하지 아니하다. <개정 1991.12.31.>

제651조의2(서면에 의한 질문의 효력)
보험자가 서면으로 질문한 사항은 중요한 사항으로 추정한다.
[본조신설 1991.12.31.]

제652조(위험변경증가의 통지와 계약해지)
①보험기간 중에 보험계약자 또는 피보험자가 사고발생의 위험이 현저하게 변경 또는 증가된 사실을 안 때에는 지체없이 보험자에게 통지하여야 한다. 이를 해태한 때에는 보험자는 그 사실을 안 날로부터 1월내에 한하여 계약을 해지할 수 있다.
②보험자가 제1항의 위험변경증가의 통지를 받은 때에는 1월내에 보험료의 증액을 청구하거나 계약을 해지할 수 있다. <신설 1991.12.31.>

제653조(보험계약자 등의 고의나 중과실로 인한 위험증가와 계약해지) 보험기간중에 보험계약자, 피보험자 또는 보험수익자의 고의 또는 중대한 과실로 인하여 사고발생의 위험이 현저하게 변경 또는 증가된 때에는 보험자는 그 사실을 안 날부터 1월내에 보험료의 증액을 청구하거나 계약을 해지할 수 있다. <개정 1991.12.31.>

제654조(보험자의 파산선고와 계약해지)
①보험자가 파산의 선고를 받은 때에는 보험계약자는 계약을 해지할 수 있다.
②제1항의 규정에 의하여 해지하지 아니한 보험계약은 파산선고 후 3월을 경과한 때에는 그 효력을 잃는다. <개정 1991.12.31.>

제655조(계약해지와 보험금청구권)
보험사고가 발생한 후라도 보험자가 제650조, 제651조, 제652조 및 제653조에 따라 계약을 해지하였을 때에는 보험금을 지급할 책임이 없고 이미 지급한 보험금의 반환을 청구할 수 있다. 다만, 고지의무(告知義務)를 위반한 사실 또는 위험이 현저하게 변경되거나 증가된 사실이 보험사고 발생에 영향을 미치지 아니하였음이 증명된 경우에는 보험금을 지급할 책임이 있다.
[전문개정 2014.3.11.]

제656조(보험료의 지급과 보험자의 책임개시) 보험자의 책임은 당사자간에 다른 약정이 없으면 최초의 보험료의 지급을 받은 때로부터 개시한다.

제657조(보험사고발생의 통지의무)
①보험계약자 또는 피보험자나 보험수익자는 보험사고의 발생을 안 때에는 지체없이 보험자에게 그 통지를 발송하여야 한다.
②보험계약자 또는 피보험자나 보험수익자가 제1항의 통지의무를 해태함으로 인하여 손해가 증가된 때에는 보험자는 그 증가된 손해를 보상할 책임이 없다. <신설 1991.12.31.>

제658조(보험금액의 지급) 보험자는 보험금액의 지급에 관하여 약정기간이 있는 경우에는 그 기간내에 약정기간이 없는 경우에는 제657조제1항의 통지를 받은 후 지체없이 지급할 보험금액을 정하고 그 정하여진 날부터 10일내에 피보험자 또는 보험수익자에게 보험금액을 지급하여야 한다.
[전문개정 1991.12.31.]

제659조(보험자의 면책사유) ①보험사고가 보험계약자 또는 피보험자나 보험수익자의 고의 또는 중대한 과실로 인하여 생긴 때에는 보험자는 보험금액을 지급할 책임이 없다.
② 삭제 <1991.12.31.>

제660조(전쟁위험 등으로 인한 면책)
보험사고가 전쟁 기타의 변란으로 인하여 생긴 때에는 당사자간에 다른 약정이 없으면 보험자는 보험금액을 지급할 책임이 없다.

제661조(재보험) 보험자는 보험사고로 인하여 부담할 책임에 대하여 다른 보험자와 재보험계약을 체결할 수 있다. 이 재보험계약은 원보험계약의 효력에 영향을 미치지 아니한다.

제662조(소멸시효) 보험금청구권은 3년간, 보험료 또는 적립금의 반환청구권은 3년간, 보험료청구권은 2년간 행사하지 아니하면 시효의 완성으로 소멸한다.
[전문개정 2014.3.11.]

제663조(보험계약자 등의 불이익변경금지)
이 편의 규정은 당사자간의 특약으로 보험계약자 또는 피보험자나 보험수익자의 불이익으로 변경하지 못한다. 그러나 재보험 및 해상보험 기타 이와 유사한 보험의 경우에는 그러하지 아니하다. <개정 1991.12.31.>

第664条(상호보험, 공제 등에의 준용)
이 편(編)의 규정은 그 성질에 반하지 아니하는 범위에서 상호보험(相互保險), 공제(共濟), 그 밖에 이에 준하는 계약에 준용한다.
[전문개정 2014.3.11.]

제2장 손해보험

제1절 통칙

第665条(손해보험자의 책임) 손해보험계약의 보험자는 보험사고로 인하여 생길 피보험자의 재산상의 손해를 보상할 책임이 있다.

第666条(손해보험증권) 손해보험증권에는 다음의 사항을 기재하고 보험자가 기명날인 또는 서명하여야 한다. <개정 1991.12.31., 2014.3.11.>
1. 보험의 목적
2. 보험사고의 성질
3. 보험금액
4. 보험료와 그 지급방법
5. 보험기간을 정한 때에는 그 시기와 종기
6. 무효와 실권의 사유
7. 보험계약자의 주소와 성명 또는 상호
7의2. 피보험자의 주소, 성명 또는 상호
8. 보험계약의 연월일
9. 보험증권의 작성지와 그 작성년월일

第667条(상실이익 등의 불산입) 보험사고로 인하여 상실된 피보험자가 얻을 이익이나 보수는 당사자간에 다른 약정이 없으면 보험자가 보상할 손해액에 산입하지 아니한다.

第668条(보험계약의 목적) 보험계약은 금전으로 산정할 수 있는 이익에 한하여 보험계약의 목적으로 할 수 있다.

第669条(초과보험) ①보험금액이 보험계약의 목적의 가액을 현저하게 초과한 때에는 보험자 또는 보험계약자는 보험료와 보험금액의 감액을 청구할 수 있다. 그러나 보험료의 감액은 장래에 대하여서만 그 효력이 있다.
②제1항의 가액은 계약당시의 가액에 의하여 정한다. <개정 1991.12.31.>
③보험가액이 보험기간 중에 현저하게 감소된 때에도 제1항과 같다.
④제1항의 경우에 계약이 보험계약자의 사기로 인하여 체결된 때에는 그 계약은 무효로 한다. 그러나 보험자는 그 사실을 안 때까지의 보험료를 청구할 수 있다.

판례-사기

[대법원 2015.7.23, 선고, 2015도6905, 판결]

【판시사항】
보험계약자가 보험계약 체결 시 보험금액이 목적물의 가액을 현저하게 초과하는 초과보험 상태를 의도적으로 유발한 후 보험사고가 발생하자 초과보험 사실을 알지 못하는 보험자에게 목적물의 가액을 묵비한 채 보험금을 청구하여 교부받은 경우, 보험금을 청구한 행위가 사기죄의 실행행위로서 기망행위에 해당하는지 여부(한정 적극)

【판결요지】
보험계약자가 보험계약 체결 시 보험금액이 목적물의 가액을 현저하게 초과하는 초과보험 상태를 의도적으로 유발한 후 보험사고가 발생하자 초과보험 사실을 알지 못하는 보험자에게 목적물의 가액을 묵비한 채 보험금을 청구하여 보험금을 교부받은 경우, 보험자가 보험금액이 목적물의 가액을 현저하게 초과한다는 것을 알았더라면 같은 조건으로 보험계약을 체결하지 않았을 뿐만 아니라 협정보험가액에 따른 보험금을 그대로 지급하지 아니하였을 관계가 인정된다면, 보험계약자가 초과보험 사실을 알지 못하는 보험자에게 목적물의 가액을 묵비한 채 보험금을 청구한 행위는 사기죄의 실행행위로서의 기망행위에 해당한다.

제670조(기평가보험) 당사자간에 보험가액을 정한 때에는 그 가액은 사고발생시의 가액으로 정한 것으로 추정한다. 그러나 그 가액이 사고발생시의 가액을 현저하게 초과할 때에는 사고발생시의 가액을 보험가액으로 한다.

제671조(미평가보험) 당사자간에 보험가액을 정하지 아니한 때에는 사고발생시의 가액을 보험가액으로 한다.

제672조(중복보험) ①동일한 보험계약의 목적과 동일한 사고에 관하여 수개의 보험계약이 동시에 또는 순차로 체결된 경우에 그 보험금액의 총액이 보험가액을 초과한 때에는 보험자는 각자의 보험금액의 한도에서 연대책임을 진다. 이 경우에는 각 보험자의 보상책임은 각자의 보험금액의 비율에 따른다. <개정 1991.12.31.>
②동일한 보험계약의 목적과 동일한 사고에 관하여 수개의 보험계약을 체결하는 경우에는 보험계약자는 각 보험자에 대하여 각 보험계약의 내용을 통지하여야 한다. <개정 1991.12.31.>
③제669조제4항의 규정은 제1항의 보험계약에 준용한다.

판례-구상금

[대법원 2015.7.23, 선고, 2014다42202, 판결]

【판시사항】
제1 책임보험계약과 제2 책임보험계약의 피보험자 甲과 제2 책임보험계약의 피보험자 乙의 공동불법행위로 피해자 丙이 사망하는 보험사고가 발생하여 제2 책임보험계약의 보험자가 丙에 대한 보험금 지급으로 甲, 乙 공동의 면책을 얻게 하였는데 지급한 보험금 전액이 중복보험에 해당하는 경우, 제2 책임보험계약의 보험자가 제1 책임보험계약의 보험자를 상대로 행사할 수 있는 구상권의 범위(=제1 책임보험계약 보험자의 중복보험 부담 부분 중 甲의 과실비율 상당액)

【판결요지】
제1 책임보험계약과 제2 책임보험계약의 피보험자 甲과 제2 책임보험계약의 피보험자 乙의 공동불법행위로 피해자 丙이 사망하는 보험사고가 발생한 경우, 제2 책임보험계약의 보험자가 丙에 대한 보험금의 지급으로 甲, 乙 공동의 면책을 얻게 한 후 제1 책임보험계약의 보험자를 상대로 丙에게 지급한 보험금 전액이 중복보험에 해당한다는 이유로 각자의 보험금액의 비율에 따라 산정한 중복보험 부담 부분 전액을 구상할 수 있다면, 중복보험 부담 부분을 구상당한 제1 책임보험계약의 보험자는 상법 제682조, 제724조 제2항에 의하여 다시 다른 공동불법행위자인 乙과 그 보험자인 제2 책임보험계약의 보험자를 상대로 과실 비율에 따라 부담 부분의 재구상을 할 수 있는데, 그렇게 되면 순환소송이 되어 소송경제에도 반할 뿐만 아니라, 제2 책임보험계약의 보험자는 결국은 보험가입자에게 반환할 것을 청구하는 것이 되어 이를 허용함은 신의칙에 비추어 보더라도 상당하지 아니하므로, 제2 책임보험계약의 보험자는 제1 책임보험계약의 보험자를 상대로 乙의 과실 비율 상당액은 구상할 수 없고, 구체적으로는 제1 책임보험계약의 보험자의 중복보험 부담 부분 중 재구상의 대상이 되지 않는 甲의 과실비율에 한하여 구상할 수 있다.

第673조(중복보험과 보험자 1인에 대한 권리포기) 제672조의 규정에 의한 수개의 보험계약을 체결한 경우에 보험자 1인에 대한 권리의 포기는 다른 보험자의 권리의무에 영향을 미치지 아니한다. <개정 1991.12.31.>

第674조(일부보험) 보험가액의 일부를 보험에 붙인 경우에는 보험자는 보험금액의 보험가액에 대한 비율에 따라 보상할 책임을 진다. 그러나 당사자간에 다른 약정이 있는 때에는 보험자는 보험금액의 한도내에서 그 손해를 보상할 책임을 진다.<개정 1991.12.31.>

第675조(사고발생 후의 목적멸실과 보상책임) 보험의 목적에 관하여 보험자가 부담할 손해가 생긴 경우에는 그 후 그 목적이 보험자가 부담하지 아니하는 보험사고의 발생으로 인하여 멸실된 때에도 보험자는 이미 생긴 손해를 보상할 책임을 면하지 못한다. <개정 1962.12.12.>

第676조(손해액의 산정기준) ①보험자가 보상할 손해액은 그 손해가 발생한 때와 곳의 가액에 의하여 산정한다. 그러나 당사자간에 다른 약정이 있는 때에는 그 신품가액에 의하여 손해액을 산정할 수 있다. <개정 1991.12.31.>
②제1항의 손해액의 산정에 관한 비용은 보험자의 부담으로 한다. <개정 1991.12.31.>

판례-손해배상(기)

[대법원 2013.10.24, 선고, 2011다13838, 판결]

【판시사항】
보험자가 보험금 지급 범위를 확인하기 위하여 비용을 지출한 경우, 보험계약자 또는 피보험자를 대위하여 가해자를 상대로 그 비용 상당의 손해배상을 구할 수 있는지 여부(소극)

【판결요지】
상법 제676조 제2항은 '손해액의 산정에 관한 비용은 보험자의 부담으로 한다'고 규정하고 있는바, 보험자가 보험금의 지급 범위를 확인하기 위하여 지출한 비용은 보험자의 이익을 위한 것일 뿐 보험계약자 또는 피보험자가 입은 손해라고 할 수 없으므로, 그 비용을 지출한 보험자가 보험계약자 또는 피보험자를 대위하여 가해자를 상대로 그 비용 상당의 손해배상을 구할 수는 없다.

第677조(보험료체납과 보상액의 공제)
보험자가 손해를 보상할 경우에 보험료의 지급을 받지 아니한 잔액이 있으면 그 지급기일이 도래하지 아니한 때라도 보상할 금액에서 이를 공제할 수 있다.

第678조(보험자의 면책사유) 보험의 목적의 성질, 하자 또는 자연소모로 인한 손해는 보험자가 이를 보상할 책임이 없다.

第679조(보험목적의 양도) ①피보험자가 보험의 목적을 양도한 때에는 양수인은 보험계약상의 권리와 의무를 승계한 것으로 추정한다. <개정 1991.12.31.>
②제1항의 경우에 보험의 목적의 양도인 또는 양수인은 보험자에 대하여 지체없이 그 사실을 통지하여야 한다. <신설 1991.12.31.>

第680조(손해방지의무) ①보험계약자와 피보험자는 손해의 방지와 경감을 위하여 노력하여야 한다. 그러나 이를 위하여 필요 또는 유익하였던 비용과 보상액이 보험금액을 초과한 경우라도 보험자가 이를 부담한다. <개정 1991.12.31.>
② 삭제 <1991.12.31.>

판례-재보험금

[대법원 2016.1.14, 선고, 2015다6302, 판결]

【판시사항】
보험계약자와 피보험자가 경과실로 상법 제680조 제1항 전문에서 정한 손해방지의무를 위반한 경우, 보험자가 의무 위반과 상당인과관계가 있는 손해에 대하여 배상을 청구하거나 보험금과 상계할 수 있는지 여부(소극) 및 이러한 법리는 재보험의 경우에도 마찬가지로 적용되는지 여부(적극)

【판결요지】
보험계약자와 피보험자는 손해의 방지와 경감을 위하여 노력하여야 한다(상법 제680조 제1항 전문). 보험계약자와 피보험자가 고의 또는 중대한 과실로 손해방지의무를 위반한 경우에는 보험자는 손해방지의무 위반과 상당인과관계가 있는 손해, 즉 의무 위반이 없다면 방지 또는 경감할 수 있으리라고 인정되는 손해액에 대하여 배상을 청구하거나 지급할 보험금과 상계하여 이를 공제한 나머지 금액만을 보험금으로 지급할 수 있으나, 경과실로 위반한 경우에는 그러하지 아니하다. 그리고 이러한 법리는 재보험의 경우에도 마찬가지로 적용된다.

제681조(보험목적에 관한 보험대위)
보험의 목적의 전부가 멸실한 경우에 보험금액의 전부를 지급한 보험자는 그 목적에 대한 피보험자의 권리를 취득한다. 그러나 보험가액의 일부를 보험에 붙인 경우에는 보험자가 취득할 권리는 보험금액의 보험가액에 대한 비율에 따라 이를 정한다.

제682조(제3자에 대한 보험대위)
①손해가 제3자의 행위로 인하여 발생한 경우에 보험금을 지급한 보험자는 그 지급한 금액의 한도에서 그 제3자에 대한 보험계약자 또는 피보험자의 권리를 취득한다. 다만, 보험자가 보상할 보험금의 일부를 지급한 경우에는 피보험자의 권리를 침해하지 아니하는 범위에서 그 권리를 행사할 수 있다.
②보험계약자나 피보험자의 제1항에 따른 권리가 그와 생계를 같이 하는 가족에 대한 것인 경우 보험자는 그 권리를 취득하지 못한다. 다만, 손해가 그 가족의 고의로 인하여 발생한 경우에는 그러하지 아니하다.
[전문개정 2014.3.11.]

제2절 화재보험

제683조(화재보험자의 책임) 화재보험계약의 보험자는 화재로 인하여 생긴 손해를 보상할 책임이 있다.

제684조(소방 등의 조치로 인한 손해의 보상)
보험자는 화재의 소방 또는 손해의 감소에 필요한 조치로 인하여 생긴 손해를 보상할 책임이 있다.

제685조(화재보험증권) 화재보험증권에는 제666조에 게기한 사항외에 다음의 사항을 기재하여야 한다.
1. 건물을 보험의 목적으로 한 때에는 그 소재지, 구조와 용도
2. 동산을 보험의 목적으로 한 때에는 그 존치한 장소의 상태와 용도
3. 보험가액을 정한 때에는 그 가액

제686조(집합보험의 목적) 집합된 물건을 일괄하여 보험의 목적으로 한 때에는 피보험자

의 가족과 사용인의 물건도 보험의 목적에 포함된 것으로 한다. 이 경우에는 그 보험은 그 가족 또는 사용인을 위하여서도 체결한 것으로 본다.

제687조(동전) 집합된 물건을 일괄하여 보험의 목적으로 한 때에는 그 목적에 속한 물건이 보험기간중에 수시로 교체된 경우에도 보험사고의 발생 시에 현존한 물건은 보험의 목적에 포함된 것으로 한다.

제3절 운송보험

제688조(운송보험자의 책임) 운송보험계약의 보험자는 다른 약정이 없으면 운송인이 운송물을 수령한 때로부터 수하인에게 인도할 때까지 생길 손해를 보상할 책임이 있다.

제689조(운송보험의 보험가액) ①운송물의 보험에 있어서는 발송한 때와 곳의 가액과 도착지까지의 운임 기타의 비용을 보험가액으로 한다.
②운송물의 도착으로 인하여 얻을 이익은 약정이 있는 때에 한하여 보험가액 중에 산입한다.

제690조(운송보험증권) 운송보험증권에는 제666조에 게기한 사항외에 다음의 사항을 기재하여야 한다.
1. 운송의 노순과 방법
2. 운송인의 주소와 성명 또는 상호
3. 운송물의 수령과 인도의 장소
4. 운송기간을 정한 때에는 그 기간
5. 보험가액을 정한 때에는 그 가액

제691조(운송의 중지나 변경과 계약효력)
보험계약은 다른 약정이 없으면 운송의 필요에 의하여 일시운송을 중지하거나 운송의 노순 또는 방법을 변경한 경우에도 그 효력을 잃지 아니한다.

제692조(운송보조자의 고의, 중과실과 보험자의 면책) 보험사고가 송하인 또는 수하인의 고의 또는 중대한 과실로 인하여 발생한 때에는 보험자는 이로 인하여 생긴 손해를 보상할 책임이 없다.

제4절 해상보험

제693조(해상보험자의 책임) 해상보험계약의 보험자는 해상사업에 관한 사고로 인하여 생길 손해를 보상할 책임이 있다. <개정 1991.12.31.>

제694조(공동해손분담액의 보상) 보험자는 피보험자가 지급할 공동해손의 분담액을 보상할 책임이 있다. 그러나 보험의 목적의 공동해손분담가액이 보험가액을 초과할 때에는 그 초과액에 대한 분담액은 보상하지 아니한다. <개정 1991.12.31.>

제694조의2(구조료의 보상) 보험자는 피보험자가 보험사고로 인하여 발생하는 손해를 방지하기 위하여 지급할 구조료를 보상할 책임이 있다. 그러나 보험의 목적물의 구조료분담가액이 보험가액을 초과할 때에는 그 초과액에 대한 분담액은 보상하지 아니한다.
[본조신설 1991.12.31.]

제694조의3(특별비용의 보상) 보험자는 보험의 목적의 안전이나 보존을 위하여 지급할 특별비용을 보험금액의 한도내에서 보상할 책임이 있다.
[본조신설 1991.12.31.]

제695조(해상보험증권) 해상보험증권에는 제666조에 게기한 사항외에 다음의 사항을 기재하여야 한다. <개정 1991.12.31.>
1. 선박을 보험에 붙인 경우에는 그 선박의 명칭, 국적과 종류 및 항해의 범위
2. 적하를 보험에 붙인 경우에는 선박의 명칭, 국적과 종류, 선적항, 양륙항 및 출하지와 도착지를 정한 때에는 그 지명
3. 보험가액을 정한 때에는 그 가액

제696조(선박보험의 보험가액과 보험목적)
①선박의 보험에 있어서는 보험자의 책임이 개시될 때의 선박가액을 보험가액으로 한다.
②제1항의 경우에는 선박의 속구, 연료, 양식 기타 항해에 필요한 모든 물건은 보험의 목적에 포함된 것으로 한다. <개정 1991.12.31.>

제697조(적하보험의 보험가액) 적하의 보험에 있어서는 선적한 때와 곳의 적하의 가액과 선적 및 보험에 관한 비용을 보험가액으로 한다. <개정 1962.12.12.>

제698조(희망이익보험의 보험가액) 적하의 도착으로 인하여 얻을 이익 또는 보수의 보험에 있어서는 계약으로 보험가액을 정하지 아니한 때에는 보험금액을 보험가액으로 한 것으로 추정한다.

제699조(해상보험의 보험기간의 개시)
①항해단위로 선박을 보험에 붙인 경우에는 보험기간은 하물 또는 저하의 선적에 착수한 때에 개시한다.
②적하를 보험에 붙인 경우에는 보험기간은 하물의 선적에 착수한 때에 개시한다. 그러나 출하지를 정한 경우에는 그 곳에서 운송에 착수한 때에 개시한다.
③하물 또는 저하의 선적에 착수한 후에 제1항 또는 제2항의 규정에 의한 보험계약이 체결된 경우에는 보험기간은 계약이 성립한 때에 개시한다.
[전문개정 1991.12.31.]

제700조(해상보험의 보험기간의 종료)
보험기간은 제699조제1항의 경우에는 도착항에서 하물 또는 저하를 양륙한 때에, 동조제2항의 경우에는 양륙항 또는 도착지에서 하물을 인도한 때에 종료한다. 그러나 불가항력으로 인하지 아니하고 양륙이 지연된 때에는 그 양륙이 보통종료될 때에 종료된 것으로 한다. <개정 1991.12.31.>

제701조(항해변경의 효과) ①선박이 보험계약에서 정하여진 발항항이 아닌 다른 항에서 출항한 때에는 보험자는 책임을 지지 아니한다.
②선박이 보험계약에서 정하여진 도착항이 아닌 다른 항을 향하여 출항한 때에도 제1항의 경우와 같다.
③보험자의 책임이 개시된 후에 보험계약에서 정하여진 도착항이 변경된 경우에는 보험자는 그 항해의 변경이 결정된 때부터 책임을 지지 아니한다.
[전문개정 1991.12.31.]

제701조의2(이로) 선박이 정당한 사유없이 보험계약에서 정하여진 항로를 이탈한 경우에는 보험자는 그때부터 책임을 지지 아니한다. 선박이 손해발생전에 원항로로 돌아온 경우에

도 같다.
[본조신설 1991.12.31.]

제702조(발항 또는 항해의 지연의 효과)
피보험자가 정당한 사유없이 발항 또는 항해를 지연한 때에는 보험자는 발항 또는 항해를 지체한 이후의 사고에 대하여 책임을 지지 아니한다.
[전문개정 1991.12.31.]

제703조(선박변경의 효과) 적하를 보험에 붙인 경우에 보험계약자 또는 피보험자의 책임있는 사유로 인하여 선박을 변경한 때에는 그 변경후의 사고에 대하여 책임을 지지 아니한다. <개정 1991.12.31.>

제703조의2(선박의 양도 등의 효과)
선박을 보험에 붙인 경우에 다음의 사유가 있을 때에는 보험계약은 종료한다. 그러나 보험자의 동의가 있는 때에는 그러하지 아니하다.
1. 선박을 양도할 때
2. 선박의 선급을 변경한 때
3. 선박을 새로운 관리로 옮긴 때
[본조신설 1991.12.31.]

제704조(선박미확정의 적하예정보험)
①보험계약의 체결당시에 하물을 적재할 선박을 지정하지 아니한 경우에 보험계약자 또는 피보험자가 그 하물이 선적되었음을 안 때에는 지체없이 보험자에 대하여 그 선박의 명칭, 국적과 하물의 종류, 수량과 가액의 통지를 발송하여야 한다. <개정 1991.12.31.>
②제1항의 통지를 해태한 때에는 보험자는 그 사실을 안 날부터 1월내에 계약을 해지할 수 있다. <개정 1991.12.31.>

제705조 삭제 <1991.12.31.>

제706조(해상보험자의 면책사유)
보험자는 다음의 손해와 비용을 보상할 책임이 없다. <개정 1991.12.31.>
1. 선박 또는 운임을 보험에 붙인 경우에는 발항당시 안전하게 항해를 하기에 필요한 준비를 하지 아니하거나 필요한 서류를 비치하지 아니함으로 인하여 생긴 손해
2. 적하를 보험에 붙인 경우에는 용선자, 송하인 또는 수하인의 고의 또는 중대한 과실로 인하여 생긴 손해
3. 도선료, 입항료, 등대료, 검역료, 기타 선박 또는 적하에 관한 항해 중의 통상비용

판례-보험금

[대법원 2014.5.29, 선고, 2013다1754, 판결]

【판시사항】
[1] 선박이 감항성 또는 감항능력을 갖추고 있는지 판단하는 기준
[2] 甲 주식회사 소유의 여객선이 항해 중 군함과 충돌한 사안에서, 여객선에 설치된 레이더의 성능부족, VHF 무선전화기의 송신기능 고장, 구 선원법 제64조에 따른 승무정원에 포함된 갑판원의 미배치 등 제반 사정에 비추어 위 여객선은 항해 시에 감항성을 갖추지 못하였다고 본 원심판단을 수긍한 사례

제707조 삭제 <1991.12.31.>

제707조의2(선박의 일부손해의 보상)
①선박의 일부가 훼손되어 그 훼손된 부분의 전부를 수선한 경우에는 보험자는 수선에 따른 비용을 1회의 사고에 대하여 보험금액을 한도로 보상할 책임이 있다.
②선박의 일부가 훼손되어 그 훼손된 부분의 일부를 수선한 경우에는 보험자는 수선에 따른 비용과 수선을 하지 아니함으로써 생긴 감가액을 보상할 책임이 있다.
③선박의 일부가 훼손되었으나 이를 수선하지 아니한 경우에는 보험자는 그로 인한 감가액을 보상할 책임이 있다.
[본조신설 1991.12.31.]

제708조(적하의 일부손해의 보상)
보험의 목적인 적하가 훼손되어 양륙항에 도착한 때에는 보험자는 그 훼손된 상태의 가액과 훼손되지 아니한 상태의 가액과의 비율에 따라 보험가액의 일부에 대한 손해를 보상할 책임이 있다.

제709조(적하매각으로 인한 손해의 보상) ①항해도중에 불가항력으로 보험의 목적인 적하를 매각한 때에는 보험자는 그 대금에서 운임 기타 필요한 비용을 공제한 금액과 보험가액과의 차액을 보상하여야 한다.
②제1항의 경우에 매수인이 대금을 지급하지 아니한 때에는 보험자는 그 금액을 지급하여야 한다. 보험자가 그 금액을 지급한 때에는 피보험자의 매수인에 대한 권리를 취득한다. <개정 1991.12.31.>

제710조(보험위부의 원인) 다음의 경우에는 피보험자는 보험의 목적을 보험자에게 위부하고 보험금액의 전부를 청구할 수 있다. <개정 1991.12.31.>
1. 피보험자가 보험사고로 인하여 자기의 선박 또는 적하의 점유를 상실하여 이를 회복할 가능성이 없거나 회복하기 위한 비용이 회복하였을 때의 가액을 초과하리라고 예상될 경우
2. 선박이 보험사고로 인하여 심하게 훼손되어 이를 수선하기 위한 비용이 수선하였을 때의 가액을 초과하리라고 예상될 경우
3. 적하가 보험사고로 인하여 심하게 훼손되어서 이를 수선하기 위한 비용과 그 적하를 목적지까지 운송하기 위한 비용과의 합계액이 도착하는 때의 적하의 가액을 초과하리라고 예상될 경우

제711조(선박의 행방불명) ①선박의 존부가 2월간 분명하지 아니한 때에는 그 선박의 행방이 불명한 것으로 한다. <개정 1991.12.31.>
②제1항의 경우에는 전손으로 추정한다. <개정 1991.12.31.>

제712조(대선에 의한 운송의 계속과 위부권의 소멸) 제710조제2호의 경우에 선장이 지체없이 다른 선박으로 적하의 운송을 계속한 때에는 피보험자는 그 적하를 위부할 수 없다. <개정 1991.12.31.>

제713조(위부의 통지) ①피보험자가 위부를 하고자 할 때에는 상당한 기간내에 보험자에 대하여 그 통지를 발송하여야 한다.
<개정 1991.12.31.>
② 삭제 <1991.12.31.>

제714조(위부권행사의 요건) ①위부는 무조건이어야 한다.
②위부는 보험의 목적의 전부에 대하여 이를 하여야 한다. 그러나 위부의 원인이 그 일부에 대하여 생긴 때에는 그 부분에 대하여서만 이를 할 수 있다.

③보험가액의 일부를 보험에 붙인 경우에는 위부는 보험금액의 보험가액에 대한 비율에 따라서만 이를 할 수 있다.

제715조(다른 보험계약등에 관한 통지)
①피보험자가 위부를 함에 있어서는 보험자에 대하여 보험의 목적에 관한 다른 보험계약과 그 부담에 속한 채무의 유무와 그 종류 및 내용을 통지하여야 한다.
②보험자는 제1항의 통지를 받을 때까지 보험금액의 지급을 거부할 수 있다. <개정 1991.12.31.>
③보험금액의 지급에 관한 기간의 약정이 있는 때에는 그 기간은 제1항의 통지를 받은 날로부터 기산한다.

제716조(위부의 승인) 보험자가 위부를 승인한 후에는 그 위부에 대하여 이의를 하지 못한다.

제717조(위부의 불승인) 보험자가 위부를 승인하지 아니한 때에는 피보험자는 위부의 원인을 증명하지 아니하면 보험금액의 지급을 청구하지 못한다.

제718조(위부의 효과) ①보험자는 위부로 인하여 그 보험의 목적에 관한 피보험자의 모든 권리를 취득한다.
②피보험자가 위부를 한 때에는 보험의 목적에 관한 모든 서류를 보험자에게 교부하여야 한다.

제5절 책임보험

제719조(책임보험자의 책임) 책임보험계약의 보험자는 피보험자가 보험기간 중의 사고로 인하여 제3자에게 배상할 책임을 진 경우에 이를 보상할 책임이 있다.

제720조(피보험자가 지출한 방어비용의 부담)
①피보험자가 제3자의 청구를 방어하기 위하여 지출한 재판상 또는 재판외의 필요비용은 보험의 목적에 포함된 것으로 한다. 피보험자는 보험자에 대하여 그 비용의 선급을 청구할 수 있다.
②피보험자가 담보의 제공 또는 공탁으로써 재판의 집행을 면할 수 있는 경우에는 보험자에 대하여 보험금액의 한도내에서 그 담보의 제공 또는 공탁을 청구할 수 있다.
③제1항 또는 제2항의 행위가 보험자의 지시에 의한 것인 경우에는 그 금액에 손해액을 가산한 금액이 보험금액을 초과하는 때에도 보험자가 이를 부담하여야 한다. <개정 1991.12.31.>

제721조(영업책임보험의 목적) 피보험자가 경영하는 사업에 관한 책임을 보험의 목적으로 한 때에는 피보험자의 대리인 또는 그 사업감독자의 제3자에 대한 책임도 보험의 목적에 포함된 것으로 한다.

제722조(피보험자의 배상청구 사실 통지의무)
①피보험자가 제3자로부터 배상청구를 받았을 때에는 지체 없이 보험자에게 그 통지를 발송하여야 한다.
②피보험자가 제1항의 통지를 게을리하여 손해가 증가된 경우 보험자는 그 증가된 손해를 보상할 책임이 없다. 다만, 피보험자가 제657조제1항의 통지를 발송한 경우에는 그러하지 아니하다.
[전문개정 2014.3.11.]

제723조(피보험자의 변제 등의 통지와 보험금액의 지급) ①피보험자가 제3자에 대하여 변제, 승인, 화해 또는 재판으로 인하여 채무가 확정된 때에는 지체없이 보험자에게 그 통지를 발송하여야 한다.
②보험자는 특별한 기간의 약정이 없으면 전항의 통지를 받은 날로부터 10일내에 보험금액을 지급하여야 한다.
③피보험자가 보험자의 동의없이 제3자에 대하여 변제, 승인 또는 화해를 한 경우에는 보험자가 그 책임을 면하게 되는 합의가 있는 때에도 그 행위가 현저하게 부당한 것이 아니면 보험자는 보상할 책임을 면하지 못한다.

판례-보험금

[대법원 2017.1.25, 선고, 2014다20998, 판결]

【판시사항】

[1] 책임보험에서 보험사고를 결정하는 기준 및 보험약관을 해석하는 방법 / 변호사배상책임보험에서 보험계약에 의한 보험금청구권을 행사하려면 피보험자가 제3자에게 손해배상금을 지급하였거나 상법 또는 보험약관이 정하는 방법으로 피보험자의 제3자에 대한 배상책임이 확정되어야 하는지 여부(적극)

[2] 변호사 甲이 乙 보험회사와 변호사전문인배상책임보험계약을 체결한 후, 아파트의 구분소유자들을 대리하는 관리사무소장 丙과 등기업무위수임계약을 체결하고 구분소유자들로부터 甲 명의의 은행계좌로 등기비용을 지급받았는데, 甲이 고용한 등기사무장인 丁이 위 등기비용 중 일부를 개인적 용도로 사용하는 바람에 등기업무의 처리가 지연되어 丙이 甲에게 기한을 정하여 이행을 최고하면서 그때까지 이행을 하지 않을 경우 손해배상책임을 묻겠다는 통보를 하자, 甲이 부족한 등기비용을 개인적으로 마련하여 등기업무를 마친 다음 乙 회사를 상대로 보험금을 청구한 사안에서, 丁이 수임사무처리비용을 임의소비하고 甲이 이를 대납하여 위임사무를 처리한 것만으로는 보험계약 및 그 내용에 편입된 보험약관에서 정한 보험금청구권의 발생요건을 충족한다고 할 수 없다고 한 사례

제724조(보험자와 제3자와의 관계)
①보험자는 피보험자가 책임을 질 사고로 인하여 생긴 손해에 대하여 제3자가 그 배상을 받기 전에는 보험금액의 전부 또는 일부를 피보험자에게 지급하지 못한다.
②제3자는 피보험자가 책임을 질 사고로 입은 손해에 대하여 보험금액의 한도내에서 보험자에게 직접 보상을 청구할 수 있다. 그러나 보험자는 피보험자가 그 사고에 관하여 가지는 항변으로써 제3자에게 대항할 수 있다. <개정 1991.12.31.>
③보험자가 제2항의 규정에 의한 청구를 받은 때에는 지체없이 피보험자에게 이를 통지하여야 한다. <신설 1991.12.31.>
④제2항의 경우에 피보험자는 보험자의 요구가 있을 때에는 필요한 서류·증거의 제출, 증언 또는 증인의 출석에 협조하여야 한다. <신설 1991.12.31.>

제725조(보관자의 책임보험) 임차인 기타 타인의 물건을 보관하는 자가 그 지급할 손해배상을 위하여 그 물건을 보험에 붙인 경우에는 그 물건의 소유자는 보험자에 대하여 직접 그 손해의 보상을 청구할 수 있다.

제725조의2(수개의 책임보험) 피보험자가 동일한 사고로 제3자에게 배상책임을 짐으로써 입은 손해를 보상하는 수개의 책임보험계약이 동시 또는 순차로 체결된 경우에 그 보험금액의 총액이 피보험자의 제3자에 대한 손해배상액을 초과하는 때에는 제672조와 제673조의 규정을 준용한다.
[본조신설 1991.12.31.]

제726조(재보험에의 준용) 이 절(節)의 규정은 그 성질에 반하지 아니하는 범위에서 재보험계약에 준용한다. [전문개정 2014.3.11.]

제6절 자동차보험

제726조의2(자동차보험자의 책임) 자동차보험계약의 보험자는 피보험자가 자동차를 소유, 사용 또는 관리하는 동안에 발생한 사고로 인하여 생긴 손해를 보상할 책임이 있다.
[본조신설 1991.12.31.]

제726조의3(자동차 보험증권) 자동차 보험증권에는 제666조에 게기한 사항외에 다음의 사항을 기재하여야 한다.
1. 자동차소유자와 그 밖의 보유자의 성명과 생년월일 또는 상호
2. 피보험자동차의 등록번호, 차대번호, 차형년식과 기계장치
3. 차량가액을 정한 때에는 그 가액
[본조신설 1991.12.31.]

제726조의4(자동차의 양도) ①피보험자가 보험기간 중에 자동차를 양도한 때에는 양수인은 보험자의 승낙을 얻은 경우에 한하여 보험계약으로 인하여 생긴 권리와 의무를 승계한다.
②보험자가 양수인으로부터 양수사실을 통지받은 때에는 지체없이 낙부를 통지하여야 하고 통지받은 날부터 10일내에 낙부의 통지가 없을 때에는 승낙한 것으로 본다.
[본조신설 1991.12.31.]

제7절 보증보험

제726조의5(보증보험자의 책임) 보증보험계약의 보험자는 보험계약자가 피보험자에게 계약상의 채무불이행 또는 법령상의 의무불이행으로 입힌 손해를 보상할 책임이 있다.
[본조신설 2014.3.11.]

제726조의6(적용 제외) ①보증보험계약에 관하여는 제639조제2항 단서를 적용하지 아니한다.
②보증보험계약에 관하여는 보험계약자의 사기, 고의 또는 중대한 과실이 있는 경우에도 이에 대하여 피보험자에게 책임이 있는 사유가 없으면 제651조, 제652조, 제653조 및 제659조제1항을 적용하지 아니한다.
[본조신설 2014.3.11.]

제726조의7(준용규정) 보증보험계약에 관하여는 그 성질에 반하지 아니하는 범위에서 보증채무에 관한 「민법」의 규정을 준용한다.
[본조신설 2014.3.11.]

제3장 인보험

제1절 통칙

제727조(인보험자의 책임) ①인보험계약의 보험자는 피보험자의 생명이나 신체에 관하여 보험사고가 발생할 경우에 보험계약으로 정하는 바에 따라 보험금이나 그 밖의 급여를 지급할 책임이 있다. <개정 2014.3.11.>
②제1항의 보험금은 당사자 간의 약정에 따라 분할하여 지급할 수 있다. <신설 2014.3.11.>
[제목개정 2014.3.11.]

판례-보험금

[대법원 2013.10.11, 선고, 2012다25890, 판결]

【판시사항】
상해보험의 피보험자에게 보험기간 개시 전의 원인에 의하거나 그 이전에 발생한 신체장해가 있는 경우, 그에 따른 보험금 지급의 위험을 인수할 것인지 등을 당사자 사이의 약정으로 정할 수 있는지 여부(적극)

【판결요지】
상해보험은 피보험자가 보험기간 중에 급격하고 우연한 외래의 사고로 인하여 신체에 손상을 입는 것을 보험사고로 하는 인보험으로서, 보험금의 지급범위와 보험료율 등 보험상품의 내용을 어떻게 구성할 것인가는 보험상품을 판매하는 보험자의 정책에 따라 결정되는 것이므로, 피보험자에게 보험기간 개시 전의 원인에 의하거나 그 이전에 발생한 신체장해가 있는 경우에 그로 인한 보험금 지급의 위험을 인수할 것인지 등도 당사자 사이의 약정에 의하여야 한다.본 원심판결에 법리오해의 위법이 있다고 한 사례.

제728조(인보험증권) 인보험증권에는 제666조에 게기한 사항외에 다음의 사항을 기재하여야 한다. <개정 1991.12.31.>
1. 보험계약의 종류
2. 피보험자의 주소·성명 및 생년월일
3. 보험수익자를 정한 때에는 그 주소·성명 및 생년월일

제729조(제3자에 대한 보험대위의 금지) 보험자는 보험사고로 인하여 생긴 보험계약자 또는 보험수익자의 제3자에 대한 권리를 대위하여 행사하지 못한다. 그러나 상해보험계약의 경우에 당사자간에 다른 약정이 있는 때에는 보험자는 피보험자의 권리를 해하지 아니하는 범위안에서 그 권리를 대위하여 행사할 수 있다. <개정 1991.12.31.>

제2절 생명보험

제730조(생명보험자의 책임) 생명보험계약의 보험자는 피보험자의 사망, 생존, 사망과 생존에 관한 보험사고가 발생할 경우에 약정한 보험금을 지급할 책임이 있다.
<개정 2014.3.11.>
[제목개정 2014.3.11.]

제731조(타인의 생명의 보험) ①타인의 사망을 보험사고로 하는 보험계약에는 보험계약 체결시에 그 타인의 서면(「전자서명법」 제2조제2호에 따른 전자서명이 있는 경우로서 대통령령으로 정하는 바에 따라 본인 확인 및 위조·변조 방지에 대한 신뢰성을 갖춘 전자문서를 포함한다)에 의한 동의를 얻어야 한다. <개정 1991.12.31., 2017.10.31., 2020.6.9.>
②보험계약으로 인하여 생긴 권리를 피보험자가 아닌 자에게 양도하는 경우에도 제1항과 같다.
<개정 1991.12.31.>

제732조(15세미만자등에 대한 계약의 금지) 15세미만자, 심신상실자 또는 심신박약자의 사망을 보험사고로 한 보험계약은 무효로 한다. 다만, 심신박약자가 보험계약을 체결하거나 제735조의3에 따른 단체보험의 피보험자가 될 때에 의사능력이 있는 경우에는 그러하지 아니하다.
<개정 1991.12.31., 2014.3.11.>

제732조의2(중과실로 인한 보험사고 등)
①사망을 보험사고로 한 보험계약에서는 사고가 보험계약자 또는 피보험자나 보험수익자의

중대한 과실로 인하여 발생한 경우에도 보험자는 보험금을 지급할 책임을 면하지 못한다.
②둘 이상의 보험수익자 중 일부가 고의로 피보험자를 사망하게 한 경우 보험자는 다른 보험수익자에 대한 보험금 지급 책임을 면하지 못한다.
[전문개정 2014.3.11.]

제733조(보험수익자의 지정 또는 변경의 권리) ①보험계약자는 보험수익자를 지정 또는 변경할 권리가 있다.
②보험계약자가 제1항의 지정권을 행사하지 아니하고 사망한 때에는 피보험자를 보험수익자로 하고 보험계약자가 제1항의 변경권을 행사하지 아니하고 사망한 때에는 보험수익자의 권리가 확정된다. 그러나 보험계약자가 사망한 경우에는 그 승계인이 제1항의 권리를 행사할 수 있다는 약정이 있는 때에는 그러하지 아니하다. <개정 1991.12.31.>
③보험수익자가 보험존속 중에 사망한 때에는 보험계약자는 다시 보험수익자를 지정할 수 있다. 이 경우에 보험계약자가 지정권을 행사하지 아니하고 사망한 때에는 보험수익자의 상속인을 보험수익자로 한다.
④보험계약자가 제2항과 제3항의 지정권을 행사하기 전에 보험사고가 생긴 경우에는 피보험자 또는 보험수익자의 상속인을 보험수익자로 한다. <신설 1991.12.31.>

제734조(보험수익자지정권 등의 통지)
①보험계약자가 계약체결후에 보험수익자를 지정 또는 변경할 때에는 보험자에 대하여 그 통지를 하지 아니하면 이로써 보험자에게 대항하지 못한다.
②제731조제1항의 규정은 제1항의 지정 또는 변경에 준용한다. <개정 1962.12.12., 1991.12.31.>

제735조 삭제 <2014.3.11.>
제735조의2 삭제 <2014.3.11.>

제735조의3(단체보험) ①단체가 규약에 따라 구성원의 전부 또는 일부를 피보험자로 하는 생명보험계약을 체결하는 경우에는 제731조를 적용하지 아니한다.
②제1항의 보험계약이 체결된 때에는 보험자는 보험계약자에 대하여서만 보험증권을 교부한다.
③ 제1항의 보험계약에서 보험계약자가 피보험자 또는 그 상속인이 아닌 자를 보험수익자로 지정할 때에는 단체의 규약에서 명시적으로 정하는 경우 외에는 그 피보험자의 제731조제1항에 따른 서면 동의를 받아야 한다. <신설 2014.3.11., 2017.10.31.>
[본조신설 1991.12.31.]

제736조(보험적립금반환의무 등)
①제649조, 제650조, 제651조 및 제652조 내지 제655조의 규정에 의하여 보험계약이 해지된 때, 제659조와 제660조의 규정에 의하여 보험금액의 지급책임이 면제된 때에는 보험자는 보험수익자를 위하여 적립한 금액을 보험계약자에게 지급하여야 한다. 그러나 다른 약정이 없으면 제659조제1항의 보험사고가 보험계약자에 의하여 생긴 경우에는 그러하지 아니하다. <개정 1991.12.31.>
② 삭제 <1991.12.31.>

제3절 상해보험

제737조(상해보험자의 책임) 상해보험계약의 보험자는 신체의 상해에 관한 보험사고가 생길 경우에 보험금액 기타의 급여를 할 책임이 있다.

판례-보험금

[대법원 2015.1.29, 선고, 2014다73053, 판결]

【판시사항】

甲을 피보험자로 하는 상해보험계약의 보험약관에서 보험금 지급사유로 '탑승 중 교통사고로 인한 상해의 직접결과로써 사망한 경우'를 규정하고 있는데, 甲이 고소작업차의 작업대에 탑승하여 아파트 10층 높이에서 외벽도장공사를 하던 중 고소작업차의 와이어가 끊어지면서 추락하여 사망한 사안에서, 위 사고는 고소작업차의 당해 장치를 용법에 따라 사용하던 중에 발생한 사고로서 보험약관에서 정한 자동차 운행 중의 교통사고에 해당한다고 한 사례

【판결요지】

甲을 피보험자로 하는 상해보험계약의 보험약관에서 보험금 지급사유로 '운행 중인 자동차에 운전을 하고 있지 않는 상태로 탑승 중이거나 운행 중인 기타 교통수단에 탑승하고 있을 때에 급격하고도 우연한 외래의 사고(탑승 중 교통사고)로 인한 상해의 직접결과로써 사망한 경우'를 규정하고 있는데, 甲이 고소작업차의 작업대에 탑승하여 아파트 10층 높이에서 외벽도장공사를 하던 중 고소작업차의 와이어가 끊어지면서 추락하여 사망한 사안에서, 고소작업차는 자동차관리법 시행규칙 제2조에 따른 특수자동차로 등록된 차량으로, 보험약관에서 '운행중인 자동차'로 규정한 특수자동차에 해당하는 점 등에 비추어, 위 사고는 고소작업차의 당해 장치를 용법에 따라 사용하던 중에 발생한 사고로서 보험약관에서 정한 자동차 운행 중의 교통사고에 해당한다고 한 사례.

第738조(상해보험증권)
상해보험의 경우에 피보험자와 보험계약자가 동일인이 아닐 때에는 그 보험증권기재사항중 제728조제2호에 게기한 사항에 갈음하여 피보험자의 직무 또는 직위만을 기재할 수 있다.

第739조(준용규정) 상해보험에 관하여는 제732조를 제외하고 생명보험에 관한 규정을 준용한다.

판례-보험금

[대법원 2014.9.4, 선고, 2012다204808, 판결]

【판시사항】

피보험자의 사망이나 상해를 보험사고로 하는 보험계약에서 피보험자의 안전띠 미착용 등 법령위반행위를 보험자의 면책사유로 정한 약관조항의 효력(원칙적 무효)

【판결요지】

상법 제732조의2, 제739조, 제663조의 규정에 의하면 사망이나 상해를 보험사고로 하는 인보험에 관하여는 보험사고가 고의로 인하여 발생한 것이 아니라면 비록 중대한 과실에 의하여 생긴 것이라 하더라도 보험금을 지급할 의무가 있다고 할 것인바, 위 조항들의 입법 취지 등에 비추어 보면, 피보험자의 사망이나 상해를 보험사고로 하는 보험계약에서는 보험사고 발생의 원인에 피보험자에게 과실이 존재하는 경우뿐만 아니라 보험사고 발생 시의 상황에 있어 피보험자에게 안전띠 미착용 등 법령위반의 사유가 존재하는 경우를 보험자의 면책사유로 약관에 정한 경우에도 그러한 법령위반행위가 보험사고의 발생원인으로서 고의에 의한 것이라고 평가될 정도에 이르지 아니하는 한 위 상법 규정들에 반하여 무효이다.

제4절 질병보험

第739조의2(질병보험자의 책임) 질병보험계약의 보험자는 피보험자의 질병에 관한 보험사고가 발생할 경우 보험금이나 그 밖의 급여를 지급할 책임이 있다.
[본조신설 2014.3.11.]

第739조의3(질병보험에 대한 준용규정) 질병보험에 관하여는 그 성질에 반하지 아니하는 범위에서 생명보험 및 상해보험에 관한 규정을 준용한다.
[본조신설 2014.3.11.]

제5편 해상

제1장 해상기업

제1절 선박

第740조(선박의 의의) 이 법에서 "선박"이란 상행위나 그 밖의 영리를 목적으로 항해에 사용하는 선박을 말한다.
[전문개정 2007.8.3.]

第741조(적용범위) ①항해용 선박에 대하여는 상행위나 그 밖의 영리를 목적으로 하지 아니하더라도 이 편의 규정을 준용한다. 다만, 국유 또는 공유의 선박에 대하여는 「선박법」 제29조 단서에도 불구하고 항해의 목적·성질 등을 고려하여 이 편의 규정을 준용하는 것이 적합하지 아니한 경우로서 대통령령으로 정하는 경우에는 그러하지 아니하다.
②이 편의 규정은 단정(短艇) 또는 주로 노 또는 상앗대로 운전하는 선박에는 적용하지 아니한다.
[전문개정 2007.8.3.]

第742조(선박의 종물) 선박의 속구목록(屬具目錄)에 기재한 물건은 선박의 종물로 추정한다.
[전문개정 2007.8.3.]

第743조(선박소유권의 이전) 등기 및 등록할 수 있는 선박의 경우 그 소유권의 이전은 당사자 사이의 합의만으로 그 효력이 생긴다. 다만, 이를 등기하고 선박국적증서에 기재하지 아니하면 제3자에게 대항하지 못한다.
[전문개정 2007.8.3.]

第744조(선박의 압류 · 가압류) ①항해의 준비를 완료한 선박과 그 속구는 압류 또는 가압류를 하지 못한다. 다만, 항해를 준비하기 위하여 생긴 채무에 대하여는 그러하지 아니하다.
②제1항은 총톤수 20톤 미만의 선박에는 적용하지 아니한다.
[전문개정 2007.8.3.]

제2절 선장

第745조(선장의 선임 · 해임) 선장은 선박소유자가 선임 또는 해임한다.
[전문개정 2007.8.3.]

第746조(선장의 부당한 해임에 대한 손해배상청구권) 선박소유자가 정당한 사유 없이 선장을 해임한 때에는 선장은 이로 인하여 생긴 손해의 배상을 청구할 수 있다.
[전문개정 2007.8.3.]

제747조(선장의 계속직무집행의 책임)
선장은 항해 중에 해임 또는 임기가 만료된 경우에도 다른 선장이 그 업무를 처리할 수 있는 때 또는 그 선박이 선적항에 도착할 때까지 그 직무를 집행할 책임이 있다.
[전문개정 2007.8.3.]

제748조(선장의 대선장 선임의 권한 및 책임) 선장은 불가항력으로 인하여 그 직무를 집행하기가 불능한 때에 법령에 다른 규정이 있는 경우를 제외하고는 자기의 책임으로 타인을 선정하여 선장의 직무를 집행하게 할 수 있다.
[전문개정 2007.8.3.]

제749조(대리권의 범위) ①선적항 외에서는 선장은 항해에 필요한 재판상 또는 재판 외의 모든 행위를 할 권한이 있다.
②선적항에서는 선장은 특히 위임을 받은 경우 외에는 해원의 고용과 해고를 할 권한만을 가진다.
[전문개정 2007.8.3.]

제750조(특수한 행위에 대한 권한)
①선장은 선박수선료·해난구조료, 그 밖에 항해의 계속에 필요한 비용을 지급하여야 할 경우 외에는 다음의 행위를 하지 못한다.
1. 선박 또는 속구를 담보에 제공하는 일
2. 차재(借財)하는 일
3. 적하의 전부나 일부를 처분하는 일
②적하를 처분할 경우의 손해배상액은 그 적하가 도달할 시기의 양륙항의 가격에 의하여 정한다. 다만, 그 가격 중에서 지급을 요하지 아니하는 비용을 공제하여야 한다.
[전문개정 2007.8.3.]

제751조(대리권에 대한 제한) 선장의 대리권에 대한 제한은 선의의 제3자에게 대항하지 못한다.
[전문개정 2007.8.3.]

제752조(이해관계인을 위한 적하의 처분)
①선장이 항해 중에 적하를 처분하는 경우에는 이해관계인의 이익을 위하여 가장 적당한 방법으로 하여야 한다.
②제1항의 경우에 이해관계인은 선장의 처분으로 인하여 생긴 채권자에게 적하의 가액을 한도로 하여 그 책임을 진다. 다만, 그 이해관계인에게 과실이 있는 때에는 그러하지 아니하다.
[전문개정 2007.8.3.]

제753조(선박경매권) 선적항 외에서 선박이 수선하기 불가능하게 된 때에는 선장은 해무관청의 인가를 받아 이를 경매할 수 있다.
[전문개정 2007.8.3.]

제754조(선박의 수선불능) ①다음 각 호의 경우에는 선박은 수선하기 불가능하게 된 것으로 본다.
1. 선박이 그 현재지에서 수선을 받을 수 없으며 또 그 수선을 할 수 있는 곳에 도달하기 불가능한 때
2. 수선비가 선박의 가액의 4분의 3을 초과할 때
②제1항제2호의 가액은 선박이 항해 중 훼손된 경우에는 그 발항한 때의 가액으로 하고

그 밖의 경우에는 그 훼손 전의 가액으로 한다.
[전문개정 2007.8.3.]

第755條(보고 · 계산의 의무) ①선장은 항해에 관한 중요한 사항을 지체 없이 선박소유자에게 보고하여야 한다.
②선장은 매 항해를 종료한 때에는 그 항해에 관한 계산서를 지체 없이 선박소유자에게 제출하여 그 승인을 받아야 한다.
③선장은 선박소유자의 청구가 있을 때에는 언제든지 항해에 관한 사항과 계산의 보고를 하여야 한다.
[전문개정 2007.8.3.]

제3절 선박공유

第756條(선박공유자의 업무결정)
①공유선박의 이용에 관한 사항은 공유자의 지분의 가격에 따라 그 과반수로 결정한다.
②선박공유에 관한 계약을 변경하는 사항은 공유자의 전원일치로 결정하여야 한다.
[전문개정 2007.8.3.]

第757條(선박공유와 비용의 부담)
선박공유자는 그 지분의 가격에 따라 선박의 이용에 관한 비용과 이용에 관하여 생긴 채무를 부담한다.
[전문개정 2007.8.3.]

第758條(손익분배) 손익의 분배는 매 항해의 종료 후에 있어서 선박공유자의 지분의 가격에 따라서 한다.
[전문개정 2007.8.3.]

第759條(지분의 양도) 선박공유자 사이에 조합관계가 있는 경우에도 각 공유자는 다른 공유자의 승낙 없이 그 지분을 타인에게 양도할 수 있다. 다만, 선박관리인의 경우에는 그러하지 아니하다.
[전문개정 2007.8.3.]

第760條(공유선박의 국적상실과 지분의 매수 또는 경매청구) 선박공유자의 지분의 이전 또는 그 국적상실로 인하여 선박이 대한민국의 국적을 상실할 때에는 다른 공유자는 상당한 대가로 그 지분을 매수하거나 그 경매를 법원에 청구할 수 있다.
[전문개정 2007.8.3.]

第761條(결의반대자의 지분매수청구권)
①선박공유자가 신항해를 개시하거나 선박을 대수선할 것을 결의한 때에는 그 결의에 이의가 있는 공유자는 다른 공유자에 대하여 상당한 가액으로 자기의 지분을 매수할 것을 청구할 수 있다.
②제1항의 청구를 하고자 하는 자는 그 결의가 있은 날부터, 결의에 참가하지 아니한 경우에는 결의통지를 받은 날부터 3일 이내에 다른 공유자 또는 선박관리인에 대하여 그 통지를 발송하여야 한다.
[전문개정 2007.8.3.]

第762條(해임선장의 지분매수청구권)
①선박공유자인 선장이 그 의사에 반하여 해임된 때에는 다른 공유자에 대하여 상당한 가액으로 그 지분을 매수할 것을 청구할 수 있다.
②선박공유자가 제1항의 청구를 하고자 하는 때에는 지체 없이 다른 공유자 또는 선박관리인에 대하여 그 통지를 발송하여야 한다.
[전문개정 2007.8.3.]

第763條(항해 중 선박 등의 양도) 항해 중에 있는 선박이나 그 지분을 양도한 경우에 당사자 사이에 다른 약정이 없으면 양수인이 그 항해로부터 생긴 이익을 얻고 손실을 부담한다.
[전문개정 2007.8.3.]

第764條(선박관리인의 선임 · 등기)
①선박공유자는 선박관리인을 선임하여야 한다. 이 경우 선박공유자가 아닌 자를 선박관리인으로 선임함에는 공유자 전원의 동의가 있어야 한다.
②선박관리인의 선임과 그 대리권의 소멸은 등기하여야 한다.
[전문개정 2007.8.3.]

第765條(선박관리인의 권한)
①선박관리인은 선박의 이용에 관한 재판상 또는 재판 외의 모든 행위를 할 권한이 있다.
②선박관리인의 대리권에 대한 제한은 선의의 제3자에게 대항하지 못한다.
[전문개정 2007.8.3.]

第766條(선박관리인의 권한의 제한)
선박관리인은 선박공유자의 서면에 의한 위임이 없으면 다음 각 호의 행위를 하지 못한다.
1. 선박을 양도·임대 또는 담보에 제공하는 일
2. 신항해를 개시하는 일
3. 선박을 보험에 붙이는 일
4. 선박을 대수선하는 일
5. 차재하는 일
[전문개정 2007.8.3.]

第767條(장부의 기재 · 비치) 선박관리인은 업무집행에 관한 장부를 비치하고 그 선박의 이용에 관한 모든 사항을 기재하여야 한다.
[전문개정 2007.8.3.]

第768條(선박관리인의 보고 · 승인)
선박관리인은 매 항해의 종료 후에 지체 없이 그 항해의 경과상황과 계산에 관한 서면을 작성하여 선박공유자에게 보고하고 그 승인을 받아야 한다.
[전문개정 2007.8.3.]

제4절 선박소유자 등의 책임제한

第769條(선박소유자의 유한책임)
선박소유자는 청구원인의 여하에 불구하고 다음 각 호의 채권에 대하여 제770조에 따른 금액의 한도로 그 책임을 제한할 수 있다. 다만, 그 채권이 선박소유자 자신의 고의 또는 손해발생의 염려가 있음을 인식하면서 무모하게 한 작위 또는 부작위로 인하여 생긴 손해에 관한 것인 때에는 그러하지 아니하다.
1. 선박에서 또는 선박의 운항에 직접 관련하여 발생한 사람의 사망, 신체의 상해 또는 그 선박 외의 물건의 멸실 또는 훼손으로 인하여 생긴 손해에 관한 채권
2. 운송물, 여객 또는 수하물의 운송의 지연으로 인하여 생긴 손해에 관한 채권
3. 제1호 및 제2호 외에 선박의 운항에 직접 관련하여 발생한 계약상의 권리 외의 타인의 권리의 침해로 인하여 생긴 손해에 관한 채권
4. 제1호부터 제3호까지의 채권의 원인이 된 손해를 방지 또는 경감하기 위한 조치에 관한 채권 또는 그 조치의 결과로 인하여 생긴 손해에 관한 채권
[전문개정 2007.8.3.]

판례-손해배상(기)

[대법원 2015.11.17, 선고, 2013다61343, 판결]

【판시사항】
[1] 당사자 사이의 합의에 의하여 상법 제769조 본문에서 정한 선박소유자 등의 책임제한의 적용을 배제할 수 있는지 여부(적극) 및 해상운송인의 책임에 관한 당사자 사이의 특약의 효력(원칙적 유효)
[2] 법률행위의 해석 방법

제770조(책임의 한도액) ①선박소유자가 제한할 수 있는 책임의 한도액은 다음 각 호의 금액으로 한다.
1. 여객의 사망 또는 신체의 상해로 인한 손해에 관한 채권에 대한 책임의 한도액은 그 선박의 선박검사증서에 기재된 여객의 정원에 17만5천 계산단위(국제통화기금의 1 특별인출권에 상당하는 금액을 말한다. 이하 같다)를 곱하여 얻은 금액으로 한다.
2. 여객 외의 사람의 사망 또는 신체의 상해로 인한 손해에 관한 채권에 대한 책임의 한도액은 그 선박의 톤수에 따라서 다음 각 목에 정하는 바에 따라 계산된 금액으로 한다. 다만, 300톤 미만의 선박의 경우에는 16만7천 계산단위에 상당하는 금액으로 한다.
가. 500톤 이하의 선박의 경우에는 33만3천 계산단위에 상당하는 금액
나. 500톤을 초과하는 선박의 경우에는 가목의 금액에 500톤을 초과하여 3천톤까지의 부분에 대하여는 매 톤당 500 계산단위, 3천톤을 초과하여 3만톤까지의 부분에 대하여는 매 톤당 333 계산단위, 3만톤을 초과하여 7만톤까지의 부분에 대하여는 매 톤당 250 계산단위 및 7만톤을 초과한 부분에 대하여는 매 톤당 167 계산단위를 각 곱하여 얻은 금액을 순차로 가산한 금액
3. 제1호 및 제2호 외의 채권에 대한 책임의 한도액은 그 선박의 톤수에 따라서 다음 각 목에 정하는 바에 따라 계산된 금액으로 한다. 다만, 300톤 미만의 선박의 경우에는 8만3천 계산단위에 상당하는 금액으로 한다.
가. 500톤 이하의 선박의 경우에는 16만7천 계산단위에 상당하는 금액
나. 500톤을 초과하는 선박의 경우에는 가목의 금액에 500톤을 초과하여 3만톤까지의 부분에 대하여는 매 톤당 167 계산단위, 3만톤을 초과하여 7만톤까지의 부분에 대하여는 매 톤당 125 계산단위 및 7만톤을 초과한 부분에 대하여는 매 톤당 83 계산단위를 각 곱하여 얻은 금액을 순차로 가산한 금액
②제1항 각 호에 따른 각 책임한도액은 선박마다 동일한 사고에서 생긴 각 책임한도액에 대응하는 선박소유자에 대한 모든 채권에 미친다.
③제769조에 따라 책임이 제한되는 채권은 제1항 각 호에 따른 각 책임한도액에 대하여 각 채권액의 비율로 경합한다.
④제1항제2호에 따른 책임한도액이 같은 호의 채권의 변제에 부족한 때에는 제3호에 따른 책임한도액을 그 잔액채권의 변제에 충당한다. 이 경우 동일한 사고에서 제3호의 채권도 발생한 때에는 이 채권과 제2호의 잔액채권은 제3호에 따른 책임한도액에 대하여 각 채권액의 비율로 경합한다. [전문개정 2007.8.3.]

제771조(동일한 사고로 인한 반대채권액의 공제) 선박소유자가 책임의 제한을 받는 채권자에 대하여 동일한 사고로 인하여 생긴 손해에 관한 채권을 가지는 경우에는 그 채권액을 공제한 잔액에 한하여 책임의 제한을 받는 채권으로 한다.
[전문개정 2007.8.3.]

제772조(책임제한을 위한 선박톤수) 제770조제1항에서 규정하는 선박의 톤수는 국제항해에 종사하는 선박의 경우에는 「선박법」에서 규정하는 국제총톤수로 하고 그 밖의 선박의 경우에는 같은 법에서 규정하는 총톤수로 한다.
[전문개정 2007.8.3.]

제773조(유한책임의 배제) 선박소유자는 다음 각 호의 채권에 대하여는 그 책임을 제한하지 못한다.
1. 선장·해원, 그 밖의 사용인으로서 그 직무가 선박의 업무에 관련된 자 또는 그 상속인, 피부양자, 그 밖의 이해관계인의 선박소유자에 대한 채권
2. 해난구조로 인한 구조료 채권 및 공동해손의 분담에 관한 채권
3. 1969년 11월 29일 성립한 「유류오염손해에 대한 민사책임에 관한 국제조약」 또는 그 조약의 개정조항이 적용되는 유류오염손해에 관한 채권
4. 침몰·난파·좌초·유기, 그 밖의 해양사고를 당한 선박 및 그 선박 안에 있거나 있었던 적하와 그 밖의 물건의 인양·제거·파괴 또는 무해조치에 관한 채권
5. 원자력손해에 관한 채권
[전문개정 2007.8.3.]

제774조(책임제한을 할 수 있는 자의 범위)
①다음 각 호의 어느 하나에 해당하는 자는 이 절의 규정에 따라 선박소유자의 경우와 동일하게 책임을 제한할 수 있다.
1. 용선자·선박관리인 및 선박운항자
2. 법인인 선박소유자 및 제1호에 규정된 자의 무한책임사원
3. 자기의 행위로 인하여 선박소유자 또는 제1호에 규정된 자에 대하여 제769조 각 호에 따른 채권이 성립하게 한 선장· 해원·도선사, 그 밖의 선박소유자 또는 제1호에 규정된 자의 사용인 또는 대리인
②동일한 사고에서 발생한 모든 채권에 대한 선박소유자 및 제1항에 규정된 자에 의한 책임제한의 총액은 선박마다 제770조에 따른 책임한도액을 초과하지 못한다.
③선박소유자 또는 제1항 각 호에 규정된 자의 1인이 책임제한절차개시의 결정을 받은 때에는 책임제한을 할 수 있는 다른 자도 이를 원용할 수 있다.
[전문개정 2007.8.3.]

판례-선박책임제한

[대법원 2014.5.9, 자, 2014마223, 결정]

【판시사항】
[1] 선박의 운항이 종료된 후에 발생한 선박소유자의 단순한 채무불이행이 상법 제769조 제1호에서 정한 '선박의 운항에 직접 관련'된 것이라고 할 수 있는지 여부(소극)
[2] 甲 주식회사가 선박을 운항하여 운송한 화물을 乙 주식회사의 창고에 보관하던 중 乙 회사가 위 화물을 선하증권과 상환 없이 무단 반출하여 선하증권 소지인인 丙 외국회사에 화물가액 상당의 손해가 발생한 사안에서, 이는 선박의 운항에 직접 관련하여 발생한 손해가 아니므로 위 손해에 관한 채권은 선박소유자 등의 책임제한 대상이 되는 채권이라고 볼 수 없다고 본 원심판단을 수긍한 사례

제775조(구조자의 책임제한) ①구조자 또는 그 피용자의 구조활동과 직접 관련하여 발생한

사람의 사망·신체의 상해, 재산의 멸실이나 훼손, 계약상 권리 외의 타인의 권리의 침해로 인하여 생긴 손해에 관한 채권 및 그러한 손해를 방지 혹은 경감하기 위한 조치에 관한 채권 또는 그 조치의 결과로 인하여 생긴 손해에 관한 채권에 대하여는 제769조부터 제774조(제769조제2호 및 제770조제1항제1호를 제외한다)까지의 규정에 따라 구조자도 책임을 제한할 수 있다.
②구조활동을 선박으로부터 행하지 아니한 구조자 또는 구조를 받는 선박에서만 행한 구조자는 제770조에 따른 책임의 한도액에 관하여 1천500톤의 선박에 의한 구조자로 본다.
③구조자의 책임의 한도액은 구조선마다 또는 제2항의 경우에는 구조자마다 동일한 사고로 인하여 생긴 모든 채권에 미친다.
④제1항에서 "구조자"란 구조활동에 직접 관련된 용역을 제공한 자를 말하며, "구조활동"이란 해난구조 시의 구조활동은 물론 침몰·난파·좌초·유기, 그 밖의 해양사고를 당한 선박 및 그 선박 안에 있거나 있었던 적하와 그 밖의 물건의 인양·제거·파괴 또는 무해조치 및 이와 관련된 손해를 방지 또는 경감하기 위한 모든 조치를 말한다.
[전문개정 2007.8.3.]

제776조(책임제한의 절차) ①이 절의 규정에 따라 책임을 제한하고자 하는 자는 채권자로부터 책임한도액을 초과하는 청구금액을 명시한 서면에 의한 청구를 받은 날부터 1년 이내에 법원에 책임제한절차개시의 신청을 하여야 한다.
②책임제한절차 개시의 신청, 책임제한의 기금의 형성·공고·참가·배당, 그 밖에 필요한 사항은 별도로 법률로 정한다.
[전문개정 2007.8.3.]

제5절 선박담보

제777조(선박우선특권 있는 채권)
①다음의 채권을 가진 자는 선박·그 속구, 그 채권이 생긴 항해의 운임, 그 선박과 운임에 부수한 채권에 대하여 우선특권이 있다.
1. 채권자의 공동이익을 위한 소송비용, 항해에 관하여 선박에 과한 제세금, 도선료·예선료, 최후 입항 후의 선박과 그 속구의 보존비·검사비
2. 선원과 그 밖의 선박사용인의 고용계약으로 인한 채권
3. 해난구조로 인한 선박에 대한 구조료 채권과 공동해손의 분담에 대한 채권
4. 선박의 충돌과 그 밖의 항해사고로 인한 손해, 항해시설·항만시설 및 항로에 대한 손해와 선원이나 여객의 생명·신체에 대한 손해의 배상채권
②제1항의 우선특권을 가진 선박채권자는 이 법과 그 밖의 법률의 규정에 따라 제1항의 재산에 대하여 다른 채권자보다 자기채권의 우선변제를 받을 권리가 있다. 이 경우 그 성질에 반하지 아니하는 한 「민법」의 저당권에 관한 규정을 준용한다.
[전문개정 2007.8.3.]

제778조(선박 · 운임에 부수한 채권)
제777조에 따른 선박과 운임에 부수한 채권은 다음과 같다.
1. 선박 또는 운임의 손실로 인하여 선박소유자에게 지급할 손해배상
2. 공동해손으로 인한 선박 또는 운임의 손실에 대하여 선박소유자에게 지급할 상금
3. 해난구조로 인하여 선박소유자에게 지급할 구조료
[전문개정 2007.8.3.]

제779조(운임에 대한 우선특권) 운임에 대한 우선특권은 지급을 받지 아니한 운임 및 지급을 받은 운임 중 선박소유자나 그 대리인이 소지한 금액에 한하여 행사할 수 있다.

[전문개정 2007.8.3.]

제780조(보험금 등의 제외) 보험계약에 의하여 선박소유자에게 지급할 보험금과 그 밖의 장려금이나 보조금에 대하여는 제778조를 적용하지 아니한다.
[전문개정 2007.8.3.]

제781조(선박사용인의 고용계약으로 인한 채권) 제777조제1항제2호에 따른 채권은 고용계약 존속 중의 모든 항해로 인한 운임의 전부에 대하여 우선특권이 있다.
[전문개정 2007.8.3.]

제782조(동일항해로 인한 채권에 대한 우선특권의 순위) ①동일항해로 인한 채권의 우선특권이 경합하는 때에는 그 우선의 순위는 제777조제1항 각 호의 순서에 따른다.
②제777조제1항제3호에 따른 채권의 우선특권이 경합하는 때에는 후에 생긴 채권이 전에 생긴 채권에 우선한다. 동일한 사고로 인한 채권은 동시에 생긴 것으로 본다.
[전문개정 2007.8.3.]

제783조(수회항해에 관한 채권에 대한 우선특권의 순위) ①수회의 항해에 관한 채권의 우선특권이 경합하는 때에는 후의 항해에 관한 채권이 전의 항해에 관한 채권에 우선한다.
②제781조에 따른 우선특권은 그 최후의 항해에 관한 다른 채권과 동일한 순위로 한다.
[전문개정 2007.8.3.]

제784조(동일순위의 우선특권이 경합한 경우) 제781조부터 제783조까지의 규정에 따른 동일순위의 우선특권이 경합하는 때에는 각 채권액의 비율에 따라 변제한다.
[전문개정 2007.8.3.]

제785조(우선특권의 추급권) 선박채권자의 우선특권은 그 선박소유권의 이전으로 인하여 영향을 받지 아니한다.
[전문개정 2007.8.3.]

제786조(우선특권의 소멸) 선박채권자의 우선특권은 그 채권이 생긴 날부터 1년 이내에 실행하지 아니하면 소멸한다.
[전문개정 2007.8.3.]

제787조(선박저당권) ①등기한 선박은 저당권의 목적으로 할 수 있다.
②선박의 저당권은 그 속구에 미친다.
③선박의 저당권에는 「민법」의 저당권에 관한 규정을 준용한다.
[전문개정 2007.8.3.]

제788조(선박저당권 등과 우선특권의 경합)
선박채권자의 우선특권은 질권과 저당권에 우선한다.
[전문개정 2007.8.3.]

판례-배당이의

[대법원 2014.7.24, 선고, 2013다34839, 판결]

【판시사항】
[1] 선박이 편의치적 되어 있어 선적만이 선적국과 유일한 관련이 있고 해당 법률관계와 가장 밀접한 관련이 있는 다른 국가의 법이 명백히 존재하는 경우, 다른 국가의 법을 준거법으

로 보아야 하는지 여부(적극)
[2] 파나마국에 편의치적 된 선박의 선장 甲 등이 선박의 근저당권자인 주식회사 乙 은행을 상대로 '선박에 관한 임의경매절차에서 乙 은행의 근저당권이 甲 등의 임금채권보다 선순위임을 전제로 작성된 배당표'의 경정을 구한 사안에서, 대한민국 상법을 적용하여 배당표가 위법하다고 본 원심판단을 정당하다고 한 사례

【판결요지】
[1] 국제사법 제8조 제1항, 제60조 제1호, 제2호의 내용과 취지에 비추어 보면, 선원의 임금채권을 근거로 하는 선박우선특권의 성립 여부나 선박우선특권과 선박저당권 사이의 우선순위를 정하는 준거법은 원칙적으로 선적국법이라고 할 것이나, 선박이 편의치적이 되어 있어 그 선적만이 선적국과 유일한 관련이 있을 뿐이고, 실질적인 선박 소유자나 선박 운영회사의 국적과 주된 영업활동장소, 선박의 주된 항해지와 근거지, 선원들의 국적, 선원들의 근로계약에 적용하기로 한 법률, 선박저당권의 피담보채권을 성립시키는 법률행위가 이루어진 장소 및 그에 대하여 적용되는 법률, 선박경매절차가 진행되는 법원이나 경매절차에 참가한 이해관계인 등은 선적국이 아닌 다른 특정 국가와 밀접한 관련이 있어 앞서 본 법률관계와 가장 밀접한 관련이 있는 다른 국가의 법이 명백히 존재하는 경우에는 다른 국가의 법을 준거법으로 보아야 한다.
[2] 파나마국에 편의치적 되어 있는 선박의 선장 甲 등이 선박의 근저당권자인 주식회사 乙 은행을 상대로 '선박에 관한 임의경매절차에서 乙 은행의 근저당권이 甲 등의 임금채권보다 선순위임을 전제로 작성된 배당표'의 경정을 구한 사안에서, 선박우선특권의 성립 여부 등과 가장 밀접한 관련이 있는 법은 선적국인 파나마국 법이 아니라 대한민국 상법이고, 국제사법 제8조 제1항에 따라 대한민국 상법을 적용하면 甲 등의 임금채권이 선박우선특권 있는 채권으로서 乙 은행의 근저당권보다 우선하므로, 위 배당표가 위법하다고 본 원심판단을 정당하다고 한 사례.

제789조(등기선박의 입질불허) 등기한 선박은 질권의 목적으로 하지 못한다.
[전문개정 2007.8.3.]

제790조(건조 중의 선박에의 준용)
이 절의 규정은 건조 중의 선박에 준용한다.
[전문개정 2007.8.3.]

제2장 운송과 용선

제1절 개품운송

제791조(개품운송계약의 의의) 개품운송계약은 운송인이 개개의 물건을 해상에서 선박으로 운송할 것을 인수하고, 송하인이 이에 대하여 운임을 지급하기로 약정함으로써 그 효력이 생긴다.
[전문개정 2007.8.3.]

제792조(운송물의 제공) ①송하인은 당사자 사이의 합의 또는 선적항의 관습에 의한 때와 곳에서 운송인에게 운송물을 제공하여야 한다.
②제1항에 따른 때와 곳에서 송하인이 운송물을 제공하지 아니한 경우에는 계약을 해제한 것으로 본다. 이 경우 선장은 즉시 발항할 수 있고, 송하인은 운임의 전액을 지급하여야 한다.
[전문개정 2007.8.3.]

제793조(운송에 필요한 서류의 교부)
송하인은 선적기간 이내에 운송에 필요한 서류를 선장에게 교부하여야 한다.
[전문개정 2007.8.3.]

제794조(감항능력 주의의무) 운송인은 자기 또는 선원이나 그 밖의 선박사용인이 발항 당시 다음의 사항에 관하여 주의를 해태하지 아니하였음을 증명하지 아니하면 운송물의 멸실·훼손 또는 연착으로 인한 손해를 배상할 책임이 있다.
1. 선박이 안전하게 항해를 할 수 있게 할 것
2. 필요한 선원의 승선, 선박의장(艤裝)과 필요품의 보급
3. 선창·냉장실, 그 밖에 운송물을 적재할 선박의 부분을 운송물의 수령·운송과 보존을 위하여 적합한 상태에 둘 것
[전문개정 2007.8.3.]

제795조(운송물에 관한 주의의무)
①운송인은 자기 또는 선원이나 그 밖의 선박사용인이 운송물의 수령·선적·적부(積付)·운송·보관·양륙과 인도에 관하여 주의를 해태하지 아니하였음을 증명하지 아니하면 운송물의 멸실·훼손 또는 연착으로 인한 손해를 배상할 책임이 있다.
②운송인은 선장·해원·도선사, 그 밖의 선박사용인의 항해 또는 선박의 관리에 관한 행위 또는 화재로 인하여 생긴 운송물에 관한 손해를 배상할 책임을 면한다. 다만, 운송인의 고의 또는 과실로 인한 화재의 경우에는 그러하지 아니하다.
[전문개정 2007.8.3.]

제796조(운송인의 면책사유) 운송인은 다음 각 호의 사실이 있었다는 것과 운송물에 관한 손해가 그 사실로 인하여 보통 생길 수 있는 것임을 증명한 때에는 이를 배상할 책임을 면한다. 다만, 제794조 및 제795조제1항에 따른 주의를 다하였더라면 그 손해를 피할 수 있었음에도 불구하고 그 주의를 다하지 아니하였음을 증명한 때에는 그러하지 아니하다.
1. 해상이나 그 밖에 항행할 수 있는 수면에서의 위험 또는 사고
2. 불가항력
3. 전쟁·폭동 또는 내란
4. 해적행위나 그 밖에 이에 준한 행위
5. 재판상의 압류, 검역상의 제한, 그 밖에 공권에 의한 제한
6. 송하인 또는 운송물의 소유자나 그 사용인의 행위
7. 동맹파업이나 그 밖의 쟁의행위 또는 선박폐쇄
8. 해상에서의 인명이나 재산의 구조행위 또는 이로 인한 항로이탈이나 그 밖의 정당한 사유로 인한 항로이탈
9. 운송물의 포장의 불충분 또는 기호의 표시의 불완전
10. 운송물의 특수한 성질 또는 숨은 하자
11. 선박의 숨은 하자
[전문개정 2007.8.3.]

제797조(책임의 한도) ①제794조부터 제796조까지의 규정에 따른 운송인의 손해배상의 책임은 당해 운송물의 매 포장당 또는 선적단위당 666과 100분의 67 계산단위의 금액과 중량 1킬로그램당 2 계산단위의 금액 중 큰 금액을 한도로 제한할 수 있다. 다만, 운송물에 관한 손해가 운송인 자신의 고의 또는 손해발생의 염려가 있음을 인식하면서 무모하게 한 작위 또는 부작위로 인하여 생긴 것인 때에는 그러하지 아니하다.
②제1항의 적용에 있어서 운송물의 포장 또는 선적단위의 수는 다음과 같이 정한다.
1. 컨테이너나 그 밖에 이와 유사한 운송용기가 운송물을 통합하기 위하여 사용되는 경우에 그러한 운송용기에 내장된 운송물의 포장 또는 선적단위의 수를 선하증권이나 그 밖에 운송계약을 증명하는 문서에 기재한 때에는 그 각 포장 또는 선적단위를 하나의 포장 또

는 선적단위로 본다. 이 경우를 제외하고는 이러한 운송용기 내의 운송물 전부를 하나의 포장 또는 선적단위로 본다.
2. 운송인이 아닌 자가 공급한 운송용기 자체가 멸실 또는 훼손된 경우에는 그 용기를 별개의 포장 또는 선적단위로 본다.
③제1항 및 제2항은 송하인이 운송인에게 운송물을 인도할 때에 그 종류와 가액을 고지하고 선하증권이나 그 밖에 운송계약을 증명하는 문서에 이를 기재한 경우에는 적용하지 아니한다. 다만, 송하인이 운송물의 종류 또는 가액을 고의로 현저하게 부실의 고지를 한 때에는 운송인은 자기 또는 그 사용인이 악의인 경우를 제외하고 운송물의 손해에 대하여 책임을 면한다.
④제1항부터 제3항까지의 규정은 제769조부터 제774조까지 및 제776조의 적용에 영향을 미치지 아니한다.
[전문개정 2007.8.3.]

판례-구상금

[대법원 2014.6.12, 선고, 2012다106058, 판결]

【판시사항】
헤이그규칙 제4조 제5항에서 해상운송인의 포장당 책임제한액으로 정하고 있는 '100파운드(100 pounds sterling)'의 의미(=금화 100파운드의 가치)

【판결요지】
1924. 8. 25. 브뤼셀에서 성립된 선하증권에 대한 규정의 통일에 관한 국제협약에 포함된 헤이그규칙(The Hague Rules contained in the International Convention for the Unification of Certain Rules relating to Bills of Landing, dated Brussels 25 August 1924, 이하 '헤이그규칙'이라 한다) 제4조 제5호 및 제9조의 규정, 두 차례에 걸친 헤이그규칙의 수정경위 및 수정내용, 그리고 헤이그규칙상 책임제한조항의 해석에 관한 영국을 비롯한 외국 판례의 태도 등을 종합하면, 헤이그규칙 제4조 제5항에서 해상운송인의 포장당 책임제한액으로 정하고 있는 '100파운드(100 pounds sterling)'는 금화 100파운드의 가치를 의미하는 것으로 봄이 타당하다.

제798조(비계약적 청구에 대한 적용)

①이 절의 운송인의 책임에 관한 규정은 운송인의 불법행위로 인한 손해배상의 책임에도 적용한다.
②운송물에 관한 손해배상청구가 운송인의 사용인 또는 대리인에 대하여 제기된 경우에 그 손해가 그 사용인 또는 대리인의 직무집행에 관하여 생긴 것인 때에는 그 사용인 또는 대리인은 운송인이 주장할 수 있는 항변과 책임제한을 원용할 수 있다. 다만, 그 손해가 그 사용인 또는 대리인의 고의 또는 운송물의 멸실·훼손 또는 연착이 생길 염려가 있음을 인식하면서 무모하게 한 작위 또는 부작위로 인하여 생긴 것인 때에는 그러하지 아니하다.
③제2항 본문의 경우에 운송인과 그 사용인 또는 대리인의 운송물에 대한 책임제한금액의 총액은 제797조제1항에 따른 한도를 초과하지 못한다.
④제1항부터 제3항까지의 규정은 운송물에 관한 손해배상청구가 운송인 외의 실제운송인 또는 그 사용인이나 대리인에 대하여 제기된 경우에도 적용한다.
[전문개정 2007.8.3.]

제799조(운송인의 책임경감금지)

①제794조부터 제798조까지의 규정에 반하여 운송인의 의무 또는 책임을 경감 또는 면제하는 당사자 사이의 특약은 효력이 없다. 운송물에 관한 보험의 이익을 운송인에게 양도하는 약정 또는 이와 유사한 약정도 또한 같다.
②제1항은 산 동물의 운송 및 선하증권이나 그 밖에 운송계약을 증명하는 문서의 표면에 갑판적(甲板積)으로 운송할 취지를 기재하여 갑판적으로 행하는 운송에 대하여는 적용하

지 아니한다.
[전문개정 2007.8.3.]

제800조(위법선적물의 처분)
①선장은 법령 또는 계약을 위반하여 선적된 운송물은 언제든지 이를 양륙할 수 있고, 그 운송물이 선박 또는 다른 운송물에 위해를 미칠 염려가 있는 때에는 이를 포기할 수 있다.
②선장이 제1항의 물건을 운송하는 때에는 선적한 때와 곳에서의 동종 운송물의 최고운임의 지급을 청구할 수 있다.
③제1항 및 제2항은 운송인과 그 밖의 이해관계인의 손해배상청구에 영향을 미치지 아니한다.
[전문개정 2007.8.3.]

제801조(위험물의 처분) ①인화성·폭발성이나 그 밖의 위험성이 있는 운송물은 운송인이 그 성질을 알고 선적한 경우에도 그 운송물이 선박이나 다른 운송물에 위해를 미칠 위험이 있는 때에는 선장은 언제든지 이를 양륙·파괴 또는 무해조치할 수 있다.
②운송인은 제1항의 처분에 의하여 그 운송물에 발생한 손해에 대하여는 공동해손분담책임을 제외하고 그 배상책임을 면한다.
[전문개정 2007.8.3.]

제802조(운송물의 수령) 운송물의 도착통지를 받은 수하인은 당사자 사이의 합의 또는 양륙항의 관습에 의한 때와 곳에서 지체 없이 운송물을 수령하여야 한다.
[전문개정 2007.8.3.]

제803조(운송물의 공탁 등) ①수하인이 운송물의 수령을 게을리한 때에는 선장은 이를 공탁하거나 세관이나 그 밖에 법령으로 정한 관청의 허가를 받은 곳에 인도할 수 있다. 이 경우 지체 없이 수하인에게 그 통지를 발송하여야 한다.
②수하인을 확실히 알 수 없거나 수하인이 운송물의 수령을 거부한 때에는 선장은 이를 공탁하거나 세관이나 그 밖에 법령으로 정한 관청의 허가를 받은 곳에 인도하고 지체 없이 용선자 또는 송하인 및 알고 있는 수하인에게 그 통지를 발송하여야 한다.
③제1항 및 제2항에 따라 운송물을 공탁하거나 세관이나 그 밖에 법령으로 정한 관청의 허가를 받은 곳에 인도한 때에는 선하증권소지인이나 그 밖의 수하인에게 운송물을 인도한 것으로 본다.
[전문개정 2007.8.3.]

제804조(운송물의 일부 멸실 · 훼손에 관한 통지) ①수하인이 운송물의 일부 멸실 또는 훼손을 발견한 때에는 수령 후 지체 없이 그 개요에 관하여 운송인에게 서면에 의한 통지를 발송하여야 한다. 다만, 그 멸실 또는 훼손이 즉시 발견할 수 없는 것인 때에는 수령한 날부터 3일 이내에 그 통지를 발송하여야 한다.
②제1항의 통지가 없는 경우에는 운송물이 멸실 또는 훼손 없이 수하인에게 인도된 것으로 추정한다.
③제1항 및 제2항은 운송인 또는 그 사용인이 악의인 경우에는 적용하지 아니한다.
④운송물에 멸실 또는 훼손이 발생하였거나 그 의심이 있는 경우에는 운송인과 수하인은 서로 운송물의 검사를 위하여 필요한 편의를 제공하여야 한다.
⑤제1항부터 제4항까지의 규정에 반하여 수하인에게 불리한 당사자 사이의 특약은 효력이 없다.
[전문개정 2007.8.3.]

제805조(운송물의 중량 · 용적에 따른 운임)
운송물의 중량 또는 용적으로 운임을 정한 때에는 운송물을 인도하는 때의 중량 또는 용적에 의하여 그 액을 정한다.
[전문개정 2007.8.3.]

제806조(운송기간에 따른 운임) ①기간으로 운임을 정한 때에는 운송물의 선적을 개시한 날부터 그 양륙을 종료한 날까지의 기간에 의하여 그 액을 정한다.
②제1항의 기간에는 불가항력으로 인하여 선박이 선적항이나 항해도중에 정박한 기간 또는 항해 도중에 선박을 수선한 기간을 산입하지 아니한다.
[전문개정 2007.8.3.]

제807조(수하인의 의무, 선장의 유치권)
①수하인이 운송물을 수령하는 때에는 운송계약 또는 선하증권의 취지에 따라 운임·부수비용·체당금·체선료, 운송물의 가액에 따른 공동해손 또는 해난구조로 인한 부담액을 지급하여야 한다.
②선장은 제1항에 따른 금액의 지급과 상환하지 아니하면 운송물을 인도할 의무가 없다.
[전문개정 2007.8.3.]

제808조(운송인의 운송물경매권)
①운송인은 제807조제1항에 따른 금액의 지급을 받기 위하여 법원의 허가를 받아 운송물을 경매하여 우선변제를 받을 권리가 있다.
②선장이 수하인에게 운송물을 인도한 후에도 운송인은 그 운송물에 대하여 제1항의 권리를 행사할 수 있다. 다만, 인도한 날부터 30일을 경과하거나 제3자가 그 운송물에 점유를 취득한 때에는 그러하지 아니하다.
[전문개정 2007.8.3.]

제809조(항해용선자 등의 재운송계약시 선박소유자의 책임) 항해용선자 또는 정기용선자가 자기의 명의로 제3자와 운송계약을 체결한 경우에는 그 계약의 이행이 선장의 직무에 속한 범위 안에서 선박소유자도 그 제3자에 대하여 제794조 및 제795조에 따른 책임을 진다.
[전문개정 2007.8.3.]

제810조(운송계약의 종료사유) ①운송계약은 다음의 사유로 인하여 종료한다.
1. 선박이 침몰 또는 멸실한 때
2. 선박이 수선할 수 없게 된 때
3. 선박이 포획된 때
4. 운송물이 불가항력으로 인하여 멸실된 때

②제1항제1호부터 제3호까지의 사유가 항해 도중에 생긴 때에는 송하인은 운송의 비율에 따라 현존하는 운송물의 가액의 한도에서 운임을 지급하여야 한다.
[전문개정 2007.8.3.]

제811조(법정사유로 인한 해제 등)
①항해 또는 운송이 법령을 위반하게 되거나 그 밖에 불가항력으로 인하여 계약의 목적을 달할 수 없게 된 때에는 각 당사자는 계약을 해제할 수 있다.
②제1항의 사유가 항해 도중에 생긴 경우에 계약을 해지한 때에는 송하인은 운송의 비율에 따라 운임을 지급하여야 한다.
[전문개정 2007.8.3.]

第812條(운송물의 일부에 관한 불가항력)
①제810조제1항제4호 및 제811조제1항의 사유가 운송물의 일부에 대하여 생긴 때에는 송하인은 운송인의 책임이 가중되지 아니하는 범위 안에서 다른 운송물을 선적할 수 있다.
②송하인이 제1항의 권리를 행사하고자 하는 때에는 지체 없이 운송물의 양륙 또는 선적을 하여야 한다. 그 양륙 또는 선적을 게을리한 때에는 운임의 전액을 지급하여야 한다.
[전문개정 2007.8.3.]

第813條(선장의 적하처분과 운임)
운송인은 다음 각 호의 어느 하나에 해당하는 경우에는 운임의 전액을 청구할 수 있다.
1. 선장이 제750조제1항에 따라 적하를 처분하였을 때
2. 선장이 제865조에 따라 적하를 처분하였을 때
[전문개정 2007.8.3.]

第814條(운송인의 채권 · 채무의 소멸)
①운송인의 송하인 또는 수하인에 대한 채권 및 채무는 그 청구원인의 여하에 불구하고 운송인이 수하인에게 운송물을 인도한 날 또는 인도할 날부터 1년 이내에 재판상 청구가 없으면 소멸한다. 다만, 이 기간은 당사자의 합의에 의하여 연장할 수 있다.
②운송인이 인수한 운송을 다시 제3자에게 위탁한 경우에 송하인 또는 수하인이 제1항의 기간 이내에 운송인과 배상 합의를 하거나 운송인에게 재판상 청구를 하였다면, 그 합의 또는 청구가 있은 날부터 3개월이 경과하기 이전에는 그 제3자에 대한 운송인의 채권·채무는 제1항에도 불구하고 소멸하지 아니한다. 운송인과 그 제3자 사이에 제1항 단서와 동일한 취지의 약정이 있는 경우에도 또한 같다.
③제2항의 경우에 있어서 재판상 청구를 받은 운송인이 그로부터 3개월 이내에 그 제3자에 대하여 소송고지를 하면 3개월의 기간은 그 재판이 확정되거나 그 밖에 종료된 때부터 기산한다.
[전문개정 2007.8.3.]

第815條(준용규정) 제134조, 제136조부터 제140조까지의 규정은 이 절에서 정한 운송인에 준용한다.
[전문개정 2007.8.3.]

第816條(복합운송인의 책임) ①운송인이 인수한 운송에 해상 외의 운송구간이 포함된 경우 운송인은 손해가 발생한 운송구간에 적용될 법에 따라 책임을 진다.
②어느 운송구간에서 손해가 발생하였는지 불분명한 경우 또는 손해의 발생이 성질상 특정한 지역으로 한정되지 아니하는 경우에는 운송인은 운송거리가 가장 긴 구간에 적용되는 법에 따라 책임을 진다. 다만, 운송거리가 같거나 가장 긴 구간을 정할 수 없는 경우에는 운임이 가장 비싼 구간에 적용되는 법에 따라 책임을 진다.
[전문개정 2007.8.3.]

제2절 해상여객운송

第817條(해상여객운송계약의 의의)
해상여객운송계약은 운송인이 특정한 여객을 출발지에서 도착지까지 해상에서 선박으로 운송할 것을 인수하고, 이에 대하여 상대방이 운임을 지급하기로 약정함으로써 그 효력이 생긴다.
[전문개정 2007.8.3.]

제818조(기명식의 선표) 기명식의 선표는 타인에게 양도하지 못한다.
[전문개정 2007.8.3.]

제819조(식사 · 거처제공의무 등) ①여객의 항해 중의 식사는 다른 약정이 없으면 운송인의 부담으로 한다.
②항해 도중에 선박을 수선하는 경우에는 운송인은 그 수선 중 여객에게 상당한 거처와 식사를 제공하여야 한다. 다만, 여객의 권리를 해하지 아니하는 범위 안에서 상륙항까지의 운송의 편의를 제공한 때에는 그러하지 아니하다.
③제2항의 경우에 여객은 항해의 비율에 따른 운임을 지급하고 계약을 해지할 수 있다.
[전문개정 2007.8.3.]

제820조(수하물 무임운송의무) 여객이 계약에 의하여 선내에서 휴대할 수 있는 수하물에 대하여는 운송인은 다른 약정이 없으면 별도로 운임을 청구하지 못한다.
[전문개정 2007.8.3.]

제821조(승선지체와 선장의 발항권)
①여객이 승선시기까지 승선하지 아니한 때에는 선장은 즉시 발항할 수 있다. 항해 도중의 정박항에서도 또한 같다.
②제1항의 경우에는 여객은 운임의 전액을 지급하여야 한다.
[전문개정 2007.8.3.]

제822조(여객의 계약해제와 운임) 여객이 발항 전에 계약을 해제하는 경우에는 운임의 반액을 지급하고, 발항 후에 계약을 해제하는 경우에는 운임의 전액을 지급하여야 한다.
[전문개정 2007.8.3.]

제823조(법정사유에 의한 해제)
여객이 발항 전에 사망·질병이나 그 밖의 불가항력으로 인하여 항해할 수 없게 된 때에는 운송인은 운임의 10분의 3을 청구할 수 있고, 발항 후에 그 사유가 생긴 때에는 운송인의 선택으로 운임의 10분의 3 또는 운송의 비율에 따른 운임을 청구할 수 있다.
[전문개정 2007.8.3.]

제824조(사망한 여객의 수하물처분의무)
여객이 사망한 때에는 선장은 그 상속인에게 가장 이익이 되는 방법으로 사망자가 휴대한 수하물을 처분하여야 한다.
[전문개정 2007.8.3.]

제825조(법정종료사유) 운송계약은 제810조제1항제1호부터 제3호까지의 사유로 인하여 종료한다. 그 사유가 항해 도중에 생긴 때에는 여객은 운송의 비율에 따른 운임을 지급하여야 한다.
[전문개정 2007.8.3.]

제826조(준용규정) ①제148조·제794조·제799조제1항 및 제809조는 해상여객운송에 준용한다.
②제134조·제136조·제149조제2항·제794조부터 제801조까지·제804조·제807조·제809조·제811조 및 제814조는 운송인이 위탁을 받은 여객의 수하물의 운송에 준용한다.
③제150조, 제797조제1항·제4항, 제798조, 제799조제1항, 제809조 및 제814조는 운송인이 위탁을 받지 아니한 여객의 수하물에 준용한다.
[전문개정 2007.8.3.]

제3절 항해용선

제827조(항해용선계약의 의의) ①항해용선계약은 특정한 항해를 할 목적으로 선박소유자가 용선자에게 선원이 승무하고 항해장비를 갖춘 선박의 전부 또는 일부를 물건의 운송에 제공하기로 약정하고 용선자가 이에 대하여 운임을 지급하기로 약정함으로써 그 효력이 생긴다.
②이 절의 규정은 그 성질에 반하지 아니하는 한 여객운송을 목적으로 하는 항해용선계약에도 준용한다.
③선박소유자가 일정한 기간 동안 용선자에게 선박을 제공할 의무를 지지만 항해를 단위로 운임을 계산하여 지급하기로 약정한 경우에도 그 성질에 반하지 아니하는 한 이 절의 규정을 준용한다.
[전문개정 2007.8.3.]

제828조(용선계약서) 용선계약의 당사자는 상대방의 청구에 의하여 용선계약서를 교부하여야 한다.
[전문개정 2007.8.3.]

제829조(선적준비완료의 통지, 선적기간)
①선박소유자는 운송물을 선적함에 필요한 준비가 완료된 때에는 지체 없이 용선자에게 그 통지를 발송하여야 한다.
②운송물을 선적할 기간의 약정이 있는 경우에는 그 기간은 제1항의 통지가 오전에 있은 때에는 그 날의 오후 1시부터 기산하고, 오후에 있은 때에는 다음날 오전 6시부터 기산한다. 이 기간에는 불가항력으로 인하여 선적할 수 없는 날과 그 항의 관습상 선적작업을 하지 아니하는 날을 산입하지 아니한다.
③제2항의 기간을 경과한 후 운송물을 선적한 때에는 선박소유자는 상당한 보수를 청구할 수 있다.
[전문개정 2007.8.3.]

제830조(제3자가 선적인인 경우의 통지 · 선적) 용선자 외의 제3자가 운송물을 선적할 경우에 선장이 그 제3자를 확실히 알 수 없거나 그 제3자가 운송물을 선적하지 아니한 때에는 선장은 지체 없이 용선자에게 그 통지를 발송하여야 한다. 이 경우 선적기간 이내에 한하여 용선자가 운송물을 선적할 수 있다.
[전문개정 2007.8.3.]

제831조(용선자의 발항청구권, 선장의 발항권) ①용선자는 운송물의 전부를 선적하지 아니한 경우에도 선장에게 발항을 청구할 수 있다.
②선적기간의 경과 후에는 용선자가 운송물의 전부를 선적하지 아니한 경우에도 선장은 즉시 발항할 수 있다.
③제1항 및 제2항의 경우에 용선자는 운임의 전액과 운송물의 전부를 선적하지 아니함으로 인하여 생긴 비용을 지급하고, 또한 선박소유자의 청구가 있는 때에는 상당한 담보를 제공하여야 한다.
[전문개정 2007.8.3.]

제832조(전부용선의 발항 전의 계약해제 등)
①발항 전에는 전부용선자는 운임의 반액을 지급하고 계약을 해제할 수 있다.
②왕복항해의 용선계약인 경우에 전부용선자가 그 회항 전에 계약을 해지하는 때에는 운임의 3분의 2를 지급하여야 한다.
③선박이 다른 항에서 선적항에 항행하여야 할 경우에 전부용선자가 선적항에서 발항하기 전에 계약을 해지하는 때에도 제2항과 같다.
[전문개정 2007.8.3.]

第833조(일부용선과 발항 전의 계약해제 등)
①일부용선자나 송하인은 다른 용선자와 송하인 전원과 공동으로 하는 경우에 한하여 제832조의 해제 또는 해지를 할 수 있다.
②제1항의 경우 외에는 일부용선자나 송하인이 발항 전에 계약을 해제 또는 해지한 때에도 운임의 전액을 지급하여야 한다.
③발항 전이라도 일부용선자나 송하인이 운송물의 전부 또는 일부를 선적한 경우에는 다른 용선자와 송하인의 동의를 받지 아니하면 계약을 해제 또는 해지하지 못한다.
[전문개정 2007.8.3.]

第834조(부수비용 · 체당금 등의 지급의무)
①용선자나 송하인이 제832조 및 제833조제1항에 따라 계약을 해제 또는 해지를 한 때에도 부수비용과 체당금을 지급할 책임을 면하지 못한다.
②제832조제2항 및 제3항의 경우에는 용선자나 송하인은 제1항에 규정된 것 외에도 운송물의 가액에 따라 공동해손 또는 해난구조로 인하여 부담할 금액을 지급하여야 한다.
[전문개정 2007.8.3.]

第835조(선적 · 양륙비용의 부담)
제833조 및 제834조의 경우에 운송물의 전부 또는 일부를 선적한 때에는 그 선적과 양륙의 비용은 용선자 또는 송하인이 부담한다.
[전문개정 2007.8.3.]

第836조(선적기간 내의 불선적의 효과)
용선자가 선적기간 내에 운송물의 선적을 하지 아니한 때에는 계약을 해제 또는 해지한 것으로 본다.
[전문개정 2007.8.3.]

第837조(발항 후의 계약해지) 발항 후에는 용선자나 송하인은 운임의 전액, 체당금·체선료와 공동해손 또는 해난구조의 부담액을 지급하고 그 양륙하기 위하여 생긴 손해를 배상하거나 이에 대한 상당한 담보를 제공하지 아니하면 계약을 해지하지 못한다.
[전문개정 2007.8.3.]

第838조(운송물의 양륙) ①운송물을 양륙함에 필요한 준비가 완료된 때에는 선장은 지체없이 수하인에게 그 통지를 발송하여야 한다.
②제829조제2항은 운송물의 양륙기간의 계산에 준용한다.
③제2항의 양륙기간을 경과한 후 운송물을 양륙한 때에는 선박소유자는 상당한 보수를 청구할 수 있다.
[전문개정 2007.8.3.]

第839조(선박소유자의 책임경감 금지)
①제794조에 반하여 이 절에서 정한 선박소유자의 의무 또는 책임을 경감 또는 면제하는 당사자 사이의 특약은 효력이 없다. 운송물에 관한 보험의 이익을 선박소유자에게 양도하는 약정 또는 이와 유사한 약정도 또한 같다.
②제799조제2항은 제1항의 경우에 준용한다.
[전문개정 2007.8.3.]

第840조(선박소유자의 채권 · 채무의 소멸) ①선박소유자의 용선자 또는 수하인에 대한 채권 및 채무는 그 청구원인의 여하에 불구하고 선박소유자가 운송물을 인도한 날 또는 인도할 날부터 2년 이내에 재판상 청구가 없으면 소멸한다. 이 경우 제814조제1항 단서를 준용한다.
②제1항의 기간을 단축하는 선박소유자와 용선자의 약정은 이를 운송계약에 명시적으로 기재하지 아니하면 그 효력이 없다.
[전문개정 2007.8.3.]

제841조(준용규정) ①제134조, 제136조, 제137조, 제140조, 제793조부터 제797조까지, 제798조 제1항부터 제3항까지, 제800조, 제801조, 제803조, 제804조제1항부터 제4항까지, 제805조부터 제808조까지와 제810조부터 제813조까지의 규정은 항해용선계약에 준용한다.
②제1항에 따라 제806조의 운임을 계산함에 있어서 제829조제2항의 선적기간 또는 제838조제2항의 양륙기간이 경과한 후에 운송물을 선적 또는 양륙한 경우에는 그 기간경과 후의 선적 또는 양륙기간은 선적 또는 양륙기간에 산입하지 아니하고 제829조제3항 및 제838조제3항에 따라 별도로 보수를 정한다.
[전문개정 2007.8.3.]

제4절 정기용선

제842조(정기용선계약의 의의) 정기용선계약은 선박소유자가 용선자에게 선원이 승무하고 항해장비를 갖춘 선박을 일정한 기간동안 항해에 사용하게 할 것을 약정하고 용선자가 이에 대하여 기간으로 정한 용선료를 지급하기로 약정함으로써 그 효력이 생긴다.
[전문개정 2007.8.3.]

제843조(정기용선자의 선장지휘권)
①정기용선자는 약정한 범위 안의 선박의 사용을 위하여 선장을 지휘할 권리가 있다.
②선장·해원, 그 밖의 선박사용인이 정기용선자의 정당한 지시를 위반하여 정기용선자에게 손해가 발생한 경우에는 선박소유자가 이를 배상할 책임이 있다.
[전문개정 2007.8.3.]

제844조(선박소유자의 운송물유치권 및 경매권) ①제807조제2항 및 제808조는 정기용선자가 선박소유자에게 용선료·체당금, 그 밖에 이와 유사한 정기용선계약에 의한 채무를 이행하지 아니하는 경우에 준용한다. 다만, 선박소유자는 정기용선자가 발행한 선하증권을 선의로 취득한 제3자에게 대항하지 못한다.
②제1항에 따른 선박소유자의 운송물에 대한 권리는 정기용선자가 운송물에 관하여 약정한 용선료 또는 운임의 범위를 넘어서 행사하지 못한다.
[전문개정 2007.8.3.]

제845조(용선료의 연체와 계약해지 등)
①정기용선자가 용선료를 약정기일에 지급하지 아니한 때에는 선박소유자는 계약을 해제 또는 해지할 수 있다.
②정기용선자가 제3자와 운송계약을 체결하여 운송물을 선적한 후 선박의 항해 중에 선박소유자가 제1항에 따라 계약을 해제 또는 해지한 때에는 선박소유자는 적하이해관계인에 대하여 정기용선자와 동일한 운송의무가 있다.
③선박소유자가 제2항에 따른 계약의 해제 또는 해지 및 운송계속의 뜻을 적하이해관계인에게 서면으로 통지를 한 때에는 선박소유자의 정기용선자에 대한 용선료·체당금, 그 밖에 이와 유사한 정기용선계약상의 채권을 담보하기 위하여 정기용선자가 적하이해관계인에 대하여 가지는 용선료 또는 운임의 채권을 목적으로 질권을 설정한 것으로 본다.
④제1항부터 제3항까지의 규정은 선박소유자 또는 적하이해관계인의 정기용선자에 대한 손해배상청구에 영향을 미치지 아니한다. [전문개정 2007.8.3.]

第846条(정기용선계약상의 채권의 소멸)
①정기용선계약에 관하여 발생한 당사자 사이의 채권은 선박이 선박소유자에게 반환된 날부터 2년 이내에 재판상 청구가 없으면 소멸한다. 이 경우 제814조제1항 단서를 준용한다.
②제840조제2항은 제1항의 경우에 준용한다.
[전문개정 2007.8.3.]

제5절 선체용선

第847条(선체용선계약의 의의) ①선체용선계약은 용선자의 관리·지배 하에 선박을 운항할 목적으로 선박소유자가 용선자에게 선박을 제공할 것을 약정하고 용선자가 이에 따른 용선료를 지급하기로 약정함으로써 그 효력이 생긴다.
②선박소유자가 선장과 그 밖의 해원을 공급할 의무를 지는 경우에도 용선자의 관리·지배하에서 해원이 선박을 운항하는 것을 목적으로 하면 이를 선체용선계약으로 본다.
[전문개정 2007.8.3.]

第848条(법적 성질) ①선체용선계약은 그 성질에 반하지 아니하는 한 「민법」상 임대차에 관한 규정을 준용한다.
②용선기간이 종료된 후에 용선자가 선박을 매수 또는 인수할 권리를 가지는 경우 및 금융의 담보를 목적으로 채권자를 선박소유자로 하여 선체용선계약을 체결한 경우에도 용선기간 중에는 당사자 사이에서는 이 절의 규정에 따라 권리와 의무가 있다.
[전문개정 2007.8.3.]

第849条(선체용선자의 등기청구권, 등기의 효력) ①선체용선자는 선박소유자에 대하여 선체용선등기에 협력할 것을 청구할 수 있다.
②선체용선을 등기한 때에는 그 때부터 제3자에 대하여 효력이 생긴다.
[전문개정 2007.8.3.]

第850条(선체용선과 제3자에 대한 법률관계) ①선체용선자가 상행위나 그 밖의 영리를 목적으로 선박을 항해에 사용하는 경우에는 그 이용에 관한 사항에는 제3자에 대하여 선박소유자와 동일한 권리의무가 있다.
②제1항의 경우에 선박의 이용에 관하여 생긴 우선특권은 선박소유자에 대하여도 그 효력이 있다. 다만, 우선특권자가 그 이용의 계약에 반함을 안 때에는 그러하지 아니하다.
[전문개정 2007.8.3.]

第851条(선체용선계약상의 채권의 소멸)
①선체용선계약에 관하여 발생한 당사자 사이의 채권은 선박이 선박소유자에게 반환된 날부터 2년 이내에 재판상 청구가 없으면 소멸한다. 이 경우 제814조제1항 단서를 준용한다.
②제840조제2항은 제1항의 경우에 준용한다.
[전문개정 2007.8.3.]

제6절 운송증서

第852条(선하증권의 발행) ①운송인은 운송물을 수령한 후 송하인의 청구에 의하여 1통 또는 수통의 선하증권을 교부하여야 한다.
②운송인은 운송물을 선적한 후 송하인의 청구에 의하여 1통 또는 수통의 선적선하증권을 교부하거나 제1항의 선하증권에 선적의 뜻을 표시하여야 한다.

③운송인은 선장 또는 그 밖의 대리인에게 선하증권의 교부 또는 제2항의 표시를 위임할 수 있다.
[전문개정 2007.8.3.]

제853조(선하증권의 기재사항) ①선하증권에는 다음 각 호의 사항을 기재하고 운송인이 기명날인 또는 서명하여야 한다.
1. 선박의 명칭·국적 및 톤수
2. 송하인이 서면으로 통지한 운송물의 종류, 중량 또는 용적, 포장의 종별, 개수와 기호
3. 운송물의 외관상태
4. 용선자 또는 송하인의 성명·상호
5. 수하인 또는 통지수령인의 성명·상호
6. 선적항
7. 양륙항
8. 운임
9. 발행지와 그 발행연월일
10. 수통의 선하증권을 발행한 때에는 그 수
11. 운송인의 성명 또는 상호
12. 운송인의 주된 영업소 소재지

②제1항제2호의 기재사항 중 운송물의 중량·용적·개수 또는 기호가 운송인이 실제로 수령한 운송물을 정확하게 표시하고 있지 아니하다고 의심할 만한 상당한 이유가 있는 때 또는 이를 확인할 적당한 방법이 없는 때에는 그 기재를 생략할 수 있다.
③송하인은 제1항제2호의 기재사항이 정확함을 운송인에게 담보한 것으로 본다.
④운송인이 선하증권에 기재된 통지수령인에게 운송물에 관한 통지를 한 때에는 송하인 및 선하증권소지인과 그 밖의 수하인에게 통지한 것으로 본다.
[전문개정 2007.8.3.]

제854조(선하증권 기재의 효력) ①제853조제1항에 따라 선하증권이 발행된 경우 운송인과 송하인 사이에 선하증권에 기재된 대로 개품운송계약이 체결되고 운송물을 수령 또는 선적한 것으로 추정한다.
②제1항의 선하증권을 선의로 취득한 소지인에 대하여 운송인은 선하증권에 기재된 대로 운송물을 수령 혹은 선적한 것으로 보고 선하증권에 기재된 바에 따라 운송인으로서 책임을 진다.
[전문개정 2007.8.3.]

제855조(용선계약과 선하증권)
①용선자의 청구가 있는 경우 선박소유자는 운송물을 수령한 후에 제852조 및 제853조에 따라 선하증권을 발행한다.
②제1항에 따라 선하증권이 발행된 경우 선박소유자는 선하증권에 기재된 대로 운송물을 수령 또는 선적한 것으로 추정한다.
③제3자가 선의로 제1항의 선하증권을 취득한 경우 선박소유자는 제854조제2항에 따라 운송인으로서 권리와 의무가 있다. 용선자의 청구에 따라 선박소유자가 제3자에게 선하증권을 발행한 경우에도 또한 같다.
④제3항의 경우에 그 제3자는 제833조부터 제835조까지 및 제837조에 따른 송하인으로 본다.
⑤제3항의 경우 제799조를 위반하여 운송인으로서의 의무와 책임을 감경 또는 면제하는 특약을 하지 못한다.
[전문개정 2007.8.3.]

제856조(등본의 교부) 선하증권의 교부를 받은 용선자 또는 송하인은 발행자의 청구가 있

는 때에는 선하증권의 등본에 기명날인 또는 서명하여 교부하여야 한다.
[전문개정 2007.8.3.]

제857조(수통의 선하증권과 양륙항에 있어서의 운송물의 인도) ①양륙항에서 수통의 선하증권 중 1통을 소지한 자가 운송물의 인도를 청구하는 경우에도 선장은 그 인도를 거부하지 못한다.
②제1항에 따라 수통의 선하증권 중 1통의 소지인이 운송물의 인도를 받은 때에는 다른 선하증권은 그 효력을 잃는다.
[전문개정 2007.8.3.]

제858조(수통의 선하증권과 양륙항 외에서의 운송물의 인도) 양륙항 외에서는 선장은 선하증권의 각 통의 반환을 받지 아니하면 운송물을 인도하지 못한다.
[전문개정 2007.8.3.]

제859조(2인 이상 소지인의 운송물인도청구와 공탁) ①2인 이상의 선하증권소지인이 운송물의 인도를 청구한 때에는 선장은 지체 없이 운송물을 공탁하고 각 청구자에게 그 통지를 발송하여야 한다.
②선장이 제857조제1항에 따라 운송물의 일부를 인도한 후 다른 소지인이 운송물의 인도를 청구한 경우에도 그 인도하지 아니한 운송물에 대하여는 제1항과 같다.
[전문개정 2007.8.3.]

제860조(수인의 선하증권소지인의 순위)
①제859조에 따라 공탁한 운송물에 대하여는 수인의 선하증권소지인에게 공통되는 전 소지인으로부터 먼저 교부를 받은 증권소지인의 권리가 다른 소지인의 권리에 우선한다.
②격지자에 대하여 발송한 선하증권은 그 발송한 때를 교부받은 때로 본다.
[전문개정 2007.8.3.]

제861조(준용규정) 제129조·제130조·제132조 및 제133조는 제852조 및 제855조의 선하증권에 준용한다.
[전문개정 2007.8.3.]

제862조(전자선하증권) ①운송인은 제852조 또는 제855조의 선하증권을 발행하는 대신에 송하인 또는 용선자의 동의를 받아 법무부장관이 지정하는 등록기관에 등록을 하는 방식으로 전자선하증권을 발행할 수 있다. 이 경우 전자선하증권은 제852조 및 제855조의 선하증권과 동일한 법적 효력을 갖는다.
②전자선하증권에는 제853조제1항 각 호의 정보가 포함되어야 하며, 운송인이 전자서명을 하여 송신하고 용선자 또는 송하인이 이를 수신하여야 그 효력이 생긴다.
③전자선하증권의 권리자는 배서의 뜻을 기재한 전자문서를 작성한 다음 전자선하증권을 첨부하여 지정된 등록기관을 통하여 상대방에게 송신하는 방식으로 그 권리를 양도할 수 있다.
④제3항에서 정한 방식에 따라 배서의 뜻을 기재한 전자문서를 상대방이 수신하면 제852조 및 제855조의 선하증권을 배서하여 교부한 것과 동일한 효력이 있고, 제2항 및 제3항의 전자문서를 수신한 권리자는 제852조 및 제855조의 선하증권을 교부받은 소지인과 동일한 권리를 취득한다.
⑤전자선하증권의 등록기관의 지정요건, 발행 및 배서의 전자적인 방식, 운송물의 구체적인 수령절차와 그 밖에 필요한 사항은 대통령령으로 정한다.
[전문개정 2007.8.3.]

제863조(해상화물운송장의 발행)
①운송인은 용선자 또는 송하인의 청구가 있으면 제852조 또는 제855조의 선하증권을 발행하

는 대신 해상화물운송장을 발행할 수 있다. 해상화물운송장은 당사자 사이의 합의에 따라 전자식으로도 발행할 수 있다.
②해상화물운송장에는 해상화물운송장임을 표시하는 외에 제853조제1항 각 호 사항을 기재하고 운송인이 기명날인 또는 서명하여야 한다.
③제853조제2항 및 제4항은 해상화물운송장에 준용한다.
[전문개정 2007.8.3.]

第864條(해상화물운송장의 효력)
①제863조제1항의 규정에 따라 해상화물운송장이 발행된 경우 운송인이 그 운송장에 기재된 대로 운송물을 수령 또는 선적한 것으로 추정한다.
②운송인이 운송물을 인도함에 있어서 수령인이 해상화물운송장에 기재된 수하인 또는 그 대리인이라고 믿을만한 정당한 사유가 있는 때에는 수령인이 권리자가 아니라고 하더라도 운송인은 그 책임을 면한다.
[전문개정 2007.8.3.]

제3장 해상위험

제1절 공동해손

第865條(공동해손의 요건) 선박과 적하의 공동위험을 면하기 위한 선장의 선박 또는 적하에 대한 처분으로 인하여 생긴 손해 또는 비용은 공동해손으로 한다.
[전문개정 2007.8.3.]

第866條(공동해손의 분담) 공동해손은 그 위험을 면한 선박 또는 적하의 가액과 운임의 반액과 공동해손의 액과의 비율에 따라 각 이해관계인이 이를 분담한다.
[전문개정 2007.8.3.]

第867條(공동해손분담액의 산정)
공동해손의 분담액을 정함에 있어서는 선박의 가액은 도달의 때와 곳의 가액으로 하고, 적하의 가액은 양륙의 때와 곳의 가액으로 한다. 다만, 적하에 관하여는 그 가액 중에서 멸실로 인하여 지급을 면하게 된 운임과 그 밖의 비용을 공제하여야 한다.
[전문개정 2007.8.3.]

第868條(공동해손분담자의 유한책임)
제866조 및 제867조에 따라 공동해손의 분담책임이 있는 자는 선박이 도달하거나 적하를 인도한 때에 현존하는 가액의 한도에서 책임을 진다.
[전문개정 2007.8.3.]

第869條(공동해손의 손해액산정) 공동해손의 액을 정함에 있어서는 선박의 가액은 도달의 때와 곳의 가액으로 하고, 적하의 가액은 양륙의 때와 곳의 가액으로 한다. 다만, 적하에 관하여는 그 손실로 인하여 지급을 면하게 된 모든 비용을 공제하여야 한다.
[전문개정 2007.8.3.]

第870條(책임있는 자에 대한 구상권)
선박과 적하의 공동위험이 선박 또는 적하의 하자나 그 밖의 과실 있는 행위로 인하여 생긴 경우에는 공동해손의 분담자는 그 책임이 있는 자에 대하여 구상권을 행사할 수 있다.
[전문개정 2007.8.3.]

第871條(공동해손분담제외) 선박에 비치한 무기, 선원의 급료, 선원과 여객의 식량·의류는

보존된 경우에는 그 가액을 공동해손의 분담에 산입하지 아니하고, 손실된 경우에는 그 가액을 공동해손의 액에 산입한다.
[전문개정 2007.8.3.]

第872조(공동해손분담청구에서의 제외)
①속구목록에 기재하지 아니한 속구, 선하증권이나 그 밖에 적하의 가격을 정할 수 있는 서류 없이 선적한 하물 또는 종류와 가액을 명시하지 아니한 화폐나 유가증권과 그 밖의 고가물은 보존된 경우에는 그 가액을 공동해손의 분담에 산입하고, 손실된 경우에는 그 가액을 공동해손의 액에 산입하지 아니한다.
②갑판에 적재한 하물에 대하여도 제1항과 같다. 다만, 갑판에 선적하는 것이 관습상 허용되는 경우와 그 항해가 연안항행에 해당되는 경우에는 그러하지 아니하다.
[전문개정 2007.8.3.]

第873조(적하가격의 부실기재와 공동해손)
①선하증권이나 그 밖에 적하의 가격을 정할 수 있는 서류에 적하의 실가보다 고액을 기재한 경우에 그 하물이 보존된 때에는 그 기재액에 의하여 공동해손의 분담액을 정하고, 적하의 실가보다 저액을 기재한 경우에 그 하물이 손실된 때에는 그 기재액을 공동해손의 액으로 한다.
②제1항은 적하의 가격에 영향을 미칠 사항에 관하여 거짓 기재를 한 경우에 준용한다.
[전문개정 2007.8.3.]

第874조(공동해손인 손해의 회복)
선박소유자·용선자·송하인, 그 밖의 이해관계인이 공동해손의 액을 분담한 후 선박·속구 또는 적하의 전부나 일부가 소유자에게 복귀된 때에는 그 소유자는 공동해손의 상금으로 받은 금액에서 구조료와 일부손실로 인한 손해액을 공제하고 그 잔액을 반환하여야 한다.
[전문개정 2007.8.3.]

第875조(공동해손 채권의 소멸) 공동해손으로 인하여 생긴 채권 및 제870조에 따른 구상채권은 그 계산이 종료한 날부터 1년 이내에 재판상 청구가 없으면 소멸한다. 이 경우 제814조제1항 단서를 준용한다.
[전문개정 2007.8.3.]

제2절 선박충돌

第876조(선박충돌에의 적용법규) ①항해선 상호 간 또는 항해선과 내수항행선 간의 충돌이 있은 경우에 선박 또는 선박 내에 있는 물건이나 사람에 관하여 생긴 손해의 배상에 대하여는 어떠한 수면에서 충돌한 때라도 이 절의 규정을 적용한다.
②이 절에서 "선박의 충돌"이란 2척 이상의 선박이 그 운용상 작위 또는 부작위로 선박 상호 간에 다른 선박 또는 선박 내에 있는 사람 또는 물건에 손해를 생기게 하는 것을 말하며, 직접적인 접촉의 유무를 묻지 아니한다.
[전문개정 2007.8.3.]

第877조(불가항력으로 인한 충돌)
선박의 충돌이 불가항력으로 인하여 발생하거나 충돌의 원인이 명백하지 아니한 때에는 피해자는 충돌로 인한 손해의 배상을 청구하지 못한다.
[전문개정 2007.8.3.]

第878조(일방의 과실로 인한 충돌)
선박의 충돌이 일방의 선원의 과실로 인하여 발생한 때에는 그 일방의 선박소유자는 피해자에 대하여 충돌로 인한 손해를 배상할 책임이 있다.
[전문개정 2007.8.3.]

第879조(쌍방의 과실로 인한 충돌)
①선박의 충돌이 쌍방의 선원의 과실로 인하여 발생한 때에는 쌍방의 과실의 경중에 따라 각 선박소유자가 손해배상의 책임을 분담한다. 이 경우 그 과실의 경중을 판정할 수 없는 때에는 손해배상의 책임을 균분하여 부담한다.
②제1항의 경우에 제3자의 사상에 대한 손해배상은 쌍방의 선박소유자가 연대하여 그 책임을 진다.
[전문개정 2007.8.3.]

第880조(도선사의 과실로 인한 충돌)
선박의 충돌이 도선사의 과실로 인하여 발생한 경우에도 선박소유자는 제878조 및 제879조를 준용하여 손해를 배상할 책임이 있다.
[전문개정 2007.8.3.]

第881조(선박충돌채권의 소멸) 선박의 충돌로 인하여 생긴 손해배상의 청구권은 그 충돌이 있은 날부터 2년 이내에 재판상 청구가 없으면 소멸한다. 이 경우 제814조제1항 단서를 준용한다.
[전문개정 2007.8.3.]

제3절 해난구조

第882조(해난구조의 요건) 항해선 또는 그 적하 그 밖의 물건이 어떠한 수면에서 위난에 조우한 경우에 의무 없이 이를 구조한 자는 그 결과에 대하여 상당한 보수를 청구할 수 있다. 항해선과 내수항행선 간의 구조의 경우에도 또한 같다.
[전문개정 2007.8.3.]

第883조(보수의 결정) 구조의 보수에 관한 약정이 없는 경우에 그 액에 대하여 당사자 사이에 합의가 성립하지 아니한 때에는 법원은 당사자의 청구에 의하여 구조된 선박·재산의 가액, 위난의 정도, 구조자의 노력과 비용, 구조자나 그 장비가 조우했던 위험의 정도, 구조의 효과, 환경손해방지를 위한 노력, 그 밖의 제반사정을 참작하여 그 액을 정한다.
[전문개정 2007.8.3.]

第884조(보수의 한도) ①구조의 보수액은 다른 약정이 없으면 구조된 목적물의 가액을 초과하지 못한다.
②선순위의 우선특권이 있는 때에는 구조의 보수액은 그 우선특권자의 채권액을 공제한 잔액을 초과하지 못한다.
[전문개정 2007.8.3.]

第885조(환경손해방지작업에 대한 특별보상) ①선박 또는 그 적하로 인하여 환경손해가 발생할 우려가 있는 경우에 손해의 경감 또는 방지의 효과를 수반하는 구조작업에 종사한 구조자는 구조의 성공 여부 및 제884조와 상관없이 구조에 소요된 비용을 특별보상으로 청구할 수 있다.

②제1항에서 "비용"이란 구조작업에 실제로 지출한 합리적인 비용 및 사용된 장비와 인원에 대한 정당한 보수를 말한다.
③구조자는 발생할 환경손해가 구조작업으로 인하여 실제로 감경 또는 방지된 때에는 보상의 증액을 청구할 수 있고, 법원은 제883조의 사정을 참작하여 증액 여부 및 그 금액을 정한다. 이 경우 증액된다 하더라도 구조료는 제1항의 비용의 배액을 초과할 수 없다.
④구조자의 고의 또는 과실로 인하여 손해의 감경 또는 방지에 지장을 가져 온 경우 법원은 제1항 및 제3항에서 정한 금액을 감액 혹은 부인할 수 있다.
⑤하나의 구조작업을 시행한 구조자가 제1항부터 제4항까지의 규정에서 정한 특별보상을 청구하는 것 외에 제882조에서 정한 보수도 청구할 수 있는 경우 그 중 큰 금액을 구조료로 청구할 수 있다.
[전문개정 2007.8.3.]

제886조(구조료의 지급의무) 선박소유자와 그 밖에 구조된 재산의 권리자는 그 구조된 선박 또는 재산의 가액에 비례하여 구조에 대한 보수를 지급하고 특별보상을 하는 등 구조료를 지급할 의무가 있다.
[전문개정 2007.8.3.]

제887조(구조에 관한 약정) ①당사자가 미리 구조계약을 하고 그 계약에 따라 구조가 이루어진 경우에도 그 성질에 반하지 아니하는 한 구조계약에서 정하지 아니한 사항은 이 절에서 정한 바에 따른다.
②해난 당시에 구조료의 금액에 대하여 약정을 한 경우에도 그 금액이 현저하게 부당한 때에는 법원은 제883조의 사정을 참작하여 그 금액을 증감할 수 있다.
[전문개정 2007.8.3.]

제888조(공동구조자 간의 구조료 분배)
①수인이 공동으로 구조에 종사한 경우에 그 구조료의 분배비율에 관하여는 제883조를 준용한다.
②인명의 구조에 종사한 자도 제1항에 따라 구조료의 분배를 받을 수 있다.
[전문개정 2007.8.3.]

제889조(1선박 내부의 구조료 분배)
①선박이 구조에 종사하여 그 구조료를 받은 경우에는 먼저 선박의 손해액과 구조에 들어간 비용을 선박소유자에게 지급하고 잔액을 절반하여 선장과 해원에게 지급하여야 한다.
②제1항에 따라 해원에게 지급할 구조료의 분배는 선장이 각 해원의 노력, 그 효과와 사정을 참작하여 그 항해의 종료 전에 분배안을 작성하여 해원에게 고시하여야 한다.
[전문개정 2007.8.3.]

제890조(예선의 구조의 경우) 예선의 본선 또는 그 적하에 대한 구조에 관하여는 예선계약의 이행으로 볼 수 없는 특수한 노력을 제공한 경우가 아니면 구조료를 청구하지 못한다.
[전문개정 2007.8.3.]

제891조(동일소유자에 속한 선박 간의 보수) 동일소유자에 속한 선박의 상호 간에 있어서도 구조에 종사한 자는 상당한 구조료를 청구할 수 있다.
[전문개정 2007.8.3.]

제892조(구조료청구권 없는 자) 다음 각 호에 해당하는 자는 구조료를 청구하지 못한다.
1. 구조받은 선박에 종사하는 자
2. 고의 또는 과실로 인하여 해난사고를 야기한 자
3. 정당한 거부에도 불구하고 구조를 강행한 자

4. 구조된 물건을 은닉하거나 정당한 사유 없이 처분한 자
[전문개정 2007.8.3.]

제893조(구조자의 우선특권)
①구조에 종사한 자의 구조료채권은 구조된 적하에 대하여 우선특권이 있다. 다만, 채무자가 그 적하를 제3취득자에게 인도한 후에는 그 적하에 대하여 이 권리를 행사하지 못한다.
②제1항의 우선특권에는 그 성질에 반하지 아니하는 한 제777조의 우선특권에 관한 규정을 준용한다.
[전문개정 2007.8.3.]

제894조(구조료지급에 관한 선장의 권한)
①선장은 구조료를 지급할 채무자에 갈음하여 그 지급에 관한 재판상 또는 재판 외의 모든 행위를 할 권한이 있다.
②선장은 그 구조료에 관한 소송의 당사자가 될 수 있고, 그 확정판결은 구조료의 채무자에 대하여도 효력이 있다.
[전문개정 2007.8.3.]

제895조(구조료청구권의 소멸) 구조료청구권은 구조가 완료된 날부터 2년 이내에 재판상 청구가 없으면 소멸한다. 이 경우 제814조제1항 단서를 준용한다.
[전문개정 2007.8.3.]

제6편 항공운송
제1장 통칙

제896조(항공기의 의의) 이 법에서 "항공기"란 상행위나 그 밖의 영리를 목적으로 운항에 사용하는 항공기를 말한다. 다만, 대통령령으로 정하는 초경량 비행장치(超輕量 飛行裝置)는 제외한다.
[본조신설 2011.5.23.]

제897조(적용범위) 운항용 항공기에 대하여는 상행위나 그 밖의 영리를 목적으로 하지 아니하더라도 이 편의 규정을 준용한다. 다만, 국유(國有) 또는 공유(公有) 항공기에 대하여는 운항의 목적·성질 등을 고려하여 이 편의 규정을 준용하는 것이 적합하지 아니한 경우로서 대통령령으로 정하는 경우에는 그러하지 아니하다.
[본조신설 2011.5.23.]

제898조(운송인 등의 책임감면)
제905조제1항을 포함하여 이 편에서 정한 운송인이나 항공기 운항자의 손해배상책임과 관련하여 운송인이나 항공기 운항자가 손해배상청구권자의 과실 또는 그 밖의 불법한 작위나 부작위가 손해를 발생시켰거나 손해에 기여하였다는 것을 증명한 경우에는, 그 과실 또는 그 밖의 불법한 작위나 부작위가 손해를 발생시켰거나 손해에 기여한 정도에 따라 운송인이나 항공기 운항자의 책임을 감경하거나 면제할 수 있다.
[본조신설 2011.5.23.]

제2장 운송

제1절 통칙

제899조(비계약적 청구에 대한 적용 등)
①이 장의 운송인의 책임에 관한 규정은 운송인의 불법행위로 인한 손해배상의 책임에도 적용한다.
②여객, 수하물 또는 운송물에 관한 손해배상청구가 운송인의 사용인이나 대리인에 대하여 제기된 경우에 그 손해가 그 사용인이나 대리인의 직무집행에 관하여 생겼을 때에는 그 사용인이나 대리인은 운송인이 주장할 수 있는 항변과 책임제한을 원용할 수 있다.
③제2항에도 불구하고 여객 또는 수하물의 손해가 운송인의 사용인이나 대리인의 고의로 인하여 발생하였거나 또는 여객의 사망·상해·연착(수하물의 경우 멸실·훼손·연착)이 생길 염려가 있음을 인식하면서 무모하게 한 작위 또는 부작위로 인하여 발생하였을 때에는 그 사용인이나 대리인은 운송인이 주장할 수 있는 항변과 책임제한을 원용할 수 없다.
④제2항의 경우에 운송인과 그 사용인이나 대리인의 여객, 수하물 또는 운송물에 대한 책임제한금액의 총액은 각각 제905조·제907조·제910조 및 제915조에 따른 한도를 초과하지 못한다.
[본조신설 2011.5.23.]

제900조(실제운송인에 대한 청구)
①운송계약을 체결한 운송인(이하 "계약운송인"이라 한다)의 위임을 받아 운송의 전부 또는 일부를 수행한 운송인(이하 "실제운송인"이라 한다)이 있을 경우 실제운송인이 수행한 운송에 관하여는 실제운송인에 대하여도 이 장의 운송인의 책임에 관한 규정을 적용한다. 다만, 제901조의 순차운송에 해당하는 경우는 그러하지 아니하다.
②실제운송인이 여객·수하물 또는 운송물에 대한 손해배상책임을 지는 경우 계약운송인과 실제운송인은 연대하여 그 책임을 진다.
③제1항의 경우 제899조제2항부터 제4항까지를 준용한다. 이 경우 제899조제2항·제3항 중 "운송인"은 "실제운송인"으로, 같은 조 제4항 중 "운송인"은 "계약운송인과 실제운송인"으로 본다.
④이 장에서 정한 운송인의 책임과 의무 외에 운송인이 책임과 의무를 부담하기로 하는 특약 또는 이 장에서 정한 운송인의 권리나 항변의 포기는 실제운송인이 동의하지 아니하는 한 실제운송인에게 영향을 미치지 아니한다.
[본조신설 2011.5.23.]

제901조(순차운송) ①둘 이상이 순차(順次)로 운송할 경우에는 각 운송인의 운송구간에 관하여 그 운송인도 운송계약의 당사자로 본다.
②순차운송에서 여객의 사망, 상해 또는 연착으로 인한 손해배상은 그 사실이 발생한 구간의 운송인에게만 청구할 수 있다. 다만, 최초 운송인이 명시적으로 전 구간에 대한 책임을 인수하기로 약정한 경우에는 최초 운송인과 그 사실이 발생한 구간의 운송인이 연대하여 그 손해를 배상할 책임이 있다.
③순차운송에서 수하물의 멸실, 훼손 또는 연착으로 인한 손해배상은 최초 운송인, 최종 운송인 및 그 사실이 발생한 구간의 운송인에게 각각 청구할 수 있다.
④순차운송에서 운송물의 멸실, 훼손 또는 연착으로 인한 손해배상은 송하인이 최초 운송인 및 그 사실이 발생한 구간의 운송인에게 각각 청구할 수 있다. 다만, 제918조제1항에 따라 수하인이 운송물의 인도를 청구할 권리를 가지는 경우에는 수하인이 최종 운송인 및 그 사실이 발생한 구간의 운송인에게 그 손해배상을 각각 청구할 수 있다.
⑤제3항과 제4항의 경우 각 운송인은 연대하여 그 손해를 배상할 책임이 있다.
⑥최초 운송인 또는 최종 운송인이 제2항부터 제5항까지의 규정에 따라 손해를 배상한 경우에는 여객의 사망, 상해 또는 연착이나 수하물·운송물의 멸실, 훼손 또는 연착이 발생한 구

간의 운송인에 대하여 구상권을 가진다.
[본조신설 2011.5.23.]

제902조(운송인 책임의 소멸) 운송인의 여객, 송하인 또는 수하인에 대한 책임은 그 청구원인에 관계없이 여객 또는 운송물이 도착지에 도착한 날, 항공기가 도착할 날 또는 운송이 중지된 날 가운데 가장 늦게 도래한 날부터 2년 이내에 재판상 청구가 없으면 소멸한다.
[본조신설 2011.5.23.]

제903조(계약조항의 무효) 이 장의 규정에 반하여 운송인의 책임을 감면하거나 책임한도액을 낮게 정하는 특약은 효력이 없다.
[본조신설 2011.5.23.]

제2절 여객운송

제904조(운송인의 책임) 운송인은 여객의 사망 또는 신체의 상해로 인한 손해에 관하여는 그 손해의 원인이 된 사고가 항공기상에서 또는 승강(乘降)을 위한 작업 중에 발생한 경우에만 책임을 진다.
[본조신설 2011.5.23.]

제905조(운송인의 책임한도액)
①제904조의 손해 중 여객 1명당 11만3천100 계산단위의 금액까지는 운송인의 배상책임을 면제하거나 제한할 수 없다. <개정 2014.5.20.>
②운송인은 제904조의 손해 중 여객 1명당 11만3천100 계산단위의 금액을 초과하는 부분에 대하여는 다음 각 호의 어느 하나를 증명하면 배상책임을 지지 아니한다. <개정 2014.5.20.>
1. 그 손해가 운송인 또는 그 사용인이나 대리인의 과실 또는 그 밖의 불법한 작위나 부작위에 의하여 발생하지 아니하였다는 것
2. 그 손해가 오로지 제3자의 과실 또는 그 밖의 불법한 작위나 부작위에 의하여만 발생하였다는 것
[본조신설 2011.5.23.]

제906조(선급금의 지급) ①여객의 사망 또는 신체의 상해가 발생한 항공기사고의 경우에 운송인은 손해배상청구권자가 청구하면 지체 없이 선급금(先給金)을 지급하여야 한다. 이 경우 선급금의 지급만으로 운송인의 책임이 있는 것으로 보지 아니한다.
②지급한 선급금은 운송인이 손해배상으로 지급하여야 할 금액에 충당할 수 있다.
③선급금의 지급액, 지급 절차 및 방법 등에 관하여는 대통령령으로 정한다.
[본조신설 2011.5.23.]

제907조(연착에 대한 책임) ①운송인은 여객의 연착으로 인한 손해에 대하여 책임을 진다. 다만, 운송인이 자신과 그 사용인 및 대리인이 손해를 방지하기 위하여 합리적으로 요구되는 모든 조치를 하였다는 것 또는 그 조치를 하는 것이 불가능하였다는 것을 증명한 경우에는 그 책임을 면한다.
②제1항에 따른 운송인의 책임은 여객 1명당 4천694 계산단위의 금액을 한도로 한다. 다만, 여객과의 운송계약상 그 출발지, 도착지 및 중간 착륙지가 대한민국 영토 내에 있는 운송의 경우에는 여객 1명당 1천 계산단위의 금액을 한도로 한다. <개정 2014.5.20.>
③제2항은 운송인 또는 그 사용인이나 대리인의 고의로 또는 연착이 생길 염려가 있음을 인식하면서 무모하게 한 작위 또는 부작위에 의하여 손해가 발생한 것이 증명된 경우에는 적용하지 아니한다. [본조신설 2011.5.23.]

제908조(수하물의 멸실 · 훼손에 대한 책임)
①운송인은 위탁수하물의 멸실 또는 훼손으로 인한 손해에 대하여는 그 손해의 원인이 된 사실이 항공기상에서 또는 위탁수하물이 운송인의 관리하에 있는 기간 중에 발생한 경우에만 책임을 진다. 다만, 그 손해가 위탁수하물의 고유한 결함, 특수한 성질 또는 숨은 하자로 인하여 발생한 경우에는 그 범위에서 책임을 지지 아니한다.
②운송인은 휴대수하물의 멸실 또는 훼손으로 인한 손해에 대하여는 그 손해가 자신 또는 그 사용인이나 대리인의 고의 또는 과실에 의하여 발생한 경우에만 책임을 진다.
[본조신설 2011.5.23.]

제909조(수하물의 연착에 대한 책임)
운송인은 수하물의 연착으로 인한 손해에 대하여 책임을 진다. 다만, 운송인이 자신과 그 사용인 및 대리인이 손해를 방지하기 위하여 합리적으로 요구되는 모든 조치를 하였다는 것 또는 그 조치를 하는 것이 불가능하였다는 것을 증명한 경우에는 그 책임을 면한다.
[본조신설 2011.5.23.]

제910조(수하물에 대한 책임한도액)
①제908조와 제909조에 따른 운송인의 손해배상책임은 여객 1명당 1천131 계산단위의 금액을 한도로 한다. 다만, 여객이 운송인에게 위탁수하물을 인도할 때에 도착지에서 인도받을 때의 예정가액을 미리 신고한 경우에는 운송인은 신고 가액이 위탁수하물을 도착지에서 인도할 때의 실제가액을 초과한다는 것을 증명하지 아니하는 한 신고 가액을 한도로 책임을 진다. <개정 2014.5.20.>
②제1항은 운송인 또는 그 사용인이나 대리인의 고의로 또는 수하물의 멸실, 훼손 또는 연착이 생길 염려가 있음을 인식하면서 무모하게 한 작위 또는 부작위에 의하여 손해가 발생한 것이 증명된 경우에는 적용하지 아니한다.
[본조신설 2011.5.23.]

제911조(위탁수하물의 일부 멸실 · 훼손 등에 관한 통지) ①여객이 위탁수하물의 일부 멸실 또는 훼손을 발견하였을 때에는 위탁수하물을 수령한 후 지체 없이 그 개요에 관하여 운송인에게 서면 또는 전자문서로 통지를 발송하여야 한다. 다만, 그 멸실 또는 훼손이 즉시 발견할 수 없는 것일 경우에는 위탁수하물을 수령한 날부터 7일 이내에 그 통지를 발송하여야 한다.
②위탁수하물이 연착된 경우 여객은 위탁수하물을 처분할 수 있는 날부터 21일 이내에 이의를 제기하여야 한다.
③위탁수하물이 일부 멸실, 훼손 또는 연착된 경우에는 제916조제3항부터 제6항까지를 준용한다.
[본조신설 2011.5.23.]

제912조(휴대수하물의 무임운송의무)
운송인은 휴대수하물에 대하여는 다른 약정이 없으면 별도로 운임을 청구하지 못한다.
[본조신설 2011.5.23.]

제3절 물건운송

제913조(운송물의 멸실 · 훼손에 대한 책임)
①운송인은 운송물의 멸실 또는 훼손으로 인한 손해에 대하여 그 손해가 항공운송 중(운송인이 운송물을 관리하고 있는 기간을 포함한다. 이하 이 조에서 같다)에 발생한 경우에만 책임을 진다. 다만, 운송인이 운송물의 멸실 또는 훼손이 다음 각 호의 사유로 인하

여 발생하였음을 증명하였을 경우에는 그 책임을 면한다.
1. 운송물의 고유한 결함, 특수한 성질 또는 숨은 하자
2. 운송인 또는 그 사용인이나 대리인 외의 자가 수행한 운송물의 부적절한 포장 또는 불완전한 기호 표시
3. 전쟁, 폭동, 내란 또는 무력충돌
4. 운송물의 출입국, 검역 또는 통관과 관련된 공공기관의 행위
5. 불가항력
②제1항에 따른 항공운송 중에는 공항 외부에서 한 육상, 해상 운송 또는 내륙 수로운송은 포함되지 아니한다. 다만, 그러한 운송이 운송계약을 이행하면서 운송물의 적재(積載), 인도 또는 환적(換積)할 목적으로 이루어졌을 경우에는 항공운송 중인 것으로 추정한다.
③운송인이 송하인과의 합의에 따라 항공운송하기로 예정된 운송의 전부 또는 일부를 송하인의 동의 없이 다른 운송수단에 의한 운송으로 대체하였을 경우에는 그 다른 운송수단에 의한 운송은 항공운송으로 본다.
[본조신설 2011.5.23.]

第914条(운송물 연착에 대한 책임)
운송인은 운송물의 연착으로 인한 손해에 대하여 책임을 진다. 다만, 운송인이 자신과 그 사용인 및 대리인이 손해를 방지하기 위하여 합리적으로 요구되는 모든 조치를 하였다는 것 또는 그 조치를 하는 것이 불가능하였다는 것을 증명한 경우에는 그 책임을 면한다.
[본조신설 2011.5.23.]

第915条(운송물에 대한 책임한도액)
①제913조와 제914조에 따른 운송인의 손해배상책임은 손해가 발생한 해당 운송물의 1킬로그램당 19 계산단위의 금액을 한도로 하되, 송하인과의 운송계약상 그 출발지, 도착지 및 중간 착륙지가 대한민국 영토 내에 있는 운송의 경우에는 손해가 발생한 해당 운송물의 1킬로그램당 15 계산단위의 금액을 한도로 한다. 다만, 송하인이 운송물을 운송인에게 인도할 때에 도착지에서 인도받을 때의 예정가액을 미리 신고한 경우에는 운송인은 신고가액이 도착지에서 인도할 때의 실제가액을 초과한다는 것을 증명하지 아니하는 한 신고가액을 한도로 책임을 진다. <개정 2014.5.20.>
②제1항의 항공운송인의 책임한도를 결정할 때 고려하여야 할 중량은 해당 손해가 발생된 운송물의 중량을 말한다. 다만, 운송물의 일부 또는 운송물에 포함된 물건의 멸실, 훼손 또는 연착이 동일한 항공화물운송장(제924조에 따라 항공화물운송장의 교부에 대체되는 경우를 포함한다) 또는 화물수령증에 적힌 다른 운송물의 가치에 영향을 미칠 때에는 운송인의 책임한도를 결정할 때 그 다른 운송물의 중량도 고려하여야 한다.
[본조신설 2011.5.23.]

第916条(운송물의 일부 멸실 · 훼손 등에 관한 통지) ①수하인은 운송물의 일부 멸실 또는 훼손을 발견하면 운송물을 수령한 후 지체 없이 그 개요에 관하여 운송인에게 서면 또는 전자문서로 통지를 발송하여야 한다. 다만, 그 멸실 또는 훼손이 즉시 발견할 수 없는 것일 경우에는 수령일부터 14일 이내에 그 통지를 발송하여야 한다.
②운송물이 연착된 경우 수하인은 운송물을 처분할 수 있는 날부터 21일 이내에 이의를 제기하여야 한다.
③제1항의 통지가 없는 경우에는 운송물이 멸실 또는 훼손 없이 수하인에게 인도된 것으로 추정한다.
④운송물에 멸실 또는 훼손이 발생하였거나 그런 것으로 의심되는 경우에는 운송인과 수하인은 서로 운송물의 검사를 위하여 필요한 편의를 제공하여야 한다.
⑤제1항과 제2항의 기간 내에 통지나 이의제기가 없을 경우에는 수하인은 운송인에 대하여 제소할 수 없다. 다만, 운송인 또는 그 사용인이나 대리인이 악의인 경우에는 그러하지 아니하다.
⑥제1항부터 제5항까지의 규정에 반하여 수하인에게 불리한 당사자 사이의 특약은 효력이

없다.
[본조신설 2011.5.23.]

제917조(운송물의 처분청구권) ①송하인은 운송인에게 운송의 중지, 운송물의 반환, 그 밖의 처분을 청구(이하 이 조에서 "처분청구권"이라 한다)할 수 있다. 이 경우에 운송인은 운송계약에서 정한 바에 따라 운임, 체당금과 처분으로 인한 비용의 지급을 청구할 수 있다.
②송하인은 운송인 또는 다른 송하인의 권리를 침해하는 방법으로 처분청구권을 행사하여서는 아니 되며, 운송인이 송하인의 청구에 따르지 못할 경우에는 지체 없이 그 뜻을 송하인에게 통지하여야 한다.
③운송인이 송하인에게 교부한 항공화물운송장 또는 화물수령증을 확인하지 아니하고 송하인의 처분청구에 따른 경우, 운송인은 그로 인하여 항공화물운송장 또는 화물수령증의 소지인이 입은 손해를 배상할 책임을 진다.
④제918조제1항에 따라 수하인이 운송물의 인도를 청구할 권리를 취득하였을 때에는 송하인의 처분청구권은 소멸한다. 다만, 수하인이 운송물의 수령을 거부하거나 수하인을 알 수 없을 경우에는 그러하지 아니하다.
[본조신설 2011.5.23.]

제918조(운송물의 인도) ①운송물이 도착지에 도착한 때에는 수하인은 운송인에게 운송물의 인도를 청구할 수 있다. 다만, 송하인이 제917조제1항에 따라 처분청구권을 행사한 경우에는 그러하지 아니하다.
②운송물이 도착지에 도착하면 다른 약정이 없는 한 운송인은 지체 없이 수하인에게 통지하여야 한다.
[본조신설 2011.5.23.]

제919조(운송인의 채권의 시효) 운송인의 송하인 또는 수하인에 대한 채권은 2년간 행사하지 아니하면 소멸시효가 완성한다.
[본조신설 2011.5.23.]

제920조(준용규정) 항공화물 운송에 관하여는 제120조, 제134조, 제141조부터 제143조까지, 제792조, 제793조, 제801조, 제802조, 제811조 및 제812조를 준용한다. 이 경우 "선적항"은 "출발지 공항"으로, "선장"은 "운송인"으로, "양륙항"은 "도착지 공항"으로 본다.
[본조신설 2011.5.23.]

제4절 운송증서

제921조(여객항공권) ①운송인이 여객운송을 인수하면 여객에게 다음 각 호의 사항을 적은 개인용 또는 단체용 여객항공권을 교부하여야 한다.
1. 여객의 성명 또는 단체의 명칭
2. 출발지와 도착지
3. 출발일시
4. 운항할 항공편
5. 발행지와 발행연월일
6. 운송인의 성명 또는 상호
②운송인은 제1항 각 호의 정보를 전산정보처리조직에 의하여 전자적 형태로 저장하거나 그 밖의 다른 방식으로 보존함으로써 제1항의 여객항공권 교부를 갈음할 수 있다. 이 경우 운송인은 여객이 청구하면 제1항 각 호의 정보를 적은 서면을 교부하여야 한다.
[본조신설 2011.5.23.]

제922조(수하물표) 운송인은 여객에게 개개의 위탁수하물마다 수하물표를 교부하여야 한다.
[본조신설 2011.5.23.]

제923조(항공화물운송장의 발행)
①송하인은 운송인의 청구를 받아 다음 각 호의 사항을 적은 항공화물운송장 3부를 작성하여 운송인에게 교부하여야 한다.
1. 송하인의 성명 또는 상호
2. 수하인의 성명 또는 상호
3. 출발지와 도착지
4. 운송물의 종류, 중량, 포장의 종별·개수와 기호
5. 출발일시
6. 운송할 항공편
7. 발행지와 발행연월일
8. 운송인의 성명 또는 상호
②운송인이 송하인의 청구에 따라 항공화물운송장을 작성한 경우에는 송하인을 대신하여 작성한 것으로 추정한다.
③제1항의 항공화물운송장 중 제1원본에는 "운송인용"이라고 적고 송하인이 기명날인 또는 서명하여야 하고, 제2원본에는 "수하인용"이라고 적고 송하인과 운송인이 기명날인 또는 서명하여야 하며, 제3원본에는 "송하인용"이라고 적고 운송인이 기명날인 또는 서명하여야 한다.
④제3항의 서명은 인쇄 또는 그 밖의 다른 적절한 방법으로 할 수 있다.
⑤운송인은 송하인으로부터 운송물을 수령한 후 송하인에게 항공화물운송장 제3원본을 교부하여야 한다.
[본조신설 2011.5.23.]

제924조(항공화물운송장의 대체)
①운송인은 제923조제1항 각 호의 정보를 전산정보처리조직에 의하여 전자적 형태로 저장하거나 그 밖의 다른 방식으로 보존함으로써 항공화물운송장의 교부에 대체할 수 있다.
②제1항의 경우 운송인은 송하인의 청구에 따라 송하인에게 제923조제1항 각 호의 정보를 적은 화물수령증을 교부하여야 한다.
[본조신설 2011.5.23.]

제925조(복수의 운송물) ①2개 이상의 운송물이 있는 경우에는 운송인은 송하인에 대하여 각 운송물마다 항공화물운송장의 교부를 청구할 수 있다.
②항공화물운송장의 교부가 제924조제1항에 따른 저장·보존으로 대체되는 경우에는 송하인은 운송인에게 각 운송물마다 화물수령증의 교부를 청구할 수 있다.
[본조신설 2011.5.23.]

제926조(운송물의 성질에 관한 서류)
①송하인은 세관, 경찰 등 행정기관이나 그 밖의 공공기관의 절차를 이행하기 위하여 필요한 경우 운송인의 요청을 받아 운송물의 성질을 명시한 서류를 운송인에게 교부하여야 한다.
②운송인은 제1항과 관련하여 어떠한 의무나 책임을 부담하지 아니한다.
[본조신설 2011.5.23.]

제927조(항공운송증서에 관한 규정 위반의 효과) 운송인 또는 송하인이 제921조부터 제926조까지를 위반하는 경우에도 운송계약의 효력 및 이 법의 다른 규정의 적용에 영향을 미치지 아니한다.
[본조신설 2011.5.23.]

제928조(항공운송증서 등의 기재사항에 관한 책임) ①송하인은 항공화물운송장에 적었거나 운송인에게 통지한 운송물의 명세 또는 운송물에 관한 진술이 정확하고 충분함을 운송인에게 담보한 것으로 본다.
②송하인은 제1항의 운송물의 명세 또는 운송물에 관한 진술이 정확하지 아니하거나 불충분하여 운송인이 손해를 입은 경우에는 운송인에게 배상할 책임이 있다.
③운송인은 제924조제1항에 따라 저장·보존되는 운송에 관한 기록이나 화물수령증에 적은 운송물의 명세 또는 운송물에 관한 진술이 정확하지 아니하거나 불충분하여 송하인이 손해를 입은 경우 송하인에게 배상할 책임이 있다. 다만, 제1항에 따라 송하인이 그 정확하고 충분함을 담보한 것으로 보는 경우에는 그러하지 아니하다.
[본조신설 2011.5.23.]

제929조(항공운송증서 기재의 효력)
①항공화물운송장 또는 화물수령증이 교부된 경우 그 운송증서에 적힌 대로 운송계약이 체결된 것으로 추정한다.
②운송인은 항공화물운송장 또는 화물수령증에 적힌 운송물의 중량, 크기, 포장의 종별·개수·기호 및 외관상태대로 운송물을 수령한 것으로 추정한다.
③운송물의 종류, 외관상태 외의 상태, 포장 내부의 수량 및 부피에 관한 항공화물운송장 또는 화물수령증의 기재 내용은 송하인이 참여한 가운데 운송인이 그 기재 내용의 정확함을 확인하고 그 사실을 항공화물운송장이나 화물수령증에 적은 경우에만 그 기재 내용대로 운송물을 수령한 것으로 추정한다.
[본조신설 2011.5.23.]

제3장 지상 제3자의 손해에 대한 책임

제930조(항공기 운항자의 배상책임)
①항공기 운항자는 비행 중인 항공기 또는 항공기로부터 떨어진 사람이나 물건으로 인하여 사망하거나 상해 또는 재산상 손해를 입은 지상(지하, 수면 또는 수중을 포함한다)의 제3자에 대하여 손해배상책임을 진다.
②이 편에서 "항공기 운항자"란 사고 발생 당시 항공기를 사용하는 자를 말한다. 다만, 항공기의 운항을 지배하는 자(이하 "운항지배자"라 한다)가 타인에게 항공기를 사용하게 한 경우에는 운항지배자를 항공기 운항자로 본다.
③이 편을 적용할 때에 항공기등록원부에 기재된 항공기 소유자는 항공기 운항자로 추정한다.
④제1항에서 "비행 중"이란 이륙을 목적으로 항공기에 동력이 켜지는 때부터 착륙이 끝나는 때까지를 말한다.
⑤2대 이상의 항공기가 관여하여 제1항의 사고가 발생한 경우 각 항공기 운항자는 연대하여 제1항의 책임을 진다.
⑥운항지배자의 승낙 없이 항공기가 사용된 경우 운항지배자는 이를 막기 위하여 상당한 주의를 하였음을 증명하지 못하는 한 승낙 없이 항공기를 사용한 자와 연대하여 제932조에서 정한 한도 내의 책임을 진다.
[본조신설 2011.5.23.]

제931조(면책사유) 항공기 운항자는 제930조제1항에 따른 사망, 상해 또는 재산상 손해의 발생이 다음 각 호의 어느 하나에 해당함을 증명하면 책임을 지지 아니한다.
1. 전쟁, 폭동, 내란 또는 무력충돌의 직접적인 결과로 발생하였다는 것
2. 항공기 운항자가 공권력에 의하여 항공기 사용권을 박탈당한 중에 발생하였다는 것
3. 오로지 피해자 또는 피해자의 사용인이나 대리인의 과실 또는 그 밖의 불법한 작위나 부작위에 의하여서만 발생하였다는 것

4. 불가항력
[본조신설 2011.5.23.]

제932조(항공기 운항자의 유한책임)
①항공기 운항자의 제930조에 따른 책임은 하나의 항공기가 관련된 하나의 사고에 대하여 항공기의 이륙을 위하여 법으로 허용된 최대중량(이하 이 조에서 "최대중량"이라 한다)에 따라 다음 각 호에서 정한 금액을 한도로 한다.
1. 최대중량이 2천킬로그램 이하의 항공기의 경우 30만 계산단위의 금액
2. 최대중량이 2천킬로그램을 초과하는 항공기의 경우 2천킬로그램까지는 30만 계산단위, 2천킬로그램 초과 6천킬로그램까지는 매 킬로그램당 175 계산단위, 6천킬로그램 초과 3만킬로그램까지는 매 킬로그램당 62.5 계산단위, 3만킬로그램을 초과하는 부분에는 매 킬로그램당 65 계산단위를 각각 곱하여 얻은 금액을 순차로 더한 금액
②하나의 항공기가 관련된 하나의 사고로 인하여 사망 또는 상해가 발생한 경우 항공기 운항자의 제930조에 따른 책임은 제1항의 금액의 범위에서 사망하거나 상해를 입은 사람 1명당 12만5천 계산단위의 금액을 한도로 한다.
③하나의 항공기가 관련된 하나의 사고로 인하여 여러 사람에게 생긴 손해의 합계가 제1항의 한도액을 초과하는 경우, 각각의 손해는 제1항의 한도액에 대한 비율에 따라 배상한다.
④하나의 항공기가 관련된 하나의 사고로 인하여 사망, 상해 또는 재산상의 손해가 발생한 경우 제1항에서 정한 금액의 한도에서 사망 또는 상해로 인한 손해를 먼저 배상하고, 남는 금액이 있으면 재산상의 손해를 배상한다.
[본조신설 2011.5.23.]

제933조(유한책임의 배제) ①항공기 운항자 또는 그 사용인이나 대리인이 손해를 발생시킬 의도로 제930조제1항의 사고를 발생시킨 경우에는 제932조를 적용하지 아니한다. 이 경우 항공기 운항자의 사용인이나 대리인의 행위로 인하여 사고가 발생한 경우에는 그가 권한 범위에서 행위하고 있었다는 사실이 증명되어야 한다.
②항공기를 사용할 권한을 가진 자의 동의 없이 불법으로 항공기를 탈취(奪取)하여 사용하는 중 제930조제1항의 사고를 발생시킨 자에 대하여는 제932조를 적용하지 아니한다.
[본조신설 2011.5.23.]

제934조(항공기 운항자의 책임의 소멸)
항공기 운항자의 제930조의 책임은 사고가 발생한 날부터 3년 이내에 재판상 청구가 없으면 소멸한다.
[본조신설 2011.5.23.]

제935조(책임제한의 절차) ①이 장의 규정에 따라 책임을 제한하려는 자는 채권자로부터 책임한도액을 초과하는 청구금액을 명시한 서면에 의한 청구를 받은 날부터 1년 이내에 법원에 책임제한절차 개시의 신청을 하여야 한다.
②책임제한절차 개시의 신청, 책임제한 기금의 형성·공고·참가·배당, 그 밖에 필요한 사항에 관하여는 성질에 반하지 아니하는 범위에서 「선박소유자 등의 책임제한절차에 관한 법률」의 예를 따른다.
[본조신설 2011.5.23.]

부칙

<법률 제17764호, 2020.12.29.>

제1조(시행일) 이 법은 공포한 날부터 시행한다.

제2조(감사위원회위원이 되는 이사의 선임에 관한 적용례) 제542조의12제2항 단서, 같은 조 제4항(선임에 관한 부분으로 한정한다) 및 제8항의 개정규정은 이 법 시행 이후 새로 감사위원회위원을 선임하는 경우부터 적용한다.

제3조(상장회사의 감사위원회위원 및 감사의 해임에 관한 적용례) 제542조의12제3항, 제4항(해임에 관한 부분으로 한정한다) 및 제7항(해임에 관한 부분으로 한정한다)의 개정규정은 이 법 시행 당시 종전 규정에 따라 선임된 감사위원회위원 및 감사를 해임하는 경우에도 적용한다.

제4조(다른 법령의 개정) ①근로복지기본법 일부를 다음과 같이 개정한다.
제39조제9항 중 "「상법」 제350조제2항, 제350조제3항 후단"을 "「상법」 제350조제2항"으로 한다.
②벤처기업육성에 관한 특별조치법 일부를 다음과 같이 개정한다.
제16조의3제8항 중 "「상법」 제350조제2항, 제350조제3항 후단"을 "「상법」 제350조제2항"으로 한다.
③자본시장과 금융투자업에 관한 법률 일부를 다음과 같이 개정한다.
제165조의12제7항 중 "제344조제1항, 제350조제3항(같은 법 제423조제1항, 제516조제2항 및 제516조의9에서 준용하는 경우를 포함한다. 이하 이 항에서 같다)"을 "제344조제1항"으로, "같은 법 제350조제3항의 적용에 관하여는 제1항의 말일을 영업연도 말로 보며, 「상법」 제635조제1항제22호의2의 적용에 관하여는 제3항의 기간을 「상법」 제464조의2제1항의 기간으로 본다"를 "같은 법 제635조제1항제22호의2의 적용에 관하여는 제3항의 기간을 같은 법 제464조의2제1항의 기간으로 본다"로 한다.

행 정 소 송 법

행정소송법

[시행 2017.7.26.]
[법률 제14839호, 2017.7.26., 타법개정]

제1장 총 칙

제1조(목적) 이 법은 행정소송절차를 통하여 행정청의 위법한 처분 그 밖에 공권력의 행사·불행사등으로 인한 국민의 권리 또는 이익의 침해를 구제하고, 공법상의 권리관계 또는 법적용에 관한 다툼을 적정하게 해결함을 목적으로 한다.

제2조(정의) ①이 법에서 사용하는 용어의 정의는 다음과 같다.
1. "처분등"이라 함은 행정청이 행하는 구체적 사실에 관한 법집행으로서의 공권력의 행사 또는 그 거부와 그 밖에 이에 준하는 행정작용(이하 "처분"이라 한다) 및 행정심판에 대한 재결을 말한다.
2. "부작위"라 함은 행정청이 당사자의 신청에 대하여 상당한 기간내에 일정한 처분을 하여야 할 법률상 의무가 있음에도 불구하고 이를 하지 아니하는 것을 말한다.

②이 법을 적용함에 있어서 행정청에는 법령에 의하여 행정권한의 위임 또는 위탁을 받은 행정기관, 공공단체 및 그 기관 또는 사인이 포함된다.

제3조(행정소송의 종류) 행정소송은 다음의 네가지로 구분한다. <개정 1988.8.5.>
1. 항고소송: 행정청의 처분등이나 부작위에 대하여 제기하는 소송
2. 당사자소송: 행정청의 처분등을 원인으로 하는 법률관계에 관한 소송 그 밖에 공법상의 법률관계에 관한 소송으로서 그 법률관계의 한쪽 당사자를 피고로 하는 소송
3. 민중소송: 국가 또는 공공단체의 기관이 법률에 위반되는 행위를 한 때에 직접 자기의 법률상 이익과 관계없이 그 시정을 구하기 위하여 제기하는 소송
4. 기관소송: 국가 또는 공공단체의 기관상호간에 있어서의 권한의 존부 또는 그 행사에 관한 다툼이 있을 때에 이에 대하여 제기하는 소송. 다만, 헌법재판소법 제2조의 규정에 의하여 헌법재판소의 관장사항으로 되는 소송은 제외한다.

제4조(항고소송) 항고소송은 다음과 같이 구분한다.
1. 취소소송: 행정청의 위법한 처분등을 취소 또는 변경하는 소송
2. 무효등 확인소송: 행정청의 처분등의 효력 유무 또는 존재여부를 확인하는 소송
3. 부작위위법확인소송: 행정청의 부작위가 위법하다는 것을 확인하는 소송

제5조(국외에서의 기간) 이 법에 의한 기간의 계산에 있어서 국외에서의 소송행위추완에 있어서는 그 기간을 14일에서 30일로, 제3자에 의한 재심청구에 있어서는 그 기간을 30일에서 60일로, 소의 제기에 있어서는 그 기간을 60일에서 90일로 한다.

제6조(명령 · 규칙의 위헌판결등 공고)
①행정소송에 대한 대법원판결에 의하여 명령·규칙이 헌법 또는 법률에 위반된다는 것이 확정된 경우에는 대법원은 지체없이 그 사유를 행정안전부장관에게 통보하여야 한다. <개정 2013.3.23., 2014.11.19., 2017.7.26.>
②제1항의 규정에 의한 통보를 받은 행정안전부장관은 지체없이 이를 관보에 게재하여야 한다. <개정 2013.3.23., 2014.11.19., 2017.7.26.>

제7조(사건의 이송) 민사소송법 제34조제1항의 규정은 원고의 고의 또는 중대한 과실없이 행정소송이 심급을 달리하는 법원에 잘못 제기된 경우에도 적용한다. <개정 2002.1.26.>

제8조(법적용예) ①행정소송에 대하여는 다른 법률에 특별한 규정이 있는 경우를 제외하고는 이 법이 정하는 바에 의한다.
②행정소송에 관하여 이 법에 특별한 규정이 없는 사항에 대하여는 법원조직법과 민사소송법 및 민사집행법의 규정을 준용한다. <개정 2002.1.26.>

제2장 취소소송

제1절 재판관할

제9조(재판관할) ①취소소송의 제1심관할법원은 피고의 소재지를 관할하는 행정법원으로 한다. <개정 2014.5.20.>
②제1항에도 불구하고 다음 각 호의 어느 하나에 해당하는 피고에 대하여 취소소송을 제기하는 경우에는 대법원소재지를 관할하는 행정법원에 제기할 수 있다. <신설 2014.5.20.>
1. 중앙행정기관, 중앙행정기관의 부속기관과 합의제행정기관 또는 그 장
2. 국가의 사무를 위임 또는 위탁받은 공공단체 또는 그 장
③토지의 수용 기타 부동산 또는 특정의 장소에 관계되는 처분등에 대한 취소소송은 그 부동산 또는 장소의 소재지를 관할하는 행정법원에 이를 제기할 수 있다. <개정 2014.5.20.>
[전문개정 1994.7.27.]
[제목개정 2014.5.20.]

제10조(관련청구소송의 이송 및 병합)
①취소소송과 다음 각호의 1에 해당하는 소송(이하 "관련청구소송"이라 한다)이 각각 다른 법원에 계속되고 있는 경우에 관련청구소송이 계속된 법원이 상당하다고 인정하는 때에는 당사자의 신청 또는 직권에 의하여 이를 취소소송이 계속된 법원으로 이송할 수 있다.
1. 당해 처분등과 관련되는 손해배상·부당이득반환·원상회복등 청구소송
2. 당해 처분등과 관련되는 취소소송
②취소소송에는 사실심의 변론종결시까지 관련청구소송을 병합하거나 피고외의 자를 상대로 한 관련청구소송을 취소소송이 계속된 법원에 병합하여 제기할 수 있다.

제11조(선결문제) ①처분등의 효력 유무 또는 존재 여부가 민사소송의 선결문제로 되어 당해 민사소송의 수소법원이 이를 심리·판단하는 경우에는 제17조, 제25조, 제26조 및 제33조의 규정을 준용한다.
②제1항의 경우 당해 수소법원은 그 처분등을 행한 행정청에게 그 선결문제로 된 사실을 통지하여야 한다.

제2절 당사자

제12조(원고적격) 취소소송은 처분등의 취소를 구할 법률상 이익이 있는 자가 제기할 수 있다. 처분등의 효과가 기간의 경과, 처분등의 집행 그 밖의 사유로 인하여 소멸된 뒤에도 그 처분등의 취소로 인하여 회복되는 법률상 이익이 있는 자의 경우에는 또한 같다.

제13조(피고적격) ①취소소송은 다른 법률에 특별한 규정이 없는 한 그 처분등을 행한 행정청을 피고로 한다. 다만, 처분등이 있은 뒤에 그 처분등에 관계되는 권한이 다른 행정청에 승계된 때에는 이를 승계한 행정청을 피고로 한다.
②제1항의 규정에 의한 행정청이 없게 된 때에는 그 처분등에 관한 사무가 귀속되는 국

가 또는 공공단체를 피고로 한다.

제14조(피고경정) ①원고가 피고를 잘못 지정한 때에는 법원은 원고의 신청에 의하여 결정으로써 피고의 경정을 허가할 수 있다.
②법원은 제1항의 규정에 의한 결정의 정본을 새로운 피고에게 송달하여야 한다.
③제1항의 규정에 의한 신청을 각하하는 결정에 대하여는 즉시항고할 수 있다.
④제1항의 규정에 의한 결정이 있은 때에는 새로운 피고에 대한 소송은 처음에 소를 제기한 때에 제기된 것으로 본다.
⑤제1항의 규정에 의한 결정이 있은 때에는 종전의 피고에 대한 소송은 취하된 것으로 본다.
⑥취소소송이 제기된 후에 제13조제1항 단서 또는 제13조제2항에 해당하는 사유가 생긴 때에는 법원은 당사자의 신청 또는 직권에 의하여 피고를 경정한다. 이 경우에는 제4항 및 제5항의 규정을 준용한다.

제15조(공동소송) 수인의 청구 또는 수인에 대한 청구가 처분등의 취소청구와 관련되는 청구인 경우에 한하여 그 수인은 공동소송인이 될 수 있다.

제16조(제3자의 소송참가) ①법원은 소송의 결과에 따라 권리 또는 이익의 침해를 받을 제3자가 있는 경우에는 당사자 또는 제3자의 신청 또는 직권에 의하여 결정으로써 그 제3자를 소송에 참가시킬 수 있다.
②법원이 제1항의 규정에 의한 결정을 하고자 할 때에는 미리 당사자 및 제3자의 의견을 들어야 한다.
③제1항의 규정에 의한 신청을 한 제3자는 그 신청을 각하한 결정에 대하여 즉시항고할 수 있다.
④제1항의 규정에 의하여 소송에 참가한 제3자에 대하여는 민사소송법 제67조의 규정을 준용한다. <개정 2002.1.26.>

제17조(행정청의 소송참가) ①법원은 다른 행정청을 소송에 참가시킬 필요가 있다고 인정할 때에는 당사자 또는 당해 행정청의 신청 또는 직권에 의하여 결정으로써 그 행정청을 소송에 참가시킬 수 있다.
②법원은 제1항의 규정에 의한 결정을 하고자 할 때에는 당사자 및 당해 행정청의 의견을 들어야 한다.
③제1항의 규정에 의하여 소송에 참가한 행정청에 대하여는 민사소송법 제76조의 규정을 준용한다. <개정 2002.1.26.>

제3절 소의 제기

제18조(행정심판과의 관계) ①취소소송은 법령의 규정에 의하여 당해 처분에 대한 행정심판을 제기할 수 있는 경우에도 이를 거치지 아니하고 제기할 수 있다. 다만, 다른 법률에 당해 처분에 대한 행정심판의 재결을 거치지 아니하면 취소소송을 제기할 수 없다는 규정이 있는 때에는 그러하지 아니하다. <개정 1994.7.27.>
②제1항 단서의 경우에도 다음 각호의 1에 해당하는 사유가 있는 때에는 행정심판의 재결을 거치지 아니하고 취소소송을 제기할 수 있다. <개정 1994.7.27.>
1. 행정심판청구가 있은 날로부터 60일이 지나도 재결이 없는 때
2. 처분의 집행 또는 절차의 속행으로 생길 중대한 손해를 예방하여야 할 긴급한 필요가 있는 때
3. 법령의 규정에 의한 행정심판기관이 의결 또는 재결을 하지 못할 사유가 있는 때

4. 그 밖의 정당한 사유가 있는 때
③제1항 단서의 경우에 다음 각호의 1에 해당하는 사유가 있는 때에는 행정심판을 제기함이 없이 취소소송을 제기할 수 있다. <개정 1994.7.27.>
1. 동종사건에 관하여 이미 행정심판의 기각재결이 있은 때
2. 서로 내용상 관련되는 처분 또는 같은 목적을 위하여 단계적으로 진행되는 처분중 어느 하나가 이미 행정심판의 재결을 거친 때
3. 행정청이 사실심의 변론종결후 소송의 대상인 처분을 변경하여 당해 변경된 처분에 관하여 소를 제기하는 때
4. 처분을 행한 행정청이 행정심판을 거칠 필요가 없다고 잘못 알린 때
④제2항 및 제3항의 규정에 의한 사유는 이를 소명하여야 한다.

제19조(취소소송의 대상) 취소소송은 처분등을 대상으로 한다. 다만, 재결취소소송의 경우에는 재결 자체에 고유한 위법이 있음을 이유로 하는 경우에 한한다.

제20조(제소기간) ①취소소송은 처분등이 있음을 안 날부터 90일 이내에 제기하여야 한다. 다만, 제18조제1항 단서에 규정한 경우와 그 밖에 행정심판청구를 할 수 있는 경우 또는 행정청이 행정심판청구를 할 수 있다고 잘못 알린 경우에 행정심판청구가 있은 때의 기간은 재결서의 정본을 송달받은 날부터 기산한다.
②취소소송은 처분등이 있은 날부터 1년(제1항 단서의 경우는 재결이 있은 날부터 1년)을 경과하면 이를 제기하지 못한다. 다만, 정당한 사유가 있는 때에는 그러하지 아니하다.
③제1항의 규정에 의한 기간은 불변기간으로 한다.
[전문개정 1994.7.27.]

제21조(소의 변경) ①법원은 취소소송을 당해 처분등에 관계되는 사무가 귀속하는 국가 또는 공공단체에 대한 당사자소송 또는 취소소송외의 항고소송으로 변경하는 것이 상당하다고 인정할 때에는 청구의 기초에 변경이 없는 한 사실심의 변론종결시까지 원고의 신청에 의하여 결정으로써 소의 변경을 허가할 수 있다.
②제1항의 규정에 의한 허가를 하는 경우 피고를 달리하게 될 때에는 법원은 새로이 피고로 될 자의 의견을 들어야 한다.
③제1항의 규정에 의한 허가결정에 대하여는 즉시항고할 수 있다.
④제1항의 규정에 의한 허가결정에 대하여는 제14조제2항·제4항 및 제5항의 규정을 준용한다.

제22조(처분변경으로 인한 소의 변경)
①법원은 행정청이 소송의 대상인 처분을 소가 제기된 후 변경한 때에는 원고의 신청에 의하여 결정으로써 청구의 취지 또는 원인의 변경을 허가할 수 있다.
②제1항의 규정에 의한 신청은 처분의 변경이 있음을 안 날로부터 60일 이내에 하여야 한다.
③제1항의 규정에 의하여 변경되는 청구는 제18조제1항 단서의 규정에 의한 요건을 갖춘 것으로 본다. <개정 1994.7.27.>

제23조(집행정지) ①취소소송의 제기는 처분등의 효력이나 그 집행 또는 절차의 속행에 영향을 주지 아니한다.
②취소소송이 제기된 경우에 처분등이나 그 집행 또는 절차의 속행으로 인하여 생길 회복하기 어려운 손해를 예방하기 위하여 긴급한 필요가 있다고 인정할 때에는 본안이 계속되고 있는 법원은 당사자의 신청 또는 직권에 의하여 처분등의 효력이나 그 집행 또는 절차의 속행의 전부 또는 일부의 정지(이하 "집행정지"라 한다)를 결정할 수 있다. 다만, 처분의 효력정지는 처분등의 집행 또는 절차의 속행을 정지함으로써 목적을 달성할 수 있는 경우에는 허용되지 아니한다.

③집행정지는 공공복리에 중대한 영향을 미칠 우려가 있을 때에는 허용되지 아니한다.
④제2항의 규정에 의한 집행정지의 결정을 신청함에 있어서는 그 이유에 대한 소명이 있어야 한다.
⑤제2항의 규정에 의한 집행정지의 결정 또는 기각의 결정에 대하여는 즉시항고할 수 있다. 이 경우 집행정지의 결정에 대한 즉시항고에는 결정의 집행을 정지하는 효력이 없다.
⑥제30조제1항의 규정은 제2항의 규정에 의한 집행정지의 결정에 이를 준용한다.

제24조(집행정지의 취소) ①집행정지의 결정이 확정된 후 집행정지가 공공복리에 중대한 영향을 미치거나 그 정지사유가 없어진 때에는 당사자의 신청 또는 직권에 의하여 결정으로써 집행정지의 결정을 취소할 수 있다.
②제1항의 규정에 의한 집행정지결정의 취소결정과 이에 대한 불복의 경우에는 제23조제4항 및 제5항의 규정을 준용한다.

제4절 심리

제25조(행정심판기록의 제출명령)
①법원은 당사자의 신청이 있는 때에는 결정으로써 재결을 행한 행정청에 대하여 행정심판에 관한 기록의 제출을 명할 수 있다.
②제1항의 규정에 의한 제출명령을 받은 행정청은 지체없이 당해 행정심판에 관한 기록을 법원에 제출하여야 한다.

제26조(직권심리) 법원은 필요하다고 인정할 때에는 직권으로 증거조사를 할 수 있고, 당사자가 주장하지 아니한 사실에 대하여도 판단할 수 있다.

제5절 재판

제27조(재량처분의 취소) 행정청의 재량에 속하는 처분이라도 재량권의 한계를 넘거나 그 남용이 있는 때에는 법원은 이를 취소할 수 있다.

제28조(사정판결) ①원고의 청구가 이유있다고 인정하는 경우에도 처분등을 취소하는 것이 현저히 공공복리에 적합하지 아니하다고 인정하는 때에는 법원은 원고의 청구를 기각할 수 있다. 이 경우 법원은 그 판결의 주문에서 그 처분등이 위법함을 명시하여야 한다.
②법원이 제1항의 규정에 의한 판결을 함에 있어서는 미리 원고가 그로 인하여 입게 될 손해의 정도와 배상방법 그 밖의 사정을 조사하여야 한다.
③원고는 피고인 행정청이 속하는 국가 또는 공공단체를 상대로 손해배상, 제해시설의 설치 그 밖에 적당한 구제방법의 청구를 당해 취소소송등이 계속된 법원에 병합하여 제기할 수 있다.

제29조(취소판결등의 효력) ①처분등을 취소하는 확정판결은 제3자에 대하여도 효력이 있다.
②제1항의 규정은 제23조의 규정에 의한 집행정지의 결정 또는 제24조의 규정에 의한 그 집행정지결정의 취소결정에 준용한다.

제30조(취소판결등의 기속력) ①처분등을 취소하는 확정판결은 그 사건에 관하여 당사자인 행정청과 그 밖의 관계행정청을 기속한다.
②판결에 의하여 취소되는 처분이 당사자의 신청을 거부하는 것을 내용으로 하는 경우에

는 그 처분을 행한 행정청은 판결의 취지에 따라 다시 이전의 신청에 대한 처분을 하여야 한다.
③제2항의 규정은 신청에 따른 처분이 절차의 위법을 이유로 취소되는 경우에 준용한다.

제6절 보칙

제31조(제3자에 의한 재심청구) ①처분등을 취소하는 판결에 의하여 권리 또는 이익의 침해를 받은 제3자는 자기에게 책임없는 사유로 소송에 참가하지 못함으로써 판결의 결과에 영향을 미칠 공격 또는 방어방법을 제출하지 못한 때에는 이를 이유로 확정된 종국판결에 대하여 재심의 청구를 할 수 있다.
②제1항의 규정에 의한 청구는 확정판결이 있음을 안 날로부터 30일 이내, 판결이 확정된 날로부터 1년 이내에 제기하여야 한다.
③제2항의 규정에 의한 기간은 불변기간으로 한다.

제32조(소송비용의 부담) 취소청구가 제28조의 규정에 의하여 기각되거나 행정청이 처분등을 취소 또는 변경함으로 인하여 청구가 각하 또는 기각된 경우에는 소송비용은 피고의 부담으로 한다.

제33조(소송비용에 관한 재판의 효력)
소송비용에 관한 재판이 확정된 때에는 피고 또는 참가인이었던 행정청이 소속하는 국가 또는 공공단체에 그 효력을 미친다.

제34조(거부처분취소판결의 간접강제)
①행정청이 제30조제2항의 규정에 의한 처분을 하지 아니하는 때에는 제1심수소법원은 당사자의 신청에 의하여 결정으로써 상당한 기간을 정하고 행정청이 그 기간내에 이행하지 아니하는 때에는 그 지연기간에 따라 일정한 배상을 할 것을 명하거나 즉시 손해배상을 할 것을 명할 수 있다.
②제33조와 민사집행법 제262조의 규정은 제1항의 경우에 준용한다. <개정 2002.1.26.>

제3장 취소소송외의 항고소송

제35조(무효등 확인소송의 원고적격)
무효등 확인소송은 처분등의 효력 유무 또는 존재 여부의 확인을 구할 법률상 이익이 있는 자가 제기할 수 있다.

제36조(부작위위법확인소송의 원고적격)
부작위위법확인소송은 처분의 신청을 한 자로서 부작위의 위법의 확인을 구할 법률상 이익이 있는 자만이 제기할 수 있다.

제37조(소의 변경) 제21조의 규정은 무효등 확인소송이나 부작위위법확인소송을 취소소송 또는 당사자소송으로 변경하는 경우에 준용한다.

제38조(준용규정) ①제9조, 제10조, 제13조 내지 제17조, 제19조, 제22조 내지 제26조, 제29조 내지 제31조 및 제33조의 규정은 무효등 확인소송의 경우에 준용한다.
②제9조, 제10조, 제13조 내지 제19조, 제20조, 제25조 내지 제27조, 제29조 내지 제31조, 제33조

및 제34조의 규정은 부작위위법확인소송의 경우에 준용한다. <개정 1994.7.27.>

제4장 당사자소송

제39조(피고적격) 당사자소송은 국가·공공단체 그 밖의 권리주체를 피고로 한다.

제40조(재판관할) 제9조의 규정은 당사자소송의 경우에 준용한다. 다만, 국가 또는 공공단체가 피고인 경우에는 관계행정청의 소재지를 피고의 소재지로 본다.

제41조(제소기간) 당사자소송에 관하여 법령에 제소기간이 정하여져 있는 때에는 그 기간은 불변기간으로 한다.

제42조(소의 변경) 제21조의 규정은 당사자소송을 항고소송으로 변경하는 경우에 준용한다.

제43조(가집행선고의 제한) 국가를 상대로 하는 당사자소송의 경우에는 가집행선고를 할 수 없다.

제44조(준용규정) ①제14조 내지 제17조, 제22조, 제25조, 제26조, 제30조제1항, 제32조 및 제33조의 규정은 당사자소송의 경우에 준용한다.
②제10조의 규정은 당사자소송과 관련청구소송이 각각 다른 법원에 계속되고 있는 경우의 이송과 이들 소송의 병합의 경우에 준용한다.

제5장 민중소송 및 기관소송

제45조(소의 제기) 민중소송 및 기관소송은 법률이 정한 경우에 법률에 정한 자에 한하여 제기할 수 있다.

제46조(준용규정) ①민중소송 또는 기관소송으로써 처분등의 취소를 구하는 소송에는 그 성질에 반하지 아니하는 한 취소소송에 관한 규정을 준용한다.
②민중소송 또는 기관소송으로써 처분등의 효력 유무 또는 존재 여부나 부작위의 위법의 확인을 구하는 소송에는 그 성질에 반하지 아니하는 한 각각 무효등 확인소송 또는 부작위위법확인소송에 관한 규정을 준용한다.
③민중소송 또는 기관소송으로서 제1항 및 제2항에 규정된 소송외의 소송에는 그 성질에 반하지 아니하는 한 당사자소송에 관한 규정을 준용한다.

부칙

<제14839호, 2017.7.26.>
(정부조직법)

제1조(시행일) ①이 법은 공포한 날부터 시행한다. 다만, 부칙 제5조에 따라 개정되는 법률 중 이 법 시행 전에 공포되었으나 시행일이 도래하지 아니한 법률을 개정한 부분은 각각 해당 법률의 시행일부터 시행한다.

제2조부터 제4조까지 생략

제5조(다른 법률의 개정) ①부터 ㊳까지 생략

㊴행정소송법 일부를 다음과 같이 개정한다.

제6조제1항 및 제2항 중 "행정자치부장관"을 각각 "행정안전부장관"으로 한다.

㊵부터 <382>까지 생략

제6조 생략

행 정 심 판 법

행정심판법

[시행 2020.12.10.]
[법률 제17354호, 2020.6.9., 타법개정]

제1장 총 칙

제1조(목적) 이 법은 행정심판 절차를 통하여 행정청의 위법 또는 부당한 처분(處分)이나 부작위(不作爲)로 침해된 국민의 권리 또는 이익을 구제하고, 아울러 행정의 적정한 운영을 꾀함을 목적으로 한다.

제2조(정의) 이 법에서 사용하는 용어의 뜻은 다음과 같다.
1. "처분"이란 행정청이 행하는 구체적 사실에 관한 법집행으로서의 공권력의 행사 또는 그 거부, 그 밖에 이에 준하는 행정작용을 말한다.
2. "부작위"란 행정청이 당사자의 신청에 대하여 상당한 기간 내에 일정한 처분을 하여야 할 법률상 의무가 있는데도 처분을 하지 아니하는 것을 말한다.
3. "재결(裁決)"이란 행정심판의 청구에 대하여 제6조에 따른 행정심판위원회가 행하는 판단을 말한다.
4. "행정청"이란 행정에 관한 의사를 결정하여 표시하는 국가 또는 지방자치단체의 기관, 그 밖에 법령 또는 자치법규에 따라 행정권한을 가지고 있거나 위탁을 받은 공공단체나 그 기관 또는 사인(私人)을 말한다.

제3조(행정심판의 대상) ①행정청의 처분 또는 부작위에 대하여는 다른 법률에 특별한 규정이 있는 경우 외에는 이 법에 따라 행정심판을 청구할 수 있다.
②대통령의 처분 또는 부작위에 대하여는 다른 법률에서 행정심판을 청구할 수 있도록 정한 경우 외에는 행정심판을 청구할 수 없다.

제4조(특별행정심판 등) ①사안(事案)의 전문성과 특수성을 살리기 위하여 특히 필요한 경우 외에는 이 법에 따른 행정심판을 갈음하는 특별한 행정불복절차(이하 "특별행정심판"이라 한다)나 이 법에 따른 행정심판 절차에 대한 특례를 다른 법률로 정할 수 없다.
②다른 법률에서 특별행정심판이나 이 법에 따른 행정심판 절차에 대한 특례를 정한 경우에도 그 법률에서 규정하지 아니한 사항에 관하여는 이 법에서 정하는 바에 따른다.
③관계 행정기관의 장이 특별행정심판 또는 이 법에 따른 행정심판 절차에 대한 특례를 신설하거나 변경하는 법령을 제정·개정할 때에는 미리 중앙행정심판위원회와 협의하여야 한다.

제5조(행정심판의 종류) 행정심판의 종류는 다음 각 호와 같다.
1. 취소심판: 행정청의 위법 또는 부당한 처분을 취소하거나 변경하는 행정심판
2. 무효등확인심판: 행정청의 처분의 효력 유무 또는 존재 여부를 확인하는 행정심판
3. 의무이행심판: 당사자의 신청에 대한 행정청의 위법 또는 부당한 거부처분이나 부작위에 대하여 일정한 처분을 하도록 하는 행정심판

제2장 심판기관

제6조(행정심판위원회의 설치) ①다음 각 호의 행정청 또는 그 소속 행정청(행정기관의 계층구조와 관계없이 그 감독을 받거나 위탁을 받은 모든 행정청을 말하되, 위탁을 받은 행정청은 그 위탁받은 사무에 관하여는 위탁한 행정청의 소속 행정청으로 본다. 이하 같다)의 처분 또는 부작위에 대한 행정심판의 청구(이하 "심판청구"라 한다)에 대하여는 다음 각 호의 행정청에

두는 행정심판위원회에서 심리·재결한다. <개정 2016.3.29.>
1. 감사원, 국가정보원장, 그 밖에 대통령령으로 정하는 대통령 소속기관의 장
2. 국회사무총장·법원행정처장·헌법재판소사무처장 및 중앙선거관리위원회사무총장
3. 국가인권위원회, 그 밖에 지위·성격의 독립성과 특수성 등이 인정되어 대통령령으로 정하는 행정청
②다음 각 호의 행정청의 처분 또는 부작위에 대한 심판청구에 대하여는 「부패방지 및 국민권익위원회의 설치와 운영에 관한 법률」에 따른 국민권익위원회(이하 "국민권익위원회"라 한다)에 두는 중앙행정심판위원회에서 심리·재결한다. <개정 2012.2.17.>
1. 제1항에 따른 행정청 외의 국가행정기관의 장 또는 그 소속 행정청
2. 특별시장·광역시장·특별자치시장·도지사·특별자치도지사(특별시·광역시·특별자치시·도 또는 특별자치도의 교육감을 포함한다. 이하 "시·도지사"라 한다) 또는 특별시·광역시·특별자치시·도·특별자치도(이하 "시·도"라 한다)의 의회(의장, 위원회의 위원장, 사무처장 등 의회 소속 모든 행정청을 포함한다)
3. 「지방자치법」에 따른 지방자치단체조합 등 관계 법률에 따라 국가·지방자치단체·공공법인 등이 공동으로 설립한 행정청. 다만, 제3항제3호에 해당하는 행정청은 제외한다.
③다음 각 호의 행정청의 처분 또는 부작위에 대한 심판청구에 대하여는 시·도지사 소속으로 두는 행정심판위원회에서 심리·재결한다.
1. 시·도 소속 행정청
2. 시·도의 관할구역에 있는 시·군·자치구의 장, 소속 행정청 또는 시·군·자치구의 의회(의장, 위원회의 위원장, 사무국장, 사무과장 등 의회 소속 모든 행정청을 포함한다)
3. 시·도의 관할구역에 있는 둘 이상의 지방자치단체(시·군·자치구를 말한다)·공공법인 등이 공동으로 설립한 행정청
④제2항제1호에도 불구하고 대통령령으로 정하는 국가행정기관 소속 특별지방행정기관의 장의 처분 또는 부작위에 대한 심판청구에 대하여는 해당 행정청의 직근 상급행정기관에 두는 행정심판위원회에서 심리·재결한다.

제7조(행정심판위원회의 구성) ①행정심판위원회(중앙행정심판위원회는 제외한다. 이하 이 조에서 같다)는 위원장 1명을 포함하여 50명 이내의 위원으로 구성한다. <개정 2016.3.29.>
②행정심판위원회의 위원장은 그 행정심판위원회가 소속된 행정청이 되며, 위원장이 없거나 부득이한 사유로 직무를 수행할 수 없거나 위원장이 필요하다고 인정하는 경우에는 다음 각 호의 순서에 따라 위원이 위원장의 직무를 대행한다.
1. 위원장이 사전에 지명한 위원
2. 제4항에 따라 지명된 공무원인 위원(2명 이상인 경우에는 직급 또는 고위공무원단에 속하는 공무원의 직무등급이 높은 위원 순서로, 직급 또는 직무등급도 같은 경우에는 위원 재직기간이 긴 위원 순서로, 재직기간도 같은 경우에는 연장자 순서로 한다)
③제2항에도 불구하고 제6조제3항에 따라 시·도지사 소속으로 두는 행정심판위원회의 경우에는 해당 지방자치단체의 조례로 정하는 바에 따라 공무원이 아닌 위원을 위원장으로 정할 수 있다. 이 경우 위원장은 비상임으로 한다.
④행정심판위원회의 위원은 해당 행정심판위원회가 소속된 행정청이 다음 각 호의 어느 하나에 해당하는 사람 중에서 성별을 고려하여 위촉하거나 그 소속 공무원 중에서 지명한다. <개정 2016.3.29.>
1. 변호사 자격을 취득한 후 5년 이상의 실무 경험이 있는 사람
2. 「고등교육법」 제2조제1호부터 제6호까지의 규정에 따른 학교에서 조교수 이상으로 재직하거나 재직하였던 사람
3. 행정기관의 4급 이상 공무원이었거나 고위공무원단에 속하는 공무원이었던 사람
4. 박사학위를 취득한 후 해당 분야에서 5년 이상 근무한 경험이 있는 사람
5. 그 밖에 행정심판과 관련된 분야의 지식과 경험이 풍부한 사람
⑤행정심판위원회의 회의는 위원장과 위원장이 회의마다 지정하는 8명의 위원(그중 제4항에 따른 위촉위원은 6명 이상으로 하되, 제3항에 따라 위원장이 공무원이 아닌 경우에는 5명 이

상으로 한다)으로 구성한다. 다만, 국회규칙, 대법원규칙, 헌법재판소규칙, 중앙선거관리위원회규칙 또는 대통령령(제6조제3항에 따라 시·도지사 소속으로 두는 행정심판위원회의 경우에는 해당 지방자치단체의 조례)으로 정하는 바에 따라 위원장과 위원장이 회의마다 지정하는 6명의 위원(그중 제4항에 따른 위촉위원은 5명 이상으로 하되, 제3항에 따라 공무원이 아닌 위원이 위원장인 경우에는 4명 이상으로 한다)으로 구성할 수 있다.
⑥행정심판위원회는 제5항에 따른 구성원 과반수의 출석과 출석위원 과반수의 찬성으로 의결한다.
⑦행정심판위원회의 조직과 운영, 그 밖에 필요한 사항은 국회규칙, 대법원규칙, 헌법재판소규칙, 중앙선거관리위원회규칙 또는 대통령령으로 정한다.

제8조(중앙행정심판위원회의 구성) ①중앙행정심판위원회는 위원장 1명을 포함하여 70명 이내의 위원으로 구성하되, 위원 중 상임위원은 4명 이내로 한다. <개정 2016.3.29.>
②중앙행정심판위원회의 위원장은 국민권익위원회의 부위원장 중 1명이 되며, 위원장이 없거나 부득이한 사유로 직무를 수행할 수 없거나 위원장이 필요하다고 인정하는 경우에는 상임위원(상임으로 재직한 기간이 긴 위원 순서로, 재직기간이 같은 경우에는 연장자 순서로 한다)이 위원장의 직무를 대행한다.
③중앙행정심판위원회의 상임위원은 일반직공무원으로서 「국가공무원법」 제26조의5에 따른 임기제공무원으로 임명하되, 3급 이상 공무원 또는 고위공무원단에 속하는 일반직공무원으로 3년 이상 근무한 사람이나 그 밖에 행정심판에 관한 지식과 경험이 풍부한 사람 중에서 중앙행정심판위원회 위원장의 제청으로 국무총리를 거쳐 대통령이 임명한다. <개정 2014.5.28.>
④중앙행정심판위원회의 비상임위원은 제7조제4항 각 호의 어느 하나에 해당하는 사람 중에서 중앙행정심판위원회 위원장의 제청으로 국무총리가 성별을 고려하여 위촉한다. <개정 2016.3.29.>
⑤중앙행정심판위원회의 회의(제6항에 따른 소위원회 회의는 제외한다)는 위원장, 상임위원 및 위원장이 회의마다 지정하는 비상임위원을 포함하여 총 9명으로 구성한다.
⑥중앙행정심판위원회는 심판청구사건(이하 "사건"이라 한다) 중 「도로교통법」에 따른 자동차운전면허 행정처분에 관한 사건(소위원회가 중앙행정심판위원회에서 심리·의결하도록 결정한 사건은 제외한다)을 심리·의결하게 하기 위하여 4명의 위원으로 구성하는 소위원회를 둘 수 있다.
⑦중앙행정심판위원회 및 소위원회는 각각 제5항 및 제6항에 따른 구성원 과반수의 출석과 출석위원 과반수의 찬성으로 의결한다.
⑧중앙행정심판위원회는 위원장이 지정하는 사건을 미리 검토하도록 필요한 경우에는 전문위원회를 둘 수 있다.
⑨중앙행정심판위원회, 소위원회 및 전문위원회의 조직과 운영 등에 필요한 사항은 대통령령으로 정한다.

제9조(위원의 임기 및 신분보장 등)
①제7조제4항에 따라 지명된 위원은 그 직에 재직하는 동안 재임한다.
②제8조제3항에 따라 임명된 중앙행정심판위원회 상임위원의 임기는 3년으로 하며, 1차에 한하여 연임할 수 있다.
③제7조제4항 및 제8조제4항에 따라 위촉된 위원의 임기는 2년으로 하되, 2차에 한하여 연임할 수 있다. 다만, 제6조제1항제2호에 규정된 기관에 두는 행정심판위원회의 위촉위원의 경우에는 각각 국회규칙, 대법원규칙, 헌법재판소규칙 또는 중앙선거관리위원회규칙으로 정하는 바에 따른다.
④다음 각 호의 어느 하나에 해당하는 사람은 제6조에 따른 행정심판위원회(이하 "위원회"라 한다)의 위원이 될 수 없으며, 위원이 이에 해당하게 된 때에는 당연히 퇴직한다.
1. 대한민국 국민이 아닌 사람
2.「국가공무원법」 제33조 각 호의 어느 하나에 해당하는 사람
⑤제7조제4항 및 제8조제4항에 따라 위촉된 위원은 금고(禁錮) 이상의 형을 선고받거나 부득이한 사유로 장기간 직무를 수행할 수 없게 되는 경우 외에는 임기 중 그의 의사와 다르게

해촉(解囑)되지 아니한다.

제10조(위원의 제척 · 기피 · 회피)
①위원회의 위원은 다음 각 호의 어느 하나에 해당하는 경우에는 그 사건의 심리·의결에서 제척(除斥)된다. 이 경우 제척결정은 위원회의 위원장(이하 "위원장"이라 한다)이 직권으로 또는 당사자의 신청에 의하여 한다.
1. 위원 또는 그 배우자나 배우자이었던 사람이 사건의 당사자이거나 사건에 관하여 공동권리자 또는 의무자인 경우
2. 위원이 사건의 당사자와 친족이거나 친족이었던 경우
3. 위원이 사건에 관하여 증언이나 감정(鑑定)을 한 경우
4. 위원이 당사자의 대리인으로서 사건에 관여하거나 관여하였던 경우
5. 위원이 사건의 대상이 된 처분 또는 부작위에 관여한 경우
②당사자는 위원에게 공정한 심리·의결을 기대하기 어려운 사정이 있으면 위원장에게 기피신청을 할 수 있다.
③위원에 대한 제척신청이나 기피신청은 그 사유를 소명(疏明)한 문서로 하여야 한다. 다만, 불가피한 경우에는 신청한 날부터 3일 이내에 신청 사유를 소명할 수 있는 자료를 제출하여야 한다. <개정 2016.3.29.>
④제척신청이나 기피신청이 제3항을 위반하였을 때에는 위원장은 결정으로 이를 각하한다. <신설 2016.3.29.>
⑤위원장은 제척신청이나 기피신청의 대상이 된 위원에게서 그에 대한 의견을 받을 수 있다. <개정 2016.3.29.>
⑥위원장은 제척신청이나 기피신청을 받으면 제척 또는 기피 여부에 대한 결정을 하고, 지체 없이 신청인에게 결정서 정본(正本)을 송달하여야 한다. <개정 2016.3.29.>
⑦위원회의 회의에 참석하는 위원이 제척사유 또는 기피사유에 해당되는 것을 알게 되었을 때에는 스스로 그 사건의 심리·의결에서 회피할 수 있다. 이 경우 회피하고자 하는 위원은 위원장에게 그 사유를 소명하여야 한다. <개정 2016.3.29.>
⑧사건의 심리·의결에 관한 사무에 관여하는 위원 아닌 직원에게도 제1항부터 제7항까지의 규정을 준용한다. <개정 2016.3.29.>

제11조(벌칙 적용 시의 공무원 의제)
위원 중 공무원이 아닌 위원은 「형법」과 그 밖의 법률에 따른 벌칙을 적용할 때에는 공무원으로 본다.

제12조(위원회의 권한 승계) ①당사자의 심판청구 후 위원회가 법령의 개정·폐지 또는 제17조제5항에 따른 피청구인의 경정 결정에 따라 그 심판청구에 대하여 재결할 권한을 잃게 된 경우에는 해당 위원회는 심판청구서와 관계 서류, 그 밖의 자료를 새로 재결할 권한을 갖게 된 위원회에 보내야 한다.
②제1항의 경우 송부를 받은 위원회는 지체 없이 그 사실을 다음 각 호의 자에게 알려야 한다.
1. 행정심판 청구인(이하 "청구인"이라 한다)
2. 행정심판 피청구인(이하 "피청구인"이라 한다)
3. 제20조 또는 제21조에 따라 심판참가를 하는 자(이하 "참가인"이라 한다)

제3장 당사자와 관계인

제13조(청구인 적격) ①취소심판은 처분의 취소 또는 변경을 구할 법률상 이익이 있는 자가 청구할 수 있다. 처분의 효과가 기간의 경과, 처분의 집행, 그 밖의 사유로 소멸된 뒤에도 그

처분의 취소로 회복되는 법률상 이익이 있는 자의 경우에도 또한 같다.
②무효등확인심판은 처분의 효력 유무 또는 존재 여부의 확인을 구할 법률상 이익이 있는 자가 청구할 수 있다.
③의무이행심판은 처분을 신청한 자로서 행정청의 거부처분 또는 부작위에 대하여 일정한 처분을 구할 법률상 이익이 있는 자가 청구할 수 있다.

제14조(법인이 아닌 사단 또는 재단의 청구인 능력) 법인이 아닌 사단 또는 재단으로서 대표자나 관리인이 정하여져 있는 경우에는 그 사단이나 재단의 이름으로 심판청구를 할 수 있다.

제15조(선정대표자) ①여러 명의 청구인이 공동으로 심판청구를 할 때에는 청구인들 중에서 3명 이하의 선정대표자를 선정할 수 있다.
②청구인들이 제1항에 따라 선정대표자를 선정하지 아니한 경우에 위원회는 필요하다고 인정하면 청구인들에게 선정대표자를 선정할 것을 권고할 수 있다.
③선정대표자는 다른 청구인들을 위하여 그 사건에 관한 모든 행위를 할 수 있다. 다만, 심판청구를 취하하려면 다른 청구인들의 동의를 받아야 하며, 이 경우 동의받은 사실을 서면으로 소명하여야 한다.
④선정대표자가 선정되면 다른 청구인들은 그 선정대표자를 통해서만 그 사건에 관한 행위를 할 수 있다.
⑤선정대표자를 선정한 청구인들은 필요하다고 인정하면 선정대표자를 해임하거나 변경할 수 있다. 이 경우 청구인들은 그 사실을 지체 없이 위원회에 서면으로 알려야 한다.

제16조(청구인의 지위 승계) ①청구인이 사망한 경우에는 상속인이나 그 밖에 법령에 따라 심판청구의 대상에 관계되는 권리나 이익을 승계한 자가 청구인의 지위를 승계한다.
②법인인 청구인이 합병(合併)에 따라 소멸하였을 때에는 합병 후 존속하는 법인이나 합병에 따라 설립된 법인이 청구인의 지위를 승계한다.
③제1항과 제2항에 따라 청구인의 지위를 승계한 자는 위원회에 서면으로 그 사유를 신고하여야 한다. 이 경우 신고서에는 사망 등에 의한 권리·이익의 승계 또는 합병 사실을 증명하는 서면을 함께 제출하여야 한다.
④제1항 또는 제2항의 경우에 제3항에 따른 신고가 있을 때까지 사망자나 합병 전의 법인에 대하여 한 통지 또는 그 밖의 행위가 청구인의 지위를 승계한 자에게 도달하면 지위를 승계한 자에 대한 통지 또는 그 밖의 행위로서의 효력이 있다.
⑤심판청구의 대상과 관계되는 권리나 이익을 양수한 자는 위원회의 허가를 받아 청구인의 지위를 승계할 수 있다.
⑥위원회는 제5항의 지위 승계 신청을 받으면 기간을 정하여 당사자와 참가인에게 의견을 제출하도록 할 수 있으며, 당사자와 참가인이 그 기간에 의견을 제출하지 아니하면 의견이 없는 것으로 본다.
⑦위원회는 제5항의 지위 승계 신청에 대하여 허가 여부를 결정하고, 지체 없이 신청인에게는 결정서 정본을, 당사자와 참가인에게는 결정서 등본을 송달하여야 한다.
⑧신청인은 위원회가 제5항의 지위 승계를 허가하지 아니하면 결정서 정본을 받은 날부터 7일 이내에 위원회에 이의신청을 할 수 있다.

제17조(피청구인의 적격 및 경정)
①행정심판은 처분을 한 행정청(의무이행심판의 경우에는 청구인의 신청을 받은 행정청)을 피청구인으로 하여 청구하여야 한다. 다만, 심판청구의 대상과 관계되는 권한이 다른 행정청에 승계된 경우에는 권한을 승계한 행정청을 피청구인으로 하여야 한다.
②청구인이 피청구인을 잘못 지정한 경우에는 위원회는 직권으로 또는 당사자의 신청에 의하여 결정으로써 피청구인을 경정(更正)할 수 있다.
③위원회는 제2항에 따라 피청구인을 경정하는 결정을 하면 결정서 정본을 당사자(종전의

피청구인과 새로운 피청구인을 포함한다. 이하 제6항에서 같다)에게 송달하여야 한다.
④제2항에 따른 결정이 있으면 종전의 피청구인에 대한 심판청구는 취하되고 종전의 피청구인에 대한 행정심판이 청구된 때에 새로운 피청구인에 대한 행정심판이 청구된 것으로 본다.
⑤위원회는 행정심판이 청구된 후에 제1항 단서의 사유가 발생하면 직권으로 또는 당사자의 신청에 의하여 결정으로써 피청구인을 경정한다. 이 경우에는 제3항과 제4항을 준용한다.
⑥당사자는 제2항 또는 제5항에 따른 위원회의 결정에 대하여 결정서 정본을 받은 날부터 7일 이내에 위원회에 이의신청을 할 수 있다.

제18조(대리인의 선임) ①청구인은 법정대리인 외에 다음 각 호의 어느 하나에 해당하는 자를 대리인으로 선임할 수 있다.
1. 청구인의 배우자, 청구인 또는 배우자의 사촌 이내의 혈족
2. 청구인이 법인이거나 제14조에 따른 청구인 능력이 있는 법인이 아닌 사단 또는 재단인 경우 그 소속 임직원
3. 변호사
4. 다른 법률에 따라 심판청구를 대리할 수 있는 자
5. 그 밖에 위원회의 허가를 받은 자
②피청구인은 그 소속 직원 또는 제1항제3호부터 제5호까지의 어느 하나에 해당하는 자를 대리인으로 선임할 수 있다.
③제1항과 제2항에 따른 대리인에 관하여는 제15조제3항 및 제5항을 준용한다.

제18조의2(국선대리인) ①청구인이 경제적 능력으로 인해 대리인을 선임할 수 없는 경우에는 위원회에 국선대리인을 선임하여 줄 것을 신청할 수 있다.
②위원회는 제1항의 신청에 따른 국선대리인 선정 여부에 대한 결정을 하고, 지체 없이 청구인에게 그 결과를 통지하여야 한다. 이 경우 위원회는 심판청구가 명백히 부적법하거나 이유 없는 경우 또는 권리의 남용이라고 인정되는 경우에는 국선대리인을 선정하지 아니할 수 있다.
③국선대리인 신청절차, 국선대리인 지원 요건, 국선대리인의 자격·보수 등 국선대리인 운영에 필요한 사항은 국회규칙, 대법원규칙, 헌법재판소규칙, 중앙선거관리위원회규칙 또는 대통령령으로 정한다.
[본조신설 2017.10.31.]

제19조(대표자 등의 자격) ①대표자·관리인·선정대표자 또는 대리인의 자격은 서면으로 소명하여야 한다.
②청구인이나 피청구인은 대표자·관리인·선정대표자 또는 대리인이 그 자격을 잃으면 그 사실을 서면으로 위원회에 신고하여야 한다. 이 경우 소명 자료를 함께 제출하여야 한다.

제20조(심판참가) ①행정심판의 결과에 이해관계가 있는 제3자나 행정청은 해당 심판청구에 대한 제7조제6항 또는 제8조제7항에 따른 위원회나 소위원회의 의결이 있기 전까지 그 사건에 대하여 심판참가를 할 수 있다.
②제1항에 따른 심판참가를 하려는 자는 참가의 취지와 이유를 적은 참가신청서를 위원회에 제출하여야 한다. 이 경우 당사자의 수만큼 참가신청서 부본을 함께 제출하여야 한다.
③위원회는 제2항에 따라 참가신청서를 받으면 참가신청서 부본을 당사자에게 송달하여야 한다.
④제3항의 경우 위원회는 기간을 정하여 당사자와 다른 참가인에게 제3자의 참가신청에 대한 의견을 제출하도록 할 수 있으며, 당사자와 다른 참가인이 그 기간에 의견을 제출하지 아니하면 의견이 없는 것으로 본다.
⑤위원회는 제2항에 따라 참가신청을 받으면 허가 여부를 결정하고, 지체 없이 신청인에게는 결정서 정본을, 당사자와 다른 참가인에게는 결정서 등본을 송달하여야 한다.

⑥신청인은 제5항에 따라 송달을 받은 날부터 7일 이내에 위원회에 이의신청을 할 수 있다.

제21조(심판참가의 요구) ①위원회는 필요하다고 인정하면 그 행정심판 결과에 이해관계가 있는 제3자나 행정청에 그 사건 심판에 참가할 것을 요구할 수 있다.
②제1항의 요구를 받은 제3자나 행정청은 지체 없이 그 사건 심판에 참가할 것인지 여부를 위원회에 통지하여야 한다.

제22조(참가인의 지위) ①참가인은 행정심판 절차에서 당사자가 할 수 있는 심판절차상의 행위를 할 수 있다.
②이 법에 따라 당사자가 위원회에 서류를 제출할 때에는 참가인의 수만큼 부본을 제출하여야 하고, 위원회가 당사자에게 통지를 하거나 서류를 송달할 때에는 참가인에게도 통지하거나 송달하여야 한다.
③참가인의 대리인 선임과 대표자 자격 및 서류 제출에 관하여는 제18조, 제19조 및 이 조 제2항을 준용한다.

제4장 행정심판 청구

제23조(심판청구서의 제출) ①행정심판을 청구하려는 자는 제28조에 따라 심판청구서를 작성하여 피청구인이나 위원회에 제출하여야 한다. 이 경우 피청구인의 수만큼 심판청구서 부본을 함께 제출하여야 한다.
②행정청이 제58조에 따른 고지를 하지 아니하거나 잘못 고지하여 청구인이 심판청구서를 다른 행정기관에 제출한 경우에는 그 행정기관은 그 심판청구서를 지체 없이 정당한 권한이 있는 피청구인에게 보내야 한다.
③제2항에 따라 심판청구서를 보낸 행정기관은 지체 없이 그 사실을 청구인에게 알려야 한다.
④제27조에 따른 심판청구 기간을 계산할 때에는 제1항에 따른 피청구인이나 위원회 또는 제2항에 따른 행정기관에 심판청구서가 제출되었을 때에 행정심판이 청구된 것으로 본다.

제24조(피청구인의 심판청구서 등의 접수 · 처리) ①피청구인이 제23조제1항·제2항 또는 제26조제1항에 따라 심판청구서를 접수하거나 송부받으면 10일 이내에 심판청구서(제23조제1항·제2항의 경우만 해당된다)와 답변서를 위원회에 보내야 한다. 다만, 청구인이 심판청구를 취하한 경우에는 그러하지 아니하다.
②피청구인은 처분의 상대방이 아닌 제3자가 심판청구를 한 경우에는 지체 없이 처분의 상대방에게 그 사실을 알려야 한다. 이 경우 심판청구서 사본을 함께 송달하여야 한다.
③피청구인이 제1항 본문에 따라 심판청구서를 보낼 때에는 심판청구서에 위원회가 표시되지 아니하였거나 잘못 표시된 경우에도 정당한 권한이 있는 위원회에 보내야 한다.
④피청구인은 제1항 본문에 따라 답변서를 보낼 때에는 청구인의 수만큼 답변서 부본을 함께 보내되, 답변서에는 다음 각 호의 사항을 명확하게 적어야 한다.
1. 처분이나 부작위의 근거와 이유
2. 심판청구의 취지와 이유에 대응하는 답변
3. 제2항에 해당하는 경우에는 처분의 상대방의 이름·주소·연락처와 제2항의 의무 이행 여부
⑤제2항과 제3항의 경우에 피청구인은 송부 사실을 지체 없이 청구인에게 알려야 한다.
⑥중앙행정심판위원회에서 심리·재결하는 사건인 경우 피청구인은 제1항에 따라 위원회에 심판청구서 또는 답변서를 보낼 때에는 소관 중앙행정기관의 장에게도 그 심판청구·답변의 내용을 알려야 한다.

제25조(피청구인의 직권취소등)
①제23조제1항·제2항 또는 제26조제1항에 따라 심판청구서를 받은 피청구인은 그 심판청구가 이유 있다고 인정하면 심판청구의 취지에 따라 직권으로 처분을 취소·변경하거나 확인을 하거나 신청에 따른 처분(이하 이 조에서 "직권취소등"이라 한다)을 할 수 있다. 이 경우 서면으로 청구인에게 알려야 한다.
②피청구인은 제1항에 따라 직권취소등을 하였을 때에는 청구인이 심판청구를 취하한 경우가 아니면 제24조제1항 본문에 따라 심판청구서·답변서를 보낼 때 직권취소등의 사실을 증명하는 서류를 위원회에 함께 제출하여야 한다.

제26조(위원회의 심판청구서 등의 접수 · 처리) ①위원회는 제23조제1항에 따라 심판청구서를 받으면 지체 없이 피청구인에게 심판청구서 부본을 보내야 한다.
②위원회는 제24조제1항 본문에 따라 피청구인으로부터 답변서가 제출되면 답변서 부본을 청구인에게 송달하여야 한다.

제27조(심판청구의 기간) ①행정심판은 처분이 있음을 알게 된 날부터 90일 이내에 청구하여야 한다.
②청구인이 천재지변, 전쟁, 사변(事變), 그 밖의 불가항력으로 인하여 제1항에서 정한 기간에 심판청구를 할 수 없었을 때에는 그 사유가 소멸한 날부터 14일 이내에 행정심판을 청구할 수 있다. 다만, 국외에서 행정심판을 청구하는 경우에는 그 기간을 30일로 한다.
③행정심판은 처분이 있었던 날부터 180일이 지나면 청구하지 못한다. 다만, 정당한 사유가 있는 경우에는 그러하지 아니하다.
④제1항과 제2항의 기간은 불변기간(不變期間)으로 한다.
⑤행정청이 심판청구 기간을 제1항에 규정된 기간보다 긴 기간으로 잘못 알린 경우 그 잘못 알린 기간에 심판청구가 있으면 그 행정심판은 제1항에 규정된 기간에 청구된 것으로 본다.
⑥행정청이 심판청구 기간을 알리지 아니한 경우에는 제3항에 규정된 기간에 심판청구를 할 수 있다.
⑦제1항부터 제6항까지의 규정은 무효등확인심판청구와 부작위에 대한 의무이행심판청구에는 적용하지 아니한다.

제28조(심판청구의 방식) ①심판청구는 서면으로 하여야 한다.
②처분에 대한 심판청구의 경우에는 심판청구서에 다음 각 호의 사항이 포함되어야 한다.
1. 청구인의 이름과 주소 또는 사무소(주소 또는 사무소 외의 장소에서 송달받기를 원하면 송달장소를 추가로 적어야 한다)
2. 피청구인과 위원회
3. 심판청구의 대상이 되는 처분의 내용
4. 처분이 있음을 알게 된 날
5. 심판청구의 취지와 이유
6. 피청구인의 행정심판 고지 유무와 그 내용
③부작위에 대한 심판청구의 경우에는 제2항제1호·제2호·제5호의 사항과 그 부작위의 전제가 되는 신청의 내용과 날짜를 적어야 한다.
④청구인이 법인이거나 제14조에 따른 청구인 능력이 있는 법인이 아닌 사단 또는 재단이거나 행정심판이 선정대표자나 대리인에 의하여 청구되는 것일 때에는 제2항 또는 제3항의 사항과 함께 그 대표자·관리인·선정대표자 또는 대리인의 이름과 주소를 적어야 한다.
⑤심판청구서에는 청구인·대표자·관리인·선정대표자 또는 대리인이 서명하거나 날인하여야 한다.

제29조(청구의 변경) ①청구인은 청구의 기초에 변경이 없는 범위에서 청구의 취지나 이유를 변경할 수 있다.

②행정심판이 청구된 후에 피청구인이 새로운 처분을 하거나 심판청구의 대상인 처분을 변경한 경우에는 청구인은 새로운 처분이나 변경된 처분에 맞추어 청구의 취지나 이유를 변경할 수 있다.
③제1항 또는 제2항에 따른 청구의 변경은 서면으로 신청하여야 한다. 이 경우 피청구인과 참가인의 수만큼 청구변경신청서 부본을 함께 제출하여야 한다.
④위원회는 제3항에 따른 청구변경신청서 부본을 피청구인과 참가인에게 송달하여야 한다.
⑤제4항의 경우 위원회는 기간을 정하여 피청구인과 참가인에게 청구변경 신청에 대한 의견을 제출하도록 할 수 있으며, 피청구인과 참가인이 그 기간에 의견을 제출하지 아니하면 의견이 없는 것으로 본다.
⑥위원회는 제1항 또는 제2항의 청구변경 신청에 대하여 허가할 것인지 여부를 결정하고, 지체 없이 신청인에게는 결정서 정본을, 당사자 및 참가인에게는 결정서 등본을 송달하여야 한다.
⑦신청인은 제6항에 따라 송달을 받은 날부터 7일 이내에 위원회에 이의신청을 할 수 있다.
⑧청구의 변경결정이 있으면 처음 행정심판이 청구되었을 때부터 변경된 청구의 취지나 이유로 행정심판이 청구된 것으로 본다.

제30조(집행정지) ①심판청구는 처분의 효력이나 그 집행 또는 절차의 속행(續行)에 영향을 주지 아니한다.
②위원회는 처분, 처분의 집행 또는 절차의 속행 때문에 중대한 손해가 생기는 것을 예방할 필요성이 긴급하다고 인정할 때에는 직권으로 또는 당사자의 신청에 의하여 처분의 효력, 처분의 집행 또는 절차의 속행의 전부 또는 일부의 정지(이하 "집행정지"라 한다)를 결정할 수 있다. 다만, 처분의 효력정지는 처분의 집행 또는 절차의 속행을 정지함으로써 그 목적을 달성할 수 있을 때에는 허용되지 아니한다.
③집행정지는 공공복리에 중대한 영향을 미칠 우려가 있을 때에는 허용되지 아니한다.
④위원회는 집행정지를 결정한 후에 집행정지가 공공복리에 중대한 영향을 미치거나 그 정지사유가 없어진 경우에는 직권으로 또는 당사자의 신청에 의하여 집행정지 결정을 취소할 수 있다.
⑤집행정지 신청은 심판청구와 동시에 또는 심판청구에 대한 제7조제6항 또는 제8조제7항에 따른 위원회나 소위원회의 의결이 있기 전까지, 집행정지 결정의 취소신청은 심판청구에 대한 제7조제6항 또는 제8조제7항에 따른 위원회나 소위원회의 의결이 있기 전까지 신청의 취지와 원인을 적은 서면을 위원회에 제출하여야 한다. 다만, 심판청구서를 피청구인에게 제출한 경우로서 심판청구와 동시에 집행정지 신청을 할 때에는 심판청구서 사본과 접수증명서를 함께 제출하여야 한다.
⑥제2항과 제4항에도 불구하고 위원회의 심리·결정을 기다릴 경우 중대한 손해가 생길 우려가 있다고 인정되면 위원장은 직권으로 위원회의 심리·결정을 갈음하는 결정을 할 수 있다. 이 경우 위원장은 지체 없이 위원회에 그 사실을 보고하고 추인(追認)을 받아야 하며, 위원회의 추인을 받지 못하면 위원장은 집행정지 또는 집행정지 취소에 관한 결정을 취소하여야 한다.
⑦위원회는 집행정지 또는 집행정지의 취소에 관하여 심리·결정하면 지체 없이 당사자에게 결정서 정본을 송달하여야 한다.

제31조(임시처분) ①위원회는 처분 또는 부작위가 위법·부당하다고 상당히 의심되는 경우로서 처분 또는 부작위 때문에 당사자가 받을 우려가 있는 중대한 불이익이나 당사자에게 생길 급박한 위험을 막기 위하여 임시지위를 정하여야 할 필요가 있는 경우에는 직권으로 또는 당사자의 신청에 의하여 임시처분을 결정할 수 있다.
②제1항에 따른 임시처분에 관하여는 제30조제3항부터 제7항까지를 준용한다. 이 경우 같은 조 제6항 전단 중 "중대한 손해가 생길 우려"는 "중대한 불이익이나 급박한 위험이 생길 우려"로 본다.
③제1항에 따른 임시처분은 제30조제2항에 따른 집행정지로 목적을 달성할 수 있는 경우에는 허용되지 아니한다.

제5장 심리

제32조(보정) ①위원회는 심판청구가 적법하지 아니하나 보정(補正)할 수 있다고 인정하면 기간을 정하여 청구인에게 보정할 것을 요구할 수 있다. 다만, 경미한 사항은 직권으로 보정할 수 있다.
②청구인은 제1항의 요구를 받으면 서면으로 보정하여야 한다. 이 경우 다른 당사자의 수만큼 보정서 부본을 함께 제출하여야 한다.
③위원회는 제2항에 따라 제출된 보정서 부본을 지체 없이 다른 당사자에게 송달하여야 한다.
④제1항에 따른 보정을 한 경우에는 처음부터 적법하게 행정심판이 청구된 것으로 본다.
⑤제1항에 따른 보정기간은 제45조에 따른 재결 기간에 산입하지 아니한다.

제33조(주장의 보충) ①당사자는 심판청구서·보정서·답변서·참가신청서 등에서 주장한 사실을 보충하고 다른 당사자의 주장을 다시 반박하기 위하여 필요하면 위원회에 보충서면을 제출할 수 있다. 이 경우 다른 당사자의 수만큼 보충서면 부본을 함께 제출하여야 한다.
②위원회는 필요하다고 인정하면 보충서면의 제출기한을 정할 수 있다.
③위원회는 제1항에 따라 보충서면을 받으면 지체 없이 다른 당사자에게 그 부본을 송달하여야 한다.

제34조(증거서류 등의 제출) ①당사자는 심판청구서·보정서·답변서·참가신청서·보충서면 등에 덧붙여 그 주장을 뒷받침하는 증거서류나 증거물을 제출할 수 있다.
②제1항의 증거서류에는 다른 당사자의 수만큼 증거서류 부본을 함께 제출하여야 한다.
③위원회는 당사자가 제출한 증거서류의 부본을 지체 없이 다른 당사자에게 송달하여야 한다.

제35조(자료의 제출 요구 등) ①위원회는 사건 심리에 필요하면 관계 행정기관이 보관 중인 관련 문서, 장부, 그 밖에 필요한 자료를 제출할 것을 요구할 수 있다.
②위원회는 필요하다고 인정하면 사건과 관련된 법령을 주관하는 행정기관이나 그 밖의 관계 행정기관의 장 또는 그 소속 공무원에게 위원회 회의에 참석하여 의견을 진술할 것을 요구하거나 의견서를 제출할 것을 요구할 수 있다.
③관계 행정기관의 장은 특별한 사정이 없으면 제1항과 제2항에 따른 위원회의 요구에 따라야 한다.
④중앙행정심판위원회에서 심리·재결하는 심판청구의 경우 소관 중앙행정기관의 장은 의견서를 제출하거나 위원회에 출석하여 의견을 진술할 수 있다.

제36조(증거조사) ①위원회는 사건을 심리하기 위하여 필요하면 직권으로 또는 당사자의 신청에 의하여 다음 각 호의 방법에 따라 증거조사를 할 수 있다.
1. 당사자나 관계인(관계 행정기관 소속 공무원을 포함한다. 이하 같다)을 위원회의 회의에 출석하게 하여 신문(訊問)하는 방법
2. 당사자나 관계인이 가지고 있는 문서·장부·물건 또는 그 밖의 증거자료의 제출을 요구하고 영치(領置)하는 방법
3. 특별한 학식과 경험을 가진 제3자에게 감정을 요구하는 방법
4. 당사자 또는 관계인의 주소·거소·사업장이나 그 밖의 필요한 장소에 출입하여 당사자 또는 관계인에게 질문하거나 서류·물건 등을 조사·검증하는 방법
②위원회는 필요하면 위원회가 소속된 행정청의 직원이나 다른 행정기관에 촉탁하여 제1항의 증거조사를 하게 할 수 있다.
③제1항에 따른 증거조사를 수행하는 사람은 그 신분을 나타내는 증표를 지니고 이를 당

사자나 관계인에게 내보여야 한다.
④제1항에 따른 당사자 등은 위원회의 조사나 요구 등에 성실하게 협조하여야 한다.

제37조(절차의 병합 또는 분리) 위원회는 필요하면 관련되는 심판청구를 병합하여 심리하거나 병합된 관련 청구를 분리하여 심리할 수 있다.

제38조(심리기일의 지정과 변경)
①심리기일은 위원회가 직권으로 지정한다.
②심리기일의 변경은 직권으로 또는 당사자의 신청에 의하여 한다.
③위원회는 심리기일이 변경되면 지체 없이 그 사실과 사유를 당사자에게 알려야 한다.
④심리기일의 통지나 심리기일 변경의 통지는 서면으로 하거나 심판청구서에 적힌 전화, 휴대전화를 이용한 문자전송, 팩시밀리 또는 전자우편 등 간편한 통지 방법(이하 "간이통지방법"이라 한다)으로 할 수 있다.

제39조(직권심리) 위원회는 필요하면 당사자가 주장하지 아니한 사실에 대하여도 심리할 수 있다.

제40조(심리의 방식) ①행정심판의 심리는 구술심리나 서면심리로 한다. 다만, 당사자가 구술심리를 신청한 경우에는 서면심리만으로 결정할 수 있다고 인정되는 경우 외에는 구술심리를 하여야 한다.
②위원회는 제1항 단서에 따라 구술심리 신청을 받으면 그 허가 여부를 결정하여 신청인에게 알려야 한다.
③제2항의 통지는 간이통지방법으로 할 수 있다.

제41조(발언 내용 등의 비공개) 위원회에서 위원이 발언한 내용이나 그 밖에 공개되면 위원회의 심리·재결의 공정성을 해칠 우려가 있는 사항으로서 대통령령으로 정하는 사항은 공개하지 아니한다.

제42조(심판청구 등의 취하) ①청구인은 심판청구에 대하여 제7조제6항 또는 제8조제7항에 따른 의결이 있을 때까지 서면으로 심판청구를 취하할 수 있다.
②참가인은 심판청구에 대하여 제7조제6항 또는 제8조제7항에 따른 의결이 있을 때까지 서면으로 참가신청을 취하할 수 있다.
③제1항 또는 제2항에 따른 취하서에는 청구인이나 참가인이 서명하거나 날인하여야 한다.
④청구인 또는 참가인은 취하서를 피청구인 또는 위원회에 제출하여야 한다. 이 경우 제23조제2항부터 제4항까지의 규정을 준용한다.
⑤피청구인 또는 위원회는 계속 중인 사건에 대하여 제1항 또는 제2항에 따른 취하서를 받으면 지체 없이 다른 관계 기관, 청구인, 참가인에게 취하 사실을 알려야 한다.

제6장 재결

제43조(재결의 구분) ①위원회는 심판청구가 적법하지 아니하면 그 심판청구를 각하(却下)한다.
②위원회는 심판청구가 이유가 없다고 인정하면 그 심판청구를 기각(棄却)한다.
③위원회는 취소심판의 청구가 이유가 있다고 인정하면 처분을 취소 또는 다른 처분으로 변경하거나 처분을 다른 처분으로 변경할 것을 피청구인에게 명한다.
④위원회는 무효등확인심판의 청구가 이유가 있다고 인정하면 처분의 효력 유무 또는 처

분의 존재 여부를 확인한다.
⑤위원회는 의무이행심판의 청구가 이유가 있다고 인정하면 지체 없이 신청에 따른 처분을 하거나 처분을 할 것을 피청구인에게 명한다.

제43조의2(조정) ①위원회는 당사자의 권리 및 권한의 범위에서 당사자의 동의를 받아 심판청구의 신속하고 공정한 해결을 위하여 조정을 할 수 있다. 다만, 그 조정이 공공복리에 적합하지 아니하거나 해당 처분의 성질에 반하는 경우에는 그러하지 아니하다.
②위원회는 제1항의 조정을 함에 있어서 심판청구된 사건의 법적·사실적 상태와 당사자 및 이해관계자의 이익 등 모든 사정을 참작하고, 조정의 이유와 취지를 설명하여야 한다.
③조정은 당사자가 합의한 사항을 조정서에 기재한 후 당사자가 서명 또는 날인하고 위원회가 이를 확인함으로써 성립한다.
④제3항에 따른 조정에 대하여는 제48조부터 제50조까지, 제50조의2, 제51조의 규정을 준용한다.
[본조신설 2017.10.31.]

제44조(사정재결) ①위원회는 심판청구가 이유가 있다고 인정하는 경우에도 이를 인용(認容)하는 것이 공공복리에 크게 위배된다고 인정하면 그 심판청구를 기각하는 재결을 할 수 있다. 이 경우 위원회는 재결의 주문(主文)에서 그 처분 또는 부작위가 위법하거나 부당하다는 것을 구체적으로 밝혀야 한다.
②위원회는 제1항에 따른 재결을 할 때에는 청구인에 대하여 상당한 구제방법을 취하거나 상당한 구제방법을 취할 것을 피청구인에게 명할 수 있다.
③제1항과 제2항은 무효등확인심판에는 적용하지 아니한다.

제45조(재결 기간) ①재결은 제23조에 따라 피청구인 또는 위원회가 심판청구서를 받은 날부터 60일 이내에 하여야 한다. 다만, 부득이한 사정이 있는 경우에는 위원장이 직권으로 30일을 연장할 수 있다.
②위원장은 제1항 단서에 따라 재결 기간을 연장할 경우에는 재결 기간이 끝나기 7일 전까지 당사자에게 알려야 한다.

제46조(재결의 방식) ①재결은 서면으로 한다.
②제1항에 따른 재결서에는 다음 각 호의 사항이 포함되어야 한다.
1. 사건번호와 사건명
2. 당사자·대표자 또는 대리인의 이름과 주소
3. 주문
4. 청구의 취지
5. 이유
6. 재결한 날짜
③재결서에 적는 이유에는 주문 내용이 정당하다는 것을 인정할 수 있는 정도의 판단을 표시하여야 한다.

제47조(재결의 범위) ①위원회는 심판청구의 대상이 되는 처분 또는 부작위 외의 사항에 대하여는 재결하지 못한다.
②위원회는 심판청구의 대상이 되는 처분보다 청구인에게 불리한 재결을 하지 못한다.

제48조(재결의 송달과 효력 발생)
①위원회는 지체 없이 당사자에게 재결서의 정본을 송달하여야 한다. 이 경우 중앙행정심판위원회는 재결 결과를 소관 중앙행정기관의 장에게도 알려야 한다.
②재결은 청구인에게 제1항 전단에 따라 송달되었을 때에 그 효력이 생긴다.
③위원회는 재결서의 등본을 지체 없이 참가인에게 송달하여야 한다.

④처분의 상대방이 아닌 제3자가 심판청구를 한 경우 위원회는 재결서의 등본을 지체 없이 피청구인을 거쳐 처분의 상대방에게 송달하여야 한다.

제49조(재결의 기속력 등) ①심판청구를 인용하는 재결은 피청구인과 그 밖의 관계 행정청을 기속(羈束)한다.
②재결에 의하여 취소되거나 무효 또는 부존재로 확인되는 처분이 당사자의 신청을 거부하는 것을 내용으로 하는 경우에는 그 처분을 한 행정청은 재결의 취지에 따라 다시 이전의 신청에 대한 처분을 하여야 한다. <신설 2017.4.18.>
③당사자의 신청을 거부하거나 부작위로 방치한 처분의 이행을 명하는 재결이 있으면 행정청은 지체 없이 이전의 신청에 대하여 재결의 취지에 따라 처분을 하여야 한다. <개정 2017.4.18.>
④신청에 따른 처분이 절차의 위법 또는 부당을 이유로 재결로써 취소된 경우에는 제2항을 준용한다. <개정 2017.4.18.>
⑤법령의 규정에 따라 공고하거나 고시한 처분이 재결로써 취소되거나 변경되면 처분을 한 행정청은 지체 없이 그 처분이 취소 또는 변경되었다는 것을 공고하거나 고시하여야 한다. <개정 2017.4.18.>
⑥법령의 규정에 따라 처분의 상대방 외의 이해관계인에게 통지된 처분이 재결로써 취소되거나 변경되면 처분을 한 행정청은 지체 없이 그 이해관계인에게 그 처분이 취소 또는 변경되었다는 것을 알려야 한다. <개정 2017.4.18.>

제50조(위원회의 직접 처분) ①위원회는 피청구인이 제49조제3항에도 불구하고 처분을 하지 아니하는 경우에는 당사자가 신청하면 기간을 정하여 서면으로 시정을 명하고 그 기간에 이행하지 아니하면 직접 처분을 할 수 있다. 다만, 그 처분의 성질이나 그 밖의 불가피한 사유로 위원회가 직접 처분을 할 수 없는 경우에는 그러하지 아니하다. <개정 2017.4.18.>
②위원회는 제1항 본문에 따라 직접 처분을 하였을 때에는 그 사실을 해당 행정청에 통보하여야 하며, 그 통보를 받은 행정청은 위원회가 한 처분을 자기가 한 처분으로 보아 관계 법령에 따라 관리·감독 등 필요한 조치를 하여야 한다.

제50조의2(위원회의 간접강제) ①위원회는 피청구인이 제49조제2항(제49조제4항에서 준용하는 경우를 포함한다) 또는 제3항에 따른 처분을 하지 아니하면 청구인의 신청에 의하여 결정으로 상당한 기간을 정하고 피청구인이 그 기간 내에 이행하지 아니하는 경우에는 그 지연기간에 따라 일정한 배상을 하도록 명하거나 즉시 배상을 할 것을 명할 수 있다.
②위원회는 사정의 변경이 있는 경우에는 당사자의 신청에 의하여 제1항에 따른 결정의 내용을 변경할 수 있다.
③위원회는 제1항 또는 제2항에 따른 결정을 하기 전에 신청 상대방의 의견을 들어야 한다.
④청구인은 제1항 또는 제2항에 따른 결정에 불복하는 경우 그 결정에 대하여 행정소송을 제기할 수 있다.
⑤제1항 또는 제2항에 따른 결정의 효력은 피청구인인 행정청이 소속된 국가·지방자치단체 또는 공공단체에 미치며, 결정서 정본은 제4항에 따른 소송제기와 관계없이 「민사집행법」에 따른 강제집행에 관하여는 집행권원과 같은 효력을 가진다. 이 경우 집행문은 위원장의 명에 따라 위원회가 소속된 행정청 소속 공무원이 부여한다.
⑥간접강제 결정에 기초한 강제집행에 관하여 이 법에 특별한 규정이 없는 사항에 대하여는 「민사집행법」의 규정을 준용한다. 다만, 「민사집행법」 제33조(집행문부여의 소), 제34조(집행문부여 등에 관한 이의신청), 제44조(청구에 관한 이의의 소) 및 제45조(집행문부여에 대한 이의의 소)에서 관할 법원은 피청구인의 소재지를 관할하는 행정법원으로 한다.
[본조신설 2017.4.18.]

제51조(행정심판 재청구의 금지) 심판청구에 대한 재결이 있으면 그 재결 및 같은 처분 또는 부작위에 대하여 다시 행정심판을 청구할 수 없다.

제7장 전자정보처리조직을 통한 행정심판 절차의 수행

제52조(전자정보처리조직을 통한 심판청구 등) ①이 법에 따른 행정심판 절차를 밟는 자는 심판청구서와 그 밖의 서류를 전자문서화하고 이를 정보통신망을 이용하여 위원회에서 지정·운영하는 전자정보처리조직(행정심판 절차에 필요한 전자문서를 작성·제출·송달할 수 있도록 하는 하드웨어, 소프트웨어, 데이터베이스, 네트워크, 보안요소 등을 결합하여 구축한 정보처리능력을 갖춘 전자적 장치를 말한다. 이하 같다)을 통하여 제출할 수 있다.
②제1항에 따라 제출된 전자문서는 이 법에 따라 제출된 것으로 보며, 부본을 제출할 의무는 면제된다.
③제1항에 따라 제출된 전자문서는 그 문서를 제출한 사람이 정보통신망을 통하여 전자정보처리조직에서 제공하는 접수번호를 확인하였을 때에 전자정보처리조직에 기록된 내용으로 접수된 것으로 본다.
④전자정보처리조직을 통하여 접수된 심판청구의 경우 제27조에 따른 심판청구 기간을 계산할 때에는 제3항에 따른 접수가 되었을 때 행정심판이 청구된 것으로 본다.
⑤전자정보처리조직의 지정내용, 전자정보처리조직을 이용한 심판청구서 등의 접수와 처리 등에 관하여 필요한 사항은 국회규칙, 대법원규칙, 헌법재판소규칙, 중앙선거관리위원회규칙 또는 대통령령으로 정한다.

제53조(전자서명등) ①위원회는 전자정보처리조직을 통하여 행정심판 절차를 밟으려는 자에게 본인(本人)임을 확인할 수 있는 「전자서명법」 제2조제2호에 따른 전자서명(서명자의 실지명의를 확인할 수 있는 것을 말한다)이나 그 밖의 인증(이하 이 조에서 "전자서명등"이라 한다)을 요구할 수 있다. <개정 2020.6.9.>
②제1항에 따라 전자서명등을 한 자는 이 법에 따른 서명 또는 날인을 한 것으로 본다.
③전자서명등에 필요한 사항은 국회규칙, 대법원규칙, 헌법재판소규칙, 중앙선거관리위원회규칙 또는 대통령령으로 정한다.

제54조(전자정보처리조직을 이용한 송달 등)
①피청구인 또는 위원회는 제52조제1항에 따라 행정심판을 청구하거나 심판참가를 한 자에게 전자정보처리조직과 그와 연계된 정보통신망을 이용하여 재결서나 이 법에 따른 각종 서류를 송달할 수 있다. 다만, 청구인이나 참가인이 동의하지 아니하는 경우에는 그러하지 아니하다.
②제1항 본문의 경우 위원회는 송달하여야 하는 재결서 등 서류를 전자정보처리조직에 입력하여 등재한 다음 그 등재 사실을 국회규칙, 대법원규칙, 헌법재판소규칙, 중앙선거관리위원회규칙 또는 대통령령으로 정하는 방법에 따라 전자우편 등으로 알려야 한다.
③제1항에 따른 전자정보처리조직을 이용한 서류 송달은 서면으로 한 것과 같은 효력을 가진다.
④제1항에 따른 서류의 송달은 청구인이 제2항에 따라 등재된 전자문서를 확인한 때에 전자정보처리조직에 기록된 내용으로 도달한 것으로 본다. 다만, 제2항에 따라 그 등재사실을 통지한 날부터 2주 이내(재결서 외의 서류는 7일 이내)에 확인하지 아니하였을 때에는 등재사실을 통지한 날부터 2주가 지난 날(재결서 외의 서류는 7일이 지난 날)에 도달한 것으로 본다.
⑤서면으로 심판청구 또는 심판참가를 한 자가 전자정보처리조직의 이용을 신청한 경우에는 제52조·제53조 및 이 조를 준용한다.
⑥위원회, 피청구인, 그 밖의 관계 행정기관 간의 서류의 송달 등에 관하여는 제52조·제53조 및 이 조를 준용한다.
⑦제1항 본문에 따른 송달의 방법이나 그 밖에 필요한 사항은 국회규칙, 대법원규칙, 헌법재판소

소규칙, 중앙선거관리위원회규칙 또는 대통령령으로 정한다.

제8장 보칙

제55조(증거서류 등의 반환) 위원회는 재결을 한 후 증거서류 등의 반환 신청을 받으면 신청인이 제출한 문서·장부·물건이나 그 밖의 증거자료의 원본(原本)을 지체 없이 제출자에게 반환하여야 한다.

제56조(주소 등 송달장소 변경의 신고의무)
당사자, 대리인, 참가인 등은 주소나 사무소 또는 송달장소를 바꾸면 그 사실을 바로 위원회에 서면으로 또는 전자정보처리조직을 통하여 신고하여야 한다. 제54조제2항에 따른 전자우편주소 등을 바꾼 경우에도 또한 같다.

제57조(서류의 송달) 이 법에 따른 서류의 송달에 관하여는 「민사소송법」 중 송달에 관한 규정을 준용한다.

제58조(행정심판의 고지) ①행정청이 처분을 할 때에는 처분의 상대방에게 다음 각 호의 사항을 알려야 한다.
1. 해당 처분에 대하여 행정심판을 청구할 수 있는지
2. 행정심판을 청구하는 경우의 심판청구 절차 및 심판청구 기간
②행정청은 이해관계인이 요구하면 다음 각 호의 사항을 지체 없이 알려 주어야 한다. 이 경우 서면으로 알려 줄 것을 요구받으면 서면으로 알려 주어야 한다.
1. 해당 처분이 행정심판의 대상이 되는 처분인지
2. 행정심판의 대상이 되는 경우 소관 위원회 및 심판청구 기간

제59조(불합리한 법령 등의 개선)
①중앙행정심판위원회는 심판청구를 심리·재결할 때에 처분 또는 부작위의 근거가 되는 명령 등(대통령령·총리령·부령·훈령·예규·고시·조례·규칙 등을 말한다. 이하 같다)이 법령에 근거가 없거나 상위 법령에 위배되거나 국민에게 과도한 부담을 주는 등 크게 불합리하면 관계 행정기관에 그 명령 등의 개정·폐지 등 적절한 시정조치를 요청할 수 있다. 이 경우 중앙행정심판위원회는 시정조치를 요청한 사실을 법제처장에게 통보하여야 한다. <개정 2016.3.29.>
②제1항에 따른 요청을 받은 관계 행정기관은 정당한 사유가 없으면 이에 따라야 한다.

제60조(조사 · 지도 등) ①중앙행정심판위원회는 행정청에 대하여 다음 각 호의 사항 등을 조사하고, 필요한 지도를 할 수 있다.
1. 위원회 운영 실태
2. 재결 이행 상황
3. 행정심판의 운영 현황
②행정청은 이 법에 따른 행정심판을 거쳐 「행정소송법」에 따른 항고소송이 제기된 사건에 대하여 그 내용이나 결과 등 대통령령으로 정하는 사항을 반기마다 그 다음 달 15일까지 해당 심판청구에 대한 재결을 한 중앙행정심판위원회 또는 제6조제3항에 따라 시·도지사 소속으로 두는 행정심판위원회에 알려야 한다.
③제6조제3항에 따라 시·도지사 소속으로 두는 행정심판위원회는 중앙행정심판위원회가 요청하면 제2항에 따라 수집한 자료를 제출하여야 한다.

제61조(권한의 위임) 이 법에 따른 위원회의 권한 중 일부를 국회규칙, 대법원규칙, 헌법재판소규칙, 중앙선거관리위원회규칙 또는 대통령령으로 정하는 바에 따라 위원장에게 위임할 수 있다.

부칙

<제17354호, 2020.6.9.>(전자서명법)

제1조(시행일) 이 법은 공포 후 6개월이 경과한 날부터 시행한다. <단서 생략>

제2조부터 제6조까지 생략

제7조(다른 법률의 개정) ①부터 ㉑까지 생략

㉒행정심판법 일부를 다음과 같이 개정한다.

제53조제1항 중 "「전자서명법」 제2조제3호에 따른 공인전자서명"을 "「전자서명법」 제2조제2호에 따른 전자서명(서명자의 실지명의를 확인할 수 있는 것을 말한다)"으로 한다.

제8조 생략

변호사시험법

[[시행 2020.12.8.]
[법률 제17569호, 2020.12.8., 일부개정]

제1조(목적) 이 법은 변호사에게 필요한 직업윤리와 법률지식 등 법률사무를 수행할 수 있는 능력을 검정하기 위한 변호사시험에 관하여 규정함을 목적으로 한다.

제2조(변호사시험 시행의 기본원칙) 변호사시험(이하 "시험"이라 한다)은 「법학전문대학원 설치·운영에 관한 법률」에 따른 법학전문대학원(이하 "법학전문대학원"이라 한다)의 교육과정과 유기적으로 연계하여 시행되어야 한다.

제3조(시험실시기관) 시험은 법무부장관이 관장·실시한다.

제4조(시험의 실시 및 공고) ①법무부장관은 매년 1회 이상 시험을 실시하되, 그 실시계획을 미리 공고하여야 한다.
②제1항에 따른 공고에 필요한 사항은 대통령령으로 정한다.

제5조(응시자격) ①시험에 응시하려는 사람은 「법학전문대학원 설치·운영에 관한 법률」 제18조제1항에 따른 법학전문대학원의 석사학위를 취득하여야 한다. 다만, 제8조제1항의 법조윤리시험은 대통령령으로 정하는 바에 따라 법학전문대학원의 석사학위를 취득하기 전이라도 응시할 수 있다.
②3개월 이내에 「법학전문대학원 설치·운영에 관한 법률」 제18조제1항에 따른 법학전문대학원의 석사학위를 취득할 것으로 예정된 사람은 제1항 본문의 응시자격을 가진 것으로 본다. 다만, 그 예정시기에 석사학위를 취득하지 못하는 경우에는 불합격으로 하거나 합격 결정을 취소한다. <신설 2011.7.25.>
③제1항 및 제2항에 따른 응시자격의 소명방법은 대통령령으로 정한다. <개정 2011.7.25.>
④법학전문대학원의 장은 시험 응시자의 자격에 관하여 법무부장관 또는 그 응시자가 확인을 요청하면 그 자격을 확인하여 주어야 한다. <개정 2011.7.25.>

제6조(응시 결격사유) 제4조에 따라 공고된 시험기간 중 다음 각 호의 어느 하나에 해당하는 사람은 그 시험에 응시할 수 없다. <개정 2017.12.12., 2020.6.9.>
1. 피성년후견인
2. 금고 이상의 실형(實刑)을 선고받고 그 집행이 끝나거나(집행이 끝난 것으로 보는 경우를 포함한다) 그 집행을 받지 아니하기로 확정된 후 5년이 지나지 아니한 사람
3. 금고 이상의 형의 집행유예를 선고받고 그 유예기간이 지난 후 2년이 지나지 아니한 사람
4. 금고 이상의 형의 선고유예를 받고 그 유예기간 중에 있는 사람
5. 탄핵이나 징계처분을 받아 파면된 후 5년이 지나지 아니한 사람
6. 「변호사법」에 따라 제명된 후 5년이 지나지 아니한 사람
7. 징계처분으로 해임된 후 3년이 지나지 아니한 사람
8. 「변호사법」에 따라 영구 제명된 사람

제7조(응시기간 및 응시횟수의 제한)
①시험(제8조제1항의 법조윤리시험은 제외한다)은 「법학전문대학원 설치·운영에 관한 법률」 제18조제1항에 따른 법학전문대학원의 석사학위를 취득한 달의 말일부터 5년 내에 5회만 응시할 수 있다. 다만, 제5조제2항에 따라 시험에 응시한 석사학위취득 예정자의 경우 그 예정기간 내 시행된 시험일부터 5년 내에 5회만 응시할 수 있다. <개정 2011.7.25.>

②「법학전문대학원 설치·운영에 관한 법률」 제18조제1항에 따른 법학전문대학원의 석사학위를 취득한 후 또는 이 법 제5조제2항에 따라 석사학위 취득 예정자로서 시험에 응시한 후 「병역법」 또는 「군인사법」에 따른 병역의무를 이행하는 경우 그 이행기간은 제1항의 기간에 포함하지 아니한다. <개정 2018.12.18.>

제8조(시험의 방법) ①시험은 선택형(기입형을 포함한다. 이하 같다) 및 논술형(실무능력 평가를 포함한다. 이하 같다) 필기시험과 별도의 법조윤리시험으로 실시한다.
②선택형 필기시험과 논술형 필기시험은 혼합하여 출제한다.
③제1항 및 제2항에도 불구하고 제9조제1항제4호의 전문적 법률분야에 관한 과목에 대하여는 논술형 필기시험만 실시한다.
④법무부장관은 법조윤리시험의 시행에 필요한 조직과 인력을 갖춘 외부기관을 지정하여 법조윤리시험을 시행하게 할 수 있다.
⑤제4항에 따른 외부기관의 지정기준, 지정절차 및 지정취소, 외부기관에 대한 감독, 그 밖에 법조윤리시험에 관하여 필요한 사항은 대통령령으로 정한다.

제9조(시험과목) ①시험과목은 다음 각 호와 같다.
1. 공법(헌법 및 행정법 분야의 과목을 말한다)
2. 민사법(「민법」, 「상법」 및 「민사소송법」 분야의 과목을 말한다)
3. 형사법(「형법」 및 「형사소송법」 분야의 과목을 말한다)
4. 전문적 법률분야에 관한 과목으로 응시자가 선택하는 1개 과목
②제1항제4호에 따른 전문적 법률분야에 관한 과목의 종류는 대통령령으로 정한다.
③시험의 각 과목에 대하여는 대통령령으로 정하는 바에 따라 출제 범위를 정하여 시험을 실시할 수 있다.
④제2항에 따른 시험과목을 신설·폐지하거나, 제3항에 따라 시험과목의 출제 범위를 변경할 경우에는 해당 과목의 시험 예정일부터 역산(逆算)하여 2년 이상의 유예기간을 두어야 한다.

제10조(시험의 합격 결정) ①법무부장관은 법학전문대학원의 도입 취지를 고려하여 시험의 합격자를 결정하여야 한다. 이 경우 제14조에 따른 변호사시험 관리위원회의 심의 의견과 대법원, 「변호사법」 제78조에 따른 대한변호사협회 및 법학전문대학원 등을 구성원으로 하여 「민법」 제32조와 「공익법인의 설립·운영에 관한 법률」 제4조에 따라 설립된 법인의 의견을 들어야 한다. <개정 2017.12.12.>
②시험의 합격은 선택형 필기시험과 논술형 필기시험의 점수를 일정한 비율로 환산하여 합산한 총득점으로 결정한다. 다만, 각 과목 중 어느 하나라도 합격최저점수 이상을 취득하지 못한 경우에는 불합격으로 한다.
③법조윤리시험은 합격 여부만을 결정하고, 그 성적은 제2항의 총득점에 산입하지 아니한다.
④선택형 필기시험과 논술형 필기시험 간의 환산비율, 선택형 및 논술형 필기시험 내에서의 각 과목별 배점비율, 각 과목별 필기시험의 합격최저점수, 법조윤리시험의 합격에 필요한 점수, 성적의 세부산출방법, 그 밖에 시험의 합격 결정방법은 대통령령으로 정한다.

제11조(합격자 공고 및 합격증서 발급)
법무부장관은 합격자가 결정되면 즉시 명단을 공고하고, 합격자에게 합격증서를 발급하여야 한다. <개정 2017.12.12.>

제12조(시험의 일부면제) 법조윤리시험에 합격한 사람은 제7조의 기간 중 그 시험을 면제한다.

제13조(시험위원) ①시험의 출제 및 채점을 담당하기 위하여 시험위원을 둔다.
②시험위원은 시험에 관한 경험과 지식이 풍부한 자 중에서 시험 때마다 법무부장관이 위촉하

며, 그 수는 대통령령으로 정한다. 다만, 제14조에 따른 변호사시험 관리위원회의 위원은 시험위원이 될 수 없다.
③시험위원은 그 업무를 수행할 때 법학전문대학원의 교육과정을 충실히 마친 사람을 기준으로 학식과 그 응용능력을 종합적으로 판단할 수 있도록 유의하여야 한다.

제14조(변호사시험 관리위원회의 설치 및 구성) ①시험을 실시하기 위하여 법무부에 변호사시험 관리위원회(이하 "위원회"라 한다)를 둔다.
②위원회는 위원장 1명과 부위원장 1명을 포함한 15명의 위원으로 구성하되, 위원장과 부위원장은 위원 중에서 법무부장관이 지명하는 사람으로 한다.
③위원은 다음 각 호의 사람으로 한다. <개정 2018.12.18.>
1. 법무부차관
2. 다음 각 목의 어느 하나에 해당하는 사람 중 법무부장관이 위촉하는 사람
 가. 법학교수(부교수 이상의 직위에 있는 사람을 말한다. 이하 같다) 5명
 나. 법원행정처장이 추천하는 10년 이상의 경력을 가진 판사 2명
 다. 10년 이상의 경력을 가진 검사 또는 변호사시험 관련 업무를 담당하는 법무부의 고위공무원단에 속하는 일반직공무원 중 2명(이 중 1명 이상은 검사로 한다)
 라. 대한변호사협회장이 추천하는 10년 이상의 경력을 가진 변호사 3명
 마. 그 밖에 학식과 덕망이 있는 사람 등 대통령령으로 정하는 사람 2명(법학을 가르치는 전임강사 이상의 직위에 있는 사람 및 변호사 자격을 가진 사람은 제외한다)
④위원의 임기는 2년으로 한다. 다만, 법학교수, 판사, 검사 또는 법무부의 고위공무원단에 속하는 일반직공무원의 직위에 있는 사람임을 자격요건으로 하여 위원으로 위촉된 사람은 그 직위를 사임하는 경우에는 임기가 만료되기 전이라도 해촉된 것으로 본다. <개정 2018.12.18.>
⑤위원장은 위원회를 대표하고, 위원회의 업무를 총괄한다.
⑥위원장이 부득이한 사유로 직무를 수행할 수 없을 때에는 부위원장이 위원장의 직무를 대행한다.

제15조(위원회의 소관 사무) 위원회는 다음 각 호의 사항을 심의한다.
1. 시험문제의 출제 방향 및 기준에 관한 사항
2. 채점기준에 관한 사항
3. 시험합격자의 결정에 관한 사항
4. 시험방법 및 시험시행방법 등의 개선에 관한 사항
5. 그 밖에 시험에 관하여 법무부장관이 회의에 부치는 사항

제16조(위원회의 회의) ①위원회의 회의는 법무부장관의 요구가 있거나 위원장이 필요하다고 인정할 때에 위원장이 소집한다.
②위원회의 회의는 재적위원 과반수의 출석으로 개의(開議)하고, 출석위원 과반수의 찬성으로 의결한다.

제17조(부정행위자에 대한 조치) ①법무부장관은 다음 각 호의 어느 하나에 해당하는 사람에 대하여는 해당 시험을 정지시키거나 합격 결정을 취소하고, 그 정황에 따라 처분을 한 날부터 5년 이내의 기간을 정하여 이 법에 따른 시험의 응시자격을 정지할 수 있다. <개정 2011.7.25.>
1. 시험에서 대통령령으로 정하는 부정한 행위를 한 사람
2. 제5조제3항에 따른 응시자격에 관한 소명서류에 거짓으로 기록한 사람
②법무부장관은 제1항에 따른 처분을 한 경우에는 그 처분을 받은 사람에게 지체 없이 통지하여야 한다.

제17조의2(응시자준수사항 위반자에 대한 조치) 시험의 공정한 관리를 위하여 대통령령으로 정하는 응시자준수사항을 위반한 사람에 대하여는 그 시험시간 또는 나머지 시험시간의 시험에 응시할 수 없게 하거나 그 답안을 영점 처리할 수 있다.
[본조신설 2011.7.25.]

제18조(시험정보의 공개) ①시험에 응시한 사람은 해당 시험의 합격자 발표일부터 5년 내에 법무부장관에게 본인의 성적 공개를 청구할 수 있다. 이 경우 법무부장관은 청구한 사람에 대하여 그 성적을 공개하여야 한다.
<개정 2017.12.12., 2020.12.8.>

② 법무부장관은 채점표, 답안지, 그 밖에 공개하면 시험업무의 공정한 수행에 현저한 지장을 줄 수 있는 정보는 공개하지 아니할 수 있다.
[제목개정 2011.7.25., 2017.12.12.]
[2017.12.12. 법률 제15154호에 의하여 2015.6.25. 헌법재판소에서 위헌 결정된 이 조 제1항을 개정함.]

제19조(다른 기관 등에 대한 협조요청)
①법무부장관은 시험관리업무의 원활한 수행을 위하여 필요하면 중앙행정기관, 지방자치단체, 관계 기관 또는 국공립학교의 장 등에게 시험장소의 제공, 시험관리 인력의 파견, 문제출제 또는 시험장소의 질서 유지, 그 밖에 필요한 협조를 요청할 수 있다.
②제1항에 따른 협조요청을 받은 중앙행정기관, 지방자치단체, 관계 기관 또는 국공립학교의 장 등은 특별한 사정이 없으면 법무부장관의 요청에 따라야 한다.

제20조(응시 수수료) ①시험에 응시하려는 사람은 대통령령으로 정하는 응시 수수료를 내야 한다.
②시험 응시원서를 제출한 후 실제로 시험에 응시하지 아니한 경우에도 응시 수수료는 반환하지 아니한다. 다만, 대통령령으로 정하는 바에 따라 시험일 이전에 응시 의사를 철회한 경우에는 응시 수수료의 전부 또는 일부를 반환하여야 한다. <개정 2011.7.25.>

제21조(벌칙 적용 시의 공무원 의제)
위원회의 위원 또는 시험위원 중 공무원이 아닌 위원, 제8조제4항에 따라 법조윤리시험 실시기관으로 지정된 외부기관의 임직원 중 공무원이 아닌 사람은 그 업무에 관하여 「형법」 제127조 및 제129조부터 제132조까지의 규정을 적용할 때에는 공무원으로 본다.

부칙

<제17569호, 2020.12.8.>

제1조(시행일) 이 법은 공포한 날부터 시행한다.

제2조(시험정보 공개에 관한 특례) 법률 제15154호 변호사시험법 일부개정법률의 시행일인 2017년 12월 12일 전에 시험에 합격한 사람은 제18조제1항의 개정규정에도 불구하고 이 법 시행일부터 1년 내에 법무부장관에게 본인의 성적 공개를 청구할 수 있다.

주택임대차보호법

(약칭: 주택임대차법)

[시행 2020.12.10.]

[법률 제17363호, 2020.6.9., 일부개정]

제1조(목적) 이 법은 주거용 건물의 임대차(賃貸借)에 관하여 「민법」에 대한 특례를 규정함으로써 국민 주거생활의 안정을 보장함을 목적으로 한다.
[전문개정 2008.3.21.]

제2조(적용 범위) 이 법은 주거용 건물(이하 "주택"이라 한다)의 전부 또는 일부의 임대차에 관하여 적용한다. 그 임차주택(賃借住宅)의 일부가 주거 외의 목적으로 사용되는 경우에도 또한 같다.
[전문개정 2008.3.21.]

제3조(대항력 등) ①임대차는 그 등기(登記)가 없는 경우에도 임차인(賃借人)이 주택의 인도(引渡)와 주민등록을 마친 때에는 그 다음 날부터 제삼자에 대하여 효력이 생긴다. 이 경우 전입신고를 한 때에 주민등록이 된 것으로 본다.
②주택도시기금을 재원으로 하여 저소득층 무주택자에게 주거생활 안정을 목적으로 전세임대주택을 지원하는 법인이 주택을 임차한 후 지방자치단체의 장 또는 그 법인이 선정한 입주자가 그 주택을 인도받고 주민등록을 마쳤을 때에는 제1항을 준용한다. 이 경우 대항력이 인정되는 법인은 대통령령으로 정한다. <개정 2015.1.6.>
③「중소기업기본법」 제2조에 따른 중소기업에 해당하는 법인이 소속 직원의 주거용으로 주택을 임차한 후 그 법인이 선정한 직원이 해당 주택을 인도받고 주민등록을 마쳤을 때에는 제1항을 준용한다. 임대차가 끝나기 전에 그 직원이 변경된 경우에는 그 법인이 선정한 새로운 직원이 주택을 인도받고 주민등록을 마친 다음 날부터 제삼자에 대하여 효력이 생긴다. <신설 2013.8.13.>
④임차주택의 양수인(讓受人)(그 밖에 임대할 권리를 승계한 자를 포함한다)은 임대인(賃貸人)의 지위를 승계한 것으로 본다. <개정 2013.8.13.>
⑤이 법에 따라 임대차의 목적이 된 주택이 매매나 경매의 목적물이 된 경우에는 「민법」 제575조제1항·제3항 및 같은 법 제578조를 준용한다. <개정 2013.8.13.>
⑥제5항의 경우에는 동시이행의 항변권(抗辯權)에 관한 「민법」 제536조를 준용한다. <개정 2013.8.13.>
[전문개정 2008.3.21.]

제3조의2(보증금의 회수) ①임차인(제3조제2항 및 제3항의 법인을 포함한다. 이하 같다)이 임차주택에 대하여 보증금반환청구소송의 확정판결이나 그 밖에 이에 준하는 집행권원(執行權原)에 따라서 경매를 신청하는 경우에는 집행개시(執行開始)요건에 관한 「민사집행법」 제41조에도 불구하고 반대의무(反對義務)의 이행이나 이행의 제공을 집행개시의 요건으로 하지 아니한다. <개정 2013.8.13.>
②제3조제1항·제2항 또는 제3항의 대항요건(對抗要件)과 임대차계약증서(제3조제2항 및 제3항의 경우에는 법인과 임대인 사이의 임대차계약증서를 말한다)상의 확정일자(確定日字)를 갖춘 임차인은 「민사집행법」에 따른 경매 또는 「국세징수법」에 따른 공매(公賣)를 할 때에 임차주택(대지를 포함한다)의 환가대금(換價代金)에서 후순위권리자(後順位權利者)나 그 밖의 채권자보다 우선하여 보증금을 변제(辨濟)받을 권리가 있다. <개정 2013.8.13.>
③임차인은 임차주택을 양수인에게 인도하지 아니하면 제2항에 따른 보증금을 받을 수 없다.
④제2항 또는 제7항에 따른 우선변제의 순위와 보증금에 대하여 이의가 있는 이해관계인은 경매법원이나 체납처분청에 이의를 신청할 수 있다. <개정 2013.8.13.>
⑤제4항에 따라 경매법원에 이의를 신청하는 경우에는 「민사집행법」 제152조부터 제161조

까지의 규정을 준용한다.
⑥제4항에 따라 이의신청을 받은 체납처분청은 이해관계인이 이의신청일부터 7일 이내에 임차인 또는 제7항에 따라 우선변제권을 승계한 금융기관 등을 상대로 소(訴)를 제기한 것을 증명하면 해당 소송이 끝날 때까지 이의가 신청된 범위에서 임차인 또는 제7항에 따라 우선변제권을 승계한 금융기관 등에 대한 보증금의 변제를 유보(留保)하고 남은 금액을 배분하여야 한다. 이 경우 유보된 보증금은 소송의 결과에 따라 배분한다. <개정 2013.8.13.>
⑦다음 각 호의 금융기관 등이 제2항, 제3조의3제5항, 제3조의4제1항에 따른 우선변제권을 취득한 임차인의 보증금반환채권을 계약으로 양수한 경우에는 양수한 금액의 범위에서 우선변제권을 승계한다. <신설 2013.8.13., 2015.1.6., 2016.5.29.>
1. 「은행법」에 따른 은행
2. 「중소기업은행법」에 따른 중소기업은행
3. 「한국산업은행법」에 따른 한국산업은행
4. 「농업협동조합법」에 따른 농협은행
5. 「수산업협동조합법」에 따른 수협은행
6. 「우체국예금·보험에 관한 법률」에 따른 체신관서
7. 「한국주택금융공사법」에 따른 한국주택금융공사
8. 「보험업법」 제4조제1항제2호라목의 보증보험을 보험종목으로 허가받은 보험회사
9. 「주택도시기금법」에 따른 주택도시보증공사
10. 그 밖에 제1호부터 제9호까지에 준하는 것으로서 대통령령으로 정하는 기관
⑧제7항에 따라 우선변제권을 승계한 금융기관 등(이하 "금융기관등"이라 한다)은 다음 각 호의 어느 하나에 해당하는 경우에는 우선변제권을 행사할 수 없다. <신설 2013.8.13.>
1. 임차인이 제3조제1항·제2항 또는 제3항의 대항요건을 상실한 경우
2. 제3조의3제5항에 따른 임차권등기가 말소된 경우
3. 「민법」 제621조에 따른 임대차등기가 말소된 경우
⑨금융기관등은 우선변제권을 행사하기 위하여 임차인을 대리하거나 대위하여 임대차를 해지할 수 없다. <신설 2013.8.13.>
[전문개정 2008.3.21.]

제3조의3(임차권등기명령) ①임대차가 끝난 후 보증금이 반환되지 아니한 경우 임차인은 임차주택의 소재지를 관할하는 지방법원·지방법원지원 또는 시·군 법원에 임차권등기명령을 신청할 수 있다. <개정 2013.8.13.>
②임차권등기명령의 신청서에는 다음 각 호의 사항을 적어야 하며, 신청의 이유와 임차권등기의 원인이 된 사실을 소명(疎明)하여야 한다. <개정 2013.8.13.>
1. 신청의 취지 및 이유
2. 임대차의 목적인 주택(임대차의 목적이 주택의 일부분인 경우에는 해당 부분의 도면을 첨부한다)
3. 임차권등기의 원인이 된 사실(임차인이 제3조제1항·제2항 또는 제3항에 따른 대항력을 취득하였거나 제3조의2제2항에 따른 우선변제권을 취득한 경우에는 그 사실)
4. 그 밖에 대법원규칙으로 정하는 사항
③다음 각 호의 사항 등에 관하여는 「민사집행법」 제280조제1항, 제281조, 제283조, 제285조, 제286조, 제288조제1항·제2항 본문, 제289조, 제290조제2항 중 제288조제1항에 대한 부분, 제291조 및 제293조를 준용한다. 이 경우 "가압류"는 "임차권등기"로, "채권자"는 "임차인"으로, "채무자"는 "임대인"으로 본다.
1. 임차권등기명령의 신청에 대한 재판
2. 임차권등기명령의 결정에 대한 임대인의 이의신청 및 그에 대한 재판
3. 임차권등기명령의 취소신청 및 그에 대한 재판
4. 임차권등기명령의 집행
④임차권등기명령의 신청을 기각(棄却)하는 결정에 대하여 임차인은 항고(抗告)할 수 있다.
⑤임차인은 임차권등기명령의 집행에 따른 임차권등기를 마치면 제3조제1항·제2항 또는 제3항에 따

른 대항력과 제3조의2제2항에 따른 우선변제권을 취득한다. 다만, 임차인이 임차권등기 이전에 이미 대항력이나 우선변제권을 취득한 경우에는 그 대항력이나 우선변제권은 그대로 유지되며, 임차권등기 이후에는 제3조제1항·제2항 또는 제3항의 대항요건을 상실하더라도 이미 취득한 대항력이나 우선변제권을 상실하지 아니한다. <개정 2013.8.13.>
⑥임차권등기명령의 집행에 따른 임차권등기가 끝난 주택(임대차의 목적이 주택의 일부분인 경우에는 해당 부분으로 한정한다)을 그 이후에 임차한 임차인은 제8조에 따른 우선변제를 받을 권리가 없다.
⑦임차권등기의 촉탁(囑託), 등기관의 임차권등기 기입(記入) 등 임차권등기명령을 시행하는 데에 필요한 사항은 대법원규칙으로 정한다. <개정 2011.4.12.>
⑧임차인은 제1항에 따른 임차권등기명령의 신청과 그에 따른 임차권등기와 관련하여 든 비용을 임대인에게 청구할 수 있다.
⑨금융기관등은 임차인을 대위하여 제1항의 임차권등기명령을 신청할 수 있다. 이 경우 제3항·제4항 및 제8항의 "임차인"은 "금융기관등"으로 본다. <신설 2013.8.13.>
[전문개정 2008.3.21.]

제3조의4(「민법」에 따른 주택임대차등기의 효력 등) ①「민법」 제621조에 따른 주택임대차등기의 효력에 관하여는 제3조의3제5항 및 제6항을 준용한다.
②임차인이 대항력이나 우선변제권을 갖추고 「민법」 제621조제1항에 따라 임대인의 협력을 얻어 임대차등기를 신청하는 경우에는 신청서에 「부동산등기법」 제74조제1호부터 제6호까지의 사항 외에 다음 각 호의 사항을 적어야 하며, 이를 증명할 수 있는 서면(임대차의 목적이 주택의 일부분인 경우에는 해당 부분의 도면을 포함한다)을 첨부하여야 한다. <개정 2011.4.12., 2020.2.4.>
1. 주민등록을 마친 날
2. 임차주택을 점유(占有)한 날
3. 임대차계약증서상의 확정일자를 받은 날
[전문개정 2008.3.21.]

제3조의5(경매에 의한 임차권의 소멸)
임차권은 임차주택에 대하여 「민사집행법」에 따른 경매가 행하여진 경우에는 그 임차주택의 경락(競落)에 따라 소멸한다. 다만, 보증금이 모두 변제되지 아니한, 대항력이 있는 임차권은 그러하지 아니하다.
[전문개정 2008.3.21.]

제3조의6(확정일자 부여 및 임대차 정보제공 등) ①제3조의2제2항의 확정일자는 주택 소재지의 읍·면사무소, 동 주민센터 또는 시(특별시·광역시·특별자치시는 제외하고, 특별자치도는 포함한다)·군·구(자치구를 말한다)의 출장소, 지방법원 및 그 지원과 등기소 또는 「공증인법」에 따른 공증인(이하 이 조에서 "확정일자부여기관"이라 한다)이 부여한다.
②확정일자부여기관은 해당 주택의 소재지, 확정일자 부여일, 차임 및 보증금 등을 기재한 확정일자부를 작성하여야 한다. 이 경우 전산처리정보조직을 이용할 수 있다.
③주택의 임대차에 이해관계가 있는 자는 확정일자부여기관에 해당 주택의 확정일자 부여일, 차임 및 보증금 등 정보의 제공을 요청할 수 있다. 이 경우 요청을 받은 확정일자부여기관은 정당한 사유 없이 이를 거부할 수 없다.
④임대차계약을 체결하려는 자는 임대인의 동의를 받아 확정일자부여기관에 제3항에 따른 정보제공을 요청할 수 있다.
⑤제1항·제3항 또는 제4항에 따라 확정일자를 부여받거나 정보를 제공받으려는 자는 수수료를 내야 한다.
⑥확정일자부에 기재하여야 할 사항, 주택의 임대차에 이해관계가 있는 자의 범위, 확정일자부여기관에 요청할 수 있는 정보의 범위 및 수수료, 그 밖에 확정일자부여사무와 정보제공 등에 필요한 사항은 대통령령 또는 대법원규칙으로 정한다.
[본조신설 2013.8.13.]

제4조(임대차기간 등) ①기간을 정하지 아니하거나 2년 미만으로 정한 임대차는 그 기간을 2년으로 본다. 다만, 임차인은 2년 미만으로 정한 기간이 유효함을 주장할 수 있다.
②임대차기간이 끝난 경우에도 임차인이 보증금을 반환받을 때까지는 임대차관계가 존속되는 것으로 본다.
[전문개정 2008.3.21.]

제5조 삭제 <1989.12.30.>

제6조(계약의 갱신) ①임대인이 임대차기간이 끝나기 6개월 전부터 2개월 전까지의 기간에 임차인에게 갱신거절(更新拒絶)의 통지를 하지 아니하거나 계약조건을 변경하지 아니하면 갱신하지 아니한다는 뜻의 통지를 하지 아니한 경우에는 그 기간이 끝난 때에 전 임대차와 동일한 조건으로 다시 임대차한 것으로 본다. 임차인이 임대차기간이 끝나기 2개월 전까지 통지하지 아니한 경우에도 또한 같다. <개정 2020.6.9.>
②제1항의 경우 임대차의 존속기간은 2년으로 본다. <개정 2009.5.8.>
③2기(期)의 차임액(借賃額)에 달하도록 연체하거나 그 밖에 임차인으로서의 의무를 현저히 위반한 임차인에 대하여는 제1항을 적용하지 아니한다.
[전문개정 2008.3.21.]

제6조의2(묵시적 갱신의 경우 계약의 해지)
①제6조제1항에 따라 계약이 갱신된 경우 같은 조 제2항에도 불구하고 임차인은 언제든지 임대인에게 계약해지(契約解止)를 통지할 수 있다. <개정 2009.5.8.>
②제1항에 따른 해지는 임대인이 그 통지를 받은 날부터 3개월이 지나면 그 효력이 발생한다.
[전문개정 2008.3.21.]

제6조의3(계약갱신 요구 등) ①제6조에도 불구하고 임대인은 임차인이 제6조제1항 전단의 기간 이내에 계약갱신을 요구할 경우 정당한 사유 없이 거절하지 못한다. 다만, 다음 각 호의 어느 하나에 해당하는 경우에는 그러하지 아니하다.
1. 임차인이 2기의 차임액에 해당하는 금액에 이르도록 차임을 연체한 사실이 있는 경우
2. 임차인이 거짓이나 그 밖의 부정한 방법으로 임차한 경우
3. 서로 합의하여 임대인이 임차인에게 상당한 보상을 제공한 경우
4. 임차인이 임대인의 동의 없이 목적 주택의 전부 또는 일부를 전대(轉貸)한 경우
5. 임차인이 임차한 주택의 전부 또는 일부를 고의나 중대한 과실로 파손한 경우
6. 임차한 주택의 전부 또는 일부가 멸실되어 임대차의 목적을 달성하지 못할 경우
7. 임대인이 다음 각 목의 어느 하나에 해당하는 사유로 목적 주택의 전부 또는 대부분을 철거하거나 재건축하기 위하여 목적 주택의 점유를 회복할 필요가 있는 경우
 가. 임대차계약 체결 당시 공사시기 및 소요기간 등을 포함한 철거 또는 재건축 계획을 임차인에게 구체적으로 고지하고 그 계획에 따르는 경우
 나. 건물이 노후·훼손 또는 일부 멸실되는 등 안전사고의 우려가 있는 경우
 다. 다른 법령에 따라 철거 또는 재건축이 이루어지는 경우
8. 임대인(임대인의 직계존속·직계비속을 포함한다)이 목적 주택에 실제 거주하려는 경우
9. 그 밖에 임차인이 임차인으로서의 의무를 현저히 위반하거나 임대차를 계속하기 어려운 중대한 사유가 있는 경우
②임차인은 제1항에 따른 계약갱신요구권을 1회에 한하여 행사할 수 있다. 이 경우 갱신되는 임대차의 존속기간은 2년으로 본다.
③갱신되는 임대차는 전 임대차와 동일한 조건으로 다시 계약된 것으로 본다. 다만, 차임과 보증금은 제7조의 범위에서 증감할 수 있다.
④제1항에 따라 갱신되는 임대차의 해지에 관하여는 제6조의2를 준용한다.

⑤임대인이 제1항제8호의 사유로 갱신을 거절하였음에도 불구하고 갱신요구가 거절되지 아니하였더라면 갱신되었을 기간이 만료되기 전에 정당한 사유 없이 제3자에게 목적 주택을 임대한 경우 임대인은 갱신거절로 인하여 임차인이 입은 손해를 배상하여야 한다.
⑥제5항에 따른 손해배상액은 거절 당시 당사자 간에 손해배상액의 예정에 관한 합의가 이루어지지 않는 한 다음 각 호의 금액 중 큰 금액으로 한다.
1. 갱신거절 당시 월차임(차임 외에 보증금이 있는 경우에는 그 보증금을 제7조의2 각 호 중 낮은 비율에 따라 월 단위의 차임으로 전환한 금액을 포함한다. 이하 "환산월차임"이라 한다)의 3개월분에 해당하는 금액
2. 임대인이 제3자에게 임대하여 얻은 환산월차임과 갱신거절 당시 환산월차임 간 차액의 2년분에 해당하는 금액
3. 제1항제8호의 사유로 인한 갱신거절로 인하여 임차인이 입은 손해액
[본조신설 2020.7.31.]

제7조(차임 등의 증감청구권) ①당사자는 약정한 차임이나 보증금이 임차주택에 관한 조세, 공과금, 그 밖의 부담의 증감이나 경제사정의 변동으로 인하여 적절하지 아니하게 된 때에는 장래에 대하여 그 증감을 청구할 수 있다. 이 경우 증액청구는 임대차계약 또는 약정한 차임이나 보증금의 증액이 있은 후 1년 이내에는 하지 못한다.
<개정 2020.7.31.>
②제1항에 따른 증액청구는 약정한 차임이나 보증금의 20분의 1의 금액을 초과하지 못한다. 다만, 특별시·광역시·특별자치시·도 및 특별자치도는 관할 구역 내의 지역별 임대차 시장 여건 등을 고려하여 본문의 범위에서 증액청구의 상한을 조례로 달리 정할 수 있다. <신설 2020.7.31.>
[전문개정 2008.3.21.]

제7조의2(월차임 전환 시 산정률의 제한)
보증금의 전부 또는 일부를 월 단위의 차임으로 전환하는 경우에는 그 전환되는 금액에 다음 각 호 중 낮은 비율을 곱한 월차임(月借賃)의 범위를 초과할 수 없다. <개정 2010.5.17., 2013.8.13., 2016.5.29.>
1. 「은행법」에 따른 은행에서 적용하는 대출금리와 해당 지역의 경제 여건 등을 고려하여 대통령령으로 정하는 비율
2. 한국은행에서 공시한 기준금리에 대통령령으로 정하는 이율을 더한 비율
[전문개정 2008.3.21.]

제8조(보증금 중 일정액의 보호)
①임차인은 보증금 중 일정액을 다른 담보물권자(擔保物權者)보다 우선하여 변제받을 권리가 있다. 이 경우 임차인은 주택에 대한 경매신청의 등기 전에 제3조제1항의 요건을 갖추어야 한다.
②제1항의 경우에는 제3조의2제4항부터 제6항까지의 규정을 준용한다.
③제1항에 따라 우선변제를 받을 임차인 및 보증금 중 일정액의 범위와 기준은 제8조의2에 따른 주택임대차위원회의 심의를 거쳐 대통령령으로 정한다. 다만, 보증금 중 일정액의 범위와 기준은 주택가액(대지의 가액을 포함한다)의 2분의 1을 넘지 못한다. <개정 2009.5.8.>
[전문개정 2008.3.21.]

제8조의2(주택임대차위원회) ①제8조에 따라 우선변제를 받을 임차인 및 보증금 중 일정액의 범위와 기준을 심의하기 위하여 법무부에 주택임대차위원회(이하 "위원회"라 한다)를 둔다.
② 위원회는 위원장 1명을 포함한 9명 이상 15명 이하의 위원으로 성별을 고려하여 구성한다. <개정 2020.7.31.>
③위원회의 위원장은 법무부차관이 된다.
④ 위원회의 위원은 다음 각 호의 어느 하나에 해당하는 사람 중에서 위원장이 임명하거나 위촉하

되, 제1호부터 제5호까지에 해당하는 위원을 각각 1명 이상 임명하거나 위촉하여야 하고, 위원 중 2분의 1 이상은 제1호 · 제2호 또는 제6호에 해당하는 사람을 위촉하여야 한다. <개정 2013.3.23., 2020.7.31.>

1. 법학·경제학 또는 부동산학 등을 전공하고 주택임대차 관련 전문지식을 갖춘 사람으로서 공인된 연구기관에서 조교수 이상 또는 이에 상당하는 직에 5년 이상 재직한 사람
2. 변호사·감정평가사·공인회계사·세무사 또는 공인중개사로서 5년 이상 해당 분야에서 종사하고 주택임대차 관련 업무경험이 풍부한 사람
3. 기획재정부에서 물가 관련 업무를 담당하는 고위공무원단에 속하는 공무원
4. 법무부에서 주택임대차 관련 업무를 담당하는 고위공무원단에 속하는 공무원(이에 상당하는 특정직 공무원을 포함한다)
5. 국토교통부에서 주택사업 또는 주거복지 관련 업무를 담당하는 고위공무원단에 속하는 공무원
6. 그 밖에 주택임대차 관련 학식과 경험이 풍부한 사람으로서 대통령령으로 정하는 사람

⑤그 밖에 위원회의 구성 및 운영 등에 필요한 사항은 대통령령으로 정한다.

[본조신설 2009.5.8.]

제9조(주택 임차권의 승계) ①임차인이 상속인 없이 사망한 경우에는 그 주택에서 가정공동생활을 하던 사실상의 혼인 관계에 있는 자가 임차인의 권리와 의무를 승계한다.

②임차인이 사망한 때에 사망 당시 상속인이 그 주택에서 가정공동생활을 하고 있지 아니한 경우에는 그 주택에서 가정공동생활을 하던 사실상의 혼인 관계에 있는 자와 2촌 이내의 친족이 공동으로 임차인의 권리와 의무를 승계한다.

③제1항과 제2항의 경우에 임차인이 사망한 후 1개월 이내에 임대인에게 제1항과 제2항에 따른 승계 대상자가 반대의사를 표시한 경우에는 그러하지 아니하다.

④제1항과 제2항의 경우에 임대차 관계에서 생긴 채권·채무는 임차인의 권리의무를 승계한 자에게 귀속된다.

[전문개정 2008.3.21.]

제10조(강행규정) 이 법에 위반된 약정(約定)으로서 임차인에게 불리한 것은 그 효력이 없다.

[전문개정 2008.3.21.]

제10조의2(초과 차임 등의 반환청구)

임차인이 제7조에 따른 증액비율을 초과하여 차임 또는 보증금을 지급하거나 제7조의2에 따른 월차임 산정률을 초과하여 차임을 지급한 경우에는 초과 지급된 차임 또는 보증금 상당금액의 반환을 청구할 수 있다.

[본조신설 2013.8.13.]

제11조(일시사용을 위한 임대차)

이 법은 일시사용하기 위한 임대차임이 명백한 경우에는 적용하지 아니한다.

[전문개정 2008.3.21.]

제12조(미등기 전세에의 준용) 주택의 등기를 하지 아니한 전세계약에 관하여는 이 법을 준용한다. 이 경우 "전세금"은 "임대차의 보증금"으로 본다.

[전문개정 2008.3.21.]

제13조(「소액사건심판법」의 준용)

임차인이 임대인에 대하여 제기하는 보증금반환청구소송에 관하여는 「소액사건심판법」 제6조, 제7조, 제10조 및 제11조의2를 준용한다.

[전문개정 2008.3.21.]

제14조(주택임대차분쟁조정위원회)
① 이 법의 적용을 받는 주택임대차와 관련된 분쟁을 심의·조정하기 위하여 대통령령으로 정하는 바에 따라 「법률구조법」 제8조에 따른 대한법률구조공단(이하 "공단"이라 한다)의 지부, 「한국토지주택공사법」에 따른 한국토지주택공사(이하 "공사"라 한다)의 지사 또는 사무소 및 「한국감정원법」에 따른 한국감정원(이하 "감정원"이라 한다)의 지사 또는 사무소에 주택임대차분쟁조정위원회(이하 "조정위원회"라 한다)를 둔다. 특별시·광역시·특별자치시·도 및 특별자치도(이하 "시·도"라 한다)는 그 지방자치단체의 실정을 고려하여 조정위원회를 둘 수 있다. <개정 2020.7.31.>
②조정위원회는 다음 각 호의 사항을 심의·조정한다.
1. 차임 또는 보증금의 증감에 관한 분쟁
2. 임대차 기간에 관한 분쟁
3. 보증금 또는 임차주택의 반환에 관한 분쟁
4. 임차주택의 유지·수선 의무에 관한 분쟁
5. 그 밖에 대통령령으로 정하는 주택임대차에 관한 분쟁
③조정위원회의 사무를 처리하기 위하여 조정위원회에 사무국을 두고, 사무국의 조직 및 인력 등에 필요한 사항은 대통령령으로 정한다.
④사무국의 조정위원회 업무담당자는 「상가건물 임대차보호법」 제20조에 따른 상가건물임대차분쟁조정위원회 사무국의 업무를 제외하고 다른 직위의 업무를 겸직하여서는 아니 된다. <개정 2018.10.16.>
[본조신설 2016.5.29.]

제15조(예산의 지원) 국가는 조정위원회의 설치·운영에 필요한 예산을 지원할 수 있다.
[본조신설 2016.5.29.]

제16조(조정위원회의 구성 및 운영)
①조정위원회는 위원장 1명을 포함하여 5명 이상 30명 이하의 위원으로 성별을 고려하여 구성한다. <개정 2020.7.31.>
②조정위원회의 위원은 조정위원회를 두는 기관에 따라 공단 이사장, 공사 사장, 감정원 원장 또는 조정위원회를 둔 지방자치단체의 장이 각각 임명하거나 위촉한다. <개정 2020.7.31.>
③조정위원회의 위원은 주택임대차에 관한 학식과 경험이 풍부한 사람으로서 다음 각 호의 어느 하나에 해당하는 사람으로 한다. 이 경우 제1호부터 제4호까지에 해당하는 위원을 각 1명 이상 위촉하여야 하고, 위원 중 5분의 2 이상은 제2호에 해당하는 사람이어야 한다.
1. 법학·경제학 또는 부동산학 등을 전공하고 대학이나 공인된 연구기관에서 부교수 이상 또는 이에 상당하는 직에 재직한 사람
2. 판사·검사 또는 변호사로 6년 이상 재직한 사람
3. 감정평가사·공인회계사·법무사 또는 공인중개사로서 주택임대차 관계 업무에 6년 이상 종사한 사람
4. 「사회복지사업법」에 따른 사회복지법인과 그 밖의 비영리법인에서 주택임대차분쟁에 관한 상담에 6년 이상 종사한 경력이 있는 사람
5. 해당 지방자치단체에서 주택임대차 관련 업무를 담당하는 4급 이상의 공무원
6. 그 밖에 주택임대차 관련 학식과 경험이 풍부한 사람으로서 대통령령으로 정하는 사람
④조정위원회의 위원장은 제3항제2호에 해당하는 위원 중에서 위원들이 호선한다.
⑤조정위원회위원장은 조정위원회를 대표하여 그 직무를 총괄한다.
⑥조정위원회위원장이 부득이한 사유로 직무를 수행할 수 없는 경우에는 조정위원회위원장이 미리 지명한 조정위원이 그 직무를 대행한다.
⑦조정위원의 임기는 3년으로 하되 연임할 수 있으며, 보궐위원의 임기는 전임자의 남은 임기로 한다.
⑧조정위원회는 조정위원회위원장 또는 제3항제2호에 해당하는 조정위원 1명 이상을 포함한 재적위

원 과반수의 출석과 출석위원 과반수의 찬성으로 의결한다.
⑨그 밖에 조정위원회의 설치, 구성 및 운영 등에 필요한 사항은 대통령령으로 정한다.
[본조신설 2016.5.29.]

제17조(조정부의 구성 및 운영) ①조정위원회는 분쟁의 효율적 해결을 위하여 3명의 조정위원으로 구성된 조정부를 둘 수 있다.
②조정부에는 제16조제3항제2호에 해당하는 사람이 1명 이상 포함되어야 하며, 그 중에서 조정위원회위원장이 조정부의 장을 지명한다.
③조정부는 다음 각 호의 사항을 심의·조정한다.
1. 제14조제2항에 따른 주택임대차분쟁 중 대통령령으로 정하는 금액 이하의 분쟁
2. 조정위원회가 사건을 특정하여 조정부에 심의·조정을 위임한 분쟁
④조정부는 조정부의 장을 포함한 재적위원 과반수의 출석과 출석위원 과반수의 찬성으로 의결한다.
⑤제4항에 따라 조정부가 내린 결정은 조정위원회가 결정한 것으로 본다.
⑥그 밖에 조정부의 설치, 구성 및 운영 등에 필요한 사항은 대통령령으로 정한다.
[본조신설 2016.5.29.]

제18조(조정위원의 결격사유) 「국가공무원법」 제33조 각 호의 어느 하나에 해당하는 사람은 조정위원이 될 수 없다.
[본조신설 2016.5.29.]

제19조(조정위원의 신분보장) ①조정위원은 자신의 직무를 독립적으로 수행하고 주택임대차분쟁의 심리 및 판단에 관하여 어떠한 지시에도 구속되지 아니한다.
②조정위원은 다음 각 호의 어느 하나에 해당하는 경우를 제외하고는 그 의사에 반하여 해임 또는 해촉되지 아니한다.
1. 제18조에 해당하는 경우
2. 신체상 또는 정신상의 장애로 직무를 수행할 수 없게 된 경우
[본조신설 2016.5.29.]

제20조(조정위원의 제척 등) ①조정위원이 다음 각 호의 어느 하나에 해당하는 경우 그 직무의 집행에서 제척된다.
1. 조정위원 또는 그 배우자나 배우자이었던 사람이 해당 분쟁사건의 당사자가 되는 경우
2. 조정위원이 해당 분쟁사건의 당사자와 친족관계에 있거나 있었던 경우
3. 조정위원이 해당 분쟁사건에 관하여 진술, 감정 또는 법률자문을 한 경우
4. 조정위원이 해당 분쟁사건에 관하여 당사자의 대리인으로서 관여하거나 관여하였던 경우
②사건을 담당한 조정위원에게 제척의 원인이 있는 경우에는 조정위원회는 직권 또는 당사자의 신청에 따라 제척의 결정을 한다.
③당사자는 사건을 담당한 조정위원에게 공정한 직무집행을 기대하기 어려운 사정이 있는 경우 조정위원회에 기피신청을 할 수 있다.
④기피신청에 관한 결정은 조정위원회가 하고, 해당 조정위원 및 당사자 쌍방은 그 결정에 불복하지 못한다.
⑤제3항에 따른 기피신청이 있는 때에는 조정위원회는 그 신청에 대한 결정이 있을 때까지 조정절차를 정지하여야 한다.
⑥조정위원은 제1항 또는 제3항에 해당하는 경우 조정위원회의 허가를 받지 아니하고 해당 분쟁사건의 직무집행에서 회피할 수 있다.
[본조신설 2016.5.29.]

제21조(조정의 신청 등) ① 제14조제2항 각 호의 어느 하나에 해당하는 주택임대차분쟁의 당사자는 해당 주택이 소재하는 지역을 관할하는 조정위원회에 분쟁의 조정을 신청할

수 있다. <개정 2020.7.31.>
②조정위원회는 신청인이 조정을 신청할 때 조정 절차 및 조정의 효력 등 분쟁조정에 관하여 대통령령으로 정하는 사항을 안내하여야 한다.
③조정위원회의 위원장은 다음 각 호의 어느 하나에 해당하는 경우 신청을 각하한다. 이 경우 그 사유를 신청인에게 통지하여야 한다.<개정 2020.6.9.>
1. 이미 해당 분쟁조정사항에 대하여 법원에 소가 제기되거나 조정 신청이 있은 후 소가 제기된 경우
2. 이미 해당 분쟁조정사항에 대하여 「민사조정법」에 따른 조정이 신청된 경우나 조정신청이 있은 후 같은 법에 따른 조정이 신청된 경우
3. 이미 해당 분쟁조정사항에 대하여 이 법에 따른 조정위원회에 조정이 신청된 경우나 조정신청이 있은 후 조정이 성립된 경우
4. 조정신청 자체로 주택임대차에 관한 분쟁이 아님이 명백한 경우
5. 피신청인이 조정절차에 응하지 아니한다는 의사를 통지한 경우
6. 신청인이 정당한 사유 없이 조사에 응하지 아니하거나 2회 이상 출석요구에 응하지 아니한 경우
[본조신설 2016.5.29.]

제22조(조정절차) ①조정위원회의 위원장은 신청인으로부터 조정신청을 접수한 때에는 지체 없이 조정절차를 개시하여야 한다. <개정 2020.6.9.>
②조정위원회의 위원장은 제1항에 따라 조정신청을 접수하면 피신청인에게 조정신청서를 송달하여야 한다. 이 경우 제21조제2항을 준용한다. <개정 2020.6.9.>
③조정서류의 송달 등 조정절차에 관하여 필요한 사항은 대통령령으로 정한다.
[본조신설 2016.5.29.]

제23조(처리기간) ①조정위원회는 분쟁의 조정신청을 받은 날부터 60일 이내에 그 분쟁조정을 마쳐야 한다. 다만, 부득이한 사정이 있는 경우에는 조정위원회의 의결을 거쳐 30일의 범위에서 그 기간을 연장할 수 있다.
②조정위원회는 제1항 단서에 따라 기간을 연장한 경우에는 기간 연장의 사유와 그 밖에 기간 연장에 관한 사항을 당사자에게 통보하여야 한다.
[본조신설 2016.5.29.]

제24조(조사 등) ①조정위원회는 조정을 위하여 필요하다고 인정하는 경우 신청인, 피신청인, 분쟁 관련 이해관계인 또는 참고인에게 출석하여 진술하게 하거나 조정에 필요한 자료나 물건 등을 제출하도록 요구할 수 있다.
②조정위원회는 조정을 위하여 필요하다고 인정하는 경우 조정위원 또는 사무국의 직원으로 하여금 조정 대상물 및 관련 자료에 대하여 조사하게 하거나 자료를 수집하게 할 수 있다. 이 경우 조정위원이나 사무국의 직원은 그 권한을 표시하는 증표를 지니고 이를 관계인에게 내보여야 한다.
③조정위원회위원장은 특별시장, 광역시장, 특별자치시장, 도지사 및 특별자치도지사(이하 "시·도지사"라 한다)에게 해당 조정업무에 참고하기 위하여 인근지역의 확정일자 자료, 보증금의 월차임 전환율 등 적정 수준의 임대료 산정을 위한 자료를 요청할 수 있다. 이 경우 시·도지사는 정당한 사유가 없으면 조정위원회위원장의 요청에 따라야 한다.
[본조신설 2016.5.29.]

제25조(조정을 하지 아니하는 결정)
①조정위원회는 해당 분쟁이 그 성질상 조정을 하기에 적당하지 아니하다고 인정하거나 당사자가 부당한 목적으로 조정을 신청한 것으로 인정할 때에는 조정을 하지 아니할 수 있다.
②조정위원회는 제1항에 따라 조정을 하지 아니하기로 결정하였을 때에는 그 사실을 당사자에게 통지하여야 한다. [본조신설 2016.5.29.]

제26조(조정의 성립) ①조정위원회가 조정안을 작성한 경우에는 그 조정안을 지체 없이 각 당사자에게 통지하여야 한다.
②제1항에 따라 조정안을 통지받은 당사자가 통지받은 날부터 14일 이내에 수락의 의사를 서면으로 표시하지 아니한 경우에는 조정을 거부한 것으로 본다. <개정 2020.6.9.>
③제2항에 따라 각 당사자가 조정안을 수락한 경우에는 조정안과 동일한 내용의 합의가 성립된 것으로 본다.
④제3항에 따른 합의가 성립한 경우 조정위원회위원장은 조정안의 내용을 조정서로 작성한다. 조정위원회위원장은 각 당사자 간에 금전, 그 밖의 대체물의 지급 또는 부동산의 인도에 관하여 강제집행을 승낙하는 취지의 합의가 있는 경우에는 그 내용을 조정서에 기재하여야 한다.
[본조신설 2016.5.29.]

제27조(집행력의 부여) 제26조제4항 후단에 따라 강제집행을 승낙하는 취지의 내용이 기재된 조정서의 정본은 「민사집행법」 제56조에도 불구하고 집행력 있는 집행권원과 같은 효력을 가진다. 다만, 청구에 관한 이의의 주장에 대하여는 같은 법 제44조제2항을 적용하지 아니한다.
[본조신설 2016.5.29.]

제28조(비밀유지의무) 조정위원, 사무국의 직원 또는 그 직에 있었던 자는 다른 법률에 특별한 규정이 있는 경우를 제외하고는 직무상 알게 된 정보를 타인에게 누설하거나 직무상 목적 외에 사용하여서는 아니 된다.
[본조신설 2016.5.29.]

제29조(다른 법률의 준용) 조정위원회의 운영 및 조정절차에 관하여 이 법에서 규정하지 아니한 사항에 대하여는 「민사조정법」을 준용한다.
[본조신설 2016.5.29.]

제30조(주택임대차표준계약서 사용)
주택임대차계약을 서면으로 체결할 때에는 법무부장관이 국토교통부장관과 협의하여 정하는 주택임대차표준계약서를 우선적으로 사용한다. 다만, 당사자가 다른 서식을 사용하기로 합의한 경우에는 그러하지 아니하다. <개정 2020.7.31.>
[본조신설 2016.5.29.]

제31조(벌칙 적용에서 공무원 의제)
공무원이 아닌 주택임대차위원회의 위원 및 주택임대차분쟁조정위원회의 위원은 「형법」 제127조, 제129조부터 제132조까지의 규정을 적용할 때에는 공무원으로 본다.
[본조신설 2016.5.29.]
[시행일:2017.5.30.] 제31조(주택임대차분쟁조정위원회에 관한 부분만 해당한다)

부칙

<제17470호, 2020.7.31.>

제1조(시행일) 이 법은 공포한 날부터 시행한다. 다만, 제8조의2제2항 · 제4항, 제14조제1항, 제16조제1항 · 제2항, 제21조제1항 및 제30조의 개정규정은 공포 후 3개월이 경과한 날부터 시행한다.

제2조(계약갱신 요구 등에 관한 적용례) ①제6조의3 및 제7조의 개정규정은 이 법 시행 당시

존속 중인 임대차에 대하여도 적용한다.
②제1항에도 불구하고 이 법 시행 전에 임대인이 갱신을 거절하고 제3자와 임대차계약을 체결한 경우에는 이를 적용하지 아니한다.

공 직 선 거 법

공직선거법

[시행 2021.1.1.]
[법률 제17758호, 2020. 12. 29, 타법개정]

제1장 총칙

제1조(목적) 이 법은 「대한민국헌법」과 「지방자치법」에 의한 선거가 국민의 자유로운 의사와 민주적인 절차에 의하여 공정히 행하여지도록 하고, 선거와 관련한 부정을 방지함으로써 민주정치의 발전에 기여함을 목적으로 한다. <개정 2005.8.4.>

제2조(적용범위) 이 법은 대통령선거·국회의원선거·지방의회의원 및 지방자치단체의 장의 선거에 적용한다.

제3조(선거인의 정의) 이 법에서 "선거인"이란 선거권이 있는 사람으로서 선거인명부 또는 재외선거인명부에 올라 있는 사람을 말한다.
[전문개정 2009.2.12.]

제4조(인구의 기준) 이 법에서 선거사무관리의 기준이 되는 인구는 「주민등록법」에 따른 주민등록표에 따라 조사한 국민의 최근 인구통계에 의한다. 이 경우 지방자치단체의 의회의원 및 장의 선거에서는 제15조제2항제3호에 따라 선거권이 있는 외국인의 수를 포함한다. <개정 2015.8.13.>
[전문개정 2009.2.12.]

제5조(선거사무협조) 관공서 기타 공공기관은 선거사무에 관하여 선거관리위원회의 협조요구를 받은 때에는 우선적으로 이에 따라야 한다. <개정 2000.2.16.>

제6조(선거권행사의 보장) ①국가는 선거권자가 선거권을 행사할 수 있도록 필요한 조치를 취하여야 한다.
②각급선거관리위원회(읍·면·동선거관리위원회는 제외한다)는 선거인의 투표참여를 촉진하기 위하여 교통이 불편한 지역에 거주하는 선거인 또는 노약자·장애인 등 거동이 불편한 선거인에 대한 교통편의 제공에 필요한 대책을 수립·시행하여야 하고, 투표를 마친 선거인에게 국공립 유료시설의 이용요금을 면제·할인하는 등의 필요한 대책을 수립·시행할 수 있다. 이 경우 공정한 실시방법 등을 정당·후보자와 미리 협의하여야 한다. <신설 2008.2.29., 2020.12.29.>
③공무원·학생 또는 다른 사람에게 고용된 자가 선거인명부를 열람하거나 투표하기 위하여 필요한 시간은 보장되어야 하며, 이를 휴무 또는 휴업으로 보지 아니한다. <개정 2008.2.29.>
④선거권자는 성실하게 선거에 참여하여 선거권을 행사하여야 한다. <개정 2008.2.29.>
⑤ 선거의 중요성과 의미를 되새기고 주권의식을 높이기 위하여 매년 5월 10일을 유권자의 날로, 유권자의 날부터 1주간을 유권자 주간으로 하고, 각급선거관리위원회(읍·면·동선거관리위원회는 제외한다)는 공명선거 추진활동을 하는 기관 또는 단체 등과 함께 유권자의 날 의식과 그에 부수되는 행사를 개최할 수 있다. <신설 2012.1.17.>

제6조의2(다른 자에게 고용된 사람의 투표시간 보장) ①다른 자에게 고용된 사람이 사전투표기간 및 선거일에 모두 근무를 하는 경우에는 투표하기 위하여 필요한 시간을 고용주에게 청구할 수 있다.
②고용주는 제1항에 따른 청구가 있으면 고용된 사람이 투표하기 위하여 필요한 시간을 보

장하여 주어야 한다.
③고용주는 고용된 사람이 투표하기 위하여 필요한 시간을 청구할 수 있다는 사실을 선거일 전 7일부터 선거일 전 3일까지 인터넷 홈페이지, 사보, 사내게시판 등을 통하여 알려야 한다.
[본조신설 2014.2.13.]

第7조(정당 · 후보자 등의 공정경쟁의무)
①선거에 참여하는 정당·후보자(후보자가 되고자 하는 자를 포함한다. 이하 이 조에서 같다) 및 후보자를 위하여 선거운동을 하는 자는 선거운동을 함에 있어 이 법을 준수하고 공정하게 경쟁하여야 하며, 정당의 정강·정책이나 후보자의 정견을 지지·선전하거나 이를 비판·반대함에 있어 선량한 풍속 기타 사회질서를 해하는 행위를 하여서는 아니된다. <개정 2004.3.12., 2008.2.29.>
②각급선거관리위원회(읍·면·동선거관리위원회는 제외한다)는 정책선거의 촉진을 위하여 필요한 사항을 적극적으로 홍보하여야 하며, 중립적으로 정책선거 촉진활동을 추진하는 단체에 그 활동에 필요한 경비를 지원할 수 있다. <신설 2008.2.29., 2010.1.25.>

第8조(언론기관의 공정보도의무) 방송·신문·통신·잡지 기타의 간행물을 경영·관리하거나 편집·취재·집필·보도하는 자와 제8조의5(인터넷선거보도심의위원회)제1항의 규정에 따른 인터넷언론사가 정당의 정강·정책이나 후보자(候補者가 되고자 하는 者를 포함한다. 이하 이 條에서 같다)의 정견 기타사항에 관하여 보도·논평을 하는 경우와 정당의 대표자나 후보자 또는 그의 대리인을 참여하게 하여 대담을 하거나 토론을 행하고 이를 방송·보도하는 경우에는 공정하게 하여야 한다. <개정 1997.11.14., 2005.8.4.>

第8조의2(선거방송심의위원회) ①「방송통신위원회의 설치 및 운영에 관한 법률」 제18조제1항에 따른 방송통신심의위원회(이하 "방송통신심의위원회"라 한다)는 선거방송의 공정성을 유지하기 위하여 다음 각 호의 구분에 따른 기간 동안 선거방송심의위원회를 설치·운영하여야 한다. <개정 2010.1.25., 2012.1.17.>
1. 임기만료에 의한 선거
제60조의2제1항에 따른 예비후보자등록신청개시일 전일부터 선거일 후 30일까지
2. 보궐선거등
선거일 전 60일(선거일 전 60일 후에 실시사유가 확정된 보궐선거등의 경우에는 그 선거의 실시사유가 확정된 후 10일)부터 선거일 후 30일까지
②선거방송심의위원회는 국회에 교섭단체를 구성한 정당과 중앙선거관리위원회가 추천하는 각 1명, 방송사(제70조제1항에 따른 방송시설을 경영 또는 관리하는 자를 말한다. 이하 이 조 및 제8조의4에서 같다)·방송학계·대한변호사협회·언론인단체 및 시민단체 등이 추천하는 사람을 포함하여 9명 이내의 위원으로 구성한다. 이 경우 선거방송심의위원회를 구성한 후에 국회에 교섭단체를 구성한 정당의 수가 증가하여 위원정수를 초과하게 되는 경우에는 현원을 위원정수로 본다. <개정 2010.1.25.>
③선거방송심의위원회의 위원은 정당에 가입할 수 없다.
④선거방송심의위원회는 선거방송의 정치적 중립성·형평성·객관성 및 제작기술상의 균형유지와 권리구제 기타 선거방송의 공정을 보장하기 위하여 필요한 사항을 정하여 이를 공표하여야 한다.
⑤선거방송심의위원회는 선거방송의 공정여부를 조사하여야 하고, 조사결과 선거방송의 내용이 공정하지 아니하다고 인정되는 경우에는 「방송법」 제100조제1항 각 호에 따른 제재조치 등을 정하여 이를 「방송통신위원회의 설치 및 운영에 관한 법률」 제3조제1항에 따른 방송통신위원회에 통보하여야 하며, 방송통신위원회는 불공정한 선거방송을 한 방송사에 대하여 통보받은 제재조치 등을 지체없이 명하여야 한다.
<개정 2000.2.16., 2005.8.4., 2008.2.29., 2010.1.25.>
⑥후보자 및 후보자가 되려는 사람은 제1항에 따라 선거방송심의위원회가 설치된 때부터 선

거방송의 내용이 불공정하다고 인정되는 경우에는 선거방송심의위원회에 그 시정을 요구할 수 있고, 선거방송심의위원회는 지체없이 이를 심의·의결하여야 한다. <개정 2010.1.25.>
⑦선거방송심의위원회의 구성과 운영 그 밖에 필요한 사항은 방송통신심의위원회규칙으로 정한다. <개정 2010.1.25.>
[본조신설 1997.11.14.]

제8조의3(선거기사심의위원회) ①「언론중재 및 피해구제 등에 관한 법률」 제7조에 따른 언론중재위원회(이하 "言論仲裁委員會"라 한다)는 선거기사(社說·論評·廣告 그 밖에 選擧에 관한 내용을 포함한다. 이하 이 條에서 같다)의 공정성을 유지하기 위하여 제8조의2제1항 각 호의 구분에 따른 기간 동안 선거기사심의위원회를 설치·운영하여야 한다. <개정 2005.8.4., 2010.1.25.>
②선거기사심의위원회는 국회에 교섭단체를 구성한 정당과 중앙선거관리위원회가 추천하는 각 1명, 언론학계·대한변호사협회·언론인단체 및 시민단체 등이 추천하는 사람을 포함하여 9명 이내의 위원으로 구성한다. 이 경우 위원정수에 관하여는 제8조의2제2항 후단을 준용한다. <개정 2010.1.25.>
③선거기사심의위원회는 「신문 등의 진흥에 관한 법률」 제2조제1호에 따른 신문, 「잡지 등 정기간행물의 진흥에 관한 법률」 제2조제1호에 따른 잡지·정보간행물·전자간행물·기타간행물 및 「뉴스통신진흥에 관한 법률」 제2조제1호에 따른 뉴스통신(이하 이 조 및 제8조의4에서 "정기간행물등"이라 한다)에 게재된 선거기사의 공정 여부를 조사하여야 하고, 조사결과 선거기사의 내용이 공정하지 아니하다고 인정되는 경우에는 해당 기사의 내용에 대하여 다음 각 호의 어느 하나에 해당하는 제재조치를 결정하여 이를 언론중재위원회에 통보하여야 하며, 언론중재위원회는 불공정한 선거기사를 게재한 정기간행물등을 발행한 자(이하 이 조 및 제8조의4에서 "언론사"라 한다)에 대하여 통보받은 제재조치를 지체 없이 명하여야 한다. <개정 2008.2.29., 2009.7.31., 2017.2.8.>
1. 정정보도문 또는 반론보도문 게재
2. 경고결정문 게재
3. 주의사실 게재
4. 경고, 주의 또는 권고
④정기간행물등을 발행하는 자가 제1항에 규정된 선거기사심의위원회의 운영기간중에 「신문 등의 진흥에 관한 법률」 제2조제1호가목 또는 다목의 규정에 따른 일반일간신문 또는 일반주간신문을 발행하는 때에는 그 정기간행물등 1부를, 그 외의 정기간행물등을 발행하는 때에는 선거기사심의위원회의 요청이 있는 경우 1부를 지체없이 선거기사심의위원회에 제출하여야 한다. <신설 2002.3.7., 2005.8.4., 2008.2.29., 2009.7.31.>
⑤제4항의 규정에 의하여 정기간행물등을 제출한 자의 요구가 있는 때에는 선거기사심의위원회는 정당한 보상을 하여야 한다. <신설 2002.3.7., 2008.2.29.>
⑥제8조의2(選擧放送審議委員會)제3항·제4항 및 제6항의 규정은 선거기사심의위원회에 관하여 이를 준용한다.
⑦선거기사심의위원회의 구성과 운영에 관하여 필요한 사항은 언론중재위원회가 정한다.
[전문개정 2000.2.16.]
[2017.2.8. 법률 제14556호에 의하여 2015.7.30. 헌법재판소에서 위헌결정된 이 조 제3항을 개정함.]

제8조의4(선거보도에 대한 반론보도청구)
①선거방송심의위원회 또는 선거기사심의위원회가 설치된 때부터 선거일까지 방송 또는 정기간행물등에 공표된 인신공격, 정책의 왜곡선전 등으로 피해를 받은 정당(中央黨에 한한다. 이하 이 조에서 같다) 또는 후보자(候補者가 되고자 하는 者를 포함한다. 이하 이 條에서 같다)는 그 방송 또는 기사게재가 있음을 안 날부터 10일 이내에 서면으로 당해 방송을 한 방송사에 반론보도의 방송을, 당해 기사를 게재한 언론사에 반론보도문의 게재를 각각 청구할 수 있다. 다만, 그 방송 또는 기사게재가 있은 날부터 30일이 경과한 때에는 그

러하지 아니하다. <개정 2002.3.7., 2008.2.29., 2010.1.25.>
②방송사 또는 언론사는 제1항의 청구를 받은 때에는 지체없이 당해 정당, 후보자 또는 그 대리인과 반론보도의 내용·크기·횟수 등에 관하여 협의한 후, 방송에 있어서는 이를 청구받은 때부터 48시간 이내에 무료로 반론보도의 방송을 하여야 하며, 정기간행물등에 있어서는 편집이 완료되지 아니한 같은 정기간행물등의 다음 발행호에 무료로 반론보도문의 게재를 하여야 한다. 이 경우 정기간행물등에 있어서 다음 발행호가 선거일후에 발행·배부되는 경우에는 반론보도의 청구를 받은 때부터 48시간 이내에 당해 정기간행물등이 배부된 지역에 배부되는 「신문 등의 진흥에 관한 법률」 제2조(정의)제1호가목에 따른 일반일간신문에 이를 게재하여야 하며, 그 비용은 당해 언론사의 부담으로 한다. <개정 2002.3.7., 2005.8.4., 2008.2.29., 2009.7.31.>
③제2항의 규정에 의한 협의가 이루어지지 아니한 때에는 당해 정당, 후보자, 방송사 또는 언론사는 선거방송심의위원회 또는 선거기사심의위원회에 지체없이 이를 회부하고, 선거방송심의위원회 또는 선거기사심의위원회는 회부받은 때부터 48시간 이내에 심의하여 각하·기각 또는 인용결정을 한 후 지체없이 이를 당해 정당 또는 후보자와 방송사 또는 언론사에 통지하여야 한다. 이 경우 반론보도의 인용결정을 하는 때에는 반론방송 또는 반론보도문의 내용·크기 ·횟수 기타 반론보도에 필요한 사항을 함께 결정하여야 한다. <개정 2002.3.7.>
④「언론중재 및 피해구제 등에 관한 법률」 제15조(정정보도청구권의 행사)제1항·제4항 내지 제7항의 규정은 반론보도청구에 이를 준용한다. 이 경우 "정정보도청구"는 "반론보도청구"로, "정정"은 "반론"으로, "정정보도청구권"은 "반론보도청구권"으로, "정정보도"는 "반론보도"로, "정정보도문"은 "반론보도문"으로 본다. <개정 2005.8.4.>
[전문개정 2000.2.16.]

제8조의5(인터넷선거보도심의위원회) ①중앙선거관리위원회는 인터넷언론사[「신문 등의 진흥에 관한 법률」 제2조(정의)제4호에 따른 인터넷신문사업자 그 밖에 정치·경제·사회·문화·시사 등에 관한 보도·논평·여론 및 정보 등을 전파할 목적으로 취재·편집·집필한 기사를 인터넷을 통하여 보도·제공하거나 매개하는 인터넷홈페이지를 경영·관리하는 자와 이와 유사한 언론의 기능을 행하는 인터넷홈페이지를 경영·관리하는 자를 말한다. 이하 같다]의 인터넷홈페이지에 게재된 선거보도[사설·논평·사진·방송·동영상 기타 선거에 관한 내용을 포함한다. 이하 이 조 및 제8조의6(인터넷언론사의 정정보도 등)에서 같다]의 공정성을 유지하기 위하여 인터넷선거보도심의위원회를 설치·운영하여야 한다. <개정 2005.8.4., 2009.7.31.>
②인터넷선거보도심의위원회는 국회에 교섭단체를 구성한 정당이 추천하는 각 1인과 방송통신심의위원회, 언론중재위원회, 학계, 법조계, 인터넷 언론단체 및 시민단체 등이 추천하는 자를 포함하여 중앙선거관리위원회가 위촉하는 11인 이내의 위원으로 구성하며, 위원의 임기는 3년으로 한다. 이 경우 위원정수에 관하여는 제8조의2제2항 후단을 준용한다. <개정 2010.1.25.>
③인터넷선거보도심의위원회에 위원장 1인을 두되, 위원장은 위원중에서 호선한다.
④인터넷선거보도심의위원회에 상임위원 1인을 두되, 중앙선거관리위원회가 인터넷선거보도심의위원회의 위원중에서 지명한다.
⑤정당의 당원은 인터넷선거보도심의위원회의 위원이 될 수 없다.
⑥인터넷선거보도심의위원회는 인터넷 선거보도의 정치적 중립성·형평성·객관성 및 권리구제 기타 선거보도의 공정을 보장하기 위하여 필요한 사항을 정하여 이를 공표하여야 한다.
⑦인터넷선거보도심의위원회는 업무수행을 위하여 필요하다고 인정하는 때에는 관계 공무원 또는 전문가를 초청하여 의견을 듣거나 관련 기관·단체 등에 자료 및 의견제출 등 협조를 요청할 수 있다.
⑧인터넷선거보도심의위원회의 사무를 처리하기 위하여 선거관리위원회 소속 공무원으로 구성하는 사무국을 둔다.
⑨인터넷선거보도심의위원회의 구성·운영, 위원 및 상임위원의 대우, 사무국의 조직·직무범위 기타 필요한 사항은 중앙선거관리위원회규칙으로 정한다. [본조신설 2004.3.12.]

제8조의6(인터넷언론사의 정정보도 등)
①인터넷선거보도심의위원회는 인터넷언론사의 인터넷홈페이지에 게재된 선거보도의 공정 여부를 조사하여야 하며, 조사결과 선거보도의 내용이 공정하지 아니하다고 인정되는 때에는 당해 인터넷언론사에 대하여 해당 선거보도의 내용에 관한 정정보도문의 게재 등 필요한 조치를 명하여야 한다. <신설 2005.8.4.>
②정당 또는 후보자(후보자가 되고자 하는 자를 포함한다. 이하 이 조에서 같다)는 인터넷언론사의 선거보도가 불공정하다고 인정되는 때에는 그 보도가 있음을 안 날부터 10일 이내에 인터넷선거보도심의위원회에 서면으로 이의신청을 할 수 있다.
③인터넷선거보도심의위원회는 제2항의 규정에 의한 이의신청을 받은 때에는 지체없이 이의신청 대상이 된 선거보도의 공정여부를 심의하여야 하며, 심의결과 선거보도가 공정하지 아니하다고 인정되는 때에는 당해 인터넷언론사에 대하여 해당 선거보도의 내용에 관한 정정보도문의 게재 등 필요한 조치를 명하여야 한다. <개정 2005.8.4.>
④인터넷언론사의 왜곡된 선거보도로 인하여 피해를 받은 정당 또는 후보자는 그 보도의 공표가 있음을 안 날부터 10일 이내에 서면으로 당해 인터넷언론사에 반론보도의 방송 또는 반론보도문의 게재(이하 이 조에서 "반론보도"라 한다)를 청구할 수 있다. 이 경우 그 보도의 공표가 있은 날부터 30일이 경과한 때에는 반론보도를 청구할 수 없다.
⑤인터넷언론사는 제4항의 청구를 받은 때에는 지체없이 당해 정당이나 후보자 또는 그 대리인과 반론보도의 형식·내용·크기 및 횟수 등에 관하여 협의한 후, 이를 청구받은 때부터 12시간 이내에 당해 인터넷언론사의 부담으로 반론보도를 하여야 한다. <개정 2005.8.4.>
⑥제5항의 규정에 의한 반론보도 협의가 이루어지지 아니하는 경우에 당해 정당 또는 후보자는 인터넷선거보도심의위원회에 즉시 반론보도청구를 할 수 있으며, 인터넷선거보도심의위원회는 이를 심의하여 각하·기각 또는 인용결정을 한 후 당해 정당·후보자 및 인터넷언론사에 그 결정내용을 통지하여야 한다. 이 경우 반론보도의 인용결정을 하는 때에는 그 형식·내용·크기·횟수 기타 필요한 사항을 함께 결정하여 통지하여야 하며, 통지를 받은 인터넷언론사는 지체없이 이를 이행하여야 한다. <개정 2005.8.4.>
⑦「언론중재 및 피해구제 등에 관한 법률」 제15조(정정보도청구권의 행사)제1항·제4항부터 제6항까지 및 제8항은 그 성질에 반하지 아니하는 한 인터넷언론사의 선거보도에 관한 반론보도청구에 이를 준용한다. 이 경우 "정정보도청구"는 "반론보도청구"로, "정정"은 "반론"으로, "정정보도청구권"은 "반론보도청구권"으로, "정정보도"는 "반론보도"로, "정정보도문"은 "반론보도문"으로 본다. <개정 2005.8.4., 2012.1.17.>
[본조신설 2004.3.12.]

제8조의7(선거방송토론위원회) ①각급선거관리위원회(읍·면·동선거관리위원회를 제외한다. 이하 이 조에서 같다)는 제82조의2(선거방송토론위원회 주관 대담·토론회)의 규정에 의한 대담·토론회와 제82조의3(선거방송토론위원회 주관 정책토론회)의 규정에 의한 정책토론회(이하 이 조에서 "대담·토론회등"이라 한다)를 공정하게 주관·진행하기 위하여 각각 선거방송토론위원회(이하 이 조에서 "각급선거방송토론위원회"라 한다)를 설치·운영하여야 한다. 다만, 구·시·군선거관리위원회에 설치하는 구·시·군선거방송토론위원회(이하 "구·시·군선거방송토론위원회"라 한다)는 지역구국회의원선거구단위 또는 「방송법」에 의한 종합유선방송사업자의 방송권역단위로 설치·운영할 수 있다. <개정 2005.8.4.>
②각급선거방송토론위원회는 다음 각 호에 따라 구성하며, 위원의 임기는 제2호 후단의 경우를 제외하고는 3년으로 한다. 이 경우 위원정수에 관하여는 제8조의2제2항 후단을 준용한다. <개정 2010.1.25., 2015.8.13.>
1. 중앙선거관리위원회에 설치하는 중앙선거방송토론위원회(이하 "중앙선거방송토론위원회"라 한다) 및 특별시·광역시·특별자치시·도·특별자치도(이하 "시·도"라 한다)선거관리위원회에 설치하는 시·도선거방송토론위원회(이하 "시·도선거방송토론위원회"라 한다)
국회에 교섭단체를 구성한 정당과 공영방송사(한국방송공사와 「방송문화진흥회법」에 따른 방송문화진흥회가 최다출자자인 방송사업자를 말한다. 이하 같다)가 추천하는 각 1명, 방송통신심의위원회·학계·법조계·시민단체가 추천하는 사람 등 학식과 덕망이 있는 사람 중에서 중앙선거관리위원회 또는 시·도선거관리위원회가 각각 위촉하는 사람을 포함하여

중앙선거방송토론위원회는 11명 이내, 시·도선거방송토론위원회는 9명 이내의 위원
2. 구·시·군선거방송토론위원회
해당 구·시·군선거관리위원회의 위원장 및 정당추천위원을 포함한 위원 3명(정당추천위원의 수가 3명 이상인 경우에는 그 위원을 모두 포함한 수를 말한다), 학계·법조계·시민단체·전문언론인 중에서 해당 구·시·군선거관리위원회가 위촉하는 사람을 포함하여 9명 이내의 위원. 이 경우 구·시·군선거관리위원회 위원을 겸하는 위원의 임기는 「선거관리위원회법」 제8조에 따른 재임기간으로 한다.
③각급선거방송토론위원회에 위원장 1인을 두되, 위원장은 위원중에서 호선한다. 다만, 구·시·군선거방송토론위원회 위원장은 해당 구·시·군선거관리위원회 위원장이 겸한다. <개정 2010.1.25.>
④중앙선거방송토론위원회에 상임위원 1인을 두되, 중앙선거관리위원회가 중앙선거방송토론위원회의 위원중에서 지명한다.
⑤정당의 당원은 선거방송토론위원회의 위원이 될 수 없다.
⑥중앙선거방송토론위원회는 대담·토론회등의 주관·진행 기타 공정성을 보장하기 위하여 필요한 사항을 정하여 공표하여야 한다.
⑦각급선거방송토론위원회는 대담·토론회등의 업무수행을 위하여 필요한 때에는 공영방송사 또는 관련 기관·단체등에 대하여 협조요구를 할 수 있으며, 그 협조요구를 받은 공영방송사는 우선적으로 이에 응하여야 한다.
⑧중앙선거방송토론위원회 또는 시·도선거방송토론위원회에 그 사무를 처리하게 하기 위하여 선거관리위원회 소속 공무원으로 구성하는 사무국을 둔다. <개정 2005.8.4., 2010.1.25.>
⑨선거방송토론위원회는 업무수행을 위하여 필요하다고 인정하는 때에는 관계 행정기관 또는 관련 기관·단체 등의 장과 협의하여 그 소속 공무원 또는 임·직원을 파견받거나 관계 행정기관 소속 공무원으로 하여금 제8항의 규정에 의한 사무국의 소속 공무원의 직을 겸임하게 할 수 있다.
⑩각급선거방송토론위원회의 구성·운영, 위원 및 상임위원의 대우, 사무국의 조직·직무범위 기타 필요한 사항은 중앙선거관리위원회규칙으로 정한다.
[본조신설 2004.3.12.]

제8조의8(선거여론조사심의위원회) ①중앙선거관리위원회와 시·도선거관리위원회는 선거에 관한 여론조사의 객관성·신뢰성을 확보하기 위하여 선거여론조사심의위원회를 각각 설치·운영하여야 한다. <개정 2015.12.24., 2017.2.8.>
②중앙선거관리위원회에 설치하는 선거여론조사심의위원회(이하 "중앙선거여론조사심의위원회"라 한다) 및 시·도선거관리위원회에 설치하는 선거여론조사심의위원회(이하 "시·도선거여론조사심의위원회"라 한다)는 국회에 교섭단체를 구성한 정당이 추천하는 각 1명과 학계, 법조계, 여론조사 관련 기관·단체의 전문가 등을 포함하여 중립적이고 공정한 사람 중에서 중앙선거관리위원회 또는 시·도선거관리위원회가 위촉하는 사람으로 총 9명 이내의 위원으로 각각 구성하며, 위원의 임기는 3년으로 한다. 이 경우 위원정수에 관하여는 제8조의2제2항 후단을 준용한다. <개정 2017.2.8.>
③선거여론조사심의위원회에 위원장 1명을 두되, 위원장은 위원 중에서 호선한다. <개정 2017.2.8.>
④중앙선거여론조사심의위원회에 상임위원 1명을 두되, 중앙선거관리위원회가 중앙선거여론조사심의위원회의 위원 중에서 지명한다. <개정 2017.2.8.>
⑤정당의 당원은 선거여론조사심의위원회의 위원이 될 수 없다. <개정 2017.2.8.>
⑥중앙선거여론조사심의위원회는 공표 또는 보도를 목적으로 하는 선거에 관한 여론조사의 객관성·신뢰성을 확보하기 위하여 필요한 사항(이하 "선거여론조사기준"이라 한다)을 정하여 공표하여야 한다. <개정 2015.12.24., 2017.2.8.>
⑦선거여론조사심의위원회의 직무는 다음 각 호와 같다. <개정 2015.12.24., 2017.2.8.>
1. 제108조제4항에 따른 이의신청에 대한 심의 및 같은 조 제7항에 따른 등록 처리
2. 선거에 관한 여론조사가 이 법 또는 선거여론조사기준을 위반하였는지 여부에 대한

심의 및 조치
3. 제8조의9에 따른 선거여론조사기관 등록 등 처리
⑧다음 각 호의 어느 하나에 해당하는 여론조사는 이 법에 따른 선거에 관한 여론조사로 보지 아니한다. <신설 2017.2.8.>
1. 정당이 그 대표자 등 당직자를 선출하기 위하여 실시하는 여론조사
2. 후보자(후보자가 되려는 사람을 포함한다)의 성명이나 정당(창당준비위원회를 포함한다)의 명칭을 나타내지 아니하고 정책·공약 개발을 위하여 실시하는 여론조사
3. 국회의원 및 지방의회의원이 의정활동과 관련하여 실시하는 여론조사. 다만, 제60조의2제1항에 따른 해당 선거의 예비후보자등록신청개시일부터 선거일까지 실시하는 여론조사는 제외한다.
4. 정치, 선거 등 분야에서 순수한 학술·연구 목적으로 실시하는 여론조사
5. 단체 등이 의사결정을 위하여 그 구성원만을 대상으로 실시하는 여론조사
⑨선거여론조사심의위원회가 심의하는 관할 여론조사는 다음 각 호와 같다. <개정 2017.2.8.>
1. 중앙선거여론조사심의위원회: 전국 또는 2 이상 시·도의 선거구민을 대상으로 하는 여론조사
2. 시·도선거여론조사심의위원회: 해당 시·도의 선거구민을 대상으로 하는 여론조사
⑩선거여론조사심의위원회는 선거에 관한 여론조사가 이 법 또는 선거여론조사기준을 위반하였다고 인정되는 때에는 그 위반행위를 한 자에게 시정명령·경고·정정보도문의 게재명령 등 필요한 조치를 하되, 그 위반행위가 선거의 공정성을 현저하게 해치는 것으로 인정되거나 시정명령·정정보도문의 게재명령을 불이행한 때에는 고발 등 필요한 조치를 하여야 하고 이를 관할 선거구선거관리위원회에 통보하여야 한다. <개정 2015.12.24., 2017.2.8.>
⑪선거여론조사심의위원회가 이 법 또는 선거여론조사기준을 위반한 여론조사에 대하여 조사 등을 하는 경우에는 제272조의2를 준용한다. 이 경우 "각급선거관리위원회" 또는 "선거관리위원회"는 "선거여론조사심의위원회"로, "각급선거관리위원회 위원·직원" 또는 "선거관리위원회 위원·직원"은 "선거여론조사심의위원회 위원·직원"으로, "선거범죄" 또는 "범죄"는 "선거에 관한 여론조사에 있어서 이 법 또는 선거여론조사기준 위반행위"로 본다. <신설 2017.2.8.>
⑫선거여론조사심의위원회는 업무수행을 위하여 필요하다고 인정하는 때에는 관계 공무원 또는 전문가를 초청하여 의견을 듣거나 관련 기관·단체 등에 자료 및 의견 제출 등 협조를 요청할 수 있다. <개정 2017.2.8.>
⑬선거여론조사심의위원회에 그 사무를 처리하기 위하여 선거관리위원회 소속 공무원으로 구성하는 사무국을 둘 수 있다. <개정 2017.2.8.>
⑭선거여론조사심의위원회의 구성·운영, 위원 및 상임위원의 대우, 사무국의 조직·직무범위, 선거여론조사기준의 공표방법, 그 밖에 필요한 사항은 중앙선거관리위원회규칙으로 정한다. <개정 2017.2.8.>
[본조신설 2014.2.13.]
[제목개정 2017.2.8.]

제8조의9(여론조사 기관 · 단체의 등록 등)
①여론조사 기관·단체가 공표 또는 보도를 목적으로 선거에 관한 여론조사를 실시하려는 때에는 조사시스템, 분석전문인력, 그 밖에 중앙선거관리위원회규칙으로 정하는 요건을 갖추어 관할 선거여론조사심의위원회에 서면으로 그 등록을 신청하여야 한다.
②제1항에 따른 등록신청을 받은 관할 선거여론조사심의위원회는 그 신청을 접수한 날부터 7일 이내에 등록을 수리하고 등록증을 교부하여야 한다.
③선거여론조사심의위원회는 제2항에 따라 등록증을 교부한 여론조사 기관·단체(이하 "선거여론조사기관"이라 한다)에 관한 정보로서 중앙선거관리위원회규칙으로 정하는 정보를 지체 없이 중앙선거여론조사심의위원회 홈페이지에 공개하여야 한다.

④제1항에 따른 등록신청 사항 중 변경이 생긴 때에는 선거여론조사기관은 14일 이내에 관할 선거여론조사심의위원회에 변경등록을 신청하여야 한다.
⑤선거여론조사기관(그 대표자 및 구성원을 포함한다)이 다음 각 호의 어느 하나에 해당하는 경우 관할 선거여론조사심의위원회는 해당 선거여론조사기관의 등록을 취소한다. 이 경우 제3호에 해당하여 등록이 취소된 선거여론조사기관은 그 등록이 취소된 날부터 1년 이내에는 등록을 신청할 수 없다.
1. 거짓이나 그 밖의 부정한 방법으로 등록한 경우
2. 제1항에 따른 등록 요건을 갖추지 못하게 된 경우
3. 선거에 관한 여론조사와 관련된 죄를 범하여 징역형 또는 100만원 이상의 벌금형의 선고를 받은 경우
⑥등록신청서 및 등록증의 서식, 제3항에 따른 정보공개의 절차, 등록변경·등록취소 절차, 그 밖에 필요한 사항은 중앙선거관리위원회규칙으로 정한다.
[본조신설 2017.2.8.]

제9조(공무원의 중립의무 등) ①공무원 기타 정치적 중립을 지켜야 하는 자(機關·團體를 포함한다)는 선거에 대한 부당한 영향력의 행사 기타 선거결과에 영향을 미치는 행위를 하여서는 아니된다.
②검사(군검사를 포함한다) 또는 경찰공무원(檢察搜査官 및 軍司法警察官吏를 포함한다)은 이 법의 규정에 위반한 행위가 있다고 인정되는 때에는 신속·공정하게 단속·수사를 하여야 한다. <개정 2006.2.21., 2016.1.6., 2020.12.22.>

제10조(사회단체 등의 공명선거추진활동)
①사회단체 등은 선거부정을 감시하는 등 공명선거추진활동을 할 수 있다. 다만, 다음 각 호의 어느 하나에 해당하는 단체는 그 명의 또는 그 대표의 명의로 공명선거추진활동을 할 수 없다. <개정 2000.2.16., 2002.3.7., 2004.3.12., 2005.8.4.>
1. 특별법에 의하여 설립된 국민운동단체로서 국가 또는 지방자치단체의 출연 또는 보조를 받는 단체(바르게살기運動協議會·새마을運動協議會·韓國自由總聯盟을 말한다)
2. 법령에 의하여 정치활동이나 공직선거에의 관여가 금지된 단체
3. 후보자(후보자가 되고자 하는 자를 포함한다. 이하 이 조에서 같다), 후보자의 배우자와 후보자 또는 그 배우자의 직계존·비속과 형제자매나 후보자의 직계비속 및 형제자매의 배우자(이하 "候補者의 家族"이라 한다)가 설립하거나 운영하고 있는 단체
4. 특정 정당(創黨準備委員會를 포함한다. 이하 이 條에서 같다) 또는 후보자를 지원하기 위하여 설립된 단체
5. 삭제 <2005.8.4.>
6. 선거운동을 하거나 할 것을 표방한 노동조합 또는 단체
②사회단체 등이 공명선거추진활동을 함에 있어서는 항상 공정한 자세를 견지하여야 하며, 특정 정당이나 후보자의 선거운동에 이르지 아니하도록 유의하여야 한다.
③각급선거관리위원회(읍·면·동선거관리위원회를 제외한다)는 사회단체 등이 불공정한 활동을 하는 때에는 경고·중지 또는 시정명령을 하여야 하며, 그 행위가 선거운동에 이르거나 선거관리위원회의 중지 또는 시정명령을 이행하지 아니하는 때에는 고발 등 필요한 조치를 하여야 한다. <개정 2005.8.4.>

제10조의2(공정선거지원단) ①각급선거관리위원회(읍·면·동선거관리위원회는 제외한다)는 선거부정을 감시하고 공정선거를 지원하기 위하여 공정선거지원단을 둔다. <개정 2008.2.29., 2018.4.6.>
②공정선거지원단은 선거운동을 할 수 있는 자로서 정당의 당원이 아닌 중립적이고 공정한 자 중에서 중앙선거관리위원회규칙으로 정하는 바에 따라 10명 이내로 구성한다. 다만, 선거일 전 60일(선거일 전 60일 후에 실시사유가 확정된 보궐선거등의 경우 그 선거의 실시사유가 확정된 때)부터 선거일 후 10일까지는 중앙선거관리위원회 및 시·도선거관리위원회는 10인 이내의, 구·시·군선거관리위원회는 20인 이내의 인원을 추가하여 구성할 수 있다. <개정 2008.2.29., 2010.1.25., 2018.4.6.>

③삭제 <2008.2.29.>
④삭제 <2008.2.29.>
⑤삭제 <2008.2.29.>
⑥공정선거지원단은 관할 선거관리위원회의 지휘를 받아 이 법에 위반되는 행위에 대하여 증거자료를 수집하거나 조사활동을 할 수 있다. <개정 2008.2.29., 2018.4.6.>
⑦공정선거지원단의 소속원에 대하여는 예산의 범위 안에서 수당 또는 실비를 지급할 수 있다. <개정 2018.4.6.>
⑧공정선거지원단의 구성·활동방법 및 수당·실비의 지급 기타 필요한 사항은 중앙선거관리위원회규칙으로 정한다. <개정 2018.4.6.>
[본조신설 2000.2.16.]
[제목개정 2018.4.6.]

제10조의3(사이버공정선거지원단) ①중앙선거관리위원회는 인터넷을 이용한 선거부정을 감시하고 공정선거를 지원하기 위하여 중앙선거관리위원회규칙으로 정하는 바에 따라 5인 이상 10인 이하로 구성된 사이버공정선거지원단을 설치·운영하여야 한다. 다만, 선거일 전 60일(선거일 전 60일 후에 실시사유가 확정된 보궐선거등의 경우 그 선거의 실시사유가 확정된 때)부터 선거일 후 10일까지는 10인 이내의 인원을 추가하여 구성할 수 있다. <신설 2008.2.29., 2018.4.6.>
②시·도선거관리위원회는 인터넷을 이용한 선거부정을 감시하고 공정선거를 지원하기 위하여 선거일전 120일(선거일전 120일후에 실시사유가 확정된 보궐선거등에 있어서는 그 선거의 실시사유가 확정된 후 5일)부터 선거일까지 30인 이내로 구성된 사이버공정선거지원단을 설치·운영하여야 한다. <개정 2008.2.29., 2018.4.6.>
③사이버공정선거지원단은 정당의 당원이 아닌 중립적이고 공정한 자로 구성한다. <개정 2008.2.29., 2018.4.6.>
④제10조의2제6항부터 제8항까지의 규정은 사이버공정선거지원단에 준용한다. 이 경우 "공정선거지원단"은 "사이버공정선거지원단"으로 본다. <개정 2008.2.29., 2018.4.6.>
[본조신설 2004.3.12.]
[제목개정 2018.4.6.]

제11조(후보자 등의 신분보장) ①대통령선거의 후보자는 후보자의 등록이 끝난 때부터 개표종료시까지 사형·무기 또는 장기 7년 이상의 징역이나 금고에 해당하는 죄를 범한 경우를 제외하고는 현행범인이 아니면 체포 또는 구속되지 아니하며, 병역소집의 유예를 받는다. <개정 1995.5.10.>
②국회의원선거, 지방의회의원 및 지방자치단체의 장의 선거의 후보자는 후보자의 등록이 끝난 때부터 개표종료시까지 사형·무기 또는 장기 5년 이상의 징역이나 금고에 해당하는 죄를 범하였거나 제16장 벌칙에 규정된 죄를 범한 경우를 제외하고는 현행범인이 아니면 체포 또는 구속되지 아니하며, 병역소집의 유예를 받는다. <신설 1995.5.10.>
③선거사무장·선거연락소장·선거사무원·회계책임자·투표참관인·사전투표참관인과 개표참관인(예비후보자가 선임한 선거사무장·선거사무원 및 회계책임자는 제외한다)은 해당 신분을 취득한 때부터 개표종료시까지 사형·무기 또는 장기 3년 이상의 징역이나 금고에 해당하는 죄를 범하였거나 제230조부터 제235조까지 및 제237조부터 제259조까지의 죄를 범한 경우를 제외하고는 현행범인이 아니면 체포 또는 구속되지 아니하며, 병역소집의 유예를 받는다. <개정 2011.7.28., 2014.1.17.>
[제목개정 2011.7.28.]

제12조(선거관리) ①중앙선거관리위원회는 이 법에 특별한 규정이 있는 경우를 제외하고는 선거사무를 통할·관리하며, 하급선거관리위원회(투표관리관 및 사전투표관리관을 포함한다. 이하 이 조에서 같다) 및 제218조에 따른 재외선거관리위원회와 제218조의2에 따른 재외투표관리관의 위법·부당한 처분에 대하여 이를 취소하거나 변경할 수 있다. <개정 2005.8.4., 2009.2.12.,

2014.1.17.>
②시·도선거관리위원회는 지방의회의원 및 지방자치단체의 장의 선거에 관한 하급선거관리위원회의 위법·부당한 처분에 대하여 이를 취소하거나 변경할 수 있다. <개정 1995.4.1., 2005.8.4.>
③구·시·군선거관리위원회는 당해 선거에 관한 하급선거관리위원회의 위법·부당한 처분에 대하여 이를 취소하거나 변경할 수 있다.
④이 법에 규정된 구·시·군선거관리위원회에는 그 성질에 반하지 아니하는 범위에서 세종특별자치시선거관리위원회가 포함된 것으로 본다. <신설 2015.8.13.>
[제목개정 2015.8.13.]

第13條(선거구선거관리) ①선거구선거사무를 행할 선거관리위원회(이하 "選擧區選擧管理委員會"라 한다)는 다음 각호와 같다. <개정 2000.2.16., 2005.8.4., 2015.8.13.>
1. 대통령선거 및 비례대표전국선거구국회의원(이하 "比例代表國會議員"이라 한다)선거의 선거구선거사무는 중앙선거관리위원회
2. 특별시장·광역시장·특별자치시장·도지사(이하 "市·道知事"라 한다)선거와 비례대표선거구시·도의회의원(이하 "比例代表市·道議員"이라 한다)선거의 선거구선거사무는 시·도선거관리위원회
3. 지역선거구국회의원(이하 "地域區國會議員"이라 한다)선거, 지역선거구시·도의회의원(이하 "지역구시·도의원"이라 한다)선거, 지역선거구자치구·시·군의회의원(이하 "지역구자치구·시·군의원"이라 한다)선거, 비례대표선거구자치구·시·군의회의원(이하 "비례대표자치구·시·군의원"이라 한다)선거 및 자치구의 구청장·시장·군수(이하 "自治區·市·郡의 長"이라 한다)선거의 선거구선거사무는 그 선거구역을 관할하는 구·시·군선거관리위원회[제29條(地方議會議員의 增員選擧)제3항 또는 「선거관리위원회법」 제2條(設置)제6항의 규정에 의하여 선거구선거사무를 행할 구·시·군선거관리위원회가 지정된 경우에는 그 지정을 받은 구·시·군선거관리위원회를 말한다]
②제1항에서 "선거구선거사무"라 함은 선거에 관한 사무중 후보자등록 및 당선인결정 등과 같이 당해 선거구를 단위로 행하여야 하는 선거사무를 말한다.
③선거구선거관리위원회 또는 직근 상급선거관리위원회는 선거관리를 위하여 특히 필요하다고 인정하는 때에는 중앙선거관리위원회가 정하는 바에 따라 당해 선거에 관하여 관할선거구안의 선거관리위원회가 행할 선거사무의 범위를 조정하거나 하급선거관리위원회 또는 그 위원으로 하여금 선거구선거관리위원회의 직무를 행하게 할 수 있다.
④제3항의 규정에 의하여 선거구선거사무를 행하는 하급선거관리위원회의 위원은 선거구선거관리위원회위원의 정수에 산입하지 아니하며, 선거구선거관리위원회의 의결에 참가할 수 없다.
⑤구·시·군선거관리위원회 또는 읍·면·동선거관리위원회가 천재·지변 기타 부득이한 사유로 그 기능을 수행할 수 없는 때에는 직근 상급선거관리위원회는 직접 또는 다른 선거관리위원회로 하여금 당해 선거관리위원회의 기능이 회복될 때까지 그 선거사무를 대행하거나 대행하게 할 수 있다. 다른 선거관리위원회로 하여금 대행하게 하는 경우에는 대행할 업무의 범위도 함께 정하여야 한다. <개정 2005.8.4.>
⑥제5항의 규정에 의하여 선거사무를 대행하거나 대행하게 한 때에는 대행할 선거관리위원회와 그 업무의 범위를 지체없이 공고하고, 상급선거관리위원회에 보고하여야 한다.
[제목개정 2015.8.13.]

第14條(임기개시) ①대통령의 임기는 전임대통령의 임기만료일의 다음날 0시부터 개시된다. 다만, 전임자의 임기가 만료된 후에 실시하는 선거와 궐위로 인한 선거에 의한 대통령의 임기는 당선이 결정된 때부터 개시된다. <개정 2003.2.4.>
②국회의원과 지방의회의원(이하 이 項에서 "議員"이라 한다)의 임기는 총선거에 의한 전임의원의 임기만료일의 다음 날부터 개시된다. 다만, 의원의 임기가 개시된 후에 실시하는 선거와 지방의회의원의 증원선거에 의한 의원의 임기는 당선이 결정된 때부터 개시되며 전임자 또는 같은 종류의 의원의 잔임기간으로 한다.
③지방자치단체의 장의 임기는 전임지방자치단체의 장의 임기만료일의 다음 날부터 개시

된다. 다만, 전임지방자치단체의 장의 임기가 만료된 후에 실시하는 선거와 제30조(地方自治團體의 廢置·分合시의 選擧 등)제1항제1호 내지 제3호에 의하여 새로 선거를 실시하는 지방자치단체의 장의 임기는 당선이 결정된 때부터 개시되며 전임자 또는 같은 종류의 지방자치단체의 장의 잔임기간으로 한다.

제2장 선거권과 피선거권

제15조(선거권) ①18세 이상의 국민은 대통령 및 국회의원의 선거권이 있다. 다만, 지역구국회의원의 선거권은 18세 이상의 국민으로서 제37조제1항에 따른 선거인명부작성기준일 현재 다음 각 호의 어느 하나에 해당하는 사람에 한하여 인정된다. <개정 2011.11.7., 2014.1.17., 2015.8.13., 2020.1.14>

1. 「주민등록법」 제6조제1항제1호 또는 제2호에 해당하는 사람으로서 해당 국회의원지역선거구 안에 주민등록이 되어 있는 사람
2. 「주민등록법」 제6조제1항제3호에 해당하는 사람으로서 주민등록표에 3개월 이상 계속하여 올라 있고 해당 국회의원지역선거구 안에 주민등록이 되어 있는 사람

②18세 이상으로서 제37조제1항에 따른 선거인명부작성기준일 현재 다음 각 호의 어느 하나에 해당하는 사람은 그 구역에서 선거하는 지방자치단체의 의회의원 및 장의 선거권이 있다. <개정 2009.2.12., 2011.11.7., 2014.1.17., 2015.8.13., 2020.1.14>

1. 「주민등록법」 제6조제1항제1호 또는 제2호에 해당하는 사람으로서 해당 지방자치단체의 관할 구역에 주민등록이 되어 있는 사람
2. 「주민등록법」 제6조제1항제3호에 해당하는 사람으로서 주민등록표에 3개월 이상 계속하여 올라 있고 해당 지방자치단체의 관할구역에 주민등록이 되어 있는 사람
3. 「출입국관리법」 제10조에 따른 영주의 체류자격 취득일 후 3년이 경과한 외국인으로서 같은 법 제34조에 따라 해당 지방자치단체의 외국인등록대장에 올라 있는 사람

[2009.2.12. 법률 제9466호에 의하여 2007.6.28. 헌법재판소에서 헌법불합치결정된 이 조 제2항제1호를 개정함.]
[제목개정 2011.11.7.]

제16조(피선거권) ①선거일 현재 5년 이상 국내에 거주하고 있는 40세 이상의 국민은 대통령의 피선거권이 있다. 이 경우 공무로 외국에 파견된 기간과 국내에 주소를 두고 일정기간 외국에 체류한 기간은 국내거주기간으로 본다. <개정 1997.1.13.>
②25세 이상의 국민은 국회의원의 피선거권이 있다.
③선거일 현재 계속하여 60일 이상(公務로 外國에 派遣되어 選擧日전 60日후에 귀국한 者는 選擧人名簿作成基準日부터 계속하여 選擧日까지) 해당 지방자치단체의 관할구역에 주민등록이 되어 있는 주민으로서 25세 이상의 국민은 그 지방의회의원 및 지방자치단체의 장의 피선거권이 있다. 이 경우 60일의 기간은 그 지방자치단체의 설치·폐지·분할·합병 또는 구역변경(제28조 각 호의 어느 하나에 따른 구역변경을 포함한다)에 의하여 중단되지 아니한다. <개정 1998.4.30., 2009.2.12., 2015.8.13.>
④제3항 전단의 경우에 지방자치단체의 사무소 소재지가 다른 지방자치단체의 관할 구역에 있어 해당 지방자치단체의 장의 주민등록이 다른 지방자치단체의 관할 구역에 있게 된 때에는 해당 지방자치단체의 관할 구역에 주민등록이 되어 있는 것으로 본다. <개정 2009.2.12.>
[제목개정 2015.8.13.]
[2009.2.12. 법률 제9466호에 의하여 2007.6.28. 헌법재판소에서 헌법불합치결정된 이 조 제3항을 개정함.]

제17조(연령산정기준) 선거권자와 피선거권자의 연령은 선거일 현재로 산정한다.

제18조(선거권이 없는 자) ①선거일 현재 다음 각 호의 어느 하나에 해당하는 사람은 선거권이 없다. <개정 2004.3.12., 2005.8.4., 2015.8.13.>
1. 금치산선고를 받은 자
2. 1년 이상의 징역 또는 금고의 형의 선고를 받고 그 집행이 종료되지 아니하거나 그 집행을 받지 아니하기로 확정되지 아니한 사람. 다만, 그 형의 집행유예를 선고받고 유예기간 중에 있는 사람은 제외한다.
3. 선거범, 「정치자금법」 제45조(정치자금부정수수죄) 및 제49조(선거비용관련 위반행위에 관한 벌칙)에 규정된 죄를 범한 자 또는 대통령·국회의원·지방의회의원·지방자치단체의 장으로서 그 재임중의 직무와 관련하여 「형법」(「특정범죄가중처벌 등에 관한 법률」 제2조에 의하여 가중처벌되는 경우를 포함한다) 제129조(수뢰, 사전수뢰) 내지 제132조(알선수뢰)·「특정범죄가중처벌 등에 관한 법률」 제3조(알선수재)에 규정된 죄를 범한 자로서, 100만원이상의 벌금형의 선고를 받고 그 형이 확정된 후 5년 또는 형의 집행유예의 선고를 받고 그 형이 확정된 후 10년을 경과하지 아니하거나 징역형의 선고를 받고 그 집행을 받지 아니하기로 확정된 후 또는 그 형의 집행이 종료되거나 면제된 후 10년을 경과하지 아니한 자(刑이 失效된 者도 포함한다)
4. 법원의 판결 또는 다른 법률에 의하여 선거권이 정지 또는 상실된 자

②제1항제3호에서 "선거범"이라 함은 제16장 벌칙에 규정된 죄와 「국민투표법」 위반의 죄를 범한 자를 말한다. <개정 2005.8.4.>

③「형법」 제38조에도 불구하고 제1항제3호에 규정된 죄와 다른 죄의 경합범에 대하여는 이를 분리 선고하고, 선거사무장·선거사무소의 회계책임자(선거사무소의 회계책임자로 선임·신고되지 아니한 사람으로서 후보자와 통모(通謀)하여 해당 후보자의 선거비용으로 지출한 금액이 선거비용제한액의 3분의 1 이상에 해당하는 사람을 포함한다) 또는 후보자(후보자가 되려는 사람을 포함한다)의 직계존비속 및 배우자에게 제263조 및 제265조에 규정된 죄와 이 조 제1항제3호에 규정된 죄의 경합범으로 징역형 또는 300만원 이상의 벌금형을 선고하는 때(선거사무장, 선거사무소의 회계책임자에 대하여는 선임·신고되기 전의 행위로 인한 경우를 포함한다)에는 이를 분리 선고하여야 한다. <개정 2010.1.25.>

[제목개정 2015.8.13.]

[2015.8.13. 법률 제13497호에 의하여 2014.1.28. 헌법재판소에서 위헌 및 헌법불합치 결정된 이 조 제1항제2호를 개정함]

제19조(피선거권이 없는 자) 선거일 현재 다음 각 호의 어느 하나에 해당하는 자는 피선거권이 없다. <개정 2013.12.30., 2014.2.13.>
1. 제18조(選擧權이 없는 者)제1항제1호·제3호 또는 제4호에 해당하는 자
2. 금고 이상의 형의 선고를 받고 그 형이 실효되지 아니한 자
3. 법원의 판결 또는 다른 법률에 의하여 피선거권이 정지되거나 상실된 자
4. 「국회법」 제166조(국회 회의 방해죄)의 죄를 범한 자로서 다음 각 목의 어느 하나에 해당하는 자(형이 실효된 자를 포함한다)
   가. 500만원 이상의 벌금형의 선고를 받고 그 형이 확정된 후 5년이 경과되지 아니한 자
   나. 형의 집행유예의 선고를 받고 그 형이 확정된 후 10년이 경과되지 아니한 자
   다. 징역형의 선고를 받고 그 집행을 받지 아니하기로 확정된 후 또는 그 형의 집행이 종료되거나 면제된 후 10년이 경과되지 아니한 자
5. 제230조제6항의 죄를 범한 자로서 벌금형의 선고를 받고 그 형이 확정된 후 10년을 경과하지 아니한 자(형이 실효된 자도 포함한다)

제3장 선거구역과 의원정수

제20조(선거구) ①대통령 및 비례대표국회의원은 전국을 단위로 하여 선거한다. <개정 2000.2.16., 2005.8.4.>
②비례대표시·도의원은 당해 시·도를 단위로 선거하며, 비례대표자치구·시·군의원은 당해 자치구·시·군을 단위로 선거한다. <신설 2005.8.4.>
③지역구국회의원, 지역구지방의회의원(지역구시·도의원 및 지역구자치구·시·군의원을 말한다. 이하 같다)은 당해 의원의 선거구를 단위로 하여 선거한다. <개정 2000.2.16., 2005.8.4.>
④지방자치단체의 장은 당해 지방자치단체의 관할구역을 단위로 하여 선거한다.

제21조(국회의 의원정수) ①국회의 의원정수는 지역구국회의원 253명과 비례대표국회의원 47명을 합하여 300명으로 한다. <개정 2020.1.14>
②하나의 국회의원지역선거구(이하 "국회의원지역구"라 한다)에서 선출할 국회의원의 정수는 1인으로 한다. <개정 2016.3.3.>
[제목개정 2016.3.3.]

제22조(시 · 도의회의 의원정수) ①시·도별 지역구시·도의원의 총 정수는 그 관할구역 안의 자치구·시·군(하나의 자치구·시·군이 2 이상의 국회의원지역구로 된 경우에는 국회의원지역구를 말하며, 행정구역의 변경으로 국회의원지역구와 행정구역이 합치되지 아니하게 된 때에는 행정구역을 말한다)수의 2배수로 하되, 인구·행정구역·지세·교통, 그 밖의 조건을 고려하여 100분의 14의 범위에서 조정할 수 있다. 다만, 자치구·시·군의 지역구시·도의원정수는 최소 1명으로 한다. <개정 2014.2.13., 2016.3.3.>
②제1항에도 불구하고 「지방자치법」 제7조제2항에 따라 시와 군을 통합하여 도농복합형태의 시로 한 경우에는 시·군통합후 최초로 실시하는 임기만료에 의한 시·도의회의원선거에 한하여 해당 시를 관할하는 도의회의원의 정수 및 해당 시의 도의회의원의 정수는 통합 전의 수를 고려하여 이를 정한다. <개정 1998.4.30., 2005.8.4., 2010.1.25.>
③제1항 및 제2항의 기준에 의하여 산정된 의원정수가 19명 미만이 되는 광역시 및 도는 그 정수를 19명으로 한다. <개정 1998.4.30., 2002.3.7., 2010.1.25.>
④비례대표시·도의원정수는 제1항 내지 제3항의 규정에 의하여 산정된 지역구시·도의원정수의 100분의 10으로 한다. 이 경우 단수는 1로 본다. 다만, 산정된 비례대표시·도의원정수가 3인 미만인 때에는 3인으로 한다. <신설 1995.4.1.>
[제목개정 2014.2.13.]
[2010.1.25. 법률 제9974호에 의하여 2007.3.29. 헌법재판소에서 헌법불합치 결정된 이 조를 개정함]

제23조(자치구 · 시 · 군의회의 의원정수)
①시·도별 자치구·시·군의회 의원의 총정수는 별표 3과 같이 하며, 자치구·시·군의회의 의원정수는 당해 시·도의 총정수 범위 내에서 제24조의3의 규정에 따른 당해 시·도의 자치구·시·군의원선거구획정위원회가 자치구·시·군의 인구와 지역대표성을 고려하여 중앙선거관리위원회규칙이 정하는 기준에 따라 정한다. <개정 2015.6.19.>
②자치구·시·군의회의 최소정수는 7인으로 한다.
③비례대표자치구·시·군의원정수는 자치구·시·군의원 정수의 100분의 10으로 한다. 이 경우 단수는 1로 본다.
[전문개정 2005.8.4.]

제24조(국회의원선거구획정위원회) ①국회의원지역구의 공정한 획정을 위하여 임기만료에 따른 국회의원선거의 선거일 전 18개월부터 해당 국회의원선거에 적용되는 국회의원지역구의 명칭과 그 구역이 확정되어 효력을 발생하는 날까지 국회의원선거구획정위원회를 설치·운영한다. <개정 2016.3.3.>

②국회의원선거구획정위원회는 중앙선거관리위원회에 두되, 직무에 관하여 독립의 지위를 가진다.
③국회의원선거구획정위원회는 중앙선거관리위원회위원장이 위촉하는 9명의 위원으로 구성하되, 위원장은 위원 중에서 호선한다.
④국회의 소관 상임위원회 또는 선거구획정에 관한 사항을 심사하는 특별위원회(이하 이 조 및 제24조의2에서 "위원회"라 한다)는 중앙선거관리위원회위원장이 지명하는 1명과 학계·법조계·언론계·시민단체·정당 등으로부터 추천받은 사람 중 8명을 의결로 선정하여 국회의원선거구획정위원회 설치일 전 10일까지 중앙선거관리위원회위원장에게 통보하여야 한다.
⑤중앙선거관리위원회위원장은 국회의원선거구획정위원회 위원의 결원이 발생하는 때에는 위원회에 위원을 선정하여 통보하여 줄 것을 요청하여야 한다. 이 경우 위원의 선정 등에 관하여는 제4항을 준용한다.
⑥국회의원선거구획정위원회 위원의 임기는 국회의원선거구획정위원회의 존속기간으로 한다.
⑦국회의원 및 정당의 당원(제1항에 따른 국회의원선거구획정위원회의 설치일부터 과거 1년 동안 정당의 당원이었던 사람을 포함한다)은 위원이 될 수 없다.
⑧위원은 명예직으로 하되, 위원에게 일비·여비 그 밖의 실비를 지급할 수 있다.
⑨국회의원선거구획정위원회로부터 선거구획정업무에 필요한 자료의 요청을 받은 국가기관 및 지방자치단체는 지체 없이 이에 따라야 한다.
⑩국회의원선거구획정위원회는 국회의원지역구를 획정함에 있어서 국회에 의석을 가진 정당에게 선거구획정에 대한 의견진술의 기회를 부여하여야 한다. <개정 2016.3.3.>
⑪국회의원선거구획정위원회는 제25조제1항에 규정된 기준에 따라 작성되고 재적위원 3분의 2 이상의 찬성으로 의결한 선거구획정안과 그 이유 및 그 밖에 필요한 사항을 기재한 보고서를 임기만료에 따른 국회의원선거의 선거일 전 13개월까지 국회의장에게 제출하여야 한다.
⑫국회의원선거구획정위원회에 그 사무를 지원하기 위한 조직(이하 "지원 조직"이라 한다)을 국회의원선거구획정위원회 설치일 전 30일부터 둘 수 있다. 이 경우 지원 조직은 중앙선거관리위원회 소속 공무원으로 구성하되, 국회의원선거구획정위원회가 설치된 후 필요하다고 판단되면 국회의원선거구획정위원회위원장은 관계 국가기관에 그 소속 공무원의 파견을 요청할 수 있다.
⑬국회의원선거구획정위원회 위원 또는 위원이었던 사람은 그 직무상 알게 된 비밀을 누설하여서는 아니 된다. 국회의원선거구획정위원회 지원 조직의 직원 또한 같다.
⑭그 밖에 국회의원선거구획정위원회 및 지원 조직의 운영 등에 필요한 사항은 중앙선거관리위원회규칙으로 정한다.
[전문개정 2015.6.19.]

제24조의2(국회의원지역구 확정) ①국회는 국회의원지역구를 선거일 전 1년까지 확정하여야 한다. <개정 2016.3.3.>
②국회의장은 제24조제11항에 따라 제출된 선거구획정안을 위원회에 회부하여야 한다.
③제2항에 따라 선거구획정안을 회부받은 위원회는 이를 지체 없이 심사하여 국회의원지역구의 명칭과 그 구역에 관한 규정을 개정하는 법률안(이하 "선거구법률안"이라 한다)을 제안하여야 한다. 이 경우 위원회는 국회의원선거구획정위원회가 제출한 선거구획정안을 그대로 반영하되, 선거구획정안이 제25조제1항의 기준에 명백하게 위반된다고 판단하는 경우에는 그 이유를 붙여 재적위원 3분의 2 이상의 찬성으로 국회의원선거구획정위원회에 선거구획정안을 다시 제출하여 줄 것을 한 차례만 요구할 수 있다. <개정 2016.3.3.>
④제3항에 따른 요구를 받은 국회의원선거구획정위원회는 그 요구를 받은 날부터 10일 이내에 새로이 선거구획정안을 마련하여 국회의장에게 제출하여야 한다. 이 경우 선거구획정안의 위원회 회부에 관하여는 제2항을 준용한다.
⑤선거구법률안 중 국회의원지역구의 명칭과 그 구역에 한해서는 「국회법」 제86조에 따른

법제사법위원회의 체계와 자구에 대한 심사 대상에서 제외한다. <개정 2016.3.3.>
⑥국회의장은 선거구법률안 또는 선거구법률안이 포함된 법률안이 제안된 후 처음 개의하는 본회의에 이를 부의하여야 한다. 이 경우 본회의는 「국회법」 제95조제1항 및 제96조에도 불구하고 선거구법률안 또는 선거구법률안이 포함된 법률안을 수정 없이 바로 표결한다.
[본조신설 2015.6.19.]
[제목개정 2016.3.3.]

제24조의3(자치구 · 시 · 군의원선거구획정위원회) ①자치구·시·군의원지역선거구(이하 "자치구·시·군의원지역구"라 한다)의 공정한 획정을 위하여 시·도에 자치구·시·군의원선거구획정위원회를 둔다.
②자치구·시·군의원선거구획정위원회는 11명 이내의 위원으로 구성하되, 학계·법조계·언론계·시민단체와 시·도의회 및 시·도선거관리위원회가 추천하는 사람 중에서 시·도지사가 위촉하여야 한다.
③지방의회의원 및 정당의 당원은 자치구·시·군의원선거구획정위원회의 위원이 될 수 없다.
④자치구·시·군의원선거구획정위원회는 선거구획정안을 마련함에 있어서 국회에 의석을 가진 정당과 해당 자치구·시·군의 의회 및 장에 대하여 의견진술의 기회를 부여하여야 한다.
⑤자치구·시·군의원선거구획정위원회는 제26조제2항에 규정된 기준에 따라 선거구획정안을 마련하고, 그 이유나 그 밖의 필요한 사항을 기재한 보고서를 첨부하여 임기만료에 따른 자치구·시·군의원선거의 선거일 전 6개월까지 시·도지사에게 제출하여야 한다.
⑥시·도의회가 자치구·시·군의원지역구에 관한 조례를 개정하는 때에는 자치구·시·군의원선거구획정위원회의 선거구획정안을 존중하여야 한다.
⑦제24조제8항 및 제9항은 자치구·시·군의원선거구획정위원회에 관하여 이를 준용한다.
⑧자치구·시·군의원선거구획정위원회의 구성 및 운영, 그 밖에 필요한 사항은 중앙선거관리위원회규칙으로 정한다. <개정 2015.12.24.>
[본조신설 2015.6.19.]

제25조(국회의원지역구의 획정) ①국회의원지역구는 시·도의 관할구역 안에서 인구·행정구역·지리적 여건·교통·생활문화권 등을 고려하여 다음 각 호의 기준에 따라 획정한다. <개정 2016.3.3.>
1. 국회의원지역구 획정의 기준이 되는 인구는 선거일 전 15개월이 속하는 달의 말일 현재 「주민등록법」 제7조제1항에 따른 주민등록표에 따라 조사한 인구로 한다.
2. 하나의 자치구·시·군의 일부를 분할하여 다른 국회의원지역구에 속하게 할 수 없다. 다만, 인구범위(인구비례 2:1의 범위를 말한다. 이하 이 조에서 같다)에 미달하는 자치구·시·군으로서 인접한 하나 이상의 자치구·시·군의 관할구역 전부를 합하는 방법으로는 그 인구범위를 충족하는 하나의 국회의원지역구를 구성할 수 없는 경우에는 그 인접한 자치구·시·군의 일부를 분할하여 구성할 수 있다.
②국회의원지역구의 획정에 있어서는 제1항제2호의 인구범위를 벗어나지 아니하는 범위에서 농산어촌의 지역대표성이 반영될 수 있도록 노력하여야 한다. <신설 2016.3.3.>
③국회의원지역구의 명칭과 그 구역은 별표 1과 같이 한다. <개정 2016.3.3.>
[제목개정 2016.3.3.]
[2004.3.12. 법률 제7189호에 의하여 2001.10.25. 헌법재판소에서 헌법불합치 결정된 별표 1을 개정함.]
[2016.3.3. 법률 제14073호에 의하여 2014.10.30. 헌법재판소에서 헌법불합치 결정된 이 조 제3항 별표 1을 개정함.]

제26조(지방의회의원선거구의 획정) ①시·도의회의원지역선거구(이하 "市·道議員地域區"라 한다)는 인구·행정구역·지세·교통 그 밖의 조건을 고려하여 자치구·시·군(하나의 自治

區·市·郡이 2 이상의 國會議員地域區로 된 경우에는 國會議員地域區를 말하며, 行政區域의 변경으로 國會議員地域區와 行政區域이 合致되지 아니하게 된 때에는 行政區域을 말한다)을 구역으로 하거나 분할하여 이를 획정하되, 하나의 시·도의원지역구에서 선출할 지역구시·도의원정수는 1명으로 하며, 그 시·도의원지역구의 명칭과 관할구역은 별표 2와 같이 한다. <개정 1995.4.1., 2010.1.25.>

②자치구·시·군의원지역구는 인구·행정구역·지세·교통 그 밖의 조건을 고려하여 획정하되, 하나의 자치구·시·군의원지역구에서 선출할 지역구자치구·시·군의원정수는 2인 이상 4인 이하로 하며, 그 자치구·시·군의원지역구의 명칭·구역 및 의원정수는 시·도조례로 정한다. <개정 2005.8.4.>

③제1항 또는 제2항의 규정에 따라 시·도의원지역구 또는 자치구·시·군의원지역구를 획정하는 경우 하나의 읍·면(「지방자치법」 제4조의2제3항에 따라 행정면을 둔 경우에는 행정면을 말한다. 이하 같다)·동(「지방자치법」 제4조의2제4항에 따라 행정동을 둔 경우에는 행정동을 말한다. 이하 같다)의 일부를 분할하여 다른 시·도의원지역구 또는 자치구·시·군의원지역구에 속하게 하지 못한다. <개정 1995.4.1., 2005.8.4., 2010.1.25.>

④자치구·시·군의원지역구는 하나의 시·도의원지역구 내에서 획정하여야 하며, 하나의 시·도의원지역구에서 지역구자치구·시·군의원을 4인 이상 선출하는 때에는 2개 이상의 지역선거구로 분할할 수 있다. <신설 2005.8.4.>

[헌법불합치, 2018헌마415, 2019.2.28. 공직선거법(2018.3.9. 법률 제15424호로 개정된 것) 제26조 제1항 [별표 2] 시·도의회의원지역선거구구역표 중 인천광역시의회의원지역선거구들 부분과 경상북도의회의원지역선거구들 부분은 헌법에 합치되지 아니한다. 공직선거법(2018.3.9. 법률 제15424호로 개정된 것) 제26조 제1항 [별표 2] 시·도의회의원지역선거구구역표 중 인천광역시의회의원지역선거구들 부분과 경상북도의회의원지역선거구들 부분은 2021.12.31.을 시한으로 입법자가 개정할 때까지 계속 적용된다.]

제27조(임기중 국회의원지역구를 변경한 때의 선거유예) 인구의 증감 또는 행정구역의 변경에 따라 별표 1의 개정에 의한 국회의원지역구의 변경이 있더라도 임기만료에 의한 총선거를 실시할 때까지는 그 증감된 국회의원지역구의 선거는 이를 실시하지 아니한다.

제28조(임기중 지방의회의 의원정수의 조정 등) 인구의 증감 또는 행정구역의 변경에 따라 지방의회의 의원정수·선거구 또는 그 구역의 변경이 있더라도 임기만료에 의한 총선거를 실시할 때까지는 그 증감된 선거구의 선거는 이를 실시하지 아니한다. 다만, 지방자치단체의 구역변경이나 설치·폐지·분할 또는 합병이 있는 때에는 다음 각호에 의하여 당해 지방의회의 의원정수를 조정하고, 제3호 단서·제5호 또는 제6호의 경우에는 증원선거를 실시한다. <개정 1995.4.1., 2005.8.4.>

1. 지방자치단체의 구역변경으로 선거구에 해당하는 구역의 전부가 다른 지방자치단체에 편입된 때에는 그 편입된 선거구에서 선출된 지방의회의원은 종전의 지방의회의원의 자격을 상실하고 새로운 지방의회의원의 자격을, 선거구에 해당하는 구역의 일부가 다른 지방자치단체에 편입된 때에는 그 편입된 구역이 속하게 된 선거구에서 선출된 지방의회의원은 그 구역이 변경된 날부터 14일 이내에 자신이 속할 지방의회를 선택하여 당해 지방의회에 서면으로 신고하여야 하며 그 선택한 지방의회가 종전의 지방의회가 아닌 때에는 종전의 지방의회의원의 자격을 상실하고 새로운 지방의회의원의 자격을 취득하되, 그 임기는 종전의 지방의회의원의 잔임기간으로 하며, 그 재임기간에는 제22조(市·道議會의 議員定數) 또는 제23조(自治區·市·郡議會의 議員定數)의 규정에 불구하고 그 재직의원수를 각각 의원정수로 한다. 이 경우 새로운 지방의회의원의 자격을 취득한 지방의회의원의 주민등록이 종전의 지방자치단체의 관할구역안에 되어 있는 때에는 그 구역이 변경된 날부터 14일 이내에 새로운 지방자치단체의 관할구역으로 주민등록을 이전하여야 하며, 그 구역이 변경된 날부터 14일 이내에 자신이 속할 지방의회를 신고하지 아니한 때에는 그 구역이 변경된 날부터 14일이 되는 날 현재 당해 지방의회의원의 주민등록지를 관할하는 지방자치단체의 지방의회에 신고한 것으로 본다.

2. 2 이상의 지방자치단체가 합하여 새로운 지방자치단체가 설치된 때에는 종전의 지방의

회의원은 같은 종류의 새로운 지방자치단체의 지방의회의원으로 되어 잔임기간 재임하며, 그 잔임기간에는 제22조 또는 제23조의 규정에 불구하고 그 재직의원수를 각각 의원정수로 한다.

3. 하나의 지방자치단체가 분할되어 2이상의 지방자치단체가 설치된 때에는 종전의 지방의회의원은 후보자등록당시의 선거구를 관할하게 되는 지방자치단체의 지방의회의원으로 되어 잔임기간 재임하며, 그 잔임기간에는 제22조 또는 제23조의 규정에 불구하고 그 재직의원수를 각각 의원정수로 한다. 이 경우 비례대표시·도의원은 당해 시·도가 분할·설치된 날부터 14일이내에 자신이 속할 시·도의회를 선택하여 당해 시·도의회에 서면으로 신고하여야 하고, 비례대표자치구·시·군의원은 당해 자치구·시·군이 분할·설치된 날부터 14일 이내에 자신이 속할 자치구·시·군의회를 선택하여 당해 자치구·시·군의회에 서면으로 신고하여야 한다. 다만, 재직의원수가 제22조 또는 제23조의 규정에 의한 새로운 의원정수의 3분의 2에 미달하는 때에는 의원정수에 미달하는 수만큼의 증원선거를 실시한다.

4. 시가 광역시로 된 때에는 종전의 시의회의원과 당해 지역에서 선출된 도의회의원은 종전의 지방의회의원의 자격을 각각 상실하고 광역시의회의원의 자격을 취득하되, 그 임기는 종전의 도의회의원의 잔임기간으로 하며, 그 잔임기간에는 제22조의 규정에 불구하고 그 재직의원수를 의원정수로 한다.

5. 읍 또는 면이 시로 된 때에는 시의회를 새로 구성하되, 최초로 선거하는 의원의 수는 당해 시·도의 자치구·시·군의원선거구획정위원회가 새로 정한 의원정수로부터 당해 지역에서 이미 선출된 군의회의원정수를 뺀 수로 하고, 종전의 당해 지역에서 선출된 군의회의원은 시의회의원이 된다. 이 경우 새로 선출된 의원정수를 합한 수를 제23조의 규정에 따른 시·도별 자치구·시·군의회의원의 총정수로 한다.

6. 제4호의 경우 자치구가 아닌 구가 자치구로 된 때에는 자치구의회를 새로 구성하며, 그 의원정수는 당해 시·도의 자치구·시·군의원선거구획정위원회가 새로 정한다. 이 경우 새로 정한 의원 정수를 합한 수를 제23조의 규정에 따른 시·도별자치구·시·군의회의원의 총정수로 한다.

제29조(지방의회의원의 증원선거) ①제28조(任期중 地方議會의 議員定數의 調整 등)제3호 단서·제5호 또는 제6호의 규정에 의한 증원선거는 제22조(市·道議會의 議員定數)·제23조(自治區·市·郡議會의 議員定數) 또는 제26조(地方議會議員選擧區의 劃定)의 규정에 의하여 새로 획정한 선거구에 의하되, 종전 지방의회의원이 없거나 종전 지방의회의원의 수가 그 선거구의 의원정수에 미달되는 선거구에 대하여 실시한다.

②제1항의 선거구획정에 있어서 종전 지방의회의원의 선거구는 그 의원의 후보자등록 당시의 주소지를 관할하는 선거구로 하며, 새로 획정한 하나의 선거구안에 종전 지방의회의원의 수가 그 선거구의 새로 정한 의원정수를 넘는 때에는 임기만료에 의한 총선거를 실시할 때까지 제22조 또는 제23조의 규정에 불구하고 그 넘는 의원수를 합한 수를 당해 선거구의 의원정수로 한다.

③제1항의 증원선거에 관한 사무는 당해 구·시·군선거관리위원회가 설치되지 아니한 경우에는 시·도선거관리위원회가 지정하거나 그 구역을 관할하던 종전의 구·시·군선거관리위원회로 하여금 그 선거사무를 행하게 할 수 있다.

제30조(지방자치단체의 폐치 · 분합시의 선거 등) ①지방자치단체의 설치·폐지·분할 또는 합병이 있는 때에는 다음 각호에 의하여 당해 지방자치단체의 장을 선거한다. <개정 1995.4.1.>

1. 시·자치구 또는 광역시가 새로 설치된 때에는 당해 지방자치단체의 장은 새로 선거를 실시한다.

2. 하나의 지방자치단체가 분할되어 2 이상의 같은 종류의 지방자치단체로 된 때에는 종전의 지방자치단체의 장은 새로 설치된 지방자치단체중 종전의 지방자치단체의 사무소가 위치한 지역을 관할하는 지방자치단체의 장으로 되며, 그 다른 지방자치단체의 장은 새로 선거를 실시한다. 이 경우 종전의 지방자치단체의 사무소가 다른 지방자치단체의 관할구역안에 있는 때에는 지방자치

단체의 분할에 관한 법률제정시 새로 선거를 실시할 지방자치단체를 정하여야 한다.
3. 2 이상의 같은 종류의 지방자치단체가 합하여 새로운 지방자치단체가 설치된 때에는 종전의 지방자치단체의 장은 그 직을 상실하고, 새로운 지방자치단체의 장에 대해서는 새로 선거를 실시한다.
4. 지방자치단체가 다른 지방자치단체에 편입됨으로 인하여 폐지된 때에는 그 폐지된 지방자치단체의 장은 그 직을 상실한다.
②지방자치단체의 명칭만 변경된 경우에는 종전의 지방자치단체의 장은 변경된 지방자치단체의 장이 되며, 변경 당시의 잔임기간 재임한다.
③이 법에서 "같은 종류의 지방자치단체"라 함은 「지방자치법」 제2조(地方自治團體의 종류) 제1항에 의한 같은 종류의 지방자치단체를 말한다. <개정 2005.8.4.>

제31조(투표구) ①읍·면·동에 투표구를 둔다.
②구·시·군선거관리위원회는 하나의 읍·면·동에 2 이상의 투표구를 둘 수 있다. 이 경우 읍·면의 리(「지방자치법」 제4조의2제4항에 따라 행정리를 둔 경우에는 행정리를 말한다. 이하 같다)의 일부를 분할하여 다른 투표구에 속하게 할 수 없다. <개정 2005.8.4., 2010.1.25.>
③투표구를 설치 또는 변경하거나 선거를 실시하는 때에는 구·시·군선거관리위원회는 중앙선거관리위원회규칙이 정하는 바에 따라 투표구의 명칭과 그 구역을 공고하여야 한다.

제32조(구역의 변경 등) ①제37조(名簿作成)제1항의 선거인명부작성기준일부터 선거일까지의 사이에 선거구의 구역·행정구역 또는 투표구의 구역이 변경된 경우에도 당해 선거에 관한 한 그 구역은 변경되지 아니한 것으로 본다. <개정 2005.8.4.>
②지방자치단체나 그 행정구역의 관할구역의 변경없이 그 명칭만 변경된 경우에는 별표 1·별표 2·별표 3 및 제26조(地方議會議員選擧區의 劃定)제2항의 규정에 의한 시·도조례중 국회의원지역구명·선거구명 및 그 구역의 행정구역명은 변경된 지방자치단체명이나 행정구역명으로 변경된 것으로 본다. <개정 2005.8.4.>

제4장 선거기간과 선거일

제33조(선거기간) ①선거별 선거기간은 다음 각호와 같다. <개정 2002.3.7., 2004.3.12.>
1. 대통령선거는 23일
2. 국회의원선거와 지방자치단체의 의회의원 및 장의 선거는 14일
3. 삭제 <2002.3.7.>
②삭제 <2004.3.12.>
③"선거기간"이란 다음 각 호의 기간을 말한다. <개정 2011.7.28.>
1. 대통령선거: 후보자등록마감일의 다음 날부터 선거일까지
2. 국회의원선거와 지방자치단체의 의회의원 및 장의 선거: 후보자등록마감일 후 6일부터 선거일까지
[제목개정 2011.7.28.]

제34조(선거일) ①임기만료에 의한 선거의 선거일은 다음 각호와 같다. <개정 1998.2.6., 2004.3.12.>
1. 대통령선거는 그 임기만료일전 70일 이후 첫번째 수요일
2. 국회의원선거는 그 임기만료일전 50일 이후 첫번째 수요일
3. 지방의회의원 및 지방자치단체의 장의 선거는 그 임기만료일전 30일 이후 첫번째 수요일
②제1항의 규정에 의한 선거일이 국민생활과 밀접한 관련이 있는 민속절 또는 공휴일인 때와 선거일전일이나 그 다음날이 공휴일인 때에는 그 다음주의 수요일로 한다. <개정 2004.3.12.>

제35조(보궐선거 등의 선거일) ①대통령의 궐위로 인한 선거 또는 재선거(第3項의 規定에 의한 再選擧를 제외한다. 이하 第2項에서 같다)는 그 선거의 실시사유가 확정된 때부터 60일 이내에 실시하되, 선거일은 늦어도 선거일 전 50일까지 대통령 또는 대통령권한대행자가 공고하여야 한다. <개정 2009.2.12.>
②보궐선거·재선거·증원선거와 지방자치단체의 설치·폐지·분할 또는 합병에 의한 지방자치단체의 장 선거의 선거일은 다음 각 호와 같다. <개정 2000.2.16., 2004.3.12., 2005.8.4., 2011.7.28., 2015.8.13.2020.12.29>
1. 국회의원 · 지방의회의원의 보궐선거 · 재선거 및 지방의회의원의 증원선거는 매년 1회 실시하고, 지방자치단체의 장의 보궐선거 · 재선거는 매년 2회 실시하되, 다음 각 목에 따라 실시한다. 이 경우 각 목에 따른 선거일에 관하여는 제34조제2항을 준용한다.
가. 국회의원 · 지방의회의원의 보궐선거 · 재선거 및 지방의회의원의 증원선거는 4월 첫 번째 수요일에 실시한다. 다만, 3월 1일 이후 실시사유가 확정된 선거는 그 다음 연도의 4월 첫 번째 수요일에 실시한다.
나. 지방자치단체의 장의 보궐선거 · 재선거 중 전년도 9월 1일부터 2월 말일까지 실시사유가 확정된 선거는 4월 첫 번째 수요일에 실시한다.
다. 지방자치단체의 장의 보궐선거 · 재선거 중 3월 1일부터 8월 31일까지 실시사유가 확정된 선거는 10월 첫 번째 수요일에 실시한다.
2. 지방자치단체의 설치·폐지·분할 또는 합병에 따른 지방자치단체의 장 선거는 그 선거의 실시사유가 확정된 때부터 60일 이내의 기간 중 관할선거구선거관리위원회 위원장이 해당 지방자치단체의 장(직무대행자를 포함한다)과 협의하여 정하는 날. 이 경우 관할선거구선거관리위원회 위원장은 선거일 전 30일까지 그 선거일을 공고하여야 한다.
③제197조(選擧의 一部無效로 인한 再選擧)의 규정에 의한 재선거는 확정판결 또는 결정의 통지를 받은 날부터 30일 이내에 실시하되, 관할선거구선거관리위원회가 그 재선거일을 정하여 공고하여야 한다.
④이 법에서 "보궐선거 등"이라 함은 제1항 내지 제3항 및 제36조(延期된 選擧 등의 選擧日)의 규정에 의한 선거를 말한다.
⑤이 법에서 "선거의 실시사유가 확정된 때"라 함은 다음 각호에 해당하는 날을 말한다. <개정 2000.2.16., 2004.3.12.>
1. 대통령의 궐위로 인한 선거는 그 사유가 발생한 날
2. 지역구국회의원의 보궐선거는 중앙선거관리위원회가, 지방의회의원 및 지방자치단체의 장의 보궐선거는 관할선거구선거관리위원회가 그 사유의 통지를 받은 날
3. 재선거는 그 사유가 확정된 날(법원의 판결 또는 결정에 의하여 확정된 경우에는 관할선거구선거관리위원회가 그 판결이나 결정의 통지를 받은 날). 이 경우 제195조(재선거)제2항의 규정에 의한 재선거에 있어서는 보궐선거의 실시사유가 확정된 때를 재선거의 실시사유가 확정된 때로 본다.
4. 지방의회의원의 증원선거는 새로 정한 선거구에 관한 별표 2 또는 시·도조례의 효력이 발생한 날
5. 지방자치단체의 설치·폐지·분할 또는 합병에 의한 지방자치단체의 장 선거는 당해 지방자치단체의 설치·폐지·분할 또는 합병에 관한 법률의 효력이 발생한 날
6. 연기된 선거는 제196조(選擧의 延期)제3항의 규정에 의하여 그 선거의 연기를 공고한 날
7. 재투표는 제36조의 규정에 의하여 그 재투표일을 공고한 날
[제목개정 2011.7.28.]

제36조(연기된 선거 등의 선거일) 제196조(選擧의 延期)의 규정에 의한 연기된 선거를 실시하는 때에는 대통령선거 및 국회의원선거에 있어서는 대통령이, 지방의회의원 및 지방자치단체의 장의 선거에 있어서는 관할선거구선거관리위원회위원장이 각각 그 선거일을 정하여 공고하여야 하며, 제198조(天災·地變 등으로 인한 再投票)의 규정에 의한 재투표를 실시하는 때에는 관할선거구선거관리위원회위원장이 재투표일을 정하여 공고하여야 한다. <개정 2000.2.16.>

제5장 선거인명부

제37조(명부작성) ①선거를 실시하는 때마다 구(자치구가 아닌 구를 포함한다)·시(구가 설치되지 아니한 시를 말한다)·군(이하 "구·시·군"이라 한다)의 장은 대통령선거에서는 선거일 전 28일, 국회의원선거와 지방자치단체의 의회의원 및 장의 선거에서는 선거일 전 22일(이하 "선거인명부작성기준일"이라 한다) 현재 제15조에 따라 그 관할 구역에 주민등록이 되어 있는 선거권자(지방자치단체의 의회의원 및 장의 선거의 경우 제15조제2항제3호에 따른 외국인을 포함하고, 제218조의13에 따라 확정된 재외선거인명부 또는 다른 구·시·군의 국외부재자신고인명부에 올라 있는 사람은 제외한다)를 투표구별로 조사하여 선거인명부작성기준일부터 5일 이내(이하 "선거인명부작성기간"이라 한다)에 선거인명부를 작성하여야 한다. 이 경우 제218조의13에 따라 확정된 국외부재자신고인명부에 올라 있는 사람은 선거인명부의 비고란에 그 사실을 표시하여야 한다. <개정 2009.2.12., 2011.7.28., 2012.2.29., 2014.1.17., 2015.8.13.>
②선거인명부에는 선거권자의 성명·주소·성별 및 생년월일 기타 필요한 사항을 기재하여야 한다.
③누구든지 같은 선거에 있어 2 이상의 선거인명부에 오를 수 없다.
④구·시·군의 장은 선거인명부를 작성한 때에는 즉시 그 전산자료 복사본을 관할구·시·군선거관리위원회에 송부하여야 한다. <개정 2009.2.12., 2018.4.6.>
⑤하나의 투표구의 선거권자의 수가 1천인을 넘는 때에는 그 선거인명부를 선거인수가 서로 엇비슷하게 분철할 수 있다.
⑥제1항의 규정에 의한 선거인명부의 작성은 전산조직에 의할 수 있다. <개정 2005.8.4.>
⑦선거인명부의 서식 기타 필요한 사항은 중앙선거관리위원회규칙으로 정한다.
[제목개정 2011.7.28.]
[2009.2.12. 법률 제9466호에 의하여 2007.6.28. 헌법재판소에서 헌법불합치결정된 이 조 제1항을 개정함.]

제38조(거소 · 선상투표신고) ①선거인명부에 오를 자격이 있는 국내에 거주하는 사람으로서 제4항제1호부터 제5호까지에 해당하는 사람(제15조제2항제3호에 따른 외국인은 제외한다)은 선거인명부작성기간 중 구·시·군의 장에게 서면으로 신고(이하 "거소투표신고"라 한다)를 할 수 있다. 이 경우 우편에 의한 거소투표신고는 등기우편으로 처리하되, 그 우편요금은 국가 또는 해당 지방자치단체가 부담한다. <개정 2009.2.12., 2014.1.17.>
②대통령선거와 임기만료에 따른 국회의원선거에서 선거인명부에 오를 자격이 있는 사람으로서 다음 각 호의 어느 하나에 해당하는 선박에 승선할 예정이거나 승선하고 있는 선원이 사전투표소 및 투표소에서 투표할 수 없는 경우 선거인명부작성기간 중 구·시·군의 장에게 서면[승선하고 있는 선원이 해당 선박에 설치된 팩시밀리(전자적 방식을 포함한다. 이하 같다)로 신고하는 경우를 포함한다]으로 신고(이하 "선상투표신고"라 한다)를 할 수 있다. 이 경우 우편에 의한 방법으로 선상투표신고를 하는 경우에는 제1항 후단을 준용한다. <신설 2012.2.29., 2013.3.23., 2014.1.17., 2015.8.13., 2018.4.6.>
1. 다음 각 목의 어느 하나에 해당하는 선박으로서 대한민국 국민이 선장을 맡고 있는 「선박법」 제2조에 따른 대한민국 선박[대한민국국적취득조건부 나용선(裸傭船)을 포함한다]
 가. 「원양산업발전법」 제6조제1항에 따라 해양수산부장관의 허가를 받아 원양어업에 사용되는 선박
 나. 「해운법」 제4조제1항에 따라 해양수산부장관의 면허를 받아 외항 여객운송사업에 사용되는 선박
 다. 「해운법」 제24조제2항에 따라 해양수산부장관에게 등록하여 외항 화물운송사업에 사용되는 선박
2. 「해운법」 제33조제1항에 따라 해양수산부장관에게 등록하여 선박관리업을 경영하는 자가 관리하는 외국국적 선박 중 대한민국 국민이 선장을 맡고 있는 선박
③거소투표신고 또는 선상투표신고를 하려는 사람은 해당 신고서에 다음 각 호의 사항을

적어야 하고, 제4항제1호 및 제2호에 해당하는 사람은 소속기관이나 시설의 장의, 제4항제3호에 해당하는 사람(「장애인복지법」 제32조에 따라 등록된 장애인은 제외한다)은 통·리 또는 반의 장의, 제4항제6호에 해당하는 선원은 해당 선박 소유자(제2항제2호에 따른 선박의 경우에는 선박관리업을 경영하는 자를 말한다) 또는 해당 선박 선장의 확인을 받아야 한다. 이 경우 구·시·군의 장은 선거인명부작성기준일 전 10일까지 제4항제3호에 해당하는 사람 중에서 「장애인복지법」 제32조에 따라 등록된 장애인에게 거소투표신고에 관한 안내문과 거소투표신고서를 발송하여야 한다.
<개정 2004.3.12., 2005.8.4., 2008.2.29., 2009.2.12., 2012.2.29., 2014.1.17., 2015.8.13.>
1. 거소투표 또는 선상투표 사유
2. 성명, 성별, 생년월일
3. 주소, 거소(제4항제6호에 해당하는 선원의 경우 해당 선박의 명칭과 팩시밀리 번호를 말한다)

④다음 각 호의 어느 하나에 해당하는 사람은 거소(제6호에 해당하는 선원의 경우 선상을 말한다)에서 투표할 수 있다. <개정 2004.3.12., 2005.8.4., 2012.2.29., 2014.1.17.>
1. 법령에 따라 영내 또는 함정에 장기기거하는 군인이나 경찰공무원 중 사전투표소 및 투표소에 가서 투표할 수 없을 정도로 멀리 떨어진 영내(營內) 또는 함정에 근무하는 자
2. 병원·요양소·수용소·교도소 또는 구치소에 기거하는 사람
3. 신체에 중대한 장애가 있어 거동할 수 없는 자
4. 사전투표소 및 투표소에 가기 어려운 멀리 떨어진 외딴 섬 중 중앙선거관리위원회규칙으로 정하는 섬에 거주하는 자
5. 사전투표소 및 투표소를 설치할 수 없는 지역에 장기기거하는 자로서 중앙선거관리위원회규칙으로 정하는 자
6. 제2항에 해당하는 선원

⑤거소투표신고 또는 선상투표신고가 있는 때에는 구·시·군의 장은 해당 신고서의 신고사항을 확인한 후 정당한 거소투표신고 또는 선상투표신고인 때에는 선거인명부에 이를 표시하고 거소투표신고인명부와 선상투표신고인명부(이하 "거소·선상투표신고인명부"라 한다)를 각각 따로 작성하여야 한다. <개정 2014.1.17.>

⑥구·시·군의 장은 거소·선상투표신고인명부를 작성한 때에는 즉시 그 등본(전산자료 복사본을 포함한다) 각 1통을 관할구·시·군선거관리위원회에 송부하여야 한다. <개정 2009.2.12., 2012.2.29., 2014.1.17.>

⑦제37조(名簿作成)제6항의 규정은 거소·선상투표신고인명부의 작성에 이를 준용한다. <개정 2012.2.29., 2014.1.14.>

⑧거소투표신고서·선상투표신고서의 서식, 거소·선상투표신고인명부의 서식, 거소투표·선상투표 사유의 확인절차, 그 밖에 필요한 사항은 중앙선거관리위원회규칙으로 정한다. <개정 2014.1.17.>

[제목개정 2014.1.17.]

[2009.2.12. 법률 제9466호에 의하여 2007.6.28. 헌법재판소에서 헌법불합치결정된 이 조 제1항을 개정함.]

[2012.2.29. 법률 제11374호에 의하여 2007.6.28. 헌법재판소에서 헌법불합치결정된 이 조 제4항을 개정함.]

제39조(명부작성의 감독 등) ①선거인명부(거소·선상투표신고인명부를 포함한다. 이하 이 條에서 같다)의 작성에 관하여는 관할구·시·군선거관리위원회 및 읍·면·동선거관리위원회가 이를 감독한다. <개정 2005.8.4., 2014.1.17.>

②선거인명부작성에 종사하는 공무원이 임면된 때에는 당해 구·시·군의 장은 지체없이 관할구·시·군선거관리위원회에 그 사실을 통보하여야 한다. <개정 2009.2.12.>

③선거인명부작성기간중에 선거인명부작성에 종사하는 공무원을 해임하고자 하는 때에는 그 임면권자는 관할구·시·군선거관리위원회 또는 직근 상급선거관리위원회와 협의하여야 한다.

④선거인명부작성에 종사하는 공무원이 정당한 사유없이 선거인명부작성에 관하여 관할구·시·군선거

관리위원회 또는 읍·면·동선거관리위원회의 지시·명령 또는 시정요구에 불응하거나 그 직무를 태만히 한 때 또는 위법·부당한 행위를 한 때에는 관할구·시·군선거관리위원회 또는 직근 상급선거관리위원회는 임면권자에게 그 교체를 요구할 수 있다. <개정 2005.8.4.>
⑤제4항의 교체요구가 있는 때에는 임면권자는 정당한 사유가 없는 한 이에 따라야 한다.
⑥삭제 <1998.4.30.>
⑦삭제 <1998.4.30.>
⑧누구든지 선거인명부작성사무를 방해하거나 기타 어떠한 방법으로든지 선거인명부작성에 영향을 주는 행위를 하여서는 아니된다. <개정 1998.4.30.>
⑨선거인명부작성에 종사하는 공무원의 임면사항 통보 등 기타 필요한 사항은 중앙선거관리위원회규칙으로 정한다. <개정 1998.4.30.>

제40조(명부열람) ①구·시·군의 장은 선거인명부작성기간 만료일의 다음 날부터 3일간 장소를 정하여 선거인명부를 열람할 수 있도록 하여야 한다. 이 경우 구·시·군의 장은 해당 구·시·군이 개설·운영하는 인터넷 홈페이지에서 선거권자가 선거인명부를 열람할 수 있도록 기술적 조치를 하여야 한다. <개정 2009.2.12.>
②선거권자는 누구든지 선거인명부를 자유로이 열람할 수 있다. 다만, 제1항의 규정에 따른 인터넷홈페이지에서의 열람은 선거권자 자신의 정보에 한한다. <개정 2005.8.4.>
③구·시·군의 장은 열람개시일전 3일까지 제1항의 장소, 기간, 인터넷홈페이지 주소 및 열람방법을 공고하여야 한다. <개정 2005.8.4., 2009.2.12.>

제41조(이의신청과 결정) ①선거권자는 누구든지 선거인명부에 누락 또는 오기가 있거나 자격이 없는 선거인이 올라 있다고 인정되는 때에는 열람기간내에 구술 또는 서면으로 당해 구·시·군의 장에게 이의를 신청할 수 있다. <개정 2009.2.12.>
②제1항의 신청이 있는 때에는 구·시·군의 장은 그 신청이 있는 날의 다음 날까지 심사·결정하되, 그 신청이 이유있다고 결정한 때에는 즉시 선거인명부를 정정하고 신청인·관계인과 관할구·시·군선거관리위원회에 통지하여야 하며, 이유없다고 결정한 때에는 그 뜻을 신청인과 관할구·시·군선거관리위원회에 통지하여야 한다. <개정 2009.2.12.>

제42조(불복신청과 결정) ①제41조(異議申請과 決定)제2항의 결정에 대하여 불복이 있는 이의신청인이나 관계인은 그 통지를 받은 날의 다음 날까지 관할구·시·군선거관리위원회에 서면으로 불복을 신청할 수 있다.
②제1항의 신청이 있는 때에는 관할구·시·군선거관리위원회는 그 신청이 있는 날의 다음 날까지 심사·결정하되, 그 신청이 이유있다고 결정한 때에는 즉시 관계 구·시·군의 장에게 통지하여 선거인명부를 정정하게 하고 신청인과 관계인에게 통지하여야 하며, 이유없다고 결정한 때에는 그 뜻을 신청인과 관계 구·시·군의 장에게 통지하여야 한다. <개정 2009.2.12.>

제43조(명부누락자의 구제) ①제41조제1항의 이의신청기간만료일의 다음 날부터 제44조제1항의 선거인명부확정일 전일까지 구·시·군의 장의 착오 등의 사유로 인하여 정당한 선거권자가 선거인명부에 누락된 것이 발견된 때에는 해당 선거권자 또는 구·시·군의 장은 주민등록표등본 등 소명자료를 첨부하여 관할구·시·군선거관리위원회에 서면으로 선거인명부 등재신청을 할 수 있다. <개정 2009.2.12., 2011.7.28.>
②제1항의 신청이 있는 때에는 관할구·시·군선거관리위원회는 그 신청이 있는 날의 다음 날까지 심사·결정하되, 그 신청이 이유있다고 결정한 때에는 즉시 관계 구·시·군의 장에게 통지하여 선거인명부를 정정하게 하고 신청인에게 통지하여야 하며, 이유없다고 결정한 때에는 그 뜻을 신청인과 관계 구·시·군의 장에게 통지하여야 한다. <개정 2009.2.12.>
[제목개정 2011.7.28.]

제44조(명부의 확정과 효력) ①선거인명부는 선거일 전 12일에, 거소·선상투표신고인명부는

선거인명부작성기간만료일의 다음 날에 각각 확정되며 해당 선거에 한하여 효력을 가진다. <개정 2012.1.17., 2014.1.17.>
②구·시·군의 장은 선거권자가 선거인명부확정일의 다음 날부터 선거일의 투표마감시각까지 해당 구·시·군이 개설·운영하는 인터넷 홈페이지에서 자신이 선거인명부에 올라 있는지 여부, 선거인명부 등재번호 및 투표소의 위치를 확인할 수 있도록 기술적 조치를 하여야 한다.
③구·시·군의 장은 제40조제3항에 따른 공고를 할 때 제2항에 따른 확인에 필요한 인터넷 홈페이지 주소, 확인기간 및 확인방법을 함께 공고하여야 한다.
[전문개정 2011.7.28.]

제44조의2(통합선거인명부의 작성) ①중앙선거관리위원회는 사전투표소에서 사용하기 위하여 확정된 선거인명부의 전산자료 복사본을 이용하여 하나의 선거인명부(이하 "통합선거인명부"라 한다)를 작성한다.
②중앙선거관리위원회는 통합선거인명부를 작성하는 경우 같은 사람이 2회 이상 투표할 수 없도록 필요한 기술적 조치를 하여야 한다.
③통합선거인명부는 전산조직을 이용하여 작성한다.
④읍·면·동선거관리위원회는 선거일에 투표소에서 사용하기 위하여 제148조제1항에 따른 사전투표기간 종료 후 중앙선거관리위원회가 제2항에 따라 기술적 조치를 한 선거인명부를 출력한 다음 해당 읍·면·동선거관리위원회위원장이 이를 봉함·봉인하여 보관하여야 하며, 그 보관과정에 정당추천위원이 참여하여 지켜볼 수 있도록 하여야 한다. 이 경우 정당추천위원이 그 시각까지 참여하지 아니한 때에는 참여를 포기한 것으로 본다.
⑤누구든지 제4항에 따라 출력한 선거인명부를 이 법에서 정하지 아니한 방법으로 열람·사용 또는 유출하여서는 아니 된다.
⑥통합선거인명부의 작성, 선거일 투표소에서 사용하기 위하여 출력한 선거인명부의 보관방법, 그 밖에 필요한 사항은 중앙선거관리위원회규칙으로 정한다.
[본조신설 2014.1.17.]

제45조(명부의 재작성) ①천재지변, 그 밖의 사고로 인하여 선거인명부(거소·선상투표신고인명부를 포함한다. 이하 이 條에서 같다)가 멸실·훼손된 경우 선거의 실시를 위하여 필요한 때에는 구·시·군의 장은 다시 선거인명부를 작성하여야 한다. 다만, 제38조제6항에 따라 송부한 거소·선상투표신고인명부의 등본이 있는 때에는 거소·선상투표신고인명부를 다시 작성하지 아니할 수 있다. <개정 2009.2.12., 2012.2.29., 2014.1.17., 2018.4.6.>
②제1항 본문의 규정에 의한 선거인명부의 재작성·열람·확정 및 유효기간 기타 필요한 사항은 중앙선거관리위원회규칙으로 정한다.

제46조(명부사본의 교부) ①구·시·군의 장은 후보자[비례대표국회의원후보자 및 비례대표지방의회의원(비례대표시·도의원 및 비례대표자치구·시·군의원을 말한다. 이하 같다)후보자를 제외한다]·선거사무장(비례대표국회의원선거 및 비례대표지방의회의원선거의 선거사무장을 제외한다) 또는 선거연락소장의 신청이 있는 때에는 작성된 선거인명부 또는 거소·선상투표신고인명부의 사본이나 전산자료복사본을 후보자별로 1통씩 24시간 이내에 신청인에게 교부하여야 한다. <개정 1995.4.1., 2000.2.16., 2002.3.7., 2005.8.4., 2009.2.12., 2014.1.17.>
②제1항에 따른 명부의 사본이나 전산자료복사본의 교부신청은 선거기간개시일까지 해당 구·시·군의 장에게 서면으로 하여야 한다. <개정 2011.7.28., 2014.1.17.>
③제2항에 따라 명부의 사본이나 전산자료복사본의 교부신청을 하는 자는 그 사본작성비용을 교부신청과 함께 납부하여야 한다. <개정 2000.2.16., 2014.1.17.>
④누구든지 제1항에 따라 교부된 명부의 사본 또는 전산자료복사본을 다른 사람에게 양도 또는 대여할 수 없으며 재산상의 이익 기타 영리를 목적으로 사용할 수 없다. <개정 2000.2.16., 2014.1.17.>
⑤제2항 및 제3항에 따른 교부신청과 비용납부 기타 필요한 사항은 중앙선거관리위원회

규칙으로 정한다. <개정 2000.2.16., 2014.1.14.>
[제목개정 2011.7.28.]

제6장 후보자

제47조(정당의 후보자추천) ①정당은 선거에 있어 선거구별로 선거할 정수 범위안에서 그 소속당원을 후보자(이하 "政黨推薦候補者"라 한다)로 추천할 수 있다. 다만, 비례대표자치구·시·군의원의 경우에는 그 정수 범위를 초과하여 추천할 수 있다.
<개정 1995.4.1., 2000.2.16., 2005.8.4., 2020.1.14.>
②정당이 제1항에 따라 후보자를 추천하는 때에는 민주적인 절차에 따라야 한다. <개정 2020.12.29.>
1. 정당은 민주적 심사절차를 거쳐 대의원·당원 등으로 구성된 선거인단의 민주적 투표절차에 따라 추천할 후보자를 결정한다.
2. 정당은 제1호에 따른 비례대표국회의원선거의 후보자 추천절차의 구체적인 사항을 당헌·당규 및 그 밖의 내부규약 등으로 정한다. 이 경우 정당은 선거일 전 1년(선거일 전 1년 후에 창당·합당한 정당의 경우에는 「정당법」 제4조제1항·제19조제2항에 따라 창당·합당이 성립한 날부터 1개월)까지 비례대표국회의원선거의 후보자 추천절차의 구체적인 사항을 중앙선거관리위원회에 서면으로 제출하고, 중앙선거관리위원회는 정당별로 후보자 추천절차의 제출여부와 내용을 홈페이지에 게시하여야 한다.
3. 정당은 제49조에 따라 후보자등록을 하는 때에 비례대표국회의원선거의 후보자 추천과정을 기록한 회의록 등 제1호 및 제2호 전단에 따라 후보자가 추천되었음을 증명할 수 있는 자료를 후보자명부에 첨부하여야 한다.
③정당이 비례대표국회의원선거 및 비례대표지방의회의원선거에 후보자를 추천하는 때에는 그 후보자 중 100분의 50 이상을 여성으로 추천하되, 그 후보자명부의 순위의 매 홀수에는 여성을 추천하여야 한다. <개정 2005.8.4.>
④정당이 임기만료에 따른 지역구국회의원선거 및 지역구지방의회의원선거에 후보자를 추천하는 때에는 각각 전국지역구총수의 100분의 30 이상을 여성으로 추천하도록 노력하여야 한다. <신설 2005.8.4.>
⑤정당이 임기만료에 따른 지역구지방의회의원선거에 후보자를 추천하는 때에는 지역구시·도의원선거 또는 지역구자치구·시·군의원선거 중 어느 하나의 선거에 국회의원지역구(군지역을 제외하며, 자치구의 일부지역이 다른 자치구 또는 군지역과 합하여 하나의 국회의원지역구로 된 경우에는 그 자치구의 일부지역도 제외한다)마다 1명 이상을 여성으로 추천하여야 한다. <신설 2010.1.25., 2010.3.12.>

제47조의2(정당의 후보자추천 관련 금품수수금지) ①누구든지 정당이 특정인을 후보자로 추천하는 일과 관련하여 금품이나 그 밖의 재산상의 이익 또는 공사의 직을 제공하거나 그 제공의 의사를 표시하거나 그 제공을 약속하는 행위를 하거나, 그 제공을 받거나 그 제공의 의사표시를 승낙할 수 없다. 이 경우 후보자(후보자가 되려는 사람을 포함한다)와 그 배우자(이하 이 항에서 "후보자등"이라 한다), 후보자등의 직계존비속과 형제자매가 선거일 전 150일부터 선거일 후 60일까지 「정치자금법」에 따라 후원금을 기부하거나 당비를 납부하는 외에 정당 또는 국회의원[「정당법」 제37조(활동의 자유)제3항에 따른 국회의원지역구 또는 자치구·시·군의 당원협의회 대표자를 포함하며, 이하 이 항에서 "국회의원등"이라 한다], 국회의원등의 배우자, 국회의원등 또는 그 배우자의 직계존비속과 형제자매에게 채무의 변제, 대여 등 명목여하를 불문하고 금품이나 그 밖의 재산상의 이익을 제공한 때에는 정당이 특정인을 후보자로 추천하는 일과 관련하여 제공한 것으로 본다. <개정 2014.2.13.>
②누구든지 제1항에 규정된 행위에 관하여 지시·권유 또는 요구하거나 알선하여서는 아니된다.

[본조신설 2008.2.29.]

제48조(선거권자의 후보자추천) ①관할선거구 안에 주민등록이 된 선거권자는 각 선거(비례대표국회의원선거 및 비례대표지방의회의원선거를 제외한다)별로 정당의 당원이 아닌 자를 당해 선거구의 후보자(이하 "무소속후보자"라 한다)로 추천할 수 있다. <개정 2005.8.4.>

②무소속후보자가 되고자 하는 자는 관할선거구선거관리위원회가 후보자등록신청개시일전 5일(大統領의 任期滿了에 의한 選擧에 있어서는 候補者登錄申請開始日전 30日, 大統領의 闕位로 인한 選擧 등에 있어서는 그 사유가 확정된 후 3日)부터 검인하여 교부하는 추천장을 사용하여 다음 각호에 의하여 선거권자의 추천을 받아야 한다. <개정 1995.4.1., 2000.2.16., 2005.8.4., 2012.1.17.>

1. 대통령선거

5 이상의 시·도에 나누어 하나의 시·도에 주민등록이 되어 있는 선거권자의 수를 700인 이상으로 한 3천500인 이상 6천인 이하

2. 지역구국회의원선거 및 자치구·시·군의 장 선거

300인 이상 500인 이하

3. 지역구시·도의원선거

100인 이상 200인 이하

4. 시·도지사선거

당해 시·도안의 3분의 1 이상의 자치구·시·군에 나누어 하나의 자치구·시·군에 주민등록이 되어 있는 선거권자의 수를 50인 이상으로 한 1천인 이상 2천인 이하

5. 지역구자치구·시·군의원선거

50인 이상 100인 이하. 다만, 인구 1천인 미만의 선거구에 있어서는 30인 이상 50인 이하

③제2항의 경우 다음 각 호의 어느 하나에 해당하는 행위를 하여서는 아니 된다. <개정 2018.4.6.>

1. 검인되지 아니한 추천장에 의하여 추천을 받는 행위
2. 추천선거권자수의 상한수를 넘어 추천을 받는 행위
3. 추천선거권자의 서명이나 인영을 위조·변조하는 등의 방법으로 허위의 추천을 받는 행위

④제2항에 따른 추천장 검인·교부신청은 공휴일에도 불구하고 매일 오전 9시부터 오후 6시까지 할 수 있다. <신설 2011.7.28.>

⑤선거권자의 추천장의 서식·교부신청 및 교부 기타 필요한 사항은 중앙선거관리위원회규칙으로 정한다. <개정 2011.7.28.>

[제목개정 2011.7.28.]

제49조(후보자등록 등) ①후보자의 등록은 대통령선거에서는 선거일 전 24일, 국회의원선거와 지방자치단체의 의회의원 및 장의 선거에서는 선거일 전 20일(이하 "후보자등록신청개시일"이라 한다)부터 2일간(이하 "후보자등록기간"이라 한다) 관할선거구선거관리위원회에 서면으로 신청하여야 한다. <개정 2011.7.28.,2015.12.24>

②정당추천후보자의 등록은 대통령선거와 비례대표국회의원선거 및 비례대표지방의회의원선거에 있어서는 그 추천정당이, 지역구국회의원선거와 지역구지방의회의원 및 지방자치단체의 장의 선거에 있어서는 정당추천후보자가 되고자 하는 자가 신청하되, 추천정당의 당인(黨印) 및 그 대표자의 직인이 날인된 추천서와 본인승낙서(대통령선거와 비례대표국회의원선거 및 비례대표지방의회의원선거에 한한다)를 등록신청서에 첨부하여야 한다. 이 경우 비례대표국회의원후보자와 비례대표지방의회의원후보자의 등록은 추천정당이 그 순위를 정한 후보자명부를 함께 첨부하여야 한다. <개정 2011.7.28.>

③무소속후보자가 되고자 하는 자는 제48조에 따라 선거권자가 기명하고 날인(무인을 허용하지 아니한다)하거나 서명한 추천장[단기(單記) 또는 연기(連記)로 하며 간인(間印)을 요하지 아니한다]을 등록신청서에 첨부하여야 한다. <개정 2011.7.28., 2015.12.24.>

④제1항부터 제3항까지의 규정에 따라 후보자등록을 신청하는 자는 다음 각 호의 서류를 제출하여야 하며, 제56조제1항에 따른 기탁금을 납부하여야 한다.

<개정 2000.2.16., 2002.3.7., 2004.3.12., 2005.8.4., 2006.3.2., 2008.2.29., 2010.1.25., 2011.7.28., 2014.1.17., 2014.2.13.>
1. 중앙선거관리위원회규칙이 정하는 피선거권에 관한 증명서류
2. 「공직자윤리법」 제10조의2(公職選擧候補者 등의 財産公開)제1항의 규정에 의한 등록대상재산에 관한 신고서
3. 「공직자 등의 병역사항신고 및 공개에 관한 법률」 제9조(公職選擧候補者의 兵役事項申告 및 公開)제1항의 규정에 의한 병역사항에 관한 신고서
4. 최근 5년간의 후보자, 그의 배우자와 직계존비속(혼인한 딸과 외조부모 및 외손자녀를 제외한다)의 소득세(「소득세법」 제127조제1항에 따라 원천징수하는 소득세는 제출하려는 경우에 한정한다)·재산세·종합부동산세의 납부 및 체납(10만원 이하 또는 3월 이내의 체납은 제외한다)에 관한 신고서. 이 경우 후보자의 직계존속은 자신의 세금납부 및 체납에 관한 신고를 거부할 수 있다.
5. 벌금 100만원 이상의 형의 범죄경력(실효된 형을 포함하며, 이하 "전과기록"이라 한다)에 관한 증명서류
6. 「초·중등교육법」 및 「고등교육법」에서 인정하는 정규학력(이하 "정규학력"이라 한다)에 관한 최종학력 증명서와 국내 정규학력에 준하는 외국의 교육기관에서 이수한 학력에 관한 각 증명서(한글번역문을 첨부한다). 이 경우 증명서의 제출이 요구되는 학력은 제60조의3제1항제4호의 예비후보자홍보물, 제60조의4의 예비후보자공약집, 제64조의 선거벽보, 제65조의 선거공보(같은 조 제9항의 후보자정보공개자료를 포함한다), 제66조의 선거공약서 및 후보자가 운영하는 인터넷 홈페이지에 게재하였거나 게재하고자 하는 학력에 한한다.
7. 대통령선거·국회의원선거·지방의회의원 및 지방자치단체의 장의 선거와 교육의원선거 및 교육감선거에 후보자로 등록한 경력[선거가 실시된 연도, 선거명, 선거구명, 소속 정당명(정당의 후보자추천이 허용된 선거에 한정한다), 당선 또는 낙선 여부를 말한다]에 관한 신고서
⑤후보자등록을 신청하는 자는 제60조의2제2항에 따라 예비후보자등록을 신청하는 때에 제출한 서류는 제4항에도 불구하고 제출하지 아니할 수 있다. 다만, 그 서류 중 변경사항이 있는 경우에는 후보자등록을 신청하는 때까지 추가하거나 보완하여야 한다. <개정 2010.1.25.>
⑥정당의 당원인 자는 무소속후보자로 등록할 수 없으며, 후보자등록기간중(候補者登錄申請시를 포함한다) 당적을 이탈·변경하거나 2 이상의 당적을 가지고 있는 때에는 당해 선거에 후보자로 등록될 수 없다. 소속정당의 해산이나 그 등록의 취소 또는 중앙당의 시·도당창당승인취소로 인하여 당원자격이 상실된 경우에도 또한 같다. <개정 2004.3.12.>
⑦후보자등록신청서의 접수는 공휴일에 불구하고 매일 오전 9시부터 오후 6시까지로 한다. <개정 2011.7.28.>
⑧관할선거구선거관리위원회는 후보자등록신청이 있는 때에는 즉시 이를 수리하여야 하되, 등록신청서 · 정당의 추천서와 본인승낙서 · 선거권자의 추천장 · 기탁금 및 제4항제2호 내지 제5호의 규정에 의한 서류, 제47조제2항제3호에 따른 서류를 갖추지 아니하거나 제47조제3항에 따른 여성후보자 추천의 비율과 순위를 위반한 등록신청은 이를 수리할 수 없다. 다만, 후보자의 피선거권에 관한 증명서류가 첨부되지 아니한 경우에는 이를 수리하되, 당해 선거구선거관리위원회가 그 사항을 조사하여야 하며, 그 조사를 의뢰받은 기관 또는 단체는 지체없이 그 사실을 확인하여 당해 선거구선거관리위원회에 회보하여야 한다. <개정 2000.2.16., 2002.3.7., 2004.3.12., 2005.8.4., 2006.10.4., 2018.4.6., 2020.1.14., 2020.12.29.>
⑨관할선거구선거관리위원회는 「공직자윤리법」 제9조에 따른 해당 공직자윤리위원회의 요청이 있는 경우 당선인결정 후 15일 이내에 해당 당선인이 제4항제2호에 따라 제출한 등록대상재산에 관한 신고서의 사본을 송부하여야 한다. <개정 2015.12.24.>
⑩후보자가 되고자 하는 자 또는 정당은 선거기간개시일 전 150일부터 본인 또는 후보자

가 되고자 하는 소속 당원의 전과기록을 국가경찰관서의 장에게 조회할 수 있으며, 그 요청을 받은 국가경찰관서의 장은 지체없이 그 전과기록을 회보(回報)하여야 한다. 이 경우 회보받은 전과기록은 후보자등록시 함께 제출하여야 하며 관할선거구선거관리위원회는 그 확인이 필요하다고 인정되는 후보자에 대하여는 후보자등록마감 후 지체없이 해당 선거구를 관할하는 검찰청의 장에게 그 후보자의 전과기록을 조회할 수 있고, 당해 검찰청의 장은 그 전과기록의 진위여부를 지체없이 회보하여야 한다. <개정 2002.3.7., 2004.3.12., 2005.8.4., 2006.2.21., 2011.7.28.>

⑪누구든지 선거기간중 관할선거구선거관리위원회가 제10항의 규정에 의하여 회보받은 전과기록을 열람할 수 있다. <신설 2000.2.16.>

⑫관할선거구선거관리위원회는 제4항제2호부터 제7호까지와 제10항의 규정에 의하여 제출받거나 회보받은 서류를 선거구민이 알 수 있도록 공개하여야 한다. 다만, 선거일 후에는 이를 공개하여서는 아니된다. <신설 2002.3.7., 2004.3.12., 2014.2.13.>

⑬ 삭제 <2005.8.4.>

⑭ 삭제 <2005.8.4.>

⑮후보자의 등록신청서와 추천서의 서식, 세금납부 및 체납에 관한 선고서의 서식, 제출·회보받은 서류의 공개방법 그 밖에 필요한 사항은 중앙선거관리위원회규칙으로 정한다. <개정 2004.3.12., 2005.8.4., 2010.1.25.>

[제목개정 2011.7.28.]

제50조(후보자추천의 취소와 변경의 금지) ①정당은 후보자등록후에는 등록된 후보자에 대한 추천을 취소 또는 변경할 수 없으며, 비례대표국회의원후보자명부(비례대표지방의회의원후보자명부를 포함한다. 이하 이 항에서 같다)에 후보자를 추가하거나 그 순위를 변경할 수 없다. 다만, 후보자등록기간중 정당추천후보자가 사퇴·사망하거나, 소속정당의 제명이나 중앙당의 시·도당창당승인취소외의 사유로 인하여 등록이 무효로 된 때에는 예외로 하되, 비례대표국회의원후보자명부에 후보자를 추가할 경우에는 그 순위는 이미 등록된 자의 다음으로 한다. <개정 1995.4.1., 2000.2.16., 2004.3.12., 2005.8.4.>

②선거권자는 후보자에 대한 추천을 취소 또는 변경할 수 없다. <개정 1995.4.1., 2005.8.4.>

제51조(추가등록) 대통령선거에 있어서 정당추천후보자가 후보자등록기간중 또는 후보자등록기간이 지난 후에 사망한 때에는 후보자등록마감일후 5일까지 제47조(政黨의 候補者推薦) 및 제49조(候補者登錄 등)의 규정에 의하여 후보자등록을 신청할 수 있다. <개정 2000.2.16.>

제52조(등록무효) ①후보자등록후에 다음 각 호의 어느 하나에 해당하는 사유가 있는 때에는 그 후보자의 등록은 무효로 한다. <개정 1998.4.30., 2000.2.16., 2002.3.7., 2004.3.12., 2005.8.4., 2006.10.4., 2010.1.25., 2014.1.17., 2015.8.13., 2018.4.6.>

1. 후보자의 피선거권이 없는 것이 발견된 때
2. 제47조(政黨의 候補者推薦)제1항 본문의 규정에 위반하여 선거구별로 선거할 정수범위를 넘어 추천하거나, 같은 조 제3항에 따른 여성후보자 추천의 비율과 순위를 위반하거나, 제48조(選擧權者의 候補者推薦)제2항의 규정에 의한 추천인수에 미달한 것이 발견된 때
3. 제49조제4항제2호부터 제5호까지의 규정에 따른 서류를 제출하지 아니한 것이 발견된 때
4. 제49조제6항의 규정에 위반하여 등록된 것이 발견된 때
5. 제53조제1항부터 제3항까지 또는 제5항을 위반하여 등록된 것이 발견된 때
6. 정당추천후보자가 당적을 이탈 · 변경하거나 2 이상의 당적을 가지고 있는 때(候補者登錄申請시에 2 이상의 黨籍을 가진 경우를 포함한다), 소속정당의 해산이나 그 등록의 취소 또는 중앙당의 시 · 도당창당승인취소가 있는 때

7. 무소속후보자가 정당의 당원이 된 때
8. 제57조의2제2항 또는 제266조제2항 · 제3항을 위반하여 등록된 것이 발견된 때
9. 정당이 그 소속 당원이 아닌 사람이나 「정당법」 제22조에 따라 당원이 될 수 없는 사람을 추천한 것이 발견된 때
10. 다른 법률에 따라 공무담임이 제한되는 사람이나 후보자가 될 수 없는 사람에 해당하는 것이 발견된 때
11. 정당 또는 후보자가 정당한 사유 없이 제65조제9항을 위반하여 후보자정보공개자료를 제출하지 아니한 것이 발견된 때
②제47조제5항을 위반하여 등록된 것이 발견된 때에는 그 정당이 추천한 해당 국회의원지역구의 지역구시 · 도의원후보자 및 지역구자치구 · 시 · 군의원후보자의 등록은 모두 무효로 한다. 다만, 제47조제5항에 따라 여성후보자를 추천하여야 하는 지역에서 해당 정당이 추천한 지역구시 · 도의원후보자의 수와 지역구자치구 · 시 · 군의원후보자의 수를 합한 수가 그 지역구시 · 도의원 정수와 지역구자치구 · 시 · 군의원 정수를 합한 수의 100분의 50에 해당하는 수(1 미만의 단수는 1로 본다)에 미달하는 경우와 그 여성후보자의 등록이 무효로 된 경우에는 그러하지 아니하다. <신설 2010.3.12.>
③후보자가 같은 선거의 다른 선거구나 다른 선거의 후보자로 등록된 때에는 그 등록은 모두 무효로 한다. <개정 2000.2.16., 2010.3.12.>
④후보자의 등록이 무효로 된 때에는 관할선거구선거관리위원회는 지체없이 그 후보자와 그를 추천한 정당에 등록무효의 사유를 명시하여 이를 통지하여야 한다. <개정 2010.3.12., 2020.1.14., 2020.12.29.>
[제목개정 2015.8.13.] <개정 2010.3.12., 2020.1.14., 2020.12.29.>
[제목개정 2015.8.13.]]

제53조(공무원 등의 입후보) ①다음 각 호의 어느 하나에 해당하는 사람으로서 후보자가 되려는 사람은 선거일 전 90일까지 그 직을 그만두어야 한다. 다만, 대통령선거와 국회의원선거에 있어서 국회의원이 그 직을 가지고 입후보하는 경우와 지방의회의원선거와 지방자치단체의 장의 선거에 있어서 당해 지방자치단체의 의회의원이나 장이 그 직을 가지고 입후보하는 경우에는 그러하지 아니하다.
<개정 1995.4.1., 1995.12.30., 1997.11.14., 1998.4.30., 2000.2.16., 2002.3.7., 2005.8.4., 2010.1.25., 2015.12.24., 2020.12.29.>
1. 「국가공무원법」 제2조(公務員의 구분)에 규정된 국가공무원과 「지방공무원법」 제2조(公務員의 區分)에 규정된 지방공무원. 다만, 「정당법」 제22조(발기인 및 당원의 자격)제1항제1호 단서의 규정에 의하여 정당의 당원이 될 수 있는 공무원(政務職公務員을 제외한다)은 그러하지 아니하다.
2. 각급선거관리위원회위원 또는 교육위원회의 교육위원
3. 다른 법령의 규정에 의하여 공무원의 신분을 가진 자
4. 「공공기관의 운영에 관한 법률」 제4조제1항제3호에 해당하는 기관 중 정부가 100분의 50 이상의 지분을 가지고 있는 기관(한국은행을 포함한다)의 상근 임원
5. 「농업협동조합법」·「수산업협동조합법」·「산림조합법」·「엽연초생산협동조합법」에 의하여 설립된 조합의 상근 임원과 이들 조합의 중앙회장
6. 「지방공기업법」 제2조(適用範圍)에 규정된 지방공사와 지방공단의 상근 임원
7. 「정당법」 제22조제1항제2호의 규정에 의하여 정당의 당원이 될 수 없는 사립학교교원
8. 「신문 등의 진흥에 관한 법률」 제2조에 따른 신문 및 인터넷신문, 「잡지 등 정기간행물의 진흥에 관한 법률」 제2조에 따른 정기간행물, 「방송법」 제2조에 따른 방송사업을 발행 · 경영하는 자와 이에 상시 고용되어 편집 · 제작 · 취재 · 집필 · 보도의 업무에 종사하는 자로서 중앙선거관리위원회규칙으로 정하는 언론인
9. 특별법에 의하여 설립된 국민운동단체로서 국가 또는 지방자치단체의 출연 또는 보조를 받는 단체(바르게살기운동협의회·새마을운동협의회·한국자유총연맹을 말하며, 시·도조직 및 구·시·군조직을 포함한다)의 대표자

②제1항 본문에도 불구하고 다음 각 호의 어느 하나에 해당하는 경우에는 선거일 전 30일까지 그 직을 그만두어야 한다. <신설 2010.1.25., 2015.8.13.>
1. 비례대표국회의원선거나 비례대표지방의회의원선거에 입후보하는 경우
2. 보궐선거등에 입후보하는 경우
3. 국회의원이 지방자치단체의 장의 선거에 입후보하는 경우
4. 지방의회의원이 다른 지방자치단체의 의회의원이나 장의 선거에 입후보하는 경우
③제1항 단서에도 불구하고 비례대표국회의원이 지역구국회의원 보궐선거등에 입후보하는 경우 및 비례대표지방의회의원이 해당 지방자치단체의 지역구지방의회의원 보궐선거등에 입후보하는 경우에는 후보자등록신청 전까지 그 직을 그만두어야 한다. <신설 2010.1.25.>
④제1항부터 제3항까지의 규정을 적용하는 경우 그 소속기관의 장 또는 소속위원회에 사직원이 접수된 때에 그 직을 그만 둔 것으로 본다. <개정 2010.1.25.>
⑤제1항 및 제2항에도 불구하고, 지방자치단체의 장은 선거구역이 당해 지방자치단체의 관할구역과 같거나 겹치는 지역구국회의원선거에 입후보하고자 하는 때에는 당해 선거의 선거일 전 120일까지 그 직을 그만두어야 한다. 다만, 그 지방자치단체의 장이 임기가 만료된 후에 그 임기만료일부터 90일 후에 실시되는 지역구국회의원선거에 입후보하려는 경우에는 그러하지 아니하다. <개정 2000.2.16., 2003.10.30., 2010.1.25.>
[제목개정 2015.8.13.]
[2003.10.30. 법률 제6988호에 의하여 2003.9.25. 헌법재판소에서 위헌결정된 이 조 제5항을 개정함.]

제54조(후보자사퇴의 신고) 후보자가 사퇴하고자 하는 때에는 자신이 직접 당해 선거구선거관리위원회에 가서 서면으로 신고하되, 정당추천후보자가 사퇴하고자 하는 때에는 추천정당의 사퇴승인서를 첨부하여야 한다.

제55조(후보자등록 등에 관한 공고) 후보자가 등록·사퇴·사망하거나 등록이 무효로 된 때에는 당해 선거구선거관리위원회는 지체없이 이를 공고하고, 상급선거관리위원회에 보고하여야 하며, 하급선거관리위원회에 통지하여야 한다.

제56조(기탁금) ①후보자등록을 신청하는 자는 등록신청 시에 후보자 1명마다 다음 각 호의 기탁금을 중앙선거관리위원회규칙으로 정하는 바에 따라 관할선거구선거관리위원회에 납부하여야 한다. 이 경우 예비후보자가 해당 선거의 같은 선거구에 후보자등록을 신청하는 때에는 제60조의2제2항에 따라 납부한 기탁금을 제외한 나머지 금액을 납부하여야 한다. <개정 1997.11.14., 2000.2.16., 2001.10.8., 2002.3.7., 2010.1.25., 2012.1.17., 2020.3.25.>
1. 대통령선거는 3억원
2. 지역구국회의원선거는 1천500만원
2의2. 비례대표국회의원선거는 500만원
3. 시·도의회의원선거는 300만원
4. 시·도지사선거는 5천만원
5. 자치구·시·군의 장 선거는 1천만원
6. 자치구·시·군의원선거는 200만원
②제1항의 기탁금은 체납처분이나 강제집행의 대상이 되지 아니한다.
③제261조에 따른 과태료 및 제271조에 따른 불법시설물 등에 대한 대집행비용은 제1항의 기탁금(제60조의2제2항의 기탁금을 포함한다)에서 부담한다. <개정 2010.1.25.>
[헌법불합치, 2015헌마509, 2016.12.29. 공직선거법(2010.1.25. 법률 제9974호로 개정된 것) 제56조 제1항 제2호 중 '비례대표국회의원선거'에 관한 부분은 헌법에 합치되지 아니한다. 위 법률조항은 입법자가 2018.6.30.까지 개정하지 아니하면 2018.7.1.부터 그 효력을 상실한다. 법원 기타 국가기관 및 지방자치단체는 입법자가 개정할 때까지 위 법률조항의 적용을 중지하여야 한다.]

제57조(기탁금의 반환 등) ①관할선거구선거관리위원회는 다음 각 호의 구분에 따른 금액을 선거일 후 30일 이내에 기탁자에게 반환한다. 이 경우 반환하지 아니하는 기탁금은 국가 또는 지방자치단체에 귀속한다.<개정 2004.3.12., 2005.8.4., 2010.1.25. 2020.3.25>

1. 대통령선거, 지역구국회의원선거, 지역구지방의회의원선거 및 지방자치단체의 장선거

가. 후보자가 당선되거나 사망한 경우와 유효투표총수의 100분의 15 이상을 득표한 경우에는 기탁금 전액

나. 후보자가 유효투표총수의 100분의 10 이상 100분의 15 미만을 득표한 경우에는 기탁금의 100분의 50에 해당하는 금액

다. 예비후보자가 사망하거나, 당헌 · 당규에 따라 소속 정당에 후보자로 추천하여 줄 것을 신청하였으나 해당 정당의 추천을 받지 못하여 후보자로 등록하지 않은 경우에는 제60조의2제2항에 따라 납부한 기탁금 전액

2. 비례대표국회의원선거 및 비례대표지방의회의원선거

당해 후보자명부에 올라 있는 후보자중 당선인이 있는 때에는 기탁금 전액. 다만, 제189조 및 제190조의2에 따른 당선인의 결정 전에 사퇴하거나 등록이 무효로 된 후보자의 기탁금은 제외한다.

②제56조제3항에 따라 기탁금에서 부담하여야 할 비용은 제1항에 따라 기탁금을 반환하는 때에 공제하되, 그 부담비용이 반환할 기탁금을 넘는 사람은 그 차액을, 기탁금 전액이 국가 또는 지방자치단체에 귀속되는 사람은 그 부담비용 전액을 해당 선거구선거관리위원회의 고지에 따라 그 고지를 받은 날부터 10일 이내에 납부하여야 한다. <개정 2010.1.25.>

③관할선거구선거관리위원회는 제2항의 납부기한까지 해당자가 그 금액을 납부하지 아니한 때에는 관할세무서장에게 징수를 위탁하고, 관할세무서장은 국세 체납처분의 예에 따라 이를 징수하여 국가 또는 해당 지방자치단체에 납입하여야 한다. 이 경우 제271조에 따른 불법시설물 등에 대한 대집행비용은 우선 해당 선거관리위원회가 지출한 후 관할세무서장에게 그 징수를 위탁할 수 있다. <신설 2010.1.25.>

④삭제 <2000.2.16.>

⑤기탁금의 반환 및 귀속 기타 필요한 사항은 중앙선거관리위원회규칙으로 정한다. <개정 2000.2.16.>

[헌법불합치, 2016헌마541, 2018.1.25., 공직선거법(2010.1.25. 법률 제9974호로 개정된 것) 제57조 제1항 제1호 다목 중 지역구국회의원선거와 관련된 부분은 헌법에 합치되지 아니한다. 위 법률조항은 2019.6.30.을 시한으로 개정될 때까지 계속 적용한다.]

제6장의2 정당의 후보자 추천을 위한 당내경선 <신설 2005.8.4.>

제57조의2(당내경선의 실시) ①정당은 공직선거후보자를 추천하기 위하여 경선(이하 "당내경선"이라 한다)을 실시할 수 있다.

②정당이 당내경선[당내경선(여성이나 장애인 등에 대하여 당헌·당규에 따라 가산점 등을 부여하여 실시하는 경우를 포함한다)의 후보자로 등재된 자(이하 "경선후보자"라 한다)를 대상으로 정당의 당헌·당규 또는 경선후보자간의 서면합의에 따라 실시한 당내경선을 대체하는 여론조사를 포함한다]을 실시하는 경우 경선후보자로서 당해 정당의 후보자로 선출되지 아니한 자는 당해 선거의 같은 선거구에서는 후보자로 등록될 수 없다. 다만, 후보자로 선출된 자가 사퇴·사망·피선거권 상실 또는 당적의 이탈·변경 등으로 그 자격을 상실한 때에는 그러하지 아니하다. <개정 2018.4.6.>

③「정당법」 제22조(발기인 및 당원의 자격)의 규정에 따라 당원이 될 수 없는 자는 당내경선의 선거인이 될 수 없다.

[본조신설 2005.8.4.]

제57조의3(당내경선운동) ①정당이 당원과 당원이 아닌 자에게 투표권을 부여하여 실시하는 당내경선에서는 다음 각 호의 어느 하나에 해당하는 방법 외의 방법으로 경선운동을 할 수 없다. <개정 2008.2.29., 2012.2.29.>
1. 제60조의3제1항제1호·제2호에 따른 방법
2. 정당이 경선후보자가 작성한 1종의 홍보물(이하 이 조에서 "경선홍보물"이라 한다)을 1회에 한하여 발송하는 방법
3. 정당이 합동연설회 또는 합동토론회를 옥내에서 개최하는 방법(경선후보자가 중앙선거관리위원회규칙으로 정하는 바에 따라 그 개최장소에 경선후보자의 홍보에 필요한 현수막 등 시설물을 설치·게시하는 방법을 포함한다)
②정당이 제1항제2호 또는 제3호의 규정에 따른 방법으로 경선홍보물을 발송하거나 합동연설회 또는 합동토론회를 개최하는 때에는 당해 선거의 관할선거구선거관리위원회에 신고하여야 한다.
③제1항의 규정에 위반되는 경선운동에 소요되는 비용은 제119조(선거비용등의 정의)의 규정에 따른 선거비용으로 본다.
④제1항제2호의 경선홍보물의 작성 및 제2항의 신고 그 밖에 필요한 사항은 중앙선거관리위원회규칙으로 정한다.
[본조신설 2005.8.4.]

제57조의4(당내경선사무의 위탁) ①「정치자금법」 제27조(보조금의 배분)의 규정에 따라 보조금의 배분대상이 되는 정당은 당내경선사무 중 경선운동, 투표 및 개표에 관한 사무의 관리를 당해 선거의 관할선거구선거관리위원회에 위탁할 수 있다.
②관할선거구선거관리위원회가 제1항에 따라 당내경선의 투표 및 개표에 관한 사무를 수탁관리하는 경우에는 그 비용은 국가가 부담한다. 다만, 투표 및 개표참관인의 수당은 당해 정당이 부담한다. <개정 2008.2.29.>
③제1항의 규정에 따라 정당이 당내경선사무를 위탁하는 경우 그 구체적인 절차 및 필요한 사항은 중앙선거관리위원회규칙으로 정한다.
[본조신설 2005.8.4.]

제57조의5(당원 등 매수금지) ①누구든지 당내경선에 있어 후보자로 선출되거나 되게 하거나 되지 못하게 할 목적으로 경선선거인(당내경선의 선거인명부에 등재된 자를 말한다) 또는 그의 배우자나 직계존·비속에게 명목여하를 불문하고 금품 그 밖의 재산상의 이익 또는 공사의 직을 제공하거나 그 제공의 의사를 표시하거나 그 제공을 약속하는 행위를 할 수 없다. 다만, 중앙선거관리위원회규칙이 정하는 의례적인 행위는 그러하지 아니하다.
②누구든지 당내경선에 있어 후보자가 되지 아니하게 하거나 후보자가 된 것을 사퇴하게 할 목적으로 후보자(후보자가 되고자 하는 자를 포함한다. 이하 이 항에서 같다)에게 제1항의 규정에 따른 이익제공행위 등을 하여서는 아니되며, 후보자는 그 이익이나 직의 제공을 받거나 제공의 의사표시를 승낙하여서는 아니된다.
③누구든지 제1항 및 제2항에 규정된 행위에 관하여 지시·권유 또는 요구를 하여서는 아니된다.
[본조신설 2005.8.4.]

제57조의6(공무원 등의 당내경선운동 금지)
①제60조제1항에 따라 선거운동을 할 수 없는 사람은 당내경선에서 경선운동을 할 수 없다. 다만, 소속 당원만을 대상으로 하는 당내경선에서 당원이 될 수 있는 사람이 경선운동을 하는 경우에는 그러하지 아니하다.
②공무원은 그 지위를 이용하여 당내경선에서 경선운동을 할 수 없다.
[본조신설 2010.1.25.]
[종전 제57조의6은 제57조의7로 이동 <2010.1.25.>]

제57조의7(위탁하는 당내경선에 있어서의 이의제기) 정당이 제57조의4에 따라 당내경선을 위탁하여 실시하는 경우에는 그 경선 및 선출의 효력에 대한 이의제기는 당해 정당에 하여야 한다. <개정 2010.1.25.>
[본조신설 2005.8.4.]
[제57조의6에서 이동 <2010.1.25.>]

제57조의8(당내경선 등을 위한 휴대전화 가상번호의 제공) ①국회에 의석을 가진 정당은 다음 각 호의 어느 하나에 해당하는 경우에는 관할 선거관리위원회를 경유하여 이동통신사업자에게 이용자의 이동전화번호가 노출되지 아니하도록 생성한 번호(이하 "휴대전화 가상번호"라 한다)를 제공하여 줄 것을 서면(이하 "휴대전화 가상번호 제공 요청서"라 한다)으로 요청할 수 있다. <개정 2017.2.8.>
1. 제57조의2제1항에 따른 당내경선의 경선선거인이 되려는 사람을 모집하거나 당내경선을 위한 여론조사를 실시하는 경우
2. 그 밖에 정당활동을 위하여 여론수렴이 필요한 경우
②정당은 다음 각 호의 기간까지 관할 선거관리위원회에 휴대전화 가상번호 제공 요청서를 제출하여야 하고, 관할 선거관리위원회는 해당 요청서의 기재사항을 심사한 후 제출받은 날부터 3일 이내에 해당 요청서를 이동통신사업자에게 송부하여야 한다. <개정 2017.2.8.>
1. 제1항제1호에 따른 당내경선: 해당 당내경선 선거일 전 23일까지
2. 제1항제2호에 따른 여론수렴: 해당 여론수렴 기간 개시일 전 10일까지
③정당이 제1항에 따른 요청을 하는 경우에는 휴대전화 가상번호 제공 요청서에 다음 각 호에 따른 사항을 적어야 한다. <개정 2017.2.8.>
1. 제1항제1호에 따른 당내경선
가. 당내경선의 선거명·선거구명
나. 당내경선의 선거일
다. 당내경선 실시 지역 및 경선선거인(당내경선을 위한 여론조사를 실시하는 경우에는 표본을 말한다. 이하 이 항에서 같다) 수
라. 이동통신사업자별로 제공하여야 하는 성별·연령별·지역별 휴대전화 가상번호 수. 이 경우 제공을 요청할 수 있는 휴대전화 가상번호의 총수는 다목에 따른 경선선거인 수의 30배수를 초과할 수 없다.
마. 그 밖에 중앙선거관리위원회규칙으로 정하는 사항
2. 제1항제2호에 따른 여론수렴
가. 여론수렴의 목적·내용 및 기간
나. 여론수렴 대상 지역 및 대상자 수
다. 이동통신사업자별로 제공하여야 하는 성별·연령별·지역별 휴대전화 가상번호 수. 이 경우 제공을 요청할 수 있는 휴대전화 가상번호의 총수는 나목에 따른 대상자 수의 30배수를 초과할 수 없다.
라. 그 밖에 중앙선거관리위원회규칙으로 정하는 사항
④관할 선거관리위원회는 제출된 휴대전화 가상번호 제공 요청서에 제3항에 따른 기재사항이 누락되었거나 심사를 위하여 추가로 자료가 필요하다고 판단되는 때에는 해당 정당에 휴대전화 가상번호 제공 요청서의 보완 또는 자료의 제출을 요구할 수 있으며, 그 요구를 받은 정당은 지체 없이 이에 따라야 한다. <개정 2017.2.8.>
⑤이동통신사업자가 제1항에 따른 요청을 받은 때에는 그 요청을 받은 날부터 7일 이내에 휴대전화 가상번호 제공 요청서에 따라 휴대전화 가상번호를 생성하여 유효기간을 설정한 다음 관할 선거관리위원회를 경유하여 해당 정당에 제공하여야 한다. 다만, 이동통신사업자는 이용자 수의 부족 등으로 제공할 수 있는 휴대전화 가상번호 수가 제공하여야 하는 휴대전화 가상번호 수 보다 적은 때에는 지체 없이 관할 선거관리위원회에 통보하여야 하고, 관할 선거관리위원회는 중앙선거관리위원회규칙으로 정하는 바에 따라 해당 정당과 협의하여 제공하여야 하는 휴대전화 가상번호 수를 조정할 수 있다. <개정 2017.2.8.>
⑥이동통신사업자는 중앙선거관리위원회규칙으로 정하는 바에 따라 이용자에게 정당의 당

내경선이나 여론수렴 등을 위하여 본인의 이동전화번호가 정당에 휴대전화 가상번호로 제공된다는 사실과 그 제공을 거부할 수 있다는 사실을 알려야 한다. <개정 2017.2.8.>

⑦이동통신사업자(그 대표자 및 구성원을 포함한다)가 제5항에 따라 휴대전화 가상번호를 제공할 때에는 다음 각 호의 어느 하나에 해당하는 행위를 하여서는 아니 된다. <개정 2017.2.8.>

1. 휴대전화 가상번호에 유효기간을 설정하지 아니하고 제공하거나 휴대전화 가상번호를 제공하는 날부터 당내경선의 선거일까지의 기간(당내경선을 위한 여론조사를 실시하는 경우에는 그 여론조사기간을 말한다)이나 여론수렴 기간을 초과하는 유효기간을 설정하여 제공하는 행위
2. 요청받은 휴대전화 가상번호 수를 초과하여 휴대전화 가상번호를 제공하는 행위
3. 휴대전화 가상번호, 이용자의 성(性)·연령·거주지역 정보 외의 정보를 제공하는 행위. 이 경우 연령과 거주지역 정보의 범위에 대하여는 중앙선거관리위원회규칙으로 정한다.
4. 휴대전화 가상번호의 제공을 요청한 정당 외의 자에게 휴대전화 가상번호를 제공하는 행위
5. 제6항에 따른 고지를 받고 명시적으로 거부의사를 밝힌 이용자의 휴대전화 가상번호를 제공하는 행위
6. 여론조사의 결과에 영향을 미치게 하기 위하여 특정 정당 또는 후보자가 되려는 사람에게 유리 또는 불리하도록 휴대전화 가상번호를 생성하여 제공하는 행위

⑧정당은 제5항에 따라 제공받은 휴대전화 가상번호를 제1항에 따른 여론조사를 실시하거나 여론수렴을 하기 위하여 여론조사 기관·단체에 제공할 수 있다. <개정 2017.2.8.>

⑨제5항 본문 또는 제8항에 따라 휴대전화 가상번호를 제공받은 정당(그 대표자 및 구성원을 포함한다) 또는 여론조사 기관·단체(그 대표자 및 구성원을 포함한다)는 다음 각 호의 어느 하나에 해당하는 행위를 하여서는 아니 된다. <개정 2017.2.8.>

1. 제공받은 휴대전화 가상번호를 제1항에 따른 여론조사를 실시하거나 여론수렴을 하기 위한 목적 외의 다른 목적으로 사용하는 행위
2. 제공받은 휴대전화 가상번호를 다른 자에게 제공하는 행위

⑩휴대전화 가상번호를 제공받은 자(그 대표자 및 구성원을 포함한다)는 유효기간이 지난 휴대전화 가상번호를 즉시 폐기하여야 한다. <개정 2017.2.8.>

⑪이동통신사업자가 제5항에 따라 휴대전화 가상번호를 생성하여 제공하는데 소요되는 비용은 휴대전화 가상번호의 제공을 요청한 해당 정당이 부담한다. 이 경우 이동통신사업자는 휴대전화 가상번호 생성·제공에 소요되는 최소한의 비용을 청구하여야 한다. <개정 2017.2.8.>

⑫누구든지 휴대전화 가상번호를 제공한 이동통신사업자에게 당내경선의 결과·효력이나 여론수렴의 결과에 대하여 이의를 제기할 수 없다. <개정 2017.2.8.>

⑬휴대전화 가상번호 제공 요청 방법과 절차, 휴대전화 가상번호의 유효기간 설정, 휴대전화 가상번호 제공 요청서 서식, 관할 선거관리위원회, 그 밖에 필요한 사항은 중앙선거관리위원회규칙으로 정한다. <개정 2017.2.8.>

[본조신설 2016.1.15.]

[제목개정 2017.2.8.]

제7장 선거운동

제58조(정의 등) ①이 법에서 "선거운동"이라 함은 당선되거나 되게 하거나 되지 못하게 하기 위한 행위를 말한다. 다만, 다음 각 호의 어느 하나에 해당하는 행위는 선거운동으로 보지 아니한다. <개정 2000.2.16., 2012.2.29., 2013.8.13., 2020.3.25.>

1. 선거에 관한 단순한 의견개진 및 의사표시
2. 입후보와 선거운동을 위한 준비행위

3. 정당의 후보자 추천에 관한 단순한 지지 · 반대의 의견개진 및 의사표시
4. 통상적인 정당활동
5. 삭제 <2014.5.14.>
6. 설날 · 추석 등 명절 및 석가탄신일 · 기독탄신일 등에 하는 의례적인 인사말을 문자메시지(그림말 · 음성 · 화상 · 동영상 등을 포함한다. 이하 같다)로 전송하는 행위

②누구든지 자유롭게 선거운동을 할 수 있다. 그러나 이 법 또는 다른 법률의 규정에 의하여 금지 또는 제한되는 경우에는 그러하지 아니하다.

제58조의2(투표참여 권유활동) 누구든지 투표참여를 권유하는 행위를 할 수 있다. 다만, 다음 각 호의 어느 하나에 해당하는 행위의 경우에는 그러하지 아니하다.
1. 호별로 방문하여 하는 경우
2. 사전투표소 또는 투표소로부터 100미터 안에서 하는 경우
3. 특정 정당 또는 후보자(후보자가 되려는 사람을 포함한다. 이하 이 조에서 같다)를 지지·추천하거나 반대하는 내용을 포함하여 하는 경우
4. 현수막 등 시설물, 인쇄물, 확성장치·녹음기·녹화기(비디오 및 오디오 기기를 포함한다), 어깨띠, 표찰, 그 밖의 표시물을 사용하여 하는 경우(정당의 명칭이나 후보자의 성명·사진 또는 그 명칭·성명을 유추할 수 있는 내용을 나타내어 하는 경우에 한정한다)

[본조신설 2014.5.14.]

제59조(선거운동기간) 선거운동은 선거기간개시일부터 선거일 전일까지에 한하여 할 수 있다. 다만, 다음 각 호의 어느 하나에 해당하는 경우에는 그러하지 아니하다. <개정 2004.3.12.,2005.8.4., 2011.7.28., 2012.2.29., 2017.2.8., 2020.12.29.>
1. 제60조의3(예비후보자 등의 선거운동)제1항 및 제2항의 규정에 따라 예비후보자 등이 선거운동을 하는 경우
2. 문자메시지를 전송하는 방법으로 선거운동을 하는 경우. 이 경우 자동 동보통신의 방법(동시 수신대상자가 20명을 초과하거나 그 대상자가 20명 이하인 경우에도 프로그램을 이용하여 수신자를 자동으로 선택하여 전송하는 방식을 말한다. 이하 같다)으로 전송할 수 있는 자는 후보자와 예비후보자에 한하되, 그 횟수는 8회(후보자의 경우 예비후보자로서 전송한 횟수를 포함한다)를 넘을 수 없으며, 중앙선거관리위원회규칙에 따라 신고한 1개의 전화번호만을 사용하여야 한다.
3. 인터넷 홈페이지 또는 그 게시판·대화방 등에 글이나 동영상 등을 게시하거나 전자우편(컴퓨터 이용자끼리 네트워크를 통하여 문자·음성·화상 또는 동영상 등의 정보를 주고받는 통신시스템을 말한다. 이하 같다)을 전송하는 방법으로 선거운동을 하는 경우. 이 경우 전자우편 전송대행업체에 위탁하여 전자우편을 전송할 수 있는 사람은 후보자와 예비후보자에 한한다.
4. 선거일이 아닌 때에 전화(송 · 수화자 간 직접 통화하는 방식에 한정하며, 컴퓨터를 이용한 자동 송신장치를 설치한 전화는 제외한다)를 이용하거나 말(확성장치를 사용하거나 옥외집회에서 다중을 대상으로 하는 경우를 제외한다)로 선거운동을 하는 경우
5. 후보자가 되려는 사람이 선거일 전 180일(대통령선거의 경우 선거일 전 240일을 말한다)부터 해당 선거의 예비후보자등록신청 전까지 제60조의3제1항제2호의 방법(같은 호 단서를 포함한다)으로 자신의 명함을 직접 주는 경우

[제목개정 2011.7.28.]

제60조(선거운동을 할 수 없는 자) ①다음 각 호의 어느 하나에 해당하는 사람은 선거운동을 할 수 없다. 다만, 제1호에 해당하는 사람이 예비후보자 · 후보자의 배우자인 경우와 제4호부터 제8호까지의 규정에 해당하는 사람이 예비후보자 · 후보자의 배우자이거나 후보자의 직계존비속인 경우에는 그러하지 아니하다. <개정 1995.12.30., 1997.1.13., 2000.2.16., 2002.3.7., 2004.3.12., 2005.8.4., 2010.1.25., 2012.1.17., 2012.2.29., 2014.1.17., 2016.5.29. 2020.1.14., 2020.3.25., 2020.12.29.>

1. 대한민국 국민이 아닌 자. 다만, 제15조제2항제3호에 따른 외국인이 해당 선거에서 선거운동을 하는 경우에는 그러하지 아니하다.
2. 미성년자(18세 미만의 자를 말한다. 이하 같다)
3. 제18조(選擧權이 없는 者)제1항의 규정에 의하여 선거권이 없는 자
4. 「국가공무원법」 제2조(公務員의 구분)에 규정된 국가공무원과 「지방공무원법」 제2조(公務員의 구분)에 규정된 지방공무원. 다만, 「정당법」 제22조(발기인 및 당원의 자격)제1항제1호 단서의 규정에 의하여 정당의 당원이 될 수 있는 공무원(國會議員과 地方議會議員외의 政務職公務員을 제외한다)은 그러하지 아니하다.
5. 제53조(公務員 등의 立候補)제1항제2호 내지 제7호에 해당하는 자(제5호 및 제6호의 경우에는 그 常勤職員을 포함한다)
6. 예비군 중대장급 이상의 간부
7. 통·리·반의 장 및 읍·면·동주민자치센터(그 명칭에 관계없이 읍·면·동사무소 기능전환의 일환으로 조례에 의하여 설치된 각종 문화·복지·편익시설을 총칭한다. 이하 같다)에 설치된 주민자치위원회(주민자치센터의 운영을 위하여 조례에 의하여 읍·면·동사무소의 관할구역별로 두는 위원회를 말한다. 이하 같다)위원
8. 특별법에 의하여 설립된 국민운동단체로서 국가 또는 지방자치단체의 출연 또는 보조를 받는 단체(바르게살기運動協議會·새마을運動協議會·韓國自由總聯盟을 말한다)의 상근 임·직원 및 이들 단체 등(市·道組織 및 區·市·郡組織을 포함한다)의 대표자
9. 선상투표신고를 한 선원이 승선하고 있는 선박의 선장

②각급선거관리위원회위원·예비군 중대장급 이상의 간부·주민자치위원회위원 또는 통·리·반의 장이 선거사무장, 선거연락소장, 선거사무원, 제62조제4항에 따른 활동보조인, 회계책임자, 연설원, 대담·토론자 또는 투표참관인이나 사전투표참관인이 되고자 하는 때에는 선거일 전 90일(선거일 전 90일 후에 실시사유가 확정된 보궐선거등에서는 그 선거의 실시사유가 확정된 때부터 5일 이내)까지 그 직을 그만두어야 하며, 선거일 후 6월 이내(주민자치위원회위원은 선거일까지)에는 종전의 직에 복직될 수 없다. 이 경우 그만둔 것으로 보는 시기에 관하여는 제53조제4항을 준용한다.
<개정 2002.3.7., 2008.2.29., 2010.1.25., 2011.7.28., 2012.1.17., 2014.1.17., 2016.5.29.>
[제목개정 2011.7.28.]
[단순위헌, 2013헌가1, 2016.6.30. 구 공직선거법(2010.1.25. 법률 제9974호로 개정되고, 2015.12.24. 법률 제13617호로 개정되기 전의 것) 제60조 제1항 제5호 중 '제53조 제1항 제8호에 해당하는 자' 부분은 헌법에 위반된다.]
[단순위헌, 2015헌바124, 2018.2.22., 공직선거법(2010.1.25. 법률 제9974호로 개정된 것) 제60조 제1항 제5호 중 제53조 제1항 제4호 가운데 한국철도공사의 상근직원 부분 및 같은 법 제255조 제1항 제2호 중 위 해당부분은 헌법에 위반된다.]

제60조의2(예비후보자등록) ①예비후보자가 되려는 사람(비례대표국회의원선거 및 비례대표지방의회의원선거는 제외한다)은 다음 각 호에서 정하는 날(그 날후에 실시사유가 확정된 보궐선거등에 있어서는 그 선거의 실시사유가 확정된 때)부터 관할선거구선거관리위원회에 예비후보자등록을 서면으로 신청하여야 한다. <개정 2005.8.4., 2010.1.25.>
1. 대통령선거
선거일 전 240일
2. 지역구국회의원선거 및 시·도지사선거
선거일 전 120일
3. 지역구시·도의회의원선거, 자치구·시의 지역구의회의원 및 장의 선거
선거기간개시일 전 90일
4. 군의 지역구의회의원 및 장의 선거
선거기간개시일 전 60일

②제1항에 따라 예비후보자등록을 신청하는 사람은 다음 각 호의 서류를 제출하여야 하며, 제56조제1항 각 호에 따른 해당 선거 기탁금의 100분의 20에 해당하는 금액을 중앙선거관리

위원회규칙으로 정하는 바에 따라 관할선거구선거관리위원회에 기탁금으로 납부하여야 한다. <신설 2010.1.25.>
1. 중앙선거관리위원회규칙으로 정하는 피선거권에 관한 증명서류
2. 전과기록에 관한 증명서류
3. 제49조제4항제6호에 따른 학력에 관한 증명서(한글번역문을 첨부한다)
③제1항의 등록신청을 받은 선거관리위원회는 지체없이 이를 수리하되, 제2항에 따른 기탁금과 전과기록에 관한 증명서류를 갖추지 아니한 등록신청은 수리할 수 없다. 이 경우 피선거권에 관한 증명서류가 첨부되지 아니한 경우에는 이를 수리하되, 피선거권에 관하여 확인이 필요하다고 인정되는 예비후보자에 대하여는 관계기관의 장에게 필요한 사항을 조회할 수 있으며, 그 조회를 받은 관계기관의 장은 지체없이 해당 사항을 조사하여 회보하여야 한다. <개정 2010.1.25.>
④예비후보자등록후에 다음 각 호의 어느 하나에 해당하는 사유가 있는 때에는 그 예비후보자의 등록은 무효로 한다. <개정 2005.8.4., 2010.1.25.>
1. 피선거권이 없는 것이 발견된 때
1의2. 제2항제2호에 따른 전과기록에 관한 증명서류를 제출하지 아니한 것이 발견된 때
2. 제53조제1항부터 제3항까지 또는 제5항에 따라 그 직을 가지고 입후보할 수 없는 자에 해당하는 것이 발견된 때
3. 제57조의2제2항 본문 또는 제266조제2항·제3항에 따라 후보자가 될 수 없는 자에 해당하는 것이 발견된 때
4. 다른 법률에 따라 공무담임이 제한되는 사람이나 후보자가 될 수 없는 사람에 해당하는 것이 발견된 때
⑤제52조제3항의 규정은 예비후보자등록에 준용한다. 이 경우 "후보자"는 "예비후보자"로 본다. <개정 2010.3.12.>
⑥예비후보자가 사퇴하고자 하는 때에는 직접 당해 선거구선거관리위원회에 서면으로 신고하여야 한다. <개정 2010.1.25.>
⑦제49조에 따라 후보자로 등록한 자는 선거기간개시일 전일까지 예비후보자를 겸하는 것으로 본다. 이 경우 선거운동은 예비후보자의 예에 따른다. <신설 2005.8.4., 2010.1.25., 2011.7.28.>
⑧예비후보자의 전과기록조회 및 회보에 관하여는 제49조제10항을 준용한다. 이 경우 "선거기간개시일 전 150일"은 "선거기간개시일 전 150일(대통령선거의 경우 예비후보자등록신청개시일 전 60일을 말한다)"로 본다. <신설 2010.1.25.>
⑨제1항의 등록신청을 받은 선거관리위원회는 중앙선거관리위원회규칙으로 정하는 바에 따라 해당 예비후보자의 당적보유 여부를 정당에 요청하여 조회할 수 있으며, 그 요청을 받은 정당은 이를 확인하여 지체 없이 해당 선거관리위원회에 회보하여야 한다. <신설 2015.8.13.>
⑩관할선거구선거관리위원회는 제2항제2호 및 제3호와 제8항에 따라 제출받거나 회보받은 서류를 선거구민이 알 수 있도록 공개하여야 한다. 다만, 후보자등록신청 개시일 이후에는 이를 공개하지 아니한다(제49조제12항에 따라 공개하는 경우는 제외한다). <신설 2015.8.13.>
⑪예비후보자가 제49조에 따라 후보자로 등록하지 않은 때에는 후보자등록마감일의 등록마감시각 후부터 예비후보자의 지위를 상실한다. <신설 2017.3.9.>
⑫예비후보자등록신청서의 서식, 피선거권에 관한 증명서류, 제출·회보받은 서류의 공개방법, 그 밖에 필요한 사항은 중앙선거관리위원회규칙으로 정한다. <개정 2010.1.25., 2015.8.13., 2017.3.9.>
[본조신설 2004.3.12.]

제60조의3(예비후보자 등의 선거운동) ①예비후보자는 다음 각호의 어느 하나에 해당하는 방법으로 선거운동을 할 수 있다.
<개정 2005.8.4., 2008.2.29., 2010.1.25., 2011.7.28., 2012.1.17., 2017.2.8., 2020.12.29.>
1. 제61조(선거운동기구의 설치)제1항 및 제6항 단서의 규정에 의하여 선거사무소를 설치하거나 그 선거사무소에 간판·현판 또는 현수막을 설치·게시하는 행위

2. 자신의 성명 · 사진 · 전화번호 · 학력(정규학력과 이에 준하는 외국의 교육과정을 이수한 학력을 말한다. 이하 제4호에서 같다) · 경력, 그 밖에 홍보에 필요한 사항을 게재한 길이 9센티미터 너비 5센티미터 이내의 명함을 직접 주거나 지지를 호소하는 행위. 다만, 선박 · 정기여객자동차 · 열차 · 전동차 · 항공기의 안과 그 터미널 · 역 · 공항의 개찰구 안, 병원 · 종교시설 · 극장의 옥내(대관 등으로 해당 시설이 본래의 용도 외의 용도로 이용되는 경우는 제외한다)에서 주거나 지지를 호소하는 행위는 그러하지 아니하다.
3. 삭제 <2012.2.29.>
4. 선거구안에 있는 세대수의 100분의 10에 해당하는 수 이내에서 자신의 사진·성명·전화번호·학력·경력, 그 밖에 홍보에 필요한 사항을 게재한 인쇄물(이하 "예비후보자홍보물"이라 한다)을 작성하여 관할 선거관리위원회로부터 발송대상·매수 등을 확인받은 후 선거기간개시일 전 3일까지 중앙선거관리위원회규칙이 정하는 바에 따라 우편발송하는 행위. 이 경우 대통령선거 및 지방자치단체의 장선거의 예비후보자는 표지를 포함한 전체면수의 100분의 50 이상의 면수에 선거공약 및 이에 대한 추진계획으로 각 사업의 목표·우선순위·이행절차·이행기한·재원조달방안을 게재하여야 하며, 이를 게재한 면에는 다른 정당이나 후보자가 되려는 자에 관한 사항을 게재할 수 없다.
5. 선거운동을 위하여 어깨띠 또는 예비후보자임을 나타내는 표지물을 착용하는 행위
6. 삭제 <2020.12.29.>
7. 삭제 <2012.2.29.>

②다음 각 호의 어느 하나에 해당하는 사람은 예비후보자의 선거운동을 위하여 제1항제2호에 따른 예비후보자의 명함을 직접 주거나 예비후보자에 대한 지지를 호소할 수 있다. <개정 2010.1.25., 2017.2.8., 2018.4.6.>
1. 예비후보자의 배우자(배우자가 없는 경우 예비후보자가 지정한 1명)와 직계존비속
2. 예비후보자와 함께 다니는 선거사무장·선거사무원 및 제62조제4항에 따른 활동보조인
3. 예비후보자가 그와 함께 다니는 사람 중에서 지정한 1명

③제1항제4호에 따라 예비후보자홍보물을 우편발송하고자 하는 예비후보자는 그 발송통수 이내의 범위 안에서 선거권자인 세대주의 성명·주소(이하 이 조에서 "세대주명단"이라 한다)의 교부를 구·시·군의 장에게 신청할 수 있으며, 신청을 받은 구·시·군의 장은 다른 법률의 규정에 불구하고 지체 없이 그 세대주명단을 작성·교부하여야 한다. <신설 2005.8.4., 2008.2.29.>

④제3항의 규정에 따른 세대주명단의 교부신청은 후보자등록기간개시일 전 5일까지 서면으로 신청하여야 하며, 그 작성비용을 함께 납부하여야 한다. <신설 2005.8.4.>

⑤제3항의 규정에 따라 교부된 세대주명단의 양도·대여 및 사용의 금지에 관하여는 제46조(명부사본의 교부)제4항의 규정을 준용한다. 이 경우 "명부"는 "세대주명단"으로 본다. <신설 2005.8.4., 2014.1.17.>

⑥예비후보자홍보물의 규격·면수와 작성근거 등의 표시, 어깨띠·표지물의 규격, 세대주명단의 교부신청과 비용납부 그 밖에 필요한 사항은 중앙선거관리위원회규칙으로 정한다. <신설 2005.8.4., 2008.2.29., 2010.1.25.>

[본조신설 2004.3.12.]
[제목개정 2005.8.4.]
[2017.2.8. 법률 제14556호에 의하여 2013.11.28. 헌법재판소에서 위헌결정된 이 조 제2항제3호를 개정함.]

제60조의4(예비후보자공약집) ①대통령선거 및 지방자치단체의 장선거의 예비후보자는 선거공약 및 이에 대한 추진계획으로 각 사업의 목표·우선순위·이행절차·이행기한·재원조달방안을 게재한 공약집(도서의 형태로 발간된 것을 말하며, 이하 "예비후보자공약집"이라 한다) 1종을 발간·배부할 수 있으며, 이를 배부하려는 때에는 통상적인 방법으로 판매하여야 한다. 다만, 방문판매의 방법으로 판매할 수 없다.

②제1항의 예비후보자가 선거공약 및 그 추진계획에 관한 사항 외에 자신의 사진·성명·학력(정규학력과 이에 준하는 외국의 교육과정을 이수한 학력을 말한다)·경력, 그 밖에 홍보에 필요한

사항을 예비후보자공약집에 게재하는 경우 그 게재면수는 표지를 포함한 전체면수의 100분의 10을 넘을 수 없으며, 다른 정당이나 후보자가 되려는 자에 관한 사항은 예비후보자공약집에 게재할 수 없다.
③예비후보자가 제1항에 따라 예비후보자공약집을 발간하여 판매하려는 때에는 발간 즉시 관할 선거구선거관리위원회에 2권을 제출하여야 한다.
④예비후보자공약집의 작성근거 등의 표시와 제출, 그 밖에 필요한 사항은 중앙선거관리위원회규칙으로 정한다.
[본조신설 2008.2.29.]

제61조(선거운동기구의 설치) ①선거운동 및 그 밖의 선거에 관한 사무를 처리하기 위하여 정당 또는 후보자는 다음 각호에 따라 선거사무소와 선거연락소를, 예비후보자는 선거사무소를, 정당은 중앙당 및 시·도당의 사무소에 선거대책기구 각 1개씩을 설치할 수 있다. <개정 1995.4.1., 1995.5.10., 2000.2.16., 2004.3.12., 2005.8.4., 2014.1.17.>
1. 대통령선거
정당 또는 후보자가 설치하되, 선거사무소 1개소와 시·도 및 구·시·군(하나의 區·市·郡이 2 이상의 國會議員地域區로 된 경우에는 國會議員地域區를 말한다. 이하 이 條에서 같다)마다 선거연락소 1개소
2. 지역구국회의원선거
후보자가 설치하되, 당해 국회의원지역구안에 선거사무소 1개소. 다만, 하나의 국회의원지역구가 2 이상의 구·시·군으로 된 경우에는 선거사무소를 두지 아니하는 구·시·군마다 선거연락소 1개소
3. 비례대표국회의원선거 및 비례대표지방의회의원선거
정당이 설치하되, 선거사무소 1개소(比例代表市·道議員選擧의 경우에는 比例代表市·道議員候補者名簿를 제출한 시·도마다, 비례대표자치구·시·군의원선거의 경우에는 비례대표자치구·시·군의원후보자명부를 제출한 자치구·시·군마다 選擧事務所 1個所)
4. 지역구지방의회의원선거
후보자가 설치하되, 당해 선거구안에 선거사무소 1개소
5. 시·도지사선거
후보자가 설치하되, 당해 시·도안에 선거사무소 1개소와 당해 시·도안의 구·시·군마다 선거연락소 1개소
6. 자치구·시·군의 장 선거
후보자가 설치하되, 당해 자치구·시·군안에 선거사무소 1개소. 다만, 자치구가 아닌 구가 설치된 시에 있어서는 선거사무소를 두지 아니하는 구마다 선거연락소 1개소를 둘 수 있으며, 하나의 구·시·군이 2 이상의 국회의원지역구로 된 경우에는 선거사무소를 두지 아니하는 국회의원지역구마다 선거연락소 1개소를 둘 수 있다.
②선거사무소 또는 선거연락소는 시·도 또는 구·시·군의 사무소 소재지가 다른 시·도 또는 구·시·군의 구역안에 있는 때에는 제1항의 규정에 불구하고 그 시·도 또는 구·시·군의 사무소 소재지를 관할하는 시·도 또는 구·시·군의 구역안에 설치할 수 있다.
③정당·정당추천후보자 또는 정당소속 예비후보자의 선거사무소와 선거연락소는 그에 대응하는 정당[제61조의2(정당선거사무소의 설치)의 규정에 의한 정당선거사무소를 포함한다]의 사무소가 있는 때에는 그 사무소에 둘 수 있다. <개정 2004.3.12.>
④예비후보자가 제49조(후보자등록 등)의 규정에 의하여 후보자등록을 마친 때에는 당해 예비후보자의 선거사무소는 후보자의 선거사무소로 본다. <신설 2004.3.12.>
⑤선거사무소와 선거연락소는 고정된 장소 또는 시설에 두어야 하며, 「식품위생법」에 의한 식품접객영업소 또는 「공중위생관리법」에 의한 공중위생영업소안에 둘 수 없다. <개정 2000.2.16., 2005.8.4.>
⑥선거사무소, 선거연락소 및 선거대책기구에는 중앙선거관리위원회규칙으로 정하는 바에 따라 선거운동을 위한 간판·현판 및 현수막, 제64조의 선거벽보, 제65조의 선거공보, 제66조의 선거공약서 및 후보자의 사진을 첩부할 수 있다. 다만, 예비후보자의 선거사무소에는 간판·현

판 및 현수막에 한하여 설치·게시할 수 있다. <개정 2010.1.25., 2014.1.17.>
⑦예비후보자가 그 신분을 상실한 때에는 제1항의 규정에 의하여 설치한 선거사무소를 폐쇄하여야 하며, 이를 폐쇄하지 아니한 경우 선거구선거관리위원회는 당해 예비후보자에게 즉시 선거사무소의 폐쇄를 명하여야 한다. <신설 2004.3.12.>

제61조의2(정당선거사무소의 설치) ①정당은 선거에 있어서 당해 선거에 관한 정당의 사무를 처리하기 위하여 다음 각 호에서 정하는 날(그 날후에 실시사유가 확정된 보궐선거등에 있어서는 그 선거의 실시사유가 확정된 때)부터 선거일후 30일까지 선거구안에 있는 구·시·군(하나의 구·시·군이 2 이상의 국회의원 지역구로 된 경우에는 국회의원지역구)마다 1개소의 정당선거사무소를 설치할 수 있다. <개정 2005.8.4.>
1. 대통령선거
선거일 전 240일
2. 국회의원선거 및 시·도지사선거
선거일 전 120일
3. 지방의회의원선거 및 자치구·시·군의 장선거
선거기간개시일 전 60일
②정당선거사무소에는 당원중에서 소장 1인을 두어야 하며, 2인 이내의 유급사무직원을 둘 수 있다.
③중앙당 또는 시·도당의 대표자는 정당선거사무소를 설치하는 때에는 지체없이 관할선거관리위원회에 다음 각호의 사항을 서면으로 신고하여야 한다. 이 경우 신고사항의 변경이 있는 때에는 지체없이 그 변경사항을 신고하여야 한다. <개정 2005.8.4.>
1. 설치연월일
2. 사무소의 소재지와 명칭
3. 소장의 성명·주소·주민등록번호
4. 사무소인(印)
④정당선거사무소에는 중앙선거관리위원회규칙으로 정하는 바에 따라 정당의 홍보에 필요한 사항을 게재한 간판·현판·현수막을 설치·게시할 수 있다. <개정 2010.1.25.>
⑤정당선거사무소의 소장은 이 법 또는 다른 법률의 규정에 의한 신고·신청·제출·보고·추천등에 관하여 당해 정당을 대표한다.
⑥정당은 선거일후 30일이 지난 때에는 제1항의 규정에 의한 정당선거사무소를 즉시 폐쇄하여야 한다.
⑦제61조(선거운동기구의 설치)제2항 및 제5항의 규정은 정당선거사무소에 이를 준용한다. 이 경우 "선거사무소 또는 선거연락소"와 "선거사무소와 선거연락소"는 "정당선거사무소"로 본다.
[본조신설 2004.3.12.]

제62조(선거사무관계자의 선임) ①제61조(選擧運動機構의 設置)의 선거사무소와 선거연락소를 설치한 자는 선거운동을 할 수 있는 자중에서 선거사무소에 선거사무장 1인을, 선거연락소에 선거연락소장 1인을 두어야 한다.
②선거사무장 또는 선거연락소장은 선거에 관한 사무를 처리하기 위하여 선거운동을 할 수 있는 자중에서 다음 각호에 의하여 선거사무원(제135조제1항 본문에 따른 수당과 실비를 지급받는 선거사무원을 말한다. 이하 같다)을 둘 수 있다. <개정 1995.4.1., 1995.12.30., 1997.1.13., 1998.4.30., 2000.2.16., 2005.8.4., 2010.1.25.>
1. 대통령선거
선거사무소에 시·도수의 6배수 이내와 시·도선거연락소에 당해 시·도안의 구·시·군(하나의 區·市·郡이 2 이상의 國會議員地域區로 된 경우에는 國會議員地域區를 말한다. 이하 이 項에서 같다)수(그 區·市·郡數가 10 미만인 때에는 10人)이내 및 구·시·군선거연락소에 당해 구·시·군안의 읍·면·동수 이내
2. 지역구국회의원선거 및 자치구·시·군의 장선거

선거사무소와 선거연락소를 두는 구·시·군 안의 읍·면·동수의 3배수에 5를 더한 수 이내(선거연락소를 두지 아니하는 경우에는 선거연락소에 둘 수 있는 선거사무원의 수만큼 선거사무소에 더 둘 수 있다)

3. 비례대표국회의원선거
선거사무소에 시·도수의 2배수 이내

4. 지역구시·도의원선거
선거사무소에 10인 이내

5. 비례대표시·도의원선거
선거사무소에 당해 시·도안의 구·시·군의 수(算定한 數가 20 미만인 때에는 20人) 이내

6. 시·도지사선거
선거사무소에 당해 시·도안의 구·시·군의 수(그 區·市·郡數가 10 미만인 때에는 10人) 이내와 선거연락소에 당해 구·시·군안의 읍·면·동수 이내

7. 지역구자치구·시·군의원선거
선거사무소에 8명 이내

8. 비례대표자치구·시·군의원선거
선거사무소에 당해 자치구·시·군 안의 읍·면·동수 이내

③예비후보자는 선거운동을 할 수 있는 자중에서 제1항에 따른 선거사무장을 포함하여 다음 각 호에 따른 수의 선거사무원을 둘 수 있다. <신설 2004.3.12., 2005.8.4., 2010.1.25.>

1. 대통령선거
10인 이내

2. 시·도지사선거
5인 이내

3. 지역구국회의원선거 및 자치구·시·군의 장선거
3인 이내

4. 지역구지방의회의원선거
2인 이내

④중앙선거관리위원회규칙으로 정하는 장애인 예비후보자·후보자는 그의 활동을 보조하기 위하여 선거운동을 할 수 있는 사람 중에서 1명의 활동보조인(이하 "활동보조인"이라 한다)을 둘 수 있다. 이 경우 활동보조인은 제2항 및 제3항에 따른 선거사무원수에 산입하지 아니한다. <신설 2010.1.25.>

⑤제135조제1항 단서의 규정에 의하여 수당을 지급받을 수 없는 정당의 유급사무직원, 국회의원과 그 보좌관·비서관·비서 또는 지방의회의원은 선거사무원이 된 경우에도 제2항의 선거사무원수에는 산입하지 아니한다. <개정 2000.2.16., 2010.1.25.>

⑥선거사무장을 두지 아니한 경우에는 후보자(제2항제1호·제3호·제5호 및 제8호의 경우에는 정당의 회계책임자) 또는 예비후보자가 선거사무장을 겸한 것으로 본다. <개정 2004.3.12., 2005.8.4., 2010.1.25.>

⑦같은 선거에 있어서는 2 이상의 정당·예비후보자 또는 후보자가 동일인을 함께 선거사무장·선거연락소장 또는 선거사무원으로 선임할 수 없다. <개정 1995.4.1., 2004.3.12., 2010.1.25.>

⑧누구든지 이 법에 규정되지 아니한 방법으로 인쇄물·시설물, 그 밖의 광고물을 이용하여 선거운동을 하는 사람을 모집할 수 없다. <개정 2010.1.25.>

제63조(선거운동기구 및 선거사무관계자의 신고) ①정당·후보자 또는 예비후보자가 선거사무소와 선거연락소를 설치·변경한 때와 정당·후보자·예비후보자·선거사무장 또는 선거연락소장이 선거사무장·선거연락소장·선거사무원 또는 활동보조인(이하 이 조에서 "선거사무장등"이라 한다)을 선임하거나 해임한 때에는 지체없이 관할선거관리위원회에 서면으로 신고하여야 한다. 이 경우 교체선임할 수 있는 선거사무원수는 최초의 선임을 포함하여 제62조제2항 또는 제3항에 따른 선거사무원수의 2배수를 넘을 수 없다. <개정 2004.3.12., 2010.1.25.>

②선거사무장등(회계책임자를 포함한다)은 해당 선거관리위원회가 교부하는 표지를 패용하고 선거운동을 하여야 한다. <개정 2010.1.25.>

③선거관리위원회는 제2항에 따른 표지의 교부신청을 받은 때에는 즉시 이를 교부하여야 한다. <개정 2010.1.25.>
④선거사무소와 선거연락소의 설치신고서, 선거사무장등의 선임신고서, 선거사무장등(회계책임자를 포함한다)의 표지 및 그 표지 분실 시 처리절차, 그 밖에 필요한 사항은 중앙선거관리위원회규칙으로 정한다. <개정 2010.1.25.>

제64조(선거벽보) ①선거운동에 사용하는 선거벽보에는 후보자의 사진(候補者만의 寫眞을 말한다)·성명·기호(제150조에 따라 투표용지에 인쇄할 정당 또는 후보자의 게재순위를 말한다. 이하 같다)·정당추천후보자의 소속정당명(無所屬候補者는 "無所屬"이라 표시한다)·경력[학력을 게재하는 경우에는 정규학력과 이에 준하는 외국의 교육과정을 이수한 학력외에는 게재할 수 없다. 이 경우 정규학력을 게재하는 경우에는 졸업 또는 수료당시의 학교명(중퇴한 경우에는 수학기간을 함께 기재하여야 한다)을 기재하고, 정규학력에 준하는 외국의 교육과정을 이수한 학력을 게재하는 때에는 그 교육과정명과 수학기간 및 학위를 취득한 때의 취득학위명을 기재하여야 하며, 정규학력의 최종학력과 외국의 교육과정을 이수한 학력은 제49조제4항제6호에 따라 학력증명서를 제출한 학력에 한하여 게재할 수 있다. 이하 같다]·정견 및 소속정당의 정강·정책 그 밖의 홍보에 필요한 사항(地域區國會議員選擧에 있어서는 比例代表國會議員候補者名單을, 地域區市·道議員選擧에 있어서는 비례대표시·도의원후보자 명단을, 지역구자치구·시·군의원선거에 있어서는 비례대표자치구·시·군의원후보자명단을 포함하며, 候補者외의 者의 人物寫眞을 제외한다)을 게재하여 동에 있어서는 인구 500명에 1매, 읍에 있어서는 인구 250명에 1매, 면에 있어서는 인구 100명에 1매의 비율을 한도로 작성·첩부한다. 다만, 인구밀집상태 및 첩부장소등을 감안하여 중앙선거관리위원회규칙으로 정하는 바에 따라 인구 1천명에 1매의 비율까지 조정할 수 있다. <개정 1995.4.1., 1995.12.30., 1997.1.13., 1997.11.14., 1998.4.30., 2000.2.16., 2002.3.7., 2004.3.12., 2005.8.4., 2010.1.25.>
②제1항에 따른 선거벽보는 후보자(비례대표국회의원후보자와 비례대표지방의회의원후보자를 제외하며, 대통령선거에 있어서 정당추천후보자의 경우에는 그 추천정당을 말한다. 이하 이 조에서 같다)가 작성하여 대통령선거는 후보자등록마감일 후 3일(제51조에 따른 추가등록의 경우에는 추가등록마감일 후 2일 이내를 말한다)까지, 국회의원선거와 지방자치단체의 의회의원 및 장의 선거는 후보자등록마감일 후 5일까지 첩부할 지역을 관할하는 구·시·군선거관리위원회에 제출하고, 해당 구·시·군선거관리위원회가 이를 확인하여 선거벽보 제출마감일후 2일(대통령선거와 섬 및 산간오지지역의 경우는 3일)까지 첩부한다. 이 경우 선거벽보의 일부를 제출하지 아니할 때에는 선거벽보를 첩부하지 아니할 지역(투표구를 단위로 한다)을 지정하여 선거벽보의 제출시에 서면으로 신고하여야 하고, 선거벽보를 첩부하지 아니할 지역을 신고하지 아니한 때에는 해당 구·시·군선거관리위원회가 그 지역을 지정한다. <개정 1995.4.1., 2000.2.16., 2005.8.4., 2010.1.25., 2011.7.28., 2012.1.17.>
③관할선거구선거관리위원회는 제2항에 따라 후보자가 작성하여 보관 또는 제출할 선거벽보의 수량을 선거기간개시일전 10일까지 공고하여야 한다. 이 경우 중앙선거관리위원회규칙으로 정하는 바에 따라 일정한 수량을 가산할 수 있다. <개정 1995.12.30., 2004.3.12., 2010.1.25.>
④후보자가 제2항에 따른 제출마감일까지 선거벽보를 제출하지 아니한 때와 규격을 넘거나 미달하는 선거벽보를 제출한 때에는 그 선거벽보는 첩부하지 아니한다.
<개정 2010.1.25.>
⑤제2항에 따라 제출된 선거벽보는 정정 또는 철회할 수 없다. 다만, 후보자는 선거벽보에 게재된 후보자의 성명·기호·소속 정당명과 경력·학력·학위·상벌(이하 "경력등"이라 한다)이 거짓으로 게재되어 있거나 이 법에 위반되는 내용이 게재되어 있음을 이유로 해당 선거구선거관리위원회에 서면으로 정정 또는 삭제를 요청할 수 있으며, 그 요청을 받은 선거구선거관리위원회는 제2항에 따른 선거벽보 제출마감일까지 그 내용을 정정 또는 삭제하게 할 수 있다. 이 경우 해당 내용을 정정 또는 삭제하는 외에 새로운 내용을 추가하거나 종전의 배열방법·색상·규격 등을 변경할 수 없다. <개정 2010.1.25.>
⑥누구든지 선거벽보의 내용 중 경력등에 관한 거짓 사실의 게재를 이유로 이의제기를 하는 때에는 해당 선거구선거관리위원회를 거쳐 직근 상급선거관리위원회에 서면으로 하

여야 하고, 이의제기를 받은 상급선거관리위원회는 후보자와 이의제기자에게 그 증명서류의 제출을 요구할 수 있으며, 그 증명서류의 제출이 없거나 거짓 사실임이 판명된 때에는 그 사실을 공고하여야 한다. <신설 2010.1.25.>

⑦관할선거구선거관리위원회는 제1항의 선거벽보에 다른 후보자, 그의 배우자 또는 직계존·비속이나 형제자매의 사생활에 대한 사실을 적시하여 비방하는 내용이 이 법에 위반된다고 인정하는 때에는 이를 고발하고 공고하여야 한다. <개정 2010.1.25.>

⑧선거벽보를 인쇄하는 인쇄업자는 제3항의 선거벽보의 수량외에는 이를 인쇄하여 누구에게도 제공할 수 없다. <개정 2010.1.25.>

⑨후보자는 관할구·시·군선거관리위원회가 첩부한 선거벽보가 오손되거나 훼손되어 보완첩부하고자 하는 때에는 제3항에 따라 공고된 수량의 범위에서 그 선거벽보 위에 덧붙여야 한다. <신설 1995.12.30., 2010.1.25.>

⑩선거벽보는 다수의 통행인이 보기 쉬운 건물 또는 게시판 등에 첩부하여야 한다. 이 경우 해당 건물 또는 게시판 등의 소유자 또는 관리자와 미리 협의하여야 한다. <신설 2020.12.29.>

⑪제1항에 따라 선거벽보를 첩부하는 경우에 첩부장소가 있는 토지·건물 그 밖의 시설물의 소유자 또는 관리자는 선거벽보의 첩부가 해당 시설물을 심각하게 훼손하거나 자신의 사생활을 침해하는 등 특별한 사유가 없는 한 선거벽보의 첩부에 협조하여야 한다. <개정 2010.1.25., 2020.12.29.>

⑫선거벽보 내용의 정정·삭제 신청, 수량공고·규격·작성·제출·확인·첩부·경력 등에 관한 허위사실이나 사생활비방으로 인한 고발사실의 공고, 선거벽보 첩부를 위한 협의절차, 그 밖에 필요한 사항은 중앙선거관리위원회규칙으로 정한다.
<개정 2000.2.16., 2010.1.25., 2020.12.29.>
[제목개정 2010.1.25.]

第65조(선거공보) ①후보자(대통령선거에 있어서 정당추천후보자와 비례대표국회의원선거 및 비례대표지방의회의원선거의 경우에는 그 추천정당을 말한다. 이하 이 조에서 같다)는 선거운동을 위하여 책자형 선거공보 1종(대통령선거에서는 전단형 선거공보 1종을 포함한다)을 작성할 수 있다. 이 경우 비례대표국회의원선거 및 비례대표지방의회의원선거에서는 중앙선거관리위원회규칙으로 정하는 바에 따라 해당 정당이 추천한 후보자 모두의 사진·성명·학력·경력을 게재하여야 한다. <개정 2010.1.25., 2012.1.17.>

②제1항의 규정에 따른 책자형 선거공보는 대통령선거에 있어서는 16면 이내로, 국회의원선거 및 지방자치단체의 장선거에 있어서는 12면 이내로, 지방의회의원선거에 있어서는 8면 이내로 작성하고, 전단형 선거공보는 1매(양면에 게재할 수 있다)로 작성한다.

③제1항의 규정에 따른 책자형 선거공보의 수량은 당해 선거구 안의 세대수와 예상 거소투표신고인수 및 제5항에 따른 예상 신청자수를 합한 수에 상당하는 수 이내로, 전단형 선거공보의 수량은 당해 선거구 안의 세대수에 상당하는 수 이내로 한다.
<개정 2012.2.29., 2014.1.17.>

④후보자는 제1항의 규정에 따른 선거공보 외에 시각장애선거인(선거인으로서 「장애인복지법」 제32조에 따라 등록된 시각장애인을 말한다. 이하 이 조에서 같다)을 위한 선거공보(이하 "점자형 선거공보"라 한다) 1종을 제2항에 따른 책자형 선거공보의 면수의 두 배 이내에서 작성할 수 있다. 다만, 대통령선거·지역구국회의원선거 및 지방자치단체의 장선거의 후보자는 점자형 선거공보를 작성·제출하여야 하되, 책자형 선거공보에 그 내용이 음성·점자 등으로 출력되는 인쇄물 접근성 바코드를 표시하는 것으로 대신할 수 있다. <개정 2008.2.29., 2010.1.25., 2015.8.13., 2018.4.6., 2020.12.29.>

⑤사전투표소에서 투표할 수 있는 선거인 중 법령에 따라 영내 또는 함정에 장기 기거하는 군인이나 경찰공무원은 선거인명부작성기간 중 관할 구·시·군선거관리위원회에 자신의 거주지로 책자형 선거공보를 발송해 줄 것을 서면이나 중앙선거관리위원회 홈페이지를 통하여 신청할 수 있다. 이 경우 부대장·경찰관서의 장은 선거인명부작성기간 개시일 전일까지 소속 군인·경찰공무원에게 선거공보의 발송 신청을 할 수 있다는 사실을 알려야 한다. <신설 2014.1.17., 2015.8.13.>

⑥선거공보의 제출과 발송은 다음 각 호에 따른다. <개정 2010.1.25., 2011.7.28., 2012.1.17., 2014.1.17.>
1. 대통령선거
가. 책자형 선거공보(점자형 선거공보를 포함한다)
후보자가 후보자등록마감일 후 6일(제51조에 따른 추가등록의 경우에는 추가등록마감일 후 2일)까지 배부할 지역을 관할하는 구·시·군선거관리위원회에 제출하고 당해 선거관리위원회가 이를 확인하여 관할구역 안의 매세대에는 제출마감일 후 3일까지, 제5항에 따른 발송신청자에게는 선거일 전 10일까지 각각 우편으로 발송하고, 거소투표신고인명부에 올라 있는 선거인에게는 제154조에 따라 거소투표용지를 발송하는 때에 동봉하여 발송한다.
나. 전단형 선거공보
후보자가 후보자등록마감일 후 10일까지 배부할 지역을 관할하는 구·시·군선거관리위원회에 제출하고 당해 선거관리위원회가 이를 확인하여 제153조(투표안내문의 발송)의 규정에 따른 투표안내문을 발송하는 때에 이를 동봉하여 발송한다. 이 경우 선거인명부 확정결과 책자형 선거공보를 발송하지 아니한 세대가 있는 때에는 그 세대에 이를 전단형 선거공보와 함께 추가로 발송하여야 한다.
2. 국회의원선거, 지방자치단체의 의회의원 및 장의 선거
후보자가 후보자등록마감일 후 7일까지 배부할 지역을 관할하는 구·시·군선거관리위원회에 제출하고 해당 선거관리위원회가 이를 확인하여 제5항에 따른 발송신청자에게는 선거일 전 10일까지 우편으로 발송하고, 매세대에는 제153조에 따라 투표안내문을 발송하는 때에, 거소투표신고인명부에 올라 있는 선거인에게는 제154조에 따라 거소투표용지를 발송하는 때에 각각 동봉하여 발송한다.
⑦구·시·군의 장은 제4항의 규정에 따른 시각장애선거인과 그 세대주의 성명·주소를 조사하여 선거기간개시일 전 20일까지 관할구·시·군선거관리위원회에 통보하여야 한다. <개정 2014.1.17.>
⑧대통령선거, 지역구국회의원선거, 지역구지방의회의원선거 및 지방자치단체의 장선거에서 책자형 선거공보(점자형 선거공보를 포함한다)를 제출하는 경우에는 중앙선거관리위원회규칙으로 정하는 바에 따라 다음 각 호에 따른 내용(이하 이 조에서 "후보자정보공개자료"라 한다)을 그 둘째 면에 게재하여야 하며, 후보자정보공개자료에 대하여 소명이 필요한 사항은 그 소명자료를 함께 게재할 수 있다. 이 경우 그 둘째 면에는 후보자정보공개자료와 그 소명자료만을 게재하여야 하며, 점자형 선거공보에 게재하는 후보자정보공개자료의 내용은 책자형 선거공보에 게재하는 내용과 똑같아야 한다. <개정 2006.3.2., 2010.1.25., 2011.7.28., 2014.1.17.>
1. 재산상황
후보자, 후보자의 배우자 및 직계존·비속(혼인한 딸과 외조부모 및 외손자녀를 제외한다. 이하 제3호에서 같다)의 각 재산총액
2. 병역사항
후보자 및 후보자의 직계비속의 군별·계급·복무기간·복무분야·병역처분사항 및 병역처분사유[「공직자 등의 병역사항 신고 및 공개에 관한 법률」제8조(신고사항의 공개)제3항의 규정에 따라 질병명 또는 심신장애내용의 비공개를 요구하는 경우에는 이를 제외한다]
3. 최근 5년간 소득세·재산세·종합부동산세 납부 및 체납실적
후보자, 후보자의 배우자 및 직계존·비속의 연도별 납부액, 연도별 체납액(10만원 이하 또는 3월 이내의 체납은 제외한다) 및 완납시기[제49조(후보자등록 등)제4항제4호의 규정에 따라 제출한 원천징수소득세를 포함하되, 증명서의 제출을 거부한 후보자의 직계존속의 납부 및 체납실적은 제외한다]
4. 전과기록
죄명과 그 형 및 확정일자
5. 직업·학력·경력 등 인적사항
후보자등록신청서에 기재된 사항
⑨후보자가 제13항에 따라 공고한 책자형 선거공보 제출수량의 전부 또는 일부를 제출하지 아니하는 때에는 후보자정보공개자료를 별도로 작성하여 제6항에 따라 책자형 선거공

보의 제출마감일까지 제출하여야 하며, 제출받은 후보자정보공개자료는 제6항에 따라 책자형 선거공보를 발송하는 때에 함께 발송한다. 이 경우 별도로 작성한 후보자정보공개자료를 그 제출마감일까지 제출하지 못한 정당한 사유가 있는 때에는 책자형 선거공보의 발송 전까지 이를 제출할 수 있다. <개정 2010.1.25., 2014.1.17., 2015.8.13., 2020.12.29.>

⑩제1항의 규정에 불구하고 관할선거구선거관리위원회는 후보자로 하여금 책자형선거공보 원고를 제49조의 규정에 따라 후보자등록을 신청하는 때에 당해 선거관리위원회가 제공하는 서식에 따라 컴퓨터의 자기디스크 그 밖에 이와 유사한 매체에 기록하여 제출하게 하거나 당해 선거관리위원회가 지정하는 인터넷홈페이지에 입력하는 방법으로 제출하게 한 후 제150조(투표용지의 정당·후보자의 게재순위등)의 규정에 따라 투표용지에 게재할 후보자의 기호순에 따라 선거공보를 1책으로 작성하여 발송할 수 있다. 이 경우 선거공보의 인쇄비용은 후보자가 부담하여야 한다. <개정 2008.2.29., 2014.1.17.>

⑪후보자가 시각장애선거인에게 제공하기 위하여 책자형 선거공보의 내용을 음성·점자 등으로 출력되는 디지털 파일로 전환하여 저장한 저장매체를 책자형 선거공보(점자형 선거공보를 포함한다)와 같이 제출하는 경우 배부할 지역을 관할하는 구·시·군선거관리위원회는 이를 함께 발송하여야 한다. <신설 2020.12.29.>

⑫ 구·시·군선거관리위원회는 제8항을 위반하여 책자형 선거공보(점자형 선거공보는 제외한다. 이하 이 항에서 같다)에 후보자정보공개자료를 게재하지 아니하거나, 책자형 선거공보의 둘째 면이 아닌 다른 면(둘째 면이 부족하여 셋째 면에 연이어 게재한 경우는 제외한다)에 후보자정보공개자료를 게재하거나, 그 둘째 면에 후보자정보공개자료와 그 소명자료 외의 다른 내용을 게재하거나, 선거공보의 규격·제출기한을 위반한 때에는 이를 접수하지 아니한다. <신설 2010.1.25., 2014.1.17., 2020.12.29.>

⑬제64조제2항 후단부터 제8항까지의 규정은 선거공보에 이를 준용한다. 이 경우 "선거벽보"는 "선거공보"로, "첩부하지 아니할 지역"은 "발송하지 아니할 대상 및 지역"으로, "첩부"는 "발송"으로, "규격을 넘거나 미달하는"은 "규격을 넘는"으로, "경력·학력·학위·상벌(이하 "경력등"이라 한다)"은 "경력등이나 후 보자정보공개자료"로 본다.
<개정 2008.2.29., 2010.1.25., 2014.1.17., 2020.12.29.>

⑭선거공보의 규격·작성·제출·확인·발송 및 공고, 책자형 선거공보의 발송신청 양식, 후보자정보공개자료의 게재방법과 선거공보의 원고 및 인쇄비용의 산정·납부 그 밖에 필요한 사항은 중앙선거관리위원회규칙으로 정한다.
<개정 2008.2.29., 2010.1.25., 2014.1.17., 2020.12.29.>
[전문개정 2005.8.4.]

제66조(선거공약서) ①대통령선거 및 지방자치단체의 장선거의 후보자(대통령선거에 있어서 정당추천후보자의 경우에는 그 추천정당을 말한다. 이하 제2항 및 제5항을 제외하고 이 조에서 같다)는 선거운동을 위하여 선거공약 및 그 추진계획을 게재한 인쇄물(이하 "선거공약서"라 한다) 1종을 작성할 수 있다. <개정 2008.2.29.>

②선거공약서에는 선거공약 및 이에 대한 추진계획으로 각 사업의 목표·우선순위·이행절차·이행기한·재원조달방안을 게재하여야 하며, 다른 정당이나 후보자에 관한 사항을 게재할 수 없다. 이 경우 후보자의 성명·기호와 선거공약 및 그 추진계획에 관한 사항 외의 후보자의 사진·학력·경력, 그 밖에 홍보에 필요한 사항은 제3항에 따른 면수 중 1면 이내에서 게재할 수 있다. <개정 2008.2.29., 2012.1.17.>

③선거공약서는 대통령선거에 있어서는 32면 이내로, 시·도지사선거에 있어서는 16면 이내로, 자치구·시·군의 장선거에 있어서는 12면 이내로 작성한다. <개정 2008.2.29.>

④선거공약서의 수량은 해당 선거구 안에 있는 세대수의 100분의 10에 해당하는 수 이내로 한다. <개정 2008.2.29.>

⑤후보자와 그 가족, 선거사무장, 선거연락소장, 선거사무원, 회계책임자 및 후보자와 함께 다니는 활동보조인은 선거공약서를 배부할 수 있다. 다만, 우편발송(점자형 선거공약서는 제외한다)·호별방문이나 살포(특정 장소에 비치하는 방법을 포함한다)의 방법으로 선거공약서를 배부할 수 없다. <개정 2008.2.29., 2010.1.25.>

⑥후보자가 선거공약서를 배부하고자 하는 때에는 배부일 전일까지 2부를 첨부하여 작성수량·작성비용 및 배부방법 등을 관할선거구선거관리위원회에 서면으로 신고하여야 하며, 배부전까지 배부할 지역을 관할하는 구·시·군선거관리위원회에 각 2부를 제출하여야 한다. <개정 2008.2.29.>
⑦관할선거구선거관리위원회는 선거공약서를 선거관리위원회의 인터넷홈페이지에 게시하는 등 선거구민이 알 수 있도록 이를 공개할 수 있으며, 당선인 결정 후에는 당선인의 선거공약서를 그 임기만료일까지 선거관리위원회의 인터넷홈페이지 또는 중앙선거관리위원회가 지정하는 인터넷홈페이지에 게시할 수 있다. 이 경우 후보자로 하여금 그 전산자료 복사본을 제출하게 하거나 그 내용을 요약하여 제출하게 할 수 있다. <개정 2008.2.29.>
⑧제64조제3항·제8항 및 제65조제4항(단서는 제외한다)은 선거공약서에 관하여 각각 이를 준용한다. 이 경우 "선거벽보" 또는 "책자형 선거공보"는 "선거공약서"로, "작성하여 보관 또는 제출할"은 "작성할"로, "점자형 선거공보"는 "점자형 선거공약서"로 보며, 점자형 선거공약서는 선거공약서와 같은 종류로 본다. <개정 2010.1.25., 2015.8.13.>
⑨선거공약서의 규격, 작성근거 등의 표시, 신고 및 제출 그 밖의 필요한 사항은 중앙선거관리위원회규칙으로 정한다.
[본조신설 2007.1.3.]

제67조(현수막) ①후보자(비례대표국회의원후보자 및 비례대표지방의회의원후보자를 제외하며, 대통령선거에 있어서 정당추천후보자의 경우에는 그 추천정당을 말한다)는 선거운동을 위하여 해당 선거구안의 읍·면·동 수의 2배 이내의 현수막을 게시할 수 있다. <개정 2005.8.4., 2018.4.6.>
② 삭제 <2005.8.4.>
③제1항의 현수막의 규격 및 게시방법 등에 관하여 필요한 사항은 중앙선거관리위원회규칙으로 정한다.
[본조신설 2002.3.7.]

제68조(어깨띠 등 소품) ①후보자와 그 배우자(배우자 대신 후보자가 그의 직계존비속 중에서 신고한 1인을 포함한다), 선거사무장, 선거연락소장, 선거사무원, 후보자와 함께 다니는 활동보조인 및 회계책임자는 선거운동기간 중 후보자의 사진·성명·기호 및 소속 정당명, 그 밖의 홍보에 필요한 사항을 게재한 어깨띠나 중앙선거관리위원회규칙으로 정하는 규격 또는 금액 범위의 윗옷(上衣)·표찰(標札)·수기(手旗)·마스코트, 그 밖의 소품을 붙이거나 입거나 지니고 선거운동을 할 수 있다.
②누구든지 제1항의 경우를 제외하고는 선거운동기간 중 어깨띠, 모양과 색상이 동일한 모자나 옷, 표찰·수기·마스코트·소품, 그 밖의 표시물을 사용하여 선거운동을 할 수 없다.
③제1항에 따른 어깨띠의 규격 또는 그 밖에 필요한 사항은 중앙선거관리위원회규칙으로 정한다.
[전문개정 2010.1.25.]

제69조(신문광고) ①선거운동을 위한 신문광고는 후보자(大統領選擧에 있어서 정당추천후보자와 비례대표국회의원선거의 경우에는 후보자를 추천한 정당을 말한다. 이하 이 條에서 같다)가 다음 각호에 의하여 선거기간개시일부터 선거일전 2일까지 소속정당의 정강·정책이나 후보자의 정견, 정치자금모금(大統領選擧에 한한다) 기타 홍보에 필요한 사항을 「신문 등의 진흥에 관한 법률」 제2조(정의)제1호가목 및 나목에 따른 일간신문에 게재할 수 있다. 이 경우 일간신문에의 광고회수의 계산에 있어서는 하나의 일간신문에 1회 광고하는 것을 1회로 본다. <개정 1997.11.14., 2004.3.12., 2005.8.4., 2009.7.31.>
1. 대통령선거
총 70회 이내
2. 비례대표국회의원선거
총 20회 이내

3. 시·도지사선거
총 5회 이내. 다만, 인구 300만을 넘는 시·도에 있어서는 300만을 넘는 매 100만까지마다 1회를 더한다.
②제1항의 광고에는 광고근거와 광고주명을 표시하여야 한다. <개정 2010.1.25.>
③시·도지사선거에 있어서 같은 정당의 추천을 받은 2인 이상의 후보자는 합동으로 광고를 할 수 있다. 이 경우 광고회수는 해당 후보자가 각각 1회의 광고를 한 것으로 보며, 그 비용은 해당 후보자 간의 약정에 의하여 분담하되, 그 분담내역을 광고계약서에 명시하여야 한다. <개정 2010.1.25.>
④삭제 <2010.1.25.>
⑤후보자가 광고를 하고자 하는 때에는 광고전에 이 법에 의한 광고임을 인정하는 관할선거구선거관리위원회의 인증서를 교부받아 광고를 하여야 하며, 일간신문을 경영·관리하는 자 또는 광고업무를 담당하는 자는 인증서가 첨부되지 아니한 후보자의 광고를 게재하여서는 아니된다.
⑥삭제 <2010.1.25.>
⑦삭제 <2000.2.16.>
⑧제1항의 규정에 의한 신문광고를 게재하는 일간신문을 경영·관리하는 자는 그 광고비용을 산정함에 있어 선거기간중에 같은 지면에 같은 규격으로 게재하는 상업·문화 기타 각종 광고의 요금중 최저요금을 초과하여 후보자에게 청구하거나 받을 수 없다. <신설 1998.4.30.>
⑨인증서의 서식, 광고근거의 표시, 그 밖에 필요한 사항은 중앙선거관리위원회규칙으로 정한다. <개정 2010.1.25.>

제70조(방송광고) ①선거운동을 위한 방송광고는 후보자(대통령선거에 있어서 정당추천후보자와 비례대표국회의원선거의 경우에는 후보자를 추천한 정당을 말한다. 이하 이 조에서 같다)가 다음 각 호에 따라 선거운동기간중 소속정당의 정강·정책이나 후보자의 정견 그 밖의 홍보에 필요한 사항을 텔레비전 및 라디오 방송시설[「방송법」에 의한 방송사업자가 관리·운영하는 무선국 및 종합유선방송국(報道專門編成의 放送채널사용事業者의 채널을 포함한다)을 말한다. 이하 이 조에서 같다]을 이용하여 실시할 수 있되, 광고시간은 1회 1분을 초과할 수 없다. 이 경우 광고회수의 계산에 있어서는 재방송을 포함하되, 하나의 텔레비전 또는 라디오 방송시설을 선정하여 당해 방송망을 동시에 이용하는 것은 1회로 본다.
<개정 1997.1.13., 1997.11.14., 1998.4.30., 2000.2.16., 2004.3.12., 2005.8.4., 2010.1.25.>
1. 대통령선거
텔레비전 및 라디오 방송별로 각 30회 이내
2. 비례대표국회의원선거
텔레비전 및 라디오 방송별로 각 15회 이내
3. 시·도지사선거
지역방송시설을 이용하여 텔레비전 및 라디오 방송별로 각 5회 이내
②삭제 <2000.2.16.>
③제1항의 규정에 의한 광고를 실시하는 방송시설의 경영자는 방송광고의 일시와 광고내용 등을 중앙선거관리위원회규칙이 정하는 바에 따라 관할선거구선거관리위원회에 통보하여야 한다.
④제1항의 방송광고는 「방송법」 제73조(放送廣告 등)제2항 및 「방송광고판매대행 등에 관한 법률」 제5조의 규정을 적용하지 아니한다. <개정 2000.2.16., 2005.8.4., 2012.2.22.>
⑤방송시설을 경영 또는 관리하는 자는 제1항의 방송광고를 함에 있어서 방송시간대와 방송권역 등을 고려하여 모든 후보자에게 공평하게 하여야 하며, 후보자가 신청한 방송시설의 이용일시가 서로 중첩되는 경우에 방송일시의 조정은 중앙선거관리위원회규칙이 정하는 바에 의한다. <개정 1997.11.14.>
⑥후보자는 제1항의 규정에 의한 방송광고에 있어서 청각장애선거인을 위한 한국수화언어(이

하 "한국수어"라 한다) 또는 자막을 방영할 수 있다. <신설 2000.2.16., 2020.12.29.>
⑦삭제 <2000.2.16.>
⑧제1항의 규정에 의한 방송광고를 행하는 방송시설을 경영·관리하는 자는 그 광고비용을 산정함에 있어 선거기간중 같은 방송시간대에 광고하는 상업·문화 기타 각종 광고의 요금중 최저요금을 초과하여 후보자에게 청구하거나 받을 수 없다. <신설 1998.4.30.>

제71조(후보자 등의 방송연설) ①후보자와 후보자가 지명하는 연설원은 소속정당의 정강·정책이나 후보자의 정견 기타 홍보에 필요한 사항을 발표하기 위하여 다음 각호에 의하여 선거운동기간중 텔레비전 및 라디오 방송시설[제70조(放送廣告)제1항의 규정에 의한 방송시설을 말한다. 이하 이 조에서 같다]을 이용한 연설을 할 수 있다.
<개정 1995.4.1., 1997.1.13., 1997.11.14., 1998.4.30., 2000.2.16., 2004.3.12.>
1. 대통령선거
후보자와 후보자가 지명한 연설원이 각각 1회 20분 이내에서 텔레비전 및 라디오 방송별 각 11회 이내
2. 비례대표국회의원선거
정당별로 비례대표국회의원후보자중에서 선임된 대표 2인이 각각 1회 10분 이내에서 텔레비전 및 라디오 방송별 각 1회
3. 지역구국회의원선거 및 자치구·시·군의 장 선거
후보자가 1회 10분 이내에서 지역방송시설을 이용하여 텔레비전 및 라디오 방송별 각 2회 이내
4. 비례대표시·도의원선거
정당별로 비례대표시·도의원선거구마다 당해 선거의 후보자중에서 선임된 대표 1인이 1회 10분 이내에서 지역방송시설을 이용하여 텔레비전 및 라디오 방송별 각 1회
5. 시·도지사선거
후보자가 1회 10분 이내에서 지역방송시설을 이용하여 텔레비전 및 라디오 방송별 각 5회 이내
②이 법에서 "지역방송시설"이란 해당 시·도의 관할구역 안에 있는 방송시설(도의 경우 해당 도의 구역을 방송권역으로 하는 인접한 특별시 또는 광역시 안에 있는 방송시설을 포함한다)을 말하며, 해당 시·도의 관할 구역 안에 지역방송시설이 없는 시·도로서 서울특별시에 인접한 시·도의 경우 서울특별시 안에 있는 방송시설을 말한다.
<신설 2000.2.16., 2004.3.12., 2007.1.3., 2011.7.28.>
③제70조(放送廣告)제1항 후단·제6항 및 제8항의 규정은 후보자 등의 방송연설에 이를 준용한다. <개정 1998.4.30., 2000.2.16.>
④제1항에 따라 텔레비전 방송시설을 이용한 방송연설을 하는 경우에는 후보자 또는 연설원이 연설하는 모습, 후보자의 성명·기호·소속 정당명(해당 정당을 상징하는 마크나 심벌의 표시를 포함한다)·경력, 연설요지 및 통계자료 외의 다른 내용이 방영되게 하여서는 아니되며, 후보자 또는 연설원이 방송연설을 녹화하여 방송하고자 하는 때에는 당해 방송시설을 이용하여야 한다. <신설 1998.4.30., 2000.2.16., 2010.1.25.>
⑤방송시설을 경영 또는 관리하는 자는 제1항의 규정에 의한 후보자 또는 연설원의 연설을 위한 방송시설명·이용일시·시간대 등을 선거일전 30일(補闕選擧 등에 있어서는 후보자등록신청개시일 전 3일)까지 관할선거구선거관리위원회에 통보하여야 한다.
<개정 2000.2.16., 2004.3.12., 2012.1.17.>
⑥선거구선거관리위원회는 후보자등록신청개시일전 3일(보궐선거등에 있어서는 후보자등록신청개시일 전일)까지 제1항의 규정에 의한 연설에 이용할 수 있는 방송시설과 일정을 선거구단위로 미리 지정·공고하고 후보자등록신청시 후보자에게 통지하여야 한다.
<개정 2000.2.16., 2004.3.12., 2012.1.17.>
⑦대통령선거에 있어서 후보자가 제1항의 규정에 의하여 방송시설을 이용한 연설을 하고자 하는 때에는 이용할 방송시설명·이용일시·연설을 할 사람의 성명·소요시간·이용방법 등을 기재한 신청서를 후보자등록마감일후 3일(追加登錄의 경우에는 追加登錄마감일)까지 중앙선거관리위원회에 서면으로 제출하여야 한다.
⑧제7항의 규정에 의하여 후보자(政黨推薦候補者는 그 推薦政黨을 말한다)가 신청한 방

송시설의 이용일시가 서로 중첩되는 경우에는 중앙선거관리위원회가 그 일시를 정하되, 그 일시는 모든 후보자에게 공평하여야 한다. 이 경우 후보자가 그 지정된 일시의 24시간 전까지 방송시설이용계약을 하지 아니한 때에는 당해 방송시설을 경영·관리하는 자는 그 시간대에 다른 방송을 할 수 있다. <개정 1998.4.30., 2000.2.16.>
⑨중앙선거관리위원회가 제8항의 규정에 의하여 방송일시를 결정한 때에는 이를 공고하고, 정당 또는 후보자에게 통지하여야 한다. <개정 1998.4.30., 2000.2.16.>
⑩국회의원선거, 비례대표시·도의원선거, 지방자치단체의 장 선거에 있어서 후보자가 제1항제2호 내지 제5호의 규정에 의하여 방송시설을 이용한 연설을 하고자 하는 때에는 당해 방송시설을 경영 또는 관리하는 자와 체결한 방송시설이용계약서 사본을 첨부하여 이용할 방송시설명·이용일시·소요시간·이용방법 등을 방송일전 3일까지 당해 선거구선거관리위원회에 서면으로 신고하여야 한다.
<개정 1995.4.1., 1997.1.13., 1998.4.30.>
⑪방송시설을 경영 또는 관리하는 자는 제1항의 방송시설을 이용한 연설에 협조하여야 하며, 방송시간대와 방송권역 등을 고려하여 모든 후보자에게 공평하게 하여야 한다.
<개정 1997.11.14.>
⑫「방송법」에 따른 종합유선방송사업자(보도전문편성의 방송채널사용사업자를 포함한다)·중계유선방송사업자 및 인터넷언론사는 후보자 등의 방송연설을 중계방송할 수 있다. 이 경우 방송연설을 행한 모든 후보자에게 공평하게 하여야 한다. <개정 2000.2.16., 2005.8.4., 2008.2.29.>
⑬방송시설을 이용한 연설신청서의 서식·중첩된 방송일시의 조정방법 기타 필요한 사항은 중앙선거관리위원회규칙으로 정한다. <개정 2000.2.16.>
[제목개정 2011.7.28.]

제72조(방송시설주관 후보자연설의 방송)
①텔레비전 및 라디오 방송시설[제70조(放送廣告)제1항의 규정에 의한 방송시설을 말한다. 이하 이 조에서 같다]이 그의 부담으로 제71조(候補者 등의 放送演說)의 규정에 의한 후보자 등의 방송연설외에 선거운동기간중 정당 또는 후보자를 선거인에게 알리기 위하여 후보자(비례대표국회의원선거 및 비례대표지방의회의원선거에 있어서는 그 推薦政黨이 당해 選擧의 候補者중에서 선임한 자를 말한다. 이하 제3항에서 같다)의 연설을 방송하고자 하는 때에는 내용을 편집하지 아니한 상태에서 방송하여야 하며, 선거구단위로 모든 정당 또는 후보자에게 공평하게 하여야 한다. 다만, 정당 또는 후보자가 그 연설을 포기한 때에는 그러하지 아니하다.
<개정 1995.4.1., 1997.11.14., 2000.2.16., 2002.3.7., 2004.3.12., 2005.8.4.>
②제1항의 규정에 의한 후보자 연설의 방송에 있어서는 청각장애선거인을 위하여 한국수어 또는 자막을 방영할 수 있다. <신설 2000.2.16., 2020.12.29.>
③방송시설을 경영 또는 관리하는 자가 제1항의 규정에 의하여 후보자의 연설을 방송하고자 하는 때에는 그 방송일전 2일까지 방송시설명·방송일시·소요시간 등을 중앙선거관리위원회규칙이 정하는 바에 따라 관할선거구선거관리위원회에 통보하여야 한다.
④제71조제12항의 규정은 방송시설주관 후보자연설의 방송에 이를 준용한다.
<개정 1998.4.30.>

제73조(경력방송) ①한국방송공사는 대통령선거·국회의원선거 및 지방자치단체의 장 선거에 있어서 선거운동기간중 텔레비전과 라디오 방송시설을 이용하여 후보자마다 매회 2분 이내의 범위안에서 관할선거구선거관리위원회가 제공하는 후보자의 사진·성명·기호·연령·소속정당명(無所屬候補者는 "無所屬"이라 한다) 및 직업 기타 주요한 경력을 선거인에게 알리기 위하여 방송하여야 한다. 이 경우 대통령선거가 아닌 선거에 있어서는 그 지역방송시설을 이용하여 실시할 수 있다. <개정 1997.1.13., 2000.2.16.>
②제1항의 경력방송 횟수는 텔레비전 및 라디오 방송별로 다음 각호의 1에 의한다.
<개정 2000.2.16.>
1. 대통령선거
각 8회 이상
2. 국회의원선거 및 자치구·시·군의 장 선거

각 2회 이상
3. 시·도지사선거
각 3회 이상
③경력방송을 하는 때에는 그 횟수와 내용이 선거구 단위로 모든 후보자에게 공평하게 하여야 하며, 그 비용은 한국방송공사가 부담한다.
④제71조(候補者 등의 放送演說)제12항 및 제72조(放送施設主管 候補者演說의 放送)제2항의 규정은 경력방송에 이를 준용한다. <개정 2000.2.16.>
⑤경력방송 원고의 관할선거구선거관리위원회에의 제출 및 경력방송실시의 통보 기타 필요한 사항은 중앙선거관리위원회규칙으로 정한다.

제74조(방송시설주관 경력방송) ①한국방송공사외의 텔레비전 및 라디오 방송시설[제70조(放送廣告)제1항의 규정에 의한 방송시설을 말한다. 이하 이 조에서 같다]이 그의 부담으로 후보자의 경력을 방송하고자 하는 때에는 관할선거구선거관리위원회가 제공하는 내용에 의하되, 선거구 단위로 모든 후보자에게 공평하게 하여야 한다. <개정 1997.11.14., 2000.2.16.>
②제71조(候補者 등의 放送演說)제12항 및 제72조(放送施設主管 候補者演說의 放送)제2항 및 제3항의 규정은 방송시설주관 경력방송에 이를 준용한다. <개정 1998.4.30., 2000.2.16.>

제75조 삭제 <2004.3.12.>
제76조 삭제 <2004.3.12.>
제77조 삭제 <2004.3.12.>
제78조 삭제 <2004.3.12.>

제79조(공개장소에서의 연설 · 대담) ①후보자(비례대표국회의원후보자 및 비례대표지방의회의원후보자는 제외한다. 이하 이 조에서 같다)는 선거운동기간 중에 소속 정당의 정강·정책이나 후보자의 정견, 그 밖에 필요한 사항을 홍보하기 위하여 공개장소에서의 연설·대담을 할 수 있다. <개정 2010.1.25.>
②제1항에서 "공개장소에서의 연설·대담"이라 함은 후보자·선거사무장·선거연락소장·선거사무원(이하 이 조에서 "후보자등"이라 한다)과 후보자등이 선거운동을 할 수 있는 사람 중에서 지정한 사람이 도로변·광장·공터·주민회관·시장 또는 점포, 그 밖에 중앙선거관리위원회규칙으로 정하는 다수인이 왕래하는 공개장소를 방문하여 정당이나 후보자에 대한 지지를 호소하는 연설을 하거나 청중의 질문에 대답하는 방식으로 대담하는 것을 말한다. <개정 2010.1.25.>
③공개장소에서의 연설·대담을 위하여 다음 각 호의 구분에 따라 자동차와 이에 부착된 확성장치 및 휴대용 확성장치를 각각 사용할 수 있다.
<개정 1995.4.1., 1995.12.30., 1997.11.14., 1998.4.30., 2000.2.16., 2005.8.4., 2010.1.25.>
1. 대통령선거
후보자와 시·도 및 구·시·군선거연락소마다 각 1대·각 1조
2. 지역구국회의원선거 및 시·도지사선거
후보자와 구·시·군선거연락소마다 각 1대·각 1조
3. 지역구지방의회의원선거 및 자치구·시·군의 장선거
후보자마다 1대·1조
④제3항의 확성장치는 연설·대담을 하는 경우에만 사용할 수 있으며, 휴대용 확성장치는 연설·대담용 차량이 정차한 외의 다른 지역에서 사용할 수 없다. 이 경우 차량 부착용 확성장치와 동시에 사용할 수 없다. <개정 1995.12.30., 2005.8.4., 2010.1.25.>
⑤자동차에 부착된 확성장치를 사용함에 있어 확성나발의 수는 1개를 넘을 수 없다. <개정 2004.3.12.>
⑥자동차와 확성장치에는 중앙선거관리위원회규칙으로 정하는 바에 따라 표지를 부착하여야 하고, 제64조의 선거벽보, 제65조의 선거공보, 제66조의 선거공약서 및 후보자 사진을 붙일 수 있다. <개정 2010.1.25.>
⑦후보자등은 다른 사람이 개최한 옥내모임에 일시적으로 참석하여 연설·대담을 할 수

있으며, 이 경우 그 장소에 설치된 확성장치를 사용하거나 휴대용 확성장치를 사용할 수 있다. <개정 2010.1.25.>
⑧삭제 <2010.1.25.>
⑨삭제 <2010.1.25.>
⑩후보자 등이 공개장소에서의 연설·대담을 하는 때(후보자등이 연설·대담을 하기 위하여 제3항에 따른 자동차를 타고 이동하거나 해당 자동차 주위에서 준비 또는 대기하고 있는 경우를 포함한다)에는 후보자와 선거연락소(대통령선거, 지역구국회의원선거, 시·도지사선거의 선거연락소에 한정한다)마다 각 1대의 녹음기 또는 녹화기(비디오 및 오디오 기기를 포함한다. 이하 이 조에서 같다)를 사용하여 선거운동을 위한 음악 또는 선거운동에 관한 내용을 방송할 수 있다. 이 경우 녹음기 및 녹화기에는 중앙선거관리위원회규칙으로 정하는 바에 따라 표지를 부착하여야 한다. <개정 1997.11.14., 2010.1.25., 2012.1.17., 2015.8.13.>
⑪삭제 <2010.1.25.>
⑫녹화기의 규격 기타 필요한 사항은 중앙선거관리위원회규칙으로 정한다.
<개정 1997.11.14., 2004.3.12.>
[제목개정 2015.8.13.]
[헌법불합치, 2018헌마730, 2019.12.27. 공직선거법(2010.1.25. 법률 제9974호로 개정된 것) 제79조 제3항 제2호 중 '시·도지사 선거' 부분, 같은 항 제3호는 헌법에 합치되지 아니한다. 위 법률조항들은 2021.12.31.을 시한으로 입법자가 개정할 때까지 계속 적용된다.]

第80条(연설금지장소) 다음 각호의 1에 해당하는 시설이나 장소에서는 제79조(公開場所에서의 演說·對談)의 연설·대담을 할 수 없다. <개정 2004.3.12., 2012.1.17.>
1. 국가 또는 지방자치단체가 소유하거나 관리하는 건물·시설. 다만, 공원·문화원·시장·운동장·주민회관·체육관·도로변·광장 또는 학교 기타 다수인이 왕래하는 공개된 장소는 그러하지 아니하다.
2. 선박·정기여객자동차·열차·전동차·항공기의 안과 그 터미널구내 및 지하철역구내
3. 병원·진료소·도서관·연구소 또는 시험소 기타 의료·연구시설

第81条(단체의 후보자등 초청 대담 · 토론회)
①제87조(단체의 선거운동금지)제1항제1호 내지 제6호의 규정에 해당하지 아니하는 단체는 후보자 또는 대담·토론자(大統領選擧 및 市·道知事選擧의 경우에 한하며, 政黨 또는 候補者가 選擧運動을 할 수 있는 者중에서 選擧事務所 또는 選擧連絡所마다 지명한 1人을 말한다. 이하 이 條에서 같다) 1인 또는 수인을 초청하여 소속정당의 정강·정책이나 후보자의 정견 기타사항을 알아보기 위한 대담·토론회를 이 법이 정하는 바에 따라 옥내에서 개최할 수 있다. 다만, 제10조제1항제6호의 노동조합과 단체는 그러하지 아니하다.
<개정 1995.4.1., 1997.11.14., 2000.2.16., 2002.3.7., 2004.3.12., 2005.8.4.>
1. 삭제 <2004.3.12.>
2. 삭제 <2004.3.12.>
3. 삭제 <2004.3.12.>
②제1항에서 "대담"이라 함은 1인의 후보자 또는 대담자가 소속정당의 정강·정책이나 후보자의 정견 기타사항에 관하여 사회자 또는 질문자의 질문에 대하여 답변하는 것을 말하고, "토론"이라 함은 2인 이상의 후보자 또는 토론자가 사회자의 주관하에 소속정당의 정강 ·정책이나 후보자의 정견 기타사항에 관한 주제에 대하여 사회자를 통하여 질문·답변하는 것을 말한다. <개정 1997.11.14.>
③제1항의 규정에 의하여 대담·토론회를 개최하고자 하는 단체는 중앙선거관리위원회규칙이 정하는 바에 따라 주최단체명·대표자성명·사무소 소재지·회원수·설립근거 등 단체에 관한 사항과 초청할 후보자 또는 대담·토론자의 성명, 대담 또는 토론의 주제, 사회자의 성명, 진행방법, 개최일시와 장소 및 참석예정자수 등을 개최일전 2일까지 관할선거구선거관리위원회 또는 그 개최장소의 소재지를 관할하는 구·시·군선거관리위원회에 서면으로 신고하여야 한다. 이 경우 초청할 후보자 또는 대담·토론자의 참석승낙서를 첨부하여야 한다.

④제1항의 규정에 의한 대담·토론회를 개최하는 때에는 중앙선거관리위원회규칙이 정하는 바에 따라 제1항에 의한 대담·토론회임을 표시하는 표지를 게시 또는 첩부하여야 한다.
⑤제1항의 대담·토론은 모든 후보자에게 공평하게 실시하여야 하되, 후보자가 초청을 수락하지 아니한 경우에는 그러하지 아니하며, 대담·토론회를 개최하는 단체는 대담·토론이 공정하게 진행되도록 하여야 한다.
⑥정당, 후보자, 대담·토론자, 선거사무장, 선거연락소장, 선거사무원, 회계책임자 또는 제114조(政黨 및 候補者의 家族 등의 寄附行爲制限)제2항의 후보자 또는 그 가족과 관계있는 회사 등은 제1항의 규정에 의한 대담·토론회와 관련하여 대담·토론회를 주최하는 단체 또는 사회자에게 금품·향응 기타의 이익을 제공하거나 제공할 의사의 표시 또는 그 제공의 약속을 할 수 없다.
⑦제1항의 대담·토론회를 개최하는 단체는 그 비용을 후보자에게 부담시킬 수 없다.
⑧제71조(候補者 등의 放送演說)제12항의 규정은 후보자 등 초청 대담·토론회에 이를 준용한다. <신설 1998.4.30.>
⑨대담·토론회의 개최신고서와 표지의 서식 기타 필요한 사항은 중앙선거관리위원회규칙으로 정한다. <개정 1997.11.14.>
[제목개정 2000.2.16.]

제82조(언론기관의 후보자등 초청 대담·토론회) ①텔레비전 및 라디오 방송시설(제70조제1항에 따른 방송시설을 말한다. 이하 이 조에서 같다)·「신문 등의 진흥에 관한 법률」 제2조제3호에 따른 신문사업자·「잡지 등 정기간행물의 진흥에 관한 법률」 제2조제2호에 따른 정기간행물사업자(정보간행물·전자간행물·기타간행물을 발행하는 자를 제외한다)·「뉴스통신 진흥에 관한 법률」 제2조제3호에 따른 뉴스통신사업자 및 인터넷언론사(이하 이 조에서 "언론기관"이라 한다)는 선거운동기간중 후보자 또는 대담·토론자(候補者가 選擧運動을 할 수 있는 者중에서 지정하는 者를 말한다)에 대하여 후보자의 승낙을 받아 1명 또는 여러 명을 초청하여 소속정당의 정강·정책이나 후보자의 정견, 그 밖의 사항을 알아보기 위한 대담·토론회를 개최하고 이를 보도할 수 있다. 다만, 제59조에도 불구하고 대통령선거에서는 선거일 전 1년부터, 국회의원선거 또는 지방자치단체의장선거에 있어서는 선거일전 60일부터 선거기간개시일전일까지 후보자가 되고자 하는 자를 초청하여 대담·토론회를 개최하고 이를 보도할 수 있다. 이 경우 방송시설이 대담·토론회를 개최하고 이를 방송하고자 하는 때에는 내용을 편집하지 않은 상태에서 방송하여야 하며, 대담·토론회의 방송일시와 진행방법등을 중앙선거관리위원회규칙이 정하는 바에 따라 관할선거구선거관리위원회에 통보하여야 한다.
<개정 1997.11.14., 1998.4.30., 2000.2.16., 2005.8.4., 2007.1.3., 2008.2.29., 2009.7.31., 2010.1.25.>
②제1항의 대담·토론회는 언론기관이 방송시간·신문의 지면 등을 고려하여 자율적으로 개최한다.
③제1항의 대담·토론의 진행은 공정하여야 하며, 이에 관하여 필요한 사항은 중앙선거관리위원회규칙으로 정한다.
④제71조(候補者 등의 放送演說)제12항, 제72조(放送施設主管 候補者 演說의 放送)제2항 및 제81조(團體의 候補者 등 초청 對談·討論會)제2항·제6항·제7항의 규정은 언론기관의 후보자 등 초청 대담·토론회에 이를 준용한다. <개정 2000.2.16.>
[제목개정 2000.2.16.]

제82조의2(선거방송토론위원회 주관 대담·토론회) ①중앙선거방송토론위원회는 대통령선거 및 비례대표국회의원선거에 있어서 선거운동기간중 다음 각호에서 정하는 바에 따라 대담·토론회를 개최하여야 한다. <개정 2010.1.25.>
1. 대통령선거
후보자 중에서 1인 또는 수인을 초청하여 3회 이상
2. 비례대표국회의원선거
해당 정당의 대표자가 비례대표국회의원후보자 또는 선거운동을 할 수 있는 사람(지역구

국회의원후보자는 제외한다) 중에서 지정하는 1명 또는 여러 명을 초청하여 2회 이상
②시·도선거방송토론위원회는 시·도지사선거 및 비례대표시·도의원선거에 있어서 선거운동기간 중 다음 각 호에서 정하는 바에 따라 대담·토론회를 개최하여야 한다. <개정 2005.8.4., 2010.1.25.>
1. 시·도지사선거
후보자 중에서 1인 또는 수인을 초청하여 1회 이상
2. 비례대표시·도의원선거
해당 정당의 대표자가 비례대표시·도의원후보자 또는 선거운동을 할 수 있는 사람(지역구시·도의원후보자는 제외한다) 중에서 지정하는 1명 또는 여러 명을 초청하여 1회 이상
③구·시·군선거방송토론위원회는 선거운동기간 중 지역구국회의원선거 및 자치구·시·군의장선거의 후보자를 초청하여 1회 이상의 대담·토론회 또는 합동방송연설회를 개최하여야 한다. 이 경우 합동방송연설회의 연설시간은 후보자마다 10분이내의 범위에서 균등하게 배정하여야 한다. <개정 2005.8.4.>
④각급선거방송토론위원회는 제1항 내지 제3항의 대담·토론회를 개최하는 때에는 다음 각 호의 어느 하나에 해당하는 후보자를 대상으로 개최한다. 이 경우 각급선거방송토론위원회로부터 초청받은 후보자는 정당한 사유가 없는 한 그 대담·토론회에 참석하여야 한다. <개정 2005.8.4., 2010.1.25.>
1. 대통령선거
가. 국회에 5인 이상의 소속의원을 가진 정당이 추천한 후보자
나. 직전 대통령선거, 비례대표국회의원선거, 비례대표시·도의원선거 또는 비례대표자치구·시·군의원선거에서 전국 유효투표총수의 100분의 3 이상을 득표한 정당이 추천한 후보자
다. 중앙선거관리위원회규칙이 정하는 바에 따라 언론기관이 선거기간개시일전 30일부터 선거기간개시일전일까지의 사이에 실시하여 공표한 여론조사결과를 평균한 지지율이 100분의 5 이상인 후보자
2. 비례대표국회의원선거 및 비례대표시·도의원선거
가. 제1호 가목 또는 나목에 해당하는 정당의 대표자가 지정한 후보자
나. 제1호 다목에 의한 여론조사결과를 평균하여 100분의 5 이상의 지지를 얻은 정당의 대표자가 지정한 후보자
3. 지역구국회의원선거 및 지방자치단체의 장선거
가. 제1호 가목 또는 나목에 해당하는 정당이 추천한 후보자
나. 최근 4년 이내에 해당 선거구(선거구의 구역이 변경되어 변경된 구역이 직전 선거의 구역과 겹치는 경우를 포함한다)에서 실시된 대통령선거, 지역구국회의원선거 또는 지방자치단체의 장선거(그 보궐선거등을 포함한다)에 입후보하여 유효투표총수의 100분의 10 이상을 득표한 후보자
다. 제1호 다목에 의한 여론조사결과를 평균한 지지율이 100분의 5 이상인 후보자
⑤각급선거방송토론위원회는 제4항의 초청대상에 포함되지 아니하는 후보자를 대상으로 대담·토론회를 개최할 수 있다. 이 경우 대담·토론회의 시간이나 횟수는 중앙선거관리위원회규칙이 정하는 바에 따라 제4항의 초청대상 후보자의 대담·토론회와 다르게 정할 수 있다. <신설 2005.8.4.>
⑥각급선거방송토론위원회는 제4항 후단의 규정을 위반하여 정당한 사유 없이 대담·토론회에 참석하지 아니한 초청 후보자가 있는 때에는 그 사실을 선거인이 알 수 있도록 당해 후보자의 소속 정당명(무소속후보자는 "무소속"이라 한다)·기호·성명과 불참사실을 제10항 또는 제11항의 중계방송을 시작하는 때에 방송하게 하고, 중앙선거관리위원회규칙으로 정하는 인터넷 홈페이지에 게시하여야 한다. <신설 2005.8.4., 2018.4.6.>
⑦각급선거방송토론위원회는 제1항 내지 제3항 및 제5항의 대담·토론회(합동방송연설회를 포함하며, 이하 이 조에서 "대담·토론회"라 한다)를 개최하는 때에는 공정하게 하여야 한다. <개정 2005.8.4.>
⑧각급선거방송토론위원회위원장 또는 그가 미리 지명한 위원은 대담·토론회에서 후보자

가 이 법에 위반되는 내용을 발표하거나 배정된 시간을 초과하여 발언하는 때에는 이를 제지하거나 자막안내하는 등 필요한 조치를 할 수 있다.
⑨각급선거방송토론위원회위원장 또는 그가 미리 지명한 위원은 대담·토론회장에서 진행을 방해하거나 질서를 문란하게 하는 자가 있는 때에는 그 중지를 명하고, 그 명령에 불응하는 때에는 대담·토론회장밖으로 퇴장시킬 수 있다.
⑩공영방송사는 그의 부담으로 대담·토론회를 텔레비전방송을 통하여 중계방송하여야 하되, 대통령선거에 있어서 중앙선거방송토론위원회가 주관하는 대담·토론회는 오후 8시부터 당일 오후 11시까지의 사이에 중계방송하여야 한다. 다만, 지역구국회의원선거 및 자치구·시·군의 장선거에 있어서 전국을 방송권역으로 하는 등 정당한 사유가 있는 경우에는 그러하지 아니하다. <개정 2005.8.4., 2008.2.29.>
⑪구·시·군선거방송토론위원회는 지역구국회의원선거 및 자치구·시·군의 장선거에 있어서 제10항 단서의 규정에 의하여 공영방송사가 중계방송을 할 수 없는 때에는 다른 지상파방송사업자나 종합유선방송사업자의 방송시설을 이용하여 대담·토론회를 텔레비전방송을 통하여 중계방송하게 할 수 있다. 이 경우 그 방송시설이용료는 국가 또는 당해 지방자치단체가 부담한다. <개정 2005.8.4.>
⑫각급선거방송토론위원회는 대담 · 토론회를 개최하는 때에는 청각장애선거인을 위하여 자막방송 또는 한국수어통역을 하여야 한다. <개정 2005.8.4., 2020.12.29.>
⑬「방송법」 제2조(용어의 정의)의 규정에 의한 방송사업자·중계유선방송사업자 및 인터넷언론사는 그의 부담으로 대담·토론회를 중계방송할 수 있다. 이 경우 편집없이 중계방송하여야 한다. <개정 2005.8.4., 2008.2.29.>
⑭대담·토론회의 진행절차, 개최홍보, 방송시설이용료의 산정·지급 기타 필요한 사항은 중앙선거관리위원회규칙으로 정한다.
[전문개정 2004.3.12.]

제82조의3(선거방송토론위원회 주관 정책토론회) ①중앙선거방송토론위원회는 정당이 방송을 통하여 정강·정책을 알릴 수 있도록 하기 위하여 임기만료에 의한 선거(대통령의 궐위로 인한 선거 및 재선거를 포함한다)의 선거일전 90일(대통령의 궐위로 인한 선거 및 재선거에 있어서는 그 선거의 실시사유가 확정된 날의 다음달)부터 후보자등록신청개시일전일까지 다음 각호에 해당하는 정당(선거에 참여하지 아니할 것을 공표한 정당을 제외한다)의 대표자 또는 그가 지정하는 자를 초청하여 정책토론회(이하 이 조에서 "정책토론회"라 한다)를 월 1회 이상 개최하여야 한다.
1. 국회에 5인 이상의 소속의원을 가진 정당
2. 직전 대통령선거, 비례대표국회의원선거 또는 비례대표시·도의원선거에서 전국 유효투표총수의 100분의 3 이상을 득표한 정당
②제82조의2(선거방송토론위원회 주관 대담·토론회)제7항 내지 제9항·제10항 본문·제12항 및 제13항의 규정은 정책토론회에 이를 준용한다. 이 경우 "대담·토론회"는 "정책토론회"로, "각급선거방송토론위원회"는 "중앙선거방송토론위원회"로 본다. <개정 2005.8.4.>
③정책토론회의 운영·진행절차·개최홍보 기타 필요한 사항은 중앙선거관리위원회규칙으로 정한다.
[본조신설 2004.3.12.]
[종전 제82조의3은 제82조의4로 이동 <2004.3.12.>]

제82조의4(정보통신망을 이용한 선거운동)
①삭제 <2020.12.29.>
②누구든지「정보통신망 이용촉진 및 정보보호 등에 관한 법률」 제2조제1항제1호에 따른 정보통신망(이하 "정보통신망"이라 한다)을 이용하여 후보자(후보자가 되려는 사람을 포함한다. 이하 이 조에서 같다), 그의 배우자 또는 직계존·비속이나 형제자매에 관하여 허위의 사실을 유포하여서는 아니되며, 공연히 사실을 적시하여 이들을 비방하여서는 아니된다. 다만, 진실한 사실로서 공공의 이익에 관한 때에는 그러하지 아니하다. <개정 2012.2.29.>
③각급선거관리위원회(읍·면·동선거관리위원회를 제외한다) 또는 후보자는 이 법의 규정

에 위반되는 정보가 인터넷 홈페이지 또는 그 게시판·대화방 등에 게시되거나, 정보통신망을 통하여 전송되는 사실을 발견한 때에는 당해 정보가 게시된 인터넷 홈페이지를 관리·운영하는 자에게 해당 정보의 삭제를 요청하거나, 전송되는 정보를 취급하는 인터넷 홈페이지의 관리·운영자 또는 「정보통신망 이용촉진 및 정보보호 등에 관한 법률」 제2조제1항제3호의 규정에 의한 정보통신서비스제공자(이하 "정보통신서비스제공자"라 한다)에게 그 취급의 거부·정지·제한을 요청할 수 있다. 이 경우 인터넷 홈페이지 관리·운영자 또는 정보통신서비스 제공자가 후보자의 요청에 따르지 아니하는 때에는 해당 후보자는 관할 선거구선거관리위원회에 서면으로 그 사실을 통보할 수 있으며, 관할 선거구선거관리위원회는 후보자가 삭제요청 또는 취급의 거부·정지·제한을 요청한 정보가 이 법의 규정에 위반된다고 인정되는 때에는 해당 인터넷 홈페이지 관리·운영자 또는 정보통신서비스제공자에게 삭제요청 또는 취급의 거부·정지·제한을 요청할 수 있다. <개정 2005.8.4., 2012.2.29.>

④제3항에 따라 선거관리위원회로부터 요청을 받은 인터넷 홈페이지 관리·운영자 또는 정보통신서비스제공자는 지체없이 이에 따라야 한다. <개정 2012.2.29.>

⑤제3항에 따라 선거관리위원회로부터 요청을 받은 인터넷 홈페이지 관리·운영자 또는 정보통신서비스제공자는 그 요청을 받은 날부터, 해당 정보를 게시하거나 전송한 자는 당해 정보가 삭제되거나 그 취급이 거부·정지 또는 제한된 날부터 3일 이내에 그 요청을 한 선거관리위원회에 이의신청을 할 수 있다. <개정 2012.2.29.>

⑥제3항에 따라 선거관리위원회로부터 요청을 받아 해당 정보의 삭제 또는 그 취급의 거부・제한・정지를 한 인터넷 홈페이지 관리・운영자 또는 정보통신서비스제공자는 다음 각 호에 따른 내용을 해당 인터넷 홈페이지 또는 그 게시판・대화방 등에 게시하는 방법 등으로 그 정보를 게시하거나 전송한 사람에게 알려야 한다. <신설 2020.3.25.>

1. 선거관리위원회로부터 제3항에 따른 요청이 있었다는 사실
2. 제5항에 따라 이의신청을 할 수 있다는 사실

⑦위법한 정보의 게시에 대한 삭제 등의 요청, 이의신청 기타 필요한 사항은 중앙선거관리위원회규칙으로 정한다. <개정 2020.3.25.>

[전문개정 2004.3.12.]

[제82조의3에서 이동 <2004.3.12.>]

제82조의5(선거운동정보의 전송제한) ①누구든지 정보수신자의 명시적인 수신거부의사에 반하여 선거운동 목적의 정보를 전송하여서는 아니된다.

②예비후보자 또는 후보자가 제59조제2호·제3호에 따라 선거운동 목적의 정보(이하 "선거운동정보"라 한다)를 자동 동보통신의 방법으로 문자메시지로 전송하거나 전송대행업체에 위탁하여 전자우편으로 전송하는 때에는 다음 각 호의 사항을 선거운동정보에 명시하여야 한다. <개정 2005.8.4., 2010.1.25., 2012.2.29., 2017.2.8.>

1. 선거운동정보에 해당하는 사실
2. 문자메시지를 전송하는 경우 그의 전화번호
3. 불법수집정보 신고 전화번호
4. 수신거부의 의사표시를 쉽게 할 수 있는 조치 및 방법에 관한 사항

③ 삭제 <2012.1.17.>

④선거운동정보를 전송하는 자는 수신자의 수신거부를 회피하거나 방해할 목적으로 기술적 조치를 하여서는 아니된다.

⑤선거운동정보를 전송하는 자는 수신자가 수신거부를 할 때 발생하는 전화요금 기타 금전적 비용을 수신자가 부담하지 아니하도록 필요한 조치를 하여야 한다.

⑥누구든지 숫자·부호 또는 문자를 조합하여 전화번호·전자우편주소 등 수신자의 연락처를 자동으로 생성하는 프로그램 그 밖의 기술적 장치를 이용하여 선거운동정보를 전송하여서는 아니된다.

[본조신설 2004.3.12.]

제82조의6(인터넷언론사 게시판 · 대화방 등의 실명확인) ①인터넷언론사는 선거운동기간 중 당해 인터넷홈페이지의 게시판 · 대화방 등에 정당 · 후보자에 대한 지지 · 반대의 문자 · 음성 · 화상 또는 동영상 등의 정보(이하 이 조에서 "정보등"이라 한다)를 게시할 수 있도록 하는 경우에는 행정안전부장관 또는 「신용정보의 이용 및 보호에 관한 법률」 제2조제5호가목에 따른 개인신용평가회사(이하 이 조에서 "개인신용평가회사"라 한다)가 제공하는 실명인증방법으로 실명을 확인받도록 하는 기술적 조치를 하여야 한다. 다만, 인터넷언론사가 「정보통신망 이용촉진 및 정보보호 등에 관한 법률」 제44조의5에 따른 본인확인조치를 한 경우에는 그 실명을 확인받도록 하는 기술적 조치를 한 것으로 본다. <개정 2008.2.29., 2010.1.25., 2013.3.23., 2014.11.19., 2017.7.26., 2020.2.4.>

②정당이나 후보자는 자신의 명의로 개설·운영하는 인터넷홈페이지의 게시판·대화방 등에 정당·후보자에 대한 지지·반대의 정보등을 게시할 수 있도록 하는 경우에는 제1항의 규정에 따른 기술적 조치를 할 수 있다. <개정 2010.1.25.>

③행정안전부장관 및 개인신용평가회사는 제1항 및 제2항의 규정에 따라 제공한 실명인증자료를 실명인증을 받은 자 및 인터넷홈페이지별로 관리하여야 하며, 중앙선거관리위원회가 그 실명인증자료의 제출을 요구하는 경우에는 지체 없이 이에 따라야 한다. <개정 2008.2.29., 2013.3.23., 2014.11.19., 2017.7.26. 2020.2.4.>

④인터넷언론사는 제1항의 규정에 따라 실명인증을 받은 자가 정보등을 게시한 경우 당해 인터넷홈페이지의 게시판·대화방 등에 "실명인증" 표시가 나타나도록 하는 기술적 조치를 하여야 한다. <개정 2010.1.25.>

⑤인터넷언론사는 당해 인터넷홈페이지의 게시판·대화방 등에서 정보등을 게시하고자 하는 자에게 주민등록번호를 기재할 것을 요구하여서는 아니된다. <개정 2010.1.25.>

⑥인터넷언론사는 당해 인터넷홈페이지의 게시판·대화방 등에 "실명인증"의 표시가 없는 정당이나 후보자에 대한 지지·반대의 정보등이 게시된 경우에는 지체 없이 이를 삭제하여야 한다. <개정 2010.1.25.>

⑦인터넷언론사는 정당·후보자 및 각급선거관리위원회가 제6항의 규정에 따른 정보등을 삭제하도록 요구한 경우에는 지체 없이 이에 따라야 한다. <개정 2010.1.25.>

[전문개정 2005.8.4.]

제82조의7(인터넷광고) ①후보자(대통령선거의 정당추천후보자와 비례대표국회의원선거 및 비례대표지방의회의원선거에 있어서는 후보자를 추천한 정당을 말한다. 이하 이 조에서 같다)는 인터넷언론사의 인터넷홈페이지에 선거운동을 위한 광고(이하 "인터넷광고"라 한다)를 할 수 있다.

②제1항의 인터넷광고에는 광고근거와 광고주명을 표시하여야 한다.

③같은 정당의 추천을 받은 2인 이상의 후보자는 합동으로 제1항의 규정에 따른 인터넷광고를 할 수 있다. 이 경우 그 비용은 당해 후보자간의 약정에 따라 분담하되, 그 분담내역을 광고계약서에 명시하여야 한다.

④ 삭제 <2010.1.25.>

⑤누구든지 제1항의 경우를 제외하고는 선거운동을 위하여 인터넷광고를 할 수 없다.

⑥광고근거의 표시방법 그 밖에 필요한 사항은 중앙선거관리위원회규칙으로 정한다. <개정 2010.1.25.>

[본조신설 2005.8.4.]

제83조(교통편의의 제공) ①대통령선거에 있어서 한국철도공사사장은 중앙선거관리위원회규칙이 정하는 바에 따라 선거운동기간중에 선거운동용으로 계속하여 사용할 수 있는 전국용 무료승차권 50매를 각 후보자에게 발급하여야 한다. <개정 2012.1.17.>

②제1항의 규정에 의하여 전국용 무료승차권을 발급받은 후보자가 사퇴·사망하거나 등록이 무효로 된 때에는 그 후 이를 사용할 수 없으며, 한국철도공사사장에게 지체없이 반환하여야 한다. <개정 2012.1.17.>

第84조(무소속후보자의 정당표방제한)
무소속후보자는 특정 정당으로부터의 지지 또는 추천받음을 표방할 수 없다. 다만, 다음 각 호의 어느 하나에 해당하는 행위는 그러하지 아니하다. <개정 1995.4.1., 2000.2.16., 2004.3.12., 2010.1.25.>
1. 정당의 당원경력을 표시하는 행위
2. 해당 선거구에 후보자를 추천하지 아니한 정당이 무소속후보자를 지지하거나 지원하는 경우 그 사실을 표방하는 행위
[2004.3.12. 법률 제7189호에 의하여 2003.1.30. 헌법재판소에서 위헌결정된 이 조를 개정함.]
[제목개정 2010.1.25.]

第85조(공무원 등의 선거관여 등 금지)
①공무원 등 법령에 따라 정치적 중립을 지켜야 하는 자는 직무와 관련하여 또는 지위를 이용하여 선거에 부당한 영향력을 행사하는 등 선거에 영향을 미치는 행위를 할 수 없다. <신설 2014.2.13.>
②공무원은 그 지위를 이용하여 선거운동을 할 수 없다. 이 경우 공무원이 그 소속직원이나 제53조제1항제4호부터 제6호까지에 규정된 기관 등의 임직원 또는 「공직자윤리법」 제17조에 따른 취업심사대상기관의 임·직원을 대상으로 한 선거운동은 그 지위를 이용하여 하는 선거운동으로 본다.
<개정 2001.1.26., 2005.8.4., 2010.3.12., 2012.1.17., 2014.2.13., 2014.12.30., 2019.12.3.>
③누구든지 교육적·종교적 또는 직업적인 기관·단체 등의 조직내에서의 직무상 행위를 이용하여 그 구성원에 대하여 선거운동을 하거나 하게 하거나, 계열화나 하도급 등 거래상 특수한 지위를 이용하여 기업조직·기업체 또는 그 구성원에 대하여 선거운동을 하거나 하게 할 수 없다. <개정 2014.2.13.>
④누구든지 교육적인 특수관계에 있는 선거권이 없는 자에 대하여 교육상의 행위를 이용하여 선거운동을 할 수 없다. <개정 2014.2.13.>
[제목개정 2014.2.13.]

第86조(공무원 등의 선거에 영향을 미치는 행위금지) ①공무원(國會議員과 그 補佐官·秘書官·秘書 및 地方議會議員을 제외한다), 선상투표신고를 한 선원이 승선하고 있는 선박의 선장, 제53조제1항제4호에 규정된 기관 등의 상근 임원과 같은 항 제6호에 규정된 기관 등의 상근 임직원, 통·리·반의 장, 주민자치위원회위원과 예비군 중대장급 이상의 간부, 특별법에 의하여 설립된 국민운동단체로서 국가나 지방자치단체의 출연 또는 보조를 받는 단체(바르게살기運動協議會·새마을運動協議會·韓國自由總聯盟을 말한다)의 상근 임·직원 및 이들 단체 등(市·道組織 및 區·市·郡組織을 포함한다)의 대표자는 다음 각 호의 어느 하나에 해당하는 행위를 하여서는 아니된다.
<개정 1997.11.14., 2000.2.16., 2002.3.7., 2004.3.12., 2005.8.4., 2010.1.25., 2012.1.17., 2012.2.29., 2014.1.17., 2016.5.29., 2020.3.25.>
1. 소속직원 또는 선거구민에게 교육 기타 명목여하를 불문하고 특정 정당이나 후보자(候補者가 되고자 하는 者를 포함한다. 이하 이 項에서 같다)의 업적을 홍보하는 행위
2. 지위를 이용하여 선거운동의 기획에 참여하거나 그 기획의 실시에 관여하는 행위
3. 정당 또는 후보자에 대한 선거권자의 지지도를 조사하거나 이를 발표하는 행위
4. 삭제 <2010.1.25.>
5. 선거기간중 국가 또는 지방자치단체의 예산으로 시행하는 사업중 즉시 공사를 진행하지 아니할 사업의 기공식을 거행하는 행위
6. 선거기간중 정상적 업무외의 출장을 하는 행위
7. 선거기간중 휴가기간에 그 업무와 관련된 기관이나 시설을 방문하는 행위
②지방자치단체의 장(제4호의 경우 소속 공무원을 포함한다)은 선거일전 60일(선거일전 60일후에 실시사유가 확정된 보궐선거등에 있어서는 선거의 실시사유가 확정된 때)부터 선거일까지 다음 각 호의 어느 하나에 해당하는 행위를 하여서는 아니된다. <신설 1995.12.30., 1997.11.14., 1998.4.30., 2000.2.16., 2002.3.7., 2004.3.12., 2010.1.25., 2011.7.28.>

1. 삭제 <2004.3.12.>
2. 정당의 정강·정책과 주의·주장을 선거구민을 대상으로 홍보·선전하는 행위. 다만, 당해 지방자치단체의 장의 선거에 예비후보자 또는 후보자가 되는 경우에는 그러하지 아니하다.
3. 창당대회·합당대회·개편대회 및 후보자선출대회를 제외하고는 정당이 개최하는 시국강연회, 정견·정책발표회, 당원연수·단합대회 등 일체의 정치행사에 참석하거나 선거대책기구, 선거사무소, 선거연락소를 방문하는 행위. 다만, 해당 지방자치단체의 장선거에 예비후보자 또는 후보자가 된 경우와 당원으로서 소속 정당이 당원만을 대상으로 개최하는 정당의 공개행사에 의례적으로 방문하는 경우에는 그러하지 아니하다.
4. 다음 각 목의 1을 제외하고는 교양강좌, 사업설명회, 공청회, 직능단체모임, 체육대회, 경로행사, 민원상담 기타 각종 행사를 개최하거나 후원하는 행위
 가. 법령에 의하여 개최하거나 후원하도록 규정된 행사를 개최·후원하는 행위
 나. 특정일·특정시기에 개최하지 아니하면 그 목적을 달성할 수 없는 행사
 다. 천재·지변 기타 재해의 구호·복구를 위한 행위
 라. 직업지원교육 또는 유상(有償)으로 실시하는 교양강좌를 개최·후원하는 행위 또는 주민자치센터가 개최하는 교양강좌를 후원하는 행위. 다만, 종전의 범위를 넘는 새로운 강좌를 개설하거나 수강생을 증원하거나 장소를 이전하여 실시하는 주민자치센터의 교양강좌를 후원하는 행위를 제외한다.
 마. 집단민원 또는 긴급한 민원이 발생하였을 때 이를 해결하기 위한 행위
 바. 가목 내지 마목에 준하는 행위로서 중앙선거관리위원회규칙으로 정하는 행위
5. 통·리·반장의 회의에 참석하는 행위. 다만, 천재·지변 기타 재해가 있거나 집단민원 또는 긴급한 민원이 발생하였을 때에는 그러하지 아니하다.
③삭제 <2010.1.25.>
④삭제 <2010.1.25.>
⑤지방자치단체의 장(소속 공무원을 포함한다)은 다음 각 호의 어느 하나에 해당하는 경우를 제외하고는 지방자치단체의 사업계획·추진실적 그 밖에 지방자치단체의 활동상황을 알리기 위한 홍보물(弘報紙·소식지·刊行物·施設物·錄音物·錄畵物 그 밖의 홍보물 및 新聞·放送을 이용하여 행하는 경우를 포함한다)을 분기별로 1종 1회를 초과하여 발행·배부 또는 방송하여서는 아니되며 당해 지방자치단체의 장의 선거의 선거일전 180일(補闕選擧 등에 있어서는 그 選擧의 실시사유가 확정된 때, 이하 제6항에서 같다)부터 선거일까지는 홍보물을 발행·배부 또는 방송할 수 없다.
<신설 1998.4.30., 2000.2.16., 2004.3.12., 2006.3.2., 2010.1.25.>
1. 법령에 의하여 발행·배부 또는 방송하도록 규정된 홍보물을 발행·배부 또는 방송하는 행위
2. 특정사업을 추진하기 위하여 그 사업과 이해관계가 있는 자나 관계주민의 동의를 얻기 위한 행위
3. 집단민원 또는 긴급한 민원이 발생하였을 때 이를 해결하기 위한 행위
4. 기타 위 각호의 1에 준하는 행위로서 중앙선거관리위원회규칙이 정하는 행위
⑥지방자치단체의 장은 당해 지방자치단체의 장의 선거의 선거일전 180일부터 선거일까지 주민자치센터가 개최하는 교양강좌에 참석할 수 없으며, 근무시간중에 공공기관이 아닌 단체 등이 주최하는 행사(해당 지방자치단체의 청사에서 개최하는 행사를 포함한다)에는 참석할 수 없다. 다만, 제2항제3호에 따라 참석 또는 방문할 수 있는 행사의 경우에는 그러하지 아니하다. <신설 1998.4.30., 2002.3.7., 2010.1.25.>
⑦지방자치단체의 장은 소관 사무나 그 밖의 명목 여하를 불문하고 방송·신문·잡지나 그 밖의 광고에 출연할 수 없다. <신설 2010.1.25.>
[제목개정 2011.7.28.]
[2010.1.25. 법률 제9974호에 의하여 2008.5.29. 헌법재판소에서 한정위헌결정된 이 조 제1항제2호를 개정함.]

제87조(단체의 선거운동금지) ①다음 각 호의 어느 하나에 해당하는 기관·단체(그 대표자와 임직원 또는 구성원을 포함한다)는 그 기관·단체의 명의 또는 그 대표의 명의로 선거운동을 할 수 없다. <개정 2005.8.4., 2010.1.25.>
1. 국가·지방자치단체
2. 제53조(공무원 등의 입후보)제1항제4호 내지 제6호에 규정된 기관·단체
3. 향우회·종친회·동창회, 산악회 등 동호인회, 계모임 등 개인간의 사적모임
4. 특별법에 의하여 설립된 국민운동단체로서 국가 또는 지방자치단체의 출연 또는 보조를 받는 단체(바르게살기운동협의회·새마을운동협의회·한국자유총연맹을 말한다)
5. 법령에 의하여 정치활동이나 공직선거에의 관여가 금지된 단체
6. 후보자 또는 후보자의 가족(이하 이 항에서 "후보자등"이라 한다)이 임원으로 있거나, 후보자등의 재산을 출연하여 설립하거나, 후보자등이 운영경비를 부담하거나 관계법규나 규약에 의하여 의사결정에 실질적으로 영향력을 행사하는 기관·단체
7. 삭제 <2005.8.4.>
8. 구성원의 과반수가 선거운동을 할 수 없는 자로 이루어진 기관·단체

②누구든지 선거에 있어서 후보자(후보자가 되고자 하는 자를 포함한다)의 선거운동을 위하여 연구소·동우회·향우회·산악회·조기축구회, 정당의 외곽단체 등 그 명칭이나 표방하는 목적 여하를 불문하고 사조직 기타 단체를 설립하거나 설치할 수 없다.
[전문개정 2004.3.12.]

제88조(타후보자를 위한 선거운동금지)
후보자, 선거사무장, 선거연락소장, 선거사무원, 회계책임자, 연설원, 대담·토론자는 다른 정당이나 선거구가 같거나 일부 겹치는 다른 후보자를 위한 선거운동을 할 수 없다. 다만, 정당이나 후보자를 위한 선거운동을 함에 있어서 그 일부가 다른 정당이나 후보자의 선거운동에 이른 경우와 같은 정당이나 같은 정당의 추천후보자를 지원하는 경우 및 이 법의 규정에 의하여 공동선임된 선거사무장 등이 선거운동을 하는 경우에는 그러하지 아니하다. <개정 2012.1.17.>

제89조(유사기관의 설치금지) ①누구든지 제61조제1항·제2항에 따른 선거사무소, 선거연락소 및 선거대책기구 외에는 후보자 또는 후보자가 되려는 사람을 위하여 선거추진위원회·후원회·연구소·상담소 또는 휴게소 기타 명칭의 여하를 불문하고 이와 유사한 기관·단체·조직 또는 시설을 새로이 설립 또는 설치하거나 기존의 기관·단체·조직 또는 시설을 이용할 수 없다. 다만, 후보자 또는 예비후보자의 선거사무소에 설치되는 1개의 선거대책기구 및 「정치자금법」에 의한 후원회는 그러하지 아니하다. <개정 1997.11.14., 2000.2.16., 2004.3.12., 2005.8.4., 2012.10.2., 2014.1.17.>

②정당이나 후보자(후보자가 되려는 사람을 포함한다. 이하 이 항에서 같다)가 설립·운영하는 기관·단체·조직 또는 시설은 선거일전 180일(補闕選擧 등에 있어서는 그 選擧의 실시사유가 확정된 때)부터 선거일까지 당해 선거구민을 대상으로 선거에 영향을 미치는 행위를 하거나, 그 기관·단체 또는 시설의 설립이나 활동내용을 선거구민에게 알리기 위하여 정당 또는 후보자의 명의나 그 명의를 유추할 수 있는 방법으로 벽보·현수막·방송·신문·통신·잡지 또는 인쇄물을 이용하거나 그 밖의 방법으로 선전할 수 없다. 다만, 「정치자금법」 제15조(후원금 모금 등의 고지·광고)의 규정에 따른 모금을 위한 고지·광고는 그러하지 아니하다. <개정 1997.11.14., 2004.3.12., 2005.8.4., 2012.10.2.>

제89조의2 삭제 <2004.3.12.>

제90조(시설물설치 등의 금지) ①누구든지 선거일 전 180일(보궐선거등에서는 그 선거의 실시사유가 확정된 때)부터 선거일까지 선거에 영향을 미치게 하기 위하여 이 법의 규정에 의한 것을 제외하고는 다음 각 호의 어느 하나에 해당하는 행위를 할 수 없다. 이 경우 정당(창당준비위원회를 포함한다)의 명칭이나 후보자(후보자가 되려는 사람을 포함한다. 이하

이 조에서 같다)의 성명·사진 또는 그 명칭·성명을 유추할 수 있는 내용을 명시한 것은 선거에 영향을 미치게 하기 위한 것으로 본다.
1. 화환·풍선·간판·현수막·애드벌룬·기구류 또는 선전탑, 그 밖의 광고물이나 광고시설을 설치·진열·게시·배부하는 행위
2. 표찰이나 그 밖의 표시물을 착용 또는 배부하는 행위
3. 후보자를 상징하는 인형·마스코트 등 상징물을 제작·판매하는 행위
②제1항에도 불구하고 다음 각 호의 어느 하나에 해당하는 행위는 선거에 영향을 미치게 하기 위한 행위로 보지 아니한다.
1. 선거기간이 아닌 때에 행하는 「정당법」 제37조제2항에 따른 통상적인 정당활동
2. 의례적이거나 직무상·업무상의 행위 또는 통상적인 정당활동으로서 중앙선거관리위원회규칙으로 정하는 행위
[전문개정 2010.1.25.]

제91조(확성장치와 자동차 등의 사용제한)
①누구든지 이 법의 규정에 의한 공개장소에서의 연설·대담장소 또는 대담·토론회장에서 연설·대담·토론용으로 사용하는 경우를 제외하고는 선거운동을 위하여 확성장치를 사용할 수 없다. <개정 2004.3.12.>
② 삭제 <2004.3.12.>
③누구든지 자동차를 사용하여 선거운동을 할 수 없다. 다만, 제79조에 따른 연설·대담장소에서 자동차에 승차하여 선거운동을 하는 경우와 같은 조 제6항에 따른 선거벽보 등을 자동차에 부착하여 사용하는 경우에는 그러하지 아니하다. <개정 2004.3.12., 2005.8.4., 2010.1.25.>
④정당·후보자·선거사무장 또는 선거연락소장은 제3항 단서에 따른 경우 외에 다음 각 호에 따른 수 이내에서 관할선거관리위원회가 교부한 표지를 부착한 자동차와 선박에 제64조의 선거벽보, 제65조의 선거공보 및 제66조의 선거공약서를 부착하여 운행하거나 운행하게 할 수 있다. <개정 1995.4.1., 1997.11.14., 2000.2.16., 2005.8.4., 2007.1.3., 2010.1.25.>
1. 대통령선거와 시·도지사선거
선거사무소와 선거연락소마다 각 5대·5척 이내
2. 지역구국회의원선거와 자치구·시·군의 장 선거
후보자마다 각 5대·5척 이내
3. 지역구시·도의원선거
후보자마다 각 2대·2척 이내
4. 지역구자치구·시·군의원선거
후보자마다 각 1대·1척

제92조(영화 등을 이용한 선거운동금지)
누구든지 선거기간중에는 선거운동을 위하여 저술·연예·연극·영화 또는 사진을 이 법에 규정되지 아니한 방법으로 배부·공연·상연·상영 또는 게시할 수 없다.

제93조(탈법방법에 의한 문서 · 도화의 배부 · 게시 등 금지) ①누구든지 선거일전 180일(補闕選擧 등에 있어서는 그 選擧의 실시사유가 확정된 때)부터 선거일까지 선거에 영향을 미치게 하기 위하여 이 법의 규정에 의하지 아니하고는 정당(創黨準備委員會와 政黨의 政綱·정책을 포함한다. 이하 이 條에서 같다) 또는 후보자(候補者가 되고자 하는 者를 포함한다. 이하 이 條에서 같다)를 지지·추천하거나 반대하는 내용이 포함되어 있거나 정당의 명칭 또는 후보자의 성명을 나타내는 광고, 인사장, 벽보, 사진, 문서·도화, 인쇄물이나 녹음·녹화테이프 그 밖에 이와 유사한 것을 배부·첩부·살포·상영 또는 게시할 수 없다. 다만, 다음 각 호의 어느 하나에 해당하는 행위는 그러하지 아니하다. <개정 1997.11.14., 1998.4.30., 2002.3.7., 2004.3.12., 2005.8.4., 2010.1.25.>
1. 선거운동기간 중 후보자, 제60조의3제2항 각 호의 어느 하나에 해당하는 사람(같은 항

제2호의 경우 선거연락소장을 포함하며, 이 경우 "예비후보자"는 "후보자"로 본다)이 제60조의3제1항제2호에 따른 후보자의 명함을 직접 주는 행위
2. 선거기간이 아닌 때에 행하는 「정당법」 제37조제2항에 따른 통상적인 정당활동
②누구든지 선거일전 90일부터 선거일까지는 정당 또는 후보자의 명의를 나타내는 저술·연예·연극·영화·사진 그 밖의 물품을 이 법에 규정되지 아니한 방법으로 광고할 수 없으며, 후보자는 방송·신문·잡지 기타의 광고에 출연할 수 없다. 다만, 선거기간이 아닌 때에 「신문 등의 진흥에 관한 법률」 제2조제1호에 따른 신문 또는 「잡지 등 정기간행물의 진흥에 관한 법률」 제2조에 따른 정기간행물의 판매를 위하여 통상적인 방법으로 광고하는 경우에는 그러하지 아니하다. <개정 1998.4.30., 2005.8.4., 2010.1.25.>
③누구든지 선거운동을 하도록 권유·약속하기 위하여 선거구민에 대하여 신분증명서·문서 기타 인쇄물을 발급·배부 또는 징구하거나 하게 할 수 없다. <신설 1995.12.30.>
[한정위헌, 2007헌마1001, 2010헌바88, 2010헌마173·191(병합), 2011.12.29. 공직선거법(2010. 1. 25. 법률 제9974호로 개정된 것) 제93조 제1항의 '그 밖에 이와 유사한 것'에, '정보통신망을 이용하여 인터넷 홈페이지 또는 그 게시판·대화방 등에 글이나 동영상 등 정보를 게시하거나 전자우편을 전송하는 방법'이 포함되는 것으로 해석하는 한 헌법에 위반된다.]
[2017.2.8. 법률 제14556호에 의하여 2016.9.29. 헌법재판소에서 위헌결정된 제93조 제1항 제1호 중 제60조의3 제2항 제3호를 개정함.]

제94조(방송 · 신문 등에 의한 광고의 금지)
누구든지 선거기간중 선거운동을 위하여 이 법에 규정되지 아니한 방법으로 방송·신문·통신 또는 잡지 기타의 간행물 등 언론매체를 통하여 광고할 수 없다. <개정 2000.2.16.>

제95조(신문 · 잡지 등의 통상방법 외의 배부 등 금지) ①누구든지 이 법의 규정에 의한 경우를 제외하고는 선거에 관한 기사를 게재한 신문·통신·잡지 또는 기관·단체·시설의 기관지 기타 간행물을 통상방법외의 방법으로 배부·살포·게시·첩부하거나 그 기사를 복사하여 배부·살포·게시·첩부할 수 없다. <개정 2012.1.17.>
②제1항에서 "선거에 관한 기사"라 함은 후보자(후보자가 되려는 사람을 포함한다. 이하 제96조 및 제97조에서 같다)의 당락이나 특정 정당(創黨準備委員會를 포함한다)에 유리 또는 불리한 기사를 말하며, "통상방법에 의한 배부"라 함은 종전의 방법과 범위안에서 발행·배부하는 것을 말한다. <개정 2012.2.29.>
[제목개정 2012.1.17.]

제96조(허위논평 · 보도 등 금지) ①누구든지 선거에 관한 여론조사결과를 왜곡하여 공표 또는 보도할 수 없다. <개정 2012.2.29.>
②방송·신문·통신·잡지, 그 밖의 간행물을 경영·관리하는 자 또는 편집·취재·집필·보도하는 자는 다음 각 호의 어느 하나에 해당하는 행위를 할 수 없다. <신설 2012.2.29.>
1. 특정 후보자를 당선되게 하거나 되지 못하게 할 목적으로 선거에 관하여 허위의 사실을 보도하거나 사실을 왜곡하여 보도 또는 논평을 하는 행위
2. 여론조사결과 등과 같은 객관적 자료를 제시하지 아니하고 선거결과를 예측하는 보도를 하는 행위
[제목개정 2012.2.29.]

제97조(방송 · 신문의 불법이용을 위한 행위 등의 제한) ①누구든지 선거운동을 위하여 방송·신문·통신·잡지 기타의 간행물을 경영·관리하는 자 또는 편집·취재·집필·보도하는 자에게 금품·향응 기타의 이익을 제공하거나 제공할 의사의 표시 또는 그 제공을 약속할 수 없다.
②정당, 후보자, 선거사무장, 선거연락소장, 선거사무원, 회계책임자, 연설원, 대담·토론자 또는 제114조(政黨 및 候補者의 家族 등의 寄附行爲制限)제2항의 후보자 또는 그 가족과 관계있는 회사 등은 선거에 관한 보도·논평이나 대담·토론과 관련하여 당해 방송·신문·통

신·잡지 기타 간행물을 경영·관리하거나 편집·취재·집필·보도하는 자 또는 그 보조자에게 금품·향응 기타 이익을 제공하거나 제공할 의사의 표시 또는 그 제공을 약속할 수 없다.
③방송·신문·통신·잡지 기타 간행물을 경영·관리하거나 편집·취재·집필·보도하는 자는 제1항 및 제2항의 규정에 의한 금품·향응 기타의 이익을 받거나 권유·요구 또는 약속할 수 없다.

제98조(선거운동을 위한 방송이용의 제한)
누구든지 이 법의 규정에 의하지 아니하고는 그 방법의 여하를 불문하고 방송시설을 이용하여 선거운동을 위한 방송을 하거나 하게 할 수 없다. <개정 1997.11.14., 2000.2.16.>

제99조(구내방송 등에 의한 선거운동금지)
누구든지 이 법의 규정에 의하지 아니하고는 선거기간중 교통수단·건물 또는 시설안의 방송시설을 이용하여 선거운동을 할 수 없다.

제100조(녹음기 등의 사용금지) 누구든지 선거기간중 이 법의 규정에 의하지 아니하고는 녹음기나 녹화기(비디오 및 오디오器機를 포함한다)를 사용하여 선거운동을 할 수 없다. <개정 2004.3.12., 2005.8.4.>

제101조(타연설회 등의 금지) 누구든지 선거기간중 선거에 영향을 미치게 하기 위하여 이 법의 규정에 의한 연설·대담 또는 대담·토론회를 제외하고는 다수인을 모이게 하여 개인정견발표회·시국강연회·좌담회 또는 토론회 기타의 연설회나 대담·토론회를 개최할 수 없다. <개정 2004.3.12.>

제102조(야간연설 등의 제한) ①이 법의 규정에 의한 연설·대담과 대담·토론회(放送施設을 이용하는 경우를 제외한다)는 오후 11시부터 다음날 오전 6시까지는 개최할 수 없으며, 공개장소에서의 연설·대담은 오후 10시부터 다음날 오전 7시까지는 이를 할 수 없다. 다만, 공개장소에서의 연설·대담에 있어서 휴대용 확성장치만을 사용하는 경우에는 오전 6시부터 오후 11시까지 할 수 있다. <개정 1995.12.30., 1997.1.13., 2004.3.12., 2010.1.25.>
②제79조에 따른 공개장소에서의 연설·대담을 하는 경우 오후 9시부터 다음 날 오전 7시까지 같은 조 제10항에 따른 녹음기와 녹화기(비디오 및 오디오 기기를 포함한다)를 사용할 수 없다. <신설 2010.1.25., 2012.1.17.>

제103조(각종집회 등의 제한)
① 삭제 <2010.1.25.>
②특별법에 따라 설립된 국민운동단체로서 국가나 지방자치단체의 출연 또는 보조를 받는 단체(바르게살기운동협의회·새마을운동협의회·한국자유총연맹을 말한다) 및 주민자치위원회는 선거기간 중 회의 그 밖에 어떠한 명칭의 모임도 개최할 수 없다. <신설 2005.8.4.>
③누구든지 선거기간 중 선거에 영향을 미치게 하기 위하여 향우회·종친회·동창회·단합대회 또는 야유회, 그 밖의 집회나 모임을 개최할 수 없다. <개정 2010.1.25.>
④선거기간중에는 특별한 사유가 없는 한 반상회를 개최할 수 없다.
⑤누구든지 선거일전 90일(선거일전 90일후에 실시사유가 확정된 보궐선거등에 있어서는 그 선거의 실시사유가 확정된 때)부터 선거일까지 후보자(후보자가 되고자 하는 자를 포함한다)와 관련있는 저서의 출판기념회를 개최할 수 없다. <신설 2004.3.12.>

제104조(연설회장에서의 소란행위 등의 금지) 누구든지 이 법의 규정에 의한 공개장소에서의 연설·대담장소, 대담·토론회장 또는 정당의 집회장소에서 폭행·협박 기타 어떠한 방법으로도 연설·대담장소 등의 질서를 문란하게 하거나 그 진행을 방해할 수 없으며, 연설·대담 등의 주관자가 연단과 그 주변의 조명을 위하여 사용하는 경우를 제외하고는 횃불을 사용할 수 없다. <개정 2004.3.12.>

제105조(행렬 등의 금지) ①누구든지 선거운동을 위하여 5명(후보자와 함께 있는 경우에는 후보자를 포함하여 10명)을 초과하여 무리를 지어 다음 각 호의 어느 하나에 해당하는 행위를 할 수 없다. 다만, 제2호의 행위를 하는 경우에는 후보자와 그 배우자(배우자 대신 후보자가 그의 직계존비속 중에서 신고한 1인을 포함한다), 선거사무장, 선거연락소장, 선거사무원, 후보자와 함께 있는 활동보조인 및 회계책임자는 그 수에 산입하지 아니한다. <개정 2004.3.12., 2005.8.4., 2010.1.25.>

1. 거리를 행진하는 행위
2. 다수의 선거구민에게 인사하는 행위
3. 연달아 소리지르는 행위. 다만, 제79조(공개장소에서의 연설·대담)의 규정에 의한 공개장소에서의 연설·대담에서 당해 정당 또는 후보자에 대한 지지를 나타내기 위하여 연달아 소리지르는 경우에는 그러하지 아니하다.

②삭제 <2010.1.25.>

제106조(호별방문의 제한) ①누구든지 선거운동을 위하여 또는 선거기간중 입당의 권유를 위하여 호별로 방문할 수 없다.

②선거운동을 할 수 있는 자는 제1항의 규정에 불구하고 관혼상제의 의식이 거행되는 장소와 도로·시장·점포·다방·대합실 기타 다수인이 왕래하는 공개된 장소에서 정당 또는 후보자에 대한 지지를 호소할 수 있다.

③누구든지 선거기간중 공개장소에서의 연설·대담의 통지를 위하여 호별로 방문할 수 없다. <개정 2004.3.12.>

제107조(서명 · 날인운동의 금지) 누구든지 선거운동을 위하여 선거구민에 대하여 서명이나 날인을 받을 수 없다.

제108조(여론조사의 결과공표금지 등)

①누구든지 선거일 전 6일부터 선거일의 투표마감시각까지 선거에 관하여 정당에 대한 지지도나 당선인을 예상하게 하는 여론조사(模擬投票나 人氣投票에 의한 경우를 포함한다. 이하 이 條에서 같다)의 경위와 그 결과를 공표하거나 인용하여 보도할 수 없다.
<개정 1997.11.14., 2005.8.4., 2017.2.8., 2017.3.9.>

②누구든지 선거일전 60일(선거일전 60일 후에 실시사유가 확정된 보궐선거등에서는 그 선거의 실시사유가 확정된 때)부터 선거일까지 선거에 관한 여론조사를 투표용지와 유사한 모형에 의한 방법을 사용하거나 후보자(候補者가 되고자 하는 者를 포함한다. 이하 이 條에서 같다) 또는 정당(創黨準備委員會를 포함한다. 이하 이 條에서 같다)의 명의로 선거에 관한 여론조사를 할 수 없다. 다만, 제57조의2제2항에 따른 여론조사는 그러하지 아니하다. <개정 1997.11.14., 2008.2.29., 2010.1.25.>

③다음 각 호의 어느 하나에 해당하는 자를 제외하고는 누구든지 선거에 관한 여론조사를 실시하려면 여론조사의 목적, 표본의 크기, 조사지역·일시·방법, 전체 설문내용 등 중앙선거관리위원회규칙으로 정하는 사항을 여론조사 개시일 전 2일까지 관할 선거여론조사심의위원회에 서면으로 신고하여야 한다. <신설 2010.1.25., 2014.2.13., 2015.12.24., 2017.2.8.>

1. 제3자로부터 여론조사를 의뢰받은 여론조사 기관·단체(제3자의 의뢰 없이 직접 하는 경우는 제외한다)
2. 정당[창당준비위원회와 「정당법」 제38조(정책연구소의 설치·운영)에 따른 정책연구소를 포함한다]
3. 「방송법」 제2조(용어의 정의)에 따른 방송사업자
4. 전국 또는 시·도를 보급지역으로 하는 「신문 등의 진흥에 관한 법률」 제2조(정의)에 따른 신문사업자 및 「잡지 등 정기간행물의 진흥에 관한 법률」 제2조(정의)에 따른 정기간행물사업자
5. 「뉴스통신 진흥에 관한 법률」 제2조(정의)에 따른 뉴스통신사업자
6. 제3호부터 제5호까지의 사업자가 관리·운영하는 인터넷언론사

7. 전년도 말 기준 직전 3개월 간의 일일 평균 이용자 수 10만명 이상인 인터넷언론사
④관할 선거여론조사심의위원회는 제3항에 따른 신고 내용이 이 법 또는 선거여론조사기준을 충족하지 못한다고 판단되는 때에는 여론조사실시 전까지 보완할 것을 요구할 수 있다. 이 경우 보완요구에 이의가 있는 때에는 관할 선거여론조사심의위원회에 서면으로 이의신청을 할 수 있다. <신설 2014.2.13., 2017.2.8.>
⑤누구든지 선거에 관한 여론조사를 하는 경우에는 피조사자에게 질문을 하기 전에 여론조사 기관·단체의 명칭과 전화번호를 밝혀야 하고, 해당 조사대상의 전계층을 대표할 수 있도록 피조사자를 선정하여야 하며, 다음 각 호의 어느 하나에 해당하는 행위를 하여서는 아니된다. <신설 1997.11.14., 2010.1.25., 2012.2.29., 2014.2.13., 2015.12.24., 2017.2.8.>
1. 특정 정당 또는 후보자에게 편향되도록 하는 어휘나 문장을 사용하여 질문하는 행위
2. 피조사자에게 응답을 강요하거나 조사자의 의도에 따라 응답을 유도하는 방법으로 질문하거나, 피조사자의 의사를 왜곡하는 행위
3. 오락 기타 사행성을 조장할 수 있는 방법으로 조사하거나 제13항에 따라 제공할 수 있는 전화요금 할인 혜택을 초과하여 제공하는 행위
4. 피조사자의 성명이나 성명을 유추할 수 있는 내용을 공개하는 행위
⑥누구든지 선거에 관한 여론조사의 결과를 공표 또는 보도하는 때에는 선거여론조사기준으로 정한 사항을 함께 공표 또는 보도하여야 하며, 선거에 관한 여론조사를 실시한 기관 ·단체는 조사설계서·피조사자선정·표본추출·질문지작성·결과분석 등 조사의 신뢰성과 객관성의 입증에 필요한 자료와 수집된 설문지 및 결과분석자료 등 해당 여론조사와 관련있는 자료일체를 해당 선거의 선거일 후 6개월까지 보관하여야 한다.
<신설 1997.11.14., 2010.1.25., 2012.2.29., 2014.2.13., 2015.12.24.>
⑦선거에 관한 여론조사 결과를 공표·보도하려는 때에는 그 결과의 공표·보도 전에 해당 여론조사를 실시한 선거여론조사기관이 선거여론조사기준으로 정한 사항을 중앙선거여론조사심의위원회 홈페이지에 등록하여야 한다. 이 경우 선거여론조사기관이 제3자로부터 의뢰를 받아 여론조사를 실시한 때에는 해당 여론조사를 의뢰한 자는 선거여론조사기관에 해당 여론조사 결과의 공표·보도 예정일시를 통보하여야 하며, 선거여론조사기관은 통보받은 공표·보도 예정일시 전에 해당 사항을 등록하여야 한다.
<개정 2015.12.24., 2017.2.8.>
⑧누구든지 다음 각 호의 어느 하나에 해당하는 행위를 하여서는 아니 된다. <신설 2014.2.13., 2015.12.24., 2017.2.8.>
1. 제7항에 따라 중앙선거여론조사심의위원회 홈페이지에 등록되지 아니한 선거에 관한 여론조사 결과를 공표 또는 보도하는 행위
2. 선거여론조사기준을 따르지 아니하고 공표 또는 보도를 목적으로 선거에 관한 여론조사를 하거나 그 결과를 공표 또는 보도하는 행위
⑨다음 각 호의 어느 하나에 해당하는 때에는 해당 여론조사를 실시한 기관·단체에 제6항에 따라 보관 중인 여론조사와 관련된 자료의 제출을 요구할 수 있으며, 그 요구를 받은 기관·단체는 지체 없이 이에 따라야 한다. <신설 2012.2.29., 2014.2.13., 2015.12.24., 2017.2.8.>
1. 관할 선거구선거관리위원회가 공표 또는 보도된 여론조사와 관련하여 이 법을 위반하였다고 인정할 만한 상당한 이유가 있다고 판단되는 때
2. 선거여론조사심의위원회가 공표 또는 보도된 여론조사결과의 객관성·신뢰성에 대하여 정당 또는 후보자로부터 서면으로 이의신청을 받거나 제8조의8제7항제2호에 따른 심의를 위하여 필요하다고 판단되는 때
⑩누구든지 야간(오후 10시부터 다음 날 오전 7시까지를 말한다)에는 전화를 이용하여 선거에 관한 여론조사를 실시할 수 없다. <신설 2010.1.25., 2012.2.29., 2014.2.13.>
⑪누구든지 다음 각 호의 어느 하나에 해당하는 행위를 하여서는 아니 된다.
<신설 2016.1.15.>
1. 제57조의2제1항에 따른 당내경선을 위한 여론조사의 결과에 영향을 미치게 하기 위하여 다수의 선거구민을 대상으로 성별·연령 등을 거짓으로 응답하도록 지시·권유·유도하

는 행위
2. 선거에 관한 여론조사의 결과에 영향을 미치게 하기 위하여 둘 이상의 전화번호를 착신 전환 등의 조치를 하여 같은 사람이 두 차례 이상 응답하거나 이를 지시·권유·유도하는 행위
⑫누구든지 다음 각 호의 어느 하나에 해당하는 선거에 관한 여론조사의 결과를 해당 선거일의 투표마감시각까지 공표 또는 보도할 수 없다. 다만, 제2호의 경우 해당 선거여론조사기관에 대하여 불기소 처분이 있거나 무죄의 판결이 확정된 때에는 그러하지 아니하다. <신설 2017.2.8.>
1. 정당 또는 후보자가 실시한 해당 선거에 관한 여론조사
2. 제8조의8제10항에 따라 고발되거나 이 법에 따른 여론조사에 관한 범죄로 기소된 선거여론조사기관이 실시한 선거에 관한 여론조사
3. 선거여론조사기관이 아닌 여론조사기관·단체가 실시한 선거에 관한 여론조사
⑬선거에 관한 여론조사에 성실하게 응답한 사람에게는 중앙선거관리위원회규칙으로 정하는 바에 따라 전화요금 할인 혜택을 제공할 수 있다. 이 경우 전화요금 할인에 소요되는 비용은 해당 여론조사를 실시하는 자가 부담한다. <신설 2017.2.8.>
⑭여론조사의 신고, 이의신청, 자료제출 요구 절차, 그 밖에 필요한 사항은 중앙선거관리위원회규칙으로 정한다. <신설 2012.2.29., 2014.2.13., 2016.1.15., 2017.2.8.>
[제목개정 2015.12.24.]

제108조의2(선거여론조사를 위한 휴대전화 가상번호의 제공) ①선거여론조사기관이 공표 또는 보도를 목적으로 전화를 이용하여 선거에 관한 여론조사를 실시하는 경우 휴대전화 가상번호를 사용할 수 있다.
②선거여론조사기관이 제1항에 따른 여론조사를 실시하는 경우에는 관할 선거여론조사심의위원회를 경유하여 이동통신사업자에게 휴대전화 가상번호를 제공하여 줄 것을 요청할 수 있다.
③제2항에 따라 휴대전화 가상번호를 사용하고자 하는 선거여론조사기관은 해당 여론조사 개시일 전 10일까지 관할 선거여론조사심의위원회에 휴대전화 가상번호 제공 요청서를 제출하여야 하고, 관할 선거여론조사심의위원회는 해당 요청서의 기재사항을 심사한 후 제출받은 날부터 3일 이내에 해당 요청서를 이동통신사업자에게 송부하여야 한다.
④선거여론조사기관이 제2항에 따른 요청을 하는 경우에는 휴대전화 가상번호 제공 요청서에 다음 각 호에 따른 사항을 적어야 한다.
1. 여론조사의 목적·내용 및 기간
2. 여론조사 대상 지역 및 대상자 수
3. 이동통신사업자별로 제공하여야 하는 성별·연령별·지역별 휴대전화 가상번호 수. 이 경우 제공을 요청할 수 있는 휴대전화 가상번호의 총수는 제2호에 따른 대상자 수의 30배수를 초과할 수 없다.
4. 그 밖에 중앙선거관리위원회규칙으로 정하는 사항
⑤선거에 관한 여론조사를 위한 휴대전화 가상번호 제공에 관하여는 제57조의8제4항부터 제7항까지 및 제9항부터 제11항까지의 규정을 준용한다.
⑥휴대전화 가상번호 제공 요청 방법과 절차, 휴대전화 가상번호의 유효기간 설정, 휴대전화 가상번호 제공 요청서 서식, 그 밖에 필요한 사항은 중앙선거관리위원회규칙으로 정한다.
[본조신설 2017.2.8.]
[종전 제108조의2는 제108조의3으로 이동 <2017.2.8.>]

제108조의3(정책·공약에 관한 비교평가결과의 공표제한 등) ①언론기관(제82조의 언론기관을 말한다) 및 제87조제1항 각 호의 어느 하나에 해당하지 아니하는 단체(이하 이 조에서 "언론기관등"이라 한다)는 정당·후보자(후보자가 되려는 자를 포함한다. 이하 이 조에서 "후보자등"이라 한다)의 정책이나 공약에 관하여 비교평가하고 그 결과를 공표할

수 있다.
②언론기관등이 후보자등의 정책이나 공약에 관한 비교평가를 하거나 그 결과를 공표하는 때에는 다음 각 호의 어느 하나에 해당하는 행위를 하여서는 아니 된다.
1. 특정 후보자등에게 유리 또는 불리하게 평가단을 구성·운영하는 행위
2. 후보자등별로 점수부여 또는 순위나 등급을 정하는 등의 방법으로 서열화하는 행위
③언론기관등이 후보자등의 정책이나 공약에 관한 비교평가의 결과를 공표하는 때에는 평가주체, 평가단 구성·운영, 평가지표·기준·방법 등 평가의 신뢰성·객관성을 입증할 수 있는 내용을 공표하여야 하며, 비교평가와 관련있는 자료 일체를 해당 선거의 선거일 후 6개월까지 보관하여야 한다. 이 경우 선거운동을 하거나 할 것을 표방한 단체는 지지하는 후보자등을 함께 공표하여야 한다.
[본조신설 2008.2.29.]
[제108조의2에서 이동 <2017.2.8.>]

제109조(서신 · 전보 등에 의한 선거운동의 금지) ①누구든지 선거기간 중 이 법에 규정되지 아니한 방법으로 선거권자에게 서신·전보·모사전송 그 밖에 전기통신의 방법을 이용하여 선거운동을 할 수 없다. <개정 1997.1.13., 1997.11.14., 2004.3.12., 2005.8.4., 2010.1.25.>
②제59조제4호에 따른 전화를 이용한 선거운동은 야간(오후 11시부터 다음 날 오전 6시까지를 말한다)에는 이를 할 수 없다. <개정 2010.1.25., 2012.2.29., 2020.12.29.>
③누구든지 선거운동을 위하여 후보자, 선거사무장, 선거연락소장, 선거사무원, 회계책임자, 연설원, 대담·토론자 또는 선거권자 등을 전화 기타의 방법으로 협박할 수 없다.

제110조(후보자 등의 비방금지) ①누구든지 선거운동을 위하여 후보자(후보자가 되고자 하는 자를 포함한다. 이하 이 조에서 같다), 후보자의 배우자 또는 직계존비속이나 형제자매의 출생지·가족관계·신분·직업·경력등·재산·행위·소속단체, 특정인 또는 특정단체로부터의 지지여부 등에 관하여 허위의 사실을 공표할 수 없으며, 공연히 사실을 적시하여 사생활을 비방할 수 없다. 다만, 진실한 사실로서 공공의 이익에 관한 때에는 그러하지 아니하다.
②누구든지 선거운동을 위하여 정당, 후보자, 후보자의 배우자 또는 직계존비속이나 형제자매와 관련하여 특정 지역·지역인 또는 성별을 공연히 비하·모욕하여서는 아니 된다.
[전문개정 2015.12.24.]

제110조의2(허위사실 등에 대한 이의제기)
①누구든지 후보자 또는 예비후보자의 출생지·가족관계·신분·직업·경력등·재산·행위·소속단체, 특정인 또는 특정단체로부터의 지지여부 등에 관하여 공표된 사실이 거짓임을 이유로 해당 선거구선거관리위원회를 거쳐 직근 상급선거관리위원회에 서면으로 이의제기를 할 수 있다.
②제1항에 따른 이의제기를 받은 직근 상급선거관리위원회는 후보자 또는 예비후보자, 소속정당, 이의제기자, 관련 국가기관·지방자치단체, 그 밖의 기관·단체에 대하여 증명서류 및 관련자료의 제출을 요구할 수 있다. 이 경우 제출요구를 받은 자는 정당한 사유가 없으면 지체 없이 이에 따라야 한다.
③직근 상급선거관리위원회는 증명서류 및 관련자료의 제출이 없거나 제출한 증명서류 및 관련자료를 통하여 확인한 결과 공표된 사실이 거짓으로 판명된 때에는 이를 지체 없이 공고하여야 한다. 이 경우 이의제기서와 제출받은 서류·자료를 「개인정보 보호법」을 위반하지 아니하는 범위에서 편집·수정 없이 선거관리위원회 홈페이지에 공개하여야 한다.
④이의제기서의 양식, 제출 서류·자료의 공개, 그 밖에 필요한 사항은 중앙선거관리위원회규칙으로 정한다.
[본조신설 2015.12.24.]

제111조(의정활동 보고) ①국회의원 또는 지방의회의원은 보고회 등 집회, 보고서(인쇄물, 녹음·녹화물 및 전산자료 복사본을 포함한다), 인터넷, 문자메시지, 송·수화자 간 직접 통화방식의

전화 또는 축사·인사말(게재하는 경우를 포함한다)을 통하여 의정활동(선거구활동·일정고지, 그 밖에 업적의 弘報에 필요한 사항을 포함한다)을 선거구민(行政區域 또는 選擧區域의 변경으로 새로 編入된 區域의 선거구민을 포함한다. 이하 이 조에서 같다)에게 보고할 수 있다. 다만, 대통령선거·국회의원선거·지방의회의원선거 및 지방자치단체의 장선거의 선거일전 90일부터 선거일까지 직무상의 행위 그 밖에 명목여하를 불문하고 의정활동을 인터넷 홈페이지 또는 그 게시판·대화방 등에 게시하거나 전자우편·문자메시지로 전송하는 외의 방법으로 의정활동을 보고할 수 없다. <개정 2004.3.12., 2005.8.4., 2010.1.25., 2012.2.29.>
②국회의원 또는 지방의회의원이 의정보고회를 개최하는 때에는 고지벽보와 의정보고회 장소표지를 첩부·게시할 수 있으며, 고지벽보와 표지에는 보고회명과 개최일시·장소 및 보고사항(候補者가 되고자 하는 者를 宣傳하는 내용을 제외한다)을 게재할 수 있다. 이 경우 의정보고회를 개최한 국회의원 또는 지방의회의원은 고지벽보와 표지를 의정보고회가 끝난 후 지체없이 철거하여야 한다.
③제1항의 규정에 따라 보고서를 우편으로 발송하고자 하는 국회의원 또는 지방의회의원은 그 발송수량의 범위 안에서 선거구민인 세대주의 성명·주소(이하 이 조에서 "세대주명단"이라 한다)의 교부를 연 1회에 한하여 구·시·군의 장에게 서면으로 신청할 수 있으며, 신청을 받은 구·시·군의 장은 다른 법률의 규정에도 불구하고 지체 없이 그 세대주명단을 작성·교부하여야 한다. <신설 2005.8.4.>
④제3항의 규정에 따른 세대주명단의 작성비용의 납부, 교부된 세대주명단의 양도·대여 및 사용의 금지에 관하여는 제46조(명부사본의 교부)제3항 및 제4항의 규정을 준용한다. 이 경우 "명부"는 "세대주명단"으로 본다. <신설 2005.8.4., 2014.1.17.>
⑤의정보고회의 고지벽보와 표지의 규격·수량, 세대주의 명단의 교부신청 그 밖의 의정활동보고에 관하여 필요한 사항은 중앙선거관리위원회규칙으로 정한다. <개정 2005.8.4.>
[전문개정 2000.2.16.]

제112조(기부행위의 정의 등) ①이 법에서 "기부행위"라 함은 당해 선거구안에 있는 자나 기관·단체·시설 및 선거구민의 모임이나 행사 또는 당해 선거구의 밖에 있더라도 그 선거구민과 연고가 있는 자나 기관·단체·시설에 대하여 금전·물품 기타 재산상 이익의 제공, 이익제공의 의사표시 또는 그 제공을 약속하는 행위를 말한다. <개정 2004.3.12.>
1. 삭제 <2004.3.12.>
2. 삭제 <2004.3.12.>
3. 삭제 <2004.3.12.>
4. 삭제 <2004.3.12.>
5. 삭제 <2004.3.12.>
6. 삭제 <2004.3.12.>
7. 삭제 <2004.3.12.>
8. 삭제 <2004.3.12.>
9. 삭제 <2004.3.12.>
10. 삭제 <2004.3.12.>
11. 삭제 <2004.3.12.>
②제1항의 규정에 불구하고 다음 각 호의 어느 하나에 해당하는 행위는 기부행위로 보지 아니한다. <개정 2004.3.12., 2005.8.4., 2008.2.29., 2010.1.25., 2013.8.13., 2017.3.9.>
1. 통상적인 정당활동과 관련한 행위
가. 정당이 각급당부에 당해 당부의 운영경비를 지원하거나 유급사무직원에게 보수를 지급하는 행위
나. 정당의 당헌·당규 기타 정당의 내부규약에 의하여 정당의 당원이 당비 기타 부담금을 납부하는 행위
다. 정당이 소속 국회의원, 이 법에 따른 공직선거의 후보자·예비후보자에게 정치자금을 지원하는 행위
라. 제140조제1항에 따른 창당대회 등과 제141조제2항에 따른 당원집회 및 당원교육, 그

밖에 소속 당원만을 대상으로 하는 당원집회에서 참석당원 등에게 정당의 경비로 교재, 그 밖에 정당의 홍보인쇄물, 싼 값의 정당의 배지 또는 상징마스코트나 통상적인 범위에서 차·커피 등 음료(주류는 제외한다)를 제공하는 행위

마. 통상적인 범위안에서 선거사무소·선거연락소 또는 정당의 사무소를 방문하는 자에게 다과·떡·김밥·음료(주류는 제외한다) 등 다과류의 음식물을 제공하는 행위

바. 중앙당의 대표자가 참석하는 당직자회의(구·시·군단위 이상의 지역책임자급 간부와 시·도수의 10배수에 상당하는 상위직의 간부가 참석하는 회의를 말한다) 또는 시·도당의 대표자가 참석하는 당직자회의(읍·면·동단위 이상의 지역책임자급 간부와 관할 구·시·군의 수에 상당하는 상위직의 간부가 참석하는 회의를 말한다)에 참석한 당직자에게 통상적인 범위에서 식사류의 음식물을 제공하는 행위

사. 정당이 소속 유급사무직원을 대상으로 실시하는 교육·연수에 참석한 유급사무직원에게 정당의 경비로 숙식·교통편의 또는 실비의 여비를 제공하는 행위

아. 정당의 대표자가 소속 당원만을 대상으로 개최하는 신년회·송년회에 참석한 사람에게 정당의 경비로 통상적인 범위에서 다과류의 음식물을 제공하는 행위

자. 정당이 그 명의로 재해구호·장애인돕기·농촌일손돕기 등 대민 자원봉사활동을 하거나 그 자원봉사활동에 참석한 당원에게 정당의 경비로 교통편의(여비는 제외한다)와 통상적인 범위에서 식사류의 음식물을 제공하는 행위

차. 정당의 대표자가 개최하는 정당의 정책개발을 위한 간담회·토론회에 참석한 직능·사회단체의 대표자, 주제발표자, 토론자 등에게 정당의 경비로 식사류의 음식물을 제공하는 행위

카. 정당의 대표자가 개최하는 정당의 각종 행사에서 모범·우수당원에게 정당의 경비로 상장과 통상적인 부상을 수여하는 행위

타. 제57조의5제1항 단서에 따른 의례적인 행위

파. 정당의 대표자가 주관하는 당무에 관한 회의에서 참석한 각급 당부의 대표자·책임자 또는 유급당직자에게 정당의 경비로 식사류의 음식물을 제공하는 행위

하. 정당의 중앙당의 대표자가 당무파악 및 지역여론을 수렴하기 위하여 시·도당을 방문하는 때에 정당의 경비로 방문지역의 기관·단체의 장 또는 사회단체의 간부나 언론인 등 제한된 범위의 인사를 초청하여 간담회를 개최하고 식사류의 음식물을 제공하는 행위

거. 정당의 중앙당이 당헌에 따라 개최하는 전국 단위의 최고 대의기관 회의에 참석하는 당원에게 정당의 경비로 교통편의를 제공하는 행위

2. 의례적 행위

가. 민법 제777조(친족의 범위)의 규정에 의한 친족의 관혼상제의식 기타 경조사에 축의·부의금품을 제공하는 행위

나. 정당의 대표자가 중앙당 또는 시·도당에서 근무하는 해당 유급사무직원(중앙당 대표자의 경우 시·도당의 대표자와 상근 간부를 포함한다)·그 배우자 또는 그 직계존비속이 결혼하거나 사망한 때에 통상적인 범위에서 축의·부의금품(화환 또는 화분을 포함한다)을 제공하거나 해당 유급사무직원(중앙당 대표자의 경우 시·도당 대표자를 포함한다)에게 연말·설·추석·창당기념일 또는 그의 생일에 정당의 경비로 의례적인 선물을 정당의 명의로 제공하는 행위

다. 국가유공자의 위령제, 국경일의 기념식, 「각종 기념일 등에 관한 규정」 제2조에 규정된 정부가 주관하는 기념일의 기념식, 공공기관·시설의 개소·이전식, 합동결혼식, 합동분향식, 산하 기관·단체의 준공식, 정당의 창당대회·합당대회·후보자선출대회, 그 밖에 이에 준하는 행사에 의례적인 화환·화분·기념품을 제공하는 행위

라. 공익을 목적으로 설립된 재단 또는 기금이 선거일 전 4년 이전부터 그 설립목적에 따라 정기적으로 지급하여 온 금품을 지급하는 행위. 다만, 선거일 전 120일(선거일 전 120일 후에 실시사유가 확정된 보궐선거등에 있어서는 그 선거의 실시사유가 확정된 때)부터 선거일까지 그 금품의 금액과 지급 대상·방법 등을 확대·변경하거나 후보자(후보자가 되려는 사람을 포함한다. 이하 이 조에서 같다)가 직접 주거나 후보자 또는 그 소속 정당의 명의를 추정할 수 있는 방법으로 지급하는 행위는 제외한다.

마. 친목회·향우회·종친회·동창회 등 각종 사교·친목단체 및 사회단체의 구성원으로서 당해 단체의 정관·규약 또는 운영관례상의 의무에 기하여 종전의 범위안에서 회비를 납부하는 행위

바. 종교인이 평소 자신이 다니는 교회·성당·사찰 등에 통상의 예에 따라 헌금(물품의 제공을 포함한다)하는 행위

사. 선거운동을 위하여 후보자와 함께 다니는 자나 국회의원·후보자·예비후보자가 관할구역안의 지역을 방문하는 때에 함께 다니는 자에게 통상적인 범위에서 식사류의 음식물을 제공하는 행위. 이 경우 함께 다니는 자의 범위에 관하여는 중앙선거관리위원회규칙으로 정한다.

아. 기관·단체·시설의 대표자가 소속 상근직원(「지방자치법」 제6장제3절과 제4절에서 규정하고 있는 소속 행정기관 및 하부행정기관과 그 밖에 명칭여하를 불문하고 이에 준하는 기관·단체·시설의 직원은 제외한다. 이하 이 목에서 같다)이나 소속 또는 차하급기관·단체·시설의 대표자·그 배우자 또는 그 직계존비속이 결혼하거나 사망한 때에 통상적인 범위에서 축의·부의금품(화환 또는 화분을 포함한다)을 제공하는 행위와 소속 상근직원이나 소속 또는 차하급기관·단체·시설의 대표자에게 연말·설·추석·창립기념일 또는 그의 생일에 자체사업계획과 예산에 따라 의례적인 선물을 해당 기관·단체·시설의 명의로 제공하는 행위

자. 읍·면·동 이상의 행정구역단위의 정기적인 문화·예술·체육행사, 각급학교 의 졸업식 또는 공공의 이익을 위한 행사에 의례적인 범위에서 상장(부상은 제외한다. 이하 이 목에서 같다)을 수여하는 행위와 구·시·군단위 이상의 조직 또는 단체(향우회·종친회·동창회, 동호인회, 계모임 등 개인 간의 사적모임은 제외한다)의 정기총회에 의례적인 범위에서 연 1회에 한하여 상장을 수여하는 행위. 다만, 제60조의2(예비후보자등록)제1항의 규정에 따른 예비후보자등록신청개시일부터 선거일까지 후보자(후보자가 되고자 하는 자를 포함한다)가 직접 수여하는 행위를 제외한다.

차. 의정활동보고회, 정책토론회, 출판기념회, 그 밖의 각종 행사에 참석한 사람에게 통상적인 범위에서 차·커피 등 음료(주류는 제외한다)를 제공하는 행위

카. 선거사무소·선거연락소 또는 정당선거사무소의 개소식·간판게시식 또는 현판식에 참석한 정당의 간부·당원들이나 선거사무관계자들에게 해당 사무소 안에서 통상적인 범위의 다과류의 음식물(주류를 제외한다)을 제공하는 행위

타. 제114조제2항에 따른 후보자 또는 그 가족과 관계있는 회사등이 개최하는 정기적인 창립기념식·사원체육대회 또는 사옥준공식 등에 참석한 소속 임직원이나 그 가족, 거래선, 한정된 범위의 내빈 등에게 회사등의 경비로 통상적인 범위에서 유공자를 표창(지방자치단체의 경우 소속 직원이 아닌 자에 대한 부상의 수여는 제외한다)하거나 식사류의 음식물 또는 싼 값의 기념품을 제공하는 행위

파. 제113조 및 제114조에 따른 기부행위를 할 수 없는 자의 관혼상제에 참석한 하객이나 조객 등에게 통상적인 범위에서 음식물 또는 답례품을 제공하는 행위

3. 구호적·자선적 행위

가. 법령에 의하여 설치된 사회보호시설중 수용보호시설에 의연금품을 제공하는 행위

나. 「재해구호법」의 규정에 의한 구호기관(전국재해구호협회를 포함한다) 및 「대한적십자사 조직법」에 의한 대한적십자사에 천재·지변으로 인한 재해의 구호를 위하여 금품을 제공하는 행위

다. 「장애인복지법」 제58조에 따른 장애인복지시설(유료복지시설을 제외한다)에 의연금품·구호금품을 제공하는 행위

라. 「국민기초생활 보장법」에 의한 수급권자인 중증장애인에게 자선·구호금품을 제공하는 행위

마. 자선사업을 주관·시행하는 국가·지방자치단체·언론기관·사회단체 또는 종교단체 그 밖에 국가기관이나 지방자치단체의 허가를 받아 설립된 법인 또는 단체에 의연금품·구호금품을 제공하는 행위. 다만, 광범위한 선거구민을 대상으로 하는 경우 제공하는 개별 물품 또는 그 포장지에 직명·성명 또는 그 소속 정당의 명칭을 표시하여 제공하는 행위는

제외한다.
바. 자선·구호사업을 주관·시행하는 국가·지방자치단체, 그 밖의 공공기관·법인을 통하여 소년·소녀가장과 후원인으로 결연을 맺고 정기적으로 제공하여 온 자선·구호금품을 제공하는 행위
사. 국가기관·지방자치단체 또는 구호·자선단체가 개최하는 소년·소녀가장, 장애인, 국가유공자, 무의탁노인, 결식자, 이재민, 「국민기초생활 보장법」에 따른 수급자 등을 돕기 위한 후원회 등의 행사에 금품을 제공하는 행위. 다만, 개별 물품 또는 그 포장지에 직명·성명 또는 그 소속 정당의 명칭을 표시하여 제공하는 행위는 제외한다.
아. 근로청소년을 대상으로 무료학교(야학을 포함한다)를 운영하거나 그 학교에서 학생들을 가르치는 행위
4. 직무상의 행위
가. 국가기관 또는 지방자치단체가 자체사업계획과 예산으로 행하는 법령에 의한 금품제공행위(지방자치단체가 표창·포상을 하는 경우 부상의 수여를 제외한다. 이하 나목에서 같다)
나. 지방자치단체가 자체사업계획과 예산으로 대상·방법·범위 등을 구체적으로 정한 당해 지방자치단체의 조례에 의한 금품제공행위
다. 구호사업 또는 자선사업을 행하는 국가기관 또는 지방자치단체가 자체사업계획과 예산으로 당해 국가기관 또는 지방자치단체의 명의를 나타내어 행하는 구호행위·자선행위
라. 선거일전 60일까지 국가·지방자치단체 또는 공공기관(「공공기관의 운영에 관한 법률」 제4조에 따라 지정된 기관이나 그 밖에 중앙선거관리위원회규칙으로 정하는 기관을 말한다)의 장이 업무파악을 위한 초도순시 또는 연두순시차 하급기관을 방문하여 업무보고를 받거나 주민여론 등을 청취하면서 자체사업계획과 예산에 따라 참석한 소속공무원이나 임·직원, 유관기관·단체의 장과 의례적인 범위안의 주민대표에게 통상적인 범위안에서 식사류(지방자치단체의 장의 경우에는 다과류를 말한다)의 음식물을 제공하는 행위
마. 국가기관 또는 지방자치단체가 긴급한 현안을 해결하기 위하여 자체사업계획과 예산으로 해당 국가기관 또는 지방자치단체의 명의로 금품이나 그 밖에 재산상의 이익을 제공하는 행위
바. 선거기간이 아닌 때에 국가기관이 효자·효부·모범시민·유공자등에게 포상을 하거나, 국가기관·지방자치단체가 관할구역 안의 환경미화원·구두미화원·가두신문판매원·우편집배원 등에게 위문품을 제공하는 행위
사. 국회의원 및 지방의회의원이 자신의 직무 또는 업무를 수행하는 상설사무소 또는 상설사무소를 두지 아니하는 구·시·군의 경우 임시사무소 등 중앙선거관리위원회규칙으로 정하는 장소에서 행하거나, 정당이 해당 당사에서 행하는 무료의 민원상담행위
아. 변호사·의사 등 법률에서 정하는 일정한 자격을 가진 전문직업인이 업무활동을 촉진하기 위하여 자신이 개설한 인터넷 홈페이지를 통하여 법률·의료 등 자신의 전문분야에 대한 무료상담을 하는 행위
자. 제114조제2항에 따른 후보자 또는 그 가족과 관계있는 회사가 영업활동을 위하여 달력·수첩·탁상일기·메모판 등 홍보물(후보자의 성명이나 직명 또는 사진이 표시된 것은 제외한다)을 그 명의로 종업원이나 제한된 범위의 거래처, 영업활동에 필요한 유관기관·단체·시설에 배부하거나 영업활동에 부가하여 해당 기업의 영업범위에서 무료강좌를 실시하는 행위
차. 물품구매·공사·역무의 제공 등에 대한 대가의 제공 또는 부담금의 납부 등 채무를 이행하는 행위
5. 제1호부터 제4호까지의 행위 외에 법령의 규정에 근거하여 금품 등을 찬조·출연 또는 제공하는 행위
6. 그 밖에 위 각 호의 어느 하나에 준하는 행위로서 중앙선거관리위원회규칙으로 정하는 행위
③제2항에서 "통상적인 범위에서 제공하는 음식물 또는 음료"라 함은 중앙선거관리위원회

규칙으로 정하는 금액범위안에서 일상적인 예를 갖추는데 필요한 정도로 현장에서 소비될 것으로 제공하는 것을 말하며, 기념품 또는 선물로 제공하는 것은 제외한다. <신설 1997.11.14., 2010.1.25.>

④제2항제4호 각 목 중 지방자치단체의 직무상 행위는 법령·조례에 따라 표창·포상하는 경우를 제외하고는 해당 지방자치단체의 명의로 하여야 하며, 해당 지방자치단체의 장의 직명 또는 성명을 밝히거나 그가 하는 것으로 추정할 수 있는 방법으로 하는 행위는 기부행위로 본다. 이 경우 다음 각 호의 어느 하나에 해당하는 경우에는 "그가 하는 것으로 추정할 수 있는 방법"에 해당하는 것으로 본다. <신설 2010.1.25.>

1. 종전의 대상·방법·범위·시기 등을 법령 또는 조례의 제정 또는 개정 없이 확대 변경하는 경우
2. 해당 지방자치단체의 장의 업적을 홍보하는 등 그를 선전하는 행위가 부가되는 경우

⑤각급선거관리위원회(읍·면·동선거관리위원회를 제외한다)는 기부행위제한의 주체·내용 및 기간 그 밖에 필요한 사항을 광고등의 방법으로 홍보하여야 한다. <개정 1997.11.14., 2004.3.12., 2005.8.4.>

[제목개정 2004.3.12.]

제113조(후보자 등의 기부행위제한) ①국회의원·지방의회의원·지방자치단체의 장·정당의 대표자·후보자(후보자가 되고자 하는 자를 포함한다)와 그 배우자는 당해 선거구안에 있는 자나 기관·단체·시설 또는 당해 선거구의 밖에 있더라도 그 선거구민과 연고가 있는 자나 기관·단체·시설에 기부행위(결혼식에서의 주례행위를 포함한다)를 할 수 없다.

②누구든지 제1항의 행위를 약속·지시·권유·알선 또는 요구할 수 없다.

[전문개정 2004.3.12.]

제114조(정당 및 후보자의 가족 등의 기부행위제한) ①정당[「정당법」 제37조제3항에 따른 당원협의회(이하 "당원협의회"라 한다)와 창당준비위원회를 포함한다. 이하 이 조에서 같다], 정당선거사무소의 소장, 후보자(候補者가 되고자 하는 者를 포함한다. 이하 이 條에서 같다)나 그 배우자의 직계존·비속과 형제자매, 후보자의 직계비속 및 형제자매의 배우자, 선거사무장, 선거연락소장, 선거사무원, 회계책임자, 연설원, 대담·토론자나 후보자 또는 그 가족(家族의 범위는 第10條第1項第3號에 規定된 "候補者의 家族"을 準用한다)과 관계있는 회사 그 밖의 법인·단체(이하 "會社 등"이라 한다) 또는 그 임·직원은 선거기간전에는 당해 선거에 관하여, 선거기간에는 당해 선거에 관한 여부를 불문하고 후보자 또는 그 소속정당을 위하여 일체의 기부행위를 할 수 없다. 이 경우 후보자 또는 그 소속정당의 명의를 밝혀 기부행위를 하거나 후보자 또는 그 소속정당이 기부하는 것으로 추정할 수 있는 방법으로 기부행위를 하는 것은 당해 선거에 관하여 후보자 또는 정당을 위한 기부행위로 본다. <개정 2004.3.12., 2010.1.25.>

②제1항에서 "후보자 또는 그 가족과 관계있는 회사 등"이라 함은 다음 각 호의 어느 하나에 해당하는 회사 등을 말한다. <개정 2005.8.4.>

1. 후보자가 임·직원 또는 구성원으로 있거나 기금을 출연하여 설립하고 운영에 참여하고 있거나 관계법규나 규약에 의하여 의사결정에 실질적으로 영향력을 행사할 수 있는 회사 기타 법인·단체
2. 후보자의 가족이 임원 또는 구성원으로 있거나 기금을 출연하여 설립하고 운영에 참여하고 있거나 관계법규 또는 규약에 의하여 의사결정에 실질적으로 영향력을 행사할 수 있는 회사 기타 법인·단체
3. 후보자가 소속한 정당이나 후보자를 위하여 설립한 「정치자금법」에 의한 후원회

제115조(제삼자의 기부행위제한) 제113조(候補者 등의 寄附行爲制限) 또는 제114조(政黨 및 候補者의 家族 등의 寄附行爲制限)에 규정되지 아니한 자라도 누구든지 선거에 관하여 후보자(候補者가 되고자 하는 者를 포함한다. 이하 이 條에서 같다) 또는 그 소속정당(創黨準備委員會를 포함한다. 이하 이 條에서 같다)을 위하여 기부행위를 하거나 하게 할 수 없

다. 이 경우 후보자 또는 그 소속정당의 명의를 밝혀 기부행위를 하거나 후보자 또는 그 소속정당이 기부하는 것으로 추정할 수 있는 방법으로 기부행위를 하는 것은 당해 선거에 관하여 후보자 또는 정당을 위한 기부행위로 본다. <개정 2004.3.12.>

제116조(기부의 권유 · 요구 등의 금지)
누구든지 선거에 관하여 제113조부터 제115조까지에 규정된 기부행위가 제한되는 자로부터 기부를 받거나 기부를 권유 또는 요구할 수 없다.
[전문개정 2010.1.25.]

제117조(기부받는 행위 등의 금지) 누구든지 선거에 관하여 「정치자금법」 제31조(기부의 제한)의 규정에 따라 정치자금을 기부할 수 없는 자에게 기부를 요구하거나 그로부터 기부를 받을 수 없다. <개정 2005.8.4.>

제117조의2 삭제 <2004.3.12.>

제118조(선거일후 답례금지) 후보자와 후보자의 가족 또는 정당의 당직자는 선거일후에 당선되거나 되지 아니한데 대하여 선거구민에게 축하 또는 위로 그 밖의 답례를 하기 위하여 다음 각 호의 어느 하나에 해당하는 행위를 할 수 없다. <개정 2010.1.25.>
1. 금품 또는 향응을 제공하는 행위
2. 방송·신문 또는 잡지 기타 간행물에 광고하는 행위
3. 자동차에 의한 행렬을 하거나 다수인이 무리를 지어 거리를 행진하거나 거리에서 연달아 소리지르는 행위. 다만, 제79조(公開場所에서의 演說·對談)제3항의 규정에 의한 자동차를 이용하여 당선 또는 낙선에 대한 거리인사를 하는 경우에는 그러하지 아니하다.
4. 일반선거구민을 모이게 하여 당선축하회 또는 낙선에 대한 위로회를 개최하는 행위
5. 현수막을 게시하는 행위. 다만, 선거일의 다음 날부터 13일 동안 해당 선거구 안의 읍·면·동마다 1매의 현수막을 게시하는 행위는 그러하지 아니하다.

제8장 선거비용

제119조(선거비용 등의 정의) ①이 법에서 "선거비용"이라 함은 당해 선거에서 선거운동을 위하여 소요되는 금전·물품 및 채무 그 밖에 모든 재산상의 가치가 있는 것으로서 당해 후보자(후보자가 되려는 사람을 포함하며, 대통령선거에 있어서 政黨推薦候補者와 比例代表國會議員選擧 및 비례대표지방의회의원선거에 있어서는 그 推薦政黨을 포함한다. 이하 이 항에서 같다)가 부담하는 비용과 다음 각 호의 어느 하나에 해당되는 비용을 말한다.
<개정 1995.4.1., 2000.2.16., 2004.3.12., 2005.8.4., 2010.1.25.>
1. 후보자가 이 법에 위반되는 선거운동을 위하여 지출한 비용과 기부행위제한규정을 위반하여 지출한 비용
2. 정당, 정당선거사무소의 소장, 후보자의 배우자 및 직계존비속, 선거사무장·선거연락소장·회계책임자가 해당 후보자의 선거운동(위법선거운동을 포함한다. 이하 이 항에서 같다)을 위하여 지출한 비용과 기부행위제한규정을 위반하여 지출한 비용
3. 선거사무장·선거연락소장·회계책임자로 선임된 사람이 선임·신고되기 전까지 해당 후보자의 선거운동을 위하여 지출한 비용과 기부행위제한규정을 위반하여 지출한 비용
4. 제2호 및 제3호에 규정되지 아니한 사람이라도 누구든지 후보자, 제2호 또는 제3호에 규정된 자와 통모하여 해당 후보자의 선거운동을 위하여 지출한 비용과 기부행위제한규정을 위반하여 지출한 비용
②이 법에서 "수입"이라 함은 선거비용의 충당을 위한 금전 및 금전으로 환가할 수 있는 물품 기타 재산상의 이익을 받거나 받기로 한 약속을 말한다.

③이 법에서 "지출"이라 함은 선거비용의 제공·교부 또는 그 약속을 말한다.
④이 법에서 "회계책임자"라 함은 「정치자금법」 제34조(회계책임자의 선임신고 등)제1항 제5호·제6호 또는 제3항의 규정에 의하여 선임신고된 각각의 회계책임자를 말한다. <신설 2005.8.4.>

제120조(선거비용으로 인정되지 아니하는 비용) 다음 각 호의 어느 하나에 해당하는 비용은 이 법에 따른 선거비용으로 보지 아니한다. <개정 1995.12.30., 1997.11.14., 2004.3.12., 2010.1.25., 2017.2.8.>
1. 선거권자의 추천을 받는데 소요된 비용 등 선거운동을 위한 준비행위에 소요되는 비용
2. 정당의 후보자선출대회비용 기타 선거와 관련한 정당활동에 소요되는 정당비용
3. 선거에 관하여 국가·지방자치단체 또는 선거관리위원회에 납부하거나 지급하는 기탁금과 모든 납부금 및 수수료
4. 선거사무소와 선거연락소의 전화료·전기료 및 수도료 기타의 유지비로서 선거기간전부터 정당 또는 후보자가 지출하여 온 경비
5. 선거사무소와 선거연락소의 설치 및 유지비용
6. 정당, 후보자, 선거사무장, 선거연락소장, 선거사무원, 회계책임자, 연설원 및 대담·토론자가 승용하는 자동차[제91조(擴聲裝置와 自動車 등의 사용제한)제4항의 규정에 의한 자동차와 선박을 포함한다]의 운영비용
7. 제삼자가 정당·후보자·선거사무장·선거연락소장 또는 회계책임자와 통모함이 없이 특정 후보자의 선거운동을 위하여 지출한 전신료 등의 비용
8. 제112조제2항에 따라 기부행위로 보지 아니하는 행위에 소요되는 비용. 다만, 같은 항 제1호마목(정당의 사무소를 방문하는 사람에게 제공하는 경우는 제외한다) 및 제2호사목(후보자·예비후보자가 아닌 국회의원이 제공하는 경우는 제외한다)의 행위에 소요되는 비용은 선거비용으로 본다.
9. 선거일후에 지출원인이 발생한 잔무정리비용
10. 후보자(후보자가 되려는 사람을 포함한다)가 선거에 관한 여론조사의 실시를 위하여 지출한 비용. 다만, 제60조의2제1항에 따른 예비후보자등록신청개시일부터 선거일까지의 기간 동안 4회를 초과하여 실시하는 선거에 관한 여론조사비용은 선거비용으로 본다.

제121조(선거비용제한액의 산정) ①선거비용제한액은 선거별로 다음 각호에 의하여 산정되는 금액으로 한다. 이 경우 100만원 미만의 단수는 100만원으로 한다. <개정 2005.8.4., 2008.2.29., 2015.8.13., 2018.4.6.>
1. 대통령선거
인구수×950원
2. 지역구국회의원선거
1억원+(인구수×200원)+(읍·면·동수×200만원). 이 경우 하나의 국회의원지역구가 둘 이상의 자치구·시·군으로 된 경우에는 하나를 초과하는 자치구·시·군마다 1천5백만원을 가산한다.
3. 비례대표국회의원선거
인구수× 90원
4. 지역구시·도의원선거
4천만원+(인구수×100원)
5. 비례대표시·도의원선거
4천만원+(인구수×50원)
6. 시·도지사선거
가. 특별시장·광역시장·특별자치시장 선거
4억원(인구수 200만 미만인 때에는 2억원)+(인구수×300원)
나. 도지사 선거

8억원(인구수 100만 미만인 때에는 3억원)+(인구수×250원)
7. 지역구자치구·시·군의원선거
3천500만원+(인구수×100원)
8. 비례대표자치구·시·군의원선거
3천5백만원+(인구수×50원)
9. 자치구·시·군의 장 선거
9천만원+(인구수×200원)+(읍·면·동수×100만원)
②제1항의 규정에 의한 선거비용제한액을 산정하는 때에는 당해 선거의 직전 임기만료에 의한 선거의 선거일이 속하는 달의 말일부터 제122조(선거비용제한액의 공고)의 규정에 의한 공고일이 속하는 달의 전전달 말일까지의 전국소비자물가변동률(「통계법」 제3조의 규정에 의하여 통계청장이 매년 고시하는 전국소비자물가변동률을 말한다)을 감안하여 정한 비율(이하 "제한액산정비율"이라 한다)을 적용하여 증감할 수 있다. 이 경우 그 제한액산정비율은 관할선거구선거관리위원회가 해당 선거 때마다 정한다. <개정 2005.8.4.>
③선거비용제한액 산정을 위한 인구수의 기준일, 제한액산정비율의 결정 기타 필요한 사항은 중앙선거관리위원회규칙으로 정한다.
[본조신설 2004.3.12.]

제122조(선거비용제한액의 공고) 선거구선거관리위원회는 선거별로 제121조(선거비용제한액의 산정)의 규정에 의하여 산정한 선거비용제한액을 중앙선거관리위원회규칙이 정하는 바에 따라 공고하여야 한다.
[전문개정 2004.3.12.]

제122조의2(선거비용의 보전 등) ①선거구선거관리위원회는 다음 각호의 규정에 따라 후보자(대통령선거의 정당추천후보자와 비례대표국회의원선거 및 비례대표지방의회의원선거에 있어서는 후보자를 추천한 정당을 말한다. 이하 이 조에서 같다)가 이 법의 규정에 의한 선거운동을 위하여 지출한 선거비용[「정치자금법」 제40조(회계보고)의 규정에 따라 제출한 회계보고서에 보고된 선거비용으로서 정당하게 지출한 것으로 인정되는 선거비용을 말한다]을 제122조(선거비용제한액의 공고)의 규정에 의하여 공고한 비용의 범위안에서 대통령선거 및 국회의원선거에 있어서는 국가의 부담으로, 지방자치단체의 의회의원 및 장의 선거에 있어서는 당해 지방자치단체의 부담으로 선거일후 보전한다. <개정 2004.3.12., 2005.8.4.>
1. 대통령선거, 지역구국회의원선거, 지역구지방의회의원선거 및 지방자치단체의 장선거
가. 후보자가 당선되거나 사망한 경우 또는 후보자의 득표수가 유효투표총수의 100분의 15 이상인 경우
후보자가 지출한 선거비용의 전액
나. 후보자의 득표수가 유효투표총수의 100분의 10 이상 100분의 15 미만인 경우
후보자가 지출한 선거비용의 100분의 50에 해당하는 금액
2. 비례대표국회의원선거 및 비례대표지방의회의원선거
후보자명부에 올라 있는 후보자중 당선인이 있는 경우에 당해 정당이 지출한 선거비용의 전액
②제1항에 따른 선거비용의 보전에 있어서 다음 각 호의 어느 하나에 해당하는 비용은 이를 보전하지 아니한다. <신설 2005.8.4., 2010.1.25., 2011.7.28.>
1. 예비후보자의 선거비용
2. 「정치자금법」 제40조(회계보고)의 규정에 따라 제출한 회계보고서에 보고되지 아니하거나 허위로 보고된 비용
3. 이 법에 위반되는 선거운동을 위하여 또는 기부행위제한규정을 위반하여 지출된 비용
4. 제64조 또는 제65조에 따라 선거벽보와 선거공보를 관할 구·시·군선거관리위원회에 제출한 후 그 내용을 정정하거나 삭제하는데 소요되는 비용
5. 이 법에 따라 제공하는 경우 외에 선거운동과 관련하여 지출된 수당·실비 그 밖의 비용

6. 정당한 사유 없이 지출을 증빙하는 적법한 영수증 그 밖의 증빙서류가 첨부되지 아니한 비용
7. 후보자가 자신의 차량·장비·물품 등을 사용하거나 후보자의 가족·소속 정당 또는 제3자의 차량·장비·물품 등을 무상으로 제공 또는 대여받는 등 정당 또는 후보자가 실제로 지출하지 아니한 비용
8. 청구금액이 중앙선거관리위원회규칙으로 정하는 기준에 따라 산정한 통상적인 거래가격 또는 임차가격과 비교하여 정당한 사유 없이 현저하게 비싸다고 인정되는 경우 그 초과하는 가액의 비용
9. 선거운동에 사용하지 아니한 차량·장비·물품 등의 임차·구입·제작비용
10. 휴대전화 통화료와 정보이용요금. 다만, 후보자와 그 배우자, 선거사무장, 선거연락소장 및 회계책임자가 선거운동기간 중 선거운동을 위하여 사용한 휴대전화 통화료 중 후보자가 부담하는 통화료는 보전한다.
11. 그 밖에 위 각 호의 어느 하나에 준하는 비용으로서 중앙선거관리위원회규칙으로 정하는 비용
③다음 각 호의 어느 하나에 해당하는 비용은 국가 또는 지방자치단체가 후보자를 위하여 부담한다. 이 경우 제3호의2 및 제5호의 비용은 국가가 부담한다. <개정 2004.3.12., 2005.8.4., 2007.1.3., 2008.2.29., 2010.1.25., 2014.1.17., 2015.8.13., 2020.12.29.>
1. 제64조에 따른 선거벽보의 첩부 및 철거의 비용(첩부 및 철거로 인한 원상복구 비용을 포함한다)
2. 제65조에 따른 점자형 선거공보(같은 조 제11항에 따라 후보자가 제출하는 저장매체를 포함한다. 이하 이 항에서 같다)의 작성비용과 책자형 선거공보(점자형 선거공보 및 같은 조 제9항의 후보자정보공개자료를 포함한다) 및 전단형 선거공보의 발송비용과 우편요금
3. 제66조(선거공약서)제8항의 규정에 따른 점자형 선거공약서의 작성비용
3의2. 활동보조인(예비후보자로서 선임하였던 활동보조인을 포함한다)의 수당과 실비
4. 제82조의2(선거방송토론위원회 주관 대담·토론회)의 규정에 의한 대담·토론회(합동방송연설회를 포함한다)의 개최비용
5. 제82조의3(선거방송토론위원회 주관 정책토론회)의 규정에 의한 정책토론회의 개최비용
6. 제161조(投票參觀)의 규정에 의한 투표참관인 및 제162조에 따른 사전투표참관인의 수당과 식비
7. 제181조(開票參觀)의 규정에 의한 개표참관인의 수당과 식비
④제1항 내지 제3항의 규정에 따른 비용의 산정 및 보전청구 그 밖에 필요한 사항은 중앙선거관리위원회규칙으로 정한다. <개정 2005.8.4.>
[본조신설 2000.2.16.]
[제목개정 2011.7.28.]

제123조 삭제 <2005.8.4.>
제124조 삭제 <2005.8.4.>
제125조 삭제 <2005.8.4.>
제126조 삭제 <2005.8.4.>
제127조 삭제 <2005.8.4.>
제128조 삭제 <2005.8.4.>
제129조 삭제 <2005.8.4.>
제130조 삭제 <2005.8.4.>
제131조 삭제 <2005.8.4.>
제132조 삭제 <2005.8.4.>
제133조 삭제 <2005.8.4.>
제134조 삭제 <2005.8.4.>

第135條(선거사무관계자에 대한 수당과 실비보상) ①선거사무장·선거연락소장·선거사무원·활동보조인 및 회계책임자(이하 이 조에서 "선거사무장등"이라 한다)에 대하여는 수당과 실비를 지급할 수 있다. 다만, 정당의 유급사무직원, 국회의원과 그 보좌관·비서관·비서 또는 지방의회의원이 선거사무장등을 겸한 때에는 실비만을 보상할 수 있으며, 후보자등록신청개시일부터 선거기간개시일 전일까지는 후보자로서 신고한 선거사무장등에게 수당과 실비를 지급할 수 없다. <개정 2000.2.16., 2010.1.25., 2011.7.28.>
②제1항의 수당과 실비의 종류와 금액은 중앙선거관리위원회가 정한다.
③이 법의 규정에 의하여 수당·실비 기타 이익을 제공하는 경우를 제외하고는 수당·실비 기타 자원봉사에 대한 보상 등 명목여하를 불문하고 누구든지 선거운동과 관련하여 금품 기타 이익의 제공 또는 그 제공의 의사를 표시하거나 그 제공의 약속·지시·권유·알선·요구 또는 수령할 수 없다. <개정 1996.2.6., 1997.1.13., 1997.11.14., 2000.2.16.>
④삭제 <2005.8.4.>
⑤삭제 <2000.2.16.>
[제목개정 2011.7.28.]

第135條의2(선거비용보전의 제한) ①선거구선거관리위원회는 이 법의 규정에 의하여 선거비용을 보전함에 있어서 선거사무소의 회계책임자가 정당한 사유없이 「정치자금법」 제40조(회계보고)의 규정에 따른 회계보고서를 그 제출마감일까지 제출하지 아니한 때에는 그 비용을 보전하지 아니한다. <개정 2005.8.4.>
②선거구선거관리위원회는 후보자·예비후보자·선거사무장 또는 선거사무소의 회계책임자가 당해 선거와 관련하여 이 법 또는 「정치자금법」 제49조(선거비용관련 위반행위에 관한 벌칙)에 규정된 죄를 범함으로 인하여 유죄의 판결이 확정되거나 선거비용제한액을 초과하여 지출한 경우에는 이 법의 규정에 의하여 보전할 비용중 그 위법행위에 소요된 비용 또는 선거비용제한액을 초과하여 지출한 비용의 2배에 해당하는 금액은 이를 보전하지 아니한다. <개정 2004.3.12., 2005.8.4.>
③선거구선거관리위원회는 제2항에도 불구하고 정당, 후보자(예비후보자를 포함한다) 및 그 가족, 선거사무장, 선거연락소장, 선거사무원, 회계책임자 또는 연설원으로부터 기부를 받은 자가 제261조제9항에 따른 과태료를 부과받은 경우 이 법에 따라 보전할 비용 중 그 기부행위에 사용된 비용의 5배에 해당하는 금액을 보전하지 아니한다. <신설 2008.2.29., 2010.1.25., 2014.2.13.>
④제2항에 규정된 자가 당해 선거와 관련하여 이 법 또는 「정치자금법」 제49조에 규정된 죄를 범함으로 인하여 기소되거나 선거관리위원회에 의하여 고발된 때에는 판결이 확정될 때까지 그 위법행위에 소요된 비용의 2배에 해당하는 금액의 보전을 유예한다. <개정 2005.8.4., 2008.2.29.>
⑤선거구선거관리위원회는 정당 또는 후보자에게 선거비용을 보전한 후에 제1항부터 제3항까지의 규정에 따라 보전하지 아니할 사유가 발견된 때에는 당해 정당 또는 후보자에게 그 사실을 통지하고, 보전비용액중 제1항부터 제3항까지의 규정에 해당하는 금액의 반환을 명하여야 한다. 이 경우 정당 또는 후보자는 그 반환명령을 받은 날부터 30일 이내에 당해 선거구선거관리위원회에 이를 반환하여야 한다. <개정 2008.2.29.>
⑥선거구선거관리위원회는 정당 또는 후보자가 제5항 후단의 기한 안에 해당금액을 반환하지 아니한 때에는 대통령선거와 국회의원선거에 있어서는 관할세무서장에게 징수를 위탁하고 관할세무서장이 국세체납처분의 예에 따라 이를 징수하여 국가에 납입하여야 하며, 지방자치단체의 의회의원 및 장의 선거에 있어서는 당해 지방자치단체의 장에게 징수를 위탁하고 지방자치단체의 장이 지방세체납처분의 예에 따라 이를 징수하여 지방자치단체에 납입하여야 한다. <개정 2008.2.29.>
⑦보전하지 아니할 비용의 산정 기타 필요한 사항은 중앙선거관리위원회규칙으로 정한다. <개정 2008.2.29.> [본조신설 2000.2.16.]

第136條 삭제 <2005.8.4.>

제9장 선거와 관련있는 정당활동의 규제

제137조(정강 · 정책의 신문광고 등의 제한)

①선거가 임박한 시기에 있어서 정당이 행하는「신문 등의 진흥에 관한 법률」제2조제1호에 따른 신문과「잡지 등 정기간행물의 진흥에 관한 법률」제2조제1호에 따른 정기간행물(이하 이 條에서 "日刊新聞 등"이라 한다)에 의한 정강·정책의 홍보, 당원·후보지망자의 모집, 당비모금, 정치자금모금(大統領選擧에 한한다) 또는 선거에 있어 당해 정당이나 추천후보자가 사용할 구호·도안·정책 그 밖에 선거에 관한 의견수집을 위한 광고는 다음 각호의 범위안에서 하여야 하며, 그 선거기간중에는 이를 할 수 없다. <개정 1995.12.30., 1997.11.14., 2004.3.12., 2005.8.4., 2010.1.25.>

1. 임기만료에 의한 선거
정당의 중앙당이 행하되, 선거일전 90일부터 선거기간개시일전일까지 일간신문 등에 총 70회 이내
2. 대통령의 궐위로 인한 선거·재선거 [제197조(選擧의 一部無效로 인한 再選擧)의 규정에 의한 재선거를 제외한다. 이하 이 항에서 같다] 및 연기된 선거정당의 중앙당이 행하되, 그 선거의 실시사유가 확정된 때부터 선거기간개시일전일까지 일간신문 등에 총 20회 이내
3. 제2호외의 보궐선거·재선거 및 연기된 선거
정당의 중앙당이 행하되, 그 선거의 실시사유가 확정된 때부터 선거기간개시일전일까지 일간신문 등에 총 10회 이내

②제1항의 규정에 의한 일간신문 등의 광고 1회의 규격은 가로 37센티미터 세로 17센티미터 이내로 하여야 하며, 후보자가 되고자 하는 자의 사진·성명(姓名을 類推할 수 있는 내용을 포함한다) 기타 선거운동에 이르는 내용을 게재할 수 없다.

③제69조제1항 후단(광고횟수를 말한다)·제2항·제5항·제8항 및 제9항은 제1항의 규정에 의한 일간신문 등의 광고에 이를 준용한다. 이 경우 "후보자"는 "정당"으로 본다. <개정 1997.1.13., 1998.4.30., 2010.1.25.>

제137조의2(정강 · 정책의 방송연설의 제한)

①정당이 방송시설[제70조(放送廣告)제1항의 규정에 의한 방송시설을 말한다. 이하 이 조에서 같다]을 이용하여 정강·정책을 알리기 위한 방송연설을 하는 때에는 다음 각호의 범위 안에서 하여야 한다. <개정 2004.3.12.>

1. 임기만료에 의한 선거
정당의 중앙당 대표자 또는 그가 선거운동을 할 수 있는 자중에서 지명한 자가 행하되, 선거일전 90일이 속하는 달의 초일부터 선거기간개시일전일까지 1회 20분 이내에서 텔레비전 및 라디오방송별로 월 2회(선거기간개시일전일이 해당 달의 10일이내에 해당하는 경우에는 1회) 이내
2. 대통령의 궐위로 인한 선거, 재선거[제197조(選擧의 一部無效로 인한 再選擧)의 규정에 의한 재선거를 제외한다] 및 연기된 선거
정당의 중앙당 대표자 또는 그가 선거운동을 할 수 있는 자 중에서 지명한 자가 행하되, 그 선거의 실시사유가 확정된 때부터 선거기간개시일전일까지 1회 10분 이내에서 텔레비전 및 라디오 방송별 각 5회 이내

②제1항에 따라 텔레비전 방송시설을 이용한 방송연설을 하는 때에는 연설하는 모습, 정당명(해당 정당을 상징하는 마크나 심벌의 표시를 포함한다), 연설의 요지 및 통계자료 외의 다른 내용이 방영되게 하여서는 아니되며, 방송연설을 녹화하여 방송하고자 하는 때에는 당해 방송시설을 이용하여야 한다. <개정 2010.1.25.>

③제1항의 규정에 의한 방송연설을 함에 있어서는 선거운동에 이르는 내용의 연설을 하여서는 아니된다.

④제1항의 규정에 의한 방송연설의 비용은 당해 정당이 부담하되, 국회에 교섭단체를 구성한 정당이 공영방송사를 이용하여 방송연설을 하는 때에는 각 공영방송사마다 텔레비전

및 라디오 방송별로 행하는 월 1회의 방송연설비용(제작비용을 제외한다)은 당해 공영방송사가 이를 부담하여야 한다. <개정 2004.3.12.>
⑤제4항의 규정에 의하여 공영방송사가 비용을 부담하는 방송연설을 하고자 하는 경우 그 방송연설의 일시·시간대 기타 필요한 사항은 당해 공영방송사와 당해 정당이 협의하여 정한다.
⑥제70조(放送廣告)제1항 후단·제6항 및 제8항과 제71조제10항 및 제12항의 규정은 제1항의 규정에 의한 방송연설에 이를 준용한다.
⑦제6항의 규정에 의한 방송연설신고서의 서식 기타 필요한 사항은 중앙선거관리위원회규칙으로 정한다.
[본조신설 2000.2.16.]

제138조(정강 · 정책홍보물의 배부제한 등)
①정당이 선거기간중에 후보자를 추천한 선거구의 소속당원에게 배부할 수 있는 정강·정책홍보물은 정당의 중앙당이 제작한 책자형 정강·정책홍보물 1종으로 한다. <개정 1997.11.14.>
②제1항의 규정에 의한 정강·정책홍보물을 배부할 수 있는 수량은 후보자를 추천한 선거구의 소속당원에 상당하는 수를 넘지 못한다. <개정 1997.11.14.>
③제1항의 규정에 의한 정강·정책홍보물을 제작·배부하는 때에는 그 표지에 "당원용"이라 표시하여야 한다.
④정당이 제1항의 정강·정책홍보물을 배부하고자 하는 때에는 배부전까지 중앙선거관리위원회에 2부를 제출하여야 하되, 전자적 파일로 대신 제출할 수 있다. <개정 2010.1.25.>
⑤제1항에 따른 정강·정책홍보물에는 해당 정당이 추천한 후보자의 기호·성명·사진·경력 등을 제외하고는 후보자와 관련된 사항을 게재할 수 없다. <개정 2010.1.25.>
⑥제1항의 규정에 따른 정강·정책홍보물은 길이 27센티미터 너비19센티미터 이내에서 대통령선거의 경우에는 16면 이내로, 지역구국회의원선거, 지역구지방의회의 원선거 및 지방자치단체의 장선거의 경우에는 8면 이내로 작성한다. <개정 2005.8.4.>

제138조의2(정책공약집의 배부제한 등)
①정당이 자당의 정책과 선거에 있어서 공약을 게재한 정책공약집(도서의 형태로 발간된 것을 말하며, 이하 "정책공약집"이라 한다)을 배부하고자 하는 때에는 통상적인 방법으로 판매하여야 한다. 다만, 방문판매의 방법으로 정책공약집을 판매할 수 없다.
②정당은 제1항의 규정에 따른 통상적인 방법에 의한 판매 외에 해당 정당의 당사와 제79조에 따라 소속 정당추천후보자가 개최한 공개장소에서의 연설·대담 장소에서 정책공약집을 판매할 수 있다. 이 경우 정당의 당사에서 판매할 때에는 공개된 장소에 별도의 판매대를 설치하는 등 정책공약집의 판매사실을 공개적으로 확인할 수 있는 방법으로 판매하여야 한다. <개정 2008.2.29., 2010.1.25.>
③정당이 제1항 및 제2항의 규정에 따라 정책공약집을 판매하고자 하는 때에는 발간 즉시 「정당법」의 규정에 따라 해당 정당의 등록사무를 처리하는 관할선거관리위원회에 2권을 제출하여야 하되, 전자적 파일로 대신 제출할 수 있다. <개정 2010.1.25.>
④정책공약집에는 후보자의 기호·성명·사진·학력·경력 등 후보자와 관련된 사항 및 다른 정당에 관한 사항을 게재할 수 없다.
⑤정책공약집의 작성근거 등의 표시, 제출 그 밖의 필요한 사항은 중앙선거관리위원회규칙으로 정한다.
[본조신설 2007.1.3.]

제139조(정당기관지의 발행 · 배부제한)
①정당의 중앙당은 선거기간중 기관지를 통상적인 방법외의 방법으로 발행·배부할 수 없다. 다만, 선거기간중 통상적인 주기에 의한 발행회수가 2회 미만인 때에는 2회(增補·號外·臨時版을 포함하며, 배부되는 地域에 따라 게재내용중 일부를 달리하더라도 동일한 것으로 본다) 이내로 한다. 이 경우 정당의 중앙당외의 당부가 발행하거나 공개장소에서의 연설·대담장소

또는 대담·토론회장에서의 배부, 거리에서의 판매·배부, 첩부, 게시, 살포는 통상적인 방법에 의한 배부로 보지 아니한다. <개정 2004.3.12.>
②제1항의 기관지에는 당해 정당이 추천한 후보자의 기호·성명·사진·학력·경력 등외에 후보자의 홍보에 관한 사항을 게재할 수 없다. <신설 2000.2.16.>
③제1항의 기관지를 발행·배부하고자 하는 때에는 발행 즉시 2부를 중앙선거관리위원회에 제출하여야 하되, 전자적 파일로 대신 제출할 수 있다. <개정 2010.1.25.>

제140조(창당대회 등의 개최와 고지의 제한)
①정당이 선거일전 120일(선거일전 120일후에 실시사유가 확정된 보궐선거 등에 있어서는 그 選擧의 실시사유가 확정된 때)부터 선거일까지 창당대회·합당대회·개편대회 및 후보자선출대회(이하 이 條에서 "創黨大會 등"이라 한다)를 개최하는 때에는 다수인이 왕래하는 공개된 장소가 아닌 장소에서 소속당원(후보자선출대회의 경우에는 당해 정당의 공직선거후보자를 선출하기 위한 투표권이 있는 당원이 아닌 자를 포함한다)만을 대상으로 개최하여야 하되, 사회통념상 인정되는 범위안에서 당원이 아닌 자를 초청할 수 있다. <개정 2004.3.12., 2005.8.4.>
②제1항의 창당대회등을 주관하는 정당은 「정당법」 제10조(창당집회의공개)제2항의 신문공고를 하는 외에 창당대회등의 장소에 5매이내의 표지를 게시할 수 있다. 이 경우 신문공고·표지에는 후보자(候補者가 되고자 하는 者를 포함한다. 이하 이 項에서 같다)의 사진·성명(姓名을 類推할 수 있는 내용을 포함한다) 또는 선전구호등 후보자를 선전하는 내용을 게재할 수 없다. <개정 2004.3.12., 2005.8.4.>
③제1항에서 "개편대회"라 함은 정당의 대표자의 변경 등 당헌·당규상의 조직개편에 관한 안건을 처리하기 위하여 개최하는 당원총회 또는 그 대의기관의 회의 등 집회를 말하고, "후보자선출대회"라 함은 정당의 각급 당부가 이 법에 의한 선거의 당해 정당추천후보자를 선출하기 위하여 제57조의2(당내경선의 실시)의 규정에 의하여 개최하는 집회를 말한다. <신설 2000.2.16., 2005.8.4.>
④제2항의 규정에 의한 표지는 당해 집회종료후 지체없이 주최자가 철거하여야 한다. <개정 2004.3.12.>

제141조(당원집회의 제한) ①정당(당원협의회를 포함한다)은 선거일전 30일부터 선거일까지 소속당원의 단합·수련·연수·교육 그 밖에 명목여하를 불문하고 선거가 실시중인 선거구안이나 선거구민인 당원을 대상으로 당원수련회 등(이하 이 條에서 "黨員集會"라 한다)을 개최할 수 없다. 다만, 당무에 관한 연락·지시 등을 위하여 일시적으로 이루어지는 당원간의 면접은 당원집회로 보지 아니한다. <개정 1995.12.30., 2000.2.16., 2004.3.12., 2010.1.25.>
②정당이 선거일 전 90일(선거일 전 90일 후에 실시사유가 확정된 보궐선거등에서는 그 선거의 실시사유가 확정된 때)부터 당원집회를 개최하는 때(중앙당이 그 연수시설에서 개최하는 경우를 제외한다)에는 개최지역을 관할하는 구·시·군선거관리위원회에 신고한 후 당해 정당의 사무소, 주민회관, 공공기관·단체의 사무소 그 밖의 공공시설 또는 다수인이 왕래하는 장소가 아닌 공개된 장소에서 개최하여야 한다. <개정 2004.3.12., 2010.1.25.>
③「정치자금법」 제27조(보조금의 배분)의 규정에 의하여 보조금의 배분대상이 되는 정당은 중앙선거관리위원회규칙이 정하는 바에 따라 국가 또는 지방자치단체[제53조(공무원등의 입후보)제1항제4호 또는 제6호에 규정된 기관을 포함한다]가 소유하거나 관리하는 주민회관·체육관 또는 문화원 기타 다수인이 모일 수 있는 시설이나 장소를 당원집회의 장소로써 무료로 사용할 수 있다. 이 경우 시설의 손괴 또는 전력의 사용 등 재산상의 손실을 끼친 때에는 당해 정당이 보상하여야 한다. <신설 2004.3.12., 2005.8.4.>
④제2항의 당원집회 장소의 외부에는 이 법에 의한 당원집회임을 표시하는 표지를 첩부 또는 게시하여야 하되, 그 개최자는 당해 집회종료후에는 지체없이 철거하여야 한다. 이 경우 그 표지에는 후보자가 되고자 하는 자의 사진·성명 또는 선전구호 기타 후보자가 되고자 하는 자를 선전하는 내용을 게재하여서는 아니된다. <개정 2004.3.12.>
⑤제3항의 규정에 의한 사용신청을 받은 공공시설의 관리자는 정당한 사유가 있는 경우를 제외하고는 그 사용을 거부할 수 없다. <신설 2004.3.12.>

⑥당원집회의 신고, 표지의 매수, 그 밖에 필요한 사항은 중앙선거관리위원회규칙으로 정한다. <개정 2004.3.12., 2010.1.25.>
[제목개정 2000.2.16.]

第142조 삭제 <2004.3.12.>
第143조 삭제 <2004.3.12.>

第144조(정당의 당원모집 등의 제한)
①정당은 선거기간중 당원을 모집하거나 입당원서를 배부할 수 없다. 다만, 시·도당의 창당 또는 개편을 위하여 창당대회·개편대회를 개최하는 경우에는 그 집회일까지는 그러하지 아니하다. <개정 2004.3.12.>
②삭제 <2006.3.2.>

第145조(당사게시 선전물 등의 제한)
①정당(제61조제1항에 따라 해당 정당의 사무소에 선거대책기구를 설치한 정당은 제외한다)은 선거기간 중 구호, 그 밖에 정당의 홍보에 필요한 사항과 당해 당부명 및 그 대표자 성명, 해당 정당이 추천한 후보자의 기호·성명·사진·경력등에 관한 사항을 게재한 간판·현판 또는 현수막을 중앙선거관리위원회규칙으로 정하는 바에 따라 당해 당사의 외벽면 또는 옥상에 설치·게시할 수 있다. <개정 2010.1.25., 2014.1.17.>
②「정치자금법」에 따른 후원회의 사무소에는 중앙선거관리위원회규칙으로 정하는 바에 따라 간판을 달 수 있다. <개정 2004.3.12., 2005.8.4., 2010.1.25., 2014.1.17.>

제10장 투표

第146조(선거방법) ①선거는 기표방법에 의한 투표로 한다.
②투표는 직접 또는 우편으로 하되, 1인 1표로 한다. 다만, 국회의원선거, 시·도의원선거 및 자치구·시·군의원선거에 있어서는 지역구의원선거 및 비례대표의원선거마다 1인 1표로 한다. <개정 2002.3.7., 2004.3.12., 2005.8.4.>
③투표를 함에 있어서는 선거인의 성명 기타 선거인을 추정할 수 있는 표시를 하여서는 아니된다.
[2002.3.7. 법률 제6663호에 의하여 2001.7.19. 헌법재판소에서 헌법불합치 결정된 제2항을 개정함.]

第146조의2(투표관리관 및 사전투표관리관)
①구·시·군선거관리위원회는 투표에 관한 사무를 관리하게 하기 위하여 투표구마다 투표관리관 1명을, 사전투표소마다 사전투표관리관 1명을 각각 둔다. <개정 2014.1.17.>
②투표관리관 및 사전투표관리관은 국가 또는 지방자치단체의 소속 공무원 또는 각급학교의 교직원 중에서 위촉하며, 사전투표관리관은 위촉된 투표관리관 중에서 지정할 수 있다. <개정 2014.1.17.>
③국가기관·지방자치단체 및 각급 학교의 장이 선거관리위원회로부터 투표관리관 및 사전투표관리관의 추천 협조요구를 받은 때에는 우선적으로 이에 따라야 한다. <신설 2014.2.13.>
④투표관리관 및 사전투표관리관의 위촉 및 해촉, 수당 그 밖에 필요한 사항은 중앙선거관리위원회규칙으로 정한다. <개정 2014.1.17., 2014.2.13.>
[본조신설 2005.8.4.]
[제목개정 2014.1.17.]

第147조(투표소의 설치) ①읍·면·동선거관리위원회는 선거일 전일까지 관할 구역 안의 투

표구마다 투표소를 설치하여야 한다. <개정 2005.8.4.>
②투표소는 투표구안의 학교, 읍·면·동사무소 등 관공서, 공공기관·단체의 사무소, 주민회관 기타 선거인이 투표하기 편리한 곳에 설치한다. 다만, 당해 투표구안에 투표소를 설치할 적당한 장소가 없는 경우에는 인접한 다른 투표구안에 설치할 수 있다. <개정 2004.3.12., 2005.8.4.>
③학교·관공서 및 공공기관·단체의 장은 선거관리위원회로부터 투표소 설치를 위한 장소사용 협조요구를 받은 때에는 우선적으로 이에 응하여야 한다. <신설 2004.3.12.>
④병영 안과 종교시설 안에는 투표소를 설치하지 못한다. 다만, 종교시설의 경우 투표소를 설치할 적합한 장소가 없는 부득이한 경우에는 그러하지 아니하다. <개정 2010.1.25.>
⑤투표소에는 기표소·투표함·참관인의 좌석 그 밖의 투표관리에 필요한 시설을 설비하여야 한다. <개정 2005.8.4.>
⑥기표소는 그 안을 다른 사람이 엿볼 수 없도록 설비하여야 하며 어떠한 표지도 하여서는 아니된다.
⑦정당·후보자·선거사무장 또는 선거연락소장은 투표소의 설비에 대하여 그 시정을 요구할 수 있다.
⑧제1항의 규정에 의하여 투표소를 설치하는 때에는 읍·면·동선거관리위원회는 선거일전 10일까지 그 명칭과 소재지를 공고하여야 한다. 다만, 천재·지변 기타 부득이한 사유가 있는 때에는 이를 변경할 수 있으며, 이 경우에는 즉시 공고하여 선거인에게 알려야 한다. <개정 2005.8.4.>
⑨읍·면·동선거관리위원회는 투표사무를 보조하게 하기 위하여 다음 각 호의 어느 하나에 해당하는 자중에서 투표사무원을 위촉하여야 한다. <개정 2000.2.16., 2002.3.7., 2004.3.12., 2005.8.4., 2007.1.3., 2010.1.25., 2010.5.17., 2018.4.6.>
1. 「국가공무원법」 제2조에 규정된 국가공무원과 「지방공무원법」 제2조에 규정된 지방 공무원. 다만, 일반직공무원의 행정직군 중 교정·보호·검찰사무·마약수사·출입국관리·철도공안 직렬의 공무원과 교육공무원 외의 특정직공무원 및 정무직공무원을 제외한다.
2. 각급학교의 교직원
3. 「은행법」 제2조의 규정에 의한 은행의 직원
4. 제53조제1항제4호 내지 제6호에 규정된 기관 등의 직원
5. 투표사무를 보조할 능력이 있는 공정하고 중립적인 자
⑩제9항제1호부터 제4호까지의 기관·단체의 장이 선거관리위원회로부터 투표사무원의 추천 협조요구를 받은 때에는 우선적으로 이에 따라야 한다. <신설 2014.2.13.>
⑪투표소의 설비, 고령자·장애인·임산부 등 교통약자의 투표소 접근 편의를 보장하기 위한 제반 시설의 설치, 적절한 투표소 위치 확보 등의 조치, 그 밖에 필요한 사항은 중앙선거관리위원회규칙으로 정한다. <개정 2018.4.6.>

제148조(사전투표소의 설치) ①구·시·군선거관리위원회는 선거일 전 5일부터 2일 동안(이하 "사전투표기간"이라 한다) 관할구역(선거구가 해당 구·시·군의 관할구역보다 작은 경우에는 해당 선거구를 말한다)의 읍·면·동마다 1개소씩 사전투표소를 설치·운영하여야 한다. 다만, 읍·면·동 관할구역에 군부대 밀집지역 등이 있는 경우에는 해당 지역에 사전투표소를 추가로 설치·운영할 수 있다. <개정 2015.12.24.>
②구·시·군선거관리위원회는 제1항에 따라 사전투표소를 설치할 때에는 선거일 전 9일까지 그 명칭·소재지 및 설치·운영기간을 공고하고, 선거사무장 또는 선거연락소장에게 이를 통지하여야 하며, 관할구역 안의 투표구마다 5개소에 공고문을 첩부하여야 한다. 사전투표소의 설치장소를 변경한 때에도 또한 같다.
③구·시·군선거관리위원회는 제1항에 따라 설치된 사전투표소의 투표사무를 보조하게 하기 위하여 제147조제9항 각 호의 어느 하나에 해당하는 사람 중에서 사전투표사무원을 두어야 한다.
④사전투표소 설치 장소의 제한·사용협조, 설비, 사전투표사무원의 추천 협조 등에 관하여는 제147조제3항부터 제7항까지, 제10항 및 제11항을 준용한다. <개정 2014.2.13., 2018.4.6.>

⑤중앙선거관리위원회는 사전투표소에서 통합선거인명부를 사용하기 위한 선거전용통신망을 구축하여야 한다. <신설 2015.12.24.>
⑥사전투표소의 설치·공고·통보 및 사전투표사무원의 위촉, 그 밖에 필요한 사항은 중앙선거관리위원회규칙으로 정한다. <개정 2015.12.24.>
[전문개정 2014.1.17.]

제149조(기관 · 시설 안의 기표소) ①다음 각 호의 어느 하나에 해당하는 기관·시설(이하 이 조에서 "기관·시설"이라 한다)로서 제38조제1항의 거소투표신고인을 수용하고 있는 기관·시설의 장은 그 명칭과 소재지 및 거소투표신고인수 등을 선거인명부작성기간만료일 후 3일까지 관할 구·시·군선거관리위원회에 신고하여야 한다.
1. 병원·요양소·수용소·교도소 및 구치소
2. 「장애인복지법」 제58조(장애인복지시설)제1항제1호에 따른 장애인 거주시설
②제1항의 신고를 받은 관할 구·시·군선거관리위원회는 거소투표신고인을 수용하고 있는 기관·시설의 명칭과 소재지 및 거소투표신고인수 등을 공고하여야 한다.
③10명 이상의 거소투표신고인을 수용하고 있는 기관·시설의 장은 일시·장소를 정하여 해당 신고인의 거소투표를 위한 기표소를 설치하여야 한다.
④후보자(대통령선거에서 정당추천후보자의 경우에는 그 추천 정당을 말한다. 이하 이 조에서 같다)·선거사무장 또는 선거연락소장은 10명 미만의 거소투표신고인을 수용하고 있는 기관·시설의 장에게 제2항에 따른 공고일 후 2일 이내에 거소투표를 위한 기표소 설치를 요청할 수 있다. 이 경우 기관·시설의 장은 정당한 사유가 없는 한 이에 따라야 한다.
⑤제3항 및 제4항에 따라 기표소를 설치하는 기관·시설의 장은 기표소 설치·운영 일시 및 장소를 정하여 그 기표소 설치일 전 2일까지 관할 구·시·군선거관리위원회에 신고하여야 하며, 신고를 받은 관할 구·시·군선거관리위원회는 이를 공고하여야 한다.
⑥후보자·선거사무장·선거연락소장은 선거권자 중에서 1명을 선정하여 기관·시설의 장이 설치·운영하는 기표소의 투표상황을 참관하게 할 수 있다.
⑦기관·시설의 장은 기표소를 설치하는 장소에 기표소·참관좌석, 그 밖에 필요한 시설을 설비하여야 한다.
⑧기관·시설의 거소투표신고인수 공고 서식, 그 밖에 필요한 사항은 중앙선거관리위원회규칙으로 정한다.
[전문개정 2014.1.17.]

제149조의2 삭제 <2014.1.17.>

제150조(투표용지의 정당 · 후보자의 게재순위 등) ①투표용지에는 후보자의 기호·정당추천후보자의 소속정당명 및 성명을 표시하여야 한다. 다만, 무소속후보자는 후보자의 정당추천후보자의 소속정당명의 란에 "무소속"으로 표시하고, 비례대표국회의원선거 및 비례대표지방의회의원선거에 있어서는 후보자를 추천한 정당의 기호와 정당명을 표시하여야 한다.
<개정 1995.4.1., 2000.2.16., 2002.3.7., 2004.3.12., 2005.8.4.>
②기호는 투표용지에 게재할 정당 또는 후보자의 순위에 의하여 "1, 2, 3" 등으로 표시하여야 하며, 정당명과 후보자의 성명은 한글로 기재한다. 다만, 한글로 표시된 성명이 같은 후보자가 있는 경우에는 괄호속에 한자를 함께 기재한다. <개정 2002.3.7.>
③후보자의 게재순위를 정함에 있어서는 후보자등록마감일 현재 국회에서 의석을 갖고 있는 정당의 추천을 받은 후보자, 국회에서 의석을 갖고 있지 아니한 정당의 추천을 받은 후보자, 무소속후보자의 순으로 하고, 정당의 게재순위를 정함에 있어서는 후보자등록마감일 현재 국회에서 의석을 가지고 있는 정당, 국회에서 의석을 가지고 있지 아니한 정당의 순으로 한다.
<개정 1995.4.1., 2000.2.16., 2002.3.7., 2005.8.4.>
④제3항의 경우 국회에서 의석을 가지고 있는 정당의 게재순위를 정함에 있어 다음 각 호의 어느 하나에 해당하는 정당은 전국적으로 통일된 기호를 우선하여 부여한다. <개정

2010.1.25.>
1. 국회에 5명 이상의 소속 지역구국회의원을 가진 정당
2. 직전 대통령선거, 비례대표국회의원선거 또는 비례대표지방의회의원선거에서 전국 유효투표총수의 100분의 3 이상을 득표한 정당
⑤제3항 및 제4항에 따라 관할선거구선거관리위원회가 정당 또는 후보자의 게재순위를 정함에 있어서는 다음 각 호에 따른다. <개정 2010.1.25.>
1. 후보자등록마감일 현재 국회에 의석을 가지고 있는 정당이나 그 정당의 추천을 받은 후보자 사이의 게재순위는 국회에서의 다수의석순. 다만, 같은 의석을 가진 정당이 둘 이상인 때에는 최근에 실시된 비례대표국회의원선거에서의 득표수 순
2. 후보자등록마감일 현재 국회에서 의석을 가지고 있지 아니한 정당이나 그 정당의 추천을 받은 후보자 사이의 게재순위는 그 정당의 명칭의 가나다순
3. 무소속후보자 사이의 게재순위는 관할선거구선거관리위원회에서 추첨하여 결정하는 순
⑥제5항의 경우에 같은 게재순위에 해당하는 정당 또는 후보자가 2 이상이 있을 때에는 소속정당의 대표자나 후보자 또는 그 대리인의 참여하에 관할선거구선거관리위원회에서 후보자등록마감후에 추첨하여 결정한다. 다만, 추첨개시시각에 소속정당의 대표자나 후보자 또는 그 대리인이 참여하지 아니하는 경우에는 관할선거구선거관리위원회위원장 또는 그가 지명한 자가 그 정당 또는 후보자를 대리하여 추첨할 수 있다. <개정 2002.3.7., 2010.1.25.>
⑦지역구자치구·시·군의원선거에서 정당이 같은 선거구에 2명 이상의 후보자를 추천한 경우 그 정당이 추천한 후보자 사이의 투표용지 게재순위는 해당 정당이 정한 순위에 따르되, 정당이 정하지 아니한 경우에는 관할선거구선거관리위원회에서 추첨하여 결정한다. 이 경우 그 게재순위는 "1-가, 1-나, 1-다" 등으로 표시한다. <신설 2010.1.25.>
⑧후보자등록기간이 지난 후에 후보자가 사퇴·사망하거나 등록이 무효로 된 때라도 투표용지에서 그 기호·정당명 및 성명을 말소하지 아니한다. <개정 2002.3.7., 2010.1.25.>
⑨대통령선거에 있어서 제51조(追加登錄)의 규정에 의한 추가등록이 있는 경우에 그 정당의 후보자의 게재순위는 이미 결정된 종전의 당해 정당추천후보자의 게재순위로 한다. <개정 2010.1.25.>
⑩투표용지에는 일련번호를 인쇄하여야 한다. <개정 2010.1.25.>
[제목개정 2002.3.7.]

제151조(투표용지와 투표함의 작성) ①투표용지와 투표함은 구·시·군선거관리위원회가 작성하여 선거일 전일까지 읍·면·동선거관리위원회에 송부하며, 이를 송부받은 읍·면·동선거관리위원회위원장은 투표용지를 봉함하여 보관하였다가 투표함과 함께 투표관리관에게 인계하여야 한다. <개정 2005.8.4.>
②하나의 선거에 관한 투표에 있어서 투표구마다 선거구별로 동시에 2개의 투표함을 사용할 수 없다. <개정 2004.3.12.>
③사전투표소의 투표함(이하 "사전투표함"이라 한다)과 우편으로 접수한 투표를 보관하는 투표함(이하 "郵便投票函"이라 한다)은 따로 작성하되, 그 수는 예상 사전투표자수 및 거소투표신고인수·선상투표신고인수를 감안하여 당해 구·시·군선거관리위원회가 정한다. <개정 2014.1.17.>
④투표용지에는 중앙선거관리위원회규칙이 정하는 바에 따라 관할구·시·군선거관리위원회의 청인을 날인하여야 한다. 이 경우 그 청인의 날인은 인쇄날인으로 갈음할 수 있다.
⑤구·시·군선거관리위원회는 투표용지의 인쇄·납품 및 읍·면·동선거관리위원회에 송부하는 과정에, 읍·면·동선거관리위원회는 투표용지의 수령·보관 및 투표관리관에게 인계하는 과정에 당해 선거관리위원회의 정당추천위원이 각각 참여하여 입회할 수 있도록 하여야 한다. 이 경우 정당추천위원이 참여하지 아니한 때에는 입회를 포기한 것으로 본다. <개정 2005.8.4.>
⑥구·시·군선거관리위원회는 제1항 및 제5항에도 불구하고 사전투표소에서 교부할 투표용지는 사전투표관리관이 사전투표소에서 투표용지 발급기를 이용하여 작성하게 하여야 한다. 이 경우 투표용지에 인쇄하는 일련번호는 바코드(컴퓨터가 인식할 수 있도록 표시한 막대 모양

의 기호를 말한다)의 형태로 표시하여야 하며, 바코드에는 선거명, 선거구명 및 관할 선거관리위원회명을 함께 담을 수 있다. <신설 2014.1.17.>
⑦제1항 또는 제6항에 따라 투표용지를 작성하는 때에는 각 정당칸 또는 후보자칸 사이에 여백을 두어야 하며, 그 구체적인 작성방법은 중앙선거관리위원회규칙으로 정한다. <신설 2015.8.13.>
⑧구·시·군선거관리위원회는 시각장애로 인하여 자신이 기표를 할 수 없는 선거인을 위하여 필요한 경우에는 중앙선거관리위원회규칙이 정하는 바에 따라 특수투표용지 또는 투표보조용구를 제작·사용할 수 있다. <개정 2015.8.13.>
⑨투표용지와 투표함의 규격 및 투표용지의 봉함·보관·인계 그 밖에 필요한 사항은 중앙선거관리위원회규칙으로 정한다. <신설 2005.8.4., 2015.8.13.>
[제목개정 2015.8.13.]

제152조(투표용지모형 등의 공고) ①구·시·군선거관리위원회는 투표용지의 모형을 선거일전 7일까지 공고하여야 한다. <개정 2004.3.12.>
②구·시·군선거관리위원회는 투표용지를 인쇄할 인쇄소를 결정한 때에는 지체없이 그 인쇄소의 명칭과 소재지를 공고하여야 한다.

제153조(투표안내문의 발송) ①구·시·군선거관리위원회는 세대별로 선거인의 성명·선거인명부등재번호·투표소의 위치·투표할 수 있는 시간·투표할 때 가지고 가야 할 지참물 그 밖에 투표참여를 권유하는 내용 등이 기재된 투표안내문을 작성하여 선거인명부확정일 후 2일까지 관할구역안의 매세대에 발송하여야 한다. 이 경우 제65조제7항에 따라 통보받은 세대에는 점자형 투표안내문을 동봉하여 발송하여야 한다. <개정 2005.8.4., 2011.7.28., 2014.1.17.>
②제1항의 투표안내문의 발송을 위한 우편요금은 국가 또는 당해 지방자치단체가 부담한다. <개정 2005.8.4.>
③투표안내문의 작성은 전산조직에 의할 수 있다.
④투표안내문의 서식·규격·게재사항 및 우편발송절차 기타 필요한 사항은 중앙선거관리위원회규칙으로 정한다.
[제목개정 2011.7.28.]

제154조(거소투표자에 대한 투표용지의 발송)
①거소투표신고인명부에 올라 있는 선거인(이하 "거소투표자"라 한다)에게 발송할 투표용지(이하 "거소투표용지"라 한다)는 구·시·군선거관리위원회에서 당해 구·시·군선거관리위원회 정당추천위원의 참여하에 투표용지의 일련번호를 절취한 후 바코드(거소투표의 접수에 필요한 거소투표자의 거소·성명·선거인명부등재번호 등이 기록되어 컴퓨터가 인식할 수 있도록 표시한 막대 모양의 기호를 말한다)가 표시된 회송용 봉투에 넣고 다시 발송용 봉투에 넣어 봉함한 후 선거일 전 10일까지 거소투표자에게 발송하여야 한다. 이 경우 정당추천위원이 그 시각까지 참석하지 아니한 때에는 참여를 포기한 것으로 본다. <개정 2005.8.4., 2012.2.29., 2014.1.17.>
②제1항의 규정에 불구하고 허위로 신고한 자 및 자신의 의사에 의하여 신고된 것으로 인정되지 아니한 거소투표자에게는 당해 구·시·군선거관리위원회의 의결로 거소투표용지를 발송하지 아니할 수 있다. 이 경우 거소투표발송록에 그 사실을 기재하여야 한다. <개정 2014.1.17.>
③구·시·군선거관리위원회는 제2항의 규정에 의하여 거소투표용지를 발송하지 아니한 거소투표자와 선거일전 2일까지 거소투표용지가 반송된 거소투표자의 명단을 작성하여 선거일전일까지 읍·면·동선거관리위원회에 통지하여야 하며, 읍·면·동선거관리위원회는 지체 없이 이를 투표관리관에게 통지하여야 한다. <개정 2005.8.4., 2014.1.17.>
④거소투표용지의 발송과 회송은 등기우편으로 하되, 그 우편요금은 국가 또는 당해 지방자치단체가 부담한다. <개정 2014.1.17.>

⑤구·시·군선거관리위원회는 투표방법 기타 선거에 관한 안내문을 거소투표용지와 동봉하여 발송하여야 한다. <개정 2014.1.17.>
⑥거소투표용지의 발송용 봉투 및 회송용 봉투의 규격·게재사항 그 밖에 필요한 사항은 중앙선거관리위원회규칙으로 정한다. <신설 2005.8.4., 2014.1.17.>
[제목개정 2014.1.17.]

제154조의2(선상투표자에 대한 투표용지의 전송 등) ①구·시·군선거관리위원회는 선상투표신고인명부에 올라 있는 선거인(이하 "선상투표자"라 한다)에게 보낼 투표용지(이하 "선상투표용지"라 한다)를 작성하여 해당 선상투표자가 승선하고 있는 선박의 선장(이하 "선장"이라 한다)에게 선거일 전 9일까지 팩시밀리를 이용하여 전송하여야 한다. 이 경우 허위로 신고하거나 자신의 의사에 따라 신고된 것으로 인정되지 아니한 선상투표자에 대하여는 제154조제2항을 준용한다. <개정 2014.1.17.>
②구·시·군선거관리위원회는 선상투표용지를 작성할 때 표지부분과 투표부분을 구분하고, 표지부분에는 선거인 확인란과 해당 선거구의 정당·후보자에 관한 정보를 열람할 수 있는 중앙선거관리위원회 인터넷 홈페이지 주소, 선상투표방법에 관한 사항 등을 게재하여야 한다.
③선장이 제1항에 따라 선상투표용지를 받은 때에는 즉시 해당 선상투표자에게 인계하여야 한다.
④선상투표용지의 규격과 게재사항, 선상투표용지 송부과정에 정당추천위원의 참여, 그 밖에 필요한 사항은 중앙선거관리위원회규칙으로 정한다.
[본조신설 2012.2.29.]

제155조(투표시간) ①투표소는 선거일 오전 6시에 열고 오후 6시(보궐선거등에 있어서는 오후 8시)에 닫는다. 다만, 마감할 때에 투표소에서 투표하기 위하여 대기하고 있는 선거인에게는 번호표를 부여하여 투표하게 한 후에 닫아야 한다. <개정 2004.3.12.>
②사전투표소는 사전투표기간 중 매일 오전 6시에 열고 오후 6시에 닫는다. 이 경우 제1항 단서의 규정은 사전투표소에 이를 준용한다. <개정 2012.10.2., 2014.1.17., 2014.2.13.>
③투표를 개시하는 때에는 투표관리관은 투표함 및 기표소내외의 이상유무에 관하여 검사하여야 하며, 이에는 투표참관인이 참관하여야 한다. 다만, 투표개시시각까지 투표참관인이 참석하지 아니한 때에는 최초로 투표하러 온 선거인으로 하여금 참관하게 하여야 한다. <개정 2005.8.4.>
④사전투표소에서 투표를 개시하는 때에는 사전투표관리관은 사전투표함 및 기표소내외의 이상유무에 관하여 검사하여야 하며, 이에는 사전투표참관인이 참관하여야 한다. 다만, 사전투표개시시각까지 사전투표참관인이 참석하지 아니한 때에는 최초로 투표하러 온 선거인으로 하여금 참관하게 하여야 한다. <개정 2005.8.4., 2010.1.25., 2014.1.17.>
⑤사전투표·거소투표 및 선상투표는 선거일 오후 6시(보궐선거등에 있어서는 오후 8시)까지 관할구·시·군선거관리위원회에 도착되어야 한다. <개정 2004.3.12., 2014.1.17.>
[2012.10.2. 법률 제11485호에 의하여 2012.2.23. 헌법불합치 결정된 이 조 제2항을 개정함]

제156조(투표의 제한) ①선거인명부에 올라 있지 아니한 자는 투표할 수 없다. 다만, 제41조(異議申請과 決定)제2항·제42조(不服申請과 決定)제2항 또는 제43조(名簿漏落者의 구제)제2항의 이유있다는 결정통지서를 가지고 온 자는 투표할 수 있다.
②선거인명부에 올라 있더라도 선거일에 선거권이 없는 자는 투표할 수 없다.
③거소투표자는 제158조의2에 따라 거소투표를 하여야 한다. 다만, 다음 각 호의 어느 하나에 해당하는 사람은 선거일에 해당 투표소에서 투표할 수 있다. <개정 2010.1.25., 2014.1.17.>
1. 제154조제2항에 해당하여 거소투표용지를 송부받지 못한 사람
2. 거소투표용지가 반송되어 거소투표용지를 송부받지 못한 사람
3. 거소투표용지를 송부받았으나 거소투표를 하지 못한 사람으로서 선거일에 해당 투표

소에서 투표관리관에게 거소투표용지와 회송용 봉투를 반납한 사람
④제3항 단서에 따라 거소투표자가 선거일에 해당 투표소에서 투표하는 경우 투표관리관은 선거인명부 또는 제154조제3항에 따라 통지받은 거소투표자의 명단과 대조·확인하고 선거인명부 비고란에 그 사실을 적어야 한다. <신설 2010.1.25., 2014.1.17.>

제157조(투표용지수령 및 기표절차) ①선거인은 자신이 투표소에 가서 투표참관인의 참관하에 주민등록증(주민등록증이 없는 경우에는 관공서 또는 공공기관이 발행한 증명서로서 사진이 첩부되어 본인임을 확인할 수 있는 여권·운전면허증·공무원증 또는 중앙선거관리위원회규칙으로 정하는 신분증명서를 말한다. 이하 "신분증명서"라 한다)을 제시하고 본인임을 확인받은 후 선거인명부에 서명이나 날인 또는 무인하고 투표용지를 받아야 한다. <개정 2011.7.28.>
②투표관리관은 선거일에 선거인에게 투표용지를 교부하는 때에는 사인날인란에 사인을 날인한 후 선거인이 보는 앞에서 일련번호지를 떼어서 교부하되, 필요하다고 인정되는 때에는 100매 이내의 범위안에서 그 사인을 미리 날인해 놓은 후 이를 교부할 수 있다. <개정 1998.4.30., 2004.3.12., 2005.8.4.>
③투표관리관은 신분증명서를 제시하지 아니한 선거인에게 투표용지를 교부하여서는 아니된다. <개정 2005.8.4.>
④선거인은 투표용지를 받은 후 기표소에 들어가 투표용지에 1인의 후보자(비례대표국회의원선거와 비례대표지방의회의원선거에 있어서는 하나의 政黨을 말한다)를 선택하여 투표용지의 해당란에 기표한 후 그 자리에서 기표내용이 다른 사람에게 보이지 아니하게 접어 투표참관인의 앞에서 투표함에 넣어야 한다. <개정 2002.3.7., 2004.3.12., 2005.8.4.>
⑤투표용지를 교부받은 후 그 선거인에게 책임이 있는 사유로 훼손 또는 오손된 때에는 다시 이를 교부하지 아니한다.
⑥선거인은 투표소의 질서를 해하지 아니하는 범위 안에서 초등학생 이하의 어린이와 함께 투표소(초등학생인 어린이의 경우에는 기표소를 제외한다)안에 출입할 수 있으며, 시각 또는 신체의 장애로 인하여 자신이 기표할 수 없는 선거인은 그 가족 또는 본인이 지명한 2인을 동반하여 투표를 보조하게 할 수 있다. <개정 2000.2.16., 2004.3.12.>
⑦제6항의 경우를 제외하고는 같은 기표소안에 2인 이상이 동시에 들어갈 수 없다.
⑧투표용지의 날인·교부방법 및 기표절차 그 밖에 필요한 사항은 중앙선거관리위원회규칙으로 정한다. <개정 2005.8.4.>
[제목개정 2011.7.28.]

제158조(사전투표) ①선거인(거소투표자와 선상투표자는 제외한다)은 누구든지 사전투표기간 중에 사전투표소에 가서 투표할 수 있다.
②사전투표를 하려는 선거인은 사전투표소에서 신분증명서를 제시하여 본인임을 확인받은 다음 전자적 방식으로 손도장을 찍거나 서명한 후 투표용지를 받아야 한다. 이 경우 중앙선거관리위원회는 해당 선거인에게 투표용지가 교부된 사실을 확인할 수 있도록 신분증명서의 일부를 전자적 이미지 형태로 저장하여 선거일의 투표마감시각까지 보관하여야 한다. <개정 2015.8.13.>
③사전투표관리관은 투표용지 발급기로 선거권이 있는 해당 선거의 투표용지를 인쇄하여 "사전투표관리관"칸에 자신의 도장을 찍은 후 일련번호를 떼지 아니하고 회송용 봉투와 함께 선거인에게 교부한다.
④투표용지와 회송용 봉투를 받은 선거인은 기표소에 들어가 투표용지에 1명의 후보자(비례대표국회의원선거 및 비례대표지방의회의원선거에서는 하나의 정당을 말한다)를 선택하여 투표용지의 해당 칸에 기표한 다음 그 자리에서 기표내용이 다른 사람에게 보이지 아니하게 접어 이를 회송용 봉투에 넣어 봉함한 후 사전투표함에 넣어야 한다.
⑤제3항 및 제4항에도 불구하고 사전투표관리관은 중앙선거관리위원회규칙으로 정하는 구역의 선거인에게는 회송용 봉투를 교부하지 아니할 수 있다.
⑥사전투표관리관은 사전투표기간 중 매일의 사전투표마감 후 또는 사전투표기간 종료 후

투표지를 인계하는 경우에는 사전투표참관인의 참관 하에 다음 각 호에 따라 처리한다. <개정 2014.2.13.>
1. 제3항 및 제4항에 따라 투표용지와 회송용 봉투를 함께 교부하여 투표하게 한 경우에는 사전투표함을 개함하고 사전투표자수를 계산한 후 관할 우체국장에게 인계하여 등기우편으로 발송한다.
2. 제5항에 따라 회송용 봉투를 교부하지 아니하고 투표하게 한 경우에는 해당 사전투표함을 직접 관할 구·시·군선거관리위원회에 인계한다. 이 경우 사전투표함 등의 송부에 관하여는 제170조를 준용한다.
⑦투표용지를 교부하지 아니하는 경우와 투표소 출입 등에 관하여는 제157조제3항 및 제5항부터 제7항까지의 규정을 준용한다.
⑧전기통신 장애 등이 발생하는 경우 사전투표절차, 그 밖에 필요한 사항은 중앙선거관리위원회규칙으로 정한다.
[전문개정 2014.1.17.]

제158조의2(거소투표) 거소투표자는 관할 구·시·군선거관리위원회로부터 송부 받은 투표용지에 1명의 후보자(비례대표국회의원선거 및 비례대표지방의회의원선거에서는 하나의 정당을 말한다)를 선택하여 투표용지의 해당 칸에 기표한 다음 회송용 봉투에 넣어 봉함한 후 등기우편으로 발송하여야 한다.
[본조신설 2014.1.17.]
[종전 제158조의2는 제158조의3으로 이동 <2014.1.17.>]

제158조의3(선상투표) ①선장은 선거일 전 8일부터 선거일 전 5일까지의 기간(이하 "선상투표기간"이라 한다) 중 해당 선박의 선상투표자의 수와 운항사정 등을 고려하여 선상투표를 할 수 있는 일시를 정하고, 해당 선박에 선상투표소를 설치하여야 한다. 이 경우 선장은 지체 없이 선상투표자에게 선상투표를 할 수 있는 일시와 선상투표소가 설치된 장소를 알려야 한다. <개정 2015.8.13.>
②선장은 선상투표소를 설치할 때 선상투표자가 투표의 비밀이 보장된 상태에서 투표한 후 팩시밀리로 선상투표용지를 전송할 수 있도록 설비하여야 한다.
③선장은 선상투표가 진행되는 동안에는 해당 선박에 승선하고 있는 선원 중 대한민국 국민으로서 공정하고 중립적인 사람 1명 이상을 입회시켜야 한다. 다만, 해당 선박에 승선하고 있는 대한민국 국민이 1명뿐인 경우에는 그러하지 아니하다.
④선장은 제1항에 따른 선상투표소에서 선상투표자가 가져 온 선상투표용지의 해당 서명란에 제3항 본문에 따른 입회인(이하 "입회인"이라 한다)과 함께 서명한 다음 해당 선상투표자에게 교부하여야 한다. 이 경우 선상투표소에서 투표하기 전에 미리 기표하여 온 선상투표용지는 회수하여 별도의 봉투에 넣어 봉함한다.
⑤제4항에 따라 선상투표용지를 교부받은 선상투표자는 선거인 확인란에 서명한 후 1명의 후보자(비례대표국회의원선거에서는 하나의 정당을 말한다)를 선택하여 선상투표용지의 해당란에 기표한 다음 선상투표소에 설치된 팩시밀리로 직접 해당 시·도선거관리위원회에 전송하여야 한다.
⑥제5항에 따라 전송을 마친 선상투표자는 선상투표지를 직접 봉투에 넣어 봉함한 후 선장에게 제출하여야 한다.
⑦선장은 해당 선박의 선상투표를 마친 후 입회인의 입회 아래 제6항에 따라 제출된 선상투표지 봉투와 제4항 후단에 따른 선상투표용지 봉투를 구분하여 함께 포장한 다음 자신과 입회인이 각각 봉인한 후 보관하여야 한다.
⑧선장은 해당 선박의 선상투표를 마친 때에는 선상투표관리기록부를 작성하여 선거일 전일까지 해당 선박의 선박원부를 관리하는 지방해양항만청의 소재지(대한민국국적취득조건부 나용선의 경우 해당 선박회사의 등록지, 외국국적 선박은 선박관리업 등록을 한 지방해양항만청의 소재지를 말한다)를 관할하는 시·도선거관리위원회에 팩시밀리로 전송하고, 국내에 도착하는 즉시 선상투표관리기록부와 제7항에 따라 보관 중인 봉투를 해당 시·도

선거관리위원회에 제출하여야 한다. 이 경우 국내에 도착하기 전이라도 외국에서 국제우편을 이용하여 제출할 수 있다.
⑨시·도선거관리위원회는 제5항에 따른 선상투표지를 수신할 팩시밀리에 투표의 비밀이 보장될 수 있도록 기술적 장치를 하여야 한다.
⑩시·도선거관리위원회는 제5항에 따라 수신된 선상투표지의 투표부분은 절취하여 봉투에 넣고, 표지부분은 그 봉투에 붙여서 봉함한 후 선상투표자의 주소지 관할 구·시·군선거관리위원회에 보내야 한다. 이 경우 투표한 선거인을 알 수 없는 선상투표지는 봉투에 넣어 봉함한 후 그 사유를 적은 표지를 부착하여 보관한다.
⑪시·도선거관리위원회는 선상투표지 관리록에 선상투표지 수신상황과 발송상황을 적어야 한다.
⑫구·시·군선거관리위원회는 선거일 투표마감시각까지 시·도선거관리위원회로부터 송부된 선상투표지를 접수하여 우편투표함에 투입하여야 한다.
⑬선상투표기간 개시일 전에 국내에 도착한 선상투표자는 중앙선거관리위원회규칙으로 정하는 서류를 첨부하여 관할 구·시·군선거관리위원회에 신고한 후 선거일에 주소지를 관할하는 투표구에 설치된 투표소에서 투표할 수 있다. 이 경우 해당 선박에서 선상투표용지를 미리 교부받은 사람은 관할 구·시·군선거관리위원회에 신고할 때에 그 투표용지를 반납하여야 한다. <신설 2015.8.13.>
⑭선상투표의 투표절차, 투표의 비밀을 보장하기 위한 팩시밀리의 기술적 요건, 선상투표관리기록부 및 선상투표지 관리록의 작성·제출, 선상투표기간 개시일 전에 국내에 도착한 선상투표자의 투표절차, 그 밖에 필요한 사항은 중앙선거관리위원회규칙으로 정한다. <개정 2015.8.13.>
[본조신설 2012.2.29.]
[제158조의2에서 이동, 종전 제158조의3은 삭제

제159조(기표방법) 선거인이 투표용지에 기표를 하는 때에는 "卜"표가 각인된 기표용구를 사용하여야 한다. 다만, 거소투표자가 거소투표(선상투표를 포함한다)를 하는 경우에는 "○"표를 할 수 있다. <개정 2012.2.29.>

제160조 삭제 <2005.8.4.>

제161조(투표참관) ①투표관리관은 투표참관인으로 하여금 투표용지의 교부상황과 투표상황을 참관하게 하여야 한다. <개정 2005.8.4.>
②투표참관인은 정당·후보자·선거사무장 또는 선거연락소장이 후보자마다 투표소별로 2인을 선정하여 선거일 전 2일까지 읍·면·동선거관리위원회에 서면으로 신고하여야 한다. <개정 2005.8.4.>
③투표참관인은 투표소마다 8명으로 하되, 제2항의 규정에 의하여 선정·신고한 인원수가 8명을 넘는 때에는 읍·면·동선거관리위원회가 추첨에 의하여 지정한 자를 투표참관인으로 한다. 다만, 투표참관인의 선정이 없거나 선정·신고한 인원수가 4명에 미달하는 때에는 읍·면·동선거관리위원회가 그 투표구를 관할하는 구·시·군의 구역안에 거주하는 선거권자중에서 본인의 승낙을 얻어 4명에 달할 때까지 선정한 자를 투표참관인으로 한다. <개정 2004.3.12., 2005.8.4., 2010.1.25.>
④읍·면·동선거관리위원회가 제3항의 규정에 의하여 투표참관인을 지정하는 경우에 후보자수가 8명을 넘는 때에는 후보자별로 1명씩 우선 선정한 후 추첨에 의하여 8명을 지정하고, 후보자수가 8명에 미달하되 후보자가 선정·신고한 인원수가 8명을 넘는 때에는 후보자별로 1명씩 선정한 자를 우선 지정한 후 나머지 인원은 추첨에 의하여 지정한다. <개정 2005.8.4., 2010.1.25.>
⑤정당·후보자·선거사무장 또는 선거연락소장은 그가 선정한 투표참관인에 대하여는 필요한 경우에는 언제든지 읍·면·동선거관리위원회에 신고하고 교체할 수 있으며, 선거일에는 투표소에서 교체신고할 수 있다. <개정 2005.8.4.>

⑥제3항 단서의 규정에 의하여 읍·면·동선거관리위원회가 선정한 투표참관인은 정당한 사유없이 참관을 거부하거나 그 직을 사임할 수 없다. <개정 2005.8.4.>
⑦대한민국 국민이 아닌 자·미성년자·제18조(選擧權이 없는 者)제1항 각호의 1에 해당하는 자·제53조(公務員 등의 立候補)제1항 각호의 1에 해당하는 자·후보자 또는 후보자의 배우자는 투표참관인이 될 수 없다. <개정 2004.3.12.>
⑧투표관리관은 원활한 투표관리를 위하여 필요하다고 인정하는 경우에는 투표참관인을 교대로 참관하게 할 수 있다. 이 경우 정당·후보자별로 참관인수의 2분의 1씩 교대하여 참관하게 하여야 한다. <개정 2004.3.12., 2005.8.4.>
⑨투표관리관은 투표용지의 교부상황과 투표상황을 쉽게 볼 수 있는 장소에 투표참관인석을 마련하여야 한다. <개정 2005.8.4.>
⑩투표참관인은 투표에 간섭하거나 투표를 권유하거나 기타 어떠한 방법으로든지 선거에 영향을 미치는 행위를 하여서는 아니된다.
⑪투표관리관은 투표참관인이 투표간섭 또는 부정투표 그 밖에 이 법의 규정에 위반되는 사실을 발견하고 그 시정을 요구한 경우에 그 요구가 정당하다고 인정하는 때에는 이를 시정하여야 한다. <개정 2005.8.4.>
⑫투표참관인은 투표소안에서 사고가 발생한 때에는 투표상황을 촬영할 수 있다.
⑬삭제 <2000.2.16.>
⑭투표참관인신고서의 서식 기타 필요한 사항은 중앙선거관리위원회규칙으로 정한다.

제162조(사전투표참관) ①사전투표관리관은 사전투표참관인으로 하여금 사전투표 상황을 참관하게 하여야 한다. <개정 2014.1.17.>
②정당·후보자·선거사무장 또는 선거연락소장은 후보자마다 사전투표소별로 2명의 사전투표참관인을 선정하여 선거일 전 7일까지 구·시·군선거관리위원회에 서면으로 신고하여야 하고, 필요한 경우 언제든지 신고한 후 교체할 수 있으며 사전투표기간 중에는 사전투표소에서 교체신고를 할 수 있다. <개정 2014.1.17.>
③제2항에 따른 사전투표참관인의 선정이 없거나 한 후보자가 선정한 사전투표참관인밖에 없는 때에는 관할구·시·군선거관리위원회가 선거권자중에서 본인의 승낙을 얻어 4인에 달할 때까지 선정한 자를 사전투표참관인으로 한다. <개정 2005.8.4., 2014.1.17.>
④사전투표참관에 관하여는 제161조제6항부터 제12항까지의 규정을 준용한다. 이 경우 "읍·면·동선거관리위원회"는 "관할구·시·군선거관리위원회"로, "투표관리관"은 "사전투표관리관"으로, "투표참관인"은 "사전투표참관인"으로 본다. <개정 2000.2.16., 2005.8.4., 2010.1.25., 2014.1.17., 2015.8.13.>
⑤사전투표참관인신고서의 서식, 그 밖에 필요한 사항은 중앙선거관리위원회규칙으로 정한다. <개정 2014.1.17.>
[제목개정 2014.1.17.]

제163조(투표소 등의 출입제한) ①투표하려는 선거인·투표참관인·투표관리관, 읍·면·동선거관리위원회 및 그 상급선거관리위원회의 위원과 직원 및 투표사무원을 제외하고는 누구든지 투표소에 들어갈 수 없다. <개정 2005.8.4.>
②선거관리위원회의 위원·직원·투표관리관·투표사무원 및 투표참관인이 투표소에 출입하는 때에는 중앙선거관리위원회규칙이 정하는 바에 따라 표지를 달거나 붙여야 하며, 이 규정에 의한 표지외에는 선거와 관련한 어떠한 표시물도 달거나 붙일 수 없다. <개정 2005.8.4.>
③제2항의 표지는 다른 사람에게 양도·양여할 수 없다.
④사전투표소(제149조에 따라 기표소가 설치된 장소를 포함한다)의 출입제한에 관하여는 제1항부터 제3항까지의 규정을 준용한다. <개정 2014.1.17.>

제164조(투표소 등의 질서유지) ①투표관리관 또는 투표사무원은 투표소의 질서가 심히 문란하여 공정한 투표가 실시될 수 없다고 인정하는 때에는 투표소의 질서를 유지하기 위하여 정복을 한 경찰공무원 또는 경찰관서장에게 원조를 요구할 수 있다. <개정 2005.8.4.>

②제1항의 규정에 의하여 원조요구를 받은 경찰공무원 또는 경찰관서장은 즉시 이에 따라야 한다.
③제1항의 요구에 의하여 투표소안에 들어간 경찰공무원 또는 경찰관서장은 투표관리관의 지시를 받아야 하며, 질서가 회복되거나 투표관리관의 요구가 있는 때에는 즉시 투표소안에서 퇴거하여야 한다. <개정 2005.8.4.>
④사전투표소의 질서유지에 관하여는 제1항부터 제3항까지의 규정을 준용한다. 이 경우 "투표관리관"은 "사전투표관리관"으로, "투표사무원"은 "사전투표사무원"으로 본다. <개정 2014.1.17.>

제165조(무기나 흉기 등의 휴대금지)
①제164조(投票所 등의 秩序維持)제1항의 경우를 제외하고는 누구든지 투표소안에서 무기나 흉기 또는 폭발물을 지닐 수 없다.
②사전투표소(제149조에 따라 기표소가 설치된 장소를 포함한다)에서의 무기나 흉기 등의 휴대금지에 관하여는 제1항을 준용한다. <개정 2014.1.17.>

제166조(투표소내외에서의 소란언동금지 등)
①투표소안에서 또는 투표소로부터 100미터안에서 소란한 언동을 하거나 특정 정당이나 후보자를 지지 또는 반대하는 언동을 하는 자가 있는 때에는 투표관리관 또는 투표사무원은 이를 제지하고, 그 명령에 불응하는 때에는 투표소 또는 그 제한거리 밖으로 퇴거하게 할 수 있다. 이 경우 투표관리관 또는 투표사무원은 필요하다고 인정하는 때에는 정복을 한 경찰공무원 또는 경찰관서장에게 원조를 요구할 수 있다. <개정 2005.8.4.>
②제1항의 규정에 의하여 퇴거당한 선거인은 최후에 투표하게 한다. 다만, 투표관리관은 투표소의 질서를 문란하게 할 우려가 없다고 인정하는 때에는 그 전에라도 투표하게 할 수 있다. <개정 2005.8.4.>
③누구든지 제163조(投票所 등의 出入制限)제2항의 규정에 의하여 표지를 달거나 붙이는 경우를 제외하고는 선거일에 완장·흉장 등의 착용 기타의 방법으로 선거에 영향을 미칠 우려가 있는 표지를 할 수 없다.
④제164조(投票所 등의 秩序維持)제2항 및 제3항의 규정은 투표소내외에서의 소란언동금지 등에 이를 준용한다.
⑤사전투표소 내외에서의 소란언동금지 등에 관하여는 제1항부터 제4항까지의 규정을 준용한다. 이 경우 "투표관리관"은 "사전투표관리관"으로, "투표사무원"은 "사전투표사무원"으로, "선거일에"는 "사전투표소 안에서"로 본다. <개정 2014.1.17.>

제166조의2(투표지 등의 촬영행위 금지)
①누구든지 기표소 안에서 투표지를 촬영하여서는 아니 된다.
②투표관리관 또는 사전투표관리관은 선거인이 기표소 안에서 투표지를 촬영한 경우 해당 선거인으로부터 그 촬영물을 회수하고 투표록에 그 사유를 기록한다. <개정 2014.1.17.>
[본조신설 2010.1.25.]

제167조(투표의 비밀보장) ①투표의 비밀은 보장되어야 한다.
②선거인은 투표한 후보자의 성명이나 정당명을 누구에게도 또한 어떠한 경우에도 진술할 의무가 없으며, 누구든지 선거일의 투표마감시각까지 이를 질문하거나 그 진술을 요구할 수 없다. 다만, 텔레비전방송국·라디오방송국·「신문 등의 진흥에 관한 법률」 제2조제1호가목 및 나목에 따른 일간신문사가 선거의 결과를 예상하기 위하여 선거일에 투표소로부터 50미터 밖에서 투표의 비밀 이 침해되지 않는 방법으로 질문하는 경우에는 그러하지 아니하며 이 경우 투표마 감시각까지 그 경위와 결과를 공표할 수 없다. <개정 1995.12.30., 2000.2.16., 2004.3.12., 2005.8.4., 2010.1.25., 2012.2.29.>
③선거인은 자신이 기표한 투표지를 공개할 수 없으며, 공개된 투표지는 무효로 한다.

제168조(투표함 등의 봉쇄·봉인) ①투표관리관은 투표소를 닫는 시각이 된 때에는 투표소의 입구를 닫아야 하며, 투표소안에 있는 선거인의 투표가 끝나면 투표참관인의 참관하에 투표함의 투입구와 그 자물쇠를 봉쇄·봉인하여야 한다. 다만, 정당한 사유없이 참관을 거부하는 투표참관인이 있는 때에는 그 권한을 포기한 것으로 보고, 투표록에 그 사유를 기재한다. <개정 2005.8.4.>
②투표함의 열쇠와 잔여투표용지 및 번호지는 제1항의 규정에 의하여 각각 봉인하여야 한다.

제169조(투표록의 작성) 투표관리관은 투표록을 작성하여 기명하고 서명 또는 날인하여야 한다. <개정 2011.7.28.>
[전문개정 2005.8.4.]

제170조(투표함 등의 송부) ①투표관리관은 투표가 끝난 후 지체없이 투표함 및 그 열쇠와 투표록 및 잔여투표용지를 관할구·시·군선거관리위원회에 송부하여야 한다. <개정 2005.8.4.>
②제1항의 규정에 의하여 투표함을 송부하는 때에는 후보자별로 투표참관인 1인과 호송에 필요한 정복을 한 경찰공무원을 2인에 한하여 동반할 수 있다. <개정 2005.8.4., 2010.3.12.>

제171조(투표관계서류의 인계) 투표관리관은 투표가 끝난 후 선거인명부 기타 선거에 관한 모든 서류를 관할구·시·군선거관리위원회위원장에게 인계하여야 한다.
<개정 2005.8.4.>

제11장 개표

제172조(개표관리) ①개표사무는 구·시·군선거관리위원회가 이를 행한다.
②제173조(開票所)제2항의 규정에 의하여 2개 이상의 개표소를 설치하는 때에는 당해 구·시·군선거관리위원회위원을 각 개표소에 비등하게 지정·배치하되, 이 법에 의한 개표관리에 관하여 당해 구·시·군선거관리위원회의 의결을 요하는 사항은 당해 개표소에 배치된 위원[「선거관리위원회법」 제4조(委員의 任命 및 위촉)제13항의 규정에 의한 보조위원을 포함한다. 이하 이 장에서 같다]수의 과반수의 의결로 결정하고, 구·시·군선거관리위원회위원장의 직무는 각각 당해 위원장과 부위원장 또는 위원장이 지명한 위원이 행한다. <신설 2000.2.16., 2005.8.4.>
③개표를 개시한 이후에는 개표소에 구·시·군선거관리위원회 재적위원(第173條第2項의 規定에 의하여 2개 이상의 開票所를 設置한 때에는 당해 開票所에 배치된 委員을 말한다)의 과반수가 참석하여야 한다. <개정 1995.12.30., 2000.2.16.>
④「선거관리위원회법」 제4조제13항 및 동법 제5조(委員長)제4항의 규정은 2개 이상의 개표소를 설치하는 선거의 경우에 관하여 이를 준용한다. <신설 2000.2.16., 2005.8.4.>

제173조(개표소) ①구·시·군선거관리위원회는 선거일전 5일까지 그 구·시·군의 사무소 소재지 또는 당해 관할구역(당해 區域안에 적정한 場所가 없는 때에는 인접한 다른 區域을 포함한다)안에 설치할 개표소를 공고하여야 한다. 다만, 천재·지변 기타 부득이한 사유가 있는 때에는 이를 변경할 수 있으며, 이 경우에는 즉시 공고하여야 한다. <개정 1998.4.30.>
②구·시·군선거관리위원회는 2개 이상의 개표소를 설치할 수 있다. <신설 2000.2.16.>
③제147조(투표소의 설치)제3항의 규정은 개표소에 준용한다. <신설 2004.3.12.>
④2개 이상의 개표소를 설치하는 때의 개표의 절차 및 방법 기타 필요한 사항은 중앙선거관리위원회규칙으로 정한다. <신설 2000.2.16.>

제174조(개표사무원) ①구·시·군선거관리위원회는 개표사무를 보조하게 하기 위하여 개표사무원을 두어야 한다. <개정 2018.4.6.>
②개표사무원은 제147조제9항제1호 내지 제4호에 해당하는 자 또는 공정하고 중립적인 자중에서 위촉한다. <개정 2004.3.12.>
③제147조제9항제1호부터 제4호까지의 기관·단체의 장이 선거관리위원회로부터 개표사무원의 추천 협조요구를 받은 때에는 우선적으로 이에 따라야 한다. <신설 2014.2.13.>
④삭제 <2004.3.12.>

제175조(개표개시) ①삭제 <2004.3.12.>
②구·시·군선거관리위원회는 관할구역안에 2이상의 선거구가 있는 경우에는 선거구 단위로 개표한다. <개정 2000.2.16., 2004.3.12.>

제176조(사전투표 · 거소투표 및 선상투표의 접수 · 개표) ①구·시·군선거관리위원회는 우편으로 송부된 사전투표·거소투표 및 선상투표를 접수한 때에는 당해 구·시·군선거관리위원회의 정당추천위원의 참여하에 이를 즉시 우편투표함에 투입·보관하여야 한다.
<개정 2005.8.4., 2014.1.17.>
②구·시·군선거관리위원회는 제158조제6항제2호에 따라 사전투표함을 인계받은 때에는 해당 구·시·군선거관리위원회의 정당추천위원의 참여 하에 투표함의 봉함·봉인상태를 확인하고 보관하여야 한다. <신설 2014.1.17.>
③제1항에 따른 우편투표함과 제2항에 따른 사전투표함은 개표참관인의 참관하에 선거일 오후 6시(보궐선거등에 있어서는 오후 8시)후에 개표소로 옮겨서 일반투표함의 투표지와 별도로 먼저 개표할 수 있다. <개정 1998.4.30., 2004.3.12., 2014.1.17.>
[제목개정 2014.1.17.]

제177조(투표함의 개함) ①투표함을 개함하는 때에는 구·시·군선거관리위원회위원장은 개표참관인의 참관하에 투표함의 봉쇄와 봉인을 검사한 후 이를 열어야 한다. 다만, 정당한 사유 없이 참관을 거부하는 개표참관인이 있는 때에는 그 권한을 포기한 것으로 보고, 개표록에 그 사유를 기재한다. <개정 2005.8.4.>
②구·시·군선거관리위원회위원장은 투표함을 개함한 후 투표수를 계산하여 투표록에 기재된 투표용지 교부수와 대조하여야 한다. 이 경우 정당한 사유없이 개표사무를 지연시키는 위원이 있는 때에는 그 권한을 포기한 것으로 보고, 개표록에 그 사유를 기재한다.

제178조(개표의 진행) ①개표는 투표구별로 구분하여 투표수를 계산한다. <개정 2002.3.7.>
②구·시·군선거관리위원회는 개표사무를 보조하기 위하여 투표지를 유·무효별 또는 후보자(비례대표국회의원선거 및 비례대표지방의회의원선거에서는 정당을 말한다)별로 구분하거나 계산에 필요한 기계장치 또는 전산조직을 이용할 수 있다. <신설 2014.1.17.>
③후보자별 득표수(비례대표국회의원선거 및 비례대표지방의회의원선거에 있어서는 정당별 득표수를 말한다. 이하 이 조에서 같다)의 공표는 구·시·군선거관리위원회위원장이 투표구별로 집계·작성된 개표상황표에 의하여 투표구 단위로 하되, 출석한 구·시·군선거관리위원회위원 전원은 공표 전에 득표수를 검열하고 개표상황표에 서명하거나 날인하여야 한다. 다만, 정당한 사유없이 개표사무를 지연시키는 위원이 있는 때에는 그 권한을 포기한 것으로 보고, 개표록에 그 사유를 기재한다. <개정 2002.3.7., 2004.3.12., 2005.8.4., 2011.7.28., 2014.1.17.>
④누구든지 제3항에 따른 후보자별 득표수의 공표전에는 이를 보도할 수 없다. 다만, 선거관리위원회가 제공하는 개표상황 자료를 보도하는 경우에는 그러하지 아니하다. <개정 2002.3.7., 2014.1.17.>
⑤개표절차 및 개표상황표의 서식 기타 필요한 사항은 중앙선거관리위원회규칙으로 정한다. <개정 2014.1.17.>
[제목개정 2011.7.28.]

제179조(무효투표) ①다음 각 호의 어느 하나에 해당하는 투표는 무효로 한다.
<개정 2002.3.7., 2004.3.12., 2005.8.4., 2015.8.13.>
1. 정규의 투표용지를 사용하지 아니한 것
2. 어느 란에도 표를 하지 아니한 것
3. 2란에 걸쳐서 표를 하거나 2 이상의 란에 표를 한 것
4. 어느 란에 표를 한 것인지 식별할 수 없는 것
5. (卜)표를 하지 아니하고 문자 또는 물형을 기입한 것
6. (卜)표 외에 다른 사항을 기입한 것
7. 선거관리위원회의 기표용구가 아닌 용구로 표를 한 것

②사전투표 및 거소투표의 경우에는 제1항의 규정에 의하는 외에 다음 각 호의 어느 하나에 해당하는 투표도 이를 무효로 한다. <개정 2000.2.16., 2005.8.4., 2012.2.29., 2014.1.17.>
1. 정규의 회송용 봉투를 사용하지 아니한 것
2. 회송용 봉투가 봉함되지 아니한 것
3. 삭제 <2005.8.4.>
4. 삭제 <2014.1.17.>

③선상투표의 경우에는 제1항에 따라 무효로 하는 경우 외에 다음 각 호의 어느 하나에 해당하는 경우에도 무효로 한다.
<신설 2012.2.29., 2014.1.17.>
1. 선상투표신고서에 기재된 팩시밀리 번호가 아닌 번호를 이용하여 전송되거나 전송한 팩시밀리 번호를 알 수 없는 것
2. 같은 선거인의 투표지가 2회 이상 수신된 경우 정상적으로 수신된 최초의 투표지 외의 것
3. 선거인이나 선장 또는 입회인의 서명이 누락된 것(제158조의3제3항 단서에 따라 입회인을 두지 아니한 경우 입회인의 서명이 누락된 것은 제외한다)
4. 표지부분에 후보자의 성명이나 정당의 명칭 또는 그 성명이나 명칭을 유추할 수 있는 내용이 표시된 것

④다음 각 호의 어느 하나에 해당하는 투표는 무효로 하지 아니한다. <개정 2000.2.16., 2005.8.4., 2012.2.29., 2014.1.17.>
1. (卜)표가 일부분 표시되거나 (卜)표안이 메워진 것으로서 선거관리위원회의 기표용구를 사용하여 기표를 한 것이 명확한 것
2. 한 후보자(비례대표국회의원선거 및 비례대표지방의회의원선거에 있어서는 정당을 말한다. 이하 이 항에서 같다)란에만 2 이상 기표된 것
3. 후보자란 외에 추가 기표되었으나 추가 기표된 것이 어느 후보자에게도 기표한 것으로 볼 수 없는 것
4. 삭제 <2015.8.13.>
5. 기표한 것이 전사된 것으로서 어느 후보자에게 기표한 것인지가 명확한 것
6. 인육으로 오손되거나 훼손되었으나 정규의 투표용지임이 명백하고 어느 후보자에게 기표한 것인지가 명확한 것
7. 거소투표(선상투표를 포함한다)의 경우 이 법에 규정된 방법외의 다른 방법[인장(拇印을 제외한다)의 날인·성명기재 등 누가 투표한 것인지 알 수 있는 것을 제외한다]으로 표를 하였으나 어느 후보자에게 기표한 것인지가 명확한 것
8. 회송용 봉투에 성명 또는 거소가 기재되거나 사인이 날인된 것
9. 거소투표자 또는 선상투표자가 투표 후 선거일의 투표개시 전에 사망한 경우 그 거소투표 또는 선상투표
10. 사전투표소에서 투표한 선거인이 선거일의 투표개시 전에 사망한 경우 해당 선거인의 투표

[제목개정 2015.8.13.]

제180조(투표의 효력에 관한 이의에 대한 결정) ①투표의 효력에 관하여 이의가 있는

때에는 구·시·군선거관리위원회는 재적위원 과반수의 출석과 출석위원 과반수의 의결로 결정한다. <개정 1995.12.30.>
②투표의 효력을 결정함에 있어서는 선거인의 의사가 존중되어야 한다.

제181조(개표참관) ①구·시·군선거관리위원회는 개표참관인으로 하여금 개표소안에서 개표상황을 참관하게 하여야 한다.
②제1항의 개표참관인은 구·시·군선거관리위원회의 관할구역안에서 실시되는 선거에 후보자를 추천하는 정당은 6인을, 무소속후보자는 3인을 선정하여 선거일 전 2일까지 당해 구·시·군선거관리위원회에 서면으로 신고하여 참관하게 하되, 신고후 언제든지 교체할 수 있으며 개표일에는 개표소에서 교체신고를 할 수 있다.
<개정 1995.4.1., 2000.2.16., 2004.3.12., 2005.8.4., 2018.4.6.>
③제2항의 규정에 의한 개표참관인의 신고가 없거나 한 정당 또는 한 후보자가 선정한 개표참관인밖에 없는 때에는 구·시·군선거관리위원회가 선거권자 중에서 본인의 승낙을 얻어 12인[지역구자치구·시·군의원선거에 있어서는 6인(한 정당이 선정한 개표참관인밖에 없는 때에는 9인)]에 달할 때까지 선정한 자를 개표참관인으로 한다.
<개정 1995.4.1., 2004.3.12., 2005.8.4., 2012.1.17.>
④제3항의 규정에 의하여 구·시·군선거관리위원회가 선정한 개표참관인은 정당한 사유없이 참관을 거부하거나 그 직을 사임할 수 없다.
⑤구·시·군선거관리위원회는 제2항 및 제3항에도 불구하고 개표장소, 선거인수 등을 고려하여 선거권자의 신청을 받아 제2항에 따라 정당 또는 후보자가 신고할 수 있는 개표참관인 수의 100분의 20 이내에서 개표참관인을 추가로 선정하여 참관하게 할 수 있다. <신설 2015.8.13.>
⑥개표참관인은 투표구에서 송부된 투표함의 인계·인수절차를 참관하고 투표함의 봉쇄·봉인을 검사하며 그 관리상황을 참관할 수 있다. <개정 2015.8.13.>
⑦구·시·군선거관리위원회는 개표참관인이 개표내용을 식별할 수 있는 가까운 거리(1미터 이상 2미터 이내)에서 참관할 수 있도록 개표참관인석을 마련하여야 한다.
<개정 2015.8.13.>
⑧구·시·군선거관리위원회는 개표참관인이 개표에 관한 위법사항을 발견하여 그 시정을 요구한 경우에 그 요구가 정당하다고 인정되는 때에는 이를 시정하여야 한다.
<개정 2015.8.13.>
⑨개표참관인은 개표소안에서 개표상황을 언제든지 순회·감시 또는 촬영할 수 있으며, 당해 구·시·군선거관리위원회위원장이 개표소안 또는 일반관람인석에 지정한 장소에 전화 ·컴퓨터 기타의 통신설비를 설치하고, 이를 이용하여 개표상황을 후보자 또는 정당에 통보할 수 있다. <개정 2015.8.13.>
⑩구·시·군선거관리위원회는 원활한 개표관리를 위하여 필요한 경우에는 개표참관인을 교대하여 참관하게 할 수 있다. 이 경우 정당·후보자별로 참관인수의 2분의 1씩 교대하여 참관하게 하여야 한다. <개정 2004.3.12., 2015.8.13.>
⑪다음 각 호의 어느 하나에 해당하는 사람은 개표참관인이 될 수 없다. <개정 2015.8.13.>
1. 대한민국 국민이 아닌 사람
2. 미성년자
3. 제18조제1항 각 호의 어느 하나에 해당하는 사람
4. 제53조제1항 각 호의 어느 하나에 해당하는 사람
⑫개표참관인신고서의 서식 기타 필요한 사항은 중앙선거관리위원회규칙으로 정한다.
[제목개정 2015.8.13.]

제182조(개표관람) ①누구든지 구·시·군선거관리위원회가 발행하는 관람증을 받아 구획된 장소에서 개표상황을 관람할 수 있다.
②제1항의 관람증의 매수는 개표장소를 참작하여 적당한 수로 하되, 후보자별로 균등하게 배부되도록 하여야 한다.

③구·시·군선거관리위원회는 일반관람인석에 대하여 질서유지에 필요한 설비를 하여야 한다.

제183조(개표소의 출입제한과 질서유지)
①구·시·군선거관리위원회와 그 상급선거관리위원회의 위원·직원, 개표사무원·개표사무협조요원 및 개표참관인을 제외하고는 누구든지 개표소에 들어갈 수 없다. 다만, 관람증을 배부받은 자와 방송·신문·통신의 취재·보도요원이 일반관람인석에 들어가는 경우는 그러하지 아니하다. <개정 2002.3.7.>
②선거관리위원회의 위원·직원, 개표사무원·개표사무협조요원 및 개표참관인이 개표소에 출입하는 때에는 중앙선거관리위원회규칙이 정하는 바에 따라 표지를 달거나 붙여야 하며, 이를 다른 사람에게 양도·양여할 수 없다. <개정 2002.3.7.>
③구·시·군선거관리위원회위원장이나 위원은 개표소의 질서가 심히 문란하여 공정한 개표가 진행될 수 없다고 인정하는 때에는 개표소의 질서유지를 위하여 정복을 한 경찰공무원 또는 경찰관서장에게 원조를 요구할 수 있다.
④제3항의 규정에 의하여 원조요구를 받은 경찰공무원 또는 경찰관서장은 즉시 이에 따라야 한다.
⑤제3항의 요구에 의하여 개표소안에 들어간 경찰공무원 또는 경찰관서장은 구·시·군선거관리위원회위원장의 지시를 받아야 하며, 질서가 회복되거나 위원장의 요구가 있는 때에는 즉시 개표소에서 퇴거하여야 한다.
⑥제3항의 경우를 제외하고는 누구든지 개표소안에서 무기나 흉기 또는 폭발물을 지닐 수 없다.

제184조(투표지의 구분) 개표가 끝난 때에는 투표구별로 개표한 투표지를 유효·무효로 구분하고, 유효투표지는 다시 후보자(비례대표국회의원선거 및 비례대표지방의회의원선거에 있어서는 候補者를 추천한 政黨을 말한다)별로 구분하여 각각 포장하여 구·시·군선거관리위원회 위원장이 봉인하여야 한다. <개정 2002.3.7., 2004.3.12., 2005.8.4., 2010.1.25.>

제185조(개표록 · 집계록 및 선거록의 작성 등) ①구·시·군선거관리위원회는 개표결과를 즉시 공표하고 개표록을 작성하여 관할선거구선거관리위원회(대통령선거 및 비례대표국회의원선거에 있어서는 市·道選擧管理委員會)에 송부하여야 한다. <개정 2004.3.12.>
②제1항의 개표록을 송부받은 관할선거구선거관리위원회는 지체없이 후보자(비례대표지방의회의원선거에 있어서는 政黨을 말한다)별 득표수를 계산·공표하고 선거록을 작성하여야 한다. <개정 1995.4.1., 2000.2.16., 2002.3.7., 2004.3.12., 2005.8.4.>
③시·도선거관리위원회가 제1항의 개표록을 송부받은 때에는 대통령선거에 있어서는 후보자별 득표수를, 비례대표국회의원선거에 있어서는 정당별 득표수를 계산·공표하고 집계록을 작성하여 중앙선거관리위원회에 송부하여야 한다. <개정 2004.3.12.>
④중앙선거관리위원회가 제3항의 집계록을 송부받은 때에는 대통령선거에 있어서는 후보자별 득표수를, 비례대표국회의원선거에 있어서는 정당별 득표수를 계산·공표하고, 선거록을 작성하여야 한다. <개정 2000.2.16., 2004.3.12.>
⑤개표록·집계록 및 선거록에는 위원장과 출석한 위원 전원이 기명하고 서명 또는 날인하여야 한다. 다만, 정당한 사유없이 서명 또는 날인을 거부하는 위원이 있는 때에는 그 권한을 포기한 것으로 보고, 개표록·집계록 및 선거록에 그 사유를 기재한다. <개정 2011.7.28.>
⑥개표록·집계록 및 선거록의 서식 기타 필요한 사항은 중앙선거관리위원회규칙으로 정한다.
[제목개정 2011.7.28.]

제186조(투표지 · 개표록 및 선거록 등의 보관) 구·시·군선거관리위원회는 투표지·투표함·투표록·개표록·선거록 기타 선거에 관한 모든 서류를, 시·도선거관리위원회는 집계록 및 선거록 기타 선거에 관한 모든 서류를, 중앙선거관리위원회는 선거록 기타 선거에 관한

모든 서류를 그 당선인의 임기중 각각 보관하여야 한다. 다만, 제219조(選擧訴請)·제222조(選擧訴訟) 및 제223조(當選訴訟)의 규정에 의한 선거에 관한 쟁송이 제기되지 아니하거나 계속되지 아니하게 된 때에는 중앙선거관리위원회규칙이 정하는 바에 따라 그 보존기간을 단축할 수 있다. <개정 1995.4.1., 2000.2.16., 2002.3.7.>

제12장 당선인

제187조(대통령당선인의 결정 · 공고 · 통지)

①대통령선거에 있어서는 중앙선거관리위원회가 유효투표의 다수를 얻은 자를 당선인으로 결정하고, 이를 국회의장에게 통지하여야 한다. 다만, 후보자가 1인인 때에는 그 득표수가 선거권자총수의 3분의 1 이상에 달하여야 당선인으로 결정한다.

②최고득표자가 2인 이상인 때에는 중앙선거관리위원회의 통지에 의하여 국회는 재적의원 과반수가 출석한 공개회의에서 다수표를 얻은 자를 당선인으로 결정한다.

③제1항의 규정에 의하여 당선인이 결정된 때에는 중앙선거관리위원회위원장이, 제2항의 규정에 의하여 당선인이 결정된 때에는 국회의장이 이를 공고하고, 지체없이 당선인에게 당선증을 교부하여야 한다.

④천재·지변 기타 부득이한 사유로 인하여 개표를 모두 마치지 못하였다 하더라도 개표를 마치지 못한 지역의 투표가 선거의 결과에 영향을 미칠 염려가 없다고 인정되는 때에는 중앙선거관리위원회는 우선 당선인을 결정할 수 있다.

제188조(지역구국회의원당선인의 결정 · 공고 · 통지) ①지역구국회의원선거에 있어서는 선거구선거관리위원회가 당해 국회의원지역구에서 유효투표의 다수를 얻은 자를 당선인으로 결정한다. 다만, 최고득표자가 2인 이상인 때에는 연장자를 당선인으로 결정한다.

②후보자등록마감시각에 지역구국회의원후보자가 1인이거나 후보자등록마감후 선거일 투표개시시각전까지 지역구국회의원후보자가 사퇴·사망하거나 등록이 무효로 되어 지역구국회의원후보자수가 1인이 된 때에는 지역구국회의원후보자에 대한 투표를 실시하지 아니하고, 선거일에 그 후보자를 당선인으로 결정한다.

③선거일의 투표개시시각부터 투표마감시각까지 지역구국회의원후보자가 사퇴·사망하거나 등록이 무효로 되어 지역구국회의원후보자수가 1인이 된 때에는 나머지 투표는 실시하지 아니하고 그 후보자를 당선인으로 결정한다.

④선거일의 투표마감시각후 당선인결정전까지 지역구국회의원후보자가 사퇴·사망하거나 등록이 무효로 된 경우에는 개표결과 유효투표의 다수를 얻은 자를 당선인으로 결정하되, 사퇴·사망하거나 등록이 무효로 된 자가 유효투표의 다수를 얻은 때에는 그 국회의원지역구는 당선인이 없는 것으로 한다.

⑤제2항 및 제3항의 규정에 의하여 투표를 실시하지 아니하는 때에는 당해 선거구선거관리위원회는 지체없이 이를 공고하고 상급선거관리위원회에 보고하여야 하며, 하급선거관리위원회에 통지하여야 한다.

⑥제1항 내지 제4항의 규정에 의하여 국회의원지역구의 당선인이 결정된 때에는 당해 선거구선거관리위원회위원장은 이를 공고하고 지체없이 당선인에게 당선증을 교부하여야 하며, 상급선거관리위원회에 보고하여야 한다.

⑦제187조(大統領當選人의 決定·公告·통지)제4항의 규정은 지역구국회의원당선인의 결정에 이를 준용한다.

제189조(비례대표국회의원의석의 배분과 당선인의 결정 · 공고 · 통지) ①중앙선거관리위원회는 다음 각 호의 어느 하나에 해당하는 정당(이하 이 조에서 "의석할당정당"이라 한다)에 대하여 비례대표국회의원의석을 배분한다. <개정 2020.1.14.>

1. 임기만료에 따른 비례대표국회의원선거에서 전국 유효투표총수의 100분의 3 이상을

득표한 정당
2. 임기만료에 따른 지역구국회의원선거에서 5 이상의 의석을 차지한 정당
②비례대표국회의원의석은 다음 각 호에 따라 각 의석할당정당에 배분한다. <개정 2020.1.14.>
1. 각 의석할당정당에 배분할 의석수(이하 이 조에서 "연동배분의석수"라 한다)는 다음 계산식에 따른 값을 소수점 첫째자리에서 반올림하여 산정한다. 이 경우 연동배분의석수가 1보다 작은 경우 연동배분의석수는 0으로 한다.

연동배분 의석수 = [(국회의원정수 − 의석할당정당이 추천하지 않은 지역구 국회의원당선인수
× 해당 정당의 비례대표국회의원선거 득표비율
- 해당 정당의 지역구국회의원당선인수] ÷ 2

2. 제1호에 따른 각 정당별 연동배분의석수의 합계가 비례대표국회의원 의석정수에 미달할 경우 각 의석할당정당에 배분할 잔여의석수(이하 이 조에서 "잔여배분의석수"라 한다)는 다음 계산식에 따라 산정한다. 이 경우 정수(整數)의 의석을 먼저 배정하고 잔여의석은 소수점 이하 수가 큰 순으로 각 의석할당정당에 1석씩 배분하되, 그 수가 같은 때에는 해당 정당 사이의 추첨에 따른다.

잔여배분의석수 = (비례대표국회의원 의석정수 − 각연동배분의 석수의 합계)
× 비례대표국회의원선거 득표비율

3. 제1호에 따른 각 정당별 연동배분의석수의 합계가 비례대표국회의원 의석정수를 초과할 경우에는 제1호 및 제2호에도 불구하고 다음 계산식에 따라 산출된 수(이하 이 조에서 "조정의석수"라 한다)를 각 연동배분의석 할당정당의 의석으로 산정한다. 이 경우 산출방식에 관하여는 제2호 후단을 준용한다.

조정의 석수 = 비례대표국회의원 의석정수 × 연동배분의 석수
÷ 각 연동배분의석수의 합계

③제2항의 비례대표국회의원선거 득표비율은 각 의석할당정당의 득표수를 모든 의석할당정당의 득표수의 합계로 나누어 산출한다. <개정 2020.1.14>
④중앙선거관리위원회는 제출된 정당별 비례대표국회의원후보자명부에 기재된 당선인으로 될 순위에 따라 정당에 배분된 비례대표국회의원의 당선인을 결정한다.
⑤정당에 배분된 비례대표국회의원의석수가 그 정당이 추천한 비례대표국회의원후보자수를 넘는 때에는 그 넘는 의석은 공석으로 한다.
⑥중앙선거관리위원회는 비례대표국회의원선거에 있어서 제198조(천재·지변 등으로 인한 재투표)의 규정에 의한 재투표 사유가 발생한 경우에는 그 투표구의 선거인수를 전국선거인수로 나눈 수에 비례대표국회의원 의석정수를 곱하여 얻은 수의 정수(1 미만의 단수는 1로 본다)를 비례대표국회의원 의석정수에서 뺀 다음 제1항부터 제4항까지의 규정에 따라 비례대표국회의원의석을 배분하고 당선인을 결정한다. 다만, 재투표결과에 따라 의석할당정당이 추가될 것으로 예상되는 경우에는 추가가 예상되는 정당마다 비례대표국회의원 의석정수의 100분의 3에 해당하는 정수(1미만의 단수는 1로 본다)의 의석을 별도로 빼야 한다. <개정 2020.1.14>
⑦비례대표국회의원의 당선인이 결정된 때에는 중앙선거관리위원회위원장은 그 명단을 공고하고 지체없이 각 정당에 통지하며, 당선인에게 당선증을 교부하여야 한다.
⑧제187조(대통령당선인의 결정·공고·통지)제4항의 규정은 비례대표국회의원당선인의 결정에 이를 준용한다.
[전문개정 2004.3.12.]
[2004.3.12. 법률 제7189호에 의하여 2001.7.19. 헌법재판소에서 위헌결정된 이 조를 개정함.]

제190조(지역구지방의회의원당선인의 결정·공고·통지) ①지역구시·도의원 및 지역구자치구·시·군의원의 선거에 있어서는 선거구선거관리위원회가 당해 선거구에서 유효투표의 다수를 얻은 자(지역구자치구·시·군의원선거에 있어서는 有效投票의 다수를 얻은 者 順으로 議員定數에 이르는 者를 말한다. 이하 이 條에서 같다)를 당선인으로 결정한다. 다만, 최고득표자가 2인 이상인 때에는 연장자순에 의하여 당선인을 결정한다. <개정 1995.4.1., 2000.2.16., 2005.8.4.>

②후보자등록마감시각에 후보자가 당해 선거구에서 선거할 의원정수를 넘지 아니하거나 후보자등록마감후 선거일 투표개시시각까지 후보자가 사퇴·사망하거나 등록이 무효로 되어 후보자수가 당해 선거구에서 선거할 의원정수를 넘지 아니하게 된 때에는 투표를 실시하지 아니하고, 선거일에 그 후보자를 당선인으로 결정한다.

③제187조(大統領當選人의 決定·公告·통지)제4항 및 제188조(地域區國會議員當選人의 決定·公告·통지)제3항 내지 제6항의 규정은 지역구지방의회의원의 당선인의 결정·공고·통지에 이를 준용한다. 이 경우 "지역구국회의원후보자"는 "지역구지방의회의원후보자"로, "1인이 된 때"는 "의원정수를 넘지 아니하게 된 때"로, "그 국회의원지역구"는 "그 선거구"로 본다. <개정 1995.4.1., 2000.2.16., 2005.8.4.>

④ 삭제 <2005.8.4.>

⑤ 삭제 <2005.8.4.>

⑥ 삭제 <2005.8.4.>

⑦ 삭제 <2005.8.4.>

⑧ 삭제 <2005.8.4.>

⑨ 삭제 <2005.8.4.>

[제목개정 2005.8.4.]

제190조의2(비례대표지방의회의원당선인의 결정·공고·통지) ①비례대표지방의회의원선거에 있어서는 당해 선거구선거관리위원회가 유효투표총수의 100분의 5 이상을 득표한 각 정당(이하 이 조에서 "의석할당정당"이라 한다)에 대하여 당해 선거에서 얻은 득표비율에 비례대표지방의회의원정수를 곱하여 산출된 수의 정수의 의석을 그 정당에 먼저 배분하고 잔여의석은 단수가 큰 순으로 각 의석할당정당에 1석씩 배분하되, 같은 단수가 있는 때에는 그 득표수가 많은 정당에 배분하고 그 득표수가 같은 때에는 당해 정당 사이의 추첨에 의한다. 이 경우 득표비율은 각 의석할당 정당의 득표수를 모든 의석할당정당의 득표수의 합계로 나누고 소수점 이하 제5위를 반올림하여 산출한다.

②비례대표시·도의원선거에 있어서 하나의 정당에 의석정수의 3분의 2 이상의 의석이 배분될 때에는 그 정당에 3분의 2에 해당하는 수의 정수(整數)의 의석을 먼저 배분하고, 잔여의석은 나머지 의석할당정당간의 득표비율에 잔여의석을 곱하여 산출된 수의 정수(整數)의 의석을 각 나머지 의석할당정당에 배분한 다음 잔여의석이 있는 때에는 그 단수가 큰 순위에 따라 각 나머지 의석할당정당에 1석씩 배분한다. 다만, 의석정수의 3분의 2에 해당하는 수의 정수(整數)에 해당하는 의석을 배분받는 정당 외에 의석할당정당이 없는 경우에는 의석할당정당이 아닌 정당간의 득표비율에 잔여의석을 곱하여 산출된 수의 정수(整數)의 의석을 먼저 그 정당에 배분하고 잔여의석이 있을 경우 단수가 큰 순으로 각 정당에 1석씩 배분한다. 이 경우 득표비율의 산출 및 같은 단수가 있는 경우의 의석배분은 제1항의 규정을 준용한다.

③관할선거구선거관리위원회는 비례대표지방의회의원선거에 있어서 제198조(천재·지변 등으로 인한 재투표)의 규정에 의한 재투표 사유가 발생한 때에는 그 투표구의 선거인수를 당해 선거구의 선거인수로 나눈 수에 비례대표지방의회의원의석정수를 곱하여 얻은 수의 정수(1 미만의 단수는 1로 본다)를 비례대표지방의회의원의석정수에서 뺀 다음 제1항 및 제2항의 규정에 따라 비례대표지방의회의원의석을 배분하고 당선인을 결정한다. 다만, 비례대표지방의회의원의석배분이 배제된 정당 중 재투표결과에 따라 의석할당정당이 추가될 것으로 예상되는 때에는 추가가 예상되는 정당마다 비례대표지방의회의원정수의 100분의 5에 해당하는 정수(1 미만의 단수는 1로 본다)의 의석을 별도로 빼야 한다.

④제187조(대통령당선인의 결정·공고·통지)제4항, 제189조제4항·제5항 및 제7항은 비

례대표지방의회의원 당선인의 결정에 이를 준용한다. 이 경우 "중앙선거관리위원회"는 "관할선거구선거관리위원회"로, "비례대표국회의원"은 "비례대표지방의회의원"으로 본다. <개정 2020.1.14.> [본조신설 2005.8.4.]

제191조(지방자치단체의 장의 당선인의 결정 · 공고 · 통지) ①지방자치단체의 장 선거에 있어서는 선거구선거관리위원회가 유효투표의 다수를 얻은 자를 당선인으로 결정하고, 이를 당해 지방의회의장에게 통지하여야 한다. 다만, 최고득표자가 2인 이상인 때에는 연장자를 당선인으로 결정한다.
②삭제 <2010.1.25.>
③제187조제4항 및 제188조제2항부터 제6항까지의 규정은 지방자치단체의 장의 당선인의 결정에 이를 준용한다. <개정 2010.1.25.>

제191조의2(당선인 사퇴의 신고) 당선인이 임기개시 전에 사퇴하려는 때에는 직접 해당 선거구선거관리위원회에 서면으로 신고하여야 하고, 비례대표국회의원선거 또는 비례대표지방의회의원선거의 당선인이 사퇴하려는 때에는 소속정당의 사퇴승인서를 첨부하여야 한다.
[본조신설 2011.7.28.]

제192조(피선거권상실로 인한 당선무효 등)
①선거일에 피선거권이 없는 자는 당선인이 될 수 없다.
②당선인이 임기개시전에 피선거권이 없게 된 때에는 당선의 효력이 상실된다.
③당선인이 임기개시전에 다음 각 호의 어느 하나에 해당되는 때에는 그 당선을 무효로 한다. <개정 1995.4.1., 2000.2.16., 2005.8.4., 2010.1.25., 2010.3.12., 2020.1.14., 2020.12.29.>>
1. 당선인이 제1항의 규정에 위반하여 당선된 것이 발견된 때
2. 당선인이 제52조제1항 각 호의 어느 하나 또는 같은 조 제2항부터 제4항까지의 등록무효사유에 해당하는 사실이 발견된 때
3. 비례대표국회의원 또는 비례대표지방의회의원의 당선인이 소속정당의 합당·해산 또는 제명외의 사유로 당적을 이탈·변경하거나 2 이상의 당적을 가지고 있는 때(當選人決定시 2 이상의 黨籍을 가진 者를 포함한다)
④비례대표국회의원 또는 비례대표지방의회의원이 소속정당의 합당·해산 또는 제명외의 사유로 당적을 이탈·변경하거나 2 이상의 당적을 가지고 있는 때에는 「국회법」 제136조(退職) 또는 「지방자치법」 제78조(의원의 퇴직)의 규정에 불구하고 퇴직된다. 다만, 비례대표국회의원이 국회의장으로 당선되어 「국회법」 규정에 의하여 당적을 이탈한 경우에는 그러하지 아니하다. <개정 1995.4.1., 2000.2.16., 2002.3.7., 2005.8.4., 2007.5.11.>
⑤제2항 및 제3항의 경우 관할선거구선거관리위원회[제187조(大統領當選人의 決定·公告 · 통지)제2항의 규정에 의하여 국회에서 대통령당선인을 결정한 경우에는 국회]는 그 사실을 공고하고 당해 당선인 및 그 당선인의 추천정당에 통지하여야 하며, 당선의 효력이 상실되거나 무효로 된 자가 대통령당선인 및 국회의원당선인인 때에는 국회의장에게, 지방자치단체의 의회의원 및 장의 당선인인 때에는 당해 지방의회의장에게 통지하여야 한다.

제193조(당선인결정의 착오시정) ①선거구선거관리위원회[제187조(大統領當選人의 決定·公告·통지)제2항의 규정에 의하여 국회에서 대통령당선인을 결정하는 경우에는 국회]는 당선인결정에 명백한 착오가 있는 것을 발견한 때에는 선거일후 10일 이내에 당선인의 결정을 시정하여야 한다.
②선거구선거관리위원회(中央選擧管理委員會를 제외한다)가 제1항의 규정에 의한 시정을 하는 때에는 지역구국회의원선거, 비례대표시·도의원선거, 지역구세종특별자치시의회의원선거 및 시·도지사선거에 있어서는 중앙선거관리위원회의, 지역구시·도의원선거(지역구세종특별자치시의회의원선거는 제외한다) 및 자치구·시·군의 의회의원과 장의 선거에 있어

서는 시·도선거관리위원회의 심사를 받아야 한다. <개정 1995.4.1., 2002.3.7., 2015.8.13.>
[제목개정 2015.8.13.]

제194조(당선인의 재결정과 비례대표국회의원의석 및 비례대표지방의회의원의석의 재배분) ①제187조(大統領當選人의 決定·公告·통지)·제188조(地域區國會議員當選人의 決定·公告·통지)·제190조제1항 내지 제3항 또는 제191조(地方自治團體의 長의 當選人의 決定·公告·통지)의 규정에 의한 당선인결정의 위법을 이유로 당선무효의 판결이나 결정이 확정된 때에는 당해 선거구선거관리위원회(第187條第2項의 規定에 의하여 國會에서 大統領當選人을 決定한 경우에는 國會)는 지체없이 당선인을 다시 결정하여야 한다.
<개정 2002.3.7.>
②제189조 및 제190조의2(비례대표지방의회의원당선인의 결정·공고·통지)의 규정에 따른 비례대표국회의원의석 또는 비례대표지방의회의원의석의 배분 및 그 당선인결정의 위법을 이유로 당선무효의 판결이나 결정이 있는 때 또는 제197조의 사유로 인한 재선거를 실시한 때에는 관할선거구선거관리위원회는 지체없이 의석을 재배분하고 다시 당선인을 결정하여야 한다. <개정 2000.2.16., 2002.3.7., 2005.8.4.>
③선거구선거관리위원회는 비례대표국회의원선거 또는 비례대표지방의회의원선거의 당선인이 그 임기개시전에 사퇴·사망하거나 제192조(被選擧權喪失로 인한 當選無效 등)제2항의 규정에 의하여 당선의 효력이 상실되거나 같은조제3항의 규정에 의하여 당선이 무효로 된 때에는 그 선거 당시의 소속정당이 추천한 후보자를 비례대표국회의원후보자명부 또는 비례대표지방의회의원후보자명부에 기재된 순위에 따라 당선인으로 결정한다.
<개정 1995.4.1., 2000.2.16., 2005.8.4.>
④선거구선거관리위원회는 비례대표국회의원선거 또는 비례대표지방의회의원선거에 있어서 제198조의 사유로 인한 재투표를 실시한 때에는 당초 선거에서의 득표수와 재투표에서의 득표수를 합하여 득표비율을 산출하고 그 득표비율에 당해 선거구의 의석정수를 곱하여 얻은 수에서 각 정당이 이미 배분받은 의석수를 뺀 수가 큰 순위에 따라 잔여의석을 배분하고 당선인을 결정한다. 이 경우 비례대표국회의원선거에 있어서는 제189조제1항부터 제5항까지의 규정을, 비례대표지방의회의원선거에 있어서는 제190조의2의 규정을 준용한다. <개정 2002.3.7., 2004.3.12., 2005.8.4., 2020.1.14.>
[제목개정 2002.3.7., 2005.8.4.]

제13장 재선거와 보궐선거

제195조(재선거) ①다음 각호의 1에 해당하는 사유가 있는 때에는 재선거를 실시한다.
<개정 2000.2.16., 2002.3.7., 2004.3.12., 2005.8.4.>
1. 당해 선거구의 후보자가 없는 때
2. 당선인이 없거나 지역구자치구·시·군의원선거에 있어 당선인이 당해 선거구에서 선거할 지방의회의원정수에 달하지 아니한 때
3. 선거의 전부무효의 판결 또는 결정이 있는 때
4. 당선인이 임기개시전에 사퇴하거나 사망한 때
5. 당선인이 임기개시전에 제192조(被選擧權喪失로 인한 當選無效 등)제2항의 규정에 의하여 당선의 효력이 상실되거나 같은조제3항의 규정에 의하여 당선이 무효로 된 때
6. 제263조(選擧費用의 超過支出로 인한 當選無效) 내지 제265조(選擧事務長 등의 選擧犯罪로 인한 當選無效)의 규정에 의하여 당선이 무효로 된 때

②하나의 선거의 같은 선거구에 제200조(보궐선거)의 규정에 의한 보궐선거의 실시사유가 확정된 후 재선거 실시사유가 확정된 경우로서 그 선거일이 같은 때에는 재선거로 본다. <신설 2004.3.12.>

제196조(선거의 연기) ①천재·지변 기타 부득이한 사유로 인하여 선거를 실시할 수 없거나 실시하지 못한 때에는 대통령선거와 국회의원선거에 있어서는 대통령이, 지방의회의원 및 지방자치단체의 장의 선거에 있어서는 관할선거구선거관리위원회위원장이 당해 지방자치단체의 장(職務代行者를 포함한다)과 협의하여 선거를 연기하여야 한다. <개정 2000.2.16.>
②제1항의 경우 선거를 연기한 때에는 처음부터 선거절차를 다시 진행하여야 하고, 선거일만을 다시 정한 때에는 이미 진행된 선거절차에 이어 계속하여야 한다.
③제1항의 규정에 의하여 선거를 연기하는 때에는 대통령 또는 관할선거구선거관리위원회위원장은 연기할 선거명과 연기사유 등을 공고하고, 지체없이 대통령은 관할선거구선거관리위원회위원장에게, 관할선거구선거관리위원회위원장은 당해 지방자치단체의 장에게 각각 통보하여야 한다. <개정 2000.2.16.>

제197조(선거의 일부무효로 인한 재선거)
①선거의 일부무효의 판결 또는 결정이 확정된 때에는 관할선거구선거관리위원회는 선거가 무효로 된 당해 투표구의 재선거를 실시한 후 다시 당선인을 결정하여야 한다.
②제1항의 재선거를 실시함에 있어서 판결 또는 결정에 특별한 명시가 없는 한 제44조제1항에도 불구하고 당초 선거에 사용된 선거인명부를 사용한다. <개정 2011.7.28.>
③제1항의 재선거를 실시함에 있어서 정당이 합당한 경우 합당된 정당은 그 재선거의 선거기간개시일부터 그 다음날까지 당해 선거구선거관리위원회에 합당전 후보자중 1인을 후보자로 추천하고, 비례대표국회의원선거 및 비례대표지방의회의원선거에 있어서는 하나의 후보자명부를 제출하되 합당전 각 정당이 제출한 후보자명부에 등재되지 아니한 자를 추가할 수 없다. <개정 1995.4.1., 2002.3.7., 2004.3.12., 2005.8.4.>
④제3항의 기간내에 추천이 없는 때에는 합당전 정당의 당해 선거구의 후보자의 등록은 모두 무효로 한다.
⑤합당된 정당의 후보자(비례대표국회의원선거 및 비례대표지방의회의원선거에 있어서는 후보자를 추천한 정당을 말한다)의 기호는 당초 선거 당시의 그 후보자의 기호로 한다. <개정 2002.3.7., 2004.3.12., 2005.8.4.>
⑥제3항의 규정에 의하여 추천된 후보자의 득표계산에 있어서는 합당으로 인하여 추천을 받지 못한 후보자의 득표는 이를 계산하지 아니한다.
⑦비례대표국회의원선거 및 비례대표지방의회의원선거에 있어서 제1항의 규정에 의한 재선거 사유가 확정된 경우에는 그 투표구의 선거인수를 당해 선거구의 선거인수로 나눈 수에 당해 선거구의 의석정수를 곱하여 얻은 수의 정수(1 미만의 단수는 1로 본다)를 의석정수에서 뺀 다음 제189조제1항부터 제4항까지 또는 제190조의2의 규정에 따라 의석을 재배분하고, 그 재배분에서 제외된 비례대표국회의원 및 비례대표지방의회의원의 당선은 무효로 한다. <신설 2004.3.12., 2005.8.4., 2020.1.14.>
⑧비례대표국회의원선거 및 비례대표지방의회의원선거에 있어서 제1항의 규정에 의한 재선거를 실시한 때의 의석 재배분 및 당선인결정에 있어서는 제194조제4항의 규정을 준용한다. <신설 2004.3.12., 2005.8.4.>
⑨제1항의 규정에 의한 재선거에 있어서의 선거운동 및 선거비용 기타 필요한 사항은 이 법의 범위안에서 중앙선거관리위원회규칙으로 정한다.
[제목개정 2011.7.28.]

제198조(천재 · 지변 등으로 인한 재투표)
①천재·지변 기타 부득이한 사유로 인하여 어느 투표구의 투표를 실시하지 못한 때와 투표함의 분실·멸실 등의 사유가 발생한 때에는 관할선거구선거관리위원회는 당해 투표구의 재투표를 실시한 후 당해 선거구의 당선인을 결정한다. <개정 1995.4.1., 2002.3.7., 2004.3.12.>
②제1항의 규정에 의한 재투표가 당해 선거구의 선거결과에 영향을 미칠 염려가 없다고 인정되는 때에는 재투표를 실시하지 아니하고 당선인을 결정한다. <개정 2002.3.7., 2004.3.12.>
③제1항의 재투표를 실시함에 있어서 합당된 정당이 있는 경우 제194조의 비례대표국회의원

및 비례대표지방의회의원의 의석재배분을 위한 득표수의 계산은 그 후보자의 합당전 정당의 득표수에 합산한다. <개정 2000.2.16., 2002.3.7., 2004.3.12., 2005.8.4.>
④제197조(選擧의 一部無效로 인한 再選擧)제3항 내지 제6항의 규정은 천재·지변 등으로 인한 재투표에 이를 준용한다.
⑤제1항의 규정에 의한 재투표에 있어서의 선거운동 및 선거비용 기타 필요한 사항은 이 법의 범위안에서 중앙선거관리위원회규칙으로 정한다.

제199조(연기된 선거 등의 실시) 제196조(選擧의 延期)제1항의 연기된 선거 또는 제198조(天災·地變 등으로 인한 再投票)제1항의 재투표는 가능한 한 제35조(補闕選擧 등의 選擧日)의 규정에 의한 선거와 함께 실시하여야 한다. <개정 2004.3.12.>

제200조(보궐선거) ①지역구국회의원·지역구지방의회의원 및 지방자치단체의 장에 궐원 또는 궐위가 생긴 때에는 보궐선거를 실시한다. <개정 1995.4.1., 2000.2.16., 2005.8.4.>
②비례대표국회의원 및 비례대표지방의회의원에 궐원이 생긴 때에는 선거구선거관리위원회는 궐원통지를 받은 후 10일이내에 그 궐원된 의원이 그 선거 당시에 소속한 정당의 비례대표국회의원후보자명부 및 비례대표지방의회의원후보자명부에 기재된 순위에 따라 궐원된 국회의원 및 지방의회의원의 의석을 승계할 자를 결정하여야 한다. <개정 1995.4.1., 2000.2.16., 2005.8.4., 2010.1.25., 2020.1.14.>
③제2항에도 불구하고 의석을 승계할 후보자를 추천한 정당이 해산되거나 임기만료일 전 120일 이내에 궐원이 생긴 때에는 의석을 승계할 사람을 결정하지 아니한다. <개정 2020.1.14.>
④대통령권한대행자는 대통령이 궐위된 때에는 중앙선거관리위원회에, 국회의장은 국회의원이 궐원된 때에는 대통령과 중앙선거관리위원회에 그 사실을 지체 없이 통보하여야 한다. <개정 2020.1.14.>
⑤지방의회의장은 당해 지방의회의원에 궐원이 생긴 때에는 당해 지방자치단체의 장과 관할선거구선거관리위원회에 이를 통보하여야 하며, 지방자치단체의 장이 궐위된 때에는 궐위된 지방자치단체의 장의 직무를 대행하는 자가 당해 지방의회의장과 관할선거구선거관리위원회에 이를 통보하여야 한다.
⑥국회의원 또는 지방의회의원이 제53조(공무원 등의 입후보)의 규정에 의하여 그 직을 그만두었으나 후보자등록신청시까지 제4항 또는 제5항의 규정에 의한 궐원통보가 없는 경우에는 후보자로 등록된 때에 그 통보를 받은 것으로 본다. <신설 2004.3.12.>
[2010.1.25. 법률 제9974호에 의하여 2009.6.25., 2009.10.29. 헌법재판소에서 위헌결정된 이 조 제2항을 개정함.]

제201조(보궐선거등에 관한 특례) ①보궐선거 등(大統領選擧·比例代表國會議員選擧 및 비례대표지방의회의원선거를 제외한다. 이하 이 項에서 같다)은 그 선거일부터 임기만료일까지의 기간이 1년 미만이거나, 지방의회의 의원정수의 4분의 1 이상이 궐원(任期滿了日까지의 기간이 1年 이상인 때에 再選擧·延期된 選擧 또는 再投票事由로 인한 경우를 제외한다)되지 아니한 경우에는 실시하지 아니할 수 있다. 이 경우 지방의회의 의원정수의 4분의 1 이상이 궐원되어 보궐선거 등을 실시하는 때에는 그 궐원된 의원 전원에 대하여 실시하여야 한다. <개정 1995.12.30., 2000.2.16., 2001.7.24., 2005.8.4.>
②제219조(選擧訴請)제2항 또는 제223조(當選訴訟)의 규정에 의하여 당선의 효력에 관한 쟁송이 계속중인 때에는 보궐선거를 실시하지 아니한다.
③지방의회의원의 보궐선거·재선거·연기된 선거 또는 재투표를 실시하는 경우에 지방자치단체의 관할구역의 변경에 따라 그 선거구의 구역이 그 지방의회의원이 속하는 지방자치단체에 상응하는 다른 지방자치단체의 관할구역에 걸치게 된 때에는 당해 지방자치단체에 속한 구역만을 그 선거구의 구역으로 한다.
④보궐선거 등의 사유가 발생하였으나 제1항 전단의 규정에 해당되어 보궐선거 등을 실시하지 아니하고자 하는 때에는 보궐선거 등의 실시사유가 확정된 날부터 10일 이내에 그 뜻을 공고하고, 국회의원보궐선거 등에 있어서는 대통령이 관할선거구선거관리위원회에, 지방자치단체의 의회의원 및 장의 보궐선거 등에 있어서는 관할선거구선거관리위원회위원

장이 당해 지방의회의장 및 지방자치단체의 장에게 통보하여야 한다. 이 경우에는 제35조제5항의 규정에 불구하고 선거의 실시사유가 확정되지 아니한 것으로 본다. <개정 2000.2.16.>
⑤제1항 후단에 따라 보궐선거등을 실시하게 된 때에는 제35조제2항제1호에도 불구하고 그 실시사유가 확정된 때부터 60일 이내에 실시하여야 하며, 관할선거구선거관리위원회 위원장은 선거일 전 30일까지 선거일을 정하여 공고하여야 한다. 다만, 그 보궐선거등의 선거일이 제35조제2항제1호에 따른 4월 중 첫 번째 수요일에 실시되는 보궐선거등의 선거기간개시일 전 40일부터 선거일 후 30일까지의 사이에 있는 경우에는 그 보궐선거등과 함께 선거를 실시한다. <개정 2010.1.25., 2012.1.17., 2015.8.13.>
⑥제1항 후단 및 제5항에 따라 실시하는 보궐선거등의 "선거의 실시사유가 확정된 때"란 제35조제5항에도 불구하고 관할선거구선거관리위원회가 해당 지방의회의장으로부터 그 지방의회 의원정수의 4분의 1이상의 궐원에 해당하는 의원의 궐원을 통보받은 날을 말한다. <신설 2010.1.25.>
⑦보궐선거등(대통령의 궐위로 인한 선거·재선거 및 연기된 선거, 임기만료에 따른 선거와 동시에 실시하는 보궐선거등은 제외한다)에서 제38조제4항제1호부터 제5호까지에 해당하는 사람 외에 보궐선거등이 실시되는 선거구(선거구가 해당 구·시·군의 관할구역보다 작은 경우에는 해당 구·시·군의 관할구역을 말한다) 밖에 거소를 둔 사람도 거소투표신고를 하고 제158조의2에 따른 거소투표자의 예에 따라 투표할 수 있다.
<개정 2014.1.17.> [제목개정 2015.8.13.]

제14장 동시선거에 관한 특례

제202조(동시선거의 정의와 선거기간)
①이 법에서 "동시선거"라 함은 선거구의 일부 또는 전부가 서로 겹치는 구역에서 2 이상의 다른 종류의 선거를 같은 선거일에 실시하는 것을 말한다.
②동시선거에 있어 선거기간 및 선거사무일정이 서로 다른 때에는 이 법의 다른 규정에 불구하고 선거기간이 긴 선거의 예에 의한다.

제203조(동시선거의 범위와 선거일) ①임기만료일이 같은 지방의회의원 및 지방자치단체의 장의 선거는 그 임기만료에 의한 선거의 선거일에 동시실시한다.
②제35조제2항제2호에 따른 지방자치단체의 장 선거가 다음 각호에 해당되는 때에는 임기만료에 의한 선거의 선거일에 동시실시한다. <개정 1998.4.30., 2000.2.16., 2015.8.13.>
1. 임기만료에 의한 선거의 선거기간중에 그 선거를 실시할 수 있는 기간의 만료일이 있는 보궐선거 등
2. 선거를 실시할 수 있는 기간의 만료일이 임기만료에 의한 선거의 선거일후에 해당되나 그 선거의 실시사유가 임기만료에 의한 선거의 선거일 30일전까지 확정된 보궐선거등
③임기만료에 따른 국회의원선거 또는 지방의회의원 및 지방자치단체의 장의 선거가 실시되는 연도에는 제35조제2항제1호에 따라 4월 첫 번째 수요일에 실시하는 보궐선거등은 임기만료에 따른 선거의 선거일에 동시 실시한다. 이 경우 4월 30일까지 실시사유가 확정된 보궐선거등은 임기만료에 따른 지방의회의원 및 지방자치단체의 장의 선거의 선거일에 동시 실시한다. <개정 2020.12.29.>
④임기만료에 따른 대통령선거가 실시되는 연도에는 1월 31일까지 실시사유가 확정된 제35조제2항제1호가목 본문 및 나목에 따른 보궐선거등은 해당 임기만료에 따른 대통령선거의 선거일에 동시 실시한다. <개정 2020.12.29.>
⑤제35조제2항제1호 각 목(가 목 단서에 따른 보궐선거등은 제외한다)에 따른 보궐선거등의 후보자등록신청개시일 전일까지 대통령의 궐위로 인한 선거 또는 재선거의 실시사유가

확정된 경우 그 보궐선거등은 대통령의 궐위로 인한 선거 또는 재선거의 선거일에 동시 실시한다. <신설 2018.4.6., 2020.12.29.>
[제목개정 2015.8.13.]

제204조(선거인명부에 관한 특례) ①동시선거에 있어서 선거인명부와 거소·선상투표신고인명부는 제44조제1항에도 불구하고 각각 하나의 선거인명부와 거소·선상투표신고인명부로 한다. <개정 2011.7.28., 2014.1.17.>
②삭제 <1998.4.30.>
③동시선거에 사용할 선거인명부 및 거소·선상투표신고인명부의 표지서식 기타 필요한 사항은 중앙선거관리위원회규칙으로 정한다. <개정 2014.1.17.>
[제목개정 2011.7.28.]

제205조(선거운동기구의 설치 및 선거사무관계자의 선임에 관한 특례) ①동시선거에 있어서 같은 정당의 추천을 받은 2인 이상의 후보자(비례대표지방의회의원선거에 있어서는 候補者를 추천한 政黨을 포함한다. 이하 이 조에서 같다)는 선거사무소와 선거연락소를 공동으로 설치할 수 있다. <개정 2002.3.7., 2005.8.4.>
②동시선거에 있어서 같은 정당의 추천을 받은 2인 이상의 후보자는 선거사무장·선거연락소장 또는 선거사무원을 공동으로 선임할 수 있다.
③제1항 및 제2항의 경우 그 설치 또는 선임은 후보자가 각각 설치·선임한 것으로 보며, 그 설치·선임신고서에 그 사실을 명시하여야 하고 공동설치·선임에 따른 비용은 당해 후보자간의 약정에 의하여 분담할 수 있되, 그 분담내역을 설치·선임신고서에 명시하여야 한다.
④후보자는 다른 선거의 후보자의 선거사무장·선거연락소장·선거사무원 또는 회계책임자가 될 수 없다.
⑤선거사무소·선거연락소의 공동설치와 선거사무관계자의 공동선임에 따른 설치·선임신고 및 신분증명서의 서식 기타 필요한 사항은 중앙선거관리위원회규칙으로 정한다.

제206조(선거벽보에 관한 특례) 제203조제1항에 따라 동시선거를 실시하는 때의 선거벽보의 매수는 2개의 선거를 동시에 실시하는 때에는 제64조제1항에 따른 기준매수의 3분의 2, 3개 이상의 선거를 동시에 실시하는 때에는 기준매수의 2분의 1에 각 상당하는 수로 한다. <개정 2010.1.25.>
[제목개정 2010.1.25.]

제207조(책자형 선거공보에 관한 특례)
①동시선거에 있어서 같은 정당의 추천을 받은 2인 이상의 후보자(대통령선거의 정당추천후보자와 비례대표국회의원선거 및 비례대표지방의회의원선거에 있어서는 후보자를 추천한 정당을 말한다. 이하 이 조에서 같다)는 제65조(선거공보)의 규정에 따른 책자형 선거공보를 공동으로 작성할 수 있으며, 책자형 선거공보는 공동으로 작성한 때에는 후보자마다 각각 1종을 작 성한 것으로 본다. <개정 2005.8.4.>
②관할구역이 큰 선거구의 후보자가 책자형 선거공보의 일부 지면에 작은 선거구의 후보자에 관한 내용을 선거구에 따라 달리 게재하는 방법으로 공동작성하였을 경우 큰 선거구의 후보자에 관한 내용이 동일한 책자형 선거공보는 1종으로 본다. <개정 2005.8.4.>
③제1항의 규정에 의하여 책자형 선거공보를 공동으로 작성하는 경우에는 후보자간의 약정에 의하여 그 비용을 분담할 수 있다. 이 경우 그 분담내역을 관할구·시·군선거관리위원회에 책자형 선거공보를 제출하는 때에 각각 서면으로 신고하여야 한다. <개정 2005.8.4.>
[제목개정 2005.8.4.]

제208조 삭제 <2004.3.12.>

제209조(공개장소에서의 연설 · 대담에 관한 특례) 동시선거에 있어서 같은 정당의 추천을 받은 2인 이상의 후보자는 한 장소에서 제79조에 따른 공개장소에서의 연설·대담을 공동으로 할 수 있다. <개정 1995.12.30., 1998.4.30., 2004.3.12., 2010.1.25.>

제210조(선거와 관련있는 정당활동의 규제에 관한 특례) 동시선거에 있어서 제9장 선거와 관련있는 정당활동의 규제의 적용에 있어서 기준이 되는 선거는 동시에 실시하는 선거의 수에 불구하고 하나의 선거를 기준으로 하되, 임기만료에 의한 선거와 제35조(補闕選擧 등의 選擧日)제2항 및 제3항의 보궐선거 등이나 제36조(延期된 選擧 등의 選擧日)의 연기된 선거를 동시에 실시하는 경우에는 임기만료에 의한 선거를 기준으로 하고, 제35조제2항 및 제3항의 규정에 의한 보궐선거 등을 동시에 실시하는 때의 "그 선거의 실시사유가 확정된 때"는 "동시에 실시하는 보궐선거 등 가운데 최초로 그 선거의 실시사유가 확정된 보궐선거 등의 실시사유가 확정된 때"로 본다.

제211조(투표용지 · 투표안내문 등에 관한 특례) ①동시선거에 있어서 투표용지는 색도 또는 지질 등을 달리하는 등 중앙선거관리위원회규칙이 정하는 바에 따라 선거별로 구분이 되도록 작성·교부할 수 있다.
②삭제 <2005.8.4.>
③동시선거에 있어서 시·도지사선거 및 비례대표시·도의원선거의 투표용지는 제151조(투표용지와 투표함의 작성)제1항의 규정에 불구하고 중앙선거관리위원회규칙이 정하는 바에 따라 당해 시·도선거관리위원회가 작성한다. 이 경우 투표용지에는 당해 시·도선거관리위원회의 청인을 날인하되, 인쇄날인으로 갈음할 수 있다. <개정 2005.8.4.>
④동시선거에 있어서 투표안내문(점자형 투표안내문을 포함한다. 이하 이 항에서 같다)은 제153조에도 불구하고 중앙선거관리위원회규칙으로 정하는 바에 따라 하나의 투표안내문으로 할 수 있다. <개정 2011.7.28.>
⑤동시선거에 있어서 투표소의 수·설치·설비와 투표용지의 작성·교부자와 교부방법 및 투표절차 기타 필요한 사항은 중앙선거관리위원회규칙으로 정한다.
[제목개정 2011.7.28.]

제212조(거소투표 · 사전투표의 투표용지 발송과 회송 등에 관한 특례) 동시선거에서 다음 각 호의 어느 하나에 해당하는 경우에는 해당 선거인마다 하나의 회송용 봉투 또는 발송용 봉투를 사용하여 행할 수 있다.
1. 거소투표자에 대한 투표용지의 발송 및 투표지 회송
2. 사전투표소에서 투표한 선거인의 투표지 회송
[전문개정 2014.1.17.]

제213조(투표참관인선정 및 지정 등에 관한 특례) ①동시선거에 있어 투표참관인은 제161조(投票參觀)제2항의 규정에 의한 선정·신고인원수에 불구하고 후보자를 추천한 정당과 무소속후보자마다 2인을 선정·신고하여야 한다. <개정 1995.4.1., 2000.2.16., 2005.8.4.>
②동시선거의 투표참관인의 지정에 있어 제161조제4항의 "후보자"는 "정당 또는 후보자"로, "후보자별"은 "정당·후보자별"로 본다. <개정 2005.8.4.>
③동시선거에서 사전투표참관인은 제162조제2항에 따른 선정·신고인원수에 불구하고 당해 선거에 참여한 정당마다 2인을, 무소속후보자는 1인을 선정·신고하여야 한다.
<개정 1995.4.1., 2000.2.16., 2005.8.4., 2014.1.17.>
④동시선거에 있어서 사전투표참관인은 8명 이내로 하되, 제3항의 규정에 의하여 선정·신고한 인원수가 8명을 넘는 때에는 관할선거관리위원회는 정당이 선정·신고한 자를 우선 지정하고 나머지 인원은 무소속후보자가 선정·신고한 자중에서 8명에 달할 때까지 추첨에 의하여 지정한다. 이 경우 정당이 선정·신고한 인원수가 8명을 넘는 때에는 제150조제3항부터 제5항까지의 규정에 따른 정당순위의 앞순위의 정당이 선정·신고한 자부터 8명에 달할 때까지 지정한다.

<신설 1995.5.10., 1997.11.14., 2000.2.16., 2002.3.7., 2005.8.4., 2010.1.25., 2014.1.17.>

제214조(투표함의 개함등에 관한 특례)
동시선거에 있어서 제175조(개표개시)제2항의 규정에 의한 개표순서는 선거별 또는 그 선거구의 관할구역이 작은 선거구별로 구분하여 행한다. <개정 2004.3.12., 2006.3.2.>

제215조(개표참관인 등에 관한 특례) ①동시선거에 있어서 개표참관인은 제181조(開票參觀)제2항의 규정에 의한 선정·신고인원수에 불구하고 후보자를 추천한 정당마다 8인을, 무소속후보자는 2인을 선정·신고하여야 한다. 다만, 구·시·군선거관리위원회는 거소투표·선상투표 및 사전투표의 개표를 하는 때에는 정당 또는 후보자가 선정·신고한 자중에서 정당은 4인씩을, 무소속후보자는 1인씩을 참관하게 한다. <개정 1995.4.1., 1995.5.10., 2000.2.16., 2005.8.4., 2014.1.17.>
②동시선거에 있어서 관람증의 매수는 제182조(開票觀覽)제2항의 규정에 불구하고 정당별로 균등하게 우선 배부한 후 무소속후보자별로 균등하게 배부하되, 후보자마다 1매 이상 배부하여야 한다. <개정 1995.5.10., 2000.2.16., 2005.8.4.>

제216조(4개 이상 선거의 동시실시에 관한 특례) ①4개 이상 동시선거에 있어 지역구자치구·시·군의원선거의 후보자는 제79조(公開場所에서의 演說·對談)의 연설·대담을 위하여 자동차 1대와 휴대용 확성장치 1조를 사용할 수 있다. <개정 1995.5.10., 2000.2.16., 2002.3.7., 2005.8.4.>
②임기만료에 의한 지방자치단체의 의회의원 및 장의 선거를 동시에 실시하는 경우 개표진행 및 결과공표는 제178조제1항·제3항에도 불구하고 읍·면·동을 단위로 할 수 있다. <개정 2010.1.25., 2011.7.28., 2014.1.17.>
1.삭제 <2011.7.28.>
2.삭제 <2011.7.28.>
3.삭제 <2011.7.28.>
4.삭제 <2011.7.28.>
5.삭제 <2011.7.28.>
6.삭제 <2011.7.28.>
7.삭제 <2011.7.28.>
8.삭제 <2011.7.28.>
9.삭제 <2011.7.28.>
③삭제 <2010.1.25.>
④삭제 <2000.2.16.>
⑤4개 이상 선거를 동시에 실시하는 경우 제1항 및 제2항 외에 투표소에 설치하는 투표함의 수, 투표와 개표의 절차·방법, 제2항의 개표절차 그 밖에 필요한 사항은 중앙선거관리위원회규칙으로 정한다. <개정 2006.3.2., 2010.1.25., 2011.7.28.>
[제목개정 2011.7.28.]
[헌법불합치, 2018헌마730, 2019.12.27. 공직선거법(2005.8.4. 법률 제7681호로 개정된 것) 제216조 제1항은 헌법에 합치되지 아니한다. 위 법률조항은 2021.12.31.을 시한으로 입법자가 개정할 때까지 계속 적용된다.]

제217조(투표록 · 개표록 등 작성에 관한 특례) 동시선거에 있어 투표록 및 개표록은 선거의 구분없이 하나의 투표록 및 개표록으로 각각 작성할 수 있다. <개정 2005.8.4.>

제14장의2 재외선거에 관한 특례 <신설 2009.2.12.>

제218조(재외선거관리위원회 설치 · 운영)
①중앙선거관리위원회는 대통령선거와 임기만료에 따른 국회의원선거를 실시하는 때마다 선거일 전 180일부터 선거일 후 30일까지 「대한민국재외공관 설치법」 제2조에 따른 공관(공관이 설치되지 아니한 지역에서 영사사무를 수행하는 사무소와 같은 법 제3조에 따른 분관 또는 출장소를 포함하고, 영사사무를 수행하지 아니하거나 영사관할구역이 없는 공관 및 영사관할구역 안에 공관사무소가 설치되지 아니한 공관은 제외한다. 이하 이 장에서 "공관"이라 한다)마다 재외선거의 공정한 관리를 위하여 재외선거관리위원회를 설치·운영하여야 한다. 다만, 대통령의 궐위(闕位)로 인한 선거 또는 재선거는 그 선거의 실시사유가 확정된 날부터 10일 이내에 재외선거관리위원회를 설치하여야 한다. <개정 2011.7.28., 2017.3.9.>
②재외선거관리위원회는 중앙선거관리위원회가 지명하는 2명 이내의 위원과 국회에 교섭단체를 구성한 정당이 추천하는 각 1명, 공관의 장 또는 공관의 장이 공관원 중에서 추천하는 1명을 중앙선거관리위원회가 위원으로 위촉하여 구성하되, 그 위원 정수는 홀수로 한다. 다만, 재외선거관리위원회를 구성한 후에 국회에 교섭단체를 구성한 정당의 수에 변경이 있는 때에는 현원을 위원 정수로 본다. <개정 2012.1.17.>
③다음 각 호의 어느 하나에 해당하는 사람은 재외선거관리위원회의 위원이 될 수 없다. <개정 2011.7.28.>
1. 국회의원의 선거권이 없는 사람
2. 정당의 당원인 사람
3. 재외투표관리관
④재외선거관리위원회에 위원장과 부위원장 각 1명을 두되, 위원 중에서 호선한다. 다만, 공관의 장과 그가 추천하는 공관원은 위원장이 될 수 없다.
⑤재외선거관리위원회는 재외선거의 관리를 위하여 필요한 때에는 해당 공관의 장에게 협조를 요구할 수 있으며, 그 협조를 요구받은 공관의 장은 우선적으로 이에 따라야 한다.
⑥재외선거관리위원회위원장은 해당 공관의 장과 협의하여 해당 공관의 소속 직원 중에서 간사·서기 및 선거사무종사원을 위촉할 수 있다.
⑦새로이 구성된 재외선거관리위원회의 최초의 회의소집에 관하여는 공관의 장이 해당 재외선거관리위원회위원장의 직무를 대행한다.
⑧재외선거관리위원회의 관할 구역은 해당 공관의 영사관할구역(공관의 장이 다른 대사관의 장을 겸하는 경우에는 그 다른 대사관의 영사관할구역을 포함한다)으로 하고, 그 명칭은 해당 공관명을 붙여 표시하되 약칭을 사용할 수 있다. <개정 2011.7.28.>
⑨중앙선거관리위원회는 재외선거관리위원회의 운영기간 중 또는 운영기간 만료 후 6개월 이내에 다른 선거의 재외선거관리위원회 설치·운영기간이 시작되는 경우에는 제1항에도 불구하고 다른 선거의 재외선거관리위원회를 설치하지 아니하고, 운영 중인 재외선거관리위원회를 다른 선거의 재외선거관리위원회로 본다. <신설 2011.7.28.>
⑩「선거관리위원회법」 제4조제3항 단서, 제4조제7항부터 제11항까지, 제4조제12항 본문, 제5조제3항·제5항, 제7조, 제9조제1호부터 제4호까지, 제10조, 제11조제1항·제3항, 제12조제1항·제3항, 제13조 및 제14조의2는 재외선거관리위원회의 설치·운영에 준용한다. 이 경우 "관계선거관리위원회"·"하급선거관리위원회"·"각급선거관리위원회" 및 "구·시·군선거관리위원회"는 각각 "재외선거관리위원회"로, "선거기간개시일(위탁선거는 제외한다. 이하 같다) 또는 국민투표안공고일"·"선거기간개시일 또는 국민투표안공고일" 및 "선거인명부작성기준일 또는 국민투표안공고일"은 각각 "재외투표소 설치일"로, "당해 또는 읍·면·동선거관리위원회"는 "해당 재외선거관리위원회"로, "구·시·군선거관리위원회위원장"은 "재외선거관리위원회위원장"으로, "각 상급선거관리위원회"는 "중앙선거관리위원회"로, "상임위원 또는 부위원장"은 "부위원장"으로, "위원장·상임위원·부위원장"은 "위원장·부위원장"으로, "개표종료시"는 "재외투표 마감일"로 본다. <개정 2011.7.28.> [본조신설 2009.2.12.]

제218조의2(재외투표관리관의 임명) ①재외선거에 관한 사무를 처리하기 위하여 공관마다 재외투표관리관을 둔다. <개정 2011.7.28.>
②재외투표관리관은 공관의 장으로 한다. 다만, 공관의 장과 총영사를 함께 두고 있는 공관의 경우 그 공관의 장이 총영사를 재외투표관리관으로 지정할 수 있다. <신설 2011.7.28.>
[본조신설 2009.2.12.]

제218조의3(재외선거관리위원회와 재외투표관리관의 직무) ①재외선거관리위원회는 재외선거에 관한 다음 각 호의 사무를 처리한다.
1. 재외투표소 설치장소와 운영기간 등의 결정·공고
2. 재외투표소의 투표관리
3. 재외투표소 투표사무원 위촉 및 투표참관인 선정
4. 재외투표관리관이 행하는 선거관리사무 감독
5. 선거범죄 예방 및 단속에 관한 사무
6. 그 밖에 재외투표관리관이 필요하다고 인정하여 재외선거관리위원회에 부의하는 사항
②재외투표관리관은 다음 각 호의 사무를 처리한다. <개정 2015.12.24.>
1. 재외선거인 등록신청·변경등록신청과 국외부재자 신고의 접수 및 처리
2. 재외국민의 선거권 행사에 필요한 사항의 홍보·지원
3. 재외투표소 설비
4. 재외투표 국내 회송 등 재외선거사무(국외부재자투표사무를 포함한다. 이하 같다) 총괄 관리
5. 재외선거관리위원회 운영 지원
[본조신설 2009.2.12.]

제218조의4(국외부재자 신고) ①주민등록이 되어 있는 사람으로서 다음 각 호의 어느 하나에 해당하여 외국에서 투표하려는 선거권자(지역구국회의원선거에서는 「주민등록법」 제6조제1항제3호에 해당하는 사람과 같은 법 제19조제4항에 따라 재외국민으로 등록·관리되는 사람은 제외한다)는 대통령선거와 임기만료에 따른 국회의원선거를 실시하는 때마다 선거일 전 150일부터 선거일 전 60일까지(이하 이 장에서 "국외부재자 신고기간"이라 한다) 서면·전자우편 또는 중앙선거관리위원회 홈페이지를 통하여 관할 구·시·군의 장에게 국외부재자 신고를 하여야 한다. 이 경우 외국에 머물거나 거주하는 사람은 공관을 경유하여 신고하여야 한다. <개정 2011.11.7., 2012.10.2., 2014.1.17., 2015.8.13.>
1. 사전투표기간 개시일 전 출국하여 선거일 후에 귀국이 예정된 사람
2. 외국에 머물거나 거주하여 선거일까지 귀국하지 아니할 사람
②제1항에 따라 국외부재자 신고를 하려는 사람은 그 신고서에 다음 각 호의 사항을 적어야 한다. <개정 2014.2.13., 2015.8.13., 2015.12.24.>
1. 성명
2. 주민등록번호
3. 주소
4. 거소(로마자 대문자로 적되, 구체적인 방법은 중앙선거관리위원회규칙으로 정한다. 이하 제218조의5제2항제4호에서 같다)
5. 여권번호
③제1항에 따른 전자우편을 이용하여 국외부재자 신고를 하려는 때에는 재외투표관리관 또는 구·시·군의 장이 공고하는 전자우편 주소로 국외부재자신고서를 전송하는 방법으로 하여야 한다. 이 경우 본인 명의의 전자우편 주소로 자신의 국외부재자 신고에 한하여 할 수 있다. <신설 2012.10.2.>
④재외투표관리관 또는 구·시·군의 장은 전자우편을 이용한 국외부재자 신고를 접수하기 위하여 전자우편 계정을 별도로 개설하는 등 필요한 조치를 하여야 한다. <신설 2012.10.2.>
⑤재외투표관리관 또는 구·시·군의 장은 국외부재자신고서에 제2항 각 호에 따른 기재사항 중 여권번호의 누락이 있는 때에는 해당 선거권자에게 국외부재자 신고기간 만료일까지 보완할 것을 통보하여야 하며, 이를 통보받은 선거권자가 국외부재자 신고기간 만료일까지 보완하지

아니한 때에는 그 신고를 접수하지 아니한다. <신설 2015.12.24.>
[본조신설 2009.2.12.]

제218조의5(재외선거인 등록신청) ①주민등록이 되어 있지 아니하고 재외선거인명부에 올라 있지 아니한 사람으로서 외국에서 투표하려는 선거권자는 대통령선거와 임기만료에 따른 비례대표국회의원선거를 실시하는 때마다 해당 선거의 선거일 전 60일까지(이하 이 장에서 "재외선거인 등록신청기한"이라 한다) 다음 각 호의 어느 하나에 해당하는 방법으로 중앙선거관리위원회에 재외선거인 등록신청을 하여야 한다. <개정 2012.10.2., 2015.8.13., 2015.12.24.>
1. 공관을 직접 방문하여 서면으로 신청하는 방법. 이 경우 대한민국 국민은 가족(본인의 배우자와 본인·배우자의 직계존비속을 말한다)의 재외선거인 등록신청서를 대리하여 제출할 수 있다.
2. 관할구역을 순회하는 공관에 근무하는 직원에게 직접 서면으로 신청하는 방법. 이 경우 제1호 후단을 준용한다.
3. 우편 또는 전자우편을 이용하거나 중앙선거관리위원회 홈페이지를 통하여 신청하는 방법. 이 경우 외국에 머물거나 거주하는 사람은 공관을 경유하여 신고하여야 한다.
②재외선거인 등록신청(제3항에 따른 변경등록신청을 포함한다. 이하 이 장에서 같다)을 하려는 사람은 그 신청서에 다음 각 호의 사항을 적어야 한다. <개정 2011.9.30., 2012.10.2., 2015.8.13., 2015.12.24.>
1. 성명
2. 여권번호·생년월일 및 성별
3. 국내의 최종주소지(국내의 최종주소지가 없는 사람은「가족관계의 등록 등에 관한 법률」에 따른 등록기준지)
4. 거소
5.「가족관계의 등록 등에 관한 법률」 제15조제1항제1호에 따른 가족관계증명서에 기재된 부 또는 모의 성명 등 중앙선거관리위원회규칙으로 정하는 사항
③재외선거인명부에 올라 있는 선거인은 그 기재사항의 변경이 있는 경우에는 제1항 각 호의 어느 하나에 해당하는 방법으로 해당 선거의 선거일 전 60일까지 재외선거인 변경등록신청을 하여야 한다. <신설 2015.12.24.>
④재외투표관리관은 매년 1월 31일까지 비자·영주권증명서·장기체류증 또는 거류국의 외국인 등록증 등 재외선거인의 국적확인에 필요한 서류의 종류를 공고하여야 한다. 이 경우 둘 이상의 공관을 둔 국가에서는 대사관의 재외투표관리관이 일괄하여 공고한다. <신설 2011.9.30., 2015.8.13., 2015.12.24.>
⑤재외선거인 등록신청에 관하여는 제218조의4제3항부터 제5항까지의 규정을 준용한다. 이 경우 "국외부재자 신고"는 "재외선거인 등록신청"으로, "재외투표관리관 또는 구·시·군의 장"은 "재외투표관리관"으로, "국외부재자신고서"는 "재외선거인 등록신청서 또는 변경등록신청서"로, "국외부재자 신고기간 만료일"은 "재외선거인 등록신청기한"으로, "여권번호"는 "여권번호 및「가족관계의 등록 등에 관한 법률」 제15조제1항제1호에 따른 가족관계증명서에 기재된 부 또는 모의 성명"으로 본다. <신설 2012.10.2., 2015.12.24.>
[본조신설 2009.2.12.]

제218조의6(공관부재자신고인명부 등 작성)
①재외투표관리관이 국외부재자신고서 또는 재외선거인 등록신청서(변경등록신청서를 포함한다. 이하 이 장에서 같다)를 접수하면 기재사항의 적정 여부, 정당한 신고·신청 여부를 확인한 다음 제218조의4제1항 각 호의 어느 하나에 해당하는 사람을 대상으로는 공관부재자신고인명부를, 제218조의5제1항 및 제3항에 해당하는 사람을 대상으로는 재외선거인 등록신청자명부를 각각 작성(전산정보자료를 포함한다. 이하 이 장에서 같다)하여야 한다. <개정 2015.12.24.>
②재외투표관리관은 제1항에 따른 확인을 위하여 필요한 경우에는「주민등록법」 제30조에 따른 주민등록전산정보자료또는「가족관계의 등록 등에 관한 법률」 제11조에 따른 등록전산정보자료, 그 밖에 국가가 관리하는 전산정보자료를 이용할 수 있다.

③재외투표관리관이 공관부재자신고인명부와 재외선거인 등록신청자명부를 작성하는 때에는 신고서 또는 신청서의 내용에 따라 정확하게 작성하여야 한다.
[본조신설 2009.2.12.]

제218조의7(공관부재자신고인명부 등의 송부) ①재외투표관리관이 공관부재자신고인명부와 재외선거인 등록신청자명부를 작성하면 이를 즉시 구·시·군별로 분류하여 국외부재자신고서 및 재외선거인 등록신청서와 함께 외교부장관을 경유하여 중앙선거관리위원회에 보낸다. <개정 2013.3.23.>
②중앙선거관리위원회가 제1항에 따라 공관부재자신고인명부와 국외부재자신고서를 접수하면 이를 해당 구·시·군의 장에게 보낸다.
③제1항 및 제2항에 따른 공관부재자신고인명부, 재외선거인 등록신청자명부, 국외부재자신고서 및 재외선거인 등록신청서의 송부는 전산조직을 이용한 전산정보자료의 전송으로 갈음할 수 있다. 이 경우 해당 서류 원본의 보관, 그 밖에 필요한 사항은 중앙선거관리위원회규칙으로 정한다. <신설 2011.7.28.>
[본조신설 2009.2.12.]

제218조의8(재외선거인명부의 작성) ①중앙선거관리위원회는 해당 선거의 선거일 전 60일 현재의 최종주소지 또는 등록기준지를 기준으로 선거일 전 49일부터 선거일 전 40일까지 10일간 해당 선거 직전에 실시한 대통령선거 또는 임기만료에 따른 비례대표국회의원선거에서 확정된 재외선거인명부와 재외투표관리관이 송부한 재외선거인 등록신청서에 따라 재외선거인명부를 작성한다. 이 경우 같은 사람이 2 이상의 재외선거인 등록신청을 한 사실이 발견된 때에는 그 중 가장 나중에 접수된 재외선거인 등록신청서에 따라 재외선거인명부를 작성한다. <개정 2011.7.28., 2015.12.24.>
②중앙선거관리위원회는 해당 선거의 선거일 전 60일까지 해당 선거 직전에 실시한 대통령선거 또는 임기만료에 따른 비례대표국회의원선거에서 확정된 재외선거인명부에 올라 있는 선거인의 선거권 유무 등을 확인하여 그 재외선거인명부를 정비하여야 한다. 이 경우 재외선거인명부에 올라 있는 선거인 중 2회 이상 계속하여 재외선거에 투표하지 아니한 선거인은 그 재외선거인명부에서 삭제하여야 한다. <신설 2015.12.24.>
③거짓으로 재외선거인 등록신청을 한 사람이나 자신의 의사에 따라 신청한 것으로 인정되지 아니하는 사람은 재외선거인명부에 올릴 수 없다. <개정 2015.12.24.>
④다음 각 호의 어느 하나에 해당하는 정보를 관리하는 기관의 장은 선거일 전 150일부터 중앙선거관리위원회가 재외선거인명부의 작성 및 해당 선거 직전에 실시한 대통령선거 또는 임기만료에 따른 비례대표국회의원선거에서 확정된 재외선거인명부의 정비를 위하여 필요한 범위에서 해당 정보를 전산조직으로 조회할 수 있도록 필요한 조치를 하여야 한다. <개정 2013.3.23., 2014.11.19., 2015.12.24., 2017.7.26.>
1. 「주민등록법」제30조에 따른 주민등록에 관한 정보
2. 「가족관계의 등록 등에 관한 법률」 제11조에 따른 가족관계 등록에 관한 정보
3. 제18조제1항제1호에 해당하는 금치산자에 관한 정보. 이 경우 행정안전부장관은 해당 정보를 관리하는 구·시·읍·면의 장으로부터 통보받은 자료를 데이터베이스로 구축하여 손쉽게 활용할 수 있도록 하여야 한다.
4. 제18조제1항제2호부터 제4호까지의 규정에 해당하는 사람에 관한 정보
⑤중앙선거관리위원회는 재외선거인 등록을 신청한 사람이 정당한 신청인인지를 확인하기 위하여 관계 행정기관에 필요한 지시를 할 수 있다. <개정 2015.12.24.>
⑥국가는 재외선거인명부의 정확한 작성을 위하여 필요한 제도적·재정적 조치를 하여야 한다. <신설 2011.7.28., 2015.12.24.>
[본조신설 2009.2.12.]

제218조의9(국외부재자신고인명부의 작성)
①구·시·군의 장은 국외부재자 신고기간만료일 현재의 주소지를 기준으로 선거일 전 49일부터 선거일 전 40일까지 10일간(이하 이 장에서 "국외부재자신고인명부 작성기간"이라 한다) 중앙

선거관리위원회가 송부한 국외부재자신고서와 해당 구·시·군의 장이 직접 접수한 국외부재자신고서에 따라 국외부재자신고인명부를 작성한다. 이 경우 같은 사람이 2 이상의 국외부재자신고를 한 사실이 발견된 때에는 그 중 가장 나중에 접수된 국외부재자신고서에 따라 국외부재자신고인명부를 작성한다. <개정 2011.7.28., 2015.8.13.>
②거짓으로 국외부재자 신고를 한 사람이나 자신의 의사에 따라 신고한 것으로 인정되지 아니하는 사람은 국외부재자신고인명부에 올릴 수 없다.
③국외부재자신고인명부 작성의 감독 등에 관하여는 제39조를 준용한다. 이 경우 "선거인명부"는 "국외부재자신고인명부"로, "선거인명부작성기간"은 "국외부재자신고인명부 작성기간"으로 본다.
[본조신설 2009.2.12.]

제218조의10(재외선거인명부등의 열람)
①중앙선거관리위원회와 구·시·군의 장(이하 이 장에서 "명부작성권자"라 한다)은 재외선거인명부 및 국외부재자신고인명부(이하 "재외선거인명부등"이라 한다)의 작성기간 만료일의 다음 날부터 5일간(이하 이 장에서 "재외선거인명부등의 열람기간"이라 한다) 장소를 정하여 재외선거인명부등을 열람할 수 있도록 하여야 한다. 다만, 재외선거인명부는 인터넷 홈페이지에서의 열람에 한한다.
②선거권자는 누구든지 재외선거인명부등의 열람기간 중 자유로이 재외선거인명부등을 열람할 수 있다.
③명부작성권자는 재외선거인명부등의 열람기간 동안 자신이 개설·운영하는 인터넷 홈페이지에서 국외부재자 신고를 한 사람이나 재외선거인등록을 신청한 사람이 자신의 정보에 한하여 재외선거인명부등을 열람할 수 있도록 하는 기술적 조치를 하여야 한다.
④행정안전부장관은 명부작성권자의 협조를 받아 재외선거인 및 국외부재자신고인(이하 "재외선거인등"이라 한다)이 재외선거인명부등의 열람기간 동안 행정안전부가 개설·운영하는 인터넷 홈페이지에서 자신이 재외선거인명부등에 올라 있는지 여부를 확인할 수 있도록 기술적 조치를 하여야 한다. <신설 2011.7.28., 2013.3.23., 2014.11.19., 2017.7.26.>
⑤재외투표관리관은 재외선거인명부등의 열람기간 동안 중앙선거관리위원회가 전송하는 재외선거인명부등을 이용하여 재외선거인등이 재외선거인명부등에 올라 있는지 여부를 확인할 수 있도록 하여야 한다. <신설 2011.7.28.>
⑥재외선거인명부등의 사본은 교부하지 아니한다. <신설 2011.7.28.>
[본조신설 2009.2.12.]

제218조의11(재외선거인명부등에 대한 이의 및 불복신청 등) ① 선거권자는 재외선거인명부등의 열람기간 중 재외선거인명부등에 정당한 선거권자가 빠져 있거나 잘못 써진 내용이 있거나 자격이 없는 사람이 올라 있으면 말 또는 서면으로 명부작성권자에게 이의를 신청할 수 있고, 해당 명부작성권자는 그 신청이 있는 날의 다음 날까지 심사·결정하여야 한다.
②제1항의 이의신청에 따른 구·시·군의 장의 결정에 대하여 불복이 있는 이의신청인이나 관계인은 그 통지를 받은 날의 다음 날까지 관할 구·시·군선거관리위원회에 서면으로 불복을 신청할 수 있다.
③제1항에 따른 이의신청기간 만료일의 다음 날부터 재외선거인명부등의 확정일 전일까지 명부작성권자의 착오나 그 밖의 사유로 재외선거인 등록신청 또는 국외부재자 신고를 한 사람 중 정당한 선거권자가 재외선거인명부등에 빠진 것이 발견된 경우 해당 선거권자는 명부작성권자에게 소명자료를 붙여 서면으로 등재신청을 할 수 있다.
④선거권자는 재외선거인 등록신청서를 대리하여 제출한 사람과 재외선거인 등록신청을 한 사람의 관계가 제218조의5제1항제1호 후단에 따른 가족이 아닌 경우 제1항에 따라 이의신청을 할 수 있다. 이 경우 중앙선거관리위원회는 「가족관계의 등록 등에 관한 법률」 제15조(증명서의 종류 및 기록사항)제1항 각 호에 따른 증명서를 관계 기관으로부터 교부받아 가족관계를 확인하여야 하며, 제218조의5제1항제1호 후단에 따른 가족이 아닌 것으로 확인되면 그 등록신청을 한 사람을 재외선거인명부에서 삭제하여야 한다. <신설 2012.10.2.>
⑤이의신청·불복신청 또는 재외선거인명부등 등재신청에 대한 결정 내용의 통지는 명부작성

권자가 개설·운영하는 인터넷 홈페이지에 게시하거나 전자우편을 전송하는 방법으로 갈음할 수 있다. <개정 2012.10.2.>
⑥명부작성권자가 재외선거인명부등의 확정일 전일까지 같은 사람이 재외선거인명부와 국외부재자신고인명부에 각각 올라 있는 사실을 발견한 때에는 그 중 나중에 접수된 재외선거인등록신청서 또는 국외부재자신고서에 따라 재외선거인명부 또는 국외부재자신고인명부 중 어느 하나에 올려야 한다. <신설 2011.7.28., 2012.10.2.>
[본조신설 2009.2.12.]

제218조의12(대통령의 궐위선거 및 재선거에서 기한 등의 단축) 제218조의4부터 제218조의11까지의 규정에도 불구하고 대통령의 궐위로 인한 선거 또는 재선거를 실시하는 경우에 재외선거인 등록신청기한과 국외부재자 신고기간 등은 다음 각 호에 따른다. 이 경우 재외선거인명부등에 대한 열람과 이의신청을 위한 기간은 따로 두지 아니한다. <개정 2015.12.24.>
1. 재외선거인 등록신청기한 및 국외부재자 신고기간
선거의 실시사유가 확정된 때부터 선거일 전 40일까지
2. 재외선거인명부등의 작성기간
선거일 전 34일부터 선거일 전 30일까지
[본조신설 2009.2.12.]
[제목개정 2015.12.24.]

제218조의13(재외선거인명부등의 확정과 송부) ①재외선거인명부등은 선거일 전 30일에 확정되며, 국외부재자신고인명부는 해당 선거에 한정하여 효력을 가진다. <개정 2015.12.24.>
②명부작성권자는 재외선거인명부등이 확정되면 즉시 그 전산자료 복사본을 관할 구·시·군선거관리위원회에 보내야 한다. 이 경우 구·시·군의 장은 국외부재자신고서(제218조의7제3항에 따라 전산정보자료로 전송받은 경우에는 그 전산정보자료 복사본을 포함한다)를 함께 보내야 한다. <개정 2011.7.28., 2018.4.6.>
③중앙선거관리위원회는 제1항에 따라 확정된 재외선거인명부등을 하나로 합하여 재외선거관리위원회에 송부하여야 하며, 그 절차와 방법, 그 밖에 필요한 사항은 중앙선거관리위원회규칙으로 정한다. <신설 2011.7.28., 2015.8.13.>
④누구든지 재외선거인등이 투표한 후에는 그 재외선거인등의 해당 선거의 선거권 유무에 대하여 대한민국 국민이 아니라는 이유로 법적·행정적 이의를 제기할 수 없다. <신설 2011.7.28.>
[본조신설 2009.2.12.]

제218조의14(국외선거운동 방법에 관한 특례) ①재외선거권자(재외선거인명부등에 올라 있거나 오를 자격이 있는 사람을 말한다. 이하 같다)를 대상으로 하는 선거운동은 다음 각 호에서 정한 방법으로만 할 수 있다. <개정 2010.1.25., 2011.7.28., 2012.2.29., 2020.12.29.>
1. 제59조제2호부터 제5호까지의 규정에 따른 선거운동
2. 위성방송시설(「방송법」에 따른 방송사업자가 관리·운영하는 국외송출이 가능한 국내의 방송시설을 말한다. 이하 이 장에서 같다)을 이용한 제70조에 따른 방송광고
3. 위성방송시설을 이용한 제71조에 따른 방송연설
4. 삭제 <2012.2.29.>
5. 제82조의7에 따른 인터넷광고
6. 삭제 <2020.12.29.>
②제1항제2호에 따른 방송광고의 횟수는 다음 각 호에 따른다.
1. 대통령선거
텔레비전 및 라디오 방송시설별로 각 10회 이내
2. 비례대표국회의원선거
텔레비전 및 라디오 방송시설별로 각 5회 이내
③제1항제3호에 따른 방송연설의 횟수는 다음 각 호에 따른다.
1. 대통령선거

후보자와 그가 지명한 연설원이 각각 텔레비전 및 라디오 방송시설별로 각 5회 이내
2. 비례대표국회의원선거
정당별로 정당의 대표자가 선임한 2명이 각각 텔레비전 및 라디오 방송시설별로 각 1회
④중앙선거관리위원회는 대통령선거 및 임기만료에 따른 비례대표국회의원선거에서 정당·후보자에 대한 정보를 재외선거인등에게 알리기 위하여 중앙선거관리위원회규칙으로 정하는 바에 따라 정당·후보자 정보자료를 작성하여 다음 각 호에 따른 방법으로 재외선거인등에게 제공하여야 한다. <개정 2011.7.28., 2013.3.23.>
1. 공관 게시판 게시
2. 중앙선거관리위원회, 외교부 및 공관의 인터넷 홈페이지 게시
3. 전자우편 전송(수신을 원하는 재외선거인등에 한한다)
⑤방송시설을 관리 또는 운영하는 자는 자신의 부담으로 제82조의2제1항에 따른 대담·토론회와 제82조의3에 따른 정책토론회를 중계방송할 수 있다.
⑥다음 각 호의 어느 하나에 해당하는 단체의 상근 임직원 및 이들 단체의 대표자는 재외선거권자를 대상으로 선거운동을 할 수 없다. <신설 2010.1.25.>
1. 「한국국제협력단법」에 따라 설립된 한국국제협력단
2. 「한국국제교류재단법」에 따라 설립된 한국국제교류재단
3. 「재외동포재단법」에 따라 설립된 재외동포재단
⑦제87조제1항에도 불구하고 단체(그 대표자와 임직원 또는 구성원을 포함한다)는 그 단체의 명의 또는 그 대표의 명의로 재외선거권자를 대상으로 선거운동을 할 수 없다. <신설 2010.1.25.>
[본조신설 2009.2.12.]

제218조의15(선거비용에 대한 특례)
제119조제1항에도 불구하고 재외선거권자를 대상으로 하는 선거운동을 위하여 국외에서 지출한 비용은 선거비용으로 보지 아니한다.
[본조신설 2009.2.12.]

제218조의16(재외선거의 투표방법) ①재외선거의 투표는 제159조 본문에 따른 기표에 의한 방법으로 한다. <개정 2015.8.13.>
②재외투표는 선거일 오후 6시(대통령의 궐위로 인한 선거 또는 재선거는 오후 8시를 말한다)까지 관할 구·시·군선거관리위원회에 도착되어야 한다. <개정 2011.7.28.>
③제218조의17제1항에 따른 재외투표기간 개시일 전에 귀국한 재외선거인등은 재외투표기간 개시일 전에 귀국한 사실을 증명할 수 있는 서류를 첨부하여 주소지 또는 최종 주소지(최종 주소지가 없는 사람은 등록기준지를 말한다)를 관할하는 구·시·군선거관리위원회에 신고한 후 선거일에 해당 선거관리위원회가 지정하는 투표소에서 투표할 수 있다. <개정 2015.8.13.>
④제3항의 신고에 관한 구체적인 절차 및 그 밖에 필요한 사항은 중앙선거관리위원회규칙으로 정한다. <신설 2015.8.13.>
[본조신설 2009.2.12.]

제218조의17(재외투표소의 설치 · 운영)
①재외선거관리위원회는 선거일 전 14일부터 선거일 전 9일까지의 기간 중 6일 이내의 기간(이하 이 장에서 "재외투표기간"이라 한다)을 정하여 공관에 재외투표소를 설치·운영하여야 한다. 이 경우 공관의 협소 등의 사유로 부득이 공관에 재외투표소를 설치할 수 없는 경우에는 공관의 대체시설에 재외투표소를 설치할 수 있다. <개정 2015.12.24.>
②재외선거관리위원회는 제1항에도 불구하고 다음 각 호의 어느 하나에 해당하는 사유가 있는 경우에는 재외투표기간 중 기간을 정하여 제1항에 따른 공관 또는 공관의 대체시설 외의 시설·병영 등에 추가로 재외투표소를 설치·운영할 수 있다. 다만, 제1호에 따른 사유로 추가하여 설치하는 재외투표소의 경우에는 재외국민수가 4만명을 넘으면 이후 매 4만명까지마다 1개소씩 추가로 설치·운영하되, 추가되는 재외투표소의 총 수는 2개소를 초과할 수 없다. <개정

2016.1.15.>
1. 관할구역의 재외국민수가 4만명 이상인 것으로 추정되는 경우
2. 공관의 관할구역 또는 관할구역의 인접한 지역에 재외선거인등이 소속된 국군부대가 있는 경우
③재외선거관리위원회는 선거일 전 20일까지 재외투표소의 명칭·소재지와 운영기간 등을 인터넷 홈페이지 등에 공고하여야 한다. <개정 2015.12.24.>
④재외선거관리위원회는 공정하고 중립적인 사람 중에서 재외투표소에 투표사무원을 두어야 한다. <개정 2018.4.6.>
⑤재외선거관리위원회는 정당추천위원이 아닌 1명의 위원을 책임위원으로 지정하여 재외투표소의 투표관리를 행하게 한다. 다만, 책임위원으로 지정되지 아니한 위원도 본인의 의사에 따라 투표관리에 참여할 수 있으며, 재외투표소의 책임위원에게 투표관리에 관하여 의견을 개진할 수 있다. <개정 2012.1.17.>
⑥재외선거관리위원회는 제5항에도 불구하고 제2항에 따라 설치하는 재외투표소에는 재외선거관리위원회가 지정하는 재외투표소관리자로 하여금 투표관리를 행하게 할 수 있다. <신설 2015.12.24.>
⑦재외투표소는 재외투표기간 중 공휴일에도 불구하고 매일 오전 8시에 열고 오후 5시에 닫는다. 다만, 제2항에 따른 재외투표소의 경우에는 해당 재외선거관리위원회가 예상 투표자 수 등을 고려하여 투표시간을 조정할 수 있다. <개정 2011.9.30., 2015.12.24.>
⑧제2항에 따른 재외투표소의 설치·운영, 국군부대에 재외투표소를 설치·운영할 재외선거관리위원회 지정 및 그 밖에 필요한 사항은 중앙선거관리위원회규칙으로 정한다. <개정 2016.1.15.>
⑨제163조·제166조·제166조의2 및 제167조(제2항 단서는 제외한다)는 재외투표소에 준용한다. 이 경우 "읍·면·동선거관리위원회 및 그 상급선거관리위원회"는 "중앙선거관리위원회 및 재외선거관리위원회"로, "투표소"는 "재외투표소"로, "투표관리관"은 "재외투표소의 책임위원 또는 재외투표소관리자"로, "선거일에"는 "재외투표소 안에서"로 본다. <개정 2010.1.25., 2011.7.28., 2015.12.24.>
[본조신설 2009.2.12.]

제218조의18(투표용지 작성 등) ①중앙선거관리위원회는 재외투표소의 책임위원 또는 재외투표소관리자(이하 "책임위원등"이라 한다)로 하여금 재외투표소에서 투표용지 발급기를 이용하여 투표용지를 작성·교부하게 한다. 이 경우 투표용지에 인쇄하는 일련번호에 관하여는 제151조제6항 후단을 준용한다. <개정 2015.8.13., 2015.12.24.>
②중앙선거관리위원회는 투표용지의 작성을 위하여 제151조제1항에 따라 작성한 투표용지원고를 재외투표기간 개시일 전 2일까지 전산조직을 이용하여 재외투표관리관에게 보내야 한다. <개정 2015.8.13.>
③중앙선거관리위원회는 투표용지의 작성 및 투표용지원고의 송부에 필요한 기술적 조치를 하여야 한다. <개정 2015.8.13.>
④재외투표소의 책임위원등은 투표용지 발급기의 장애 등으로 인하여 투표용지를 작성·교부할 수 없는 때에는 중앙선거관리위원회가 전산조직으로 송부한 투표용지원고를 이용하여 투표용지를 작성·교부한다. 이 경우 제218조의16제1항에도 불구하고 국회의원선거의 투표는 후보자의 성명이나 정당의 명칭 또는 기호를 한글 또는 아라비아숫자로 투표용지에 직접 적는 방법으로 한다. <신설 2011.7.28., 2014.1.17., 2015.8.13., 2015.12.24.>
⑤투표용지 작성방법, 재외선거인등에 대한 투표안내, 그 밖에 필요한 사항은 중앙선거관리위원회규칙으로 정한다. <신설 2011.7.28., 2015.8.13.>
[본조신설 2009.2.12.]
[제목개정 2015.8.13.]

제218조의19(재외선거의 투표 절차)
①재외선거인등은 신분증명서(여권·주민등록증·공무원증·운전면허증 등 사진이 첩부되어 본인임을 확인할 수 있는 대한민국의 관공서나 공공기관이 발행한 증명서 또는 사진이 첩부되고

성명과 생년월일이 기재되어 본인임을 확인할 수 있는 거류국의 정부가 발행한 증명서를 말한다. 이하 이 조에서 같다)를 제시하여 본인임을 확인받은 다음 전자적 방식으로 손도장을 찍거나 서명한 후 투표용지를 받아야 한다. 다만, 재외선거인은 제218조의5제4항에 따라 재외투표관리관이 공고한 서류의 원본을 제시하여 국적 및 본인 여부를 확인받은 다음 투표용지를 받아야 하며, 제시한 서류에 본인임을 확인할 수 있는 사진이 첨부되지 아니한 경우에는 신분증명서를 함께 제시하여야 한다. <개정 2015.12.24.>

②재외투표소의 책임위원등은 투표용지 발급기로 투표용지를 인쇄하여 "책임위원"칸에 자신의 도장을 찍거나 서명(한글성명이 모두 나타나야 한다)한 후 일련번호를 떼지 아니하고 회송용 봉투와 함께 교부한다. <개정 2015.12.24.>

③투표용지와 회송용 봉투를 받은 재외선거인등은 기표소에 들어가 투표용지에 1명의 후보자(비례대표국회의원선거에서는 하나의 정당을 말한다)를 선택하여 투표용지의 해당 칸에 기표한 다음 그 자리에서 기표내용이 다른 사람에게 보이지 아니하게 접어 이를 회송용 봉투에 넣어 봉함한 후 투표함에 넣어야 한다.

④투표용지 발급기의 봉함·봉인, 그 밖에 필요한 사항은 중앙선거관리위원회규칙으로 정한다.

[전문개정 2015.8.13.]

제218조의20(재외투표소의 투표참관)

①재외투표소의 책임위원등은 투표참관인이 투표상황을 참관할 수 있도록 하여야 한다. <개정 2015.12.24.>

②대통령선거의 경우 후보자(정당추천후보자의 경우에는 후보자를 추천한 정당을 말한다)가, 국회의원선거의 경우 「정치자금법」 제27조에 따라 보조금의 배분 대상이 되는 정당이 선거일 전 17일까지 재외선거관리위원회에 재외투표소별로 재외선거인등 중 2명을 투표참관인으로 신고할 수 있다.

③제2항에 따라 신고한 투표참관인은 언제든지 교체할 수 있으며, 재외투표기간에는 그 재외투표소에서 교체신고를 할 수 있다.

④제2항에 따른 투표참관인의 선정이 없거나 한 후보자 또는 한 정당이 선정한 투표참관인밖에 없는 경우에는 재외선거관리위원회가 재외선거인등 중 2명을 본인의 승낙을 얻어 투표참관인으로 선정한다. 이 경우 재외선거관리위원회가 제218조의17제2항제2호에 따른 재외투표소의 투표참관인을 선정할 때에는 군인이 아닌 사람을 우선하여 선정하여야 한다.
<개정 2011.7.28., 2016.1.15.>

⑤제4항에 따라 선정된 투표참관인은 정당한 사유 없이 참관을 거부하거나 그 직을 사임할 수 없다.

⑥재외투표소의 책임위원등은 원활한 투표관리를 위하여 필요한 때에는 투표참관인을 교대로 참관하게 할 수 있다. 이 경우 정당·후보자별로 투표참관인 수의 2분의 1씩 교대하여 참관하게 하여야 한다. <신설 2011.7.28., 2015.12.24.>

[본조신설 2009.2.12.]

제218조의21(재외투표의 회송) ①재외투표소의 책임위원등은 매일의 재외투표 마감 후 투표참관인의 참관 아래 투표함을 열고 투표자수를 계산한 다음 재외투표를 포장·봉인(封印)하여 재외투표관리관에게 인계하여야 한다. 다만, 제218조의17제2항에 따라 설치하는 재외투표소는 공관과의 거리 등의 사유로 매일의 재외투표를 인계할 수 없는 부득이한 경우에는 해당 재외투표소 운영기간 종료 후 그 기간 중의 재외투표를 일괄하여 인계할 수 있다. <개정 2015.12.24.>

②재외투표관리관은 제1항에 따른 재외투표를 재외투표기간 만료일 후 지체 없이 국내로 회송하고, 외교부장관은 외교행낭의 봉함·봉인 상태를 확인한 후 중앙선거관리위원회에 보내야 한다. 이 경우 재외투표의 수가 많은 때에는 재외투표기간 중 그 일부를 먼저 보낼 수 있다. <개정 2011.7.28., 2013.3.23.>

③중앙선거관리위원회는 제2항에 따라 인수한 재외투표를 관할 구·시·군선거관리위원회에 등기우편으로 보내야 한다.

④제1항 단서에 따른 재외투표의 인계, 제2항에 따른 재외투표의 국내 회송방법, 그 밖에 필요한 사항은 중앙선거관리위원회규칙으로 정한다. <신설 2011.7.28., 2015.12.24.>
[본조신설 2009.2.12.]

제218조의22(재외투표소투표록 등의 작성 · 송부) ①재외투표소의 책임위원등은 재외투표소에 재외투표소투표록을 비치하고 매일의 투표자 수, 재외투표관리관에 대한 재외투표의 인계, 그 밖에 재외투표소의 투표관리에 관한 사항을 기록하여야 한다. <개정 2015.12.24.>
②재외투표소의 책임위원등은 재외투표소의 투표가 모두 끝난 때에는 투표함과 그 열쇠, 재외투표소투표록, 그 밖에 재외투표소의 투표에 관한 모든 서류를 재외투표관리관에게 인계하여야 한다. <개정 2015.12.24.>
③재외투표관리관은 재외선거관리록을 비치하고 재외선거인 등록신청과 국외부재자 신고의 접수 및 처리, 재외투표소 설치·운영, 그 밖에 재외선거 및 국외부재자투표의 관리에 관한 사항을 적어야 한다.
④재외투표관리관이 제218조의21제2항 전단에 따라 재외투표를 중앙선거관리위원회에 보내는 때에는 재외투표소투표록을 함께 보내야 한다.
[본조신설 2009.2.12.]

제218조의23(재외투표의 접수) ①구·시·군선거관리위원회는 선거일 전 10일부터 재외투표의 투입과 보관을 위하여 국외부재자 투표함과 재외선거인 투표함(이하 이 조와 제218조의24에서 "재외투표함"이라 한다)을 각각 갖추어 놓아야 한다.
②구·시·군선거관리위원회가 접수한 재외투표는 정당추천위원의 참여하에 재외투표함에 넣어야 한다.
[본조신설 2009.2.12.]

제218조의24(재외투표의 개표) ①재외투표는 구·시·군선거관리위원회가 개표한다.
②재외투표함은 개표참관인의 참관 아래 선거일 오후 6시(대통령의 궐위로 인한 선거 또는 재선거는 오후 8시를 말한다. 이하 이 조에서 같다) 후에 개표소로 옮겨서 다른 투표함의 투표지와 별도로 먼저 개표할 수 있다. <개정 2011.7.28.>
③제1항에도 불구하고 중앙선거관리위원회는 천재지변 또는 전쟁·폭동, 그 밖에 부득이한 사유로 재외투표가 선거일 오후 6시까지 관할 구·시·군선거관리위원회에 도착할 수 없다고 인정하는 때에는 해당 재외선거관리위원회로 하여금 재외투표를 보관하였다가 개표하게 할 수 있다. <신설 2011.7.28.>
④재외선거관리위원회가 제3항에 따라 개표하는 때에는 선거일 오후 6시 이후에 개표참관인의 참관 아래 공관에서 개표하고, 그 결과를 중앙선거관리위원회에 보고하며, 중앙선거관리위원회는 관할 선거구선거관리위원회에 그 결과를 통지한다. <신설 2011.7.28.>
⑤제3항에 따라 개표하는 경우 개표참관인 선정·신고 등에 관하여는 제218조의20제2항부터 제5항까지를 준용한다. 이 경우 "재외투표소별로"는 "개표소별로"로, "투표참관인"은 "개표참관인"으로, "선거일 전 17일"은 "선거일 전 3일"로, "재외투표기간에는 그 재외투표소에서"는 "개표일에는 개표소에서"로 본다. <신설 2011.7.28., 2015.12.24.>
⑥재외선거관리위원회가 재외투표를 개표하는 경우 재외투표의 보관, 개표의 진행 및 절차, 개표결과의 보고·통지, 그 밖에 필요한 사항은 중앙선거관리위원회규칙으로 정한다.
<신설 2011.7.28.> [본조신설 2009.2.12.]

제218조의25(재외투표의 효력) ①재외투표의 효력에 관하여는 제179조(같은 조 제3항 및 제4항제7호·제10호는 제외한다)를 준용한다. 이 경우 "사전투표 및 거소투표"는 "재외투표"로, "비례대표국회의원선거 및 비례대표지방의회의원선거"는 "비례대표국회의원선거"로, "거소투표자 또는 선상투표자가"는 "재외선거인등이"로, "거소투표 또는 선상투표"는 "재외투표"로 본다. <개정 2015.8.13.>
②제218조의18제4항 후단의 방법으로 투표를 한 경우 후보자의 성명이나 정당의 명칭 또는 기호

를 모두 한글 또는 아라비아숫자가 아닌 그 밖의 문자(한글 또는 아라비아숫자와 그 밖의 문자를 병기한 것은 한글 또는 아라비아숫자로 적은 것으로 본다)로 적거나 비례대표국회의원선거에서 후보자의 성명을 적은 재외투표(정당의 명칭 또는 기호를 함께 적은 것을 포함한다)는 무효로 한다. 다만, 다음 각 호의 어느 하나에 해당하는 재외투표는 무효로 하지 아니한다. <개정 2015.8.13.>
1. 같은 후보자의 성명이나 정당의 명칭 또는 기호를 2회 이상 적은 것
2. 후보자의 성명이나 정당의 명칭 또는 기호가 일부 틀리게 적혀 있으나 어느 후보자 또는 정당에게 투표하였는지 명확한 것
③같은 선거에서 한 사람이 2회 이상 투표를 한 경우 해당 선거에서 본인이 한 재외투표는 모두 무효로 한다. <신설 2011.7.28.>
④삭제 <2015.8.13.>
⑤삭제 <2015.8.13.>
[본조신설 2009.2.12.]
[제목개정 2015.8.13.]

제218조의26(국외선거범에 대한 공소시효 등) ①제268조제1항 본문에도 불구하고 국외에서 범한 이 법에 규정된 죄의 공소시효는 해당 선거일 후 5년을 경과함으로써 완성한다. <개정 2011.7.28.>
②국외에서 이 법에 규정된 죄를 범한 자로서 「형사소송법」에 따라 법원의 관할을 특정할 수 없는 자의 제1심 재판 관할은 서울중앙지방법원으로 한다. <신설 2011.7.28.>
[본조신설 2009.2.12.]
[제목개정 2011.7.28.]

제218조의27(재외선거의 공정성 확보 의무)
①중앙선거관리위원회와 재외투표관리관은 재외선거인 등록신청, 재외투표의 방법, 그 밖에 재외선거인의 선거권 행사를 위한 사항을 홍보하는 등 재외선거인의 투표참여와 재외선거의 공정성을 확보하기 위하여 노력하여야 한다.
②중앙선거관리위원회는 재외선거인이 전화 또는 인터넷을 통하여 후보자를 추천한 정당의 명칭, 후보자의 성명, 기호 및 선거공약 등을 알 수 있도록 필요한 조치를 하여야 한다.
③중앙선거관리위원회는 외국의 선거·정당·정치자금제도와 그 운영현황, 정당 발전방안 등에 관한 조사·연구를 추진하여 재외선거제도의 개선과 정치발전을 위하여 필요한 노력을 하여야 한다.
[본조신설 2009.2.12.]

제218조의28(재외선거사무의 지원 등)
①중앙선거관리위원회, 법무부, 경찰청 등은 재외선거관리위원회 또는 재외투표관리관이 행하는 재외선거사무를 지원하고 위법행위 예방 및 자료수집 등을 위하여 필요한 경우에는 공관에 소속 직원을 파견할 수 있다.
②제1항에 따라 공관에 파견된 중앙선거관리위원회 소속 직원이 제272조의2 또는 「정치자금법」 제52조에 따라 조사를 하는 경우에는 다른 법령에도 불구하고 중앙선거관리위원회의 지휘·감독을 받는다. 다만, 조사에 착수하는 때에는 조사와 관련하여 공관의 장과 협의하여야 한다.
[전문개정 2011.9.30.]

제218조의29(천재지변 등의 발생 시 재외선거사무의 처리) ①중앙선거관리위원회는 천재지변 또는 전쟁·폭동, 그 밖에 부득이한 사유로 해당 공관 관할구역에서 재외선거를 실시할 수 없다고 인정하는 때에는 해당 공관에 재외선거관리위원회를 설치하지 아니하거나 설치·운영 중인 재외선거관리위원회 및 재외투표관리관의 재외선거사무를 중지할 것을 결정할 수 있다.
②제1항에 따른 재외선거사무 중지결정에 따라 재외투표기간 중에 투표를 마치지 못한 경우에

도 재외투표기간이 지난 후에는 다시 투표를 실시하지 아니한다. 이 경우 재외투표관리관은 이미 실시된 재외투표를 제218조의21제2항에 따라 국내로 회송하여야 한다.
③중앙선거관리위원회는 제1항에 따른 결정 후 재외투표기간 전에 사정 변경으로 재외선거를 실시할 수 있다고 인정하는 때에는 지체 없이 재외선거관리위원회를 설치하거나 재외선거사무가 중지된 해당 재외선거관리위원회 및 재외투표관리관으로 하여금 재외선거사무를 재개하도록 하여야 하고, 이 경우 처리기한이 경과된 재외선거사무는 이 법에 따라 처리한 것으로 본다. 다만, 재외선거관리위원회는 제218조의17에 따른 기한이 경과된 경우라도 지체 없이 재외투표소의 명칭·소재지와 운영기간 등을 공고하여야 한다.
[본조신설 2011.7.28.]
[종전 제218조의29는 제218조의30으로 이동 <2011.7.28.>]

제218조의30(국외선거범에 대한 여권발급 제한 등) ①외교부장관은 다음 각 호의 어느 하나에 해당하는 사람에 대하여 중앙선거관리위원회 또는 검사의 요청이 있는 때에는 「여권법」에 따른 여권의 발급·재발급(이하 "여권발급등"이라 한다)을 제한하거나 반납(이하 "제한등"이라 한다)을 명하여야 한다. <개정 2013.3.23.>
1. 국외에서 이 법에 따른 장기 3년 이상의 형에 해당하는 죄를 범한 혐의를 인정할 만한 상당한 이유가 있으나 중앙선거관리위원회의 조사에 불응하거나 소재가 불명하여 조사를 종결할 수 없는 사람
2. 국외에서 이 법에 따른 장기 3년 이상의 형에 해당하는 죄를 범하여 기소중지된 사람
②중앙선거관리위원회 또는 검사가 제1항에 따라 여권발급등의 제한등을 요청할 때에는 그 요청사유, 제한기간 또는 반납 후의 보관기간(이하 "보관기간"이라 한다) 등을 적은 서면으로 하여야 한다.
③중앙선거관리위원회 또는 검사는 제2항에 따른 제한기간 또는 보관기간을 연장할 필요가 있다고 인정되는 때에는 그 제한기간 또는 보관기간 만료일 전 30일까지 서면으로 연장을 요청할 수 있다.
④제2항 및 제3항에 따른 제한기간 또는 보관기간은 해당 선거의 선거일 후 5년 이내로 하되, 중앙선거관리위원회 또는 검사는 제한기간 또는 보관기간 중이라도 요청사유가 소멸되었다고 인정될 때에는 여권발급등의 제한등을 해제하여 줄 것을 외교부장관에게 요청할 수 있다. <개정 2013.3.23.>
⑤제3항과 제4항에 따른 요청이 있는 경우 외교부장관은 특별한 사정이 없는 한 그 요청에 따라야 한다. <개정 2013.3.23.>
⑥제1항에 따른 여권발급등의 제한등과 관련하여 이 조에서 정한 것을 제외하고는 여권발급등의 제한등의 절차, 반납명령을 이행하지 않는 경우 여권의 효력상실과 회수, 그 밖의 사항에 관하여는 「여권법」을 준용한다.
[본조신설 2012.2.29.]
[종전 제218조의30은 제218조의34로 이동 <2012.2.29.>]

제218조의31(외국인의 입국금지) ①법무부장관은 국외에서 이 법에서 금지하는 행위를 하였다고 인정할 만한 상당한 이유가 있는 외국인에 대하여 입국을 금지할 수 있다. 다만, 수사에 응하기 위하여 입국하려는 때에는 그러하지 아니하다.
②중앙선거관리위원회는 제1항에 따른 입국금지대상에 해당하는 외국인을 법무부장관에게 통보할 수 있다.
③제1항에 따른 입국 금지기간은 해당 선거 당선인의 임기만료일까지로 한다.
④제1항에 따른 입국금지 절차 등에 관하여는 「출입국관리법」을 준용한다.
[본조신설 2012.2.29.]
[종전 제218조의31은 제218조의35로 이동 <2012.2.29.>]

제218조의32(국외선거범에 대한 영사조사)
①영사는 법원 또는 검사의 의뢰를 받아 대한민국 재외공관 등에서 「형사소송법」 제200조, 제

221조에 따라 이 법의 위반행위와 관련된 피의자 또는 피의자 아닌 자의 출석을 요구하여 진술을 들을 수 있다.
②법원 또는 검사가 영사에게 진술 청취를 의뢰할 때에는 법무부 및 외교부를 경유하여야 한다. 사법경찰관은 검사에게 영사에 대한 진술 청취의 의뢰를 신청할 수 있다. <개정 2013.3.23.>
③영사는 제1항에 따라 진술을 들을 경우 그 진술 내용을 기재한 조서를 작성하거나 진술서를 제출받을 수 있고, 그 과정을 영상녹화할 수 있다. 다만, 피의자 아닌 자의 경우에는 동의를 받아야 영상녹화할 수 있다.
④영사가 법원의 의뢰를 받아 진술을 들을 경우 그 절차 및 방식에 관하여는 「형사소송법」 제48조, 제50조 및 제161조의2부터 제164조까지를 준용한다.
⑤영사가 검사의 의뢰를 받아 진술을 들을 경우 그 절차 및 방식에 관하여는 「형사소송법」 제241조, 제242조, 제243조의2부터 제245조까지를 준용한다.
⑥영사는 제3항에 따라 작성한 조서, 진술인으로부터 제출받은 진술서 또는 영상녹화물을 즉시 외교부 및 법무부를 경유하여 법원 또는 검사에게 송부하여야 한다. <개정 2013.3.23.>
[본조신설 2012.2.29.]

제218조의33(국외선거범에 대한 인터넷 화상조사) ①검사 또는 사법경찰관은 「형사소송법」 제200조, 제221조에 따라 재외공관에 출석한 이 법의 위반행위와 관련된 피의자 또는 피의자 아닌 자를 상대로 인터넷 화상장치를 이용하여 진술을 들을 수 있다.
②제1항에 따라 진술을 들을 경우 검사 또는 사법경찰관은 법무부 및 외교부를 경유하여 해당 재외공관의 장에게 조사할 사건에 관하여 통보하여야 하고, 진술을 들을 때에는 영사가 참여하여야 한다. <개정 2013.3.23.>
③검사 또는 사법경찰관은 제1항에 따라 진술을 들을 경우 그 진술 내용을 기재한 조서를 작성할 수 있고, 그 과정을 영상 녹화하여야 한다. 다만, 피의자가 아닌 자의 경우에는 동의를 받아야 영상녹화할 수 있다.
④검사 또는 사법경찰관은 작성한 조서를 재외공관에 전송하고, 영사는 이를 출력하여 진술자에게 열람케 하여야 한다.
⑤제1항에 따른 진술 청취의 절차 및 방식에 관하여는 「형사소송법」 제241조, 제242조, 제243조의2부터 제245조까지를 준용한다.
⑥영사는 완성된 조서를 외교부 및 법무부를 경유하여 검사 또는 사법경찰관에게 송부하여야 한다. <개정 2013.3.23.>
⑦제1항부터 제6항까지에 따라 작성된 조서는 국내에서 검사 또는 사법경찰관이 작성한 조서와 동일한 것으로 본다.
[본조신설 2012.2.29.]

제218조의34(준용규정 등) ①재외선거에 관하여 이 장에 정한 것을 제외하고는 그 성질에 반하지 아니하는 범위에서 이 법의 다른 규정을 준용한다.
②이 장에서 날짜로 정한 기간을 계산하는 때에는 대한민국 표준시를 기준으로 한다.
③재외선거와 관련한 공관의 선거관리경비의 사용 잔액에 대하여는 「재외공관 수입금 등 직접사용에 관한 법률」 제2조·제3조를 준용한다. 이 경우 "외교부장관"은 "중앙선거관리위원회사무총장"으로, "대한민국 재외공관의 장" 또는 "재외공관의 장"은 "재외투표관리관"으로, "수입금 및 관서 운영경비"는 "선거관리경비"로 본다. <신설 2012.1.17., 2013.3.23.>
[본조신설 2009.2.12.]
[제218조의30에서 이동 <2012.2.29.>]

제218조의35(시행규칙) 국외부재자투표와 재외선거의 실시를 위하여 필요한 사항은 중앙선거관리위원회규칙으로 정한다.
[본조신설 2009.2.12.]
[제218조의31에서 이동 <2012.2.29.>]

제15장 선거에 관한 쟁송

제219조(선거소청) ①지방의회의원 및 지방자치단체의 장의 선거에 있어서 선거의 효력에 관하여 이의가 있는 선거인·정당(候補者를 추천한 政黨에 한한다. 이하 이 條에서 같다) 또는 후보자는 선거일부터 14일 이내에 당해 선거구선거관리위원회위원장을 피소청인으로 하여 지역구시·도의원선거(지역구세종특별자치시의회의원선거는 제외한다), 자치구·시·군의원선거 및 자치구·시·군의 장 선거에 있어서는 시·도선거관리위원회에, 비례대표시·도의원선거, 지역구세종특별자치시의회의원선거 및 시·도지사선거에 있어서는 중앙선거관리위원회에 소청할 수 있다. <개정 2002.3.7., 2015.8.13.>
②지방의회의원 및 지방자치단체의 장의 선거에 있어서 당선의 효력에 관하여 이의가 있는 정당 또는 후보자는 당선인결정일부터 14일 이내에 제52조제1항부터 제3항까지 또는 제192조제1항부터 제3항까지의 사유에 해당함을 이유로 하는 때에는 당선인을, 제190조(지역구지방의회의원당선인의 결정·공고·통지) 내지 제191조(地方自治團體의 長의 當選人의 決定·公告·통지)의 규정에 의한 결정의 위법을 이유로 하는 때에는 당해 선거구선거관리위원회위원장을 각각 피소청인으로 하여 지역구시·도의원선거(지역구세종특별자치시의회의원선거는 제외한다), 자치구·시·군의원선거 및 자치구 ·시·군의 장 선거에 있어서는 시·도선거관리위원회에, 비례대표시·도의원선거, 지역구세종특별자치시의회의원선거 및 시·도지사선거에 있어서는 중앙선거관리위원회에 소청할 수 있다.
<개정 2002.3.7., 2005.8.4., 2010.1.25., 2010.3.12., 2015.8.13.>
③제1항 및 제2항의 규정에 의하여 피소청인으로 될 당해 선거구선거관리위원회위원장이 궐위된 때에는 당해 선거구선거관리위원회위원 전원을 피소청인으로 한다.
④제2항의 규정에 의하여 피소청인으로 될 당선인이 사퇴 또는 사망하거나 제192조제2항의 규정에 의하여 당선의 효력이 상실되거나 같은조제3항의 규정에 의하여 당선이 무효로 된 때에는 당해 선거구선거관리위원회위원장을, 당해 선거구선거관리위원회위원장이 궐위된 때에는 당해 선거구선거관리위원회위원 전원을 피소청인으로 한다.
⑤제1항 및 제2항에 따른 소청은 서면으로 하여야 하되, 다음 각 호의 사항을 기재한 후 기명하고 날인하여야 한다. 이 경우 소청장에는 당사자수에 해당하는 부본을 첨부하여야 한다. <개정 2011.7.28.>
1. 소청인의 성명과 주소
2. 피소청인의 성명과 주소
3. 소청의 취지 및 이유
4. 소청의 대상이 되는 처분의 내용
5. 대리인 또는 선정대표자가 있는 경우에는 그 성명과 주소
⑥제5항의 규정에 의한 소청장을 접수한 중앙선거관리위원회 또는 시·도선거관리위원회는 지체없이 소청장 부본을 당사자에게 송달하여야 한다.
⑦제6항의 규정에 의하여 소청장 부본을 송달받은 피소청인은 중앙선거관리위원회 또는 시·도선거관리위원회가 지정한 기일까지 답변서를 제출하여야 한다. 이 경우 당사자수에 상응하는 부본을 첨부하여야 하며, 답변서를 접수한 중앙선거관리위원회 또는 시·도선거관리위원회는 그 부본을 당사자에게 송달하여야 한다.
[제목개정 2011.7.28.]

제220조(소청에 대한 결정) ①제219조(選擧訴請)제1항 또는 같은조제2항의 소청을 접수한 중앙선거관리위원회 또는 시·도선거관리위원회는 소청을 접수한 날부터 60일 이내에 그 소청에 대한 결정을 하여야 한다.
②제1항의 결정은 다음 각 호의 사항을 기재한 서면으로 하여야 하며, 결정에 참여한 위원이 기명하고 서명 또는 날인하여야 한다. <개정 2011.7.28.>
1. 사건번호와 사건명
2. 당사자·참가인 및 대리인의 성명과 주소

3. 주문
4. 소청의 취지
5. 이유
6. 결정한 날짜

③중앙선거관리위원회 또는 시·도선거관리위원회는 지체없이 제2항의 결정서의 정본을 소청인·피소청인 및 참가인에게 송달하여야 하며, 그 결정요지를 공고하여야 한다.
④소청의 결정은 소청인에게 제3항의 규정에 의한 송달이 있는 때에 그 효력이 생긴다.
[제목개정 2011.7.28.]

제221조(「행정심판법」의 준용) ①선거소청에 관하여는 이 법에 규정된 것을 제외하고는 「행정심판법」 제10조(위원의 제척·기피·회피)(이 경우 "위원장"은 "중앙선거관리위원회 또는 시·도선거관리위원회"로 본다), 제15조(선정대표자), 제16조(청구인의 지위 승계)제2항부터 제4항까지(이 경우 "법인"은 "정당"으로 본다), 제17조(피청구인의 적격 및 경정)제2항부터 제6항까지, 제18조(대리인의 선임), 제19조(대표자 등의 자격), 제20조(심판참가), 제21조(심판참가의 요구), 제22조(참가인의 지위), 제29조(청구의 변경), 제30조(집행정지)제1항, 제32조(보정), 제33조(주장의 보충), 제34조(증거서류 등의 제출), 제35조(자료의 제출 요구 등)제1항부터 제3항까지, 제36조(증거조사), 제37조(절차의 병합 또는 분리), 제38조(심리기일의 지정과 변경), 제39조(직권심리), 제40조(심리의 방식), 제41조(발언 내용 등의 비공개), 제42조(심판청구 등의 취하), 제43조(재결의 구분)제1항·제2항, 제51조(행정심판 재청구의 금지), 제55조(증거서류 등의 반환), 제56조(주소 등 송달장소 변경의 신고의무), 제57조(서류의 송달) 및 제61조(권한의 위임)의 규정을 준용하고, 선거소청비용에 관하여는 「민사소송법」을 준용하되, 「행정심판법」을 준용하는 경우 "행정심판"은 "선거소청"으로, "청구인"은 "소청인"으로, "피청구인"은 "피소청인"으로, "심판청구 또는 심판"은 "소청"으로, "심판청구서"는 "소청장"으로, "재결"은 "결정"으로, "재결기간"은 "결정기간"으로, "위원회"는 "중앙선거관리위원회 또는 시·도선거관리위원회"로, "재결서"는 "결정서"로 본다. <개정 1998.4.30., 2005.8.4., 2008.2.29., 2010.1.25.>
②소청에 관하여 기타 필요한 사항은 중앙선거관리위원회규칙으로 정한다.
[제목개정 2005.8.4.]

제222조(선거소송) ①대통령선거 및 국회의원선거에 있어서 선거의 효력에 관하여 이의가 있는 선거인·정당(候補者를 추천한 政黨에 한한다) 또는 후보자는 선거일부터 30일 이내에 당해 선거구선거관리위원회위원장을 피고로 하여 대법원에 소를 제기할 수 있다.
②지방의회의원 및 지방자치단체의 장의 선거에 있어서 선거의 효력에 관한 제220조의 결정에 불복이 있는 소청인(當選人을 포함한다)은 해당 소청에 대하여 기각 또는 각하 결정이 있는 경우(제220조제1항의 기간 내에 결정하지 아니한 때를 포함한다)에는 해당 선거구선거관리위원회 위원장을, 인용결정이 있는 경우에는 그 인용결정을 한 선거관리위원회 위원장을 피고로 하여 그 결정서를 받은 날(제220조제1항의 기간 내에 결정하지 아니한 때에는 그 기간이 종료된 날)부터 10일 이내에 비례대표시·도의원선거 및 시·도지사선거에 있어서는 대법원에, 지역구시·도의원선거, 자치구·시·군의원선거 및 자치구·시·군의 장 선거에 있어서는 그 선거구를 관할하는 고등법원에 소를 제기할 수 있다. <개정 2002.3.7., 2010.1.25.>
③제1항 또는 제2항에 따라 피고로 될 위원장이 궐위된 때에는 해당 선거관리위원회 위원 전원을 피고로 한다. <개정 2010.1.25.>

제223조(당선소송) ①대통령선거 및 국회의원선거에 있어서 당선의 효력에 이의가 있는 정당(候補者를 추천한 政黨에 한한다) 또는 후보자는 당선인결정일부터 30일이내에 제52조제1항 · 제3항 · 제4항 또는 제192조제1항부터 제3항까지의 사유에 해당함을 이유로 하는 때에는 당선인을, 제187조(大統領當選人의 決定 · 公告 · 통지)제1항 · 제2항, 제188조(地域區國會議員當選人의 決定 · 公告 · 통지)제1항 내지 제4항, 제189조(比例代表國會議員議席의 배분과 當選人의 決定 · 公告 · 통지) 또는 제194조(당선인의 재결정과 비례대표국회의원의석 및 비례대표지방의회의원의석의 재배분)제4항의 규정에 의한 결정의 위법을 이유로 하

는 때에는 대통령선거에 있어서는 그 당선인을 결정한 중앙선거관리위원회위원장 또는 국회의장을, 국회의원선거에 있어서는 당해 선거구선거관리위원회위원장을 각각 피고로 하여 대법원에 소를 제기할 수 있다. <개정 2000.2.16., 2002.3.7., 2005.8.4., 2010.1.25., 2010.3.12., 2020.1.14., 2020.12.29.>

②지방의회의원 및 지방자치단체의 장의 선거에 있어서 당선의 효력에 관한 제220조의 결정에 불복이 있는 소청인 또는 당선인인 피소청인(제219조제2항 후단에 따라 선거구선거관리위원회 위원장이 피소청인인 경우에는 당선인을 포함한다)은 해당 소청에 대하여 기각 또는 각하 결정이 있는 경우(제220조제1항의 기간 내에 결정하지 아니한 때를 포함한다)에는 당선인(제219조제2항 후단을 이유로 하는 때에는 관할선거구선거관리위원회 위원장을 말한다)을, 인용결정이 있는 경우에는 그 인용결정을 한 선거관리위원회 위원장을 피고로 하여 그 결정서를 받은 날(제220조제1항의 기간 내에 결정하지 아니한 때에는 그 기간이 종료된 날)부터 10일 이내에 비례대표시·도의원선거 및 시·도지사선거에 있어서는 대법원에, 지역구시·도의원선거, 자치구·시·군의원선거 및 자치구·시·군의 장 선거에 있어서는 그 선거구를 관할하는 고등법원에 소를 제기할 수 있다. <개정 2002.3.7., 2010.1.25.>

③제1항 또는 제2항에 따라 피고로 될 위원장이 궐위된 때에는 해당 선거관리위원회 위원 전원을, 국회의장이 궐위된 때에는 부의장중 1인을 피고로 한다. <개정 2010.1.25.>

④제1항 및 제2항의 규정에 의하여 피고로 될 당선인이 사퇴·사망하거나 제192조제2항의 규정에 의하여 당선의 효력이 상실되거나 같은조제3항의 규정에 의하여 당선이 무효로 된 때에는 대통령선거에 있어서는 법무부장관을, 국회의원선거·지방의회의원 및 지방자치단체의 장의 선거에 있어서는 관할고등검찰청검사장을 피고로 한다.

제224조(선거무효의 판결 등) 소청이나 소장을 접수한 선거관리위원회 또는 대법원이나 고등법원은 선거쟁송에 있어 선거에 관한 규정에 위반된 사실이 있는 때라도 선거의 결과에 영향을 미쳤다고 인정하는 때에 한하여 선거의 전부나 일부의 무효 또는 당선의 무효를 결정하거나 판결한다.

제225조(소송 등의 처리) 선거에 관한 소청이나 소송은 다른 쟁송에 우선하여 신속히 결정 또는 재판하여야 하며, 소송에 있어서는 수소법원은 소가 제기된 날 부터 180일 이내에 처리하여야 한다.

제226조(소송 등에 관한 통지) ①이 장의 규정에 의하여 소청이 제기된 때 또는 소청이 계속되지 아니하게 되거나 결정된 때에는 중앙선거관리위원회 또는 시·도선거관리위원회는 당해 지방자치단체와 지방의회 및 관할선거구선거관리위원회에 통지하여야 한다.

②이 장의 규정에 의하여 소가 제기된 때 또는 소송이 계속되지 아니하게 되거나 판결이 확정된 때에는 대법원장 또는 고등법원장은 대통령선거 및 국회의원선거에 있어서는 국회와 중앙선거관리위원회 및 관할선거구선거관리위원회에, 지방의회의원 및 지방자치단체의 장의 선거에 있어서는 당해 지방자치단체와 지방의회 및 관할선거구선거관리위원회에 통지하여야 한다.

제227조(「행정소송법」의 준용 등) 선거에 관한 소송에 관하여는 이 법에 규정된 것을 제외하고는 「행정소송법」 제8조(法適用例)제2항 및 제26조(職權審理)의 규정을 준용한다. 다만, 같은 법 제8조제2항에서 준용되는 「민사소송법」 제145조(화해의 권고), 제147조(제출기간의 제한)제2항, 제149조(실기한 공격·방어방법의 각하), 제150조(자백간주)제1항, 제220조(화해, 청구의 포기·인낙조서의 효력), 제225조(결정에 의한 화해권고), 제226조(결정에 대한 이의신청), 제227조(이의신청의 방식), 제228조(이의신청의 취하), 제229조(이의신청권의 포기), 제230조(이의신청의 각하), 제231조(화해권고결정의 효력), 제232조(이의신청에 의한 소송복귀 등), 제284조(변론준비절차의 종결)제1항, 제285조(변론준비기일을 종결한 효과) 및 제288조(불요증사실)의 규정을 제외한다. <개정 2005.8.4.>
[제목개정 2005.8.4.]

제228조(증거조사) ①정당(候補者를 추천한 政黨에 한한다) 또는 후보자는 개표완료후에 선거쟁송을 제기하는 때의 증거를 보전하기 위하여 그 구역을 관할하는 지방법원 또는 그 지원에 투표함·투표지 및 투표록 등의 보전신청을 할 수 있다.
②법관은 제1항의 신청이 있는 때에는 현장에 출장하여 조서를 작성하고 적절한 보관방법을 취하여야 한다. 다만, 소청심사에 필요한 경우 중앙선거관리위원회 또는 시·도선거관리위원회는 증거보전신청자의 신청에 의하여 관여법관의 입회하에 증거보전물품에 대한 검증을 할 수 있다.
③제2항의 처분은 제219조(選擧訴請)의 규정에 의한 소청의 제기가 없거나 제222조(選擧訴訟) 및 제223조(當選訴訟)의 규정에 의한 소의 제기가 없는 때에는 그 효력을 상실한다.
④선거에 관한 소송에 있어서는 대법원 및 고등법원은 고등법원·지방법원 또는 그 지원에 증거조사를 촉탁할 수 있다.

제229조(인지 첩부 및 첨부에 관한 특례)
선거에 관한 소송에 있어서는 「민사소송 등 인지법」의 규정에 불구하고 소송서류에 붙여야 할 인지는 「민사소송 등 인지법」에 규정된 금액의 10배로 한다.
<개정 2005.8.4., 2012.12.18.>
[제목개정 2012.12.18.]

제16장 벌칙

제230조(매수 및 이해유도죄) ①다음 각 호의 어느 하나에 해당하는 자는 5년 이하의 징역 또는 3천만원 이하의 벌금에 처한다. <개정 1997.1.13., 1997.11.14., 2000.2.16., 2004.3.12., 2009.2.12., 2010.1.25., 2011.7.28., 2012.2.29., 2014.1.17., 2014.2.13., 2014.5.14.>
1. 투표를 하게 하거나 하지 아니하게 하거나 당선되거나 되게 하거나 되지 못하게 할 목적으로 선거인(선거인명부 또는 재외선거인명부등을 작성하기 전에는 그 선거인명부 또는 재외선거인명부등에 오를 자격이 있는 사람을 포함한다. 이하 이 장에서 같다) 또는 다른 정당이나 후보자(예비후보자를 포함한다)의 선거사무장·선거연락소장·선거사무원·회계책임자·연설원(제79조제1항·제2항에 따라 연설·대담을 하는 사람과 제81조제1항·제82조제1항 또는 제82조의2제1항·제2항에 따라 대담·토론을 하는 사람을 포함한다. 이하 이 장에서 같다) 또는 참관인(투표참관인·사전투표참관인과 개표참관인을 말한다. 이하 이 장에서 같다)·선장·입회인에게 금전·물품·차마·향응 그 밖에 재산상의 이익이나 공사의 직을 제공하거나 그 제공의 의사를 표시하거나 그 제공을 약속한 자
2. 선거운동에 이용할 목적으로 학교, 그 밖에 공공기관·사회단체·종교단체·노동단체·청년단체·여성단체·노인단체·재향군인단체·씨족단체 등의 기관·단체·시설에 금전·물품 등 재산상의 이익을 제공하거나 그 제공의 의사를 표시하거나 그 제공을 약속한 자
3. 선거운동에 이용할 목적으로 야유회·동창회·친목회·향우회·계모임 기타의 선거구민의 모임이나 행사에 금전·물품·음식물 기타 재산상의 이익을 제공하거나 그 제공의 의사를 표시하거나 그 제공을 약속한 자
4. 제135조(選擧事務關係者에 대한 手當과 實費補償)제3항의 규정에 위반하여 수당·실비 기타 자원봉사에 대한 보상 등 명목여하를 불문하고 선거운동과 관련하여 금품 기타 이익의 제공 또는 그 제공의 의사를 표시하거나 그 제공을 약속한 자
5. 선거에 영향을 미치게 하기 위하여 이 법에 따른 경우를 제외하고 문자·음성·화상·동영상 등을 인터넷 홈페이지의 게시판·대화방 등에 게시하거나 전자우편·문자메시지로 전송하게 하고 그 대가로 금품, 그 밖에 이익의 제공 또는 그 제공의 의사표시를 하거나 그 제공을 약속한 자
6. 정당의 명칭 또는 후보자(후보자가 되려는 사람을 포함한다)의 성명을 나타내거나 그 명칭·성명을 유추할 수 있는 내용으로 제58조의2에 따른 투표참여를 권유하는 행위를 하

게 하고 그 대가로 금품, 그 밖에 이익의 제공 또는 그 제공의 의사표시를 하거나 그 제공을 약속한 자
7. 제1호부터 제6호까지에 규정된 이익이나 직의 제공을 받거나 그 제공의 의사표시를 승낙한 자(제261조제9항제2호에 해당하는 자는 제외한다)
②정당·후보자(候補者가 되고자 하는 者를 포함한다) 및 그 가족·선거사무장·선거연락소장·선거사무원·회계책임자·연설원 또는 제114조(政黨 및 候補者의 家族 등의 寄附行爲制限)제2항의 규정에 의한 후보자 또는 그 가족과 관계 있는 회사 등이 제1항 각호의 1에 규정된 행위를 한 때에는 7년 이하의 징역 또는 5천만원 이하의 벌금에 처한다. <개정 2014.2.13.>
③제1항 각호의 1 또는 제2항에 규정된 행위에 관하여 지시·권유·요구하거나 알선한 자는 7년 이하의 징역 또는 5천만원 이하의 벌금에 처한다. <개정 2014.2.13.>
④당선되거나 되게하거나 되지 못하게 할 목적으로 선거기간중 포장된 선물 또는 돈봉투 등 다수의 선거인에게 배부하도록 구분된 형태로 되어 있는 금품을 운반하는 자는 5년 이하의 징역 또는 3천만원 이하의 벌금에 처한다. <개정 2014.2.13.>
⑤선거관리위원회의 위원·직원(투표관리관 및 사전투표관리관을 포함한다. 이하 이 장에서 같다) 또는 선거사무에 관계있는 공무원(선장을 포함한다)이나 경찰공무원(司法警察官吏 및 軍司法警察官吏를 포함한다)이 제1항 각호의 1 또는 제2항에 규정된 행위를 하거나 하게 한 때에는 7년 이하의 징역에 처한다. <개정 2005.8.4., 2012.2.29., 2014.1.17.>
⑥제47조의2제1항 또는 제2항을 위반한 자는 5년 이하의 징역 또는 500만원 이상 3천만원 이하의 벌금에 처한다. <신설 2008.2.29., 2014.2.13.>
⑦당내경선과 관련하여 다음 각 호의 어느 하나에 해당하는 자는 3년 이하의 징역 또는 1천만원 이하의 벌금에 처한다. <신설 2005.8.4., 2008.2.29., 2014.2.13.>
1. 제57조의5(당원 등 매수금지)제1항 또는 제2항의 규정을 위반한 자
2. 후보자로 선출되거나 되게 하거나 되지 못하게 하거나, 경선선거인(당내경선의 선거인명부에 등재된 자를 말한다. 이하 이 조에서 같다)으로 하여금 투표를 하게 하거나 하지 아니하게 할 목적으로 경선후보자·경선운동관계자·경선선거인 또는 참관인에게 금품·향응 그 밖의 재산상의 이익이나 공사의 직을 제공하거나 그 제공의 의사를 표시하거나 그 제공을 약속한 자
3. 제57조의5제1항 또는 제2항에 규정된 이익이나 직의 제공을 받거나 그 제공의 의사표시를 승낙한 자
⑧제7항제2호·제3호에 규정된 행위에 관하여 지시·권유·요구하거나 알선한 자 또는 제57조의5제3항의 규정을 위반한 자는 5년 이하의 징역 또는 3천만원 이하의 벌금에 처한다. <신설 2005.8.4., 2008.2.29., 2014.2.13.>
[제목개정 2011.7.28.]

제231조(재산상의 이익목적의 매수 및 이해유도죄) ①다음 각 호의 어느 하나에 해당하는 사람은 7년 이하의 징역 또는 300만원 이상 5천만원 이하의 벌금에 처한다. <개정 2010.1.25., 2014.2.13.>
1. 재산상의 이익을 얻거나 얻을 목적으로 정당 또는 후보자(후보자가 되려는 사람을 포함한다)를 위하여 선거인·선거사무장·선거연락소장·선거사무원·회계책임자·연설원 또는 참관인에게 제230조제1항 각 호의 어느 하나에 해당하는 행위를 한 사람
2. 제1호에 규정된 행위의 대가로 또는 그 행위를 하게 할 목적으로 금전·물품, 그 밖에 재산상의 이익 또는 공사의 직을 제공하거나 그 제공의 의사를 표시하거나 그 제공을 약속한 사람
3. 제1호에 규정된 행위의 대가로 또는 그 행위를 약속하고 제2호에 규정된 이익 또는 직의 제공을 받거나 그 제공의 의사표시를 승낙한 사람
②제1항에 규정된 행위에 관하여 지시·권유·요구하거나 알선한 자(제261조제1항에 해당하는 자는 제외한다)는 10년 이하의 징역 또는 500만원 이상 7천만원 이하의 벌금에 처한다. <개정 2014.2.13.>

제232조(후보자에 대한 매수 및 이해유도죄) ①다음 각호의 1에 해당하는 자는 7년 이하의 징역 또는 500만원 이상 5천만원 이하의 벌금에 처한다. <개정 2014.2.13.>
1. 후보자가 되지 아니하게 하거나 후보자가 된 것을 사퇴하게 할 목적으로 후보자가 되고자 하는 자나 후보자에게 제230조(買收 및 利害誘導罪)제1항제1호에 규정된 행위를 한 자 또는 그 이익이나 직의 제공을 받거나 제공의 의사표시를 승낙한 자
2. 후보자가 되고자 하는 것을 중지하거나 후보자를 사퇴한데 대한 대가를 목적으로 후보자가 되고자 하였던 자나 후보자이었던 자에게 제230조제1항제1호에 규정된 행위를 한 자 또는 그 이익이나 직의 제공을 받거나 제공의 의사표시를 승낙한 자
②제1항 각호의 1에 규정된 행위에 관하여 지시·권유·요구하거나 알선한 자는 10년 이하의 징역 또는 500만원 이상 7천만원 이하의 벌금에 처한다. <개정 2014.2.13.>
③선거관리위원회의 위원·직원 또는 선거사무에 관계있는 공무원이나 경찰공무원(司法警察官吏 및 軍司法警察官吏를 포함한다)이 당해 선거에 관하여 제1항 각호의 1 또는 제2항에 규정된 행위를 한 때에는 10년 이하의 징역에 처한다.

제233조(당선인에 대한 매수 및 이해유도죄) ①다음 각호의 1에 해당하는 자는 1년 이상 10년 이하의 징역에 처한다. <개정 2000.2.16.>
1. 당선을 사퇴하게 할 목적으로 당선인에 대하여 금전·물품·차마·향응 기타 재산상의 이익 또는 공사의 직을 제공하거나 그 제공의 의사를 표시하거나 그 제공을 약속한 자
2. 제1호에 규정된 이익 또는 직의 제공을 받거나 그 제공의 의사표시를 승낙한 자
②제1항 각호의 1에 규정된 행위에 관하여 지시·권유·요구하거나 알선한 자는 1년 이상 10년 이하의 징역에 처한다.

제234조(당선무효유도죄) 제263조(選擧費用의 超過支出로 인한 當選無效) 또는 제265조(選擧事務長등의 選擧犯罪로 인한 當選無效)에 해당되어 후보자의 당선을 무효로 되게 할 목적으로 제263조 또는 제265조에 규정된 자를 유도 또는 도발하여 그 자로 하여금 제230조(매수 및 이해유도죄)제1항 내지 제5항·제231조(재산상의 이익목적의 매수 및 이해유도죄) 내지 제233조(當選人에 대한 買收 및 利害誘導罪)·제257조(寄附行爲의 금지제한등 違反罪)제1항 또는 제258조(選擧費用不正支出등 罪)제1항에 규정된 행위를 하게 한 자는 1년이상 10년이하의 징역에 처한다. <개정 2005.8.4.>

제235조(방송·신문 등의 불법이용을 위한 매수죄) ①제97조(放送·新聞의 不法利用을 위한 행위 등의 제한)제1항·제3항의 규정에 위반한 자는 5년 이하의 징역 또는 1천만원 이하의 벌금에 처한다.
②제97조제2항의 규정에 위반한 자는 7년 이하의 징역 또는 2천만원 이하의 벌금에 처한다.

제236조(매수와 이해유도죄로 인한 이익의 몰수) 제230조(買收 및 利害誘導罪) 내지 제235조(放送·新聞 등의 不法利用을 위한 買收罪)의 죄를 범한 자가 받은 이익은 이를 몰수한다. 다만, 그 전부 또는 일부를 몰수할 수 없는 때에는 그 가액을 추징한다.

제237조(선거의 자유방해죄) ①선거에 관하여 다음 각 호의 어느 하나에 해당하는 자는 10년 이하의 징역 또는 500만원 이상 3천만원 이하의 벌금에 처한다. <개정 2010.1.25.>
1. 선거인·후보자·후보자가 되고자 하는 자·선거사무장·선거연락소장·선거사무원·활동보조인·회계책임자·연설원 또는 당선인을 폭행·협박 또는 유인하거나 불법으로 체포·감금하거나 이 법에 의한 선거운동용 물품을 탈취한 자
2. 집회·연설 또는 교통을 방해하거나 위계·사술 기타 부정한 방법으로 선거의 자유를 방해한 자
3. 업무·고용 기타의 관계로 인하여 자기의 보호·지휘·감독하에 있는 자에게 특정 정당이나 후보자를 지지·추천하거나 반대하도록 강요한 자

②검사 또는 경찰공무원(司法警察官吏를 포함한다)이 제1항 각호의 1에 규정된 행위를 하거나 하게 한 때에는 1년 이상 10년 이하의 징역과 5년 이하의 자격정지에 처한다.
③이 법에 규정된 연설·대담장소 또는 대담·토론회장에서 위험한 물건을 던지거나 후보자 또는 연설원을 폭행한 자는 다음 각호의 구분에 따라 처벌한다. <개정 2004.3.12.>
1. 주모자는 5년 이상의 유기징역
2. 다른 사람을 지휘하거나 다른 사람에 앞장서서 행동한 자는 3년 이상의 유기징역
3. 부화하여 행동한 자는 7년 이하의 징역
④제1항 내지 제3항의 죄를 범한 경우에 그 범행에 사용하기 위하여 지닌 물건은 이를 몰수한다.
⑤당내경선과 관련하여 다음 각 호의 어느 하나에 해당하는 자는 5년 이하의 징역 또는 1천만원 이하의 벌금에 처한다. <신설 2005.8.4.>
1. 경선후보자(경선후보자가 되고자 하는 자를 포함한다) 또는 후보자로 선출된 자를 폭행·협박 또는 유인하거나 체포·감금한 자
2. 경선운동 또는 교통을 방해하거나 위계·사술 그 밖의 부정한 방법으로 당내경선의 자유를 방해한 자
3. 업무·고용 그 밖의 관계로 인하여 자기의 보호·지휘·감독을 받는 자에게 특정 경선후보자를 지지·추천하거나 반대하도록 강요한 자
⑥당내경선과 관련하여 다수인이 경선운동을 위한 시설·장소 등에서 위험한 물건을 던지거나 경선후보자를 폭행한 자는 다음 각 호의 구분에 따라 처벌한다. <신설 2005.8.4.>
1. 주모자는 3년 이상의 유기징역
2. 다른 사람을 지휘하거나 다른 사람에 앞장서서 행동한 자는 7년 이하의 징역
3. 다른 사람의 의견에 동조하여 행동한 자는 2년 이하의 징역

제238조(군인에 의한 선거자유방해죄)
군인(軍搜査機關所屬 軍務員을 포함한다) 이 제237조(選擧의 自由妨害罪)제1항 각호의 1에 규정된 행위를 하거나, 특정한 후보자를 당선되게 하거나 되지 못하게 하기 위하여 그 영향하에 있는 군인 또는 군무원의 선거권행사를 폭행·협박 또는 그밖의 방법으로 방해하거나 하게 한 때에는 1년 이상 10년 이하의 징역과 5년 이하의 자격정지에 처한다.

제239조(직권남용에 의한 선거의 자유방해죄) 선거에 관하여 선거관리위원회의 위원·직원, 선거사무에 종사하는 공무원 또는 선거인명부(재외선거인명부등을 포함한다. 이하 이 장에서 같다)작성에 관계있는 자나 경찰공무원(司法警察官吏 및 軍司法警察官吏를 포함한다)이 직권을 남용하여 다음 각 호의 어느 하나에 해당하는 행위를 하거나 하게 한 때에는 7년 이하의 징역에 처한다. <개정 2005.8.4., 2009.2.12.>
1. 선거인명부의 열람을 방해하거나 그 열람에 관한 직무를 유기한 때
2. 정당한 사유없이 후보자를 미행하거나 그 주택·선거사무소 또는 선거연락소에 승낙없이 들어가거나 퇴거요구에 불응한 때

제239조의2(선장 등에 의한 선거자유방해죄 등) ①선장 또는 입회인이 다음 각 호의 어느 하나에 해당하는 행위를 하거나 하게 한 때에는 1년 이상 10년 이하의 징역에 처한다. <개정 2014.1.17.>
1. 선상투표신고 또는 선상투표를 하지 못하게 하거나 선상투표용지에의 서명을 거부하는 등 투표를 방해하는 행위
2. 다른 사람의 선상투표용지를 이용하여 선상투표를 하는 행위
3. 선상투표자에게 특정 정당이나 후보자를 지지·추천하거나 반대하도록 강요하는 등 부정한 방법으로 선거의 자유를 방해하는 행위
4. 선상투표소에서 특정 정당이나 후보자에게 투표하도록 권유하는 등 투표에 영향을 미치는 행위
②선장이 다음 각 호의 어느 하나에 해당하는 행위를 한 때에는 10년 이하의 징역 또는

500만원 이상 3천만원 이하의 벌금에 처한다. <개정 2014.1.17.>
1. 제158조의3제1항을 위반하여 선상투표의 일시와 장소를 선상투표자에게 알리지 아니하는 행위
2. 제158조의3제1항을 위반하여 선상투표소를 설치하지 아니하거나 같은 조 제2항을 위반하여 선상투표소를 설비하는 행위
3. 제158조의3제3항을 위반하여 입회인을 입회시키지 아니하는 행위
4. 제158조의3제7항에 따른 선상투표지 봉투와 선상투표용지 봉투를 보관하지 아니하는 행위
5. 제158조의3제8항을 위반하여 선상투표관리기록부를 작성·전송하지 아니하거나 선상투표관리기록부와 제158조의3제7항에 따른 선상투표지 봉투와 선상투표용지 봉투를 제출하지 아니하는 행위
[본조신설 2012.2.29.]

제240조(벽보, 그 밖의 선전시설 등에 대한 방해죄) ①정당한 사유없이 이 법에 의한 벽보·현수막 기타 선전시설의 작성·게시·첩부 또는 설치를 방해하거나 이를 훼손·철거한 자는 2년 이하의 징역 또는 400만원 이하의 벌금에 처한다.
②선거관리위원회의 위원·직원 또는 선거사무에 관계있는 공무원이나 경찰공무원(司法警察官吏 및 軍司法警察官吏를 포함한다)이 제1항에 규정된 행위를 하거나 하게 한 때에는 3년 이하의 징역 또는 600만원 이하의 벌금에 처한다.
③선거관리위원회의 위원·직원 또는 선거사무에 종사하는 자가 제64조의 선거벽보·제65조의 선거공보(같은 조 제9항의 후보자정보공개자료를 포함한다) 또는 제153조의 투표안내문(점자형 투표안내문을 포함한다)을 부정하게 작성·첩부·발송하거나 정당한 사유없이 이에 관한 직무를 행하지 아니한 때에는 3년 이하의 징역 또는 600만원 이하의 벌금에 처한다.
<개정 1997.11.14., 2004.3.12., 2005.8.4., 2008.2.29., 2010.1.25., 2011.7.28., 2014.1.17.>
[제목개정 2011.7.28.]

제241조(투표의 비밀침해죄) ①제167조(제218조의17제9항에서 준용하는 경우를 포함한다)를 위반하여 투표의 비밀을 침해하거나 선거일의 투표마감시각 종료 이전에 선거인에 대하여 그 투표하고자 하는 정당이나 후보자 또는 투표한 정당이나 후보자의 표시를 요구한 자와 투표결과를 예상하기 위하여 투표소로부터 50미터 이내에서 질문하거나 투표마감시각 전에 그 경위와 결과를 공표한 자는 3년 이하의 징역 또는 600만원 이하의 벌금에 처한다. <개정 2011.7.28., 2012.2.29., 2015.12.24.>
②선거관리위원회의 위원·직원, 선거사무에 관계있는 공무원, 검사, 경찰공무원(司法警察官吏를 포함한다) 또는 군인(軍搜査機關所屬 軍務員을 포함한다)이 제1항에 규정된 행위를 하거나 하게 한 때에는 5년 이하의 징역에 처한다.
[제목개정 2011.7.28.]

제242조(투표 · 개표의 간섭 및 방해죄)
①다음 각 호의 어느 하나에 해당하는 사람은 3년 이하의 징역에 처한다.
<개정 2010.1.25., 2011.7.28., 2012.2.29., 2014.1.17.>
1. 투표를 방해하기 위하여 이 법에서 규정한 투표에 필요한 신분증명서를 맡기게 하거나 이를 인수한 사람 또는 투표소(재외투표소·사전투표소 및 선상투표소를 포함한다. 이하 이 장에서 같다)나 개표소에서 정당한 사유 없이 투표나 개표에 간섭한 사람 또는 투표소에서 특정 정당이나 후보자에게 투표를 권유하거나 투표를 공개하는 등 투표 또는 개표에 영향을 미치는 행위를 한 사람
2. 정당한 사유 없이 거소투표자의 투표를 간섭하거나 방해한 사람, 거소투표자의 투표를 공개하거나 하게 하는 등 거소투표에 영향을 미치는 행위를 한 사람
②개표소에서 제181조(開票參觀)의 규정에 의하여 개표참관인이 설치한 통신설비를 파괴 또는 훼손한 자는 5년 이하의 징역에 처한다.

③검사·경찰공무원(司法警察官吏를 포함한다) 또는 군인(軍搜査機關所屬 軍務員을 포함한다)이 제1항에 규정된 행위를 하거나 하게 한 때에는 1년 이상 10년 이하의 징역에 처한다.
[제목개정 2011.7.28.]

제242조의2(공무원의 재외선거사무 간섭죄)
①공무원이 선거에 있어서 특정 정당이나 후보자(후보자가 되고자 하는 자를 포함한다)에게 유리 또는 불리하게 할 목적으로 재외선거관리위원회 위원이나 공무원에게 재외선거사무 처리와 관련하여 부당한 영향력을 행사한 때에는 3년 이하의 징역 또는 600만원 이하의 벌금에 처한다.
②자신의 지휘·감독하에 있는 공무원에게 제1항에 따른 행위를 한 때에는 1년 이상 5년 이하의 징역에 처한다.
[본조신설 2012.1.17.]

제243조(투표함 등에 관한 죄) ①법령에 의하지 아니하고 투표함을 열거나 투표함(빈 投票函을 포함한다)이나 투표함안의 투표지를 취거·파괴·훼손·은닉 또는 탈취한 자는 1년 이상 10년 이하의 징역에 처한다.
②검사·경찰공무원(司法警察官吏를 포함한다) 또는 군인(軍搜査機關所屬 軍務員을 포함한다)이 제1항에 규정된 행위를 하거나 하게 한 때에는 2년 이상 10년 이하의 징역에 처한다.

제244조(선거사무관리관계자나 시설등에 대한 폭행 · 교란죄) ①선거관리위원회의 위원·직원, 공정선거지원단원·사이버공정선거지원단원, 투표사무원·사전투표사무원·개표사무원, 참관인 기타 선거사무에 종사하는 자를 폭행·협박·유인 또는 불법으로 체포·감금하거나, 폭행이나 협박을 가하여 투표소·개표소 또는 선거관리위원회 사무소(재외선거사무를 수행하는 공관과 그 분관 및 출장소의 사무소를 포함한다. 이하 제245조제1항에서 같다)를 소요·교란하거나, 투표용지·투표지·투표보조용구·전산조직등 선거관리 및 단속사무와 관련한 시설·설비·장비·서류·인장 또는 선거인명부(거소·선상투표신고인명부를 포함한다)를 은닉·손괴·훼손 또는 탈취한 자는 1년이상 10년이하의 징역 또는 500만원이상 3천만원이하의 벌금에 처한다. <개정 2004.3.12., 2009.2.12., 2014.1.17., 2018.4.6.>
②제57조의4(당내경선사무의 위탁)의 규정에 따라 위탁한 당내경선에 있어 제1항에 규정된 행위를 한 자는 10년 이하의 징역 또는 2천만원 이하의 벌금에 처한다.
<신설 2005.8.4.>

제245조(투표소 등에서의 무기휴대죄)
①무기·흉기·폭발물, 그 밖에 사람을 살상할 수 있는 물건을 지니고 투표소(제149조제3항 및 제4항에 따른 기표소가 설치된 장소를 포함한다)·개표소 또는 선거관리위원회 사무소에 함부로 들어간 자는 7년 이하의 징역에 처한다. <개정 2010.1.25., 2014.1.17.>
②정당한 사유없이 제1항에 규정된 물건을 지니고 이 법에 규정된 연설·대담장소 또는 대담·토론회장에 들어간 자는 3년이하의 징역 또는 600만원이하의 벌금에 처한다. <개정 2004.3.12.>
③제1항 또는 제2항의 죄를 범한 경우에는 그 지닌 무기 등 사람을 살상할 수 있는 물건은 이를 몰수한다.

제246조(다수인의 선거방해죄) ①다수인이 집합하여 제243조(投票函 등에 관한 罪) 내지 제245조(投票所 등에서의 武器携帶罪)에 규정된 행위를 한 때에는 다음 각호의 구분에 따라 처벌한다.
1. 주모자는 3년 이상의 유기징역
2. 다른 사람을 지휘하거나 다른 사람에 앞장서서 행동한 자는 2년 이상 10년 이하의 징역
3. 부화하여 행동한 자는 5년 이하의 징역

②제243조 내지 제245조에 규정된 행위를 할 목적으로 집합한 다수인이 관계공무원으로부터 3회 이상의 해산명령을 받았음에도 불구하고 해산하지 아니한 때에는 그 주도적 행위자는 5년 이하의 징역에 처하고, 기타의 자는 1년 이하의 징역 또는 200만원 이하의 벌금에 처한다.

제247조(사위등재 · 허위날인죄) ①사위(詐僞)의 방법으로 선거인명부(거소·선상투표신고인명부를 포함한다. 이하 이 조에서 같다)에 오르게 한 자, 거짓으로 거소투표신고·선상투표신고 또는 국외부재자신고를 하거나 재외선거인 등록신청 또는 변경등록신청을 한 자, 특정한 선거구에서 투표할 목적으로 선거인명부작성기준일 전 180일부터 선거인명부작성만료일까지 주민등록에 관한 허위의 신고를 한 자 또는 제157조제1항의 경우에 있어서 허위의 서명이나 날인 또는 무인을 한 자는 3년 이하의 징역 또는 500만원 이하의 벌금에 처한다. <개정 2011.7.28., 2012.2.29., 2014.1.17., 2015.12.24.>
②선거관리위원회의 위원·직원, 선거사무에 종사하는 공무원 또는 선거인명부작성에 관계있는 자가 선거인명부에 고의로 선거권자를 기재하지 아니하거나 허위의 사실을 기재하거나 하게 한 때에는 5년 이하의 징역 또는 1천만원 이하의 벌금에 처한다.
[제목개정 2011.7.28.]

제248조(사위투표죄) ①성명을 사칭하거나 신분증명서를 위조·변조하여 사용하거나 기타 사위의 방법으로 투표하거나 하게 하거나 또는 투표를 하려고 한 자는 5년 이하의 징역 또는 1천만원 이하의 벌금에 처한다.
②선거관리위원회의 위원·직원 또는 선거사무에 관계있는 공무원(投票事務員·사전투표사무원 및 開票事務員을 포함한다)이 제1항에 규정된 행위를 하거나 하게 한 때에는 7년 이하의 징역에 처한다. <개정 2014.1.17.>

제249조(투표위조 또는 증감죄) ①투표를 위조하거나 그 수를 증감한 자는 1년 이상 7년 이하의 징역에 처한다.
②선거관리위원회의 위원·직원 또는 선거사무에 관계있는 공무원(投票事務員·사전투표사무원 및 開票事務員을 포함한다)이나 종사원이 제1항에 규정된 행위를 한 때에는 3년 이상 10년 이하의 징역에 처한다. <개정 2014.1.17.>

제250조(허위사실공표죄) ①당선되거나 되게 할 목적으로 연설·방송·신문·통신·잡지·벽보·선전문서 기타의 방법으로 후보자(候補者가 되고자 하는 者를 포함한다. 이하 이 條에서 같다)에게 유리하도록 후보자, 후보자의 배우자 또는 직계존비속이나 형제자매의 출생지·가족관계·신분·직업·경력등·재산·행위·소속단체, 특정인 또는 특정단체로부터의 지지여부등에 관하여 허위의 사실[학력을 게재하는 경우 제64조제1항의 규정에 의한 방법으로 게재하지 아니한 경우를 포함한다]을 공표하거나 공표하게 한 자와 허위의 사실을 게재한 선전문서를 배포할 목적으로 소지한 자는 5년이하의 징역 또는 3천만원이하의 벌금에 처한다.
<개정 1995.12.30., 1997.1.13., 1997.11.14., 1998.4.30., 2000.2.16., 2004.3.12., 2010.1.25., 2015.12.24.>
②당선되지 못하게 할 목적으로 연설·방송·신문·통신·잡지·벽보·선전문서 기타의 방법으로 후보자에게 불리하도록 후보자, 그의 배우자 또는 직계존·비속이나 형제자매에 관하여 허위의 사실을 공표하거나 공표하게 한 자와 허위의 사실을 게재한 선전문서를 배포할 목적으로 소지한 자는 7년 이하의 징역 또는 500만원 이상 3천만원 이하의 벌금에 처한다. <개정 1997.1.13.>
③당내경선과 관련하여 제1항(제64조제1항의 규정에 따른 방법으로 학력을 게재하지 아니한 경우를 제외한다)에 규정된 행위를 한 자는 3년 이하의 징역 또는 6백만원 이하의 벌금에, 제2항에 규정된 행위를 한 자는 5년 이하의 징역 또는 1천만원 이하의 벌금에 처한다. 이 경우 "후보자" 또는 "후보자(후보자가 되고자 하는 자를 포함한다)"는 "경선후보자"로 본다. <신설 2005.8.4.>
[제목개정 2015.12.24.]

제251조(후보자비방죄) 당선되거나 되게 하거나 되지 못하게 할 목적으로 연설·방송·신문·통신·잡지·벽보·선전문서 기타의 방법으로 공연히 사실을 적시하여 후보자(候補者가 되고자 하는 者를 포함한다), 그의 배우자 또는 직계존·비속이나 형제자매를 비방한 자는 3년 이하의 징역 또는 500만원 이하의 벌금에 처한다. 다만, 진실한 사실로서 공공의 이익에 관한 때에는 처벌하지 아니한다.

제252조(방송 · 신문 등 부정이용죄) ①제96조제2항을 위반한 자는 7년 이하의 징역 또는 500만원 이상 3천만원 이하의 벌금에 처한다. <신설 2015.12.24.>
②제96조제1항을 위반한 자는 5년 이하의 징역 또는 300만원 이상 2천만원 이하의 벌금에 처한다. <신설 2015.12.24.>
③제82조의7제5항·제94조·제95조제1항·제98조 또는 제99조의 규정에 위반한 자는 3년 이하의 징역 또는 600만원 이하의 벌금에 처한다. <개정 2012.2.29., 2015.12.24.>
④제71조(候補者등의 放送演說)제12항 [제72조(放送施設主管 候補者演說의 放送)제4항, 제73조(經歷放送)제4항, 제74조(放送施設主管經歷放送)제2항, 제81조(團體의 候補者등 초청 對談·討論會)제8항, 제82조(言論機關의 候補者등 초청 對談·討論會)제4항, 제137조의2(政綱·政策의 放送演說의 제한)제6항에서 준용하는 경우를 포함한다] 및 제82조의2(선거방송토론위원회 주관 대담·토론회)제13항 후단[제82조의3(선거방송토론위원회 주관 정책토론회)제2항에서 준용하는 경우를 포함한다]의 규정에 위반한 자는 2년이하의 징역 또는 400만원이하의 벌금에 처한다.
<개정 1998.4.30., 2000.2.16., 2004.3.12., 2005.8.4., 2015.12.24.> [제목개정 2015.12.24.]

제253조(성명 등의 허위표시죄) 당선되거나 되게 하거나 되지 못하게 할 목적으로 진실에 반하는 성명·명칭 또는 신분의 표시를 하여 우편이나 전보 또는 전화 기타 전기통신의 방법에 의한 통신을 한 자는 3년 이하의 징역 또는 600만원 이하의 벌금에 처한다.

제254조(선거운동기간위반죄) ①선거일에 투표마감시각전까지 이 법에 규정된 방법을 제외하고 선거운동을 한 자는 3년 이하의 징역 또는 600만원 이하의 벌금에 처한다. <개정 2017.2.8.>
②선거운동기간 전에 이 법에 규정된 방법을 제외하고 선전시설물·용구 또는 각종 인쇄물, 방송·신문·뉴스통신·잡지, 그 밖의 간행물, 정견발표회·좌담회·토론회·향우회·동창회·반상회, 그 밖의 집회, 정보통신, 선거운동기구나 사조직의 설치, 호별방문, 그 밖의 방법으로 선거운동을 한 자는 2년 이하의 징역 또는 400만원 이하의 벌금에 처한다. <개정 2010.1.25.>
③삭제 <2010.1.25.>

제255조(부정선거운동죄) ①다음 각 호의 어느 하나에 해당하는 자는 3년 이하의 징역 또는 600만원 이하의 벌금에 처한다. <개정 1995.12.30., 1997.11.14., 1998.4.30., 2000.2.16., 2002.3.7., 2004.3.12., 2005.8.4., 2009.2.12., 2010.1.25., 2014.2.13.>
1. 제57조의6제1항을 위반하여 당내경선에서 경선운동을 한 사람
2. 제60조(選擧運動을 할 수 없는 者)제1항의 규정에 위반하여 선거운동을 하거나 하게 한 자 또는 같은조제2항이나 제205조(選擧運動機構의 設置 및 選擧事務關係者의 選任에 관한 特例)제4항의 규정에 위반하여 선거사무장 등으로 되거나 되게 한 자
3. 제61조(選擧運動機構의 設置)제1항의 규정에 위반하여 선거운동기구를 설치하거나 이를 설치하여 선거운동을 한 자
4. 제62조제1항부터 제4항까지의 규정을 위반하여 선거사무장·선거연락소장·선거사무원 또는 활동보조인을 선임한 자
5. 제68조제2항 또는 제3항(어깨띠의 규격을 말한다)을 위반하여 어깨띠, 모자나 옷, 표찰·수기·마스코트·소품, 그 밖의 표시물을 사용하여 선거운동을 한 사람
6. 제80조(演說禁止場所)의 규정에 위반하여 선거운동을 위한 연설·대담을 한 자

7. 제81조(團體의 候補者 등 초청 對談·討論會)제1항의 규정에 위반하여 후보자 등 초청 대담·토론회를 개최한 자
8. 제81조제7항[제82조(言論機關의 候補者등 초청 對談·討論會)제4항에서 준용하는 경우를 포함한다]의 규정에 위반하여 대담·토론회를 개최한 자
9. 제85조제3항 또는 제4항에 위반한 행위를 하거나 하게 한 자
10. 제86조제1항제1호부터 제3호까지·제2항 또는 제5항을 위반한 사람 또는 같은 조 제6항을 위반한 행위를 한 사람
11. 제87조(단체의 선거운동금지)제1항의 규정을 위반하여 선거운동을 하거나 하게 한 자 또는 동조제2항의 규정을 위반하여 사조직 기타 단체를 설립·설치하거나 하게 한 자
12. 제88조(他候補者를 위한 選擧運動禁止)본문의 규정에 위반하여 다른 정당이나 후보자를 위한 선거운동을 한 자
13. 제89조(類似機關의 設置禁止)제1항 본문의 규정에 위반하여 유사기관을 설립·설치하거나 기존의 기관·단체·조직 또는 시설을 이용한 자
14. 삭제 <2004.3.12.>
15. 제92조(映畵 등을 이용한 選擧運動禁止)의 규정에 위반하여 저술·연예·연극·영화나 사진을 배부·공연·상연·상영 또는 게시하거나 하게 한 자
16. 제105조(行列등의 금지)제1항의 규정에 위반하여 무리를 지어 거리행진·인사 또는 연달아 소리 지르는 행위를 한 사람
17. 제106조(戶別訪問의 제한)제1항 또는 제3항의 규정에 위반하여 호별로 방문하거나 하게 한 자
18. 제107조(署名·捺印運動의 금지)의 규정에 위반하여 서명이나 날인을 받거나 받게 한 자
19. 제109조제1항 또는 제2항을 위반하여 서신·전보·모사전송·전화 그 밖에 전기통신의 방법을 이용하여 선거운동을 하거나 하게 한 자나 같은 조 제3항을 위반하여 협박하거나 하게 한 자
20. 제218조의14제1항·제6항 또는 제7항을 위반하여 재외선거권자를 대상으로 선거운동을 한 자

②다음 각 호의 어느 하나에 해당하는 자는 2년 이하의 징역 또는 400만원 이하의 벌금에 처한다. <개정 1995.12.30., 1997.11.14., 1998.4.30., 2000.2.16., 2002.3.7., 2004.3.12., 2005.8.4., 2007.1.3., 2008.2.29., 2010.1.25.>
1. 제60조의3제1항제4호 후단을 위반하여 예비후보자홍보물을 작성한 자
1의2. 대통령선거 및 지방자치단체의 장선거의 예비후보자가 아닌 자로서 제60조의4제1항의 예비후보자공약집을 발간·배부한 자, 같은 항을 위반하여 1종을 넘어 예비후보자공약집을 발간·배부한 자, 같은 항을 위반하여 예비후보자공약집을 통상적인 방법으로 판매하지 아니하거나 방문판매의 방법으로 판매한 자, 같은 조 제2항을 위반하여 예비후보자공약집을 발간·배부한 자
1의3. 제64조제1항·제9항, 제65조제1항·제2항, 제66조제1항부터 제5항까지를 위반하여 선거벽보·선거공보 또는 선거공약서를 선거운동을 위하여 작성·사용하거나 하게 한 자
2. 삭제 <2010.1.25.>
3. 제57조의3(당내경선운동)제1항의 규정을 위반하여 경선운동을 한 자
4. 제91조(擴聲裝置와 自動車 등의 사용제한)제1항·제3항 또는 제216조(4개 이상 選擧의 同時實施에 관한 特例)제1항의 규정에 위반하여 확성장치나 자동차를 사용하여 선거운동을 하거나 하게 한 자
5. 제93조(脫法方法에 의한 文書·圖畵의 배부·게시 등 금지)제1항의 규정에 위반하여 문서·도화 등을 배부·첩부·살포·게시·상영하거나 하게 한 자, 같은 조제2항의 규정에 위반하여 광고 또는 출연을 하거나 하게 한 자 또는 제3항의 규정에 위반하여 신분증명서·문서 기타 인쇄물을 발급·배부 또는 징구하거나 하게 한 자
6. 제100조(錄音器 등의 사용금지)의 규정에 위반하여 녹음기 또는 녹화기를 사용하여 선거운동을 하거나 하게 한 자

7. 삭제 <1995.12.30.>
8. 第271조의2(選擧에 관한 廣告의 제한)제1항의 규정에 의한 광고중지요청에 불응하여 광고를 하거나 광고게재를 의뢰한 자
③다음 각 호의 어느 하나에 해당하는 사람은 5년 이하의 징역에 처한다.
<개정 2010.1.25., 2014.2.13.>
1. 제57조의6제2항을 위반하여 경선운동을 한 사람
2. 제85조제2항을 위반하여 선거운동을 한 사람
④제82조의5(선거운동정보의 전송제한)제1항의 규정을 위반하여 선거운동정보를 전송한 자, 동조제2항의 규정을 위반하여 선거운동정보에 해당하는 사실 등을 선거운동정보에 명시하지 아니하거나 허위로 명시한 자, 동조제4항의 규정을 위반하여 기술적 조치를 한 자, 동조제5항의 규정을 위반하여 비용을 수신자에게 부담하도록 한 자, 동조제6항의 규정을 위반하여 선거운동정보를 전송한 자는 1년 이하의 징역 또는 100만원 이하의 벌금에 처한다. <신설 2004.3.12., 2005.8.4., 2012.1.17.>
⑤제85조제1항을 위반한 자는 5년 이하의 징역 또는 2천만원 이하의 벌금에 처한다.
<신설 2014.2.13., 2017.2.8.>
[한정위헌, 2006헌마1096, 2008.05.29., 공직선거법(2005.8.4. 법률 제7681호로 개정된 것) 제255조제1항제10호 중 '제86조 제1항 제2호' 부분은 공무원의 지위를 이용하지 아니한 행위에 대하여 적용하는 한 헌법에 위반된다.]
[한정위헌, 2007헌마1001, 2010헌바88, 2010헌마173·191(병합), 2011.12.29. 공직선거법(2005.8.4. 법률 제7681호로 개정된 것) 제255조 제2항 제5호 중 제93조 제1항의 '그 밖에 이와 유사한 것'에, '정보통신망을 이용하여 인터넷 홈페이지 또는 그 게시판·대화방 등에 글이나 동영상 등 정보를 게시하거나 전자우편을 전송하는 방법'이 포함되는 것으로 해석하는 한 헌법에 위반된다.]
[단순위헌, 2013헌가1, 2016.6.30. 구 공직선거법(2010.1.25. 법률 제9974호로 개정되고, 2015.12.24. 법률 제13617호로 개정되기 전의 것) 제255조 제1항 제2호 가운데 제60조 제1항 제5호 중 '제53조 제1항 제8호에 해당하는 자' 부분은 헌법에 위반된다.]
[단순위헌, 2015헌바6 , 2016.7.28., 공직선거법(2014.2.13. 법률 제12393호로 개정된 것) 제255조 제5항 중 제85조 제1항의 "공무원이 지위를 이용하여 선거에 영향을 미치는 행위" 부분은 헌법에 위반된다.]
[단순위헌, 2015헌바124, 2018.2.22., 공직선거법(2010.1.25. 법률 제9974호로 개정된 것) 제60조 제1항 제5호 중 제53조 제1항 제4호 가운데 한국철도공사의 상근직원 부분 및 같은 법 제255조 제1항 제2호 중 위 해당부분은 헌법에 위반된다.]

第256조(각종제한규정위반죄) ①다음 각 호의 어느 하나에 해당하는 자는 3년 이하의 징역 또는 600만원 이하의 벌금에 처한다.
<개정 2012.2.29., 2014.2.13., 2015.12.24., 2016.1.15., 2017.2.8.>
1. 제57조의8제7항제3호(제108조의2제5항에서 준용하는 경우를 포함한다)를 위반하여 이용자의 정보를 제공한 자, 같은 항 제4호(제108조의2제5항에서 준용하는 경우를 포함한다)를 위반하여 해당 정당 또는 선거여론조사기관 외의 자에게 휴대전화 가상번호를 제공한 자, 같은 항 제5호(제108조의2제5항에서 준용하는 경우를 포함한다)를 위반하여 명시적으로 거부의사를 밝힌 이용자의 휴대전화 가상번호를 제공한 자 또는 같은 항 제6호(제108조의2제5항에서 준용하는 경우를 포함한다)를 위반하여 휴대전화 가상번호를 생성하여 제공한 자
2. 제57조의8제9항제1호(제108조의2제5항에서 준용하는 경우를 포함한다)를 위반하여 휴대전화 가상번호를 제57조의8제1항에 따른 여론조사·여론수렴 또는 제108조의2제1항에 따른 여론조사가 아닌 목적으로 사용하거나 제57조의8제9항제2호(제108조의2제5항에서 준용하는 경우를 포함한다)를 위반하여 다른 자에게 제공한 자
3. 제57조의8제10항(제108조의2제5항에서 준용하는 경우를 포함한다)을 위반하여 유효기간이 지난 휴대전화 가상번호를 즉시 폐기하지 아니한 자

4. 제103조제2항을 위반하여 모임을 개최한 자
5. 제108조제5항을 위반하여 여론조사를 한 자, 같은 조 제9항에 따른 요구를 받고 거짓의 자료를 제출한 자, 같은 조 제11항제1호를 위반하여 지시·권유·유도한 자, 같은 항 제2호를 위반하여 여론조사에 응답하거나 이를 지시·권유·유도한 자 또는 같은 조 제12항을 위반하여 선거에 관한 여론조사의 결과를 공표·보도한 자
②다음 각 호의 어느 하나에 해당하는 통보를 받고 지체 없이 이를 이행하지 아니한 자는 2년 이하의 징역 또는 1천500만원 이하의 벌금에 처한다. <신설 2014.2.13., 2017.2.8.>
1. 제8조의2제5항 및 제6항(제8조의3제6항에서 준용하는 경우를 포함한다)에 따른 제재조치 등
2. 제8조의3제3항제1호부터 제3호까지의 규정에 따른 제재조치
3. 제8조의4제3항에 따른 반론보도의 결정
4. 제8조의6제1항 또는 제3항에 따른 조치 또는 같은 조 제6항에 따른 반론보도의 결정
③다음 각 호의 어느 하나에 해당하는 자는 2년 이하의 징역 또는 400만원 이하의 벌금에 처한다. <개정 1995.4.1., 1995.12.30., 1997.11.14., 1998.4.30., 2000.2.16., 2002.3.7., 2004.3.12., 2005.8.4., 2008.2.29., 2009.2.12., 2010.1.25., 2012.1.17., 2012.2.29., 2014.1.17., 2014.2.13., 2014.5.14., 2015.8.13., 2015.12.24., 2016.1.15., 2017.2.8.>
1. 선거운동과 관련하여 다음 각 목의 어느 하나에 해당하는 자
 가. 제67조의 규정에 위반하여 현수막을 게시한 자
 나. 제59조제2호 후단을 위반하여 후보자 또는 예비후보자가 아닌 자로서 자동 동보통신의 방법으로 문자메시지를 전송한 자, 같은 조 같은 호 후단을 위반하여 8회를 초과하여 자동 동보통신의 방법으로 문자메시지를 전송한 자, 같은 조 제3호 후단을 위반하여 후보자 또는 예비후보자가 아닌 자로서 전송대행업체에 위탁하여 전자우편을 전송한 자
 다. 제79조제10항에 따른 녹음기 또는 녹화기의 사용대수를 초과하여 사용한 사람
 라. 제84조를 위반하여 특정 정당으로 부터의 지지 또는 추천받음을 표방한 자
 마. 제82조의4제4항에 따라 선거관리위원회로부터 2회 이상 요청을 받고 이행하지 아니한 자
 바. 제86조제1항제5호부터 제7호까지 또는 제7항을 위반한 행위를 한 사람
 사. 제89조(類似機關의 設置禁止)제2항의 규정에 위반하여 선거에 영향을 미치는 행위 또는 선전행위를 하거나 하게 한 자
 아. 제90조(施設物設置 등의 금지)의 규정에 위반하여 선전물을 설치·진열·게시·배부하거나 하게 한 자 또는 상징물을 제작·판매하거나 하게 한 자
 자. 제101조(他演說會 등의 금지)의 규정에 위반하여 타연설회 등을 개최하거나 하게 한 자
 차. 제102조제1항을 위반하여 연설·대담 또는 대담·토론회를 개최한 자
 카. 제103조(各種集會등의 制限)제3항 내지 제5항의 규정에 위반하여 각종집회등을 개최하거나 하게 한 자
 타. 제104조(演說會場에서의 騷亂行爲등의 금지)의 규정에 위반하여 연설·대담장소등에서 질서를 문란하게 하거나 횃불을 사용하거나 하게 한 자
 파. 제108조제1항을 위반하여 여론조사의 경위와 그 결과를 공표 또는 인용하여 보도한 자, 같은 조 제2항을 위반하여 여론조사를 한 자, 같은 조 제6항을 위반하여 여론조사와 관련 있는 자료일체를 해당 선거의 선거일 후 6개월까지 보관하지 아니한 자, 같은 조 제9항을 위반하여 정당한 사유 없이 여론조사와 관련된 자료를 제출하지 아니한 자 또는 같은 조 제10항을 위반하여 여론조사를 한 자
 하. 제57조의8제7항제1호(제108조의2제5항에서 준용하는 경우를 포함한다)를 위반하여 휴대전화 가상번호에 유효기간을 설정하지 아니하고 제공하거나 휴대전화 가상번호를 제공하는 날부터 당내경선의 선거일까지의 기간, 여론수렴 기간 또는 여론조사 기간을 초과하는 유효기간을 설정하여 제공한 자 또는 같은 항 제2호(제108조의2제5항에서 준용하는 경우를 포함한다)를 위반하여 요청받은 휴대전화 가상번호 수를 초과하여 휴대전화 가상번호를 제공한 자
 거.제108조의3을 위반하여 비교평가를 하거나 그 결과를 공표한 자 또는 비교평가와 관

련있는 자료 일체를 해당 선거의 선거일 후 6개월까지 보관하지 아니한 자
너. 제111조(議政活動 보고)제1항 단서의 규정에 위반하여 선거일전 90일부터 선거일까지 의정활동을 보고한 자
2. 선거질서와 관련하여 다음 각 목의 어느 하나에 해당하는 자
가. 제39조제8항(제218조의9제3항에서 준용하는 경우를 포함한다)의 규정에 위반하여 선거인명부작성사무를 방해하거나 영향을 주는 행위를 한 자
나. 제44조의2제5항을 위반하여 선거인명부를 열람·사용 또는 유출한 자
다. 제46조(명부사본의 교부)제4항[제60조의3(예비후보자 등의 선거운동)제5항 및 제111조(의정활동 보고)제4항에서 준용하는 경우를 포함한다]의 규정을 위반하여 선거인명부 및 거소·선상투표신고인명부(전산자료복사본을 포함한다)의 사본이나 세대주명단을 다른 사람에게 양도·대여 또는 재산상의 이익 기타 영리를 목적으로 사용하거나 하게 한 자
라. 제161조제7항(제162조제4항에서 준용하는 경우를 포함한다) 또는 제181조제11항을 위반하여 참관인이 되거나 되게 한 자
마. 제163조(제218조의17제9항에서 준용하는 경우를 포함한다)를 위반하여 투표소(제149조제3항 및 제4항에 따른 기표소가 설치된 장소를 포함한다)에 들어가거나, 표지를 하지 아니하거나, 표지 외의 표시물을 달거나 붙이거나, 표지를 양도·양여하거나 하게 한 자
바. 제166조(제218조의17제9항에서 준용하는 경우를 포함한다)에 따른 명령에 불응한 자 또는 같은 규정을 위반한 표지를 하거나 하게 한 자
사. 제166조의2제1항(제218조의17제9항에서 준용하는 경우를 포함한다)을 위반하여 투표지를 촬영한 사람
아. 제183조(開票所의 出入制限과 秩序維持)제1항의 규정에 위반하여 개표소에 들어간 자 또는 같은조제2항의 규정에 위반하여 표지를 하지 아니하거나 표지외의 표시물을 달거나 붙이거나 표지를 양도·양여하거나 하게 한 자
3. 이 법에 규정되지 아니한 방법으로 제58조의2 단서를 위반하여 투표참여를 권유하는 행위를 한 자
4. 제262조의2(선거범죄신고자 등의 보호)제2항의 규정을 위반한 자
④정당(당원협의회를 포함한다)이 다음 각 호의 어느 하나에 해당하는 행위를 한 때에는 해당 정당에 대하여는 1천만원 이하의 벌금에 처하고, 해당 정당의 대표자·간부 또는 소속 당원으로서 위반행위를 하거나 하게 한 자는 2년 이하의 징역 또는 400만원 이하의 벌금에 처한다. <개정 2000.2.16., 2004.3.12., 2006.3.2., 2007.1.3., 2010.1.25., 2014.2.13.>
1. 제137조(政綱·政策의 新聞廣告 등의 제한)의 규정에 위반하여 일간신문 등에 광고를 한 자
2. 제137조의2(政綱·정책의 放送演說의 제한)제1항 내지 제3항의 규정에 위반하여 정강·정책의 방송연설을 한 자
3. 제138조(政綱·政策弘報物의 배부제한 등)의 규정(第4項을 제외한다)에 위반하여 정강·정책홍보물을 제작·배부한 자
3의2. 제138조의2(정책공약집의 배부제한 등)의 규정(제3항을 제외한다)을 위반하여 정책공약집을 발간·배부한 자
4. 제139조(政黨機關紙의 발행·배부제한)의 규정(第3項을 제외한다)에 위반하여 정당기관지를 발행·배부한 자
5. 제140조(創黨大會 등의 개최와 告知의 제한)제1항 및 제2항의 규정에 위반하여 창당대회 등을 개최한 자
6. 제141조(당원집회의 제한)제1항 및 제4항(철거하지 아니한 경우를 제외한다)의 규정에 위반하여 당원집회를 개최한 자
7. 삭제 <2004.3.12.>
8. 삭제 <2004.3.12.>
9. 제144조(政黨의 黨員募集 등의 제한)제1항의 규정에 위반하여 당원을 모집하거나 입당원서를 배부한 자
10. 제61조의2(정당선거사무소의 설치)제1항의 규정을 위반하여 정당선거사무소를 설치하

거나, 동조제2항의 규정을 위반하여 소장 또는 유급사무직원을 둔 자
⑤다음 각 호의 어느 하나에 해당하는 자는 1년 이하의 징역 또는 200만원 이하의 벌금에 처한다 <개정 1995.12.30., 1997.1.13., 1997.11.14., 1998.4.30., 2000.2.16., 2004.3.12., 2005.8.4., 2007.1.3., 2008.2.29., 2010.1.25., 2012.1.17., 2014.1.17., 2014.2.13., 2015.12.24., 2017.2.8., 2018.4.6., 2020.12.29.>
1. 제48조제3항제1호를 위반하여 검인되지 아니한 추천장에 의하여 선거권자의 추천을 받거나 받게 한 사람, 같은 항 제2호를 위반하여 선거운동을 위하여 추천선거권자수의 상한수를 넘어 선거권자의 추천을 받거나 받게 한 사람, 같은 항 제3호를 위반하여 허위의 추천을 받거나 받게 한 사람
2. 제61조(選擧運動機構의 設置)제5항[제61조의2(정당선거사무소의 설치)제7항에서 준용하는 경우를 포함한다]의 규정에 위반하여 선거사무소나 선거연락소를 설치한 자
2의2. 제61조(선거운동기구의 설치)제7항의 규정에 의하여 선거사무소의 폐쇄명령을 받고도 이를 이행하지 아니한 자
3. 제62조제7항을 위반하여 선거사무장·선거연락소장 또는 선거사무원을 선임한 자 또는 같은 조 제8항을 위반하여 선거운동을 하는 자를 모집한 자
4. 제63조(選擧運動機構 및 選擧事務關係者의 申告)제1항 후단의 규정에 위반하여 선거사무원수의 2배수를 넘어 두거나 두게 한 자
5. 제64조제8항(제65조제13항 및 제66조제8항에서 준용하는 경우를 포함한다)을 위반하여 선거벽보 · 선거공보 또는 선거공약서의 수량을 넘게 인쇄하여 제공한 자
6. 제69조제1항의 횟수에 관한 규정을 위반하지 아니하였으나 같은 조 제5항을 위반하여 광고한 사람
7. 삭제 <2010.1.25.>
8. 제79조제1항·제3항부터 제5항까지·제6항(표지를 부착하지 아니한 경우는 제외한다)·제7항을 위반하여 공개장소에서의 연설·대담을 한 자
9. 제81조(團體의 候補者 등 초청 對談·討論會)제3항 또는 제4항의 규정에 위반하여 대담·토론회의 개최신고를 하지 아니하거나 표지를 게시 또는 첩부하지 아니한 자
10. 제102조제2항을 위반하여 녹음기 또는 녹화기를 사용한 자
10의2. 제110조제2항을 위반하여 특정 지역·지역인 또는 성별을 공연히 비하·모욕한 자
11. 제118조(選擧日후 答禮禁止)의 규정에 위반한 자
12. 제272조의2제3항(제8조의8제11항에서 준용하는 경우를 포함한다)을 위반하여 출입을 방해하거나 자료제출요구에 응하지 아니한 자 또는 허위의 자료를 제출한 자
[제목개정 2015.8.13.]
[2017.2.8. 법률 제14556호에 의하여 2015.7.30. 헌법재판소에서 위헌결정된 이 조 제2항제2호를 개정함.]

제257조(기부행위의 금지제한 등 위반죄)
①다음 각호의 1에 해당하는 자는 5년 이하의 징역 또는 1천만원 이하의 벌금에 처한다. <개정 1996.2.6., 1997.1.13., 1997.11.14., 2000.2.16., 2004.3.12.>
1. 제113조(候補者 등의 寄附行爲制限)·제114조(政黨 및 候補者의 家族 등의 寄附行爲制限)제1항 또는 제115조(第三者의 寄附行爲制限)의 규정에 위반한 자
2. 제81조(團體의 候補者 등 초청 對談·討論會)제6항[제82조(言論機關의 候補者 등 초청 對談·討論會)제4항에서 준용하는 경우를 포함한다]의 규정을 위반한 자
②제81조제6항·제82조제4항·제113조·제114조제1항 또는 제115조에서 규정하고 있는 정당(創黨準備委員會를 포함한다)·정당의 대표자·정당선거사무소의 소장, 국회의원·지방의회의원·지방자치단체의 장, 후보자(候補者가 되고자 하는 者를 포함한다. 이하 이 條에서 같다), 후보자의 배우자, 후보자나 그 배우자의 직계존비속과 형제자매, 후보자의 직계비속 및 형제자매의 배우자, 선거사무장, 선거연락소장, 선거사무원, 회계책임자, 연설원,대담·토론자, 후보자 또는 그 가족과 관계있는 회사 등이나 그 임·직원과 제삼자[제116조(寄附의 勸誘·요구 등의 금지)에 규정된 행위의 상대방을 말한다]에게 기부를 지시·권유·

알선·요구하거나 그로부터 기부를 받은 자(제261조제9항제1호·제6호에 해당하는 사람은 제외한다)는 3년 이하의 징역 또는 500만원 이하의 벌금에 처한다. <개정 1997.1.13., 2000.2.16., 2004.3.12., 2008.2.29., 2010.1.25., 2012.2.29., 2014.2.13.>
③제117조(寄附받는 행위 등의 금지)의 규정에 위반한 자는 3년 이하의 징역 또는 500만원 이하의 벌금에 처한다. <신설 1995.5.10.>
④제1항 내지 제3항의 죄를 범한 자가 받은 이익은 이를 몰수한다. 다만, 그 전부 또는 일부를 몰수할 수 없을 때에는 그 가액을 추징한다. <신설 1995.5.10.>

제258조(선거비용부정지출 등 죄) ①다음 각 호의 어느 하나에 해당하는 때에는 5년 이하의 징역 또는 2천만원 이하의 벌금에 처한다. <개정 2004.3.12., 2005.8.4.>
1. 정당·후보자·선거사무장·선거연락소장·회계책임자 또는 회계사무보조자가 제122조(선거비용제한액의 공고)의 규정에 의하여 공고한 선거비용제한액의 200분의 1이상을 초과하여 선거비용을 지출한 때
2. 삭제 <2005.8.4.>
② 삭제 <2005.8.4.>

제259조(선거범죄선동죄) 연설·벽보·신문 기타 어떠한 방법으로든지 제230조(買收 및 利害誘導罪) 내지 제235조(放送·新聞 등의 不法利用을 위한 買收罪)·제237조(選擧의 自由妨害罪)의 죄(당내경선과 관련한 죄를 제외한다)를 범할 것을 선동한 자는 3년 이하의 징역 또는 600만원 이하의 벌금에 처한다. <개정 2005.8.4.>

제260조(양벌규정) ①정당·회사, 그 밖의 법인·단체(이하 이 조에서 "단체등"이라 한다)의 대표자, 그 대리인·사용인, 그 밖의 종업원과 정당의 간부인 당원이 그 단체등의 업무에 관하여 제230조제1항부터 제4항까지·제6항부터 제8항까지, 제231조, 제232조제1항·제2항, 제235조, 제237조제1항·제5항, 제240조제1항, 제241조제1항, 제244조, 제245조제2항, 제246조제2항, 제247조제1항, 제248조제1항, 제250조부터 제254조까지, 제255조제1항·제2항·제4항·제5항, 제256조, 제257조제1항부터 제3항까지, 제258조, 제259조의 어느 하나에 해당하는 위반행위를 하면 그 행위자를 벌하는 외에 그 단체등에도 해당 조문의 벌금형을 과(科)한다. 다만, 단체등이 그 위반행위를 방지하기 위하여 해당 업무에 관하여 상당한 주의와 감독을 게을리하지 아니한 경우에는 그러하지 아니하다. <개정 2014.2.13.>
②단체등의 대표자, 그 대리인·사용인, 그 밖의 종업원과 정당의 간부인 당원이 그 단체등의 업무에 관하여 제233조, 제234조, 제237조제3항·제6항, 제242조제1항·제2항, 제243조제1항, 제245조제1항, 제246조제1항, 제249조제1항, 제255조제3항의 어느 하나에 해당하는 위반행위를 하면 그 행위자를 벌하는 외에 그 단체등에도 3천만원 이하의 벌금에 처한다. 다만, 단체등이 그 위반행위를 방지하기 위하여 해당 업무에 관하여 상당한 주의와 감독을 게을리하지 아니한 경우에는 그러하지 아니하다.
[전문개정 2010.1.25.]

제261조(과태료의 부과 · 징수 등) ①제231조제1항제1호에 규정된 행위를 하는 것을 조건으로 정당 또는 후보자(후보자가 되려는 사람을 포함한다)에게 금전·물품, 그 밖의 재산상의 이익 또는 공사의 직의 제공을 요구한 자에게는 5천만원 이하의 과태료를 부과한다. <신설 2014.2.13.>
②다음 각 호의 어느 하나에 해당하는 행위를 한 자에게는 3천만원 이하의 과태료를 부과한다. <개정 2015.12.24., 2017.2.8.>
1. 제8조의8제10항에 따른 시정명령·정정보도문의 게재명령을 통보받고 이를 이행하지 아니한 자
2. 제108조제6항을 위반하여 선거여론조사기준으로 정한 사항을 함께 공표 또는 보도하지 아니한 자
3. 제108조제7항을 위반하여 선거여론조사기준으로 정한 사항을 등록하지 아니한 자. 이

경우 해당 여론조사를 의뢰한 자가 여론조사 결과의 공표·보도 예정일시를 통보하지 아니하여 등록하지 못한 때에는 그 여론조사 의뢰자를 말한다.
4. 제108조제8항을 위반하여 여론조사를 실시하거나 그 결과를 공표 또는 보도한 자
③다음 각 호의 어느 하나에 해당하는 행위를 한 자에게는 1천만원 이하의 과태료를 부과한다. <개정 2010.1.25., 2014.2.13., 2015.8.13., 2017.2.8., 2018.4.6.>
1. 제6조의2제2항을 위반하여 투표시간을 보장하여 주지 아니한 자
2. 제59조제2호 후단을 위반하여 신고한 전화번호가 아닌 전화번호를 정당한 이유 없이 사용하여 자동 동보통신의 방법으로 문자메시지를 전송한 사람
3. 제65조제4항 단서를 위반하여 점자형 선거공보의 전부 또는 일부를 제출하지 아니한 사람
3의2. 제82조의2제4항 각 호 외의 부분 후단을 위반하여 정당한 사유 없이 대담·토론회에 참석하지 아니한 사람
4. 제82조의6제1항을 위반하여 기술적 조치를 하지 아니한 자
5. 제108조제3항을 위반하여 관할 선거여론조사심의위원회에 신고하지 아니하거나 신고내용과 다르게 여론조사를 실시하거나 같은 조 제4항을 위반하여 보완사항을 보완하지 아니하고 여론조사를 실시한 자
④제147조제3항(제148조제4항 및 제173조제3항에서 준용하는 경우를 포함한다)을 위반하여 정당한 사유 없이 협조요구에 따르지 아니한 자에게는 500만원 이하의 과태료를 부과한다. <신설 2014.2.13.>
⑤ 삭제 <2018.4.6.>
⑥다음 각 호의 어느 하나에 해당하는 행위를 한 자는 300만원 이하의 과태료를 부과한다. <개정 2004.3.12., 2005.8.4., 2010.1.25., 2012.2.29., 2014.2.13., 2017.2.8.>
1. 제70조제3항·제71조제10항·제72조제3항(제74조제2항에서 준용하는 경우를 포함한다)·제73조제1항(관할 선거구선거관리위원회가 제공하는 내용에 한한다) 및 제2항·제272조의3제4항 또는 제275조의 규정을 위반한 자
2. 「형사소송법」 제211조(현행범인과 준현행범인)에 규정된 현행범인 또는 준현행범인으로서 제272조의2제4항(제8조의8제11항에서 준용하는 경우를 포함한다)에 따른 동행요구에 응하지 아니한 자
3. 제82조의6제6항을 위반하여 실명인증의 표시가 없는 문자·음성·화상 또는 동영상 등의 정보를 삭제하지 아니한 자
4. 제82조의4제4항을 위반하여 선거관리위원회의 요청을 이행하지 아니한 자. 다만, 2회 이상 요청을 받고 이행하지 아니한 자는 그러하지 아니하다.
⑦다음 각 호의 어느 하나에 해당하는 행위를 한 자는 이 법에 다른 규정이 있는 경우를 제외하고는 200만원 이하의 과태료를 부과한다. <개정 1995.4.1., 1998.4.30., 2000.2.16., 2004.3.12., 2005.8.4., 2008.2.29., 2010.1.25., 2014.1.17., 2014.2.13.>
1. 선거에 관하여 이 법이 규정하는 신고·제출의 의무를 해태한 자
2. 다음 각목의 어느 하나에 해당하는 자
가. 제205조(選擧運動機構의 設置 및 選擧事務關係者의 選任에 관한 特例)제3항의 규정에 위반하여 그 분담내역을 선거사무소·선거연락소의 설치신고서에 명시하지 아니한 자
나. 제205조제3항의 규정에 위반하여 그 분담내역을 선거사무장·선거연락소장·선거사무원의 선임신고서에 명시하지 아니한 자
다. 제207조(책자형 선거공보에 관한 特例)제3항 후단의 규정을 위반하여 그 분담내역을 선거공보를 제출하는 때에 서면으로 신고하지 아니한 자
라. 삭제 <2010.1.25.>
마. 제69조(新聞廣告)제3항 후단 및 제82조의7(인터넷광고)제3항 후단의 규정에 위반하여 그 분담내역을 광고계약서에 명시하지 아니한 자
바. 삭제 <2010.1.25.>
사. 제146조의2제3항이나 제147조제10항(제148조제4항에서 준용하는 경우를 포함한다) 또는 제174조제3항을 위반하여 정당한 사유 없이 협조요구에 따르지 아니한 자

아. 제149조제3항·제4항을 위반한 사람
3. 삭제 <2005.8.4.>
4. 제152조(投票用紙模型 등의 公告)제1항의 규정에 의하여 첩부한 투표용지모형을 훼손·오손한 자
5. 제271조(不法施設物 등에 대한 조치 및 代執行)제1항의 규정에 의한 대집행을 한 것으로서 사안이 경미한 행위를 한 자. 이 경우 과태료를 부과하지 아니한 때에는 관할수사기관에 고발 또는 수사의뢰 등을 하여야 한다.
6. 제276조(選擧日후 宣傳物 등의 撤去)의 규정에 위반하여 선전물 등을 철거하지 아니한 자
⑧다음 각 호의 어느 하나에 해당하는 행위를 한 자는 100만원 이하의 과태료를 부과한다. <개정 2000.2.16., 2002.3.7., 2004.3.12., 2005.8.4., 2007.1.3., 2008.2.29., 2009.2.12., 2010.1.25., 2014.1.17., 2014.2.13., 2015.8.13., 2017.2.8.>
1. 제161조제3항 단서, 제162조제3항, 제181조제3항 또는 제218조의20제4항에 따라 선거관리위원회·재외선거관리위원회가 선정한 참관인이 정당한 사유 없이 참관을 거부하거나 게을리한 경우
1의2. 제8조의9제4항을 위반하여 변경등록신청을 제때 하지 아니한 자
2. 각 목의 어느 하나에 해당하는 자
가. 제61조제6항을 위반하여 선거사무소, 선거연락소 또는 선거대책기구에 간판·현판·현수막을 설치·게시하거나 하게 한 자
나. 제61조의2(정당선거사무소의 설치)제4항의 규정을 위반하여 정당선거사무소에 간판·현판·현수막을 설치 또는 게시하거나 하게 한 자
다. 제63조제2항을 위반하여 표지를 패용하지 아니하고 선거운동을 하거나 하게 한 자
라. 제79조제6항 또는 제10항 후단을 위반하여 자동차, 확성장치, 녹음기 또는 녹화기에 표지를 부착하지 아니하고 연설·대담을 한 사람
마. 제91조(擴聲裝置와 自動車 등의 사용제한)제4항의 규정에 위반하여 표지를 부착하지 아니하고 자동차 또는 선박을 운행한 자
바. 제147조제9항, 제148조제3항 또는 제174조(개표사무원)제2항의 규정에 의하여 투표사무원·사전투표사무원 또는 개표사무원으로 위촉된 자가 정당한 사유없이 그 직무수행을 거부·유기하거나 해태한 자
2의2. 다음 각 목의 어느 하나에 해당하는 자
가. 제60조의4제3항을 위반하여 예비후보자공약집을 제출하지 아니한 자
나.제66조제6항을 위반하여 선거공약서를 제출하지 아니한 자
3. 제111조(議政活動 보고)제2항의 규정에 위반하여 고지벽보와 표지를 게시하거나, 의정보고회가 끝난후 지체없이 고지벽보와 표지를 철거하지 아니한 자
4. 다음 각 목의 어느 하나에 해당하는 자
가. 제138조(政綱·政策弘報物의 배부·제한 등)제4항의 규정에 위반하여 정강·정책홍보물을 제출하지 아니한 자
나. 제138조의2(정책공약집의 배부제한 등)제3항의 규정을 위반하여 정책공약집을 제출하지 아니한 자
다. 제139조(政黨機關紙의 발행·배부제한)제3항의 규정에 위반하여 기관지를 제출하지 아니한 자
라. 제140조(創黨大會등의 개최와 告知의 제한)제4항의 규정에 위반하여 창당대회등의 표지를 지체없이 철거하지 아니한 자
마. 제141조(黨員集會의 제한)제2항에 규정된 장소가 아닌 장소에서 당원집회를 개최하거나 동조제4항의 규정에 위반하여 당원집회의 표지를 지체없이 철거하지 아니한 자
바. 삭제 <2004.3.12.>
사. 제145조(黨舍揭示 宣傳物 등의 제한)의 규정에 위반하여 당사 또는 후원회의 사무소에 선전물 등을 설치·게시한 자
5. 제8조의3제4항의 규정에 위반하여 정당한 사유없이 정기간행물등을 제출하지 아니한 자

6. 제272조의2제4항(제8조의8제11항에서 준용하는 경우를 포함한다)에 따른 출석요구에 정당한 사유없이 응하지 아니한 자
⑨다음 각 호의 어느 하나에 해당하는 자(그 제공받은 금액 또는 음식물·물품 등의 가액이 100만원을 초과하는 자는 제외한다)는 그 제공받은 금액 또는 음식물·물품 등의 가액의 10배 이상 50배 이하에 상당하는 금액(주례의 경우에는 200만원)의 과태료를 부과하되, 그 상한은 3천만원으로 한다. 다만, 제1호 또는 제2호에 해당하는 자가 그 제공받은 금액 또는 음식물·물품(제공받은 것을 반환할 수 없는 경우에는 그 가액에 상당하는 금액을 말한다) 등을 선거관리위원회에 반환하고 자수한 경우에는 중앙선거관리위원회규칙으로 정하는 바에 따라 그 과태료를 감경 또는 면제할 수 있다. <신설 2004.3.12., 2008.2.29., 2010.1.25., 2012.1.17., 2012.2.29., 2014.2.13., 2014.5.14.>
1. 제116조를 위반하여 금전·물품·음식물·서적·관광 기타 교통편의를 제공받은 자
2. 제230조제1항제7호에 규정된 자로서 같은 항 제5호의 자로부터 금품, 그 밖의 이익을 제공받은 자
3. 삭제 <2008.2.29.>
4. 삭제 <2008.2.29.>
5. 삭제 <2008.2.29.>
6. 제116조를 위반하여 제113조에 규정된 자로부터 주례행위를 제공받은 자
⑩과태료는 중앙선거관리위원회규칙으로 정하는 바에 따라 당해 선거관리위원회(선거여론조사심의위원회를 포함한다. 이하 이 조에서 "부과권자"라 한다)가 부과한다. 이 경우 제1항부터 제8항까지에 따른 과태료는 당사자(「질서위반행위규제법」 제2조제3호에 따른 당사자를 말한다. 이하 이 조에서 같다)가 정당·후보자(예비후보자를 포함한다. 이하 이 조에서 같다) 및 그 가족·선거사무장·선거연락소장·선거사무원·회계책임자·연설원 또는 활동보조인인 때에는 제57조에 따라 해당 후보자의 기탁금 중에서 공제하여 국가 또는 지방자치단체에 납입하고, 그 밖의 자와 제9항에 따른 과태료의 과태료처분대상자에 대하여는 위반자가 납부하도록 하며, 납부기한까지 납부하지 아니한 때에는 관할세무서장에게 위탁하고 관할세무서장이 국세체납처분의 예에 따라 이를 징수하여 국가 또는 지방자치단체에 납입하여야 한다.
<개정 2004.3.12., 2010.1.25., 2014.2.13., 2017.2.8.>
⑪이 법에 따른 과태료의 부과·징수 등의 절차에 관하여는 「질서위반행위규제법」 제5조에도 불구하고 다음 각 호에서 정하는 바에 따른다. <개정 2010.1.25., 2014.2.13.,2020.12.29.>
1. 당사자는 「질서위반행위규제법」 제16조제1항 전단에도 불구하고 부과권자로부터 사전통지를 받은 날부터 3일까지 의견을 제출하여야 한다.
2. 「질서위반행위규제법」 제17조제3항에도 불구하고 이 조 제10항 후단에 따라 해당 후보자의 기탁금에서 공제하는 과태료에 대하여는 「국세징수법」 제13조부터 제16조까지의 규정을 준용하지 아니한다.
3. 이 조 제10항 전단에 따른 과태료 처분에 불복이 있는 당사자는 「질서위반행위규제법」 제20조제1항 및 제2항에도 불구하고 그 처분의 고지를 받은 날부터 20일 이내에 부과권자에게 이의를 제기하여야 하며, 이 경우 그 이의제기는 과태료 처분의 효력이나 그 집행 또는 절차의 속행에 영향을 주지 아니한다.
4. 「질서위반행위규제법」 제24조에도 불구하고 이 조 제10항 후단에 따라 해당 후보자의 기탁금에서 공제하지 아니하는 과태료를 당사자가 납부기한까지 납부하지 아니한 경우 부과권자는 체납된 과태료에 대하여 100분의 5에 상당하는 가산금을 더하여 관할세무서장에게 징수를 위탁하고, 관할세무서장은 국세 체납처분의 예에 따라 이를 징수하여 국가 또는 지방자치단체에 납입하여야 한다.
5. 「질서위반행위규제법」 제21조제1항 본문에도 불구하고 이 조 제10항에 따라 과태료 처분을 받은 당사자가 제3호에 따라 이의를 제기한 경우 부과권자는 지체 없이 관할 법원에 그 사실을 통보하여야 한다.
⑫「질서위반행위규제법」 제37조에 따라 과태료 재판의 결정을 고지 받은 검사는 과태료 처분을 한 관할 선거관리위원회에 그 결정을 지체 없이 통보하여야 한다.

<신설 2018.4.6.>
[제목개정 2015.8.13.]
[2010.1.25. 법률 제9974호에 의하여 2009.3.26. 헌법불합치 결정된 이 조 제9항(종전의 제6항)을 개정함]
[시행일 : 2021.1.1.] 제261조

제262조(자수자에 대한 특례) ①다음 각 호의 어느 하나에 해당하는 사람이 자수한 때에는 그 형을 감경 또는 면제한다. <개정 2012.1.17.>
1. 제230조제1항·제2항, 제231조제1항 및 제257조제2항을 위반한 사람 중 금전·물품, 그 밖의 이익 등을 받거나 받기로 승낙한 사람(후보자와 그 가족 또는 사위의 방법으로 이익 등을 받거나 받기로 승낙한 사람은 제외한다)
2. 다른 사람의 지시에 따라 제230조제1항·제2항 또는 제257조제1항을 위반하여 금전·물품, 그 밖의 재산상의 이익이나 공사의 직을 제공하거나 그 제공을 약속한 사람
②제1항에 규정된 자가 각급선거관리위원회(읍·면·동선거관리위원회를 제외한다)에 자신의 선거범죄사실을 신고하여 선거관리위원회가 관계수사기관에 이를 통보한 때에는 선거관리위원회에 신고한 때를 자수한 때로 본다. <신설 2000.2.16., 2005.8.4.>

제262조의2(선거범죄신고자 등의 보호)
①선거범죄[제16장 벌칙에 규정된 죄(제261조제9항의 과태료에 해당하는 위법행위를 포함한다)와 「국민투표법」 위반의 죄를 말한다. 이하 같다]에 관한 신고·진정·고소·고발 등 조사 또는 수사단서의 제공, 진술 또는 증언 그 밖의 자료제출행위 및 범인검거를 위한 제보 또는 검거활동을 한 자가 그와 관련하여 피해를 입거나 입을 우려가 있다고 인정할 만한 상당한 이유가 있는 경우 그 선거범죄에 관한 형사절차 및 선거관리위원회의 조사과정에서는 「특정범죄신고자 등 보호법」 제5조·제7조·제9조부터 제12조까지 및 제16조를 준용한다. <개정 2005.8.4., 2008.2.29., 2010.1.25., 2014.2.13.>
②누구든지 제1항의 규정에 의하여 보호되고 있는 선거범죄신고자 등이라는 정을 알면서 그 인적사항 또는 선거범죄신고자등임을 알 수 있는 사실을 다른 사람에게 알려주거나 공개 또는 보도하여서는 아니된다.
[본조신설 2004.3.12.]

제262조의3(선거범죄신고자에 대한 포상금 지급) ①각급선거관리위원회(읍·면·동선거관리위원회를 제외한다. 이하 이 조에서 같다)는 선거범죄에 대하여 선거관리위원회가 인지하기 전에 그 범죄행위의 신고를 한 사람에게 포상금을 지급할 수 있다. <개정 2005.8.4., 2008.2.29., 2013.8.13.>
②중앙선거관리위원회 및 시·도선거관리위원회는 제1항에 따른 포상금 지급의 심사를 위하여 중앙선거관리위원회규칙으로 정하는 바에 따라 각각 포상금심사위원회를 설치·운영하여야 한다. <신설 2013.8.13.>
③각급선거관리위원회는 제1항에 따라 포상금을 지급한 후 다음 각 호의 어느 하나에 해당하는 사유가 있는 경우에는 그 포상금의 지급결정을 취소한다. <개정 2013.8.13.>
1. 담합 등 거짓의 방법으로 신고한 사실이 발견된 경우
2. 불기소처분이 있는 경우
3. 무죄의 판결이 확정된 경우
④각급선거관리위원회는 제3항에 따라 포상금의 지급결정을 취소한 때에는 해당 신고자에게 그 취소 사실과 지급받은 포상금에 해당하는 금액을 반환할 것을 통지하여야 하며, 해당 신고자는 통지를 받은 날부터 30일 이내에 그 금액을 해당 선거관리위원회에 납부하여야 한다. <신설 2013.8.13.>
⑤각급선거관리위원회는 제4항에 따라 포상금의 반환을 통지받은 해당 신고자가 납부기한까지 반환할 금액을 납부하지 아니한 때에는 해당 신고자의 주소지를 관할하는 세무서장에게 징수를 위탁하고 관할 세무서장이 국세 체납처분의 예에 따라 징수한다.

<신설 2008.2.29., 2013.8.13.>
⑥제4항 또는 제5항에 따라 납부 또는 징수된 금액은 국가에 귀속된다. <신설 2008.2.29., 2013.8.13.>
⑦포상금의 지급 기준 및 절차, 포상금심사위원회의 구성 및 심의사항, 제3항제2호 및 제3호의 경우 포상금의 반환사유, 반환금액의 납부절차, 그 밖에 필요한 사항은 중앙선거관리위원회규칙으로 정한다. <신설 2013.8.13.>
[본조신설 2004.3.12.]

제17장 보칙

제263조(선거비용의 초과지출로 인한 당선무효) ①제122조(선거비용제한액의 공고)의 규정에 의하여 공고된 선거비용제한액의 200분의 1이상을 초과지출한 이유로 선거사무장, 선거사무소의 회계책임자가 징역형 또는 300만원 이상의 벌금형의 선고를 받은 때에는 그 후보자의 당선은 무효로 한다. 다만, 다른 사람의 유도 또는 도발에 의하여 당해 후보자의 당선을 무효로 되게 하기 위하여 지출한 때에는 그러하지 아니하다. <개정 2004.3.12., 2005.8.4.>
②「정치자금법」 제49조(선거비용관련 위반행위에 관한 벌칙)제1항 또는 제2항제6호의 죄를 범함으로 인하여 선거사무소의 회계책임자가 징역형 또는 300만원 이상의 벌금형의 선고를 받은 때에는 그 후보자(대통령후보자, 비례대표국회의원후보자 및 비례대표지방의회의원후보자를 제외한다)의 당선은 무효로 한다. 이 경우 제1항 단서의 규정을 준용한다. <신설 2004.3.12., 2005.8.4.>

제264조(당선인의 선거범죄로 인한 당선무효)
당선인이 당해 선거에 있어 이 법에 규정된 죄 또는 「정치자금법」 제49조의 죄를 범함으로 인하여 징역 또는 100만원이상의 벌금형의 선고를 받은 때에는 그 당선은 무효로 한다. <개정 2005.8.4., 2010.1.25.>

제265조(선거사무장등의 선거범죄로 인한 당선무효) 선거사무장·선거사무소의 회계책임자(선거사무소의 회계책임자로 선임·신고되지 아니한 자로서 후보자와 통모하여 당해 후보자의 선거비용으로 지출한 금액이 선거비용제한액의 3분의 1 이상에 해당되는 자를 포함한다) 또는 후보자(후보자가 되려는 사람을 포함한다)의 직계존비속 및 배우자가 해당 선거에 있어서 제230조부터 제234조까지, 제257조제1항 중 기부행위를 한 죄 또는 「정치자금법」 제45조제1항의 정치자금 부정수수죄를 범함으로 인하여 징역형 또는 300만원 이상의 벌금형의 선고를 받은 때(선거사무장, 선거사무소의 회계책임자에 대하여는 선임·신고되기 전의 행위로 인한 경우를 포함한다)에는 그 선거구 후보자(大統領候補者, 比例代表國會議員候補者 및 비례대표지방의회의원후보자를 제외한다)의 당선은 무효로 한다. 다만, 다른 사람의 유도 또는 도발에 의하여 당해 후보자의 당선을 무효로 되게 하기 위하여 죄를 범한 때에는 그러하지 아니하다. <개정 1995.5.10., 2000.2.16., 2004.3.12., 2005.8.4., 2010.1.25.>

제265조의2(당선무효된 자 등의 비용반환)
①제263조부터 제265조까지의 규정에 따라 당선이 무효로 된 사람(그 기소 후 확정판결 전에 사직한 사람을 포함한다)과 당선되지 아니한 사람으로서 제263조부터 제265조까지에 규정된 자신 또는 선거사무장 등의 죄로 당선무효에 해당하는 형이 확정된 사람은 제57조와 제122조의2에 따라 반환·보전받은 금액을 반환하여야 한다. 이 경우 대통령선거의 정당추천후보자는 그 추천 정당이 반환하며, 비례대표국회의원선거 및 비례대표지방의회의원선거의 경우 후보자의 당선이 모두 무효로 된 때에 그 추천 정당이 반환한다. <개정 2010.1.25.>

②관할선거구선거관리위원회는 제1항의 규정에 의한 반환사유가 발생한 때에는 지체없이 당해 정당·후보자에게 반환하여야 할 금액을 고지하여야 하고, 당해 정당·후보자는 그 고지를 받은 날부터 30일 이내에 선거구선거관리위원회에 이를 납부하여야 한다.
③관할선거구선거관리위원회는 제2항의 납부기한까지 당해 정당·후보자가 납부하지 아니한 때에는 당해 후보자의 주소지(정당에 있어서는 중앙당의 사무소 소재지를 말한다)를 관할하는 세무서장에게 징수를 위탁하고 관할세무서장이 국세체납처분의 예에 따라 이를 징수한다.
④제2항 또는 제3항의 규정에 의하여 납부 또는 징수된 금액은 국가 또는 지방자치단체에 귀속된다.
⑤제2항의 규정에 따른 고지방법·절차 기타 필요한 사항은 중앙선거관리위원회규칙으로 정한다.
[본조신설 2004.3.12.]

第266조(선거범죄로 인한 공무담임 등의 제한) ①다른 법률의 규정에도 불구하고 제230조부터 제234조까지, 제237조부터 제255조까지, 제256조제1항부터 제3항까지, 제257조부터 제259조까지의 죄(당내경선과 관련한 죄는 제외한다) 또는 「정치자금법」 제49조의 죄를 범함으로 인하여 징역형의 선고를 받은 자는 그 집행을 받지 아니하기로 확정된 후 또는 그 형의 집행이 종료되거나 면제된 후 10년간, 형의 집행유예의 선고를 받은 자는 그 형이 확정된 후 10년간, 100만원이상의 벌금형의 선고를 받은 자는 그 형이 확정된 후 5년간 다음 각 호의 어느 하나에 해당하는 직에 취임하거나 임용될 수 없으며, 이미 취임 또는 임용된 자의 경우에는 그 직에서 퇴직된다.
<개정 1997.11.14., 2000.2.16., 2005.8.4., 2009.2.3., 2010.1.25., 2012.1.26., 2014.2.13.>
1. 제53조제1항 각 호의 어느 하나에 해당하는 직(제53조제1항제1호의 경우 「고등교육법」 제14조제1항·제2항에 따른 교원을, 같은 항 제5호의 경우 각 조합의 조합장 및 상근직원을 포함한다)
2. 제60조(選擧運動을 할 수 없는 者)제1항제6호 내지 제8호에 해당하는 직
3. 「공직자윤리법」 제3조제1항제12호 또는 제13호에 해당하는 기관·단체의 임·직원
4. 「사립학교법」 제53조(學校의 長의 任免) 또는 같은 법 제53조의2(學校의 長이 아닌 敎員의 任免)의 규정에 의한 교원
5. 방송통신심의위원회의 위원
②다음 각 호의 어느 하나에 해당하는 사람은 당선인의 당선무효로 실시사유가 확정된 재선거(당선인이 그 기소 후 확정판결 전에 사직함으로 인하여 실시사유가 확정된 보궐선거를 포함한다)의 후보자가 될 수 없다. <개정 2010.1.25.>
1. 제263조 또는 제265조에 따라 당선이 무효로 된 사람(그 기소 후 확정판결 전에 사직한 사람을 포함한다)
2. 당선되지 아니한 사람(후보자가 되려던 사람을 포함한다)으로서 제263조 또는 제265조에 규정된 선거사무장 등의 죄로 당선무효에 해당하는 형이 확정된 사람
③다른 공직선거(교육의원선거 및 교육감선거를 포함한다)에 입후보하기 위하여 임기 중 그 직을 그만 둔 국회의원·지방의회의원 및 지방자치단체의 장은 그 사직으로 인하여 실시사유가 확정된 보궐선거의 후보자가 될 수 없다. <신설 2010.1.25.>

第267조(기소 · 판결에 관한 통지) ①선거에 관한 범죄로 당선인, 후보자, 후보자의 직계존·비속 및 배우자, 선거사무장, 선거사무소의 회계책임자를 기소한 때에는 당해 선거구선거관리위원회에 이를 통지하여야 한다.
②제230조(買收 및 利害誘導罪) 내지 제235조(放送·新聞 등의 不法利用을 위한 買收罪)·제237조(選擧의 自由妨害罪) 내지 제259조(選擧犯罪煽動罪)의 범죄에 대한 확정판결을 행한 재판장은 그 판결서등본을 당해 선거구선거관리위원회에 송부하여야 한다.

第268조(공소시효) ①이 법에 규정한 죄의 공소시효는 당해 선거일후 6개월(선거일후에

행하여진 범죄는 그 행위가 있는 날부터 6개월)을 경과함으로써 완성한다. 다만, 범인이 도피한 때나 범인이 공범 또는 범죄의 증명에 필요한 참고인을 도피시킨 때에는 그 기간은 3년으로 한다. <개정 2004.3.12., 2012.2.29.>
②제1항 본문에도 불구하고 선상투표와 관련하여 선박에서 범한 이 법에 규정된 죄의 공소시효는 범인이 국내에 들어온 날부터 6개월을 경과함으로써 완성된다. <신설 2012.2.29.>
③제1항 및 제2항에도 불구하고 공무원(제60조제1항제4호 단서에 따라 선거운동을 할 수 있는 사람은 제외한다)이 직무와 관련하여 또는 지위를 이용하여 범한 이 법에 규정된 죄의 공소시효는 해당 선거일 후 10년(선거일 후에 행하여진 범죄는 그 행위가 있는 날부터 10년)을 경과함으로써 완성된다. <신설 2014.2.13.>

제269조(재판의 관할) 선거범과 그 공범에 관한 제1심재판은 「법원조직법」 제32조(合議部의 審判權)제1항의 규정에 의한 지방법원합의부 또는 그 지원의 합의부의 관할로 한다. 다만, 군사법원이 재판권을 갖는 선거범과 그 공범에 관한 제1심재판은 「군사법원법」 제11조(普通軍事法院의 審判事項)의 규정에 의한 보통군사법원의 관할로 한다.
<개정 2005.8.4.>

제270조(선거범의 재판기간에 관한 강행규정) 선거범과 그 공범에 관한 재판은 다른 재판에 우선하여 신속히 하여야 하며, 그 판결의 선고는 제1심에서는 공소가 제기된 날부터 6월 이내에, 제2심 및 제3심에서는 전심의 판결의 선고가 있은 날부터 각각 3월 이내에 반드시 하여야 한다. <개정 2000.2.16.>
[제목개정 2000.2.16.]

제270조의2(피고인의 출정) ①선거범에 관한 재판에서 피고인이 공시송달에 의하지 아니한 적법한 소환을 받고서도 공판기일에 출석하지 아니한 때에는 다시 기일을 정하여야 한다.
②피고인이 정당한 사유없이 다시 정한 기일 또는 그 후에 열린 공판기일에 출석하지 아니한 때에는 피고인의 출석없이 공판절차를 진행할 수 있다.
③제2항의 규정에 의하여 공판절차를 진행할 경우에는 출석한 검사 및 변호인의 의견을 들어야 한다.
④법원은 제2항의 규정에 따라 판결을 선고한 때에는 피고인 또는 변호인(변호인이 있는 경우에 한한다)에게 전화 기타 신속한 방법으로 그 사실을 통지하여야 한다.
[본조신설 2004.3.12.]

제271조(불법시설물 등에 대한 조치 및 대집행) ①각급선거관리위원회는 이 법의 규정에 위반되는 선거에 관한 벽보·인쇄물·현수막 기타 선전물(政黨의 黨舍揭示宣傳物을 포함한다)이나 유사기관·사조직 또는 시설 등을 발견한 때에는 지체없이 그 첩부 등의 중지 또는 철거·수거 ·폐쇄 등을 명하고, 이에 불응하는 때에는 대집행을 할 수 있다. 이 경우 대집행은 「행정대집행법」에 의하되, 그 절차는 「행정대집행법」 제3조(代執行의 節次)의 규정에 불구하고 중앙선거관리위원회규칙이 정하는 바에 의할 수 있다.
<개정 1997.11.14., 2005.8.4.>
②각급선거관리위원회는 제1항의 불법시설물 등에 중앙선거관리위원회규칙이 정하는 바에 따라 불법시설물임을 표시하는 표지를 하거나 공고할 수 있다.
③제56조제3항에 따라 기탁금에서 부담하는 대집행비용의 공제·납입·징수위탁 등에 관하여는 제261조제10항을 준용한다. <개정 2010.1.25., 2014.2.13.>

제271조의2(선거에 관한 광고의 제한)
①선거관리위원회는 방송·신문·잡지 기타 간행물에 방영·게재하고자 하는 광고내용이 이 법에 위반된다고 인정되는 때에는 당해 방송사 또는 일간신문사 등을 경영·관리하는 자

와 광고주에게 광고중지를 요청할 수 있다.
②제1항의 규정에 의한 중지요청을 받은 자는 이에 따라야 하며, 당해 선거관리위원회는 중지요청에 불응하고 광고를 하는 때에는 지체없이 관할수사기관에 수사의뢰 또는 고발하여야 한다.
③제1항의 "광고"라 함은 후보자(候補者가 되고자 하는 者를 포함한다)의 당락이나 특정정당(創黨準備委員會를 포함한다)에 유리 또는 불리한 광고(이 法의 規定에 의한 廣告를 제외한다)를 말한다.
[본조신설 1998.4.30.]

제272조(불법선전물의 우송중지) ①각급선거관리위원회(읍·면·동선거관리위원회를 제외한다. 이하 이 條에서 같다)는 직권 또는 정당·후보자의 요청에 의하여 이 법에 규정된 죄에 해당하는 범죄의 혐의가 있는 선전물을 우송하려 하거나 우송중임을 발견한 때에는 당해 우체국장에게 그 선전물에 대한 우송의 금지 또는 중지를 요청할 수 있다. <개정 1998.4.30., 2000.2.16., 2005.8.4.>
②우체국장이 제1항의 우송금지 또는 중지를 요청받은 때에는 그 우편물의 우송을 즉시 중지하고, 발송인에 대하여 그 사실을 통보하여야 한다. 다만, 발송인의 주소가 기재되지 아니한 때에는 발송우체국 게시판에 우송중지의 사실을 공고하여야 한다.
③제1항의 규정에 의한 우송의 금지 또는 중지를 요청한 때에는 당해 선거관리위원회는 지체없이 수사기관에 조사를 의뢰하거나 고발하고, 해당 우편물의 압수를 요청하여야 한다.
④제3항의 경우 수사기관은 「형사소송법」 제200조의4(緊急逮捕와 令狀請求期間)의 기간내에 해당 우편물에 대한 압수영장의 발부여부를 당해 선거관리위원회 및 우체국장에게 통보하여야 하되, 이 기간내에 압수영장을 발부받지 못한 때에는 우체국장은 즉시 그 우편물의 우송중지를 해제하여야 한다. <개정 1997.11.14., 2005.8.4.>
⑤각급선거관리위원회는 이 법에 규정된 죄에 해당하는 범죄의 혐의가 있는 선전물이 우송된 것을 발견한 때에는 그 선전물의 우송에 관련된 자의 성명·주소 등 인적사항과 발송통수·배달지역 기타 선거범죄의 조사에 필요한 자료의 제출을 관계 우체국장에게 요구할 수 있다. 이 경우 자료제출의 요구를 받은 우체국장은 이에 응하여야 한다. <신설 2000.2.16., 2002.3.7.>
⑥우체국장이 각급선거관리위원회의 요청에 의하여 우편물의 우송을 중지하거나 선전물의 우송에 관련된 자의 인적사항 등 자료를 제출한 때에는 「우편법」 제3조(우편물의 비밀보장)·제50조(우편취급 거부의 죄)·제51조(서신의 비밀침해의 죄)·제51조의2(비밀 누설의 죄), 「우편환법」 제19조(비밀의 보장) 및 「통신비밀보호법」 제3조(통신 및 대화비밀의 보호)의 규정을 적용하지 아니한다. <개정 2000.2.16., 2002.3.7., 2005.8.4., 2011.12.2.>
⑦각급선거관리위원회는 우편관서에서 취급중에 있는 우편물중 이 법에 규정된 죄에 해당하는 범죄의 혐의가 있는 불법선전물이 있다고 판단되는 때에는 당해 우체국장에게 제1항의 조치와 함께 「우편법」 제28조(법규 위반 우편물의 개봉)에 의한 조치를 하여 줄 것을 요청할 수 있다. 이 경우 「우편법」 제48조(우편물 개봉 훼손의 죄) 및 「통신비밀보호법」 제16조(벌칙)의 규정은 적용하지 아니한다.
<신설 2000.2.16., 2005.8.4., 2011.12.2.>

제272조의2(선거범죄의 조사등) ①각급선거관리위원회(읍·면·동선거관리위원회를 제외한다. 이하 이 條에서 같다)위원·직원은 선거범죄에 관하여 그 범죄의 혐의가 있다고 인정되거나, 후보자(경선후보자를 포함한다)·예비후보자·선거사무장·선거연락소장 또는 선거사무원이 제기한 그 범죄의 혐의가 있다는 소명이 이유있다고 인정되는 경우 또는 현행범의 신고를 받은 경우에는 그 장소에 출입하여 관계인에 대하여 질문·조사를 하거나 관련서류 기타 조사에 필요한 자료의 제출을 요구할 수 있다. <개정 2004.3.12., 2005.8.4.>
②각급선거관리위원회 위원·직원은 선거범죄 현장에서 선거범죄에 사용된 증거물품으로서 증거인멸의 우려가 있다고 인정되는 때에는 조사에 필요한 범위 안에서 현장에서 이를 수거할 수 있다. 이 경우 당해 선거관리위원회위원·직원은 수거한 증거물품을 그 관

련된 선거범죄에 대하여 고발 또는 수사의뢰한 때에는 관계수사기관에 송부하고, 그러하지 아니한 때에는 그 소유·점유·관리하는 자에게 지체없이 반환하여야 한다.
<신설 2000.2.16., 2004.3.12.>
③누구든지 제1항의 규정에 의한 장소의 출입을 방해하여서는 아니되며 질문·조사를 받거나 자료의 제출을 요구받은 자는 이에 응하여야 한다.
④각급선거관리위원회위원·직원은 선거범죄 조사와 관련하여 관계자에게 질문·조사하기 위하여 필요하다고 인정되는 때에는 선거관리위원회에 동행 또는 출석할 것을 요구할 수 있다. 다만, 선거기간중 후보자에 대하여는 동행 또는 출석을 요구할 수 없다.
<신설 2000.2.16., 2004.3.12.>
⑤각급선거관리위원회위원·직원은 선거의 자유와 공정을 현저히 해할 우려가 있는 이 법에 위반되는 행위가 눈앞에 행하여지고 있거나, 행하여질 것이 명백하다고 인정되는 경우에는 그 현장에서 행위의 중단 또는 예방에 필요한 조치를 할 수 있다.
<신설 2002.3.7.>
⑥각급선거관리위원회위원·직원이 제1항의 규정에 의한 장소에 출입하거나 질문·조사 · 자료의 제출을 요구하는 경우에는 관계인에게 그 신분을 표시하는 증표를 제시하고 소속과 성명을 밝히고 그 목적과 이유를 설명하여야 한다.
⑦각급선거관리위원회 위원·직원이 제1항에 따라 피조사자에 대하여 질문·조사를 하는 경우 질문·조사를 하기 전에 피조사자에게 진술을 거부할 수 있는 권리 및 변호인의 조력을 받을 권리가 있음을 알리고, 문답서에 이에 대한 답변을 기재하여야 한다.
<신설 2013.8.13.>
⑧각급선거관리위원회 위원·직원은 피조사자가 변호인의 조력을 받으려는 의사를 밝힌 경우 지체 없이 변호인(변호인이 되려는 자를 포함한다)으로 하여금 조사에 참여하게 하거나 의견을 진술하게 하여야 한다. <신설 2013.8.13.>
⑨제1항부터 제8항까지의 규정에 따른 소명절차·방법, 증거자료의 수거, 증표의 규격 기타 필요한 사항은 중앙선거관리위원회규칙으로 정한다.
<개정 2000.2.16., 2002.3.7., 2013.8.13.>
[본조신설 1997.11.14.]

제272조의3(통신관련 선거범죄의 조사)
①각급선거관리위원회(읍·면·동선거관리위원회를 제외한다. 이하 이 조에서 같다)직원은 정보통신망을 이용한 이 법 위반행위의 혐의가 있다고 인정되는 상당한 이유가 있는 때에는 당해 선거관리위원회의 소재지를 관할하는 고등법원(구·시·군선거관리위원회의 경우에는 지방법원을 말한다) 수석부장판사 또는 이에 상당하는 부장판사의 승인을 얻어 정보통신서비스제공자에게 당해 정보통신서비스 이용자의 성명(이용자를 식별하기 위한 부호를 포함한다)·주민등록번호·주소(전자우편주소·인터넷 로그기록자료 및 정보통신망에 접속한 정보통신기기의 위치를 확인할 수 있는 자료를 포함한다)·이용기간·이용요금에 대한 자료의 열람이나 제출을 요청할 수 있다. <개정 2005.8.4.>
②각급선거관리위원회 직원은 전화를 이용한 이 법 위반행위의 혐의가 있다고 인정되는 상당한 이유가 있는 때에는 당해 선거관리위원회의 소재지를 관할하는 고등법원(구·시·군선거관리위원회의 경우에는 지방법원을 말한다) 수석부장판사 또는 이에 상당하는 부장판사의 승인을 얻어 정보통신서비스제공자에게 이용자의 성명·주민등록번호·주소·이용기간·이용요금, 송화자 또는 수화자의 전화번호, 설치장소·설치대수에 대한 자료의 열람이나 제출을 요청할 수 있다.
③제1항 및 제2항 또는 다른 법률에도 불구하고 다음 각 호의 어느 하나에 해당하는 자료의 열람이나 제출을 요청하는 때에는 제1항 또는 제2항에 따른 승인이 필요하지 아니하다. <신설 2012.2.29.>
1. 인터넷 홈페이지 게시판·대화방 등에 글이나 동영상 등을 게시하거나 전자우편을 전송한 사람의 성명·주민등록번호·주소 등 인적사항
2. 문자메시지를 전송한 사람의 성명·주민등록번호·주소 등 인적사항 및 전송통수

④제1항부터 제3항까지에 따른 요청을 받은 자는 지체없이 이에 응하여야 한다. <개정 2012.2.29.>
⑤각급선거관리위원회 직원은 정보통신서비스제공자로부터 제1항부터 제3항까지의 규정에 따라 자료제공을 받은 때에는 30일 이내에 그 사실과 내용을 문서, 팩스, 전자우편, 휴대전화 문자메시지 등으로 해당 이용자에게 알려야 한다. 다만, 선거관리위원회에서 고발·수사의뢰한 경우에는 그 기소 또는 불기소처분을 통지받은 날부터 10일 이내에 알릴 수 있다. <신설 2020.3.25.>
⑥각급선거관리위원회 직원은 제1항부터 제3항까지의 규정에 따라 자료제공을 받은 경우에는 해당 자료의 제공요청사실 등 필요한 사항을 기재한 대장과 자료제공요청서 등 관련 자료를 해당 선거관리위원회에 비치하여야 한다. <신설 2020.3.25.>
⑦각급선거관리위원회 직원은 정보통신서비스제공자로부터 제1항부터 제3항까지에 따라 제출받은 자료를 이 법 위반행위에 대한 조사목적외의 용도로 사용하여서는 아니되며, 관계 수사기관에 고발 또는 수사의뢰하는 경우를 제외하고는 이를 공개하여서는 아니된다. <개정 2012.2.29., 2020.3.25.>
⑧제1항부터 제3항까지에 따른 요청 기타 필요한 사항은 중앙선거관리위원회규칙으로 정한다. <개정 2012.2.29., 2020.3.25.>
[본조신설 2004.3.12]

제272조의3(통신관련 선거범죄의 조사) ①각급선거관리위원회(읍·면·동선거관리위원회를 제외한다. 이하 이 조에서 같다)직원은 정보통신망을 이용한 이 법 위반행위의 혐의가 있다고 인정되는 상당한 이유가 있는 때에는 당해 선거관리위원회의 소재지를 관할하는 고등법원(구·시·군선거관리위원회의 경우에는 지방법원을 말한다) 수석판사 또는 이에 상당하는 판사의 승인을 얻어 정보통신서비스제공자에게 당해 정보통신서비스 이용자의 성명(이용자를 식별하기 위한 부호를 포함한다)·주민등록번호·주소(전자우편주소·인터넷 로그기록자료 및 정보통신망에 접속한 정보통신기기의 위치를 확인할 수 있는 자료를 포함한다)·이용기간·이용요금에 대한 자료의 열람이나 제출을 요청할 수 있다. <개정 2005.8.4., 2020.3.24.>
②각급선거관리위원회 직원은 전화를 이용한 이 법 위반행위의 혐의가 있다고 인정되는 상당한 이유가 있는 때에는 당해 선거관리위원회의 소재지를 관할하는 고등법원(구·시·군선거관리위원회의 경우에는 지방법원을 말한다) 수석판사 또는 이에 상당하는 판사의 승인을 얻어 정보통신서비스제공자에게 이용자의 성명·주민등록번호·주소·이용기간·이용요금, 송화자 또는 수화자의 전화번호, 설치장소·설치대수에 대한 자료의 열람이나 제출을 요청할 수 있다. <개정 2020.3.24.>
③제1항 및 제2항 또는 다른 법률에도 불구하고 다음 각 호의 어느 하나에 해당하는 자료의 열람이나 제출을 요청하는 때에는 제1항 또는 제2항에 따른 승인이 필요하지 아니하다. <신설 2012.2.29.>
1. 인터넷 홈페이지 게시판·대화방 등에 글이나 동영상 등을 게시하거나 전자우편을 전송한 사람의 성명·주민등록번호·주소 등 인적사항
2. 문자메시지를 전송한 사람의 성명·주민등록번호·주소 등 인적사항 및 전송통수
④제1항부터 제3항까지에 따른 요청을 받은 자는 지체없이 이에 응하여야 한다. <개정 2012.2.29.>
⑤각급선거관리위원회 직원은 정보통신서비스제공자로부터 제1항부터 제3항까지의 규정에 따라 자료제공을 받은 때에는 30일 이내에 그 사실과 내용을 문서, 팩스, 전자우편, 휴대전화 문자메시지 등으로 해당 이용자에게 알려야 한다. 다만, 선거관리위원회에서 고발·수사의뢰한 경우에는 그 기소 또는 불기소처분을 통지받은 날부터 10일 이내에 알릴 수 있다. <신설 2020.3.25.>
⑥각급선거관리위원회 직원은 제1항부터 제3항까지의 규정에 따라 자료제공을 받은 경우에는 해당 자료의 제공요청사실 등 필요한 사항을 기재한 대장과 자료제공요청서 등 관련 자료를 해당 선거관리위원회에 비치하여야 한다. <신설 2020.3.25.>

⑦각급선거관리위원회 직원은 정보통신서비스제공자로부터 제1항부터 제3항까지에 따라 제출받은 자료를 이 법 위반행위에 대한 조사목적외의 용도로 사용하여서는 아니되며, 관계 수사기관에 고발 또는 수사의뢰하는 경우를 제외하고는 이를 공개하여서는 아니된다. <개정 2012.2.29., 2020.3.25.>
⑧제1항부터 제3항까지에 따른 요청 기타 필요한 사항은 중앙선거관리위원회규칙으로 정한다. <개정 2012.2.29., 2020.3.25.>
[본조신설 2004.3.12]
[시행일 : 2021.2.9.] 제272조의3

제273조(재정신청) ①제230조부터 제234조까지, 제237조부터 제239조까지, 제248조부터 제250조까지, 제255조제1항제1호·제2호·제10호·제11호 및 제3항·제5항, 제257조 또는 제258조의 죄에 대하여 고발을 한 후보자와 정당(중앙당에 한한다) 및 해당 선거관리위원회는 그 검사 소속의 지방검찰청 소재지를 관할하는 고등법원에 그 당부에 관한 재정을 신청할 수 있다. <개정 2010.1.25., 2014.2.13.>
②제1항의 규정에 의한 재정신청에 관하여는 「형사소송법」 제260조제2항부터 제4항까지, 제261조, 제262조, 제262조의4제2항, 제264조 및 제264조의2의 규정을 적용한다.
<개정 2005.8.4., 2007.6.1.>
③제1항의 규정에 의한 재정신청서가 「형사소송법」 제260조제3항에 따른 지방검찰청검사장 또는 지청장에게 접수된 때에는 그때부터 「형사소송법」 제262조제2항의 결정이 있을 때까지 공소시효의 진행이 정지된다. <개정 2005.8.4., 2007.12.21.>
④제1항의 규정에 의한 재정신청에 관하여는 검사가 당해 선거범죄의 공소시효만료일전 10일까지 공소를 제기하지 아니한 때에는 그 때, 선거관리위원회가 고발한 선거범죄에 대하여 고발을 한 날부터 3월까지 검사가 공소를 제기하지 아니한 때에는 그 3월이 경과한 때 각각 검사로부터 공소를 제기하지 아니한다는 통지가 있는 것으로 본다.
<개정 2000.2.16.>

제274조(선거에 관한 신고 등) ①이 법 또는 이 법의 시행을 위한 중앙선거관리위원회규칙에 의하여 후보자등록마감일의 다음날부터 선거일까지 각급행정기관과 각급선거관리위원회에 대하여 행하는 신고·신청·제출·보고 등은 이 법에 특별한 규정이 있는 경우를 제외하고는 공휴일에도 불구하고 매일 오전 9시부터 오후 6시까지 하여야 한다. <개정 2011.7.28., 2015.8.13.>
②각급선거관리위원회는 이 법 또는 이 법의 시행을 위한 중앙선거관리위원회규칙에 따른 신고·신청·제출·보고 등을 당해 선거관리위원회가 제공하는 서식에 따라 컴퓨터의 자기디스크 그 밖에 이와 유사한 매체에 기록하여 제출하게 하거나 당해 선거관리위원회가 지정하는 인터넷홈페이지에 입력하는 방법으로 제출하게 할 수 있다. <신설 2005.8.4.>
[제목개정 2011.7.28.]

제275조(선거운동의 제한 · 중지) 지역구국회의원선거, 지방의회의원선거 및 지방자치단체의 장선거에서 후보자등록마감후 후보자가 사퇴·사망하거나 등록이 무효로 된 경우 해당 선거구의 후보자가 그 선거구에서 선거할 정수범위를 넘지 아니하게 되어 투표를 하지 아니하게 된 때에는 그 사유가 확정된 때부터 이 법에 의한 해당 지역구국회의원선거, 해당 지방의회의원선거 및 지방자치단체의 장선거의 선거운동은 이를 중지한다. <개정 2010.1.25.>

제276조(선거일후 선전물 등의 철거) 선거운동을 위하여 선전물이나 시설물을 첩부·게시 또는 설치한 자는 선거일후 지체없이 이를 철거하여야 한다.

제277조(선거관리경비) ①대통령선거 및 국회의원선거의 관리준비와 실시에 필요한 다음 각호에 해당하는 경비와 지방의회의원 및 지방자치단체의 장의 선거에 관한 사무중 통일

적인 수행을 위하여 중앙선거관리위원회 및 시·도선거관리위원회가 집행하는 경비는 국가가 부담한다. 이 경우 임기만료에 의한 선거에 있어서는 당해 선거의 선거기간개시일이 속하는 연도(第2號에 해당하는 經費는 당해 선거의 선거일전 180일이 속하는 年度를 포함한다)의 본예산에 편성하여야 하되 늦어도 선거기간개시일전 60일(제2호에 해당하는 경비는 당해 선거의 선거일전 240일)까지 중앙선거관리위원회에 배정하여야 하며, 보궐선거등에 있어서는 그 사무의 수행에 지장이 없도록 그 선거의 실시사유가 확정된 때부터 15일[제197조(選擧의 一部無效로 인한 再選擧)의 재선거에 있어서는 그 사유확정일부터 5일을, 연기된 선거와 재투표에 있어서는 늦어도 선거일공고일전일을 말한다. 이하 이 조에서 같다]까지 중앙선거관리위원회에 배정하여야 한다. <개정 2000.2.16., 2004.3.12.>

1. 이 법의 규정에 의한 선거의 관리준비와 실시에 필요한 경비
2. 선거에 관한 계도·홍보 및 단속사무에 필요한 경비
3. 선거에 관한 소송에 필요한 경비
4. 선거에 관한 소송의 결과로 부담하여야 할 경비
5. 선거결과에 대한 자료의 정리에 필요한 경비
6. 선거관리를 위한 선거관리위원회의 운영 및 사무처리에 필요한 경비
7. 예측할 수 없는 경비 또는 예산초과지출에 충당하기 위한 경비로서 제1호 및 제2호의 규정에 의한 경비의 합계금액의 100분의 1에 상당하는 금액

②지방의회의원 및 지방자치단체의 장의 선거의 관리준비와 실시에 필요한 다음 각호에 해당하는 경비는 당해 지방자치단체가 부담한다. 이 경우 임기만료에 의한 선거에 있어서는 당해 선거의 선거기간개시일이 속하는 연도(第1項第2號에 해당하는 經費는 당해 선거의 선거일전 180일이 속하는 年度를 포함한다)의 본예산에 편성하여야 하되 늦어도 선거기간개시일전 60일(제1항제1호 중 선거의 관리준비에 필요한 경비는 해당 선거의 선거일 전 120일, 제1항제2호에 해당하는 경비는 해당 선거의 선거일 전 240일)까지 시·도의 의회의원 및 장의 선거에 있어서는 당해 시·도선거관리위원회에, 자치구·시·군의 의회의원 및 장의 선거에 있어서는 당해 선거구선거관리위원회에 납부하여야 하며, 보궐선거등에 있어서는 그 사무의 수행에 지장이 없도록 그 선거의 실시사유가 확정된 때부터 15일까지 시·도의 의회의원 및 장의 선거에 있어서는 해당 시·도선거관리위원회에, 자치구·시·군의회의원 및 장의 선거에 있어서는 당해 선거구선거관리위원회에 납부하여야 한다. <개정 2000.2.16., 2004.3.12., 2018.4.6.>

1. 제1항 각호의 경비
2. 선거에 관한 소청에 필요한 경비
3. 선거에 관한 소청의 결과로 부담하여야 할 경비

③제1항 및 제2항의 규정에 의하여 국가나 지방자치단체가 선거관리경비를 배정 또는 납부한 후에 이미 그 경비를 배정 또는 납부한 선거와 동시에 선거를 실시하여야 할 새로운 사유가 발생하거나 배정 또는 납부한 경비에 부족액이 발생한 때에는 제4항의 구분에 따른 당해 선거관리위원회의 요구에 의하여 지체없이 추가로 배정 또는 납부하여야 한다.

④제1항 내지 제3항의 규정에 의한 경비외의 경비로서 이 법에 의하여 국가 또는 지방자치단체가 부담하는 경비중 국가가 부담하는 경비는 중앙선거관리위원회의, 시·도의 의회의원 및 장의 선거에 따른 경비는 시·도선거관리위원회의, 자치구·시·군의 의회의원 및 장의 선거에 따른 경비는 당해 선거구선거관리위원회의 요구에 의하여 당해 선거의 선거일부터 15일안에 당해 선거관리위원회에 배정 또는 납부하여야 한다.

⑤제2항 내지 제4항의 규정에 의한 경비의 산출기준·납부절차와 방법·집행·검사 및 반환 기타 필요한 사항은 중앙선거관리위원회규칙으로 정한다.

제277조의2(질병 · 부상 또는 사망에 대한 보상) ①중앙선거관리위원회는 각급선거관리위원회위원, 투표관리관, 사전투표관리관, 공정선거지원단원, 투표 및 개표사무원(공무원인 자를 제외한다)이 선거기간(공정선거지원단원의 경우 공정선거지원단을 두는 기간을 말한다) 중에 선거업무로 인하여 질병·부상 또는 사망한 때에는 중앙선거관리위원회규칙이 정하는 바에 의하여 보상금을 지급하여야 한다. <개정 2004.3.12., 2005.8.4., 2014.1.17., 2018.4.6.>

②중앙선거관리위원회는 제1항의 규정에 의한 보상을 위하여 매년 예산에 재해보상준비

금을 계상하여야 한다.
③제1항의 보상금 지급사유가 제3자의 행위로 인하여 발생한 경우에는 중앙선거관리위원회는 이미 지급한 보상금의 지급 범위안에서 수급권자가 제3자에 대하여 가지는 손해배상청구권을 취득한다. 다만, 제3자가 공무수행중의 공무원인 경우에는 손해배상청구권의 전부 또는 일부를 행사하지 아니할 수 있다. <신설 2004.3.12.>
④제3항의 경우 보상금의 수급권자가 그 제3자로부터 동일한 사유로 인하여 이미 손해배상을 받은 경우에는 그 배상액의 범위안에서 보상금을 지급하지 아니한다. <신설 2004.3.12.>
⑤제1항의 보상금 지급사유가 그 수급권자의 고의 또는 중대한 과실로 인하여 발생한 경우에는 해당 보상금의 전부 또는 일부를 지급하지 아니할 수 있다. <신설 2010.1.25.>
⑥제5항의 고의 또는 중대한 과실에 의한 보상금의 감액, 중대한 과실의 적용범위, 그 밖에 필요한 사항은 중앙선거관리위원회규칙으로 정한다. <신설 2010.1.25.>
[본조신설 2002.3.7.]

제278조(전산조직에 의한 투표 · 개표)
①중앙선거관리위원회는 투표 및 개표 기타 선거사무의 정확하고 신속한 관리를 위하여 사무전산화를 추진하여야 한다.
②투표사무관리의 전산화에 있어서는 투표의 비밀이 보장되고 선거인의 투표가 용이하여야 하며, 정당 또는 후보자의 참관이 보장되어야 하고, 기표착오의 시정, 무효표의 방지 기타 투표의 정확을 기할 수 있도록 하여야 한다.
③개표사무관리의 전산화에 있어서는 정당 또는 후보자별 득표수의 계산이 정확하고, 투표결과를 검증할 수 있어야 하며, 정당 또는 후보자의 참관이 보장되어야 한다.
④중앙선거관리위원회는 투표 및 개표 사무관리를 전산화하여 실시하고자 하는 때에는 이를 선거인이 알 수 있도록 안내문 배부·언론매체를 이용한 광고 기타의 방법으로 홍보하여야 하며, 그 실시여부에 대하여는 국회에 교섭단체를 구성한 정당과 협의하여 결정하여야 한다. 다만, 제158조제2항·제3항 및 제218조의19제1항·제2항에 따른 본인여부 확인장치 및 투표용지 발급기와 제178조제2항에 따른 기계장치 또는 전산조직의 사용에 대하여는 그러하지 아니하다. <개정 2002.3.7., 2005.8.4., 2014.1.17., 2015.8.13.>
⑤중앙선거관리위원회는 제4항의 협의를 위하여 국회에 교섭단체를 구성한 정당이 참여하는 전자선거추진협의회를 설치·운영할 수 있다. <신설 2005.8.4.>
⑥투표 및 개표 기타 선거사무관리의 전산화에 있어서 투표 및 개표절차와 방법, 전산전문가의 투표 및 개표사무원 위촉과 전산조직운영프로그램의 작성·검증 및 보관, 전자선거추진협의회의 구성·기능 및 운영 그 밖에 필요한 사항은 중앙선거관리위원회규칙으로 정한다. <개정 2005.8.4.>
[본조신설 2000.2.16.]

제279조(정당 · 후보자의 선전물의 공익목적 활용 등) ①각급선거관리위원회(읍·면·동선거관리위원회는 제외한다. 이하 이 조에서 같다)는 이 법(대통령선거·국회의원선거·지방의회의원선거 및 지방자치단체의 장선거에 관한 각 폐지법률을 포함한다)에 따라 정당 또는 후보자(후보자가 되려는 자를 포함한다. 이하 이 조에서 같다)가 선거관리위원회에 제출한 벽보·공보·소형인쇄물 등 각종 인쇄물, 광고, 사진, 그 밖의 선전물을 공익을 목적으로 출판·전시하거나 인터넷홈페이지 게시, 그 밖의 방법으로 활용할 수 있다.
②제1항에 따라 각급선거관리위원회가 공익을 목적으로 활용하는 정당 또는 후보자의 벽보·공보·소형인쇄물 등 각종 인쇄물, 광고, 사진, 그 밖의 선전물에 대하여는 누구든지 각급선거관리위원회에 대하여 「저작권법」상의 권리를 주장할 수 없다.
[본조신설 2008.2.29.]

부칙

<제17813호, 2020.12.29.>

제1조(시행일) 이 법은 공포한 날부터 시행한다.

제2조(보궐선거등의 선거일에 관한 적용례) 제35조제2항제1호의 개정규정은 2021년 3월 1일 이후부터 실시사유가 확정된 보궐선거등부터 적용한다.

고위공직자범죄수사처 설치 및 운영에 관한 법률 (공수처법)

고위공직자범죄수사처 설치 및 운영에 관한 법률

[시행 2021.1.1]
[법률 제17646호, 2020.12.15, 타법개정]

제1장 총칙

제1조(목적) 이 법은 고위공직자범죄수사처의 설치와 운영에 관하여 필요한 사항을 규정함을 목적으로 한다.

제2조(정의) 이 법에서 사용하는 용어의 정의는 다음과 같다. <개정 2020.12.15.>
1. "고위공직자"란 다음 각 목의 어느 하나의 직(職)에 재직 중인 사람 또는 그 직에서 퇴직한 사람을 말한다. 다만, 장성급 장교는 현역을 면한 이후도 포함된다.
가. 대통령
나. 국회의장 및 국회의원
다. 대법원장 및 대법관
라. 헌법재판소장 및 헌법재판관
마. 국무총리와 국무총리비서실 소속의 정무직공무원
바. 중앙선거관리위원회의 정무직공무원
사. 「공공감사에 관한 법률」 제2조제2호에 따른 중앙행정기관의 정무직공무원
아. 대통령비서실·국가안보실·대통령경호처·국가정보원 소속의 3급 이상 공무원
자. 국회사무처, 국회도서관, 국회예산정책처, 국회입법조사처의 정무직공무원
차. 대법원장비서실, 사법정책연구원, 법원공무원교육원, 헌법재판소사무처의 정무직공무원
카. 검찰총장
타. 특별시장·광역시장·특별자치시장·도지사·특별자치도지사 및 교육감
파. 판사 및 검사
하. 경무관 이상 경찰공무원
거. 장성급 장교
너. 금융감독원 원장·부원장·감사
더. 감사원·국세청·공정거래위원회·금융위원회 소속의 3급 이상 공무원
2. "가족"이란 배우자, 직계존비속을 말한다. 다만, 대통령의 경우에는 배우자와 4촌 이내의 친족을 말한다.
3. "고위공직자범죄"란 고위공직자로 재직 중에 본인 또는 본인의 가족이 범한 다음 각 목의 어느 하나에 해당하는 죄를 말한다. 다만, 가족의 경우에는 고위공직자의 직무와 관련하여 범한 죄에 한정한다.
가. 「형법」 제122조부터 제133조까지의 죄(다른 법률에 따라 가중처벌되는 경우를 포함한다)
나. 직무와 관련되는 「형법」 제141조, 제225조, 제227조, 제227조의2, 제229조(제225조, 제227조 및 제227조의2의 행사죄에 한정한다), 제355조부터 제357조까지 및 제359조의 죄(다른 법률에 따라 가중처벌되는 경우를 포함한다)
다. 「특정범죄 가중처벌 등에 관한 법률」 제3조의 죄
라. 「변호사법」 제111조의 죄
마. 「정치자금법」 제45조의 죄
바. 「국가정보원법」 제21조 및 제22조의 죄
사. 「국회에서의 증언·감정 등에 관한 법률」 제14조제1항의 죄
아. 가목부터 마목까지의 죄에 해당하는 범죄행위로 인한 「범죄수익은닉의 규제 및 처벌 등에 관한 법률」 제2조제4호의 범죄수익등과 관련된 같은 법 제3조 및 제4조의 죄

4. "관련범죄"란 다음 각 목의 어느 하나에 해당하는 죄를 말한다.
가. 고위공직자와 「형법」 제30조부터 제32조까지의 관계에 있는 자가 범한 제3호 각 목의 어느 하나에 해당하는 죄
나. 고위공직자를 상대로 한 자의 「형법」 제133조, 제357조제2항의 죄
다. 고위공직자범죄와 관련된 「형법」 제151조제1항, 제152조, 제154조부터 제156조까지의 죄 및 「국회에서의 증언·감정 등에 관한 법률」 제14조제1항의 죄
라. 고위공직자범죄 수사 과정에서 인지한 그 고위공직자범죄와 직접 관련성이 있는 죄로서 해당 고위공직자가 범한 죄
5. "고위공직자범죄등"이란 제3호와 제4호의 죄를 말한다.

제3조(고위공직자범죄수사처의 설치와 독립성)
①고위공직자범죄등에 관하여 다음 각 호에 필요한 직무를 수행하기 위하여 고위공직자범죄수사처(이하 "수사처"라 한다)를 둔다.
1. 고위공직자범죄등에 관한 수사
2. 제2조제1호다목, 카목, 파목, 하목에 해당하는 고위공직자로 재직 중에 본인 또는 본인의 가족이 범한 고위공직자범죄 및 관련범죄의 공소제기와 그 유지
②수사처는 그 권한에 속하는 직무를 독립하여 수행한다.
③대통령, 대통령비서실의 공무원은 수사처의 사무에 관하여 업무보고나 자료제출 요구, 지시, 의견제시, 협의, 그 밖에 직무수행에 관여하는 일체의 행위를 하여서는 아니 된다.

제2장 조직

제4조(처장 · 차장 등) ①수사처에 처장 1명과 차장 1명을 두고, 각각 특정직공무원으로 보한다.
②수사처에 수사처검사와 수사처수사관 및 그 밖에 필요한 직원을 둔다.

제5조(처장의 자격과 임명) ①처장은 다음 각 호의 직에 15년 이상 있던 사람 중에서 제6조에 따른 고위공직자범죄수사처장후보추천위원회가 2명을 추천하고, 대통령이 그 중 1명을 지명한 후 인사청문회를 거쳐 임명한다.
1. 판사, 검사 또는 변호사
2. 변호사 자격이 있는 사람으로서 국가기관, 지방자치단체, 「공공기관의 운영에 관한 법률」 제4조에 따른 공공기관 또는 그 밖의 법인에서 법률에 관한 사무에 종사한 사람
3. 변호사 자격이 있는 사람으로서 대학의 법률학 조교수 이상으로 재직하였던 사람
②제1항 각 호에 규정된 둘 이상의 직에 재직한 사람에 대해서는 그 연수를 합산한다.
③처장의 임기는 3년으로 하고 중임할 수 없으며, 정년은 65세로 한다.
④처장이 궐위된 때에는 제1항에 따른 절차를 거쳐 60일 이내에 후임자를 임명하여야 한다. 이 경우 새로 임명된 처장의 임기는 새로이 개시된다.

제6조(고위공직자범죄수사처장후보추천위원회) ①처장후보자의 추천을 위하여 국회에 고위공직자범죄수사처장후보추천위원회(이하 "추천위원회"라 한다)를 둔다.
②추천위원회는 위원장 1명을 포함하여 7명의 위원으로 구성한다.
③위원장은 위원 중에서 호선한다. <개정 2020.12.15.>
④국회의장은 다음 각 호의 사람을 위원으로 임명하거나 위촉한다.
1. 법무부장관
2. 법원행정처장
3. 대한변호사협회장
4. 대통령이 소속되거나 소속되었던 정당의 교섭단체가 추천한 2명

5. 제4호의 교섭단체 외의 교섭단체가 추천한 2명

⑤국회의장은 제4항제4호 및 제5호에 따른 교섭단체에 10일 이내의 기한을 정하여 위원의 추천을 서면으로 요청할 수 있고, 각 교섭단체는 요청받은 기한 내에 위원을 추천하여야 한다. <신설 2020.12.15.>

⑥제5항에도 불구하고 요청받은 기한 내에 위원을 추천하지 아니한 교섭단체가 있는 경우, 국회의장은 해당 교섭단체의 추천에 갈음하여 다음 각 호의 사람을 위원으로 위촉한다. <신설 2020.12.15.>

1. 사단법인 한국법학교수회 회장
2. 사단법인 법학전문대학원협의회 이사장

⑦추천위원회는 국회의장의 요청 또는 위원 3분의 1 이상의 요청이 있거나 위원장이 필요하다고 인정할 때 위원장이 소집하고, 재적위원 3분의 2 이상의 찬성으로 의결한다. <개정 2020.12.15.>

⑧추천위원회 위원은 정치적으로 중립을 지키고 독립하여 그 직무를 수행한다. <개정 2020.12.15.>

⑨추천위원회가 제5조제1항에 따라 처장후보자를 추천하면 해당 추천위원회는 해산된 것으로 본다. <개정 2020.12.15.>

⑩그 밖에 추천위원회의 운영 등에 필요한 사항은 국회규칙으로 정한다. <개정 2020.12.15.>

제7조(차장) ①차장은 10년 이상 제5조제1항 각 호의 직에 재직하였던 사람 중에서 처장의 제청으로 대통령이 임명한다.

②제5조제2항은 차장의 임명에 준용한다.

③차장의 임기는 3년으로 하고 중임할 수 없으며, 정년은 63세로 한다.

제8조(수사처검사) ①수사처검사는 7년 이상 변호사의 자격이 있는 사람 중에서 제9조에 따른 인사위원회의 추천을 거쳐 대통령이 임명한다. 이 경우 검사의 직에 있었던 사람은 제2항에 따른 수사처검사 정원의 2분의 1을 넘을 수 없다. <개정 2020.12.15.>.

②수사처검사는 특정직공무원으로 보하고, 처장과 차장을 포함하여 25명 이내로 한다.

③수사처검사의 임기는 3년으로 하고, 3회에 한정하여 연임할 수 있으며, 정년은 63세로 한다.

④수사처검사는 직무를 수행함에 있어서 「검찰청법」 제4조에 따른 검사의 직무 및 「군사법원법」 제37조에 따른 군검사의 직무를 수행할 수 있다.

제9조(인사위원회) ①처장과 차장을 제외한 수사처검사의 임용, 전보, 그 밖에 인사에 관한 중요 사항을 심의·의결하기 위하여 수사처에 인사위원회를 둔다.

②인사위원회는 위원장 1명을 포함한 7명의 위원으로 구성하고, 인사위원회의 위원장은 처장이 된다.

③인사위원회 위원 구성은 다음 각 호와 같다.

1. 처장
2. 차장
3. 학식과 덕망이 있고 각계 전문 분야에서 경험이 풍부한 사람으로서 처장이 위촉한 사람 1명
4. 대통령이 소속되거나 소속되었던 정당의 교섭단체가 추천한 2명
5. 제4호의 교섭단체 외의 교섭단체가 추천한 2명

④제3항제3호부터 제5호까지의 규정에 따른 위원의 임기는 3년으로 한다.

⑤인사위원회는 재적위원 과반수의 찬성으로 의결한다.

⑥그 밖에 인사위원회의 구성과 운영 등에 필요한 사항은 수사처규칙으로 정한다.

제10조(수사처수사관) ①수사처수사관은 다음 각 호의 어느 하나에 해당하는 사람 중에서 처장이 임명한다.

1. 변호사 자격을 보유한 사람
2. 7급 이상 공무원으로서 조사, 수사업무에 종사하였던 사람
3. 수사처규칙으로 정하는 조사업무의 실무를 5년 이상 수행한 경력이 있는 사람

②수사처수사관은 일반직공무원으로 보하고, 40명 이내로 한다. 다만, 검찰청으로부터 검찰수사관을 파견받은 경우에는 이를 수사처수사관의 정원에 포함한다.
③수사처수사관의 임기는 6년으로 하고, 연임할 수 있으며, 정년은 60세로 한다.

제11조(그 밖의 직원) ①수사처의 행정에 관한 사무처리를 위하여 필요한 직원을 둘 수 있다.
②제1항에 따른 직원의 수는 20명 이내로 한다.

제12조(보수 등) ①처장의 보수와 대우는 차관의 예에 준한다.
②차장의 보수와 대우는 고위공무원단 직위 중 가장 높은 직무등급의 예에 준한다.
③수사처검사의 보수와 대우는 검사의 예에 준한다.
④수사처수사관의 보수와 대우는 4급 이하 7급 이상의 검찰직공무원의 예에 준한다.

제13조(결격사유 등) ①다음 각 호의 어느 하나에 해당하는 사람은 처장, 차장, 수사처검사, 수사처수사관으로 임명될 수 없다.
1. 대한민국 국민이 아닌 사람
2. 「국가공무원법」 제33조 각 호의 어느 하나에 해당하는 사람
3. 금고 이상의 형을 선고받은 사람
4. 탄핵결정에 의하여 파면된 후 5년이 지나지 아니한 사람
5. 대통령비서실 소속의 공무원으로서 퇴직 후 2년이 지나지 아니한 사람

②검사의 경우 퇴직 후 3년이 지나지 아니하면 처장이 될 수 없고, 퇴직 후 1년이 지나지 아니하면 차장이 될 수 없다.

제14조(신분보장) 처장, 차장, 수사처검사는 탄핵이나 금고 이상의 형을 선고받은 경우를 제외하고는 파면되지 아니하며, 징계처분에 의하지 아니하고는 해임·면직·정직·감봉·견책 또는 퇴직의 처분을 받지 아니한다.

제15조(심신장애로 인한 퇴직) 수사처검사가 중대한 심신상의 장애로 인하여 직무를 수행할 수 없을 때 대통령은 처장의 제청에 의하여 그 수사처검사에게 퇴직을 명할 수 있다.

제16조(공직임용 제한 등) ①처장과 차장은 퇴직 후 2년 이내에 헌법재판관(「대한민국헌법」 제111조제3항에 따라 임명되는 헌법재판관은 제외한다), 검찰총장, 국무총리 및 중앙행정기관·대통령비서실·국가안보실·대통령경호처·국가정보원의 정무직공무원으로 임용될 수 없다.
②처장, 차장, 수사처검사는 퇴직 후 2년이 지나지 아니하면 검사로 임용될 수 없다.
③수사처검사로서 퇴직 후 1년이 지나지 아니한 사람은 대통령비서실의 직위에 임용될 수 없다.
④수사처에 근무하였던 사람은 퇴직 후 1년 동안 수사처의 사건을 변호사로서 수임할 수 없다.

제3장 직무와 권한

제17조(처장의 직무와 권한) ①처장은 수사처의 사무를 통할하고 소속 직원을 지휘·감독한다.
②처장은 국회에 출석하여 수사처의 소관 사무에 관하여 의견을 진술할 수 있고, 국회의 요구가 있을 때에는 수사나 재판에 영향을 미치지 않는 한 국회에 출석하여 보고하거나

답변하여야 한다.
③처장은 소관 사무와 관련된 안건이 상정될 경우 국무회의에 출석하여 발언할 수 있으며, 그 소관 사무에 관하여 법무부장관에게 의안(이 법의 시행에 관한 대통령령안을 포함한다)의 제출을 건의할 수 있다.
④처장은 그 직무를 수행함에 있어서 필요한 경우 대검찰청, 경찰청 등 관계 기관의 장에게 고위공직자범죄등과 관련된 사건의 수사기록 및 증거 등 자료의 제출과 수사활동의 지원 등 수사협조를 요청할 수 있다.
⑤처장은 제8조에 따른 수사처검사의 직을 겸한다.
⑥처장은 수사처의 예산 관련 업무를 수행하는 경우에 「국가재정법」 제6조제2항에 따른 중앙관서의 장으로 본다.

제18조(차장의 직무와 권한) ①차장은 처장을 보좌하며, 처장이 부득이한 사유로 그 직무를 수행할 수 없는 때에는 그 직무를 대행한다.
②차장은 제8조에 따른 수사처검사의 직을 겸한다.

제19조(수사처검사 직무의 위임 · 이전 및 승계) ①처장은 수사처검사로 하여금 그 권한에 속하는 직무의 일부를 처리하게 할 수 있다.
②처장은 수사처검사의 직무를 자신이 처리하거나 다른 수사처검사로 하여금 처리하게 할 수 있다.

제20조(수사처검사의 직무와 권한) ①수사처검사는 제3조제1항 각 호에 따른 수사와 공소의 제기 및 유지에 필요한 행위를 한다.
②수사처검사는 처장의 지휘·감독에 따르며, 수사처수사관을 지휘·감독한다.
③수사처검사는 구체적 사건과 관련된 제2항에 따른 지휘·감독의 적법성 또는 정당성에 대하여 이견이 있을 때에는 이의를 제기할 수 있다.

제21조(수사처수사관의 직무) ①수사처수사관은 수사처검사의 지휘 · 감독을 받아 직무를 수행한다.
②수사처수사관은 고위공직자범죄등에 대한 수사에 관하여 「형사소송법」 제197조제1항에 따른 사법경찰관의 직무를 수행한다. <개정 2020.2.4.>
[시행일 : 2021.1.1.] 제21조

제22조(정치적 중립 및 직무상 독립) 수사처 소속 공무원은 정치적 중립을 지켜야 하며, 그 직무를 수행함에 있어 외부로부터 어떠한 지시나 간섭을 받지 아니한다.

제4장 수사와 공소의 제기 및 유지

제23조(수사처검사의 수사) 수사처검사는 고위공직자범죄의 혐의가 있다고 사료하는 때에는 범인, 범죄사실과 증거를 수사하여야 한다.

제24조(다른 수사기관과의 관계) ①수사처의 범죄수사와 중복되는 다른 수사기관의 범죄수사에 대하여 처장이 수사의 진행 정도 및 공정성 논란 등에 비추어 수사처에서 수사하는 것이 적절하다고 판단하여 이첩을 요청하는 경우 해당 수사기관은 이에 응하여야 한다.
②다른 수사기관이 범죄를 수사하는 과정에서 고위공직자범죄등을 인지한 경우 그 사실을 즉시 수사처에 통보하여야 한다.

③처장은 피의자, 피해자, 사건의 내용과 규모 등에 비추어 다른 수사기관이 고위공직자범죄등을 수사하는 것이 적절하다고 판단될 때에는 해당 수사기관에 사건을 이첩할 수 있다.
④제2항에 따라 고위공직자범죄등 사실의 통보를 받은 처장은 통보를 한 다른 수사기관의 장에게 수사처규칙으로 정한 기간과 방법으로 수사개시 여부를 회신하여야 한다.

제25조(수사처검사 및 검사 범죄에 대한 수사) ①처장은 수사처검사의 범죄 혐의를 발견한 경우에 관련 자료와 함께 이를 대검찰청에 통보하여야 한다.
②수사처 외의 다른 수사기관이 검사의 고위공직자범죄 혐의를 발견한 경우 그 수사기관의 장은 사건을 수사처에 이첩하여야 한다.

제26조(수사처검사의 관계 서류와 증거물 송부 등) ①수사처검사는 제3조제1항제2호에서 정하는 사건을 제외한 고위공직자범죄등에 관한 수사를 한 때에는 관계 서류와 증거물을 지체 없이 서울중앙지방검찰청 소속 검사에게 송부하여야 한다.
②제1항에 따라 관계 서류와 증거물을 송부받아 사건을 처리하는 검사는 처장에게 해당 사건의 공소제기 여부를 신속하게 통보하여야 한다.

제27조(관련인지 사건의 이첩) 처장은 고위공직자범죄에 대하여 불기소 결정을 하는 때에는 해당 범죄의 수사과정에서 알게 된 관련범죄 사건을 대검찰청에 이첩하여야 한다.

제28조(형의 집행) ①수사처검사가 공소를 제기하는 고위공직자범죄등 사건에 관한 재판이 확정된 경우 제1심 관할지방법원에 대응하는 검찰청 소속 검사가 그 형을 집행한다.
②제1항의 경우 처장은 원활한 형의 집행을 위하여 해당 사건 및 기록 일체를 관할 검찰청의 장에게 인계한다.

제29조(재정신청에 대한 특례) ①고소·고발인은 수사처검사로부터 공소를 제기하지 아니한다는 통지를 받은 때에는 서울고등법원에 그 당부에 관한 재정을 신청할 수 있다.
②제1항에 따른 재정신청을 하려는 사람은 공소를 제기하지 아니한다는 통지를 받은 날부터 30일 이내에 처장에게 재정신청서를 제출하여야 한다.
③재정신청서에는 재정신청의 대상이 되는 사건의 범죄사실 및 증거 등 재정신청을 이유있게 하는 사유를 기재하여야 한다.
④제2항에 따라 재정신청서를 제출받은 처장은 재정신청서를 제출받은 날부터 7일 이내에 재정신청서, 의견서, 수사 관계 서류 및 증거물을 서울고등법원에 송부하여야 한다. 다만, 신청이 이유 있는 것으로 인정하는 때에는 즉시 공소를 제기하고 그 취지를 서울고등법원과 재정신청인에게 통지한다.
⑤이 법에서 정한 사항 외에 재정신청에 관하여는 「형사소송법」 제262조 및 제262조의2부터 제262조의4까지의 규정을 준용한다. 이 경우 관할법원은 서울고등법원으로 하고, "지방검찰청검사장 또는 지청장"은 "처장", "검사"는 "수사처검사"로 본다.

제30조 삭제 <2020.12.15.>

제31조(재판관할) 수사처검사가 공소를 제기하는 고위공직자범죄등 사건의 제1심 재판은 서울중앙지방법원의 관할로 한다. 다만, 범죄지, 증거의 소재지, 피고인의 특별한 사정 등을 고려하여 수사처검사는 「형사소송법」에 따른 관할 법원에 공소를 제기할 수 있다.

제5장 징계

제32조(징계사유) 수사처검사가 다음 각 호의 어느 하나에 해당하면 그 수사처검사를 징계한다.
1. 재직 중 다음 각 목의 어느 하나에 해당하는 행위를 한 때
 가. 정치운동에 관여하는 일
 나. 금전상의 이익을 목적으로 하는 업무에 종사하는 일
 다. 처장의 허가 없이 보수를 받는 직무에 종사하는 일
2. 직무상의 의무를 위반하거나 직무를 게을리하였을 때
3. 직무 관련 여부에 상관없이 수사처검사로서의 체면이나 위신을 손상하는 행위를 하였을 때

제33조(수사처검사징계위원회) ①수사처검사의 징계 사건을 심의하기 위하여 수사처에 수사처검사징계위원회(이하 "징계위원회"라 한다)를 둔다.
②징계위원회는 위원장 1명을 포함한 7명의 위원으로 구성하고, 예비위원 3명을 둔다.

제34조(징계위원회 위원장의 직무와 위원의 임기 등) ①징계위원회의 위원장은 차장이 된다. 다만, 차장이 징계혐의자인 경우에는 처장이 위원장이 되고, 처장과 차장이 모두 징계혐의자인 경우에는 수사처규칙으로 정하는 수사처검사가 위원장이 된다.
②위원은 다음 각 호의 사람이 된다.
1. 위원장이 지명하는 수사처검사 2명
2. 변호사, 법학교수 및 학식과 경험이 풍부한 사람으로서 위원장이 위촉하는 4명
③예비위원은 수사처검사 중에서 위원장이 지명하는 사람이 된다.
④제2항제2호에 따라 위촉된 위원의 임기는 3년으로 한다.
⑤위원장은 징계위원회의 업무를 총괄하고, 회의를 소집하며, 그 의장이 된다.
⑥위원장이 부득이한 사유로 직무를 수행할 수 없을 때에는 위원장이 지정하는 위원이 그 직무를 대리하고, 위원장이 지정한 위원이 부득이한 사유로 직무를 수행할 수 없을 때에는 위원장이 지명하는 예비위원이 그 직무를 대리한다.

제35조(징계위원회의 사무직원) ①징계위원회에 간사 1명과 서기 몇 명을 둔다.
②간사는 위원장이 지명하는 수사처검사가 되고, 서기는 수사처 소속 공무원 중에서 위원장이 위촉한다.
③간사 및 서기는 위원장의 명을 받아 징계에 관한 기록과 그 밖의 서류의 작성 및 보관에 관한 사무에 종사한다.

제36조(징계의 청구와 개시) ①징계위원회의 징계심의는 처장(처장이 징계혐의자인 경우에는 차장을, 처장 및 차장이 모두 징계혐의자인 경우에는 수사처규칙으로 정하는 수사처검사를 말한다. 이하 이 조 및 제38조제1항, 제39조, 제40조제2항, 제42조제1항에서 같다)의 청구에 의하여 시작한다.
②처장은 수사처검사가 제32조 각 호의 어느 하나에 해당하는 행위를 하였다고 인정할 때에는 제1항의 청구를 하여야 한다.
③징계의 청구는 징계위원회에 서면으로 제출하여야 한다.

제37조(징계부가금) ①제36조에 따라 처장이 수사처검사에 대하여 징계를 청구하는 경우 그 징계 사유가 금품 및 향응 수수, 공금의 횡령·유용인 경우에는 해당 징계 외에 금품 및 향응 수수액, 공금의 횡령액·유용액의 5배 내의 징계부가금 부과 의결을 징계위원회에 청구하여야 한다.
②제1항에 따른 징계부가금의 조정, 감면 및 징수에 관하여는 「국가공무원법」 제78조의2

제2항 및 제3항을 준용한다.

제38조(재징계 등의 청구) ①처장은 다음 각 호의 어느 하나에 해당하는 사유로 법원에서 징계 및 제37조에 따른 징계부가금 부과(이하 "징계등"이라 한다) 처분의 무효 또는 취소 판결을 받은 경우에는 다시 징계등을 청구하여야 한다. 다만, 제3호의 사유로 무효 또는 취소 판결을 받은 감봉·견책 처분에 대해서는 징계등을 청구하지 아니할 수 있다.
1. 법령의 적용, 증거 및 사실 조사에 명백한 흠이 있는 경우
2. 징계위원회의 구성 또는 징계등 의결, 그 밖에 절차상의 흠이 있는 경우
3. 징계양정 및 징계부가금이 과다한 경우

②처장은 제1항에 따른 징계등을 청구하는 경우에는 법원의 판결이 확정된 날부터 3개월 이내에 징계위원회에 징계등을 청구하여야 하며, 징계위원회에서는 다른 징계사건에 우선하여 징계등을 의결하여야 한다.

제39조(퇴직 희망 수사처검사의 징계사유 확인 등) ①처장은 수사처검사가 퇴직을 희망하는 경우에는 제32조에 따른 징계사유가 있는지 여부를 감사원과 검찰·경찰, 그 밖의 수사기관에 확인하여야 한다.
②제1항에 따른 확인 결과 해임, 면직 또는 정직에 해당하는 징계 사유가 있는 경우 처장은 지체 없이 징계등을 청구하여야 하며, 징계위원회는 다른 징계사건에 우선하여 징계등을 의결하여야 한다.

제40조(징계혐의자에 대한 부본 송달과 직무정지) ①징계위원회는 징계청구서의 부본을 징계혐의자에게 송달하여야 한다.
②처장은 필요하다고 인정할 때에는 징계혐의자에게 직무 집행의 정지를 명할 수 있다.

제41조(징계의결) ①징계위원회는 사건심의를 마치면 재적위원 과반수의 찬성으로 징계를 의결한다.
②위원장은 의결에서 표결권을 가지며, 찬성과 반대가 같은 수인 경우에는 결정권을 가진다.

제42조(징계의 집행) ①징계의 집행은 견책의 경우에는 처장이 하고, 해임·면직·정직·감봉의 경우에는 처장의 제청으로 대통령이 한다.
②수사처검사에 대한 징계처분을 한 때에는 그 사실을 관보에 게재 하여야 한다.

제43조(다른 법률의 준용) 이 장에서 정하지 아니한 사항에 대하여는 「검사징계법」 제3조, 제9조부터 제17조까지, 제19조부터 제21조까지, 제22조(다만, 제2항의 "제23조"는 "제42조"로 본다), 제24조부터 제26조까지의 규정을 준용한다. 이 경우 "검사"는 "수사처검사"로 본다.

제6장 보칙

제44조(파견공무원) 수사처 직무의 내용과 특수성 등을 고려하여 필요한 경우에는 다른 행정기관으로부터 공무원을 파견받을 수 있다.

제45조(조직 및 운영) 이 법에 규정된 사항 외에 수사처의 조직 및 운영에 필요한 사항은 수사처규칙으로 정한다.

제46조(정보제공자의 보호) ①누구든지 고위공직자범죄등에 대하여 알게 된 때에는 이에 대한

정보를 수사처에 제공할 수 있으며, 이를 이유로 불이익한 조치를 받지 아니한다.
②수사처는 내부고발자에게 「공익신고자 보호법」에 따른 보호조치 및 지원행위를 할 수 있다. 내부고발자 보호에 관한 세부적인 사항은 대통령령으로 정한다.

제47조(다른 법률의 준용) 그 밖에 수사처검사 및 수사처수사관의 이 법에 따른 직무와 권한 등에 관하여는 이 법의 규정에 반하지 아니하는 한 「검찰청법」(다만, 제4조제1항제2호, 제4호, 제5호는 제외한다), 「형사소송법」을 준용한다.

부칙

<제17646호, 2020.12.15.>

제1조(시행일) 이 법은 2021년 1월 1일부터 시행한다. <단서 생략>
제2조부터 제4조까지 생략

제5조(다른 법률의 개정) ① 고위공직자범죄수사처 설치 및 운영에 관한 법률 일부를 다음과 같이 개정한다.
제2조제3호바목을 다음과 같이 한다.
바. 「국가정보원법」 제21조 및 제22조의 죄
②부터 ⑩까지 생략

제6조 생략

검 찰 청 법

검찰청법

[시행 2021.1.1.]
[법률 제16908호, 2020.2.4, 일부개정]

제1장 총칙

제1조(목적) 이 법은 검찰청의 조직, 직무 범위 및 인사와 그 밖에 필요한 사항을 규정함을 목적으로 한다.
[전문개정 2009.11.2.]

제2조(검찰청) ①검찰청은 검사(檢事)의 사무를 총괄한다.
②검찰청은 대검찰청, 고등검찰청 및 지방검찰청으로 한다.
[전문개정 2009.11.2.]

제3조(검찰청의 설치와 관할구역) ①대검찰청은 대법원에, 고등검찰청은 고등법원에, 지방검찰청은 지방법원과 가정법원에 대응하여 각각 설치한다.
②지방법원 지원(支院) 설치지역에는 이에 대응하여 지방검찰청 지청(支廳)(이하 "지청"이라 한다)을 둘 수 있다.
③대검찰청의 위치와 대검찰청 외의 검찰청(이하 "각급 검찰청"이라 한다) 및 지청의 명칭과 위치는 대통령령으로 정한다.
④각급 검찰청과 지청의 관할구역은 각급 법원과 지방법원 지원의 관할구역에 따른다.
[전문개정 2009.11.2.]

제4조(검사의 직무) ①검사는 공익의 대표자로서 다음 각 호의 직무와 권한이 있다. <개정 2020.2.4.>
1. 범죄수사, 공소의 제기 및 그 유지에 필요한 사항. 다만, 검사가 수사를 개시할 수 있는 범죄의 범위는 다음 각 목과 같다.
가. 부패범죄, 경제범죄, 공직자범죄, 선거범죄, 방위사업범죄, 대형참사 등 대통령령으로 정하는 중요 범죄
나. 경찰공무원이 범한 범죄
다. 가목·나목의 범죄 및 사법경찰관이 송치한 범죄와 관련하여 인지한 각 해당 범죄와 직접 관련성이 있는 범죄
2. 범죄수사에 관한 특별사법경찰관리 지휘·감독
3. 법원에 대한 법령의 정당한 적용 청구
4. 재판 집행 지휘·감독
5. 국가를 당사자 또는 참가인으로 하는 소송과 행정소송 수행 또는 그 수행에 관한 지휘·감독
6. 다른 법령에 따라 그 권한에 속하는 사항
②검사는 그 직무를 수행할 때 국민 전체에 대한 봉사자로서 헌법과 법률에 따라 국민의 인권을 보호하고 적법절차를 준수하며, 정치적 중립을 지켜야 하고 주어진 권한을 남용하여서는 아니 된다. <개정 2020.12.8.>
[전문개정 2009.11.2.]
[시행일 : 2021.1.1.] 제4조

제5조(검사의 직무관할) 검사는 법령에 특별한 규정이 있는 경우를 제외하고는 소속 검찰청의 관할구역에서 직무를 수행한다. 다만, 수사에 필요할 때에는 관할구역이 아닌 곳에서 직무를 수행할 수 있다. [전문개정 2009.11.2.]

제6조(검사의 직급) 검사의 직급은 검찰총장과 검사로 구분한다.
[전문개정 2009.11.2.]

제7조(검찰사무에 관한 지휘·감독)
①검사는 검찰사무에 관하여 소속 상급자의 지휘·감독에 따른다.
②검사는 구체적 사건과 관련된 제1항의 지휘·감독의 적법성 또는 정당성에 대하여 이견이 있을 때에는 이의를 제기할 수 있다.
[전문개정 2009.11.2.]

제7조의2(검사 직무의 위임·이전 및 승계)
①검찰총장, 각급 검찰청의 검사장(檢事長) 및 지청장은 소속 검사로 하여금 그 권한에 속하는 직무의 일부를 처리하게 할 수 있다.
②검찰총장, 각급 검찰청의 검사장 및 지청장은 소속 검사의 직무를 자신이 처리하거나 다른 검사로 하여금 처리하게 할 수 있다. [전문개정 2009.11.2.]

제8조(법무부장관의 지휘·감독) 법무부장관은 검찰사무의 최고 감독자로서 일반적으로 검사를 지휘·감독하고, 구체적 사건에 대하여는 검찰총장만을 지휘·감독한다.
[전문개정 2009.11.2.]

제9조(직무 집행의 상호원조) 검찰청의 공무원은 검찰청의 직무 집행과 관련하여 서로 도와야 한다.
[전문개정 2009.11.2.]

제10조(항고 및 재항고) ①검사의 불기소처분에 불복하는 고소인이나 고발인은 그 검사가 속한 지방검찰청 또는 지청을 거쳐 서면으로 관할 고등검찰청 검사장에게 항고할 수 있다. 이 경우 해당 지방검찰청 또는 지청의 검사는 항고가 이유 있다고 인정하면 그 처분을 경정(更正)하여야 한다.
②고등검찰청 검사장은 제1항의 항고가 이유 있다고 인정하면 소속 검사로 하여금 지방검찰청 또는 지청 검사의 불기소처분을 직접 경정하게 할 수 있다. 이 경우 고등검찰청 검사는 지방검찰청 또는 지청의 검사로서 직무를 수행하는 것으로 본다.
③제1항에 따라 항고를 한 자[「형사소송법」 제260조에 따라 재정신청(裁定申請)을 할 수 있는 자는 제외한다. 이하 이 조에서 같다]는 그 항고를 기각하는 처분에 불복하거나 항고를 한 날부터 항고에 대한 처분이 이루어지지 아니하고 3개월이 지났을 때에는 그 검사가 속한 고등검찰청을 거쳐 서면으로 검찰총장에게 재항고할 수 있다. 이 경우 해당 고등검찰청의 검사는 재항고가 이유 있다고 인정하면 그 처분을 경정하여야 한다.
④제1항의 항고는 「형사소송법」 제258조제1항에 따른 통지를 받은 날부터 30일 이내에 하여야 한다.
⑤제3항의 재항고는 항고기각 결정을 통지받은 날 또는 항고 후 항고에 대한 처분이 이루어지지 아니하고 3개월이 지난 날부터 30일 이내에 하여야 한다.
⑥제4항과 제5항의 경우 항고 또는 재항고를 한 자가 자신에게 책임이 없는 사유로 정하여진 기간 이내에 항고 또는 재항고를 하지 못한 것을 소명하면 그 항고 또는 재항고 기간은 그 사유가 해소된 때부터 기산한다.
⑦제4항 및 제5항의 기간이 지난 후 접수된 항고 또는 재항고는 기각하여야 한다. 다만, 중요한 증거가 새로 발견된 경우 고소인이나 고발인이 그 사유를 소명하였을 때에는 그러하지 아니하다.
[전문개정 2009.11.2.]

제11조(위임규정) 검찰청의 사무에 관하여 필요한 사항은 법무부령으로 정한다.
[전문개정 2009.11.2.]

제2장 대검찰청

<개정 2009.11.2.>

제12조(검찰총장) ①대검찰청에 검찰총장을 둔다.
②검찰총장은 대검찰청의 사무를 맡아 처리하고 검찰사무를 총괄하며 검찰청의 공무원을 지휘·감독한다.
③검찰총장의 임기는 2년으로 하며, 중임할 수 없다.
[전문개정 2009.11.2.]

제13조(차장검사) ①대검찰청에 차장검사를 둔다.
②차장검사는 검찰총장을 보좌하며, 검찰총장이 부득이한 사유로 직무를 수행할 수 없을 때에는 그 직무를 대리한다.
[전문개정 2009.11.2.]

제14조(대검찰청 검사) 대검찰청에 대검찰청 검사를 둔다.
[전문개정 2009.11.2.]

제15조(검찰연구관) ①대검찰청에 검찰연구관을 둔다.
②검찰연구관은 검사로 보하며, 고등검찰청이나 지방검찰청의 검사를 겸임할 수 있다.
③검찰연구관은 검찰총장을 보좌하고 검찰사무에 관한 기획·조사 및 연구에 종사한다.
[전문개정 2009.11.2.]

제16조(직제) ①대검찰청에 부(部)와 사무국을 두고, 부와 사무국에 과를 두며, 부·사무국 및 과의 설치와 분장사무(分掌事務)에 관한 사항은 대통령령으로 정한다.
②제1항의 부, 사무국 및 과에는 각각 부장, 사무국장 및 과장을 두며, 부장은 검사로, 사무국장은 고위공무원단에 속하는 일반직공무원으로, 과장은 검찰부이사관·정보통신부이사관·검찰수사서기관·정보통신서기관 또는 공업서기관으로 보한다. 다만, 부의 과장은 검사로 보할 수 있다.
③제2항의 부장, 사무국장 및 과장은 상사의 명을 받아 소관 부, 국 또는 과의 사무를 처리하며 소속 공무원을 지휘·감독한다.
④대검찰청에는 대통령령으로 정하는 바에 따라 차장검사 또는 부장 밑에 정책의 기획, 계획의 입안, 연구·조사, 심사·평가 및 홍보를 통하여 그를 직접 보좌하는 담당관을 둘 수 있다. 이 경우 그 담당관은 3급 상당 또는 4급 상당 별정직국가공무원으로 보하되, 특히 필요하다고 인정될 때에는 검사로 보할 수 있다.
[전문개정 2009.11.2.]

제3장 고등검찰청

<개정 2009.11.2.>

제17조(고등검찰청 검사장) ①고등검찰청에 고등검찰청 검사장을 둔다.
②고등검찰청 검사장은 그 검찰청의 사무를 맡아 처리하고 소속 공무원을 지휘·감독한다.
[전문개정 2009.11.2.]

제18조(고등검찰청 차장검사) ①고등검찰청에 차장검사를 둔다.
②차장검사는 소속 검사장을 보좌하며, 소속 검사장이 부득이한 사유로 직무를 수행할

수 없을 때에는 그 직무를 대리한다.
[전문개정 2009.11.2.]

제18조의2(고등검찰청 부장검사) ①고등검찰청에 사무를 분장하기 위하여 부를 둘 수 있다.
②고등검찰청의 부에 부장검사를 둔다.
③부장검사는 상사의 명을 받아 그 부의 사무를 처리한다.
[전문개정 2009.11.2.]

제19조(고등검찰청 검사) ①고등검찰청에 검사를 둔다.
②법무부장관은 고등검찰청의 검사로 하여금 그 관할구역의 지방검찰청 소재지에서 사무를 처리하게 할 수 있다.
[전문개정 2009.11.2.]

제20조(직제) ①고등검찰청에 사무국을 두고, 사무국에 과를 두며, 과의 설치와 분장사무에 관한 사항은 대통령령으로 정한다.
②고등검찰청의 부에 과를 둘 수 있으며 과의 설치와 분장사무에 관한 사항은 대통령령으로 정한다.
③제1항과 제2항의 사무국 및 과에는 각각 사무국장 및 과장을 두고, 사무국장은 고위공무원단에 속하는 일반직공무원으로, 과장은 검찰부이사관 · 검찰수사서기관 · 정보통신서기관 · 검찰사무관 · 수사사무관 · 마약수사사무관 · 전기사무관 또는 통신사무관으로 보한다.
④제3항의 사무국장과 과장은 상사의 명을 받아 소관 국 또는 과의 사무를 처리하며 소속 공무원을 지휘 · 감독한다.
[전문개정 2009.11.2.]

제4장 지방검찰청 및 지청

<개정 2009.11.2.>

제21조(지방검찰청 검사장) ①지방검찰청에 지방검찰청 검사장을 둔다.
②지방검찰청 검사장은 그 검찰청의 사무를 맡아 처리하고 소속 공무원을 지휘 · 감독한다.
[전문개정 2009.11.2.]

제22조(지청장) ①지청에 지청장을 둔다.
②지청장은 지방검찰청 검사장의 명을 받아 소관 사무를 처리하고 소속 공무원을 지휘 · 감독한다.
[전문개정 2009.11.2.]

제23조(지방검찰청과 지청의 차장검사)
①지방검찰청과 대통령령으로 정하는 지청에 차장검사를 둔다.
②차장검사는 소속 지방검찰청 검사장 또는 지청장을 보좌하며, 소속 지방검찰청 검사장 또는 지청장이 부득이한 사유로 직무를 수행할 수 없을 때에는 그 직무를 대리한다.
[전문개정 2009.11.2.]

제24조(부장검사) ①지방검찰청과 지청에 사무를 분장하기 위하여 부를 둘 수 있다.
②지방검찰청과 지청의 부에 부장검사를 둔다.
③부장검사는 상사의 명을 받아 그 부의 사무를 처리한다.

[전문개정 2009.11.2.]

제25조(지방검찰청과 지청의 검사) 지방검찰청과 지청에 각각 검사를 둔다.
[전문개정 2009.11.2.]

제26조(직제) ①지방검찰청과 대통령령으로 정하는 지청에 사무국을 두고 사무국에 과를 두며, 과의 설치와 분장사무에 관한 사항은 대통령령으로 정한다.
②사무국을 두지 아니하는 지청에 과를 두며, 과의 설치와 분장사무에 관한 사항은 대통령령으로 정한다.
③지방검찰청과 지청의 부에 과를 둘 수 있으며, 과의 설치와 분장사무에 관한 사항은 대통령령으로 정한다.
④제1항부터 제3항까지의 사무국 및 과에는 각각 사무국장과 과장을 두고, 사무국장은 고위공무원단에 속하는 일반직공무원·검찰부이사관 또는 검찰수사서기관으로, 과장은 검찰부이사관·검찰수사서기관·정보통신서기관·검찰사무관·수사사무관·마약수사사무관·전기사무관 또는 통신사무관으로 보한다.
⑤제4항의 사무국장과 과장은 상사의 명을 받아 소관 국 또는 과의 사무를 처리하며 소속 공무원을 지휘·감독한다.
[전문개정 2009.11.2.]

제5장 검사

<개정 2009.11.2.>

제27조(검찰총장의 임명자격) 검찰총장은 15년 이상 다음 각 호의 직위에 재직하였던 사람 중에서 임명한다.
1. 판사, 검사 또는 변호사
2. 변호사 자격이 있는 사람으로서 국가기관, 지방자치단체, 국·공영기업체, 「공공기관의 운영에 관한 법률」 제4조에 따른 공공기관 또는 그 밖의 법인에서 법률에 관한 사무에 종사한 사람
3. 변호사 자격이 있는 사람으로서 대학의 법률학 조교수 이상으로 재직하였던 사람
[전문개정 2009.11.2.]

제28조(대검찰청 검사급 이상 검사의 보직기준) 고등검찰청 검사장, 대검찰청 차장검사 등 대통령령으로 정하는 대검찰청 검사급 이상 검사는 10년 이상 제27조 각 호의 직위에 재직하였던 사람 중에서 임용한다.
[전문개정 2009.11.2.]

제28조의2(감찰담당 대검찰청 검사의 임용에 관한 특례) ①감찰에 관한 사무를 담당하는 대검찰청 검사(이하 "감찰담당 대검찰청 검사"라 한다)는 검찰청 내부 또는 외부를 대상으로 공개모집 절차를 통하여 적격자를 임용한다.
②감찰담당 대검찰청 검사는 10년 이상 제27조 각 호의 직위에 재직하였던 사람 중에서 임용한다.
③제35조의 검찰인사위원회는 제1항에 따라 공개모집에 응모한 사람이 임용 적격자인지를 심의하고, 3명 이내의 임용후보자를 선발하여 법무부장관에게 추천한다.
④제3항의 추천을 받은 법무부장관은 검찰총장의 의견을 들어 검찰인사위원회가 추천한 임용후보자 중 1명을 대통령에게 임용 제청한다. 이 경우 임용 당시 검사는 전보의 방법으로 임용 제청하고, 임용 당시 검사가 아닌 사람은 신규 임용의 방법으로 임용 제청한다.
⑤감찰담당 대검찰청 검사의 임기는 2년으로 하며, 연임할 수 있다.

[전문개정 2009.11.2.]

제28조의3(감찰담당 대검찰청 검사의 전보) ①전보의 방법으로 임용된 감찰담당 대검찰청 검사는 다음 각 호의 어느 하나에 해당하는 경우를 제외하고는 본인의 의사에 반하여 다른 직위로 전보되지 아니한다.

1. 「검사징계법」 제2조 각 호의 징계 사유 중 어느 하나에 해당하는 경우
2. 직무수행 능력이 현저히 떨어지는 경우

②법무부장관은 전보의 방법으로 임용된 감찰담당 대검찰청 검사가 제1항 각 호의 어느 하나에 해당하게 되었을 때에는 제35조의 검찰인사위원회의 심의를 거친 후 검찰총장의 의견을 들어 대통령에게 그 검사를 다른 직위에 임용할 것을 제청할 수 있다.

[전문개정 2009.11.2.]

제28조의4(감찰담당 대검찰청 검사의 퇴직)

①신규 임용의 방법으로 임용된 감찰담당 대검찰청 검사는 연임하지 아니할 때에는 그 임기가 끝나면 당연히 퇴직한다.

②법무부장관은 신규 임용의 방법으로 임용된 감찰담당 대검찰청 검사가 직무수행 능력이 현저히 떨어지는 등 검사로서 정상적인 직무수행이 어렵다고 인정하는 경우에는 제39조에 따른 적격심사를 거쳐 대통령에게 그 검사에 대한 퇴직명령을 제청할 수 있다.

③제2항의 적격심사에 관하여 제39조를 적용하는 경우 같은 조 제1항 중 "임명 후 7년마다"는 "법무부장관이 필요하다고 인정하는 경우에는"으로 본다.

[전문개정 2009.11.2.]

제29조(검사의 임명자격) 검사는 다음 각 호의 사람 중에서 임명한다.

1. 사법시험에 합격하여 사법연수원 과정을 마친 사람
2. 변호사 자격이 있는 사람

[전문개정 2009.11.2.]

제30조(고등검찰청 검사 등의 임용)

제28조에 해당하는 검사를 제외한 고등검찰청 검사, 지방검찰청과 지청의 차장검사·부장검사 및 지청장은 7년 이상 제27조 각 호의 직위에 재직하였던 사람 중에서 임용한다.

[전문개정 2009.11.2.]

제31조(재직연수의 합산) 제27조·제28조 및 제30조를 적용할 때 2개 이상의 직위에 재직하였던 사람은 그 재직연수(在職年數)를 합산한다.

[전문개정 2009.11.2.]

제32조(검사의 직무대리) ①검찰총장은 사법연수원장이 요청하면 사법연수생으로 하여금 일정 기간 지방검찰청 또는 지청 검사의 직무를 대리할 것을 명할 수 있다.

②검찰총장은 필요하다고 인정하면 검찰수사서기관, 검찰사무관, 수사사무관 또는 마약수사사무관으로 하여금 지방검찰청 또는 지청 검사의 직무를 대리하게 할 수 있다.

③제1항이나 제2항에 따라 검사의 직무를 대리하는 사람은 「법원조직법」에 따른 합의부의 심판사건은 처리하지 못한다.

④제2항에 따른 검사 직무대리의 직무 범위와 그 밖에 검사 직무대리의 운영 등에 필요한 사항은 대통령령으로 정한다.

[전문개정 2009.11.2.]

제33조(결격사유) 다음 각 호의 어느 하나에 해당하는 사람은 검사로 임용될 수 없다. <개정 2017.3.14.>

1. 「국가공무원법」 제33조 각 호의 어느 하나에 해당하는 사람

2. 금고 이상의 형을 선고받은 사람
3. 탄핵결정에 의하여 파면된 후 5년이 지나지 아니한 사람
4. 대통령비서실 소속의 공무원으로서 퇴직 후 2년이 지나지 아니한 사람
[전문개정 2009.11.2.]

第34条(검사의 임명 및 보직 등) ①검사의 임명과 보직은 법무부장관의 제청으로 대통령이 한다. 이 경우 법무부장관은 검찰총장의 의견을 들어 검사의 보직을 제청한다.
②대통령이 법무부장관의 제청으로 검찰총장을 임명할 때에는 국회의 인사청문을 거쳐야 한다.
[전문개정 2009.11.2.]

第34条의2(검찰총장후보추천위원회)
①법무부장관이 제청할 검찰총장 후보자의 추천을 위하여 법무부에 검찰총장후보추천위원회(이하 "추천위원회"라 한다)를 둔다.
②추천위원회는 법무부장관이 검찰총장 후보자를 제청할 때마다 위원장 1명을 포함한 9명의 위원으로 구성한다.
③위원장은 제4항에 따른 위원 중에서 법무부장관이 임명하거나 위촉한다.
④위원은 다음 각 호의 어느 하나에 해당하는 사람을 법무부장관이 임명하거나 위촉한다.
1. 제28조에 따른 대검찰청 검사급 이상 검사로 재직하였던 사람으로서 사회적 신망이 높은 사람
2. 법무부 검찰국장
3. 법원행정처 차장
4. 대한변호사협회장
5. 사단법인 한국법학교수회 회장
6. 사단법인 법학전문대학원협의회 이사장
7. 학식과 덕망이 있고 각계 전문 분야에서 경험이 풍부한 사람으로서 변호사 자격을 가지지 아니한 사람 3명. 이 경우 1명 이상은 여성이어야 한다.
⑤추천위원회는 법무부장관의 요청 또는 위원 3분의 1 이상의 요청이 있거나 위원장이 필요하다고 인정할 때 위원장이 소집하고, 재적위원 과반수의 찬성으로 의결한다.
⑥추천위원회는 검찰총장 후보자로 3명 이상을 추천하여야 한다.
⑦법무부장관은 검찰총장 후보자를 제청하는 경우에는 추천위원회의 추천 내용을 존중한다.
⑧추천위원회가 제6항에 따라 검찰총장 후보자를 추천하면 해당 위원회는 해산된 것으로 본다.
⑨그 밖에 추천위원회의 구성과 운영 등에 필요한 사항은 대통령령으로 정한다.
[본조신설 2011.7.18.]

第35条(검찰인사위원회) ①검사의 임용, 전보, 그 밖의 인사에 관한 중요 사항을 심의하기 위하여 법무부에 검찰인사위원회(이하 "인사위원회"라 한다)를 둔다. <개정 2011.7.18.>
②인사위원회는 위원장 1명을 포함한 11명의 위원으로 구성하고, 위원장은 제3항에 따른 위원 중에서 법무부장관이 임명하거나 위촉한다. <개정 2011.7.18.>
③위원은 다음 각 호의 어느 하나에 해당하는 사람을 법무부장관이 임명하거나 위촉하되 임기는 1년으로 한다. <신설 2011.7.18.>
1. 검사 3명. 다만, 제28조 및 제30조에 해당하는 자격을 가진 검사를 제외한 검사가 1명 이상이어야 한다.
2. 법원행정처장이 추천하는 판사 2명. 다만, 제4항제2호의 검사의 신규 임명에 관한 심의에만 참여한다.
3. 대한변호사협회장이 추천하는 변호사 2명

4. 사단법인 한국법학교수회 회장과 사단법인 법학전문대학원협의회 이사장이 각각 1명씩 추천하는 법학교수 2명
5. 학식과 덕망이 있고 각계 전문 분야에서 경험이 풍부한 사람으로서 변호사 자격을 가지지 아니한 사람 2명
④인사위원회는 다음 각 호의 사항을 심의한다. <신설 2011.7.18.>
1. 검찰인사행정에 관한 기본계획의 수립 및 검찰인사 관계 법령의 개정·폐지에 관한 사항
2. 검사의 임용·전보의 원칙과 기준에 관한 사항
3. 검사의 사건 평가와 관련하여 무죄사건이나 사회적 이목을 끈 사건으로 위원 3분의 1 이상이 심의를 요청한 사항
4. 그 밖에 법무부장관이 심의를 요청하는 인사에 관한 사항
⑤인사위원회는 재적위원 과반수의 찬성으로 의결한다. <신설 2011.7.18.>
⑥그 밖에 인사위원회의 구성과 운영 등에 필요한 사항은 대통령령으로 정한다. <신설 2011.7.18.>
[전문개정 2009.11.2.]

제35조의2(근무성적 등의 평정) ①법무부장관은 검사에 대한 근무성적과 자질을 평정하기 위하여 공정한 평정기준을 마련하여야 한다.
②제1항의 자질 평정기준에는 성실성, 청렴성 및 친절성 등이 포함되어야 한다.
③법무부장관은 제1항의 평정기준에 따라 검사에 대한 평정을 실시하고 그 결과를 보직, 전보 등의 인사관리에 반영한다.
④그 밖에 근무성적과 자질 평정에 필요한 사항은 법무부령으로 정한다.
[본조신설 2011.7.18.]

제36조(정원·보수 및 징계) ①검사는 특정직공무원으로 하고 그 정원, 보수 및 징계에 관하여 필요한 사항은 따로 법률로 정한다.
②검사의 지위는 존중되어야 하며, 그 보수는 직무와 품위에 상응하도록 정하여야 한다.
③제32조제1항에 따라 검사의 직무를 대리하는 사법연수생에게는 대통령령으로 정하는 바에 따라 실비(實費)를 지급한다.
[전문개정 2009.11.2.]

제37조(신분보장) 검사는 탄핵이나 금고 이상의 형을 선고받은 경우를 제외하고는 파면되지 아니하며, 징계처분이나 적격심사에 의하지 아니하고는 해임·면직·정직·감봉·견책 또는 퇴직의 처분을 받지 아니한다.
[전문개정 2009.11.2.]

제38조(휴직) ①법무부장관은 검사가 다음 각 호의 어느 하나의 사유에 해당하면 휴직을 명하여야 한다.
1. 병역 복무를 위하여 징집되거나 소집되었을 때
2. 법률에 따른 의무를 수행하기 위하여 직무를 이탈하게 되었을 때
②법무부장관은 검사가 다음 각 호의 어느 하나의 사유로 휴직을 청원하는 경우에 그 청원 내용이 충분한 이유가 있다고 인정하면 휴직을 허가할 수 있다.
1. 국내외의 법률연구기관이나 대학 등에서 법률연수를 하게 되었을 때
2. 본인의 질병으로 인한 요양 등이 필요할 때
③제1항 및 제2항의 경우 휴직 기간의 보수 지급 등 필요한 사항은 대통령령으로 정한다.
[전문개정 2009.11.2.]

제38조의2(휴직 기간) 검사의 휴직 기간은 다음 각 호와 같다.

<개정 2012.1.17., 2018.3.20.>
1. 제38조제1항에 따른 휴직 기간은 그 복무 기간이 끝날 때까지로 한다.
2. 제38조제2항제1호에 따른 휴직 기간은 2년 이내로 한다.
3. 제38조제2항제2호에 따른 휴직 기간은 1년(「공무원 재해보상법」에 따른 공무상 부상 또는 질병으로 인한 휴직 기간은 3년) 이내로 한다.
[본조신설 2009.11.2.]

제39조(검사 적격심사) ①검사(검찰총장은 제외한다)에 대하여는 임명 후 7년마다 적격심사를 한다.
②제1항의 심사를 위하여 법무부에 다음 각 호의 위원 9명으로 구성하는 검사적격심사위원회(이하 "위원회"라 한다)를 둔다. <개정 2013.3.23.>
1. 대법원장이 추천하는 법률전문가 1명
2. 대한변호사협회장이 추천하는 변호사 1명
3. 교육부장관이 추천하는 법학교수 1명
4. 사법제도에 관하여 학식과 경험을 가진 사람으로서 법무부장관이 위촉하는 사람 2명
5. 법무부장관이 지명하는 검사 4명
③제2항제1호부터 제3호까지의 위원은 해당 추천기관의 추천을 받아 법무부장관이 위촉한다.
④위원회는 검사가 직무수행 능력이 현저히 떨어지는 등 검사로서 정상적인 직무수행이 어렵다고 인정하는 경우에는 재적위원 3분의 2 이상의 의결을 거쳐 법무부장관에게 그 검사의 퇴직을 건의한다.
⑤위원회는 제4항에 따른 의결을 하기 전에 해당 검사에게 위원회에 출석하여 충분한 진술을 할 수 있는 기회를 주어야 한다.
⑥법무부장관은 제4항에 따른 퇴직 건의가 타당하다고 인정하면 대통령에게 그 검사에 대한 퇴직명령을 제청한다.
⑦제2항 각 호의 위원의 자격기준과 임기 및 위원회의 조사·심의 방식, 그 밖에 운영에 필요한 사항은 대통령령으로 정한다.
[전문개정 2009.11.2.]

제39조의2(심신장애로 인한 퇴직) 검사가 중대한 심신상의 장애로 인하여 직무를 수행할 수 없을 때 대통령은 법무부장관의 제청에 의하여 그 검사에게 퇴직을 명할 수 있다.
[전문개정 2009.11.2.]

제40조(명예퇴직) ①20년 이상 근속한 검사가 정년 전에 스스로 퇴직하는 경우에는 명예퇴직수당을 지급할 수 있다.
②제1항의 명예퇴직수당의 금액과 그 밖에 지급에 관하여 필요한 사항은 대통령령으로 정한다.
[전문개정 2009.11.2.]

제41조(정년) 검찰총장의 정년은 65세, 검찰총장 외의 검사의 정년은 63세로 한다.
[전문개정 2009.11.2.]

제42조 삭제 <2004.1.20.>

제43조(정치운동 등의 금지) 검사는 재직 중 다음 각 호의 행위를 할 수 없다.
1. 국회 또는 지방의회의 의원이 되는 일
2. 정치운동에 관여하는 일
3. 금전상의 이익을 목적으로 하는 업무에 종사하는 일
4. 법무부장관의 허가 없이 보수를 받는 직무에 종사하는 일

[전문개정 2009.11.2.]

第44条(검사의 겸임) 법무부와 그 소속 기관의 직원으로서 검사로 임명될 자격이 있는 사람은 검사를 겸임할 수 있다. 이 경우 그 중 보수가 더 많은 직위의 보수를 받으며, 그 겸직 검사의 수는 제36조의 검사 정원에 포함하지 아니한다.
[전문개정 2009.11.2.]

第44条의2(검사의 파견 금지 등) ①검사는 대통령비서실에 파견되거나 대통령비서실의 직위를 겸임할 수 없다. <개정 2013.3.23., 2017.3.14.>
②검사로서 퇴직 후 1년이 지나지 아니한 사람은 대통령비서실의 직위에 임용될 수 없다. <신설 2017.3.14.>
[전문개정 2009.11.2.]

제6장 검찰청 직원

<개정 2009.11.2.>

第45条(검찰청 직원) 검찰청에는 고위공무원단에 속하는 일반직공무원, 검찰부이사관, 검찰수사서기관, 검찰사무관, 수사사무관, 마약수사사무관, 검찰주사, 마약수사주사, 검찰주사보, 마약수사주사보, 검찰서기, 마약수사서기, 검찰서기보, 마약수사서기보 및 별정직공무원을 둔다.
[전문개정 2009.11.2.]

第46条(검찰수사서기관 등의 직무)
①검찰수사서기관, 검찰사무관, 검찰주사, 마약수사주사, 검찰주사보, 마약수사주사보, 검찰서기 및 마약수사서기는 다음 각 호의 사무에 종사한다.
1. 검사의 명을 받은 수사에 관한 사무
2. 형사기록의 작성과 보존
3. 국가를 당사자 또는 참가인으로 하는 소송과 행정소송의 수행자로 지정을 받은 검사의 소송 업무 보좌 및 이에 관한 기록, 그 밖의 서류의 작성과 보존에 관한 사무
4. 그 밖에 검찰행정에 관한 사무
②검찰수사서기관, 수사사무관 및 마약수사사무관은 검사를 보좌하며 「형사소송법」 제245조의9제2항에 따른 사법경찰관으로서 검사의 지휘를 받아 범죄수사를 한다. <개정 2020.2.4.>
③검찰서기, 마약수사서기, 검찰서기보 및 마약수사서기보는 검찰수사서기관, 검찰사무관, 수사사무관, 마약수사사무관, 검찰주사, 마약수사주사, 검찰주사보 또는 마약수사주사보를 보좌한다.
④검찰수사서기관, 검찰사무관, 검찰주사, 마약수사주사, 검찰주사보, 마약수사주사보, 검찰서기 및 마약수사서기는 수사에 관한 조서 작성에 관하여 검사의 의견이 자기의 의견과 다른 경우에는 조서의 끝 부분에 그 취지를 적을 수 있다.
[전문개정 2009.11.2.]
[시행일 : 2021.1.1.] 제46조

第47条(사법경찰관리로서의 직무수행)
①검찰주사, 마약수사주사, 검찰주사보, 마약수사주사보, 검찰서기, 마약수사서기, 검찰서기보 또는 마약수사서기보로서 검찰총장 또는 각급 검찰청 검사장의 지명을 받은 사람은 소속 검찰청 또는 지청에서 접수한 사건에 관하여 다음 각 호의 구분에 따른 직무를 수행한다. <개정 2020.2.4.>
1. 검찰주사, 마약수사주사, 검찰주사보 및 마약수사주사보: 「형사소송법」 제245조의9제2항에 따른 사법경찰관의 직무
2. 검찰서기, 마약수사서기, 검찰서기보 및 마약수사서기보: 「형사소송법」 제245조의9제3항에 따른 사법경찰리의 직무

②별정직공무원으로서 검찰총장 또는 각급 검찰청 검사장의 지명을 받은 공무원은 다음 각 호의 구분에 따른 직무를 수행한다. <개정 2020.2.4.>
1. 5급 상당부터 7급 상당까지의 공무원: 「형사소송법」 제245조의9제2항에 따른 사법경찰관의 직무
2. 8급 상당 및 9급 상당 공무원: 「형사소송법」 제245조의9제3항에 따른 사법경찰리의 직무
[전문개정 2009.11.2.]
[시행일 : 2021.1.1.] 제47조

第48조(검찰총장 비서관) ①대검찰청에 검찰총장 비서관 1명을 둔다.
②비서관은 검찰수사서기관이나 4급 상당 별정직국가공무원으로 보하고 검찰총장의 명을 받아 기밀에 관한 사항을 맡아 처리한다.
[전문개정 2009.11.2.]

第49조(통역공무원 및 기술공무원) ①검찰청에 통역 및 기술 분야의 업무를 담당하는 공무원을 둘 수 있다.
②제1항의 공무원은 상사의 명을 받아 번역·통역 또는 기술에 관한 사무에 종사한다. 다만, 전산사무관, 방송통신사무관, 전산주사, 방송통신주사, 전산주사보, 방송통신주사보, 전산서기, 방송통신서기, 전산서기보, 방송통신서기보로서 검찰총장 또는 각급 검찰청 검사장의 지명을 받은 사람은 소속 검찰청 또는 지청에서 접수한 사건에 관하여 다음 각 호의 구분에 따른 직무를 수행한다. <개정 2020.2.4.>
1. 전산사무관, 방송통신사무관, 전산주사, 방송통신주사, 전산주사보, 방송통신주사보: 「형사소송법」 제245조의9제2항에 따른 사법경찰관의 직무
2. 전산서기, 방송통신서기, 전산서기보, 방송통신서기보: 「형사소송법」 제245조의9제3항에 따른 사법경찰리의 직무
[전문개정 2009.11.2.]
[시행일 : 2021.1.1] 제49조

第50조(검찰청 직원의 보직) ①검찰청 직원의 보직은 법무부장관이 행한다. 다만, 이 법 또는 다른 법률에 특별한 규정이 있는 경우에는 그러하지 아니하다.
②법무부장관은 제1항에 따른 권한의 일부를 검찰총장이나 각급 검찰청의 검사장에게 위임할 수 있다.
③다음 각 호의 어느 하나에 해당하는 사람은 검찰청 직원으로 임용될 수 없다.
1. 「국가공무원법」 제33조 각 호의 어느 하나에 해당하는 사람
2. 금고 이상의 형을 선고받은 사람
[전문개정 2009.11.2.]

第51조(검찰청 직원의 겸임) 법무부 직원은 이 법에 따른 검찰청 직원의 직위를 겸임할 수 있다. 이 경우 그 보수에 관하여는 제44조 후단을 준용한다.
[전문개정 2009.11.2.]

第52조(검찰청 직원의 정원) 검찰청 직원의 정원은 대통령령으로 정한다.
[전문개정 2009.11.2.]

제7장 사법경찰관리의 지휘·감독

<개정 2009.11.2.>

第53조 삭제 <2011.7.18.>

第54조(교체임용의 요구) ①서장이 아닌 경정 이하의 사법경찰관리가 직무 집행과 관련하

여 부당한 행위를 하는 경우 지방검찰청 검사장은 해당 사건의 수사 중지를 명하고, 임용권자에게 그 사법경찰관리의 교체임용을 요구할 수 있다.
②제1항의 요구를 받은 임용권자는 정당한 사유가 없으면 교체임용을 하여야 한다.
[전문개정 2009.11.2.]

부칙

<제17566호, 2020.12.8.>

이 법은 공포한 날부터 시행한다.

■ **편저: 대한법률편찬연구회**

□ **발행도서**

- (2021년)소법전
- 형법 지식정보법전
- 민사소송 지식정보법전
- (유형별)사기죄 고소장 · 진정서 · 해결방법

각종 시험 대비

판례소법전

초판 1쇄 인쇄 2021년 2월 5일
초판 1쇄 발행 2021년 2월 10일

편 저 대한법률편찬연구회
발행인 김현호
발행처 법문북스
공급처 법률미디어

주소 서울 구로구 경인로 54길4(구로동 636-62)
전화 02)2636-2911~2, 팩스 02)2636-3012
홈페이지 www.lawb.co.kr

등록일자 1979년 8월 27일
등록번호 제5-22호

ISBN 978-89-7535-915-6
정 가 38,000원

이 도서의 국립중앙도서관 출판예정도서목록은 서지정보유통지원시스템 홈페이지(http://seoji.nl.go.kr)와 국가자료종합목록 구축시스템(http://kolis-net.nl.go.kr)에서 이용하실 수 있습니다.